Oldenbourgs Lehr- und Handbücher der Wirtschafts- und Sozialwissenschaften

Bisher erschienene Werke:

Altrogge, Investition, 4. A.
Bamberg · Baur, Statistik, 11. A.
von Böventer · Illing, Einführung in die Mikroökonomie, 9. A.
Bohnet, Finanzwissenschaft: Grundlagen staatlicher Verteilungspolitik, 2. A.
Brümmerhoff, Finanzwissenschaft, 8. A.
Bühner, Betriebswirtschaftliche Organisationslehre, 9. A.
Cezanne, Grundzüge der Makroökonomik, 7. A.
Cezanne · Franke, Volkswirtschaftslehre, 7. A.
Domschke, Logistik: Transport, 4. A.
Domschke, Logistik: Rundreisen und Touren, 4. A.
Domschke · Drexl, Logistik: Standorte, 4. A.
Frerich, Sozialpolitik, 3. A.
Gehrels, Außenwirtschaftstheorie, 2. A.
Hammer, Unternehmensplanung, 7. A.
Hanssmann, Einführung in die Systemforschung, 4. A.
Hanssmann, Quantitative Betriebswirtschaftslehre, 4. A.
Hauptmann, Mathematik für Betriebs- und Volkswirte, 3. A.
Holub · Schnabl, Input-Output-Rechnung: Input-Output-Analyse
Holub · Schnabl, Input-Output-Rechnung: Input-Output-Tabellen, 3. A.
Krug · Nourney · Schmidt, Wirtschafts- und Sozialstatistik, 5. A.
May, Ökonomie für Pädagogen, 9. A.
Meyer · Müller-Siebers · Ströbele, Wachstumstheorie, 2. A.
Oberhofer, Wahrscheinlichkeitstheorie, 3. A.
Oechsler, Personal und Arbeit – Einführung in die Personalwirtschaft, 7. A.
Peters · Brühl · Stelling, Betriebswirtschaftslehre, 10. A.
Schertler, Unternehmensorganisation, 7. A.
Schneider, Allgemeine Betriebswirtschaftslehre, 3. A.
Tiede, Beschreiben mit Statistik – Verstehen
Tiede · Voß, Schließen mit Statistik – Verstehen

Finanzwissenschaft

Von
Dr. Dieter Brümmerhoff
Professor für Volkswirtschaftslehre,
insbesondere Finanzwissenschaft

8., völlig überarbeitete und stark erweiterte Auflage

R. Oldenbourg Verlag München Wien

Die Deutsche Bibliothek - CIP-Einheitsaufnahme

Brümmerhoff, Dieter:
Finanzwissenschaft / von Dieter Brümmerhoff. – 8., völlig überarb. und
stark erw. Aufl.. – München ; Wien : Oldenbourg, 2001
  (Oldenbourgs Lehr- und Handbücher der Wirtschafts- und
  Sozialwissenschaften)
  ISBN 3-486-25387-5

© 2001 Oldenbourg Wissenschaftsverlag GmbH
Rosenheimer Straße 145, D-81671 München
Telefon: (089) 45051-0
www.oldenbourg-verlag.de

Das Werk einschließlich aller Abbildungen ist urheberrechtlich geschützt. Jede Verwertung außerhalb der Grenzen des Urheberrechtsgesetzes ist ohne Zustimmung des Verlages unzulässig und strafbar. Das gilt insbesondere für Vervielfältigungen, Übersetzungen, Mikroverfilmungen und die Einspeicherung und Bearbeitung in elektronischen Systemen.

Gedruckt auf säure- und chlorfreiem Papier
Gesamtherstellung: Druckhaus „Thomas Müntzer" GmbH, Bad Langensalza

ISBN 3-486-25387-5

Inhaltsverzeichnis

Vorwort zur 8. Auflage   XXI

Einleitung   XXIII

Literatur zur Finanzwissenschaft   XXVII

Erster Teil: Grundlagen   1

1. Kapitel: Gegenstand und Fragestellungen der Finanzwissenschaft   1

1. Gegenstand   1
2. Fragestellungen   1
3. Die Abgrenzung des Staates   3
4. Ziele und Instrumente der Finanzpolitik   5
   - a) Allgemeine Eigenschaften von Zielen und Mitteln   5
   - b) Ziele der Finanzpolitik   7
   - c) Finanzpolitische Instrumente   8
   - d) Optimale Finanzpolitik   8

Literatur zum 1. Kapitel   10

2. Kapitel: Die Aktivität des Staates im Überblick   11

1. Vorbemerkung   11
2. Der Staat in den Volkswirtschaftlichen Gesamtrechnungen (VGR) und in der Finanzstatistik   11
   - a) Der Staat im einfachen Kreislaufbild   11
   - b) Die Abgrenzung des Staates in den VGR   14
   - c) Produziert der Staat überhaupt?   17
   - d) Die Bewertung der Nichtmarktproduktion des Staates   18
     - (1) Die Abgrenzung der Nichtmarktproduktion des Staates   18
     - (2) Die Bewertung der sonstigen Nichtmarktproduktion   18
   - e) Unentgeltlich abgegebene staatliche Leistungen: Zwischen- oder Endprodukte   20
     - (1) Mögliche Lösungsversuche   20
     - (2) Definitorische Zusammenhänge zwischen Produktionswert und Konsumausgaben   21
     - (3) Das Ausgaben- und das Verbrauchskonzept   22
   - f) Die Investitionen und Abschreibungen des Staates   22
   - g) Die Einnahmen und Ausgaben des Staates in den VGR   24
     - (1) Überblick: Einnahmen, Ausgaben, Finanzierungssaldo und Sparen   24

		(2) Die Einnahmen des Staates	26
		(3) Die Ausgaben des Staates	29
	h)	Die Unterscheidung zwischen Einkommen- und Vermögensteuern sowie Produktions- und Importabgaben	31
	i)	Abschließende Beurteilung der Verbuchung des Staates. Ansätze zur Ausweitung und Ergänzung der VGR	32
	j)	Vergleich des Staates in VGR und Finanzstatistik	33
3.	Indikatoren der staatlichen Aktivität		35
	a)	Grundsätzliche Probleme der Indikatorenauswahl	35
	b)	Staatswirtschaftliche Ausgaben- und Einnahmenquoten als Indikatoren staatlicher Aktivität	37
	c)	Verschiedene Ausgabenquoten	41
	d)	Staatliche Einnahmenquoten	42
	e)	Reale versus nominale Staatsquoten	43
4.	Die Entwicklung von Staatsquoten in Deutschland		45

Literatur zum 2. Kapitel 47

Zweiter Teil: Effizienz, Markt und Staat 49

3. Kapitel: Optimum und Gleichgewicht in einer Marktwirtschaft 50

1.	Pareto-Optimalität		50
	a)	Das Allokationsziel	50
	b)	Die Bedingungen optimalen Tauschs (Tauscheffizienz)	53
	c)	Die Bedingungen optimaler Produktion (Produktionseffizienz)	56
	d)	Das Gesamtoptimum	58
2.	Die Hauptsätze der Wohlfahrtstheorie		60

Literatur zum 3. Kapitel 64

4. Kapitel: Marktversagen und staatliche Korrekturmaßnahmen 65

1.	Überblick		65
2.	Unvollkommener Wettbewerb		66
	a)	Das Referenzmaß bei vollkommener Konkurrenz	66
	b)	Monopolistisches Verhalten	67
	c)	Sinkende Durchschnittskosten	69
3.	Externe Effekte		73
	a)	Interdependenz und Externalität	73
	b)	Formen und Wirkungen externer Effekte	75
	c)	Das Coase-Theorem	81
	d)	Staatliche Handlungsalternativen	84
		(1) Die Pigou-Steuer	84

		(2) Subventionen	88
		(3) Der Preis-Standard-Ansatz	90
		(4) Umweltzertifikate	91
		(5) Weitere Möglichkeiten der Umweltpolitik	92
		(6) Transaktionskosten staatlicher Lösungen	93
4.	Öffentliche Güter		94
	a)	Begriff des öffentlichen Gutes	94
	b)	Optimale Bereitstellung	95
		(1) Das Samuelson-Modell	95
		(2) Partialanalytische Betrachtung	98
	c)	Unterversorgung durch private Bereitstellung	100
	d)	Korrekturmaßnahmen	101
		(1) Das Lindahl-Modell	101
		(2) Mechanismen zur Enthüllung der Präferenzen für öffentliche Güter	104
		(3) Kosten kollektiven Handelns	109
	e)	Mischgüter	109
5.	Bedenken gegen das Konzept öffentlicher Güter		112
6.	Meritorische Güter		113
7.	Moralisches Risiko, Negativauslese und weitere Marktversagenstatbestände		114
8.	Transaktionskosten privater und staatlicher Aktivität		116
9.	Die Problematik der Maßnahmen zur Korrektur von Allokationsmängeln (Theorie des Zweitbesten)		117

Literatur zum 4. Kapitel   121

5. Kapitel: Der staatliche Entscheidungsprozess - theoretische Grundlagen   123

1.	Einleitung		123
2.	Modelle der direkten Demokratie		124
	a)	Entscheidungen über ein Programm	125
	b)	Entscheidungen über mehrere Programme	128
		(1) Intransitivität, Eingipfligkeit und Arrows Paradox	128
		(2) Möglichkeiten von Wahlgleichgewichten	131
		(3) Stimmentausch	134
	c)	Die Wahl der Entscheidungsregel	135
3.	Die repräsentative Demokratie		137
	a)	Elemente für Modelle der repräsentativen Demokratie	137
	b)	Die Parteien und Politiker	139
		(1) Das Medianwählermodell	139
		(2) Differenzierungen des Medianwählermodells	140
	c)	Die Bedeutung institutioneller Regeln	145
	d)	Die Wähler	146
	e)	Die Bürokratie	148
	f)	Die Verbände (Interessengruppen)	154

g) Exkurs: Interessengruppen und Regulierungen 157
h) Weitere Akteure 160
i) Politischer Prozess und Gleichgewicht 162

Literatur zum 5. Kapitel 162

6. Kapitel: Haushaltsplan und finanzwirtschaftliche Entscheidungsinstrumente 164
1. Der Haushaltsprozess in Deutschland 164
   a) Einleitung 164
   b) Kennzeichen und Bedeutung eines Haushaltsplans 164
   c) Der Haushaltsplan des Bundes 166
   d) Der Haushaltskreislauf 171
      (1) Die Aufstellung des Budgets 172
      (2) Die parlamentarische Beratung und Verabschiedung 174
      (3) Die Ausführung des Haushaltsplans 176
      (4) Die Kontrolle der Haushaltsführung 178
   e) Exkurs zu Transparenz und Öffentlichkeit: Das Beispiel Stiftungsfinanzierung 179
2. Verfahren zur Erhöhung der Rationalität staatlicher Entscheidungen 180
   a) Probleme kurzfristiger, isolierter Entscheidungen 180
   b) Reformen des Haushaltswesens 181
   c) Die mittelfristige Finanzplanung 183
      (1) Die Ziele 183
      (2) Das Verfahren 184
      (3) Beurteilung 185
   d) Die Berücksichtigung der Folgewirkungen staatlicher Aktivität, insbesondere öffentlicher Investitionen 186
      (1) Begriff und Bedeutung 186
      (2) Transaktionskosten im privaten und staatlichen Bereich 189
      (3) Finanzpolitische Realisierungschancen von Folgeausgabenrechnungen 189
   e) Das Planning-Programming-Budgeting-System (PPBS) 190
      (1) Die Ziele des PPBS 190
      (2) Die Beurteilung des PPBS 190
   f) Die Nutzen-Kosten-Analyse (NKA) 194
      (1) Begriff und Aufgaben 194
      (2) Die Ziele 195
      (3) Anwendungsbereiche 196
      (4) Die Ermittlung der Wirkungen von Maßnahmen 196
      (5) Das Bewertungsproblem 199
      (6) Das Zinssatzproblem 206
      (7) Nebenbedingungen 210
      (8) Risiko und Unsicherheit 210
      (9) Die Berücksichtigung des Verteilungsziels 211

(10) Das Entscheidungskriterium	215
(11) Ein Anwendungsbeispiel: Autobahnbau	216
(12) Würdigung der NKA als Entscheidungshilfe	218

Literatur zum 6. Kapitel   219

7. Kapitel: Marktversagen versus Staatsversagen   221

1. Würdigung der Theorie des Marktversagens	221
2. Elemente einer Theorie des Staatsversagens	222
a) Die Bestimmung kollektiver Präferenzen	222
b) Die Delegation von Entscheidungsbefugnissen	223
c) Fehlende Messbarkeit, fehlerhafte Anreizstrukturen	224
3. Wahlentscheidungen versus Marktentscheidungen	225
4. Fazit	227
5. Modelle der Ausbeutung durch den Staat	227
a) Marxistische Auffassungen	227
b) Der Staat als Leviathan	228
6. Ursachen wachsender Staatstätigkeit	230
a) Erklärungsansätze	230
b) Schätzverfahren	240
c) Ergebnis	241
7. Möglichkeiten der Reduktion staatlicher Aktivität	241
a) Vorbemerkung	241
b) Alternativen zur Begrenzung bzw. Senkung der Staatstätigkeit	243
(1) Konstitutionelle Reform	243
(2) Dezentralisierung	243
(3) Privatisierung	243
(4) Timing und Struktur von Ausgabenkürzungen	249
(5) Kürzungen auf der Einnahmenseite	250

Literatur zum 7. Kapitel   251

Dritter Teil: Grundzüge finanzwirtschaftlicher Verteilungspolitik   253

8. Kapitel: Grundfragen der Verteilung von Vermögen und Einkommen   253

1. Vorbemerkung	253
2. Die Vermögensverteilung	253
a) Die Bedeutung des Vermögensbegriffs	253
b) Die Bewertung der Vermögensobjekte	256
c) Daten zur Vermögensverteilung in Deutschland	257
3. Die Einkommensverteilung	257

    a) Die Beziehung Einkommen-Vermögen 257
    b) Der Einkommensbegriff 258
    c) Verteilung zwischen wem? Die Frage der Bezugsgröße 259
       (1) Funktionelle Einkommensverteilung 259
       (2) Personelle Einkommensverteilung 260
       (3) Armut als Spezialfall der personellen Einkommensverteilung 261
       (4) Verteilung des Einkommens nach Regionen, Sektoren, Generationen 262
    d) Die Einkommensperiode 262
    e) Die personelle Einkommensverteilung in Deutschland 264
4. Die Verteilung sonstiger Größen: Konsum, Nutzen, Macht und Chancen 265
5. Anmerkungen zur Beurteilung einer (un)gleichen Verteilung (von Einkommen und Vermögen) 266

Literatur zum 8. Kapitel 266

9. Kapitel: Maßstäbe und praktische Ziele der Verteilungspolitik, Inzidenz der staatlichen Einnahmen und Ausgaben 268

1. Maßstäbe und ihre Realisierungschancen durch den Markt 268
    a) Verteilungsnormen (Interpretationen von Gerechtigkeit) 268
    b) Bedarfsgerechtigkeit 269
    c) Leistungsgerechtigkeit 270
    d) Chancengleichheit 270
    e) Weitere Gleichheitsinterpretationen 271
    f) Pareto-optimale Verteilung 272
    g) Ergebnis 274
2. Praktische Ziele finanzpolitischer Verteilungspolitik 275
3. Verteilungswirkungen staatlicher Einnahmen und Ausgaben 276
    a) Inzidenzkonzepte 276
    b) Wirkungen auf die personelle Verteilung (empirische Ansätze der formalen Inzidenz) 278
       (1) Grundprobleme 278
       (2) Die Inzidenz der Abgaben 282
       (3) Die Inzidenz der staatlichen monetären Übertragungen und Realleistungen 286
       (4) Ergebnis 290

Literatur zum 9. Kapitel 291

10. Kapitel: Finanzpolitische Ansatzpunkte zur Beeinflussung der personellen Verteilung von Einkommen und Vermögen, Grenzen der Umverteilung 292

1. Finanzpolitische Ansatzpunkte 292
2. Vermögenspolitische Maßnahmen 294

    a) Überblick   294
    b) Umverteilung vorhandenen Vermögens   295
    c) Beeinflussung der Wirkung von Vermögensübertragungen   296
    d) Umverteilung über den Vermögenszuwachs   297
        (1) Die Bedeutung der Vermögensverteilungspolitik   297
        (2) Die Sparförderung   297
        (3) Kosten der Sparförderung   299
        (4) Mittelstandspolitik   299
    e) Beeinflussung des Arbeitsvermögens (Bildungspolitik) und spezielle beschäftigungspolitische Maßnahmen   300
3. Einkommenspolitische Maßnahmen   302
    a) Der Staat als Arbeitgeber und Auftraggeber   302
    b) Nichtdiskriminierung   302
    c) Beschäftigungspolitik   305
    d) Veränderung des verfügbaren Einkommens   306
    e) Die negative Einkommensteuer   307
4. Beeinflussung von Preisniveau und -struktur   311
5. Realtransfers   313
6. Grenzen der Umverteilung   314

Literatur zum 10. Kapitel   317

11. Kapitel : Theorie und Politik der sozialen Sicherung   319

1. Umfang und Struktur der sozialen Sicherung in Deutschland   319
2. Gestaltungsprinzipien der sozialen Sicherung   320
3. Sozialversicherung und private Versicherung   322
4. Begründungen für die Sozialversicherung   323
5. Die gesetzliche Rentenversicherung   326
    a) Die gesetzliche Rentenversicherung in Deutschland   326
    b) Analyse der gesetzlichen Rentenversicherung   328
6. Die gesetzliche Krankenversicherung   334
    a) Die Regelungen   334
    b) Analyse der gesetzlichen Krankenversicherung   335
7. Die übrigen Bereiche der Sozialversicherung   338
    a) Die Arbeitslosenversicherung   338
        (1) Die Regelungen   338
        (2) Wirkungen und Probleme   339
    b) Die gesetzliche Pflegeversicherung   340
        (1) Die Regelungen   340
        (2) Wirkungen und Probleme   341
    c) Die gesetzliche Unfallversicherung   340
8. Politische Ökonomie der Sozialversicherung   342
9. Die Sozialhilfe   343
    a) Die Regelungen   343
    b) Wirkungen und Probleme   344

Literatur zum 11. Kapitel 347

Vierter Teil: Grundzüge finanzwissenschaftlicher Stabilisierungspolitik 349

12. Kapitel: Soll der Staat stabilisierend eingreifen? 349

1. Das Stabilisierungsziel 349
2. Arbeitslosigkeit und Inflation: Folge von Politikversagen oder politisches Kalkül? 350

Literatur zum 12. Kapitel 353

13. Kapitel: Die finanzpolitische Stabilisierungspolitik („Fiscal Policy") 354

1. Finanzpolitische Konzepte und Strategien 354
   a) Vorbemerkung 354
   b) Automatische Stabilisierungswirkungen 354
   c) Formelflexibilität 356
   d) Diskretionäre Fiskalpolitik 357
2. Maßstäbe zur Beurteilung der konjunkturellen Wirkungen öffentlicher Haushalte 359
3. Institutionen: Das Stabilitätsgesetz 361

Literatur zum 13. Kapitel 363

Fünfter Teil: Theorie der Besteuerung 365

14. Kapitel: Grundlagen der Besteuerung 365

1. Begriff und Abgrenzung der Steuern 365
2. Steuertechnische Begriffe 369
3. Steuertariflehre 369
4. Klassifizierung von Steuern 376
   a) Verschiedene Klassifizierungsmöglichkeiten 376
   b) Klassifikation nach dem Steuerobjekt 377
   c) Direkte und indirekte Steuern 380
5. Die Struktur des deutschen Steuersystems 381
6. Die Steuerschätzung 381
7. Anforderungen an ein gutes Steuersystem 384
8. Steuerverteilungstheorien 385
   a) Verschiedene Steuerverteilungstheorien 385
   b) Das Äquivalenzprinzip 385

(1) Marktwirtschaftliche Äquivalenz 386
(2) Kostenmäßige Äquivalenz 387
c) Das Leistungsfähigkeitsprinzip 388
(1) Interpretation und Indikatoren 388
(2) Die Opfertheorien 393
d) Abschließende Beurteilung beider Prinzipien 396

Literatur zum 14. Kapitel 397

15. Kapitel: Allokations- und Verteilungsanalyse 398

1. Die Wirkungen der Besteuerung und die Analysemethoden im Überblick 398
2. Preis- und Mengeneffekte der Besteuerung 401
    a) Preis- und Mengeneffekte verschiedener Steuern bei Gewinnmaximierung 402
        (1) Mengensteuern 402
        (2) Umsatzsteuern 406
        (3) Kostensteuern 408
        (4) Gewinnsteuern 409
    b) Preis- und Mengeneffekte bei anderen unternehmerischen Zielsetzungen 411
        (1) Umsatzmaximierung 411
        (2) Aufschlagskalkulation 413
    c) Würdigung der Partialanalyse der Besteuerung 414
3. Überwälzung in makroökonomischer und totalanalytischer Sicht 415
    a) Kreislaufmodell 415
    b) Neoklassische Modelle 420
    c) Ergebnis 427
4. Einkommens- und Substitutionseffekte verschiedener Steuern 428
    a) Überblick 428
    b) Wirkungen von Steuern auf die Konsumstruktur 429
    c) Wirkungen auf die Konsum-Sparentscheidungen 433
    d) Wirkungen auf das Arbeitsangebot 437
    e) Exkurs: Transfers und Arbeitsangebot 442
    f) Allokative Beurteilung von Steuern: Ergebnis 443
5. Optimale Besteuerung 444
    a) Indirekte Besteuerung 445
    b) Direkte Besteuerung 447
6. Die Wirkungen von Steuern auf private Investitionen 448
    a) Die Kapitalwertmethode ohne Besteuerung 448
    b) Die Berücksichtigung einkommensteuerlicher Maßnahmen 449
    c) Die Berücksichtigung von Investitionsprämien 451
    d) Abschließende Bemerkungen 451
7. Steuerhinterziehung 452
    a) Theoretische Grundlagen 452
    b) Bedeutung der Steuerhinterziehung 455
8. Transaktionskosten der Besteuerung 456

Literatur zum 15. Kapitel 457

Sechster Teil: Die Steuern in Deutschland und Steuerreformen 459

16. Kapitel: Die Einkommensteuer 459

1. Einleitung 459
2. Der Einkommensbegriff 459
   a) Kennzeichen des Einkommens 459
   b) Die Quellen- und Reinvermögenszugangstheorie 463
   c) Die Berücksichtigung einzelner Einkunftsarten in der Reinvermögenszugangstheorie 465
   d) Die Einkommensperiode 472
   e) Der Einkommensbegriff der deutschen Einkommensteuer 473
3. Die steuerpflichtige Einheit (Berücksichtigung des Familienstandes) 482
   a) Alternativen 482
   b) Individualbesteuerung 483
   c) Haushaltsbesteuerung 484
   d) Ehegatten-Splitting 484
   e) Vollsplitting 485
   f) Unterschiedliche internationale Regelungen 485
   g) Die Berücksichtigung von Kindern 486
4. Die Erhebungsformen der Einkommensteuer 487
5. Ergebnisse der Einkommensteuerstatistik 489
6. Der Tarif der deutschen Einkommensteuer 490
   a) Der Aufbau 490
   b) Begründungen für den progressiven Tarif 493
   c) Progressiver Tarif und Inflation 494
   d) Beurteilung der Progression und Reformvorschläge 495
7. Neuere Veränderungen in der Einkommensteuer 497
   a) Tarifbegrenzung für gewerbliche Einkünfte 498
   b) Das Halbeinkünfteverfahren 498
   c) Die Behandlung des Sparens 498
8. Abschließende Bemerkungen 498

Literatur zum 16. Kapitel 500

17. Kapitel: Die Körperschaftsteuer 502

1. Das Grundproblem 502
2. Formen der steuerlichen Behandlung von Gewinnen der Körperschaften 503
3. Die im Jahre 2000 bestehende Körperschaftsteuer 507
   a) Darstellung 507
   b) Beurteilung 508
4. Die ab 2001 vorgesehene Körperschaftsteuer 509

Inhaltsverzeichnis XV

    a) Darstellung 509
    b) Beurteilung 511

Literatur zum 17. Kapitel 512

18. Kapitel: Die Ertragsteuern 514

1. Begriff und Formen der Ertragsbesteuerung 514
2. Die deutsche Ertragsbesteuerung 515
    a) Die Realsteuer 515
    b) Die Grundsteuer 516
        (1) Der Aufbau der Grundsteuer 516
        (2) Die Beurteilung der Grundsteuer 518
    c) Die Gewerbesteuer 519
        (1) Der Aufbau der Gewerbesteuer 519
        (2) Die Beurteilung der Gewerbesteuer 520
        (3) Reformvorschläge 523

Literatur zum 18. Kapitel 525

19. Kapitel: Die Umsatzsteuer 526

1. Begriff und Anknüpfungspunkte 526
2. Die deutsche Umsatzsteuer (Mehrwertsteuer) 528
    a) Der Steuergegenstand 528
    b) Vorumsatz- oder Vorsteuerabzug 529
    c) Steuersätze, -befreiungen und -ermäßigungen 530
    d) Die Beurteilung der Umsatzsteuer 531

Literatur zum 19. Kapitel 533

20. Kapitel: Steuern auf spezielle Güter 534

1. Allgemeines 534
2. Umweltsteuern (Ökosteuern) 535
    a) Begriff und Merkmale von Umweltsteuern 535
    b) Umweltsteuern im Steuersystem 537
    c) Die Aufkommensverwendung der Ökosteuern 538
    d) Wirkungen auf die Beschäftigung 539
    e) Verteilungseffekte 540
    f) Die CO_2-Steuer 541
    g) Eine allgemeine Energiebesteuerung 543
    h) Vorschläge einer kombinierten CO_2/Energiesteuer 544

i) Problematik der Kfz- und Mineralölsteuer 545
3. Der sog. Einstieg in die ökologische Steuerreform 546

Literatur zum 20. Kapitel 549

21. Kapitel: Ausgabensteuern 550

1. Begriff der Ausgabensteuer 550
2. Argumente für die Einführung einer Ausgabensteuer 551
3. Die Berechnung der Bemessungsgrundlage „Konsumausgaben" 552
4. Beurteilung der Ausgabensteuer 553
5. Ein Reformmodell für Deutschland? 558

Literatur zum 21. Kapitel 560

22. Kapitel: Internationale Aspekte der Besteuerung 561

1. Der internationale Steuervergleich 561
2. Einige steuerpolitische Konsequenzen der internationalen Wirtschaftsverflechtung 562
3. Güterbesteuerung 564
   a) Steuern nach dem Ursprungsland- und dem Bestimmungslandprinzip 564
   b) Gerechtigkeitsaspekte beider Prinzipien 565
   c) Allokative Wirkungen beider Prinzipien 565
   d) Die Steuerharmonisierung indirekter Steuern in der EU 568
4. Die Besteuerung internationaler Faktoreinkommen 572
   a) Das Wohnsitz- und das Quellenprinzip 572
   b) Beurteilung der Prinzipien hinsichtlich der Gerechtigkeit 572
   c) Beurteilung der Prinzipien unter weltweiter und nationaler Effizienz: Ein einfaches Modell 574
   d) Die Abstimmung der internationalen Besteuerung von Bruttoeinkommen 577
   e) Harmonisierung der direkten Steuern in der EU 578
5. Steuerwettbewerb 579
   a) Begründungen für Steuerwettbewerb 579
   b) Nationalstaatliche optimale Politiken im Steuerwettbewerb 580
   c) Zur Würdigung der Modelle 582

Literatur zum 22. Kapitel 583

23. Kapitel: Politische Ökonomie der Besteuerung und Steuerreformen 584

1. Politische Ökonomie der Besteuerung 584
2. Notwendige Steuerreformen? 585

a) Problematik der Steuervergünstigungen vor allem in der Einkommensteuer — 585
b) Anpassungen an durch Steuervergünstigungen hervorgerufene Verzerrungen — 587

Literatur zum 23. Kapitel — 588

Siebter Teil: Staatsverschuldung — 589

24. Kapitel: Formen, Struktur und Umfang der Staatsverschuldung — 589

1. Einleitung — 589
2. Formen, Struktur und Entwicklung der öffentlichen Verschuldung — 589
3. Staatsverschuldung im internationalen Vergleich — 592

Literatur zum 24. Kapitel — 593

25. Kapitel: Theorie der Staatsverschuldung — 594

1. Verschuldungstheorien im Überblick — 594
   a) Das klassische Paradigma — 594
   b) Das keynesianische Paradigma — 595
   c) Das neoklassische Paradigma — 596
   d) Das ricardianische Paradigma — 598
   e) Zusammenfassung und Erweiterungen — 601
2. Finanzwirtschaftliche Langzeitfolgen der Staatsverschuldung — 603
   a) Problemstellung — 603
   b) Das Modell von Domar — 603
   c) Dauerhafte Traglasten — 605
3. Interpersonelle Verteilungswirkungen — 607
4. Verschiedene Begriffe der Last der Verschuldung — 608
5. Verdeckte Formen der Verschuldung — 609

Literatur zum 25. Kapitel — 609

26. Kapitel: Politische Ökonomie der Staatsverschuldung — 611

1. Politische Bestimmungsgründe der Staatsverschuldung — 611
2. Verfassungsrechtliche und gesetzliche Grenzen der Staatsverschuldung — 614
   a) Die Begrenzungen nach der Verfassung — 614
   b) Andere Begrenzungsvorschläge, Umgehungsmöglichkeiten — 616
   c) Die Maastricht-Kriterien — 617

d) Die Berechnung des Defizits ... 619
e) Maßnahmen zur Begrenzung der Verschuldung in den USA ... 619
f) Fazit ... 620
3. Generational accounting ... 620

Literatur zum 26. Kapitel ... 621

Achter Teil: Der Rahmen eines föderativen Staates ... 623

27. Kapitel: Theoretische Grundlagen des Föderalismus ... 623

1. Einleitung ... 623
2. Föderalismus und Allokation ... 623
   a) Ein einfaches Modell ... 623
   b) Bereitstellungs- und Ballungskosten ... 627
   c) Interregionale Spillovers ... 630
   d) Das Tiebout-Modell ... 632
   e) Steuerwettbewerb ... 634
   f) Beurteilung des Tiebout-Modells und allokationspolitische Konsequenzen ... 636
3. Föderalismus, Verteilung und Stabilisierung ... 636
   a) Die Zuweisung der Verteilungsaufgabe ... 636
   b) Die Zuweisung der Stabilisierungsaufgabe ... 638
   c) Die Beziehung zwischen Aufgaben- und Einnahmenverteilung ... 638
4. Die Theorie der Zuweisungen ... 639
   a) Formen der Zuweisungen ... 639
   b) Wirkungen verschiedener Zuweisungen ... 639
   c) Finanzkraftunterschiede ... 642
5. Abschließende Beurteilung des normativen Modells ... 642
6. Politische Ökonomie des Föderalismus ... 643

Literatur zum 27. Kapitel ... 644

28. Kapitel: Die Praxis des Föderalismus in Deutschland ... 645

1. Die deutsche Finanzverfassung ... 645
   a) Vorbemerkungen ... 645
   b) Die Aufgabenverteilung zwischen den Gebietskörperschaften ... 645
   c) Verteilung der Ausgaben auf die Gebietskörperschaften (Grundsatzregelung und Ausnahmefälle) ... 646
   d) Verteilung der Einnahmen nach der Finanzverfassung ... 648
      (1) Vertikale Einnahmenverteilung ... 648
      (2) Horizontale Steuerverteilung und Länder-Finanzausgleich ... 651
   e) Die Stellung der Gemeinden in der deutschen Finanzverfassung ... 654
   f) Interregionale Kooperationen ... 658

2. Zur Problematik der Mischfinanzierung	658
3. Beurteilung des deutschen Finanzausgleichs	660
4. Ein einfaches polit-ökonomisches Modell zum Länder-Finanzausgleich	663
Literatur zum 28. Kapitel	664

29. Kapitel: Finanzausgleich in der Europäischen Union (EU)   666

1. Begründungen für eine supranationale Ebene	666
2. Institutionen der EU	666
3. Der EU-Haushalt	667
a) Überblick über den Haushalt	667
b) Die Einnahmen	668
(1) Grundsätzliches	668
(2) Die einzelnen Finanzierungsquellen	668
c) Die Ausgaben	669
4. Die tatsächliche Aufgabenerfüllung	670
5. Die deutsche Nettozahlerposition	671
6. Politökonomische Aspekte der EU	671
Literatur zum 29. Kapitel	672

Literaturverzeichnis   673

Sachregister   707

Vorwort zur 8. Auflage

Die vorliegende achte Auflage stellt eine wesentlich überarbeitete und erweiterte Fassung gegenüber der siebten Auflage dar. Die Behandlung des Staates musste an die umfassende Revision der Volkswirtschaftlichen Gesamtrechnungen angepasst werden. Die Behandlung der Theorie des Marktversagens, des staatlichen Entscheidungsprozess und der Haushaltpraxis in Deutschland wurden ausgebaut. Im Bereich der Besteuerung wurde neueren Entwicklungen insbesondere bei Einkommen-, Körperschaft- und Ökosteuern Rechnung getragen und die Behandlung der Steuern im internationalen Zusammenhang erweitert. Vertieft wurde auch der Abschnitt über die Verschuldung des Staates. Im Bereich der finanzwirtschaftlichen Verteilungspolitik ist die soziale Sicherung nun einbezogen, hinsichtlich des föderativen Rahmens wurde die supranationale Ebene berücksichtigt.

In frühere Fassungen der neuen Auflage sind Entwürfe von Professor Dr. Robert von Weizsäcker eingeflossen. Meine Mitarbeiter Dr. Große Holtforth, Dipl.-Vw. Kopetsch und Dipl.-Vw. Schulz haben mich bei der Vorbereitung der Neuauflage tatkräftig unterstützt. Denen allen danke ich. Besonders erwähnt werden müssen das erhebliche Engagement und die Geduld von Frau D. Bei bei der Übertragung der Kapitel in eine gelungene Druckvorlage.

Dieter Brümmerhoff

Einleitung

Der Staat greift auf vielfältige Weise in das Wirtschaftsgeschehen ein. Er gewährleistet wesentlich - direkt oder indirekt - die Versorgung mit Erziehungs-, Gesundheits- und Sozialleistungen, trägt zur inneren und äußeren Sicherheit bei, erfüllt viele andere Aufgaben und beeinflusst durch seine Ausgaben, Steuern und anderen Einnahmen sowie Regulierungen unzählige Entscheidungen der privaten Wirtschaftssubjekte. Angesichts der Komplexität und Interdependenz moderner Volkswirtschaften bleibt kein privater Bereich, der nicht von staatlichen Maßnahmen mehr oder weniger intensiv betroffen ist. In vielen Fällen trägt der Staat sogar z. B. durch seine Steuerpolitik zum Konkurs von Unternehmen oder zu kriminellen Handlungen (Steuerhinterziehung) bei. Er beseitigt Anreize, behindert flexible Reaktionen auf Änderungen der Wirtschaftsdaten, ruft aber auch private Aktivitäten erst hervor, indem er z. B. für eine bestimmte Infrastruktur sorgt. Richtung und Dynamik der Volkswirtschaft werden so vom Staat wesentlich mitbestimmt.

Die Möglichkeiten des Staates, die Allokation der Ressourcen, die Einkommensverteilung und die konjunkturelle Entwicklung zu beeinflussen, beruhen insbesondere darauf, dass die öffentliche Hand Zwang ausüben kann. Im Folgenden wird u. a. untersucht, ob Maßnahmen immer von Vorteil für die Volkswirtschaft sind. Zentrale Fragen hierbei sind, ob und wie die staatliche Macht eingesetzt werden kann und wird, um die Ziele der Gesellschaft zu erreichen, wie Maßnahmen wirken und wie die empirisch nachgewiesenen staatlichen Aktivitäten nach Umfang, Struktur und Entwicklung erklärt werden können.

In dem vorliegenden Lehrbuch geht es um die Grundlagen für die Analyse der Ursachen und Wirkungen staatlicher Entscheidungen in verschiedenen Bereichen ökonomischer Aktivität. Hierbei stehen die **öffentlichen Finanzen,** d. h. die **Einnahmen und Ausgaben des Staates**, im Vordergrund.

Im **ersten Teil** werden Gegenstand und Fragestellungen der Finanzwissenschaft dargelegt. Die Finanzwissenschaft verbindet in der Regel die normative und die positive ökonomische Analyse. Verschiedene Definitionsmöglichkeiten des Staates werden diskutiert. Dann geht es um die Ziele und Mittel der Wirtschaftspolitik allgemein und der Finanzpolitik im Besonderen. Von den drei Zielbereichen der Finanzpolitik (Allokation, Verteilung, Stabilisierung) werden hier vor allem die beiden ersten behandelt. Der Grund liegt darin, dass die moderne Finanzwissenschaft die Stabilisierungspolitik nicht mehr zu ihren zentralen Themengebieten zählt. Die Auseinandersetzung mit Stabilisierungspolitik findet mittlerweile vornehmlich in der Makroökonomie statt. Abschließend werden in dem Teil statistische Rechnungen (Volkswirtschaftliche Gesamtrechnungen, Finanzstatistik) erörtert, die über Umfang und Struktur staatlicher Aktivität Auskunft geben. Die Erfassung des Staates im volkswirtschaftlichen Rechnungswesen wird hier ausführlicher als üblich behandelt, u. a. weil daraus **wichtige Eigenschaften des öffentlichen Sektors und die Schranken für empirisches Arbeiten** deutlich werden.

Im **zweiten Teil** geht es um die ökonomische Rolle des Staates unter **allokativen** Gesichtspunkten: Wie sollen die volkswirtschaftlichen Ressourcen auf den privaten und den öffentlichen Sektor, wie in beiden verteilt werden? Zunächst werden wohlfahrtstheoretische Grundlagen und das Konzept allokativer Effizienz des Marktmechanismus zusammenfassend behandelt. Unter der Voraussetzung einer individualistisch ausgerichteten Gesellschaft wird die Rechtfertigung für allokative ökonomische Aktivitäten des Staates zunächst (a priori) darin gesehen, dass der Marktmechanismus bestimmte Optimalbedingungen verfehlt (**Marktversagen**), anschließend werden die Regeln diskutiert, die der Staat befolgen bzw. realisieren müsste, um die aus Externalitäten und anderen Marktunvollkommenheiten verursachte Fehlallokation der Ressourcen zu korrigieren. Das gilt auch für die optimale Versorgung mit öffentlichen Gütern.

Von großer Bedeutung ist die Analyse des **staatlichen Entscheidungsprozesses**. Zunächst geht es um theoretische Grundlagen. Die Eigenschaften einfacher Abstimmungsmodelle werden diskutiert und alternative Methoden der Entscheidungen u. a. über öffentliche Güter dargestellt. Nach der Behandlung von Einzelabstimmungen in der direkten Demokratie geht es um Eigenschaften des staatlichen Entscheidungsprozesses in einer repräsentativen Demokratie. Dem schließt sich eine Darstellung des **Haushaltsprozesses** in Deutschland an. Hier werden auch einige Verfahren (Mittelfristige Finanzplanung, Folgekostenrechnungen, Nutzen-Kosten-Analyse, Planning-Programming-Budgeting-System) behandelt, die zu mehr Rationalität der Haushaltsplanung beitragen sollen.

Anschließend werden Argumente zusammengestellt, die letztlich bei der Würdigung der Theorie des Marktversagens beachtet werden müssen: Der Staat verfügt häufig nicht über die erforderlichen Informationen, und ein Mechanismus fehlt, um die zuvor abgeleiteten Regeln für bessere Lösungen durch staatliches Eingreifen zu realisieren. Staatliche Entscheidungen sind auch nicht kostenlos, und der Staat reagiert nicht optimal auf Marktversagen. Daher ist es häufig eine empirische Frage, ob der Staat bessere allokative Ergebnisse als der Markt erzielt bzw. erzielen kann. Stets sind die Kosten des jeweiligen Prozesses zu vergleichen. Die Entscheidung zwischen staatlicher Versorgung und Marktmechanismus ist daher in der Regel eine Entscheidung zwischen **unvollkommenen Alternativen**. Die Schwächen des staatlichen Allokationsprozesses können als Basis für eine **Theorie des Staatsversagens** betrachtet werden. Der Staat kann durch seine Maßnahmen die Wohlfahrt der Bürger erhöhen, indem er eine aktive Rolle im Entscheidungsprozess einnimmt, er kann sie aber auch verschlechtern.

Zum Abschluss dieses Teils werden einige Erklärungsansätze für die langfristige Zunahme staatlicher Aktivität dargestellt und dann Fragen der **Privatisierung öffentlicher Tätigkeiten** behandelt.

Im **dritten Teil** werden **verteilungspolitische Aspekte** der staatlichen Aktivität untersucht. Im Hintergrund stehen Vorstellungen von **Gerechtigkeit**. Je nachdem, wie sie definiert wird, fallen die den einzelnen Individuen zugewiesenen Gewichte unterschiedlich aus. Zunächst geht es um den Gegenstand der Verteilungspolitik: Was soll zwischen wem umverteilt werden? Dem werden einige Daten zur Verteilung von Einkommen und Vermögen in der Bundesrepublik angefügt. Dann wird der Frage „Warum Verteilungspolitik?" wieder im Sinne einer Suche nach a priori-Argumenten nachgegangen. Hier wird die **Unsicherheit über verteilungspolitische Ziele**, die fast nie explizit genannt sind (bei gleichzeitiger Vielfalt der existierenden und eingesetzten, vor allem finanzpolitischen Instrumente), deutlich. Wie kann eine gerechte Verteilung definiert und erreicht werden? Anschließend geht es um **Möglichkeiten einer rationalen (Um-)Verteilungspolitik mit finanzpolitischen Mitteln**. Was kann beeinflusst werden, und welche Mittel sind hierzu einzusetzen? Die staatlichen Einnahmen und Ausgaben können beabsichtigt oder unbeabsichtigt Auswirkungen auf die Verteilung haben. Die Kenntnis dieser Wirkungen der öffentlichen Finanzen ist Voraussetzung für eine rationale Verteilungspolitik. Die **Wirkungen finanzpolitischer Maßnahmen** werden unter der Bedingung der **formalen Inzidenz** und in einfachen Modellen hinsichtlich der **materiellen Inzidenz** untersucht. Dann geht es um mögliche **Ansatzpunkte staatlicher Verteilungspolitik**.

Im letzten Kapitel dieses Teils werden Grundzüge der Theorie und Politik der sozialen Sicherung und hier speziell der **Sozialversicherung** behandelt. Einige Aspekte werden auch bei der Analyse der Wirkung finanzpolitischer Instrumente und der staatlichen Verteilungspolitik berührt. Wegen des engen Zusammenhangs zwischen Einnahmen und Ausgaben bei den verschiedenen Zweigen der Sozialversicherung werden die Sozialbeiträge nicht in einem gesonderten Teil (wie bei Steuern und öffentlicher Verschuldung) behandelt. Sie sind hier zusammen mit den sozialen Leistungen Gegenstand der Betrachtung. Auch wegen ihrer erheblichen finanziellen Bedeutung und institutioneller Besonderheiten werden die Sozialversicherungen gesondert behandelt.

Der **vierte Teil** behandelt kurz die Frage, ob der Staat stabilisierend eingreifen soll. Danach werden einige Anmerkungen zu finanzpolitischen Stabilisierungsstrategien gemacht. Abschließend wird die Theorie staatlicher Entscheidungen angewandt, um zu klären, inwieweit ein stabilitätsgerechtes Verhalten des Staates überhaupt erwartet werden kann.

Der **fünfte Teil** stellt grundsätzliche Fragen der Besteuerung. Nach der Diskussion einiger **steuertechnischer** Fragen geht es um die Ausgestaltung des Steuersystems: Wie sollen die Steuern auf die Bürger verteilt werden? Im Rahmen dieser normativen Problematik werden traditionell (und auch hier) das Äquivalenz- und das Leistungsfähigkeitsprinzip behandelt.

Dem schließt sich die (positive) Analyse der **Wirkungen** der Steuern auf die Preise und auf die Allokation der Ressourcen an. Die Preiseffekte verschiedener Steuern werden in mehreren mikroökonomischen Partialmodellen untersucht. Dann geht es um die Auswirkungen verschiedener Steuern auf die Entscheidungen der einzelnen Haushalte und Unternehmen bei ihrem Angebot und der Nachfrage nach Gütern und Faktoren. Steuern verursachen stets **Wohlfahrtseinbußen**. Da diese aber je nach Steuer unterschiedlich sein dürften, wird auch untersucht, welche Steuern diese Verluste möglichst gering halten **(optimale Besteuerung)**.

Im **sechsten Teil** folgt der allgemeinen Wirkungsanalyse eine Darstellung der wichtigsten Steuern in Deutschland **(Einkommen-, Körperschaft-, Umsatz- und Gewerbesteuer)**. Auch Ökosteuern werden behandelt. Nach grundsätzlichen Ausführungen zur politischen Ökonomie der Besteuerung und zu Steuerreformen werden Ausgabensteuern untersucht. Abschließend wird in Grundzüge der internationalen Besteuerung eingeführt.

Der **siebte Teil** beginnt mit einer Darstellung von Formen, Struktur und Umfang der Staatsverschuldung. Dem schließen sich die Theorie der Staatsverschuldung und die politische Ökonomie der öffentlichen Verschuldung an.

Im **achten Teil** werden Grundlagen des **Föderalismus** zunächst auf nationaler Ebene behandelt. Es geht um die Zuweisung von Entscheidungsbefugnissen auf verschiedene staatliche Ebenen und um Probleme der Mobilität. Im Mittelpunkt stehen **allokative** Aspekte, andere Zielbereiche werden nur kurz behandelt. Der Föderalismus ist ein wesentlicher Aspekt des Staates und führt in der Analyse der ökonomischen Wirkungen staatlicher Tätigkeiten zu Komplikationen, weil anstelle eines Gesamtstaates mehrere staatliche Ebenen berücksichtigt werden müssen. Abschließend wird die in Deutschland bestehende **Aufgaben-, Einnahmen- und Ausgabenverteilung auf verschiedene staatliche Ebenen (= Finanzausgleich)** und die Umverteilung von Steuern zwischen Gebietskörperschaften gleicher und verschiedener Ebenen dargestellt. Abschließend wird der Finanzausgleich in der Europäischen Union behandelt.

Das Buch konzentriert sich möglichst auf allgemeine Prinzipien, es bezieht sich aber speziell auf die Wirtschaft der Bundesrepublik Deutschland. Um Problembereiche deutlicher zu machen, ist die strenge Systematik an einzelnen Stellen durchbrochen. So werden etwa im Anschluss an die diskutierten verschiedenen Formen des allokativen Marktversagens bereits Möglichkeiten staatlicher Allokationspolitik behandelt, obwohl z. B. die Instrumente der Steuerpolitik erst später ausführlich dargestellt werden. Auch ist die Untersuchung der Wirkungen in mikroökonomischer Analyse weitgehend auf Steuern (und Transfers/Subventionen) beschränkt. Makroökonomische Aspekte werden nur kurz und vor allem im vierten Teil behandelt. Dieses Vorgehen lässt sonst nötige Wiederholungen vermeiden und erlaubt ein stärkeres Konzentrieren auf die angesprochenen Fragen. Die verwendeten Modelle sind in der Regel recht einfach, zu umfangreiche theoretische Erörterungen sind weitgehend vermieden worden. Weiterführende Literaturhinweise werden im Anschluss an die einzelnen Kapitel gegeben.

Literatur zur Finanzwissenschaft

a) Einige Lehrbücher

Bei den folgenden Lehrbüchern handelt es sich um mehr oder weniger umfassende Gesamtdarstellungen der Finanzwissenschaft:

Andel (1998), Atkinson/Stiglitz (1980), Bailey (1995), Blankart (1998), Boadway/Wildasin (1984), Brown/Jackson (1990), Connolly/Munro (1999), Cullis/Jones (1998), Graf (1999), Iha (1998), Musgrave (1969a), Musgrave/Musgrave/Kullmer (1-3, 1992/94), Myles (1995), Nowotny (1999), Petersen (1992/94, 1988/89), Rosen (1992; deutsch: Rosen/Windisch, 1992), Rürup/Körner (1985), Stiglitz (1988, deutsch: Stiglitz/Schönfelder 1989), Wellisch (2000, I-III) und Zimmermann/Henke (1994).

b) Handbücher u. ä.

Einschlägiges Werk ist das Handbuch der Finanzwissenschaft (HdF), das in vier Bänden in 3. Aufl. (1977-1983) erschienen ist. Auch die früheren Auflagen sind gelegentlich von Bedeutung. Im Handwörterbuch der Wirtschaftswissenschaft (HdWW) sind zahlreiche Artikel finanzwissenschaftlichen Problemen gewidmet. Es ist das Nachfolgewerk des Handbuchs der Sozialwissenschaften (HdSW), das viele auch jetzt noch interessante Artikel enthält. Als kürzeres Nachschlagewerk ist das Lexikon der Staats- und Geldwirtschaft von Recktenwald (1983) zu empfehlen. Ferner ist auf das von Auerbach/Feldstein (1985, 1987) herausgegebene Handbook of Public Economics zu verweisen.

c) Einige Zeitschriften

Wichtigste deutsche Zeitschrift, die insbesondere finanzwissenschaftlichen Themen gewidmet ist, ist das „Finanzarchiv". Es ist inhaltlich und methodisch breit angelegt.

Steuerwissenschaftliche Fragen mit Betonung des Steuerrechts und der Betriebswirtschaftlichen Steuerlehre, aber vielen Berührungspunkten zur Finanzwissenschaft, behandelt „Steuer und Wirtschaft".

Englischsprachige Zeitschriften mit finanzwissenschaftlichem Schwerpunkt sind „Journal of Public Economics", „Public Finance, Finance Publique", „Public Finance Quarterly", „National Tax Journal", „International Tax and Public Finance", „Journal of Public Economic Theory" und „Economics of Governance".

Erster Teil
Grundlagen

1. Kapitel
Gegenstand und Fragestellungen der Finanzwissenschaft

1. Gegenstand

Gegenstand der Finanzwissenschaft ist die **öffentliche Finanzwirtschaft**. Hierbei geht es um die ökonomische Analyse staatlichen Handelns, also um die Ökonomie des öffentlichen Sektors (englisch: **Public Economics** oder **Public Sector Economics**), wobei Einsatz bzw. Verwendung der **Einnahmen und Ausgaben des Staates** von zentraler Bedeutung sind. Sie finden ihren rechnerischen Niederschlag (weitgehend) in den öffentlichen Haushaltsplänen.

Die öffentlichen Einnahmen und Ausgaben werden als - **finanzpolitische** - Instrumente eingesetzt, um bestimmte Ziele zu erreichen. Sie sollen z. B. die Einkommens- und Vermögensverteilung in bestimmter Weise beeinflussen. Eine Beschränkung der Betrachtung nur auf die öffentlichen Einnahmen und Ausgaben ist allerdings in vielen Fällen problematisch:

• So findet die Erfüllung der Aufgaben des Staates je nach Instrumentenwahl ganz verschieden in seinen Budgets ihren Niederschlag (z. B. Kindergeld oder Kinderfreibeträge) und kann mit unterschiedlichem Aufgaben- und Ausgabenzwang für den privaten Sektor verbunden sein (Beispiele: Mitwirkungspflichten bei der Besteuerung oder bei der Erstellung von Statistiken).

• Finanzpolitische Instrumente sind ferner Teil eines Spektrums sehr unterschiedlicher Formen der Einflussnahme, die ineinander übergehen: direkte Kontrollen (Rationierung, zentrale Planung), Regulierung (z. B. von Preisen, Mengen), Betrieb öffentlicher Unternehmen, Gesetzgebung (Kartell-, Verschmutzungs-, Sicherheitsrecht) und Geldpolitik. Diese Instrumente können Alternativen zu den finanzpolitischen Mitteln sein. Zur Verwirklichung umweltpolitischer Ziele stehen u. a. die Festlegung zulässiger Standards der Luftverschmutzung, die Versteigerung von Verschmutzungsrechten oder die Einführung vom Verschmutzungsgrad abhängiger Steuern zur Verfügung. Infolge institutioneller Beschränkungen kann der Einsatz bestimmter Instrumente ausgeschlossen sein (z. B. deutsche Geldpolitik).

2. Fragestellungen

Wie auch in anderen wirtschaftswissenschaftlichen Objektbereichen können bei der Untersuchung der öffentlichen Finanzwirtschaft verschiedene Fragestellungen auftreten; diese lassen sich in folgende Kategorien einteilen:

• Fragen der Wirtschaftstheorie (positive Theorie)

Die Wirtschaftstheorie (positive Ökonomik) sucht zu **erklären,** was war oder ist, und **vorherzusagen,** was sein wird. Sie sucht **Ursachen** und Ursachenkomplexe (warum und wodurch) aufzudecken (Kausalanalyse). Es wird aber auch gefragt, welche **Wirkungen** von bestimmten Handlungen ausgehen (Wirkungsanalyse). In beiden Fällen geht es um generalisierende Aussagen und stochastische Regelmäßigkeiten. Finanzwissenschaftliche Fragestellungen im Rahmen der positiven Ökonomik sind etwa: Inwieweit ist eine empirisch feststellbare Einkommensverteilung Folge einer bestimmten Finanzpolitik? Inwieweit ist diese Finanzpolitik ihrerseits auf ganz konkrete gesellschaftliche Bedingungen zurückzuführen? Wie wirken bestimmte finanzpolitische Maßnahmen auf die Einkommensverteilung? Warum sind die Staatsausgaben im Sozialbereich stärker als das Bruttoinlandsprodukt gestiegen? Wie lässt sich erklären, warum die Einkommensteuer durch vielfachen Einbau von Sonderregelungen immer komplizierter geworden ist?

• Fragen der normativen Theorie

Die normative Ökonomik „befasst sich mit dem, was sein soll". Zur Lösung wirtschaftspolitischer Probleme müssen Kriterien **(Normen)** gesetzt oder explizite Zielsysteme zugrunde gelegt werden, die auf Werturteilen beruhen. Es werden dann Vorschläge (Empfehlungen) für die Politik entwickelt, die diesen Kriterien genügen. Um alternative Maßnahmen bewerten zu können, muss festgelegt werden, wie wichtig verschiedene Ziele sind. Auswahl und relative Bewertung der Ziele stellen „auf das Wirtschaftsleben angewandte Ethik" (Giersch) dar. Beispiele für Fragen der normativen Theorie sind etwa: Soll der Staat überhaupt in die Allokation der Ressourcen eingreifen? Was ist eine gerechte Verteilung? Wieviel Umverteilung (von Einkommen, Vermögen, Macht u. a.) soll stattfinden?

Zu den Fragen der normativen Theorie rechnet auch, was in der angewandten Ökonomik (Theorie der Wirtschaftspolitik) untersucht wird: Mit welchen Mitteln kann die Aufgabe, die sich aus dem Unterschied zwischen dem Sein und dem Seinsollen ergibt, am besten gelöst werden? (Giersch 1961, S. 27). Dieses Seinsollen konkretisiert sich in Zielsetzungen, die einen bestimmten Mitteleinsatz zu ihrer Realisierung verlangen. Die theoretische Wirtschaftspolitik ist also eine Teleologie, eine Zweck-Mittel-Analyse der Ökonomik.

Hierbei geht es darum, „die **tatsächliche** sozialökonomische **Situation** möglichst weitgehend einer bestimmten **Programmsituation** anzunähern. Ihre Lösung erfordert dreierlei: Erstens muss man wissen, wie die **tatsächliche** Situation ist und wie sie voraussichtlich sein wird, wenn von seiten der Wirtschaftspolitik nichts geschieht. Zweitens ist eine hinreichend klare Vorstellung von der **Programmsituation** nötig: man muss wissen, was man will oder was sein sollte. Drittens ist zu prüfen, mit welchen **Mitteln** die tatsächliche oder voraussichtliche Situation am besten der Programmsituation angenähert werden kann (Giersch 1961, S. 26).

Normative wissenschaftliche Fragestellungen sind hier etwa: Inwieweit soll die Finanzpolitik zur Durchsetzung einer gerechten Verteilung beitragen? Wäre es zweckmäßiger, zusätzliche Sparprämien zu gewähren oder die Steuerprogression zu verschärfen, um eine gleichmäßigere Vermögensverteilung zu erreichen? Sollen Steuern und/oder Staatsausgaben zur Konjunkturstabilisierung eingesetzt werden?

Die Trennung zwischen den beiden Fragestellungen ist allerdings fließend. Es gibt eine Fülle von Beispielen ökonomischer Analyse, in denen sich normative und positive Aspekte vermengen. Bereits die Auswahl der zu behandelnden positiven Fragen stellt ein normatives Problem dar. Als Beispiel für die Verknüpfung der Antworten auf beide Fragestellungen denke man an eine Steuerreform. Die relative Effizienz einer neuen Steuer hängt im Vergleich zu einer bestehenden wesentlich davon ab, welche Auswirkungen jeweils auf Risikobereitschaft, Investitionen, Arbeitsangebot angenommen werden. Ohne die Kräfte hinter den Entwicklungen zu verstehen, kann auch nicht die Wirkung der durchgeführten und der geplanten Politik beurteilt werden. Ferner ist die Frage interessant, ob sich in einem demokratischen System wie in Deutschland effiziente Lösungen überhaupt durchsetzen lassen.

Die beiden Fragestellungen liegen den einzelnen Teilen dieses Buches mit unterschiedlichem Gewicht zugrunde.

3. Die Abgrenzung des Staates

Es fällt nicht leicht, die **öffentliche Finanzwirtschaft** bzw. den **Staat** als Träger der Finanzpolitik zu definieren und gegenüber dem privaten (= nichtstaatlichen) Bereich abzugrenzen. Einigkeit besteht darüber, dass Bund, Länder und Gemeinden einschließlich Gemeindeverbände zum Staat rechnen. Wo sind aber Deutsche Bundesbank, Volkswagenwerk (Landesbeteiligung), städtisches Versorgungsunternehmen und Parafiski zuzuordnen?

Parafiski sind mehr oder weniger vom Haushalt der Gebietskörperschaften getrennte Einrichtungen, in denen die Mitgliedschaft auf Zwang beruht und von deren Mitgliedern Zwangsbeiträge erhoben werden. Hierzu rechnen die Sozialversicherungen, ferner Industrie- und Handelskammern, Handwerks- und Ärztekammern, aber auch Kirchen. Teilweise werden auch die öffentlichen Fernseh- und Rundfunkanstalten hierzu gezählt.

Es bedarf eines einheitlichen Kriteriums. Tatsächlich lassen sich der öffentliche und der private Bereich auf die verschiedenste Weise abgrenzen, ohne dass bisher eine theoretisch befriedigende und empirisch umsetzbare allgemein akzeptierte Definition gefunden wurde:

So könnten zum Staat jene Institutionen rechnen, die **kollektiv nutzbare** („öffentliche") **Güter** im Gegensatz zu individuell nutzbaren („privaten") Gütern anbieten. Es gibt aber kaum reine private oder reine öffentliche Güter, so dass praktisch alle Aktivitäten als mehr oder weniger privat bzw. öffentlich gelten können (vgl. das 4. Kapitel).

Aufgrund **funktionaler** Gesichtspunkte könnte der Staat nach typischerweise von ihm erfüllten bzw. zu erfüllenden Aufgaben abgegrenzt werden. Auch dieses Kriterium hilft nicht unbedingt weiter, weil vergleichbare Tätigkeiten (z. B. Müllabfuhr, Schule) sowohl in derselben Periode etwa in verschiedenen Regionen als auch im Zeitablauf von unterschiedlichen Institutionen durchgeführt werden bzw. wurden.

Ein weiteres Charakteristikum staatlicher Aktivität könnten das ihm zugrundeliegende **Handlungsprinzip** sein: versorgungswirtschaftliches Handeln des Staates im Gegensatz zum erwerbswirtschaftlichen Handeln der Privaten. Der Staat strebt demnach keine Gewinnerzielung an, nicht einmal Kostendeckung ist überall erforderlich. Aber auch nach diesem Handlungsprinzip abzugrenzen ist praktisch kaum möglich, weil viele in der Regel als privat angesehene Institutionen gewinnunabhängig handeln. Ferner ist die Absicht nur schwer festzustellen.

Der Staat könnte auch einfach nach **institutionellen** Gesichtspunkten umschrieben werden. Da es sich bei der Finanzwissenschaft um einen Zweig der Wirtschaftswissenschaft handelt, kommt es letztlich auf ökonomische Unterschiede bei der Abgrenzung der Wirtschaftssubjekte an. Dann ist das Kriterium aber nur eingeschränkt verwendbar, weil häufig vergleichbare Tätigkeiten von Gebietskörperschaften und (mehr oder weniger unter staatlicher Kontrolle) von privaten Wirtschaftseinheiten durchgeführt werden.

Schwierigkeiten ergeben sich insbesondere im Grenzbereich zu den Unternehmen, so dass häufig die **Eigentumsverhältnisse** als ergänzendes Kriterium diskutiert werden. Sie lassen aber keine sicheren Schlüsse auf das Verhalten zu. Probleme gibt es ferner bei der Zuordnung der Aktivitäten, die zunächst privatwirtschaftlich erscheinen, sich aber vom privaten Sektor durch eine Reihe von Eigenschaften (z. B. Zwangsmitgliedschaft, -beiträge) unterscheiden.

Das entscheidende Merkmal staatlicher Aktivität ist darin zu sehen, dass der Staat mit **hoheitlicher Gewalt** ausgestattet ist, also die Möglichkeit hat, Zwangsmaßnahmen zu ergreifen. Er kann Gebote oder Verbote aussprechen. Dies ist sicherlich von großer Bedeutung, insbesondere weil die Finanzierung der unentgeltlich abgegebenen staatlichen Leistungen weitgehend über Zwangsabgaben (Steuern) erfolgt. Allerdings wird der moderne Staat heute nicht nur hoheitlich tätig, sondern beteiligt sich auch am (markt-)wirtschaftlichen Austausch. Ferner wird auch im privaten Sektor der Zwang als Mittel angewendet. Nur hat der Staat die **letzte, höchste Kompetenz.**

Eine stets klare Abgrenzung lässt sich, welches dieser Kriterien auch gewählt wird, nicht durchführen. Der Übergang zwischen privatem und staatlichem Bereich ist regelmäßig fließend. **Jeder Abgrenzungsversuch ist daher in gewisser Weise willkürlich** bzw. nur mit einer gewissen Unschärfe vorzunehmen. So beruht vieles einfach auf **Konventionen.** Das gilt auch für die im 2. Kapitel behandelte Abgrenzung des Staates in den Volkswirtschaftlichen Gesamtrechnungen und in der Finanzstatistik.

4. Ziele und Mittel der Finanzpolitik

a) Allgemeine Eigenschaften von Zielen und Mitteln

Ziele und Instrumente werden im Rahmen der allgemeinen Theorie der Wirtschaftspolitik behandelt. Verstanden als **rationale Wirtschaftspolitik** geht es dort um die bestmögliche Realisierung vorgegebener Ziele. Hierbei stellt die **Finanzpolitik einen Teilbereich der gesamten Wirtschaftspolitik** dar, der von der übrigen Wirtschaftspolitik durch seine **Instrumente** abgegrenzt wird.

Angenommen ein Wirtschaftssystem werde durch die Gleichungen beschrieben

(1-1) $\quad F(y_i, x_j) = 0, \qquad i = 1 \ldots n, \; j = 1 \ldots m.$

Hierbei sind zwei Arten von Variablen zu unterscheiden. Die Variablen x_j sind außerhalb des Systems bestimmte Parameter (**exogene Variable**). Sie beeinflussen die **endogenen Variablen** y_i, ohne selbst von diesen größenmäßig verändert zu werden. Es wird hier angenommen, dass die x_j direkt vom Staat kontrolliert (z. B. Staatsausgaben, Steuersätze) und als **wirtschaftspolitische Instrumentvariablen** (oder Aktionsparameter) eingesetzt werden können[1]. Wenn der Staat darüber entschieden hat, welchen Wert er seinen Instrumentvariablen gibt, bestimmen die als unabhängig und widerspruchsfrei vorausgesetzten n Gleichungen (1-1) eindeutig die Werte der y_i. Letztere werden nicht direkt vom Staat festgelegt, sie hängen aber von den x_j ab. Das System kann dadurch gelöst werden, dass y_i in Form von x_j formuliert wird:

(1-2) $\quad y_i = y_i(x_j).$

Die endogen bestimmten Variablen y_i sollen als **Zielvariablen** bezeichnet werden, wenn sie einen bestimmten numerischen Wert bekommen, z. B.

(1-3) $\quad y_i = \overline{y}_i$

In diesem Fall spricht man von **fixierten Zielen**. Daneben gibt es aber auch **flexible Ziele**, wenn zwar die Zielvariablen und bestimmte funktionale Beziehungen zwischen diesen, nicht aber auch die Zielwerte festgelegt werden.

Die Lösung von (1-2) hängt nun davon ab, wie die Ziele von den Entscheidungsträgern formuliert werden. Das Entscheidungsproblem ist relativ einfach, wenn es darum geht, eine Zielsetzung mit Hilfe eines Instruments zu verwirklichen. Die gleichzeitige Realisierung mehrerer fixierter Ziele ist in ihrer Planung und Durchführung wesentlich komplizierter und steht häufiger vor kaum lösbaren Konsistenzproblemen.

---

[1] Hier wird von jenen nicht-steuerbaren (exogenen) Variablen abgesehen, deren Werte durch die Natur, durch das Ausland oder andere Kräfte außerhalb des Modells festgelegt werden. Sie beeinflussen die Werte der y_i ohne Instrumente zu sein.

Die Gleichungssysteme (1-2) und (1-3) implizieren eine Reihe von Anforderungen an die Instrumente:
- Wenn genauso viele Unbekannte wie Gleichungen vorliegen, gibt es in der Regel nur eine Menge Werte für die Unbekannten, die die Gleichungen erfüllen. Das heißt: Um eine bestimmte Menge Ziele zu erreichen, bedarf es wenigstens der gleichen Anzahl Instrumente. Mit n Instrumenten ist aber noch nicht gewährleistet, dass die m = n Ziele erfüllt werden. Hierzu müssen n unabhängige Instrumente vorliegen[1]. Es kann allerdings sein, dass bei Einsatz eines Instruments automatisch mehr als ein Ziel beeinflusst wird.
- Wenn mehrere Ziele angestrebt und verschiedene Instrumente eingesetzt werden, muss der Einsatz der Instrumente **koordiniert** werden,
- Instrumente müssen **Variable** sein, konstante Größen eignen sich nicht als Instrumente. Sie müssen nicht nur technisch, sondern auch politisch **variierbar** sein, d. h. von den Trägern der Wirtschaftspolitik autonom fixiert werden können. Fragen der Kompetenz, der politischen Durchsetzbarkeit, der Kontrollierbarkeit usw. treten hier auf.

Der Grad der Erfüllbarkeit mehrerer tatsächlicher und potenzieller Ziele hängt von den **Zielbeziehungen** ab. Diese können, abgesehen von Neutralität (= Unabhängigkeit voneinander), in **Komplementarität** oder in **Konkurrenz** bestehen. Die grafische Darstellung der Zielbeziehungen erfolgt in sog. Transformationskurven; sie haben bei Komplementarität (Substitutionalität) eine positive (negative) Steigung. Bei komplementären Zielen ruft die Realisierung des einen Ziels nur erwünschte Auswirkungen auf andere Ziele hervor. Die Erfüllung (Nichterfüllung) eines Ziels trägt also gleichzeitig zur Erfüllung (Nichterfüllung) eines anderen Ziels bei. Für die praktische Wirtschaftspolitik ist vor allem die Konkurrenz der Ziele ein wesentliches Problem. Sie hat zur Folge, dass **Zielkonflikte** auftreten, d. h. die Realisierung eines Ziels geht zu Lasten anderer Ziele. Ein Beispiel für meist kaum vermeidbare trade-offs besteht etwa darin, mehr Gerechtigkeit in der Wirtschaft ohne Effizienzeinbußen zu erzielen. Die Ziele können aber auch logisch nicht vereinbar sein (z. B. Konkurrenz - keine Konkurrenz).

Inkonsistente Zielformulierungen resultieren überwiegend aus der Eigenart von Partialbetrachtungen: Die verschiedenen Teilziele werden isoliert verfolgt. Widerspruchsfrei (konsistent) können die Teilziele nur formuliert werden, wenn die zwischen ihnen bestehenden Beziehungen durch Rückbesinnung auf höherrangige Ziele erkannt und in ihrer Bedeutung transparent gemacht werden. Diese Durchdringung erleichtert es, Zielkonflikte zu entschärfen, indem man Prioritäten setzt oder die Partialziele relativiert (Pohmer 1981, S. 262).

Innerhalb von **Zielhierarchien** sind Ziele meist Mittel für höhere Ziele und Mittel ihrerseits (Unter-)Ziele. Daher stellt sich häufig das Problem, zu entscheiden, was ei-

---

[1] Die Unabhängigkeit kann in verschiedenen Fällen aufgehoben sein. Wenn z. B. die Notenbank der einzige Weg der Finanzierung öffentlicher Defizite ist, gibt es keine von der Finanzpolitik unabhängige Geldpolitik.

Variablen möglichst aus wenigen obersten Zielen ableiten lassen, oder die obersten Ziele die gesamte Politik umfassen, müssen oberste Ziele sehr weit formuliert werden. Dann fehlt ihnen aber die Operationalisierbarkeit. **Operationalisierbarkeit** setzt Messbarkeit sowie räumliche und zeitliche Fixierbarkeit voraus. Die genaue Messvorschrift ist Teil der Zieldefinition. Es ist fraglich, in wieweit sich überhaupt konsistente Zielsysteme formulieren lassen (vgl. das 5. Kapitel) und ob diese politisch relevant sind.

Mit Zielhierarchien geht einher, dass bestimmte Ziele nicht unmittelbar, sondern erst (mittelbar) über andere Größen beeinflussbar sind. So sind ein angestrebter hoher Beschäftigungsstand oder eine bestimmte Inflationsrate nicht unmittelbar, sondern z.B. erst über die Veränderung der Gesamtnachfrage zu erreichen. Weitere Probleme:
• Die Wirkungen der Instrumente auf die endogenen Variablen (Ziele) können nicht mit Sicherheit vorhergesagt werden. Bei verschiedenen angestrebten Zielen müssen dann jeweils die Erwartungswerte und Risiken gewichtet werden.
• Beobachtete Regelmäßigkeiten können dann verschwinden, wenn die Entscheidungsträger sie ausnutzen wollen. So können festgestellte Korrelationen zwischen Instrument- und Zielvariablen das Verhalten der Entscheidungsträger und nicht der Wirtschaft wiedergeben.
• Es ist möglich, dass die strukturellen oder Verhaltensgleichungen makroökonomischer Modelle bei Änderung der Entscheidungsregeln nicht stabil bleiben, weil die privaten Wirtschaftssubjekte ihr Verhalten dem der staatlichen Entscheidungsträger anpassen. Folglich lässt sich nicht vorhersagen, ob und wie Politiken die Modellparameter ändern. Simulationen bestehender Modelle können sich daher - bei richtigen (rationalen) Erwartungen - als ungeeignete Hilfe für die Wirtschaftspolitik erweisen.

b) Ziele der Finanzpolitik

Einem Vorschlag von Musgrave (1959) folgend ist es üblich, die staatliche Finanzpolitik nach drei großen Zielbereichen zu gliedern: Allokation, Distribution und Stabilisierung.

Beim **Allokationsziel** geht es um die effiziente Verwendung knapper Ressourcen. Durch Allokationspolitik sollen Einsatz und Verwendung der volkswirtschaftlichen Ressourcen mit dem Ziel beeinflusst werden, zu einem anderen Ergebnis zu kommen, als es die privaten Aktivitäten im marktwirtschaftlichen Abstimmungsprozeß hervorbringen würden. Letztlich verlangt das Allokationsziel als theoretische Norm die Verwirklichung eines Höchstmaßes an gesellschaftlicher Wohlfahrt.

Das **Verteilungsziel** besteht in einer „als gerecht empfundenen" Verteilung. Hierzu sind die Voraussetzungen und Ergebnisse der sich marktmäßig ergebenden Verteilung insbesondere von Einkommen und Vermögen zu verändern; aber auch andere Zielgrößen der Verteilungspolitik, wie z. B. Chancen, Konsum und Nutzen, sind denkbar.

Die **Stabilisierungspolitik** hat die Aufgabe, die mit der marktwirtschaftlichen Ordnung verbundenen Schwankungen der wirtschaftlichen Aktivität, d. h. Konjunktur- und Wachstumsschwankungen, zu glätten und speziell für eine normale Auslastung des Produktionspotenzials und ein stabiles Preisniveau zu sorgen. Zahlungsbilanzausgleich und angemessenes Wachstum werden gelegentlich dem Stabilitätsziel, das Wachstumsziel auch dem Allokationsziel (als intertemporale Dimension) untergeordnet.

Die o. g. drei Ziele können **nicht als typisch für die Finanzpolitik** angesehen werden. Sie gelten für die Wirtschaftspolitik allgemein. Daher lässt sich die Finanzpolitik auch nicht von den Zielen, sondern **nur von ihren Mitteln** her gegenüber anderen Bereichen der Wirtschaftspolitik abgrenzen.

Darüber hinaus wird häufig von dem **fiskalischen Ziel** gesprochen, womit zunächst die Bereitstellung der notwendigen Mittel zur Durchführung der genannten Ziele gemeint ist. Das fiskalische Ziel ist jedoch den anderen Zielen untergeordnet; es gleicht einem Instrument, mit dessen Hilfe die gewünschten Aufgaben und Ausgaben erfüllt werden können. Auf der Ausgabenseite hätte das fiskalische Ziel in der wirtschaftlichen und effizienten Verwendung der Mittel seinen entsprechenden Ausdruck.

Abschließend sei darauf hingewiesen, dass der theoretischen Abgrenzung der einzelnen Ziele keineswegs eine ähnlich scharfe Trennungslinie in der Realität gegenübersteht. Zwischen den genannten Zielbereichen bestehen enge Verbindungen, und Maßnahmen in einem Bereich wirken sich regelmäßig auf andere Ziele aus. So führt etwa die unentgeltliche Bereitstellung bestimmter Leistungen durch den Staat zu einer anderen Versorgung als bei reiner marktwirtschaftlicher Bereitstellung von Gütern. Dies ändert auch die gesamtwirtschaftliche Produktionstätigkeit. Ferner rufen die öffentlichen Leistungen je nach Umfang und Struktur verschiedene Verteilungswirkungen hervor. Schließlich beeinflussen neben den Leistungen bzw. Ausgaben auch ihre Finanzierungsformen die einzelnen Zielbereiche. Die Allokation ist abhängig von der Stabilisierungspolitik, u. a. weil erst ein voll (bzw. normal) ausgelastetes Produktionspotenzial eine effiziente Ressourcenverwendung gewährleistet. Die Stabilisierungspolitik kann aber auch durch Mängel in der Allokation begründet sein, auf die sie immer durch Änderungen in der Zusammensetzung des gesamtwirtschaftlichen Outputs (privat - staatlich) einwirkt.

c) Finanzpolitische Instrumente

Während die genannten Ziele nicht als charakteristisch allein für die Finanzpolitik gelten können, gibt es typische finanzpolitische Instrumente. Diese bestehen in den verschiedensten Formen öffentlicher Einnahmen und Ausgaben. Sie werden später ausführlich behandelt. Zu solchen Einnahmen und Ausgaben zählen nicht nur kassenmäßig erfasste Ströme, sondern auch Größen, die nicht oder nur teilweise rechnerisch (in den öffentlichen Haushalten) erfasst werden: das gilt speziell für **unterbliebene Einnahmen in Form von Steuervergünstigungen** („tax expenditures") und für **Ge-**

währleistungen (Bürgschaften, Exportgarantien, Zusagen von Verlustübernahmen), die man als potenzielle Ausgaben bezeichnen könnte.

Im Prinzip liegen Instrumente nur dann vor, wenn der Staat eine direkte Kontrolle über bestimmten Variablen hat. In vielen Fällen haben die öffentlichen Einnahmen und Ausgaben **keinen unmittelbaren Instrumentcharakter**, das Volumen finanzpolitischer Aktivitäten kann nicht absolut bestimmt werden. So sind die Steuereinnahmen für den Staat nur **Erwartungsparameter**. **Aktionsparameter** sind hingegen die Abgrenzung der Steuerpflicht, die Gestaltung der Bemessungsgrundlagen und die Festlegung der Steuertarife und -zahlungsmodalitäten[1]. Ähnliches gilt für einige vom Staat geleistete Übertragungen (Subventionen, Transfers an Haushalte). Die Effizienz finanzpolitischer Instrumente hängt also von den Reaktionen der betroffenen Wirtschaftssubjekte ab. Bei den öffentlichen Ausgaben für Käufe von Sachgütern und Dienstleistungen können ferner die bewilligten von den verausgabten Mitteln abweichen. Soweit im Folgenden Veränderungen der Steuern und der Staatsausgaben untersucht werden, handelt es sich daher um mehr oder weniger grobe Vereinfachungen.

Die Beziehungen zwischen finanzpolitischen und anderen wirtschaftspolitischen Instrumenten sind eng. Einmal kann zur Verfolgung der Ziele in vielen Fällen auf verschiedene Instrumentalternativen zurückgegriffen werden[2]. Zum anderen sind die Grenzen z. B. zur Geldpolitik fließend. Ferner ist zu beachten, dass vom Einsatz finanzpolitischer (wie auch anderer) Mittel in der Regel nicht nur ein Impuls ausgeht. Zu den beabsichtigten treten dann unbeabsichtigte Effekte (**Nebenwirkungen**), die im Hinblick auf die verschiedenen angestrebten Ziele erwünscht oder unerwünscht sein können.

d) Optimale Finanzpolitik

Aus den Ziel-Mittel-Beziehungen können Kriterien für den finanzpolitischen Instrumenteneinsatz abgeleitet werden. Immer wenn eine Abweichung von einem als gewünscht eingeschätzten Zustand diagnostiziert wird, müssen die Ursachen hierfür erforscht, geeignete Mittel ausgewählt und bewertet sowie in richtiger sachlicher und zeitlicher Dosierung eingesetzt werden. Eine **optimale Finanzpolitik** besteht dann in den Entscheidungsregeln für finanzwirtschaftliche Staatsaktivitäten, „die aus gesamtwirtschaftlichen Modellen über die Maximierung bzw. Minimierung einer Zielfunktion unter Nebenbedingungen abgeleitet werden. Die Zielfunktion ist der quantifizierte Ausdruck der auf bestimmte Variablen bezogenen Präferenzen einer finanzpolitischen Entscheidungsinstanz. Solche Variablen können z. B. die Höhe, die Verteilung oder die Zusammensetzung des Sozialprodukts sein. Die Zielsetzung der optimalen Finanz-

---

[1] Daher bietet z. B. die Einkommensteuer viele Instrumentalternativen. Werden diese allerdings eingesetzt, wird die Steuer kompliziert, und die Frage entsteht, ob die so entworfenen Instrumente im Hinblick auf die Ziele effektiv sind.

[2] So kommt z. B. in den USA den Regulierungen ein wachsendes Gewicht zu, weil bei erhöhtem Zwang zum Budgetausgleich politische Ziele stärker durch nichtausgabenwirksame Programme verwirklicht werden.

politik ist darauf gerichtet, die Werte der Zielvariablen im gesamtwirtschaftlichen Optimum zu ermitteln (Zielidentifizierungsproblem) und Realisierungsvorschriften für den Einsatz der finanzwirtschaftlichen Instrumente zu entwickeln (Zielrealisierungsproblem), so dass sich hierüber die Optimalwerte der Zielvariablen verwirklichen lassen" (Rose/Wenzel/Wiegard 1981, S. 1).

In der Praxis sind allerdings die Ziele selten klar formuliert, so dass es schwierig ist, die Präferenzen einer finanzpolitischen Entscheidungsinstanz mit der Optimierung einer Zielfunktion in Übereinstimmung zu bringen. Ferner liegt in der Regel eine Vielzahl nur schwer zu erfassender Beschränkungen vor, die die Umsetzung theoretischer Vorstellungen schwierig und sogar unmöglich machen.

Literatur zum 1. Kapitel

Als Einführung in Problemstellung und Methoden der heutigen Finanzwissenschaft ist Littmann (1977) zu empfehlen.

Die auf J. N. Keynes (1891) zurückgehenden Fragestellungen der positiven und der normativen Ökonomik behandelt Giersch (1961, Kap. II-IV).

Abgrenzungsprobleme des Staates diskutiert Littmann (1975, Kap. I); siehe auch Peters (1985). Zur Bedeutung und Beurteilung der Parafiski siehe Smekal (1980) und Tiepelmann/von der Beek (1992).

Einen guten Überblick über Ziele, Zielbeziehungen und Instrumente im Rahmen der Theorie der Wirtschaftspolitik liefern Baumgarten/Mückl (1969) weitgehend im Anschluss an Tinbergen (1963, 1968). Ferner ist Hansen (1958) von Bedeutung. Zur Klassifizierung in die drei großen Zielbereiche der Finanzpolitik siehe Musgrave (1959, 1969a), zu den Zielen der Finanzpolitik ferner Albers (1977b), kritisch zum fiskalischen Ziel Rose (1973). Die finanzpolitischen Instrumente behandelt Zimmermann (1981) ausführlich.

2. Kapitel
Die Aktivität des Staates im Überblick

1. Vorbemerkung

Der Staat (= öffentlicher Sektor) ist mit seinen vielfältigen ökonomischen Aktivitäten ein wichtiger Teil des Wirtschaftsprozesses. Er beeinflusst die wirtschaftliche Entwicklung nachhaltig durch seine Tätigkeit als Produzent von Verwaltungsleistungen, als Investor und durch seine Rolle, die er bei der Verteilung und Umverteilung von Einkommen und Vermögen spielt. Der Staat trägt somit direkt, aber auch indirekt erheblich zur Entstehung, Verteilung und Verwendung des Inlandsprodukts bei. Seine Aktivitäten finden ihren Niederschlag in verschiedenen Rechnungen der einzelnen öffentlichen Haushalte (Finanzplan, Haushaltsplan, Haushaltsrechnung, Kassenrechnung, Vermögensrechnung, teils zusammengefasst in der Finanzstatistik) und in den Volkswirtschaftlichen Gesamtrechnungen.

Im Folgenden soll zunächst dargestellt werden, wie der Staat in den Volkswirtschaftlichen Gesamtrechnungen erfasst wird[1]. Später werden auch Unterschiede zwischen Volkswirtschaftlichen Gesamtrechnungen und Finanzstatistik hinsichtlich der Aufzeichnung der staatlichen Einnahmen und Ausgaben behandelt.

Ferner werden einige Indikatoren diskutiert, mit deren Hilfe die staatliche Aktivität gemessen und Auskunft darüber geben werden kann, wie sie sich längerfristig entwickelt hat.

2. Der Staat in den Volkswirtschaftlichen Gesamtrechnungen (VGR) und in der Finanzstatistik

a) Der Staat im einfachen Kreislaufbild

Zunächst sollen einige einfache Kreislaufzusammenhänge betrachtet werden. Der Kreislauf ist ein System von Definitionen gesamtwirtschaftlicher Ströme. Die Ströme bringen in der Regel Transaktionen zum Ausdruck, die von Wirtschaftssubjekten (Akteuren) in einer Periode durchgeführt wurden. Solche Transaktionen und sonstigen Vorgänge[2], werden üblicherweise in Kreislaufbildern, Matrizen, Konten oder Tabellen dargestellt. Zur systematischen Erfassung des volkswirtschaftlichen Geschehens bedarf es der Entscheidungen, welche Transaktionen und sonstigen Vorgänge dargestellt,

---

[1] Die Ausführungen legen das ab 1999 in allen EU-Staaten anzuwendende Europäische System Volkswirtschaftlicher Gesamtrechnungen (ESVG 1995) zugrunde, das auf dem neuen System of National Accounts der Vereinten Nationen (SNA 1993) beruht.

[2] Das ESVG 1995 spricht hier von sonstigen realen Vermögensänderungen und rechnet dazu z. B. Umbewertungsgewinne/-verluste. Auch Abschreibungen fallen hierunter und gelten als Transaktionen.

wie sie verbucht und nach welchen Gesichtspunkten die Akteure zu Gruppen zusammengefasst werden sollen.

In Abb. 2-1 ist eine Volkswirtschaft nur mit den Sektoren private Haushalte und Unternehmen dargestellt, wobei die Sektoren vereinfachend in klassischer Weise abgegrenzt sind[1].

Die monetären Ströme haben jeweils die gleiche Größe wie die ihnen entgegengesetzt laufenden Güter- (= Sachgüter- und Dienstleistungs-) und Faktorleistungsströme, da auch letztere in Geld ausgedrückte Größen (Werte) darstellen. Die Aktivitäten lassen sich dann anhand einer der beiden Arten von Strömen erfassen, durch die indirekt auch die entgegenlaufenden Ströme gemessen werden. In den VGR werden in der Regel die monetären Gegenströme der Güter- und Faktorleistungsströme verbucht.

Abb. 2-1 Einfaches Zwei-Sektoren-Modell

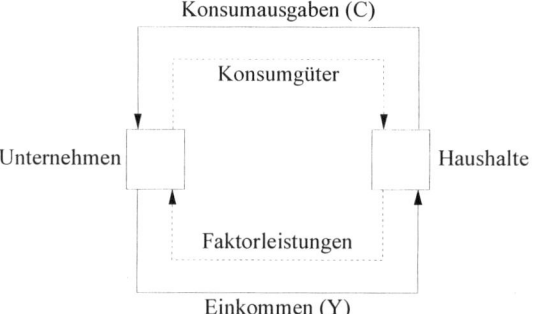

Die Probleme, die die Einbeziehung des Staates mit sich bringt, machen die besonderen Eigenschaften dieses Sektors deutlich. Erweitert man die in Abb. 2-1 dargestellten Güter- und Faktorleistungsströme um die des Staates, kann sich folgendes Bild für den „realen" Kreislauf ergeben:

Abb. 2-2 Der Staat im „realen" Kreislauf

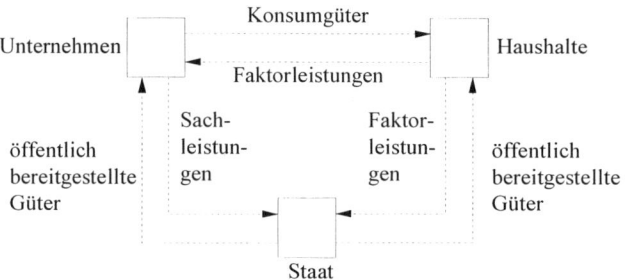

---

[1] Hier wird ein Unternehmenssektor verwendet, obwohl es diesen im ESVG nicht mehr gibt.

2. Kapitel: Die Aktivität des Staates im Überblick

Die Haushalte stellen Faktorleistungen zur Verfügung. Sie empfangen hierfür die im Einnahmen-/Ausgabenkreislauf von Abb. 2-3 dargestellten Einkommen von den Unternehmen (Y_H^U) und vom Staat (Y_H^{St}). Der Staat bezieht von den Unternehmen Sachgüter und Dienstleistungen, die in Abb. 2-3 Vorleistungen für seine Produktion darstellen. Zu diesen Vorleistungskäufen (M_{St}) gehören z. B. die Ausgaben für Kreide des Lehrers, Kampfflugzeuge oder das Scheibenwischen bei öffentlichen Gebäuden durch private Firmen. Die staatlichen Inputs können in den VGR relativ einfach erfasst und verbucht werden, weil monetäre Gegenströme (M_{St}, Y_H^{St}) vorliegen. Die staatlichen Outputs (öffentlich bereitgestellte Güter) lassen sich hingegen nicht so einfach ermitteln. Das mag verwundern, denn viele staatliche Leistungen sind denen ähnlich, die private Unternehmen erbringen (z. B. Leistungen von privaten und öffentlichen Schulen). Aber die staatlichen Leistungen werden weitgehend nicht für den Markt hergestellt und nicht zu wirtschaftlich signifikanten Preisen verkauft. Den in Abb. 2-2 dargestellten Strömen öffentlich bereitgestellter Güter, die von den Haushalten und Unternehmen genutzt werden, entsprechen also **keine monetären Gegenströme**. Diese können nur **unterstellt** werden. Im Einnahmen-/Ausgabenkreislauf (Abb. 2-3) sind daher keine unentgeltlich abgegebenen staatlichen Leistungen berücksichtigt. Die von den Unternehmen (T_U) bzw. von den Haushalten (T_H) an den Staat geleisteten Transfers (Steuern) stellen kein spezielles Entgelt für diese Leistungen dar.

Abb. 2-3 Der Staat im Einnahmen-/Ausgabenkreislauf

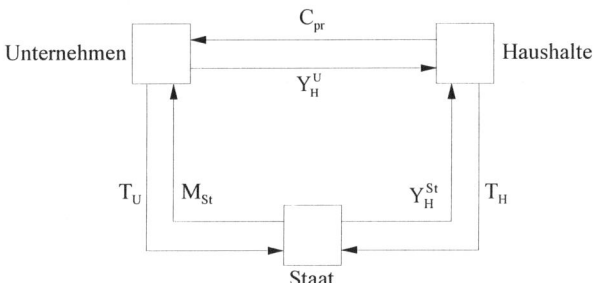

Die Unentgeltlichkeit bewirkt unvermeidbare Nebenfolgen. So ist es empirisch schwierig oder überhaupt nicht zu überprüfen,
• ob ein bestimmtes öffentliches Gut nachgefragt, also ob es von den Staatsbürgern verlangt wird,
• inwieweit das öffentliche Gut den Privaten Nutzen stiftet,
• in welchem Verhältnis das öffentliche Gut als Vorleistung in die private Produktion eingeht oder als Endnachfrage von den privaten Haushalten verbraucht wird und
• welche Relationen zwischen dem Wert eines öffentlichen Gutes und dem Wert eines privaten Gutes anzusetzen sind (Littmann 1976, S. 75).

Auf diese und weitere Fragen sowie ihre Lösung in den VGR ist im Folgenden einzugehen.

b) Die Abgrenzung des Staates in den VGR

Im ersten Kapitel wurde schon gezeigt, dass es einige Schwierigkeiten bereitet, den Sektor Staat befriedigend abzugrenzen. Dies gilt grundsätzlich auch für die VGR als einem mit empirischen Daten ausgefüllten System von Definitionen gesamtwirtschaftlicher Ströme und Bestände. Das ESVG 1995 schreibt allerdings die Unterscheidung der Sektoren
- nichtfinanzielle Kapitalgesellschaften, finanzielle Kapitalgesellschaften, Staat, private Haushalte, private Organisationen ohne Erwerbszweck und die Kriterien für ihre Abgrenzung vor. Diese Sektoren bilden die
- gesamte Volkswirtschaft, der die
- übrige Welt als Sammelkonto aller Transaktionen mit dem Ausland gegenübersteht.

Die volkswirtschaftlichen Sektoren werden aus institutionellen Einheiten[1] nach dem Schwerpunkt ihres wirtschaftlichen Interesses gebildet. Die Sektorengliederung zeigt, dass es (im Gegensatz zur traditionellen Sektoreinteilung) im neuen ESVG einen Unternehmenssektor nicht mehr gibt, in dem alle unternehmerischen Tätigkeiten zusammengefasst sind. Im Einzelnen gilt:

- **Nichtfinanzielle Kapitalgesellschaften** sind durch marktbestimmte Produktion von Waren und nichtfinanziellen Dienstleistungen definiert. Bei Kapitalgesellschaften (AG, GmbH, Genossenschaft) besteht die Trennung zwischen Unternehmensphäre und Eigentümerhaushalten zweifelsfrei. Dieser Sektor umfasst auch Quasi-Kapitalgesellschaften ohne eigene Rechtspersönlichkeit bzw. mit beschränkter Rechtsfähigkeit, aber mit weitgehender Entscheidungsautonomie und einem vollständigen Rechnungswesen (OHG und KG). Für die Abgrenzung gegenüber dem Staat ist von Interesse, dass die Krankenhäuser der öffentlichen und frei-gemeinnützigen Träger als Quasi-Kapitalgesellschaften diesem Sektor zugeordnet werden[2].

- **Finanzielle Kapitalgesellschaften** stellen Bank- und Versicherungsdienstleistungen und damit verbundene Nebenleistungen bereit. Der Sektor umfasst Kreditinstitute, Versicherungsunternehmen sowie das Kredit- und Versicherungshilfsgewerbe. Im Untersektor Versicherungsgesellschaften und Pensionskassen werden die Zusatzversorgungseinrichtungen der Gebietskörperschaften einbezogen (früher Teil der Sozialversicherung), die wie etwa die Versorgungsanstalt des Bundes und der Länder (VBL) Körperschaften des öffentlichen Rechts sind und die Merkmale von Quasi-Kapitalgesellschaften besitzen.

---

[1] Eine institutionelle Einheit liegt vor, wenn sie zum einen wirtschaftlicher Entscheidungsträger ist, d. h. eigenverantwortlich Produktionsentscheidungen trifft, Aktiva erwirbt und Verbindlichkeiten eingehen kann, und zum anderen über ein vollständiges Rechnungswesen (mit Informationen über die Verwendung/Verteilung des Betriebsüberschusses) einschließlich Vermögensbilanz verfügt. Für eine institutionelle Einheit können mehrere örtliche fachliche Einheiten nachgewiesen werden. Sie ermöglichen eine tiefer gegliederte Darstellung der Produktionsvorgänge.

[2] Die Krankenhäuser müssen aufgrund des Krankenhaus-Finanzierungsgesetzes und weiterer abgeleiteter Rechtsnormen ein spezielles und umfassendes Buchhaltungssystem anwenden. Auch besitzt das Krankenhausmanagement weitgehende Entscheidungsautonomie in der Wirtschaftsführung und in den Pflegesatzverhandlungen mit den Krankenkassen.

2. Kapitel: Die Aktivität des Staates im Überblick

- Die **privaten Haushalte** schließen auch jene institutionellen Einheiten ein, bei denen die Trennung der Unternehmensphäre von den Eigentümerhaushalten kaum möglich ist. Der Sektor ist durch Konsum sowie Produktion marktbestimmter Güter und von Gütern für die Eigenverwendung beschrieben. Zu den privaten Haushalten als Marktproduzenten rechnen alle Selbständigen.

- **Private Organisationen ohne Erwerbszweck** sind (als private sonstige Nichtmarktproduzenten)[1] durch Produktion und Bereitstellung sonstiger nichtmarktbestimmter Güter beschrieben. Hierzu rechnen Organisationen, Verbände, Vereine, Institute usw. - einschließlich ihrer Anstalten und Einrichtungen -, deren Leistungen vorwiegend privaten Haushalten dienen und die sich zu einem wesentlichen Teil aus freiwilligen Zahlungen (Beiträgen, Spenden usw.) von privaten Haushalten und nur zu einem geringen Teil aus öffentlichen Zuwendungen finanzieren (z. B. Gewerkschaften, Fachverbände, politische Parteien, Kirchen und Religionsgemeinschaften, Forschungseinrichtungen und wissenschaftliche Gesellschaften, kulturelle und soziale Einrichtungen, Sport- und Freizeitvereine, Hilfswerke und andere gemeinnützige Organisationen).

- Zum Sektor **Staat** rechnen alle Institutionen, deren Aufgabe überwiegend in der Produktion und Bereitstellung sonstiger nichtmarktbestimmter Güter sowie Umverteilung von Einkommen und Vermögen besteht. Er finanziert sich hauptsächlich aus Zwangsabgaben. Zum Staat gehören die Gebietskörperschaften und die Sozialversicherung. Nicht zum Sektor Staat rechnen im Eigentum der Gebietskörperschaften und der Sozialversicherung befindliche Unternehmen, unabhängig von ihrer Rechtsform. Das gilt auch für Krankenhäuser und Universitätskliniken, die eine vollständige Rechnungslegung (kaufmännisches Rechnungswesen) haben[2]. Ausgeschlossen sind auch die Zusatzversorgungseinrichtungen für Angestellte und Arbeiter des Bundes, der Länder, der Gemeinden und anderer öffentlicher Körperschaften[3]. Eingeschlossen sind hingegen die (früher im Unternehmenssektor nachgewiesenen) Bruttobetriebe[4].

Die **Gebietskörperschaften** umfassen den Bund einschließlich Sondervermögen wie Lastenausgleichsfonds, ERP-Sondervermögen, Kreditabwicklungsfonds, Erblastentilgungsfonds, Fonds 'Deutsche Einheit' und Bundesbahnvermögen (ohne das der Deutschen Bahn AG zugewiesene Personal), die Länder einschließlich Stadtstaaten und die Gemeinden einschließlich der Gemeindeverbände (Ämter, Kreise, Bezirks-, Landschaftsverbände usw.) sowie der kommunalen Zweckverbände. Bei den zuletzt genannten Institutionen und den ihnen gleichgestellten Organisationen zwischengemeindlicher Zusammenschlüsse handelt es sich um Körperschaften des öffentlichen Rechts, denen mindestens eine Gemeinde oder ein Gemeindeverband als Mitglied an-

---

[1] Die Bezeichnung als sonstige private bzw. öffentliche Nichtmarktproduzenten für die privaten Organisationen bzw. den Staat erklärt sich daraus, dass als erste Gruppierung die Nichtmarktproduzenten für die Eigenverwendung genannt werden; vgl. auch S. 24.
[2] Sie werden dem Sektor Kapitalgesellschaften zugeordnet.
[3] Sie rechnen zu den Versicherungen in den finanziellen Kapitalgesellschaften.
[4] Sämtliche Einnahmen und Ausgaben von Bruttobetrieben erscheinen unsaldiert beim Träger.

gehört und die den Zweckverbandsgesetzen und entsprechenden Landesgesetzen unterliegen. Zu den Gebietskörperschaften rechnen auch öffentliche Einrichtungen der Sozialhilfe (Altenheime, Blindenheime, Obdachlosenheime u. ä.), Einrichtungen der Jugendhilfe (Erziehungsheime, Jugendbildungsheime u. ä.), Einrichtungen des Gesundheitswesens, soweit sie nicht als Quasi-Kapitalgesellschaften gelten, Vieh- und Schlachthöfe, Markthallen, Feuerwehren, Bestattungseinrichtungen. Nicht zum Sektor Staat zählen Deutsche Bahn, Bundespost, Treuhandanstalt bzw. deren Nachfolgeorganisationen, die Bundesmonopolverwaltung für Branntwein, die Bundesanstalt für landwirtschaftliche Marktordnung, kommunale Versorgungs- und Verkehrsunternehmen sowie Hafenbetriebe, soweit sie sog. örtliche fachliche Einheiten mit mindestens 50%-iger Kostendeckung aus Verkäufen darstellen. Die Wohnungsbauförderungsanstalten der Länder gehören zu den Kreditinstituten.

Die **Sozialversicherung** umfasst in den VGR die Rentenversicherungen der Arbeiter und der Angestellten, die knappschaftliche Rentenversicherung, die Alterssicherung für Landwirte, die gesetzliche Krankenversicherung, die gesetzliche Unfallversicherung, die gesetzliche Pflegeversicherung (ab 1995) und die Arbeitslosenversicherung.

Da die Eigentumsverhältnisse für die Sektorzuordnung unbeachtlich sind, rechnen **öffentliche Unternehmen** – unabhängig von ihrer Rechtsform – nicht zum Staat, sondern gelten als Teil der finanziellen bzw. nichtfinanziellen Kapitalgesellschaften (außer die dem Staat zugerechneten Institutionen). Grundsätzlich ist die Abgrenzung öffentlicher Unternehmen schwierig. Kriterien wie staatliche Beteiligung, Tätigkeit im öffentlichen Interesse und Verbuchung dieser Unternehmen nur mit ihrer Gewinnabführung oder Verlustdeckung in den Haushalten der öffentlichen Eigentümer (Nettobetriebe) reichen nicht aus. Bedeutsam dürfte vor allem die externe Zielbestimmung sein, denn meist unterliegen öffentliche Unternehmen gesetzlichen und/oder politischen Restriktionen. So berücksichtigt die Preis- bzw. Tarifpolitik infolge einer engen Bindung der öffentlichen Unternehmen an den politischen Entscheidungsprozess häufig soziale Gesichtspunkte, um die Rationierungsfunktion des Preises zu begrenzen. Auch auf die Personalpolitik sind (insbesondere partei)politische Einflussnahmen zu beachten. Das ESVG 1995 sieht vor, Kapitalgesellschaften nach dem Eigentumsaspekt in private, öffentliche und ausländische Institutionen zu unterscheiden. Deutschland wird diese Unterscheidung nicht einführen.

In der Praxis umfasst der Sektor Staat in den VGR letztlich sehr heterogene Institutionen (Gebietskörperschaften, Sozialversicherung, Markthallen und Feuerwehren). „Die Schwächen eines hohen Aggregationsgrades sind offenkundig. Ein Sammelkonto ‚Staat' verleitet leicht zu der Vorstellung, die Gestaltung der Einnahmen und Ausgaben aller zusammengefassten Einzelhaushalte (... lokale Gebietskörperschaften, Nebenfisken, Sozialversicherung) seien auf ein gemeinsames Ziel ausgerichtet und von einem gemeinsamen Willen geleitet" (Bombach 1977, S. 58). Tatsächlich kann aber kaum von einem gemeinsamen Handeln der verschiedenen Teile des Staates ausgegangen werden.

Die Abgrenzung des Staates ist für verschiedene Fragestellungen bedeutsam. So wirkt sich eine unterschiedliche sektorale Abgrenzung auf die Höhe und die Zusammensetzung des Inlandsprodukts und auch z. B. auf die Höhe des staatlichen Defizits aus. In der Praxis des Statistischen Bundesamtes erfolgen die Zuordnungen im Detail auf der Grundlage von Vorgaben des Europäischen Statistischen Amtes (Eurostat). Dieses wiederum hat die im System of National Accounts (SNA) der Vereinten Nationen angegebenen und daraus für das Europäische System Volkswirtschaftlicher Gesamtrechnungen (ESVG) der Europäischen Gemeinschaften abgeleiteten Kriterien umzusetzen.

Konventionen werden nur bei größeren Revisionen der Gesamtrechnungen verändert. Da das ESVG für alle EU-Staaten rechtsverbindlich ist, können Abweichungen von den Konventionen autonom nur für nationale Ergänzungsrechnungen gewählt werden. Jede Modifizierung der Abgrenzungen und Neuzuordnung zum Staat oder Ausklammerung aus diesem ruft Umrechnungskosten hervor, und Probleme der zeitlichen und internationalen[1] Vergleichbarkeit treten auf[2]. So ist es vorstellbar, Teile der privaten Organisationen dem Staat zuzurechnen, wenn sie weitgehend von diesem finanziert werden oder wenn sie, wie die Kirchen, in der Art ihrer Finanzierung und Leistungsabgabe dem Staat ähneln. Solche Umrechnungen ergeben unter Umständen ganz unterschiedliche Werte für das Ausmaß der öffentlichen Aktivität.

„Es ist jedoch nicht eindeutig zu bestimmen, ob und unter welchen Bedingungen eine engere oder eine weitere Abgrenzung des staatlichen Sektors sachgerecht ist. Da sich während des zeitlichen Ablaufs im allgemeinen die Grenzen zwischen privaten und öffentlichen Sektoren ändern und da sich im internationalen Vergleich Unterschiede in der staatlichen Zuständigkeit feststellen lassen, müssen insoweit - zuweilen stark verzerrende - Mängel in der Aussagefähigkeit" von Messzahlen für die staatliche Aktivität veranschlagt werden (Wissenschaftlicher Beirat beim BMF 1976, S. 852).

c) Produziert der Staat überhaupt?

Die Auffassung, dass der Staat produziert, ist durchaus nicht immer und überall akzeptiert worden. In dem auf Adam Smith zurückgehenden **Konzept der materiellen Produktion** werden die Dienstleistungen des Staates grundsätzlich nicht der Produktion zugerechnet, weil nur auf Sachgüter abgestellt wird. Schon Friedrich List hat sich darüber mokiert, dass wohl die Aufzucht von Schweinen, nicht aber die Aufzucht von Kindern produktiv sei[3].

Ist man der Meinung (die sich in den VGR niederschlägt), dass die Produktion Sachgüter **und Dienstleistungen** umfasst, so ist ferner zu entscheiden, ob auch nicht-

---
[1] Sofern nicht entsprechende Anpassungen erfolgen.
[2] Als jüngste Beispiele wurden oben die staatlichen Krankenhäuser und Universitätskliniken genannt, die nicht mehr dem Staat zugerechnet werden.
[3] Das von den Vereinten Nationen als System der Materiellen Produktion bezeichnete Rechnungswesen wurde auch in der DDR und in anderen sozialistischen Ländern verwendet.

marktbestimmte Produktion, insbesondere die unentgeltlich abgegeben staatlichen Leistungen, in den Produktionsbegriff eingezogen werden sollen.

Für die Erfassung dieser Leistungen als Teil der gesamtwirtschaftlichen Produktion spricht, dass sie in der Regel gleichzeitig oder zu anderen Zeiten und in anderen Ländern zumindest teilweise vom privaten Sektor oder vom Staat für den Markt hergestellt und verkauft wurden bzw. werden. Entscheidet man sich dagegen, diese Leistungen als Produktion zu erfassen, bleibt offenbar ein erheblicher Teil der Versorgung mit Leistungen z. B. im Verkehrswesen, in der Rechtspflege oder Ausbildung unberücksichtigt. Wichtig ist auch, dass der Staat Produktionsfaktoren einsetzt und um diese konkurriert, also einen Teil des gesamtwirtschaftlichen Produktionspotenzials in Anspruch nimmt. Dabei entstehen Einkommen.

d) Die Bewertung der Nichtmarktproduktion des Staates

(1) Die Abgrenzung Nichtmarkt- und Marktproduktion

Die VGR gehen über den marktbestimmten Produktionsbegriff hinaus, erfassen also Markt- und Nichtmarktproduktion. **Marktproduktion** (bei der Sektorenabgrenzung bereits angesprochen) liegt vor, wenn Güter für den Markt hergestellt und zu „wirtschaftlich signifikanten" Preisen verkauft werden. Der Produktionswert institutioneller Einheiten wird nur dann zu wirtschaftlich signifikanten Preisen verkauft, wenn die Verkaufserlöse über die Hälfte der Produktionskosten decken (50 %-Kriterium). Die Marktproduktion des Staates schlägt sich in seinen Verkäufen nieder; diese stellen beim Empfänger der Leistungen entweder Vorleistungen (so bei den Kapitalgesellschaften) dar, oder sie gehen in den Privaten Konsum ein.

Nichtmarktproduktion wird unterteilt: die **Nichtmarktproduktion für die eigene Verwendung** enthält vor allem die Eigenleistungen beim Bau, die Wohnungseigennutzung im Sektor private Haushalte sowie selbsterstellte Anlagen bei den übrigen Sektoren, darunter der Staat. Die **sonstige Nichtmarktproduktion** schließt vollständig die unentgeltlich abgegebenen Dienstleistungen des Staates (und der privaten Organisationen ohne Erwerbszweck) ein.

(2) Die Bewertung der sonstigen Nichtmarktproduktion

Um die unentgeltlich abgegebenen Leistungen des Staates[1] in einem gesamtwirtschaftlichen Produktionsmaß wie dem Bruttoinlandsprodukt zu erfassen, müssen sie bewertet werden. Für die Nichtmarktproduktion[2] fehlen aber Marktpreise.

---

[1] Die quantitativ unbedeutenden selbsterstellten Anlagen werden zu Herstellungspreisen vergleichbarer Güter, soweit dies nicht möglich ist zu Produktionskosten bewertet.

[2] Für die Inputseite staatlicher Produktion, also für die vom Staat aufgenommenen Leistungen (M_{St}, Y_H^{St}) ist die Marktpreisbewertung möglich. Allerdings „erfolgt diese Marktpreisbewertung oftmals

2. Kapitel: Die Aktivität des Staates im Überblick

Grundsätzlich könnte man eine Bewertung der staatlichen Nichtproduktion mit **Pseudo-Marktpreisen** vornehmen, also zu Preisen, die bei einer entgeltlichen Abgabe dieser Leistungen erzielt würden. Dies mag zwar ein theoretisch überzeugendes Verfahren sein, es ist aber nicht praktikabel, weil sich Pseudo-Marktpreise selten etwa durch Rückgriff auf vergleichbare private Güter bestimmen lassen. Auch Ansätze, die auf die **Zahlungsbereitschaft** der potenziellen Nutzer öffentlicher Leistungen abstellen, mögen zwar bei einzelnen Projekten erfolgversprechend sein, sind aber nicht generell anwendbar.

In der Praxis der VGR werden die bei der Erstellung der sonstigen Nichtmarktproduktion angefallenen **Kosten** herangezogen. Die so berechnete Größe wird als **Konsumausgaben des Staates** (C_{St}) bezeichnet. Es wird also unterstellt, dass die Leistungen der Gemeinschaft gerade soviel wert sind, wie sie in Gestalt von Vorleistungen und Arbeitnehmerentgelt gekostet haben[1]. Daher ist zu fragen, ob denn die so gemessenen Kosten vollständig und zutreffend erfasst werden. So bleibt z. B. eine kalkulatorische Verzinsung des staatlichen Sachvermögens unberücksichtigt. Zum Anderen stellen Kosten offensichtlich ein anderes Bewertungsmaß als Marktpreise dar, weil die Nutzer der unentgeltlich abgegebenen staatlichen Leistungen nicht wie bei Markgütern mit Anpassungen reagieren (können). Tatsächlich können die Aufwendungen den Wert der Leistungen für die Gemeinschaft, d. h. die Nutzer, über- oder unterschreiten, ohne dass auch nur die Richtung bekannt ist.

Die Nichtmarktbewertung dieser staatlichen Leistungen und der Rückgriff auf die Kosten bedeuten ferner, dass Mengen und Preise der Inputs, nicht aber der Outputs berücksichtigt werden. So besteht laufend die Gefahr, dass aus wachsenden Ausgaben z. B. im Gesundheitswesen oder Bildungsbereich schlichtweg auf Leistungszunahmen oder -verbesserungen geschlossen wird. „Die Bereitstellung öffentlicher Güter bildet insoweit die causa movens, die Antriebsfeder der staatlichen Aktivität, aber über die öffentlichen Güter selbst stehen kaum Informationen zur Verfügung, schlimmer noch über öffentliche Güter wird diskutiert geplant und beschlossen, indem allein ihre Reflexe, eben just die Ausgaben zur Beschaffung der Ressourcen in das Entscheidungskalkül eingehen" (Littmann 1976, S. 74).

Wegen der nicht einheitlichen Bewertung der Güter im Markt- und Nichtmarktbereich ist auch das **Inlandsprodukt zu Marktpreisen aus unterschiedlich bewerteten Größen zusammengesetzt,** was seine Verwendbarkeit und Aussagekraft einschränkt.

---

unter besonderen Bedingungen, z. B. sind die Preise eingekaufter Rüstungsgüter im Zweifelsfalle nicht das Resultat von Wettbewerbskonstellationen. Zuweilen liegen sogar überhaupt keine Marktpreise vor, wie u. a. bei der Besoldung von Wehrpflichtigen" (Littmann 1975, S. 43).

[1] Hicks (1940) hat die Kosten der unentgeltlich abgegebenen staatlichen Leistungen als grobe Schätzung („rough estimate") ihres gesellschaftlichen Wertes interpretiert. Hierzu müssten die tatsächlichen Handlungen der staatlichen Entscheidungsträger als repräsentativ für die Bedürfnisse der Gesellschaft angesehen werden.

e) Unentgeltlich abgegebene staatliche Leistungen: Zwischen- oder Endprodukte?

(1) Mögliche Lösungsversuche

Die Frage, wem die unentgeltlich abgegebenen staatlichen Leistungen zugute kommen, ist bedeutsam: je nachdem, ob sie von Produzenten oder von Konsumenten genutzt werden, wirken sie unterschiedlich auf die Höhe des Inlandsprodukts. Soweit andere Produzenten die Leistungen nutzen, stellen sie dort (unentgeltlich bezogene) Vorleistungen dar. Berücksichtigt man dies nicht in der Rechnung, kann es zu Doppelzählungen kommen: (sonstige) staatliche Nichtmarktproduktion wird dann selbst ausgewiesen und stellt einen Teil der Produktion der anderen Wirtschaftsbereiche und Sektoren dar, zu deren Zustandekommen sie beiträgt.

Wenn die privaten Haushalte (soweit sie keine marktproduzierenden Einheiten sind) diese staatlichen Leistungen nutzen, gehen sie in den Endverbrauch ein und erscheinen nicht mehr an anderer Stelle im Produktionsprozess. In vielen Fällen (z. B. Schulen) dürfte klar erkennbar sein, wem die Leistungen zugute kommen. In anderen Fällen ist zumindest das Ausmaß ungewiss, in dem dies zutrifft. So werden Straßen durch Produzenten und durch Konsumenten genutzt; die Schutzfunktion von Polizei, Feuerwehr u. ä. kommt beiden zugute.

Die Diskussion um die Zurechnungsproblematik hat zu praktisch möglichen, aber theoretisch unbefriedigenden bzw. zu theoretisch korrekten, aber praktisch undurchführbaren Lösungsvorschlägen geführt. So wurde der Vorschlag gemacht, einfach zu unterstellen, dass die Sektoren jeweils in dem Umfang staatliche Leistungen empfangen, in dem sie Steuern zahlen. Es soll also von der **sektoralen Gültigkeit des Äquivalenzprinzips**[1] ausgegangen werden. Dann werden z. B. die von den Produzenten gezahlten Steuern als Entgelt für ihre vom Staat empfangenen (Vor-)Leistungen interpretiert. Dieser Ansatz lässt sich aber theoretisch nicht halten, da zwischen den von den Sektoren zu zahlenden Steuern und den empfangenen staatlichen Leistungen keine direkte Beziehung besteht. Steuern stellen **kein spezielles Entgelt** für staatliche Leistungen dar – ganz abgesehen von der Frage, wie die übrigen nichtsteuerlichen Einnahmen und die vom Staat geleisteten Übertragungen zu berücksichtigen wären. Haushaltsüberschüsse und -defizite bringen weitere Probleme.

Man könnte auch unterstellen, dass die staatliche Nichtmarktproduktion **voll den Produzenten** zugute kommt und in ihren Produktionswert eingeht. Diese haben dann eigene Aufwendungen in Höhe der vom Staat unentgeltlich bezogenen Vorleistungen eingespart. In diesem Fall dürfen staatliche Leistungen nur beim Staat oder als Teil der Produktion der Unternehmen verbucht werden. Andernfalls läge eine **Doppelzählung** vor, das Inlandsprodukt würde also um die öffentlichen Vorleistungen zu hoch ausgewiesen.

---

[1] Das Äquivalenzprinzip verlangt, dass den Leistungen entsprechende Gegenleistungen gegenüber stehen (vgl. Kapitel 14).

Ferner könnte jede einzelne unentgeltlich abgegebene staatliche Leistung darauf untersucht werden, wem sie zugute kommt. Dieser **spezifizierende Ansatz** ist praktisch nur eingeschränkt anwendbar, da befriedigende Aufteilungsschlüssel allenfalls für einzelne Bereiche gefunden werden können. Diese Schlüssel dürften aus Kostengründen auch nur im Wege der Konvention für Leistungsblöcke anwendbar sein. Sie werden ferner nach Zeit und Raum unterschiedlich ausfallen, wodurch die Vergleichbarkeit der Rechnung beeinträchtigt wird.

Der letzte Weg besteht darin, die gesamte sonstige Nichtmarktproduktion des Staates als **Endverwendung** („Konsumausgaben des Staates") anzusehen. Dieser Ansatz wird üblicherweise in den VGR verwandt, wofür offensichtlich weniger theoretische Gründe als praktische Schwierigkeiten der Zurechnung maßgeblich sind. Er spaltet nicht auf, welcher Teil der staatlichen Leistungen Vor- bzw. Endproduktcharakter hat, sondern behandelt alle unentgeltlich abgegebenen staatlichen Leistungen als Endprodukt; mangels besserer Lösungen werden daher bewusst Doppelzählungen in Kauf genommen. Das Verfahren ist aber auch insofern problematisch, als sich Änderungen der Abgabepraxis staatlicher Leistungen (entgeltlich versus unentgeltlich) auf die Höhe des Inlandsprodukts auswirken. Das kann auch zutreffen, wenn der Staat unentgeltlich Dienstleistungen abgibt, die vorher mit Preisen von Unternehmen angeboten wurden (und umgekehrt). Schließlich ist die Bezeichnung „Konsumausgaben des Staates" irreführend, weil der Staat diese nicht selbst verbraucht bzw. für eigene Zwecke erbringt. Allerdings fällen politische und administrative Kollektive, nicht private Haushalte, die Entscheidungen über die Versorgung mit diesen Leistungen[1].

(2) Definitorische Zusammenhänge zwischen Produktionswert und Konsumausgaben des Staates

Beim Nachweis der staatlichen Produktionstätigkeit werden verschiedene Begriffe verwendet, deren Zusammenhang in Tab. 2-1 gezeigt wird. Hierzu einige kurze Anmerkungen. Die Marktproduktion des Staates wird zu Herstellungspreisen, die sonstige Nichtmarktproduktion mit den Produktionskosten bewertet. Weil die Marktproduktion des Staates relativ gering ist, sind beim Staat Produktionswert, Brutto- und Nettowertschöpfung weitgehend mit Produktionskosten bewertet. Herstellungspreise enthalten keine Gütersteuern, aber Gütersubventionen und sonstige Produktionsabgaben. Da aber Produktions- und Importabgaben beim Staat praktisch nur in den Vorleistungen und darüber im Produktionswert enthalten sind[2], entfallen diese insoweit bei den Salden Bruttowertschöpfung bzw. Nettowertschöpfung zu Herstellungspreisen. Der (negative) Betriebsüberschuss ergibt sich allein aus der Marktproduktion des Staates.

---

[1] Das vom Staat bereitgestellte, nicht marktbestimmte Güterangebot wird auch als **Realtransfer** bezeichnet. Als Realtransfer kann auch die unentgeltliche Nutzung des staatlichen Sachvermögens (z. B. Straßen, Verwaltungsgebäude) gelten. Sie wird in den VGR insoweit (in C_{St}) erfasst, wie die laufenden Ausgaben für die Instandhaltung der Straßen und die Abschreibungen als Ausdruck dieser Nutzung angesehen werden können.

[2] So sind in Tab. 2-1 von den Nettoproduktionsabgaben in Höhe von –2,0 Mrd. DM 0,1 Mrd. sonstige Produktionsabgaben, also machen die sonstigen Subventionen –2,1 Mrd. aus.

Tab. 2-1 Produktion- und Einkommensentstehung beim Staat 1998, Mrd. DM

Marktproduktion	29,6
+ Nichtmarktprod. f. d. Eigenverwendung	1,4
+ Sonstige Nichtmarktproduktion	770,1
= Produktionswert	801,1
- Vorleistungen	423,1
= Bruttowertschöpfung	378,0
- Abschreibungen	65,3
= Nettowertschöpfung	312,7
- Arbeitnehmerentgelt	319,6
- Sonstige Nettoproduktionsabgaben[1]	-2,0
= Betriebsüberschuss[2]	-4,8

[1] Sonstige Produktionsabgaben abzüglich sonstige Subventionen.
[2] Aus Marktproduktion.
Quelle: Statistisches Bundesamt 1999, S. 147.

(3) Das Ausgaben- und das Verbrauchskonzept

Die VGR greifen die Problematik, dass der Staat nicht selbst verbraucht, auf, indem sie den Konsum des Staates nicht nur nach dem **Ausgabenkonzept** sondern auch nach dem **Verbrauchskonzept** darstellen[1]. Im zweiten Fall werden die individualisierbaren Konsumausgaben des Staates („individuell zurechenbare Sachleistungen") auf Basis einer Klassifikation der Aufgabenbereiche des Staates zum Teil dem **Individualkonsum** der privaten Haushalte zugerechnet[2]. Der Rest wird als **Kollektivkonsum** des Staates bezeichnet. Er dient nicht der unmittelbaren Befriedigung individueller Bedürfnisse, sondern kommt allen Mitgliedern der Bevölkerung oder allen Angehörigen einer bestimmten Bevölkerungsgruppe zugute.

Hinsichtlich des Vorleistungs-/Endprodukt-Problems bedeutet diese Aufspaltung, dass der Bereich der Leistungen mit Doppelzählungscharakter auf den Kollektivkonsum eingeengt wird – soweit man den Zuordnungsschlüssel für überzeugend hält.

f) Die Investitionen und Abschreibungen des Staates

Der Staat kauft zu einem Teil Güter (Vorleistungen), die unmittelbar im Produktionsprozess untergehen (verbraucht werden). Ein anderer Teil besteht in dauerhaften Produktionsgütern (Straßen, Brücken, öffentliche Gebäude usw.). In geringem Umfang werden beim Staat auch selbsterstellte Anlagen nachgewiesen. Diese entstehen, wenn

---

[1] Siehe Eurostat (1996, Tz. 3.75. bis 3.99.).
[2] Aus der Klassifikation (COFOG) nennt das ESVG 1995 explizit (Tz. 3.85) Unterrichtswesen, Gesundheitswesen, soziale Sicherung, Sport und Erholung, Kultur, ferner teilweise Bereitstellung von Wohnungen, Hausmüll- und Abwasserentsorgung und Betrieb von Verkehrsnetzen.

sich der Staat in eigener Regie und mit eigenen Arbeitskräften (z. B. Bautrupps) an Investitionsvorhaben beteiligt.

Offenbar hängt die Größe der Konsumausgaben des Staates (C_{St}) davon ab, wie eng oder weit die öffentlichen Investitionen (I_{St}) definiert werden. Das ESVG 1995 enthält einen weiten Investitionsbegriff, der nicht auf den Wert des Zuwachses an Sachgütern im Bereich inländischer Sektoren beschränkt ist, sondern auch die Anschaffung und die eigene Produktion von immateriellen Vermögensgegenständen (in die Anlageinvestitionen) einbezieht. Zu letzteren rechnen die selbsterstellte und die gekaufte Software. Beim Staat werden als Anlageinvestitionen die auch für zivile Zwecke nutzbaren militärischen Ausrüstungen und Bauten (Fahrzeuge, Kasernen, Flugzeuge, Straßen, Hafenanlagen, Krankenhäuser) verbucht, nicht hingegen der Kauf von Waffen und Waffensystemen, der (wie bisher) zu den Vorleistungskäufen des Staates und damit zu C_{St} rechnet[1]. Der staatliche Wohnungsbau wird bei den nichtfinanziellen Kapitalgesellschaften gebucht[2]. Die Bildung von Humankapital gilt in den VGR insgesamt, also auch im öffentlichen Bereich, nicht als Investition.

Der Zweck der Abgrenzung von öffentlichen Konsumausgaben gegenüber Investitionsausgaben kann sein, die Rolle des öffentlichen Sektors bei der Entwicklung der sozialen und ökonomischen Infrastruktur deutlich zu machen. Es kann allerdings bezweifelt werden, dass die Abgrenzung in den VGR[3] dieser Aufgabe gerecht wird.

Allerdings ist eine überzeugende Abgrenzung von C_{St} und I_{St} schwierig. So können öffentliche Investitionen das Wachstum stimulieren, indem sie die materielle Infrastruktur verbessern. Das mag beim Straßenbau der Fall sein. Andere Sachinvestitionen mögen dagegen eher eine längerfristig konsumtive Nutzung ermöglichen (z. B. Parks). Entsprechendes kann aber auch auf die C_{St} zugerechneten Personalausgaben zutreffen. Ausgaben für Forschung und Entwicklung können wie Sachinvestitionen dauerhafte Wirkungen hervorrufen. Stellt man allerdings auf die Wirkungen ab, ist zweierlei zu beachten. In der Regel sind nicht die Inputs, sondern die Outputs des Staates maßgeblich. Ferner ist eine Klassifikation der Ausgaben (und Einnahmen) nach den Wirkungen eigentlich nicht möglich, weil diese vor der Zuordnung bekannt sein müssen.

Auf das staatliche Sachvermögen und immaterielle Anlagegüter werden **Abschreibungen** berechnet. Abgeschrieben werden beim öffentlichen Sachvermögen auch der öffentliche Tiefbau sowie für zivile Zwecke nutzbare militärische Ausrüstungen und Bauten[4]. Die Abschreibungsbasis des Staates wirkt sich entsprechend auf die Höhe der Konsumausgaben des Staates und darüber auf das BIP aus.

---

[1] Zur Behandlung der militärischen Ausgaben siehe Brümmerhoff 2000a, S. 24.
[2] Der Nettozugang an nichtproduzierten Vermögensgütern (= Saldo aus dem Kauf und Verkauf von unbebauten Grundstücken) ist nicht (mehr) in den Bruttoinvestitionen enthalten, sondern eine eigene Ausgabenkategorie.
[3] Entsprechendes in der Finanzstatistik; vgl. S. 33.
[4] Das alte ESVG sah Abschreibungen allein auf das öffentliche Sachvermögen vor, soweit es in zivil genutzten Gebäuden und Ausrüstungen besteht.

In die Verwendungsrechnung des Bruttoinlandsprodukts

(2-1) $\quad \text{BIP} = C_{priv} + C_{St} + I + Ex - Im$

geht der Staat über die Größe C_{St} und über den staatlichen Anteil an den Investitionen in das Bruttoinlandsprodukt (BIP) ein. Unmittelbar ist die Abgrenzung zwischen C_{St} und I_{St} ohne Wirkung auf das BIP, mittelbar allerdings über die Abschreibungen, die in C_{St} eingehen.

g) Die Einnahmen und Ausgaben des Staates in den VGR

(1) Überblick: Einnahmen, Ausgaben, Finanzierungssaldo und Sparen

Die Einnahmen und Ausgaben des Staates in den VGR sind Teil eines detaillierten Kontensystems, dass hier nicht im Einzelnen vorgestellt werden soll[1]. Die Zusammenfassungen in einer laufenden Rechnung und in einer Kapitalrechnung enthalten folgende Positionen:

Übersicht 2-1 Laufende und Kapitalrechnung des Staates

Laufende Rechnung	
Laufende Ausgaben	Laufende Einnahmen
1. Vorleistungen	11. Verkäufe
2. Arbeitnehmerentgelt	Marktproduktion (ohne Gütersteuern)
3. Geleistete sonstige Produktionsabgaben	Nichtmarktproduktion
4. Geleistete Vermögenseinkommen	12. Empfangene sonstige Subventionen
5. Geleistete Subventionen	13. Empfangene Vermögenseinkommen
6. Monetäre Sozialleistungen	14. Steuern
7. Sonstige laufende Transfers	15. Sozialbeiträge
8. Abschreibungen	16. Sonstige laufende Transfers
10. Sparen (netto)	

Kapitalrechnung	
Veränderung der Aktiva	Veränderung der Passiva*
17. Geleistete Vermögenstransfers	21. Sparen (netto)
18. Bruttoinvestitionen	22. Abschreibungen
19. Nettozugang an nichtproduzierten Vermögensgütern	23. Empfangene Vermögenstransfers
20. Finanzierungssaldo	

* Verbindlichkeiten und Reinvermögen

Als **Einnahmen** werden summarisch alle Positionen auf der rechten Seite der laufenden Rechnung, also Verkäufe (11) bis empfangene sonstige laufende Transfers (16) zuzüglich empfangene Vermögenstransfers (23), festgelegt. Zu den **Ausgaben** rechnen die Positionen Vorleistungen (1) bis geleistete sonstige laufende Transfers (7) in der

---

[1] Vgl. ESVG 1995, S. 355-363.

laufenden Rechnung sowie die geleisteten Vermögenstransfers (17), Bruttoinvestitionen (18) sowie Nettozugang an nichtproduzierten Vermögensgütern (19). Tab. 2-2 zeigt für 1998 die Größenordnungen und macht nochmals deutlich, dass die Abschreibungen nicht in den Einnahmen und Ausgaben enthalten sind. Das ist insofern nicht überzeugend, als bei der Berechnung der Konsumausgaben des Staates diese Größe enthalten ist (vgl. unten).

Tab. 2-2 Einnahmen und Ausgaben des Staates 1998 in Mrd. DM und %

		Mrd. DM	%[1]
	Verkäufe aus Markt- und Nichtmarktproduktion (einschl. Produktion für die Eigenverwendung)	81,7	4,6
+	Empfangene sonstige Subventionen	2,1	0,1
+	Empfangene Vermögenseinkommen	35,7	2,0
+	Steuern	872,9	49,5
+	Sozialbeiträge	726,1	41,2
+	Empfangene sonstige laufende Transfers	29,5	1,7
+	Empfangene Vermögenstransfers	16,6	0,9
=	**Einnahmen**	1764,5	100
	Vorleistungen	423,1	23,1
+	Arbeitnehmerentgelt	319,6	17,5
+	Geleistete sonstige Produktionsabgaben	0,1	0,0
+	Geleistete Vermögenseinkommen	135,2	7,4
+	Subventionen	69,4	3,8
+	Monetäre Sozialleistungen	712,9	39,0
+	Geleistete sonstige laufende Transfers	51,8	2,8
+	Geleistete Vermögenstransfers	53,9	2,9
+	Bruttoinvestitionen	66,9	3,7
+	Nettozugang an nichtproduzierten Vermögensgütern	-3,7	-0,2
=	**Ausgaben**	1829,0	100
	Nachrichtl. Finanzierungssaldo (= Einnahmen – Ausgaben)	-64,5	

[1] % der Einnahmen bzw. Ausgaben.
Quelle: Statistisches Bundesamt, Fachserie 18, Reihe 1.3, 1998, S. 149.

Aus Übersicht 2-1 und Tab. 2-2 ist die Strukturierung der Einnahmen und Ausgaben nicht unmittelbar zu erkennen. Sie folgt der Verbuchung in drei getrennten Konten der Volkswirtschaftlichen Gesamtrechnungen, die den Prozess der Produktion, der primären und sekundären Einkommensverteilung und der Vermögensänderung beschreiben: Einnahmen fallen aus der Produktion oder im Zusammenhang mit der Produktion an, danach werden die in der Einkommensverteilung und -umverteilung angesiedelten Transfers an den Staat verbucht. Den laufenden Transaktionen folgt die Sphäre der vermögenswirksamen Transaktionen (empfangene Vermögenstransfers). Entsprechendes gilt für die Ausgaben[1,2].

---

[1] Beides ist aus dem Gruppierungsplan des Haushalts bekannt.
[2] Anzumerken ist, dass im ESVG 1995 den Güter- und Verteilungstransaktionen der laufenden und Kapitalrechnung die finanziellen Transaktionen und die sonstigen Transaktionen (z. B. Abschrei-

Die Differenz aus den **gesamten** Einnahmen und den **gesamten** Ausgaben des Staates ergibt seinen **Finanzierungssaldo**. Er entspricht der Differenz aus Sparen (S_{St}) und Investitionen (I_{St}) des Staates einschließlich Nettozugang an nichtproduzierten Vermögensgütern und Saldo der Vermögenstransfers (NV_{St}). Bei $I_{St} + NV_{St} > S_{St}$ liegt ein Finanzierungs**defizit**, bei $I_{St} + NV_{St} < S_{St}$ ein Finanzierungs**überschuss** vor. **Sparen** wird als Differenz der **laufenden** Einnahmen und **laufenden** Ausgaben definiert. Anzumerken ist, dass Sparen in den VGR brutto (einschließlich Abschreibungen) und netto (ohne Abschreibungen) nachgewiesen wird.

(2) Die Einnahmen des Staates

Im Einzelnen gilt: Zu den Einnahmen aus **Verkäufen**[1] rechnen Mieteinnahmen des Staates, Konzessionsabgaben und Gebühren. Die gegen Benutzungsgebühren abgegebenen Leistungen werden vollständig den Verkäufen zugerechnet. Auch Teile der Verwaltungsgebühren werden (im Gegensatz zur früheren Zuweisung an den Bereich „Umverteilung") in die Verkäufe einbezogen, und zwar immer dann, wenn mit dem Verwaltungsakt wesentliche Prüfungen u. ä. und damit ein Dienstleistungsverkauf verbunden sind. Das abzugrenzen ist nicht unproblematisch, weil Verwaltungs- stärker als Benutzungsgebühren Zwangscharakter haben und die Gegenleistung fast durchweg allenfalls vage dem einzelnen Gebührenpflichtigen zuzurechnen ist.

Empfangene **sonstige Subventionen** sind in der Konzeption des ESVG 1995 Zuschüsse, die an den Staat fließen, soweit er Nichtmarktproduzent ist. Hier handelt es sich derzeit ausschließlich um ABM-Mittel[2].

Die empfangenen **Vermögenseinkommen** bestehen in den Erträgen aus staatlichen Beteiligungen, Nettopachten und in Zinsen auf gewährte Darlehen.

Wichtigste Einnahmenquelle des Staates sind **Steuern**. Diese Zwangsabgaben an den Staat oder die EU sind Geldleistungen, für die keine spezielle Gegenleistung erbracht wird. Bei den Steuern ist zu vermerken:
- Steuern rechnen in den VGR weitgehend zu den laufenden Transfers, ein geringer Teil (Erbschaftsteuer) wird aber als Vermögenstransfers interpretiert.
- (Laufende) Steuern werden aufgeteilt in Produktions- und Importabgaben einerseits und Einkommen- und Vermögensteuern andererseits. **Produktions- und Importabgaben** werden auf die Produktion und die Einfuhr von Waren und Dienstleistungen, die Beschäftigung von Arbeitskräften oder das Eigentum an oder den Einsatz von Grundstücken, Gebäuden oder anderen im Produktionsprozess eingesetzten Aktiva

---

bungen) folgen.
[1] Die Verkäufe schließen mit der Nichtmarktproduktion für die Eigenverwendung die selbsterstellten Anlagen ein, die entsprechend in die Investitionsausgaben des Staates eingehen.
[2] Die ersten beiden Einnahmen sind also der (Markt- und Nichtmarkt-)Produktion zugeordnet; zu dieser Unterteilung der Produktion vgl. S. 14.

erhoben. Diese Steuern sind ohne Rücksicht darauf zu zahlen, ob Betriebsgewinne erzielt worden sind oder nicht (ESVG 1995, Tz. 4.14). Zu den Produktions- und Importabgaben rechnen Gütersteuern (Mehrwertsteuer, Importabgaben ohne Einfuhrumsatzsteuer, sonstige Gütersteuern) und sonstige Produktionsabgaben[1] (z. B. von Unternehmen gezahlte Kfz-Steuern, Gewerbesteuer, Grundsteuer). Merkmal der Gütersteuern ist, dass sie nicht nur produktions- sondern auch produktbezogen sind. **Einkommen- und Vermögensteuern** werden auf Einkommen und Vermögen von institutionellen Einheiten erhoben. Eingeschlossen sind einige regelmäßig zu entrichtende Steuern, die weder auf das Einkommen noch auf das Vermögen erhoben werden (z. B. Grundsteuer der privaten Haushalte, Kopfsteuern, Ausgabensteuern, Kfz-Steuern der privaten Haushalte, Angelscheine).
• Während die von Inländern gezahlten sonstigen Produktionsabgaben, Einkommen- und Vermögensteuern sowie vermögenswirksamen Steuern bei den Sektoren gebucht werden, erscheinen die Gütersteuern im gesamtwirtschaftlichen Güterkonto, berühren die Sektoren also überhaupt nicht.
• Von Bedeutung ist, dass die an die Europäische Union (EU) abzuführenden Steuern (EU-Eigenmittel, in Form von Abschöpfungsbeträgen, Zöllen, Umsatzsteueranteil – aber nicht die BSP-Eigenmittel) nicht zunächst als Zahlungen an den Staat gelten und über diesen an die EU geleitet werden, sondern direkt bei der übrigen Welt (dort EU) zu buchen sind. Man spricht hier von Umleitung (rerouting), die Transaktionen werden anders gebucht, als sie stattfinden.

Von Interesse ist auch, dass diese unmittelbar der EU zufließenden Transfers (also ohne BSP-Eigenmittel) die Höhe des Bruttonationaleinkommens beeinflussen: Die an die EU geleisteten Produktions- und Importabgaben werden wie an die übrige Welt geleistete Erwerbs- und Vermögenseinkommen behandelt, rechnen also zur Verteilung und nicht zur Umverteilung und mindern das Bruttonationaleinkommen als Summe der inländischen Primäreinkommen[2].

Sozialbeiträge sind zwangsweise an den Staat geleistete Transfers im Rahmen kollektiver Versorgungssysteme. Auch hier sind Besonderheiten zu vermerken:
• Sozialbeiträge werden **tatsächlich gezahlt** (wie z. B. die Beiträge zur Rentenversicherung der Arbeiter und Angestellten). Sie werden aber auch unterstellt. **Unterstellte Transaktionen** (imputed transactions) haben nicht stattgefunden. Sie werden für die Altersversorgung der Beamten, für Beihilfen und Unterstützungen gebucht, um das Einkommen der Beamten mit dem anderer Arbeitnehmergruppen möglichst vergleichbar darstellen zu können, d. h. um die dem Produktionsfaktor Arbeit zuzurechnenden Kosten möglichst vollständig sichtbar zu machen. Bei der Bemessung der Höhe wird von einem Prozentsatz der Bezüge der aktiven Beamten ausgegangen.
• Die gesamten Sozialbeiträge rechnen zum Arbeitnehmerentgelt[3], das zunächst vollständig den privaten Haushalten zufließt und aus dem diese die Sozialversicherungs-

---

[1] Gütersteuern und sonstige Produktionsabgaben werden unten erläutert.
[2] Die aus der übrigen Welt, darunter EU, empfangenen Erwerbs- und Vermögenseinkommen sowie Subventionen erhöhen entsprechend das Bruttonationaleinkommen.
[3] Das Arbeitnehmerentgelt setzt sich aus den Bruttolöhnen und –gehältern (einschließlich Arbeitnehmerbeiträgen zur Sozialversicherung) und den Arbeitgeberbeiträgen zusammen.

beiträge an den Staat (Sozialversicherung) abführen. Sozialbeiträge stellen folglich nicht nur ein Beispiel für unterstellte Transaktionen (Beiträge der Beamten) dar. Hier werden auch Transaktionen dargestellt, die „tatsächlich" – doch anders als in der gebuchten Form – stattgefunden haben, denn sie werden nicht von den privaten Haushalten gezahlt. Das ist ein weiterer Fall von rerouting.

- Durch die Zuordnung der Zusatzversorgung im öffentlichen Dienst zum Versicherungssektor werden die Beiträge (und Leistungen hieraus) nicht mehr bei den staatlichen Einnahmen (und Ausgaben) gebucht[1].

Zu den empfangenen **sonstigen**[2] **laufenden Transfers** des Staates rechnen u. a. die von den privaten Haushalten geleisteten Verwaltungsgebühren, Strafen und Schadensversicherungsleistungen der Versicherungsunternehmen sowie die von den Unternehmen gezahlten Verwaltungsgebühren – soweit sie nicht den Verkäufen von Dienstleistungen der Verwaltungen zugerechnet werden.

Zu den vom Staat empfangenen **Vermögenstransfers** rechnen Erbschaftsteuern, Lastenausgleichsabgaben[3], Anliegerbeiträge und Beitragsnachentrichtungen an die Rentenversicherung. Vermögenstransfers setzen den Zugang oder Abgang eines oder mehrerer Vermögenswerte bei mindestens einem der Transaktionspartner voraus. Die Unterscheidung zu den laufenden Transfers erfolgt rein formal und ist ökonomisch fragwürdig.

Nicht in Tab. 2-2 aufgeführt ist die öffentliche Kreditaufnahme, die in den VGR nicht zu den Einnahmen rechnet, weil sie in gleicher Höhe die Forderungen und Verbindlichkeiten berührt, aber nicht zu einer Zunahme ihres Saldos (der Nettoposition) führt. Sie ist eine rein finanzielle Transaktion.

---

[1] Sie gehen in die von den privaten Haushalten geleisteten sonstigen Transfers an Versicherungen (finanzielle Kapitalgesellschaften) ein und stellen entsprechend auf der Einnahmenseite von diesen empfangene Transfers dar, berühren also den Staat rechnerisch nicht.

[2] Nur am Rande sei erwähnt, dass die Abgrenzung von Größen unter der Bezeichnung „Sonstige" („other") sich durch das gesamte SNA bzw. ESVG zieht. Wenn gelegentlich zudem das „Sonstige" quantitativ größer als das Nichtsonstige ausfällt, wird die Bezeichnung fragwürdig. So gibt es z. B. sonstige laufende Transfers (other current transfers), denen übrige laufende Transfers (miscellaneous current transfers) und diesen ihrerseits (nochmals) sonstige laufende Transfers (other current transfers) untergeordnet sind.

[3] Erbschaftsteuern und Lastenausgleichsabgaben gelten als **vermögenswirksame Steuern**, d. h. Zwangsabgaben, die in unregelmäßigen und sehr großen Abständen auf den Wert der Vermögensgegenstände oder des Reinvermögens der institutionellen Einheiten bzw. auf Vermögenswerte erhoben werden, die zwischen institutionellen Einheiten aufgrund von Vermächtnissen, Schenkungen und anderen Transfers übertragen werden.

(3) Die Ausgaben des Staates

Auf der Ausgabenseite werden in Tab. 2-2 zunächst die Vorleistungen genannt. **Vorleistungen** messen den Wert der im Produktionsprozess verbrauchten, verarbeiteten oder umgewandelten Waren und Dienstleistungen. Die Vorleistungen umfassen im Wesentlichen Roh-, Hilfs- und Betriebsstoffe, Brenn- und Treibstoffe, Post- und Telekommunikationsgebühren, gewerbliche Mieten usw. Zu den Vorleistungen des Staates rechnen auch die „harten" militärischen Güter (nicht dagegen solche militärischen Ausrüstungen und Bauten, die auch zivil genutzt werden können).

Das **Arbeitnehmerentgelt** schließt die erwähnten unterstellten Sozialbeiträge ein, die somit ohne Einfluss auf den Saldo aus Einnahmen und Ausgaben des Staates sind.

Bei den geleisteten **sonstigen Produktionsabgaben** des Staates handelt es sich um an sich selbst gezahlte Kfz-Steuern.

Die **geleisteten Vermögenseinkommen** bestehen in Zinsen des Staates für seine Kreditaufnahme. Sie werden – wie Zinsen generell – der Einkommensverteilung, nicht aber der Produktion zugerechnet. Zinsen werden im Übrigen nach dem Grundsatz der periodengerechten Zuordnung entsprechend ihrem Auflaufen verbucht.

Subventionen sind laufende Zahlungen ohne Gegenleistung, die der Staat oder Institutionen der Europäischen Union an gebietsansässige Produzenten leisten. Hierbei ist Folgendes zu beachten:
- Subventionen stellen laufende Übertragungen dar. Die Ausklammerung von Vermögenstransfers ist systembedingt (Trennung von Einkommensphäre und Transaktionen von Vermögen in den VGR), zur Beurteilung der Subventionspolitik insbesondere in sektoraler Hinsicht allerdings zu modifizieren (vgl. Fritzsche 1997). Grundsätzlich werden nur die tatsächlichen Leistungen verbucht. Daher schließen die Subventionen keine Steuervergünstigungen ein. Eine Ausnahme von dieser Regel stellen die gewährten Umsatzsteuervergünstigungen (einbehaltene Umsatzsteuer) im Rahmen der pauschalierten Besteuerung in der Landwirtschaft dar[1].
- Soweit die Subventionen aus EU-Mitteln bestritten werden, werden sie als Direktzahlung von der übrigen Welt (EU) verbucht und nicht zunächst über den Staat geleitet.
- Subventionen werden, entsprechend den Produktions- und Importabgaben, untergliedert in Gütersubventionen (Importsubventionen und sonstige Gütersubventionen) sowie sonstige Subventionen. **Gütersubventionen** werden pro Einheit einer produzierten oder eingeführten Ware oder Dienstleistung geleistet. Die **sonstigen Subventionen**, die nicht zu den Gütersubventionen zählen, werden zwar auch vom Produzenten erhoben, sind aber nicht auf Produktionseinheiten bezogen.

---

[1] Kürzungsansprüche für land- und forstwirtschaftliche Umsätze nach § 24a UStG.

Monetäre Sozialleistungen stellen laufende Übertragungen an Haushalte in Form von Renten, Pensionen, Unterstützungen, Krankengeldern, Beihilfen im öffentlichen Dienst[1] dar[2].

Die geleisteten **sonstigen laufenden Transfers** des Staates bestehen in den Zahlungen der im Rahmen der auf dem Bruttosozialprodukt basierenden vierten Eigenmittelquelle, die durch Beschluss des Rates vom 28.06.88 über das System der Eigenmittel der Gemeinschaften geschaffen wurde. Hier hat die Systematik über die ökonomische Betrachtung gesiegt, denn es ist überhaupt nicht einzusehen, warum es zwei Arten von Eigenmitteln der EU mit unterschiedlicher Wirkung auf das Bruttonationaleinkommen gibt.

Der gesonderte Nachweis eines Teils der vom Staat geleisteten Übertragungen als **Vermögenstransfers** ist umstritten. Entscheidend für Vermögenstransfers ist, dass sie als einmalig gelten und für die jeweils kleinere an dem Transfer beteiligte Einheit eine Vermögensänderung darstellt. Es ist aber kaum festzustellen, ob und in welchem Umfang Vermögenstransfers das Vermögen der Empfänger erhöhen. Als solche gelten z.B. Investitionszuschüsse an die Landwirtschaft und Spar- und Wohnungsbauprämien an private Haushalte. Hier werden also Ausgaben nachgewiesen, bei denen der Vermögenseffekt nicht beim Staat, sondern u. a. im privaten Haushalt entsteht. Die Vermögensförderung wird aber nur unvollständig insofern dargestellt, als steuerliche Maßnahmen mit dem gleichen Ziel nicht erfasst werden. (Sie können auch nur - wie andere steuerliche Maßnahmen - durch besondere Schätzung ermittelt werden.)

Die **Bruttoinvestitionen** des Staates bestehen praktisch nur in Bruttoanlageinvestitionen (keine Vorratsveränderungen). **Bruttoanlageinvestitionen** umfassen die Käufe neuer Anlagegüter (einschließlich aller eingeführten und selbsterstellten Anlagen) sowie Käufe von gebrauchten Anlagen nach Abzug der Verkäufe von Anlagen. Als Anlageinvestition gilt auch die Anschaffung und die eigene Produktion von immateriellen Vermögensgegenständen. Zu letzteren rechnen die selbsterstellte sowie gekaufte Software. Beim Staat werden nur Anlageinvestitionen gebucht, zu denen auch für zivile Zwecke nutzbare militärische Ausrüstungen und Bauten, wie Fahrzeuge, Kasernen, Flugzeuge, Straßen, Hafenanlagen, Krankenhäuser gehören, nicht hingegen der Kauf von Waffen und Waffensystemen, der zu den Vorleistungskäufen des Staates rechnet. Der staatliche Wohnungsbau wird bei den nichtfinanziellen Kapitalgesellschaften gebucht.

Eine eigenständige Ausgabenkategorie stellt der **Nettozugang an nichtproduzierten Vermögensgütern** dar. Sie ist nicht (mehr) in den Bruttoinvestitionen enthalten.

---

[1] Die entsprechenden Ausgaben der privaten Haushalte, für die Beihilfen gewährt werden, werden als Privater Konsum behandelt.

[2] Das seit 1996 gewährte steuerliche Kindergeld wird im vollen Umfang als monetäre Sozialleistung gerechnet.

Beim Staat handelt es sich um den Saldo aus dem Kauf und dem Verkauf von unbebauten Grundstücken[1].

Kreditvergabe und Bürgschaften des Staates stellen keine Ausgaben im Sinne der VGR dar, weil die Nettoposition (= Forderungen abzüglich Verbindlichkeiten) durch diese Vorgänge nicht abnimmt.

h) Die Unterscheidung zwischen Einkommen- und Vermögensteuern sowie Produktions- und Importabgaben

Die Aufspaltung in Einkommen- und Vermögensteuern (früher direkte Steuern) und Produktions- und Importabgaben (früher indirekte Steuern) war im alten System der VGR wichtig für die Bewertung des Inlands- bzw. Sozialprodukts zu Marktpreisen und zu Faktorkosten. Die Aufspaltung ist auch jetzt noch bedeutsam, weil das Statistische Bundesamt weiterhin (national) das Volkseinkommen für die Verteilungsrechnung nachweist. Es ergibt sich, wenn vom Bruttoinlandsprodukt der Saldo der Primäreinkommen aus der übrigen Welt (führt zum Bruttonationaleinkommen), die Abschreibungen sowie die Produktions- und Importabgaben (abzüglich Subventionen) an den Staat abgezogen werden. Je mehr Steuern zu den Produktions- und Importabgaben rechnen, desto geringer wird nämlich ceteris paribus das Volkseinkommen (die Unternehmenseinkommen sinken!). Daher stellt sich die Frage nach der theoretischen Begründung für das praktizierte Verfahren. Bisher war für die Abgrenzung maßgeblich, **wer die Steuern zahlt**, und ferner wurde das Kriterium der **steuerlichen Abzugsfähigkeit** (als Betriebsausgaben oder Werbungskosten) bei der Gewinnermittlung in der Einkommen- und Körperschaftsteuer zugrunde gelegt. Die Fragen der **Überwälzbarkeit** oder sonstiger Wirkungen der Steuern wurden zwar nicht direkt angesprochen, letzten Endes aber davon ausgegangen, dass Produktions- und Importabgaben im Preis weitergewälzt werden können und einfach einen durchlaufenden Posten darstellen, Einkommen- und Vermögensteuern hingegen nicht. Denn ohne diese Hypothese wäre es sinnlos, zwischen beiden Gruppen von Steuern zu unterscheiden.

Weil aber die steuerliche Abzugsfähigkeit verschieden regelbar ist und einzelne Steuern (z. B. Gewerbeertragsteuer) hinsichtlich der Wirkungen auf die Gewinne kaum anders zu beurteilen als die Einkommen- oder Körperschaftsteuer, ist die unterschiedliche Handhabung ökonomisch fragwürdig. Es handelt sich bei der Abgrenzung um eine **rein rechnungsmäßige oder formale Unterscheidung**, die weder zu einer klaren sowie über Raum und Zeit vergleichbaren Abgrenzung zwischen den einzelnen Steuerarten führt, noch überhaupt eine hinreichende ökonomische Begründung darstellt, um besondere gesamtwirtschaftliche Größen wie das Volkseinkommen daraus abzuleiten (Zeitel 1958, S. 339). Unter Herausrechnung der Produktions- und Importabgaben berechnete Größen sind folglich in ihrer Aussagekraft zweifelhaft[2]. Da es fer-

---

[1] Hier handelt es sich um eine Position, die nur sektoral von Bedeutung ist, weil sie sich gesamtwirtschaftlich praktisch ausgleicht.

[2] Im neuen ESVG sind die Produktions- und die Importabgaben (abzüglich Subventionen) in die primäre Einkommensverteilung einbezogen.

ner für das einzelne Wirtschaftssubjekt gleichgültig sein dürfte, ob sich sein verfügbares Einkommen durch Veränderung der Einkommen- und Vermögensteuern oder der Produktions- und Importabgaben verändert, dürfte es zweckmäßig sein, nur zwischen dem Inlandsprodukt oder Nationaleinkommen (zu Marktpreisen) einerseits und dem verfügbaren Einkommen der Faktoren und Sektoren andererseits zu unterscheiden.

So verfährt auch das ESVG 1995, das – wie oben beschrieben – das Volkseinkommen nicht vorsieht. Aber auch das ESVG 1995 kann mit seiner Verfahrensweise in der Entstehungsrechnung die Tücken nicht vermeiden. Produktionswert, Bruttowertschöpfung und Nettowertschöpfung sind bei Marktproduktion von vornherein zu Herstellungspreisen bewertet, d. h. ohne Nettogütersteuern, aber einschließlich der sonstigen Produktions- und Importabgaben. Nettogütersteuern stellen die Differenz aus Gütersteuern und Gütersubventionen dar. Zu den **Gütersteuern** zählen alle Steuern und ähnliche Abgaben, die pro Einheit einer produzierten oder gehandelten Ware oder Dienstleistung zu entrichten sind[1]. Sie umfassen die Umsatzsteuer (Mehrwertsteuer), Importabgaben (wie Zölle, Verbrauchsteuern und Abschöpfungsbeträge auf eingeführte Güter) und sonstige Gütersteuern (Verbrauchsteuern, Vergnügungssteuern, Versicherungssteuer usw.). Entsprechend werden **Gütersubventionen** bei produzierten oder eingeführten Waren geleistet. Sie sind in der Regel zahlbar, wenn die Ware oder Dienstleistung produziert, verkauft oder eingeführt wird.

Die Nettogütersteuern sind schlichtweg formal herausgerechnet in einer Weise, die sie nur als durchlaufenden Posten betrachtet. Damit ist, wenn man so will, die alte Überwälzungshypothese – alle indirekten Steuern werden überwälzt – durch eine neue ersetzt worden, die diese Wirkung auf die Nettogütersteuern beschränkt. Sonstige Produktionsabgaben (z. B. Gewerbesteuer, Grundsteuer) wirken hingegen, so legt es jedenfalls das ESVG 1995 nahe, anders. Die Begründung für die besondere Behandlung der Nettogütersteuern ist, dass diese finanziellen Transaktionen mengen- oder wertabhängig sind „und insoweit auch unmittelbar in die Dispositionen der Produzenten eingehen können" (Essig/Hartmann u. a. 1999, S. 453). So wird eine Hypothese der formalen Inzidenz durch eine andere ersetzt, die eher auf dem Versuch der systematischen Darstellung als der wahrscheinlichen Wirkungen beruht, aber dennoch vielleicht etwas überzeugender wirkt.

i) Abschließende Beurteilung der Verbuchung des Staates. Ansätze zur Ausweitung und Ergänzung der VGR

Die Erfassung des Staates im Rahmen der VGR führt zu erheblichen Problemen, die einfache Verbuchungsprinzipien außer Kraft setzen: statt Bewertung zu Marktpreisen der Rückgriff auf die Kosten; gegen die Verbuchung ohne Doppelzählungen durch Darstellung der staatlichen Konsumausgaben als Endverwendung; teilweise Fälligkeit statt Zeitpunkt des Entstehens von Forderungen; durch unterstellte und umgeleitete Transaktionen, die nicht (Beiträge der Beamten) oder nicht in der unterstellten Form

---

[1] Bei der anderen Komponente der Produktions- und Importabgaben (sonstige Produktionsabgaben) ist kein Bezug zur Einheit der Güter herzustellen.

(tatsächliche Sozialbeiträge) stattgefunden haben (tatsächliche Sozialbeiträge werden an die Haushalte und von diesen an die Sozialversicherung gezahlt).

Grundsätzlich ungelöst ist das Outputproblem: Was sind die Ergebnisse staatlichen Handelns? Hieran knüpfen einige der Vorschläge zur Revision oder Ergänzung der VGR an. Sie konzentrieren sich einmal auf Versuche, das Produktionskonzept der VGR um ein **Nettowohlfahrtskonzept** zu ergänzen und Systeme **sozialer Indikatoren** zu entwickeln.

Bei der Entwicklung eines Maßes für die Nettowohlfahrt einer Gesellschaft werden z. B. sog. „regrettable necessities" vom Inlandsprodukt in Abzug gebracht (Nordhaus/Tobin 1973). Dazu rechnen die Autoren gerade auch staatliche Leistungen etwa in den Bereichen Verteidigung und Gesundheit. Zweifellos würden solche Ausgaben unter anderen Umständen gerne aufgegeben - ebenso wie Heizung, Umzugskosten usw. Solange die Umstände aber vorliegen, werden die Güter auch nachgefragt. Vom Outputkonzept der VGR bleibt dann aber wenig übrig, wenn man die Abzugsposten sehr weit fasst. Ein engeres Konzept stellen Versuche dar, ein Ökoinlandsprodukt zu schätzen, bei dem vom traditionell gemessenen Bruttoinlandsprodukt die Kosten (warum nur Berücksichtigung der Kosten?) der Umweltnutzung abgezogen werden.

Es gibt auch Versuche, staatliche Outputs zu definieren und zu bewerten. Dies erfolgte ansatzweise im Rahmen der Programmplanung (siehe 7. Kapitel), der Erstellung sozialer Indikatoren und jüngst in dem Versuch der Volumensmessung zur Berechnung von Preisindizes auch für den Staat. Allerdings sind diese Ansätze nicht unumstritten und haben eine grundlegende Schwäche: Sie können nicht sinnvoll so verknüpft werden, dass ein analytisch widerspruchsfreies System entsteht, insbesondere lassen sich die Elemente nicht zu Gesamtgrößen aggregieren bzw. konsolidieren.

Schließlich, und teilweise unter Rückgriff auf diese Ansätze, kann das Kernsystem der VGR um **Satellitensysteme** ergänzt werden.

j) Vergleich des Staates in VGR und Finanzstatistik

Die **Finanzstatistik** vermittelt einen umfassenden Überblick über Stand und Entwicklung der öffentlichen Finanzwirtschaft. Sie enthält Angaben über Ausgaben, Einnahmen, Schulden, Personal und Versorgungsempfänger der öffentlichen Haushalte. Die Finanzstatistik übernimmt die haushaltsrechtlichen Definitionen und Abgrenzungen, die der Darstellung der Haushaltspläne und -rechnungen zugrunde liegen. Die Positionen werden allerdings verschieden und unter anderen Oberbegriffen zusammengefasst.

Das Quellenmaterial über die öffentlichen Einnahmen und über die Ausgaben in den VGR wird vor allem der Finanzstatistik entnommen. Es wird durch mehr oder weniger umfangreiche Umformungen, die zum Teil aufgrund von Schätzungen vorgenommen werden müssen, in die Abgrenzungen und Definitionen der VGR überführt. Im Gegensatz zu den VGR versteht die Finanzstatistik unter öffentlichen Ausgaben im

Prinzip alle von öffentlichen Kassen vorgenommenen Auszahlungen an Empfänger außerhalb des Staatssektors. In den VGR wird hingegen versucht, zwischen Auszahlungen und Ausgaben einer Periode zu unterscheiden, wobei Ausgaben eine Verminderung der Nettopositionen (des Nettogeldvermögens) darstellen. Auch werden in den VGR Abschreibungen auf das öffentliche Anlagevermögen gebucht und Sozialbeiträge unterstellt. Die Unterschiede in der Periodisierung zeigen sich z. B. bei den staatlichen Bruttoanlageinvestitionen. Sie werden in den VGR im Zeitpunkt der Produktionswirksamkeit, also bei ihrer Wirkung auf den Einkommenskreislauf, erfasst; in der Finanzstatistik werden sie hingegen im Wesentlichen zum Zeitpunkt der Bezahlung nachgewiesen. Auch bei Steuern müsste eine andere Periodisierung in den VGR durchgeführt werden, weil für sie der Zeitpunkt maßgeblich ist, zu dem die Tätigkeiten, Transaktionen oder sonstigen Ereignisse stattfinden, durch die die Steuerverbindlichkeiten entstehen. Tatsächlich wird aber in den deutschen Volkswirtschaftlichen Gesamtrechnungen als Steuereinnahme das phasenverschobene Kassenaufkommen (wie in der Finanzstatistik) nachgewiesen.

Während die empfangenen und geleisteten Zinsen in der Finanzstatistik nach ihrer Kassenwirksamkeit verbucht werden, gilt für die VGR der Grundsatz der periodengerechten Zuordnung entsprechend ihrem Auflaufen. Es wird also davon ausgegangen, dass Zinsen auf den ausstehenden Kapitalbetrag dem Gläubiger kontinuierlich bis zum jeweiligen Fälligkeitstermin als Einnahmen zufließen. In gleicher Höhe entsteht kontinuierlich eine Forderung bzw. Verbindlichkeit, die mit der tatsächlichen Zahlung der Zinsen bei Fälligkeit erlischt. Das hat auch Wirkungen für die Verbuchung von Schuldübernahmen. Neben der Phasenverschiebung wird bei den Zinsen auch das Disagio bei Wertpapieren als Zinsausgabe berücksichtigt.

Die Finanzstatistik enthält einen insofern über I_{St} im Sinne der VGR hinausgehenden Investitionsbegriff des Staates, als er auch Vermögenstransfers im Sinne der VGR (z. B. Wohnungsbauprämien) einschließt.

Am deutlichsten zeigt sich der Unterschied zwischen den beiden Statistiken bei der Behandlung von staatlichen Darlehen an andere Sektoren und bei Schuldenerlass bzw. –übernahme. Nach der Methodik der Finanzstatistik sind Darlehen und Beteiligungen, die zweifellos Auszahlungen der öffentlichen Kassen darstellen, wie öffentliche Ausgaben zu verbuchen. Nach der Methodik der VGR bilden hingegen staatliche Darlehen, Erwerb und Veräußerung von Beteiligungen[1] oder Tilgung aufgenommener Kredite gerade keine öffentlichen Ausgaben; sie sind eben nur Auszahlungen, zu denen als Gegenposten gleichzeitig Schuldverpflichtungen oder Forderungsänderungen der Privaten entstehen (Wissenschaftlicher Beirat beim BMF 1976, S. 853/854). Bei Einnahmen und Ausgaben im Sinne der VGR muss also die Höhe der Nettoposition, d. h. die Differenz aus Forderungen und Verbindlichkeiten, tangiert sein: rein finanzielle Vorgänge sind hier defizitneutral. Andererseits werden bestimmte fiktive Transaktionen hier (wie Schuldübernahme, -erlass) in den VGR als defizitwirksamer Vermögenstransfer gebucht. Die Finanzstatistik berücksichtigt jeden kassenwirksamen Vorgang,

---

[1] Erlöse aus dem Verkauf öffentlicher Grundstücke verringern das Defizit, nicht aber der Erlös aus dem Verkauf von Aktien oder anderen Wertpapieren (die Forderungen darstellen).

solchen Vermögenstransfer folglich nicht, so dass der Finanzierungssaldo hier die zur Deckung der Ausgaben erforderliche zusätzliche Kreditaufnahme kennzeichnet[1,2].

Nach Auffassung des Sachverständigenrates (J.G. 1994/95, Tz. 158) sind für die finanzpolitische Diagnose die Ergebnisse der Rechenwerke je nach Schwerpunkt der Fragestellung unterschiedlich aussagekräftig. „Richtet sich diese eher auf die direkte Beeinflussung gesamtwirtschaftlicher Vorgänge wie auf die Entwicklung der gesamtstaatlichen Ausgabenstruktur im volkswirtschaftlichen Kontext, dann ist der Rückgriff auf die VGR sinnvoll. Freilich wirkt der Staat auch durch seine Darlehensgewährung auf die Dispositionen der privaten Wirtschaft ein, so dass in diesem Zusammenhang die ergänzende Betrachtung der finanzstatistischen Daten geboten ist. Für die konsolidierungspolitische Bewertung der Finanzpolitik und der konkreten Entwicklung der öffentlichen Haushalte auf den verschiedenen Ebenen sowie die Frage nach der Kapitalmarktbelastung durch das staatliche Finanzgebaren liefern die Daten der Finanzstatistik die relevanten Informationen".

3. Indikatoren der staatlichen Aktivität

a) Grundsätzliche Probleme der Indikatorauswahl

Vor einer Beschäftigung mit den möglichen Gründen für das Ausmaß der staatlichen Aktivität und ihre relative Bedeutung im gesamtwirtschaftlichen Rahmen stellt sich die Frage, an welchen Indikatoren die staatliche Aktivität gemessen werden soll.

Die Beurteilung von Art und Umfang der staatlichen Aktivität wird je nach der zu ihrer Charakterisierung gewählten Größe unterschiedlich ausfallen. So kann auf absolute Größen, auf ihre Änderungsraten oder auf das Verhältnis verschiedener Größen und seine Entwicklung abgestellt werden.

Absolute Zahlen (z. B. A_{St}) geben zwar einige Hinweise über die direkte Bedeutung staatlicher Aktivität. Sie sind aber zur Beurteilung der staatlichen Aktivität in der Regel insofern wenig aussagekräftig, als
• Entwicklungstendenzen und strukturelle Veränderungen nicht sichtbar gemacht werden können;
• bei regionalen oder internationalen Vergleichen das Inlandsprodukt ganz unterschiedlich sein kann.

---

[1] Die Differenz der in den beiden Statistiken nachgewiesenen Finanzierungssalden kann beachtlich sein; sie betrug z. B. in den Jahren 1993 und 1994 ca. 2 % der öffentlichen Ausgaben im Sinne der VGR.
[2] Zusätzliche Probleme ergeben sich durch den Begriff „Nettokreditaufnahme". Hier handelt es sich um den Betrag, der zur Finanzierung eines Defizits (laut Finanzstatistik) am Kapitalmarkt aufgenommen werden muss. Soweit öffentliche Haushalte ihren Finanzbedarf über Rücklagenentnahme und Münzeinnahmen befriedigen, ist die Nettokreditaufnahme geringer als das Defizit (vgl. Lützel 1998, S. 18).

Absolute Zahlen allein sagen praktisch nichts über den Staatssektor im Vergleich zum privaten oder Marktsektor einer Wirtschaft aus.

Daher werden auch **Verhältniszahlen** benutzt, um die staatliche Aktivität beschreiben und beurteilen zu können. Insbesondere die Bildung von Quoten ist häufig aussagekräftiger als die von absoluten Zahlen. „Dennoch ist ihre Verwendung nicht unproblematisch, da bereits mit der nach subjektiven Gesichtspunkten erfolgten Auswahl der Beziehungszusammenhänge, also mit der Bestimmung der Größen, die in Zähler und Nenner der Quoten eingehen sollen, das Ergebnis der Betrachtung beeinflusst werden kann.

Jedenfalls gibt es keine zwingenden Regeln für eine objektive, materiell richtige Festlegung der Beziehungszusammenhänge. So kann der Umfang der Staatstätigkeit mit einer Ausgabenquote zum Ausdruck gebracht werden, doch kann es unter Umständen ebenso zutreffend sein, die Bedeutung der Staatstätigkeit mittels einer Einnahmenquote oder mit einer Quote darzustellen, die den Anteil der öffentlich Bediensteten an der Zahl der insgesamt Erwerbstätigen ausweist. Allerdings ergeben sich bei diesen Quoten im Regelfall recht unterschiedliche Werte ...

Außerdem ist zu beachten, dass weitere Umstände, die teils methodischer, teils materieller Art sind, die Aussagefähigkeit von Quoten, namentlich staatswirtschaftlicher Quoten, nachhaltig beeinflussen. Unterschiede
- in der Art der Abgrenzung des öffentlichen Sektors gegenüber dem privaten Bereich,
- in den Definitionen von öffentlichen Einnahmen und Ausgaben,
- in der Auswahl von Bezugsperioden

haben neben anderen Faktoren erheblichen Einfluss auf das Ergebnis" (Wissenschaftlicher Beirat beim BMF 1976, S. 850).

Neben Quoten, zu deren Berechnung Daten der VGR oder der Finanzstatistik herangezogen werden können, werden auch andere staatswirtschaftliche Beziehungszahlen (z. B. Staatsausgaben pro Kopf der Bevölkerung) gebildet.

Übersicht 2-2 enthält eine Synopse zur Systematisierung finanzstatistischer Kennzahlen, die weitgehend für gesamtwirtschaftliche Fragestellungen auch mit den Daten der VGR aufgefüllt werden kann.

Übersicht 2-2 Synopse zur Systematisierung finanzstatistischer Kennzahlen

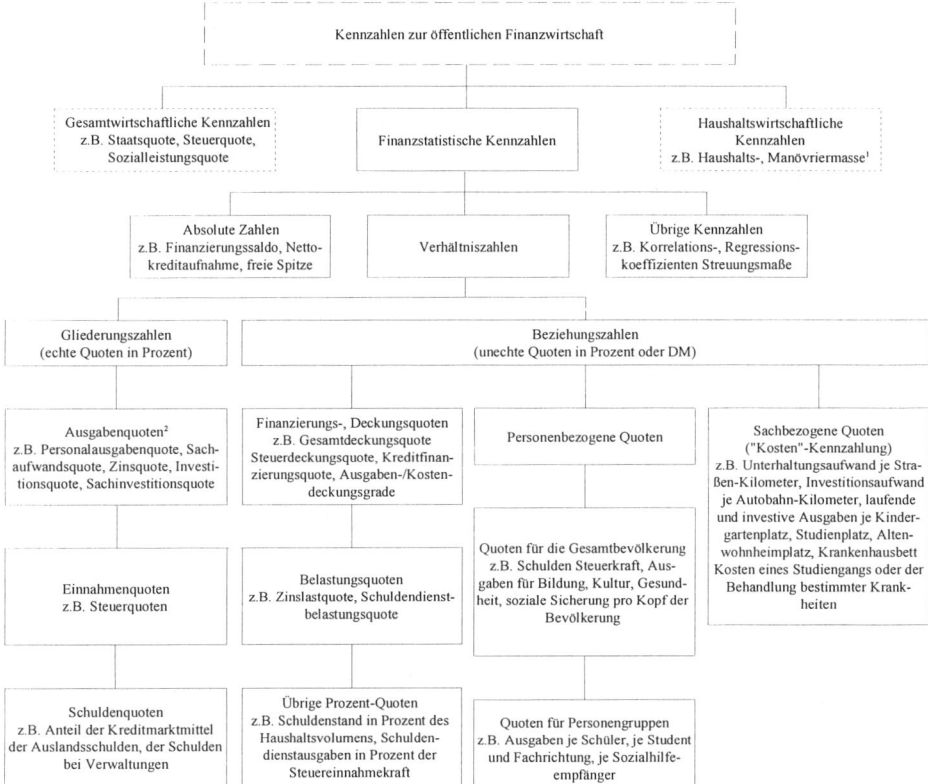

[1] Gesetzlich oder vertraglich nicht gebundene Ausgaben.
[2] Für den Gesamthaushalt oder einzelne Aufgabenbereiche - z. B. Anteil der Personalausgaben eines Aufgabenbereichs an den gesamten Personalausgaben einer Körperschaft(sgruppe) bzw. an den gesamten Ausgaben für diesen Aufgabenbereich.

Quelle: Essig 1984, S. 798.

b) Staatswirtschaftliche Ausgaben- und Einnahmenquoten als Indikatoren staatlicher Aktivität

Bei der Bildung und Beurteilung von **staatswirtschaftlichen Quoten** geht es zunächst um die Abgrenzung der Teilmenge (z. B. Staatsausgaben) und der Gesamtmenge (z. B. Bruttoinlandsprodukt)[1]. So können die gesamten Staatsausgaben zum Inlandsprodukt in Beziehung gesetzt werden **(allgemeine Staatsquote)** oder nur Teile der Staatsausgaben (z. B. Verteidigungsausgaben). Im letzteren Fall spricht man von **speziellen**

---

[1] Im Folgenden wird davon ausgegangen, dass sämtliche Angaben den VGR entnommen werden.

staatswirtschaftlichen Quoten (oder Strukturquoten). Entsprechendes gilt für die Einnahmen insgesamt oder für Teile hieraus (z. B. Steuern).

Zu beachten ist, dass die einzelnen Quoten die staatliche Aktivität nur soweit zum Ausdruck bringen, wie sie in öffentlichen Einnahmen und Ausgaben einen **direkten Niederschlag** findet. Staatliches Handeln manifestiert sich aber in unterschiedlicher Weise: In Rechtsnormen (z. B. Gebote und Verbote), die Bürger zu einem bestimmten Verhalten veranlassen sollen; in Subventionen an die Landwirtschaft, in der Festsetzung von Mindestpreisen für Agrarprodukte und andere Eingriffe in die Preis- und Mengengestaltung der Unternehmen; in Transfers an private Haushalte (z. B. Kindergeld), in Bürgschaften usw. Die **Ausgabenintensität** (oder Budgetwirksamkeit) der öffentlichen Aufgabenerfüllung ist daher sehr unterschiedlich und kann in einer einzigen statistischen Kennziffer wie der Staatsquote nur unzureichend erfasst werden.

Zwei Beispiele: Das Gesetz zur Lohnfortzahlung für Arbeitnehmer im Krankheitsfalle „hat erhebliche Konsequenzen, die sowohl die Arbeitnehmer, denen die Lohnfortzahlung zusteht, als auch die Arbeitgeber betreffen, die die Zahlungen zu finanzieren haben. Die staatliche Aktivität in Gestalt von Geboten, hier als Verpflichtung der Arbeitgeber, erzwingt in diesem Fall sehr umfangreiche Leistungen. Dennoch schlägt sich die staatliche Aktivität praktisch kaum in den Zahlen der Staatstätigkeit nieder - abgesehen von den hier zu vernachlässigenden Kosten des Gesetzgebungsverfahrens und der Lohnfortzahlung an Staatsbedienstete. Würden öffentliche Institutionen jedoch selbst ganz oder teilweise die Lohnfortzahlung übernehmen, indem zum Beispiel der Arbeitgeberanteil zur Sozialversicherung heraufgesetzt und die Lohnfortzahlung der Sozialversicherung unmittelbar übertragen würde, dann änderte sich zwangsläufig der zahlenmäßige Ausweis der staatlichen Aktivität. Dennoch brauchte diese Lösung keinen wesentlichen materiellen Unterschied gegenüber der Regelung aufzuweisen, die das Gesetz über die Lohnfortzahlung enthält" (Wissenschaftlicher Beirat beim BMF 1976, S. 851).

Der Staat kann statt einer Subventionierung der Wohnungsausgaben armer Leute eine Mietpreisbindung (und Wohnungskontrolle) durchführen. Sie wirkt wie eine Subvention der Mieter und Besteuerung der Vermieter und kann als „quasi fiscal regulation" (Tanzi 1998) wirken, ohne sich im Budget nieder zu schlagen.

Die üblicherweise verwendeten staatswirtschaftlichen Quoten und Beziehungszahlen hängen im Einzelnen davon ab, (1) wie der Staat abgegrenzt ist, (2) was als Einnahmen bzw. Ausgaben nachgewiesen wird und (3) wie die Ströme periodisiert werden.

Welche Bedeutung die Abgrenzung des Staates und damit die Zuordnung von Aktivitäten hat, soll an der Verbuchung der Treuhandanstalt beleuchtet werden[1]. Die Treuhandanstalt wurde (dem Unternehmenssektor im alten ESVG, jetzt:) den Kapitalgesellschaften zugeordnet, so dass nach Beendigung ihrer Tätigkeit (rein rechnerisch) ein Vermögenstransfer vom Staat für die Übernahme der Schulden in Höhe von 210,4

---

[1] Vgl. hierzu Brümmerhoff/Reich 1999, S. 582 ff.

Mrd. DM erforderlich wurde[1]. Folglich schnellten 1995 die Ausgaben und damit die Staatsquote in die Höhe, ohne dass ökonomisch etwas geschehen war. Ein derartiger Sprung in einer Zeitreihe wird üblicherweise herausgerechnet, denn er erschwert Vergleiche mit Vorjahren. Eine Korrektur allein für 1995 lässt allerdings die Ausgaben (und Defizite) der vorhergehenden Jahre zu gering erscheinen. Hätte man aber die Treuhandanstalt 1991-1994 dem Staat zugerechnet, wäre dessen Finanzierungsdefizit geringer, das der Kapitalgesellschaften höher ausgefallen. Das bei der Beendigung der Treuhandanstalt aufgelaufene Defizit hätte sich schon zuvor beim Staat ausgewirkt und dessen Defizit 1995 nicht durch einen geleisteten Vermögenstransfer aufgebläht[2].

Auch eine andere Problematik ist nicht befriedigend gelöst und wohl auch nicht lösbar. Der Staat kann verschiedene auf das gleiche Ziel gerichtete Maßnahmen einerseits über Ausgaben- oder andererseits über entgegengerichtete Einnahmenänderungen durchführen. Beispiele: Sparförderung über Sparprämien oder Sonderausgaben, Kindergeld oder Kinderfreibeträge. Jeder Wechsel im Instrument hat quotenverändernde Wirkungen, die intertemporale Vergleichbarkeit fehlt, wenn Steuervergünstigungen nicht (als Einnahmen und Ausgaben) nachgewiesen werden. Von Bedeutung ist auch für die Staatsquoten, dass die Abschreibungen nicht in die Einnahmen und Ausgaben des Staates einbezogen werden.

Um trotz solcher institutioneller Veränderungen zu einem gleichbleibenden Ausweis staatlicher Aktivität zu gelangen, müssten für verschiedene Zwecke letztlich auch die Steuermindereinnahmen (**tax expenditures**) rechnerisch erfasst werden. Teilweise wird so verfahren: Das seit 1996 gewährte steuerliche Kindergeld wird in vollem Umfang als monetäre Sozialleistung gebucht (insoweit erhöht sich das nachgewiesene Steueraufkommen um diesen Betrag).

Die Bedeutung der Periodisierung zeigt sich z. B. bei der erwähnten Verbuchung der Zinsen und der Steuern (vgl. S. 34). Sie wirkt sich auch auf den Saldo aus[3]. Neben der Phasenverschiebung wird bei den Zinsen auch ein Disagio bei Wertpapieren als Zinsausgabe berücksichtigt. Die Entscheidung, Zinszahlungen periodengerecht zuzuordnen, erhöht also die Ausgaben der einzelnen Jahre vor und senkt sie im Jahr der Fälligkeit. Entsprechendes gilt bei den empfangenen Zinsen. Für die Verbuchung von

---

[1] Zu weiteren aus der Phasenverschiebung der Zinseinnahmen resultierenden Sonderheiten siehe Essig/Hartmann 1999, S. 476.

[2] Allerdings: für die 1990 getroffene Zuordnung zu den Kapitalgesellschaften (damals Unternehmen) sprachen die Merkmale vollständiges kaufmännisches Rechnungswesen, eigenständige Wirtschaftsführung, erwartete Kostendeckung aus dem Verkauf von Unternehmensteilen (keine staatlichen Zuschüsse). Die tatsächlich anfallenden großen Schulden waren nicht erwartet worden, eher Überschüsse, und die Merkmale für staatliche Einheiten (sonstige Nichtmarktproduktion sowie überwiegende Finanzierung aus Zwangsabgaben) nicht erkennbar. Die Treuhandanstalt übte demnach im Sektor der nichtfinanzierten Kaptitalgesellschaften überwiegend die Funktion einer Unternehmensholding bzw. einer für Unternehmen tätigen Organisation ohne Erwerbszweck aus (vgl. Essig 2000).

[3] Die Phasenverschiebung der Zinseinnahmen und -ausgaben hat auch zur Folge, dass in Fällen der Schuldenübernahme die vom übernehmenden Sektor bei Fälligkeit zu zahlenden Zinsen anteilig dem abgebenden Sektor anzulasten sind und die bis zur Schuldenübernahme auflaufenden Zinsverbindlichkeiten den zu buchenden Vermögenstransfer erhöhen.

Steuern ist grundsätzlich der Zeitpunkt maßgeblich, zudem die Tätigkeiten oder Transaktionen stattfinden, durch die die Steuerschuld entsteht. Tatsächlich wird als Steuereinnahme ein phasenverschobenes Kassenaufkommen nachgewiesen.

Die Verbuchungsregeln bei den Einnahmen und Ausgaben schlagen sich im Finanzierungssaldo nieder, der in der Abgrenzung der VGR seit dem Maastricht-Vertrag eine zentrale Größe zur Beurteilung der nationalen Wirtschaftspolitik ist. Es wurde ein „zulässiger" Grenzwert von 3% für die Defizitquote (= Finanzierungsdefizit/BSP) festgelegt[1].

Nicht für die allgemeinen Einnahmen- und Ausgabenquoten, wohl aber für spezielle Quoten ist die Verbuchung der unterstellten Sozialbeiträge als Teil des Arbeitnehmerentgelts von Bedeutung. Sie erhöht die Quote des Staatskonsums und die Quote der empfangenen Transfers des Staates gegenüber einem Verzicht auf den Nachweis dieser unterstellten Transaktionen. Auch nicht oder nur unzureichend sind verschiedene vom Staat übernommene Risiken, etwa als Folge von Garantien und Bürgschaften oder die Aktivitäten öffentlicher Unternehmen in den Daten für den Staat enthalten. Die vielen Formen staatlichen Handelns sind insofern bedeutsam, als häufig Substitutionsbeziehungen zwischen Einnahmen, Ausgaben und nichtbudgetären Größen bestehen.

Der weite Bereich, der durch staatliche Maßnahmen veranlassten oder erzwungenen privaten Aktivitäten wird selten als **quasistaatliches** Handeln gekennzeichnet, geht nicht in die öffentlichen Haushalte ein und wird daher nicht als solches statistisch erfasst. Das gilt für alle Leistungen, die Private aufgrund gesetzlicher Bestimmungen und Verwaltungsanordnungen dem Staat (weitgehend oder vollständig) unentgeltlich zu erbringen haben: Militärdienst, Ehrenämter (Vormund, Beisitzer), Räum- und Streupflichten der Grundstückseigentümer auf öffentlichen Straßen, Angaben für statistische Zwecke und auf Unternehmen verlagerte Bürokratieaufgaben wie z. B. Lohnsteuerabzug und Auszahlung des Kindergeldes für Arbeitnehmer. Immer umfassendere steuerliche und sozialrechtliche Gesetze machen auch Aufwendungen für Steuerberater, Wirtschaftsprüfer usw. erforderlich. Bei diesem **versteckten öffentlichen Bedarf** werden also Leistungen privater Stellen gefordert, die zur Erfüllung öffentlicher Aufgaben benötigt werden (Schmölders 1970, S. 176ff.). Es handelt sich hier um **private Folgekosten** öffentlicher Entscheidungen[2].

Da umfassende Daten über den Umfang **nichtbudgetwirksamer staatlicher Aktivitäten** („off-budget-activities") fehlen, werden Versuche zur Erklärung der staatlichen Aktivität in der Regel auf öffentliche Einnahmen und Ausgaben, d. h. auf jene Aspekte beschränkt, deren Messung und Vergleich die geringsten Probleme bereitet.

---

[1] Siehe hierzu Lützel (1998) und Brümmerhoff/Reich (1999).
[2] Zu Schätzungen des versteckten öffentlichen Bedarfs für eine „unsichtbare Staatsquote" siehe Kroker (1981, S. 32-40) und CDU-Dokumentation (1979). Quantifizierungsversuche beruhen auf Befragungen der Betroffenen. Sie sind wegen fehlender Überprüfungsmöglichkeit wenig gesichert. Als Beispiel einer empirischen Schätzung durch Befragung siehe Täuber (1984), wo auch andere Studien genannt werden.
In den USA wurde die Einführung eines „regulatory budget" vorgeschlagen, in dem die der Wirtschaft auferlegten Kosten staatlicher Regulierungen zu erfassen sind.

Dann besteht aber die Gefahr, dass wesentliche Aspekte der Staatstätigkeit unberücksichtigt bleiben[1].

c) Verschiedene Ausgabenquoten

Die Einnahmen und Ausgaben können zu zahlreichen Größen sinnvoll in Beziehung gesetzt werden. Dies würde aber die Vergleichbarkeit der Quoten beeinträchtigen. Es empfiehlt sich daher, nach Möglichkeit nur **einen** umfassenden, korrespondierenden Ausdruck der gesamtwirtschaftlichen Aktivitäten als Bezugsgröße zu verwenden. Am häufigsten wird das Bruttoinlandsprodukt zu Marktpreisen (BIP) als solche Größe gewählt. Für bestimmte Fragestellungen - wie die Beanspruchung des Produktionspotentials durch staatliche Aktivitäten - wird auch das Produktionspotenzial als Bezugsgröße verwendet.

Die **allgemeine Staats(ausgaben)quote**

(2-2) $q_1 = A_{St}/BIP$

enthält die gesamten Ausgaben (A_{St}) für Güter und Transfers im Nenner. Sie bringt zum Ausdruck, in welchem Ausmaß bestimmte Kreislaufströme über den öffentlichen Sektor laufen, nicht hingegen wie stark der Staat Güter einer Volkswirtschaft in Anspruch genommen hat. Der Einschluss der geleisteten Transfers in einer Staatsquote erscheint insbesondere für Umverteilungsfragen sinnvoll. Die Summe aus staatlichen Gesamtausgaben und privaten Ausgaben für Güter (C_{pr} und I_{pr}) weist in Höhe der Übertragungen Doppelzählungen auf. q_1 ist daher eine unechte Quote, die zusammen mit der privaten Ausgabenquote einen Wert von über 100% ergibt. Zu beachten ist ferner, dass A_{St} in q_1 nicht die Aktivitäten der den Kapitalgesellschaften zugerechneten öffentlichen Unternehmen enthält. Anderseits schließt A_{St} unterstellte Transaktionen ein.

Um den Anteil der vom Staat beanspruchten Güter an der Verwendung des Inlandsprodukts zu beschreiben, oder anders formuliert: um das Ausmaß der kollektiv getroffenen Entscheidungen anstelle privater oder individueller Entscheidungen über die Allokation der Güter einer Volkswirtschaft zu bestimmen, ist

(2-3) $q_2 = (C_{St} + I_{St}^b)/BIP$

geeignet. q_2 und die Quote „private Ausgaben für Güter zu BIP" beschreiben (zuzüglich Außenbeitragsquote) die gesamte Verwendung des Bruttoinlandsprodukts. Man könnte auch nur C_{St} oder I_{St} in Relation zum BIP bringen und so **spezielle Quoten** betrachten. In allen Fällen sind bei der Interpretation die Berechnungsprobleme von C_{St}

---

[1] Einen Eindruck von den vielfältigen Eingriffen des Staates liefern Donges/Schatz 1986, insbesondere Tab. 4.

zu beachten. Ein Teil von C_{St} stellt eigentlich Privatverbrauch dar, ein anderer Teil dieser Ausgaben dürfte genauso zukunftsbezogen wie I_{St}^b sein.

Die von den Vorleistungen bereinigte Leistung des Staates wird in der staatlichen Bruttowertschöpfung (BWS_{St}) zum Ausdruck gebracht. BWS_{St} wird sinnvollerweise zur gesamtwirtschaftlichen BWS in Relation gesetzt. Die Quote sagt nichts darüber aus, in welchem Umfang der Staat Leistungen an die übrigen Sektoren abgibt (da BWS_{St} in der Entstehungsrechnung verbucht wird).

Funktionsbezogene Staatsausgabenquoten - wie z. B. die Quoten der Verteidigungsausgaben, Bildungsausgaben, Entwicklungshilfe - liefern aus verschiedenen Gründen keine zuverlässigen Informationen über die staatliche Aktivität im jeweiligen Aufgabenbereich: Öffentliche Ausgaben können häufig mehreren Zwecken dienen, ihre Zuordnung ist dann mehr oder weniger willkürlich. Sollen etwa die Ausgaben für Bundeswehrkrankenhäuser dem Aufgabenbereich „Verteidigung" oder dem Bereich „Gesundheitswesen" zugerechnet werden? Gelten die Ausgaben der Arbeitsförderung zum Bildungs- oder zum Sozialbereich? Intertemporale und internationale Vergleiche werden erschwert, wenn staatliche Aktivitäten verschieden abgegrenzt sind (siehe z. B. die unterschiedliche Abgrenzung der Entwicklungsausgaben in verschiedenen Ländern, die kaum eine schlüssige Aussage über die Verteilung der internationalen Finanzlasten für die Entwicklungshilfe zulässt). Schließlich sagen diese Ausgaben allein auch noch nichts darüber aus, ob bestimmte Aufgaben effizient erfüllt wurden. Dies hängt damit zusammen, dass die Staatsausgaben nur Inputs und nicht die Leistungen selbst (Outputs) zum Ausdruck bringen. Funktionsbezogene Quoten geben also im Regelfall allenfalls erste Hinweise auf Sachverhalte, sie erlauben jedoch selbst noch keine fundierten Urteile über die Intensität der staatlichen Aktivität in dem jeweiligen Aufgabenbereich (Wissenschaftlicher Beirat beim BMF 1976, S. 857).

Hinzuweisen ist auf eine Besonderheit der **Sozialausgabenquote,** soweit diese Sozialausgaben nicht nach VGR und Finanzstatistik abgegrenzt sind. So enthalten die Sozialausgaben im **Sozialbericht** auch manche Arten von Steuerermäßigungen (vgl. Kapitel 11.1).

d) Staatliche Einnahmenquoten

Staatliche Einnahmenquoten zeigen, in welchem Umfang dem privaten Sektor Mittel entzogen und auf den Staat übertragen wurden. Da der Staat jedoch regelmäßig einen Teil seiner Einnahmen in Form von Transfers wieder an die Privaten zurückleitet, ist aus der Einnahmenquote nicht zu erkennen, in welchem Umfang Einkommensteile endgültig aus der privaten in die öffentliche Verwendung übergegangen sind (Wissenschaftlicher Beirat beim BMF 1976, S. 860). Mit einzelnen Einnahmen (z. B. Verkäufe, Vermögenseinkommen) ist eine Gegenleistung verbunden. Die bei der Bildung von Ausgabenquoten auftretenden Probleme finden sich auch bei der Konstruktion von Einnahmenquoten. Aus Gründen der Vergleichbarkeit liegt es nahe, als Bezugsgröße das Bruttoinlandsprodukt zu wählen. Hinsichtlich der Abgrenzung der Größe im Zähler geht es darum, ob und welche Einnahmen neben den Steuern berücksichtigt werden sollen. Zu beachten ist ferner, dass Steuern in VGR und Finanzstatistik abweichend abgegrenzt sind[1].

Die umfassendste Quote ist die **Einnahmenquote**

(2-4) $\tau_1 = \text{Ein} / \text{BIP}$

Sie setzt die gesamten Einnahmen im Sinne der VGR (Steuern, tatsächliche und unterstellte Sozialbeiträge, Vermögenstransfers), d. h. die nichtkreditären Einnahmen, zum BIP in Beziehung. τ_1 zeigt an, wie groß der Anteil des Inlandsprodukts ist, der der unmittelbaren Verfügung der Privaten - ohne Berücksichtigung der Verausgabung - entzogen ist[2]. τ_1 ist aussagekräftiger als die **Steuerquote**

(2-5) $\tau_2 = T / \text{BIP}$,

weil in τ_1 verschiedene Einnahmen des Staates, darunter insbesondere die Sozialbeiträge enthalten sind, die den Steuern vergleichbare Belastungen des privaten Sektors darstellen. Gerade für internationale Vergleiche ist wegen der unterschiedlichen Abgrenzung und Bedeutung von Steuern und Sozialbeiträgen die beide Einnahmen einschließende **Abgabenquote**

(2-6) $\tau_3 = (T + SB) / \text{BIP}$

sinnvoller. Auch die vielfältigen Substitutionsbeziehungen zwischen T und SB sprechen hierfür.

Bei **speziellen** Steuerquoten wird das Aufkommen von Einzelsteuern oder von Steuergruppen in Beziehung zum BIP gesetzt. Solche Verhältniszahlen werden in finanzstatistischen Materialien oftmals ausgewiesen. Ihre Aussagefähigkeit ist aber eingeschränkt, weil die Abgrenzung zu anderen Steuerarten fast nur mit rechtlichen Kriterien erfolgen kann.

e) Reale versus nominale Staatsquoten

Bisher wurden Staatsausgabenquoten behandelt, in denen die Größen im Zähler und Nenner in **jeweiligen** Preisen ermittelt werden. Man spricht deshalb auch von **nominalen** Staatsquoten. Nun kann eine Veränderung der nominellen Staatsquote sowohl auf mengenmäßige wie auf preismäßige Veränderungen der Größen im Zähler und/oder im Nenner zurückzuführen sein. Um diese beiden Ursachenkomplexe voneinander zu trennen, um also etwas über die „realen" Verhältnisse aussagen zu können, müssen die

---

[1] Die Zuordnung in den VGR zu den laufenden oder Vermögenstransfers beeinflusst auch die Höhe des Bruttoinlandsprodukts.
[2] Die Aussage ist allerdings hinsichtlich der unterstellten Sozialbeiträge nur grob zutreffend.

nominellen Reihen jeweils deflationiert werden. Auf diese Weise erhält man **reale** Staatsquoten. In diesem Zusammenhang sind die bei einer Deflationierung im allgemeinen und der staatlichen Ströme im besonderen auftretenden Probleme zu beachten.

Die Deflationierung der Konsumausgaben des Staates[1] bereitet Schwierigkeiten, weil es sich hier um unentgeltlich abgegebene Leistungen handelt, die nicht mit Marktpreisen, sondern mit ihren Kosten bewertet werden. Daher kann im allgemeinen der Wert dieser staatlichen Leistungen nicht in eine Volumen- und eine Preiskomponente aufgespalten werden.

Die Bestimmung des Volumens wird immer wieder bei einzelnen staatlichen Leistungen versucht, wo sie mehr oder weniger befriedigend möglich erscheint, z. B. bei den Leistungen der Schulen. Der Versuch zur Messung der realen Komponente geht dann von einem Output-Ansatz aus. Er wurde bisher im unterschiedlichen Rahmen, so der Programmplanung in den 70er Jahren oder der Sozialen Indikatoren in den 70/80er Jahren unternommen, abgebrochen und jetzt wieder von Eurostat aufgegriffen.

Soweit keine Mengenkomponenten gebildet werden können, ist prinzipiell eine Deflationierung der nominellen Staatsausgaben unmöglich. In der **statistischen Praxis** wird nun versucht, anstelle der Preisbereinigung des Wertes der vom Staat erbrachten Leistungen eine Preisbereinigung der Werte der staatlichen **Inputs** vorzunehmen. Dies steht in einer gewissen Analogie zur Bewertung der staatlichen Leistungen mit ihren Kosten.

Für die vom Staat getätigten Vorleistungskäufe, die im Prinzip auf der Basis von Marktpreisen erfolgen, liegen keine spezifischen Preisreihen vor. Im allgemeinen werden entsprechende Preisreihen für private Güterverkäufe verwendet. Schwieriger ist allerdings eine Deflationierung der zweiten Ausgabenkategorie, der Personalausgaben. Hier liegt die entscheidende Problematik darin, die Personalausgaben in eine Mengen- und eine Preiskomponente aufzuspalten und einen Maßstab für die Entwicklung der **Qualität** der Leistungen der öffentlich Bediensteten zu finden. Das Statistische Bundesamt unterstellt eine gleichbleibende autonome Komponente staatlichen Produktivitätszuwachses von jährlich 0,5%. Das Verfahren ist allerdings willkürlich und umstritten. Je nach Annahme über die Produktivitätsentwicklung im Staatssektor unterscheidet sich der Verlauf der deflationierten Zeitreihen des staatlichen Inputs mehr oder weniger stark vom Verlauf der deflationierten Zeitreihen des staatlichen Outputs. Die international übliche Konvention besteht in der Annahme eines Produktivitätszuwachses der für den Staat erbrachten Arbeitsleistungen von null. Ob die Entwicklung des Preisindex dann nach oben verzerrt ist, lässt sich allerdings bei beiden Annahmen nicht sagen.

Die deflationierte Zeitreihe des staatlichen Outputs ist also unbekannt. Die eigentliche Frage, wie sich die staatlichen Leistungen entwickelt haben, kann solange nicht beantwortet werden, wie geeignete Volumenindikatoren fehlen. Folglich bilden reale

---

[1] Das Folgende trifft auch für die Berechnung des staatlichen Beitrags in der Entstehungsrechnung zu.

Staatsquoten, bei denen im Zähler die deflationierten und im Hinblick auf den Produktivitätszuwachs korrigierten staatlichen Ausgaben für Güter und Dienste, im Nenner die preisbereinigten Werte des Inlandsprodukts stehen, keine zuverlässigen Indikatoren. Zu beachten ist weiter, dass die Berechnung von Quoten in konstanten Preisen von der Wahl des Basisjahres abhängt.

Problematisch ist auch eine Deflationierung der Transfers (Steuern, Transfers an Haushalte, Subventionen). Sie stellen rein monetäre Ströme dar. Eine Berechnung zu konstanten Preisen ist daher grundsätzlich nicht möglich; eine hilfsweise Rechnung, in der von der - allerdings unterschiedlich möglichen - Verwendung dieser Geldleistungen ausgegangen wird, ist fragwürdig: Transfers an private Haushalte können z. B. für Konsum und Sparen verwendet werden. Bei den Steuern wäre ebenfalls daran zu denken, dass sie dem privaten Sektor einen Teil der (privaten) Verwendungsmöglichkeiten für Güter entziehen. Je nachdem, welche Ausgaben betroffen sind (C_{pr} oder I_{pr}), werden die zu wählenden Preisindizes anders ausfallen. Das ESVG schreibt allerdings vor, dass alle Gütersteuern und Gütersubventionen auch in konstanten Preisen zu berechnen sind. Hierbei soll die Bemessungsgrundlage (in konstanten Preisen) mit den Steuersätzen des Basisjahres bewertet werden.

4. Die Entwicklung von Staatsquoten in der Bundesrepublik Deutschland

Die gebildeten Quoten lassen sich für den internationalen Vergleich von Volkswirtschaften und für die zeitliche Entwicklung innerhalb einzelner Länder heranziehen. Nach einer von Recktenwald vorgenommenen Berechnung haben sich die Anteile der Ausgaben und Steuern der Gebietskörperschaften am Volkseinkommen[1] im Deutschen Reich bzw. in der Bundesrepublik Deutschland seit 1821 wie folgt entwickelt:

Abb. 2-4 Anteil der Ausgaben und Steuern der Gebietskörperschaften[1] am Volkseinkommen

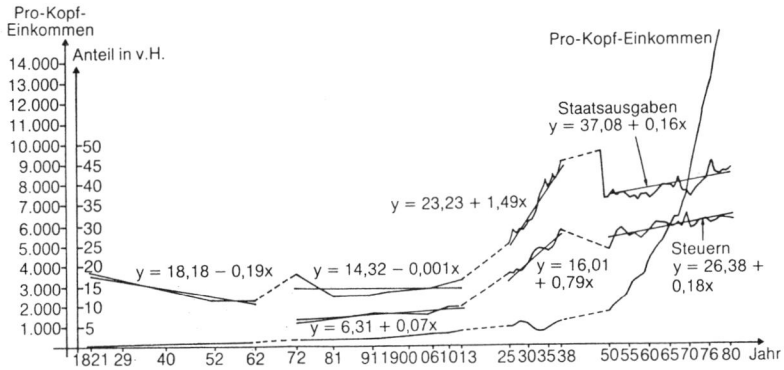

[1] In der Abgrenzung der Finanzstatistik; Gebietsstand Deutsches Reich bzw. Bundesrepublik Deutschland.
Quelle: Recktenwald 1983, S. 570.

---

[1] Das Volkseinkommen ergibt sich aus dem Bruttoinlandsprodukt durch Abzug der Abschreibungen sowie Nettoproduktionsabgaben.

Daraus ergibt sich ein langfristiger Anstieg, der aber durchaus nicht kontinuierlich verlief. Gegenüber dem Ausgangsjahr 1821 haben sich die Ausgabenquote und die Steuerquote erheblich verändert. Hierbei ist zu beachten, dass die Angaben über die Staatsausgaben der Finanzstatistik entnommen sind. Die Sozialversicherungen sind nicht enthalten. Berücksichtigt man diese, so fallen die Ausgaben- und Steuerquoten gerade in den letzten beiden Jahrzehnten erheblich höher aus.

Abb. 2-5 zeigt die Entwicklung der staatlichen Aktivität – gemessen an Einnahmen, Ausgaben und Finanzierungssaldo in der Bundesrepublik Deutschland seit 1960. Hierbei ist die Änderung des Gebietsstandes 1990 zu beachten.

Die Ausgabenquote stieg in diesem Zeitraum von rund 33% auf teilweise bis zu 51%. Die Einnahmenquote nahm bei weitgehend konstanter Steuerquote von ca. 24% - von rund 36% auf rund 47% zu. Der Anstieg der Einnahmen und Ausgaben beruht auf der entsprechenden Entwicklung der Sozialbeiträge und der geleisteten Transfers. Die Investitionsausgabenquote nahm hingegen ab. In Höhe der Differenz aus Einnahmen und Ausgaben trat fast regelmäßig ein negativer Finanzierungssaldo auf. Der Anstieg der Quoten in weiter Fassung ist längerfristig insbesondere auf die Entwicklung der Sozialbeiträge und der Ausgaben der Sozialversicherungen zurückzuführen.

Abb. 2-5 Einnahmen, Ausgaben und Finanzierungssaldo des Staates in % des Bruttoinlandsprodukts 1960-1999[1]

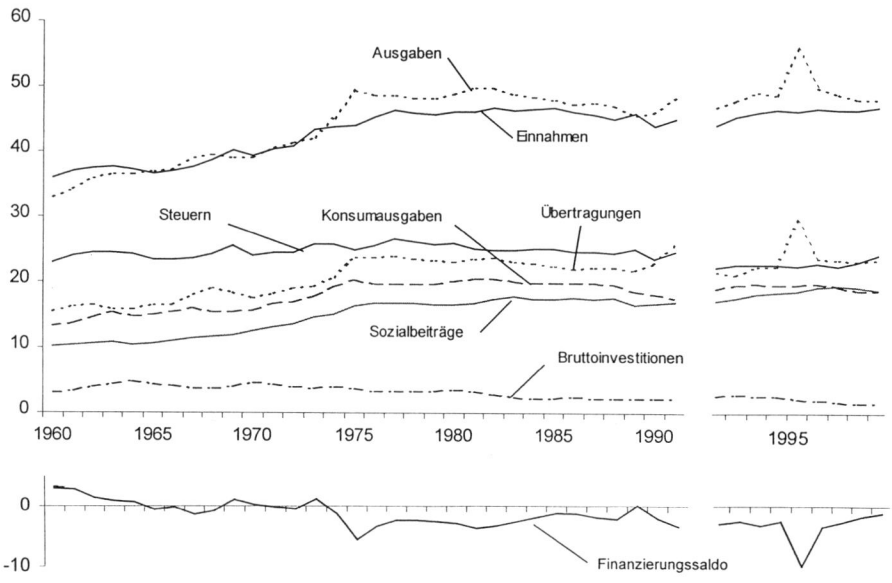

[1] 1960-1991 nach ESVG 1979, ab 1991 nach ESVG 1995 berechnet.
Quelle: Statistisches Bundesamt, 1998, 2000; eigene Darstellung.

Der bemerkenswerte Anstieg der Staatsausgaben 1995 ist auf einen einmaligen Sondereffekt zurückzuführen. Der Staat hat 1995 die bis Ende 1994 aufgelaufenen Schulden der Treuhandanstalt (210,4 Mrd. DM) und einen Teil der Altschulden der Wohnungswirtschaft der ehemaligen DDR (29,1 Mrd. DM) übernommen[1]. Nach den Regeln des ESVG ist diese Schuldenübernahme als geleistete Vermögensübertragung des Staates an die Kapitalgesellschaften zu verbuchen. Ohne Sondereffekte betrüge die Staatsquote 50,6 (statt 56,1)%.

Abb. 2-5 zeigt auch die **Quote des Finanzierungssaldos**, die bei (wie hier) negativem Vorzeichen als **Defizitquote** bezeichnet wird. Der erwähnte Sondereffekt 1995 hat sich auf die Quote des Finanzierungssaldos ausgewirkt, die 3,6 (statt 10,2) % beträgt. Eine Bereinigung um den Sondereffekt 1995 macht aber keinen Sinn, wenn die zuvor angefallenen Schulden insbesondere der Treuhandanstalt nicht den Ausgaben des Zeitraums 1991-1994 zugerechnet werden. Die Begründung für die frühere Verbuchung der Treuhandanstalt im Unternehmenssektor ist, dass diese primär für die Unternehmen Aufgaben übernommen hat[2].

Literatur zum 2. Kapitel

Eine grundlegende Einführung in die VGR auf der Grundlage des ESVG 1995 gibt Brümmerhoff (2000b). Den Staat im Wirtschaftskreislauf behandeln Bombach (1977) und Littmann (1975, Kapitel I und II, 1976). Zur Würdigung der Abgrenzung des Staates siehe Gretschmann (1991). Die amtlichen Definitionen und weitere Erläuterungen sind zu finden in Eurostat (1996) und knapper in Statistisches Bundesamt (1999, Textteil 2), die jeweils aktuellen Daten im letzten Heft dieser jährlich erscheinenden Veröffentlichung in der Fachserie 18, Reihe 1. Definitionen und Erläuterungen bietet auch das von Brümmerhoff/Lützel (voraussichtlich 2001) herausgegebene „Lexikon der Volkswirtschaftlichen Gesamtrechnungen". Aktuelle Zahlen stellt das Statistische Bundesamt auch in Wirtschaft und Statistik bereit.

Die Verbuchungsprobleme des Staates sind sehr alt und ungelöst. Speziell mit dem Problem der öffentlichen Investitionen beschäftigen sich Toillié (1980) und Littmann (1981). Die Frage der Unterscheidung zwischen Einkommen- und Vermögensteuern (direkten Steuern) einerseits und Produktions- und Importabgaben (indirekten Steuern) andererseits diskutieren Prest (1973) und Zeitel (1958). Probleme der Bewertung, Doppelzählung u. ä. werden in Reich u. a. (1977, Teil II) behandelt. Rinne (1967) untersucht grundlegende Fragen der Messung und Interpretation des Sozialprodukts - auch im Hinblick auf die Erfassung des Staates. Musgrave (1959, S. 18-201) gibt einen Überblick über frühere Diskussionen der Doppelzählung und anderer Probleme mit ausführlichen Literaturangaben; von Interesse ist speziell Kuznets (1951). Zur staatlichen Aktivität im Produktionskonto siehe auch Reich (1986). Zur Berechnung des Defizits bzw. der Defizitquote siehe präzise Lützel (1998), der auch den Zusammenhang

---

[1] Andererseits wurde die Quote geringfügig durch Übernahme des Kapitals der Deutschen Kreditbank AG (= empfangene Vermögensübertragungen des Staates von Unternehmen) gesenkt.
[2] Vgl. hierzu Brümmerhoff/Reich 2000.

zwischen diesen Größen nach VGR und Finanzstatistik darstellt. Zur Frage, inwieweit das ESVG 1995 die alten Fragen löst, siehe Brümmerhoff (2000a); auch Essig (2000) behandelt Verbuchungsfragen des Staates.

Zur Problematik des Produktionskonzepts der VGR und zu seiner Ergänzung durch ein Nettowohlfahrtskonzept oder durch soziale Indikatoren wird einführend auf Brümmerhoff (2000, Kap. 13) und die dort angegebene Literatur sowie auf Leipert (1975, 1978) verwiesen.

Die Finanzstatistik stellen Freund (1977) und Essig (1984) allgemein und die Sozialversicherung in der Finanzstatistik Dietz (1984) dar.

Die Frage, inwieweit die Aktivitäten des Staates durch seine Ausgaben zum Ausdruck gebracht werden, erörtert Zimmermann (1974). Grundsätzliche Probleme der Staatsquote werden ausführlich in Littmann (1975, 1990) und vom Wissenschaftlichen Beirat beim BMF (1976) diskutiert. Zu Problemen der Produktivitätsmessung des Staates siehe Brümmerhoff (1976) und Reding (1985), zur Berechnung der realen Staatsquote auch Reich (1981), zu internationalen Vergleichen Hedtkamp (1977). Speziell die Abgrenzung und die Aussagefähigkeit finanzstatistischer Kennzahlen erläutert Essig (1984). Die Messprobleme öffentlicher Aktivitäten behandelt umfassend Gantner (1984). Zu den der Deflationierung zugrundeliegenden Fragestellungen und den Folgen hieraus für das jeweils zu wählende Verfahren siehe Neubauer (1997).

Zweiter Teil
Effizienz, Markt und Staat

Im zweiten Teil geht es um die allokative Begründung staatlicher Aktivität. Es wird untersucht, ob der Staat überhaupt, wo und wie er auf die Allokation einer Volkswirtschaft, d. h. den Einsatz und die Verwendung knapper Ressourcen (Produktionsfaktoren und Güter) auf die Produktions- und Verbrauchsprozesse, Einfluss nehmen soll.

Grundsätzlich können der Markt oder der Staat die Allokation besorgen. Ausgangspunkt einer auf der **Wohlfahrtstheorie** aufbauenden allokativen Begründung staatlicher Aktivität ist im 3. Kapitel die Untersuchung der Frage, welche Bedingungen für die optimale Allokation der volkswirtschaftlichen Ressourcen in einer bestimmten Modellwirtschaft erfüllt sein müssen.

Anschließend wird untersucht, ob das tatsächliche System die auf diese Weise entwickelten Normen für eine effiziente Wirtschaft (Optimalbedingungen) erfüllt oder verfehlt. Das 4. Kapitel liefert die Erkenntnis, dass regelmäßig Situationen vorliegen, in denen ein marktwirtschaftliches System keine optimale Allokation hervorbringt. Dies kann freilich nur als ein **a priori-Argument** für staatliche Allokationspolitik gelten - a priori in einem einschränkenden Sinne deshalb, weil zunächst offen bleibt, ob durch Eingriffe des Staates die Tendenz zur Verfehlung der Optimalbedingungen aufgehoben werden kann, ob (und unter welchen Bedingungen) der Staat also bessere Allokationen hervor bringen kann. Wenn dies bejaht wird, können die Grundsätze effizienter Ressourcenverwendung auf den öffentlichen Sektor übertragen werden. Welche Instrumente – im Rahmen der Finanzwissenschaft speziell von Interesse: Einnahmen und Ausgaben – muss der Staat einsetzen, um die festgestellten allokativen Mängel des Marktsystems zu beseitigen oder zumindest abzuschwächen? Staatliche Aktivität wird bei diesem Ansatz also mit **Marktversagen („market failure")** begründet.

Die wohlfahrtsökonomische Betrachtung gibt einen Rahmen, in dem mögliche Aufgaben des Staates ermittelt werden können. Die Argumentation ist aber damit noch nicht abgeschlossen. Sie sagt nichts darüber aus, ob der Staat überhaupt eine bessere Allokation als der Markt realisieren kann. Sie sagt auch nichts über die tatsächliche Situation und insbesondere darüber aus, wie sich die staatlichen Entscheidungsträger verhalten. Das ist die dann anschließend zu untersuchende Aufgabe, nämlich die als unbefriedigend angesehenen Marktergebnisse mit den voraussichtlichen Ergebnissen staatlicher Aktivität zu vergleichen. Hierzu wird zunächst im 5. und 6. Kapitel der staatliche Entscheidungsprozess untersucht, im 7. Kapitel erfolgt dann eine Bewertung beider Allokationsmechanismen.

3. Kapitel
Optimum und Gleichgewicht in einer Marktwirtschaft

1. Pareto-Optimalität

a) Das Allokationsziel

Wenn Ressourcen knapp sind und alternativ verwendet werden können, entsteht ein Entscheidungsproblem: Unter den herrschenden Bedingungen muss die effiziente Allokation bestimmt und erreicht werden. Diese ist nach der Wohlfahrtstheorie verwirklicht, wenn die bestmögliche Befriedigung der Konsumentenbedürfnisse gewährleistet ist. Daraus ergeben sich zwei Fragestellungen:
- Wodurch wird eine effiziente Allokation charakterisiert?
- Welche Bedingungen muss ein Wirtschaftssystem erfüllen, damit eben dieses Ziel erreicht wird?

Beide Fragen werden im Rahmen einer stilisierten Ökonomie beantwortet. In dieser Ökonomie agieren I Individuen (bzw. Haushalte). Das Wohlbefinden eines Individuums i (i = 1, ..., I) wird durch den Wert seiner Nutzenfunktion

(3-1) $\quad U_i = U_i(x_{ji}) = U_i(x_{1i},...,x_{Ji})$

dargestellt, wobei x_{ji} die i zur Verfügung stehende Menge von Gut j (j = 1, ..., J) bezeichnet[1]. Der individuelle Nutzen steige mit der Menge jedes einzelnen dem Individuum zur Verfügung stehenden Gutes (Sättigung ist ausgeschlossen), der Grenznutzen sinkt hingegen. Es gilt daher:

(3-2) $\quad \dfrac{\partial U_i}{\partial x_{ji}} > 0; \quad \dfrac{\partial^2 U_i}{\partial x_{ji}^2} < 0.$

Der einem Gütervektor $X_i = (x_{1i}, ..., x_{Ji})$ zugeordnete Wert der Nutzenfunktion dient lediglich als Rangzahl (ordinale Nutzenmessung). Ein Individuum zieht ein Güterbündel mit einer höheren Rangzahl allen Güterbündeln mit niedrigeren Rangzahlen vor. Die Differenz zwischen diesen Rangzahlen ist - anders als in der kardinalen Nutzentheorie - von keinerlei Bedeutung.

Die Produktion der Güter (j = 1, ..., J) in der Ökonomie j erfolgt unter Verwendung der Produktionsfaktoren k (k = 1, ..., K). Die Produktionsfunktion für des Outputs j laute

---

[1] Auch Faktorleistungen der Haushalte (insbesondere Arbeit) können zu den Gütern gezählt werden. Solche Güter gehen dann mit negativem Vorzeichen in die Nutzenfunktion ein. Zur Vereinfachung wird jedoch in diesem Abschnitt ein konstantes Faktorangebot unterstellt.

3. Kapitel: Optimum und Gleichgewicht in einer Marktwirtschaft

(3-3) $\quad X_j = X_j(f_{1j}, ..., f_{Kj})$

wobei f_{kj} die Menge des k-ten Produktionsfaktors (Inputs) wiedergibt, der zur Produktion des Gutes j eingesetzt wird. Die Produktionsfaktoren sind voll teilbar, die Grenzproduktivitäten jedes Faktors sollen bei konstanten übrigen Inputs positiv sein und sinken:

(3-4) $\quad \dfrac{\partial X_j}{\partial f_{kj}} > 0, \ \dfrac{\partial^2 X_j}{\partial f_{kj}^2} < 0.$

Aus den Produktionsfunktionen für die einzelnen Güter folgt eine gesamtwirtschaftliche Produktionsfunktion, die in impliziter Schreibweise durch

(3-5) $\quad T(X,F) = T(X_1, ..., X_J;\ F_1, ..., F_K) = 0$

mit $X = (X_1, ..., X_J)$ und $F = (F_1, ..., F_K)$ gegeben ist, wobei F_K die in der Ökonomie insgesamt eingesetzte Menge von Produktionsfaktor k ist ($F_k = \sum_{j=1}^{J} f_{kj}$).

Weiterhin wird unterstellt, dass sich die Ökonomie in einem gleichgewichtigen Zustand befindet. Übereinstimmung von Nachfrage und Angebot ist gegeben, wenn

(3-6) $\quad X_j = \sum_{i=1}^{I} x_{ji}$.

Die Produktion des j-ten Gutes entspricht dem gesamten Konsum durch die I Haushalte.

Auf der Grundlage dieser vereinfachenden Annahmen soll nun untersucht werden, bei welcher Allokation die Wohlfahrt in dieser Ökonomie maximal ist. Zunächst muss daher der Begriff der Wohlfahrt konkretisiert werden.

Wohlfahrt stellt in der neoklassischen Wohlfahrtstheorie ein strikt **individualistisches** Konzept dar, da sie durch das Ausmaß der Bedürfnisbefriedigung aller Haushalte in der Ökonomie bestimmt wird. Die volkswirtschaftliche Wohlfahrt wird also von den Nutzeneinschätzungen (vom Wohlbefinden) der einzelnen Bürger determiniert. Grundlage ist somit die Überzeugung, dass jeder einzelne Bürger oder Haushalt selbst am besten sein Wohlbefinden beurteilen kann. Es gibt kein „höheres Interesse", keine Staatsraison, es sei denn, diese würde von den einzelnen Bürgern gewünscht[1].

„Das wesentliche Merkmal einer individualistischen Wohlfahrtsfunktion ist das Postulat, dass jede Änderung der Datenkonstellation das Wohlfahrtsniveau der Gesellschaft nur auf

---

[1] Dem individualistischen Ansatz stehen die organische Staatsauffassung und vor allem die des Marxismus gegenüber, der Klassen als Agenten der geschichtlichen Entwicklung ansieht und die Individuen nur in Funktion ihrer Klassenzugehörigkeit begreift.

dem Umweg über die Nutzenempfindungen einzelner Individuen beeinflussen darf. Durch **welche** Vorgänge das individuelle Nutzenniveau von Menschen beeinflusst wird, ist dagegen völlig unerheblich" (Sohmen 1976, S. 21/22).

Es gilt außerdem die soziale Wohlfahrtsfunktion

(3-7) $W = W(U_i)$ mit

(3-8) $dW / dU_i > 0$,

die volkswirtschaftliche Wohlfahrt ist also nach den individuellen Nutzen differenzierbar und steigt monoton mit jedem zunehmenden individuellen Nutzen bzw. fällt bei abnehmendem individuellen Nutzen.

Aus einem solchen Ansatz folgt zunächst unmittelbar, dass eine Allokation A dann eine höhere Wohlfahrt liefert als eine Allokation B, wenn der Nutzen mindestens eines Individuums hierdurch steigt, der Nutzen jedes anderen Individuums in der Ökonomie durch die Maßnahme aber nicht sinkt. Auf dieser Argumentation fußt das Kriterium der **Pareto-Effizienz**: Eine Allokation ist dann Pareto-effizient, wenn es nicht möglich ist, mindestens eine Person durch eine Änderung der Allokation besser zu stellen, ohne eine andere schlechter zu stellen.

Dieses Kriterium stellt eine plausible Anforderung an eine effiziente Allokation: solange sich einzelne Mitglieder der Gesellschaft verbessern können, ohne dass dies auf Kosten anderer Personen geht, sollten diese Verbesserungen durchgeführt werden. Es stellt einen Minimalkonsens dar, um Allokationen bewerten zu können. Allerdings existieren viele verschiedene Pareto-effiziente Allokationen. Eine Allokation, die einem Individuum alle verfügbaren Güter zuweist und allen anderen Personen nichts, kann ebenso Pareto-effizient sein wie eine Allokation, die die gleiche Gesamtgütermenge zwischen den Haushalten gleichverteilt. Der Übergang von der ersten zur zweiten Allokation ist keine Pareto-Verbesserung, da sich ein Individuum durch den Übergang verschlechtert[1].

Im Folgenden sollen nun die Bedingungen für Pareto-Effizienz im Rahmen der dargestellten Ökonomie hergeleitet werden. Die Analyse beruht noch auf einer Reihe weiterer Annahmen: sie ist statisch, d. h. die Zeit ist keine Variable. Mobilität und vollkommene Voraussicht sind gegeben, die Eigentumsrechte klar definiert. Externalitäten und Anpassungskosten gibt es nicht. Der Staat fehlt in dem Modell.

---

[1] Da der Nutzen der Haushalte annahmegemäß ordinal gemessen wird, ist es unmöglich, den Nutzenverlust dieser einen Person mit den Gewinnen aller anderen Haushalte zu vergleichen. Sind die Nutzen der Individuen jedoch interpersonell vergleichbar, existieren weitergehende Effizienzkriterien (Kaldor-, Scitovsky-, Little-, Samuelson-Kriterium). Diese Kriterien basieren auf der folgenden Grundanforderung: die Verlierer müssten durch die Gewinner kompensiert werden können, ohne dass das tatsächlich zu geschehen hätte. Allerdings ist auch diese Interpretation nicht ohne Kritik geblieben. Zu einer knappen Darstellung siehe Külp (1975) und Just u. a. (1982, chs. 1-3).

b) Die Bedingungen optimalen Tausches (Tauscheffizienz)

Eine optimale Allokation gegebener Mengen der Güter j und h auf verschiedene Verbraucher ist dann erreicht, wenn durch Tausch dieser Güter kein Individuum besser gestellt werden kann, ohne dass ein anderes schlechter gestellt wird (Tauscheffizienz). Hierbei wird von der Produktionsseite abstrahiert, indem die insgesamt verfügbaren Mengen als gegeben betrachtet werden. Bei Tauscheffizienz sind die Grenzraten der Substitution (Steigungen der Indifferenzkurven) zwischen den Gütern bei allen Wirtschaftssubjekten gleich, die diese Güter verbrauchen:

(3-9) $GRS_{jh}^{i} = GRS_{jh}^{d}$

wobei

(3-10) $GRS_{jh}^{i} = -\dfrac{\partial U_i / \partial x_{ji}}{\partial U_i / \partial x_{hi}}$.

Die Grenzrate der Substitution entspricht dem negativen Verhältnis der Grenznutzen zwischen beiden Gütern[1]. Diese Bedingung lässt sich für eine Ökonomie mit zwei Individuen und zwei Gütern anhand einer Edgeworth-Box graphisch veranschaulichen (Abb. 3-1).

In der Allokation A stimmen die Grenzraten der Substitution beider Individuen nicht überein, jedoch in B und C. A ist nicht Pareto-effizient, da Pareto-Verbesserungen zu A existieren. Die Allokation B stellt Individuum 1 besser als A, und Individuum 2 verschlechtert sich nicht (B liegt auf der gleichen Indifferenzkurve des 2 wie A). Auch die Allokation C ist eine Pareto-Verbesserung gegenüber A (Individuum 2 verbessert sich, Individuum 1 wird nicht schlechter gestellt). Solche Pareto-Verbesserungen lassen sich für jede Allokation, bei der die Grenzraten der Substitution nicht übereinstimmen, nachweisen. Die Allokationen B und C sind jedoch Pareto-effizient. Es existiert für diese Allokationen keine Pareto-Verbesserung (für B: es gibt keine Allokation, die auf einer höheren Indifferenzkurve von 1 liegt und auf mindestens der gleichen Indifferenzkurve wie zuvor von 2). In allen Punkten auf der Linie $0_1 0_2$ haben die Indifferenzkurven beider Individuen jeweils die gleiche Tangente. Die

---

[1] Formal folgt dies aus der Gleichung für eine Indifferenzkurve. Die Grenzrate der Substitution gibt an, wie viel Einheiten von Gut h der Haushalt i freiwillig für eine zusätzliche Einheit von Gut j aufgeben würde (Steigung der Indifferenzkurve). Folglich ist

$GRS_{jh}^{i} = -\dfrac{dx_{hi}}{dx_{ji}}$.

Entlang einer Indifferenzkurve gilt:

$\dfrac{\partial U_i}{\partial x_{ji}} \cdot dx_{ji} + \dfrac{\partial U_i}{\partial x_{hi}} \cdot dx_{hi} = 0$.

Umstellen dieser Gleichung führt zu:

$GRS_{jh}^{i} = -\dfrac{dx_{hi}}{dx_{ji}} = \dfrac{\partial U_i / \partial x_{ji}}{\partial U_i / \partial x_{hi}}$.

Steigung der Indifferenzkurven entspricht der GRS$_{jh}$, sie ist für beide Wirtschaftssubjekte gleich.

Abb. 3-1 Tauscheffizienz

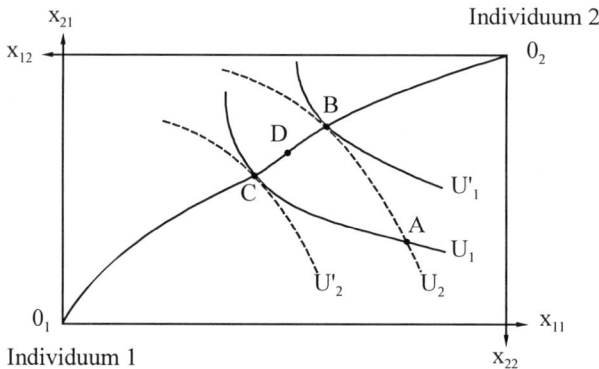

Formal erhält man (3-9), indem man die Nutzenfunktion der i-ten Person unter den Nebenbedingungen maximiert, dass die Nutzenfunktionen der anderen Personen auf willkürlichen Niveaus $\bar{U}_d$ festgehalten werden und die Gütermengen gegeben sind[1]:

$$(3\text{-}11) \quad L = U_i(x_{ji}) + \lambda_d [U_d(x_{jd}) - \bar{U}_d] + \mu_j (\sum_j x_{ji} - \bar{X}_j).$$

Die Bedingungen erster Ordnung lauten:

$$(3\text{-}12) \quad \frac{\partial L}{\partial x_{ji}} = \frac{\partial U_i}{\partial x_{ji}} + \mu_j = 0 \qquad \frac{\partial L}{\partial x_{hi}} = \frac{\partial U_i}{\partial x_{hi}} + \mu_h = 0$$

$$(3\text{-}13) \quad \frac{\partial L}{\partial x_{jd}} = \lambda_d \frac{\partial U_d}{\partial x_{jd}} + \mu_j = 0 \qquad \frac{\partial L}{\partial x_{hd}} = \lambda_d \frac{\partial U_d}{\partial x_{hd}} + \mu_h = 0$$

Daraus folgt:

$$(3\text{-}14) \quad \frac{\partial U_i}{\partial x_{ji}} = \lambda_d \frac{\partial U_d}{\partial x_{jd}} \quad \text{und} \quad \frac{\partial U_i}{\partial x_{hi}} = \lambda_d \frac{\partial U_d}{\partial x_{hd}}$$

und damit:

$$(3\text{-}15) \quad GRS_{jh}^i = -\frac{\partial U_i / \partial x_{ji}}{\partial U_i / \partial x_{hi}} = -\frac{\partial U_d / \partial x_{jd}}{\partial U_d / \partial x_{hd}} = GRS_{jh}^d$$

---

[1] In Abbildung 3-1 bedeutet dies beispielsweise: maximiere den Nutzen von Individuum 1 unter der Nebenbedingung, dass der Nutzen von Individuum 2 nicht unter $\bar{U}_2$ fallen darf. Ergebnis dieses Problems ist die Allokation B.

mit $\forall i,d = 1, ..., I; d \neq i$.

Daher sind alle Allokationen, die (3-9) erfüllen, tauscheffizient. Die Menge all dieser Allokationen ist in Abb. 3-1 als Linie $0_1 0_2$ dargestellt. Diese Linie wird auch als Kontraktkurve bezeichnet.

Für jede beliebige Ausgangsverteilung der Güter in der Box (z. B. Punkt A) und gegebenem Nutzenniveau eines Individuums (z. B. U_1) kann eine andere Verteilung bestimmt werden, bei der die Steigungen der Indifferenzkurven beider Individuen gleich sind (C).

Das Nutzendiagramm von Abb. 3-2 macht nochmals deutlich, dass eine Bewegung auf der Kontraktkurve in Abb. 3-1 von 0_1 nach 0_2 den Nutzen des Individuums 1 bzw. eine Bewegung von 0_2 nach 0_1 den des Individuums 2 jeweils auf Kosten des anderen verändert. Allerdings lässt sich wenig über den Verlauf der Nutzenmöglichkeitskurve und über den Punkt maximaler Wohlfahrt sagen, weil die Nutzen nicht kardinal interpretiert werden. Nur das negative Vorzeichen der Steigung dU_1/dU_2 ist bekannt. Der Punkt A in Abb. 3-2 soll dem Punkt A bei gegebener Ausgangsverteilung von Abb. 3-1 entsprechen und liegt abseits der effizienten Tauschpunkte. Hier sind wohlfahrtserhöhende Maßnahmen im Dreieck ABC möglich, durch die sich einer oder beide Individuen verbessern können. Eine Bewegung AD verbessert die Wohlfahrt im Sinne des Pareto-Kriteriums nicht, weil sie auf Kosten von Individuum 1 geht. D kann aber eine potenzielle Verbesserung gegenüber A darstellen, wenn als Folge der veränderten Allokation D Individuum 2 das Individuum 1 entschädigen kann, so dass 1 auf eine Position zwischen B und C gelangt[1].

Abb. 3-2 Bewegung auf der und zur Nutzengrenze

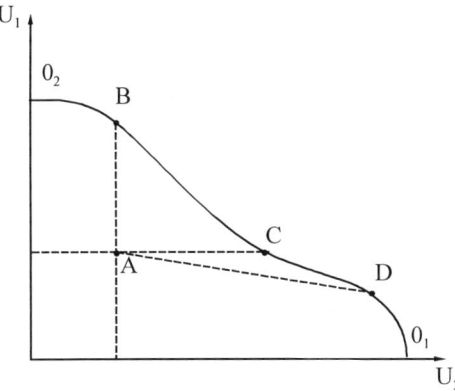

---

[1] Diese Effizienznorm wird der Nutzen-Kosten-Analyse zugrunde gelegt; vgl. Kapitel 6.

c) Die Bedingungen optimaler Produktion (Produktionseffizienz)

Im Produktionssektor ist die optimale Verwendung der gegebenen Produktionsfaktoren dann erreicht, wenn die Grenzraten der technischen Substitution der Faktoren k durch die Faktoren v in allen Produktionsprozessen gleich sind, in denen sie eingesetzt werden:

(3-16) $GRS_{kv}^j = GRS_{kv}^h$.

Dabei bezeichnet die Grenzrate der technischen Substitution die Steigung einer Isoquante, also der Menge aller Produktionsfaktorkombinationen, mit denen die gleiche Menge X_j hergestellt werden kann.

Abb. 3-3 Produktionseffizienz

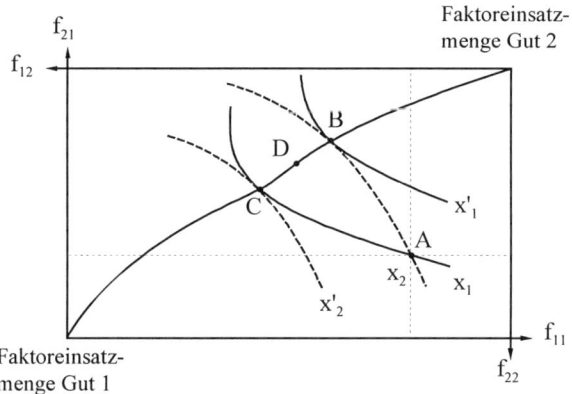

Abb. 3-3 verdeutlicht Bedingung (3-16). In Punkt A werden die beiden vorhandenen Inputs so zwischen den Produktionsprozessen aufgeteilt, dass von Gut 1 die Menge x_1 und von Gut 2 die Menge x_2 produziert wird. In diesem Punkt stimmen die Grenzraten der technischen Substitution nicht überein. Eine solche Faktorallokation ist folglich nicht effizient. Eine Reallokation der Ressourcen (z. B. Übergang nach Punkt B) würde zu einer erhöhten Produktion von Gut 1 (x_1' statt x_1) bei gleichbleibender Produktion von Gut 2 führen. In Punkt D könnte von beiden Gütern mehr als zuvor produziert werden. Geht man von der Faktorallokation B, die (3-16) erfüllt, aus, ist jedoch keine Erhöhung der Produktion eines Gutes mehr möglich, ohne die Produktion des anderen Gutes einzuschränken. Diese Allokation wird daher als effizient in der Produktion bezeichnet.

Die Bedingung für Produktionseffizienz kann auch formal abgeleitet werden, wobei man sich auch hier der Lagrange-Methode bedienen kann. Produktionseffizienz liegt dann vor, wenn die Produktionsfunktion hinsichtlich des Outputs X_j bei gegebenen übrigen Outputs ($\bar{X}_h$) und gegebenen in der Produktion eingesetzten Ressourcen maximiert ist. Aus Maximierung von

3. Kapitel: Optimum und Gleichgewicht in einer Marktwirtschaft 57

(3-17) $L = X_j(f_{1j},...,f_{Kj}) + \sum_{h \neq j} \lambda_h [X_h(f_{1h},...,f_{Kh}) - \overline{X}_h] + \sum_k \mu_k (\sum_j f_{kj} - \overline{F}_k)$

folgt

(3-18) $\dfrac{\partial X_j / \partial f_{kj}}{\partial X_j / \partial f_{vj}} = \dfrac{\partial X_h / \partial f_{kh}}{\partial X_h / \partial f_{vh}} \quad \forall j,h = 1,...,J; h \neq j.$

Diese Bedingung besagt, dass das Verhältnis der Grenzproduktivitäten der Faktoren in den verschiedenen Produktionsprozessen übereinstimmen muss. Die linke Seite von (3-18) ist nun aber die Grenzrate der technischen Substitution von Input v für Input k bei der Produktion von Gut j (GRS_{kv}^j), weil nach der Differentiationsregel für implizite Funktionen gilt

(3-19) $\dfrac{df_{vj}}{df_{kj}} = -\dfrac{\partial X_j / \partial f_{kj}}{\partial X_j / \partial f_{vj}}.$

Entsprechend ist die rechte Seite von (3-18) die Grenzrate der technischen Substitution zwischen den Faktoren bei der Produktion von Gut h. Daher gilt (3-16).

Die Punkte, die Bedingung (3-16) erfüllen, bilden die Transformationskurve, auf der bei gegebenen Ressourcenbeschränkungen die Produktion von X_j bei gegebener Produktion von X_h maximiert ist. Die Volkswirtschaft befindet sich dann auf der gesamtwirtschaftlichen Produktionsfunktion (3-5).

Abb. 3-4 Transformationskurve

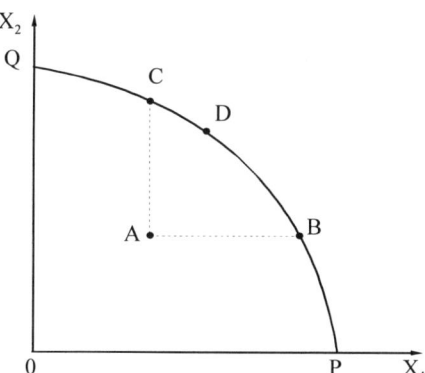

Die Transformationskurve wird in Abb. 3-4 dargestellt, wobei die eingezeichneten Punkte die Outputkombinationen aus Abb. 3-3 darstellen. Die Steigung der Transformationskurve (Grenzrate der Transformation) gibt an, wie viel Einheiten von Gut h

aufgegeben werden müssen, um die gesamtwirtschaftliche Produktion von Gut j um eine Einheit zu steigern. Es gilt also[1]:

$$(3\text{-}20) \quad GRT_{jh} = -\frac{dX_h}{dX_j} = \frac{\partial T / \partial X_j}{\partial T / \partial X_h}.$$

Die Veränderung der Outputmengen erfolgt durch eine Reallokation der Produktionsfaktoren zwischen den beiden Gütern. Da jeder Produktionsfaktor k in vollem Umfang eingesetzt wird, muss gelten:

$$(3\text{-}21) \quad df_{kh} = -df_{kj}.$$

Die Wirkungen einer solchen Reallokation sind

$$(3\text{-}22) \quad dX_h = \frac{\partial X_h}{\partial f_{kh}} df_{kh} \quad \text{und} \quad dX_j = \frac{\partial X_j}{\partial f_{kj}} df_{kj}.$$

Daraus folgt

$$(3\text{-}23) \quad GRT_{jh} = -\frac{dX_h}{dX_j} = \frac{\partial X_h / \partial f_{kh}}{\partial X_j / \partial f_{kj}} = \frac{\partial X_h / \partial f_{vh}}{\partial X_j / \partial f_{vj}}.$$

Die Grenzrate der Transformation zweier Güter h und j ist gleich dem (negativen) Verhältnis der Grenzerträge eines Faktors in beiden Verwendungen.

d) Das Gesamtoptimum

Bisher wurden die Optimalbedingungen von zwei Seiten isoliert betrachtet und ein Produktions- und ein Tauschoptimum abgeleitet. Zum Optimum in Produktion **und** Verbrauch (overall optimality) müssen die notwendigen Bedingungen für Effizienz in Produktion und Verbrauch **simultan** erfüllt sein, d. h., es muss gelten

$$(3\text{-}24) \quad GRT_{jh} = GRS_{jh}^i = GRS_{jh}^d.$$

Zur Ableitung der Bedingungen für Pareto-Effizienz wird der Nutzen eines Haushalts i unter den Nebenbedingungen maximiert, dass der Nutzen (U_d) der anderen

---

[1] Der zweite Teil der Gleichung ergibt sich aus dem totalen Differential von T(X, F). Es muss gelten:
$$\frac{\partial T}{\partial X_j} dX_j + \frac{\partial T}{\partial X_h} dX_h = 0 \quad \text{und damit} \quad -\frac{dX_h}{dX_j} = \frac{\partial T / \partial X_j}{\partial T / \partial X_h}.$$

3. Kapitel: Optimum und Gleichgewicht in einer Marktwirtschaft 59

Haushalte d und die Produktionsfunktion gegeben sind. Es wird die Lagrange-Funktion gebildet

$$(3\text{-}25) \quad L = U_i(x_i) + \sum_d \lambda_d [U_d(x_d) - \overline{U}_d] + \theta T(X, F) + \sum_j \mu_j (\sum_i x_{ji} - X_j).$$

Die Bedingungen erster Ordnung für ein Maximum sind:

$$(3\text{-}26) \quad \frac{\partial L}{\partial x_{ji}} = \frac{\partial U_i}{\partial x_{ji}} + \mu_j = 0; \quad \frac{\partial L}{\partial x_{jd}} = \lambda_d \frac{\partial U_d}{\partial x_{jd}} + \mu_j = 0; \quad \frac{\partial L}{\partial X_j} = \theta \frac{\partial T}{\partial X_j} - \mu_j = 0.$$

Daraus folgt für zwei Outputs j und h

$$(3\text{-}27) \quad \frac{\partial U_i}{\partial x_{ji}} = \lambda_d \frac{\partial U_d}{\partial x_{jd}} = -\theta \frac{\partial T}{\partial X_j}$$

$$(3\text{-}28) \quad \frac{\partial U_i}{\partial x_{hi}} = \lambda_d \frac{\partial U_d}{\partial x_{hd}} = -\theta \frac{\partial T}{\partial X_h} \quad \text{und damit}$$

$$(3\text{-}29) \quad \frac{\partial U_i / \partial x_{ji}}{\partial U_i / \partial x_{hi}} = \frac{\partial U_d / \partial x_{jd}}{\partial U_d / \partial x_{hd}} = \frac{\partial T / \partial X_j}{\partial T / \partial X_h}.$$

Diese Bedingung entspricht aber (3-24), wie aus den Definitionen der Grenzrate der Substitution (3-9) und der Grenzrate der Transformation (3-18) folgt. Ein allokatives Gesamtoptimum, also eine Allokation, die (3-24) erfüllt, ist in Abb. 3-5 dargestellt.

Abb. 3-5 Gesamteffizienz

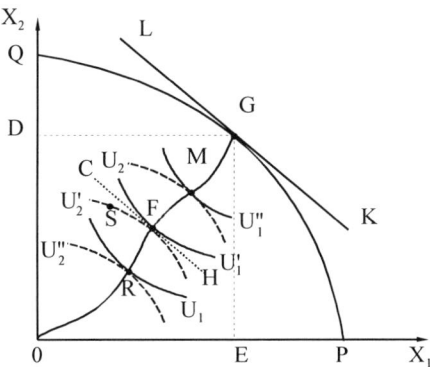

Wird die Gütermengenkombination G hergestellt, so liefert die Aufteilung dieser Mengen im Punkt F eine Pareto-effiziente Allokation. Dort ist (3-24) erfüllt, die Grenzraten der Substitution entsprechen der Grenzrate der Transformation (gleiche Steigung von CH und LK)[1].

---

[1] Wenn z. B. GRT$_{jh}$ = GRS$_{jh}$ = 3/2, können zwei Einheiten von j nur produziert werden, indem drei

Die in Punkt S vorgenommene Aufteilung der Gesamtproduktion ist hingegen nicht Pareto-effizient. Dort ist die Grenzrate der Substitution größer als die Grenzrate der Transformation ($GRS_{12}^i = GRS_{12}^d > GRT_{12}$). Das bedeutet, dass die Menge, die von Gut 2 aufgegeben werden muss, um eine Einheit mehr von Gut 1 herzustellen, kleiner ist als die Menge von Gut 2, auf die die Haushalte für eine zusätzliche Einheit von Gut 1 zu verzichten bereit wären. Die vermehrte Produktion von Gut 1 stellt also eine Pareto-Verbesserung dar: In der Ökonomie wird mehr von Gut 2 produziert als für eine Kompensation der Haushalte nötig wäre. Dieser Überschuss stellt mindestens einen Haushalt besser als zuvor. Damit kann eine Pareto-Verbesserung durch Übergang zu F erreicht werden. Es stellen auch nicht alle Punkte auf der Linie 0G in Abb. 3-5 ein Gesamtoptimum dar.

2. Die Hauptsätze der Wohlfahrtstheorie

Die traditionelle Wohlfahrtsökonomik hat gezeigt, dass unter den Bedingungen vollkommenen Wettbewerbs und bei bestimmten privaten Verhaltensweisen und technischen Bedingungen im Gleichgewicht die oben abgeleiteten Optimalbedingungen realisiert werden: Unterstellt man Nutzenmaximierung bei den Verbrauchern und Gewinnmaximierung bei den Produzenten, Konvexität der Isoquanten und Indifferenzkurven und vollkommene Information, dann erfüllen die Maxima der individuellen Zielfunktionen zugleich die Pareto-Optimalbedingungen[1]. Im Gleichgewicht vollkommener Konkurrenz bringen alle Wirtschaftssubjekte die von ihnen kontrollierten Grenzraten der Substitution und die Grenzraten der Transformation mit den Preisrelationen zum Ausgleich und machen sie dadurch untereinander gleich. Übersicht 3-1 fasst diese Bedingungen zusammen.

Im Einzelnen gilt: Die Unternehmen maximieren ihren Gewinn (G), der sich aus dem Verkaufserlös abzüglich der Kosten für die eingesetzten Produktionsfaktoren bestimmt. Für ein Unternehmen, das Gut j produziert, lautet die Gewinnfunktion

(3-30) $G(X_j; f_{1j},...,f_{Kj}) = p_j X_j(f_{1j},...,f_{Ki}) - \sum_k q_k f_{kj}$.

Die Bedingungen für den gewinnmaximalen Einsatz der Inputs k und v lauten:

(3-31) $\dfrac{\partial G}{\partial f_{kj}} = p_j \dfrac{\partial X_j}{\partial f_{kj}} - q_k = 0$ und $\dfrac{\partial G}{\partial f_{vj}} = p_j \dfrac{\partial X_j}{\partial f_{vj}} - q_v = 0$.

Einheiten von h aufgegeben werden, und beide Wirtschaftssubjekte i und d akzeptieren es, für zwei Einheiten von j drei Einheiten von h aufzugeben.

[1] Diese Annahmen liegen ebenfalls der Bestimmung der Bedingung für Pareto-Effizienz zugrunde.

3. Kapitel: Optimum und Gleichgewicht in einer Marktwirtschaft

Übersicht 3-1 Wettbewerb und Pareto-Optimalität

(1) Grenzrate der Faktorsubstitution $GRT_{kv}^h = GRT_{kv}^j$	Zur Minimalkostenproduktion muss $GRT_{kv} = (-)f_v/f_k$ sein. Das gilt für die Produzenten von h und j: $GRT_{kv}^h = GRT_{kv}^j = (-)f_v/f_k$
(2) Grenzrate des Tausches $GRS_{jh}^i = GRS_{jh}^d$	Zur Nutzenmaximierung wählen die Konsumenten $GRS_{jh} = (-)p_h/p_j$, das gilt für i und d, so dass $GRS_{jh}^i = GRS_{jh}^d = (-)p_h/p_j$
(3) Grenzrate der Gütersubstitution $GRS_{jh}^m = GRS_{jh}^n = GRT_{jh}$	Zur Gewinnmaximierung wird $GK_j = p_j$ und $GK_h = p_h$ bei den Produzenten m und n angestrebt, so dass $GRT_{jh} = \dfrac{GK_j}{GK_h} = \dfrac{p_j}{p_h} = GRS_{jh}$.

Entsprechend ergibt sich für ein Unternehmen, das Gut h produziert

$$(3\text{-}32) \quad \frac{\partial G}{\partial f_{kh}} = p_h \frac{\partial X_h}{\partial f_{kh}} - q_k = 0 \quad \text{und} \quad \frac{\partial G}{\partial f_{vh}} = p_h \frac{\partial X_h}{\partial f_{vh}} - q_v = 0.$$

Das Wertgrenzprodukt (der Erlöszuwachs aus einer marginalen Erhöhung des Einsatzes eines Produktionsfaktors) entspricht im Optimum für jeden Faktor seinem Faktorpreis.

Bei vollständiger Konkurrenz wählen die Unternehmen ihre Produktion dergestalt, dass der Preis des Gutes (der Grenzerlös einer zusätzlichen Outputeinheit) den Grenzkosten entspricht. Die Grenzkosten einer Outputeinheit entsprechen den Faktorkosten, geteilt durch die Faktorproduktivität, so dass gilt

$$(3\text{-}33) \quad GK_j = \frac{q_k}{\partial X_j/\partial f_{kj}} = \frac{q_v}{\partial X_j/\partial f_{vj}} = p_j$$

$$(3\text{-}34) \quad GK_h = \frac{q_k}{\partial X_h/\partial f_{kh}} = \frac{q_v}{\partial X_h/\partial f_{vh}} = p_h.$$

Die Zusammenführung dieser Gleichungen liefert sofort:

$$(3\text{-}35) \quad \frac{\partial X_j/\partial f_{kj}}{\partial X_j/\partial f_{vj}} = \frac{q_k}{q_v} = \frac{\partial X_h/\partial f_{kh}}{\partial X_h/\partial f_{vh}}.$$

Diese Bedingung ist aber nichts anderes als (3-16), die Bedingung für Produktionseffizienz. Da die Grenzrate der Transformation zwischen zwei Gütern dem negativen

Verhältnis der Grenzerträge eines Faktors in beiden Verwendungen entspricht, folgt

$$(3\text{-}36)\quad GRT_{jh} = \frac{\partial X_h / \partial f_{kh}}{\partial X_j / \partial f_{kj}} = \frac{q_k / p_h}{q_k / p_j} = \frac{p_j}{p_h}.$$

Die Haushalte stehen vor einem ähnlichen Maximierungsproblem. Sie maximieren ihren Nutzen aus dem Konsum der produzierten Güter unter der Nebenbedingung, dass die Summe der Ausgaben für diese Güter ihr Einkommen m_i nicht übersteigen darf:

$$(3\text{-}37)\quad \max\nolimits_{x_{ij}, x_{ih}} U_i(x_i) - \lambda(\sum_i p_j x_{ij} - m_i).$$

Dies führt zu

$$(3\text{-}38)\quad \frac{\partial U_i}{\partial x_{ji}} - \lambda p_j = 0 \quad \text{und} \quad \frac{\partial U_i}{\partial x_{hi}} - \lambda p_h = 0.$$

Daraus folgt sofort, dass die Grenzrate der Substitution eines Haushaltes zwischen beiden Gütern dem Preisverhältnis dieser Güter entspricht:

$$(3\text{-}39)\quad \frac{p_j}{p_h} = \frac{\partial U_i / \partial x_{ji}}{\partial U_i / \partial x_{hi}} = -\frac{dx_{hi}}{dx_{ji}}.$$

Dies muss für jeden Haushalt $i = 1, ..., I$ gelten. Da die Preise auf dem vollkommenen Markt für alle Verbraucher gleich sind, müssen auch die Substitutionsraten im Gleichgewicht für alle gleich sein[1]. Daher ist auch die Bedingung der Tauscheffizienz (3-9) erfüllt.

Aus (3-31) und (3-39) wird ersichtlich, dass im vollkommenen Wettbewerb auf Güter- und Faktormärkten auch die Bedingung der Overall optimality (3-20) erfüllt ist. Das Preisverhältnis sorgt für die Entsprechung der Grenzraten der Substitution und der Transformation. Dieser Sachverhalt wird im **Ersten Hauptsatz der Wohlfahrtstheorie** zusammengefasst: Unter den oben gemachten Annahmen ist jedes Marktgleichgewicht Pareto-effizient.

Ein dezentral organisiertes Wirtschaftssystem führt also zu einem Pareto-optimalen Zustand. Dieser Zustand ist Resultat der individuellen Nutzen- bzw. Gewinnmaximie-

---

[1] Gleichung (3-39) gilt entsprechend, wenn man das Arbeitsleid als ein negatives Gut in der Nutzenfunktion berücksichtigt. In diesem Fall könnte z. B. p_j den Preis des negativen Gutes Arbeitsleistungen X_{ji} (= Arbeitsleid) angeben. Dann müsste im Gleichgewicht die Grenzrate der Substitution zwischen Arbeitsleistungen und beliebigen (positiven) Gütern dem Verhältnis von Lohnsatz und Preis dieser Güter entsprechen. Das Ergebnis erhält man durch das gleiche Verfahren wie bei positiven Gütern. Man kann aber auch die Arbeitsleistungen in (3-37) explizit als Argument der Nutzenfunktion von i und in der Nebenbedingung berücksichtigen, wobei sich das Einkommen dann aus Lohnsatz multipliziert mit der Arbeitszeit ergibt.

rung der einzelnen Wirtschaftssubjekte. Man benötigt keinen (zentralen) Planer, um solch eine wünschenswerte Allokation zu erreichen.

Natürlich könnte auch ein staatlicher Planer für einen Pareto-effizienten Zustand sorgen, indem er die Preise für alle Güter entsprechend (3-24) und (3-31) festsetzt. Dies würde aber die Berechnung der Grenzraten der Substitution und der Transformation für alle Wirtschaftssubjekte und alle Güter seitens einer staatlichen Behörde erfordern. Es ist leicht einzusehen, dass jede Behörde mit einer solchen Aufgabe überfordert wäre. Das Marktsystem besitzt - unter anderem - gegenüber dem zentralwirtschaftlichen System (Planwirtschaft) den Vorteil der informationellen Sparsamkeit. Jedes Wirtschaftssubjekt braucht nur die auf dem Markt vorherrschenden Preise zu kennen und seine Nachfrage- bzw. Angebotsmengen gemäß dieser Preise zu bestimmen. Herrscht bei diesen Preisen ein Ungleichgewicht (Überangebot einiger Güter und Übernachfrage nach anderen), so werden sich auf voll funktionierenden Märkten die Preise solange anpassen, bis ein Gleichgewicht und damit ein Pareto-optimaler Zustand erreicht ist.

Welcher der vielen Pareto-effizienten Zustände aber durch das marktwirtschaftliche System erreicht wird, ist abhängig von der Ausgangsverteilung. Eine extreme Ungleichverteilung der Ressourcen im Ausgangszustand wird daher auch zu einer Ungleichverteilung der Ressourcen im Marktgleichgewicht führen. Das Pareto-Kriterium trifft keine Aussagen über die Wünschbarkeit einer bestimmten Verteilung der Güter[1], sondern beschäftigt sich nur mit der effizienten Nutzung der vorhandenen Ressourcen. Das Verteilungsproblem der Ökonomie kann daher durch das Pareto-Kriterium nicht gelöst werden und bedarf eines weitergehenden gesellschaftlichen Wertvorteils.

Der **Zweite Hauptsatz der Wohlfahrtstheorie** besagt nun, dass das Effizienzproblem der Ökonomie und das Verteilungsproblem voneinander getrennt werden können: Unter den oben gemachten Annahmen kann jeder Pareto-effiziente Zustand ein Marktgleichgewicht sein.

Jede mögliche gewünschte Verteilung von Gütern, die Pareto-effizient ist (im Rahmen einer Tauschökonomie also jeder Punkt auf der Kontraktkurve), kann durch eine Marktwirtschaft, also dezentral erreicht werden. Voraussetzung dafür ist, dass der Staat die Umverteilung mit Instrumenten (Pauschalsteuern, -transfers) bewirken kann, die die relativen Preise nicht verändern und daher (marginal) allokationsneutral sind[2]. Dies wird in Abb. 3-6 verdeutlicht.

---

[1] Hierzu müsste eine spezielle Wohlfahrtsfunktion z. B. vom Typ Bergson/Samuelson gewählt werden, in der die einzelnen Nutzen der Individuen mit einem Gewicht α_i versehen werden, so dass zwischen den Individuen diskriminiert werden kann.
[2] Diese Bedingung ist in Wirklichkeit nie erfüllt (siehe den 3. Teil dieses Buches).

Abb. 3-6 Der zweite Hauptsatz der Wohlfahrtstheorie

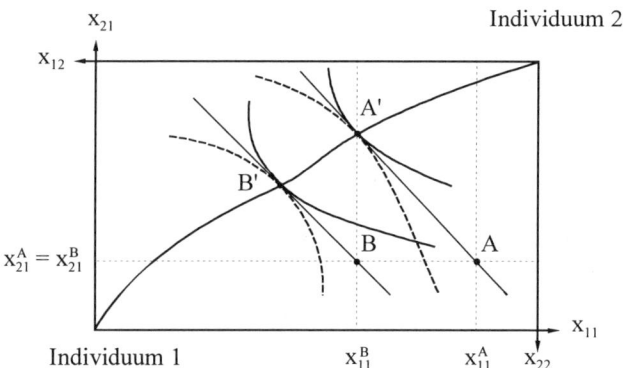

Angenommen, die ursprüngliche Güterverteilung in der dargestellten Ökonomie sei durch A gegeben. Dann ergibt sich als Marktgleichgewicht A'. Gesellschaftlich erwünscht sei die Allokation B'. Diese kann nun durch eine Umverteilung der Ausgangsausstattung von Gut 1 von Individuum 1 zu Individuum 2 im Umfang ($x_{11}^A - x_{11}^B$) erreicht werden. Ausgehend von der sich dann ergebenden Anfangsallokation B wird der gewünschte Zustand B' erreicht.

Die Auferlegung einer Pauschalsteuer oder die Gewährung einer Pauschalsubvention verändert im Maximierungsproblem der Haushalte (3-24) lediglich die Höhe des Einkommens m_i. Die Bedingung der Entsprechung des Preisverhältnisses mit der Grenzrate der Substitution (3-31) bleibt davon unberührt[1]. Die Forderung nach einer „gerechten" Verteilung, die sich aus einem gesellschaftlichen Werturteil ergibt, kann daher ebenfalls durch ein marktwirtschaftliches System erfüllt werden.

Literatur zum 3. Kapitel

Aus der umfangreichen Literatur können zur Vertiefung Boadway/Bruce (1984, Kapitel 2-4), Ng (1983, chs. 1/2), Sohmen (1976, Kapitel 3/4) und Varian (1994, Kapitel 27/28) oder Weimann (1996, Kapitel 3) empfohlen werden.

---

[1] Entsprechendes gilt für die Unternehmen, wenn sie einen Pauschalbetrag von ihrem Gewinn abgezogen oder hinzugefügt bekommen. Eine solche Zahlung ändert das Entscheidungskalkül der Unternehmung nicht.

4. Kapitel
Marktversagen und staatliche Korrekturmaßnahmen

1. Überblick: Rechtfertigung staatlicher allokativer Maßnahmen

Im 3. Kapitel wurde gezeigt, dass der Marktmechanismus einen Pareto-effizienten Zustand herbeiführt. Obwohl die betrachteten Haushalte und Unternehmen komplett eigennützig handeln, ergibt sich ein gesellschaftlich wünschenswertes Ergebnis insofern, als dass Gewinne der einen nur auf Kosten der anderen realisierbar sind. Ineffizienzen in dem Sinne, dass ein Gut im Marktgleichgewicht in einer anderen Verwendung einen höheren Nutzen stiften könnte, sind ausgeschlossen. Das gilt für die erstbeste Wirtschaft.

Die Aufgabe der Koordination der individuellen Entscheidungen übernehmen in einem marktwirtschaftlichen System die Preise. Ihre Anpassung stellt sicher, dass Güter denjenigen verfügbar gemacht werden, die sie am dringlichsten wünschen. Dadurch wird Pareto-Effizienz gewährleistet. In einer solchen Marktwirtschaft erübrigen sich staatliche Aktivitäten unter dem Ziel allokativer Effizienz, da dieses Problem bereits gelöst ist. Gleichwohl kann dann staatliche Aktivität unter dem Ziel einer optimalen Verteilung sinnvoll sein.

Nun ist zu berücksichtigen, dass es regelmäßig verschiedene Situationen gibt, in denen die Bedingungen für eine effiziente Marktlösung nicht erfüllt werden. Solche Fälle des **allokativen Marktversagens** sind:
- Beeinträchtigungen des vollkommenen Wettbewerbs wie monopolistische Situationen oder der Fall sinkender Durchschnittskosten (zunehmende Skalenerträge);
- die Existenz externer Effekte;
- öffentliche Güter;
- Informationsproblematiken;
- hohe Transaktionskosten privater Handlungen.

In diesen Fällen können die Preise ihre Koordinationsaufgabe nicht vollkommen wahrnehmen: entweder existiert gar kein Markt oder er funktioniert nur unzureichend[1].

Liegt eine der oben genannten Situationen vor, müssen zur Wohlfahrtsmaximierung einer zweitbesten Wirtschaft z. B. wegen technischer Probleme oder sozialer Institutionen zusätzliche Beschränkungen berücksichtigt werden. Es besteht also eine **potenzielle** Aufgabe für staatliche Aktivität. An die Ursachen des Marktversagens anknüpfende mögliche Korrekturmaßnahmen („**Allokationspolitik**") mitsamt der aus ihnen resultierenden Problematiken werden in diesem Kapitel vorgestellt. Hierbei ist zu be-

---

[1] Die Marktergebnisse können aber auch als Folge von Steuern und Übertragungen an Haushalte/Unternehmen ineffizient sein, wenn hierdurch die Preisrelationen verzerrt werden. In diesem Fall liegt allerdings kein Marktversagen vor.

achten, dass staatliche Interventionen[1] nicht kostenlos durchgeführt werden können. Der Staat ist auch keineswegs eine allwissende und wohlwollende Institution, die Instrumente so einsetzen kann bzw. einsetzt, dass eine Pareto-optimale Allokation erreicht wird. Darauf wird in diesem und im 5. bzw. 7. Kapitel eingegangen.

2. Unvollkommener Wettbewerb

a) Das Referenzmaß bei vollkommener Konkurrenz

Die gewinnmaximale Produktionsmenge eines einzelnen Unternehmens wird unter den Bedingungen vollkommener Konkurrenz durch die Entsprechung der Grenzkosten der letzten produzierten Einheit mit dem Preis dieses Gutes charakterisiert. In diesem Fall entspricht der Grenzerlös genau dem Preis einer Outputeinheit.

Unter den Bedingungen vollkommener Konkurrenz ist jedes einzelne Unternehmen im Verhältnis zur Gesamtindustrie so klein, dass es keinen Einfluss auf den Marktpreis hat. Eine Erhöhung der eigenen Outputmenge um eine Einheit hat eine zu vernachlässigende Wirkung auf das Gesamtangebot und damit auf den Marktpreis.

Die Bedeutung des sich auf dem Wettbewerbsmarkt herausbildenden Grenzkostenpreises lässt sich mit einem Wohlfahrtsmaß verdeutlichen.

Abb. 4-1 Sozialer Überschuss

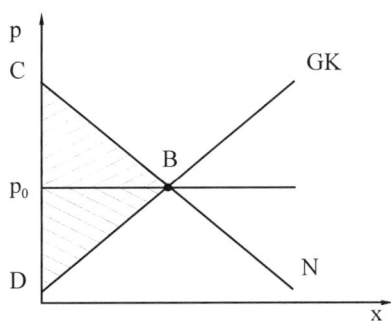

In Höhe von p_0BC sind die Nachfrager bereit, mehr für das Gut zu zahlen als sie bei einem Preis p_0 einheitlich zahlen müssen. Dieser Wohlfahrtsgewinn der Nachfrager (= Konsumentenrente) wird ergänzt um den Wohlfahrtsgewinn der Anbieter. Ihre Produzentenrente in Höhe p_0BD beruht darauf, dass der Gleichgewichtspreis p_0 über dem Preis liegt, zu dem der einzelne Anbieter verkaufsbereit ist.

---

[1] Die Nichtmarktlösungen, d. h. die kollektiven Entscheidungen bei Marktversagen, müssen aber nicht vom Staat getroffen werden. „There is a wide variety of social institutions, in particular generally accepted social norms of behavior, which serve in some means as compensation for failure or limitation of the market, though each in turn involves transaction costs of its own" (Arrow 1970, S. 60).

b) Monopolistisches Verhalten

Anders sieht der Fall aus, wenn das Gut nur von wenigen Anbietern produziert wird. Ein Extremfall ist hier der des Monopols, d. h. der Existenz nur eines einzigen Anbieters. Für den Monopolisten ist der Marktpreis nicht mehr exogen, da er als alleiniger Anbieter in der Lage ist, die Rückwirkungen einer Erhöhung seines Angebots auf den Gleichgewichtspreis zu beobachten und in sein Kalkül einzubeziehen. Dies führt zu einem veränderten Maximierungsansatz des Monopolisten:

$$(4\text{-}1) \quad \max_{X_j, f_{ij}} G(X_j, f_{1j}, ..., f_{Kj}) = p_j(X_j) \cdot X_j(f_{1j}, ..., f_{Kj}) - \sum_k q_k f_{kj}$$

und damit zu folgender Bedingung für gewinnmaximale Produktion

$$(4\text{-}2) \quad GK_j = \frac{q_k}{\partial X_j / \partial f_{kj}} = p_j(X_j) + X_j \frac{\partial p_j}{\partial X_j}$$

für alle Inputs $k = 1,...,K$. Die Grenzkosten der Produktion stimmen daher anders als bei vollkommener Konkurrenz nicht mehr mit den Preisen überein. Aus diesem Grunde ist die Pareto-Optimalitätsbedingung (3-20) nicht mehr erfüllt. Angenommen, Gut j wird unter Monopol-, Gut h unter Wettbewerbsbedingungen produziert. Während das Gleichgewicht für die Konsumenten weiter bei $p_j / p_h = (\partial U / \partial X_j) / (\partial U / \partial X_h)$ liegt, gilt auf der Produktionsseite $p_j / p_h \neq GK_j / GK_h$:

$$(4\text{-}3) \quad GRT_{jh} = \frac{\partial X_h / \partial f_{kh}}{\partial X_j / \partial f_{kj}} = \frac{q_k / GK_h}{q_k / GK_j} = \frac{p_j + \frac{\partial p_j}{\partial X_j} \cdot X_j}{p_h} > \frac{p_j}{p_h} = GRS_{jh}.$$

In der Ökonomie wird - relativ zum Optimalzustand - zuwenig von Gut j produziert.

Dies lässt sich auch an folgendem partialanalytischen Diagramm (Abb. 4-2) ablesen, in dem N die Nachfrage nach dem Gut x, und GE den Grenzerlös des Monopolisten bezeichnen, GK und DK sind die zur Vereinfachung als konstant und identisch angenommenen Grenz- bzw. Durchschnittskosten der Produktion[1]. Im Gegensatz zum Anbieter bei vollkommener Konkurrenz versucht der gewinnmaximierende Monopolist nicht die Bedingung GK = p, sondern GK = GE und so den Cournot'schen Punkt zu realisieren. Dadurch werden die Pareto-Optimalbedingungen verletzt. Der Monopolist bietet eine unteroptimale Menge an (x_1 statt x_2). Der soziale Überschuss, der sich bei einem Grenzkostenpreis p_1 in Höhe von p_1BD (= Konsumentenrente) ergeben würde, sinkt beim Monopolpreis p_2 um ABC auf p_1BD (= Konsumentenrente p_2CD und Produzentenrente p_1ACp_2).

---

[1] Bei steigenden Grenzkosten wäre noch die Veränderung der Produzentenrente zu berücksichtigen.

Abb. 4-2 Wirkung des Monopols

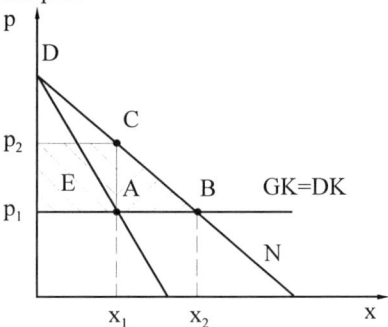

Eine Einschränkung der bisherigen Ausführungen ist hier notwendig: monopolistisches Verhalten ist dann nicht Pareto-schädlich, wenn der Monopolist **vollständige Preisdiskriminierung** betreibt (Optionsfixierer). Dies ist dann der Fall, wenn der Monopolist die Wertschätzung jedes einzelnen Konsumenten für das Gut[1] kennt und in der Lage ist, mit jedem einzelnen Nachfrager einen eigenen Preis für das Gut zu vereinbaren. In diesem Fall stimmen die Grenzerlös- und die Nachfragekurve überein. Der Optionsfixierer schöpft die Konsumentenrente vollständig ab. Diese Möglichkeit erscheint jedoch als unrealistisch, weil der Monopolist beide Bedingungen erfüllen muss[2].

Da die Marktlösung im Monopolfall in der Regel kein Pareto-effizientes Ergebnis darstellt, ergibt sich die Möglichkeit, dass der Staat zur Verbesserung der Allokation regelnd in den Marktmechanismus eingreift. Zunächst könnte er den Monopolisten bitten, x_2 anzubieten. Weil dies erfolglos bleibt, könnte er ihn zwingen, x_2 bereitzustellen. Das wäre aber nicht Pareto-optimal, denn die Begünstigung der Verbraucher durch höhere Konsumentenrente geht auf Kosten des Monopolisten. Der Staat könnte aber auch, um Unternehmen mit Monopolstellung zur Bereitstellung der optimalen Menge x_2 zu veranlassen, eine Stücksubvention in Höhe der Differenz zwischen Preis und Grenzerlös zahlen. Dann käme es zu einer allokationseffizienten Ausbringung bei GK = p. Die Lösung wäre Pareto-effizient, weil der Produzent bei x_2 den gleichen Nettogewinn wie bei x_1 hat, die Konsumenten sich aber um E + A verbessern würden. Die Problematik des Lösungsvorschlags liegt darin, dass der Staat zur Festlegung des Subventionstarifs die Nachfrage- und die (Grenz-) Kostenfunktion kennen muss. A priori ist dabei aber nicht einzusehen, warum der Staat (im Gegensatz zum Monopolisten) über die Kenntnis der Nachfragefunktion verfügen sollte. Auch die Kostenfunktion ist dem Staat zunächst nicht bekannt. Ein weiteres Problem besteht in der Verteilungswir-

---

[1] Genauer: für jede Einheit des Gutes.
[2] Die Umsetzung der ersten, informationsökonomischen, Bedingung stellt sich gerade im Vergleich zu vollständiger Konkurrenz, in der das einzelne Unternehmen Preisnehmer ist. In beiden Fällen wird von Transaktionskosten abgesehen. Nimmt man hingegen (realistischer Weise) positive und steigende marginale Transaktionskosten an, wird die vom Monopolisten erzielbare zusätzliche Rente entsprechend geringer ausfallen. Die effiziente Menge dürfte dann bei vollständiger Preisdifferenzierung auch nicht realisiert werden, weil die Gleichsetzung der marginalen Diskriminierungskosten und der zusätzlichen Rente nicht zu x_2 führen muss.

kung einer solchen Politik: „Da dieses Ergebnis durch die Subventionierung der Produktion des Monopols zustande kommt, würde diese Art der Marktkorrektur den Gewinn des Monopolunternehmens noch weiter erhöhen. Die allokationstechnische Verbesserung wäre mit einer Verteilungswirkung kombiniert, die den vorherrschenden Vorstellungen über den Verteilungsaspekt von Marktmacht in Verbindung mit egalitären Werturteilen diametral widerspricht" (Sohmen 1976, S. 116). Ferner dürfte durch die Subventionierung geradezu ein Anreiz zur Monopolisierung eines Marktes geschaffen werden.

Der Einsatz von Steuer-Transfer-Instrumenten wird vor allem deswegen erwogen, weil er indirekt über den Preismechanismus und weniger durch direkten Zwang wirkt. Nur ist der Übergang von einer steuerlichen Lösung, die die Differenz (p - GK) belastet, und der Vorschrift, eine bestimmte Menge zu produzieren, für die p = GK gilt, fließend.

Eine weitere Alternative könnten auch solche Subventionen sein, die z. B. als Starthilfen für neue Anbieter eine Zunahme der Konkurrenz erwarten lassen. Hierzu müssen zunächst der geeignete Umfang der Subventionen bestimmt werden, die darüber hinaus verzerrungsfrei zu finanzieren sind.

In der Regel werden allerdings die Chancen für eine erfolgreiche Allokationspolitik im Falle des monopolistischen Marktversagens bei wettbewerbspolitischen Maßnahmen höher als bei finanzpolitischen Maßnahmen eingeschätzt. Wettbewerbspolitische Maßnahmen erfolgen meist in Form regulierender Eingriffe. Sie sollen insbesondere Marktzutrittsschranken beseitigen und Kartelle verhindern und so eine Vielzahl von Anbietern und Nachfragern gewährleisten. Im Übrigen dürfte eine an den Voraussetzungen und weniger an den Ergebnissen ausgerichtete Politik erfolgreicher sein, die nicht an dem statischen Modell mit „als-ob-Marktpreisen" orientiert ist.

c) Sinkende Durchschnittskosten

Die für die Modellwirtschaft abgeleiteten Ergebnisse einer effizienten Allokation der Ressourcen werden in real bestehenden Wirtschaftssystemen nicht verwirklicht, wenn die langfristigen Durchschnittskosten einzelner Produzenten (bis zur Kapazitätsgrenze) mit zunehmender Produktion sinken. (Hierbei geht es um anhaltend sinkende Durchschnittskosten im Gegensatz zum vorübergehend sinkenden, später wieder steigenden - U-förmigen - Verlauf der Durchschnittskosten.) Eine Ursache können steigende Skalenerträge sein; eine andere die Unteilbarkeit des Kapitaleinsatzes bei der Produktion, sie schlägt sich in hohen Fixkosten nieder[1]. Infolge anhaltend sinkender Durchschnittskosten verdrängen die jeweils kostengünstigeren Anbieter die schlechteren

---

[1] Beispiele für Dienstleistungen, die wegen Unteilbarkeit des Kapitaleinsatzes zu sinkenden Stückkosten pro Nachfrager produzieren können, liefern z. B. Transportwesen, Krankenhäuser oder Versorgungsunternehmen. Kennzeichnend ist in allen Fällen, dass sie Mindestkapazitäten mit hohem Kapitaleinsatz erfordern.

Konkurrenten vom Markt, indem deren Preis unterboten wird[1]. Der letztlich verbleibende Alleinanbieter wird dann den Monopolpreis, also eine ineffiziente Angebotsmenge durchsetzen. Man spricht in diesem Fall von einem „**natürlichen Monopol**". Mit ihm sind spezielle Preisbildungs- und Defizitprobleme verbunden.

Abb. 4-3 Sinkende Durchschnittskosten

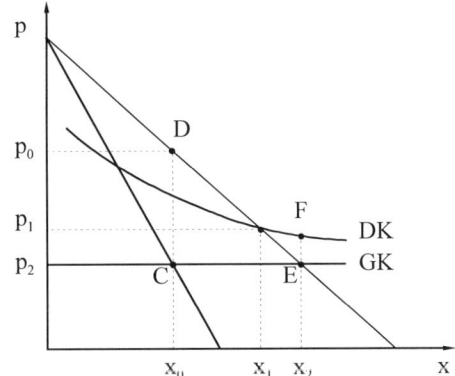

Abb. 4-3 verdeutlicht den einfachsten Fall eines natürlichen Monopols. Fallende Durchschnittskosten sollen sich dadurch ergeben, dass hohe Fixkosten zur Aufnahme der Produktion anfallen, danach aber mit konstanten Grenzkosten produziert werden kann. Die Durchschnittskosten sinken auch noch bei Überschneidung mit der Gesamtnachfrage des Marktes. Aufgrund der Fixkosten sind die Durchschnittskosten größer als die Grenzkosten. Deshalb wird der verbleibende Anbieter nicht die Menge x_2 produzieren, bei der zwar p = GK herrschen würde, die aber bei einem Preis p_2 zu einem Stückverlust EF (= DK – p_2) führen würde. Sein langfristiger Mindestpreis ist daher p_1. Da kein weiteres Unternehmen mehr am Markt existiert, kann sich der verbleibende Anbieter aber als Monopolist verhalten, solange kein Zutritt anderer Unternehmen droht[2]. Dann produziert er und bietet x_0 zum Preis p_0 an. Die effiziente Allokation wird verfehlt, obwohl die Zahlungsbereitschaft der Nachfrager für die nicht mehr produzierten Mengen (x_1 bis x_2) größer als deren Grenzkosten ist. So entsteht bei einem Preis p_0 gegenüber p_2 ein Verlust an Konsumentenrente in Höhe von $p_2 E D p_0$. Der Produzent

---

[1] Die Kostenfunktion für ein Gut hat hier die Eigenschaft der Subadditivität, d. h. die Kosten für die Produktion von Teilmengen sind für das Gut höher als bei der Produktionsmenge in einer Hand. Es liegen also Größenvorteile vor.

[2] Diese Drohung existiert dann, wenn potenzielle Konkurrenten relativ schnell in den Markt eintreten können und die durch den Markteintritt anfallenden Fixkosten vernachlässigbar klein sind. Der neue Konkurrent kann dann den Monopolpreis des bereits vertretenen Anbieters unterbieten und trotz des sich dann entwickelnden Preiskampfes kurzfristige Gewinne erzielen. Um diese Drohung abzuwehren, wird der Etablierte seine Produktion auf x_2 ausdehnen und einen niedrigeren als den Cournot-Preis wählen. Bei identischer Kostenfunktion des Nebenanbieters kann dieser den sich dann ergebenden Preis p_2 nicht mehr unterbieten, ohne Verluste zu machen. Liegt eine solche Situation vor, so spricht man von einem **bestreitbaren Markt**. Siehe Tirole (1988, ch. 8) und Wied-Nebbeling (1992).

4. Kapitel: Marktversagen und staatliche Korrekturmaßnahmen 71

würde beim Preis p_0 keinen Verlust mehr machen, sondern einen Stückgewinn in Höhe von $(p_0 - DK)$[1].

Auch im Fall sinkender Durchschnittskosten gilt, dass sich die effiziente Produktion x_2 verwirklichen lässt, wenn **Preisdiskriminierung** (-differenzierung) betrieben werden kann. Diese ist zwar selten vollständig möglich, dennoch sind Abweichungen vom Einheitspreis häufig durchführbar, die eine Abschöpfung der Konsumentenrente zum Ziel haben und daher die Produktion erhöhen und den Wohlfahrtsverlust verringern.

Gelänge es bei allen, die mehr als p_1 zu zahlen bereit sind, den Preis p_1 durchzusetzen, dann wären die Durchschnittskosten, also auch die Fixkosten, von x_1 gedeckt. Alle anderen Konsumenten mit einer Zahlungsbereitschaft, die kleiner als p_1, aber mindestens p_2 ist, müssten den Grenzkostenpreis p_2 entrichten. So würden die variablen Kosten der Menge $(x_2 - x_1)$ gedeckt.

Eine ähnliche Lösung besteht darin, einen von der Ausbringungsmenge abhängigen Preis in Höhe der Grenzkosten festzusetzen und die (infolge der Fixkosten auftretenden) Verluste durch einen Pauschalbetrag (Grundbetrag) für jeden Nutzer zu decken. So können z. B. Strom, Wasser oder Parken durch Verwendung gespaltener Tarife finanziert werden. Der Grundbetrag kann weiter nach Nutzergruppen differenziert werden. Aber auch diese Form der Diskriminierung erfordert Informationen über die marginale Zahlungsbereitschaft der Konsumenten, und es darf keine Ausweich- und Wiederverkaufsmöglichkeit für die Konsumenten geben.

Eine andere Möglichkeit ist die zeitliche Preisdifferenzierung (**peak load-pricing**). Sie ist dann zweckmäßig, wenn Unternehmen (z. B. im Nahverkehrsbereich) in der Spitzenlastzeit einer die Kapazität wesentlich übersteigenden Nachfrage gegenüberstehen, außerhalb der Spitzenlastzeit aber über ungenutzte Platzkapazitäten verfügen. Bei höheren Preisen in der Spitzenlastzeit werden diejenigen das Angebot nutzen, die es am höchsten bewerten. Niedrigere Preise können zu Fahrten außerhalb der Spitzenlastzeit anregen.

Eine abgeschwächte Form der Preisdifferenzierung sind auch **Ramsey-Preise**[2]. Sie kommen in Betracht, wenn eine Aufteilung der Gesamtnachfrage in mehrere Gruppen möglich ist. Die Preise sind dann so weit oberhalb der Grenzkosten festzusetzen, dass die Durchschnittskosten gedeckt werden, der dadurch verursachte Verlust an Konsumentenrente durch Ausweichverhalten der Konsumenten auf den Teilmärkten insgesamt aber so gering wie möglich bleibt. Hierzu müssen die Preise auf den Märkten mit relativ elastisch reagierender Nachfrage verhältnismäßig geringfügig angehoben werden, während auf den Märkten mit unelastischer Nachfrage (im Verhältnis zu den Grenzkosten) relativ höhere Preise verlangt werden.

---

[1] Neben den statischen Wohlfahrtsverlusten ist auch die Gefahr des Auftretens dynamischer Wohlfahrtsverluste zu erwähnen, der eine Folge fehlenden Konkurrenzdrucks und relativ geringer Innovationsanreize sein kann.

[2] Vgl. auch Kapitel 5.4.

Wenn Preisdiskriminierung ausgeschlossen ist, können die Ergebnisse des Marktes durch **staatliche Regulierung** der Preispolitik des Monopolisten oder durch **eigene staatliche Produktion** verbessert werden. Im ersten Fall hat der Staat nach der Grenzkosten-Preisregel die Pareto-optimale Menge x_2 und den dazugehörigen Preis p_2 zu bestimmen, falls diese Menge produziert werden soll. Die bei der Bereitstellung von x_2 auftretenden Verluste müssen aber durch Subventionen ausgeglichen werden, wenn das Unternehmen nicht aus dem Markt ausscheiden soll. Zu denken wäre etwa an eine Stücksubvention in Höhe der Differenz von DK und GK in x_2.

Allgemein bewirken Subventionen eine Begünstigung derjenigen, die das subventionierte Gut nachfragen, zu Lasten der Gesamtheit der Steuerzahler. Das kann verteilungspolitisch problematisch sein. Bei nicht kostendeckenden Preisen fehlt im Übrigen die Information über den gesamten Wert der Produktion. Da der Staat durch Subventionen und nicht der Markt über den Preis die Durchschnittskosten deckt, ist kein effizientes Handeln zu erwarten: Es besteht kein Anreiz wie für den gewinnmaximierenden Anbieter, eine kostenminimale Faktorkombination zu realisieren.

Auch bei eigener Produktion muss der Staat das Defizit aus Haushaltsmitteln decken. Hierbei darf die Finanzierung keine Verzerrungen hervorrufen, sie muss allokativ neutral sein. Die meisten Steuern beeinflussen aber die marginalen Entscheidungen. Daher kommt nur eine **Pauschalsteuer (lump sum tax)** in Betracht. Darunter versteht man eine Steuer, die keine Marginalbedingung verändert[1]. Sie verhindert nicht den Ausgleich der Grenzraten der Substitution und der Transformation, so dass die erforderlichen Bedingungen für Effizienz eingehalten und Pareto-Optima erreicht werden. Pauschal-(Kopf-)Steuern sind allerdings unrealistisch. Die allokativen Verbesserungen, die die Ausdehnung der Produktion bei staatlicher Verlustfinanzierung erfährt, sind also mit den Wohlfahrtsverlusten der Besteuerung zu vergleichen. Wenn keine Nettowohlfahrtsgewinne erzielt werden, erweist es sich als ökonomisch sinnvoll, staatliche Eingriffe zu unterlassen. Zur praktischen Umsetzung der Grenzkosten-Preisregel sind Informationen über Nachfrage und Grenzkosten erforderlich. Diese Informationen sind regelmäßig nicht vorhanden.

Eine weitere Möglichkeit der staatlichen Regulierung besteht in der **Preissetzung zu langfristigen Durchschnittskosten**. In diesem Fall wird dem Ziel nach der soziale Überschuss unter der Nebenbedingung maximiert, dass das im Markt tätige Unternehmen keinen Verlust macht. In Abb. 4-2 führt eine solche Preissetzung zu x_1 verkauften Einheiten bei einem Preis p_1. Die Produktionsmenge wird sich unter der für die Konsumenten optimalen Menge x_2 befinden, die sich nach der Wettbewerbsregel GK = p ergeben sollte. Bei dieser Strategie sind keine Verluste durch Steuern zu finanzieren.

Stets sind die konkreten Umstände zu prüfen um beurteilen zu können, ob wohlfahrtsmäßig ein durch Preisdifferenzierung, staatliche Preisregulierung oder staatliche Produktion erzieltes höheres Versorgungsniveau günstiger als das private Monopol-

---

[1] Die Pauschalsteuer ist ein rein theoretisches Konstrukt, das als Referenzgröße herangezogen wird.

angebot ist. In allen Fällen sind zudem die hier vernachlässigten Transaktionskosten der jeweiligen Alternative zu berücksichtigen. Ferner ist zu prüfen, ob die beschriebenen Allokationsmängel tatsächlich dauerhaft bestehen.

3. Externe Effekte

a) Interdependenz und Externalität

Bei der Ableitung der Pareto-Bedingungen im rein privatwirtschaftlichen Modell wurde davon ausgegangen, dass die Wirtschaftssubjekte ihre Entscheidungen unabhängig und unbeeinflusst voneinander treffen. Tatsächlich sind isolierte Entscheidungen ohne Wirkungen auf andere bzw. von anderen eher die Ausnahme als die Regel. Auch unter den Voraussetzungen einer vollkommen funktionierenden Marktwirtschaft ergeben sich Interdependenzen zwischen den involvierten Parteien: Der Kauf einer Einheit von Gut 1 durch Konsument 1 macht diese Einheit für Konsument 2 nicht mehr verfügbar. Diese Interdependenz wird aber - unter den Voraussetzungen des 3. Kapitels - über den Preismechanismus internalisiert. Der zusätzliche Nutzen, der Konsument 1 aus der Einheit von Gut 1 erwächst, ist größer als der potenzielle Nutzenzuwachs von Konsument 2. Ergebnis ist eine Pareto-effiziente Allokation.

Ähnlich gelagert ist der Fall, wenn etwa die Veränderung der Nachfrage nach Gut 1 den Preis von Gut 2 beeinflusst, konkret: wenn der Bau einer Brücke die Nachfrage nach Fährtransporten und das Einkommen hieraus verringert. Solche in marktwirtschaftlichen Systemen allgegenwärtigen Interdependenzen sind allokativ unbeachtlich. Die Wirkungen erfolgen hier indirekt über das Preissystem. Sie verändern nicht die Pareto-Optimal-Bedingungen (Ausgleich der Grenzraten) oder die privaten Verhaltensweisen (Angleichung der Grenzraten an die Preisverhältnisse). Es ergibt sich zwar eine andere Allokation als zuvor, diese neue Allokation ist aber ebenfalls Pareto-effizient. Es kommt nur zu Transfers von Renten (bei nicht vollkommen elastischem Angebot)[1].

Allokativ bedeutsam sind hingegen Externalitäten. Bei ihnen erfolgt die Wechselwirkung zwischen Wirtschaftssubjekten nicht (nur) über das Preissystem[2], sondern direkt über den Gewinn oder Nutzen anderer Wirtschaftssubjekte. Als **Externalitäten** (oder **spillovers**) gelten daher jene aus der Aktivität (Produzieren oder Verbrauchen) eines Wirtschaftssubjekts bei anderen Wirtschaftssubjekten resultierenden Wirkungen (Vor- oder Nachteile), die nicht durch den Preismechanismus gesteuert werden: Die Verursacher externer Vorteile werden nicht (voll) entschädigt, die Verursacher externer Nachteile nicht (voll) belastet. Zwei konstitutive Merkmale sind also für das Vorliegen von Externalitäten festzuhalten: **Interdependenz** (direkte Abhängigkeit) zwi-

---

[1] Gleichwohl können solche Transfers **verteilungspolitisch** bedeutsam sein. In der Literatur spricht man in diesem Fall zuweilen von **monetären** oder **pekuniären** im Unterschied zu den hier behandelten **technologischen** Externalitäten.
[2] Also außerhalb („extern") freiwilliger Marktbeziehungen.

schen Wirtschaftssubjekten und **keine marktmäßige Entschädigung** für die Wirkungen dieser Interdependenz.

Beispiel einer Externalität sind die Rußemissionen eines Kohlekraftwerks. Die Schadstoffe verschmutzen beispielsweise die aufgehängte Wäsche oder beeinträchtigen die Luftqualität und schädigen die Gesundheit der Anwohner. Aus ökonomischer Sicht produziert das umweltverschmutzende Unternehmen neben dem eigentlichen Gut weitere Outputs, die für die betroffenen Anwohner und Unternehmen ein Ungut darstellen. Solange solche Interdependenzwirkungen ihren Niederschlag im Preis des normalen Gutes finden, also über den Preismechanismus **internalisiert** werden, wird die Pareto-effiziente Allokation nicht gestört.

Voraussetzung für eine solche Internalisierung ist die Existenz von Märkten für alle Güter bei vollständiger Konkurrenz. Einem solchen Modell effizienter Märkte liegt die Theorie der **Eigentumsrechte** („property rights") zugrunde. Wenn Güter getauscht werden, geht es praktisch um die gegenseitige Übertragung von Eigentumsrechten, also den rechtlichen Ansprüchen auf die Nutzung der Güter. Mit dem Eigentum an einem Gut erhält ein Wirtschaftssubjekt das Recht, andere von der Nutzung dieses Gutes auszuschließen (z. B. durch Errichten von Zäunen). Liegen solche Rechte nicht vor, so ist die Bildung eines Marktes für das entsprechende Gut nicht möglich. Wäre z. B. saubere Luft ein genau zuteilbares und handelbares Gut wie etwa Kleidung oder Nahrung, so wäre jede Beeinträchtigung der Luft z. B. durch das Kohlekraftwerk, also die Verwendung der Luft als Deponie für Schadstoffe, an ein Nutzungsentgelt gebunden. Der Staat hätte notfalls zum Schutz des Privateigentums Sanktionen durchzusetzen. Fehlende Eigentumsrechte, aber auch Schwierigkeiten ihrer Durchsetzung infolge vielfältiger Transaktionskosten, verhindern die Marktpreisbildung bei Externalitäten. Solche Transaktionskosten resultieren aus Informationsbeschaffung, Verhandlungen, Abschluss und Kontrolle der Einhaltung eines Vertrages. Sie beanspruchen Ressourcen (zum Beispiel Zeit und Notargebühren), die bei der Entscheidung, auf einem Markt tätig zu werden, berücksichtigt werden müssen.

Wenn Eigentumsrechte fehlen, nicht durchsetzbar sind oder nicht sinnvoll definiert werden (können), wird die Luft in einem solchen Ausmaß genutzt (z. B. bei der Erzeugung von Energie), dass der dabei erzielte Nutzen alternative Verwendungen sauberer Luft einschränkt oder verhindert. „Die Luft, die unbegrenzt schien, ist durch eine starke Zunahme des Verbrauchs knapp und wertvoll geworden. Das heißt, Individuen wären nun bereit, andere Güter für eine zusätzliche Einheit Luft auszugeben - die Luft hätte einen „Schattenpreis" bekommen (i.e. eine positive Wertschätzung des Grenznutzens). Ein Markt kann dieses Problem der Allokation offensichtlich nicht lösen" (Masuhr u. a. 1992, S. 194).

Die Existenz von Externalitäten gilt als wichtiger Fall des Marktversagens und für die Rechtfertigung für Nichtmarktlösungen. Weitere Relevanz erhält die Theorie der externen Effekte dadurch, dass das Problem der **Umweltbelastung** in der Ökonomie als Externalitätenproblem aufgefasst wird. Für ein Versagen der marktwirtschaftlichen Internalisierung von Umweltschädigungen wurde als erster Grund angeführt: Ein effizienter Markt für das Gut „Umweltqualität" kann in vielen Fällen nicht entstehen, da sich private Eigentumsrechte gar nicht erst definieren lassen. Ein zweiter Grund muss hinzugefügt werden: Das Umweltproblem hat eine intertemporale Dimension. Die heutige Umweltbelastung schädigt neben den gegenwärtig Lebenden auch die nachfolgenden Generationen. Diesen Generationen ist es aber nicht möglich, auf heutigen Märkten zu agieren und so die Interdependenzen zwischen den Generationen über das Preissystem zu internalisieren - selbst wenn heute Märkte für Umweltqualität existierten.

b) Formen und Wirkungen externer Effekte

Externalitäten können von Produzenten und/oder Konsumenten hervorgerufen werden, die Vorteile (Gewinn, Nutzen) und/oder Nachteile (Verlust, Nutzeneinbuße) empfangen Produzenten und/oder Konsumenten:

Abb. 4-4 Beziehungen bei Externalitäten

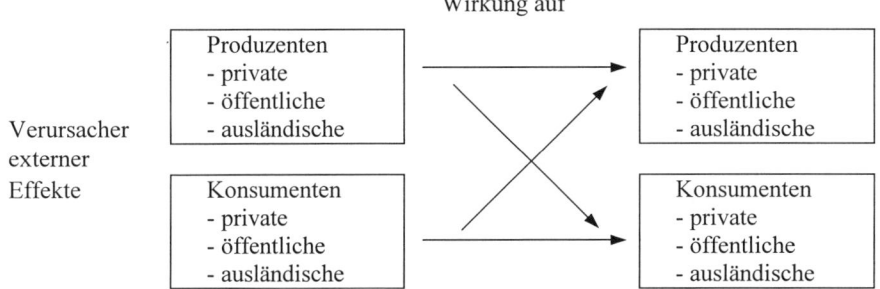

Externe Effekte zwischen Produzenten
Formal liegt eine Externalität bei direkter Abhängigkeit der Produktions- oder Kostenfunktionen verschiedener Produzenten vor. So kann die Produktionsfunktion des Produzenten eines Gutes h nicht nur von den von ihm kontrollierten Variablen f_{kh}, $k = 1,...,K$. abhängen, sondern auch von der Variablen f_{vj}, die sich unter der Kontrolle des Produzenten des Gutes j befindet:

(4-4) $\quad x_h = x_h(f_{1h},...,f_{Kh}, f_{vj}) \quad$ mit $\quad \dfrac{\partial x_h}{\partial f_{vj}} \neq 0$.

Je nachdem, ob $\dfrac{\partial x_h}{\partial f_{vj}} \gtrless 0$ liegt eine von j ausgelöste positive oder negative Externalität vor. Externe Effekte können, je nach Ursachenzusammenhang, durch die Faktoreinsatzmenge f_{vj} direkt, durch die Produktmenge x_j oder durch zusammen mit x_j erstellte Nebenprodukte z_j ausgelöst werden. Für den Produzenten von x_j gilt im letzten Fall die Produktionsfunktion

(4-5) $\quad x_j = x_j(f_{1j},...,f_{Kj})$

mit dem Nebenprodukt

(4-6) $z_j = z_j(f_{kj})$

und daher

(4-7) $x_h = x_h(f_{1h},\ldots,f_{Kh},z_j)$.

Ein Beispiel für die letztgenannte (negative) Externalität: Der Produzent des Gutes x_j (Öl) produziert als Kuppelprodukt Luftverschmutzung (z_j), die die Produktionsbedingungen der Produzenten von x_h (Gärtnerei, Fremdenverkehr) beeinträchtigt. Die Folgen negativer externer Effekte bestehen häufig in einer Umweltverschmutzung. Sie stellt eine besondere Form der Beeinträchtigung des Vermögens Dritter dar.

Positive Externalitäten zwischen Produzenten existieren ebenfalls: Durch Aufforsten einer Region wird die Niederschlagsmenge und dadurch die landwirtschaftliche Produktion begünstigt. Agglomerationsbildungen können die Produktionskosten der einzelnen Produzenten senken.

Ein Nebenprodukt kann aber auch gleichzeitig positiv und negativ wirken: So fördern warme Abwässer von Kraftwerken die Möglichkeit der Fischzucht, aber auch die Algenbildung in den Flüssen.

Externe Effekte zwischen Konsumenten
Bei diesen Externalitäten geht das von bestimmten Wirtschaftssubjekten kontrollierte Gut auch in die Nutzenfunktion anderer Wirtschaftssubjekte ein. So hängt der Nutzen der Person i vom Umfang ihrer Aktivitäten (Güter) und jenen der Person d ab. Die Nutzenfunktion kann das gleiche Gut j oder ein anderes (h ≠ j) enthalten. Sie lautet im letzteren Fall

(4-8) $U_i = U_i(x_{1i},\ldots,x_{Ji},x_{hd})$

statt der Nutzenfunktion ohne Externalitäten

$U_i = U_i(x_{1i},\ldots,x_{Ji})$.

Die Externalität ist positiv oder negativ, je nachdem, ob $\dfrac{\partial U_i}{\partial x_{hd}} \gtrless 0$.

Beispiele: Der gepflegte Garten erfreut den Nachbarn; Rauchen beeinflusst Wohlbefinden und Gesundheit der Nichtraucher. Die von d verursachte Externalität kann von den betroffenen Personen i durchaus unterschiedlich eingeschätzt werden, so dass die Ableitung $\partial U_i / \partial x_{hd}$ positiv oder negativ ausfällt.

4. Kapitel: Marktversagen und staatliche Korrekturmaßnahmen

Externe Effekte zwischen Produzenten und Konsumenten
Hier wird der Nutzen der Haushalte von den Aktivitäten der Produzenten beeinflusst und/oder die Produktion durch Aktivitäten der Haushalte verändert. Die auf diese Weise definierten Externalitäten sind in der Regel Neben- oder Abfallprodukte von Produktions- oder Verbrauchsprozessen. Es gilt etwa

(4-9) $U_i = U_i(x_{1i},\ldots,x_{Ji},z_h)$ mit $z_h = z_h(f_{vh})$

wenn der Konsum von (Person oder) Haushalt i durch das infolge des Einsatzes von Input v bei der Produktion von h anfallende Zwischenprodukt betroffen wird. Zum Beispiel wird durch die Produktion der chemischen Industrie die natürliche Landschaft zerstört, die Gesundheit gefährdet, die Wäsche verschmutzt und so das Wohlbefinden der Bürger beeinträchtigt. Auch können künftige Generationen geschädigt werden. Ein anderes Beispiel: Lastfahrzeuge können Verkehrsstaus herbeiführen und so den Privatverkehr behindern.

Zudem können Externalitäten einseitiger oder reziproker Art sein. Wenn die von Wirtschaftssubjekten i hervorgerufenen externen Effekte nur in eine Richtung verlaufen, spricht man von **einseitigen** Externalitäten. Wenn die Wirtschaftssubjekte d von den Betroffenen i ihrer Externalitäten ebenfalls Externalitäten empfangen, liegen **reziproke** Externalitäten vor. Klassisches Beispiel für reziproke Externalitäten stellen Bienenzucht und Baumpflanzung dar.

Wirkungen von Externalitäten
Zur Darstellung des allokativen Marktversagens bei Vorliegen externer Effekte sei der Fall einer Externalität zwischen zwei Produzenten j und h betrachtet. Die Externalität werde durch ein Nebenprodukt z_j erzeugt. Es gelten also Gleichungen (4-10) bis (4-12)

(4-10) $x_j = x_j(f_{1j},\ldots,f_{Kj})$

(4-11) $z_j = z_j(f_{kj})$ mit $\dfrac{\partial z_j}{\partial f_{kj}} > 0$

(4-12) $x_h = x_h(f_{1h},\ldots,f_{Kh},z_j)$.

Um die Bedingungen für die optimale Produktion unter der Nebenbedingung gegebener Faktormengen $\overline{F}_k$ und gegebenem Output x_h zu ermitteln (Pareto-effiziente Allokation), wird die Lagrange-Funktion gebildet

(4-13) $L = x_j[f_{1j},\ldots,f_{Kj}] + \lambda_h(x_h(f_{1h},\ldots,f_{Kh},z_j(f_{kj})) - \overline{x}_h] + \sum\limits_k \mu_k (\sum\limits_j f_{kj} - \overline{F}_k)$.

Aus der Maximierung von (4-13) bezüglich v und k ergibt sich die Bedingung für ein Optimum

$$(4\text{-}14) \quad \frac{\partial x_j / \partial f_{kj}}{\dfrac{\partial x_h}{\partial f_{kh}} - \dfrac{\partial x_h}{\partial z_j} \dfrac{\partial z_j}{\partial f_{kj}}} = \frac{\partial x_j / \partial f_{vj}}{\partial x_h / \partial f_{vh}}.$$

Die Optimalbedingung (4-14) weicht um die externe Wirkung $\dfrac{\partial x_h}{\partial z_j} \dfrac{\partial z_j}{\partial f_{kj}}$ von der Bedingung der gleichen Grenzraten der technischen Substitution (3-5) ab. Im Falle einer direkt von dem Faktor f_{kj} ausgelösten Externalität würde der Ausdruck $\dfrac{\partial x_h}{\partial z_j} \dfrac{\partial z_j}{\partial f_{kj}}$ auf $\partial x_h / \partial f_{kj}$ reduziert. Bewirkt das Gut j direkt die Externalität, erhält man die Optimalbedingung

$$(4\text{-}15) \quad \frac{\partial x_j / \partial f_{kj}}{\dfrac{\partial x_h}{\partial f_{kh}} - \dfrac{\partial x_h}{\partial x_j} \dfrac{\partial x_j}{\partial f_{kj}}} = \frac{\partial x_j / \partial f_{vj}}{\dfrac{\partial x_h}{\partial f_{vh}} - \dfrac{\partial x_h}{\partial x_j} \dfrac{\partial x_j}{\partial f_{vj}}}.$$

Externalitäten führen dazu, dass für ein Optimum die **um die Externalitäten korrigierte Grenzraten der Substitution** beliebiger Faktoren in allen Produktionsprozessen gleich sein müssen. Ein entsprechendes Ergebnis erzielt man bei interdependenten Nutzenfunktionen. Hierzu hat die um die Externalitäten korrigierte GRS beliebiger Güter bei allen Individuen gleich zu sein, die diese Güter verbrauchen.

Daraus ergibt sich unmittelbar die Frage, ob der Markt die in (4-14) abgeleiteten Optimalbedingungen unter Einbeziehung der Externalitäten realisieren kann. Wenn das einzelne Wirtschaftssubjekt nicht für die von ihm empfangenen externen Vorteile (**external economies**) bzw. die von ihm verursachten externen Nachteile (**external diseconomies**) belastet wird, richtet es sein Verhalten allein an dem für ihn individuell günstigsten Ergebnis aus, d. h. gehorcht **individueller Rationalität**. Durch Externalitäten verlieren die Gleichgewichtssituationen, die für den Markt vollkommener Konkurrenz abgeleitet wurden, ihre Optimalitätseigenschaft. Die individuellen Entscheidungen sind **gesamtwirtschaftlich** nicht optimal: Die Preise geben die mit Konsum und Produktion verbundenen Kosten und Erträge verzerrt wieder, da die privaten (Grenz-) Kosten und Erträge in Höhe der (positiven oder negativen) Externalitäten von den sozialen Kosten und Erträgen abweichen.

Fehlende oder nicht durchsetzbare Eigentumsrechte sowie zu hohe Transaktionskosten als Ursache von Externalitäten beruhen teils auf technischen Eigenschaften der Güter selbst, teils auf institutionellen Faktoren. Wenn Ressourcen aber ohne Kosten für den Nutzer beansprucht werden können, gibt es keine Anreize, für die Nutzung bzw. die Erhaltung der Ressourcen zu bezahlen. Produktion und Konsum können ohne Rücksicht auf die Umwelt vorgenommen werden. Im Gegensatz hierzu wird versucht, jene Ressourcen durch andere zu substituieren, für die gezahlt werden muss und die sich als relativ teuer erweisen (z. B. Arbeit).

4. Kapitel: Marktversagen und staatliche Korrekturmaßnahmen

So produzieren Unternehmen bei ansonsten vollkommenen Wettbewerbsmärkten zur Gewinnmaximierung die Menge, bei der ihre **privaten** Grenzkosten GK^{priv} dem Preis entsprechen. Die von ihnen hervorgerufenen **negativen** Externalitäten gehen nicht in ihre privaten Grenzkosten ein. Die private (Produktions- und) Kostenfunktion enthält nur (für die einzelnen Produzenten) knappe Faktoren. Solange z. B. Luft von den Nutzern als **freies Gut** behandelt werden kann, liegen außermarktmäßige Kostenbestandteile vor, die unter Umgehung des Marktes direkt an unbeteiligte Dritte weitergegeben werden. Bei negativen Externalitäten liegt der Preis der produzierten Güter unter ihren sozialen Grenzkosten ($p < GK^{soz}$).

In Abb. 4-5 ist dieser Fall vereinfacht dargestellt. Die privaten Grenzkosten der umweltbelastenden Produktion des Gutes x sollen konstant sein; infolge angenommener zunehmender marginaler Externalitäten steigen aber die sozialen (oder volkswirtschaftlichen) Grenzkosten. Die Unternehmen bieten die Menge x_1 zu einem Preis p_1 statt x^* zu einem Preis p^* an. Die Preis-Mengen-Kombination ($p_1 x_1$) wäre nur dann optimal, wenn mit ihr keine Externalitäten verbunden wären. Tatsächlich kommt es aber zu einer Übernutzung der Umwelt. Die Fläche AHF gibt die gesamten externen Zusatzkosten an, die neben den privaten Produktionskosten anfallen. Marktpreise führen die Unternehmen hier also nicht zu einer volkswirtschaftlich optimalen Ausbringungsmenge. Die Differenz $GK^{soz} - GK^{priv}$ gibt den Grenzschaden der Produktion an. Als Schaden gilt der Betrag, den alle Betroffenen zahlen würden, um die Verschmutzung zu beseitigen (oder - nach einer anderen Fragestellung - als Entschädigung akzeptieren würden, wenn die Verschmutzung nicht verändert wird). Der einzelne Anbieter sieht sich ohne Entschädigung nicht veranlasst, die mit seiner Produktion einhergehenden Externalitäten zu reduzieren oder zu beseitigen. Dann hätte er die gesamten damit verbundenen Kosten zu tragen. Die Erträge der Emissionsreduzierung kämen ferner auch anderen Anbietern zugute, die unter Umständen ihre unentgeltliche Nutzung der Ressourcen Luft, Wasser usw. sogar noch ausdehnen könnten.

Abb. 4-5 Marktgleichgewicht und Optimum bei negativer Externalität

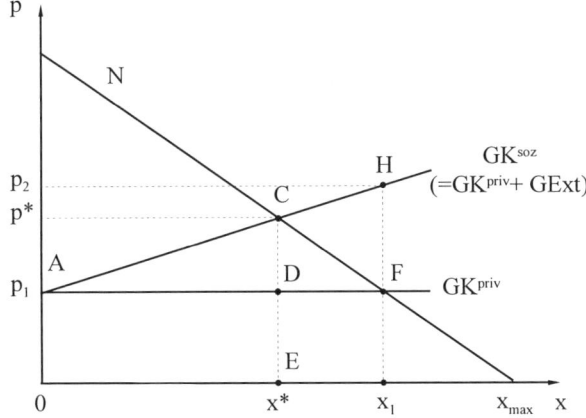

Dies wird wieder formal unter der Annahme gezeigt, dass auf den Güter- und Faktormärkten vollkommene Konkurrenz herrscht. Im Konkurrenzgleichgewicht ohne Externalitäten gilt

$$(4\text{-}16)\quad p_j \frac{\partial x_j}{\partial f_{kj}} = q_k \quad \text{und} \quad p_h \frac{\partial x_h}{\partial f_{kh}} = q_k$$

und daher

$$(4\text{-}17)\quad \frac{p_j}{p_h} = \frac{\partial x_h / \partial f_{kh}}{\partial x_j / \partial f_{kj}}.$$

Die **privaten** Grenzwertprodukte sind also gleich den Faktorpreisen. Die Werte dieser Grenzprodukte, die ein Faktor in den betrachteten Produktionsbereichen erbringt, müssen übereinstimmen. Effiziente Produktion bedingt, dass der gesamte **soziale** Grenzertrag durch Produktionsfaktor j in seinem Preis widergespiegelt wird. Auch das indirekte Grenzwertprodukt $p_h \frac{\partial x_h}{\partial z_j} \frac{\partial z_j}{\partial f_{kj}}$, nämlich der Wertverlust aus der Verringerung des Output h aufgrund einer marginalen Erhöhung des Einsatzes von j ist zu berücksichtigen. Im Optimum muss also das Verhältnis der Güterpreise dem Verhältnis der Grenzprodukte einschließlich der indirekten Grenzprodukte sein:

$$(4\text{-}18)\quad \frac{p_j}{p_h} = \frac{\dfrac{\partial x_h}{\partial f_{kh}} - \dfrac{\partial x_h}{\partial z_j}\dfrac{\partial z_j}{\partial f_{kj}}}{\partial x_j / \partial f_{kj}}.$$

Im Verhältnis zur Pareto-optimalen Produktion ist der Preis von j relativ zu Gut h zu niedrig. Die Produktion von Gut j ist daher ineffizient hoch.

Im Falle positiver Externalitäten der Produktion gilt Entsprechendes. In diesem Fall (in Abb. 4-6 für ein Gut) ist die nachgefragte Gleichgewichtsmenge (x_2) zu gering, effizient wäre hingegen die Menge x* unter Einschluss der externen Erträge[1]. Bei x_2 tritt ein Wohlfahrtsverlust gegenüber x* in Höhe der Fläche CDB auf. Die Unternehmen wählen aber den optimalen Preis p* nicht, weil sie dann nur x_1 und nicht die optimale Menge x* absetzen können.

---

[1] Die positive Externalität kann auch dazu führen, dass $GK^{priv} < GK^{soz}$.

Abb. 4-6 Die Wirkungen einer positiven Externalität

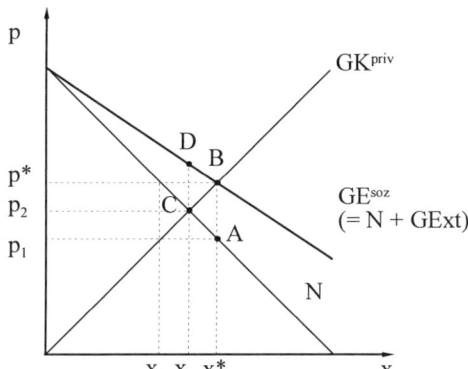

c) Das Coase-Theorem

Die Existenz von Externalitäten führt zu Marktversagen. Bevor jedoch aus dem Vorliegen von Marktversagen die Notwendigkeit staatlichen Eingriffs gefolgert wird, ist es sinnvoll, die Gründe für dieses Marktversagen noch einmal genauer darzustellen.

Das bei Externalitätenproblemen verursachte Marktversagen rührt daraus, dass sich bestimmte Interdependenzen nicht im Preismechanismus niederschlagen. Die Marktallokation muss folglich (fast definitorisch) zu einem Pareto-ineffizienten Zustand führen. Gleichzeitig gilt auch, dass bei einer vollständigen **Internalisierung der externen Effekte**, d. h. ihrer Einbeziehung in den Preismechanismus, ein Pareto-effizienter Zustand erreicht werden kann, wenn von weiteren Verzerrungen abgesehen wird.

Das Coase-Theorem stellt die Voraussetzungen für eine solche Internalisierung und damit für die Nichtexistenz von externen Effekten dar:
- Festgelegte Eigentumsrechte,
- Nichtexistenz von Transaktionskosten,
- kostenlose Koalitionsbildung und Überwachung der Vereinbarungen,
- die Agenten müssen bei mehreren Beteiligten auf beiden Seiten jeweils deren ökonomische Interessen vollkommen repräsentieren,
- die Beteiligten stimmen darin überein, wie sie den Überschuss aus den Verhandlungen aufteilen.

Das **Coase-Theorem** besagt, dass unter diesen Bedingungen die von einer Externalität betroffenen Wirtschaftssubjekte sich über eine Allokation der Ressourcen einigen können, die optimal und unabhängig davon ist, wem die Eigentumsrechte zugewiesen werden. Mit Abb. 4-7 soll dies verdeutlicht werden. Zur Vereinfachung wird angenommen, dass es nur einen Schädiger und einen Geschädigten gibt. Auf der Abszisse ist die im Zuge der Produktion des Gutes x anfallende Schadstoffabgabe (S) eines Unternehmens abgetragen[1]. Der mit zunehmender Schadstoffabgabe überproportional ansteigende, gesamtwirtschaftliche Grenzschaden der Umweltverschmutzung wird durch die marginale Schadens-(oder externe Grenzkosten-)Funktion wiedergegeben. Es ist nun leicht zu erkennen, dass die zwischen 0 und S* bzw. zwischen S_m und S* liegenden Schadstoffabgaben Pareto-relevant sind, insofern, als eine Veränderung in Richtung S* eine Verbesserung für beide Seiten bewirken kann.

Zunächst einmal wird angenommen, dass keine Umweltgesetzgebung besteht. Dann liegen die Eigentumsrechte beim Verschmutzer. In diesem Fall zeigt Punkt S_m das Gewinnmaximum des Unternehmens und damit das Marktgleichgewicht an. Der Geschädigte unterbreitet dem Verschmutzer ein Angebot, damit dieser seine Schadstoffabgabe auf S* drosselt[2]. Der Verlust, den der Schädiger durch Reduktion seiner Produktion erleidet, entspricht der Fläche S*AS$_m$. Der Schädiger wird dem Angebot daher nur zustimmen, wenn er für diesen Verlust mindestens kompensiert wird.

Eine solche Kompensation ist möglich, da von S_m bis S* der Wert der Schadensminderung stets größer als die marginale Gewinneinbuße ist. Durch private Verhandlungen (und damit über einen Markt, auf dem das Gut Verschmutzungsreduktion gehandelt wird) kann folglich die Internalisierung des externen Effekts gelingen.

Ebenso wie rechts von S* Effizienzgewinne durch eine Verminderung der Schadstoffabgabe möglich ist, sind auch links von S* Allokationsverbesserungen möglich. Liegen die Eigentumsrechte bei den Geschädigten, so ist das Marktgleichgewicht zunächst im Punkt null. Da bis zum Punkt S* der Grenzgewinn des Unternehmens größer als mögliche Grenzausgleichszahlungen sein kann, stellen sich beide Seiten durch Verhandlungen besser. Somit kann über einen Markt, auf dem das Gut Verschmutzungsreduktion gehandelt wird, die Internalisierung des externen Effekts gelingen.

Abb. 4-7 Internalisierung durch Verhandlungen

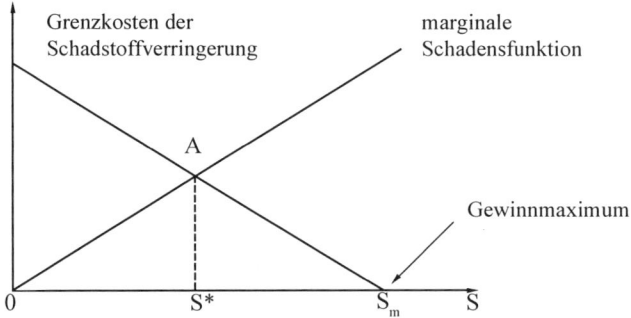

---

[1] Je geringer S, desto besser ist die Umweltqualität.
[2] Als praktisches Beispiel dafür, dass der Geschädigte dem Verursacher eine Entschädigung für die Einstellung oder Reduzierung der Belastung leistet und beide Seiten eine Verbesserung erfahren, können die Zahlungen der Bundesrepublik an die ehemalige DDR und an Frankreich zur Reduzierung der Salzbelastungen von Werra und Rhein gelten.

4. Kapitel: Marktversagen und staatliche Korrekturmaßnahmen

Voraussetzung für die soeben dargestellte Internalisierung ist, dass die **Eigentumsrechte** an dem die Externalität verursachenden Gut zugeteilt und über den Rechtsweg einklagbar sind. Nur dann ist ein Tausch (der Verzicht des Verkäufers auf die Inanspruchnahme eines Rechtes durch die Übertragung desselben an den Käufer) überhaupt möglich[1]. Unter den Voraussetzungen des Coase-Theorems erfolgt die Internalisierung unabhängig von der Verteilung des Eigentumsrechts. Nimmt man ferner an, dass die Einkommenseffekte null sind[2], kommt es in beiden Fällen zur gleichen Schädigung S*.

Eine wichtige Voraussetzung für die Gültigkeit des Coase-Theorems besteht in der Möglichkeit kostenloser **Koalitionsbildung**. Diese stellt sicher, dass nur zwei Verhandlungsparteien existieren. Werden mehrere Haushalte durch die Produktion von x geschädigt, so müssen sie sich ohne Kosten zusammenschließen und dem Schädiger ein Angebot unterbreiten können. Insbesondere bei der Umweltproblematik ist diese Voraussetzung aber häufig nicht gegeben, da es sich bei Umweltqualität um ein öffentliches Gut handelt. Jeder Haushalt profitiert von der Einschränkung der Produktion, und zwar unabhängig davon, ob er selbst oder ein anderer Haushalt den Produzenten durch eine Zahlung zu dieser Einschränkung veranlasst hat. Aus der Sicht jedes einzelnen Haushalts ist es daher rational, auf eine Zahlung der anderen zu hoffen und selbst nichts beizutragen. Da sich jedoch alle Haushalte so verhalten, kommen Verhandlungen gar nicht erst zustande. Auf dieses mit der Öffentlichen-Guts-Problematik eng verbundene Schwarzfahrerverhalten wird im Kapitel 4.4 detailliert eingegangen.

Allerdings sind Definitionen, Durchsetzung und Tausch von Eigentumsrechten regelmäßig nicht kostenlos. Ob Märkte für Eigentumsrechte und - wenn ja - in welcher Form zustande kommen, hängt daher wesentlich von den mit ihnen verbundenen Transaktionskosten ab, den Kosten also, die mit der Institutionalisierung und der Durchführung von Transaktionen[3] verbunden sind: die Kosten der Information über Angebots- und Nachfrageverhältnisse, die Kosten der Organisation des Tausches, die Kosten der Kontrolle über die Einhaltung abgeschlossener Verträge u. ä. Übersteigen diese Transaktionskosten die potenziell zu erzielenden Gewinne aus einer vertraglichen Vereinbarung, so wird eine solche Vereinbarung - bei Rationalverhalten der Beteiligten - nicht zustande kommen. Die konkreten Lösungen können auf unterschiedlichen Wegen erreicht werden. Durch Bestechung der jeweils anderen Seite, je nachdem, wo die Eigentumsrechte liegen; aber auch durch Übernahme des jeweils Anderen oder durch Bildung eines gemeinsamen Unternehmens.

Bedeutsam für eine Beurteilung des Coase-Theorems ist auch die Tatsache, dass die Festlegung von Eigentumsrechten keine intertemporale Effizienz ermöglicht. Die Eigentumsverhältnisse beziehen sich regelmäßig auf die gegenwärtig lebende Generati-

---

[1] Besitzt der Geschädigte das Eigentumsrecht, so führt ein analoger Verhandlungsprozess ebenfalls zu einer Produktion mit S*.
[2] Die Verteilung der Rechte muss ohne Einfluss auf die jeweilige Nachfrage sein.
[3] Transaktionen liegen vor, wenn Eigentumsrechte übertragen werden. Später werden staatlich veranlasste Transaktionskosten berücksichtigt, die weiter gefasst sind und den gesamten Bereich staatlichen Handelns und auch Unterlassens einbeziehen.

on. Die noch nicht geborenen künftigen bzw. die noch nicht entscheidungsfähigen jetzigen Generationen werden von jeder gegenwärtigen Entscheidung betroffen. Sie können aber selbst keine Eigentumsrechte durchsetzen. Es existieren keine Märkte für zukünftig zu erbringende Leistungen und/oder Gegenleistungen („future markets").

d) Staatliche Handlungsalternativen

Im vergangenen Abschnitt wurde gezeigt, unter welchen Voraussetzungen Externalitäten durch freiwillige Verhandlungen internalisiert werden können. Durch die Schaffung eines Marktes für die Externalitäten entwickeln sich Preise für diese Güter, so dass eine Pareto-effiziente Allokation gewährleistet wird und damit kein allokatives Marktversagen vorliegt. Staatliche Interventionen sind somit nicht erforderlich, um ein soziales Optimum zu erzielen[1].

Gleichzeitig wurde auch klar, dass die Voraussetzungen des Coase-Theorems nur selten erfüllt sind. Gelingt eine Internalisierung durch Verhandlungen nicht, so ist der Staat aufgerufen, das Externalitätenproblem durch entsprechende Maßnahmen zu lösen. Er hat dann die Aufgabe, die Transaktionskosten der Information und Entscheidungen gering zu halten und das Schwarzfahrerverhalten zu überwinden - insbesondere dann, wenn die Zahl der betroffenen Wirtschaftssubjekte groß ist. In diesem Abschnitt werden verschiedene mögliche Korrekturmaßnahmen dargestellt[2]. Grundidee ist, dass die optimale Produktions- und Absatzmenge dann zustande kommt, wenn die Produzenten die Umweltnutzung von den Betroffenen kaufen und so die Produkte zu ihren „richtigen", d. h. volkswirtschaftlichen Grenzkosten anbieten müssen.

(1) Die Pigou-Steuer

Steuern und Subventionen gelten seit Pigou (1923) als die klassischen Instrumente der Internalisierung. Die Externalitäten werden neutralisiert, wenn es gelingt, durch Steuern (oder andere Abgaben) die Entscheidungskalküle so zu ändern, dass die Gleichheit von sozialen Grenzwertprodukt und Faktorpreis hergestellt wird. Bei Geltung der Gleichungen (4-10) bis (4-12) bedeutet dies

---

[1] Allerdings könnte der Staat unter dem Aspekt der Gerechtigkeit tätig werden.
[2] Die am engsten an die Argumentation des Coase-Theorems angelehnte Maßnahme besteht in der Schaffung eines funktionsfähigen Marktes durch Festlegung von Eigentumsrechten. Wenn z. B. die Betroffenen die Verursacher externer Kosten feststellen und Schäden nachweisen, können sie die Verursacher verklagen. Dieser Ansatz ist zwar mit den gleichen Problemen behaftet, die auch die Gültigkeit des Coase-Theorems beeinträchtigen. Dennoch kann die Belastung durch negative Externalitäten reduziert werden, indem der Staat das Eigentumsrecht den Geschädigten zuweist. Dies ist z. B. im Bergrecht der Fall. Betreiber von Bergwerken haben die durch Grubensenkungen hervorgerufenen Bergschäden am Eigentum Dritter zu ersetzen. Im Braunkohletagebau wird zum Teil nach dem Kohleabbau die Landschaft neu gestaltet.

$$(4\text{-}19)\ p_j \frac{\partial x_j}{\partial f_{kj}} + p_h \frac{\partial x_h}{\partial z_j} \frac{\partial z_j}{\partial f_{kj}} = q_k.$$

Das Unternehmen j beachtet jedoch nur sein privates Grenzwertprodukt, welches durch die **proportionale Besteuerung** des Faktoreinsatzes verändert wird:

$$(4\text{-}20)\ p_j \frac{\partial x_j}{\partial f_{kj}} = q_k (1 + \tau^*).$$

Der Steuersatz muss also so bestimmt werden, dass das „korrigierte" private Grenzwertprodukt dem sozialen entspricht:

$$(4\text{-}21)\ q_k (1 + \tau^*) = q_k - p_h \frac{\partial x_h}{\partial z_j} \frac{\partial z_j}{\partial f_{kj}}.$$

Der optimale Steuersatz τ^* auf den Einsatz von k bei Verursacher j beträgt daher

$$(4\text{-}22)\ \tau^* = -\frac{p_h}{q_k} \frac{\partial x_h}{\partial z_j} \frac{\partial z_j}{\partial f_{kj}}.$$

Bei einer negativen Externalität ($\partial x_h / \partial z_j < 0$) ist eine Steuer erforderlich ($\tau^* > 0$), im Falle einer positiven Externalität eine Subvention ($\tau^* < 0$). Wenn eine direkt von einem Gut ($\partial x_h / \partial x_j \gtrless 0$) oder von einem Faktor ($\partial x_h / \partial f_{kj} \gtrless 0$) ausgehende Externalität internalisiert werden soll, ist der erforderliche Steuer(Subventions)satz entsprechend zu bestimmen.

Bei $\partial x_h / \partial x_j < 0$ wäre das Preisverhältnis p_h / p_j zugunsten des Gutes j verzerrt: Der Preis von j wäre zu niedrig und müsste so erhöht werden, dass $p_h / p_j = GK_h^{soz} / GK_j^{soz}$ gilt[1].

Abb. 4-8 verdeutlicht die Wirkungsweise der Pigou-Steuer. Durch die Einführung einer Abgabe mit einem Satz $\tau^* = CD$ sollen die Unternehmen gezwungen werden, die von ihnen bei der Produktion des Gutes x verursachten, aber vernachlässigten Kosten in ihrer privaten Kalkulation zu berücksichtigen. Dieses Verfahren stellt eine Variante des **Verursacherprinzips** dar: derjenige, der Knappheitsfolgen verursacht, soll in Höhe des Knappheitspreises selbst belastet werden. Die Steuerbelastung müsste der auszugleichenden marginalen Externalität CD entsprechen und gilt dann als Paretooptimal. Die Steuer („Umweltsteuer") verändert die privaten Grenzkosten der Produktion um die externen Grenzkosten.

---

[1] Vgl. (4-18)

Abb. 4-8 Die Pigou-Steuer

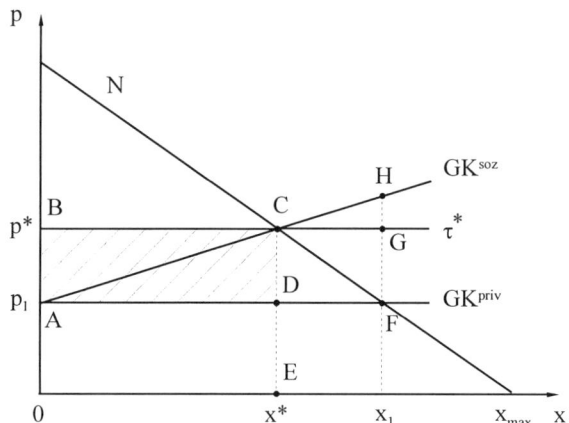

Zu beachten ist, dass eine effiziente Lösung nicht die Beseitigung der negativen Externalitäten verlangt. Es geht vielmehr darum, dass die Wirtschaftssubjekte mit den richtigen volkswirtschaftlichen Kosten und Erträgen rechnen. Die Produzenten können daher auf die Steuern verschieden reagieren, indem sie die Güter nicht weiter anbieten, die Produktionsmengen verringern und/oder die Produktionsprozesse ändern (z. B. durch Filter zur Abgasminderung). Um solche Anpassungen zu ermöglichen, ist es erforderlich, dass die Steuerbemessungsgrundlage genau die Quelle der Externalität trifft. Sonst können sich Allokationsfehler als Folge der Maßnahme noch vermehren. Liegt z. B. die Quelle einer Luftverschmutzung in einem bestimmten Kohleverarbeitungsprozess innerhalb eines stromerzeugenden Unternehmens, könnte es grundverkehrt sein, etwa eine besondere Steuer auf die Strommenge zu legen. Der in diesem Fall normalerweise zu erwartende Produktionsrückgang könnte nämlich Produktionsprozesse rentabel machen, die noch in weit stärkerem Maße luftverschmutzend wirken.

Die Verfahren sind bei den einzelnen Verursachungsfaktoren ähnlich: Bei Inputs, deren Verwendungen negative Externalitäten auslösen, besteht die gewünschte Änderung in einer Substitution dieser Inputs. So könnte z. B. bei einer Besteuerung nach der Schwefelhaltigkeit des Heizöls dessen Einsatz verringert bzw. zum Einsatz von Technologien beigetragen werden, die diese Schadstoffbelastung reduzieren. Bei einem Produktionsvorgang mit einem Schadstoff als Kuppelprodukt ist eine Anlastung der Kosten durch eine Steuer auf die Emission des Schadstoffs erforderlich. Ein Output, der im Verbrauch umweltschädlich ist, soll mit den Kosten angelastet und durch andere Konsumgüter substituiert werden. Hierzu kommen Abgaben auf umweltschädliche Produkte (z. B. Einwegflaschen) in Betracht.

Im Wettbewerb werden die Unternehmen zur Wahl der kostenminimierenden Kombination auch im Hinblick auf die Umweltsteuer gezwungen. Das Optimum wird also durch Anpassungen beim Verursacher allein erreicht. Internalisierung und Verursacherprinzip verlangen nur, dass die Verursacher die vollen volkswirtschaftlichen Kosten berücksichtigen müssen.

Die richtig ausgestaltete Pigou-Steuer bewirkt also zunächst eine effiziente Lösung des Externalitätenproblems. Es entsteht ein (Netto-)Wohlfahrtseffekt in Höhe von CHF[1], der sich aus der Reduzierung der negativen Externalität DCHF abzüglich der Einbuße an Konsumentenrente DCF ergibt. Die Wohlfahrtserhöhung CHF wird als **erste Dividende** der Pigou-Steuer bezeichnet. Darüber hinaus erzielt der Staat ein positives Steueraufkommen (ABCD in Abb. 4-8). Solange dieser Betrag nicht wieder an die Wirtschaftssubjekte zurückverteilt wird, erreicht die Pigou-Steuer zwar eine effiziente Allokation hinsichtlich der negativen Externalitäten, aber keine insgesamt effiziente Allokation. Denn durch die Rückschleusung des Steueraufkommens könnte mindestens ein Wirtschaftssubjekt besser gestellt werden, ohne ein anderes schlechter zu stellen. Gleichzeitig darf das Steueraufkommen aber nicht an eine der beiden beteiligten Parteien so zurückfließen, dass ihre Anreizsituation verändert wird und sie sich nicht mehr effizient in der neuen Situation verhalten.

Entscheidend für die Beurteilung der Maßnahme insgesamt ist daher offensichtlich, wie dieses Aufkommen verwendet wird. Allokativ neutral könnte es als Pauschbetrag zurückgegeben werden. Es könnte aber auch zum Abbau von verzerrenden Steuern eingesetzt werden. In jüngerer Zeit wird ferner die Verwendung des Steueraufkommens zur Realisierung beschäftigungs- oder verteilungspolitischer Zwecke vorgeschlagen[2].

Die Pigou-Steuer scheint ein hervorragendes Instrument zu sein, um die durch Externalitäten hervorgerufenen Mängel zu beseitigen. Allerdings werden implizit mehrere Annahmen über die Handlungsfähigkeit des Staates getroffen. So kann die Umweltsteuer nur dann in der beschriebenen Weise wirken, wenn sie nicht durch andere staatliche Maßnahmen neutralisiert wird.

Zentrales Problem der optimalen Umweltsteuer ist aber die Informationsbeschaffung über technologische Bedingungen und über Präferenzen, die dem Staat regelmäßig nicht gelingen dürfte[3]. Insbesondere müssen die Verursacher von Externalitäten nach Art und Ausmaß eindeutig identifizierbar sein. Das ist häufig wegen vielfältiger Interdependenzen nicht möglich. So entstehen Externalitäten z. B. im Transportbereich auf mehreren unterschiedlich strukturierten Märkten und hängen von vielen technologischen Faktoren und Verhaltensweisen ab. Diese werden wiederum durch andere Daten (darunter Steuern, Subventionen, Auflagen) beeinflusst. Auch sind Externalitäten nur eine Form der ökonomischen Ineffizienz. Schließlich muss der Wert der marginalen Externalität für die betroffenen Wirtschaftssubjekte im **endgültigen Optimum** (CD in Abb. 4-8), also bei der allokationseffizienten Lösung, bekannt sein. In der Pra-

---

[1] Auch „Umweltdividende" genannt.
[2] Vgl. Kapitel 20.2, in dem Ökosteuern behandelt werden.
[3] Von Fragen der politischen Umsetzbarkeit und den dabei anfallenden Transaktionskosten einmal abgesehen.

xis ist eine befriedigende Annäherung auch bei beträchtlichem Verwaltungsaufwand nicht zu erwarten[1].

Die Umweltsteuer wirkt langsam und indirekt, nämlich erst, nachdem sich das Verhalten der Wirtschaftssubjekte an die neuen Verhältnisse angepasst hat. Sie erlaubt, etwa im Gegensatz zum Verbot einer Aktivität, die externe Kosten hervorruft, den Wirtschaftssubjekten zu entscheiden, ob und in welchem Ausmaß sie die Externalitäten hervorrufende Aktivität noch durchführen wollen. Die **Überwälzung** der Steuer ist allokativ unerheblich: Eine Veränderung der relativen Preise gibt den Konsumenten einen Anreiz, auf die (nun teurer gewordenen) Güter zu verzichten, deren Produktion die besteuerten Umweltschäden verursacht. Führt die Internalisierung der externen Kosten dazu, dass die Grenzkosten durch den Preis nicht mehr gedeckt werden, wird die Aktivität zumindest marginal aufgegeben. Die erhöhten Kosten können die Produzenten aber auch dazu anregen, neue Technologien einzusetzen.

Die Internalisierung durch Steuern ist dann nicht möglich, wenn Umweltschäden aus der Vergangenheit stammen (Altlasten) oder der Verursacher (z. B. weil er sich im Ausland befindet) nicht dingfest gemacht werden kann. Ferner kann die Maßnahme aus rechtlichen Gründen (z. B. Verstoß gegen EG-Recht) oder politisch nicht durchsetzbar sein. Für die Durchsetzbarkeit der Steuer ist zu beachten, dass zwei Gruppen negativ betroffen sind: diejenigen, die die Steuer (für x^*) zahlen und diejenigen, die auf das Gut (in Höhe von $x_1 - x^*$) verzichten.

(2) Subventionen

Durch den Einsatz von Subventionen kann, wie es scheint, grundsätzlich das gleiche Ergebnis wie durch Besteuerung negativer Externalitäten erzielt werden: Bei richtig festgelegtem Subventionsbetrag CD **pro vermiedener Schadenseinheit** würde in Abb. 4-8 die marginale Schadstoffmenge ebenfalls auf CD bei einem Produktionsumfang x^* reduziert. Im Steuer- wie im Subventionsfall sind die Grenzvermeidungskosten gleich dem (einheitlichen) Grenzsteuer- bzw. -subventionsbetrag. Die Aufrechterhaltung eines Schadens AHF würde zu einem Subventionsverzicht in Höhe von DCGF führen. Eine Schadensreduzierung bedeutet daher eine Wohlfahrtsverbesserung, solange die eingesparte marginale Externalität kleiner als der marginale Subventionssatz ist.

Die Wirkungsweise von Steuer und Subvention ist dabei symmetrisch: Die Pigou-Steuer erhöht die Kosten einer Outputeinheit um τ^* (= CD) ebenso wie die Subvention, da in diesem Fall die Produktion einer zusätzlichen Outputeinheit einen Verzicht auf die Subvention CD bedingt.

---

[1] Anzumerken ist auch, dass die Bestimmung des Optimums von der verfügbaren Technologie abhängt, aber auch von weiteren Beschränkungen wie atmosphärischen Bedingungen u. ä. Ferner sind unter stabilitätspolitischem Ziel die Schattenkosten der Arbeitslosigkeit zu berücksichtigen.

Die Subventionierung der Reduzierung von negativen Externalitäten könnte damit begründet werden, dass die Vorteile der Maßnahme allen zugute kommen. Das gilt allerdings in gleicher Weise für die steuerliche Lösung. Die Anlastung der Kosten durch Steuern trägt dem Verursacherprinzip Rechnung. Durch Subventionen (einschl. Steuervergünstigungen) werden hingegen die Kosten entsprechend der allgemeinen Steuerverteilung auf die Gesamtheit der Steuerpflichtigen verteilt (**Gemeinlastprinzip**)[1]. Dies hat verteilungspolitische Konsequenzen: Die Verursacher der negativen Externalität werden begünstigt, und ihnen wird praktisch das Recht z. B. auf Verschmutzung zuerkannt[2].

Subventionen sind nicht nur verteilungspolitisch, sondern auch allokativ bedenklich. Sie zwingen die Verursacher nicht zur Kalkulation mit den „richtigen" sozialen Kosten. Vielmehr verzerren sie die Preisstrukturen und setzen den marktwirtschaftlichen Preismechanismus partiell außer Kraft. Im Übrigen ist ein Verzerrungseffekt zu beachten, der durch die Finanzierung der Subventionen entstehen kann.

Es gibt aber auch Zweifel daran, dass Steuern und Subventionen zum gleichen Ergebnis führen. Bemessungsgrundlage der Steuern sind die Schadenswerte bzw. die allein praktikablen emittierten Schadstoffmengen, Bemessungsgrundlage bei den Subventionen ist hingegen die **Verringerung** der Schadstoffmengen. Für die Emittenten könnte es daher lohnend sein, vor Einführung der Subventionen das Verschmutzungsniveau zu erhöhen. Im Gegensatz zur steuerlichen Lösung geben daher Subventionen Anreize für neue subventionssuchende Produzenten. Die Verursacher erhalten um so mehr Mittel, je stärker sie Schadstoffe emittieren. Daher kann trotz subventionierter Schadstoffreduzierung die Gesamtbelastung noch steigen. Soll dies vermieden werden, muss die Umweltsubvention auf den ursprünglichen Verschmutzungsgrad und nicht auf die Vermeidung zusätzlicher Externalitäten bezogen sein. Im Übrigen stellt sich allgemein das Problem der Bestimmung von Schadensvermeidungen, insbesondere wenn mehrere potenzielle Schädiger existieren und Rückgänge der Gesamtbelastung auf einzelne Schädiger nicht zurechenbar sind.

Die Subventionen können direkt an der Ursache für die Externalitäten ansetzen oder auch in Form von öffentlich finanzierter oder geförderter Forschung umweltfreundlicher Technologien bestehen, wodurch aber die Zielgenauigkeit in der Regel verringert werden dürfte. In der Praxis kann es zu einer Kombination beider Instrumente kommen, z. B. wenn die Technologie zum Abbau der Belastungen beschleunigt werden soll. Die Wahl der **Bemessungsgrundlage** hat (wie bei steuerlichen Maßnahmen) wichtige Implikationen für die Produktionsentscheidungen.

---

[1] Wenn die Kosten der Vermeidung von Umweltbelastungen auf die Nutznießer der Maßnahme umgelegt werden, spricht man vom **Nutznießerprinzip**. Die Kosten werden den Nachfragern bzw. den betreffenden Produkten (z. B. Trinkwasser) angelastet. Hierzu müssen die Nutznießer klar identifiziert werden können.

[2] Die Begründung, dass die Vorteile einer Maßnahme allen zugute kommen, ist hier bedenklich. Sie kehrt im Prinzip das existierende Rechtssystem um und gebietet unausgesprochen, jedem Kriminellen (bis hin zum Mörder) nicht mit Strafe zu drohen, sondern ihn mit einer Entschädigung zum Unterlassen seiner Tat zu bewegen.

(3) Der Preis-Standard-Ansatz

Um Externalitäten Rechnung zu tragen, stehen dem Staat weitere Instrumente offen, die insbesondere im Rahmen der Umweltpolitik eine Rolle spielen. Im Gegensatz zur Pigou-Steuer und -Subvention verfolgen diese Instrumente allerdings nicht mehr das Ziel der Herstellung eines Pareto-effizienten Zustandes; die Bestimmung desselben stellt ein fast unüberwindliches Informationsproblem dar. Die im Folgenden vorgestellten Maßnahmen erheben diesen Anspruch bewusst nicht; vielmehr sollen sie dazu dienen, exogen (über den Prozess der politischen Willensbildung bestimmte) gegebene Belastungsgrenzen oder Umweltstandards[1] mit den geringstmöglichen Kosten für die Unternehmen insgesamt (Kosteneffizienz) durchzusetzen[2]. Ob dadurch auch Pareto-Effizienz erreicht wird, bleibt offen. Kosteneffizienz liegt dann vor, wenn die Grenzkosten der Vermeidung für alle Unternehmen gleich sind[3].

Eng an die Wirkungsweise der Pigou-Steuer angelehnt ist der **Preis-Standard-Ansatz**[4]. Zur Aufrechterhaltung eines bestimmten Umweltstandards wird eine Steuer erhoben, die wie ein Preis die Emissionsmengen beeinflussen, d. h. zu einer Reduktion des Schadstoffausstoßes auf das gewünschte Maß führen soll. In Abb. 4-9 wird die Idee des Preis-Standard-Ansatzes verdeutlicht. Die zulässige Umweltbelastung wird auf einen Schaden OAC festgelegt. Es wird (fälschlicherweise) angenommen, das dazugehörige Produktionsniveau sei $\hat{x}$ und durch die Auferlegung der Steuer $\hat{\tau}$ = AB zu erreichen. Dabei wird $\hat{\tau}$ durch ein „trial-and-error" Verfahren ermittelt: Der Staat legt willkürlich τ fest und beobachtet den anfallenden Schaden. Ist der Schaden (wie hier) höher als gewünscht, so wird der Steuersatz erhöht; ist er zu niedrig, wird die Steuer gesenkt. Es ist klar, dass dieses „Ausprobieren" zu Kosten auf Seiten der Unternehmen führt. So wird bei $\hat{\tau}$ = AB zwar die Externalität gegenüber der ursprünglichen Höhe bei x_2 reduziert, ist aber immer noch zu hoch. Die Produktion muss bei AB < GExt

---

[1] Die Standards sind natürlich meist auch willkürlich angesichts der Unsicherheit über Belastungswirkungen von Schadstoffen.
[2] Bei der Festsetzung eines Umweltniveaus durch die Politik sind natürlich Rückwirkungen auf andere staatliche Ziele zu beachten. Internalisierungsmaßnahmen verteuern die Produktion. Sie setzen damit (bei isolierten Maßnahmen) die nationale und internationale Konkurrenzfähigkeit herab. In Gebieten mit einer Konzentration verschmutzungsintensiver Wirtschaftszweige trägt dies zur **Arbeitslosigkeit** bei, und die Arbeitslosigkeit braucht zudem nicht kurzfristig zu sein. Daher sind stets politische Widerstände der von den Maßnahmen betroffenen Unternehmen, der Gewerkschaften und der Bevölkerung zu erwarten, die um die Erhaltung der bedrohten Arbeitsplätze bangen. Solche Widerstände sind bei allen wirtschaftspolitischen Maßnahmen wahrscheinlich, durch die die Preisstruktur zuungunsten einzelner Branchen verändert wird. Umweltschutzaktivitäten können daher auch zu unerwünschten **Verteilungswirkungen** führen. Regionen mit relativ geringem durchschnittlichen Einkommen werden ihre relative Position weiter verschlechtert sehen. Zu beachten ist ferner, dass die Bewertung negativer Externalitäten in solchen Gebieten von der in relativ „reicheren" Gebieten abweichen kann, weil die Schadensbewertung von der Einkommens- (bzw. Kaufkraft-) Verteilung abhängt.
[3] Ohne Gleichheit der Grenzkosten kann eine bestimmte Umweltbelastung mit geringeren Kosten realisiert werden, wenn ein Unternehmen mit höheren Kosten seine Emission um den gleichen Umfang verringert, wie sie ein Unternehmen mit niedrigeren Kosten ausdehnt.
[4] Es handelt sich hierbei um eine von Baumol/Oates (1971) vorgeschlagene pragmatische Politikkonzeption.

schrittweise verringert werden, eventuelle Größenvorteile können nicht genutzt werden. Bei AB > GExt müssen später nicht benötigte Vermeidungskapazitäten erstellt werden.

Abb. 4-9 Der Preis-Standard-Ansatz

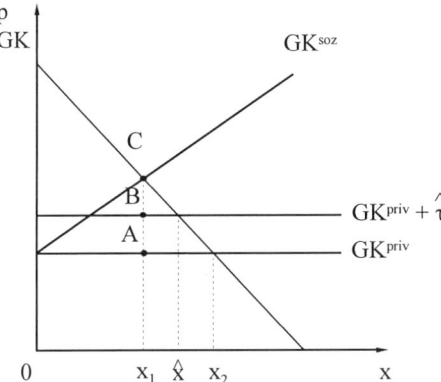

Das Ziel der Kosteneffizienz ist mit dem Preis-Standard-Ansatz insbesondere auch dann nicht mehr zu erreichen, wenn mehrere Unternehmen gemeinsam für die Schadstoffbelastung verantwortlich sind und diese Unternehmen unterschiedliche Diffusionskoeffizienten aufweisen, d. h. für gegebenen Output unterschiedliche Schadstoffmengen verursachen. In diesem Fall müsste jedem einzelnen Unternehmen ein eigener Steuersatz zugeteilt werden. Wird gleichzeitig eine räumliche Differenzierung der Belastung angestrebt, so wächst die Zahl der Steuersatzkombinationen zur Aufrechterhaltung des Standards ins Unermessliche. Dabei sind allerdings nicht alle Kombinationen kosteneffizient (vgl. Weimann 1992, S. 136 ff). Der Preis-Standard-Ansatz ist daher bezüglich der Kosteneffizienz als sehr problematisch anzusehen.

(4) Umweltzertifikate

Wenn es das Ziel ist, die Belastungen der Umwelt zu reduzieren, muss die Nutzung der Umwelt als Abfallmedium eingeschränkt werden. Umweltnutzungsrechte sind also zu verknappen. Die Zuteilung dieser Umweltrechte soll mit Hilfe von Preisen gelöst werden, die sich auf Märkten bilden. Der Staat legt die Angebotsmenge, den Umfang der Verschmutzungsrechte also, fest. Eine solche Alternative unterscheidet sich von der Pigou-Steuer und dem Preis-Standard-Ansatz, die keinen ökologischen Rahmen festlegen. Soll das geschehen, ist es zweckmäßiger entsprechend der Coase-Tradition an Nutzungsrechten anzusetzen. Ein Ansatz in dieser Richtung besteht in der Ausgabe (Verkauf oder Zuteilung) von handelbaren Verschmutzungsrechten (**Umweltzertifikaten**). Nur wer im Besitz eines solchen Rechts ist, darf im darin festgelegten Ausmaß Schadstoffbelastungen herbeiführen. Die Zahl der Verschmutzungsrechte richtet sich nach dem gewünschten (z. B. Luft-)Standard bzw. der maximal zulässigen Verschmutzung. Auf diese Weise werden private Eigentumsrechte an den bisher freien

Umweltgütern geschaffen. Die Nutzer der Umweltgüter zahlen den Eigentümern, d. h. dem Staat oder Erwerbern schon veräußerter Verschmutzungsrechte, einen Preis wie für den Gebrauch anderer knapper Güter auch. Die Verschmutzer können die jeweils günstigere Alternative - Reduzierung der Verschmutzung oder Kauf von Umweltzertifikaten - wählen. Die begrenzten Rechte werden letztlich von den Produzenten gekauft, die die größten Kosten der Verschmutzungskontrolle haben. Es bildet sich ein einheitlicher Preis für Verschmutzungsrechte. Jeder Unternehmer wird so produzieren, dass die Grenzreinigungskosten gleich dem Preis des Zertifikats sind.

Das Erreichen eines bestimmten Umweltstandards wird beim Preis-Standard-Ansatz unter Umständen erst nach vielfältigen Steuersatzänderungen erreicht, da der Zusammenhang zwischen Verschmutzung (Emission) und Schaden zunächst nicht genau bestimmbar ist. In der Zertifikatslösung erfolgt die Anpassung an den gewünschten Standard hingegen einfacher, da diese über den An- bzw. Verkauf von Zertifikaten für ein gegebenes Verschmutzungspotenzial erfolgt. Dadurch werden die Kosten aus den bisherigen Vermeidungsaktivitäten der Unternehmen berücksichtigt. Gleichzeitig kann das Ziel der Kosteneffizienz erreicht werden. Die Grenzkosten der Schadstoffvermeidung entsprechen dem Marktpreis und sind daher für alle Unternehmen gleich. Allerdings ist diese positive Beurteilung der Zertifikatslösung abhängig von der Existenz eines kompetitiven Marktes für die Verschmutzungsrechte. Gibt es nur wenige Anbieter und Nachfrager auf diesem Markt, so ergeben sich zusätzliche strategische Aspekte. Großunternehmen sind zum Beispiel dann in der Lage, den Zertifikatspreis künstlich in die Höhe zu treiben, um kleinere Unternehmen vom Markt zu verdrängen. In diesem Fall ist die Überlegenheit der Zertifikatslösung gegenüber dem Preis-Standard-Ansatz nicht mehr gegeben.

(5) Weitere Möglichkeiten der Umweltpolitik

Zur Begrenzung der Umweltbelastung sind auch **Auflagen** möglich. So können den Unternehmen z. B. die Produktionsmenge oder -bedingungen vorgeschrieben werden. Direkte Eingriffe haben den Nachteil, dass die Unternehmen wegen der begrenzten Entscheidungsmöglichkeiten den optimalen Verschmutzungsgrad nicht selbst wählen können[1]. Die Umweltbelastungen werden nicht dort vermieden, wo es am günstigsten möglich ist. Dieses schon beim Preis-Standard-Ansatz genannte Problem verdeutlicht Abb. 4-10. Ohne Regulierung der Mengen werden mit x_{11} und x_{21} ineffiziente Mengen produziert[2]. Optimal wären x_{12} und x_{22}. Durch die Regulierung der gleichen Menge für beide Anbieter in Höhe von x_R muss der zweite Anbieter seine Menge auf x_R reduzieren. Die Ineffizienz zeigt sich hier mit einer Zahlungsbereitschaft, die größer als GK^{soz} ist, während sie beim ersten Anbieter kleiner ist, so dass dieser die zulässige Menge nicht nutzt ($x_{11} < x_R$).

---

[1] Die praktische deutsche Umweltpolitik setzte traditionell überwiegend das Ordnungsrecht ein, d.h. mit Auflagen oder Verboten soll der Schadstoffausstoß vermindert werden. So müssen z. B. Anwender umweltgefährdender Herstellungsverfahren ihre Anlagen mit Filtern versehen.

[2] Vereinfachend werden hier gleiche konstante marginale und soziale Grenzkosten angenommen.

Abb. 4-10 Ineffizienter Standard

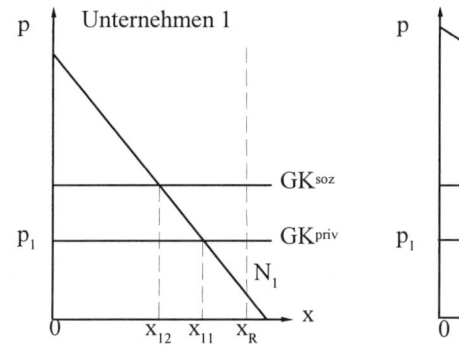
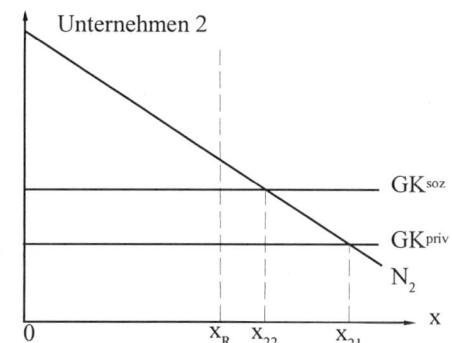

Wenn andererseits die Möglichkeit besteht, bei der konkreten Ausgestaltung der Auflagen mit den staatlichen Behörden zu verhandeln, kann die Wirksamkeit der Maßnahmen eingeschränkt sein. Zudem werden Auflagen oft als „umweltpolitischer Hemmschuh" bezeichnet. In eine neue Vermeidungstechnologie investierende Unternehmen realisieren zwar momentan geringere Vermeidungskosten, müssen aber befürchten, dass der Staat die Auflagen daraufhin verschärft. Daraus resultiert eine Tendenz zur Unterlassung der Anwendung neuer Umwelttechnologien.

Ferner kann der Staat durch **Gebote oder Verbote** die Einstellung der Aktivitäten verlangen, die bestimmte negative Externalitäten verursachen. Verbote von Umweltschädigungen sind in bestimmten Fällen angezeigt: sie können schnell wirksam werden und sind offenbar gegenüber anderen Maßnahmen vorteilhaft, wenn die Schädigungen gravierend sind und mit Sicherheit ein bestimmtes Ausmaß (insbesondere von null) nicht überschreiten dürfen. Zwangsmaßnahmen schließen jede Abweichung von der gesetzlichen Norm aus, für einzelwirtschaftliche Entscheidungen besteht kein Ermessensspielraum mehr.

Verbote wie Standards können daher Aktivitäten auch über ein ökonomisch erwünschtes Maß hinaus reduzieren, selbst wenn der Wohlstand bei einer gewissen Duldung der Umweltschädigung durchaus höher sein könnte.

Problematisch bei allen Maßnahmen ist, dass die Einhaltung von Verboten, Belastungsgrenzen u. a. gewährleistet sein muss. Werden die bestehenden Vorschriften über die Reinhaltung usw. nämlich nicht durchgesetzt, sind faktisch die Schädiger wieder die Eigentümer der Umwelt.

(6) Transaktionskosten staatlicher Lösungen

Die Durchsetzung ist auch ein Problem der Transaktionskosten, die bei jeder Entscheidung über die geeignete Methode zur Pareto-optimalen Internalisierung bzw. zur Reduzierung (negativer) Externalitäten auftreten. Die Kosten jeder Korrekturmaßnahme müssen ins Verhältnis zu den Ergebnissen der Maßnahme gesetzt werden. Es kann also nicht darum gehen, Pareto-Optimalität **unabhängig von den Kosten** zu erreichen. Darauf wird an anderer Stelle ausführlich eingegangen.

4. Öffentliche Güter

a) Begriff des öffentlichen Gutes

Bei der Herleitung der beiden Hauptsätze der Wohlfahrtstheorie im 3. Kapitel wurde unterstellt, dass in der betrachteten Ökonomie lediglich **rein private Güter (Individualgüter)** von Interesse sind. Die Nutzung eines Gutes durch ein Wirtschaftssubjekt i schloss die gleichzeitige Nutzung dieses Gutes durch alle anderen Wirtschaftssubjekte aus. Allerdings stellen rein private Güter einen Extremfall dar, denn es gibt nur wenige Güter, mit denen nicht irgendwelche Externalitäten, also positive oder negative Nutzungen durch andere, verbunden sind.

In diesem Abschnitt wird ein den privaten Gütern genau entgegengesetzter Extremfall betrachtet, nämlich der rein öffentlichen Guter (Kollektivgüter). Ein öffentliches Gut weist gegenüber einem privaten Gut zwei entscheidende Unterschiede auf:[1]

- Ein rein öffentliches Gut ist, sobald es für ein Individuum bereitgestellt wird, gemeinschaftlich nutzbar (= **nicht rival**), d. h. die Nutzung durch die Wirtschaftssubjekte i erlaubt die gleichzeitige Nutzung durch alle anderen Wirtschaftssubjekte. Die Menge dieses Gutes steht allen gleich zur Verfügung, die Nutzung durch zusätzliche Konsumenten verursacht Opportunitätskosten von null[2]. Die gemeinsame Nutzung (Nicht-Rivalität im Verbrauch des Gutes) ist nur eine Bedingung für das Vorliegen eines rein öffentlichen Gutes[3]. Eine zweite kommt hinzu:

- Niemand kann von der Nutzung **aus ökonomischen oder technischen Gründen ausgeschlossen** werden. Mit der Möglichkeit des Ausschlusses kooperations- und zahlungsunwilliger Mitglieder der Nutzergruppe des öffentlichen Gutes ist zugleich ein durchgreifender Sanktionsmechanismus gegeben. In diesem Fall können Zahlung und Nutzung miteinander verknüpft werden: Nur derjenige, der einen Beitrag leistet, kommt auch in den Genuss des Gutes. Bei fehlender Ausschlussmöglichkeit wird die Verbindung jedoch gekappt. Dies eröffnet Anreize zum Trittbrettfahrerverhalten, d. h. jeder ist bestrebt, das öffentliche Gut zu konsumieren ohne sich selbst finanziell zu belasten. Beispiele für öffentliche Güter sind Verteidigung oder Leistungen im Bereich der inneren Sicherheit oder des Brandschutzes. Verteidigung stellt die Sicherung gegen äußere Bedrohungen, Rechtssystem und Polizei gegen innere Bedrohungen dar, Feuerwehren gegen andere Katastrophen.

---

[1] Der Begriff „öffentliches Gut" wird in der Literatur unterschiedlich verwendet. So wird teilweise nur die fehlende Ausschließbarkeit als relevantes Kriterium angesehen.
[2] Zuweilen wird auch von unbegrenzter Nutzbarkeit (inexhaustibility) gesprochen.
[3] Die gemeinsame Nutzung ist auch bei privaten Gütern möglich – z. B. fallen bei Kino oder Bahn geringe marginale Produktionskosten zur Befriedigung zusätzlicher Nachfrage an.

Der mit dem Kriterium der „Nicht-Ausschließbarkeit" gemeinte Sachverhalt wird in der Literatur vielfach auch mit **Nicht-Appropriierbarkeit** bezeichnet. Dieser Begriff bringt zum Ausdruck, dass es demjenigen, der die Bereitstellung nichtausschließbarer Güter kontrolliert, nicht möglich ist, sich die Nutzungen dieser Güter voll anzueignen („zu appropriieren"). Eigentumstitel können nicht erworben oder durchgesetzt werden, so dass die Nutzungen praktisch freie Güter darstellen.

Formal gilt für den Unterschied zwischen privaten und öffentlichen Gütern: die Gesamtmenge eines privaten Gutes X_j entspricht der Summe der von den Wirtschaftssubjekten i kontrollierten Teilmengen

(4-23) $X_j = x_{j1} + x_{j2} + \ldots + x_{jI} = \sum_i x_{ji}$

während für ein öffentliches Gut $X_ö$

(4-24) $X_ö = X_{ö1} = X_{ö2} = \ldots = X_{öI} = X_{öi}$ für alle i

gilt. Öffentliche Güter können auch als Grenzfall privater, mit externen Effekten behafteter Güter aufgefasst werden, bei denen die Individualgutskomponente (d. h. der Anteil des dem Eigentümer des Gutes allein zufließenden Nutzens) null ist. Oder anders formuliert: bei einem öffentlichen Gut nutzen alle Wirtschaftssubjekte das gleiche Gut, während bei einer Externalität das von anderen genutzte Gut von dem des direkten Produzenten oder Konsumenten abweicht. Insofern ist der Übergang zwischen beiden Begriffen fließend. Wenn es einen Unterschied zwischen Externalitäten und öffentlichen Gütern gibt, so besteht der wohl vor allem darin, dass Externalitäten in der Regel unerwünschte Nebeneffekte von Aktivitäten sind, die für andere Zwecke durchgeführt werden. Es lohnt sich für den Einzelnen, die Aktivität durchzuführen. Externalitäten verbinden die Elemente des öffentlichen Gutes mit denen privater Güter.

b) Optimale Bereitstellung

(1) Das Samuelson-Modell

Wie sehen die Bedingungen für Pareto-Effizienz aus, wenn die Produktionsfaktoren entweder zur Produktion privater Güter X_j oder eines öffentlichen Gutes $X_ö$ eingesetzt werden können? Samuelson (1954, 1955, 1969) hat sich als erster mit der Bestimmung des gesamtwirtschaftlich optimalen Umfangs der Bereitstellung eines öffentlichen Gutes beschäftigt und diese Frage beantwortet.

Zur Ableitung der Bedingungen für eine Pareto-optimale Versorgung mit privaten und öffentlichen Gütern wird folgendes Modell verwendet. Der individuelle Nutzen der Individuen sei bestimmt als

(4-25) $U_i = U_i(x_{1i}, \ldots, x_{Ji}, X_ö)$

Die Nutzenfunktion sei zweimal stetig differenzierbar. Die gesamtwirtschaftlichen Produktionsmöglichkeiten seien durch die konvexe und ebenfalls zweimal stetig differenzierbare Transformationsfunktion

(4-26) $T(X_j, X_ö, F) = 0$

beschrieben. X_j stellt den Vektor der gesamten Produktion der privaten, $X_ö$ die Produktion des öffentlichen Gutes dar. Ein Pareto-optimaler Zustand liegt vor, wenn sich das Nutzenniveau z. B. des Individuums i bei vorgegebenem Nutzenniveau $\bar{U}_d$ aller anderen Individuen $d \neq i$ und gegebenen Produktionsmöglichkeiten nicht mehr erhöhen lässt. Zur Lösung des Optimierungsproblems wird die Lagrange-Funktion gebildet

(4-27) $$L = U_i(x_{1i},...,x_{Ji}, X_ö) + \sum_{d \neq i} \lambda_d (U_d(x_{1d},...,x_{Jd}, X_ö) - \bar{U}_d) \\ + \theta T(X_j, X_ö, F) + \sum_j \mu_j (\sum_i x_{ji} - X_j).$$

Die Bedingungen erster Ordnung sind

(4-28) $$\frac{\partial L}{\partial x_{ji}} = \frac{\partial U_i}{\partial x_{ji}} + \mu_j = 0 \qquad \frac{\partial L}{\partial x_{jd}} = \frac{\partial U_d}{\partial x_{jd}} + \mu_j = 0 \\ \frac{\partial L}{\partial X_j} = \theta \frac{\partial T}{\partial X_j} - \mu_j = 0 \qquad \frac{\partial L}{\partial X_ö} = \frac{\partial U_i}{\partial X_ö} + \sum_{d \neq i} \lambda_d \frac{\partial U_d}{\partial X_ö} + \theta \frac{\partial T}{\partial X_j} = 0.$$

Nach Eliminierung der Lagrange-Multiplikatoren erhält man als Optimalbedingungen

(4-29) $\dfrac{\partial U_i / \partial X_ö}{\partial U_i / \partial x_{ji}} + \sum_{d \neq i} \dfrac{\partial U_d / \partial X_ö}{\partial U_d / \partial x_{jd}} = \dfrac{\partial T / \partial X_ö}{\partial T / \partial X_j}.$

Es seien $GRS_{öj}^i = \dfrac{\partial U_i / \partial X_ö}{\partial U_i / \partial x_{ji}}$ die Grenzraten der Substitution zwischen dem öffentlichen und einem privaten Gut j. Ferner gilt, dass $GRT_{öj} = \dfrac{\partial T / \partial X_ö}{\partial T / \partial X_j}$. Gleichung (4-29) ist dann gleichbedeutend mit

(4-30) $\sum_i GRS_{öj}^i = GRT_{öj}$.

Das ist die grundlegende Bedingung für die optimale Bereitstellung öffentlicher Güter: **Die Summe der Grenzraten der Substitution zwischen öffentlichen und beliebigen privaten Gütern muss der Grenzrate der Transformation dieser Güter entsprechen.** Das leuchtet unmittelbar ein: Der Grenznutzen einer Zusatzeinheit des öffentlichen Gutes stellt Nutzen für i **und** d dar, bei privaten Gütern kommt eine Zusatzeinheit entweder i **oder** d zugute. Zur Festlegung der optimalen Menge eines öffentlichen Gutes, das angeboten werden soll, müssen also seine Wirkungen auf alle Wirtschaftssubjekte berücksichtigt werden.

Die Vorgehensweise von Samuelson kann auch grafisch im Zwei-Personen-Zwei-Güter-Modell verdeutlicht werden. Abb. 4-11 zeigt im unteren Teil eine Indifferenzkurve U_2 (durchgezogene Linie) von Wirtschaftssubjekt 2 und die Produktionsbeschränkung T. U_2 ist Teil einer Schar von Indifferenzkurven (eine weitere wurde mit unterbrochener Linie aufgetragen). Unter welchen Kombinationen beider Güter kann Person 1 dann wählen, und welche ist die beste? Angenommen, Person 2 wird willkürlich auf die Indifferenzkurve U_2 festgelegt. Die Konsummöglichkeiten des 1 gibt dann die Kurve F im oberen Teil der Abbildung wieder. Sie stellt die vertikale Differenz von T und U_2 dar. Für ein Pareto-Optimum muss die Grenzrate der Substitution des 1 zwischen beiden Gütern der Steigung von F entsprechen (Punkt M). Es gilt also $GRS_1 = GRT - GRS_2$ oder

(4-31) $GRS_{öj}^1 + GRS_{öj}^2 = GRT_{öj}$.

In M verbraucht 1 OD Einheiten X_j; 1 und 2 verbrauchen definitionsgemäß die gleiche Menge OE von $X_ö$. Von M aus kann 1 sich nur auf Kosten von 2 verbessern. Daher sind die Punkte M, N und G Pareto-optimal. Für jeden Punkt auf der F-Kurve gilt, dass ihre Steigung die Differenz aus der Steigung der T-Kurve und der Steigung der U_2-Kurve ist. Das genau sagt (4-31).

Im Gegensatz hierzu gilt bei rein privaten Gütern

(4-32) $GRS_{hj}^1 = GRS_{hj}^2 = GRT_{hj}$.

Die Menge des privaten Gutes entspricht im Modell jeweils dem verfügbaren Einkommen. Das Verhältnis, in dem beide Personen über Mengen des privaten Gutes verfügen, stellt daher die Einkommensverteilung dar. Der Gleichgewichtspunkt G in Abb. 4-10 zeigt nur ein mögliches Pareto-Optimum auf, weil von einer bestimmten Indifferenzkurve der Person 2 ausgegangen wurde. Legt man eine andere Indifferenzkurve (etwa U_2') zugrunde, verändert sich auch die Nettotransformationskurve von Wirtschaftssubjekt 1. Daher bleibt die optimale Aufteilung zwischen privaten und öffentlichen Gütern so lange unbestimmt, wie es nicht gelingt, irgend eines dieser Optima festzulegen. Um den Punkt höchster gesellschaftlicher Wohlfahrt zu bestimmen, bedarf es eines weitergehenden Kriteriums, etwa einer sozialen Wohlfahrtsfunktion.

Abb. 4-11 Optimale Versorgung mit öffentlichen Gütern im Zwei-Personen-Modell

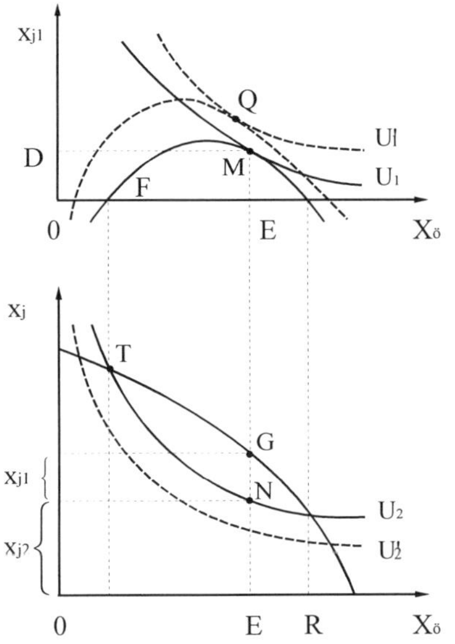

(2) Partialanalytische Betrachtung

Nun sollen statt der in Transformations- und Substitutionsraten definierten Optimalbedingungen des allgemeinen Gleichgewichts nur die Grenzkosten-Preis-Bedingungen des Partialmodells wieder im einfachen Zwei-Personen-Zwei-Güter-Modell betrachtet werden[1,2].

Auf dem Markt für ein privates Gut müssen die von Wirtschaftssubjekt 1 nachgefragten Mengen und die von Wirtschaftssubjekt 2 nachgefragten Mengen bei alternativen Preisen **horizontal** addiert werden, um zur Gesamtnachfragekurve N_{1+2} beider Wirtschaftssubjekte zu gelangen. Bei einer Angebotskurve A in Abb. 4-12a ergibt sich dann ein Gleichgewicht G_1. Die individuellen Nachfragekurven nach einem privaten Gut geben den Grenznutzen dieses Gutes für den jeweiligen Nutzer wieder. Im Gleichgewicht G_1 entspricht der Grenznutzen von 1 dem Grenznutzen, den 2 aus dem Gut bezieht. Dieser Grenznutzen ist ferner dem Preis (und auf dem vollkommenen Markt den Grenzkosten der Produktion) dieses Gutes gleich. Im Gleichgewicht erhält 1 die Menge OH und 2 die Menge HC. Der gesamte Nettonutzen entspricht der Fläche unter N_{1+2} und über A. Er umfasst die Konsumenten- und die Produzentenrente.

---

[1] Vgl. zum Folgenden Musgrave/Musgrave/Kullmer 1, 1994, Kapitel 3 B.
[2] Zu beachten ist, dass eine Partialanalyse Einkommensumverteilungseffekte bei Produktionsstrukturveränderungen und Einkommenseffekte der Nachfrage bei Preisstrukturänderungen nicht berücksichtigt.

Abb. 4-12 Nachfrage nach einem privaten und einem öffentlichen Gut

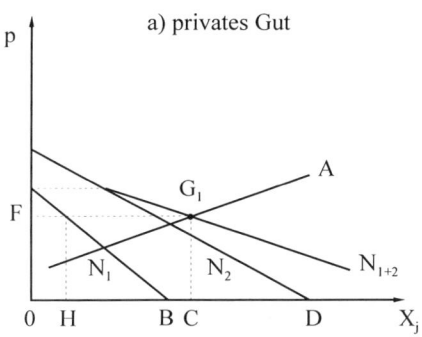
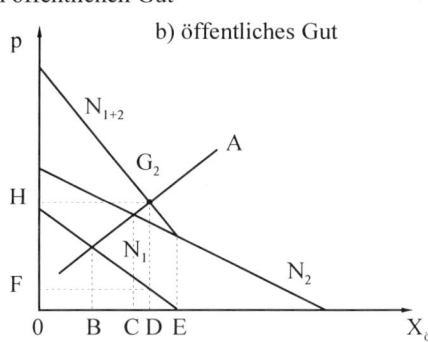

Anders im Falle des öffentlichen Gutes (Abb. 4-12b): da die Menge eines solchen Gutes von beiden Wirtschaftssubjekten genutzt werden kann, müssen hier die Nachfragekurven (= Kurven der marginalen Zahlungsbereitschaft) beider Wirtschaftssubjekte **vertikal** addiert werden. Man erhält eine „Pseudo-Nachfragekurve". „Pseudo", weil sie auf der unrealistischen Annahme beruht, dass die Konsumenten ihre wahren Präferenzen freiwillig bekanntgeben.

Während also bei privaten Gütern die Frage lautet: Welche Menge des Gutes fragen die Personen bei unterschiedlichen Preisen nach, ist die entsprechende Frage bei öffentlichen Gütern: Welchen Preis sind die einzelnen Wirtschaftssubjekte bei unterschiedlichen Mengen des Kollektivgutes zu zahlen bereit - wenn strategische Überlegungen für sie keine Rolle spielen.

Beim öffentlichen Gut gibt der vertikale Abstand unter der Gesamtnachfragekurve die Summe der Grenznutzen beider Wirtschaftssubjekte wieder. Im Gleichgewichtspunkt G_2 ist daher die Summe der Grenznutzen beider Wirtschaftssubjekte der Summe der offenzulegenden Preise (und den Grenzkosten) gleich. Die individuellen Grenznutzen sind regelmäßig verschieden. Daher müsste ein individuell unterschiedlicher Preis verrechnet werden. Hierbei sind die Grenzkosten auf Veränderungen der Menge des öffentlichen Gutes und nicht auf Veränderungen in der Zahl der Nutzer bezogen.

Wichtig ist die sorgfältige Trennung zwischen der gemeinsamen **Nutzung**, die den Charakter eines öffentlichen Gutes ausmacht, und dem Nutzen, der aus der Bereitstellung resultiert. Der letztere kann für den Einzelnen ganz unterschiedlich ausfallen und auch negativ (= negative öffentliche Güter, public bads) sein. Da der Einzelne nicht ausgeschlossen werden, aber auch sich nicht selbst ausschließen kann, wird er unter Umständen zur (negativen) Nutzung gezwungen („forced rider"). So kann etwa ein weiterer Nachfrager des in Abb. 4-12b dargestellten Gutes eine „negative" Pseudo-Nachfragekurve[1] N_3 haben (Abb. 4-13). Sie gibt an, wieviel diese Person bereit wäre für die Nichtbereitstellung des Gutes zu bezahlen, bzw. welchen Geldbetrag man ihr geben müsste, damit sie indifferent zwischen Bereitstellung und Nichtbereitstellung

---

[1] „Pseudo-Nachfragekurve", weil für potenzielle Nachfrager kein Anreiz besteht, die Zahlungsbereitschaft zu offenbaren.

wäre. Zur Ermittlung der Gesamtnachfragekurve ist dann von $N_1 + N_2$ die Kurve N_3 vertikal abzuziehen.

Abb. 4-13 Public bad

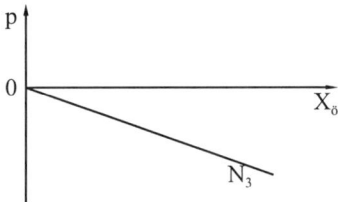

Die Optimalbedingung für öffentliche Güter in der modifizierten Grenzkosten-Preis-Regel ist

(4-33) $GK = \sum_i p_i$.

Die Bereitstellung des öffentlichen Gutes sollte daher so lange ausgedehnt werden, bis die Kosten einer weiteren Einheit dem von allen Nachfragern zusammen bei gemessenen Grenznutzen dieser Einheit gleich sind.

c) Unterversorgung durch private Bereitstellung

Der Marktmechanismus ist auch im Fall öffentlicher Güter nicht in der Lage, einen Pareto-effizienten Zustand hervorzubringen. Dies kann man in Abb. 4-12b erkennen. Wieviel würde privat (d. h. freiwillig) vom öffentlichen Gut bei gegebenen Angebots- und Nachfragekurven bereitgestellt? Für Wirtschaftssubjekt 1 übersteigt bis zur Menge OB der Grenznutzen des Gutes die Grenzkosten (= Angebotskurve A), der Grenznutzen von 2 liegt bis zur Menge OC über den Grenzkosten des Gutes. Die Wirtschaftssubjekte würden daher maximal OB bzw. OC „kaufen". Wenn 1 allerdings zuerst die Menge OB kauft, ist das Gut in dieser Höhe auch für 2 verfügbar. 2 ist dann nur bereit, OC - OB zusätzliche Einheiten zu kaufen. Wenn 2 andererseits OC Einheiten erwerben sollte, würde 1 überhaupt nichts zu zahlen bereit sein, weil die Grenzkosten zusätzlicher Einheiten deutlich über deren Grenznutzen liegen. Jeder Kauf durch das eine Wirtschaftssubjekt beeinflusst also die Zahlungsbereitschaft des anderen. In keinem Fall kommt es aber dazu, dass 1 oder 2 die vollen Kosten einer über OC hinausgehenden Menge trägt. Der gesellschaftliche Wert der Grenzeinheit des öffentlichen Gutes übersteigt die Grenzkosten seiner Bereitstellung. Der Grund für diese Suboptimalität ist darin zu sehen, dass kein Haushalt den aufgrund seiner Zahlung bei den anderen Haushalten anfallenden Nutzen internalisiert[1].

Aus der Nichtausschließbarkeit vom Konsum eines öffentlichen Gutes resultiert die **Schwarzfahrerproblematik (free-rider problem)**. Da der jedem Einzelnen zuflie-

---

[1] Hier wird wieder die Analogie zur Externalitätenproblematik offensichtlich.

ßende Nutzen aus der Bereitstellung des öffentlichen Gutes unabhängig davon ist, ob man einen Beitrag zur Finanzierung geleistet hat oder nicht, wäre es für jedes Individuum optimal, wenn das Gut zwar bereitgestellt, aber nur von den anderen finanziert würde. Diese Überlegung führt zu **strategischem Verhalten** der folgenden Art: Für das Wirtschaftssubjekt ist es rational, zunächst einmal abzuwarten, ob nicht andere irgendwelche Zahlungen leisten und selbst nichts zu finanzieren. Da dieses Argument aber für jedes andere auch gilt, werden alle abwarten und keinerlei Beiträge aufbringen. Im Extremfall wird deshalb nichts von dem öffentlichen Gut bereitgestellt. Normalerweise dürfte allerdings eine (wenn auch geringe) Bereitstellung erfolgen: die Person mit dem höchsten Nutzen aus dem öffentlichen Gut leistet eine Zahlung, so dass für sie (4-34) gilt; alle anderen zahlen nichts.

Je stärker sich die Wirtschaftssubjekte allerdings altruistisch verhalten, um so wahrscheinlicher ist, dass sie ihre wahren Präferenzen offenbaren. Das gilt um so mehr, wenn von den anderen angenommen wird, dass sie einen fairen Beitrag leisten. Bei großen Gruppen weiß jeder, dass das eigene Verhalten geringe Wirkungen auf das Gesamtergebnis hat. Je geringer die Nutzerzahl, um so größer wird die Bedeutung des Einzelnen für die Bereitstellung des öffentlichen Gutes, das Schwarzfahren kostet etwas. Die Wahrscheinlichkeit freiwilliger Vereinbarungen wird größer. In kleinen Gruppen besteht aber die Möglichkeit der Ausbeutung der Großen durch die Kleinen (Olson): Wenn relativ große Mitglieder ein hohes Interesse an der Bereitstellung des öffentlichen Gutes haben, werden sie es bei strategischem Verhalten der Kleinen eher allein finanzieren als darauf zu verzichten[1].

d) Korrekturmaßnahmen

(1) Das Lindahl-Modell

Der vergangene Abschnitt hat die Ineffizienz privater Entscheidungen bei der Bereitstellung öffentlicher Güter demonstriert. Daher ergibt sich die Aufgabe für den Staat, diese Ineffizienz zu korrigieren und einen Pareto-optimalen Zustand herzustellen. Wicksell (1896) hat darauf hingewiesen, dass Maßnahmen zur Erreichung eines Pareto-effizienten Zustandes von allen Beteiligten unterstützt würden, da jeder davon profitierte[2].

Die Pareto-effiziente Bereitstellung des öffentlichen Gutes führt jedoch nicht unmittelbar zur Einstimmigkeit. Diese ist auch abhängig von der Verteilung der Kosten der

---

[1] Beispiele hierfür sind in den internationalen Organisationen die Beiträge der Mitgliedsländer, die meist überwiegend von wenigen Großen bestritten werden. Auch bei nationalen Verbänden findet sich eine solche Finanzierungsstruktur.
Zu beachten ist, dass Olson in seiner These Große und Kleine nicht mit Besitzern hohen oder niedrigen Einkommens/Vermögens gleichsetzt. Er hält die Größe des Nutzens für entscheidend, die ein Individuum aus dem öffentlichen Gut zieht (Olson 1968, S. 27).
[2] Die Forderung der Einstimmigkeit wurde von Wicksell als **normative Forderung** postuliert. Sie schützt den Bürger vor jedweder Ausbeutung durch den Staat (siehe Kapitel 6). Weiterhin entfallen bei einstimmig getroffenen Entscheidungen Zwangsmaßnahmen zu ihrer Durchsetzung.

Bereitstellung. Beschließt der Staat beispielsweise, dass ein einziger Haushalt die Kosten zu tragen hätte, so würde dies nicht einstimmig gebilligt. Dieser Haushalt würde mehr zahlen, als er durch die Bereitstellung des Gutes gewinnen würde und daher eine solche Kostenaufteilung ablehnen. Deshalb schließt sich natürlich unmittelbar die Frage an, ob ein Staatseingriff überhaupt so gestaltet werden kann, dass alle beteiligten Wirtschaftssubjekte ihm zustimmen. Wicksell argumentierte, dass dies möglich sei, indem man die Kosten des öffentlichen Gutes entsprechend den Nutzengewinnen der einzelnen Individuen aufteile. Diese Überlegung wurde von Lindahl (1919) präzisiert (und von Johanson 1963 formalisiert):

Die Aufgabe des Staates besteht darin, sowohl den Umfang des öffentlichen Gutes als auch die Aufteilung der Kosten auf die Personen oder Haushalte zu bestimmen. Zur Vereinfachung sei die Existenz von nur zwei Haushalten 1 und 2 unterstellt. In dem von Lindahl vorgeschlagenen Prozess kommt dem Staat praktisch die Rolle eines Auktionators zu: Er schlägt den beiden Haushalten bestimmte Steueranteile an der Finanzierung des Gutes τ_1 und $\tau_2 = (1 - \tau_1)$ vor. Die Haushalte teilen dem Staat dann die von ihnen bei diesen „persönlichen Preisen" (Lindahl-Preise) gewünschte Höhe von $X_ö$ mit. Schlagen die Haushalte unterschiedliche Ausgabenhöhen vor, so passt der Staat die Steueranteile an: der Finanzierungsanteil des Haushalts mit gewünschtem höheren Bereitstellungsniveau wird erhöht, der des anderen wird entsprechend gesenkt. Die Wiederholung solcher Anpassungen führt zu einer Situation, in der beide Parteien das gleiche Niveau wünschen. Dann erhebt der Staat die zugehörigen Steuern und stellt das öffentliche Gut in entsprechendem Umfang bereit. Beide Haushalte stimmen einem solchen Budget und ihren damit verbundenen Zahlungen zu. Einstimmigkeit über diese Entscheidung ist daher gesichert.

Abb. 4-14 Lindahl-Gleichgewicht im Zwei-Personen-Fall

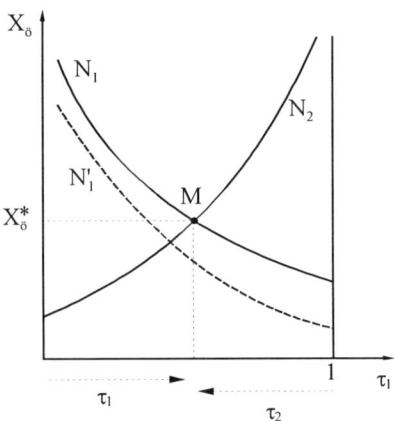

Die Wirkungsweise des Lindahl-Mechanismus wird in Abb. 4-14 noch einmal verdeutlicht. N_1 und N_2 geben die Nachfragekurven beider Personen an. Die Schnittpunkte von N_1 und N_2 mit der x-Achse bzw. deren Parallele mit dem Abstand $\tau_1 = 1$ geben die Menge des öffentlichen Gutes an, deren Kosten jeweils eine Person ohne einen

Beitrag der anderen allein zu tragen bereit ist. Die Nachfragekurve eines jeden Haushalts fällt in seinem eigenen „Steuerpreis", d. h., je größer der vorgeschlagene Finanzierungsanteil, desto geringer das gewünschte Niveau. Der Schnittpunkt M der beiden Nachfragekurven ist das Lindahl-Gleichgewicht; hier stimmen beide Personen in der Menge des öffentlichen Gutes und seiner Finanzierung überein.

Dass das Lindahl-Gleichgewicht zu einer Pareto-effizienten Allokation führt, wird leicht aus der mathematischen Formulierung ersichtlich: Jeder Haushalt i gibt die von ihm gewünschte Menge $X_ö$ so an, dass sein Nutzen bei gegebenem Steueranteil τ_i maximiert wird. Der Haushalt löst also das Problem:

$$\max \quad U_i(x_{1i},\ldots,x_{Ji}) - \lambda(\sum_j p_j x_{ji} + \tau_i r X_ö - m_i).$$

Dies führt über die Bedingung erster Ordnung

(4-34) $\dfrac{\partial U_i / \partial X_ö}{\partial U_i / \partial x_{ji}} = \tau_i r$

zu $X_ö^i(\tau_i)$, dem von Person i bei dem Steueranteil τ_i gewünschten Bereitstellungsniveau. $r = GRT_{öj}$ bezeichnet hier die Grenzkosten der Produktion des öffentlichen Gutes, ausgedrückt in Einheiten des privaten Gutes. Im Lindahl-Gleichgewicht stimmen die gewünschten Mengen überein. Ebenso muss gelten, dass $\sum \tau_i = 1$ und daher

(4-35) $\begin{aligned}\sum_i GRS_{öj}^i &= \sum_i \tau_i GRT_{öj} \\ \sum_i GRS_{öj}^i &= GRT_{öj}\end{aligned}$

was genau der Samuelson-Bedingung (4-30) entspricht.

Leider ist der eben vorgestellte Mechanismus nicht immun gegenüber der in c) vorgestellten Schwarzfahrerproblematik. Der Lindahl-Mechanismus weist demjenigen einen höheren Steueranteil zu, der einen höheren Nutzen aus dem Konsum des Gutes angibt. Da dieser Nutzen aber unabhängig von der eigenen Finanzierungsleistung ist, liegt weiterhin strategisches Verhalten nahe. Haushalt 1 kann sich dadurch verbessern, dass er für jeden vorgeschlagenen Finanzierungsanteil τ_i eine geringere Nachfrage N_1^i als seine tatsächliche angibt (Abb. 4-14). Dadurch kann Person 2 einen größeren Anteil an der Steuerlast aufbürden, während weiterhin Nutzen aus dem Genuss des öffentlichen Gutes anfällt. Die nun bereitgestellte Menge ist natürlich nicht mehr Pareto-effizient. Im Extremfall könnte Person 1 sogar jeden Nutzen aus dem öffentlichen Gut abstreiten (d. h., er wird für jeden Steueranteil τ_i ein gewünschtes Niveau von null angeben), in der Hoffnung, dass Haushalt 2 allein belastet wird. Die eben dargelegte Argumentation gilt aber ebenso aus der Sicht von Haushalt 2. Beide werden abstreiten, irgendeinen Nutzen aus dem Konsum des Gutes zu empfangen, woraufhin das Gut auch nicht bereitgestellt wird. Beide Parteien finden sich also in der Situation des Gefangenendilemmas wieder.

Der Versuch, Pareto-effiziente Allokationen durch die Forderung nach Einstimmigkeit zu garantieren, muss also aufgrund der free-rider-Problematik als gescheitert bezeichnet werden. Maßnahmen zur Überwindung dieser Problematik werden im folgenden Abschnitt dargestellt.

(2) Mechanismen zur Enthüllung der Präferenzen für öffentliche Güter

Das zentrale Problem bei öffentlichen Gütern ist, dass hier jeglicher Mechanismus fehlt, um die Wertschätzung öffentlicher Güter offenzulegen, um also „Preise" festsetzen zu können, die den privaten Präferenzen entsprechen. Wie kann es zu einer optimalen Bereitstellung öffentlicher Güter kommen? In demokratischen Staaten sollen die Präferenzen der Bürger in Wahlen zum Ausdruck kommen. An das Wahlsystem sind daher bestimmte Erwartungen geknüpft:

Die Individuen wissen, dass sie sich der Entscheidung, die im Wahlprozess erzielt wird, fügen müssen. Daher „werden sie für die Lösung votieren, die ihren eigenen Wünschen nahekommt, also ihre Präferenzen enthüllen. Soll der Wahlprozeß als Mechanismus der Präferenzenthüllung dienen, so muß er Steuer- und Ausgabenentscheidungen verbinden; der Wähler muß mit einer Entscheidung über Budgetvorschläge konfrontiert werden, die ein Preisschild in der Form seines eigenen Steuerbeitrages tragen. Dieses Preisschild wird von den gesamten Kosten für die Gemeinschaft, wie auch von dem Anteil, den die anderen beitragen, abhängen. Die Entscheidung des einzelnen ist damit abhängig von seinem Wissen, daß auch andere in Übereinstimmung mit dem angenommenen Steuerplan beitragen werden. Diese Zwangsnatur der Budgetentscheidung führt zur Präferenzenthüllung und erlaubt die Bestimmung der Bereitstellung öffentlicher Güter" (Musgrave/Musgrave/ Kullmer 1, 1977, S. 62/63).

Der politische Prozess wird also als eine Entscheidungsform für die Bereitstellung öffentlicher Güter angesehen, die effizient sein kann. Hierzu muss sich der politische Prozess mit dem Kalkül individueller Nutzenmaximierung decken. Allerdings zeigt die Untersuchung des staatlichen Entscheidungsprozesses im 5. Kapitel, dass der politische Mechanismus ebenfalls unvollkommen ist. Es ist nicht zu erwarten, dass er auch nur annäherungsweise zu dem führen kann, was als optimale Budgetentscheidung gilt.

Eine einfache Form der Präferenzermittlung könnte darin bestehen, repräsentativ ausgewählte Personen der potenziellen Nutzergruppe zu befragen. Der Vorteil dieser Methode besteht darin, dass die Menschen direkt zu ihren Zielen und den Gewichten verschiedener Variablen Aussagen machen sollen. Wenn die Befragten bereit und in der Lage sind, ihre Präferenzen exakt offenzulegen, kann die optimale Menge des öffentlichen Gutes angeboten werden. Allerdings bestehen keine ökonomischen Anreize zur Offenbarung der wahren Präferenzen. Daher sind Fehldarstellungen zu erwarten, je nachdem, zu welchen Konsequenzen die Aussagen führen. Es sollen ja die gesamten Kosten der Bereitstellung des öffentlichen Gutes über Steuern finanziert werden.

4. Kapitel: Marktversagen und staatliche Korrekturmaßnahmen 105

Bei Unsicherheit über die Auswirkungen (Menge und Preis der bereitgestellten Leistung) können Personen die Wahl der Strategie für schwierig halten und auch die Wahrheit sagen. Die Bedeutung des Schwarzfahrerproblems ist unbekannt, eben weil es keinen adäquaten Mechanismus zur Feststellung der wahren Nachfragekurven der Wirtschaftssubjekte gibt: Die geäußerte müsste mit derjenigen marginalen Zahlungsbereitschaft verglichen werden können, die vorliegt, wenn jeder die Wahrheit sagt. Verschiedene Experimente (Bohm 1971, 1972; Pommerehne/Schneider 1980) deuten - wenn überhaupt auf etwas - zwar darauf hin, dass die Wirtschaftssubjekte in bestimmten Entscheidungssituationen bereit sein können, ihre richtigen Präferenzen zu offenbaren[1]. Allerdings ist die Übertragbarkeit dieser Experimente auf Entscheidungen über öffentliche Güter in der politischen Realität kaum gegeben, weil (1) es sich um andere Güter handelt; (2) nicht allein die repräsentativ Befragten entsprechend ihren geäußerten Präferenzen zur Finanzierung herangezogen werden müssen, sondern alle Wirtschaftssubjekte; (3) der Nutzen vieler öffentlicher Güter gar nicht ins Bewusstsein der Individuen tritt (siehe unten). Der Problematik, dass die Wirtschaftssubjekte nicht in der Lage sind, ihre Präferenzen zu offenbaren, stehen alle Verfahren der (direkten) Präferenzermittlung gegenüber.

Das Problem der Fehldarstellungen entfällt bei der Methode der offenbarten Präferenzen, die auf den tatsächlichen Entscheidungen beruht. Hier werden in der Regel indirekt über private Substitutions- und Komplementärgüter Informationen gewonnen. Darauf wird im Rahmen der Nutzen-Kosten-Analyse[2] eingegangen.

Tiebout (1956) hat auf eine andere Möglichkeit hingewiesen, die sich bei **lokalen** öffentlichen Gütern ergeben könnte. Deren Nutzen ist auf bestimmte räumliche Grenzen beschränkt. Die Wirtschaftssubjekte können „mit ihren Füßen abstimmen", d. h. eine räumliche Allokationsentscheidung so treffen, dass die jeweilige Niederlassung ihren Präferenzen für öffentliche Güter und den damit verbundenen Steuerbelastungen entspricht. Die Tiebout-Hypothese stellt einen Mechanismus dar, über den die Individuen ihre wahren Präferenzen offenbaren und so zu einer optimalen Bereitstellung öffentlicher Güter beitragen können (vgl. das 25. Kapitel). Voraussetzung ist (neben unterstellten Informationen) die Mobilität der Wirtschaftssubjekte. Das Modell weicht von anderen Modellen des Entscheidungsprozesses insofern ab, als der Bürger hier nicht nur auf die Teilnahme am politischen Prozess verzichten, sondern auch die Konsequenzen der dort gefällten Entscheidungen vermeiden kann. Insofern liegt hier in gewissem Sinne eine dem Marktmechanismus entsprechende Bedingung vor.

In der Literatur werden einige Überlegungen angestellt, welche Bedingungen ein erfolgreicher ökonomischer **Mechanismus zur Präferenzenthüllung** („demand revealing process") erfüllen muss. Es geht dabei um eine institutionelle Zwangsregelung, mit der ökonomische Lösungen des Schwarzfahrerproblems erreicht werden können.

---

[1] Wenn die Bürger tatsächlich zur Offenbarung ihrer wahren Präferenzen bereit sein sollten, so könnte dies nach einer Vermutung von Brubaker (1975) daran liegen, dass die Bürger weniger an der eigenen Schwarzfahrerposition interessiert sein könnten als an der Schädigung, die sie durch dieses Verhalten anderer erfahren.

[2] Siehe Kapitel 5.2.

Hierbei soll der Eigennutz herangezogen werden, um Informationen über wahre Präferenzen zu erhalten. Die Existenz des Staates, der mit der Möglichkeit der Steuererhebung ausgestattet ist, wird vorausgesetzt. Das gemeinsame Merkmal verschiedener Lösungsvorschläge besteht darin, dass Personen (oder Unternehmen) in der Gestaltung der Besteuerung eine Chance sehen, durch Mitwirkung am Entscheidungsprozess das Ergebnis zu ihren Gunsten zu beeinflussen. Hierbei zahlt jeder Teilnehmer an dem Verfahren eine Steuer für die Vorteile aus seiner Beteiligung. Die Höhe bemisst sich nach dem Verlust an Konsumentenrente, den er durch seine Entscheidung anderen auferlegt.

Clarke (1971, 1980) und Groves (1977) haben eine Lösung des Problems vorgeschlagen, die als **Clarke-Groves-Steuermechanismus** (oder auch kurz als **Clarke-Steuer**) bezeichnet wird. Der von Clarke entwickelte Mechanismus, der von Tideman/Tullock (1976) weiterentwickelt wurde, sieht folgendermaßen aus: Die Individuen i werden zunächst nach ihren MZB-Kurven gefragt, die dann vertikal addiert werden ($\Sigma N_i = MZB_i$). Der Schnittpunkt der ΣN_i-Kurve und der GK(= DK)-Kurve bestimmt die Menge x_1 des anzubietenden öffentlichen Gutes. Es kann zum Preis p produziert werden. Wenn alle Personen ihre richtigen Präferenzen offenbaren, kommt es zu einem Pareto-optimalen Angebot im Sinne von Gleichung (4-31).

Die den Haushalten auferlegte Steuer ist zweiteilig. Zunächst werden die Personen i mit einem willkürlichen Anteil $\alpha_i p$ an den Kosten des öffentlichen Gutes belastet, wobei für die Gesamtheit der Personen $\Sigma \alpha_i p = p = GK$ gilt. Dieser Teil ist eine fiskalische Steuer, die als Pauschalsteuer ausgestaltet ist. Er bedeutet einen Zwang zur individuellen Finanzierungsbeteiligung und wird unabhängig von den Präferenzen für das öffentliche Gut so festgesetzt, dass seine gesamten Produktionskosten gedeckt sind. Die offenbarten Präferenzen eines beliebigen Wirtschaftssubjekts d, das in Höhe von $\alpha_d p$ besteuert wird, werden hiervon nicht beeinflusst (Abb. 4-15a).

Abb. 4-15 Der Clarke-Groves-Steuermechanismus

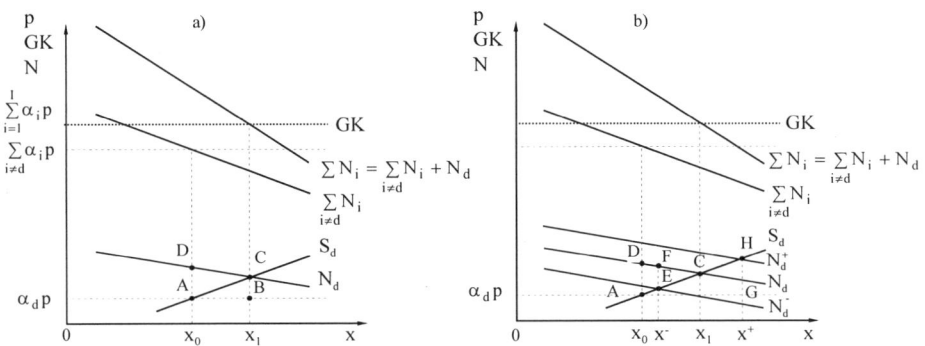

Um nun die Individuen zur korrekten Enthüllung ihrer Präferenzen zu bringen, wird zusätzlich ein Anreizmechanismus eingeführt. Jeder Nachfrager, beispielsweise d, hat die Möglichkeit, die Entscheidung zu akzeptieren, die ohne sein weiteres Mitwirken gefällt wird. Er kann aber auch unter bestimmten Bedingungen das Ergebnis verändern, wobei er Zusatzkosten in Form einer Clarke-Steuer zu tragen hat. Die grundlegende Idee der Clarke-Steuer besteht darin, jeden Nachfrager mit den Kosten, die er den anderen Nachfragern durch die Angabe seiner Präferenzen N_d auferlegt, zu belasten.

Angenommen, die Präferenzen von d bei der Entscheidung über den optimalen Umfang des öffentlichen Gutes werden ignoriert. Dann hätte Person d nur ihren vorbestimmten Betrag $\alpha_d p$ pro Einheit zu zahlen. Die von den übrigen Individuen (i ≠ d) zu finanzierenden Grenzkosten sind dann $\sum_{i \neq d} \alpha_i p = (GK - \alpha_d p)$, ihre Gesamtnachfrage wäre $\sum_{i \neq d} N_i = \sum_i N_i - N_d$. Der Schnittpunkt von $\sum_{i \neq d} \alpha_i p = \sum_{i \neq d} N_i$ legt die Menge des öffentlichen Gutes x_0 fest, die von allen Individuen mit Ausnahme von Person d gewählt würde, wenn sie einen Preis für das Gut zu zahlen hätten, der ihren Anteilen entspricht.

Wird die Nachfragekurve von d bei der Entscheidung berücksichtigt, so ergibt sich als neue Menge $x_1 > x_0$. Für alle anderen Teilnehmer außer d stellt die Berücksichtigung von N_d Kosten dar, da für $x_1 > x_0$ gilt: $\sum_{i \neq d} N_i < \sum_{i \neq d} \alpha_i p$. Die Clarke-Steuer besteht in dem Betrag, der zur Entschädigung der Personen i ≠ d erforderlich ist, damit diese sich anstelle von x_0 für x_1 entscheiden würden. Die marginale Steuerbelastung einer Ausdehnung der angebotenen Menge über x_0 hinaus ist $S_d = GK - \sum_{i \neq d} N_i$. Die Clarke-Steuer beläuft sich daher auf $\int_{x_0}^{x_1} S_d dx$. In Abb. 4-12a entspricht dies der Fläche $x_0 A C x_1$. Zuzüglich der Pauschalsteuer hat Person d den Betrag $0\alpha_d pACB$ zu entrichten. Der Nutzen aus der Bereitstellung des Gutes beträgt $0DCx_1$, so dass sich der Nettonutzen von Person d auf $0\alpha_d pDCA$ beläuft.

Die Belastung durch die so bemessene Clarke-Steuer veranlasst d, bei der Befragung seine **wahre Nachfragekurve** N_d anzugeben. Dieser Anreiz besteht unabhängig davon, welche Nachfragekurven N_i alle anderen Individuen (i ≠ d) angeben. Die Wahrheit zu sagen, ist eine **dominante Strategie**.

Dies wird in Abb. 4-15b deutlich. Durch die Angabe einer „zu geringen" Nachfragefunktion N_d^- realisiert Person d einen Nutzen, der um EFC kleiner als der Nutzen bei wahrheitsgemäßer Präferenzangabe ist[1].

Da entsprechende Überlegungen auch für alle Personen i ≠ d gelten, wird jede Person ihre wahren Präferenzen offenbaren. Es zeigt sich also, dass Präferenzüber- und Untertreibungen bei diesem Steuermechanismus durch ökonomische Nachteile bestraft

---

[1] Gleiches gilt für den Fall, dass Person d ihren Nutzen zu hoch angibt (Nachfragekurve N_d^+).

werden, korrekte Präferenzoffenbarung wirkt sich aber individuell nutzenerhöhend aus.

Die Durchführung eines solchen Mechanismus setzt die Lösung verschiedener Probleme voraus. Insbesondere gewährleistet die Clarke-Steuer zwar eine effiziente Allokation des öffentlichen Gutes gemäß der Samuelson-Bedingung, aber keine insgesamt effiziente Allokation. Der hier vorgestellte Mechanismus ist nicht zwangsläufig ausgeglichen, d. h. er kann einen Überschuss erwirtschaften. Dieser Überschuss müsste wieder an die Haushalte zurückverteilt werden. Das wiederum würde die Anreizstruktur verändern, da die Haushalte dann wüssten, dass ihre Präferenzangabe eine Rückwirkung auf die eventuelle Rückerstattung des Überschusses hat[1].

Weiterhin ist anzumerken, dass Informationen nicht kostenlos erlangt werden können. So haben die Individuen Zeit und Mühe auf sich zu nehmen, um ihre (richtige oder falsche) Bewertung den staatlichen Institutionen mitzuteilen. Aus diesen Angaben berechnen diese das gewünschte Güterangebot. Das Verfahren ruft, selbst wenn es technisch möglich wäre, erhebliche Kosten der Informationsbeschaffung hervor.

Es ist auch nicht sicher, ob die Teilnehmer das Verfahren durchschauen. Da jeder Wähler ferner nur einer unter vielen ist, ist sein Einfluss auf die bereitzustellende Menge des öffentlichen Gutes gering und der Nutzen aus der korrekten Offenlegung seiner Präferenzen ebenfalls. Der Einsatz der Ressourcen zur Bestimmung und Weitergabe der Präferenzen lohnt sich daher nicht[2]. Ein anderes Problem kann darin bestehen, dass Individuen Koalitionen bilden und ihre gemeinsame Stärke zur Erzielung kollektiver Erträge verwenden. Das dürfte aber bei großer Personenzahl und geheimer Abstimmung bedeutungslos sein. Der Mechanismus legt keine Regeln fest, wie der Pauschalteil der Steuerzahlung bestimmt werden soll. Ferner wird eine effiziente Allokation privater Güter unterstellt. Diese braucht aber nicht gewährleistet zu sein, wenn das Gesamtsteueraufkommen von den Kosten des Angebots öffentlicher Güter abweicht. Ein etwa entstehender Überschuss muss irgendwie verwendet werden (Pauschalübertragungen) und jedes Defizit muss durch Steuern finanziert werden. Ferner dürfen mit dem Mechanismus keine Einkommenseffekte einhergehen, weil sonst mit jeder Steueränderung Verschiebungen der MZB-Kurve verbunden sind.

Das Modell zeigt also, dass es theoretisch möglich ist, Anreizmechanismen zu entwickeln, die die Bürger zur Offenbarung der wahren Präferenzen für öffentliche Güter veranlassen. Diese Mechanismen erscheinen allerdings wenig operationalisierbar. Die Implementierungskosten für Staat und private Wirtschaftssubjekte machen ihn unpraktisch. Im Übrigen ist unklar, wie denn gewährleistet werden kann, dass richtig offenbarte Präferenzen auch umgesetzt werden. Was wird hinsichtlich der hierfür erforderlichen Institutionen verlangt und kann auch realisiert werden?

---

[1] Tideman/Tullock (1976, S. 1156) verweisen darauf, dass die Überschüsse recht klein seien und insbesondere bei großen Gruppen ignoriert werden könnten. Gleichzeitig sei der Überschuss als Teil der Kosten der Entscheidungsfindung aufzufassen. Solche Kosten müssten auch bei alternativen Prozessen berücksichtigt werden.

[2] Dies entspricht der Rationalität des Nichtwählens bei großen Gruppen, vgl. das 5. Kapitel.

Die Offenlegung der Präferenzen kann andererseits dann weniger bedeutsam sein, weil in einer repräsentativen Demokratie die Entscheidungen letztlich nicht von den Individuen selbst, sondern von Repräsentanten getroffen werden. Daher mögen Fehldarstellungen weniger erfolgreich sein.

(3) Kosten kollektiven Handelns

In Abb. 4-12b wurde 0D als Gleichgewichtsmenge des öffentlichen Gutes dargestellt. Wenn gemeinsames Handeln durchführbar und kostenlos ist, ist 0D ökonomisch optimal, mithin ein Output $X_ö \gtrless 0D$ ineffizient. Nun ist aber zu berücksichtigen, dass institutionelle Arrangements erforderlich sind, um Informationen über die Präferenzen der Bürger zu gewinnen, diese Präferenzen zu aggregieren und in politische Handlungen umzusetzen. Wenn solche Kosten gemeinsamen Handelns auftreten und bei 0D größer als null sind, ist 0D nicht mehr effizient. Jetzt muss die marginale Zahlungsbereitschaft der Gesellschaft (N_{1+2}) gleich den Grenzkosten der Produktion **und** des kollektiven Handelns (nach oben verschobene Angebotskurve A^T in Abb. 4-16) sein. Nur wenn diese drei Größen bekannt sind, lässt sich die (In-) Effizienz des Marktes beurteilen. A^T kann dadurch weiter nach oben verschoben werden, dass auch den Transaktionskosten Rechnung getragen wird, die bei den Privaten als Folge staatlichen Handelns auftreten.

Abb. 4-16 Transaktionskosten bei der Bereitstellung des öffentlichen Gutes

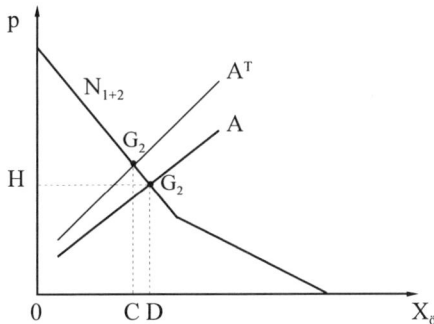

e) Mischgüter

Die bisherigen Ausführungen bezogen sich auf rein öffentliche Güter, bei denen Nichtrivalität und Nichtausschließbarkeit zusammenfallen. Rein öffentliche Güter sind in der Realität (ebenso wie rein private Güter) selten[1]. Der Normalfall eines gemischten Gutes (= unvollständig öffentliches oder unvollständig privates Gut) ist dadurch gekennzeichnet, dass es sowohl die Eigenschaften des privaten wie des öffentlichen Gutes besitzt. So bewirkt die Impfung gegen eine ansteckende Krankheit einen privaten

---

[1] Es gibt Zweifel, ob reine öffentliche Güter überhaupt existieren (Golding 1977).

Nutzen für den Geimpften und ein öffentliches Gut in Form einer Verringerung der Wahrscheinlichkeit, dass andere Personen angesteckt werden. Der Wunsch des Einzelnen, (1) nicht krank zu werden, kann privat befriedigt werden; (2) Seuchen zu vermeiden, muss in der Regel kollektiv befriedigt werden. Bei solchen Mischgütern müssen die privaten Nachfragekurven horizontal und die marginalen Zahlungsbereitschaften für die Menge des öffentlichen Gutes vertikal addiert werden.

Für Mischgüter sind vor allem die Nutzerzahl, die zuerst behandelt wird, und der Ort der Bereitstellung von Bedeutung. Bei rein öffentlichen Gütern bringen zusätzliche Nutzer einen Vorteil für alle, weil eine weitere Finanzierungsquelle hinzugefügt wird, die zusätzliche Inanspruchnahme des Gutes aber keinerlei Kosten verursacht. Die optimale Nutzergröße läge dann an der Kapazitätsgrenze. Bei gemischten Gütern hingegen verursachen zusätzliche Nutzer Kosten für die bisherigen Konsumenten (Überfüllung, Ballung). Meist treten diese zusätzlichen Kosten erst ab einer bestimmten Nutzerzahl auf. In diesem Fall wird die Qualität des öffentlichen Gutes für die Nutzer negativ beeinflusst. Zwar kann das öffentliche Gut weiterhin von allen gleichzeitig genutzt werden, seine Qualität hat sich aber verändert. Das Gut ist also nur so lange rein öffentlich, bis Überfüllungskosten auftreten, dann wird es zunehmend rival[1].

So wurden z. B. die Nachfragekurven N_1 und N_2 in Abb. 4-12b unter der Voraussetzung der Nichtrivalität in der Nutzung dargestellt. Führt die Erweiterung der Zahl der Nutzer um eine Person zur Rivalisierung, verschieben sich die Nachfragekurven der bisherigen Nutzer 1 und 2 nach unten. Der Grund liegt in der Verschlechterung der Nutzungsmöglichkeit des Gutes.

Bei Mischgütern bleiben die Bedingungen für die optimale Bereitstellung des rein öffentlichen Gutes erhalten: Keine weiteren Einheiten des Gutes sind anzubieten, wenn nicht die Summe der marginalen Bewertungen für eine zusätzliche Einheit größer oder gleich den Grenzkosten seiner Bereitstellung ist. Nur: Während bei rein öffentlichen Gütern $\sum N_i = N_1 + N_2 + N_3$ ist, gilt bei unvollständig öffentlichen Gütern $\sum N_i^* = N_1^* + N_2^* + N_3^*$, wobei N_i^* die unter Berücksichtigung der Überfüllung veränderten Nachfragekurven angeben. Die individuellen „Preise" dürften daher regelmäßig geringer als bei rein öffentlichen Gütern sein.

In vielen Fällen ist ein Ausschlussmechanismus möglich, weil individuelle Preise für die Nutzung des Gutes erhoben werden können. Beispiele hierfür sind Badeanstalten, Tunnel, Tennisklubs u. ä. Solche Fälle werden im Zusammenhang mit der Theorie der optimalen Gruppengröße (Theorie der Klubs: Buchanan 1965) analysiert. Grundlage ist die Feststellung, dass einerseits Vorteile durch „economies of scale in consumption" anfallen, andererseits die individuelle Nutzungsmöglichkeit mit zunehmender Nutzerzahl sinkt. Beide entgegengesetzt wirkenden Elemente sind die Grundlage

---

[1] Ein Beispiel für ein solches Gut stellt jede Vorlesung an einer Universität dar. Solange nicht alle Plätze im Hörsaal besetzt sind, ist die Vorlesung (nahezu) ein rein öffentliches Gut. Wird die Kapazitätsgrenze (Sitzplätze) überschritten, wird die Qualität des Gutes für jeden Studenten verringert. Interpretiert man Vorlesung als Veranstaltung mit unmittelbarer Rückkopplung durch beidseitiges Fragen und Antworten, ist das reine öffentliche Gut sehr schnell in Frage gestellt.

zur Bestimmung der optimalen Gruppengröße. Als Klub gilt eine freiwillige Gruppe, die gemeinsam Nutzen aus der Kostenteilung der Bereitstellung eines unteilbaren Gutes zieht. Die Theorie der Klubs wird zur Analyse von Überfüllungsproblemen, zur Bestimmung des optimalen Umfangs von Allianzen, Kooperationen, Gebietskörperschaften (siehe das 25. Kapitel) u. ä. verwendet. Die optimale Klubgröße ist dann für die individuellen Nutzenfunktionen

(4-36) $U_i = U_i(x_{j1},...,x_{jI},X_ö,s)$

zu bestimmen, wobei x_{ji} den individuellen Verbrauch des privaten Gutes j durch Wirtschaftssubjekt i, $X_ö$ das unvollständig öffentliche Gut und s den Umfang der Gruppe angeben. Das analytische Problem bei solchen gemischten Gütern ist nicht nur die Bestimmung ihrer optimalen Produktions- bzw. Verbrauchsmenge, sondern auch ihrer optimalen Nutzung durch verschiedene Wirtschaftssubjekte.

Mit zunehmender Rivalität durch Erweiterung der Nutzerzahl wächst die Bedeutung der Eigenschaft eines privaten Gutes. Die positive Nutzung impliziert positive Knappheitspreise, die der sinkenden Qualität aller anderen durch den zusätzlichen Nutzer Rechnung tragen. Hier liegt eine Situation vor, in der der Ausschluss angewendet werden sollte, aber in vielen Fällen nicht gelingen kann. Die Einführung von Abgaben, die (bei Straßen, Brücken, Laternen usw.) den Externalitäten in Spitzenlastzeiten Rechnung tragen, also eine zeitliche Differenzierung herbeiführen soll, kann an den notwendigen Kontrollverfahren scheitern. Das Anhalten des Verkehrs zum Kassieren von Abgaben verstärkt im Übrigen die Externalitäten weiter. Selbst eine technisch mögliche Ausschließbarkeit kann ökonomisch unzweckmäßig sein, wenn die tatsächliche Ausschließung, d. h. die Zuweisung von Besitzrechten, selbst Kosten verursacht (Errichten von Zäunen, Mautstellen, Wasser- und Gasuhren usw.). Die Frage des Ausschlusses ist daher keine technische Eigenschaft des Gutes. Sie ist das Ergebnis einer ökonomischen und sozialen Organisation.

Die meisten öffentlichen Güter sind mehr oder weniger lokale öffentliche Güter. Sie kommen insbesondere denjenigen Wirtschaftssubjekten zugute, die nahe dem Ort der Bereitstellung sind. Das gilt z. B. für die Nutzungsmöglichkeit eines Parks. Eher in die Kategorie rein öffentlicher Güter gehört die Bereitstellung der Verteidigung durch die NATO, die prinzipiell allen Mitgliedstaaten bzw. deren Bürgern nützt, gleichgültig, wo sie leben. Aber auch hier sind Eigenschaften von Mischgütern nachweisbar.

Abb. 4-17 (nach Loehr/Sandler 1978) zeigt das Spektrum der Güter, das von den rein privaten über die gemischten bis zu den rein öffentlichen Gütern reicht. Sie ver-

Abb. 4-17 Das Spektrum privater, gemischter und öffentlicher Güter

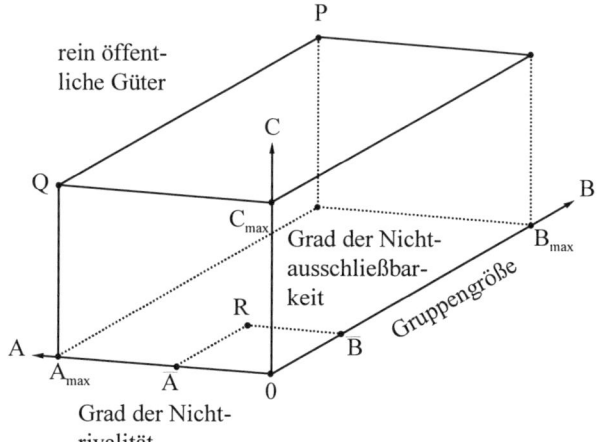

deutlicht den engen Zusammenhang zwischen Externalitäten und öffentlichen Gütern. Die drei Richtungen zeigen:

- den Grad der Rivalität, so dass nichtrivale Güter links vom Ursprung bei A^{max} auf der A-Achse liegen;
- den Umfang der Nutzergruppe, so dass ein rein lokales Gut in der Nähe des Ursprungs und ein globales Gut bei B^{max} auf der B-Achse zu finden ist;
- den Grad der Nichtausschließbarkeit auf der vertikalen C-Achse, wobei ein vollständig ausschließbares Gut in der Nähe von O und ein vollständig nichtausschließbares Gut bei C^{max} liegt.

Ein rein privates Gut besitzt also vollständige Ausschließbarkeit und Rivalität. Es liegt daher am Ursprung der A- und B-Achsen. Ein globales öffentliches Gut hätte die Koordinaten (A^{max}, B^{max}, C^{max}) und findet sich am Punkt P. Öffentliche Güter liegen allgemein auf der Achse PQ - abhängig vom Nutzerkreis. Ein gemischtes Gut (wie eine Straße) kann prinzipiell vollständig ausschließbar sein und daher bei O auf der C-Achse liegen, teilweise rival sein (etwa $\bar{A}$) und von einer begrenzten Zahl genutzt werden (etwa $\bar{B}$). Seine Koordinaten sind dann ($\bar{A}$, $\bar{B}$, O), und das Gut ist im Punkt R zu finden.

5. Einige Bedenken gegen das Konzept öffentlicher Güter

Die Theorie öffentlicher Güter geht davon aus, dass der Nutzen der öffentlichen Güter ins Bewusstsein der Individuen tritt. Dies dürfte in vielen Fällen nicht der Fall sein, „was z. T. auf ihre ‚unentgeltliche' Bereitstellung und z. T. auf eine konsumtionstechnische Besonderheit, nämlich auf ihren weitgehend passiven Konsum, zurückgeht. Besondere Schwierigkeiten für die individuelle Bewertung stellen sich auch dann ein, wenn - wie bei der Verteidigung, der Erziehung und der Entwicklungshilfe - die staatlichen Leistungen präventiver Natur sind" (Schmidt 1970, S. 25). Die Präferenzen für öffentliche Güter sind daher häufig nicht nur unbekannt, sondern bestehen nicht, sind instabil, widersprüchlich, unreal, verschieden verteilt oder in solchem Maße abstrahiert, dass sie den politischen Entscheidungsträgern nicht weiterhelfen (Beispiel: der Staat solle die Arbeitslosigkeit senken).

Wenn diese Bedenken zutreffen, kann auch kein raffinierter Mechanismus zur Präferenzenthüllung die wichtigste Voraussetzung für eine befriedigende Bereitstellung öffentlicher Güter erfüllen: die Kenntnis der Präferenzen.

6. Meritorische Güter

Der Staat hat nach Musgrave (1959) nicht nur die Aufgabe, **öffentliche** Güter bereitzustellen. Er hat auch in bestimmten Fällen, in denen der Markt zwar technisch die Versorgung gewährleistet, aber **unerwünschte Ergebnisse hervorbringt**, in die individuelle Konsumwahl einzugreifen. Die Gründe hierfür liegen in verzerrten Präferenzen, fehlenden oder falschen Informationen oder in irrationalen Entscheidungen der Bürger. Musgrave bezeichnet Güter als **meritorisch (demeritorisch)**, deren Nützlichkeit (Nachteile) die Bürger verkennen. Definitionen und Abgrenzungen der meritorischen Güter haben sich in den verschiedenen Veröffentlichungen Musgraves gewandelt. Was er letztlich zu den meritorischen Gütern rechnet, bleibt aber unklar.

Das Konzept meritorischer Güter erscheint einerseits zweckmäßig, weil so verschiedene Maßnahmen gerechtfertigt werden können, deren Notwendigkeit (später) grundsätzlich (möglicherweise) kaum bestritten wird. Zu denken ist z. B. an die Sozialversicherung wegen fehlender oder unzureichender individueller Vorsorge(möglichkeit) oder an die Kurzsichtigkeit der Planung, die sich etwa in der Behandlung erschöpfbarer Ressourcen zeigt. Lässt man meritorische Güter außer Betracht, bleiben wesentliche Teile der finanzwirtschaftlichen Aktivität moderner Staaten unbeachtet und lassen sich normativ nicht begründen. Andererseits geht die Wohlfahrtstheorie aber vom individualistischen Ansatz aus, der solche öffentlichen Maßnahmen nicht zulässt, deren Zweck die Einmischung in individuelle Präferenzen ist: Bei öffentlichen Gütern kommen (prinzipiell) die im Prozess demokratischer Willensbildung offengelegten Präferenzen (selbst bei Mehrheitsentscheidungen) zur Geltung, wohingegen bei meritorischen Gütern der Eingriff gezielt gegen die (als verzerrt geltenden) Präferenzen verläuft, um meritorische Güter bereitzustellen bzw. demeritorische Güter zurückzudrängen.

Sofern die Präferenzen wegen falscher und unvollkommener Informationen verzerrt sind, braucht der Staat zunächst einmal nur für die entsprechenden Informationen zu sorgen. Das ist systemkonform und könnte unter der Rubrik „asymmetrische Informationen" subsumiert werden. Hier liegt kein Eingriff in die Konsumentensouveränität vor; das Konzept meritorischer Güter ist insofern überflüssig.

Allerdings sind Aufklärungsmaßnahmen über konkrete Projekte, um deren individuelle Bewertung es ja geht, schon aus Kostengründen ziemlich enge Grenzen gesetzt. „Und noch mehr: Bei einigen wichtigen Aktivitäten des Staates dürfen solche Informationen gar nicht gegeben werden, weil dadurch die bereitgestellten öffentlichen Leistungen wertlos würden; das trifft z. T. für die auswärtige Politik, mehr noch für die Verteidigung und nahezu vollständig für die Geheimdienste zu" (Schmidt 1970, S. 25).

Das Konzept meritorischer Güter ist bisher nicht befriedigend formalisiert, und einige halten es für vollständig überflüssig. Jedenfalls sind Aktivitäten, bei denen in die Präferenzen einfach deswegen eingegriffen wird, weil die Entscheidungsträger ihre eigenen Präferenzen für besser halten und allen auferlegen wollen, problematisch. Denn: Woher wissen die Informierten, was für die Nichtinformierten besser ist - Handeln des Einzelnen oder des Staates?[1]

Das Argument kann im Übrigen leicht zirkular für staatliche Interventionen verwendet werden: Um ein meritorisches Gut zu identifizieren, reicht es aus, darauf hinzuweisen, dass der Staat tatsächlich in den Marktmechanismus eingreift, ohne dass die üblichen Argumente des Marktversagens vorliegen.

7. Moralisches Risiko, Negativauslese und weitere Marktversagenstatbestände

Die Ableitung der Pareto-Optimalbedingungen für Wettbewerbsmärkte erfolgte unter Annahme vollkommener Information der Haushalte und Unternehmen. In der Realität trifft sie nicht zu. Unsicherheit braucht aber grundsätzlich die Pareto-Effizienz marktwirtschaftlicher Aktivitäten nicht zu gefährden, solange zur Abdeckung von Risikofolgen Versicherungsmärkte in Anspruch genommen werden können. Der Versicherte zahlt dann eine Risikoprämie und erhält im Versicherungsfall vom Versicherer den finanziellen Schaden ersetzt. Das ist immer dann zu erwarten, wenn für den Einzelnen hinsichtlich bestimmter Ereignisse zwar Unsicherheit besteht, für eine große Zahl von Personen aber eine relative Sicherheit über die aggregierte Wahrscheinlichkeit vorliegt.

In vielen Fällen fehlen aber solche Versicherungsmärkte zur vollen Deckung des Risikos, denn privatwirtschaftlich sind nur kalkulierbare Risiken versicherbar. Eine wichtige Ursache für dieses Marktversagen, das darin besteht, dass Versicherungsmärkte nicht vorhanden sind oder nur unzureichend arbeiten, sind asymmetrisch verteilte Informationen. Ferner können hohe Transaktionskosten die Etablierung von Risikomärkten verhindern: Es wäre zu kostspielig, für alle denkbaren und möglichen Risiken aller künftigen Zeitpunkte Versicherungsmärkte zu entwickeln.

Asymmetrische Information liegt vor, wenn der Einzelne, der sich gegen ein bestimmtes Ereignis versichern möchte, bessere Informationen als der Versicherer hat.

---

[1] Ein Parlamentssitz oder eine andere Institution bringt nicht die Erleuchtung, wo das ‚wohlverstandene' Interesse des einzelnen Bürgers liegt, obwohl die von ihm faktisch auf dem Markt geäußerten Präferenzen anders lauten.

Der Versicherte kann diese Informationsvorteile im Geschäft mit dem Versicherer ausnutzen. Das trifft zu, wenn der Versicherte die Wahrscheinlichkeit des Eintritts bestimmter versicherter Ereignisse und/oder die Höhe des Verlustes beeinflussen und damit nach Vertragsschluss durch seine Handlungen den materiellen Inhalt des Vertrages gestalten kann. Die Wahrscheinlichkeiten des Eintritts eines Schadensfalles (z. B. Hausbrand) ist dann abhängig von den Aktionen (Sorgfaltsniveau) des Versicherten (z.B. Rauchen im Bett). Man spricht hier vom **moralischen Risiko (Moral hazard)**. Es besteht Unsicherheit hinsichtlich der Handlungen, die der Einzelne nach Vertragsschluss unternimmt. Dieses Problem lässt sich auch durch Versicherungszwang nicht beseitigen. Der Konflikt zwischen Risikoverringerung und Anreizen bleibt bestehen. Der Versicherer wird dem Versicherungsnehmer niemals eine Versicherung anbieten, die das gesamte Risiko abdeckt, da in diesem Fall keinerlei Anreize bestehen, irgendein Sorgfaltsniveau anzustreben.

Ein Marktversagen kann sich auf Versicherungsmärkten auch dann einstellen, wenn die Versicherungsnehmer keinerlei Einfluss auf ihr Schadensniveau haben, jedoch unterschiedlich hohe (exogen vorgegebene) Schadenswahrscheinlichkeiten aufweisen. Dies ist der sog. Fall **negativer Auslese (Adverse selection)**. Hier besteht auf der einen Seite der Marktteilnehmer unvollkommene Information hinsichtlich der Eigenschaften von Gütern, Krediten oder Faktoren. Solche Informationsvorsprünge besitzt z.B. auf einem Gebrauchtwagenmarkt der Verkäufer, der sehr viel besser weiß, ob er eine „Zitrone", d. h. eine schlechte Qualität anbietet. Und auf dem Versicherungsmarkt trifft das auf den Käufer zu, der z. B. hohe persönliche Gesundheitsrisiken verschweigen kann. Gäbe es keine Informationskosten, könnte der Versicherer die Schadenswahrscheinlichkeiten beobachten, die Interessenten nach Risikoklassen differenzieren („screening") und die Versicherungsprämien entsprechend staffeln.

Der informationsbedingte externe Effekt schädigt die guten Risiken und die Marktleistung. Ist nämlich keine Differenzierung nach Schadensklassen möglich, so muss die Versicherungsprämie im Gleichgewicht das durchschnittliche Risiko der Versicherten wiedergeben. „Gute" Risiken, d. h. Versicherungsnehmer mit einer geringen Schadenswahrscheinlichkeit, subventionieren dann „schlechte" Risiken. „Gute" Risiken bekommen daher im Durchschnitt weniger als ihre Beitragsleistungen zurück. Wenn sich als Folge daraus „gute" Risiken - bei geringer Risikoscheu der Versicherungsnehmer - nicht versichern, schließen nur „schlechte" Risiken und Personen mit hoher Risikoaversion - bei begründetem Verdacht, dass bei ihnen der Versicherungsfall eintritt - private Versicherungen ab. Das treibt die Versicherungsprämie in die Höhe, da das durchschnittliche Risiko der nun noch Versicherten gestiegen ist. Im Extremfall wird überhaupt keine Versicherung angeboten. Die Vermeidung der negativen Auslese, die sich in hohen Versicherungsprämien und einem Ausschluss vom Versicherungsschutz (z. B. wegen hoher Krankheitsrisiken) auswirkt, könnte ein Argument für einen Versicherungszwang sein. Dieses würde Umverteilungselemente von den „guten" zu den „schlechten" Risiken enthalten, ohne dass sich die guten Risiken entziehen könnten. Ein screening darf und kann aber so nicht erfolgen.

Adverse selection und Moral hazard sind Fälle des Informationsversagens. Es würde nicht auftreten, wenn z. B. der Versicherer den Versicherungsnehmer durchschauen und so das Risiko zutreffend einschätzen könnte.

Zu den Risiken, die der Markt nicht versichern kann, rechnen auch **gesellschaftliche Risiken**. Es handelt sich hier um Risiken, die die gesamte Gesellschaft betreffen (z. B. Kriege und tiefgreifende Krisen). Diesem Fall wird auch die Arbeitslosigkeit zugerechnet (vgl. 11. Kapitel).

Adverse Selection als Form des Marktversagens kann auch bei der Finanzierung von **Bildungs-** sowie **Forschungs- und Entwicklungsinvestitionen** auftreten. Kapitalmärkte stellen meist keine Kredite zur Finanzierung von Bildungsinvestitionen bereit. Diejenigen, die über keine eigenen Mittel verfügen, haben so keinen Zugang zum Studium ohne staatliche Hilfe, die u. a. die Form eines unentgeltlich bereitgestellten Bildungsangebots und von staatlichen Krediten haben kann. Bei FuE-Maßnahmen ist die Erfolgswahrscheinlichkeit kaum zu bestimmen, so dass Kapitalzufuhr nur mit hohen Risikoaufschlägen möglich ist.

Auch im Falle von **technischen Großprojekten** kann es zum Marktversagen kommen. Sie sind kapitalintensiv, weisen Unteilbarkeiten auf und haben eine lange Ausreifungszeit; das Kapital ist langfristig gebunden und verzinst sich erst spät. Die Kredit- und Investitionsrisiken sind daher entsprechend hoch. Risikostreuung (Diversifikation) nach Projekten erscheint nicht möglich. Durch staatliche Übernahme, Garantien u. ä. wird das Risiko auf die Gesamtheit der Steuerzahler verteilt werden. Bei weltweiten Kapitalmärkten überzeugt diese Begründung für staatliches Eingreifen nicht. Und wenn Projekte sich ökonomisch nicht für eine privatwirtschaftliche Finanzierung qualifizieren, sind auch Zweifel an ihrer volkswirtschaftlichen Rentabilität vorzubringen.

Schließlich mag ein weiterer Grund für das Fehlen bestimmter Versicherungsmärkte „einfach darin liegen, dass diese Märkte noch nicht erfunden oder eingeführt worden sind" (Bernholz/Breyer 1984, S. 164/165).

8. Transaktionskosten privater und staatlicher Aktivität

Bei der Analyse der Wohlfahrtsimplikationen staatlichen Handelns und insbesondere eingreifend in den Marktmechanismus sind auch die bei allen Entscheidungen – seien sie privat oder staatlich – auftretenden jeweiligen Transaktionskosten einzubeziehen. Sie können dazu führen, dass anstelle einer zunächst vermuteten privaten Entscheidung über Bereitstellung oder Produktion unter Einbeziehung der Transaktionskosten eher eine öffentliche Methode zweckmäßiger erscheint – und umgekehrt.

Angenommen, bei privater Produktion kann ein Gut mit den konstanten Grenzkosten GK_1 produziert werden, zu denen Transaktionskosten von CD durch den Verkauf des Gutes hinzukommen (vgl. Abb. 4-18)[1]. Es würde bei den gesamten Grenzkosten GK_2 die Menge x_1 bereitgestellt und zum Preis p_1 angeboten. Wenn der Staat das Gut unentgeltlich anbietet und die Transaktionskosten entfallen, wäre die Menge x_2 effizient. Der Wohlfahrtsgewinn ist CDAE, zusammengesetzt aus gesparten Transaktionskosten CDAB und Wohlfahrtsgewinn BAE aus der Mengenerhöhung von x_1 auf x_2. Für die Entscheidung über die private oder öffentliche Bereitstellung ist dieser Wohlfahrtsgewinn aber mit dem Verlust an den Verzerrungen zu vergleichen, die durch eine Steuer zur Finanzierung des Gutes verursacht werden. Auch zu berücksichtigen sind Verluste, die bei einem übermäßigen Konsum auftreten können. Konsumieren die Individuen das Gut bis sein Grenznutzen null ist und wird die Menge entsprechend auf x_m ausgedehnt, liegt eine ineffiziente Bereitstellung vor, weil die maximale Zahlungsbereitschaft geringer als GK_1 ist.

Abb. 4-18 Ineffiziente private Bereitstellung

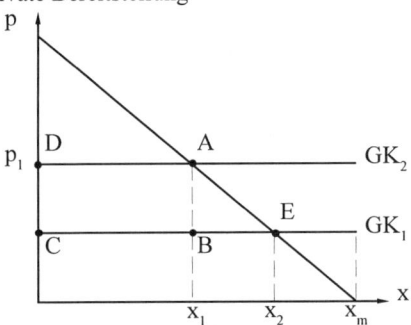

Die Informationsbeschaffung und die Einrichtung eines Austauschmechanismus für Externalitäten sind kostspielige Leistungen, die knappe Ressourcen in Anspruch nehmen. Private Maßnahmen können zu einer effizienten Lösung von Konflikten über Eigentumsrechte an Externalitäten führen, wenn hier die Transaktionskosten relativ gering sind. Zu den Transaktionskosten gehören Informations- (Bestimmung der optimalen Externalität), Einigungs- und Überwachungskosten auf Seiten des Staates und Befolgungskosten der privaten Wirtschaftssubjekte. Die Kosten politischer Lösungen schließen die Zeit und die erforderlichen Bemühungen ein, politische Übereinstimmung zu erreichen, und die Unzufriedenheit von Bürgern, die nicht mit dieser Entscheidung übereinstimmen.

9. Die Problematik der Maßnahmen zur Korrektur von Allokationsmängeln (Theorie des Zweitbesten)

Im 3. Kapitel wurde gezeigt, dass bei Einhaltung bestimmter marginaler Bedingungen in der Wirtschaft eine pareto-optimale Allokation der Ressourcen erreicht werden kann. Diese **erstbeste** Lösung verlangt allerdings, dass sämtliche Marginalbedingungen gleichzeitig erfüllt werden. In modernen Volkswirtschaften ist aber regelmäßig

---
[1] Das Beispiel ist entnommen Stiglitz 1989, S. 122/123.

nicht nur eine Abweichung von der effizienten Allokation, sondern stets eine größere Zahl verschiedener Formen von Mängeln des Marktmechanismus wie z. B. Monopole, Externalitäten, Informationsasymmetrien oder öffentliche Güter zu finden.

Zwar mag im Einzelfall durch wirtschaftspolitische Maßnahmen die Verwirklichung der Marginalbedingungen erreichbar sein. Und die Vermutung liegt nahe, dass der beste Weg darin besteht, so viele Effizienzbedingungen wie möglich auf vielen Märkten zu realisieren. Kann diese Empfehlung allerdings wirklich gegeben werden, wenn nur in einem Teilbereich eine Annäherung an die Marginalbedingungen möglich ist, die erstbeste Lösung aber nicht **in allen Bereichen** der Volkswirtschaft gewährleistet werden kann? Bei der Suche nach dem **praktischen Optimum**, der **zweitbesten Lösung** ist zu bedenken, dass die Optimalbedingungen unter der Annahme abgeleitet wurden, dass sie in allen Teilbereichen der Volkswirtschaft erfüllt sind. Die Verletzung einzelner Optima verletzt simultan andere Gleichgewichtsbedingungen. Daher kann eine spezielle wirtschaftspolitische Maßnahme zwar die Annäherung an das Optimum in einem Bereich herbeiführen, in einem anderen aber neue Verzerrungen bewirken.

Die Folgerung aus der von Lipsey und Lancaster (1956/57) entwickelten **Theorie des zweitbesten Optimums** ist: Wenn man in ein allgemeines Gleichgewichtssystem eine Beschränkung einführt, die die Verwirklichung der zuvor bestimmten Pareto-Bedingungen verhindert, ist es selbst dann nicht wünschenswert, die anderen Pareto-Bedingungen zu erfüllen, wenn dies möglich wäre. Bei Verletzung einer Pareto-Bedingung kann ein Optimum nur erreicht werden, wenn andere Pareto-Bedingungen aufgegeben werden. Die Heranführung nur einzelner Teilbereiche an die Bedingungen für die erstbeste Lösung ist durchaus nicht günstig, sie kann die Gesamtwohlfahrt sogar verringern.

Wenn der Staat also in einem Bereich aktiv werden soll, muss er als zusätzliche Beschränkung berücksichtigen, dass das Verhalten der Haushalte und Unternehmen von dem in der ersten Analyse angenommenen Verhalten abweicht. Der Maximierungsprozess ist also unter weiteren Nebenbedingungen (= Nichtoptimierung in Teilbereichen) zu wiederholen.

Dies soll das folgende Beispiel verdeutlichen: Gegeben sei die Transformationsfunktion AB (Abb. 4-19). Die Wahl zwischen verschiedenen Produktionsmengen beider Güter sei auf CD beschränkt. P wäre optimal, ist aber nicht erreichbar. Soll nun Q, der einzige Punkt auf AB und CD als zweitbeste Lösung angestrebt werden? Aus der Lage der Indifferenzkurven ergibt sich, dass R besser als Q ist, obwohl Q die Bedingung produktionsmäßiger Effizienz besser erfüllt. R stellt die zweitbeste Lösung dar.

Neben der Frage der technischen Erreichbarkeit bestimmter Lösungen sind auch die Kosten der staatlichen Entscheidungen von Bedeutung. So müssen, wie schon erwähnt, die zu erwartenden Gewinne aus der verbesserten Effizienz die Entscheidungskosten übersteigen. Es kann daher günstiger sein, die Ineffizienz bestehen zu lassen als sie zu beseitigen. Die zweitbeste Lösung wird dann auch bei technisch möglichen Korrekturen des Staates vorgezogen.

Abb. 4-19 Die Zweitbestlösung

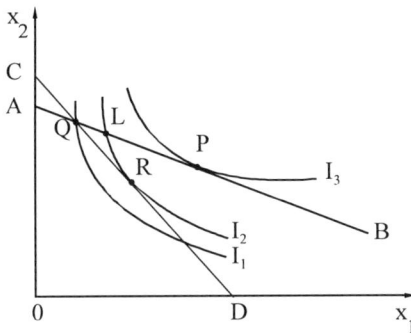

Es gibt also für jedes System mit einer spezifizierten Menge an Nebenbedingungen notwendige Bedingungen für ein Optimum. In den neuen Verhaltensregeln für den Bereich, in den der Staat eingreift, sind die Verhaltensweisen der nicht optimierenden Bereiche zu berücksichtigen. Es leuchtet ein, dass das Ergebnis nicht so gut wie das erstbeste sein kann. Die Wohlfahrt wird bei Vorliegen mehrerer Nebenbedingungen geringer als ohne Beschränkungen sein. Daher werden die neuen Effizienzbedingungen als **zweitbeste** Pareto-Bedingungen bezeichnet. Je mehr Nebenbedingungen Berücksichtigung finden müssen, um so komplexer werden auch die Optimalbedingungen, und ihre Realisierung gestaltet sich schwieriger. Die Frage ist allerdings, ob man alle (relevanten) Nebenbedingungen zutreffend erfasst bzw. überhaupt erfassen kann. Es dürfte auch von der Art der Beschränkungen abhängen, ob die zuvor abgeleiteten Optimalbedingungen aufgegeben werden müssen, und ob man eindeutige Aussagen über die Richtung der Wohlfahrtswirkung wirtschaftspolitischer Maßnahmen machen kann. Dann wäre die Bedeutung der einzelnen Verzerrungen im Wirtschaftssystem eine empirische Frage.

In der Regel sind die Bedingungen des Zweitbesten kompliziert, weil diese nicht nur von den Grenzkosten und den Grenzraten der Substitution, sondern auch vom Grad der Komplementarität und Substituierbarkeit zwischen den Gütern des beschränkten Sektors und jenen des freien Sektors abhängen, ebenso wie von den Wirkungen einer veränderten Produktion bestimmter Güter auf die Grenzkosten anderer. Daher sind mehr Informationen als bei erstbesten Bedingungen erforderlich. Dies gilt selbst dann, wenn die Zweitbestbeschränkungen nur auf wenige Güter angewendet werden.

In der Realität gibt es aber in vielen Sektoren Zweitbestbeschränkungen, die es nicht zulassen, Zweitbestbedingungen zu definieren - geschweige denn zu realisieren. Wenn z. B. die Produktion einiger Güter negative externe Kosten hervorruft, ist ihre Relation Preis/(soziale) Grenzkosten geringer als bei anderen Gütern ohne Externalitäten. Die Produktion dieser Sektoren ist daher unter sozialem Gesichtspunkt zu groß.

Wenn hier keine Korrekturen möglich sind, ist es aber auch nicht mehr wünschenswert, z. B. die Produkte öffentlicher Versorgungsunternehmen zu Grenzkosten anzubieten. Sind diese Produkte z. B. komplementär zu den Produkten in den Sektoren mit einem Überangebot, kann es besser sein, den Preis über den Grenzkosten festzusetzen, so dass das Überangebot indirekt entmutigt wird.

Die Schwierigkeiten auf Grund unzureichender Kenntnis der relevanten Beziehungen (Komplementaritäten usw.) ist nur ein Teil des Problems des Zweitbesten. Selbst wenn die erforderlichen Informationen vorliegen, ist es infolge der hohen administrativen Kosten praktisch unmöglich, die komplizierten Bedingungen zu realisieren. Die meisten ökonomischen Analysen beruhen auf der Annahme, dass die erstbesten Optimalbedingungen in der restlichen Wirtschaft oder in anderen Politikbereichen befriedigt sind. Wenn man z. B. die geeignete Politik in einem bestimmten Sektor untersucht, kann es analytisch sinnvoll sein, anzunehmen, dass in anderen Sektoren Optimalität herrscht. Selbst in Analysen des allgemeinen Gleichgewichts, die alle Sektoren einbeziehen, betrachtet man in der Regel nur ein oder zwei Probleme und nimmt die anderen als gelöst an. Wenn man z. B. Externalitäten untersucht, wird angenommen, dass Probleme monopolistischen Verhaltens u. ä. nicht bestehen. Die Theorie des Zweitbesten lässt diese Analysen eigentlich nutzlos erscheinen und legt nahe, dass man, um Verbesserungen überhaupt durchführen zu können, die gesamte Wirtschaft analysieren und jedes Problem in die Rechnung einbeziehen muss. Dies wäre allerdings eine verwaltungstechnisch, informationsmäßig und politisch nicht lösbare Aufgabe. Aus diesen Problemen wird häufig der eher pragmatische Schluss gezogen, dass isolierte Maßnahmen um so zweckmäßiger erscheinen, je kleiner der jeweils betroffene Wirtschaftsbereich und je größer die Verzerrungen dort sind (Külp 1975, S. 56). Anders formuliert: wenn Teile einer Volkswirtschaft separierbar sind, brauchen sie nicht in der von der Theorie des Zweitbesten nahegelegten drastischen Weise betroffen zu sein. Jedenfalls ist bei zweitbesten Entscheidungen stets die Frage der Interdependenzen und Nebenwirkungen zu klären.

Die Konsequenz, etwa bei Unvermeidlichkeit eines Monopols in einem Sektor der Volkswirtschaft auch in anderen Sektoren keinen Wettbewerb durchzusetzen, scheint für eine marktwirtschaftlich orientierte Politik nicht akzeptabel: „Der Second-Best-Einwand gegen eine bestimmte Maßnahme wird in einer Marktwirtschaft voluntaristisch fallengelassen, da er bedeutet, daß man wegen Unvollkommenheiten in **einem** Markt Korrekturmaßnahmen und Eingriffe in **anderen**, möglicherweise vielen Märkten, vornehmen müßte. Dies widerspricht der Vorstellung von einer sich grundsätzlich selbstregulierenden Wirtschaft. Second-Best-Argumente lassen sich hingegen dort eher berücksichtigen, wo sie nur punktuelle Eingriffe erfordern" (Müller/Vogelsang 1979, S. 33).

Im Folgenden wird die Problematik zweitbester Lösungen mehrfach angesprochen. So stellt die Nutzen/Kosten-Analyse den Versuch einer Zweitbestlösung dar, und die optimale Besteuerung setzt gerade an dieser Problematik an.

Literatur zum 4. Kapitel

Die klassische Darstellung des allokativen Marktversagens gibt Bator (1958), ein hervorragender Überblick ist bei Arrow (1983) zu finden; zu einer neueren Behandlung siehe Fritsch/Wein/Ewers (1999) und Weimann (1996).

Dem Fall sinkender Durchschnittskosten stellen Sohmen (1976, Kapitel 5.3 und 11), Windisch (1987, S. 41 ff.) und, auch hinsichtlich der möglichen Regulierungsstrategien, Weimann (1996, Kapitel 7.3) dar.

Die umfangreiche Literatur zu Externalitäten ist in eigenen Darstellungen und im Rahmen der Wohlfahrts- und Umweltökonomie zu finden. Grundlegende Arbeiten sind Pigou (1923), Coase (1960) und Buchanan/Stubblebine (1962). Zur Wirkung der Externalitäten siehe Schlieper (1980), Sohmen (1976, Kapitel 7) und Weimann (1995).

Zur Frage der Internalisierung sind zu empfehlen Endres (1989), Sohmen (1976 Kapitel 7) und Streißler (1993). Im Rahmen der Umweltökonomie liefern Baumol/Oates (1989), Cropper/Oates (1992), Weimann (1995), Cansier (1996) und Stephan/Ahlheim (1996) beachtliche Darstellungen. Sehr gut lesbar ist auch Hansmeyer/Schneider (1990). Mit starkem Bezug zur Praxis siehe Wicke (1993) und die Gutachten des Rates von Sachverständigen für Umweltfragen, insbesondere Gutachten 1974 (teilweise abgedr. in Möller/Osterkamp/ Schneider 1982).

Die moderne Form der Theorie öffentlicher Güter geht auf Samuelson (1954, 1955, 1969) und Musgrave (1959) zurück. Zur Weiterführung und Kritik siehe Atkinson/Stiglitz (1980, Lects. 11, 16), Brown/Jackson (1990, chs. 2, 3), Haveman/Margolis (1977, 1983), Krause-Junk (1977a) und Sohmen (1976, Kapitel 5). Verschiedene Aspekte und Anwendungsbeispiele der Theorie öffentlicher Güter enthalten Loehr/Sandler (1978). Mishan (1969) und Sohmen (1976) bemühen sich um eine analytische Trennung von Externalitäten und öffentlichen Gütern bzw. machen deutlich, dass diese kaum möglich ist. Zur Problematik des Begriffs "öffentliche Güter" siehe ferner Bonus (1980), Cowen (1985) und Blümel/Pethig/v. d. Hagen (1986). Letztere, Cornes/Sandler (1986) und Oakland (1987) stellen auch neuere Diskussionen dar. Eine gründliche Darstellung der Theorie öffentlicher Güter liefert auch Arnold (1992).

Zur Darstellung und Interpretation des Lindahl-Modells siehe Johansen (1963; 1965, S. 125-140) und Inman (1987). Einen Auszug aus den Arbeiten von Wicksell und Lindahl enthält Musgrave/ Peacock (1958, S. 72-118, 168-176).

McMillan (1979) gibt einen Überblick über das Schwarzfahrerproblem. Es wurde von Olson (1968) entwickelt. Zu den „forced riders" im Verhältnis zu den "free riders" siehe Brubacker (1975); das Gefangenendilemma stellt Mueller (1989, S. 9-15) dar. Die Präferenzenthüllung durch Clarke-Steuern behandelt Pfähler (1981), eine weitergehende Diskussion wird beispielsweise in Inman (1987) geführt. Einen Überblick über Möglichkeiten der empirischen Erfassung der Präferenzen für öffentliche Güter gibt Pommerehne (1982, 1987). Zur Bestimmung der marginalen Zahlungsbereitschaften für öffentliche Güter aus dem Konsumverhalten bei privaten Gütern siehe auch Schuseil (1982).

Zu den meritorischen Gütern siehe Musgrave/Musgrave/Kullmer (1, 1994, Kapitel 3), ferner Folkers (1974), Schmidt (1970), Brennan/Lomasky (1984) und Richter/Weimann (1991).

Die Theorie des Zweitbesten behandeln Davis/Whinston (1967), Külp (1975, Kapitel 4.1, 4.2), Sohmen (1976, Kapitel 12) und Schlieper (1982).

5. Kapitel
Der staatliche Entscheidungsprozess - theoretische Grundlagen

1. Einleitung

Die normative Theorie des allokativen Marktversagens zeigt, dass der Markt bei öffentlichen Gütern in der Regel nicht in der Lage ist, über den Preis zu diskriminieren und so die Präferenzen der Marktteilnehmer aufzudecken. Nur mit diesen Informationen ist aber die optimale Allokation zu erreichen.

Im Falle privater Güter spielen Präferenzunterschiede hinsichtlich der Menge keine Rolle, weil jeder Bürger die von ihm gewünschte Menge wählen kann. Im Falle öffentlicher Güter kann bei divergierenden Präferenzen nur die Entscheidung über eine bestimmte Menge getroffen werden, die für alle nutzbar ist. Da die Präferenzen für öffentliche Güter nicht über den Kauf der gewünschten Menge zu einem Preis offengelegt werden können, bedarf es der Übereinkunft über die Mengen, die für alle bereitgestellt werden. Solche Übereinkünfte machen politische **Institutionen** oder **Entscheidungsregeln** erforderlich. In diesem Kapitel werden politische Entscheidungsprozesse über öffentliche Güter und ihre Finanzierung untersucht. Die Analyse des staatlichen Entscheidungsprozesses wird auch als **Public Choice** bezeichnet[1]. Sie stellt auf die Beziehungen zwischen den Präferenzen der Mitglieder einer Gesellschaft (des Staates) und den kollektiven Entscheidungen des Staates ab.

Kennzeichnend für die Analyse von Nichtmarkt-Entscheidungen mit dem Public Choice-Ansatz ist, dass sie
• dieselben Verhaltensannahmen wie die allgemeine Wirtschaftstheorie (rationale, nutzenmaximierende Individuen) trifft,
• das Verfahren der Präferenzenthüllung oft analog zum Markt (Wähler tauschen, Individuen offenbaren ihre Nachfrage durch Wählen, Bürger treten in Klubs ein und aus) beschreibt,
• dieselben Fragen wie traditionell die Preistheorie stellt (existieren Gleichgewichte; sind sie stabil; Pareto-effizient; wie kommen sie zustande?)[2].

Wahlverfahren stellen eine Möglichkeit zur Beschaffung von Informationen über die Präferenzen der Bürger dar. Abstimmungen sind in demokratischen Staaten das bedeutendste Verfahren, um unterschiedliche individuelle Präferenzen zu gesellschaftlichen zu aggregieren und so einen kollektiven (gesellschaftlichen) Entscheidungsprozess herbeizuführen. Abstimmungen sind aber für den Einzelnen auch eine wichtige Möglichkeit zur Kontrolle des politischen Prozesses.

Unterstellt man für alle Mitglieder der Gesellschaft die gleichen Präferenzen, könnten sie durch einen beliebigen Vertreter zum Ausdruck gebracht werden. Der Staat

---
[1] Deutsche alternative Bezeichnungen sind „Ökonomische Theorie der Politik" oder „Neue Politische Ökonomie".
[2] Vgl. Mueller 1989, S. 3/4.

hätte dann nur noch die einstimmig erzielten Entscheidungen effizient auszuführen. Es käme stets zu Pareto-optimalen Ergebnissen. Wenn Einstimmigkeit gewährleistet ist, sind praktisch auch keine Abstimmungen erforderlich. Tatsächlich haben die Staatsbürger hinsichtlich öffentlicher Güter unterschiedliche Präferenzen, und Abstimmungen können ein notwendiges Verfahren sein, um zu kollektiven Entscheidungen zu gelangen.

In den letzten Jahrzehnten sind verschiedene Abstimmungsmodelle entwickelt worden, die wichtige Einsichten in den politischen Entscheidungsprozess ermöglichen. Sie beziehen sich zum Teil auf die Bedingungen einer **direkten Demokratie**. Hier treffen die Bürger direkt die gesellschaftlichen Entscheidungen, indem sie über ein Programm oder über mehrere Programme abstimmen. Davon wird zunächst ausgegangen; anschließend wird der bedeutsamere Fall der repräsentativen Demokratie behandelt.

In diesem Kapitel wird der Staat **endogen** behandelt und insbesondere berücksichtigt, dass wirtschaftspolitische Maßnahmen das Ergebnis eines **politischen Prozesses** sind. In einer Demokratie haben die staatlichen Entscheidungsträger daher in ihren Maßnahmen den Präferenzen der Wirtschaftssubjekte als Konsumenten und Wähler Rechnung zu tragen. So wird deutlich, dass zur Analyse der Steuern und Ausgaben letztlich auch die Einbeziehung des politischen Entscheidungsprozesses gehört, in dem diese festgelegt werden. Dennoch wird in den später behandelten Modellen zur Analyse der Wirkungen von Steuer- und Ausgabenänderungen (wie auch schon im 4. Kapitel) davon ausgegangen, dass staatliche Entscheidungen **exogene** Variable sind und der Staat nach Belieben Steuersätze und Ausgaben verändern kann. Dort wird ferner - wie in der Theorie der quantitativen Wirtschaftspolitik üblich - unterstellt, dass die Regierung die gesellschaftliche Wohlfahrt maximieren will.

2. Modelle der direkten Demokratie

In der direkten Demokratie wird die gesellschaftliche Entscheidung unmittelbar durch das Ergebnis eines Abstimmungsprozesses bestimmt. Die Entscheidungsbefugnis wird also nicht - wie in der repräsentativen Demokratie - an Personen oder Institutionen delegiert. Praktische Anwendung findet der Gedanke der direkten Demokratie bei Referenden (Volksabstimmungen) zu Sachthemen. Im Gegensatz zur Schweiz oder den USA sind Referenden in Deutschland nur für bestimmte Ausnahmefälle vorgesehen und werden selten durchgeführt. Dennoch liefern Modelle der direkten Demokratie wesentliche Grundeinsichten des politischen Entscheidungsprozesses.

Entscheidungen können unter Anwendung verschiedener Abstimmungsverfahren zustande kommen. **Einstimmigkeit** als Entscheidungsregel führt häufig zu keinem Ergebnis oder erfordert einen längeren Zeitraum, um eine für alle akzeptable Lösung zu erreichen. Einzelne Personen haben eine unverhältnismäßig große Möglichkeit, das

Ergebnis zu ihren Gunsten zu gestalten[1]. Aus der Sicht des einzelnen Bürgers reduziert sich die Gruppengröße auf zwei Personen - die eigene und alle anderen.

Jede Menge des öffentlichen Gutes, die unter der Einstimmigkeitsregel festgelegt wird, ist **effizient,** wenn alle Alternativen in die Entscheidung einbezogen wurden. Nur bei Einstimmigkeit sind Pareto-optimale Ergebnisse über bereitzustellende öffentliche Güter und über Steueranteile gewährleistet; das hat Wicksell (1896) und später Buchanan/Tullock (1962) zu Befürwortern dieser Regel gemacht.

Bei geringeren Anforderungen an die Abstimmungsregel wird der Einfluss des einzelnen stimmberechtigten Bürgers geschmälert. In demokratischen Staaten ist die **Mehrheitswahl** eine vorherrschende Entscheidungsregel. Zur **einfachen (absoluten) Mehrheit** sind bei n Wählern wenigstens $n/2 + 1$ Stimmen bei gerader Zahl der Wähler bzw. $(n+1)/2$ Stimmen bei ungerader Zahl der Wähler erforderlich, wenn jede Wählerstimme gleich zählt.

a) Entscheidungen über ein Programm

Angenommen, drei Bürger (oder Gruppen mit homogenen Präferenzen) 1, 2 und 3 haben für ein öffentlich bereitzustellendes Gut bestimmte Präferenzen, die durch N_1, N_2 und N_3 in Abb. 5-1 wiedergegeben sind. Jeder Bürger bevorzugt die Menge, die seiner marginalen Zahlungsbereitschaft für das öffentliche Gut entspricht.

Abb. 5-1 Bereitstellung eines öffentlichen Gutes bei Mehrheitswahl

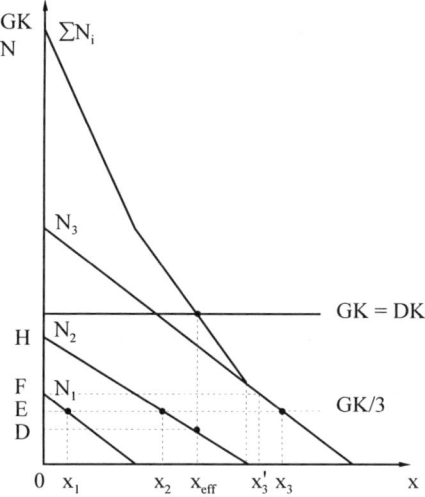

---

[1] Das Erfordernis der Einstimmigkeit ist die beste Garantie, dass der Status quo (z. B. Beibehaltung von Externalitäten, Ungerechtigkeiten) bestehen bleibt.

Unterstellt man, dass die gesamten Kosten der Bereitstellung des öffentlichen Gutes zunächst zu gleichen Teilen von den drei Personen getragen werden, so beträgt der Finanzierungsanteil jeweils 1/3 GK (= OE). Die Bürger 1, 2 und 3 bevorzugen jeweils die Mengen x_1, x_2 und x_3. Für diese Mengen entspricht der Grenznutzen des jeweiligen Individuums aus dem Konsum des Gutes seinen Anteil an den Grenzkosten. Da es sich aber um ein öffentliches Gut handelt, muss dieselbe Menge für alle Personen bereitgestellt werden. Es sei angenommen, dass diese Menge per Mehrheitsentscheid durch das Verfahren der **paarweisen Abstimmung** bestimmt wird: Zwei beliebige Alternativen (also z. B. x_1 und x_2) werden miteinander verglichen und das von der Mehrheit präferierte Niveau ermittelt. Dies wird für alle Kombinationen von Alternativen wiederholt. Gibt es ein Niveau, das von einer Mehrheit gegenüber jedem anderen Bereitstellungsniveau vorgezogen wird, so wird diese Menge realisiert. Allgemein wird eine Alternative, die allen Alternativentscheidungen auf diese Weise vorgezogen wird, **Condorcet-Sieger** genannt.

Aus Abb. 5-1 können die Präferenzordnungen der drei Wähler bezüglich der drei bevorzugten Mengen x_1, x_2 und x_3 hergeleitet werden (Abb. 5-2). Die dargestellten Präferenzen sind nicht interpersonell vergleichbar, sie geben lediglich die **relative Bewertung** der drei Alternativen an. Unter der Mehrheitsregel setzt sich die Menge x_2 durch.

Abb. 5-2 Präferenzen über das Niveau der Bereitstellung

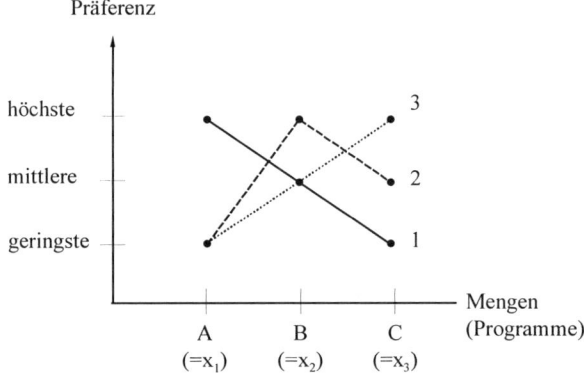

Weil die Personen 2 und 3 der Menge x_2 den Vorzug gegenüber der kleineren Mengen x_1 geben, wird x_2 die Wahl gewinnen. Auch im Vergleich zu einer größeren Menge x_3 wird x_2 erfolgreich sein, weil dann 1 und 2 diese einer größeren Menge vorziehen. x_2 gewinnt also mit 2:1 Stimmen sowohl gegen x_1 als auch gegen x_3. Es gilt also hinsichtlich der Präferenzen:

$$x_1 < x_2 > x_3 > x_1.$$

5. Kapitel: Der staatliche Entscheidungsprozess – theoretische Grundlagen

Das Beispiel zeigt, dass die Mehrheitswahl in diesem Fall zur Bereitstellung der vom **Medianwähler**[1] gewünschten Menge führt. Die besondere Bedeutung des Medianwählers liegt darin, dass seine Stimme eine Minderheit in eine Mehrheit verwandeln kann (und umgekehrt). Das Ergebnis erscheint allerdings plausibel, dass der Medianwähler unter bestimmten Bedingungen bei der Mehrheitswahl über den Umfang des öffentlichen Gutes entscheidet: Jede Erhöhung über die von ihm gewünschte Menge wird von der Mehrheit abgelehnt, jede Verringerung der Menge ebenfalls.

Die durch Mehrheitswahl bestimmte Gleichgewichtsmenge des öffentlichen Gutes ist allerdings im Allgemeinen nicht allokationseffizient; denn die effiziente Menge ist dadurch gekennzeichnet, dass die Summe der marginalen Bewertungen den Grenzkosten entspricht. Diese Menge ist ferner nur dann **optimal** im Sinne der Samuelson-Bedingung, wenn für **jeden** Wähler der Finanzierungsbetrag („Steuerpreis") gleich seiner marginalen Zahlungsbereitschaft ist[2]. In Abb. 5-1 ist für die gewählte Menge x_2 offensichtlich $\sum N_i > GK$. x_2 ist kleiner als die effiziente Menge x_{eff}, für die nur die marginalen Finanzierungsbeiträge von 2 und 3 maßgeblich sind.

Bei veränderten Finanzierungsanteilen fällt die von jeder Person, also auch vom Medianwähler, bevorzugte Menge anders aus (Abb. 5-1). Angenommen, der „Steuerpreis" für 3 wird auf OF erhöht, der von 2 auf OD gesenkt, für 1 bleibt OE; die veränderten bevorzugten Mengen sind dann x_3' und x_{eff}. Die vom Medianwähler gewünschte Menge ist auch in diesem Fall - zufällig - die effiziente Menge. Dieses Ergebnis wird um so eher erzielt, je ähnlicher die Präferenzen sind. Bei normal verteilten Präferenzen hat der Medianwähler durchschnittliche Präferenzen. x_{eff} ist hier allerdings nicht optimal, weil die zu leistenden marginalen Finanzierungsbeträge von 1 und 3 nicht ihrer marginalen Zahlungsbereitschaft entsprechen.

Wahrscheinlich sind immer Bürger mit einem Abstimmungsergebnis unzufrieden, das nicht einstimmig erzielt wurde. Sie werden eine Änderung wünschen, wenn sie bei gegebenen „Steuerpreisen" nicht ihr Optimum erreichen. Bei einer schiefen Verteilung der Präferenzen fallen die durchschnittlichen Präferenzen und die Präferenzen des Medianwählers auseinander. Letztere legen aber das Abstimmungsergebnis fest.

Nun ist die Person des Medianwählers ex ante nicht bekannt. Wenn sich aber Faktoren bestimmen lassen, die seine Präferenzen determinieren, kann unmittelbar von den Einflussfaktoren auf die Nachfrage nach öffentlichen Gütern (oder auf die Staatsausgaben) geschlossen werden. Ein solcher Faktor könnte das Einkommen sein[3,4]. Wenn

---

[1] Der Medianwähler ist dadurch charakterisiert, dass jeweils 50 % der Wähler einen Wert größer oder gleich (d. h. hier eine höhere oder gleiche Bereitstellung wünschen) bzw. kleiner oder gleich (also hier eine geringere oder gleiche Bereitstellung) bevorzugen.

[2] Diese Situation wurde im 4. Kapitel auch als Lindahl-Gleichgewicht bezeichnet; es beschreibt die hinreichende Bedingung für ein Optimum: Jeder stimmt der bereitzustellenden Menge zu. Dieser Konsens entspricht im Ergebnis auch den Vorstellungen von Wicksell zur Einstimmigkeit.

[3] Wenn man annimmt, Höhe und Struktur der Staatsausgaben seien durch Steuern bestimmt, kann man auch auf diese abstellen.

[4] Aber auch andere Faktoren - z. B. Alter, Schulbildung, Zahl der Kinder, Beruf usw. - können für die Nachfrage nach öffentlichen Gütern bedeutsam sein. Auf der Finanzierungsseite ist wegen un-

das gewünschte Niveau eines öffentlichen Gutes z. B. eine positive Funktion der Höhe des Einkommens ist, wird das Abstimmungsgleichgewicht durch die Menge des Gutes bestimmt, die von der Person mit Medianeinkommen nachgefragt wird. Bei gleichbleibenden Präferenzen werden sich die Ausgaben mit dem Medianeinkommen verändern. Wenn die Präferenzen ähnlich wie die Einkommen verteilt sind (Medianeinkommen < Durchschnittseinkommen), ist die Einkommenselastizität des öffentlichen Gutes < 1. Das Gleichgewicht hängt allerdings wesentlich von der Finanzierungsmethode ab, weil hierdurch die Medianwählerposition verändert werden kann.

Fazit: Das Gleichgewicht bei der Mehrheitswahl wird von den Präferenzen des Medianwählers bestimmt. Dieses Ergebnis beruht auf verschiedenen wesentlichen Annahmen:
• Die Entscheidung hat nur eine Dimension; es wird also nur über ein öffentliches Gut abgestimmt.
• Der Wähler muss den Nutzen öffentlicher Ausgaben (ex ante) einschätzen können (und sich über die Implikationen alternativer Besteuerungen im Klaren sein).
• Ehrliches Abstimmen[1].
• Interessengruppen, Parteien, staatliche Stellen wirken nicht auf den Medianwähler und auf das Abstimmungsverfahren ein, um bestimmte eigene Ziele zu erreichen.

Bei der Bewertung von durch Mehrheitswahl zustandegekommenen Ergebnissen ist zu beachten, dass diese meist nicht optimal sein werden. Es stellt sich daher die Frage, ob es überhaupt sinnvoll ist, die Mehrheitsbildung als plausiblen Weg der Aggregation von Präferenzen zu betrachten (Sen 1985, S. 1767).

b) Entscheidungen über mehrere Programme

(1) Intransitivität, Mehrgipfligkeit und Arrows Paradox

Angenommen, es gäbe drei alternative Ausgabenprogramme (A, B, C)[2], deren Rangordnung für drei Individuen oder gleich große Gruppen (1, 2, 3) wie folgt aussieht[3] und sich gegenüber Abb. 5-2 nur bei den Präferenzen von 3 unterscheidet.

In diesem üblicherweise verwendeten Beispiel führt die Mehrheitswahl zu keinem Gleichgewicht. Keine Entscheidung bringt eine Mehrheit gegen alle anderen Wahlmöglichkeiten (**zyklische Mehrheiten** oder **Condorcet-Paradox**): Angenommen, es

---

terschiedlicher Belastungswirkungen die Art der Steuern von Bedeutung.
[1] Die Probleme der wahren Präferenzen und ihrer Offenbarung wurden im 4. Kapitel diskutiert.
[2] A, B, C können auch wie in Abb. 5-2 verschiedene Mengen (etwa x_1, x_2, x_3) eines Gutes sein.
[3] Wie ersichtlich, hat nur Wirtschaftssubjekt 3 andere Präferenzen als in Abb. 5-2.

Abb. 5-3 Mehrgipflige Präferenzen

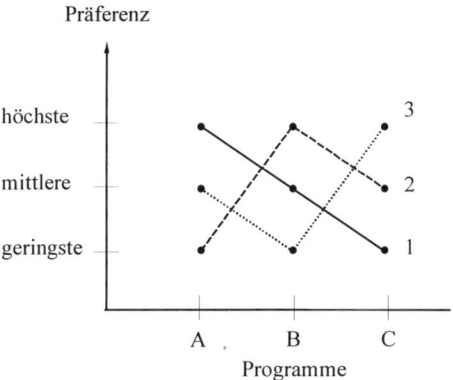

wird paarweise abgestimmt. Dann wird jeweils A gegenüber B und B gegenüber C vorgezogen, aber C seinerseits mit 2:1 gegen A:

A > B > C > A

Die durch die Mehrheitsregel erzeugte gesellschaftliche Präferenzordnung ist in diesem Beispiel nicht mehr transitiv. A wird besser als B eingeschätzt und B besser als C; aber es gilt nicht, dass dann auch A der Alternative C vorgezogen wird. Das Ergebnis der kollektiven Entscheidung ist also nicht mehr eindeutig bestimmt: der endgültige Wahlausgang hängt von der (zufälligen) Reihenfolge ab, in der die Alternativen zur Wahl gestellt werden[1].

Wie willkürlich Mehrheitsentscheidungen sein können, zeigt auch das folgende Beispiel, das für die Wahl von Parteien wie auch für die Wahl von Personen in Parteien zutrifft. Zwölf Wähler haben folgende Präferenzordnungen für die Kandidaten A, B und C:

fünf Wähler   A > B > C
vier Wähler   B > C > A
drei Wähler   C > B > A.

Wenn kein Kandidat die absolute Mehrheit erhält, soll der mit der geringsten Zahl ausscheiden. Das ist hier für C bei einem Stimmenverhältnis von 5:4:3 für A, B und C der Fall[2]. Die erneute Wahl (Stichwahl) allein zwischen A und B ergibt nun, dass nicht der Kandidat A mit den meisten Stimmen zuvor, sondern B mit 7:5 Stimmen gewinnt.

---

[1] Die Wahrscheinlichkeit, dass es zu zyklischen Mehrheiten kommt, hängt von der Zahl der Alternativen und der Zahl der Wähler ab (siehe hierzu die Zusammenstellung von v. d. Doel/v. Velthoven 1993, S. 100). Bei der Berechnung der Wahrscheinlichkeit wird davon ausgegangen, dass alle beobachteten Präferenzordnungen der Alternativen die gleiche Wahrscheinlichkeit haben.

[2] Bei relativer Mehrheit wäre A gewählt.

Wenn aber vor der Wahl A zurückzieht, ist B gegen C mit 9:3 Stimmen erfolgreich. Hier zeigt sich wieder deutlich, welch Potenzial für strategisches Verhalten und Manipulation sich eröffnet und welche Bedeutung die Kontrolle des Verfahrens haben kann.

Bei paarweiser Abstimmung über drei Kandidaten ergibt sich

$C > A$ 7:5
$B > A$ 7:5
$B > C$ 9:3.

Jede Alternative kann so prinzipiell zur Mehrheit gelangen, entscheidend ist wieder die Reihenfolge der Abstimmung. Überlässt man diese dem Zufall, wird so letztlich auch der Ausgang der Wahl bestimmt[1]. Der Grund liegt darin, dass die zweite und dritte Präferenz vernachlässigt werden[2].

Dieses unerfreuliche Ergebnis führt unmittelbar zu der Frage, ob ein anderer politischer Wahlmechanismus zu konsistenten gesellschaftlichen Ergebnissen führt. Arrow (1963) hat nachgewiesen, dass **unter bestimmten Bedingungen** aus den individuellen Präferenzen keine soziale Rangfolge (gesellschaftliche Wohlfahrtsfunktion) gebildet werden kann. Dieses Ergebnis wird in der Literatur als **Unmöglichkeitstheorem** bezeichnet. Kein Gruppenentscheidungsverfahren vermag ein Gleichgewicht (bei strategisch nicht verfälschten Präferenzen) zu gewährleisten, wenn wenigstens drei alternative Programme vorliegen. Das Problem, eine gesellschaftliche Wohlfahrtsfunktion festzulegen, die bestimmte normative Kriterien erfüllt, entspricht dem, ein Gleichgewicht bei verschiedenen Abstimmungsregeln zu finden. Arrow hat folgende, auf der Grundlage **individueller** und **ordinaler** Präferenzen abgeleitete Anforderungen an die Entscheidungsverfahren gestellt:

Bedingung 1: Keine Person soll ausschließlich und unabhängig von den Präferenzen der Bürger die Entscheidungen für die Gesellschaft treffen (Bürgersouveränität, keine Diktatur).

Bedingung 2: Zwischen individuellen und sozialen Präferenzordnungen besteht ein positives Entsprechungsverhältnis. Wenn jeder die Alternative x der Alternative y vorzieht, muss dies auch für die Gesellschaft gelten. Wenn wenigstens eine Person die Alternative x gegenüber y bei Indifferenz aller anderen Personen vorzieht, muss die soziale Rangfolge x > y sein (Einstimmigkeit, Pareto-Prinzip).

Bedingung 3: Die gesellschaftliche Präferenzordnung soll transitiv sein: werden x Alternative y (x > y) und y Alternative z (y > z) vorgezogen, dann soll auch x Alternative y vorgezogen werden (x > z).

---

[1]   Mit C als Gewinner kommt allerdings ein konsistentes Ergebnis zustande, weil C > B > A < C.
[2]   Diese Bedingung liegt praktisch auch im Fall von Tab. 5-1 zugrunde.

Bedingung 4: Die gesellschaftliche Entscheidung ist unabhängig von irrelevanten Alternativen. Die Rangfolge zwischen x und y darf sich also nicht ändern, wenn sich die Beziehung zwischen y und z ändert.

Bedingung 5: Jede denkbare Konstellation individueller Präferenzordnungen ist zugelassen, d. h. der Definitionsbereich der Wohlfahrtsfunktion unterliegt keiner Beschränkung (unbeschränkte Entscheidungsfreiheit des Einzelnen).

Bedingung 6: Die Entscheidungsfunktion liefert eine Ordnung aller theoretisch möglichen Alternativpaare.

Die Bedingungen erscheinen einzeln durchaus „vernünftig". Es sind Mindestanforderungen, die auch bei Marktentscheidungen von Personen angenommen werden. Leider ist die Botschaft des Arrow-Theorems ebenso eindeutig wie destruktiv: Die genannten Bedingungen können nicht alle gleichzeitig in einer vollständigen und transitiven Ordnung der Alternativen (einer sozialen Wohlfahrtsfunktion) erfüllt werden. Das heißt: jede möglichen staatlichen Entscheidungen zugrundeliegende soziale Wohlfahrtsfunktion erfüllt mindestens eine der Bedingungen 1 bis 6 nicht.

Die Forderung nach einer transitiven gesellschaftlichen Ordnung (Bedingung 3) zur Vermeidung von Wahlzyklen[1] verlangt also, dass mindestens eine andere Forderung aufgegeben werden muss. Dabei erscheint die Aufgabe von Bedingung 1 oder 2 wenig sinnvoll. Entweder erhielte man dann eine Diktatur, oder die gesellschaftliche Entscheidung würde bewusst auf die Möglichkeit von Pareto-Verbesserungen verzichten. Im Folgenden soll nun die Frage beantwortet werden, unter welchen Bedingungen die Mehrheitsregel zu einer konsistenten Entscheidung führt.

Diese Widersprüche müssen allerdings nicht sichtbar werden, wenn der Abstimmungsprozess abgebrochen wird, sobald ein Gewinner ermittelt ist. Weitere Abstimmungen könnten dann allerdings andere Ergebnisse hervorbringen.

(2) Möglichkeiten von Wahlgleichgewichten

Eine Möglichkeit zur Erzielung von Wahlgleichgewichten könnte die **Verringerung der Alternativen** (Aufgabe von Bedingung 6) sein. So kommt es dann nicht zu Widersprüchen, wenn lediglich zwei Alternativen zur Wahl stehen und die Zahl der Wähler ungerade ist. Allerdings sind staatliche Entscheidungen häufig komplexer Natur,

---

[1] Ein fehlendes (stabiles) Gleichgewicht bedeutet nicht, dass laufend ein Schwanken zwischen Alternativen zu erwarten ist und keine Entscheidungen getroffen werden. Diese kommen zwar zustande, weil bei einer Abstimmung z. B. über eine Frage oder in einer Wahl eine von zwei Alternativen, über die abgestimmt wird, gewinnen muss. Fehlendes Gleichgewicht bedeutet daher, dass die getroffenen politischen Entscheidungen nicht von einer Mehrheit **für alle** Alternativen erzielt worden sind.
Inkonsistenzen bei der Mehrheitswahl können nach Auffassung von Buchanan (1960, S. 83) auch als Vorteil gesehen werden, weil ständig ein Wettbewerb zwischen Alternativen besteht, die durch Mehrheiten unterschiedlicher Zusammensetzung gebilligt werden.

insbesondere wenn sie mehrere Dimensionen aufweisen. Dimensionen staatlicher Aktivität können Tätigkeitsfelder des Staates, Qualität des Angebots, Zeitpunkt einzelner Maßnahmen, Finanzierungs-, darunter Steuerstruktur u. a. sein. Dann stellt sich das Problem, wie die Alternativmenge auf zwei Elemente reduziert werden kann.

Black (1968) hat gezeigt, dass die Mehrheitsregel bei **Eingipfligkeit** der individuellen Präferenzen ein transitives Ergebnis garantiert. Eingipfligkeit fordert, dass die zur Abstimmung stehenden Alternativen so angeordnet werden können, dass gleichzeitig die Präferenzordnung jedes Individuums einen Gipfel besitzt. Ein Gipfel ist in der Präferenzskala ein Punkt, dessen Nachbarpunkte alle niedrigere Präferenzen repräsentieren. Genau die Eigenschaft der Eingipfligkeit ist in Abb. 5-3 verletzt, weil die Präferenzen von 3 in der Darstellung zwei Gipfel aufweisen (A und C). Anders hingegen in der Abb. 5-2 zuvor. Dort gilt A < B und B > C, aber auch C > A, so dass es zu einem Wahlgleichgewicht kommt, bei dem niemand eine bestimmte Alternative (hier B) als die schlechteste ansieht. Die Mehrheitslösung wird bei mehreren Alternativen und eingipfliger Präferenzordnung durch die Präferenz des Medianwählers bestimmt.

Wenn nur eingipflige Präferenzen zugelassen werden, wird eine der o. g. Bedingungen (uneingeschränkte Präferenzordnung) verletzt[1]. Ferner bringt die Mehrheitswahl, wie gezeigt wurde, nur zufällig ein Pareto-optimales Ergebnis hervor (das nur bei Einstimmigkeit zu erwarten ist).

Die fehlende Eindeutigkeit des Ergebnisses beruht darauf, dass lediglich eine **ordinale** Bewertung zugelassen wurde und jede Stimme das gleiche Gewicht hat. Alle Projekte erhalten einen ersten, zweiten und dritten Platz und sind insofern gleich bewertet. Die Mehrheitsregel gestattet den Bürgern nicht, die Intensität ihrer Präferenzen für die Alternativen zum Ausdruck zu bringen. Ein Wähler kann eine Alternative A der Alternative B vorziehen, er kann aber nicht zum Ausdruck bringen, wie stark er A der Alternative B vorzieht. Wenn die Wähler ihre Präferenzenintensität hinsichtlich der Alternativen zum Ausdruck bringen könnten, würde kein willkürliches Ergebnis auftreten. Das erscheint in einem Verfahren möglich, bei dem die einzelnen Abstimmungen mit Gewichten versehen sind. Hier werden die Stimmen kardinal abgestuft: Jeder Wähler erhält die gleiche Punktzahl, die er auf die Alternativen in der Reihenfolge seiner Präferenz aufteilen kann. Es werden also bei n Alternativen n Punkte für die beste, n-1 Punkte für die zweitbeste bis hin zu einem Punkt für die schlechteste Alternative vergeben. Diejenige mit der insgesamt höchsten Punktzahl gewinnt. Das Verfahren hat den Vorteil, dass es die Präferenzen stärker als bei reiner Mehrheitswahl zum Ausdruck bringt.

---

[1] Bei verschiedener Intensität der Bedürfnisse für die Alternativen in den einzelnen Rangfolgen ist auch Eingipfligkeit nicht unproblematisch. Wenn die Bewertung der unterliegenden Minderheit von größerer Intensität als die der gewinnenden Mehrheit der Wähler ist, können die Verluste der Verlierer die Gewinne der Mehrheit übersteigen.

5. Kapitel: Der staatliche Entscheidungsprozess – theoretische Grundlagen 133

Abb. 5-4 Die Borda-Zählung

(a)

		A	B	C	D
	1	1	2	3	4
Personen	2	3	4	1	2
	3	2	3	4	1
Gesamtpunktzahl:		6	9	8	7

(b)

		A	B	C	D
	1	2	1	4	3
Personen	2	3	4	1	2
	3	2	3	4	1
Gesamtpunktzahl:		7	8	9	6

In Abb. 5-4a ist das Ergebnis einer **Borda-Zählung** abgebildet. Jede Person verfügt über 10 Punkte, die auf 4 Alternativen aufgeteilt werden können. Alternative B erreicht die höchste Punktzahl und wird daher durchgeführt.

Das Verfahren ist komplex und verursacht daher höhere Kosten als das ungewichtete Verfahren[1]. Zudem wird das Problem strategischen Verhaltens auch hier bedeutsam. So ergibt sich für Person 1, die C der Alternative B vorzieht, die Möglichkeit, durch falsche Präferenzangabe das Ergebnis zu ändern (Abb. 5-4 b). Durch Tausch von C und D sowie von A und B setzt sich die von Individuum 1 als besser eingestufte Alternative C durch[2]. Da solche Anreize aber wiederum für alle Teilnehmer bestehen, ist unklar, welches Ergebnis sich einstellt. Wenn keine Informationen über das Wahlverhalten der anderen bestehen, könnten die Teilnehmer z. B. spekulieren, welches die gefährlichste Alternative zu der eigenen gewünschten ist und diese entsprechend niedrig benoten. Es ist aber kaum damit zu rechnen, dass sich im Wahlgleichgewicht die Alternative mit der „echten" höchsten Punktzahl (im Beispiel also B) durchsetzt[3]. Um das Ergebnis zu beeinflussen, könnten weitere Alternativen zur Abstimmung gestellt werden, die selbst ohne Chance sind.

Fazit: „Der Versuch, das Unmöglichkeitstheorem durch Veränderung der Arrow-Bedingungen zu umgehen, führt entweder zu stark einschränkenden Anforderungen, die in der Wirklichkeit nicht erfüllt sind oder die das Problem trivial werden lassen (z.B. wenn beinahe identische Präferenzen notwendig sind). Die Veränderung einer Bedingung kann auch neue Probleme (wie dasjenige des strategischen Handelns) aufwerfen" (Frey 1982, S. 497).

---

[1] Im Übrigen verletzt die Borda-Zählung die Arrow-Bedingung 4. Eliminiert man die Alternative A und streicht die sechs Punkte, so kommt kein eindeutiges Ergebnis mehr zustande: Alle Alternativen werden mit insgesamt sechs Punkten bewertet.

[2] Dieses strategische Verhalten ist häufig bei Sportveranstaltungen (z. B. Eiskunstlaufen) zu beobachten, wenn die Reihenfolge die Zahl der Punkte bestimmt und jeder Platz vom Wertungsrichter nur einmal vergeben werden darf.

[3] Eine Variante der Borda-Zählung besteht darin, dass die Individuen die ihnen zur Verfügung stehenden Punkte frei verteilen können. In diesem Fall wird aber jeder die volle Punktzahl für die von ihm präferierte Alternative einsetzen, so dass keine Entscheidung zustande kommt.

Bei der Mehrheitswahl sind die Kontrolle des Verfahrens, insbesondere die Abstimmungsreihenfolge und strategisches Wählen (Wählen, das nicht den eigenen Präferenzen entspricht) von Bedeutung. Das gilt insbesondere bei mehrstufigen Verfahren[1]. Wenn zunächst kein Abstimmungsgleichgewicht erzielt wurde, könnten z. B. neue Regeln herangezogen werden oder einem einzelnen Vertreter könnte die entscheidende Stimme eingeräumt werden. Es ließe sich auch ausschließen, über bestimmte Vorschläge erneut abzustimmen. So könnte der Wahlleiter A zunächst über Alternativen abstimmen lassen, die keine Chance haben, gewählt zu werden. Falls diese dann aus dem Wahlprozess herausfallen, könnten die erneut zu vergebenen Stimmen auf das von A favorisierte Projekt fallen.

(3) Stimmentausch

Bei Entscheidungen mit mehreren Dimensionen lässt sich auch durch **Stimmentausch** („**logrolling**") ein Wahlgleichgewicht herbeiführen. Wenn alternative Projekte vorliegen und die Wähler hierfür unterschiedliche Präferenzen haben, kann es vorteilhaft sein, weniger schlecht eingeschätzten Alternativen zum Sieg zu verhelfen und hierfür die Unterstützung für selbst stark präferierte Angelegenheiten zu bekommen. Der freiwillige Stimmentausch erhöht den Nutzen der beteiligten Wähler.

Insbesondere, wenn der Verlust der Minderheit größer ist als der Gewinn der Mehrheit, ist für die Minorität das Angebot eines Stimmentausches zweckmäßig. Hierdurch kann sie bei bestimmten Programmen eine für sie günstigere Entscheidung erreichen. Die Gefahr der „Herrschaft der Mehrheit" kann so abgebaut, gleichzeitig aber die Überrepräsentierung von Minderheitsinteressen gefördert werden. Minderheiten können sich gegenseitig so unterstützen (Koalitionen bilden), dass eine ausreichende Mehrheit zu ihren Gunsten zustande kommt (vgl. 3b unten). Dies erklärt, weshalb zahlreiche staatliche Maßnahmen zugunsten von Minderheiten vorgenommen werden, deren Kosten von der Allgemeinheit zu tragen sind. Stimmentausch kann eine negative Externalität für die Nichttauschenden bedeuten. Ist dieser Verlust größer als der Nutzen der Tauschenden, stellt sich die Volkswirtschaft als Ganzes schlechter.

Der Stimmentausch ist in der Realität eine wichtige Grundlage der Politik. Er stellt eine Möglichkeit dar, dass es zu staatlichen Entscheidungen auch dann kommt, wenn diese vom jeweiligen Medianwähler nicht unterstützt werden. Stimmentausch findet mit großer Wahrscheinlichkeit statt, wenn hierdurch das Abstimmungsergebnis beeinflusst werden kann. Das ist immer dann der Fall, wenn eine relativ kleine Zahl an Stimmen zur Mehrheit erforderlich ist. Stimmentausch ist daher weniger in der direkten als in der indirekten Demokratie von Bedeutung[2]. Er wird dort von den Repräsentanten im Parlament, den Delegierten von Parteien, den Mitgliedern von Regierungen und den Koalitionen von Parteien angewendet; ferner kann er in den Beziehungen zwischen diesen Gruppen von Bedeutung sein.

---

[1]   Ein Beispiel ist die Entscheidung des Bundestages über den Berlin-Umzug (vgl. Leininger 1993).
[2]   In der direkten Demokratie stellt sich die Problematik im Vorfeld der Abstimmung, wenn z. B. über die Abstimmungsfrage entschieden wird.

5. Kapitel: Der staatliche Entscheidungsprozess – theoretische Grundlagen 135

Die Möglichkeit des Stimmentauschs mildert auch die mit der Einstimmigkeitsregel verbundene Problematik der Inaktivität aufgrund des jedem einzelnen Individuum zustehenden Vetorechts. Wenn mehrere staatliche Programme gleichzeitig zur Entscheidung stehen, werden einige zustimmen, um bei anderen Programmen unterstützt zu werden. So kann Einstimmigkeit über mehrere Programme erzielt werden, selbst wenn wesentliche Unterschiede in den Präferenzen bestehen. Abgesehen vom Stimmentausch können die Beteiligten auch daran interessiert sein, möglichst geringe Entscheidungskosten (Zeit) zu haben und eine geschlossene Haltung gegenüber anderen Gruppen zeigen zu können, damit ihre Entscheidungen mit größter Wahrscheinlichkeit akzeptiert werden. Die Möglichkeit, trotz des Erfordernisses der Einstimmigkeit zu akzeptablen Lösungen zu gelangen, ist aber praktisch auf kleine Gruppen beschränkt.

Die Kosten der Erzielung von Übereinkünften sind in der direkten Demokratie sehr hoch (besonders bei großer Wählerzahl), da die Einhaltung der Vereinbarungen nur schwer kontrolliert und durchgesetzt werden kann. Der Stimmentausch und damit die Vorentscheidung finden im Vorfeld der eigentlichen Abstimmungen statt.

c) Die Wahl der Entscheidungsregel

Im vorangegangenen Abschnitt wurden die Eigenschaften bestimmter Entscheidungsregeln betrachtet. Natürlich spricht die Erfüllung oder Nichterfüllung dieser Eigenschaften für oder gegen die Verwendung einer Regel. Eine explizite Betrachtung des Problems, welche Regel von den betroffenen Bürgern bevorzugt würde, wurde aber nicht durchgeführt. Genau dies soll jetzt erfolgen.

Buchanan und Tullock (1962) untersuchen die Frage, welche Mehrheit aus der Sicht der Bürger eine effiziente Entscheidungsregel darstellt.[1] Die Entscheidung über diese Regel wird von ihnen als Teil der Bildung einer Verfassung behandelt. Ein wichtiger Aspekt von Verfassungen ist, dass sie eine ganze Reihe von Entscheidungsproblemen regeln sollen, die sich in gewissen zeitlichen Abständen immer wieder stellen. Diese Eigenschaft macht es den Bürgern (im Gegensatz zu einer Einzelentscheidung) unmöglich zu wissen, wie sie konkret in den wiederkehrenden Einzelanwendungen von der Regel berührt werden. Die Individuen treffen die Verfassungsentscheidung also unter einem **Schleier der Ungewissheit** bezüglich der Wirkung alternativer Entscheidungsregeln. Ist dieser Schleier „dicht" genug, d. h. ist die Unsicherheit so groß, dass der erwartete Nutzen einer Alternative für alle Individuen gleich groß ist, so wird die Einigung auf diejenige Regel mit dem höchsten erwarteten Nutzen **einstimmig** gelingen[2].

---

[1] Dabei werden nur sogenannte „klassische Regeln" betrachtet, d. h. solche Regeln, die eine bestimmte Mehrheit an Stimmen festlegen, damit eine Entscheidung als gebilligt gilt.
[2] Diese Einstimmigkeit wird von Buchanan und Tullock auch als normatives Kriterium verwendet. Wenn eine Entscheidung aufgrund der Regel zu Ungunsten eines Individuums ausfällt, dann ist der in diesem Moment ihm gegenüber ausgeübte Zwang legitimiert, da er selbst zuvor diese Regel unterstützt hat.

Welche Regel den Vorzug erhält, hängt von der Höhe der mit ihnen verbundenen Transaktionskosten ab, die von Buchanan und Tullock **Interdependenzkosten** genannt werden. Diese Kosten lassen sich in zwei Bestandteile zerlegen: Zum einen fallen mit jeder kollektiven Entscheidung Kosten an, die u. a. in den unerwünschten Ergebnissen für die in der Abstimmung Unterlegenen bestehen; sie belasten um so mehr Bürger, Finanzierungsbeiträge gegen ihren Willen zu leisten, je heterogener die Interessen sind und je geringer die erforderliche Mehrheit ist. In Abb. 5-5 stellt Kurve A die Kosten der politischen Konsensbildung dar. Bei Einstimmigkeit sind diese **externen Kosten** Null.

Abb. 5-5 Kosten der kollektiven Entscheidung und effiziente Abstimmungsregel

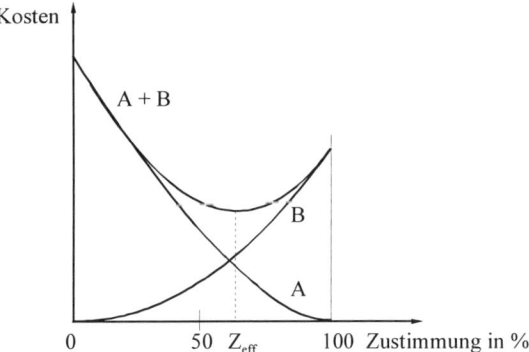

Andererseits fallen **Entscheidungskosten** bei der erforderlichen Festlegung von Alternativen und der Abstimmung hierüber an. Dazu gehören die Kosten der Informationsgewinnung über Alternativen und ihrer Weitergabe an die Wähler, ferner die Kosten des Wahlvorgangs bzw. der Verhandlungen. Die Entscheidungskosten fallen um so größer aus, je höher der Anteil der Bürger ist, deren Zustimmung die jeweilige Entscheidungsregel erforderlich macht (Kurve B). Die effiziente Entscheidungsregel erfordert, dass die Summe der Kosten (A + B) in Abhängigkeit von der Zustimmung minimiert wird[1]. Daher müssen Z_{eff} % der Wähler zustimmen, damit eine Alternative akzeptiert wird. Die einfache Mehrheit braucht mithin keine **effiziente** Entscheidungsregel zu sein. Ohne Einstimmigkeit ist auch kein Pareto-Optimum erreichbar, so dass die geringsten Entscheidungskosten nur eine zweitbeste Lösung kennzeichnen.

Dieses Modell macht wiederum deutlich, dass finanzpolitische Institutionen nicht kostenlos arbeiten. Die Allokationsprozesse des Marktes und der Nicht-Marktorganisationen beanspruchen Ressourcen. Transaktionskosten können den Markt hindern, eine effiziente Allokation der Ressourcen zu erreichen. Das gilt andererseits auch für staatliche Entscheidungen. Daher kann unter Umständen eine Ineffizienz durch eine andere ersetzt werden. Die Auffassung, dass der Staat **stets** eingreifen soll, um jede Form von Marktversagen zu korrigieren, negiert folglich die Kosten des Systems.

---

[1] Dann sind die Grenzkosten der Entscheidungsfindung gleich den marginalen externen Kosten.

3. Die repräsentative Demokratie

a) Elemente für Modelle der repräsentativen Demokratie

Die direkte Wahl lässt sich in modernen Volkswirtschaften nur für wenige Einzelfragen anwenden. Ihr Vorteil besteht darin, dass alle (Wahlberechtigten), die von einer bestimmten zu fällenden Entscheidung betroffen sind, sich an der Wahl beteiligen und ihre Präferenzen offenbaren können[1]. Ab einer bestimmten Größenordnung nehmen die Kosten der permanenten Entscheidungsfindung aber stark zu. Dann wird eine zeitweise Delegation von Macht erforderlich. Wenn Präferenzen nicht durch direkte Wahl in Entscheidungen umgesetzt werden, bedarf es der **Institutionen** - speziell Abgeordneter und Parteien -, über die individuelle Präferenzen wahrgenommen und für den Entscheidungsprozess koordiniert werden können. Um zu präferenzgerechten Ergebnissen zu kommen, müssten die Präferenzen von uneigennützigen Entscheidungsträgern aufgenommen und von einer uneigennützigen Verwaltung umgesetzt werden. Ist das in einer repräsentativen Demokratie zu erwarten[2]?

Die **repräsentative Demokratie** ist ein politisches System mit allgemeinen Wahlen, in dem zwei oder mehrere Parteien (oder Personen) um die Stimmen der Wähler konkurrieren. Nach bestimmten, durch das Wahlrecht gekennzeichneten Regeln, werden Politiker (Abgeordnete) für einen begrenzten Zeitraum gewählt. Das Wahlrecht beschränkt sich mithin auf die Wahl der Repräsentanten, während die Entscheidungen über die bereitzustellenden Güter vom Parlament im Zusammenwirken mit Regierung und Bürokratie getroffen werden. Das Ausgangsmodell der direkten Demokratie ist daher zu modifizieren, und weiteren wichtigen Faktoren des politischen Entscheidungsprozesses muss Rechnung tragen werden. Das Modell klassifiziert also nach verschiedenen am Entscheidungsprozess beteiligten Gruppen, die je nach Fragestellung (beispielsweise um die Interessengruppen) erweitert oder verändert werden und für die verschiedene Ziele und Kompetenzen angenommen werden können.

Die in Wahlen zum Ausdruck kommenden Präferenzen wirken (je nach Staatsform verschieden) auf die Entscheidungen des Gesetzgebers (Abgeordnete) und der Regierung (Verwaltung). Der Gesetzgeber ist von besonderer Bedeutung, weil er auch die institutionellen Bedingungen festlegt: Wahlrecht, organisatorische Zuständigkeiten, Aufgaben, Ausgaben und Finanzierung. Die Bürokratie führt diese Entscheidungen aus. Faktisch laufen die Informationsflüsse aber nicht nur in einer Richtung: Die Maßnahmen beeinflussen ihrerseits das Verhalten der Haushalte und Unternehmen als Verbraucher, Produzenten usw. und letztlich die Wähler. Schließlich wirken Gerichte, Interessengruppen, Bürgerinitiativen, individuelle Maßnahmen u. a. auf die Informati-

---

[1] Als weitere Vorteile der direkten Demokratie werden genannt, dass die Gefahr eines politischen Kartells gemindert wird, unter dem die parlamentarischen Entscheidungen vom Willen der Bürger abweichen, und dass sie auch zu besseren gesamtwirtschaftlichen Ergebnissen führt (z. B. geringere Steuerlast und Staatsverschuldung). Allerdings können sich die Wahlbürger bei bestimmten Entscheidungen überfordert sehen, was sich in einer geringen Wahlbeteiligung zeigen kann. Auch ist die Rolle der Interessengruppen zu beachten.
[2] Die Antwort auf diese Frage muss schon deshalb negativ ausfallen, weil die Problematik einer widerspruchsfreien sozialen Wohlfahrtsfunktion auch hier besteht.

onsflüsse ein, die maßgeblich von den Medien gestaltet und weitergeleitet werden. Abb. 5-6 verdeutlicht die Zusammenhänge.

Abb. 5-6 Elemente des staatlichen Entscheidungsprozesses

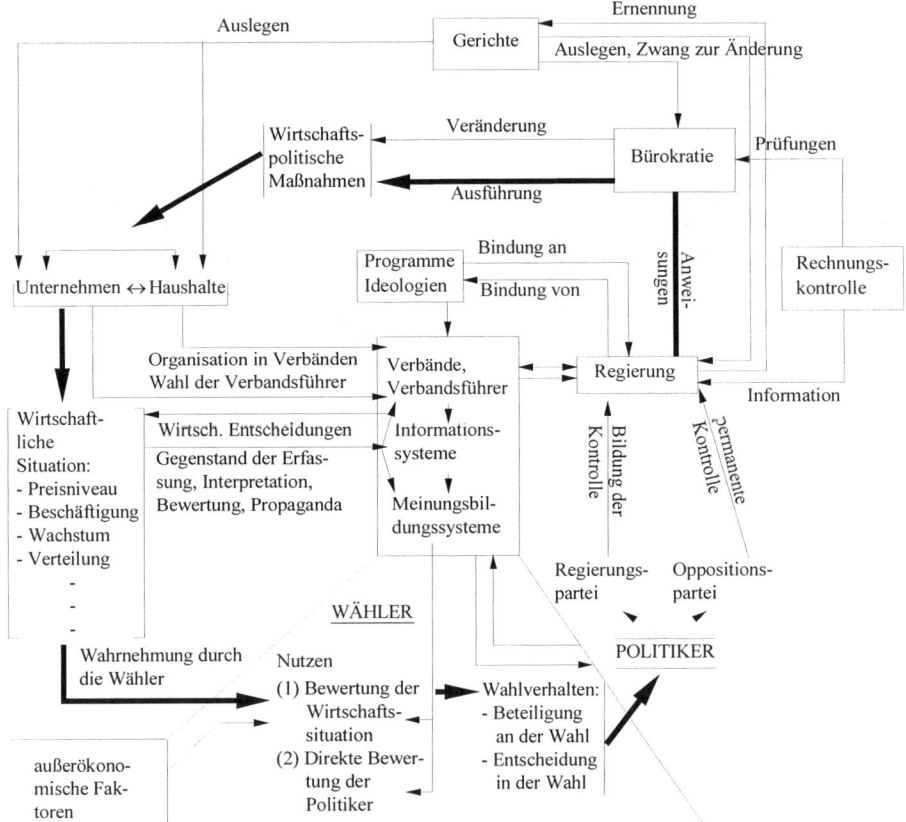

Quelle: Knappe 1980, S. 88, ergänzt.

Wenn staatliche Entscheidungen durch das Zusammenwirken mehrerer Gruppen zustande kommen, ist von Bedeutung, wie sich Individuen in den Gruppen, also als Wähler, Gesetzgeber, Bürokraten, Richter und Mitglieder von Interessengruppen verhalten. Hierbei wird von dem Rahmen des politischen Systems ausgegangen, wie es in den westlichen Demokratien vorherrscht.

Zwischen den Wählern und den Vertretern (Abgeordneten) sowie innerhalb der Vertretergruppe kann es Differenzen geben. Interessenkonflikte sind auch zwischen Personen in verschiedenen Funktionen zu erwarten. Schließlich können die Interessen der Bürokratie, die für die Ausführung der Gesetze zuständig ist, von den Zielen der Wähler und der Politiker abweichen. Die einzelnen Gruppen verfügen über unterschiedliche Informationen, die für den Entscheidungsprozess von Bedeutung sind.

Der politische Entscheidungsprozess wird im Anschluss an Schumpeter (1950) und Downs (1957) unter Verwendung von Modellen analysiert, die auch bei der Analyse des privaten Entscheidungsprozesses herangezogen werden. Regierung, Parlament, Parteien, Bürokratie, Interessengruppen, aber auch Gerichte werden als **Institutionen** verstanden, **die sich aus eigennützigen Individuen zusammensetzen.** Auch Wähler werden als nutzenmaximierende Individuen behandelt. Die Annahme ist plausibel, dass die persönlichen Nutzenvorstellungen für die Individuen nicht nur für deren private Entscheidungen (Arbeitseinsatz, Konsumwahl usw.), sondern auch im politischen Bereich maßgeblich sind. Wenn das Verhalten im staatlichen Bereich von dem im privaten Bereich abweicht, liegt das an anderen Beschränkungen im privaten Sektor, nicht an unterschiedlichen Zielen der Individuen. Diese verfolgen ihre Ziele in der bestmöglichen Weise bei gegebenen kostspieligen Informationen. Die Annahme, dass Informationen Kosten verursachen, ist wichtig, weil sie impliziert, dass Individuen es häufig zu teuer finden können, vollständig informiert zu sein. Sie werden in der Regel Entscheidungen unter Unsicherheit treffen.

Die Eigennutzorientierung von Politikern und Verbandsfunktionären manifestiert sich in ihrem Streben (wieder)gewählt zu werden. Die staatlichen (und die Verbands-) Entscheidungen werden in diesen Modellen nur als **Nebenprodukte,** als Mittel zum Zweck gesehen (in Analogie zur Produktion als Mittel der Gewinnzielung der Unternehmen): Die Gesetzgeber handeln im Gegensatz zur klassischen Demokratietheorie nicht als Vertreter der Interessen der Wähler; sie versuchen nicht den „Volkswillen" auszuführen oder im Sinne eines wie auch immer gearteten Gemeinwohls tätig zu werden, sondern ihre eigenen Präferenzen zu verwirklichen. Damit soll die Möglichkeit z. B. altruistischen Verhaltens nicht ausgeschlossen werden, sie wird nur für weniger bedeutsam gehalten. Eine soziale Funktion erfüllen die Parlamentarier nur auf dem Umweg über eigennütziges Handeln. Um eigene Ziele zu verwirklichen, müssen attraktive Programme versprochen bzw. bereitgestellt werden. Die Handlungen erfolgen grundsätzlich so, dass durch neue Programme und Programmänderungen Stimmenerhöhungen zu erwarten sind.

b) Die Parteien und Politiker

(1) Das Medianwählermodell

Der Wettbewerb um die Unterstützung der Wähler und um eine Regierung zu bilden, erfolgt in repräsentativen Demokratien regelmäßig über politische Parteien. Politiker in Parlament und Regierung gehören ihnen meist an. Parteien können als Koalitionen ihrer Mitglieder zur Erreichung individueller Ziele verstanden werden. Ohne Parteien könnten Wähler nur schwer beurteilen, wofür die einzelnen Kandidaten stehen und was sie möglicherweise tun, sobald sie gewählt werden. Für Politiker stellen Parteien einen Weg dar, ihre möglichen Wähler mit relativ geringen Kosten zu informieren, also deren Transaktionskosten niedrig zu halten. Gleichzeitig versuchen sie, durch verschiedenste Regeln und Institutionen (Seniorität, Parteidisziplin, staatliche Parteienfinanzierung) ihre Spielräume zu sichern und auszuweiten und Outsider fernzuhalten.

Gelingt dies, haben die Parteien/Politiker die Chance zur Realisierung von Renten und zur Ausbeutung der übrigen Gesellschaft.

Zu klären ist, wie die Parteien ihre Positionen im politischen Spektrum bestimmen. Um die Ziele ihrer Mitglieder zu realisieren, sind die Parteien an der **Erhaltung oder Erringung politischer Macht** interessiert. Hierzu sind die finanzielle und personelle Unterstützung vor der Wahl und schließlich der Erfolg in Wahlen erforderlich, die in periodischen Abständen stattfinden.

Angenommen, es gäbe eine Bandbreite ideologischer Einstellungen, die vielfältige politische Themen („issues") auf eine Dimension verkürzten[1]. Die Präferenzen der Wähler seien normal (also auch eingipflig) verteilt. Ferner bestünde vollständige Information seitens der Wähler hinsichtlich der von den Parteien zu erwartenden Politik und seitens der Parteien hinsichtlich der Wählerpräferenzen. Im Downs-Modell der Konkurrenz **zweier** Parteien wählen die Parteien dann den **Median** als bevorzugten Punkt. Wenn alle Wahlberechtigten abstimmen, läuft eine Partei, die sich anders verhält und z. B. Position L einnimmt (Abb. 5-7), Gefahr, die Wähler rechts vom Median und die zwischen L und M zu verlieren.

Dieses Ergebnis stimmt insoweit mit dem des Modells der direkten Demokratie überein. L und R stellen keine Gleichgewichte dar. Die Partei, die sich von L zur Mitte bewegt, erhöht ihren Stimmenanteil ebenso wie die, die sich von R zur Mitte bewegt. Wenn beide Parteien das Ziel haben, (wieder)gewählt zu werden, werden sie ähnliche Politiken vorschlagen bzw. durchführen, um den Medianwähler zu befriedigen. Das System ist stabil in dem Sinne, dass beide Parteien Positionen in der „Mitte" beziehen.

Abb. 5-7 Normalverteilung der Wählerpräferenzen

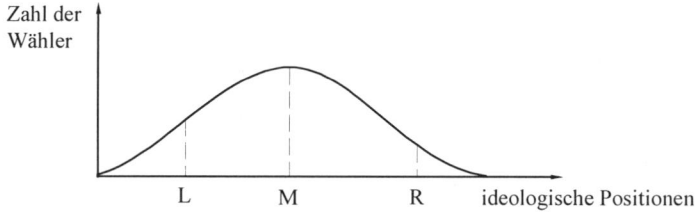

Wenn eine Beziehung zwischen der gewünschten Höhe der Ausgaben und dem Einkommen der Wähler besteht, könnte der Medianwähler empirisch bestimmt werden – unter Umständen auch, wenn die Präferenzen nicht normal verteilt sind.

(2) Differenzierungen des Medianwählermodells

Das Ergebnis des Medianwählermodells ist wie bei der direkten Demokratie nur unter bestimmten Annahmen stabil: Die Wähler dürfen nicht eine Partei verlassen und eine

---

[1] Diese kann z. B. in der Höhe des Niveaus öffentlicher Ausgaben bestehen.

5. Kapitel: Der staatliche Entscheidungsprozess – theoretische Grundlagen

andere (dritte) Partei unterstützen, die ihre Position ändert (also z. B. von L nach rechts wandert), und auch nicht der Wahl fernbleiben. Eindimensionalität und Eingipfligkeit müssen vorliegen. Wahlen haben aber selten nur eine Dimension. Es geht in der Regel um **Programmpakete,** die unterschiedlich viele Programmteile bzw. Maßnahmen enthalten können. Daher ist es unmöglich, alle Alternativen in einem Präferenzkontinuum zu erfassen. Dann ist aber zu vermuten, dass **die** Medianwählerposition nicht bestimmt werden kann: Je nach (Teil-) Programm dürfte es verschiedene Medianwählerpositionen geben.

Abstimmungen mit mehreren Dimensionen bringen Kostenvorteile gegenüber Einzelabstimmungen. So wird auch nicht über jede Staatsausgabe, sondern in Haushaltsabstimmungen über Ausgabengruppen („Verteidigungshaushalt", „Sozialhaushalt" usw.) entschieden. Bei Einzelabstimmungen müssten konsequenterweise die Mengen der öffentlich bereitgestellten Güter und die Steuern zu ihrer Finanzierung festgelegt werden[1].

Mehrdimensionale Entscheidungen und Stimmentausch finden auf allen Ebenen des Entscheidungsprozesses innerhalb und zwischen den beteiligten Gruppen statt. Sie ermöglichen Gleichgewichte, bei denen (z. B. bei den Repräsentanten[2]) die Verlierer in einer Abstimmung durch Gewinne in einer anderen entschädigt werden können - allerdings in der Regel zu Lasten Dritter (z. B. der steuerzahlenden Bürger). Bei Stimmentausch finden die Vorentscheidungen im Vorfeld der eigentlichen Abstimmungen statt. Ein breites Spektrum an Positionen verspricht größere Stimmengewinne als eine eindeutig fixierte ideologische Position.

Durch Stimmentausch kann es zur Durchsetzung von Projekten kommen, die von der Mehrheit abgelehnt werden. Andererseits können Projekte scheitern, die ohne Stimmentausch mehrheitsfähig wären. Es geht daher nicht um die Mehrheit bei jeder Einzelentscheidung, sondern um das Programmangebot, das Politiker im Wettbewerb mit anderen Politikern anbieten.

Tab. 5-1 Impliziter Stimmentausch

Programm	Unterstützung durch	Ablehnung durch
A: Subventionen für die Landwirtschaft	20 %	80 %
B: Hochschulfinanzierung	20 %	80 %
C: Zuschüsse zu Sozialleistungen	20 %	80 %

Angenommen, Politiker müssen über drei Programme entscheiden. Die einzelnen Programme werden nur von jeweils 20 % der Wähler gewünscht (Tab. 5-1). Dennoch können Politiker, die alle drei Programme ablehnen, durch diejenigen besiegt werden, die diese Programme befürworten. Das ist dann der Fall, wenn für jede Wählergruppe

---

[1] Diese Problematik zeigt sich bei Volksabstimmungen, die z. B. in Bayern auf lokaler Ebene zulässig sind. So übersehen Befürworter etwa eines Tunnelbaus, dass bei gegebenen Steuereinnahmen andere Staatsausgaben gesenkt werden müssen.

[2] Gilt entsprechend für Gruppen von Mitgliedern eines Verbandes, eines Vorstandes, einer Regierung oder z. B. im Verhältnis Bundestag/Bundesrat.

der Nutzen aus einem der Programme größer als der Schaden aus den anderen Programmen ist. So werden Bauern etwa die bessere Finanzierung der Hochschulen und Zuschüsse (für sie nicht betreffende) Sozialleistungen im Vergleich zu den sie begünstigenden Subventionen ablehnen. Die drei Maßnahmen als Paket können aber besser als keine erscheinen. Wenn die drei jeweils von einem Programm begünstigten Gruppen eine entsprechende Einschätzung haben, werden sie für die Politiker stimmen, die alle drei Maßnahmen befürworten und nicht für jene, die alle drei Maßnahmen ablehnen. Das gleiche Ergebnis wird erzielt, wenn die von den drei Gruppen gewählten Politiker koalieren.

Minderheiten können sich also durchaus mittels Koalitionsbildung durchsetzen, wenn alle daran Beteiligten auch für ein ihnen gleichgültiges (oder gar milde abträgliches) Ziel der anderen stimmen, um so wiederum deren Stimme für die eigenen Ziele zu bekommen[1].

Das Beispiel zeigt, wie es zu Entscheidungen zugunsten spezieller Interessen kommen kann, selbst wenn ein großer Teil der Wähler hierdurch geschädigt wird. Entscheidungen zugunsten spezieller Interessen können als Maßnahmen verstanden werden, die einen großen individuellen Nutzen für einen kleinen Teil der Wähler darstellen, verbunden mit geringen individuellen Kosten, die auf einen großen Teil der Wähler entfallen. Solche Politik zugunsten spezieller Interessen, bei der eine Mehrheit durch Kombination verschiedener Minoritäten begünstigender Programme erzielt wird, ist ein Beispiel **impliziten Stimmentauschs**. Wenn einzeln abgestimmt würde, hätten die Alternativen jeweils keine Chance. Erst durch Stimmentausch können die Programme verwirklicht werden.

Abstimmungen mit mehreren Dimensionen begünstigen auch **zyklische Mehrheiten**. Sie schlagen sich in inkonsistenten Entscheidungen der Parteien, Regierungen u.a. nieder. So werden z. B. Mindestlöhne oder Entlassungsbeschränkungen für bestimmte Personengruppen eingeführt, deren Wirkungen aber kontraproduktiv sind, d. h. die Arbeitslosigkeit dieser Gruppen fördern können: Die betreffenden Personen werden gar nicht erst eingestellt. Andererseits werden Programme zur Arbeitsplatzbeschaffung aufgelegt. Oder bestimmte Subventionen kommen gerade höheren Einkommensschichten zugute, während die Einkommensgrenzen anderer Programme gerade auf die am schlechtesten gestellten zielen. Verschiedene staatliche Interventionen tragen zu hohen Preisen landwirtschaftlicher Produkte bei, Mehrwertsteuervergünstigungen u. ä. ermäßigen sie. Diese Beispiele verdeutlichen, dass aus den tatsächlichen Maßnahmen nicht auf konsistente gesellschaftliche Präferenzen geschlossen werden kann. Entscheidungen im politischen Prozess lassen häufig widersprüchliche Ergebnisse erwarten, die unter bestimmten Bedingungen auch zufallsbedingt sein können.

Politische Parteien können als Organisationen von Politikern gesehen werden, die deren persönliche Ziele wie Machtgewinnung und -ausübung, Einfluss, privates Ein-

---

[1] Vgl. Tullock (1998), der z. B. darauf hinweist, dass das Handeln organisierter ethnischer Gruppen in amerikanischen Großstädten nach diesem Modell abläuft, um so möglichst stark bei den Staatsausgaben oder am Arbeitsmarkt (z. B. die Iren in der Polizei) begünstigt zu werden.

kommen, Durchsetzung von Ideologien u. ä. fördern. In durch Stimmentausch entstandenen Programmen werden Lösungsansätze für vielfältige Entscheidungsfelder zu einem Angebot an die Wähler zusammengefasst. Da sich die Strömungen in den Parteien auch im Hinblick auf die (Wieder)Wahl der Politiker verändern, sind grundlegende Ausrichtungen kaum erkennbar. Zwar haben in der Vergangenheit **sozialistische** Parteien in der Regel stärker staatliche Eingriffe unterstützt und weisen meist auch engere Verbindungen zu den Gewerkschaften auf. **Konservative** Parteien galten eher als unternehmerfreundlich und befürworteten einen Abbau staatlicher Eingriffe und der Besteuerung[1]. Die Stimmenmaximierung lässt sich bei klarer Verfolgung ideologischer Programme und politischer Sachziele auch als einschränkende Nebenbedingung annehmen, oder bestimmte politische Sachziele stellen die Nebenbedingungen bei der Zielsetzung der Stimmenmaximierung dar. Die (Wieder)Wahl ist allerdings in jedem Fall Voraussetzung, um politische Ziele zu verwirklichen.

Der Ansatz der Stimmenmaximierung stellt natürlich eine starke Vereinfachung der Realität dar. „Der Wirklichkeit nähert man sich beträchtlich an, wenn beispielsweise die programmatische Grundhaltung der Politiker (etwa in Gestalt von Tabus und Sachzwängen), das Wählerverhalten (Stamm- und Wechselwähler), die Unterschiede in der Bedeutung dieser Fakten für die einzelnen Parteien, andere Abweichungen in der Ausgangssituation der Mandatare (Amtsbonus, Persönlichkeit u. ä.) sowie vor allem konkrete institutionelle Gegebenheiten (namentlich Eigenarten des Wahlverfahrens) berücksichtigt werden" (Pohmer 1981, S. 274).

Wenn die Verteilung der Präferenzen nicht eingipflig normal, sondern **mehrgipflig** ist, bestehen Anreize zur Bildung mehrerer Parteien mit unterschiedlichen ideologischen Positionen. Neu auftretende Parteien haben daher eine Wahlchance, wenn sich die Wählerpräferenzen verändern, neue Wählerschichten auftreten („Jungwähler") oder sich die Parteien von ihrem Wählergipfel entfernen. Abb. 5-8 zeigt eine solche mehrgipflige Präferenzverteilung. Die Chance für neue Parteien, ernstzunehmende Konkurrenz zu werden, hängt auch von den Parlamentszutrittschancen (z. B. 5%-Klausel, wahlkreisbezogenes Mehrheitswahlrecht usw.) ab[2].

Abb. 5-8 Mehrgipflige Verteilung der Wählerpräferenzen

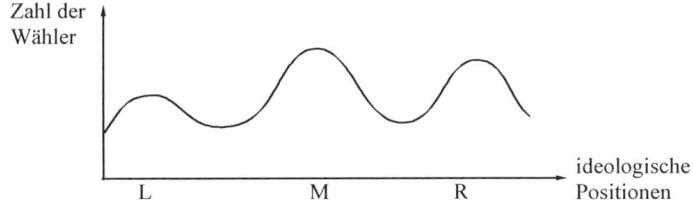

---

[1] Die klaren ideologischen oder sachpolitischen Grenzziehungen bestanden in der Vergangenheit nur vorübergehend und wurden aufgelöst, wenn Politiker stärker als Sachfragen die Politik prägten. Die ideologischen Auseinandersetzungen, die teils allerdings fast religiöse Ausmaße zwischen Kommunisten und Katholiken, Arbeitern und Kapitalisten u. ä. annahmen, sind inzwischen stärker zugunsten von Sachfragen statt Werten und Kompetenz statt Glauben der Politiker ersetzt.
[2] Solche Regeln tragen dazu bei, dass u. U. die Gewählten nur noch eine Minderheit der Bevölkerung repräsentieren (vgl. die Beispiele von Tullock 1998).

Auch infolge unvollkommener Information spiegeln die politischen Entscheidungen nicht unbedingt die Wählerpräferenzen, sondern das wider, was Parteien, Regierung usw. dafür halten. Hierbei sind regelmäßig auch ideologie- und interessenbedingte Perzeptionsfilter zu beachten. Ferner werden die Wähler, aber auch Parteimitglieder, häufig durch die Politiker über den wahren Sachverhalt anstehender Probleme missinformiert. Um (wieder)gewählt zu werden, ist nicht ihre Leistung das Wichtige, sondern die Wirkung auf ihr Image. Politiker werden daher ihre Fähigkeiten, die unbekannt sind, durch Aktionen überlagern, die beobachtet werden können. Sichtbare Handlungen statt nicht sichtbare Ergebnisse zählen. Daraus sollen die Wähler Schlüsse auf die Fähigkeiten ziehen. Die Kandidaten für ein politisches Amt erschweren durch allgemeine Formulierungen das rationale Wahlverhalten. Was sie sagen, mangelt häufig jeglicher Relevanz für die Entscheidungen, die Wähler zu treffen haben, legt die Unterschiede in den Ansichten der Kandidaten nur unvollkommen dar und ist durch Ausweichungen, Mehrdeutigkeiten und Verzerrungen gekennzeichnet[1].

Für den größten Teil der anstehenden Fragen ist eine Beziehung zwischen den Präferenzen der Bürger und politischen Entscheidungen daher schwach oder existiert nicht. Die Präferenzen der Bürger sind dann von Bedeutung, wenn sie als wahlentscheidende Mehrheitsmeinung angesehen werden. Dann bestehen Anreize für die Politiker, in Übereinstimmung mit der Mehrheitsmeinung zu handeln. Andererseits können viele politische Entscheidungen unabhängig von und im Gegensatz zur öffentlichen Meinung getroffen werden.

Das Handeln der Politiker ist auf die (Wieder)Wahl gerichtet. Die Periodizität der Wahlen[2] und die damit verbundenen Phasen der Wahlkämpfe schlagen sich in einer **Kurzfristigkeit der Perspektive** der Politiker nieder. Es kommt zu einer **Politik der kleinen Schritte,** des Durchwurstelns („muddling through"). Mittel- und langfristig ausgerichtete Programme werden daher entweder gar nicht erst aufgestellt oder müssen von vornherein als Makulatur angesehen werden[3]. Politiker werden ihre Wahlchancen dadurch erhöhen, dass sie vorwiegend Maßnahmen vorschlagen bzw. durchführen, deren negativ eingeschätzte Wirkungen erst langfristig auftreten, deren positiv beurteilte Effekte jedoch kurzfristig spürbar sind. Staatliches Handeln tendiert daher zur Instabilität. Politiker werden stets versuchen, durch neue wirtschaftspolitische Maßnahmen Mehrheiten zu gewinnen. Da die Mehrheitsverhältnisse bei den Bürgern, in Parteien und anderen Gruppen und zwischen ihnen sich laufend ändern, sind im Zeitablauf unterschiedliche politische Entscheidungen zu erwarten. Der Staat stellt also keinen sicheren Gesetzesrahmen bereit. Private Wirtschaftssubjekte können folg-

---

[1] Beispiel ist die Aussage: „Die Renten sind sicher".
[2] „Das System periodischer Wahlen, bei dem die Wähler nur ein einziges Mal im Verlauf mehrerer Jahre eine Entscheidung treffen, hat... auch die folgende Konsequenz: Die jeweilige Regierung besitzt nicht nur wirtschaftspolitische Instrumente, sie hat gleichzeitig auch eine bestimmte Zeit, innerhalb derer ihre programmatische oder wahltaktische Politik ausgereift und durchgeführt sein muss. Es kommt somit zu den üblichen wirtschaftspolitischen Handlungsparametern noch die Zeit als Variable hinzu" (Dinkel 1980a, S. 67).
[3] Beispiele: Mittelfristige Finanzplanung, Gesetzliche Rentenversicherung.

lich insbesondere nicht aufgrund verlässlich kalkulierbarer Steuern[1] und Staatsausgaben ihre Planungen durchführen[2].

Der kurzfristigen Perspektive der staatlichen Entscheidungsträger[3] entspricht die kurzfristige Orientierung der Wähler, wenn diese die Leistungen der Regierung und der Opposition im Laufe der Legislaturperiode (zum Teil gar nicht zur Kenntnis nehmen und) leicht vergessen[4].

Für die Qualität der staatlichen Entscheidungen ist von Bedeutung, dass die Mitglieder von Parlament, Regierung und Verwaltung ihr jeweiliges Amt zunehmend aufgrund ihrer Parteizugehörigkeit bekommen. Diese Abhängigkeit bewirkt, dass der Einzelne zwar mit der jeweils verfolgten Politik nicht übereinzustimmen braucht, abweichende Beurteilungen in der Regel aber nur vorsichtig oder gar nicht zur Geltung bringt, wenn sonst seine Karriere und sein Einfluss verringert würden. Der wesentliche Einfluss auf den Entscheidungsprozess und damit die tatsächliche Macht liegt daher meist primär bei den Parteien. Für die Qualität der Entscheidungen ist auch weniger deren Effizienz karrierewirksam, als die Zahl der Maßnahmen und Betroffenen. So zählt das Engagement für Arbeitslose oder gefährdete Arbeitsplätze (z. B. Subventionen im Steinkohlebergbau) unabhängig von den Kosten der jeweiligen Maßnahme.

c) Die Bedeutung institutioneller Regeln

Auch **institutionelle Regelungen** - beispielsweise die jährliche Haushaltsaufstellung - können dazu beitragen, dass längerfristige Planungen und Entscheidungen nur selten anzutreffen sind. Solche Regelungen können die politischen Entscheidungsvorgänge in beträchtlichem Maße durch Strukturen vorprägen. Sie tragen dazu bei, die Kosten der Konsensfindung durch Reduktion des politischen Entscheidungsbedarfs zu verringern, beeinflussen aber gleichwohl die Entscheidungen erheblich.

Zu den institutionellen Regeln rechnet auch das Wahlverfahren, nach dem die Repräsentanten bestimmt werden. Dies kann insbesondere vorsehen, dass zur Wahl die einfache **(absolute)** Mehrheit der stimmberechtigten Bürger oder der abgegebenen Stimmen jeweils in den Wahlkreisen oder die **relative** Mehrheit (ein Kandidat erhält mehr Stimmen als jeder andere) der Wähler erforderlich ist. In diesen Fällen werden

---

[1] Hier liegt ein Verstoß gegen den von Neumark (1970, § 16) formulierten Grundsatz der Stetigkeit steuerrechtlicher Normen vor.

[2] Wenn die Wähler einen stabilen Rahmen für erforderlich halten, können sie Grenzen für die Arten der Politik festlegen, die der Staat durchführen soll. Das ist **wahrscheinlich** ein Grundgedanke, der den amerikanischen Vorschlägen zu einer verfassungsmäßigen Begrenzung der staatlichen Gewalt zugrunde liegt (siehe 11. Kapitel). Es ist allerdings fraglich, ob solche Grenzen in Deutschland durchsetzbar sind.

[3] Die Politiker reagieren bereits kurzfristig auf Meinungsumfragen („Stimmungsbarometer").

[4] Die kurzfristige Handlungsweise kann allerdings auch anders beurteilt werden. So ist die langfristige Verpflichtung einer Regierung sozialschädlich, wenn sie spezielle Interessengruppen begünstigt. In diesem Fall stellen begrenzt wirksame Maßnahmen und Regierungswechsel eine Grenze für unangemessene Entscheidungen dar (Tirole 1994, S. 17).

die Abgeordneten direkt gewählt. In beiden Fällen ist zu erwarten, dass die Repräsentanten ihre Aufgaben im Interesse der Wähler wahrnehmen, wenn die Gefahr besteht, dass sie ansonsten nicht wieder gewählt werden. Es besteht die Möglichkeit, dass der Kandidat so für Fleiß und Ehrlichkeit belohnt wird. Allerdings muss der Abgeordnete auch von seiner Partei wieder aufgestellt werden und daher unter Umständen stärker den Vorstellungen seiner Partei Rechnung tragen.

Bei beiden Formen des Mehrheitswahlrechts benötigt eine Partei nur die absolute oder relative Mehrheit der Stimmen. Die Parteien können sich darauf beschränken, gezielt um jene marginalen Wahlkreise zu kämpfen, in denen der Ausgang offen ist. Sitze, die ohnehin der eigenen Partei sicher sind oder überhaupt nicht zu gewinnen sind, lassen Anstrengungen überflüssig erscheinen.

Bei der relativen Mehrheit ist die Gefahr besonders groß, dass es nicht zu repräsentativen Ergebnissen kommt[1]. Die Bedeutung des Wahlverfahrens zeigt sich deutlich bei einem Vergleich der relativen Mehrheit in den Wahlkreisen z. B. bei den britischen Parlamentswahlen und beim Verhältniswahlsystem in Deutschland (jeweils bezogen auf die abgegebenen Stimmen). In Großbritannien ist es durchaus nicht unwahrscheinlich, dass z. B. nur 1/3 der Wähler das Kollektiv repräsentiert. In Deutschland schlägt sich auf Bundesebene letztlich die Zahl der auf eine Partei entfallenden (Zweit-) Stimmen in der Zahl der Abgeordneten nieder. Hier ist die Wahrscheinlichkeit also geringer, dass man die absolute Mehrheit der Stimmen, aber nicht der Mandate erhält. Die mangelnde Repräsentation im System der relativen Mehrheit ließe sich mildern, indem die Kandidaten mit den wenigsten Stimmen ausscheiden und in Stichwahlen zwischen dem Rest entschieden wird. Das Verhältniswahlrecht gibt Wählern allerdings kaum Möglichkeiten, einzelne Politiker zur Rechenschaft zu ziehen, wenn Kandidaten auf einer landesweiten Liste ihrer Partei abgesichert sind. Das gilt vor allem dann, wenn Politiker mit Listenplätzen nicht für Leistungen gegenüber dem Wähler, sondern für Loyalität gegenüber der Partei belohnt werden.

d) Die Wähler

Das Modell der repräsentativen Demokratie wirft verschiedene Fragen hinsichtlich des Wählerverhaltens auf: Wie erhält der Wähler z. B. Informationen über das wahrscheinliche Parteienverhalten? Oder: Was bestimmt, ob der Wähler (nicht) wählt? Zunächst ist zu vermuten, dass der rational handelnde Wähler die für verschiedene Problembereiche bedeutsamen Informationen sammelt, Schlussfolgerungen aus alternativen Ankündigungen zieht, tatsächliches Handeln beurteilt und eine Gesamtbewertung der konkurrierenden Parteien durchführt. Hierbei kommt es zu einer Asymmetrie zwischen Regierungs- und Oppositionsparteien. Die Regierungspartei kann hinsichtlich Politik und Personen im Lichte ihrer Handlungen vor der Wahl beurteilt werden, die Opposition nur aufgrund ihrer Ankündigungen und ggf. ihrer weiter zurückliegenden Politik

---

[1] Zu beachten ist auch, dass Parlamentarier nicht die Staatsbürger, sondern nur ihre Wähler vertreten. Nichtwähler oder Wähler von Parteien, die an Sperrklauseln scheitern, bleiben ohne Niederschlag.

oder ihres Verhaltens auf anderen Ebenen (z. B. Bund, Länder, Gemeinden). Der Wähler wird jener Partei dann seine Stimme geben, deren Wahlplattform und Verhalten in der Vergangenheit den größten Nutzen für die Zukunft für ihn erwarten lässt.

Die Teilnahme an der Wahl hängt davon ab, ob

(5-1) $N \cdot p_E \cdot p_I > K$,

ob also der Nutzen (N) der Wahl einer Person oder Partei die Höhe der Wahlkosten (K) übersteigt. **Wahlkosten** bestehen vor allem in Kosten der Information und der Teilnahme an der Wahl. Die Wähler müssen regelmäßig unter unvollkommener Information entscheiden[1]. Sie müssen eine Annahme darüber treffen, wie wahrscheinlich der Einfluss der eigenen Stimme auf den Wahlausgang ist (p_I) und ob die Kandidaten bzw. Parteien ihre Versprechen einhalten (p_E). Weil der Einfluss des einzelnen Wählers auf das Wahlergebnis fast immer unbedeutend ist, die einzelne Stimme praktisch nie das „Zünglein an der Waage" ist, ist p_E praktisch gleich null. Insofern erscheint eine Strategie „rationaler Ignoranz" (Downs) des Wählers, also sich nur wenig oder sogar überhaupt nicht zu informieren, durchaus rational[2].

Nach Downs ist der Wähler weniger über politische als über vergleichbare private Marktentscheidungen informiert. Der Nutzen öffentlicher Güter wird nicht direkt wie bei privaten Gütern wahrgenommen. (Auch bei privaten Gütern fallen aber Informationskosten an, und die Wirtschaftssubjekte sind unvollkommen informiert.) Kompetente Abstimmungen dürften im Übrigen zuweilen größere Anforderungen als die üblichen Marktentscheidungen an das Verständnis der Bürger stellen.

Der Wähler hält seine Informationskosten gering, indem er sich an politischen Leitbildern, Persönlichkeiten usw. orientiert. Präferenzen für einzelne Personen können daher ebenso wie Parteiloyalität Determinanten des Wählerverhaltens sein. Anstelle der umfassenden Information über detaillierte Programmaussagen und faktisches Handeln kann für den Wähler maßgeblich sein, welche vorgefassten Meinungen (Ideologien) ihm „sympathischer" sind. Ideologien helfen dem Wähler, möglicherweise bestehende Unterschiede zwischen den Parteien zu „erkennen".

Das Eigennutzaxiom legt ferner nahe, dass die politische Unwissenheit nicht zufällig verteilt, sondern verzerrt ist. Wenn überhaupt Informationen bestehen, dann nicht auf umfassender Basis sondern nur hinsichtlich jenes Teils der Politik, der die Wähler interessiert bzw. sie besonders betrifft. Sie werden daher bei bestimmten Leistungen (Subventionen, Kindergeld u. ä.), die sie sich direkt zurechnen können, besser informiert sein.

---

[1] Andererseits kennen die Parteien die Präferenzen der Bürger nicht.
[2] Die empirisch zu beobachtenden hohen Kosten der Wahlwerbung sind aber nicht das Ergebnis des irrationalen Verhaltens politischer Akteure. Sie können bei differenzierter Analyse der Entstehung und Verarbeitung von Aufmerksamkeit durchaus erklärt werden (vgl. Große Holtforth 2000, insbesondere Kapitel 5.1). Das gilt auch für den in einzelnen politischen Angelegenheiten gegebenen höheren Informationsgrad.

Obwohl das Wahlergebnis also fast nie durch den Einzelnen beeinflusst wird, wählen die Bürger. Wie ist dieses **Wahlparadoxon** zu erklären? Hier wird in Ergänzung zur Nutzenfunktion auf ein Pflichtgefühl des Bürgers (Wunsch nach Beitrag zur Demokratie), traditionelles Verhalten, direkte Auswirkungen einzelner politischer Entscheidungen, einen Zusatznutzen aus der Beteiligung am politischen Prozess und speziell aus dem Akt der Präferenzbekundung verwiesen. Die Wahlbeteiligung könnte als Konsumgut angesehen werden. Ein weiterer Aspekt ist zu ergänzen: Wenn alle Wähler an ein solches rationales Verhalten anderer glauben, die sich enthalten, ist es wiederum rational zu wählen, weil der eigene Einfluss mit zunehmender Enthaltung wächst (Bernholz/Breyer 1994, S. 118f.). Die meist hohe Wahlbeteiligung weckt weitere Zweifel am Wahlparadoxon.

Fehlende Informationen und ggf. Nichtwählen hat wiederum Konsequenzen für die Qualität der Argumente und für die Entscheidungen der Politiker. Wenn viele Bürger nicht wählen, steigt ferner der Einfluss kleinerer und gut organisierter Gruppen mit engem Programm auf den Entscheidungsprozess.

Bürger können nicht nur wählen, sondern auch Stellung nehmen, indem sie sich an Verbänden beteiligen, Petitionen unterschreiben, Mitglieder in Parteien werden[1], drohen usw. Teilnahme am politischen Prozess erfolgt nur, um eigene Interessen zu verfolgen. Eine direkte Einbeziehung ist dann zu erwarten, wenn die individuellen Nutzen daraus die Kosten der Zeit und sonstige Beanspruchung überwiegen. Der Umfang dieser Aktivitäten hängt von der Art der Maßnahmen, ihren Erfolgsaussichten und ihren Kosten ab.

e) Die Bürokratie

Politiker in Parlament und Regierung treffen die Entscheidungen über die bereitzustellenden Güter. Ihr Handeln unterliegt verschiedenen Nebenbedingungen. Hierzu rechnen u. a. Budgetrestriktionen und internationale Vereinbarungen. Die Regierung ist aber vor allem auf die **staatliche Bürokratie (Verwaltung)** angewiesen, ohne oder gegen die sie ihre Ziele nicht realisieren kann. Die Verwaltung **wirkt an der Aufstellung** staatlicher Programme **mit** und ist **für ihre Durchführung verantwortlich**. Daraus entsteht ein zweistufiges Prinzipal-Agent-Problem: Die Wähler (Prinzipal) können die Politiker (Agenten) nur schwer kontrollieren, die Politiker (Prinzipal), d. h. Parlament und Regierung, sind ihrerseits nicht in der Lage, die Bürokratie (Agenten) zu kontrollieren.

Die Trennung von Legislative und Exekutive ist in Deutschland institutionell nicht klar gezogen, weil Parlamentarier auch an der Spitze der Verwaltung stehen können (Kanzler, Minister usw.). Die Grenzziehung ist auch bei der Erfüllung von Aufgaben

---

[1] Zur Mitgliedschaft und Unterstützung von Parteien gibt es wenig Anreize für Personen, die nicht über Parteien Karriere machen wollen. Warum sollen sie sich um das breitere, teils nicht verständliche Parteiprogramm kümmern, wenn Interessengruppen durchgängig für sie relevante Aufgaben leisten?

5. Kapitel: Der staatliche Entscheidungsprozess – theoretische Grundlagen

nicht eindeutig, weil die Verwaltung häufig größere Auslegungsspielräume von Gesetzen hat.

Ausgangspunkt für die Analyse der Bürokratie ist die o. g. Verhaltensannahme für ihre Mitglieder: **Bürokraten maximieren ihren Nutzen** unter Nebenbedingungen. Sie wollen eine Kombination von Einkommen und Freizeit maximieren und haben daher (vereinfachend angenommen) grundsätzlich keine Präferenzen für bestimmte Politiken (sofern sie ihre Nutzenfunktion nicht tangieren). Es gilt Ähnliches wie für die Nutzenfunktion der Manager privater Unternehmen, die Umfang und Wachstumsrate des Outputs einschließen kann. Bürokraten streben aber das an, was ihren Nutzen erhöht: z. B. ein möglichst großes, von ihnen verwaltetes Budgetvolumen, wenn hiervon - zumindest langfristig - Gehalt, Macht, Unabhängigkeit und Einfluss abhängen (Niskanen 1971). Ein anderes Ziel könnte der Wunsch nach einem ruhigen Leben sein, wenn Arbeitsplatzsicherheit besteht. Zwischen Budgetmaximierung und Bequemlichkeit kann ein Zielkonflikt bestehen[1]. Die Erfüllung eines sozialen Ziels ist in beiden Fällen (auch) für Bürokraten nur Nebenprodukt.

Die Verwaltung besteht aus mehreren Behörden, die für die vom Staat bereitgestellten Programme verantwortlich sind. Sie ist häufig in der Position eines Monopolisten: innerhalb einer Gebietskörperschaft gibt es nur eine Behörde, die eine spezielle Verwaltungsleistung anbietet. Sie ist die einzige Informationsquelle über ihre Kosten. Die Nachfrager können nicht zwischen verschiedenen Anbietern wählen (abgesehen vom Wechsel in andere Gebietskörperschaften). Die Bedingungen ermöglichen es der Verwaltung bzw. Behörde, sich wie Monopolisten zu verhalten. Zwar entfällt für sie das Gewinnmaximierungsmotiv, aber das Streben nach Budgetmaximierung, Größenmaximierung der Bürokratie oder nach möglichst angenehmen Arbeitsbedingungen haben einen vergleichbaren Effekt. Die Behörde muss sich nicht durch Verkäufe von Verwaltungsleistungen finanzieren. Eine Differenz aus Erlös und Kosten gibt es nicht. Das Parlament bewilligt ein Ausgabenvolumen, das die gesamten Kosten aller Dienstleistungen deckt. Die Prinzipal-Agent-Problematik zeigt sich darin, dass die Behörden eine ziemlich gute Vorstellung darüber haben, welche Mittel sie maximal bewilligt bekommen können. Das Parlament ist aber selten in der Lage, die mit verschiedenen Programmen verbundenen Kosten zu überblicken und zu würdigen. Es muss sich auf das Urteil von Experten - vor allem aus der Verwaltung - verlassen. Das Parlament kann daher nur beschränkt informiert entscheiden. Die Bürokratie wirkt hingegen als Lobby in ihrem eigenen Interesse bei der Aufstellung des Haushalts mit und führt diesen aus. Hierbei identifizieren sich manche Beamte mit ihrer Aufgabe und setzen deren Erfüllung der eines öffentlichen Interesses gleich - ohne im Allgemeinen Opportunitätskosten der Aufgabenerfüllung zu beachten[2].

---

[1] Die Maximierung des Budgets ist lediglich ein Ansatz, das Zielsystem der Bürokraten modellhaft abzubilden (siehe z. B. Thürmer 1984, 8. Kapitel).

[2] Das kann z. B. auch für die Rechtsprechung gelten. Gerichten, aber auch denjenigen, die die Bedingungen der Rechtsprechung festlegen (Parlament), fehlt meist jegliches Verständnis bzw. Interesse für Transaktionskosten der Entscheidungen.

Die Möglichkeit einer Kontrolle der Bürokratie ist nicht nur dadurch eingeschränkt, dass die Regierungs- und Oppositionsparteien der Information aus der Verwaltung bedürfen, die die detaillierten Kenntnisse der Arbeitsbedingungen und der unerlässlichen Kosten hat. Zu beachten ist auch, dass im Bundestag etwa die Hälfte der Mitglieder Beamte und andere Beschäftigte des öffentlichen Dienstes sind (entsprechend für die Länderparlamente). Sie sind als solche meist beurlaubt, treffen aber ihrem Öffentlichen-Dienst-Denken verhaftete Entscheidungen (Risikofeindlichkeit!)[1], an deren Wirkungen sie durchaus partizipieren können. Ferner stellt der Staat rund 1/6 aller Arbeitnehmer, so dass die Regierung Konflikte mit der Bürokratie bzw. den öffentlich Bediensteten in der Regel scheut.

Staatliche Bürokratien sind wie Monopole nicht dem Wettbewerb ausgesetzt. Sie brauchen aber weniger das Auftreten neuer Konkurrenten zu befürchten. Allerdings bestehen Unterschiede. Das Monopol kann die Produktionsmenge wählen, die seinen Gewinn maximiert. Es muss daher auf seine Kosten achten. Die Verwaltung erhält eine Ausgabenbewilligung. Es wird erwartet, dass die Verwaltung einen bestimmten Umfang an Leistungen erbringt. Staatliche Bürokratien sind privaten Organisationen ähnlich, die keinen Gewinn erzielen.

Angenommen, Monopol, kostendeckende Organisationen, Bürokratie und konkurrierende Unternehmen stünden der gleichen Nachfrage N nach einem Gut gegenüber (Abb. 5-9); die für alle gleichen Grenz- und Durchschnittskosten sollen übereinstimmen ($GK_0 = DK_0$)[2].

Abb. 5-9 Das Angebot von Monopol, kostendeckendem Unternehmen, staatlicher Verwaltung und konkurrierenden Unternehmen

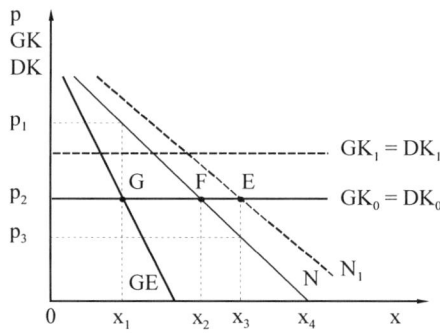

---

[1] Selbst für die eigene Übernahme politischer Positionen hat diese Gruppe Risiko und Kosten ausgeschlossen, indem sie sich die Rückkehr auf ihre früheren Positionen gesichert hat.

[2] Es ist zu beachten, dass hier von gleichen Produktionsfunktionen und gleichen Inputpreisen ausgegangen wird. Diese Annahmen sind durchaus problematisch. Sie finden sich auch häufig bei einem Vergleich von Monopol und Konkurrenz. Gerade Leibenstein (1966) hat auf die X-Ineffizienz hingewiesen, die sich daraus ergibt, dass im Monopolfall nicht zu den technisch möglichen Minimalkosten produziert wird. Mit zunehmendem Konzentrationsgrad würden mangelnder Zwang zur Kostendisziplin und wachsende Irrationalität einhergehen. Dies hält er für wichtiger als die allokative Ineffizienz aus der GE = GK- statt p = GK-Orientierung.

5. Kapitel: Der staatliche Entscheidungsprozess – theoretische Grundlagen

Der Monopolist bietet bei einem Preis p_1 die Menge x_1 an, bei der GK = GE. Das kostendeckende Unternehmen bietet hingegen bei einem Preis p_2 die Menge x_2 an[1]. Die durch die Verwaltung bereitgestellte Menge hängt nun vom Budget ab, über das sie verfügt. Sie realisiert die Bedingung Gesamtkosten = Gesamterträge (= Bewilligungen), stellt also Leistungen in Höhe der bewilligten Mittel bereit. Werden ihr Mittel in Höhe von $0p_2Ex_3$ zugewiesen, wird sie zuviel von dem Gut bereitstellen (der Monopolist mit x_1 zu wenig). Bei Mitteln in Höhe $0p_2Ex_2$ wird die Verwaltung hingegen cet.par. die gleiche Menge wie private kostendeckende Organisationen anbieten, bei Mitteln zwischen $0p_2Ex_2$ und $0p_2Gx_1$ wird die bereitgestellte Menge zwischen den Angebotsmengen von Monopolist und kostendeckendem Unternehmen liegen[2]. Allerdings ist die Nachfragekurve N selten bekannt. Die Anreizstrukturen sprechen dafür, dass sie von der Verwaltung so dargestellt wird, als läge sie eher bei N_1 als bei N. Die Verwaltung unterstellt also eine größere „Nachfrage" nach Verwaltungsleistungen als der Durchschnittsbürger, weil für sie primär nicht die Leistungen für die Bürger, sondern Stellen für die Bürokratie bedeutsam sind. Deckt sich eine solche Nachfrage mit dem politischen und bürokratischen Angebot, kommt es zu einem Überangebot. Die damit verbundenen Kosten fallen extern an und stellen Wohlfahrtsverluste dar.

Ineffizienzen können also entstehen, weil der Schattenpreis p_3, den Konsumenten für x_3 Einheiten zu zahlen bereit sind, kleiner als der implizit (mit der Bewilligung) festgelegte Preis p_2 ist. Sie bestehen darin, dass die tatsächliche Allokation der Ressourcen nicht mit der Allokation übereinstimmt, die die Konsumenten-/Wähler-Präferenzen befriedigen würde. Ferner kann die Ineffizienz in technischer Ineffizienz bei der Produktion bestehen **(X-Ineffizienz)**. Leibenstein (1978) definiert X-Ineffizienz als Differenz zwischen maximaler Effektivität der Nutzung gegebener Inputs und ihrer tatsächlichen Nutzung. Sie kommt in Abb. 5-7 darin zum Ausdruck, dass anstelle der kostengünstigsten (GK_0) eine ungünstigere (GK_1) Technologie angewendet wird. Die Verwaltung arbeitet dann nicht auf der Produktionsmöglichkeitsgrenze, sondern auf einem Punkt innerhalb dieser Grenze[3]. Auch kostendeckende Unternehmen, die nicht der Konkurrenz ausgesetzt sind, haben keinen Anreiz mit GK anstatt mit GK_1 zu produzieren.

Weil der Output (wie die Nachfrage) schwer zu definieren und kaum befriedigend zu messen ist, kann auch er leicht überschätzt bzw. falsch dargestellt werden. So liegt es nahe und kann häufig beobachtet werden, die Erfolge bzw. Ergebnisse staatlicher

---

[1] Das könnte auch die Preis-Mengen-Kombination bei Konkurrenz sein. Es ist allerdings völlig unrealistisch, dass die Bedingung bei beiden Organisationsformen erreicht wird.
[2] In diesem Zusammenhang ist wieder an die Messproblematik der unentgeltlich bereitgestellten staatlichen Leistungen zu erinnern. Ihr Wert wird durch die Kosten z. B. in Höhe von $0p_2Ex_3$ zum Ausdruck gebracht und weicht daher je nach Bewilligung und zugrunde gelegter Nachfrage mehr oder weniger von einer Marktpreisbewertung ab. Im Extremfall einer marginalen Bewertung ≤ 0 (bei $x > x_4$) dürften über x_4 hinausgehende staatliche Leistungen nicht erfolgen (siehe Spindler 1982).
[3] Leibenstein definiert X-Ineffizienz aber auch als Differenz zwischen dem tatsächlichen und minimal erforderlichen Input für einen gegebenen Output. X-Ineffizienz kann ferner in verminderter Qualität bestehen, wenn man bei gegebenen Kosten eine höhere Qualität erzeugen könnte (siehe Bös 1978).

Aktivität statt über Outputs durch Inputs zu messen. Deren Entwicklung sagt aber wenig über die Produktion und die Effizienz der Bereitstellung von Gütern aus. Der Grad der X-Ineffizienz hängt von den Nebenbedingungen ab, die das Verhalten der Bürokraten bestimmen, also davon, ob Anreize zur Vermeidung von Verschwendung und Ineffizienz bestehen. Der private Unternehmer wird für überhöhte Kosten bestraft, er kann aber für bessere Verwendung der Mittel oder die Nutzung innovatorischen Potenzials mit einem höheren Gewinn rechnen.

Ein solcher Anreiz zum effektiven Einsatz der Ressourcen besteht für Bürokraten nicht. Sie werden für fehlende Effizienz nicht bestraft, weil ein Sanktionsmechanismus wie die Konkurrenz im Marktmodell fehlt. Im Gegenteil: effizientes Verhalten der Bürokraten kann zur Verringerung der Ausgabenbewilligungen führen. Ferner ist zu beachten, dass Bürokraten in der Regel den Konsequenzen der Entlassung, Degradierung, Nichtbeförderung oder des Schadensersatzes nicht ausgesetzt sind. Sie haben daher wenig Anreiz, effizient im Hinblick auf die Arbeitsmethoden, Arbeitsleistungen usw. zu sein. Daher ist anzunehmen, dass staatliche Bürokratien weniger effizient als Unternehmen arbeiten[1]. Insbesondere der Wettbewerb zwingt Unternehmen dazu, Verschwendung zu vermeiden. Sobald die Wettbewerbskräfte geschwächt sind, wie im Falle des unvollkommenen Wettbewerbs und der nichtmarktorientierten Bürokratie, wird der Druck zur Beseitigung der Ineffizienz geringer. Im Falle des Monopols wird X-Ineffizienz über höhere Preise und verringerten Output an die Konsumenten sowie über verringerte Gewinnanteile an die Anteilseigner weitergegeben. Im öffentlichen Sektor wird X-Ineffizienz auf den Steuerzahler über höhere Steuern und/oder ein niedrigeres Niveau öffentlicher Leistungen überwälzt[2].

Je stärker der Spielraum der Behördenspitze im Gesamtbudget ist, um so stärker lassen sich von ihr die Einzelaufgaben lenken. Dann spiegelt das Budget aber mehr die Präferenzen der Exekutive als der Legislative wider. Die Behörden werden ihren Ausgabenvorschlag besonders stark vertreten, wenn die Alternative ein Nullprogramm ist. (Das ist im **Zero-Base-Budgeting** vorgesehen; vgl. Kapitel 7.4.) In der Praxis kommt es selten vor, dass ein Behördenchef - z. B. Minister - vorschlägt, die Mittel für seine Behörde zu kürzen und Aufgaben nicht mehr weiterzuführen. Er wird seine Verwaltung dann aber auch nicht durch Übernahme neuer Aufgaben wachsen lassen wollen, wenn dabei die Kosten in Form von Einbußen an Zielen der Verwaltung oder Autonomieverlust zu groß werden.

---

[1] In bestimmten Fällen ist aber auch eine günstigere Kostensituation bei staatlicher Bereitstellung möglich, so, wenn private Lösungen erhebliche Transaktionskosten bedingen, die bei staatlicher Zuständigkeit entfallen oder geringer sind (vgl. Kapitel 4).

[2] Die Fehler der Bürokraten sind wahrscheinlich eher als ihre Erfolge feststellbar. Daraus resultiert das Bemühen, die Verantwortung für Fehler durch Befolgung gewisser bürokratischer Prozeduren einzuschränken. Dadurch wird zwar auch gerade die Zurechnung von Erfolgen auf den Einzelnen erschwert. Das wird aber infolge der Risikoscheu in Kauf genommen. Diese Haltung wird dadurch gestützt, dass die meisten Kosten risikofeindlicher Aktivitäten nicht von den Bürokraten selbst zu tragen sind, sondern von der Gesellschaft insgesamt. Ferner sind Bürokraten in einer treuhänderischen Position über verwaltete Mittel, die größere Vorsicht auferlegt. Verwaltungsmäßige Routineabläufe, die von vielen genehmigt werden müssen, können allerdings auch ein Schutz gegen Korruption sein.

Wie sieht der Gleichgewichtsmechanismus aus? Das Angebot der einzelnen Programme hat eine unterschiedliche Wiederwahlwahrscheinlichkeit für die Regierung. Diese und die sie tragende(n) Regierungspartei(en) können aber nicht allein entscheiden, weil die Bürokratie komplementär handelt und unabhängige Präferenzen hat. Die Bürokratie zieht die Programme vor, die ihre eigene Macht erhöhen. Es müssen also letztlich Programme gewählt werden, die der Macht für beide förderlich sind.

Fazit: Weil die Budgetbeschränkung von entscheidender Bedeutung für die persönliche Situation der Bürokraten ist, werden sie sich um ein Maximum an Haushaltsbewilligungen bemühen. Um dieses Ziel zu erreichen, wird jedes Ressort beträchtliche Energie darauf verwenden, detailliert und uneingeschränkt zwingend neue und bestehende Bedürfnisse darzulegen, die im allgemeinen Interesse unbedingt erfüllt werden müssen. Daher ist ein dem Marktprozess vergleichbarer Mechanismus der Ressourcenallokation erforderlich. Dort führt der Wettbewerb der Unternehmen dazu, dass die individuellen Ziele nicht mit dem gesamtwirtschaftlichen Wohlfahrtsziel kollidieren. Auch dort müssen bestimmte Rahmenbedingungen (Wettbewerb, keine Externalitäten) vorliegen.

„Insofern ist auch nicht das Vorhandensein eigennütziger oder unfähiger Bürokraten (und Politiker) zu kritisieren, wenn es darum geht, Fehlplanungen oder Mängel im öffentlichen Sektor zu erklären; derartige Mängel sind vielmehr auf das Wirken bestimmter Randbedingungen zurückzuführen, so wie sie im mangelnden Wettbewerb, in der fehlenden Möglichkeit, Eigentumsrechte für den einzelnen zu definieren und durchzusetzen usw. zum Ausdruck kommen. Diese Bedingungen bewirken, daß das Streben der Bürokratie, ihr Einkommen, ihre Macht usw. zu vergrößern, nicht gleichzeitig auch bestimmte öffentliche Ziele fördert. Mit anderen Worten: Daß bestimmte Leistungen, die im öffentlichen Interesse liegen, auch tatsächlich erbracht werden, ist nur Nebenprodukt der Verfolgung persönlicher Interessen. Die erwünschten Leistungen werden nur dann erbracht, wenn die institutionellen Randbedingungen so gesetzt sind, daß die Produktion derartiger Leistungen durch die Individuen systematisch ‚belohnt' und entgegengesetztes Verhalten systematisch ‚bestraft' wird" (Roppel 1979, S. 22/23).

Die Eigeninteressen der Verwaltung werden von partei- und verbandspolitischen Einflüssen überlagert, die sich in der Besetzung von Verwaltungspositionen und in Versorgungsgesichtspunkten für „verdiente" Funktionäre und zur Einflussnahme auf die Verwaltungsentscheidungen niederschlagen.

Die bürokratische Effizienz fällt je nach Anweisungs-, Kontroll- und Anreizsystem unterschiedlich aus. Als ein Mittel gegen unvollkommene bürokratische Entscheidungen wird vorgeschlagen (z. B. Niskanen 1983), den Wettbewerb in und zwischen Behörden zu fördern. Auch könnte die Motivation der Bürokraten zu erhöhter X-Effizienz gesteigert werden. Ferner könnte die Ressourcenverwendung durch eigene und unabhängige Experten des Parlaments und des Rechnungshofs besser kontrolliert und ggf. Teile der Produktion auf private Unternehmen verlagert werden[1]. Die ge-

---

[1] Auch müssten rechtliche Konsequenzen bei festgestellter Ineffizienz, Verschwendung u. ä. gezogen werden – konsequenter Weise nicht nur für die Verwaltung sondern auch (und gerade) für Politiker in ihrer Eigenschaft als Agenten der Bürger. Solche Regelungen dürften allerdings politisch

wünschte Kontrolle erfordert, dass das Rechnungssystem verändert und insbesondere Ziele und Output des Staates offengelegt werden.

f) Die Verbände (Interessengruppen)

Wirtschaftssubjekte haben auch die Möglichkeit, Verbände (Interessengruppen) zu bilden bzw. sich ihnen anzuschließen und so zu versuchen, aktiv den politischen Prozess zur Förderung ihrer eigenen privaten Interessen einzusetzen. Hierbei können die meist formal organisierten Gruppen auf verschiedene Weise die Entscheidungen von Regierung, Parlament und Verwaltung beeinflussen.

Nimmt eine Interessengruppe (auch pressure group oder Lobby genannt) auf die staatlichen Entscheidungen Einfluss, versorgt sie alle mit einem **öffentlichen Gut,** die z. B. eine bestimmte Gesetzgebung wünschen (und bewirkt die Bereitstellung eines Unguts für diejenigen, die dagegen sind). So weisen Steuervergünstigungen für eine bestimmte Berufsgruppe die Eigenschaft der Nicht-Rivalität und Nichtausschließbarkeit auf. Wenn aber die Vorteile auch denjenigen zugute kommen, die nicht Gruppenmitglieder sind, entsteht eine Schwarzfahrersituation, die die freiwillige Bildung von Verbänden beeinträchtigt. Ist es dann aber überhaupt noch im individuellen Interesse, solchen Organisationen (z. B. Berufsverbänden, Gewerkschaften, ADAC) beizutreten?

Eine Ursache für das Entstehen von Verbänden kann **gesetzlicher Zwang** sein (z.B. Kammern). Davon wird im Folgenden abgesehen. Angenommen, die Individuen handeln zweckrational, eigennützig und freiwillig. Dann hängt die Teilnahme an einem solchen Verband vom Nutzen des bereitgestellten Gutes und von den Kosten seiner Beschaffung für den Einzelnen ab.

Olson (1968) hat gezeigt, dass für das Entstehen von Interessengruppen die **Gruppengröße** und die **Bedürfnisintensität** wesentlich sind. Das Schwarzfahrerproblem kann beschränkt werden, wenn
(1) relativ wenige Gruppen (und/oder Wirtschaftssubjekte) stark von einer bestimmten Politik betroffen sind,
(2) die Gruppengröße gering ist und eine gegenseitige Abhängigkeit der Mitglieder besteht und
(3) die Möglichkeit negativer Sanktionen vorliegt.

Individuen können sich aber auch Organisationen anschließen, wenn diese als Nebenprodukt **selektive Anreize** in Form privater Güter anbieten, die nur Mitgliedern oder diesen zu Sonderpreisen zugute kommen. Das gilt z. B. beim ADAC hinsichtlich der Verbandszeitschrift, Rechtsberatung, Gruppenversicherungen. Bei den Gewerkschaften sind es insbesondere Streikgelder, Rechtsberatung, Bildungsangebot, Teil-

---

nicht durchsetzbar sein, so dass beide Gruppen weiterhin kollektive Nachteile produzieren können, ohne persönlich haftbar zu sein. Politiker haben auch keinen Anreiz gemeinwohlfördernde Maßnahmen zu ergreifen, weil ihnen keine Eigentumsrechte aus den Handlungen entstehen und die (Wieder-)Wahl unsicher ist.

nahmemöglichkeit an der Vertretung von Arbeitnehmerinteressen usw. Ferner lassen sich unter Umständen die kollektiven Handlungen durch den Erlös aus dem Verkauf spezieller Leistungen mitfinanzieren. Diese können in vielen Fällen aber auch erworben werden, ohne dass man sich Organisationen anschließen muss, deren Leistungen weitgehend öffentliche Güter darstellen.

Die Lobbytätigkeit kann auch das Nebenprodukt einer Organisation sein. So kann etwa die Einflussnahme auf Regierung und Parlament als ein Nebenprodukt (öffentliches Gut) gewerkschaftlicher Tätigkeit angesehen werden, für das die Mitglieder primär keine Beiträge zahlen. Die Ergebnisse gewerkschaftlicher Tätigkeit in den Bereichen, wo sie unmittelbar mitwirken, z. B. bei Lohnverhandlungen, haben ihrerseits den Charakter eines öffentlichen Gutes, wenn sie auch nichtorganisierten Arbeitnehmern zugute kommen. Das öffentliche „Gut" wird allerdings von denen negativ bewertet, die bei über dem Gleichgewichtslohn liegendem normierten Lohn als Arbeitssuchende vom Markt ausgeschlossen werden.

Rational eigennützig handelnde Individuen werden sich in der Regel nicht freiwillig zur Bildung großer Gruppen und zur Beteiligung an ihnen bereit erklären, wenn der Nutzen für den Einzelnen gering und/oder auch ohne Kosten erzielbar ist. Unter diesen Bedingungen ist die Identifizierung und auch Sanktionierung des Schwarzfahrerverhaltens kaum möglich. Daraus kann geschlossen werden, dass viele Interessen nicht in Gruppen organisiert sind, die als Lobby Druck ausüben könnten (Verbraucher, Steuerzahler, Sparer usw.). Relativ kleine Gruppen, durch die große Vorteile für den Einzelnen möglich sind, die sich leicht organisieren lassen und in denen leicht Übereinstimmung erzielt werden kann, haben daher die Chance auf einen unverhältnismäßig großen Einfluss.

So werden z. B. bei Entscheidungen über die Preise landwirtschaftlicher Produkte, bei denen der Schaden für Verbraucher den Nutzen der Landwirte übersteigt, die Vertreter der großen Zahl gering betroffener Verbraucher mit ihrem Interesse für Preisstabilität der organisierten geringen Zahl stark betroffener Landwirte unterliegen.

Für die tatsächliche Mitgliedschaft in großen Verbänden können schließlich auch andere Motive entscheidend sein (z. B. traditionelles oder emotionales Verhalten).

Interessengruppen suchen nach Vorteilen (Renten) für ihre Mitglieder („**Rent Seeking**"). **Rente**, etwa im Sinne von Monopolrente, ist die Zahlung an den Besitzer einer Ressource, die über das hinausgeht, was diese Ressource in alternativer Verwendung auf dem Wettbewerbsmarkt erzielen würde. Renten können wie im folgenden Unterpunkt g) ausgeführt wird, eine Belohnung für produktive Tätigkeiten darstellen. Das ist anders im Hinblick auf die hier gemeinten politischen Renten, die lediglich Umverteilung zugunsten spezieller Gruppen darstellen und in verschiedenen Formen anfallen: in direkten Zahlungen, in Steuervergünstigungen oder in der Herbeiführung oder Absicherung von Monopolsituationen.

Existenz und **Einfluss** der Interessengruppen beruhen auf unvollkommenen und asymmetrischen Informationen. Politiker haben nur unvollständige Informationen über die Präferenzen der Wähler. Lobbies erwecken den Eindruck, die Präferenzen der Wähler besser zu kennen. Sie informieren Politiker einseitig und insbesondere über die Auswirkungen von Maßnahmen auf das durch sie vertretene Wählerpotenzial. Dem Politiker wird klargemacht, dass er bestimmte Wählerstimmen nur erhalten kann, wenn er die Interessengruppe unterstützt. Dann sind auch finanzielle und organisatorische Maßnahmen zugunsten bestimmter Politiker und Parteien zu erwarten. Lobbies geben Informationen an ihre Mitglieder, mobilisieren u. U. die Wähler und bringen dies dem Politiker zur Kenntnis. Sie geben ihren Mitgliedern und den Wählern nur selektive Informationen, um diese zu überzeugen, dass die von den Interessengruppen geförderten Maßnahmen für sie von Nutzen sind. Die ansonsten geringen Informationen der Wähler erleichtern es den Verbänden, diese einseitig zu informieren und zu beeinflussen. Der politische Einfluss organisierter Interessengruppen wird durch Institutionalisierung einer Anhörungsmöglichkeit von Vertretern der Verbände im Gesetzgebungsverfahren gestärkt.

Die Wirkung der Verbände wird dadurch besonders groß, dass ihre Vertreter in Parlament und/oder Bürokratie gelangen. Dies zeigt sich z. B. am hohen Anteil von Gewerkschaftsfunktionären, Landwirten, öffentlichen Bediensteten[1] u. ä. in Parlament und Regierung. Zum anderen können Verbände laufend politische Entscheidungen durch Kontakte zu Parlamentariern, Regierung und Bürokratie mitgestalten. Die Grundlage für ihre Einflussnahme liegt in der **Marktmacht** und in **Informationsvorteilen.** Die Macht der organisierten Interessen beruht auf der Zahl und dem Organisationsgrad der Mitglieder, der Finanzkraft, der Stärke, mit der einzelne Branchen in einer Region vertreten sind, der Unternehmenskonzentration und der Konfliktfähigkeit eines Verbandes. Wirksame, wohlorganisierte Interessengruppen können Parlament und Bürokratie zwingen, ihre Motive und Handlungen offen zu legen.

Da viele Interessengruppen tätig sind, die ein breites Spektrum an Präferenzen vertreten, ist kein konsistentes Regierungs- und Parlamentshandeln zu erwarten. In den einzelnen politischen Entscheidungen schlagen sich die verschiedenen Interessengruppen nieder. Das Budget wird nicht für alle Bürger optimiert, sondern speziell auf die Interessen der Verbände ausgerichtet. Sonderinteressen kommen daher anstelle des Gemeinwohls zur Geltung (Schmidt 1965)[2]. Das gesamte Budget kann als ein Anreiz angesehen werden, zur Bedienung eigener Interessen tätig zu werden.

Die Tätigkeit der Interessengruppen muss dann nicht zur systematischen Verzerrung von Entscheidungen führen, wenn die Bürger sich gleichmäßig in Interessengruppen

---

[1] Sie sind in einzelnen Parteien, so bei den Grünen, besonders stark vertreten. Der hohe Anteil des öffentlichen Dienstes erklärt sich vor allem mit dem besonders hohen Freizeitanteil dieser Gruppen und dem für ihre Beschäftigung fehlenden Risiko (eher karrierefördernd) einer Politikbeteiligung.

[2] Buchanan/Congleton (1998) sprechen von einem Verstoß gegen das Prinzip der Allgemeinheit (generalization oder generality); das verlangt, dass die politischen Handlungen alle Personen unabhängig von ihrer Zugehörigkeit zu Koalitionen oder Interessengruppen betreffen.

organisieren und ihre Präferenzen mit gleicher Intensität an die Politiker weitergegeben werden. Dieser Fall dürfte in der Praxis nicht eintreten. Die Mitglieder begünstigter Gruppen glauben in der Regel, dass andere die Kosten tragen. Solange sich keine größere Gruppe ausgebeutet fühlt und netto eine Verbesserung durch staatliche Maßnahmen erzielt bzw. zu erzielen glaubt, ist das (durch Regierung und Parteienvertreter repräsentierte) politische System stabil.

Fazit: Aus der Ausrichtung auf die Sonderinteressen organisierter Gruppen kann auf eine, schon oben erwähnte, staatlichen Entscheidungen innewohnende Instabilität geschlossen werden: Es wird immer neue Programme und Maßnahmen geben, die von einer Mehrheit gebilligt werden.

g) Exkurs: Interessengruppen und Regulierungen

Der Staat kann unter verschiedenen Zielen die Entscheidungen von Produzenten und Konsumenten **Regulierungen** unterwerfen, d. h. in die individuelle Vertragsfreiheit eingreifen. Reguliert werden können zunächst Preise (Mindest- oder Höchstpreise, Tarife u. ä.), Mengen (Zulassungsbeschränkungen z. B. für zahlreiche Berufe, Angebotskontrollen, Produktionsquoten) oder beide. Der Staat interveniert aber auch in den Allokationsprozess des Marktes, indem er Gesetze gegen Wettbewerbsbeschränkungen erlässt und das Marktverhalten kontrolliert, die Qualität von Gütern und die Arbeitsbedingungen festlegt u. ä.

Die verschiedenen Eingriffe schränken den privaten Entscheidungsspielraum ein und rufen häufig langfristig eine mangelnde Anpassungsfähigkeit hervor. „Ein System mit vielen regulierenden Vorschriften und mit Wirtschaftssubjekten, die bei Marktschwierigkeiten stets auf die Hilfe seitens des Staates rechnen, (verliert) schließlich seine Fähigkeit zur flexiblen Anpassung" (Wissenschaftlicher Beirat beim BMWi 1979, S. 3). Es kommt zu Veränderungen des Unternehmerverhaltens („Subventionsmentalität"). Regulierungen führen zur Abhängigkeit von der Inflexibilität, der Risikofeindlichkeit und den eigenen Vorstellungen der staatlichen Verwaltung. Abgesehen von den Kosten der staatlichen Bürokratie fallen für die Konsumenten und Produzenten Kosten an, wenn sie sich den Regulierungen entsprechend verhalten. Sollten Vorteile der Regulierungen angeführt werden, so sind diese mit den Kosten zu vergleichen, die neben den direkten Verwaltungs- und Durchführungskosten auch die Ungewissheiten, Verzögerungen und ähnlichen Wirkungen z. B. bei den Investitionsentscheidungen einschließen.

Zur Rechtfertigung von Marktregulierungen z. B. zugunsten einzelner Verbrauchergruppen wird angeführt, dass dem einzelnen Verbraucher hohe Kosten der Sammlung und Interpretation von Informationen entstehen, so z. B. im Hinblick auf die Sicherheit von Produkten. Daher entwickelt der Staat ein System von Maßnahmen, das solche Informationen direkt und indirekt liefert. Diese Argumentation tauchte bereits im Zusammenhang mit meritorischen Bedürfnissen auf (Kapitel 4.6).

Zu prüfen ist aber, ob der Staat überhaupt und wann er bessere Informationen als der Markt bereitstellen kann und (angesichts der eigenen Interessen der Vertreter des Staates in Regierung, Parlament und Verwaltung) auch will. So können die an staatlichen Regulierungen Interessierten Gegenleistungen erwarten (z. B. Hilfe beim Erringen und Erhalten politischer Positionen). Gerade in Krisensituationen mag der Ruf nach Regulierungen besonders stark sein, wie aber auch Regulierungen gerade für Krisen mitverantwortlich gemacht werden (langsame, umständliche, komplizierte Genehmigungsverfahren für Investitionen u. ä.) und ihr Abbau gefordert wird. Auch sind Zweifel an den unterstellten Wohlfahrtswirkungen angebracht.

An diesen Bedenken setzt die positive Theorie der staatlichen Regulierungen an. Ihre Aufgabe ist es insbesondere zu erklären, weshalb und wann es einer Konsumentengruppe oder einer Industrie gelingt, durch eine Marktregulierung einen staatlich gesicherten Schutz oder anderen Vorteil zu erhalten, oder weshalb es anderen nicht möglich ist, die Entstehung eines sie benachteiligenden Staatseingriffs zu verhindern. Der Ausgangspunkt der Theorie ist einfach. Interessengruppen gewinnen aus Regulierungen, wenn die Regeln zu ihren Gunsten ausfallen. Hierbei wird davon ausgegangen, dass Regulierungen – wie bei der Behandlung der Interessengruppen dargelegt - auch oder gerade zum Vorteil von Politikern und Bürokratie durchgeführt werden können. Und es besteht die Gefahr, dass Regulierungsbehörden von den Gruppen genutzt werden, die eigentlich kontrolliert werden sollen. Das Aufstellen einer solchen Theorie ist deshalb schwierig, weil sowohl die Formen als auch die von Regulierungen Betroffenen von Fall zu Fall anders sind.

Weil Regulierungen (bei bestehendem Wettbewerb) immer auf Ausnahmeregelungen und Vergünstigungen für einzelne Gruppen hinauslaufen, reizen sie gerade zur Suche nach bestimmten Renten. Solche Differenzialeinkommen können – allokativ erwünscht - durch produktive Tätigkeiten im Marktgeschehen entstehen („Profit-Seeking"). So kann die Aussicht auf Monopolrente Anreiz für schöpferische Zerstörung im Sinne von Schumpeter sein, Anpassungsprozesse auslösen und im Wettbewerb tendenziell wieder zunichte gemacht werden. Im Gegensatz hierzu brauchen von den durch staatliche Regulierungen (ähnlich bei Subventionen) hervorgerufenen wirtschaftlichen Sondervorteilen keinerlei positive Wirkungen dieser Art auszugehen. Es fehlt eine Lenkungsfunktion in Richtung unterversorgter Märkte, Sektoren usw. Im politischen Prozess erzielte Renten bringen nicht mehr oder bessere Produktion zum Ausdruck, sie verändern lediglich die Verteilung zugunsten (meist relativ gut organisierter) Gruppen, indem ihre Interessen durch den Staat eine Förderung (z. B. Schutz vor Wettbewerb) erfahren[1]. Die Gesamtwirtschaft erleidet jedoch einen Wohlfahrtsverlust in Form einer Ressourcenverschwendung. Zu den bereits o. g. Regulierungskosten kommen der Aufwand der Interessengruppen bei der Suche nach (Einkommens-)Vorteilen für ihre Mitglieder, Erscheinungen wie der des Subventionsberaters u. ä.

Einen Eindruck von der Bedeutung des Rent Seeking soll Abb. 5-10 vermitteln. Durch Rent Seeking wird der beim Wettbewerbsgleichgewicht bestehende Preis p_1

---

[1] Rent seeking kann auch außerhalb des staatlichen Bezugsrahmens auftreten.

über die langfristigen Grenzkosten GK auf p_2 gehoben, indem z. B. Marktzutrittsbeschränkungen eingeführt werden. Die sozialen Kosten der Maßnahme können in dem Dreieck B, der entgangenen Konsumentenrente, und unter bestimmten Bedingungen in der Fläche A bestehen. A kann Monopolrente, aber auch soziale Verschwendung (und nicht nur Umverteilung) sein, wenn Unternehmen Ressourcen zum Erlangen der Transfers einsetzen, der Staat Transaktionskosten hat oder Dritte betroffen sind.

Abb. 5-10 Soziale Kosten des Rent Seeking

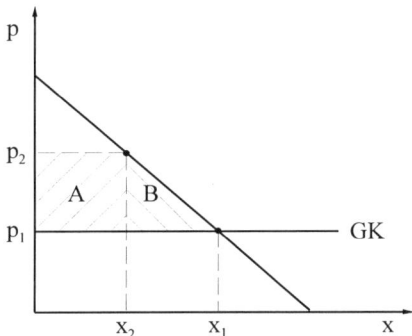

Rent Seeking ist auf allen privaten und politischen Märkten zu erwarten, wo infolge von Informations- und Mobilitätsasymmetrien Renten existieren oder geschaffen werden können. Aufgabe einer Reform wäre es, Institutionen zu entwickeln, die jene Formen von Wettbewerb ermöglichen, der zusätzliche Konsumenten- und Bürgerrenten schafft, aber solchen Wettbewerb entmutigen, mit dem unerwünschte Renten gewonnen und erhalten werden (Mueller 1989, S. 245).

Allerdings ist diese Aufgabe nicht einfach. Hätte man bestimmte Regulierungen oder Subventionen gar nicht erst eingeführt, wäre es möglicherweise leichter die davon Begünstigten zu überzeugen, dass sie und die Gesellschaft vom Marktwettbewerb Vorteile erzielen. Weil aber solche Programme bestehen, sind Investitionen verschiedenster Form unter der Annahme durchgeführt worden, dass die Regulierungen weiter existieren. Ihre Beseitigung würde mehr oder weniger große Vermögenseffekte bei einzelnen Gruppen herbeiführen. Diese Gruppen werden daher Widerstand leisten.

Um den Widerstand dieser Gruppen gegen Verluste zu verringern, müssen eher noch größere Gewinne angeboten werden. Daher ist es manchmal politisch einfacher, Regulierungen für eine große Gruppe anstatt für wenige zu beseitigen oder zu reduzieren. So verweist Mueller (1989 S. 245) darauf, dass die Regierung in den Vereinigten Staaten erfolgreich war, als sie Regulierungen in vielen Wirtschaftszweigen angegriffen hat: Um das Rent Seeking-Problem zu lösen, muss man zu radikalen Reformen greifen, also eine fundamentale Umdefinition von Property Rights durchführen.

Zur Vermeidung von Gesetzen, die das Rent Seeking ermutigen könnten, sind auch besondere verfassungsmäßige Bedingungen denkbar, beispielsweise die Anforderung besonderer Mehrheiten an die Gesetzgebung.

h) Weitere Akteure

Je nach Fragestellung können verschiedene am staatlichen Entscheidungsprozess beteiligte Akteure von Bedeutung sein. Das gilt z. B. für Rechtsprechung, Medien und Experten.

Die **Judikative** ist von Bedeutung, weil sie Recht anwendet, auslegt und schafft. Insbesondere das Verfassungsgericht hat die Macht, Handlungen der Beteiligten als gesetzes- oder verfassungsgerecht bzw. -widrig zu erklären und kann sogar Handlungszwänge auferlegen. Politiker erhöhen die Entscheidungsspielräume insbesondere des Verfassungsgerichts[1] dann, wenn sie bewusst Fragen offen lassen oder sogar offene Fragen schaffen. Um selbst nicht entscheiden zu müssen, wird die Verantwortung auf die Gerichte geschoben[2]. Diese können dann für die negativen Folgen verantwortlich gemacht werden, allerdings lassen sich positive Wirkungen nicht für eigene Zwecke reklamieren. Dieser (nicht expliziten) Übertragung von Verantwortung liegt das Kalkül zugrunde, obwohl nicht selbst entschieden wird, werden eher die positiven Wirkungen überwiegen[3].

Unvollkommene und asymmetrische Informationen auf Seiten der Politiker, Bürokraten und Wähler schaffen Raum für Medien, die sich zwischen die Gruppen schalten und ihre Dienste anbieten. Die Mehrzahl der **Medien** sind gewinnorientierte private Unternehmen. Sie behandeln politische Informationen so, dass sie möglichst viel Aufmerksamkeit erzielen. Daher sind eher publizistisch gut darstellbare tagespolitische Ereignisse, Skandale und ähnliche Negativwirkungen zu vermarkten, für die auch nur oberflächliche und kurzfristig orientierte Informationen zu liefern sind. Wie auch die öffentlich-rechtlichen suchen die privaten Medien den Präferenzen zu entsprechen bzw. diese (nach ideologischen Positionen, in Abhängigkeit von Parteien) zu beeinflussen. Medien liefern den anderen Gruppen z. B. selektierte und aufbereitete Informationen und verbreiten auch die von diesen Gruppen gelieferten Informationen (z. B über Wählerpräferenzen). Alle am Entscheidungsprozess beteiligten Gruppen ziehen zur politischen Durchsetzung ihrer Zielsetzungen die Medien in ihr Kalkül ein.

Zwischen den Medien und den verschiedenen Gruppen kann eine symbiotische Beziehung angenommen werden (vgl. z. B. Schulz/Weimann 1993). Diese zeichnet sich dadurch aus, dass Verhalten oder Transaktionen der Beteiligten zur gegenseitigen Nutzenstiftung institutionalisiert sind. Die Symbiose muss aber nicht stabil sein. So sind aus der Sicht der Medien z. B. die positiven Wirkungen einer Regierungsnähe, nämlich die Möglichkeit differenzierte Informationen zu erhalten, mit dem möglichen Ruf der Abhängigkeit und Leser- und Zuschauerrückgängen wegen zu geringer Berichterstattung von Regierungsskandalen u. ä. zu vergleichen. Durch Anlehnung an Medien

---

[1] Und auf europäischer Ebene der Europäische Gerichtshof.
[2] Weil z. B. keine Mehrheiten für eindeutige Lösungen zu bekommen sind, werden „Formelkompromisse" gesucht.
[3] Dieses Verschieben der Verantwortung von Politikern kann auch in anderen Bereichen erfolgen, z. B. indem mehr oder weniger eigenständige Behörden, Institute u. ä. gegründet werden.

wiederum können Parteien versuchen, ihre Wählerzahl durch bestmöglichen Informationstransport zu maximieren.

Da mit Negativaussagen eher als mit positiver Berichterstattung größere Aufmerksamkeitswerte zu erreichen sind, liegt insbesondere die Verbreitung schlechter Nachrichten im Interesse der Medien. So wird eher über Konflikte zwischen den Beteiligten eines Entscheidungsverfahrens als über deren Ziele und die Wirkungen ihrer Programme gesprochen. Informationen werden nach Interessenpositionen der Autoren/Journalisten gefiltert, wobei durch Regulierungen Einflussnahmen und insbesondere durch Besetzungspolitiken bei öffentlich-rechtlichen Medien Abhängigkeiten zu verzerrter Berichterstattung beitragen. Im Ergebnis journalisiert sich die Politik, um agendaträchtig zu bleiben, während sich der Journalismus politisiert, um sein Betätigungsfeld kompagnonhaft auszuweiten (Zach).

Experten insbesondere aus dem Bereich der Wissenschaft haben nur dann eine Chance der Einflussnahme, wenn ihre Aussagen den Interessen der Medien oder der handelnden Akteure entsprechen[1]. Auch **wissenschaftliche Ökonomen** (wie andere Berater) in Wirtschaftsforschungsinstituten oder an den Universitäten können als genauso eigennützig rational handelnd wie andere Menschen gesehen werden, also auch, wenn sie im Beratungsgeschäft tätig sind[2]. Es ist kaum zu bestreiten, dass Wissenschaftler genau dafür bezahlt werden, dass sie im Sinne ihrer Auftraggeber handeln, und dass sie dies wissentlich in Kauf nehmen. So ist es heute möglich, (fast) zu jeder Position, die politisch vertreten werden soll, ein wissenschaftliches Gutachten zu ihrer Unterstützung erstellen zu lassen. Allerdings sind auch klare Aussagen in den Sozialwissenschaften erheblich schwieriger als etwa in den Naturwissenschaften zu machen. Dennoch kann Politikberatung dann Informationen vermitteln, wenn die Diskussion hierzu öffentlich stattfindet und die jeweiligen Grundlagen offengelegt werden. Dann sind die Aussagen kritisch hinterfragbar. Durch Kritik der Vorschläge können deren Schwächen erkannt und zu besseren Vorschlägen weiterentwickelt werden. Zwar wird den Ökonomen (zumindest implizit) zugestanden, dass sie vor allem diejenige empirische Evidenz präsentieren, die ihren eigenen politischen Vorstellungen förderlich ist; Manipulationsversuche können allerdings im schlimmsten Fall ihre Eignung als Gutachter uninteressant werden lassen. Daher haben Wissenschaftler in der Regel ein eigennütziges Interesse daran, auch bei ihrer Beratungstätigkeit die wissenschaftlichen Standards ihrer Profession einzuhalten. Nur so können die Aussagen kritisch hinterfragt werden. Da die Gutachter die Erwartungen der Auftraggeber kennen, ist davon auszugehen, dass die gewünschten Ergebnisse ihren eigenen ideologischen Vorstellungen zumindest nicht diametral entgegenstehen. All diese Argumente schließen natürlich nicht aus, dass Wissenschaftler an der Wahrheitssuche interessiert sind und

---

[1] So werden Gutachten von wissenschaftlicher Beiräten, Sachverständigenkommissionen u. ä. meist zu den Akten gelegt, wenn sie nicht die Position des Auftraggebers bzw. der politisch Verantwortlichen stützen. Sie werden allenfalls bei Bedarf hervorgeholt. Das führt allerdings nicht zwangsläufig zur vollständigen Wirkungslosigkeit dieser Arbeiten, weil sie durchaus mittel- oder langfristig zum Beispiel in die Arbeiten der Bürokratie einfließen können. Liegen sie im scharfen Gegensatz zur Position der Auftraggeber, können sie unter Umständen auf das Interesse der Medien stoßen.

[2] Vgl. zum Folgenden Kirchgässner (1998).

nicht im Interesse ihrer Auftraggeber schreiben. Das Eigeninteresse der Gutachter kann auch dazu führen, dass sie einen Anreiz haben, ihren Auftraggeber bei der Erreichung ihrer Ziele behilflich zu sein. Selbst dann, wenn alle Gutachter nur die Ziele verfolgen, von denen sie selbst überzeugt sind bzw. die sie selbst für (moralisch) gerechtfertigt halten, führt der Selektionsmechanismus zu einer Zuordnung der Gutachter, bei der letztlich die Zielvorstellungen von Auftraggebern und Gutachtern (weitgehend) übereinstimmen.

i) Politischer Prozess und Gleichgewicht

Der politische Prozess ist aus dem Zusammenspiel der verschiedenen Entscheidungsträger und Interessengruppen zu erklären. Er steht im Zentrum eines politökonomischen Gesamtmodells, das in seiner Struktur in Abb. 5-6 angedeutet wird. Ein Gleichgewicht kann aus verschiedenen Gründen nicht zustande kommen, so bei zyklischen Mehrheiten oder fehlender Beschlussfähigkeit bei vorgeschriebenen, aber nicht erreichbaren Mehrheiten. Auch wenn die Parteien sich auf minimale Mehrheiten einrichten, kann leicht eine andere minimale Mehrheit gebildet werden, so dass sich längerfristig ein Hin- und Herpendeln zwischen unterschiedlichen Mehrheiten und dadurch eine instabile Situation bzw. Entwicklung bildet.

Dennoch dürfte die Politik in der Bundesrepublik nicht so instabil ausgefallen sein, wie es die Theorie nahe legt. Das könnte daran liegen, dass Institutionen das Abstimmungsverhalten mit beeinflussen und die Wahrscheinlichkeit eines Chaos einschränken.

Literatur zum 5. Kapitel

Eine gelungene Einführung in die ökonomische Theorie der Politik gibt Franke (1996). Einen umfassenden Überblick über die Theorie des staatlichen Entscheidungsprozesses gibt das von Mueller (1997) herausgegebene Handbuch; siehe auch Mueller (1989).

In den Zeitschriften „Public Choice" und „European Journal of Political Economy" wird ein großer Teil der Diskussion über den staatlichen Entscheidungsprozess geführt. Auch das „Jahrbuch für Neue Politische Ökonomie" stellt auf die verschiedenen Formen von Entscheidungsmechanismen ab, ferner das „Journal of Law and Economics".

Zur Würdigung der direkten Demokratie siehe die Beiträge von Feld/Savioz in Grözinger/Panther (1998). Abstimmungsverfahren behandelt Mueller (1989, chs. 4-7).

Speziell mit der Bürokratie beschäftigen sich Jackson (1982), Niskanen (1971, 1975), Roppel (1979), Thürmer (1984) und Tullock (1965) und der Sammelband von Borcherding (1977). Zur Problematik der Interessengruppen siehe Bernholz (1973),

5. Kapitel: Der staatliche Entscheidungsprozess – theoretische Grundlagen

Olson (1968) und Schmidt (1966), Überblicke zum Rent Seeking gibt Tollison (1982, 1998); die positive Theorie der Regulierung geht auf Stigler (1971) zurück. Der Stimmentausch wird von Buchanan/Tullock (1962, ch. 10) und Mueller (1989, ch. 51) behandelt. Die Beziehung Medien/Politik untersuchen Schulz/Weimann (1993) und Große Holtforth (2000).

Zur politischen Ökonomie wirtschaftspolitischer Beratung ist Kirchgässner (1998) heranzuziehen, siehe auch Berg/Cassel/Hartwig (1999, S. 272 ff.).

Zur verwaltungswissenschaftlichen Betrachtung der öffentlichen Haushaltswirtschaft siehe Fürst (1982).

6. Kapitel
Haushaltsplanung und finanzwirtschaftliche Entscheidungsinstrumente

1. Der Haushaltsprozess in Deutschland

a) Einleitung

Die **Finanzverfassung** bestimmt den rechtlichen Rahmen, an den die staatlichen Institutionen in ihrem finanzwirtschaftlichen Verhalten gebunden sind. Es handelt sich hierbei u. a. um die Aufgaben-, Ausgaben- und Einnahmenverteilung zwischen den Gebietskörperschaften, das Haushaltsrecht, und die Grundlagen der Besteuerung und die Grenzen der Verschuldung. Sie werden teils in der Verfassung, teils in besonderen Gesetzen festgelegt.

Bund und Länder sind in ihrer Haushaltswirtschaft, um die es hier geht, **selbständig und voneinander unabhängig** (Art. 109 GG). Diese Selbständigkeit ist darin zu erblicken, dass die Gebietskörperschaften im Rahmen der bundesverfassungsmäßigen Ordnung je gesondert ihre eigenen Haushaltsmittel unter eigenverantwortlicher Gestaltungsfreiheit verplanen, bewirtschaften, abrechnen und kontrollieren. Es gibt also keine gemeinsame Aufstellung aller Haushalte.

Gleichwohl bestehen zwischen den verschiedenen Ebenen enge **materielle** Beziehungen, die u. a. in Gemeinschaftssteuern, Gemeinschaftsaufgaben, Finanzhilfen des Bundes an die Länder im Rahmen des Finanzausgleichs und in der sonstigen Einnahmen-, Aufgaben- und Ausgabenverteilung sowie in der Verpflichtung des Bundes und der Länder ihren Niederschlag finden, in ihrer Haushaltswirtschaft den Erfordernissen des gesamtwirtschaftlichen Gleichgewichts Rechnung zu tragen. Ferner besteht auf der Länderebene insbesondere durch den Länderfinanzausgleich ein starker Zusammenhang der Haushalte.

Auch **formell** bestehen enge Beziehungen. So können durch Bundesgesetz, das der Zustimmung des Bundesrates bedarf, für Bund und Länder gemeinsam geltende Grundsätze für das Haushaltsrecht, eine konjunkturgerechte Haushaltswirtschaft und eine mehrjährige Finanzplanung aufgestellt werden. Dies geschieht im Haushaltsgrundsätzegesetz (HGrG), das die haushaltsrechtlichen Grundsätze für die Gesetzgebung des Bundes und der Länder festlegt. Sie sind z. B. für den Bund in der Bundeshaushaltsordnung (BHO) formuliert. Nach § 48 Abs. 1 HGrG sind die Länder aufgefordert, auch das kommunale Haushaltsrecht nach den Grundsätzen dieses Gesetzes zu regeln.

b) Kennzeichen und Bedeutung eines Haushaltsplans

Die Haushaltswirtschaft findet ihren Niederschlag im **Haushaltsplan** (auch **Budget** oder **Etat** genannt). Er ist die in regelmäßigen Abständen für einen bestimmten Zeitraum (Haushaltsjahr) vorgenommene systematische Darstellung der voraussichtlichen Ausgaben, Einnahmen und Verpflichtungsermächtigungen eines öffentlichen Haushalts. Ein korrekt aufgestellter Haushaltsplan ist im buchhalterischen Sinne stets ausgeglichen (**formaler** Haushaltsausgleich). Das gilt auch dann, wenn ein Teil der zur Verfügung stehenden Mittel aus der Kreditaufnahme stammt. Es gibt aber auch gute Gründe, darüber hinausgehend einen ausgeglichenen Haushalt zu fordern, der einen **materiellen** (oder substantiellen) Haushaltsausgleich gewährleistet[1]. Der Staat kann nicht mehr ausgeben, als er einnimmt. Wenn dennoch häufig die Forderung nach einem ausgeglichenen Haushalt aufgestellt wird, ist ein **materieller** (oder substantieller) Haushaltsausgleich gemeint. Für diesen ist die Art der Finanzierung der Ausgaben maßgeblich. So spricht man bei kreditfinanzierten Ausgaben von einem Haushaltsdefizit.

Der Haushaltsplan wird als ein auf einen bestimmten Zeitraum bezogenes **Gesetz** (Art. 110 IV GG) vom Parlament verabschiedet[2]. In ihm wird der staatliche Mittelbedarf festgestellt und festgelegt: „Der Haushaltsplan dient der Feststellung und Deckung des Finanzbedarfs, der zur Erfüllung der Aufgaben des Bundes oder des Landes im Bewilligungszeitraum voraussichtlich notwendig ist. Der Haushaltsplan ist die Grundlage für die Haushalts- und Wirtschaftsführung. Bei seiner Aufstellung und Ausführung ist den Erfordernissen des gesamtwirtschaftlichen Gleichgewichts Rechnung zu tragen" (§ 2 HGrG, ebenso § 2 BHO). „Der Haushaltsplan ermächtigt die Verwaltung, Ausgaben zu leisten und Verpflichtungen einzugehen" (§ 3 I HGrG, ebenso § 3 I BHO).

Mit diesen Kennzeichnungen werden vor allem die **administrative Zielsetzung** (Festlegung der Haushalts- und Wirtschaftsführung) und die **Kontrollfunktion** des Budgets beschrieben. Durch seine gesetzliche Feststellung wird der Haushaltsplan für alle mittelbewirtschaftenden Verwaltungsstellen verbindlich. Erst die rechtliche Bindung der Exekutive an den Inhalt des Haushaltsplans schafft die Voraussetzung für eine wirksame parlamentarische Kontrolle. Die Kontrollfunktion des Haushaltsplans kennzeichnet die historische Wurzel des parlamentarischen Budgetrechts überhaupt, wohl auch des parlamentarischen Einflusses allgemein.

Die Abgrenzung der Zuständigkeiten (wer, wann, was) und die Bestimmung der Verantwortlichkeiten ist eine notwendige Aufgabe des Budgets. Ohne solche Regelungen würden die einzelnen Verwaltungen wahrscheinlich unkoordinierte, sich häufig widersprechende und kaum kontrollierbare Entscheidungen treffen.

---

[1] Vgl. zur Kreditfinanzierung des öffentlichen Haushalts den siebten Teil.
[2] Genauer: Er wird dem Haushaltsgesetz beigelegt. Der Haushaltsplan der Gemeinden wird nicht durch Haushaltsgesetz, sondern durch Satzung festgelegt.

Der Haushaltsplan ist aber nicht nur Zusammenstellung der Einnahmen und Ausgaben, Wirtschaftsgrundlage der Regierung, gesetzlicher finanzieller Rahmen des Verwaltungshandelns und Grundlage der Kontrolle dieses Handelns. Das Budget ist auch und vor allem ein rechnerischer Niederschlag des **Arbeitsprogramms der Regierung**, da die meisten staatlichen Maßnahmen in irgendeiner Form mit öffentlichen Einnahmen und Ausgaben verbunden sind. Im oben zitierten § 2 HGrG ist die finanzpolitische Zielsetzung mit der Formulierung, dass den Erfordernissen des gesamtwirtschaftlichen Gleichgewichts Rechnung zu tragen sei, zumindest angesprochen. Das soll hier als Berücksichtigung allokativer, verteilungspolitischer und stabilisierungspolitischer Ziele verstanden werden. Zu beachten ist allerdings, dass der Haushaltsplan nicht nur ein Arbeitsprogramm der Regierung darstellt, da das Parlament am Budgetprozess mitwirkt.

Soll der Haushaltsplan diese verschiedenen Funktionen erfüllen, also eine übersichtliche und rationale Handhabung der öffentlichen Finanzen gewährleisten, müssen bestimmte **Anforderungen an die Haushaltssystematik** gestellt werden:

- Die **Kontrollfunktion** muss klar die Zuständigkeiten und Kompetenzen erkennen lassen.
- Die **Allokationsfunktion** zeigt sich in der Trennung von Notwendigem und Wünschenswertem, in Prioritäts- und Schwerpunktentscheidungen.
- Die **Stabilisierungsfunktion** wird in dem Maße beachtet, in dem Abweichungen vom „gesamtwirtschaftlichen Gleichgewicht" vermieden oder beseitigt werden.
- Der Beitrag zur Erfüllung **verteilungspolitischer Ziele** kommt in den voraussichtlichen Wirkungen des Budgets vor allem auf die Einkommens- und Vermögensverteilung in personeller und regionaler Hinsicht zum Ausdruck.

Nun ist darzustellen, wie die öffentlichen Einnahmen und Ausgaben in Deutschland haushaltsmäßig erfasst werden und wie sie in übersichtliche Rechenwerke einfließen. Hierbei wird im Folgenden nur auf den **Bundeshaushalt** abgestellt.

c) Der Haushaltsplan des Bundes

Der Haushaltsplan wird unter **institutionellen** Gesichtspunkten nach Ministerien oder Ressorts gegliedert (**Ministerial-** oder **Ressortprinzip**). Diese Unterteilung nach **mittelbewirtschaftenden Stellen** macht deutlich, dass es keine **en-bloc-Bewilligung**, also Bewilligung nur einer bestimmten Haushaltssumme gibt. Für jede oberste Bundesbehörde wird grundsätzlich ein **Einzelplan** aufgestellt.

Nur in Ausnahmefällen wird diese Gliederung nach Verwaltungen ersetzt durch eine nach sachlich zusammenhängenden Gruppen (**Realprinzip**). Es handelt sich um die Einzelpläne 32 Bundesschuld, 33 Versorgung und 60 Allgemeine Finanzverwaltung.

Der Haushaltsplan weist regelmäßig mehr als 20 Einzelpläne auf, deren Zahl davon abhängt, wie viele Ministerien gebildet werden. Er beginnt mit Einzelplan 01 Bundespräsident und Bundespräsidialamt und endet mit Einzelplan 60 Allgemeine Finanzverwaltung. Für jeden Einzelplan sind Einnahmen und Ausgaben zusammengestellt, die bei den Einzelplänen nicht übereinstimmen, da nur das **Prinzip der Gesamtdeckung** (Summe der Einnahmen aller Verwaltungen = Summe aller Ausgaben) gilt. Eine **Zweckbindung** einzelner Einnahmen für bestimmte Ausgaben ist daher grundsätzlich ausgeschlossen (**Non-Affektationsprinzip**)[1]. Die einzelnen Ressorts können also nicht über die in ihrem Einzelplan angesetzten Einnahmen verfügen, sondern erhalten aus dem „Gesamttopf" die für ihre veranschlagten Ausgaben erforderlichen Mittel.

Der Hauptteil der Einnahmen wird unter Allgemeine Finanzverwaltung (fast ausschließlich Steuern oder steuerähnliche Abgaben) und Bundesschuld (Kreditaufnahme) verbucht. Abb. 6-1 verdeutlicht die Gliederung nach dem Ministerialprinzip und die weitere Strukturierung des Budgets.

Einnahmen und Ausgaben müssen grundsätzlich im Haushaltsjahr fällig und **kassenwirksam** werden (**Fälligkeitsprinzip**). Ausgaben haben die Bedeutung von **Ausgabenermächtigungen für das betreffende Haushaltsjahr**. Erst später kassenwirksame Ausgaben werden als **Verpflichtungsermächtigungen** bei den jeweiligen Ausgaben gesondert und im Anhang zu den Einzelplänen veranschlagt. Solche Ermächtigungen zum Eingehen von Verpflichtungen zur Leistung von Ausgaben in künftigen Jahren dürfen frühestens im nächsten Haushaltsjahr fällig werden. Sie müssen aber verbucht werden, um die Belastung künftiger Haushaltspläne betragsmäßig auszuweisen.

Die Einzelpläne sind nach Kapiteln und Titeln untergliedert. Die Bildung von **Kapiteln** orientiert sich primär am Verwaltungsaufbau. Es handelt sich hierbei um mehr oder weniger selbständige Teile eines Verwaltungszweigs. So sind etwa im Einzelplan 07 des Bundesministers der Justiz die in Abb. 6-1 dargestellten (und weitere) Kapitel enthalten.

Titel sind in der Haushaltssystematik die kleinsten haushaltstechnischen Einheiten. Um eine Rechtseinheitlichkeit zu erreichen, ist die Darstellungsform der Titel für alle Gebietskörperschaften einheitlich geregelt. Der Titel umfasst den Zweck und den Geldansatz. Auf der Ebene der Kapitel gibt es inzwischen - auf Experimentierbasis - Globalhaushalte (en-bloc-Bewilligungen) z. B. für Universitäten oder Verwaltungsakademien[2], die dann über die Positionen der Ebene der Titel entscheiden.

Die Einteilung der Kapitel nach Titeln richtet sich nach Verwaltungsvorschriften über die Gruppierung der Einnahmen und Ausgaben (**Gruppierungsplan**).

---

[1] Die Zweckbindung kann dann die Effizienz der Haushaltsplanung beeinträchtigen, wenn hierdurch die Lenkung der Mittel auf die Zwecke höchster Priorität verhindert wird. Andererseits gibt die Zweckbindung eine bessere Information über die konkrete Verwendung der Mittel. Die Zweckbindung der Mittel kann die Ausgabentätigkeit fördern oder bremsen.

[2] Vgl. hierzu Punkt 2b in diesem Kapitel.

Abb. 6-1 Die Darstellung des öffentlichen Haushalts

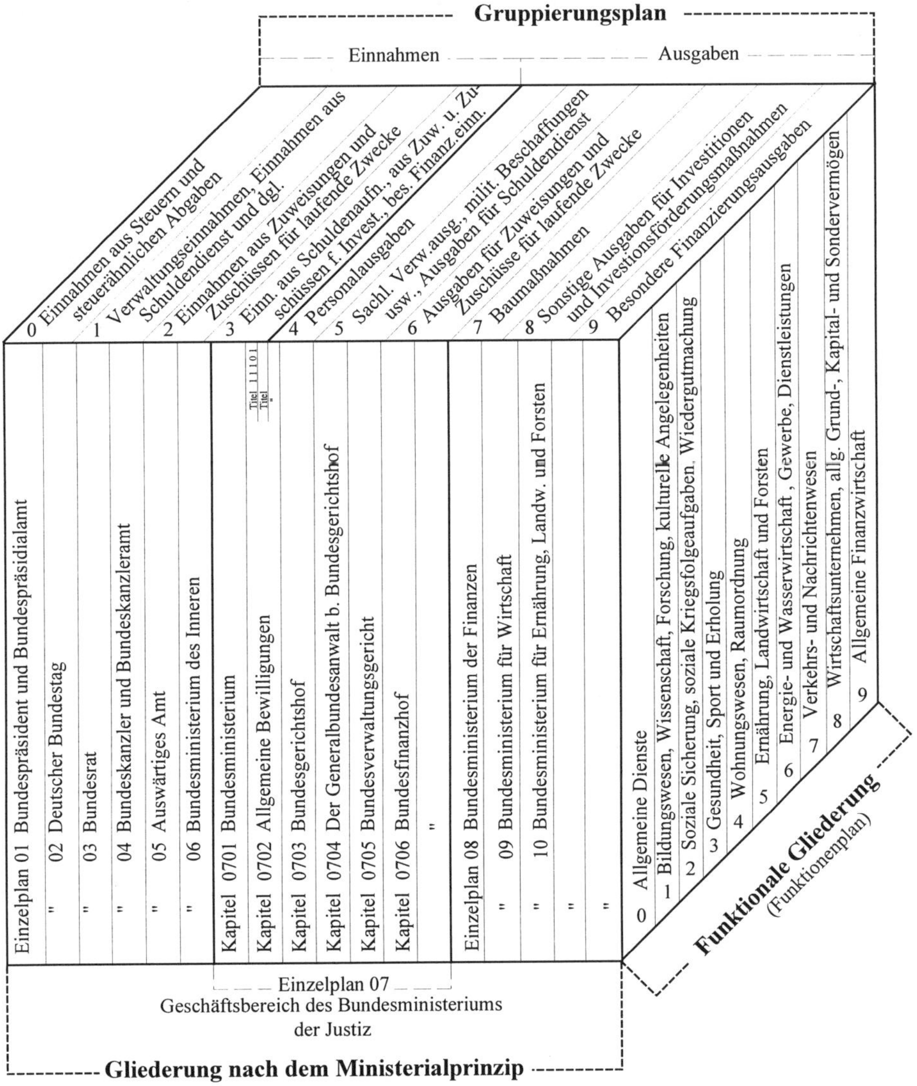

Gruppierungsplan

Einnahmen — Ausgaben

0 Einnahmen aus Steuern und steuerähnlichen Abgaben
1 Verwaltungseinnahmen, Einnahmen aus Schuldendienst und dgl.
2 Einnahmen aus Zuweisungen und Zuschüssen für laufende Zwecke
3 Einn. aus Schuldenaufn., aus Zuw. u. Zuschüssen f. Invest., bes. Finanz.einn.
4 Personalausgaben
5 Sachl. Verw.ausg., milit. Beschaffungen usw., Ausgaben für Schuldendienst
6 Ausgaben für Zuweisungen und Zuschüsse für laufende Zwecke
7 Baumaßnahmen
8 Sonstige Ausgaben für Investitionen und Investitionsförderungsmaßnahmen
9 Besondere Finanzierungsausgaben

Einzelplan 01 Bundespräsident und Bundespräsidialamt
" 02 Deutscher Bundestag
" 03 Bundesrat
" 04 Bundeskanzler und Bundeskanzleramt
" 05 Auswärtiges Amt
" 06 Bundesministerium des Innern
Kapitel 0701 Bundesministerium
Kapitel 0702 Allgemeine Bewilligungen
Kapitel 0703 Bundesgerichtshof
Kapitel 0704 Der Generalbundesanwalt b. Bundesgerichtshof
Kapitel 0705 Bundesverwaltungsgericht
Kapitel 0706 Bundesfinanzhof
"
Einzelplan 08 Bundesministerium der Finanzen
" 09 Bundesministerium für Wirtschaft
" 10 Bundesministerium für Ernährung, Landw. und Forsten

Titel 1 1 0 1
Titel

Einzelplan 07
Geschäftsbereich des Bundesministeriums der Justiz

Gliederung nach dem Ministerialprinzip

Funktionale Gliederung (Funktionenplan)

0 Allgemeine Dienste
1 Bildungswesen, Wissenschaft, Forschung, kulturelle Angelegenheiten
2 Soziale Sicherung, soziale Kriegsfolgeaufgaben, Wiedergutmachung
3 Gesundheit, Sport und Erholung
4 Wohnungswesen, Raumordnung
5 Ernährung, Landwirtschaft und Forsten
6 Energie- und Wasserwirtschaft, Gewerbe, Dienstleistungen
7 Verkehrs- und Nachrichtenwesen
8 Wirtschaftsunternehmen, allg. Grund-, Kapital- und Sondervermögen
9 Allgemeine Finanzwirtschaft

Quelle: Schmölders 1970, S. 79, modifiziert.

6. Kapitel: Haushaltsplanung und finanzwirtschaftliche Entscheidungsinstrumente

Danach sind folgende Hauptgruppen auf der Einnahmen- und Ausgabenseite zu unterscheiden:

Hauptgruppen der Einnahmenseite:

0   Einnahmen aus Steuern und steuerähnlichen Abgaben
1   Verwaltungseinnahmen, Einnahmen aus Schuldendienst und dgl.
2   Einnahmen aus Zuweisungen und Zuschüssen für laufende Zwecke
3   Einnahmen aus Schuldenaufnahmen, aus Zuweisungen und Zuschüssen für Investitionen, besondere Finanzierungseinnahmen.

Hauptgruppen der Ausgabenseite:

4   Personalausgaben
5   Sächliche Verwaltungsausgaben, militärische Beschaffungen usw., Ausgaben für Schuldendienst
6   Ausgaben für Zuweisungen und Zuschüsse mit Ausnahme für Investitionen
7   Baumaßnahmen
8   Sonstige Ausgaben für Investitionen und Investitionsförderungsmaßnahmen
9   Besondere Finanzierungsausgaben.

Die Hauptgruppen werden nach Obergruppen und Gruppen aufgegliedert, so dass sich zunächst eine dreistellige Titelnummer ergibt. (Bund und Länder legen hierbei eine einheitliche Systematik zugrunde.) Darüber hinaus können zusätzliche Ziffern verwendet werden.

So enthält Hauptgruppe 4 beispielsweise: in Obergruppe 41 Aufwendungen für Abgeordnete und ehrenamtlich Tätige, 42 Dienstbezüge und dgl., Gruppe 421 Dienstbezüge des Bundespräsidenten, Bundeskanzlers und anderer Regierungsmitglieder, Gruppe 422 Bezüge der Beamten und Richter.

Der Gruppierungsplan folgt primär gesamtwirtschaftlichen Kriterien und passt sich der Gliederung des Staatskontos in den Volkswirtschaftlichen Gesamtrechnungen an[1]. Hierdurch ist es möglich, die wichtigsten Daten für den Staat relativ leicht zu ermitteln und z. B. in Prognosen der gesamtwirtschaftlichen Kreislaufströme einzubeziehen.

Zur weiteren Beschreibung weisen die einzelnen Titelnummern eine funktionale Kennziffer nach dem **Funktionenplan** auf. Dieser gliedert die Einnahmen und Ausgaben nach **Aufgabengebieten.**

Der Funktionenplan sieht folgende, noch weiter untergliederte Hauptfunktionen[2] vor:

0   Allgemeine Dienste
1   Bildungswesen, Wissenschaft, Forschung, kulturelle Angelegenheiten
2   Soziale Sicherung, soziale Kriegsfolgeausgaben, Wiedergutmachung

---

[1] Allerdings gibt es zwischen der Darstellung im Gruppierungsplan (dem die Finanzstatistik folgt) und den VGR die im 2. Kapitel genannten Unterschiede.
[2] Zur weiteren Untergliederung siehe z. B. Bundeshaushaltsplan 2000, Funktionenübersicht.

3 Gesundheit, Sport und Erholung
4 Wohnungswesen, Raumordnung und kommunale Gemeinschaftsdienste
5 Ernährung, Landwirtschaft und Forsten
6 Energie- und Wasserwirtschaft, Gewerbe, Dienstleistungen
7 Verkehrs- und Nachrichtenwesen
8 Wirtschaftsunternehmen, allgemeines Grund- und Kapitalvermögen, Sondervermögen
9 Allgemeine Finanzwirtschaft

Aufgabe dieser Gruppierung ist es, dem gleichen Zweck dienende, aber häufig auf mehrere Verwaltungen verteilte Einnahmen[1] und Ausgaben zusammenzufassen. Hierdurch ergibt sich das **funktional gegliederte Budget**. Es ist aber nur begrenzt aussagekräftig, da die Zuordnung der Haushaltsmittel nach Aufgabenbereichen oft recht willkürlich ist. Sie ist auch nicht die Grundlage der Haushaltsplanung, sondern wird nachträglich durch Umrechnung ermittelt.

Der Haushaltsplan besteht aus dem Gesamtplan und den beschriebenen Einzelplänen. Der **Gesamtplan** soll den Überblick über den Haushalt erleichtern und enthält zu diesem Zweck die Haushaltsübersicht, die Finanzierungsübersicht und den Kreditfinanzierungsplan und eine Zusammenstellung der flexibilisierten Ausgaben. Die **Haushaltsübersicht** ist eine Zusammenfassung der Einzelpläne. Die Einnahmen und Ausgaben der Ressorts werden auch hier nach Hauptgruppen ausgewiesen. Anlage zur Haushaltsübersicht ist die **Übersicht über die Verpflichtungsermächtigungen** im Bundeshaushaltsplan und deren Fälligkeiten. Die **Finanzierungsübersicht** stellt die Ausgaben (ohne Ausgaben zur Schuldentilgung am Kreditmarkt, Zuführungen an Rücklagen, und Ausgaben zur Deckung eines kassenmäßigen Fehlbetrags) den Einnahmen (ohne Einnahmen aus Krediten vom Kreditmarkt, Entnahmen aus Rücklagen, Einnahmen aus kassenmäßigen Überschüssen und Münzeinnahmen) gegenüber. Die Differenzgröße Finanzierungssaldo (im Sinne des Haushaltsrechts bzw. der Finanzstatistik) wird auch nach ihrer Zusammensetzung[2] nachgewiesen. Der **Kreditfinanzierungsplan** gibt Aufschluss über die geplanten Kredittransaktionen.

Der Haushaltsplan enthält ferner verschiedene Übersichten als **Anlagen**: In der **Gruppierungsübersicht** werden die Einnahmen und Ausgaben nach den oben genannten zehn Einnahme- und Ausgabegruppen zusammengefasst dargestellt. (Vgl. z.B. Bundeshaushaltsplan 2000, Gruppierungsübersicht.) Ferner wird in einer Gliederung der Ausgaben und Einnahmen nach ökonomischen Arten eine **laufende Rechnung (Verwaltungshaushalt)** und eine **Kapitalrechnung (Vermögenshaushalt)** unterschieden. Der Verwaltungshaushalt enthält auf der Ausgabenseite die Hauptgruppen 4 bis 6 und auf der Einnahmenseite die Hauptgruppen 0 bis 2. Der Vermögenshaushalt zählt mit den Hauptgruppen 7 und 8 der Ausgabenseite recht unterschiedliche zu den Investitionen (nicht immer im Sinne der VGR) rechnende Tatbestände auf.

---

[1] Bei den Einnahmen fielen im Jahre 2000 über 90% auf die Funktion 9 (Allgemeine Finanzwirtschaft).

[2] Einnahmen aus Krediten vom Kreditmarkt und Ausgaben zur Schuldentilgung am Kreditmarkt durch Kredite vom Kreditmarkt.

6. Kapitel: Haushaltsplanung und finanzwirtschaftliche Entscheidungsinstrumente   171

So fallen unter die Hauptgruppe 8 („Sonstige Ausgaben für Investitionen und Investitionsförderungsmaßnahmen")

81 Erwerb von beweglichen Sachen
82 Erwerb von unbeweglichen Sachen
83 Erwerb von Beteiligungen und dgl.
85 Darlehen an öffentlichen Bereich
86 Darlehen an sonstige Bereiche
87 Inanspruchnahme aus Gewährleistungen
88 Zuweisungen für Investitionen an öffentlichen Bereich
89 Zuschüsse für Investitionen an sonstige Bereiche

Auf der Einnahmenseite rechnen zum Vermögenshaushalt die Veräußerung von Sachvermögen, Vermögensübertragungen, Darlehensrückflüsse und die Veräußerung von Beteiligungen, ferner Nettokreditaufnahme und Münzeinnahmen.

In der **Funktionenübersicht** wird das funktional gegliederte Budget zusammengefasst dargestellt und gezeigt, wie viele Haushaltsmittel insgesamt für die einzelnen Aufgaben geplant sind. Im **Haushaltsquerschnitt** werden die Funktionen- und die Gruppierungsübersicht in einer Matrix zusammengefasst. Hier sind die Einnahmen und Ausgaben nach beiden Kriterien übersichtlich zu ermitteln. Die **Übersicht über die den Haushalt durchlaufenden Posten** enthält solche „Einnahmen und Ausgaben, die vom Bund für einen anderen vereinnahmt und in gleicher Höhe an diesen weitergeleitet werden, ohne dass der Bund an der Bewirtschaftung dieser Mittel beteiligt ist bzw. bei der Verwendung dieser Mittel in irgendeiner Form mitwirkt".

„Insoweit hat der Bundeshaushalt lediglich eine Durchleitfunktion. Für durchlaufende Mittel, bei denen es sich übrigens durchweg um zweckgebundene Einnahmen handelt, werden häufig Leertitel im Haushaltsplan als Buchungsstelle ausgebracht, hieraus erklärt sich das Bedürfnis näherer Angaben im nachrichtlichen Teil des Haushaltsplans" (Piduch, RN 9 zu § 14 BHO).

Ferner wird eine **Personalübersicht** erstellt. Darin sind die Planstellen in gleicher Weise wie die Haushaltsmittel nach Einzelplänen aufgeschlüsselt.

Nachrichtlich zum Haushaltsplan werden schließlich in Form des sog. **Bürgschaftsrahmens** Angaben über Umfang und Struktur der vom Staat übernommenen Bürgschaften angefügt. Bürgschaften erscheinen nur dann im Haushalt, wenn sie zu Zahlungen führen.

d) Der Haushaltskreislauf

Jeder öffentliche Haushalt durchläuft verschiedene gesetzlich vorgeschriebene Phasen (**Haushaltskreislauf** oder **Budgetzyklus**). Sie beginnen mit der Initiative, bestimmte Ausgaben zu tätigen (und Einnahmen zu erheben), führen zu Gesetzgebung und Ausführung und enden mit der Kontrolle der tatsächlichen Verausgabung und der Entlastung.

Tatsächlich laufen verschiedene Abschnitte der einzelnen Jahreshaushalte nebeneinander: So wurden z. B. im Jahre 2000 die Entwürfe für 2001 und 2002 vorbereitet, der Haushaltsplan 2000 wurde (bei den Nachtragshaushalten parlamentarisch beraten und) vollzogen, die vorhergehenden Haushaltspläne 1997, 1998, 1999 erfuhren ihre Abrechnung und die Kontrolle durch Rechnungshof und Parlament. Der gesamte Haushaltskreislauf erstreckt sich regelmäßig über vier oder mehr Jahre.

In den einzelnen Phasen des Haushaltskreislaufs „wechseln Art und Träger der Entscheidungen, wobei in der Regel einerseits die Exekutive (Regierung, Verwaltung) den Haushaltsplanentwurf aufstellt und den festgestellten Plan ausführt, andererseits die Legislative den Entwurf berät und votiert sowie nach erfolgter Abrechnung die Entlastung erteilt" (Senf 1977, S. 378).

Bei der Aufstellung der Voranschläge zum Entwurf des Haushaltsplans, bei der Bewirtschaftung der Haushaltsmittel und bei der Rechnungslegung sind bestimmte Anforderungen zu erfüllen, die als **Haushaltsgrundsätze** bezeichnet werden. Sie haben sich über lange Zeiträume herausgebildet und sind heute u. a. in Verfassung (Art. 110-112 GG), HGrG und BHO formuliert. Die Haushaltsgrundsätze beinhalten insbesondere **Vollständigkeit**, **Einheit** (alle Einnahmen und Ausgaben sind in der geplanten und erwarteten Höhe zu veranschlagen) und Bruttoprinzip, ferner qualitative, quantitative und zeitliche Spezialität, Öffentlichkeit, Genauigkeit, Klarheit und Wahrheit. Auch stellt Art. 115 GG bestimmte strukturelle Anforderungen: Die Einnahmen aus Krediten dürfen die Summe der veranschlagten Ausgaben für Investitionen nicht überschreiten[1]. Das **Bruttoprinzip** lässt Saldierungen nur in begründeten Sonderfällen (Nettokreditaufnahme, Ergebnis der wirtschaftlichen Tätigkeit öffentlicher Unternehmen) zu. Nur so ist ein Bild von Zustand und Entwicklung der jeweiligen Staatsfinanzen möglich[2].

(1) Die Aufstellung des Budgets

Für die **Budgetinitiative**, d. h. die Aufstellung des Haushaltsentwurfs ist die Exekutive zuständig. Man spricht daher auch von einem **Exekutivbudget**. Dieses Fehlen eines „Legislativbudgets" ist nicht nur für den Bund typisch, sondern auch für die Länder und Gemeinden der Bundesrepublik und für andere Staaten. Das schließt aber nicht aus, dass einzelne Ausgabeninitiativen auch vom Parlament kommen.

---

[1] Siehe hierzu Kapitel 24.2.

[2] Daher kann man auch nicht das Zusatzaufkommen einer Steuererhöhung, mit dem bestimmte Ausgaben eines anderen Haushalts finanziert werden sollen, als durchlaufende Posten behandeln. Zwar wird durch eine derartige Budgetverlängerung die Höhe des Defizits im Haushalt „nicht tangiert, wohl aber das Ausgabenvolumen. Mit ähnlicher Begründung könnte man andere ‚durchlaufende Posten' konstruieren und auf diese Weise jede beliebig niedrige Steigerungsrate der Ausgaben ‚nachweisen'. Öffentliche Einnahmen sind im Prinzip immer durchlaufende Posten, sie dienen nämlich ausschließlich der Finanzierung der Gesamtausgaben des Staates" (Sachverständigenrat, JG 1999/2000, Tz. 289).

6. Kapitel: Haushaltsplanung und finanzwirtschaftliche Entscheidungsinstrumente

Das Erstellen des Haushaltsentwurfs beginnt mehr als ein Jahr vor dem betreffenden Haushaltsjahr. In der Vorbereitungsphase liegt das Schwergewicht beim Finanzminister. Er gibt den einzelnen Bundesministern und den sonstigen obersten Bundesbehörden über die Haushaltsrundschreiben einen Überblick über die Finanzlage. Dieser beruht auf den Projektionen der voraussichtlichen gesamtwirtschaftlichen Entwicklung und den vom „Arbeitskreis Steuerschätzung" durchgeführten Schätzungen der zu erwartenden Steuereinnahmen[1]. Die Ressorts erhalten ferner Anforderungsformulare für die Haushalts- und Finanzplanung mit der Anordnung, die Voranschläge bis zu einem bestimmten Zeitpunkt zu übersenden[2]. Die Haushaltsreferate der untersten Verwaltungsstellen leiten (zusammen mit den ggf. erwarteten Einnahmen) ihre **Bedarfsanmeldungen**, die weitgehend auf den Anforderungen des Vorjahres unter Erhöhung um einen Zuschlag bestehen, an die nächsthöheren Verwaltungsstellen weiter. Hier erfolgt jeweils eine Koordination zwischen den verschiedenen Ausgabewünschen. In der Regel sind Kürzungen zu erwarten. Die für den Einzelplan jeweils zuständigen Stellen fordern dann in ihren Voranschlägen vom Finanzminister Mittel an[3]. In Verhandlungen mit dem jeweiligen Ressort auf verschiedenen Ebenen bis hin zu den sog. Chefbesprechungen der Staatssekretäre und Minister kommt es überwiegend zu einer Kürzung der Bedarfsanmeldungen.

Durch den „rekurrenten Anschluss an die Bewilligungen des Vorjahres sind die Entscheidungsbasis und deren Struktur automatisch vorgegeben. Bei dem Kampf um die Zuschläge, der nicht nur zwischen den einzelnen Ressorts, sondern auch zwischen den einzelnen Verwaltungszweigen innerhalb des gleichen Ressorts entbrennt, zeigt sich dann immer wieder, daß die Verwaltung keine ‚neutrale' Institution darstellt, sondern eigene Präferenzen hat und danach strebt, ihr eigenes Budget zu maximieren, wobei höchst subjektiv begründete Rollenerwartungen die Verhaltensweisen bestimmen" (Senf 1977, S. 362).

Nach Prüfung der Voranschläge stellt der Finanzminister den Entwurf des Haushaltsplans unter eigener Verantwortung auf.[4] Er hat hierbei eine besondere Stellung. So kann er Anmeldungen, die er nicht für begründet hält, „nach Benehmen" mit den beteiligten Stellen, also auch ohne Zustimmung der betreffenden Ressortvertreter ändern. Zudem gilt: „Über Angelegenheiten von grundsätzlicher oder erheblicher finanzieller Bedeutung kann der zuständige Bundesminister die Entscheidung der Bundesregierung einholen. Entscheidet die Bundesregierung gegen oder ohne die Zustimmung des Bundesministers der Finanzen, so steht ihm ein Widerspruchsrecht zu" (§ 28 II BHO).

Nach einer zweiten Vorausschätzung und Überprüfung der Steuerschätzung beschließt das **Finanzkabinett** den Haushaltsplan. Ihm gehören die Bundesminister für

---

[1] Zur Steuerschätzung siehe Kapitel 14.6.
[2] In den Anforderungsformularen werden die Beträge des laufenden und des vorhergehenden Jahres „in Erinnerung gebracht".
[3] Neuanforderungen von erheblicher finanzieller Tragweite müssen dem Finanzminister bereits vor Aufstellung des Voranschlages zugeleitet und nach Art und finanzieller Auswirkung erläutert werden.
[4] Auch für den Einzelplan 60 (Allgemeine Finanzverwaltung) ist der Bundesfinanzminister als oberste Finanzbehörde zuständig. Sein eigener Einzelplan 08 bleibt aber hiervon getrennt.

Finanzen, für Wirtschaft und des Inneren, der Chef des Bundeskanzleramtes und der Bundeskanzler an. Der Finanzminister legt den Entwurf dann (zusammen mit dem mittelfristigen Finanzplan) dem Gesamtkabinett vor, wo er beschlossen wird. Der Regierungsentwurf verlässt anschließend die Phase der Exekutive, wird dem Bundesrat zugeleitet und ist im Bundestag in der Regel spätestens in der ersten Sitzungswoche des Bundestages nach dem 1. September einzubringen.

Dem Regierungsentwurf liegt der **Finanzbericht** bei, in dem der Finanzminister den Stand und die voraussichtliche Entwicklung der Finanzwirtschaft im Rahmen der gesamtwirtschaftlichen Entwicklung darstellt. Der Finanzbericht weist auch die Ergebnisse der fünfjährigen Finanzplanung nach, die der Haushaltswirtschaft des Bundes (und der Länder) zugrunde liegen muss. Die mittelfristige Finanzplanung wird unten dargestellt.

(2) Die parlamentarische Beratung und Verabschiedung

Dem Parlament bleiben für die Beratungen bis zur Feststellung des Haushaltsplans durch das Haushaltsgesetz rechtzeitig vor Beginn des Haushaltsjahres allenfalls drei Monate. Die Einhaltung dieser knappen Frist ist die Ausnahme.

Im Grundgesetz ist vorgeschrieben, dass der Haushaltsplan vor Beginn des Rechnungsjahres durch das Haushaltsgesetz festgestellt wird („**Vorherigkeit**")[1]. Damit soll der Verwaltung im Voraus ihr finanzwirtschaftliches Verhalten vorgeschrieben werden. „Ohne eine rechtzeitige Planverabschiedung gibt es keine ausreichende vorherige Kontrolle, keine umfassende politische Verantwortung, keine bewusste Gestaltung und keine formelle Ordnung im Finanzwesen" (Piduch, RN 18 zu Art. 110 GG). Wenn die Vorherigkeit des Haushaltsplanes nicht eingehalten werden kann, hat die Bundesregierung ein **Nothaushaltsrecht**. Sie (genauer: die Exekutive) ist nach Art. 111 GG ermächtigt, bis zur Verkündung des Haushaltsgesetzes alle Ausgaben zu leisten, die zur Aufrechterhaltung der Haushaltsführung „nötig", d. h. zeitlich und sachlich unaufschiebbar, sind und für bestimmte Zwecke geleistet werden. Zu ihrer Deckung können auch Kredite bis zu einem Viertel der im abgelaufenen Haushaltsjahr veranschlagten Summe aufgenommen werden. Der Finanzminister erlässt rechtzeitig vor Beginn des Haushaltsjahres Verwaltungsvorschriften zur vorläufigen Haushalts- und Wirtschaftsführung und ermächtigt die obersten Bundesbehörden, Ausgaben zu leisten. Es werden Prozentsätze der Einzelplanentwürfe nach dem jeweiligen Beratungsstand für einen bestimmten Zeitraum genannt (z. B. 10% bis 28.2.20..).

Die **erste Lesung** im Bundestag wird durch die Haushaltsrede des Finanzministers eröffnet, in der er die gesamtwirtschaftliche und finanzwirtschaftliche Situation erläutert. Anschließend kommt es regelmäßig zu einer **Generaldebatte** über die Regie-

---

[1] Der schlimmste Verstoß gegen die Vorherigkeit erfolgte im Zusammenhang mit dem Bundeshaushaltsplan 1972. Er wurde am 15.12.1972 in 1. Lesung im Bundestag beraten und am 29.12.1972 im Bundesgesetzblatt verkündet. Auf Landesebene gibt es noch schlimmere Beispiele. So wurde gar nicht erst der Versuch unternommen, den hessischen Haushalt 1983 (vorher, geschweige denn noch) im selben Jahr im Parlament zu verabschieden.

6. Kapitel: Haushaltsplanung und finanzwirtschaftliche Entscheidungsinstrumente

rungspolitik ohne besonderen Bezug auf den Regierungsentwurf. Nach der ersten Lesung im Bundestag wird der Haushaltsentwurf mit möglichen Stellungnahmen des Bundesrates und der Bundesregierung hierzu an den **Haushaltsausschuss** des Bundestages verwiesen. Dort wird die eigentliche Kleinarbeit geleistet, d. h. der Entwurf wird Titel für Titel überprüft. Dabei wirken auch der Finanz- und der Wirtschaftsausschuss mit. Das Ergebnis der Beratungen im Haushaltsausschuss, die sich in der Regel bis zum Jahresende hinziehen, wird in einem Bericht an das Plenum festgehalten.

In den Ausschussberatungen haben alle Ministerialvertreter die Kabinettsvorlage gegenüber Änderungswünschen der Ausschussmitglieder zu verteidigen. Teilweise werden die Ausschussmitglieder durch „Experten", d. h. häufig spezielle Interessenvertreter ihrer Parteien für jeweilige Sachbereiche, ersetzt. Über sie kommt dann insbesondere die Lobby zur Wirkung. Durch die Verlagerung der parlamentarischen Beratung und Willensbildung in Ausschüsse lässt sich von außen nicht nachvollziehen, wie die Kompromisse zwischen politischen Parteien, Parlamentariern und Vertretern der einzelnen Ressorts zustande gekommen sind, „welche Titel- und Kapitelkoalitionen sich quer durch die Parteien bilden und welche außerparlamentarischen Einflüsse sich noch Geltung verschaffen" (Senf 1977, S. 386).

Die starke Stellung der Regierung bei der Haushaltsaufstellung kommt darin zum Ausdruck, dass ohne ihre Zustimmung der Haushalt nicht verändert werden kann: „Gesetze, welche die von der Bundesregierung vorgeschlagenen Ausgaben des Haushaltsplanes erhöhen oder neue Ausgaben in sich schließen oder für die Zukunft mit sich bringen, bedürfen der Zustimmung der Bundesregierung. Das gleiche gilt für Gesetze, die Einnahmeminderungen in sich schließen oder für die Zukunft mit sich bringen. Die Bundesregierung kann verlangen, dass der Bundestag die Beschlussfassung über solche Gesetze aussetzt. In diesem Fall hat die Bundesregierung innerhalb von sechs Wochen dem Bundestag eine Stellungnahme zuzuleiten" (Art. 113 I GG).

In der **zweiten** und **dritten Lesung** stehen die verschiedenen Einzelpläne zur Debatte. Inzwischen legt der **Sachverständigenrat zur Begutachtung der gesamtwirtschaftlichen Entwicklung** sein Jahresgutachten vor, der Finanzplanungs- und der Konjunkturrat tagen, die gesamtwirtschaftliche Vorausschätzung und die Steuerschätzung werden überprüft[1]. Ob und wie das Parlament den Haushaltsentwurf der Regierung verändert, hängt vom Verhältnis beider Institutionen ab. Wenn, wie in Deutschland, die Regierung aus Vertrauenspersonen der Parlamentsmehrheit besteht und über Fraktionsvorsitzende und Parlamentarische Staatssekretäre eine enge Beziehung zwischen Regierung und Parlament geknüpft ist, ist die Gestaltungs- und Kontrollfunktion des Parlaments eingeschränkt.

Die Parlamentsmehrheit sieht ihre Aufgabe selbst bei klaren Verfassungsverstößen meist weniger in der kritischen Kontrolle der Regierung als in einer Abschirmung der Regierung gegen die Kritik der Opposition. So blieben Haushaltsüberschreitungen in Milliardenhöhe, welche Bundesregierung und Bundesfinanzminister 1973 entgegen den Bestimmungen des Grundgesetzes und der Haushaltsordnung vorgenommen hatten, nicht nur ohne Kritik von der

---

[1] Wenn die letzte Lesung erst im Frühjahr (also im Haushaltsjahr) stattfindet, hat die Bundesregierung auch ihren **Jahreswirtschaftsbericht** mit Stellungnahme zum Gutachten des Sachverständigenrates vorgelegt.

Regierungsfraktion im Bundestag, sondern wurden sogar ausdrücklich gedeckt. Entsprechendes gilt für die Länder.

Eingeschränkt wird die Kontrolle der Regierung auch durch die Existenz von **Schattenhaushalten**. Sie stellen Nebenhaushalte dar, die durch Verlagerung öffentlicher Aktivitäten aus dem (Kern-)Budget entstehen. So wird gegen die der Transparenz dienenden Haushaltsgrundsätze der Vollständigkeit und Einheit verstoßen (z. B. Fonds „Deutsche Einheit"). Häufig dürfte eine politisch motivierte „Flucht aus dem Budget" vorliegen.

Der Bundestag beendet unter Einbeziehung des **Bundesrates** mit der Verabschiedung des Haushaltsplans als **Anlage zum Haushaltsgesetz** diese Phase des Haushaltskreislaufs. Der Einfluss des **Bundesrates** kann dann bedeutsam werden, wenn er den vom Bundestag verabschiedeten zustimmungsbedürftigen Gesetzen (z. B. bei Veränderung der Einkommensteuer) seine Zustimmung verweigert. In diesem Fall kann der aus je elf Mitgliedern des Bundestages und Bundesrates besetzte **Vermittlungsausschuss** einberufen werden. Er kann weitreichende Beschlüsse fassen, die Kompromisse zwischen Bundestag und Bundesrat darstellen und kaum mehr von beiden Gremien abgelehnt werden dürften. Wirkliche Begründungen für die gefundenen Kompromisse werden regelmäßig überhaupt nicht gegeben - auch nicht im Plenum des Bundestages, bevor dieser über die Vermittlungsvorschläge abstimmt. In einer Zeit, wo Bundestag und Bundesrat unterschiedliche Parteienmehrheiten haben, ist die Bedeutung des Vermittlungsausschusses besonders groß.

(3) Die Ausführung des Haushaltsplans

Der Haushaltsplan wird durch Gesetz festgestellt und ist prinzipiell vollzugsverbindlich. Er wird von der Verwaltung ausgeführt. Diese ist ermächtigt, aber nicht verpflichtet, die Bewilligungen voll auszuschöpfen. Die Exekutive ist gehalten, „wirtschaftlich und sparsam" zu verfahren. Sie darf die Haushaltsmittel grundsätzlich nicht überschreiten (**Grundsatz der quantitativen Spezialität**), nur für den bewilligten Zweck (**Grundsatz der qualitativen Spezialität**) und nur innerhalb des Rechnungsjahres verwenden (**Grundsatz zeitlichen Spezialität**)[1]. Unter verschiedenen Bedingungen können sich die Haushaltsansätze als nicht ausreichend oder nicht wünschenswert erweisen. Hierfür gibt es bestimmte Regelungen:

Die Änderung eines noch nicht verkündeten Haushaltsplans erfolgt durch einen **Ergänzungshaushalt**.

Durch den **Nachtragshaushalt** kann ein bereits verkündeter Haushaltsplan in der Abschlusssumme oder Zusammensetzung geändert werden. Der parlamentarische Ablauf ist hierbei grundsätzlich wie beim Haushaltsgesetz selbst, allerdings ist das Verfahren beschleunigt. Nachtrag und ursprünglicher Haushaltsplan verschmelzen während der Ausführung und in der Haushaltsrechnung zu einer Einheit.

---

[1] Diese und weitere Grundsätze der Haushaltsführung sind in den §§ 34-69 BHO enthalten.

6. Kapitel: Haushaltsplanung und finanzwirtschaftliche Entscheidungsinstrumente

Mit vorheriger Zustimmung des Finanzministers sind bei „unvorhergesehenen und unabweisbaren Bedürfnissen" **Haushaltsüberschreitungen** zulässig. Dann können bis zur Einbringung eines Nachtragshaushalts **außerplanmäßige** Ausgaben, für die im Haushaltsplan kein Zweck vorgesehen ist, und **überplanmäßige Ausgaben**, die die ausgesprochenen Bewilligungen überschreiten, getätigt werden.

Aus konjunkturpolitischen Gründen ermöglicht das Stabilitätsgesetz der Regierung im Falle einer Rezession mit Zustimmung des Bundestages zusätzliche, im Haushaltsplan nicht vorgesehene Ausgaben zu leisten.

Auch nachträgliche Eingriffe in die Inanspruchnahme der im Haushalt ursprünglich bewilligten Ausgaben- und Verpflichtungsermächtigungen sind möglich. Wenn die Entwicklung der Einnahmen oder Ausgaben es erfordert (§ 41 BHO) und so der gegenwärtige und/oder künftige Haushaltsausgleich gefährdet erscheint oder auch unter konjunkturpolitischen Gesichtspunkten (§ 6 Abs. 1 StWG) kann der Finanzminister eine **haushaltswirtschaftliche Sperre** über bestimmte Titel oder eine global bestimmte Verfügungssumme bei den Einzelplänen verfügen. Es hängt von seiner Einwilligung ab, ob die mittelbewirtschaftenden Stellen Verpflichtungen eingehen oder Ausgaben leisten dürften[1].

Die Inanspruchnahme von Haushaltsmitteln ist ferner nur im Rahmen der zur Verfügung stehenden Deckungsmittel möglich. Der Finanzminister hat auf Einklang zwischen den Auszahlungen und dem Zufluss der Einzahlungen zu achten. Im Wege der **Betriebsmittelzuweisung** kann er daher nach der Kassenentwicklung, aber auch unter konjunkturpolitischen Gesichtspunkten, die Ermächtigungen für Auszahlungen der zuständigen Ressorts steuern[2].

Ausnahmen von der qualitativen Spezialität, d. h. der Ausgabenermächtigung nur für einen genannten Zweck, sind bei Titeln möglich, die im Haushaltsplan als **gegenseitig deckungsfähig** erklärt werden. Auch unter zeitlichen Aspekten können Ausgaben verschoben werden. Das gilt für **übertragbare Ausgaben**, die als **Ausgabenreste** über das Rechnungsjahr hinaus verfügbar bleiben.

Zur Kontrolle der Bewirtschaftung müssen alle nachgeordneten Behörden regelmäßig über ihre Ausgaben und Verwaltungseinnahmen in Haushaltsüberwachungslisten berichten. Auf diese Weise hat der Finanzminister ständig einen nach Verwaltungen und Titeln zusammengefassten Überblick über den Stand der Haushaltsführung. Ferner kann er nach Ende des Haushaltsjahres die Haushaltsrechnung zur Entlastung der Bundesregierung schnell aufstellen und Bundestag und Bundesrechnungshof übersenden.

Die **Haushaltsrechnung** weist das Ist-Ergebnis der Haushaltswirtschaft nach. Sie zeigt, wie die durch den Haushaltsplan festgelegten Ansätze („Soll") in der Praxis ein-

---

[1] Anstelle der publikumswirksamen Haushaltssperre kann der Finanzminister auch einen Genehmigungsvorbehalt aussprechen.
[2] Auch diese Möglichkeit der Steuerung von Höhe und Zeitpunkt der notwendigen Auszahlungen der Behörden trägt prinzipiell zur starken Stellung des Finanzministers bei.

gehalten wurden. Sie bildet die rechnerische Grundlage für den Soll-Ist-Vergleich als einem Teil der Finanzkontrolle.

Die Haushaltsausführung ist getrennt nach sachlicher Kompetenz und **kassenmäßigem** Vollzug. Während die sachlich zuständigen Stellen die Einnahmen und Ausgaben anordnen und die Verantwortung für die Rechtmäßigkeit der Handlungen tragen, besorgt die Kassenverwaltung die Durchführung der daraus entstehenden Kassengeschäfte.

(4) Die Kontrolle der Haushaltsführung

Der Schwerpunkt der Haushaltskontrolle liegt nicht bei der behördeninternen, mitschreitenden Überwachung des Haushaltsvollzugs, sondern bei der **nachträglichen Kontrolle durch den Bundesrechnungshof**. Seine Rechnungsprüfung umfasst die gesamte Haushalts- und Wirtschaftsführung des Bundes einschließlich seiner Sondervermögen und Betriebe. Hierbei wird untersucht, ob der Haushaltsplan eingehalten wurde und ob Kassen- und Buchführung rechnerisch, formell und sachlich richtig sind. Neben dieser **Ordnungsmäßigkeitsprüfung** obliegt dem Rechnungshof auch die **Wirtschaftlichkeitsprüfung**. Er hat hierbei zu untersuchen, ob die von der Regierung getroffenen Maßnahmen mit geringerem Personal- oder Sachaufwand oder auf andere Weise wirksamer hätten erfüllt werden können. Das Ergebnis seiner jährlichen Prüfung, soweit es für die Entlastung der Bundesregierung von Bedeutung sein kann, fasst der Rechnungshof in **Bemerkungen** zusammen und leitet sie Bundestag, Bundesrat und Bundesregierung zu. Ferner legt der Rechnungshof **Denkschriften** als Ergebnis besonders eingehender Analysen einzelner Aufgabenbereiche vor.

Der Bundesrechnungshof prüft aber nicht nur, er kann aufgrund von Prüfungserfahrungen auch Bundestag, Bundesrat, Bundesregierung und einzelne Bundesminister beraten[1] - so z. B. hinsichtlich der Zweckmäßigkeit oder gar Existenzberechtigung von Organisationen oder der Beurteilung von Investitionsmaßnahmen schon vor ihrer Realisierung.

Die abschließende politische Kontrolle leitet der **Rechnungsprüfungsausschuss**, ein Unterausschuss des Haushaltsausschusses, ein. Aufgrund seiner Arbeit erfolgt (bisher regelmäßig) der Antrag auf Entlastung der Bundesregierung. Die Bedeutung der Kontrolle durch den Bundesrechnungshof und der anschließenden politischen Kontrolle für den budgetären Willensbildungs- und Entscheidungsprozess ist durch verschiedene Umstände eingeschränkt: Da der Rechnungshof selbst keine Exekutivbefugnisse besitzt, muss das Parlament die Mängelberichte aufgreifen und politische Sanktionen verhängen. Das ist insbesondere dann nicht zu erwarten, wenn die von der Mehrheit des Parlaments getragene Regierung die Mängel zu vertreten hat. Bei dem regelmäßig großen zeitlichen Abstand zur jeweiligen Haushaltsperiode büßt die Diskussion um den Budgetvollzug auch an Aktualität ein[1]. „Schließlich wird die

---

[1] Zu den Aufgaben des Bundesrechnungshofs siehe Art. 114 GG und §§ 88ff. BHO.

kussion um den Budgetvollzug auch an Aktualität ein[1]. „Schließlich wird die Qualität der politischen Kontrolle auch durch die Mängel des Budgetierungsverfahrens selbst beeinträchtigt. Eine echte Erfolgskontrolle politischer Planung ist nur möglich, wenn die politischen Ziele klar formuliert und in einen programmorientierten Vollzug umgesetzt wurden" (Kitterer/Senf 1980, S. 550).

e) Exkurs zu Transparenz und Öffentlichkeit: Das Beispiel Stiftungsfinanzierung[2]

Die einzelnen die Parteien begünstigenden staatlichen Förderprogramme sind hinsichtlich Verbuchung und vor allem Entscheidungsprozess unterschiedlich transparent. Unmittelbar den Parteien zufließende Gelder werden im Parteiengesetz geregelt. Die Höhe der Zuschüsse an die Fraktionen legt das Gesetz über Rechtstellung und Finanzierung der Fraktionen fest. Weniger transparent ist allerdings die Staatsfinanzierung der parteinahen Stiftungen. Sie wird in nichtöffentlichen Ausschussberatungen z. B. über den Bundeshaushalt 1999 festgelegt. Dort wurden auch der PDS-nahen Stiftung Mittel zugewiesen. Grundlage war „ein Plan, auf den sich zuvor bereits die Stiftungen untereinander, wohlgemerkt die Empfänger der staatlichen Zuwendungen, im Rahmen der hier auch sonst üblichen ‚Konsensgespräche' geeinigt hatten". Diese sog. Globalzuschüsse zur gesellschaftspolitischen und demokratischen Bildungsarbeit machten mit etwa 200 Mio. DM aber nur rund ein Drittel der gesamten Zuwendungen aus dem Bundeshaushalt aus. Hinzu kamen die projektbezogenen Zuschüsse, die in sechs Einzelplänen und neun verschiedenen Titeln des Haushaltsplans versteckt sind. „Oft ist aus den Titeln noch nicht einmal ersichtlich, dass es sich hierbei um Gelder handelt, die in die Kassen der Stiftungen fließen. Insgesamt etwa 610 Mio. DM wurden in diesem Jahr nach einem intern abgesprochenen, aber nirgendwo veröffentlichten Schlüssel auf die Stiftungen verteilt".

1966 hat das Bundesverfassungsgericht Zuschüsse zur Förderung der politischen Bildungsarbeit der Parteien für verfassungswidrig erklärt. Fortan bedienten sich die Parteien des Instruments der politischen Stiftungen. „Da die Arbeit der Stiftungen naturgemäß auch den jeweiligen Mutterparteien zugute kommt, haben diese ein vehementes Interesse daran, die Mittel auszuweiten. Hinzu kommt, dass die im Bundestag vertretenen Parteien hier in eigener Sache entscheiden, gegenläufige politische Interessen als korrigierendes Element also regelmäßig fehlen. Und die Kontrolle durch die Öffentlichkeit wird durch die totale Intransparenz der Finanzierung ausgeschaltet".

Zu fragen ist also, ob die Aufgaben unbedingt von parteinahen Stiftungen wahrgenommen oder überhaupt aus Staatsmitteln finanziert werden müssen. „Dem hetorogenen Aufgabenspektrum der Stiftungen, von der Entwicklungshilfe über die wissenschaftliche Forschung und Politikberatung bis hin zur Unterhaltung von Archiven, scheinen weniger strukturelle Überlegungen zugrunde zu liegen, als vielmehr die Tatsache, dass es hierfür öffentliche Gelder gibt". Der Bund der Steuerzahler fordert daher zutreffend ein Gesetz, dass die Stiftungsfi-

---

[1] „Daraus auf die **völlige** Wirkungslosigkeit der Kontrolle zu schließen, wäre aber verfehlt. Eine gewisse Kontrolle von Regierung und Verwaltung unternimmt nämlich auch das Gesamtparlament einschließlich der Mehrheitsfraktionen; bloß findet diese Art von Kontrolle weitgehend unter **Ausschluss der Öffentlichkeit**" in den Rechnungsprüfungs- und Haushaltsausschüssen statt (v. Arnim 1983, S. 7).
[2] Die folgenden Ausführungen und Zitate sind übernommen aus Der Steuerzahler (1999, S. 106).

nanzierung den gleichen Transparenzanforderungen und Begrenzungen unterwirft wie die Parteienfinanzierung.

2. Verfahren zur Erhöhung der Rationalität staatlicher Entscheidungen

a) Probleme kurzfristiger, isolierter Entscheidungen

In den Haushaltsplan eines Jahres gehen weitgehend nur die Einnahmen und Ausgaben eines Jahres ein[1]. (Ausnahmen sind die Verpflichtungsermächtigungen, die auf bestimmte künftige Haushaltsbelastungen hinweisen.) Die allein darauf abstellende Haushaltsplanung ist **kurzfristig** und **isoliert**. Sie weist eine Reihe problematischer Wirkungen auf:

- Programme, die sich in der Durchführung über mehrere Jahre erstrecken, werden in einem Haushaltsjahr nur teilweise erfasst.
- Die Wirkung vieler Einzelentscheidungen lässt sich häufig erst bei längerfristiger Betrachtung erkennen. Das gilt insbesondere für die zu erwartenden **Folgewirkungen** vieler Entscheidungen, insbesondere über Investitionen.
- Ohne eine mehrjährige Orientierung ist keine befriedigende Kontrolle über die Finanzentwicklung möglich.
- Das moderne Budget ist äußerst umfangreich, daher ist eine umfassende Prüfung des Gesamtbudgets schwierig. Im längerfristigen Rahmen erscheint eine Beurteilung leichter.
- Die Periodisierung eines Jahres lässt häufig die erforderliche Flexibilität von Ausgabenentscheidungen nicht zu. Sie wird besonders problematisch, wenn die Aktivitäten eine andere Periodisierung aufweisen (z. B. Semesterzyklen der Universität).
- Finanzpolitik ist die Wahl zwischen Alternativen. Die einzelnen Entscheidungen dürfen daher nicht unabhängig von anderen Maßnahmen getroffen werden (isolierte Betrachtung). Da die Planung aber „von unten nach oben" erfolgt, die Voranschläge der mittelbewirtschaftenden Stellen im Vordergrund stehen, ist eine **Setzung von Prioritäten,** eine Wahl unter Alternativen nur sehr eingeschränkt zu erwarten. Die Politik von Kabinett und Finanzminister ist daher nicht zielorientiert, sie reduziert sich weitgehend auf die nachträgliche Korrektur der Anforderungen von Verwaltungen.

Zur Beseitigung oder Milderung dieser Folgen isolierter, kurzfristiger Entscheidungen sind verschiedene Verfahren zur Erhöhung der Rationalität staatlicher Entscheidungen diskutiert und teils eingeführt worden: mittelfristige Finanzplanung, Erfassung der Folgewirkungen, Planning Programming Budgeting System und Nutzen-Kosten-Analyse. Ferner wird in jüngster Zeit in Modellversuchen erprobt, wie die Effizienz der öffentlichen Verwaltung durch eine Veränderung der Verwaltungsabläufe oder durch eine Flexibilisierung öffentlicher Budgets erhöht werden kann. Darauf wird zunächst eingegangen.

---

[1] Einige Länder, z. B. Baden-Württemberg, machen von der Möglichkeit des § 9 HGrG Gebrauch, zweijährige, nach Jahren getrennte, Haushaltspläne aufzustellen.

b) Reformen des Haushaltswesens

An dieser Stelle sollen jüngere Reformansätze behandelt werden, die schon das bestehende Haushaltsrecht zulässt bzw. die es ergänzen[1]. Eine wesentliche Gefahr bei der Bewirtschaftung öffentlicher Mittel ist, dass die Sach- und Finanzverantwortung auseinander fallen. Die Fachbehörden sind in erster Linie für die Sachentscheidungen zuständig, die Finanzminister und Kämmerer dagegen für die Finanzen. Durch Deckungs- und Verstärkungsvermerke, durch mehrjährige Verfügbarkeit der Mittel oder durch die Bildung von Rücklagen kann den Fachbehörden aber mehr eigener finanzieller Handlungsspielraum eingeräumt (Munzert 1997, S. 33) und so die Eigenverantwortung der Bewirtschafter gestärkt werden. Darüber hinaus testen Bund/Länder/Gemeinden in Modellvorhaben Möglichkeiten der Flexibilisierung, Globalisierung und Selbstbewirtschaftung, deren übereinstimmendes Element eine Ausdehnung der sachlichen und zeitlichen Verfügbarkeit der Haushaltsmittel ist, und erproben neue Managementmethoden bzw. führen sie ein.

Flexibilisierung stellt die verstärkte Anwendung von Haushaltsvermerken dar. So kann durch **Deckungsvermerke** mehr Beweglichkeit erreicht werden. Das gilt für alle Ausgaben eines Kapitels, wenn damit eine wirtschaftliche und sparsame Mittelverwendung gefördert wird. Dienen die Ausgaben der Erfüllung ähnlicher oder verwandter Zwecke, kann sogar über ein Kapitel hinaus Deckungsfähigkeit eingeräumt werden. Auch **Verstärkungsvermerke** ermöglichen den Fachverwaltungen mehr finanzielle Eigenverantwortung. Sie lockern die Grundsätze der Gesamtdeckung und der Jährlichkeit auf und bieten so den Verwaltungen Anreize, im Eigeninteresse alle Einnahmemöglichkeiten voll auszuschöpfen, um über mehr Mittel für Ausgaben zu verfügen. Auch die verstärkte Anwendung von **Übertragungsvermerken** kann zu einer sparsamen Mittelbewirtschaftung beitragen. „Da eine mehrjährige Verfügbarkeit der Mittel das ‚Dezemberfieber' eindämmen dürfte, wäre diese Voraussetzung für Übertragungsvermerke auch gegeben. Allerdings werden dadurch nur die Ausgaben übertragen, nicht auch die erforderlichen Deckungsmittel. Diese müssen im nachfolgenden Haushaltsjahr entweder durch Einsparungen an anderer Stelle erwirtschaftet oder durch besondere Veranschlagung bereitgestellt werden" (Munzert 1997, S. 34). Wirksamer wäre daher die **Bildung von Rücklagen**, in die nicht benötigte Haushaltsmittel eingestellt werden, um bei Bedarf in nachfolgenden Jahren die Ausgabenermächtigungen erhöhen zu können. Mit Globalhaushalten kann auch die Möglichkeit eingeräumt werden, eingesparte Mittel eines Haushaltsjahres im Folgejahr z. B. für größere Projekte zu verwenden.

Bei der Erstellung von **Globalhaushalten** geht es um die Reduzierung der Titel eines Haushaltskapitels, die formal im Parlament bestimmt, faktisch aber z. B für die Hochschulen in Verhandlungen zwischen Wissenschafts- und Finanzminister (meist

---

[1] Auf Maßnahmen außerhalb des Haushaltsrechts – wie die verschiedenen Formen der Privatisierung einzelner Bereiche staatlicher Aktivität – wird im 7. Kapitel eingegangen.

ohne Einbeziehung der Hochschulen) festgelegt werden[1]. Globalhaushalte bewirken für die Hochschulen, dass sie nicht mehr bis ins Detail über den Staatshaushalt gesteuert werden. Praktisch wird damit die Brutto- durch die Nettoveranschlagung ersetzt, bei der nur der Saldo von Einnahmen und Ausgaben im Staatshaushalt als Globalzuschuss ausgewiesen wird. Auf diese Weise soll es zu einer beweglicheren Mittelbewirtschaftung mit Anreizen für einen wirtschaftlicheren Umgang kommen.

Selbstbewirtschaftung bedeutet, dass Mittel ohne besondere Haushaltsvermerke gegenseitig deckungsfähig sind und über das laufende Haushaltsjahr hinaus zur Verfügung stehen; die bei der Bewirtschaftung erzielten Einnahmen einer Institution fließen deren Ausgaben zu.

Flexibilisierung und Globalisierung der Haushalte engen den Rahmen des parlamentarischen Budgetrechts ein. Sie erweitern die Eigenverantwortung z. B. der Hochschulverwaltung bei der Gestaltung des Haushaltsplans und bei seiner Ausführung. Der Verlust an parlamentarischen Einwirkungsmöglichkeiten kann z. B. dadurch kompensiert werden, „das die Hochschulen als Erläuterungen zu ihren Wirtschaftsplänen ‚Produktinformationen' vorlegen. Dadurch soll dem Parlament ermöglicht werden, eine hochschulpolitische Bewertung der Leistungen der einzelnen Hochschulen vorzunehmen, von der nach dem Vorbild eines einfachen Rückkoppelungsmodells die künftige Höhe des Globalzuschusses abhängig gemacht werden kann. Die politische Steuerung der Hochschulentwicklung erfolgt nicht mehr über Haushaltstitel, sondern über ‚Zielvereinbarungen', die sich auf die zu erledigenden Aufgaben beziehen. Die Produktinformationen beziehen sich dann auf diese so festgelegten Aufgaben" (Zechlin 1998, S. 349).

Für die mit einem Globalhaushalt ausgestattete Institution ist die Veränderung allerdings nicht unproblematisch, weil sie regelmäßig mit Mittelkürzungen einhergeht. Die unter der Bezeichnung „Budgetierung" angekündigte Planungssicherheit hinsichtlich ihrer Finanzen wird meist nicht eingehalten. Der Vorteil der Globalisierung liegt aus der Sicht des Finanzministeriums darin, dass auch die Mittelkürzungen globalisiert und dadurch in dem Sinne entpolitisiert werden, dass ihre nachteiligen Folgen nicht mehr direkt und umstandslos der Politik zugeordnet werden können (Zechlin 1998, S. 350).

Über die verschiedenen Maßnahmen zur Flexibilisierung hinaus bedarf es für ein effizientes staatliches Handeln auch der Kenntnis der zu erbringenden Leistungen und der dazu gehörenden Kosten. Im Rahmen des „Neuen Steuerungsmodells"[2] ist vorgesehen, dass die Leistungen der Verwaltung definiert werden müssen. Es bedarf einer

---

[1] Das traditionelle Haushaltsverfahren ist intransparent, schwer beeinflussbar und sichert die Herrschaft der zwischen Parlament und den Hochschulen angesiedelten Staatsverwaltung. Auch innerhalb der Hochschule stärkt dieses System die Macht der Verwaltung, die mit ihrer Interpretation des Haushaltsrechts hohen Einfluss auf die Verteilung der Mittel nehmen kann (Zechlin 1998, S. 349).

[2] Dieser Begriff fasst verschiedene Herangehensweisen und Ansätze zur Veränderung von staatlichen Entscheidungsgrundlagen und -prozessen zusammen.

Produktdefinition. Das ist eine Aufgabe, die im Rahmen der Programmplanung schon lange diskutiert wird. Ein Controllingsystem hat die Instrumente der Kostenarten-, Kostenstellen- und Kostenträgerrechnung einzusetzen[1]. Neben dem Einsatz einer Kosten- und Leistungsrechnung sieht das neue Haushaltsrecht die Verpflichtung der Verwaltung zu angemessenen Wirtschaftsuntersuchungen bei allen finanzwirksamen Maßnahmen vor (§ 7 Abs. 2 BHO). Die unten zu behandelnden Nutzen-Kosten-Analysen sind dabei als Unterfall von Wirtschaftlichkeitsuntersuchungen anzusehen. Für einfache Wirtschaftlichkeitsuntersuchungen genügen meist Kostenvergleiche nach Einholung mehrerer Angebote.

c) Die mittelfristige Finanzplanung

(1) Die Ziele

Durch Einbettung in die mittelfristige Finanzplanung (MFP) soll die Haushaltsplanung verbessert werden. Die MFP ist eine zukunftsorientierte, für mehrere Jahre durchgeführte vollständige Zusammenstellung der voraussichtlichen Ausgaben und der zu ihrer Deckung vorgesehenen Einnahmen. Über ein Jahr hinaus sollen Aufschluss über Schwerpunkte der Finanzpolitik gegeben sowie Ausgabenwünsche verschiedener Ressorts koordiniert und begrenzt werden. Mit der MFP wird eine Abkehr vom Jährlichkeitsdenken angestrebt, indem Folgewirkungen erfasst und der künftige Finanzierungsspielraum beachtet werden. Entscheidungen können so aufgrund von Prioritäten und Schwerpunkten fallen. Wachstums- und Strukturprobleme bedürfen längerfristiger Planung, bei kurzfristigen Maßnahmen z. B. der Konjunkturpolitik ist die Gefahr langfristiger Fehlentwicklungen zu beachten (Pyramidenbau, Löcherbuddeln). Konjunkturelle Einflüsse sollen sich daher lediglich auf den Zeitpunkt auswirken, in dem die Ziele des Finanzplans realisiert werden. Angestrebt wird eine allgemeine Informationsfunktion der MFP nach außen: Parlament und Öffentlichkeit werden über die Vorstellungen der Regierung für einen mehrjährigen Zeitraum informiert. Ein solcher klarer, nachvollziehbarer Rahmen könnte auch zu einer Minderung des Einflusses der Interessengruppen beitragen.

Die MFP soll die Haushaltsplanung eines Jahres in die Planung eines mehrere Jahre umfassenden Zeitraums der Aufgaben-, Einnahmen- und Ausgabenplanung einbetten. Idealerweise sind drei Perioden für die Planung zugrunde zu legen, die ineinander verzahnt sind: eine **langfristige Planung** über einen Zeitraum von z. B. 5-50 Jahren, eine **mittelfristige** von ca. 2-5 Jahren und schließlich die praktizierte jährliche Haushaltsplanung. Die langfristige Orientierung ist z. B. bei Fragen der Bevölkerungsentwicklung und -struktur und daraus resultierenden ökonomischen Probleme erforderlich (Beispiel: gesetzliche Rentenversicherung). Die mittelfristige Periode wird bedeutsam für in die unmittelbare Zukunft reichende Maßnahmen, die im Haushaltsplan nur unzu-

---

[1] Kostenträger sind die Produkte der Verwaltung. Kostenarten umfassen neben den Ausgaben des Haushaltsplans zusätzlich Kosten wie kalkulatorische Zinsen und Abschreibungen (siehe Punkt d) unten). Mit Hilfe der Kostenstellenrechnung werden die Kosten den verschiedenen Organisationseinheiten, wie Behörden, Abteilungen, Dezernaten, zugerechnet (vgl. Müller 1997, S. 26).

reichend erfasst werden. Es leuchtet unmittelbar ein, dass für Fragen der Pensions- und Zinsbelastung der öffentlichen Haushalte oder der gesetzlichen Rentenversicherung gerade die längerfristige Perspektive sinnvoll ist.

(2) Das Verfahren

Die MFP ist für die Haushaltswirtschaft des Bundes und der Länder im Stabilitätsgesetz vorgeschrieben. Sie enthält Angaben über fünf Jahre, wobei das erste Jahr der mittelfristigen Planung z. B. der Jahre 2000-2004 die im Haushaltsplan 2000 festgelegten Daten übernimmt. Für das erste Jahr der eigentlichen Haushaltsplanung (2001) wird ein Haushaltsentwurf vorgelegt.

Abb. 6-2 Der Zeitraum der mittelfristigen Finanzplanung

Haushaltsplan 2000 (wird vollzogen)	Haushaltsplan 2001 (entspricht Haushaltsentwurf)	Fortschreibung 2002-2004

Daraus folgt bereits, dass jede Abweichung vom Entwurf 2000 durch die endgültige Festlegung im Haushaltsgesetz die Qualität der Daten für das erste Planungsjahr und für die weiteren Jahre der MFP mindert. Bei größeren Abweichungen wird die MFP daher zur Makulatur. Die Finanzplanung ist jährlich neu an die Entwicklung anzupassen und fortzuführen („**gleitende Planung**"). Die Bundesregierung hat Bundestag und Bundesrat über erhebliche Änderungen der Haushaltsentwicklung und deren Auswirkungen auf die Finanzplanung zu unterrichten. Sie muss bei Gesetzesvorlagen ebenfalls eine Übersicht über die Auswirkungen auf Haushaltsplan und Finanzplan vorlegen. Wenn Nachtragshaushalte verabschiedet werden, sind daher auch die Finanzpläne zu korrigieren. Laufende Anpassungen können des weiteren als Folge veränderter gesamtwirtschaftlicher Daten (z. B. höheres BIP führt zu mehr Steuereinnahmen), in der Zwischenzeit ergangener Gesetze und neuer Vorstellungen der Regierung erforderlich sein. Die mutmaßliche (angestrebte und für erreichbar angesehene) gesamtwirtschaftliche Entwicklung beschreibt die Bundesregierung in ihrer **Zielprojektion**[1].

Die Darstellung des Finanzplans erfolgt in der funktionalen Gliederung des Haushaltsplans. Hier wird des Weiteren ein Schema vom Finanzplanungsrat festgelegt, um eine einheitliche Systematik für die Gebietskörperschaften sicherzustellen.

---

[1] Diese Zielprojektion enthält analog der kurzfristigen Jahresprojektion die **Eckwerte** für den Beschäftigungsgrad, die Preisniveauentwicklung, das Wirtschaftswachstum und den Außenbeitrag. Sie ist auch Grundlage für mittelfristige Steuervorausschätzungen des Arbeitskreises „Steuerschätzungen".
In diesem Zusammenhang entsteht ein **Zirkelproblem:** Die zu erwartenden Einnahmen und Teile der Ausgaben hängen von der allgemeinen Wirtschaftsentwicklung ab. Diese wird ihrerseits aber nicht unwesentlich von jenen Handlungen bestimmt, die eben im Finanzplan festgelegt (und durchgeführt) werden sollen.

Das Verfahren der Aufstellung des Finanzplans entspricht dem des Haushaltsplans. Die für den Einzelplan zuständigen Stellen schicken Daten an den Finanzminister, der den Finanzplan einschließlich mehrjähriger Investitionsprogramme aufstellt und begründet. Die Bundesregierung beschließt ihn. Am Zustandekommen des Finanzplans ist eine parlamentarische Mitwirkung nicht vorgesehen.

Zur Koordinierung der Finanzplanung der verschiedenen Ebenen dient der **Finanzplanungsrat**[1]. Er gibt (unverbindliche) Empfehlungen an die beteiligten Gebietskörperschaften, ermittelt einheitliche volkswirtschaftliche und finanzwirtschaftliche Annahmen für die Finanzplanungen, setzt Schwerpunkte für eine den gesamtwirtschaftlichen Erfordernissen entsprechende Erfüllung der öffentlichen Aufgaben und gibt (unter Berücksichtigung der Empfehlungen des Konjunkturrats[2]) Empfehlungen für eine konjunkturgerechte Gestaltung der Haushaltswirtschaft. Bund, Länder und Gemeinden ist eine, allerdings nicht gemeinsame, Finanzplanung vorgeschrieben.

(3) Beurteilung

Die bisherige Finanzplanung hat die o.g. Ziele nicht erreichen können. So ist die Jahresplanung regelmäßig nicht in die MFP integriert, sondern umgekehrt wird in der Praxis der Haushaltsplan in der Finanzplanung fortgeschrieben. Während der Haushaltsplan vom Parlament „festgestellt" wird und für die Exekutive rechtlich verbindlich ist, besteht für den Finanzplan nur eine **Selbstbindung der Regierung** mit Bindungswirkungen wie jeder Kabinettsbeschluss. Wegen dieser Bindungswirkung kann der Finanzplan auch nur von der Regierung und nicht z. B. von externen Experten aufgestellt werden. Faktisch ist entscheidend, wie ernst die Regierung die Selbstbindung nimmt. Die Bindung der Regierung an den Inhalt der MFP nur nach dem „Grundsatz der Erklärungstreue" hat den Vorteil einer regelmäßigen Anpassung an neue Entwicklungen, aber den Nachteil erschwerter Vergleichs- und Kontrollmöglichkeiten. Nach Ablauf von drei oder vier Jahren lässt sich kaum noch feststellen, ob die zugrundeliegenden Ziele erreicht wurden, insbesondere wenn der „rekurrente Anschluss" an frühere Projektionen verloren geht, indem die verschiedenen Planungsjahre nicht gegenübergestellt werden. Wäre der Finanzplan andererseits verbindlich, entfiele die Möglichkeit einer schnellen Anpassung z. B. aufgrund konjunkturpolitischer Erfordernisse.

Auch die Finanzplanung erfolgt ressort-(input-)orientiert, so dass „echte" Programme mit Erfolgskriterien, die später überprüft werden können, nicht erarbeitet werden. Die Finanzplanung lässt nicht erkennen, welche konkreten Ziele verfolgt und welche Wirkungen (Outputs) erreicht werden sollen. Eine ökonomische Wirksamkeitskontrolle ist nicht möglich. Andererseits laufen die Ansätze Gefahr, trotz mangelnder Grund-

---

[1] Mitglieder sind die Bundesminister der Finanzen und für Wirtschaft, die Finanzminister der Länder und vier Vertreter der Gemeinden und Gemeindeverbände; die Bundesbank kann an den Beratungen teilnehmen.

[2] Der Konjunkturrat berät nach dem Stabilitätsgesetz die Bundesregierung; ihm gehören der Bundesminister für Wirtschaft, der Finanzen, je ein Vertreter jedes Bundeslandes und vier Vertreter der Gemeinden und der Gemeindeverbände sowie der Deutschen Bundesbank (beratend) an.

lage als Rechtfertigung künftiger Ausgaben zu dienen, bloß weil sie in der MFP enthalten sind. Auch Prioritäten sind nicht klar zu erkennen - abgesehen von einigen Änderungsraten, die von den durchschnittlich projizierten Entwicklungen stärker abweichen.

d) Die Berücksichtigung der Folgewirkungen staatlicher Aktivität, insbesondere öffentlicher Investitionen

(1) Begriff und Bedeutung

Folgewirkungen öffentlicher Investitionen sind Ausgaben oder Kosten, die in späteren Perioden als in der anfallen, in der die Investitionsentscheidung gefällt wird[1]. **Folgeausgaben** belasten die Haushalte zukünftiger Perioden. Dadurch wird dann der finanzielle Handlungsspielraum bei gegebenem Budgetumfang eingeschränkt. Mit der Entscheidung für ein Projekt wird gleichzeitig auch über zukünftige Belastungen entschieden und damit über die Möglichkeiten der Erfüllung neuer ausgabenwirksamer Aufgaben, Investitionen usw. Aber auch das eigentliche Investitionsprojekt kann zweifelhaft werden, wenn die damit verbundenen Folgeausgaben nicht finanziert werden können. So sind Gebäude ohne das dafür erforderliche Personal zwecklos, Universitäten oder Fakultäten ohne Bücher oder Personal Fehlinvestitionen.

Von besonderer Bedeutung sind in diesem Zusammenhang Investitionshilfen des Bundes und der Länder an die Gemeinden, die die Durchführung zusätzlicher Aufgaben ermöglichen sollen, aber die Budgets späterer Perioden mit Folgeausgaben belasten, die die Gemeinden dann meist allein tragen müssen.

Die Begriffe „Folgekosten" und „Folgeausgaben" werden häufig synonym verwandt. Dennoch ist es zweckmäßig, beide Begriffe zu trennen. Zu den **Folgeausgaben** werden Ersatzinvestitionsausgaben, Tilgungsausgaben und Ausgaben für Unterhaltung, Betrieb, Verwaltung und Zinsen auf Fremdkapital[2] gerechnet. **Folgekosten** enthalten darüber hinaus kalkulatorische Abschreibungen und kalkulatorische Zinsen, die Ersatzinvestitions- und Tilgungsausgaben sind hingegen nicht in den Folgekosten enthalten (vgl. Röck 1982, S. 38 ff.).

Die bisher genannten Kosten bzw. Ausgaben entsprechen nicht den **volkswirtschaftlichen** Folgekosten, die in Nutzen-Kosten-Analysen (siehe Abschnitt (5) unten)

---

[1] Folgewirkungen sind aber auch bei staatlichen Programmen zu beachten, die **nicht** mit öffentlichen Investitionen verbunden sind: So rufen Geschwindigkeitsbegrenzungen Kontrollkosten hervor, die mit der Erzwingung der Einhaltung der Vorschriften auftreten. Eine Zunahme der Hochschulmitwirkungsverpflichtungen beeinflusst Zeit und Effizienz in der Lehre und Forschung der Hochschullehrer: zur Vermeidung eines Rückgangs der Lehr- und Forschungsleistungen sind zusätzliche Vergütungen und Stellen unvermeidlich.

[2] Es ist allerdings nicht unproblematisch, einzelnen Investitionsprojekten Schuldendienste zuzurechnen, weil eine objektbezogene Kreditaufnahme (Kreditaufnahme zur Finanzierung von produktiven Aufgaben) nicht besteht. Daher sind die Finanzierungsstruktur des Investitionsprojekts und damit auch die daraus resultierenden Ausgabenwirkungen unbekannt (Lang 1978, S. 525).

berechnet werden. Dort wird z. B. die aus der Nutzung einer Straße entstehende Lärmbelästigung der Anwohner in den Kosten berücksichtigt. Die folgende Übersicht (Röck 1982, S. 37) verdeutlicht, dass der zu verwendende Folgekosten/-ausgabenbegriff je nach Zweck variiert. Für die haushaltswirtschaftliche Analyse (künftige Ausgabenspielräume) ist allein der Begriff der Folgeausgaben relevant. Folgekosten müssen für Wirtschaftlichkeitsberechnungen und -kontrollen, Preisberechnungen öffentlicher Einrichtungen und zur Errechnung von Kostendeckungsgraden ermittelt werden.

Übersicht 6-1 Einteilung der Folgewirkungen nach der Zwecksetzung

Folgewirkungen		
Folgeausgaben (haushaltswirtschaftliche Definition)	einzelwirtschaftliche Folgekosten (betriebswirtschaftliche Definition)	gesamtwirtschaftliche Folgekosten (volkswirtschaftliche Definition)
Definition: Ausgaben minus evtl. anfallende Einnahmen	Definition: Kosten bzw. Kosten minus Erlöse	Definition: gesamtwirtschaftliche Kosten minus gesamtwirtschaftliche Nutzen
Zweck: – Berechnung der Budgetbelastungen – mehrjährige Finanzplanung	Zweck: – Preisberechnung für kostenrechnende Einrichtungen – Berechnung des Kostendeckungsgrads – Wirtschaftlichkeitsberechnungen – Grundlagen für Entscheidungen zur Privatisierung öffentlicher Einrichtungen	Zweck: Bestimmung der volkswirtschaftlichen Vorteilhaftigkeit einer öffentlichen Investition

Investitionsausgaben und Folgeausgaben(-kosten) betreffen also verschiedene Haushaltsjahre. Die Folgeausgaben schlagen sich in unterschiedlichen Teilplänen des Budgets (Vermögens-, Verwaltungshaushalt) nieder. Investitionsentscheidungen wirken sich zunächst auf den Vermögens-, später auf den Verwaltungshaushalt aus. Der Finanzbedarf für die Investition kann ungleich kleiner sein als die für die Folgeausgabenfinanzierung erforderlichen Haushaltsmittel. Tab. 6-1 verdeutlicht die Größenordnung der Folgewirkungen. Die Belastung der Haushalte durch eine öffentliche Investition kann also je nach Art der Projekte einen ganz erheblichen Umfang annehmen, insbesondere auch, wenn nicht - wie oben - mit konstanten Preisen, sondern mit im Hinblick auf die Preisniveauentwicklung überproportional steigenden Preisen der staatlichen Inputs gerechnet wird.

Zu beachten ist, dass bei einigen Projekten wie Kindergärten, Bädern und Krankenhäusern Einnahmen anfallen (Gebühren, Beiträge und Zuweisungen übergeordneter Körperschaften). Daher ist - bei Ausgaben oder Kosten - die Nettobelastung zu ermitteln. Entsprechend aktualisierte Angaben liegen für Gemeinden vor, wobei aus gemeindlicher und gesamtstaatlicher Sicht Berechnungen durchgeführt wurden (Lenk 1996). Auch Folge**einsparungen** einer öffentlichen Investition, z. B. die Senkung der Heizkosten einer Schule infolge besserer Wärmedämmung, sind zu berücksichtigen.

Tab. 6-1 Folgeausgaben und Folgekosten ausgewählter Investitionsprojekte (in % der Herstellungsausgaben bzw. Herstellungskosten)[1]

Projekt	Folgekosten in % der Herstellungskosten[2]	darunter kalkulatorische Abschreibungen	Folgeausgaben in % der Herstellungskosten	Summe der Folgeausgaben für die Nutzungsdauer in % der Herstellungsausgaben[3]
Verkehrsanlagen				
a) Bundesautobahn	9,7	0,8	0,4	50,0
b) Bundesstraßen	9,4	0,5	0,4	80,0
c) Landesstraßen	9,8	0,4	0,9	225,0
d) Kreisstraßen	9,6	0,4	0,7	175,0
Kläranlagen	19,5	5,0	6,0	120,0
Universitäten				
a) Geisteswissenschaften	18,3	3,2	6,6	206,3
b) Ingenieur-Naturwissenschaften	18,4	4,0	5,9	147,5
c) Medizin, Biologie, Chemie	23,2	5,0	9,7	194,0
Schulen	31,0	2,5	20,0	800,0
Kindergarten	31,0	2,5	20,0	800,0
Turn- und Sporthallen	16,5	4,0	4,0	100,0
Hallenbäder	20,5	5,0	7,0	140,0
Sportplätze	13,5	2,0	3,0	150,0
Heilbäder	15,5	4,0	3,0	75,0
Krankenhäuser	26,0	4,5	13,0	288,0

[1] Herstellungskosten = Herstellungsausgaben.
[2] Einschließlich kalkulatorischer Zinsen von 8,5 %.
[3] Vereinfachend ist eine Konstanz der Folgeausgaben während des gesamten Nutzungszeitraums unterstellt worden.
Quelle: zusammengestellt von Lang 1978, S. 526.

Richtwerte, wie sie in Tab. 6-1 zusammengestellt sind, stellen in der Regel statistische Durchschnittswerte dar, die für ausgewählte Investitionen des Landeshaushalts sowie der kommunalen Haushalte ermittelt werden. Sie vermitteln den Planträgern bereits in der Vorprojektierungsphase eine ungefähre Vorstellung über die zu erwartende Haushaltsbelastung. Erweist sich das Vorhaben als nicht finanzierbar, so kann es bereits in der Planungsphase aufgegeben werden. Erscheint das Projekt realisierbar, können die Richtwerte allerdings nicht ohne Korrekturen für die Planung zugrunde gelegt werden, weil die Folgeausgaben des konkreten Investitionsprojekts erheblich von solchen Richtwerten wie in Tab. 6-1 abweichen können[1]. Insbesondere müssen die Orientierungsdaten bezüglich der zu erwartenden Lohn- und Preisniveauänderungen aktualisiert werden, die die Kostenentwicklung maßgeblich bestimmen.

(2) Transaktionskosten im privaten und staatlichen Bereich

Die bisher behandelten Folgewirkungen staatlicher Tätigkeit sind aber nur ein Teil der u. U. erheblichen **Transaktionskosten** öffentlichen Handelns. Transaktionskosten, die meist nur schwer von den laufenden Ausgaben/Kosten abzugrenzen sind, entstehen bei der konkreten Abwicklung von Transaktionen, d. h. beim Übergang von materiellen oder immateriellen Gütern und Rechten von einem Wirtschaftssubjekt auf ein anderes. Darüber hinaus können auch Ankündigungen und Beratungen neuer Gesetze oder Unterlassen oder Aufschieben dringend erforderlicher Anpassungen solche Kosten herbeiführen. Sie bestehen insbesondere in Informations-, Such-, Einigungs- und Vollzugskosten.

Die häufig festzustellende Zunahme an Komplexität der Sachverhalte, an betroffenen organisierten Interessen und der Verflechtung der verschiedenen staatlichen Ebenen wirken sich insbesondere in den staatlichen Einigungskosten aus. Sie haben dazu beigetragen, dass die Gesetzgebung schwieriger, länger und häufig auch schlechter geworden ist. Das erhöht nicht nur die staatlichen Verwaltungskosten (z. B. Kosten der Steuererhebung), sondern auch die Befolgungskosten der Privaten. Ferner verunsichern ständige Ankündigungen neuer Gesetze. Die verschiedenen Formen staatlich verursachter Transaktionskosten sind bisher nur ansatzweise Gegenstand systematischer Analysen. Ihre auch nur qualitative Nennung würde bewirken, dass die vor vielen gesetzlichen Maßnahmen zu findenden Klauseln „Kosten: keine" sich nicht aufrechterhalten lassen.

(3) Finanzpolitische Realisierungschancen von Folgeausgabenrechnungen

Bei der Darstellung der Folgekostenrechnungen (wie auch der anderen Instrumente in diesem Abschnitt) ist zunächst unterstellt worden, dass mehr Transparenz gewünscht wird. Das ist aber nicht der Fall, wenn die an den Maßnahmen Interessierten die Bewilligung von Mitteln nicht durch den Hinweis auf künftige Belastungen gefährden wollen. Dann leugnen die finanzpolitischen Entscheidungsträger zum Zeitpunkt der Investitionsentscheidung Folgelasten. In einem späteren Zeitpunkt, nach Erstellung der

---

[1] Die starke Streuung der Folgeausgaben für Verkehrsanlagen ist auf Unterschiede bei Auslastung, Witterungsverhältnissen und Ausbauqualitäten zurückzuführen. Ferner können die Herstellungskosten wegen technischer Gegebenheiten für denselben Investitionsbereich variieren. So können Investitionsprojekte mit höheren Herstellungskosten niedrigere Folgeausgaben nach sich ziehen als vergleichbare Investitionen mit geringeren Investitionskosten. Einsparungen z. B. bei der Wärmedämmung von Gebäuden führen zu höheren Folgeausgaben in Form höherer Heizkosten.

Anlagen, bezeichnen sie zusätzliche Ausgaben als unabweisbar, ohne die anders lautenden früheren Angaben noch einmal zu erwähnen. „Die Opposition hingegen ist ohne Mitwirkung der Verwaltung kaum in der Lage, die Folgelasten einer Investition einigermaßen zuverlässig zu ermitteln, soweit sie überhaupt daran interessiert sein sollte, daß Vorbelastungen ausgewiesen werden. Jede Verwaltung wird wiederum aus ihrer Interessenlage heraus unwillig sein, die Folgelasten einer von ihr zum Haushaltsplan angemeldeten investiven Maßnahme auszuweisen, wenigstens wenn die Folgelasten im Verhältnis zum Investitionsaufwand hoch sein werden" (Littmann 1979, S. 451).

e) Das Planning-Programming-Budgeting System (PPBS)

(1) Die Ziele des PPBS

Gegenüber dem analytisch nicht sehr anspruchsvollen Ansatz der MFP gibt es Vorschläge zu einer umfassenderen Verwendung von Managementtechniken im öffentlichen Sektor. Dazu gehören das PPBS oder das Zero-Base-Budgeting (ZBB) und die Nutzen-Kosten-Analyse als Teil dieser Systeme. Ihre Bedeutung wird darin gesehen, dass sie umfassende Informationen als Voraussetzung besserer Entscheidungen ermöglichen und institutionalisieren sollen.

Während der traditionelle Budgetprozess inputorientiert ist, geht es beim **PPBS** wesentlich um die Aufgaben und um die Ergebnisse staatlicher Tätigkeit (Output). Die Ausgaben sind nach Programmen klassifiziert, die möglichst an den Zielen staatlicher Politik ausgerichtet sind. Sie können in vielen Fällen über mehrere Ministerien oder andere Behörden reichen. Im Einzelnen geht es beim PPBS darum,
• die staatlichen Ziele („objectives and goals") zu spezifizieren;
• die staatlichen Handlungen in Programmen auf diese Ziele abzustimmen;
• Informationen zu liefern, wie die Ressourcen gegenwärtig eingesetzt werden, ob und in welchem Grad also die gesetzten Ziele erreicht werden sollen, dabei auch Transparenz für die Behörden hinsichtlich ihrer Aufgabenerfüllung zu erzielen;
• Alternativen zu entwickeln und zu prüfen, welche am effizientesten ist (Nutzen-Kosten-Analyse);
• systematisch die Pläne und Programme im Hinblick auf neue Entwicklungen, Analysen usw. zu überprüfen.

(2) Die Beurteilung des PPBS

Die Bedeutung des PPBS (oder eingeschränkter: der Programmplanung) liegt vor allem darin, dass sie Anstöße zu einer systematischen Ziel-Mittel-Analyse und insbesondere Outputforschung geliefert hat. Tab. 6-2 verdeutlicht den möglichen Rahmen eines Ziel-Mittel-Schemas mit mehreren Output- und Inputebenen. Es wird unterschieden zwischen allgemeinen Zielen (goals), konkretisierten, operationalisierten Zielen, Output bzw. öffentlichen Produkten und Ausgaben (monetären Inputs). **Allgemeine Ziele (goals)** sind z. B. die Verbesserung der Gesundheit oder des Verkehrswesens,

konkretisierte Ziele eine geringere Zahl bestimmter Erkrankungen, verkürzte Wegezeiten, geringere Unfallhäufigkeit. Während die Ausgaben im Gesundheits- oder Verkehrswesen weniger unklar sind[1], stellen sich erhebliche Probleme bei der Darstellung des Outputs. So können in diesen Bereichen etwa die Zahl der neuen Krankenhäuser, Ärzte oder Straßenkilometer noch nicht als Outputgrößen angesehen werden. Sie stellen durchweg unbefriedigende Indikatoren dar. So brauchen mehr Krankenhäuser nicht die Verbesserung der Gesundheit zum Ausdruck zu bringen[2], weil zwischen diesen Indikatoren und der Menge und Qualität der Leistungen kein unmittelbarer Zusammenhang bestehen muss. Tab. 6-2 zeigt, wie man über diese Indikatoren hinaus zu verbesserten Aussagen über die **öffentlichen Produkte** zu gelangen versucht. Die Kenntnis solcher Strukturen ist bedeutsam für die Aufgabenplanung[3].

Die vorliegenden politischen Ergebnisse, die auf der Grundlage PPBS beruhen, waren nicht ermutigend. Sie hat die Entscheidungskosten erhöht, ohne den Entscheidungsprozess wesentlich verändern zu können. Das gilt sowohl für die Vereinigten Staaten als auch für andere Länder, die das Instrument bisher mehr oder weniger umfassend eingesetzt haben[4]. Ein entscheidendes Hindernis besteht darin, dass in vielen Fällen Outputs nicht befriedigend zu definieren sind. Ferner überlagern sich die Programmstrukturen mit den administrativen Strukturen. Dies führt teils zu Zentralisierungstendenzen, teils zu widersprüchlichen Verantwortlichkeiten. Die betroffenen Verwaltungen versuchen ihre Zuständigkeiten zu bewahren. Hinzu kommt, dass die Politiker und Behörden in vielen Fällen den Entscheidungsprozess nicht durchschaubar machen möchten, weil er dann leichter von außen zu kontrollieren und zu kritisieren wäre.

Das PPBS hat in den USA und in anderen Ländern mehrere Nachfolger und modifizierte Versionen gehabt. So ging es bereits bei der Diskussion über die Einführung des PPBS um die Frage, ob staatliche Programme mit jedem Haushaltsjahr einer neuen und umfassenden („comprehensive") Überprüfung unterzogen werden sollen („zero budgeting") oder nur Veränderungen nach und nach bei einzelnen Programmen untersucht werden sollen („incremental budgeting").

Auch die dem PPBS in den USA folgenden Zero Budgeting, Management by Objectives und Sunset-Legislation (vgl. unten) basieren auf der Grundidee, „durch explizite Dokumentation der Zusammenhänge zwischen Ressourceneinsatz einer staatlichen Aktivität einerseits und den damit beabsichtigten bzw. in der Vergangenheit tatsächlich erzielten Ergebnissen und Wirkungen (Problemlösungsbeiträge) andererseits den budgetären Willensbildungsprozeß für den politischen Entscheidungsträger transparent zu gestalten. Indem nicht mehr nur nach institutionellen Gliederungsgesichts-

---

[1] Sieht man von Steuervergünstigungen ab.
[2] Ähnliches gilt im Bereich Erziehung (Bildung) hinsichtlich der Zahl der Lehrer.
[3] Zur weiteren Erläuterung der Tabelle siehe Wille 1985. Ähnliche Übersichten finden sich jüngst im Rahmen des „Neuen Steuerungsmodells"; siehe z. B. Gornas 1998, S. 208.
[4] Entsprechendes gilt für die weniger anspruchsvollen deutschen Programmplanungsversuche Anfang der 70er Jahre

Tab. 6-2 Rahmen eines Ziel-Mittel-Schemas

		Ziel-/Mittelverhältnis im Rahmen des Allokationssystems		programmatische Position im Wohlfahrtssystem	Indikatorentyp	Selektionskriterien und Kriterien ökonomischer Kontrolle
Mittelebenen ▼	Outputebenen	Goals	→	allg. Ziele bzw. wohlfahrtsrelevante Lebensbereiche	nicht zu konkretisieren	allgemeine Wohlfahrtsrelevanz: Goals
		gesellschaftliche Leitbilder	→	allgemeine Charakterisierung der Ziele innerhalb der Lebensbereiche		Objectives (nicht zu konkretisieren)
		Impact Objectives	→	konkretisierbare operationale Wirkungsziele	Resultatindikatoren auf individueller Ebene	Effektivität (Wirksamkeit): Impact Objectives
	intermediäre Outputebenen	Output Objectives	→	konkretisierbare operationale Ausbringungsziele	Nutzungsindikatoren	Input bzw. Output Objectives Input
		quasi Objectives	→	konkretisierbare Leistungen mit wechselndem Ziel-/ Mittelcharakter	Erreichbarkeitsindikatoren	Effektivität (Wirksamkeit): Objectives Input
		öffentliche Produkte	→	(noch) nicht konsumiertes öffentliches Angebot	Angebots- bzw. Leistungsindikatoren	finanz. Effizienz: physischer Output monetärer Input (Ausgaben)
Zielebenen ▲	Inputebenen	Produktionsmittel	intrastaatl. Produktion	intrastaatliche Outputs als Produktionsmittel	physische Inputindikatoren (intrastaatl. Outputindikatoren)	„intrastaatliche Produktionseffizienz": intrastaatlicher Output Input
			Käufe am Faktormarkt	sachliche und personelle Kapazitäten bzw. Inputs	physis. Input- o. Ausstattungsindikatoren	„finanzielle Input-Effizienz": Produktionsmittel Ausgaben
		Ausgaben	→	monetäre Inputs	monetäre Inputindikatoren	juristische Ordnungsmäßigkeit

Quelle: Wille 1985.

punkten geordnete Inputkategorien, sondern die Ziele/Zwecke und damit die Frage nach dem Wozu öffentlichen Handelns selbst zum Gegenstand der Haushaltsplanung, -beratung und -verabschiedung geraten, soll die Möglichkeit eröffnet werden, die Notwendigkeit einzelner Programme einschließlich der dazu jeweils veranschlagten Mittelanforderungen vor dem Hintergrund eben dieser Ziele/Zwecke zu problematisieren" (Langner 1983, S. 20/21).

Die zentralen Entscheidungsträger waren aber auch bei den späteren Planungsinstrumenten nicht Willens oder in der Lage, die dort bereitgestellten Informationen aufzunehmen und mit der erforderlichen Skepsis zu interpretieren. Im Übrigen sind die Analysemethoden häufig umstritten, so dass **Programmanalysen** leicht zu **Programmrechtfertigungen** umfunktioniert werden können.

6. Kapitel: Haushaltsplanung und finanzwirtschaftliche Entscheidungsinstrumente   193

noch Tab. 6-2

Störgrößen	Beispiele	
	Gesundheitswesen	Verkehrswesen
Fehleinschätzung der Präferenzen der Konsumenten (nicht prüfbar zu formulieren)	Verbesserung des Gesundheitswesens, Steigerung der Gesundheit	Verbesserung des Verkehrswesens, Reduzierung negativer Verkehrsfolgen
	moderne Gesundheitsvorsorge, gezielte Rehabilitation, bedarfsgerechtes Angebot an stationären Leistungen	sichere Verkehrswege, zumutbarer Zugang zum Verkehr, stadtgerechter und umweltfreundlicher Verkehr
fehlender Zielbezug der Maßnahmen, mangelnder Zielerreichungsgrad derselben, u.a. auch infolge unzureichender Qualität der öffentlichen Produkte	erhöhte Früherkennung bei Krankheiten, niedrigere Sterberaten, schnellere Rekonvaleszenzen; absolut oder in vH	verkürzte Pendelzeiten, verringerte Unfallhäufigkeiten, Reduktion von Verkehrstoten und -verletzten; jeweils in absoluten Einheiten oder in vH
fehlender Zielbezug, mangelnde Nachfrage	Anzahl der Impfungen, diagnostischen Untersuchungen sowie ambulanten und stationären Behandlungen	Anzahl der Benutzer öffentlicher Verkehrsmittel, Nutzungshäufigkeit der Straßen
	Entfernung zum nächsten Arzt, Differenz zwischen Eintritt eines Notfalles und mögl. Behandlung; jeweils in Zeiteinheiten	Zugang zu öffentlichen Verkehrsmitteln, Erreichbarkeit zentraler Einrichtungen; jeweils in Zeiteinheiten
ineffiziente Produktion: technisch bedingt, fehlende Motivation, Preisstruktureffekt	Angebot an Impfungen, diagnostischen Untersuchungen sowie ambulanten und stationären Behandlungen	Angebot an (benutzbaren) neuen und ausgebesserten Straßen
	selbsterstellte Anlagen, Krankenhausaufnahme, allgemeine Verwaltungstätigkeit	selbsterstellte Anlagen, Ausstellen von Dienstanweisungen, Anfertigung von Leistungsverzeichnissen
unwirtschaftlicher Einsatz der monetären Mittel, Inflation	Krankenhäuser, Diagnosezentren, Röntgengeräte, Ärzte, Krankenschwestern	neue Straßenkilometer, Verkehrsampeln, Polizisten
Zuwiderhandlungen, beim Vollzug, strafbare Verfehlungen	Ausgaben für Gesundheitswesen im Sinne des Funktionalbudgets	Ausgaben für Verkehrswesen im Sinne des Funktionsbudgets

Dieser Problematik ist auch eine der jüngeren Haushaltstechniken, die **Sunset Legislation**, ausgesetzt: Sämtliche verabschiedeten Gesetze, laufenden Programme, aber auch Institutionen wie einzelne Verwaltungen und öffentliche Unternehmen sollen eine begrenzte Lebensdauer haben. Mit dem Begriff „Sunset" soll zum Ausdruck gebracht werden, dass ein Termin gesetzlich fixiert ist, zu dem die Prüfung und Neuentscheidung fällig wird. Die Fortführung bzw. Erneuerung ist nur in den Fällen zulässig, die sich als effektiv erweisen. Das Verfahren soll der Budgetfortschreibung entgegenwirken und die Anpassungsfähigkeit der staatlichen Planung erhöhen.

Die in den letzten Jahren vor allem auf kommunaler und Länderebene einsetzenden Bemühungen um ein neues Steuerungsmodell (vgl. S. 182) greifen auf Bausteine des PPBS (sowie moderne betriebswirtschaftliche Verfahren) zurück. So ist zu hoffen, dass die früheren Diskussionen doch nicht vergeblich waren.

f) Die Nutzen-Kosten-Analyse (NKA)

(1) Begriff und Aufgaben

Die Nutzen-Kosten-Analyse ist ein Instrument, das - analog zur Investitionsrechnung privater Unternehmen - in konkreten Fällen den staatlichen Entscheidungsträgern Entscheidungshilfen bzw. -empfehlungen an die Hand geben soll. Sie ist die „unter gesamtwirtschaftlichen Aspekten vorgenommene systematische Bewertung von Maßnahmen im Hinblick auf bestimmte Ziele" (Andel 1978, S. 477). Die NKA beruht auf normativen Vorstellungen der Wohlfahrtstheorie und Erkenntnissen privatwirtschaftlich orientierter Investitionsrechnungen.

Nutzen-Kosten-Analysen sollen die Entscheidungssituation transparenter machen, indem sie Antworten auf die Fragen geben, ob die Durchführung eines Projekts (einer Maßnahme) gesamtwirtschaftlich vertretbar ist, wie umfangreich ein Projekt sein soll und welche Alternative unter verschiedenen Maßnahmen die beste ist.

Die Bewertung unter **gesamtwirtschaftlichen** Aspekten ist erforderlich, wenn
- es sich hier primär um Entscheidungen handelt, die nicht über den Markt getroffen werden oder werden können und daher Gegenstand politischer Entscheidungsprozesse sind;
- auch solche Auswirkungen erfasst werden, die der Markt nicht berücksichtigt und bewertet. Die NKA kann daher von privaten Rechnungen etwa der Unternehmen (wenn z. B. private Investitionen beurteilt werden sollen) erheblich abweichen;
- die Bewertung über eine rein finanzwirtschaftliche Einnahmen-/Ausgabenbetrachtung hinausgeht.

Die **systematische** Bewertung macht es erforderlich, die Wirkungen von Projekten nach einheitlichen Kriterien zu erfassen und nach einheitlichen Maßstäben zu bewerten.

Entscheidungshilfen können nur bezüglich gesetzter Ziele erfolgen, weil (im Rahmen einer effizienten Wirtschaftspolitik) jede Zielsetzung andere Entscheidungen erfordert. Nutzen und Kosten haben daher allein **instrumentelle** Bedeutung und können erst eindeutig bei Festlegung der Zielfunktion ermittelt werden. Am Beginn einer jeden NKA muss folglich bestimmt werden, auf welches Ziel bzw. auf welche Ziele Bezug genommen werden soll.

Der NKA liegt der Ansatz der partiellen Gleichgewichtsanalyse zugrunde. Wenn ein Projekt so groß ist, dass hierdurch die relativen Input- und Outputpreise in der Volkswirtschaft verändert werden, ist sie nicht geeignet. Dann wird eine allgemeine Gleichgewichtsanalyse erforderlich.

(2) Die Ziele

Als Ziel gilt zunächst die **Erhöhung der Gesamtwohlfahrt**. Die staatlichen Aktivitäten sind demnach so lange auszudehnen, bis der daraus resultierende soziale Grenznutzen den sozialen Grenzkosten gleich ist. Dies gilt für öffentliches Handeln insgesamt wie auch für einzelne Aktivitäten z. B. im Bereich Gesundheit oder Verkehr.

Die wohlfahrtstheoretische Formel von der Gleichheit der sozialen Grenzkosten und -erträge hat so lange Leerformelcharakter, wie nichts darüber ausgesagt wird, was gesellschaftliche Wohlfahrt z. B. in allokationsmäßiger oder verteilungspolitischer Hinsicht ist. In Weiterführung wohlfahrtstheoretischer Diskussion ist es üblich, zunächst oder ausschließlich auf das Ziel allokationsmäßiger Effizienz abzustellen[1]. Die Einengung auf dieses Ziel beruht u. a. darauf, dass (1) hinsichtlich der Richtigkeit der Verfolgung eines solchen Effizienzzieles die Auffassungen am wenigsten kontrovers sind, (2) Unklarheit besteht, welche und wie Verteilungsziele berücksichtigt werden sollen bzw. können. Auch hier steht das Ziel allokativer Effizienz im Mittelpunkt.

Unter **allokationsmäßiger Effizienz** wird nach wohlfahrtstheoretischer Tradition Pareto-Optimalität verstanden. Eine Situation ist noch nicht Pareto-optimal, wenn es Personen gibt, die für die Durchführung von Projekten insgesamt mehr zu zahlen bereit sind, als andere, die durch die Projekte benachteiligt werden, gerade als ausreichenden Ausgleich (Kompensation) für ihre Schlechterstellung ansehen würden[2]. Er stellt einen Effizienzeffekt des Projekts dar und kann als zusätzlich verfügbare Ressourcen interpretiert werden.

Es gibt aber kaum ein Projekt, das nicht einige schlechter stellen würde. Die Einstimmigkeitsregel des Pareto-Kriteriums lässt insofern kaum Entscheidungsspielraum. Das ist anders, wenn sie durch die **Kompensationsregel** von Kaldor und Hicks ersetzt wird. Eine Maßnahme ist danach wünschenswert, wenn die Gewinner die Verlierer für ihre Verluste entschädigen können und ein Nettogewinn übrig bleibt. Hierbei wird angenommen, dass der Gewinn einer DM eines Wirtschaftssubjekts wie der Verlust einer DM eines anderen gewichtet wird. Bei zutreffender Bemessung der Entschädigung befinden sich die Verlierer in der gleichen Lage wie Personen, die weder gewinnen noch verlieren und daher gegenüber der Maßnahme indifferent sind. Da die Gewinner immer noch besser gestellt sind, werden sie die Maßnahmen befürworten. Das Pareto-Prinzip ist damit wieder hergestellt[3]. Es kommt also auf die für ein Projekt bestehende (positive) **Netto-Zahlungsbereitschaft** an, die als gesellschaftlicher Nettozuwachs (Nettoertrag) dieses Projekts angesehen wird.

---

[1] Andere Ziele - z. B. eine gewünschte Einkommensverteilung - werden dann ggf. zunächst als optimal erfüllt unterstellt.

[2] Zu diesen Kompensationszahlungen gehören auch die Zahlungen für die Inanspruchnahme von Produktionsfaktoren

[3] Vgl. auch die Ausführungen zu Abb. 3-2. Aus der Diskussion um das Kaldor-Hicks-Kriterium ist allerdings bekannt, dass eine nach der Nettozahlungsbereitschaft ermittelte Rangordnung von Projekten dann zu widersprüchlichen Ergebnissen (Intransitivität) führen kann, wenn die als Kompensation ermittelten Beträge nicht auch tatsächlich gezahlt werden. (Zu den Kompensationskriterien siehe Sohmen 1976, 9. Kapitel)

(3) Anwendungsbereiche

Grundsätzlich können Nutzen-Kosten-Analysen zur Beurteilung von Maßnahmen in den verschiedensten Aufgabenbereichen durchgeführt werden. So wurden zunächst wasserwirtschaftliche Projekte (Staudämme, Flussregulierungen), später der Bau von U-Bahnen, Straßen, Flughäfen, die Gründung von Universitäten oder Maßnahmen zur Erhöhung der Verkehrssicherheit (z. B. Sicherheitsgurte) und im Gesundheitsbereich bewertet. Da Nutzen-Kosten-Analysen für jede öffentliche Entscheidung herangezogen werden können, die Implikationen für die Ressourcenverwendung hat, kommen auch nicht- oder kaum ausgabenwirksame Maßnahmen wie Regulierungen z. B. in den Bereichen Gesundheitswesen oder Umwelt als Gegenstand einer NKA in Betracht.

(4) Die Ermittlung der Wirkungen von Maßnahmen

(i) Das Verfahren

Zunächst ist zu fragen, wie die einem Projekt zuzurechnenden Nutzen- und Kostenelemente ermittelt werden können. Wesentlich ist auch hier der Rekurs auf das **Prinzip des mit-und-ohne-Vergleichs („with and without principle")**. Danach muss die Entwicklung, die auf Grund der Durchführung eines Projektes zu erwarten ist (Wirkungsprognose), mit derjenigen verglichen werden, die sich wahrscheinlich dann ergibt, wenn ceteris paribus das betreffende Projekt nicht durchgeführt wird („Nullentwurf", Status-quo-Prognose). Die Differenzen aus beiden Prognoserechnungen ergeben die gesuchten Wirkungen des Projekts.

(ii) Begriff und Umfang der zu ermittelnden Nutzen- und Kostenelemente

Welche Wirkungen als Nutzen (Erträge) bzw. als Kosten anzusehen sind, hängt von der Zielfunktion ab. **Nutzen** sind die im Hinblick auf bestimmte Ziele positiv bewerteten Wirkungen, als **Kosten** gelten entsprechend die negativ bewerteten Wirkungen. Kosten z. B. der Erweiterung des Straßennetzes können u. a. Baukosten, Lärm, Luftverschmutzung, Zerstörung des Landschaftsbildes sein, Nutzen etwa Zeitersparnis, weniger Staus, weniger Unfälle oder Lärmreduzierung. Kosten können als negativer Nutzen, als verhinderte positive Wirkungen relevanter Alternativen gesehen werden, Nutzen entsprechend als negative Kosten. Das trifft zu, wenn Mittel alternativen Verwendungen entzogen werden: So bedeutet die Realisierung eines Projektes, dass die hierfür eingesetzten Mittel nicht mehr für andere (öffentliche oder private) Projekte einsetzbar sind. **Kosten sind daher stets Opportunitätskosten (entgangener Nutzen alternativer Mittelverwendung), Nutzen entsprechend Opportunitätsnutzen (entgangene Kosten alternativer Verwendung).** Demzufolge gibt es keine theoretische Unterscheidung zwischen Nutzen und Kosten, und es ist im Prinzip gleich schwierig, Kosten wie Nutzen zu schätzen[1].

---

[1] Jede Allokationsentscheidung „bewirkt einerseits die Befriedigung bestimmter Bedürfnisse und hat darin ihre positiven Effekte, sie beinhaltet andererseits den Verzicht auf die Gelegenheit („op-

6. Kapitel: Haushaltsplanung und finanzwirtschaftliche Entscheidungsinstrumente

Da es sich bei der NKA um eine gesamtwirtschaftliche Untersuchung handelt, müssen die Wirkungen der betrachteten Projekte so **umfassend wie möglich** ermittelt werden. „Eine Entscheidungsfindung setzt die Kenntnis aller Vor- und Nachteile der Maßnahmen voraus. Aufgabe ... ist daher, alle in der Volkswirtschaft anfallenden Nutzen und Kosten der Maßnahmen zu ermitteln, wem auch immer sie erwachsen können. Es genügt also nicht, nur die Vor- und Nachteile" der ausführenden Ebene (Bund, Land, Gemeinde) „allein zu berücksichtigen. Ebensowenig reicht es aus, nur die gegenwärtigen Wirkungen einzubeziehen. Vielmehr müssen alle Wirkungen während der angenommenen ökonomischen Lebensdauer der Maßnahmen berücksichtigt werden"[1]. Dem stehen in vielen Fällen kaum lösbare theoretische und praktische Probleme entgegen. Beispiel für ein praktisches Problem ist die Schätzung des Kapitalaufwandes von Projekten (vor allem Baukosten und Kosten des Grunderwerbs). In der Regel werden die Kostenvoranschläge für den Kapitalaufwand zu niedrig angesetzt[2]. Bei bewusst falschen Schätzungen erübrigt sich allerdings eine NKA.

(iii) Arten von Nutzen und Kosten

Die meisten Projekte werden ganz verschiedenartige Wirkungen hervorrufen. Daher muss stets im Einzelnen untersucht werden, ob und wie diese Wirkungen in der NKA zu erfassen und zu bewerten sind. So gibt es Effekte, die sich zwar in Marktergebnissen niederschlagen; dennoch ist es fraglich, ob sie erfasst werden sollen und ob die Marktwerte verwendet werden können. Ferner treten Wirkungen auf, die sich einer Quantifizierbarkeit und/oder Bewertbarkeit weitgehend entziehen.

Zuweilen werden die Nutzen- und Kostenelemente folgendermaßen kategorisiert: direkt - indirekt; tangibel - intangibel; real - pekuniär. Der Sinn dieser Unterscheidungen liegt vor allem darin, Klarheit über die bei der NKA zu beachtenden Wirkungen zu bringen.

Direkte Wirkungen sind unmittelbar mit dem Projekt verbunden. Bei den direkten Nutzen handelt es sich um jene Outputs, um derentwillen die Maßnahme primär erwogen wird: z. B. im Falle eines Staudammprojekts der Schutz vor Überschwemmungen und/oder die Elektrizitätsgewinnung. Die direkten Kosten eines Programms sind iden-

---

portunity") zur Produktion und zum Konsum anderer Güter und bürdet der Gesellschaft dadurch Opportunitätskosten auf. Die positiven Effekte und die Opportunitätskosten sind miteinander zu vergleichen, ehe über die Allokation der Produktionsfaktoren entschieden werden sollte. Ein solcher Vergleich der Vor- und Nachteile einzelner Projekte und Maßnahmen - vornehmlich im staatlichen Bereich, aber auch im privaten - bildet das Anliegen der Nutzen-Kosten-Analyse" (Hesse 1980, S. 361).

[1] So die Erläuterungen des Bundesministers der Finanzen zur Durchführung von Nutzen-Kosten-Analysen (Ministerialblatt 1973, S. 298).

[2] Das ist eine Folge des bestehenden Entscheidungsprozesses: Wenn der Finanz- und der zuständige Ressortminister die tatsächlichen - höheren - Baukosten im Haushaltsplan veranschlagen würden, wäre häufig eine Ablehnung des jeweiligen Projektes im Parlament sehr wahrscheinlich. Daher werden Projekte mit eher niedrig veranschlagten Baukosten vorgelegt und dann für ein einmal eingeleitetes Projekt „angesichts nicht erwarteter Kostensteigerungen" Zusatzmittel in Etappen angefordert. Die Begründung für weitere Bewilligungen damit, dass bereits hohe Ausgaben angefallen seien, ist ökonomisch nicht stichhaltig. Es muss folglich für jede Weiterführung eines Projekts bzw. für jede Zusatzausgabe eine neue NKA durchgeführt werden.

tisch mit dessen Opportunitätskosten (verdrängte alternative private oder staatliche Aktivitäten). Hierzu können Forschungs- und Entwicklungskosten, Kosten der Entscheidungsvorbereitung, Investitionskosten, Betriebs- und Unterhaltungskosten u. ä. gehören - nicht hingegen historische Kosten („sunk costs"), die in der Vergangenheit angefallen sind und daher nicht mehr vermieden werden können[1]. Bei einem Gesundheitsprojekt sind dies die Kosten der medizinischen Behandlung. **Indirekte Wirkungen** gehen über das enge Projektziel hinaus. Sie bestehen z. B. bei einem Staudammprojekt in der Veränderung des Fischbestandes oder der Zerstörung der natürlichen Landschaft. Bei einem Gesundheitsprojekt rechnen hierzu die Produktionsverluste (entgangene Einkommen). Direkte und indirekte Wirkungen müssen erfasst werden. Bei hinreichend weitgefasstem Zielsystem dürfte es kaum noch indirekte Wirkungen geben.

Reale Wirkungen rufen unmittelbar oder mittelbar eine gesamtwirtschaftliche Veränderung der Versorgung mit Gütern hervor. Hierzu rechnen z. B. bei einem Staudammprojekt die Stromerzeugung oder bei einem Verkehrsprojekt die Zeitersparnis für die Nutzer neuer Straßen. **Pekuniäre Effekte** bestehen in Preisveränderungen, die das Projekt durch Nachfrageverschiebungen nach komplementären oder substitutiven Gütern auslöst[2]. Beispiele: Infolge eines Bewässerungsprojekts oder einer Straßenbaumaßnahme steigen oder fallen die Bodenpreise[3]. Die Einführung von Fußgängerzonen in Einkaufszentren führt dort unmittelbar zu Umsatzsteigerungen, denen an anderer Stelle gleich große Einbußen gegenüberstehen. Unter **allokativen** Zielsetzungen dürfen pekuniäre Effekte nicht erfasst werden; sie stellen Transfers von Renten durch Veränderung der relativen Preise, hingegen keine realen Nutzen oder Kosten dar. Berücksichtigt man sie dennoch, so kommt es zu einer Doppelzählung. Pekuniäre Effekte können aber für die Bewertung unter **verteilungspolitischen** Zielen bedeutsam sein.

Soweit Wirkungen messbar und/oder bewertbar sind, gelten sie als **tangibel.** Das sind beispielsweise die Benzinkostenersparnisse bei einem Straßenbauprojekt oder der Schutz vor Überschwemmungen bei einem Staudammprojekt. Jede Maßnahme dürfte aber auch **intangible** Wirkungen hervorrufen. Sie entziehen sich einer Quantifizierung und/oder Bewertung: z. B. Veränderung in der demokratischen Gesinnung oder Zerstörung kultureller Werte, die die Lebensqualität beeinflussen. Vieles, was lange Zeit als nicht messbar galt - Freizeit, Gesundheit, Umweltqualität - ist inzwischen Messversuchen unterzogen worden. Oft sind die Grenzen zwischen tangiblen und intangiblen Wirkungen fließend.

---

[1] Die Opportunitätskosten von Vergangenheitsinvestitionen sind üblicherweise null.
[2] Es handelt sich hier um die gleichen Preiseffekte, die im Kapitel 4.3 als monetäre oder pekuniäre „Externalitäten" bezeichnet wurden.
[3] Die Änderung der Bodenpreise kann allerdings ein Maß für Umweltwirkungen des Projekts sein, wenn diese selbst noch nicht bei den direkten Effekten erfasst wurden.

6. Kapitel: Haushaltsplanung und finanzwirtschaftliche Entscheidungsinstrumente

(5) Das Bewertungsproblem

(i) Die maximale Zahlungsbereitschaft (ZB)

Als einheitliches Bewertungsverfahren wird in der Allokationseffizienzanalyse die **maximale Zahlungsbereitschaft** (auch **Zahlungswilligkeit**) gewählt. Sie zeigt an, wie viele Geldeinheiten die von einem Projekt Betroffenen maximal zu zahlen bereit sind: bei den Empfängern positiver Wirkungen, um den Nutzen zu sichern; bei den negativ Betroffenen, um das Eintreten der Kosten zu verhindern. Der Wert eines Projekts kann daher als die Differenz aus der ZB für das Eintreten der positiven Wirkungen (Nutzen) und der ZB für das Verhindern der negativen Wirkungen (Kosten) definiert werden.

Die Bewertung der Wirkungen - z. B. einer Änderung der Abgas- oder Lärmbelästigung – kann auf verschiedenen Fragestellungen beruhen:
• Welchen Betrag sind die betroffenen Wirtschaftssubjekte maximal zu zahlen bereit, um den Schaden zu reduzieren oder zu beseitigen (**Äquivalenzvariation**)?
• Welche Mindestentschädigung (**Kompensationsvariation**) verlangen die Wirtschaftssubjekte, um die schädigende Aktivität zu akzeptieren (also trotz negativer Projektwirkung das gleiche Nutzenniveau verwirklichen zu können)?

Beide Fragestellungen beruhen auf unterschiedlichen theoretischen Konzepten (Hesse 1980, S. 362ff.). Im ersten Fall geht man davon aus, dass die Betroffenen etwas zahlen sollen, im zweiten sollen sie eine Kompensationszahlung erhalten. Im ersten Fall liegt das Eigentumsrecht beim Verursacher, im zweiten beim Geschädigten. Beide Fragestellungen können wegen ihrer verschiedenen verteilungspolitischen Werturteile zu unterschiedlichen Ergebnissen führen, wenn auch in der Anwendung der NKA auf konkrete Projekte ihr Unterschied in der Regel nicht groß sein muss[1].

Die Verwendung der ZB als Bewertungsmaßstab bedeutet, dass
• von den Präferenzen derjenigen ausgegangen wird, die von dem Projekt betroffen sind; sie wissen am besten, was für sie gut ist;
• die Präferenzen von der Einkommens- und Vermögensverteilung abhängen; sie zählen nur, wenn sie mit Kaufkraft ausgestattet sind;
• man auf eine interpersonelle Gewichtung der Zahlungsbereitschaften verzichtet.

Eine Bewertung nach der Zahlungsbereitschaft muss dem Prinzip nach so erfolgen, dass zunächst für alle Personen festgestellt wird, wie viel sie für unterschiedliche Mengen eines Gutes zu zahlen bereit sind. In Abb. 6-3 ist die Kurve der marginalen Bewertung einer Leistung (Output) x durch die Person k dargestellt (ZB_k). Bei einer Menge x_1 ist die Person k bereit, für die letzte Einheit einen Preis p_1 zu zahlen (bei x_2

---

[1] Unter „normalen" Bedingungen ist eher zu erwarten, dass das Zahlungsangebot niedriger als die Entschädigungsforderung ist, weil in das Zahlungsangebot das jeweilige Einkommen als Restriktion relativ stärker eingehen dürfte.

entsprechend p_2). Sind die Kurven der individuellen Zahlungsbereitschaften voneinander unabhängig, gelangt man durch ihre Aggregation[1] zur ZB aller Personen.

Abb. 6-3 Die Bewertung nach der Zahlungsbereitschaft

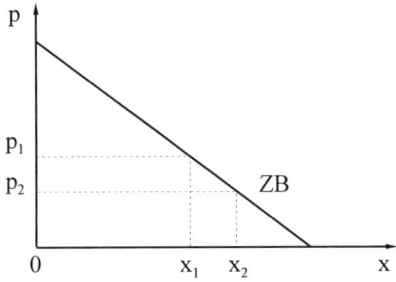

In einigen Fällen wird die Wirkung eines Projekts darin bestehen, dass die Menge bereits auf dem Markt angebotener Güter verändert wird. Für diese veränderten Mengen ist auch die Veränderung der ZB von Bedeutung. Das wird unter (iii) erläutert.

Zu beachten ist, dass es sich bei der Kurve der marginalen Bewertung von x um die **kompensierte Nachfragekurve** handelt. Die kompensierte Nachfragekurve fällt nur für den Fall einer Einkommenselastizität der Nachfrage von null (es gibt keinen „Einkommenseffekt") mit der Nachfragekurve nach x zusammen. Bei der kompensierten Nachfragekurve wird bei einer Preissenkung soviel Einkommensminderung bei den Wirtschaftssubjekten unterstellt, dass es zu einem niedrigeren Preis nicht besser als zu dem höheren Preis gestellt ist. Wenn die Bedeutung von x, bezogen auf den Warenkorb einer Person, nur gering ist, kann allerdings ohne großen Fehler die entsprechende Fläche unter der Nachfragekurve als Ausdruck der individuellen Zahlungsbereitschaft genommen werden.

(ii) Ein Beispiel[2]

Angenommen, ein Fluss kann bisher nur mit einer Fähre überquert werden. An einer anderen Stelle wird eine Brücke geplant, die keine Zeitersparnis bringt. Die privatbetriebene Fähre verlangt einen Monopolpreis von 5 DM, die Kosten pro Fahrt betragen 3 DM. Die Fähre wird 5000 mal pro Jahr benutzt. Die Brücke kostet 10 Mio DM und soll kostenlos genutzt werden. Es wird geschätzt, dass sie für 25 000 Überquerungen pro Jahr genutzt wird und die Fähre ihren Betrieb einstellt.

Die Aufgabe der NKA ist nun, zunächst die Kosten und Nutzen des Projekts für jedes Jahr zu bewerten und den Gegenwartswert zu bestimmen. Da eine Nutzen-Kosten-Analyse so umfassend wie möglich angelegt werden soll, müssen alle von dem Projekt betroffenen Parteien ermittelt und dann der Wert der Projektwirkungen auf deren

---

[1] Bei privaten Gütern (wie in Abb. 6-3) horizontal, bei öffentlichen Gütern vertikal.
[2] Vgl. Layard/Glaister 1994, S. 4ff.

Wohlfahrt bestimmt werden. In dem Beispiel geht es um vier Parteien: den Eigentümer der Fähre, die Steuerzahler, die Zahl der vorhandenen Reisenden und der neuen Reisenden (die den Fluss zuvor nicht überquert haben, es aber zu einem niedrigeren Preis getan hätten).

Abb. 6-4 Zahlungsbereitschaft für eine Brücke

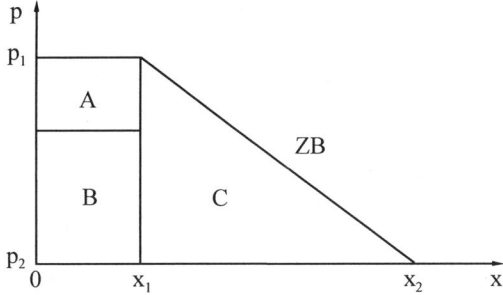

Die Steuerzahler werden in Höhe von 10 Mio DM belastet, wenn die Brücke steuerfinanziert wird. Der Eigentümer der Fähre verliert 10 000 DM (2x5000) pro Jahr (Fläche A in Abb. 6-5), die bisherigen Nutzer haben einen Vorteil in Höhe von 25 000 DM (5x5000) pro Jahr (Flächen A+B), weil der Preis auf null sinkt.

Die Schätzung für die neuen Reisenden ist schwierig. Es ist bekannt, dass die nächste zusätzliche Fahrt mit der höchsten Bewertung in der Nähe von 5 DM bewertet wird, während die am geringsten bewertete Fahrt nur wenig über einen Preis von null DM liegen dürfte. Für dazwischen liegende Fahrten müssen willkürliche Annahmen getroffen werden, z. B. die, dass der Wert pro Fahrt mit einer konstanten Rate von 5 DM auf null fällt und durch eine Gerade dargestellt werden kann. Die Fläche C zeigt die Differenz aus dem an, was die zusätzlichen Nutzer maximal zu zahlen bereit sind und dem, was sie tatsächlich zahlen, in diesem Fall null. Im Spezialfall einer Nachfragekurve, die eine Gerade darstellt, ergibt sich für den Wert der zusätzlichen Fahrten

$$C = \Delta x p_2 + \Delta x \frac{1}{2} \Delta p$$
$$= \Delta x \frac{(p_1 + p_2)}{2}$$

Der richtige Wert ist also durch die Mengenänderung multipliziert mit dem Durchschnitt der Preise mit (p_1) und ohne (p_2) das betrachtete Projekt festgelegt. Diese Formel wird häufig in Nutzen-Kosten-Analysen verwendet, insbesondere dann, wenn bei geringen Preisänderungen die Annahme der Linearität eine vernünftige Approximation an jede tatsächliche Nachfragekurve darstellt. Würde ein Projekt die Preise nur marginal oder gar nicht beeinflussen, könnte der vorliegende Marktpreis als Ausdruck der Zahlungsbereitschaft verwendet werden.

Bei der Feststellung des Wertes des Projekts ist nun zu berücksichtigen, dass die Fläche A aus der Rechnung entfällt. Sie stellt nur einen Transfer (Monopolrente) und keine Realwirkung dar. Zuvor mussten Konsumenten diese Rente bezahlen und tun es nun nicht mehr, allerdings werden keine Ressourcenkosten eingespart. Die eingesparten Ressourcen in Höhe von B könnten für die Produktion an anderer Stelle der Volkswirtschaft verwendet werden. Ferner ist der Wert C zu berücksichtigen, der aus der zusätzlichen Nutzung von x_2-x_1 resultiert. Der Realwert der ursprünglichen Fahrten x_1 verändert sich nicht. Zur endgültigen Bewertung müssen dann die künftig pro Jahr anfallenden Flächen B und C diskontiert werden und den Kosten der Steuerzahler, hier gleichgesetzt mit den Ressourcenkosten, gegenübergestellt werden.

Wenn ein Projekt mehrere Outputs hervorbringt, müssen zur Ermittlung der Zahlungsbereitschaft alle Nutzenelemente nach der Zahlungsbereitschaft bewertet und so der Gesamtnutzen bestimmt werden. Das gilt auch, wenn in dem Beispiel zusätzliche Zeitersparnis durch die Brückennutzung auftritt.

(iii) Möglichkeiten und Probleme der Schätzung der ZB

Einer Anwendung des Grundsatzes der Bewertung nach der ZB stehen eine Reihe theoretischer und praktischer Schwierigkeiten entgegen.

Ermittlung durch Befragung

Bei privaten Gütern kann in der Regel davon ausgegangen werden, dass die Personen bereit sind, ihre individuellen marginalen Bewertungen für verschiedene Mengen dieser Leistungen offen zu legen. Allerdings sind bei Befragungen alle aus der Marktforschung bekannten Probleme zu beachten (richtige Fragestellung, Antwortverweigerung, Fehlergrenzen usw.). Für viele Leistungen, die öffentliche Güter darstellen, ist die Bewertung mittels Befragung schwieriger: Zunächst einmal sollen die Befragten nicht die gewünschten Mengen bei gegebenen Preisen bestimmen, sondern umgekehrt, die persönliche ZB für vorgegebene Mengen. Aber: wenn diese oder vergleichbare Leistungen nicht marktmäßig abgegeben werden, existieren überhaupt keine Preisvorstellungen (dieses Problem stellt sich extrem im Bereich der Verteidigung). Die Individuen sind (insbesondere wegen fehlender Information und Vorstellungskraft) **nicht in der Lage,** durchaus empfundene Vor- oder Nachteile bestimmter Maßnahmen in monetäre Größen zu übertragen. Diese Probleme führen zu erheblichen Zweifeln an der Validität und der Verlässlichkeit der Befragungsergebnisse. Ferner sind bei typischen öffentlichen Gütern die Befragten womöglich gar **nicht willens,** ihre Wertschätzungen der Leistungen korrekt zum Ausdruck zu bringen. So ist bei Leistungen mit dem Charakter öffentlicher Güter mit (gezielten) Fehlinformationen (strategischem Verhalten) der Betroffenen zu rechnen: Werden die Leistungen ohne spezielles Entgelt abgegeben und die (begünstigten) Personen nicht mit den Maßnahmekosten belastet, sind von den Befragten wahrscheinlich Angaben mit sehr hoher Wertschätzung über das von ihnen jeweils bevorzugte Projekt zu erwarten. Müssen die Personen allerdings damit rechnen, nach ihrer offengelegten ZB zur Finanzierung der Projekte herangezogen zu werden und ist kein Ausschluss von der Nutzung der Leistungen zu erwarten, werden sie eher besonders niedrige Angaben machen.

Trotz dieser Bedenken wird die Befragungsmethode („contingent valuation") als Verfahren dann akzeptiert, wenn keine Möglichkeiten der indirekten Bewertung bestehen, mit denen man möglichst nahe an die wahren Zahlungsbereitschaften heranzukommen ist.

Methoden der indirekten Ermittlung der ZB

Wenn die ZB als unmittelbar anwendbares Bewertungsprinzip nicht zu gebrauchen ist, muss nach anderen Verfahren gesucht werden, mit denen indirekt auf die Zahlungsbereitschaft geschlossen werden kann. Soweit Marktpreise als Indikator der ZB nicht vorliegen oder nicht verwendet werden können, muss nach **Schattenpreisen,** d. h. nach fiktiven Preisen gesucht werden, die eine konsistente Bewertung erlauben. Ein Schattenpreis ist die unterstellte marginale Bewertung eines Inputs oder Outputs im Optimum.

In verschiedenen Fällen ermöglicht die Beobachtung des marktorientierten Verhaltens bei anderen Gütern Schlüsse auf die ZB der Personen. Es ist also zu schätzen, welcher Preis implizit in anderen Entscheidungen enthalten ist, welcher Preis also auf einem hypothetischen Markt vorherrschen würde:

- So lässt sich etwa von den Mengen und Preisen auf dem Markt befindlicher **Substitutionsgüter** auf den gesuchten Wert der Leistungen eines Projekts schließen. Beispielsweise könnten aus den Zahlungen für privat angebotene Erziehungs- und Gesundheitsleistungen Vorstellungen über die Zahlungswilligkeit für ähnliche öffentlich bereitgestellte Projekte gewonnen werden. Hierbei sind regelmäßig Fragen zu beantworten wie: Was sind geeignete (hinreichend nahe) Substitute? Was bestimmt Angebot, Nachfrage und Preise der im privaten Sektor beobachteten Güter? Werden sie subventioniert, mit welchen Steuern sind sie belastet? Letztlich kann dieser Ansatz nur befriedigen, wenn vollständige Substitutionalität angenommen werden kann. Die Güter müssen dann in allen nutzenrelevanten Eigenschaften übereinstimmen. Das ist unwahrscheinlich. So sind etwa öffentliche und private Schulen offensichtlich nicht äquivalent, sonst würden private Schulen trotz der Zusatzkosten nicht gewählt. Andererseits kann die Nachfrage nach privaten Gütern von der Bereitstellung öffentlicher Güter abhängen: Privat getätigte Schutzmaßnahmen dürften mit sinkender Qualität der polizeilichen Kontrolle zunehmen.

- Anhaltspunkte können auch aus den tatsächlichen Ausgaben für **komplementäre** private Güter gewonnen werden - so aus den privaten Ausgaben für Kraftfahrzeuge auf Straßen. Eine komplementäre Beziehung könnte auch z. B. zwischen dem Grad der Flugsicherheit (öffentliches Gut) und den nachgefragten Linienflügen (privates Gut) bestehen: Das private Gut stiftet nur in Kombination mit dem öffentlichen Gut einen Nutzen. Das dürfte selten der Fall sein: so können z. B. Straßen durch eine unterschiedliche Anzahl Fahrzeuge, mit unterschiedlicher Geschwindigkeit und unterschiedlichem Benzinverbrauch genutzt werden.

- Gehen die Leistungen eines Projekts als **Vorleistungen** in die Produktion anderer auf privaten Märkten verkaufter Güter ein, so können deren Preise zur indirekten Messung herangezogen werden. Der Marktwert des mit den Vorleistungen erstellten Produkts erlaubt dann Rückschlüsse auf die ZB für die Vorleistungen; zum Beispiel kann für eine Bewässerungsanlage mit Hilfe von Produktivitätsstudien bewässerter im Vergleich zu unbewässerten Böden die untere Grenze der ZB geschätzt werden. Das Projekt kann zu höheren Erträgen oder zu Kostensenkungen von Unternehmen führen. Auch diese gesparten Kosten stellen Nutzen dar. „So kann man die Nutzen für Bewässerung im erhöhten Ertrag der Landwirtschaft messen, die Flutregulierung führt zu Kostenersparnis, da man messbaren Schaden an Kapitalanlagen oder Ressourcen vermeidet, bessere Straßen verringern die Autokosten und ersparen Fahrzeit, die man bewerten kann, öffentliche Gesundheitsfürsorge mindert die Heilkosten, und Investitionen für die Erziehung erhöhen die Einkommenschancen". Das Charakteristische dieser Fälle ist, dass (1) das öffentliche Gut nicht End-, sondern Zwischenprodukt ist, es geht also in die Produktion eines anderen Gutes ein und (2) dieses nächste Gut seiner Natur nach ein privates ist, welches der Markt effizient bewerten kann (Musgrave 1970, S. 30).

Da die Leistungen eines staatlichen Projekts bei den Unternehmen als Vorleistungen Teil ihrer Produktion werden und bei den privaten Haushalten in den Endverbrauch eingehen können, erfordert dieser Ansatz eine Verwendungsanalyse. Es sind daher regelmäßig Zurechnungsprobleme zwischen den Sektoren und innerhalb der Sektoren zu lösen. So kann die Entwicklung der Grundstückspreise Schlüsse auf die negativen oder positiven Umwelteinflüsse eines Projekts zulassen. Es ist allerdings schwer nachprüfbar, ob sich gerade die Umweltentwicklung voll in der Änderung der Grundstückspreise auswirkt. Hierzu müssen die Betroffenen sich der Umweltwirkung bewusst sein, diese einschätzen und bewerten können, und andere Einflüsse dürfen nicht auf die Grundstückspreise wirken.

Probleme bei der Verwendung von Marktpreisen

Selbst wenn Marktpreise für Inputs und Outputs vorliegen, ist es aber fraglich, ob sie für eine Bewertung herangezogen werden dürfen.

- Bewertung bei Arbeitslosigkeit

Wenn die bei einem Projekt eingesetzten Ressourcen keiner alternativen Verwendung entzogen werden, z. B. bei Arbeitslosigkeit, sind die Opportunitätskosten null: Es gibt keine alternativ produzierten Güter, die Ressourcenpreise überschätzen die wahren Kosten. Dann darf aber im Falle des Faktors Arbeit kein Preis, oder genauer: kein Preis, der den Freizeitwert übersteigt, angesetzt werden. In der Praxis werden allerdings meist doch die tatsächlich vorliegenden Marktpreise gewählt, denn Schattenpreise dürfen in diesem Fall nur für den Zeitraum gewählt werden, von dem erwartet werden kann, dass die Faktoren ohne Realisierung des Projektes unbeschäftigt sein werden. Eine solche Prognose von Arbeitslosigkeit ist aber kaum möglich[1].

---

[1] Eine ähnliche Bewertungsproblematik wie bei der Arbeitslosigkeit ergibt sich im Außenhandel:

- **Abweichungen von den Bedingungen des vollkommenen Marktes**

Unter den Bedingungen des vollkommenen Marktes geben die Preise der Faktoren deren Opportunitätskosten wieder. Im Preis kommen dann sowohl die marginale Wertschätzung der Güterverwendung als auch die alternativ hergestellter Güter zum Ausdruck. Bei den normalerweise bestehenden unvollkommenen Märkten entsprechen die Preise aber nicht den marginalen (privaten **und** sozialen) Kosten: Monopolistische Situationen, Externalitäten, Subventionen und Regulierungen (z. B. der Preise landwirtschaftlicher Produkte oder Mindestlohnvorschriften) sorgen für Verzerrungen. Daher werden auch die alternativen Grenzprodukte und die Grenzkosten der Projekte falsch eingeschätzt. Im konkreten Fall wird es aber in der Regel schwierig sein, exakt festzustellen, woher die in dem Projekt eingesetzten Faktoren stammen. Dann bleibt kaum eine andere Möglichkeit, als mit den tatsächlichen Preisen zu rechnen. Ähnliches gilt bei Verzerrungen durch Steuern und Subventionen. Wenn z. B. der Wert eines Bewässerungsprojektes mit Hilfe subventionierter Agrarprodukte gemessen wird, kommt es zu einer Unterbewertung, weil der Preis unter den (unverzerrten) Grenzkosten liegt.

Die Verwendung von Schattenpreisen verlangt also viele Zusatzinformationen. In den meisten Fällen kann aber allenfalls die Richtung, nicht hingegen das Ausmaß der Verzerrung geschätzt werden. Ferner sind Korrekturen einzelner Marktpreise nur soweit zulässig, wie dies zu einem konsistenten System von Schattenpreisen beiträgt.

Fehlende Bewertungsmöglichkeit

In einigen Fällen scheint jeder Versuch einer Bewertung nach der ZB zu versagen. Wie ist hier zu verfahren? Im ersten Schritt sollte in der NKA eine Liste über die wichtigsten Arten der zu erwartenden Wirkungen angefertigt werden. Anschließend stellt sich die Aufgabe, geeignete Indikatoren zu suchen und möglichst zu quantifizieren. Es ist zu prüfen, ob diese Wirkungen positiv oder negativ zu bewerten sind, ob sie sich nur einer Bewertung oder jeder Form der Quantifizierung entziehen. Im letzten Fall ist es nur möglich, qualitative Ausführungen („unter dem Strich") zu machen, d. h. nicht über eine Auflistung der zu erwartenden Wirkungen hinauszugehen. Dann können offenbar nicht mehr alle Projektwirkungen in einer Dimension (DM) erfasst werden. Je bedeutsamer die nicht bewertbaren Wirkungen in der Projektanalyse eingeschätzt werden, um so geringer ist die Aussagekraft der übrigen quantifizierten und bewerteten Nutzen- und Kostenelemente. Da die Bedeutung nicht bewertbarer Effekte zwischen verschiedenen Projekten und Bereichen variiert, ist auch die Vergleichbarkeit größerer Programm- und Aufgabenbereiche eingeschränkt.

Wenn der Preis einer Währung durch Interventionen auf einem höheren Niveau als bei freier Wechselkursbildung gehalten wird, sind Importgüter zu billig und Exportgüter zu teuer. In diesem Fall sind prinzipiell Schattenpreise erforderlich, die den „richtigen" Wert messen sollen.

Wenn die Outputs zwar gemessen, aber nicht bewertet werden können, geht es um die Kostenminimierung oder eine Kosten-Wirksamkeitsanalyse wird durchgeführt. Im Falle der **Kostenminimierung** besteht die Aufgabe darin, den Wert der eingesetzten Ressourcen (Kosten) zur Erreichung eines fixen Zieles zu minimieren. So können z. B. im Umweltbereich eine bestimmte Schadstoffbelastungsgrenze oder im Gesundheitsbereich ein angestrebter Effekt mit alternativen Maßnahmen erreicht werden, deren kostengünstigste zu ermitteln ist. Weil das Ziel aber nicht (exakt) fixiert ist, stehen in der Kosten-Wirksamkeitsanalyse die ermittelten Kosten und Wirksamkeiten jeder Alternative im Ergebnis nur eingeschränkt vergleichbar gegenüber. Bei der **Kosten-Wirksamkeitsanalyse** müssen die zu vergleichenden Projekte auch ein gleiches Ziel haben. Hier wird aber auch berücksichtigt, dass der Zielerreichungsgrad der betrachteten Alternativen unterschiedlich sein kann. Weil ihr Ziel beschränkter als das der NKA ist, können die beiden Methoden in breiteren Bereichen des staatlichen Entscheidungsprozesses eingesetzt werden. Ein weiterer Ansatz besteht schließlich in einem mehr oder weniger willkürlichen Abwägen von Vor- und Nachteilen durch die **Nutzwertanalyse**. Hier erfolgt eine isolierte, subjektive Beurteilung von Entscheidungsalternativen im Hinblick auf bestimmte Zielkriterien.

(6) Das Zinssatzproblem

(i) Die Bedeutung des Zinssatzes

Nutzen und Kosten von Projekten fallen regelmäßig nicht in der Periode eines Jahres an und entwickeln sich im Zeitablauf unterschiedlich. Beispiel: Bau einer Universität. Die Lehrveranstaltungen beginnen in t_6; Kosten der Planung fallen in t_0; Baukosten in t_1 bis t_5, Betriebs- und Unterhaltungskosten in t_6 bis t_n an, die ersten Studienabgänge erfolgen in t_{10}, ein dadurch erhöhter technischer Fortschritt wirkt sich in t_{15} aus.

Eine Nutzen- oder Kosteneinheit wird in der Periode t_0 in der Regel höher bewertet als in einer späteren Periode. Der Wert des Projektes ist folglich davon abhängig, wann die Wirkungen auftreten, er ist also zeitabhängig. Die in verschiedenen Perioden anfallenden Nutzen und Kosten werden gewichtet und üblicherweise auf die Gegenwart umgerechnet, in der auch die Entscheidung zwischen Alternativen getroffen wird. Diese Aufgabe der Gewichtung hat der Zins als Diskontfaktor. Da der Gegenwartswert wesentlich von der Höhe des Zinses abhängt, ist es bedeutsam, nach welchen Kriterien dieser zu wählen ist.

Die Wahl des Zinssatzes als Diskontfaktor hat also **intertemporale** und **intersektorale** Auswirkungen (Tab. 6-3), die insbesondere über lange Perioden zu erheblichen Differenzen in den Ergebnissen führen können. Sie determiniert,
• welcher Teil der Ressourcen, die gegenwärtigen Nutzen liefern, für künftigen Nutzen eingesetzt werden soll (dabei werden auch Vorstellungen zum Ausdruck gebracht, ob länger- oder kürzerfristig wirksame Projekte vorgezogen werden sollen);
• wie volkswirtschaftliche Ressourcen zwischen privatem und staatlichem Sektor aufgeteilt werden sollen.

Tab. 6-3 Sektorale und zeitliche Verzerrungen als Folge falscher Zinssätze

Diskontsatz öffentlicher Projekte	sektorale Verzerrung	zeitliche Verzerrung
zu niedrig	im öffentlichen Sektor werden im Verhältnis zum privaten Sektor zu viele Ressourcen verwendet	für langfristige Projekte werden im Verhältnis zu kurzfristigen Projekten zu viele Ressourcen verwendet
zu hoch	zu wenig Ressourcen werden im öffentlichen Sektor im Verhältnis zum privaten Sektor eingesetzt	für kurzfristige Projekte werden relativ zu den langfristigen Projekten zu viele Ressourcen eingesetzt

Je nach Wahl des Zinssatzes ist eine unterschiedliche Beurteilung des Projektes möglich. Der Nettonutzen NN_0, d. h. Gegenwartswert der erwarteten Nutzen N abzüglich des Gegenwartswerts der erwarteten Kosten K bei einer Projektdauer n

$$(6\text{-}1) \quad NN_0 = \sum_{t=0}^{n} \frac{N_t - K_t}{(1+r)^t}$$

kann positiv oder negativ ausfallen. Bei mehreren Projekten kann die Rangfolge verändert werden.

Je höher r gewählt wird, desto geringer ist der Gegenwartswert künftig anfallender Nutzen und Kosten. Wenn bei Projekten (z. B. Energie, Bewässerung, Küstenschutz, Ausbildung, Umweltschutz) die (insbesondere Investitions-)Kosten gegenwärtig hoch sind und die Erträge erst in künftigen Perioden anfallen, wird ein hoher Zinssatz die Projekte ungünstig erscheinen lassen.

(ii) Der Zinssatz bei optimaler Allokation

Ideal wäre ein Zins als Diskontfaktor, der die Gesamtbefriedigung der gegenwärtigen und künftigen Generationen maximiert. Dieser ist aber nicht zu bestimmen. Das gilt auch für den Gleichgewichtszins im Sinne der traditionellen Kapitaltheorie, der aus dem Zusammenwirken zweier Faktoren resultiert, die er zum Ausgleich bringt: (1) der marginalen Bewertung gegenwärtiger und zukünftiger Konsumnutzen durch Haushalte (marginale Zeitpräferenzen), (2) der Grenzproduktivität der Investitionen. Unter dem Gesichtspunkt der Opportunitätskosten gibt der Diskontfaktor schließlich den Wert der Ressourcen an, die alternativen Verwendungen heute entzogen werden.

In der Realität liegen die Bedingungen des vollkommenen Marktes nicht vor, die eine Verwendung **des** Marktzinses als Gleichgewichtszins rechtfertigen bzw. ermöglichen. Es ist vielmehr mit ungleichgewichtigen Situationen zu rechnen. So fallen die Ertragsraten der Investitionen und die Kreditsätze zum Teil weit auseinander. Die Gründe für den „Keil" zwischen beiden Raten liegen u. a. in unvollkommenen Kreditmärkten und darin, dass infolge von Steuern die Investoren nicht voll über die Kapitalerträge verfügen können; bei gleichen Risiken werden wegen staatlicher Garantien und Subventionen unterschiedliche Zinssätze verwendet. Der Zins ist wesentlich durch die staatliche Wirtschaftspolitik beeinflusst. Verzerrungen entstehen auch dadurch, dass die Konditionen je nach Kreditmenge unterschiedlich ausfallen können. Ferner sind Sparen und Investieren nicht in gleicher Weise zinsabhängig. Daher kann letztlich kein Marktzins direkt für die Bewertung unter gesamtwirtschaftlichen Gesichtspunkten herangezogen werden.

Die Verwendung des Marktzinses wird auch aus anderem Grunde kritisiert: er mag zwar die marginale private Zeitpräferenzrate der Haushalte, nicht aber die **gesellschaftliche Zeitpräferenzrate** zum Ausdruck bringen. Das trifft dann zu, wenn die individuellen Präferenzen verzerrt sind. Pigou spricht von einem Mangel an Weitsicht („telescopic faculties"), der bewirkt, dass die Zeitpräferenzrate zu hoch und die Ersparnis und Investition deshalb zu niedrig sind. Allerdings ist damit noch nicht die Notwendigkeit **staatlicher** Investitionen bewiesen, und auch nicht sicher, dass ein niedrigerer Zins I_{St} und nicht C_{St} begünstigt. Weiterhin ist fraglich, ob die Investitionsquote steigt, falls private Investitionen verdrängt werden. Und: Wer soll diese Zeitpräferenzrate festlegen? Können staatliche Entscheidungsträger die Wohlfahrt der gegenwärtigen und der zukünftigen Generationen in den gegenwärtigen Entscheidungen überhaupt zum Ausdruck bringen? Meritorische Erwägungen bedeuten, dass den privaten Präferenzen nicht Rechnung getragen werden soll. Das müsste aber umfassend und nicht nur hinsichtlich des Diskontfaktors erfolgen.

(iii) Opportunitätskosten als Diskontfaktor

Wenn die marginale Zeitpräferenzrate und die Grenzproduktivität des Kapitals übereinstimmen, sind die Opportunitätskosten unabhängig davon, ob die für ein Projekt abgezogenen Ressourcen aus dem Konsum- oder Investitionsbereich stammen. Da diese Bedingung nicht erfüllt ist, muss jeweils geprüft werden, aus welcher Verwendung die Ressourcen abgezogen werden. Die Opportunitätskosten können dann jeweils anders ausfallen.

Opportunitätskosten des Konsums

Zur Ermittlung der Opportunitätskosten des Konsumverzichts ist zu fragen, was die Haushalte zu zahlen bereit wären, um später anfallenden Verbrauch schon heute zu realisieren bzw. welche Entschädigung erforderlich ist, um einen gegenwärtig möglichen Konsum in spätere Jahre zu verschieben. Wie können die marginalen Zeitpräferenzraten und die Grenzrate der Substitution von Gegenwartsgütern durch künftige Güter bestimmt werden? Kann z. B. aus dem Kauf einer 7%igen Anleihe geschlossen werden, dass diese Ertragsrate den Käufer für seinen Konsumverzicht entschädigt und 7% seine Zeitpräferenzrate darstellt? Konsumenten, die keine Anleihe kaufen, hätten dann Opportunitätskosten, die mindestens ebenso hoch, wenn nicht höher sein müssten. Eine solche Interpretation ist allerdings problematisch: Zunächst einmal müssten Risiken in der Analyse ausgeschaltet, d. h. eine risikolose Anleihe zugrunde gelegt werden. Das gilt dann, wenn die Risiken des staatlichen Projekts bereits bei der Erfassung der Kosten und Nutzen berücksichtigt werden. Ferner ist zu überprüfen, ob die Struktur der Zinssätze auf dem Kapitalmarkt als Ausdruck intertemporaler Konsumvergleiche angesehen werden kann und ob eine Differenzierung zwischen näherer und fernerer Zukunft besteht (time-time preference: Diskontsatz als Funktion der Zeit). Grundsätzlich muss mit der Zeichnung einer bestimmten Anleihe noch kein Konsumverzicht einhergehen.

Da aus der Marktbeobachtung unmittelbar kein eindeutiges Maß für die Opportunitätskosten des Konsums hergeleitet werden kann, wird zuweilen vorgeschlagen, die Zeitpräferenzrate direkt (z. B. durch Befragung) zu ermitteln.

Opportunitätskosten bei den Investitionen

Sind nun investierbare Ressourcen des Unternehmenssektors betroffen, stellt sich die Frage, wie die Opportunitätskostenrate hier als geeigneter Diskontsatz festgestellt werden kann. Angenommen, Unternehmen hätten z. B. eine Ertragsrate zwischen 5 und 20% vor Steuerabzug. Ist dann für das staatliche Projekt der höchstmögliche, ein niedriger oder ein durchschnittlicher Opportunitätskostensatz zu wählen? Theoretisch ist genau die Ertragsrate der jeweils betroffenen privaten Investition anzusetzen, die bei einem annähernd vollkommenen Kapitalmarkt auf die Grenzproduktivität hinausliefe. Man erhält dann projekt- und auch zeitbezogene Diskontsätze. Im konkreten Fall ist aber im Einzelnen kaum festzustellen, welcher private Bereich Einschränkungen der Ressourcen erfährt.

Die Verwendung von Ertragsraten ist dann problematisch, wenn Externalitäten auftreten und hierdurch die privaten und sozialen Erträge auseinanderfallen. Solche Marktunvollkommenheiten können in der Regel, wie bei der ZB generell schon diskutiert, nicht korrigiert werden. Auch private Ertragsraten sind daher nur als begrenzt aussagefähiger Maßstab für die sozialen Ertragsraten heranzuziehen.

(iv) Ergebnis

Es ist nicht möglich, einen Diskontsatz zu bestimmen, der gleichzeitig Zeitpräferenz und Opportunitätskosten wiedergibt. Der Marktzins ist bei Vorliegen von Marktunvollkommenheiten und staatlichen Eingriffen nicht die geeignete soziale Diskontrate. Umrechnungen in einen kalkulatorischen Zins sind aber schwierig, weil das Ausmaß der Verzerrungen schwer abzuschätzen ist. Problematisch ist ferner, dass der „richtige" Diskontfaktor zeit- und projektbezogen variiert, somit für jedes Projekt neu zu ermitteln ist und wahrscheinlich unterschiedlich ausfällt.

Jede Zinsannahme, ob sie nun als Ausdruck der Konsumentscheidung, als „landesüblicher" Zins oder anders interpretiert wird, ist also willkürlich[1]. In der Praxis werden deshalb zum Teil Alternativrechnungen durchgeführt, um zu sehen, wie sich unterschiedliche Zinssätze auf die Projektbewertung auswirken. Zuweilen ist aber auch explizit vorgegeben, mit welchem Zinssatz zu rechnen ist. So schreibt das Britische Schatzamt seinen Diskontsatz zur Verwendung in Nutzen-Kosten-Analysen vor.

(7) Nebenbedingungen

Nach der Festlegung der Ziele muss geklärt werden, welche **einschränkenden Nebenbedingungen** („constraints") zu beachten sind. Nebenbedingungen stecken den Rahmen ab, in dem die NKA durchgeführt werden kann. Sie engen den Entscheidungsspielraum dadurch ein, dass sie bestimmte Programmalternativen ausschließen. Einschränkende Nebenbedingungen können gesetzlicher, verwaltungsmäßiger, verteilungspolitischer und haushaltsmäßiger Art sein. So muss jedes Handeln im Rahmen herrschender Gesetze erfolgen. Daher sind die jeweils für ein Projekt maßgeblichen gesetzlichen Einschränkungen, wie z. B. bau- und wasserpolizeiliche Vorschriften beim Bau eines Staudamms, Umwelt- und Sicherheitsbestimmungen bei Kraftwerken usw., bei Problemstellung und Lösung zu beachten. Es ist auch sinnlos, ein Projekt zu planen, das politisch nicht akzeptabel und aus juristischen Gründen nicht zu verwirklichen ist. Ferner sind die für die einzelnen Aufgabenbereiche zur Verfügung stehenden Haushaltsmittel regelmäßig beschränkt. Dies beruht darauf, dass die Verwaltung des Gesamthaushalts die Aufteilung der Verantwortung auf Teileinheiten erfordert. Gerade diese Beschränkung führt neben den zuvor erwähnten Hemmnissen in der Vergleichbarkeit von Projekten verschiedener Aufgabenbereiche dazu, dass der Haushalt nicht optimal gestaltet werden kann. Es ist daher möglich, dass z. B. in der Erziehung verwendete Ressourcen bei alternativer Verwendung z. B. im Gesundheitssektor höhere marginale Erträge erzielen könnten.

(8) Risiko und Unsicherheit

Bisher wurden nur deterministische, d. h. mit Erwartungssicherheit verbundene Nutzen- und Kostenelemente zugrunde gelegt. Staatliche Entscheidungen erfolgen aber regelmäßig unter – zum Teil erheblicher – Unsicherheit. So brauchen z. B. bei der Forschungsförderung die gewünschten Ergebnisse nicht erzielt zu werden. Oder der Bau eines Kanals führt nicht zu den erwarteten Verkehrsströmen. Beim **Risiko** besteht eine Vorstellung von der Wahrscheinlichkeit für das Eintreten eines Ereignisses. Ihm kann Rechnung getragen werden, indem den erwarteten Wirkungen Wahrscheinlichkeiten für ihr Eintreten zugeordnet werden. Die Wahrscheinlichkeit kann z. B. aus Erfahrungen der Wirkungen vergleichbarer Maßnahmen abgeleitet werden, die bereits früher gemacht wurden. (Dann handelt es sich um objektive Wahrscheinlichkeiten: z. B. Un-

---

[1] Für den Fall, dass nicht zu ermitteln ist, welchem Bereich die Ressourcen durch das Projekt entzogen werden, wird auch empfohlen, einen Durchschnitt aus der marginalen Zeitpräferenzrate und der Grenzproduktivität zu wählen. Auch dieses Verfahren ist theoretisch nicht zu begründen.

fallhäufigkeit.) Liegen keine Erfahrungen vor oder sollen bzw. können diese nicht verwendet werden, sind subjektive Wahrscheinlichkeiten des Entscheidungsträgers zu berücksichtigen.

Bei **Unsicherheit** liegt keine Wahrscheinlichkeitsverteilung für das Eintreten von Ereignissen vor. Hier kommt eine Sensitivitätsanalyse in Betracht, bei der der Gegenwartswert der Nettonutzen auf der Annahme pessimistischer, optimistischer und mittlerer Bewertungen berechnet wird. Die Rangfolge der Projekte und ihre Akzeptierbarkeit werden dann hinsichtlich ihrer Sensitivität auf Veränderungen in den Werten der Annahmen und der Parameter des Systems überprüft. Je nach der eigenen Risikofreudigkeit kann der Entscheidungsträger dann die für ihn als zutreffend angesehene Hypothese übernehmen.

Wenn keinerlei Vorstellungen über die Wahrscheinlichkeiten bestehen, kann auch als einfachste Annahme jedem Ereignis die gleiche Wahrscheinlichkeit zugeordnet werden (Bayes-Kriterium). Das Problem bei diesem Verfahren besteht darin, dass das Ergebnis von der Zahl der betrachteten Wirkungen abhängt.

Zwei andere Entscheidungswege sind das Maximin- und das Minimax-Kriterium. Beim Maximin-Kriterium wird Risikoabneigung für den Entscheidungsträger unterstellt, d. h. dieser wird immer die schlechteste aller möglichen Ergebnisse annehmen. Dann sind immer die schlechtestmöglichen Ergebnisse jeden Projekts in die Rechnung einzubeziehen. Gewählt wird das Projekt, das den höchsten minimalen Ertrag abwirft. Wenn andererseits die maximalen Verluste verschiedener Projekte geschätzt sind, wird daraus dasjenige mit dem geringsten Verlust gewählt (Minimax-Verlust-Kriterium).

(9) Die Berücksichtigung des Verteilungsziels

Bisher wurde die NKA nur für das Ziel allokativer Effizienz untersucht. Hierzu wird in der Regel die Wohlfahrtsfunktion

(6-2) $W = W(U_i)$

über $W = W(y_i)$ interpretiert als

(6-3) $W = \sum_i y_i$.

Folglich kommt es nur auf die Höhe der erwarteten Einkommenswirkungen der Maßnahmen an

(6-4) $\Delta W = \sum_i \Delta y_i = N - K$.

Zu beachten ist, dass hier Einkommen nicht etwa im marktmäßigen Sinne (oder in der Interpretation der Volkswirtschaftlichen Gesamtrechnungen), sondern umfassend interpretiert wird.

Wenn der Wohlstand einer Gesellschaft von der Höhe und der Verteilung des gestiegenen Realeinkommens abhängt, reicht es offenbar nicht aus, allein nach allokativen Verbesserungen zu suchen. Die einzelnen staatlichen Projekte werden auch von verschiedenen Gruppen genutzt und rufen unterschiedliche Nutzungen hervor. Eine verteilungsmäßige Neutralität der Wirkungen besteht folglich nicht. Ferner liegt ohne staatliche Projekte bereits eine ganz bestimmte Verteilung der Einkommen und Vermögen vor, die die in der allokativen Effizienzanalyse vorgenommenen Bewertungen nach der marginalen Zahlungsbereitschaft determiniert. Daher können einige Maßnahmen allokativ effizient für eine bestimmte Verteilung der Ressourcen sein, für andere Verteilungen sind es aber andere Maßnahmen. Eine Änderung dieser Verteilung beeinflusst die Nachfrage nach Gütern, wenn nicht für alle Güter die Einkommenselastizität der Nachfrage eins beträgt und das Angebot vollkommen elastisch ist. Die Zahlungsbereitschaft wird aber unter Allokationsaspekten nicht interpersonell gewichtet: Mit 1 DM bewertete Nutzen bzw. Kosten zählen daher absolut genauso viel, gleichgültig, wer den Nutzen empfängt oder die Kosten trägt (Andel 1977, S. 510).

Das hat entscheidende Konsequenzen. So zeigen Untersuchungen über Förderungsmaßnahmen zugunsten von Schulabbrechern in den Vereinigten Staaten, dass wegen der im Durchschnitt verschiedenen Einkommenserwartungen Maßnahmen zugunsten Weißer effizienter als zugunsten Schwarzer sind. Aus dem gleichen Grund wird das Urteil über Projekte, die Männer fördern, häufig günstiger ausfallen, als wenn Frauen betroffen sind. Bei Verkehrssicherheitsprogrammen ist es hinsichtlich der Einkommenserwartungen stets vorteilhafter, wenn sie sich mehr auf jüngere und weniger auf ältere Bürger auswirken. Die Verbesserung der Luftqualität in Slumvierteln unterliegt allokativ bei gleichen Kosten im allgemeinen vergleichbaren Maßnahmen in „besseren" Wohnvierteln.

Allein auf allokative Effizienz ausgerichtete Programme begünstigen häufig die mittleren und höheren Einkommensschichten und können so verteilungspolitisch problematisch sein. Wie kann aber unterschiedlichen Einkommens- und Vermögensverhältnissen Rechnung getragen werden, wobei grundsätzlich an der Bewertung nach der Zahlungsbereitschaft festgehalten wird?

Die einfachste Form besteht in einer **gesonderten Beschreibung der Verteilungswirkungen** und entspricht dem Verfahren bei intangiblen Effekten.

Der Verteilungsaspekt kann ferner als **Nebenbedingung einer Zielfunktion** eingeführt werden. Effizienzmäßige Nettoerträge werden dann unter der Nebenbedingung maximiert, dass z. B. die Nutzen oder Kosten bestimmter Einkommensgruppen, Regionen u. a. nicht unter ein bestimmtes Niveau fallen dürfen. Jedes Projekt, das eine solche Bedingung erfüllt, braucht dann nur noch hinsichtlich allokativer Effizienz untersucht zu werden. Ein Nachteil des Verfahrens: Die Kosten des Verzichts auf unbeschränkte allokative Effizienz werden verwischt.

Ferner können **Verteilungsgewichte** verwendet werden. Nutzen und Kosten werden, ähnlich wie zuvor im Rahmen der Allokationseffizienzanalyse mit der Zahlungsbereitschaft, im Rahmen der Verteilungsanalyse mit Verteilungskoeffizienten gewichtet. An die Stelle von $\Delta W = \sum \Delta y_i$ tritt für die Wohlfahrtsänderung

(6-5) $\quad \Delta W = \sum_i a_i \Delta y_i = \sum_i a_i (N_i - K_i)$.

Je nachdem, welchen der i Personen, Haushalte oder sonstigen Gruppen positive und negative Effekte zugerechnet werden, findet eine unterschiedliche Gewichtung statt. a_i sind Verteilungsgewichte (bei $a_i = 1$ gilt die ungewichtete ZB).

Um Nutzen und Kosten gewichten zu können, müssen
- zunächst das Verteilungsziel bestimmt werden. Erst dann können die distributiven Konsequenzen untersucht werden. Hierbei geht es um den Verteilungsgegenstand (z.B. Einkommen) und um die Bezugseinheiten (z. B. nach Einkommensklassen gruppierte Haushalte), für die Gewichte bestimmt werden sollen;
- systematisch die relevanten Verteilungswirkungen auf die Bezugseinheiten bestimmt werden;
- Verteilungsgewichte bekannt sein.

Bereits die erste Bedingung wirft Probleme auf: Es gibt verschiedene Bezugseinheiten und zur Verteilung anstehende Größen.

Bei der Verteilung geht es nicht nur um „arm" oder „reich", sondern um solche zwischen Geschlechtern, Rassen, Generationen, Menschen mit und ohne Arbeitsplatz, mit unterschiedlicher Ausbildung, nach Regionen und anderen Teilen der Gesellschaft. Hier gibt es keine feststehende Regel, welche Kategorien maßgeblich sind. Daher ist vor jeder Gewichtung zu klären, mit welcher verteilungspolitischen Dimension die jeweils relevante verteilungspolitische Fragestellung getroffen wird.

Um Kenntnis über die Verteilung der Nutzen und Kosten auf die zuvor festgelegten Bezugseinheiten zu erlangen, müssen die aus dem allokativen Bereich bekannten Probleme gelöst werden, wie man an die individuellen Zahlungsbereitschaften herankommt, um diese dann nach Gruppen zu differenzieren. So ist es z. B. wichtig zu wissen, ob die marginalen Bewertungen eines Projekts z. B. nach Einkommensklassen differenziert jeweils einen spezifischen Verlauf haben. Es gilt ja $MZB_i \gtrless 0$.

Explizit genannte Verteilungsziele sind regelmäßig so allgemein gehalten, dass jeder zustimmen kann („Missstände in der Verteilung sollen beseitigt oder verringert werden"). Offen bleibt, wie die Verteilung konkret aussehen und gemessen werden soll. Daher sind auch für Nutzen-Kosten-Analysen keine Entscheidungen über Verteilungsgewichte zu erwarten.

Zu erwägen ist dann, ob in anderem Zusammenhang **implizit verwendete Verteilungsgewichte abgeleitet und übernommen** werden können. Hierzu muss geklärt werden, ob (1) es eindeutige Regelungen oder Tatbestände gibt, aus denen Verteilungsgewichte abgeleitet werden können; (2) die abgeleiteten Gewichte dem entsprechen, was von den Entscheidungsträgern tatsächlich angestrebt wurde und noch wird. Aber auch auf diese Weise lassen sich Verteilungsgewichte nicht befriedigend bestimmen.

Die Einkommensteuer scheint, wie keine andere Maßnahme, geeignet zu sein, als Indikator verteilungspolitischer Vorstellungen gelten zu können. So gibt die Steuerbetragsfunktion $T = T(y)$ mit den marginalen und durchschnittlichen Steuersätzen die Basis zur Festlegung von Gewichten, deren Anwendung auf staatliche Ausgabenprojekte erwogen werden kann. Die Steuersatzfunktion legt nahe, dass mit steigendem Einkommen die anzuwendenden Verteilungsgewichte abnehmen. Unterschiedliche steuerliche Behandlung der Einkunftsformen und der Umstand, dass die Einkommensteuer nur Teil des Umverteilungssystems ist, sprechen neben anderen bei der Gestaltung der Einkommensteuer berücksichtigten Zielen gegen diesen Ansatz.

Fazit: Die Beurteilung der zunächst hinsichtlich ihrer allokativen Effizienz analysierten Projekte kann durch Einbeziehung von Verteilungszielen anders ausfallen und insbesondere auch die Rangfolge verschiedener Projekte verändern. Insofern kommt es zu Effizienzverlusten. Im Extremfall können durch Einbeziehung des Verteilungsaspekts allokativ obsolete Projekte zum Zuge kommen. Hierzu kann beitragen, dass in der Verteilungsanalyse auch Kosten und Nutzen zu erfassen sind, die in der allokativen Effizienzanalyse unberücksichtigt bleiben (so die pekuniären Effekte). Das führt allerdings nicht zu Widersprüchen der Politik: Übersteigen die gewichteten Nutzen die gewichteten Kosten, verbessert sich die Wohlfahrt. Zu beachten ist auch, dass durch die Einbeziehung der Verteilungswirkungen die Informationsanforderungen zunehmen. Es müssen nicht nur Nutzen und Kosten, sondern auch deren Verteilung auf Gruppen geschätzt werden.

Allerdings ist die richtige Erfassung des Verteilungsproblems im Rahmen einer NKA ungelöst. Zwar lässt sich kaum bestreiten, dass Verteilungseffekte von Bedeutung sein können. Der Verteilungsaspekt kann bei der Analyse von Ausgabenprojekten aber wohl kaum anders als in einer Beschreibung der Einkommens- und Vermögenssituation einzelner Gruppen von Wirtschaftssubjekten bestehen, die nutzen- und kostenmäßig tangiert werden. Bezugspunkte bilden dabei typische Werte, z. B. der überregionale Durchschnitt, oder Grenzwerte wie ein Existenzminimum oder eine Armutsgrenze (Andel 1977, S. 514).

Es wird aber auch die Auffassung vertreten, dass in der NKA Verteilungswirkungen zu vernachlässigen seien. Wenn der Staat eine Umverteilung wünsche, solle er sie direkt vornehmen. Der Grund: eine subjektbezogene Umverteilung ist in der Regel effektiver als objektbezogene Maßnahmen, die in Eingriffen in die Preisgestaltung von Gütern bestehen (vgl. Kapitel 14.4. c). Freie Verfügbarkeit über Subventionen gewährleistet einen höheren Nutzen als die Objektsubventionen. „Aus dem gleichen Grund ist es auch ineffektiv, bestimmte Bevölkerungsgruppen dadurch zu begünstigen, dass man ihre Zahlungsbereitschaft für bestimmte öffentliche Projekte durch Gewichtungsfaktoren ‚hochrechnet' und die Allgemeinheit mit entsprechenden Subventionen belastet ... Zudem wird mit der Gewichtung der Zahlungsbereitschaften auch die wohlfahrtsökonomische Basis der NKA, nämlich das Kaldor-Hicks-Kriterium, verlassen, denn die von diesem verlangte Kompensationsfähigkeit der Gewinner liegt hier ja nicht einmal mehr theoretisch vor, geschweige denn ihre tatsächliche Abschöpfung" (von Suntum 1986, S. 55). Auch eröffnet die Verwendung von Gewichtungsfaktoren erhebliche Manipulationsmöglichkeiten.

(10) Das Entscheidungskriterium

Nach der Ermittlung der Nutzen und Kosten eines Projekts (oder mehrerer Projekte) ist zu prüfen, ob und welche Projekte durchgeführt werden sollen. Die Projekte müssen also in Hinblick auf ihre Effizienzeigenschaft untersucht werden. Unter allokativem Ziel ist ein Projekt dann empfehlenswert, wenn es die Wohlfahrt erhöht ($\Delta W > O$). Das ist immer dann der Fall, wenn der Grenznutzen des Projektes größer als die entstehenden Grenzkosten sind. Projekte mit negativem Nettogrenznutzen kommen nicht in Frage. Wie ist aber bei mehreren Projekten zu verfahren? Hierzu sei Abb. 6-4 betrachtet. Der in Kosten (hier gleich Budgetbelastung) gemessen Umfang verschieden großer Projekte ist auf der Abszisse aufgetragen. Den gesamten Kosten (K) sind auf der Ordinate die Nutzen (N) gegenübergestellt. Angenommen, nur I_1, I_2, I_3 und I_4 seien mögliche, **sich gegenseitig ausschließende** Alternativen. Wenn mehrere Projekte ohne Nebenbedingungen (z. B. begrenzte Haushaltsmittel) zur Auswahl stehen, wird zunächst grundsätzlich jedes Projekt mit N - K > 0 akzeptiert werden können. I_4 scheidet wegen N < K aus, ebenso I_3, weil bei N = K keine Besserstellung erreicht wird. So bliebe die Wahl zwischen I_1 und I_2. Beide bewirken eine Wohlfahrtsverbesserung. Hierbei hat I_2 einen absolut größeren Nettoertrag als I_1. Wenn nur eines der beiden Projekte durchgeführt werden kann, ist zugunsten von I_2 zu entscheiden.

Abb. 6-4 Die Bestimmung des effizienten Projekts

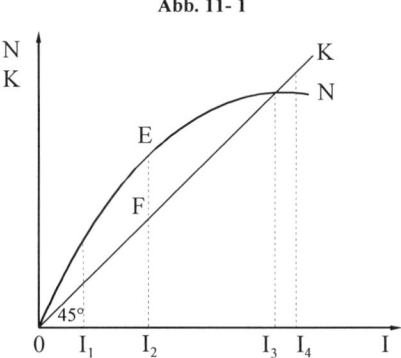

Wenn allerdings mehrere alternative Projekte zur Auswahl stehen, die sich **nicht gegenseitig** (z. B. technisch) ausschließen, kann anstelle von Projekt I_2 auch zweimal I_1 gewählt werden. In diesem Fall würde der optimale Einsatz der Mittel I_2 nicht zu einem Nettonutzen EF führen, vielmehr müsste die Gesamtnutzenkurve nach oben ver-

verschoben werden. Bei der Kombination mehrerer Teilprojekte zur Maximierung der Wohlfahrt kann die Berechnung der Nutzen-Kosten-Relation (N / K) hilfreich sein.

(11) Ein Anwendungsbeispiel: Autobahnbau

(i) Die Bewertung von Zeit

Das folgende Beispiel für eine Anwendung der Nutzen-Kosten-Analyse ist u. a. deshalb interessant, weil hier die Bewertung von Zeit und Menschenleben bedeutsam ist.

Ein Projekt „Autobahnbau" ist stets ein Teilproblem der Planung eines effizienten Transportsystems. Die Konkurrenz zu anderen Verkehrsträgern (Bahn, Luftwege, Straßenbahn, U-Bahn, Bus) und -wegen kann bedeutsam sein. Es geht um die effiziente Bereitstellung des Produkts „Verkehrsleistungen" (Transport). Transport ist weitgehend ein Zwischenprodukt.

Der Nutzen der Verkehrsleistungen kommt zunächst in Form von Zeitersparnissen zum Ausdruck[1]. Dies bedeutet im gewerblichen Bereich eine durch die Beschleunigung der einzelnen Transporthandlungen ermöglichte zusätzliche Wertschöpfung und eine Verringerung des erforderlichen Fuhrparks. Im privaten Reiseverkehr erhöht sich der frei verfügbare Teil des Tages. Zeitersparnisse sind relativ gut zu quantifizieren. Weil es hierfür keinen Markt gibt, ist aber die Zahlungsbereitschaft nur schwer zu schätzen.

Theoretisch ergibt sich der Wert der Zeitersparnis als Wert der dadurch entstehenden zusätzlichen Freizeit. Im Modell der vollkommenen Konkurrenz sind die Grenznutzen von Arbeit und Muße gleich und entsprechen dem Lohnsatz. Allerdings sind Entscheidungen über Arbeitszeit/Freizeit häufig z. B aus institutionellen Gründen nur eingeschränkt möglich. Und neben dem Lohn können auch nichtmonetäre Faktoren (Prestige, Macht) bedeutsam sein. Daher kann der Lohnsatz über oder unter dem Grenzarbeitsleid liegen. Monopolistische Bedingungen rufen ferner Verzerrungen auf den Arbeitsmärkten hervor. Auch Steuern verletzen die Marginalbedingungen: Wird die eingesparte Reisezeit in Erwerbszeit transformiert, fallen Brutto- und Nettolohn der Arbeitnehmer bzw. Arbeitgeber auseinander. Schließlich kann die berufliche Nutzung der Zeit unterschiedlich bewertet werden, wenn z. B. Autofahren Freude bereitet oder als notwendiges Übel angesehen wird.

Hält man den Lohnsatz für keinen geeigneten Indikator, könnte aus den tatsächlichen Entscheidungen von Reisenden, die die Wahl zwischen alternativen Verkehrsmitteln, -wegen oder -geschwindigkeiten haben, auf den Zeitwert geschlossen werden. Aus den Differenzen der jeweiligen Fahrzeiten und -kosten lassen sich trade-offs zwischen Zeit- und Kostenersparnis schätzen:

---

[1] Vgl. zum Folgenden Schellhaas 1972, S. 60ff.; Zitate aus dieser Quelle.

„Bei der **Methode der Verkehrswegewahl** werden die Reisenden, die eine Wahl zwischen einer Gebührenstraße und einer abgabenfreien Straße haben, nach ihren Entscheidungsgründen gefragt. Der Zeitwert wird gemessen, indem die monetären Mehrkosten, die der Reisende für eine Verkürzung der Fahrtdauer auf sich nimmt, zu den Zeitersparnissen in Beziehung gesetzt werden".

Bei der **Methode der Verkehrsmittelwahl** umfasst die Auswahlgruppe „nur Personen, die eine echte Wahl zwischen zwei oder mehreren Verkehrsmitteln haben. Auch hier kann der Zeitwert aus den Entscheidungen der Reisenden für oder gegen das schnellere, aber teuere Verkehrsmittel und den Kostenunterschieden deduziert werden.

Bei der **Methode der Geschwindigkeitswahl** wird unterstellt, dass die einzigen Variablen für den Autofahrer die Kfz-Betriebskosten und die Fahrtzeitkosten sind. „Ein rational handelnder Verkehrsteilnehmer wird die Reisegeschwindigkeit wählen, bei der die Zunahme der Kfz-Betriebskosten gerade durch die Abnahme der reinen Fahrtzeitkosten kompensiert wird".

Die drei Verfahren zur Bestimmung des Zeitwertes sind aber allenfalls grobe Wertmesser: So braucht die Wahl zwischen verschiedenen Verkehrsmitteln nicht (nur) von den Kosten abzuhängen, auch andere Faktoren wie z. B. Sicherheit, Bequemlichkeit oder Stress können maßgeblich sein. Schließlich haben empirische Untersuchungen gezeigt, dass geringe Reisezeitgewinne (bis ca. 10 Minuten) überhaupt nicht gewertet werden.

(ii) Die Bewertung von Menschenleben

Durch die Bereitstellung von Autobahnen können auch die Verkehrssicherheit erhöht und die Zahl der Unfalltoten verringert werden. Der Nutzen hängt von der Zahl der betroffenen Menschen ab. Nutzen-Kosten-Analysen sollen die Projektwirkungen soweit wie möglich erfassen. Sollen aber auch Menschenleben überhaupt und wenn ja, wie können sie bewertet werden?

Gegen die Bewertung von Menschenleben können moralische Bedenken geltend gemacht werden. Diese lassen sich allerdings insofern entkräften, als – gleichgültig, ob die untersuchten Maßnahmen ergriffen werden oder nicht – in jedem Fall (mindestens implizit) Werte gesetzt werden: So bedeutet der Einsatz der Mittel zur Rettung von Menschenleben, dass sie mindestens so hoch bewertet werden wie die Ausgaben hierfür. Werden Rettungsmaßnahmen unterlassen, gelten die nicht geretteten Menschenleben offenbar weniger als die Ausgaben für das Alternativprogramm.

Der Wert des Menschenlebens ist nur schwer direkt über die Zahlungsbereitschaft zu schätzen. Wenn diese auch nur von einem Wirtschaftssubjekt mit unendlich bewertet wird, so lässt sich zunächst vermuten, gilt dies für das ganze Projekt. Dieser Fall ist allerdings wegen der Budgetbeschränkung praktisch irrelevant.

Daher werden andere Verfahren zur Bewertung von Menschenleben herangezogen. Eines ist eine Variante des Humankapitaleinsatzes. Es misst den Wert des Lebens nach dem Beitrag der Menschen zur gesamtwirtschaftlichen Produktion, also den Gegenwartswert künftig zu erzielender Einkommen. Das Verfahren wird auch von der Rechtsprechung angewandt, wenn Entschädigungen zu regeln sind. Es ist aber nicht unproblematisch, wenn ein enger marktbezogener Einkommensbegriff zugrunde gelegt wird. So entstehen bei dieser Bewertung der Gesellschaft in der Regel dann keine Kosten, wenn gerade Alte und Arbeitsunfähige sterben. Auch Personen mit niedrigem Einkommen und hohem Freizeitwert werden gering bewertet.

Der Wert des Menschenlebens wird auch über die Änderung der Sterbewahrscheinlichkeiten, ferner unter Einbeziehung der Sterbewahrscheinlichkeiten und der Kompensationen geschätzt, die Individuen für das Eingehen von Risiken verlangen. Wenn höhere Sterbewahrscheinlichkeiten bei steigendem Einkommen eingegangen werden, kann die Einkommensdifferenz als ein marktmäßiger Ausdruck für die Bewertung der Änderung der Sterbewahrscheinlichkeit herangezogen werden. Diesem Ansatz wird entgegengehalten, dass er dann irrelevant wird, wenn man weiß, um welche Menschenleben es sich konkret handelt.

Die verschiedenen Methoden legen nahe, dass der Wert des Menschenlebens annähernd proportional mit dem Einkommen steigt. Dann stellt sich aber die ethische Frage, ob diese Heterogenität in der Analyse berücksichtigt werden soll (vgl. Viscusi 1998, S. 664 ff.).

(12) Würdigung der NKA als Entscheidungshilfe

Die Bedeutung der NKA liegt darin, Entscheidungshilfen durch eine zielgerichtete Analyse alternativer Projekte zu geben. Sie trägt zum sachlogischen Durchdenken von Alternativen bei. Jede Analyse bedarf zahlreicher Hilfskonstruktionen. Obwohl aber je nach zugrundegelegten Annahmen höchst unterschiedliche Ergebnisse möglich sind, braucht auf die Anwendung dieses Instruments nicht verzichtet zu werden. Zusätzliche Informationen können die Transparenz von Entscheidungen erhöhen.

Die Entscheidungsträger können die Ergebnisse der NKA insbesondere dann ablehnen, wenn sie mit den ihr zugrunde liegenden Wertungen nicht übereinstimmen und wenn Faktoren für den Entscheidungsprozess wichtig sind, die in der Analyse nicht oder falsch berücksichtigt wurden. Hier liegt aber das zentrale Problem für den erfolgreichen Einsatz der Analyse: In ihr wird davon ausgegangen, dass die Entscheidungsträger bereit sind, die für ein Projekt oder für mehrere Projekte relevante politische Zielfunktion offen zu legen. Das ist aber selten zu erwarten, weil die politischen Nutzen und Kosten von den ökonomischen Effizienznutzen und -kosten meist abweichen. Ferner trägt die in vielen Fällen schwierige Datenlage dazu bei, dass die NKA zur reinen Routineübung wird, die der Rechtfertigung gewünschter oder der Ablehnung oder Verzögerung unerwünschter Projekte dienen. Die praktische Bedeutung der NKA ist in Deutschland (anders als in den USA) gering.

Das spiegelt sich auch in der Neufassung von HGrG und BHO im Jahre 1997 wider. Es besteht nur eine Verpflichtung zur Kosten-Leistungsrechnung, in der die NKA ein nicht explizit erwähnter Baustein ist. Die Kosten-Leistungsrechnung wird aber nur im engen, finanzwirtschaftlichen Sinne interpretiert werden[1].

Literatur zum 6. Kapitel

Zum Haushaltsprozess sind Kitterer/Senf (1980) und Senf (1977) zu empfehlen. Siehe auch Piduch (1988). Immer noch lesenswert ist Schmölders (1970, Teil III A). Speziell zur Haushaltskontrolle siehe Rürup (1980), zur Beurteilung des Haushalts ferner Rehm (1975). Haushaltsgrundsätze werden von Andel (1983b, Kap. 5 § 3), Neumark (1961), Piduch (1988) und Schmölders (1970, § 10) behandelt. Zur Frage der Zweckbindung siehe Buchanan (1963) und Fecher (1963).

Zu rechtlichen Aspekten können Krüger/Spitta/Bronk (1973), Wiesner (1981), Patzig (1981) und der Kommentar von Piduch (1969ff.) herangezogen werden. Einen Überblick über verwaltungswissenschaftliche Aspekte des öffentlichen Haushalts gibt Fürst (1982).

Die mittelfristige Finanzplanung behandelt Wille (1977, 1979, 1980). Der jeweils aktuellste Finanzplan ist in dem vom Bundesministerium der Finanzen jährlich herausgegebenen Finanzbericht zu finden.

Zur Problematik der Folgekosten und den Möglichkeiten ihrer Erfassung siehe Littmann (1979), Lenk/Lang (1981), Stockinger (1982), Schwarting (1986) und Seitz (1986).

Die Programmplanung ist umfassend in Reinermann (1975) dargestellt. Ferner sind in den von Recktenwald (1970) und Haveman/Margolis (1970, 1977, 1983) herausgegebenen Sammelbänden ausführliche Darstellungen zu finden. Effizienz und Effektivität behandelt Wille (1987) am Beispiel Gesundheitswesen. Zu verschiedenen neueren Versuchen mit Budgetsystemen (Zero-Base-Budgeting, Sunset-Legislation) siehe Langner (1983), Rürup/Hansmeyer (1984, 4. Kap.) und Savoie (1996). Zum „Neuen Steuerungsmodell" aus verwaltungswissenschaftlicher Sicht siehe Damkowski/Precht 1998, aus ökonomischer Sicht Grüske/Maier (2000).

---

[1] In Deutschland sahen zuvor „für geeignete Maßnahmen von erheblicher finanzieller Bedeutung" HGrG und die Haushaltsordnungen von Bund und Ländern die Durchführung von Nutzen-Kosten-Analysen vor. Diese Vorschrift wurde durch die vom Bundesminister der Finanzen herausgegebenen „Erläuterungen zur Durchführung von NKA" ergänzt (Ministerialblatt 1973). Jetzt heißt es in der Neufassung des § 7 BHO: „Für alle finanzwirksamen Maßnahmen sind angemessene Wirtschaftsuntersuchungen durchzuführen. In geeigneten Fällen ist privaten Anlegern die Möglichkeit zu geben darzulegen, ob und inwieweit sie staatliche Aufgaben oder öffentlichen Zwecken dienende wirtschaftliche Tätigkeiten nicht ebenso gut oder besser erbringen können (Interessenbekundungsverfahren). In geeigneten Bereichen ist eine Kosten- und Leistungsrechnung einzuführen".

Aus der umfangreichen Literatur zur Nutzen-Kosten-Analyse sind zur Vertiefung insbesondere Andel (1977a), Arnold (1980), Gans/Marggraf (1997), Hanusch (1993), Hesse (1980), Layard/Glaister (1994) und Mühlenkamp (1994) heranzuziehen. Speziell zur Problematik der Zahlungsbereitschaft siehe v. Suntum (1986), zur Einbeziehung des Verteilungsaspekts Hofmann (1981), Brent (1984). Möglichkeiten zur Erfassung der Präferenzen stellt Pommerehne (1987) umfassend dar. Die Frage der Diskontierung bei intragenerationellen und intergenerationellen Effekten untersuchen Bayer/Cansier (1998). Zur Bewertung von Menschenleben siehe Mooney (1978), Broome (1978) und Linnerooth (1979) und den Überblick von Viscusi (1998), von Umweltschäden Schulz (1989). Umfassendere Analysen z. B. im Verkehrsbereich sind in Greene/Jones/Delucchi (1997) zu finden.

7. Kapitel
Marktversagen versus Staatsversagen

1. Würdigung der Theorie des Marktversagens

Die Theorie des Marktversagens hat einen entscheidenden Einfluss auf die Entwicklung von Vorschriften für wirtschaftspolitische Maßnahmen ausgeübt. Marktversagen war lange der Ausgangspunkt für Überlegungen (eines vermeintlich) ökonomisch rationalen staatlichen Handelns: Nachdem verschiedene Formen des Marktversagens analysiert wurden, richtete sich die Aufmerksamkeit auf die Entwicklung wirtschaftspolitischer Instrumente, die vom Staat zur Verbesserung der Allokation der Ressourcen eingesetzt werden können – allerdings nicht immer offen für die Vor- und Nachteile verschiedener Instrumente, was z. B. hinsichtlich der Verwendung von Steuern und anderen Abgaben zur Internalisierung von Externalitäten deutlich wird.

Zu beachten ist, dass die Abweichung einer realen Situation von der einer Modell-Marktwirtschaft zunächst zwar ein a priori-Argument für Nichtmarktlösungen darstellt, aber noch völlig offenlässt, wie diese erfolgen sollen. So kann die Analyse des Marktmechanismus ergeben, dass eine größere Menge eines Gutes bereitgestellt werden soll als sie der Marktmechanismus gewährleistet. Nun kann diese Bereitstellung unentgeltlich z. B. durch den Staat bei privater Produktion erfolgen, die Produktion kann auch durch öffentliche Unternehmen gewährleistet sein. Als Alternativen kommen ferner Subventionen an private Produzenten oder direkte gebundene Transfers an Haushalte in Betracht, und es kann eine Versorgung durch private Unternehmen erfolgen, wobei Menge, Preis, Qualität u. a. durch den Staat festgelegt bzw. von ihm kontrolliert werden. Schließlich sind auch Nichtmarktlösungen außerhalb staatlicher Aktivität denkbar.

Die offensichtlichen Schwierigkeiten dieses Ansatzes zur Rechtfertigung der Staatstätigkeit wurden lange vernachlässigt: So stellt sich die Frage, ob die Instrumente in der beabsichtigten Weise eingesetzt werden (können), um bestimmte Programme zu realisieren. Die Implementierung einer Politik der Realisierung der Optimalbedingungen verlangt von den staatlichen Entscheidungsträgern
(1) Informationen (u. a. hinsichtlich der Kosten- und Nachfragebedingungen),
(2) die Fähigkeit, die analytischen Techniken der paretianischen Wohlfahrtsökonomie einzusetzen und den ihr zugrunde liegenden Werturteilen Rechnung zu tragen,
(3) altruistisches Verhalten; die staatlichen Entscheidungsträger verhalten sich vollständig im öffentlichen Interesse in einem unvollkommenen System;
(4) dass der Staat nicht selbst Verursacher allokativer Verzerrungen ist.

Diese Voraussetzungen blieben so lange unbeachtet, wie davon ausgegangen wurde, dass es genügt, Marktunvollkommenheiten aufzudecken, um einen entsprechenden Staatseingriff zu rechtfertigen. Marktversagen ist aber nur eine notwendige und noch keine hinreichende Bedingung für die Begründung staatlicher Aktivität.

Buchanan (1962) charakterisierte die paretianische Wohlfahrtsökonomie als ein „offenes System", in dem Märkte und ihr Versagen untersucht, aber exogenes staatliches Handeln angenommen wird. In einem anders definierten „geschlossenen System" kann der Staat aber durchaus selbst als endogen behandelt werden und Gegenstand einer Parallelanalyse zu der des Marktes sein. Bevor also Schlüsse über die geeignete ökonomische Rolle des Staates gezogen werden dürfen, müssen die Kosten des Marktversagens gegen die Kosten abgewogen werden, die aus den Interventionen des Staates resultieren. Die Formulierung wirtschaftspolitischer Maßnahmen verlangt, dass die erkannten Mängel des Marktmechanismus mit möglichen Mängeln anderer (Nichtmarkt-)Mechanismen verglichen werden, mit denen eine Besserstellung erreicht werden soll. Es geht also darum, die relative Leistungsfähigkeit des privaten und des staatlichen Allokationsmechanismus zu würdigen, also einen unvollkommenen Markt mit einem unvollkommenen Staat zu vergleichen.

2. Elemente einer Theorie des Staatsversagens

Bei der Diskussion verschiedener wirtschaftspolitischer Instrumente zur Korrektur des Marktversagens und bei der Analyse des staatlichen Entscheidungsprozesses sind bereits in früheren Kapiteln verschiedene Elemente dargestellt worden, die für die Beurteilung der relativen Effizienz des Staates von Bedeutung sind. Sie können als Teil einer **Theorie des Staatsversagens** angesehen werden. Staatsversagen liegt vor, wenn die Ergebnisse politischer (einschließlich bürokratischer) Prozesse systematisch den Präferenzen der Wähler nicht entsprechen. Dabei sind aufgrund der Wechselbeziehung zwischen den beiden Gruppen „Bürger" und „Staat" zwei Quellen des Staatsversagens zu unterscheiden: zum einen das Problem des Staates, eine effiziente Allokation herbeizuführen (das Problem der Bestimmung kollektiver Präferenzen); zum anderen die Problematik der Bürger, einen eigennützig orientierten Staatsapparat zur Beachtung ihrer Präferenzen zu veranlassen. Es gibt keinen Grund zu der Annahme, dass Politiker und/oder Bürokraten die soziale Wohlfahrt zu maximieren versuchen. Die Stimmensuche der Politiker und die Budgetmaximierung der Bürokraten sind realistischere Annahmen als die des altruistischen Verhaltens. Die mit der Eigennützigkeit der politischen Handlungsträger verbundenen Ineffizienzen werden in Abschnitt b) dargelegt.

a) Die Bestimmung kollektiver Präferenzen

Als bedeutsam für das Marktversagen wurde im 4. Kapitel das Problem mangelnder Informationen zwischen den Wirtschaftssubjekten bezeichnet. Die unter den Bedingungen vollkommener Märkte erfolgende Umsetzung von Nutzeneinschätzungen in Preise erfolgt so nicht. Das fundamentale Problem allokativer Korrekturmaßnahmen besteht dann vor allem darin, existierende Preise zu korrigieren (Externalitäten, Monopol) bzw. fehlende Preise zu simulieren (öffentliche Güter). Dabei steht der Staat, solange ihm nicht Allwissenheit unterstellt wird, aber vor dem gleichen Problem wie die auf privaten Märkten agierenden Akteure. Die Gewinnung der zur Herstellung einer Pareto-effizienten Allokation notwendigen Informationen ist praktisch nicht möglich.

Auch bei staatlichen Eingriffen gibt es für rationale Individuen keine Anreize, diese Informationen zu offenbaren. Konzepte zur Aufdeckung von Präferenzen sind bisher nur recht unvollkommen entwickelt.

Ebenfalls wurde schon darauf hingewiesen (5. Kapitel), dass alle kollektiven Entscheidungsmechanismen - wie Wahlen - unter erheblichen Aggregationsproblemen leiden. Das Ergebnis wird - zumindest teilweise - durch die Aggregationsregeln bestimmt. Es ist z. B. durch das Abstimmungsverfahren und durch die Reihenfolge beeinflussbar, in der über Alternativen entschieden wird. Das Arrow-Theorem macht deutlich, dass es - bestimmte Bedingungen vorausgesetzt - unmöglich ist, soziale Wohlfahrtsfunktionen aufzustellen, die positiv individuellen Präferenzordnungen entsprechen. Es gibt also keine Verfahren, durch die öffentliche Entscheidungen konsistent werden und exakt die individuellen Präferenzen widerspiegeln. Das gilt selbst dann, wenn die staatlichen Entscheidungsträger sich altruistisch verhalten und eine soziale Wohlfahrtsfunktion, die auf individuellen Werten beruht, maximieren möchten.

b) Die Delegation von Entscheidungsbefugnissen

Im politischen Prozess einer repräsentativen Demokratie stimmen die einzelnen Bürger nicht über Güter oder Projekte ab, die sie wünschen, sondern über Personen, die sie vertreten. Die Präferenzen der Repräsentanten können aber mehr oder weniger stark von den Vorstellungen ihrer Wähler abweichen, die Wünsche einzelner Personen oder Gruppen werden nur gefiltert wirksam. Beschränkend auf die Ermächtigung der Repräsentanten zur Verfolgung ihrer eigenen Interessen wirkt vor allem der Sanktionsmechanismus der Abwahl. Voraussetzung ist dafür natürlich die Existenz vieler politischer Konkurrenten.

Ein Mangel an solcher Konkurrenz wirkt einer effizienten Sanktionierung durch die Wähler entgegen. Marktzutrittsschranken (5%-Klausel) verhindern eine dem Gütermarkt entsprechende breite Differenzierung bezüglich politischer Positionen. Der Stimmberechtigte bekommt selbst als Wähler der regierenden Partei z. B. infolge Stimmentauschs Programmteile angeboten, die er als Nachteil empfindet. Ein Einfluss des Wählers auf einzelne Güterangebote ist nicht vorhanden. Sanktionierung durch Nichtbeteiligung an einer Wahl ist nicht möglich, sie hat lediglich den Effekt, dass die kollektive Entscheidung über die Repräsentanten allein von den Wahlbeteiligten getroffen wird. Repräsentanten können so letztendendes nur von einer Minderheit der Gesamtbevölkerung gewählt worden sein. Auf dem Gütermarkt hingegen ist die Nichtwahl eines Gutes eine eindeutige Entscheidung gegen das Gut. Der Einzelne ist durch die Entscheidung der anderen nicht direkt betroffen. Neben der Äußerung von Wünschen lässt der Markt auch ein „Aussteigen" zu: Nichtwahl eines Produkts entspricht der Ablehnung desselben.

c) Fehlende Messbarkeit, fehlerhafte Anreizstrukturen

Fehlerhafte Aktivitäten des Staates werden daher nicht wie privatwirtschaftliche Fehler über den Marktmechanismus beendet. Die Überprüfung der Ziele unterliegt nicht der Strenge des Marktes. Die fehlende Lenkungsfunktion von Preisen und Gewinnen muss durch die Festlegung von Standards („internalities")[1] ersetzt werden, die die effiziente Verwendung der Ressourcen durch den Staat gewährleisten sollen. Hier stellt sich allerdings die Frage der Multidimensionalität vieler staatlicher Ziele und ihrer Gewichtung.

Anreize für effizientes staatliches Handeln und Sanktionen bei Verstößen fehlen aber, so dass die externe Kontrolle des Marktes beim Staat kein Äquivalent findet. Selbst eklatante Fälle **öffentlicher Verschwendung** bzw. **Misswirtschaft**[2] unterliegen keinem Sanktionsmechanismus. Im Gegenteil: Sie werden häufig noch als Pionierleistungen u. ä. gefeiert. Politische, strafrechtliche oder finanzielle Regressmöglichkeiten auf die Entscheidungsträger und die Bürokratie bestehen praktisch nicht[3]. Auch interne Anreize/Sanktionen fehlen. Die Situation der öffentlichen Beschäftigten ist durch Beschäftigungsgarantie, Schwierigkeiten der Versetzung und Parteienherrschaft gekennzeichnet. Die Entlohnung wird unabhängig von der Entwicklung der staatlichen Leistungen festgelegt, wobei einem Gewerkschaftsmonopol unmittelbar oder mittelbar an einer Lohnerhöhung interessierte Vertreter des Staates gegenüberstehen. Anpassungen an strukturelle Veränderungen sind daher nur schwerfällig möglich. Der Staat ist in der Regel inflexibler als private Unternehmen. Internalitäten befriedigen häufig eher die staatlichen Anbieter, als dass sie zur effizienteren staatlichen Bereitstellung von Leistungen beitragen. Der Verwaltung fehlen objektbezogene Leistungsanreize.

In Übersicht 7-1 ist die Wirkungsweise des marktwirtschaftlichen dem politischen Anreiz- und Sanktionsmechanismus gegenübergestellt[4].

Ein weiteres Problem ergibt sich aus dem Sanktionsmechanismus selber. Kurze Legislaturperioden tragen dazu bei, dass die Diskontrate der Zeit im politischen Prozess höher als bei privatwirtschaftlichen Aktivitäten ausfällt („Blick bis zur nächsten Wahl"). Häufig fallen der Zeithorizont der Politiker und die Zeit erheblich auseinander, die für Analysen, Verstehen und Experimentieren eines speziellen Programms erforderlich sind, bis dann zu sehen ist, ob es eine Lösung gibt. Dies wird durch das Jährlichkeitsprinzip des Haushaltsrechts verstärkt, das wirtschaftliches Verhalten über einen längeren Zeitraum nicht belohnt. In diesem Zusammenhang ist auch die geringe

---

[1] Wolf (1979) wählt den Begriff „internalities" in Anlehnung an die Terminologie in der Analyse des Marktversagens. Dem Anreiz der Gewinnmaximierung und dem Sanktionsmechanismus von Verlust und Konkurs stehen im politischen Mechanismus nur die Stimmenmaximierung und Stimmenverluste bzw. Nichtwiederwahl gegenüber, die auch nicht in bezug auf Einzelleistungen wirksam werden.
[2] Siehe hierzu die vielen Beispiele, die die Berichte der Rechnungshöfe liefern und die der Bund der Steuerzahler zusammenträgt. Sie betreffen alle Ebenen, auch die europäische.
[3] Der Bund der Steuerzahler (1983) weist hierauf immer wieder hin und macht Vorschläge zur Verbesserung z. B. durch Einführung eines Amtsanklägers (Püttner 1981).
[4] Entnommen Zumbühl 1978, S. 44/45.

Kontrolle von Regierung bzw. Verwaltung durch das Parlament infolge der Identität der Parteizugehörigkeit und von Informationsdefiziten der Opposition zu nennen.

Übersicht 7-1 Marktwirtschaftliche und politische Anreiz- und Sanktionsmechanismen

I. Wirkung der Anreizmechanismen auf die betriebliche Effizienz

	marktwirtschaftliche Mechanismen	politische Mechanismen
Wirkungsweise	- Gewinnmaximierung	- Stimmenmaximierung
- Voraussetzung der Wirkungsweise:	private Eigentumsrechte	Stimmrecht (Demokratie)
- Träger:	Aktionär	Wähler
- Aktionsparameter der Träger:	1. Mitgliedschaftsrechte (Stimmrecht an der GV) 2. Transfer der Eigentumsrechte	1. Stimmabgabe 2. Abwanderung (voting by feet)
- Motivation der Träger:	groß: individuelles Kosten-Nutzen-Verhältnis positiv	klein: individuelles Kosten-Nutzen-Verhältnis negativ: - Informationskosten - „free-rider"-Problem
- Konsequenzen für die Organisationsleitung:	Wegwahl des Managements	Effizienzkontrolle durch Regierung und Parlament
- Wirkung auf betriebliche Effizienz	stark	schwach

3. Wahlentscheidungen versus Marktentscheidungen

Zusammenfassend lassen sich bei einem Vergleich zwischen Marktmechanismus und politischem Mechanismus in der repräsentativen Demokratie folgende Unterschiede herausarbeiten:
- Abstimmungen enthalten nur Ja/Nein-Alternativen (abgesehen von der Punktwahl u.ä.). Der Marktmechanismus ermöglicht es den Wirtschaftssubjekten, die Intensität ihrer Präferenzen auszudrücken, wie stark sie also ein Gut oder Projekt bewerten.
- Im politischen Prozess der indirekten Demokratie stimmen (im Gegensatz zur direkten Demokratie) die einzelnen Bürger nicht über die von ihnen gewünschten Güter oder Projekte ab, sondern über Personen, die sie vertreten. Die Präferenzen einzelner Personen oder Gruppen sind gänzlich unbekannt und werden nur gefiltert wahrgenommen. Die Abstimmungen der Repräsentanten weichen daher regelmäßig mehr oder weniger stark von den Vorstellungen ihrer Wähler ab und brauchen u. U. über-

haupt nicht berücksichtigt zu werden. Bei Marktentscheidungen gilt hingegen: Wenn der Einzelne etwas (nicht) wünscht, kauft er es (nicht), wobei er über die gewünschten Güterarten, -mengen und deren Qualität entscheiden kann.

II. Wirkung der Sanktionsmechanismen auf die betriebliche Effizienz

	marktwirtschaftliche Mechanismen	politische Mechanismen
Wirkungsweise	- Verlust/Konkurs	- Stimmenverlust/ Wegwahl
- Voraussetzung der Wirkungsweise:	Unternehmung abhängig vom Markterfolg	Politiker vom Wahlerfolg abhängig (Demokratie)
- Kontrollorgan:	Konsument	Wähler
- Kontrollinstrument:	Kaufstimme	politische Stimme

- Kontrollwirkung:	1. direkt
	
	2. kontinuierlich
		1. indirekt:
		  - Mehrheitsprinzip
		  - „Bündeleffekt"
		2. persönlich

- Konsequenzen für die Organisation:	Existenz gefährdet	Existenz **nicht** gefährdet
- Wirkung auf betriebliche Effizienz:	mit Wettbewerb: - stark ohne Wettbewerb: - mittel	schwach

- Marktentscheidungen beziehen stets die Finanzierung des einzelnen Gutes ein. Bei den unentgeltlich bereitgestellten staatlichen Leistungen fehlt dieser Bezug. Er besteht in der Regel auch nicht bei Referenden, die auch nicht laufend über jede ökonomische Frage erfolgen können und ohne Berücksichtigung von Alternativkosten zu Fehlentscheidungen führen. Ohne individuelle Anlastung der Kosten wird letztlich die Sättigungsmenge nachgefragt.
- Der Markt entscheidet schneller, flexibler und genauer. Marktanbieter unterliegen einem dauerhaften Konkurrenzmechanismus in Hinblick auf einzelne Güter, der Wettbewerb zwischen Politikern ist auf globale Programme beschränkt.
- Die fehlende Wahlbeteiligung einzelner wirkt sich so aus, dass das Ergebnis nur von den Wählern festgelegt wird. Die Repräsentanten (Entscheidungsträger) können auch durch eine Minderheit gewählt werden. Nichtwählen beim Markt ist hingegen eine eindeutige Entscheidung gegen ein Gut oder ein Projekt, d. h. der Einzelne wird nicht von der Entscheidung über die Bereitstellung betroffen. Neben der Äußerung von

Wünschen lässt der Marktmechanismus auch ein „Aussteigen" zu (Nichtausdrücken von Wünschen ist gleichbedeutend mit Abstimmung dagegen).
- Es mag Bereiche geben, wo Zweifel an der Wünschbarkeit der Ergebnisse des Marktes vorliegen (meritorische Güter). So können Marktentscheidungen durch Werbung u.ä. verzerrt sein. Entsprechendes trifft aber auch auf die durch politische Werbung beeinflussten Wahlentscheidungen zu.
- Im politischen Prozess wird bei der Finanzierung öffentlicher Güter Zwang angewendet.

4. Fazit

Die Schlussfolgerung der (a priori-)Theorie des Marktversagens ist: Mehr staatliche Eingriffe - bis zur Verstaatlichung - dann, wenn der Markt versagt. Das ist im Grunde in irgendeiner Form fast immer der Fall. Dem kann die Auffassung gegenübergestellt werden, dass infolge Staatsversagens weniger Regulierung und eine Entstaatlichung erforderlich sind. Im Grunde gilt auch dies fast immer. Die Analyse des Marktmechanismus und des politischen Systems der Demokratie zeigen also, dass alle Ordnungssysteme beachtliche Mängel aufweisen, also unvollkommen sind. Jedenfalls braucht der Ersatz durch kollektive Entscheidungen in den Fällen, wo private Handlungen ineffizient sind, die Ressourcenallokation nicht zu verbessern; umgekehrt auch nicht der Abbau von Regulierungen und die Entstaatlichung, wobei allerdings bei Zugrundelegung einer individualistischen Position (bzw. dem Grundsatz der Subsidiarität[1]) die Beweispflicht für die Notwendigkeit von staatlichen Eingriffen besteht. Daraus folgt, dass es letztlich eine Frage der exakten - nicht nur allokativen - Zielsetzungen unter genauen Rahmenbedingungen ist, aus denen heraus ein unterschiedlicher Umfang staatlicher Aktivität zu rechtfertigen ist. Zu beachten ist auch, dass privates und staatliches Handeln sich wechselseitig beeinflussen bzw. bedingen.

5. Modelle der Ausbeutung durch den Staat

a) Marxistische Auffassungen

Die marxistische Literatur umfasst unterschiedliche, sich widersprechende bzw. bekämpfende Strömungen hinsichtlich der Beurteilung des Staates. Die Spannbreite der Positionen ist bereits im Werk von Marx festzustellen (Jessop, 1977). Für marxistische Darstellungen ist die explizite oder implizite Annahme einer gesetzesmäßigen Bewegung hin zu einer sozialistischen Gesellschaftsordnung entscheidend. Diese wird durch Abwesenheit von Ausbeutung (= private Mehrwertaneignung) verstanden. Staatliches Handeln wird in Bezug auf diese Entwicklung beurteilt.

In marxistischen Theorien sind die einzelnen Personen durch ihre Klassenzugehörigkeit festgelegt. Die Klasse wird durch das Eigentum an Produktionsmitteln defi-

---
[1] Nach dem Subsidiaritätsprinzip ist zunächst immer die kleinere Einheit für die Lösung einer Aufgabe zuständig.

niert. Marx hat sich wenig mit den komplexen Beziehungen zwischen Staatsapparat, Staatsgewalt, Kapitalakkumulation und ihren sozialen Voraussetzungen beschäftigt. Er hat sich auch kaum mit der Besteuerung auseinandergesetzt, da nach seiner Auffassung die kapitalistische Einkommensverteilung durch die Produktionsverhältnisse und das Privateigentum an Produktionsmitteln, nicht aber durch die Steuern bestimmt wird.

Der Staat wird verschiedentlich als Agent der Interessen der Kapitalistenklasse interpretiert. Der Staat spiegelt die Klassenverhältnisse in der Wirtschaft wider. Eine Änderung der Regierung ändert von selbst weder die Natur des ökonomischen und sozialen Systems noch die Rolle, die der Staat darin hat. Eine Ausdehnung der staatlichen Aktivität insgesamt, und insbesondere z. B. in den Bereichen soziale Sicherung, Gesundheit, Bildung u. ä., werden als Maßnahmen im Interesse des Kapitals zur Erhaltung des kapitalistischen Systems gedeutet.

Im Gegensatz zur marxistischen Linken glaubt die nichtmarxistische Linke an ein großes Potenzial nützlicher Aktionen durch den Staat. Sie können gesichert werden, indem eine politische Kontrolle über die staatlichen Institutionen durch die gewählten Mitglieder der Arbeiterpartei gewährleistet wird. Die nichtmarxistische Linke hat daher die Bedeutung einer Änderung der Regeln betont, weniger eine Änderung der Natur staatlicher Institutionen: Verlangt werden die Verpflichtung zu sozialistischer Politik und zu geeigneten Verwaltungsmaßnahmen. So wie der paretianische Wohlfahrtsanalytiker implizit auf den altruistischen öffentlichen Bediensteten zur Durchführung der optimalen Politik zurückgreift, stützt sich die nichtmarxistische Linke auf den guten Verwalter, der den Weg des Sozialismus bereitet. Eine wachsende Staatstätigkeit wird dementsprechend als Ergebnis der wachsenden Einflussnahme der Arbeiterklasse interpretiert, die zu einer partiellen Realisierung des Sozialismus führt (Heald 1983).

b) Der Staat als Leviathan

Während in marxistischer Sicht des kapitalistischen Staates durch das Kapital ausgebeutet wird, widmet sich eine andere Schule der Ausbeutung der Bürger durch den Staat in einer politischen Demokratie. Der Bürger wird im Staat des unersättlichen Leviathan ausgebeutet, der entweder durch einen Einnahmenmaximierer oder durch die haushaltsmaximierende Bürokratie repräsentiert wird. Leviathan (ein Seeungeheuer, das oft das Böse symbolisiert) wurde als Bild gewählt, um die düsteren Konsequenzen deutlich zu machen, die aus einer Expansion fiskalischer Aktivitäten des Staates zu erwarten sind. Der Staat ist eine Institution, in der Personen oder Gruppen im eigenen Interesse handeln, und er wird nur zu dem Zwecke genutzt, den Interessen dieser Gruppen zu dienen. Das tatsächliche Staatswesen wird in diesem Bild natürlich verzerrt wiedergegeben. Die Konsequenzen zu großer Machtfülle bei fehlender oder unzureichender politischer Kontrolle des Staates werden auf diese Weise jedoch sehr eindringlich vermittelt.

Das Leviathan-Modell des Staates wurde als eine „Monopoltheorie des Staates" (Brennan/Buchanan 1977, 1980) beschrieben. Sobald die Steuererhebungsbefugnis gewährt wird, schöpft der Leviathan die Monopolmacht aus, um seinen Appetit nach Ausgaben und Einnahmen zu befriedigen. In der Formulierung von Niskanen (1971) ist der Leviathan ein budgetmaximierender Bürokrat. Auch die Parteien können so interpretiert werden. Sobald der Leviathan die Steuermacht erworben hat, besitzt der Bürger (Wähler/Steuerzahler) keinen wirksamen Mechanismus, der ihn vor der Ausbeutung durch den Leviathan schützen kann[1]. Weder der Wahlmechanismus noch moralische Beschränkungen begrenzen seine Machtfülle.

Die einzige Aussicht für den Bürger, sich vor solcher Ausbeutung zu schützen, sehen Brennan/Buchanan in einer **konstitutionellen Regelung**. Sie soll die Entscheidungsmacht einschränken und durch Änderungen der Anreize für die politischen und bürokratischen Akteure ein Verhalten bewirken, durch das „den Präferenzen der Bürger verstärkt Geltung verschafft werden soll. Damit wird der Grundgedanke einer bisher fehlenden Ordnungspolitik für den öffentlichen Sektor formuliert" (Folkers 1984, S. 168).

Zur Beschränkung von Form und Ausmaß der Steuermacht schlagen Brennan/Buchanan Steuern vor, die stärker den Präferenzen der Bürger entsprechen und sich auf zum Konsum öffentlicher Güter komplementäre Aktivitäten erstrecken („Zweckbindung"). Durch Verbindung von Steuer- und Ausgabenentscheidungen sollen den Wählern die Kosten öffentlicher Programme verdeutlicht werden; so kann ein Druck gegen überhöhte Ausgabenentscheidungen der Parlamente bewirkt werden. Neben einer strikten Trennung finanzpolitischer Allokations-, Distributions- und Stabilisierungsmaßnahmen fordern Brennan/Buchanan die Trennung der einzelnen Ebenen des föderativen Staates. Es wird ein möglichst hoher Grad an fiskalischer Dezentralisation gefordert. Ferner wird die Einführung qualifizierter Mehrheiten für Steuer- und Ausgabenentscheidungen und die Vorschrift des (materiellen) Haushaltsausgleichs für bedeutsam angesehen. Steuersatzdifferenzierungen nach Güterart und Wirtschaftssubjekten werden abgelehnt: Solche Differenzierungen lassen ein maximales Steueraufkommen wegen fehlender Ausweichmöglichkeit auf unbesteuerte Alternativen zu, schöpfen Renten ab und machen so die maximale Ausbeutung möglich. Neben diesen verfahrensmäßigen Budgetbegrenzungen werden auch Steuersatzbegrenzungen, Begrenzungen von Bemessungsgrundlagen, Aufkommensbegrenzungen einzelner Steuern, Begrenzungen des gesamten Steueraufkommens und der gesamten Ausgaben von Gebietskörperschaften (als ergebnisbezogene, quantitative Regelungen) diskutiert[2].

---

[1] Das Leviathan-Modell entspricht also einer Situation, in der kein Sanktionsmechanismus der Wähler greift.
[2] Vgl. zu den steuerpolitischen Konsequenzen auch Folkers 1987.

6. Ursachen wachsender Staatstätigkeit

a) Erklärungsansätze

Ist mit den im 2. Kapitel wiedergegebenen Daten der öffentlichen Finanzwirtschaft[1] Wagners „Gesetz" bestätigt, wonach sich die Staatstätigkeit zu Lasten der privaten Aktivität ausweite, und wird die Entwicklung notwendigerweise so weitergehen? Dies sind letztlich Fragen nach den **Ursachen**. Eine Aussage über die langfristige Entwicklung von Staatsausgaben setzt die Kenntnis über die Bestimmungsfaktoren staatlicher und privater Aktivitäten, über die vermutlich sich in der Zeit ändernden Determinanten öffentlicher und privater Aufgaben, voraus. „Das Erfordernis wird zumindest in der jüngeren Literatur anerkannt, doch die bisher vorliegenden Lösungsansätze sind wenig ermutigend. Teils wird mit Hilfe ökonomischer, teils mittels politisch-sozialer Kategorien versucht, eine Auskunft zu geben, zuweilen wird – wie bei Alvin H. Hansen und John K. Galbraith – die positive Analyse mit politisch-moralischen Imperativen vermischt, die dem wissenschaftlichen Gehalt der Urteile kaum förderlich sind" (Littmann 1977, S. 356).

(1) Die Bedeutung des Preisniveauanstiegs

Zunächst ist zu bedenken, dass die nominale Ausgabenentwicklung nicht unbedingt einen Anstieg des **realen** öffentlichen Anteils ausdrücken muss. Welche Auswirkungen die Inflation aber auf die staatliche Aktivität hat, ist insbesondere wegen der im 2. Kapitel beschriebenen Deflationierungsprobleme nicht befriedigend zu beurteilen. Bemerkenswert ist, dass die Preisentwicklungen bei C_{St} und I_{St} regelmäßig höher als die für das Bruttoinlandsprodukt oder als die des privaten Bereichs nachgewiesen wird. Die Differenz beider Preisentwicklungen wird zuweilen als **Preisstruktureffekt** – bezogen auf private und staatliche Ausgaben – bezeichnet[2].

(2) Die Produktivitätsentwicklung des Staates

Wenn die Produktivitätszunahme im privaten höher als im öffentlichen Sektor ausfällt, müssen pro Einheit staatlicher Leistungen relativ mehr Ressourcen eingesetzt werden. Fällt dies mit einer geringen „Preis"elastizität der Nachfrage nach öffentlichen Leistungen zusammen und sind die Faktormärkte so beschaffen, dass die Gehälter öffentlich Beschäftigter mit den Gehältern in anderen Berufen schritthalten, müssen die öffentlichen Ausgaben für Güter relativ steigen, um auch nur das absolute Outputniveau zu halten.

Das hat Baumol (1967) in einem einfachen Modell dargelegt. Er teilt die Wirtschaft in zwei Sektoren, die er als **progressiv** und **nichtprogressiv** bezeichnet. Der progressive ist durch stärkere Zunahme der Produktivität als der nichtprogressive Sektor gekennzeichnet. Unter den nichtprogressiven Sektor fällt der gesamte Dienstleistungsbe-

---

[1] Langfristige, bis an den Beginn des 19. Jh. reichende Daten liefert Recktenwald 1977.
[2] Hier werden in der Literatur z. T. auch rein monetäre Größen (Steuern, vom Staat geleistete Transfers) einbezogen.

7. Kapitel: Marktversagen versus Staatsversagen

reich, darunter der Staat. In jedem Zeitpunkt t gelten die linear homogenen Sektor-Produktionsfunktionen

(7–1) $\quad X_{1t} = a_1 L_{1t} \qquad a_1 > 0$

(7–2) $\quad X_{2t} = a_2 e^{rt} L_{2t} \qquad a_2 > 0$

Hierbei wird die gesamte (homogene) Arbeit L als konstant angenommen

(7–3) $\quad L_{1t} + L_{2t} = L = \text{const.}$

Sie kann zur Produktion X_1 im nichtprogressiven Sektor 1, der für den staatlichen Bereich steht, und im progressiven Sektor 2 eingesetzt werden. a_1 und a_2 sind Konstanten. Im Sektor 1 sei die Produktivität konstant; im Sektor 2 steige die Produktivität exponentiell mit der Rate r, was ein exponentielles Wachstum von X_1 zur Folge hat. Aus (7–1) und (7–2) erhält man den Anteil der staatlichen an der Gesamtproduktion

(7–4) $\quad \dfrac{X_{1t}}{X_{1t} + X_{2t}} = \dfrac{a_1 L_{1t}}{a_1 L_{1t} + (a_2 e^{rt}) L_{2t}}.$

Angenommen, die Lohnsätze w_t seien in beiden Sektoren gleich und erhöhten sich im Ausmaß t der Produktivität des privaten Sektors

(7–5) $\quad w_t = w_0 e^{rt};$

hierbei ist w_0 ein vorgegebener Anfangswert. Nun lässt sich leicht das Hauptresultat gewinnen. Definiert man die Stückkosten im öffentlichen Sektor als k_{1t}, ergibt sich

(7–6) $\quad k_{1t} = \dfrac{(w_0 e^{rt}) L_{1t}}{a_1 L_{1t}} = \dfrac{w_0 e^{rt}}{a_1}.$

Die Stückkosten im privaten Sektor (k_{2t}) sind

(7–7) $\quad k_{2t} = \dfrac{(w_0 e^{rt}) L_{2t}}{(a_2 e^{rt}) L_{2t}} = \dfrac{w_0}{a_2}.$

Während die Stückkosten im privaten Bereich konstant bleiben, steigen sie im öffentlichen Sektor mit der Rate der Produktivitätsentwicklung des privaten Sektors. Die relativen Stückkosten verändern sich also mit der Rate des privaten Produktivitätsfortschritts:

(7–8) $k_{1t}/k_{2t} = \dfrac{a_2 e^{rt}}{a_1}$.

Wenn das Verhältnis X_{1t} / X_{2t} erhalten bleiben soll, müssen also Arbeitskräfte vom privaten zum öffentlichen Sektor umgelenkt werden. Ferner steigen die Ausgaben für die vom Markt bereitgestellten weniger als für die vom Staat bereitgestellten Güter[1].

Dieser theoretische Ansatz, der auf die angebotsseitigen Kostendeterminanten verweist („tertiärer Kostendruck"), ist empirisch nicht zu überprüfen, da die Produktivitätsentwicklung im staatlichen Bereich bisher nicht befriedigend zu quantifizieren ist. Auch müsste eine Theorie unterschiedlicher Produktivitätsveränderungen Aussagen über die Gründe hierfür enthalten. Ein Grund für Differenzen der Produktivitätsentwicklung dürfte in der Schlüsselrolle des Faktors Arbeit im nichtprogressiven Bereich liegen. Arbeit ist hier wichtiger Teil des Produkts und kann nicht oder nur weniger als im progressiven Bereich durch Kapital ersetzt werden. Soweit steigende Stückkosten als unvermeidlich angesehen werden, sind politische Maßnahmen zur Veränderung dieser Bedingung nicht möglich. Eine andere Erklärung (Theorie der Eigentumsrechte) stellt aber darauf ab, dass insbesondere institutionelle Barrieren beim Staat stärker als im privaten Sektor Innovationen beeinträchtigen. So können für eine geringere Produktivitätsentwicklung des Staates im Vergleich zum privaten Unternehmenssektor maßgeblich sein: kein Wettbewerbsdruck, fehlende Gewinn- und Verlust-Rechnung, geringere Kontrolle der beim Staat Beschäftigten als im privaten Sektor, andere Methoden im staatlichen Entscheidungsprozess. Diese Bedingungen können offenbar durch alternative institutionelle Regelungen verändert werden. In diesem Zusammenhang ist sicher auch von Bedeutung, dass die Beschäftigung im öffentlichen Sektor nicht nur unter allokativen, sondern – zumindest zeitweise – auch unter anderen, z. B. unter arbeitsmarktpolitischen Gründen erfolgt.

Zu beachten ist, dass Baumols Modell die Entwicklung der staatlichen Transfers nicht erklärt.

(3) Wagners Erklärung

Welche Erklärung gab Wagner (1892/3, 1911) selbst? Wagners Aussage hängt eng mit der geschichtsphilosophischen Auffassung des 19. Jahrhunderts zusammen, wonach sich der kulturelle und allgemeine Fortschritt linear nach oben vollzieht[2]. Wagner unterschied öffentliche Aufgaben nach **Rechts- und Machtzwecken** und **Kultur- und Wohlfahrtszwecken.**

a) Neue Aufgaben erwachsen dem Staat aus der immer wichtiger werdenden Garantie ungestörter Rechtssicherheit. Mit der zunehmenden Bevölkerungsdichte und immer entwickelteren Arbeitsteilung gehen stets komplizierter werdende Verkehrs-, Wirtschafts- und Rechtsverhältnisse einher. Die vermehrte Reibung führt dazu, dass die

---

[1] Zu weiterführenden Konsequenzen siehe Windisch 1980.
[2] Ähnlich auch die Theorien von List, Bücher u. a.

repressive und präventive Tätigkeit des Staats zur Verwirklichung des Rechtszweckes anwächst.

b) Der Staat „fortschreitender kulturfähiger Völker" wird immer mehr Kultur- und Wohlfahrtsstaat in dem Sinne, dass gerade seine Leistungen auf dem Gebiet des Kultur- und Wohlfahrtszweckes sich beständig ausdehnen und einen „reicheren und mannigfaltigeren Inhalt" erfahren.

Mit dem Zwang zu höheren Ausgaben als Folge des Funktionswandels des Staates ist eine zunehmende Ausdehnung des öffentlichen Finanzbedarfs verbunden.

Beide Erklärungen Wagners lassen sich auch ohne Schwierigkeiten in moderne Termini übertragen: Die Bedeutung typischer öffentlicher Güter nimmt ständig zu (allokative Funktion des Staates), dem Staat erwachsen zunehmend Stabilisierungsaufgaben (Stabilisierungsfunktion des Staates) und die vorgegebene Einkommens- und Vermögensverteilung wird immer weniger als Ausfluss einer natürlichen Ordnung, sondern als korrekturbedürftig empfunden (Verteilungsfunktion des Staates).

(4) Lags in der industriellen Entwicklung (Timm)

Timm (1961) hat eine Reihe weiterer Erklärungen für den historischen Anstieg des Anteils öffentlicher Ausgaben gegeben. Dabei geht er davon aus, dass der zu beobachtende Anstieg die Folge von **lags**, d. h. des Nachhinkens der öffentlichen Aktivität im Prozess der etwa Mitte des vorigen Jahrhunderts einsetzenden industriellen Revolution darstellt. Der staatliche Anteil wuchs erst mit einer gewissen Verzögerung und war daher für die ersten Jahre abnorm gering. Je mehr der Staat auf seinen „natürlichen Anteil" anstieg, desto stärker musste sich dies auch statistisch niederschlagen. Als Gründe für die von ihm behaupteten Verzögerungen führt Timm an:

- **Natürlicher lag:** Höhere Einkommen werden zunächst für den privaten Konsum verwendet. Erst wenn ein geringer Versorgungsstandard gesichert ist, wird erkannt, dass sich auch die staatlichen Leistungen verbessern lassen. Dieser „lag" könnte auch das von Galbraith (1958) formulierte sog. Paradox der öffentlichen Armut bei privatem Überfluss erklären.

- **Systembedingter lag:** Rasches Wachstum der Einkommen vollzieht sich in einem marktwirtschaftlichen System zunächst als überproportionales Wachstum der Gewinne, aus denen die Investitionen finanziert werden. Erst danach nimmt das Masseneinkommen zu und damit auch die relative Bedeutung öffentlicher Güter zugunsten der breiten Bevölkerung.

- **Institutioneller lag:** Es ist ein weiter Weg von der Entwicklung genügend intensiv und von einer ausreichenden Zahl von Mitgliedern der Gemeinschaft empfundener superiorer Bedürfnisse bis hin zu ihrer Befriedigung durch den Staat. Dies gilt insbesondere, solange sich noch keine demokratischen Institutionen gebildet haben.

- **Ideologischer lag:** Vorbehalte gegen den Staat (begründet nach den Erfahrungen des Absolutismus) mussten zunächst überwunden werden.

Die „lag"-Theorie hat in der Literatur große Bedeutung gefunden. Sie wird zwar kaum weiterhelfen, wenn die künftige Entwicklung der Staatstätigkeit beurteilt werden soll. Insbesondere beweist sie nicht, warum der **Staat** zunehmend Bedürfnisse befriedigen musste und muss und dies nicht privatwirtschaftlich gelöst wurde bzw. wird. Allerdings dürfte von Bedeutung sein, dass für viele typische öffentliche Leistungen eine Einkommenselastizität $E > 1$ angenommen wird, d. h. eine mit steigendem Einkommen überproportional steigende Einkommensverwendung öffentlicher Güter („Nachfrageeffekt"). Anhaltspunkte hierfür scheinen die Einkommenselastizitäten längerer Zeiträume zu liefern (Recktenwald 1977, S. 724f.).

Zu beachten ist hier wieder, dass nicht auf die eigentlich interessierenden Preis- und Einkommenselastizitäten staatlich bereitgestellter Güter abgestellt werden kann, sondern die Ausgabenelastizitäten herangezogen werden müssen, weil der staatliche Output und die Nachfrage hiernach nicht gemessen werden können. Ausgabenelastizitäten lassen aber nicht erkennen, ob durch Einkommensänderungen die Nachfrage-, die Kostenfunktion oder beide verändert werden.

Eine mögliche Annahme ist, dass staatliche Leistungen den Charakter von Luxusgütern haben. Luxusgüter haben eine Einkommenselastizität der Nachfrage $E > 1$. Würde man hingegen die Annahme $E = 1$ treffen, würden sich die Staatsausgaben proportional zum Einkommen verändern müssen.

Timms wie Wagners Erklärung beruhen auf verschiedenen Formen von **Entwicklungsstufen.** Weitere Erklärungsansätze im Rahmen von Entwicklungsstufen liefern Musgrave (1969b) und Rostow (1971).

(5) Die Struktur der öffentlichen Ausgaben

Bei der Suche nach den Ursachen der beobachteten Entwicklung der Staatsausgaben muss auch die **Struktur der öffentlichen Ausgaben** berücksichtigt werden. Tab. 2–5 verdeutlicht starke Strukturverschiebungen, die insbesondere in den 70er Jahren stattgefunden haben. Diese führen u. a. auch zu Veränderungen des Stellenkegels im öffentlichen Dienst, wenn gerade jene Aktivitäten verstärkt wachsen, bei denen die Qualifikation der Beschäftigten besonders hoch sein muss (z. B. Wissenschaft). Wenn diese Strukturverschiebungen mit den auf S. 238 genannten Beharrungstendenzen einhergehen, wird ein Anstieg der Staatsausgabenquote ausgelöst. Offenbar haben langfristig starke Veränderungen in der Struktur der Staatsausgaben stattgefunden[1]. Diese hat schon Wagner angenommen (wenn auch in anderen Bereichen). Eine Verbindung zwischen Strukturänderungen in den Staatsausgaben und einer Veränderung der Staatsausgabenquote wurde auf S. 230 gesucht.

---

[1] Zur längerfristigen Entwicklung 1872-1975 siehe Recktenwald 1983, S. 574.

(6) Die Aufgabenverteilung zwischen verschiedenen Ebenen

Die Strukturveränderungen können sich je nach (Entwicklung der) Aufgabenverteilung unterschiedlich auf die einzelnen Ebenen des Staates auswirken. Allerdings haben sich die Eigenausgaben (= Gesamtausgaben nach Abzug der Ausgaben an andere staatliche Gebietskörperschaften und Institutionen) der Gebietskörperschaften säkular höchst unterschiedlich entwickelt (Recktenwald 1977, S. 747). Zentralisierungstendenzen[1] sind allerdings in den letzten Jahrzehnten erkennbar:
- Rechnet man die Beiträge und die Leistungen der Sozialversicherungen dem Bund zu, kommt es durch den Ausbau des Transfersystems zu einer Verlagerung zugunsten des Bundes.
- Der Spielraum für eigene Entscheidungen des Bundes (ohne Bundesrat) bzw. der Länder ist zunehmend enger geworden. Es gibt immer weniger Bereiche, wo der Bundesrat nicht mitwirken kann oder muss. Daraus können eher kostenträchtige Entscheidungen resultieren.
- Eine Tendenz zur Ausgabenausweitung kann im System des Finanzausgleichs in der Bundesrepublik die **Mischfinanzierung** hervorrufen. Hierbei werden verschiedene Ebenen an der Finanzierung von Aufgaben beteiligt. Soweit es möglich ist, die Kosten der Entscheidungen teilweise auf andere Ebenen zu verlagern, kann die Entscheidungsfreudigkeit für weitere Ausgaben gefördert werden (siehe Kapitel 28.2).
- Der Einfluss supranationaler Entscheidungen (insbesondere der EU), die den nationalen Handlungsspielraum einengen, weitet sich aus.

(7) Die Bevölkerungsentwicklung

Ein Grund für immer neue Aufgaben mag auch die schon von Wagner angesprochene **Bevölkerungsentwicklung** sein. Mit zunehmender Bevölkerungsdichte nehmen die Interdependenzen zu, d. h. die einzelnen Personen, Institutionen usw. wirken durch ihr Verhalten auf die Nutzen- und Produktionsfunktionen anderer ein. Kollektives Handeln kann daher erforderlich sein, um solche aus der Zusammenballung der Bevölkerung resultierenden Effekte zu verringern oder zu beseitigen[2]. Neben der Bevölkerungs**größe** ist die Entwicklung der **Altersstruktur** wichtig, denn sie zieht Ausgabenänderungen für Bildung und Erziehung, für die Altersversorgung und bei den Pro-Kopf-Gesundheitsausgaben nach sich.

Einige Ausgaben mögen in direktem Zusammenhang mit der Bevölkerung stehen: So können mehr Kinder zu mehr Schulen, Universitäten usw. führen (ohne dass allerdings bei sinkender Bevölkerung die Entwicklung der Ausgaben in gleicher Weise rückläufig sein muss). Bei reinen öffentlichen Gütern mit Grenzkosten der zusätzlichen Nutzung von null wäre allerdings keine Ausgabenerhöhung erforderlich.

---

[1] Eine Verlagerung zum Zentralstaat liegt der Annahme einer „Anziehungskraft des größten Etats" zugrunde, die Popitz (1927) vertreten hat.
[2] Von Brecht (1932) wurde eine positive Korrelation zwischen Bevölkerungsdichte und Ausgaben pro Kopf der Bevölkerung festgestellt, wobei die zunehmende Verstädterung von ihm als besonders bedeutsam angesehen wurde (Brechtsches Gesetz).

(8) Der Niveauverschiebungseffekt (Peacock, Wiseman)

Zu berücksichtigen ist auch, dass Kriege und soziale Unruhen den staatlichen Anteil haben emporschnellen lassen. So sind die öffentlichen Ausgaben während beider Weltkriege stark angestiegen und nach Kriegsende zwar gefallen, haben die Vorkriegsquoten aber nicht wieder erreicht. Peacock/Wiseman (1961) gehen in ihrer finanzsoziologischen Erklärung dieser Entwicklung davon aus, dass die Vorstellungen in der Bevölkerung über tragbare Steuerlasten, die das Ausgabenvolumen bestimmen, in normalen Zeiten ziemlich stabil sind. Dem haben Regierung und Parlament Rechnung zu tragen. In sozialen Ausnahmesituationen, z. B. Kriegszeiten, lassen sich die Steuerwiderstände aber abbauen, die Steuerquote kann daher erhöht werden. Neue, dringende Nachfrage nach zusätzlichen staatlichen Leistungen ist dann politisch durchsetzbar. Wenn später der Staatsanteil nicht wieder auf den Vorkriegsstand zurücksinkt – insbesondere auch der zivile Ausgabenteil nicht – so liegt dies an einer Gewöhnung an das neue Ausgaben- und Belastungsniveau. Ein solcher **Niveauverschiebungseffekt** (displacement effect), d. h. eine fehlende oder eingeschränkte Flexibilität der Staatsausgaben nach unten, dürfte ein wichtiger Grund für den wachsenden Staatsanteil in der Vergangenheit sein.

Ein solcher Effekt muss aber nicht generell aufwärts gerichtet sein. Mit strukturellen Brüchen können Änderungen der Präferenzen, Verhaltensweisen und Institutionen einhergehen, die eine Bewegung in umgekehrter Richtung einleiten. So können auch größere Steuerwiderstände und Verlagerungswünsche zu Gunsten des privaten Sektors (Reprivatisierung, Privatisierung) auftreten. Diese können mit **unterschiedlichen ideologischen Positionen** („linke" Parteien tendieren traditionell häufig zu stärkerer Staatsaktivität als „rechte" Parteien) einhergehen.

(9) Die Elastizität des Steueraufkommens, Steuerillusion

Auch ohne ausdrückliche Änderung der Steuertarife, also ohne Entscheidungszwang für die Politiker, kann es zur Erhöhung der Steuerquote kommen, wenn die Elastizität des Steueraufkommens in Hinblick auf das Inlandsprodukt größer als 1 ist, d. h. die Steuereinnahmen verändern sich relativ stärker als das Inlandsprodukt. Die Ursache hierfür liegt vor allem in progressiven Steuertarifen[1]. Bei „heimlichen Steuererhöhungen" durch Hineinwachsen in progressive Tarifbereiche sind weniger Widerstände zu erwarten. Wenn die verfügbaren Finanzierungsmittel die Ausgabenhöhe bestimmen, könnte die Ausgestaltung des Steuersystems für die Ausgabenentwicklung bedeutsam sein. Hierbei ist zu beachten, dass progressive Tarife unabhängig davon wirksam werden, ob mit der Änderung der nominellen Bemessungsgrundlage für die Besteuerung (z. B. das Einkommen) auch eine reale Entwicklung einhergeht.

Je nach Struktur der Steuern können die Bürger den Eindruck bekommen, dass sie übermäßig oder eher wenig besteuert werden (**„Steuerillusion", „fiscal illusion"**). So kann die Finanzierung über indirekte Steuern zur Unterschätzung der wahren Steuer-

---

[1] Vergleiche die Ausführungen zur Elastizität des Steueraufkommens im Kapitel 14.6.

last führen; hierzu können auch die zunehmende Komplexität des Abgabensystems, darunter das Anwachsen der „Pfennigabgaben", also Abgaben mit (zunächst) geringem Aufkommen und meist mit Bezeichnungen, die den Steuercharakter verschleiern, beitragen. Gleiches gilt für Einnahmeverschiebungen zwischen Sozialversicherungen und für die Aufteilung in Arbeitgeber- und -nehmerbeiträge. Werden so öffentliche Programme akzeptiert, deren wahre Kosten unbekannt sind, kann dies zur Zunahme der Staatsquote beitragen. Die Erzeugung einer Steuerillusion kann hierbei Strategie sein, um die Abgaben erhöhen zu können[1]. Je einfacher die Steuerstruktur ist, (1) um so leichter (kostengünstiger) können Informationen über die Kosten staatlicher Programme ermittelt und Opposition organisiert werden, (2) um so größer sind die zu erwartenden Steuerwiderstände und daher um so niedriger die Staatsausgaben.

Dieser Zusammenhang wurde von Wagner (1976) für 50 amerikanische Städte untersucht. Er fand heraus, dass Städte mit einer relativ einfachen Steuerstruktur (Konzentration auf wenige sichtbare Steuern) signifikant niedrigere Pro-Kopf-Ausgaben als solche mit kompliziertem Steuersystem hatten.

(10) Die Art des staatlichen Entscheidungsprozesses

Ferner kann das relative Ansteigen staatlicher Aktivität auf der **Art des staatlichen Entscheidungsprozesses** beruhen, der sich von dem im privaten Bereich unterscheidet. Der Staat bietet großenteils Güter an, die durch Nichttrivialität und fehlenden Ausschluss gekennzeichnet sind. Diese Güter haben keinen individuellen Preis (vgl. etwa Verteidigung versus Brot). Daher müssen die Kosten ihrer Bereitstellung ganz oder teilweise von ihren Erträgen (Einschätzung der Nutzer) getrennt werden. Demgegenüber sind in der Privatwirtschaft der Empfang eines Gutes und die Zahlung eines Preises als integraler Teil das Marktaustauschprozesses direkt verbunden. Bei fehlender Kosten-Preis-Beziehung kann es dazu kommen, dass das Angebot öffentlicher Güter unabhängig von ihren Kosten festgelegt und Ausgaben- **vor** bzw. unabhängig von Steuerentscheidungen getroffen werden. (Die primäre Beachtung der Kosten kann andererseits dazu führen, dass kollektive Bedürfnisse übersehen werden.)

Die Anbieter unentgeltlich abgegebener staatlicher Leistungen stehen nicht unter dem Druck der Konkurrenz. Sie haben nicht das Rentabilitätsziel. Das kann sich auf den Umfang, die Qualität und die Kosten der zu erbringenden Leistungen auswirken. Von besonderer Bedeutung ist auch, dass für staatliche Aktivitäten selten Ziele klar festgelegt sind. Der Gesetzgeber lässt die Ziele seiner Politik meist offen. Die Verwaltungen, die die Politik in konkrete Programme umsetzen und ausführen, haben keine Beurteilungskriterien für den Erfolg ihrer Maßnahmen. Daher kommt es häufig zu fehlender Kontrolle bzw. Kontrollierbarkeit (vor allem von außen), die zu ineffektiver und ineffizienter Leistungserstellung bei wachsenden Ausgaben beiträgt.

Schließlich streben die Parteien und Verbände vor allem zugunsten ihrer Mitglieder Ausgabenerhöhungen an (Schmidt 1966). Angesichts der Inflexibilität nach unten

---

[1] Die Steuerquote ist allerdings seit den 50er Jahren kaum verändert. Bedeutsamer für die Entwicklung der Gesamtabgabenbelastung waren die Sozialabgaben.

können neue Aufgaben nur schwer auf Kosten weniger dringlicher Aufgaben als vielmehr durch (Aufgabenausweitung und) Ausgabenerhöhungen durchgesetzt werden. Gleichzeitig erfährt die Ausgabenstruktur insofern eine Änderung, als „gruppenbezogene" Staatsausgaben tendenziell zu Lasten „gruppenindifferenter" öffentlicher Ausgaben zunehmen.

Es werden also solche Programme bevorzugt, bei denen die Erträge klar erkennbar sind und einer relativ kleinen Gruppe zugute kommen, andererseits Unklarheit über die Kosten besteht und diese breit gestreut sind. Der Einfluss der Interessengruppen auf die Gewährung spezieller Leistungen wird durch die Trennung von Einnahmen- und Ausgabenentscheidungen begünstigt.

Da jedes Budget nach Umfang und Struktur wesentlich das Ergebnis eines politischen Entscheidungsprozesses unter Einflussnahme der Verbände ist, müssen hier und speziell in den Verlagerungen politischer Macht und in Wandlungen in den Ideenströmen wesentliche Determinanten der Staatstätigkeit gesucht werden.

(11) Beharrungstendenzen

Die oben angesprochene Inflexibilität der Ausgaben nach unten kann auch unabhängig von Kriegs- und Krisenzeiten bedeutsam sein. So zeigt die Verwaltung eine **Beharrungstendenz**, an einmal bestehenden Aufgaben und Ausgaben festzuhalten und diese möglichst noch auszuweiten (zumal hierdurch auch die jeweiligen Behörden ihre Bedeutung zum Ausdruck kommen sehen mögen). Diese Inflexibilität nach unten wird durch den institutionellen Rahmen des Haushaltsprozesses gefördert (vgl. 6. Kapitel): Bereits im Vorjahreshaushalt bestehende Ausgabenansätze werden mehr oder weniger ohne Prüfung auf weitere Notwendigkeit im jeweils neuen Haushalt übernommen („inkrementale Entscheidungen"). Das Verfahren kommt den Interessen der Bürokraten entgegen.

Die beantragten Mittel einer Behörde können daher durch folgende Funktion beschrieben werden (Davis u. a. 1966, 1974):

$$(7\text{-}9) \qquad A_{it}^* = \beta_i B_{it-1} + \xi_{it}$$

Hierbei sind A_{it}^* = die von der Verwaltung i in der Periode t beantragten Mittel

B_{it-1} = die für das laufende Haushaltsjahr der Verwaltung i in der vorhergehenden Periode bewilligten Mittel

β_i = Konstante, $\beta_i > 1$

ξ_{it} = Zufallsvariable, die im Durchschnitt Null ist.

Die Verwaltungen verlangen also Haushaltsmittel, die um einen Aufschlag (z. B. 5%) über den bewilligten Mitteln für das laufende Haushaltsjahr liegen. Diese Ansätze werden dann vom Parlament ggf. um einen Abschlag gekürzt.

(7-10) $$B_{it} = \alpha_i A_{it}^* + \varepsilon_{it}$$

mit α_i = Konstante, $\alpha < 1$

ε_{it} = Zufallsvariable, die im Durchschnitt null ist.

Beide Entscheidungsregeln zusammen ergeben dann

(7-11) $$B_{it} = \alpha_i \beta_i B_{it-1} + (\alpha_i \xi_{it} + \varepsilon_{it}).$$

Wildavsky (1974) begründet die Hypothese der weitgehenden Vorjahresorientierung der Budgetbewilligungen: Die Allokation der Budgetressourcen auf bestimmte Zwecke nach sachlichen Kriterien ist für Politiker schwer zu beurteilen. Daher werden bei der Bewilligung der Mittel Faustregeln verwendet, in die als wichtigste Entscheidungsgrundlage das Vorjahresbudget eingeht. Erhöhungen in den beantragten Mitteln unterliegen der Kürzung, nicht hingegen beantragte Mittel gleicher Höhe. Veränderungen von α und β im Zeitablauf können auf Lernprozesse, politische und soziale Faktoren zurückgeführt werden.

Die Inflexibilität der Ausgaben nach unten kann auch durch internationale Vereinbarungen (z. B. EU-Beiträge, Anteil der Verteidigungskosten am Gesamthaushalt u.ä.) und durch ausschließlich für Deutschland geltende gesetzliche Regelungen herbeigeführt sein (Zuschüsse zur Sozialversicherung, Abdeckung der Defizite öffentlicher Unternehmen usw. Allerdings können zumindest die letztgenannten gesetzlichen Regelungen (prinzipiell) jederzeit geändert werden.

Auch die Kurzfristigkeit der Haushaltsplanung kann sich auf die Ausgabenentwicklung auswirken. Die **Folgekosten** (insbesondere Personalausgaben) staatlicher Investitionen werden zunächst (bewusst oder unbewusst) unterschätzt und führen später zu Ausgabezwängen. Diese Problematik verschärft sich, wenn die Wirkungen von anderen Ebenen zu tragen sind als von denjenigen, die die Entscheidungen im Wesentlichen getroffen haben (z. B. Wirkungen der Beschlüsse des Bundes über Änderungen der Arbeitslosenhilfe oder über die Behandlung von Asylbewerbern auf die Sozialhilfeleistungen der Gemeinden; Förderung des U-Bahnbaus ohne Beteiligung an den laufenden Betriebskosten). Die kurzen Legislaturperioden und die Häufigkeit der Wahlen fördern die kurzfristige Betrachtungsweise.

(12) Umverteilung

Der steigende Anteil der geleisteten Übertragungen an den gesamten Staatsausgaben in den letzten Jahren zeigt, dass die Übertragungen wesentlich zur Zunahme der Staatsquote beigetragen haben. Abgaben und Transfers sind auf Änderungen der (vor allem Einkommens-)Verteilung ausgerichtet.

Das Auseinanderklaffen der ungleichen (linksschiefen) Einkommensverteilung und der Gleichverteilung des Stimmrechts mag eine Ursache sein, bei einfacher Mehrheitsregel in Abstimmungen verteilungsändernde Maßnahmen zu beschließen. Da sich die Stimmbürger um den (einkommensmäßigen) Median entscheiden können, ob sie den

Reicheren oder Ärmeren zur Mehrheit verhelfen, sind sie in bestimmten Fällen von besonderer Bedeutung. Es ist zu erwarten, dass so die Medianwähler von der Umverteilung profitieren. Wie aber die übrigen Umverteilungsströme aussehen und ob es zu einem langfristigen Anstieg der Transfers kommen muss, ist angesichts der Vielfalt und Mehrdimensionalität staatlicher Programme, deren spezifischer Ausgestaltung und dem Umstand, dass die wenigsten von ihnen sich auf eine breite Mehrheit stützen können, offen (Pommerehne 1988, S. 266).

Auch aus der Vielzahl von Interessengruppen kann auf einen Druck auf eine Umverteilung zu ihren Gunsten geschlossen werden. Das gilt insbesondere für Gruppen, die über starke Präferenzen und politisches Durchsetzungsvermögen verfügen. Wenn die Zahl der Interessengruppen zunimmt, was u. a. eine Folge zunehmender Arbeitsteilung und Spezialisierung sein kann, ist auch eine Ausweitung der entsprechenden Staatsausgaben möglich: Bei u. U. wechselnden Koalitionen von Politikern, Interessengruppen und Bürokraten kommt es zu Abstimmungen über immer neue Programmkombinationen.

Zu fragen ist aber, warum die Staatsquote nur allmählich gestiegen ist. Offenbar bestehen Grenzen der Umverteilung (siehe Kapitel 10.6), die sich gerade auf die vertikale Umverteilung auswirken.

b) Schätzverfahren

Die verschiedenen Faktoren, die für das Ausgabenwachstum verantwortlich sind, können vereinfachend in folgender Funktion dargestellt werden (siehe Pelzman 1980):

$$(7-12) \qquad A_{St} = A_{St}(Y^B, B, P^ö, T, Z),$$

wobei Y^B das Pro-Kopf-Sozialprodukt, B die Bevölkerung, $P^ö$ den relativen Preis für eine Einheit öffentlicher Leistungen, T das Steueraufkommen und Z den Vektor für alle anderen Einflüsse auf A_{St} angeben.

Um die Elastizitäten von A_{St} in Hinblick auf die unabhängigen Variablen festzustellen, wird Gleichung (7–12) spezifiziert:

$$(7-13) \qquad A_{St}/Y = (Y^B)^a B^b P^{öc} T^d Z/Y,$$

wobei auf die eigentlich interessierende Größe A_{St}/Y abgestellt wurde. Ausdruck (7–13) kann so in logarithmischer Form als lineare Gleichung dargestellt werden:

$$(7-14) \qquad \log A_{St} - \log Y = a \log Y^B + b \log B + c \log P^ö + d \log T + \log Z - \log Y$$

wobei a, b, c und d Elastizitäten sind.

7. Kapitel: Marktversagen versus Staatsversagen

Zu beachten ist, dass in diesem Modell der politische Prozess nicht speziell fest gelegt ist. Der staatliche Einfluss auf die Ausgaben müsste in der Variablen Z oder in einer weiteren Größe festgelegt werden.

Die empirischen Ansätze zur Schätzung der Ausgabenfunktion des Staates beruhen weitgehend auf Zeitreihenanalysen. Hierbei werden die Parameter einer Gleichung geschätzt, die vereinfachend etwa die Form von (7–14) hat.

c) Ergebnis

Oben wurden einige Aspekte genannt, die für eine positive Theorie der Staatsausgaben von Bedeutung sein können. Zusammenfassend muss aber festgestellt werden: „Trotz beachtlicher Anstrengungen und auch einzelner Fortschritte, namentlich im letzten Jahrzehnt, fehlt nach wie vor eine weithin akzeptierte **positive** (wie übrigens auch **normative**) Theorie der Staatsausgaben, die nicht nur die historische Entwicklung befriedigend beschreibt und erklärt, sondern auch, natürlich in Grenzen, prognostische Aussagen erlaubt und zur Gestaltung unserer Umwelt entscheidend beiträgt, zumindest praktisches Handeln gedanklich vorbereitet" (Recktenwald 1977, S. 715). Daher ist es „auch verfehlt, von einer Zwangsläufigkeit der relativen Ausdehnung der staatlichen Tätigkeit zu sprechen. Ob und gegebenenfalls wie lange sich die Entwicklungen der Vergangenheit in Zukunft fortsetzen werden oder ob die Staatsquote bereits einen maximalen Wert erreicht hat, von dem aus eher rückläufige Prozesse zu erwarten sind, entzieht sich immer noch dem wissenschaftlichen Urteil" (Littmann 1977, S. 357).

Zu beachten ist ferner, dass sich die Analysen regelmäßig auf haushaltswirksame Aktivitäten des Staates beschränken, außerbudgetäre Maßnahmen („off-budget-activities") bleiben außer Betracht. Angenommen, staatliche Entscheidungsträger können ein bestimmtes Ziel mit direkten Ausgaben oder mit anderen Maßnahmen erreichen: sie würden dann die zweite Alternative wählen, wenn die Regierung einem Druck zur Beschränkung der Staatsausgaben ausgesetzt ist. Daten zur Beurteilung der außerbudgetären Aktivitäten (zu ihnen rechnen auch Steuervergünstigungen) fehlen weitgehend, ja nicht einmal befriedigende Kriterien zu ihrer Erfassung liegen vor.

7. Möglichkeiten der Reduzierung staatlicher Aktivität

a) Vorbemerkung

Die Entwicklung der staatlichen Aktivität ist das Ergebnis (mehr oder weniger gewollter) politischer Entscheidungen. Sie bringen vielerlei Einflüsse zum Ausdruck: wirtschaftliche Verhältnisse, gesellschaftliche Zeitströmungen, politische Machtströmungen und den jeweils bestehenden institutionellen Rahmen, der auch wieder Ausfluss politischer Entscheidungen ist. Im Folgenden werden einige Maßnahmen diskutiert werden, die den relativen Umfang der Staatstätigkeit verringern sollen. Staatsversagen soll durch die Ausschaltung politischer (einschließlich bürokratischer) Mängel eingedämmt werden. Grundlage ist die Überzeugung, dass insbesondere eine Einschränkung staatlicher Aktivität zu Effizienzgewinnen führt. Das öffentliche Budget wird also als ineffizient groß angesehen.

Diese Haltung ist umstritten, wie die Diskussion um den Begriff der **Fiskalillusion** zeigt. Dieser Sachverhalt ist auf die Tatsache zurückzuführen, dass Nutzer, Zahler, Entscheidungsträger und Anbieter bei der Bereitstellung öffentlicher Leistungen selten identisch sind. Während das Zusammenfallen von Leistung und Gegenleistung zur Wirtschaftlichkeit beiträgt, verhindert das Non-Affektationsprinzip eben dieses. Folge ist, dass die Nutzen und Kosten öffentlicher Leistungen nur ungenau wahrgenommen werden: Es besteht eine dauerhafte Fiskalillusion. Das Kostenbewusstsein der Bürger für öffentliche Leistungen wird nur indirekt und unvollkommen über die Besteuerung geweckt. Die fehlende Bindung zwischen einzelnen staatlichen Leistungen und ihrer Finanzierung erleichtert auch eine gezielte Politik der Interessengruppen.

Aus der Fiskalillusion kann auf einen „zu großen" oder auf einen „zu kleinen" Umfang staatlicher Aktivität geschlossen werden. Buchanan/Tullock (1962) gehen von einer Überschätzung der Nutzen öffentlicher Leistungen aus, weil das staatliche Angebot in vielen Fällen so ausgerichtet sei, dass es Interessengruppen befriedige, die für spezielle Programme aktiv würden. Downs (1960) schließt zwar auch nicht aus, dass dieser Mechanismus in einzelnen Bereichen ein Überangebot hervorruft. Er hält das Gesamtbudget aber dennoch für zu klein, weil die Nutzen öffentlicher Ausgaben verstreut sind und von den Bürgern nicht hinreichend wahrgenommen werden. Auch Galbraith (1958) glaubt bei seiner These vom privaten Überfluss bei öffentlicher Armut, dass die öffentlichen Ausgaben unterbewertet würden. Ein empirischer Test beider Argumentationen ist aufgrund der Nichtmessbarkeit von Nutzen und Kosten unmöglich.

Zu groß erscheinen die öffentlichen Haushalte, wenn man Niskanens Ergebnis des zu hohen Outputs einer Verwaltung auf den Staat insgesamt ausdehnt. Dieser Schluss liegt angesichts der Annahme des Eigeninteresses (formuliert als Budgetmaximierung unter Finanzierungsbeschränkungen) und der fehlenden Außenkontrolle mangels Output-Indikatoren im Vergleich zu den disziplinierenden Wirkungen des Marktmechanismus nahe[1].

Im Folgenden werden vor allem Maßnahmen diskutiert, die auf eine **direkte Reduktion der Ausgaben** des Staates zielen. Eine Einschränkung der staatlichen Einnahmen wäre theoretisch ebenfalls denkbar. Solange jedoch der Zugriff auf das Instrument der öffentlichen Verschuldung unbeschränkt bleibt, dürften solchen Maßnahmen wenig Erfolg beschieden sein[2]. Anzumerken ist, dass in der Vergangenheit

---

[1] Auch das Modell von Niskanen ist schwierig zu überprüfen, weil Informationen über Grenzkosten und Grenzerträge und Outputmaße fehlen.

[2] Zu den Möglichkeiten einer Begrenzung der öffentlichen Verschuldung siehe das 26. Kapitel.

bereits verschiedene, aber nicht weitreichende Ansätze zur Haushaltseinschränkung in der Bundesrepublik beobachtet werden konnten[1].

b) Alternativen zur Begrenzung bzw. Senkung der Staatstätigkeit

(1) Konstitutionelle Reform

Welche Alternativen bestehen, um die Staatstätigkeit - gemessen an Budget bzw. Staatsausgabenquote - zu begrenzen oder zu reduzieren? Hierzu sind einmal institutionelle Veränderungen denkbar, die Regierung und Parlament in ihrer Ausgabenmöglichkeit beschränken. Ansätze in dieser Richtung sind bereits oben im Rahmen des Leviathan-Modells angesprochen worden. So können verfassungsmäßige Höchstgrenzen für die Staatsausgaben, Steuern oder Neuverschuldung des Staates festgelegt werden. In globaler Form geht es dabei um allgemeine Verschuldungs-, Besteuerungs- und Ausgabengrenzen, in spezieller Form werden das Aufkommen einzelner Steuern, deren Bemessungsgrundlagen oder Steuersätze beschränkt. In verschiedenen Bundesstaaten der USA werden Steuerbegrenzungen praktiziert; im Maastricht-Abkommen wurde eine Begrenzung der Defizitquote festgelegt[2].

(2) Dezentralisierung

In der verstärkten Dezentralisierung besteht eine andere Möglichkeit, über institutionelle Änderungen die Staatsquote zu verringern. Sie kann den Wettbewerb zwischen den Politikern und zwischen den Behörden verschärfen und dem Bürger die Abwanderung erleichtern[3]. „Sie gibt auch dem Wähler einen stärkeren Anreiz, sich über politische Fragen zu informieren, denn das Gewicht seiner Stimme nimmt zu. Je besser aber der Wähler informiert ist, desto schwerer wird es für die Interessengruppen (einschließlich des öffentlichen Dienstes), Erhöhungen der Staatsausgaben durchzusetzen" (Vaubel 1982, S. 43). Verbunden mit der Dezentralisierung muss auch eine eindeutige Zuordnung der Kompetenzen sein[4].

(3) Privatisierung

Die Grenze zwischen privater und staatlicher Aktivität ist in vielen Fällen fließend. In der Diskussion um die optimale Versorgung mit öffentlichen Gütern ging es fast ausschließlich um die Frage ihres Umfangs und ihrer Finanzierung. Wenn der Staat für die Bereitstellung öffentlicher Güter zuständig sein soll, bedeutet dies aber nicht, dass er die Güter auch selbst (z. B. durch öffentliche Unternehmen) produzieren muss.

---

[1] Sie waren vor allem in ihrer jeweiligen Bezeichnung einfallsreich: Haushaltssicherungsgesetz (1965), Haushaltsstrukturgesetz (1975 und 1981), Operation '82 und Haushaltsbegleitgesetz (1983).
[2] Siehe dazu das 26. Kapitel
[3] Dieser „Tiebout"-Effekt wird im 25. Kapitel behandelt.
[4] Das ist in Deutschland angesichts Mischfinanzierung, geringer Steuerkompetenz der einzelnen Länder und der Ausgabenverflechtung kaum möglich; vgl. Kapitel 26.

„Die Trennung zwischen **Produktion** (für welchen Kundenkreis auch immer) und **Bereitstellung** eines Gutes für die Konsumenten ist auch in anderen Wirtschaftsbereichen im Interesse einer sinnvollen Arbeitsteilung durchaus üblich, erhält aber im Bereich von Kollektivgütern vielfach noch zusätzliches Gewicht und ökonomische Bedeutung." Es kann „aus verschiedenen Gründen nicht nur zweckmäßig sein, diese beiden Aktivitäten verschiedenen Produktionseinheiten anzuvertrauen, sondern sie darüber hinaus auch in dem einen Fall eher privatwirtschaftlich, im anderen eher auf kollektiver Basis zu organisieren" (Sohmen 1976, S. 287). Bereits jetzt wird ein großer Teil der staatlich bereitgestellten Güter privat produziert. Dies kommt darin zum Ausdruck, dass etwa der Staatskonsum zu einem erheblichen Teil auf Vorleistungen beruht, die Vorleistungen (wie die Investitionen) weitgehend aus privater Produktion stammen.

Übersicht 7-2 Möglichkeiten der Güterversorgung

Bereitstellung	Produktion		Finanzierung	
	privat	öffentlich	privat	öffentlich
privat	1	2	3	4
öffentlich	5	6	7	8

In Übersicht 7-2 sind acht Alternativen der Güterbereitstellung, -produktion und -finanzierung zusammengestellt. Privatisierung kann an allen Fällen außer 1 und 3 anknüpfen. Es bestehen also die Möglichkeiten der

• **Privatisierung der Finanzierung** einer Leistung, die weiter durch den öffentlichen Sektor produziert wird.

• **Privatisierung der Produktion** einer staatlichen Leistung, die weiter durch den öffentlichen Sektor aus dem Steueraufkommen finanziert wird.

• **Entstaatlichung**, d. h. Veräußerung von Unternehmen im staatlichen Eigentum und Übertragung von bisher staatlicherseits wahrgenommenen Funktionen an den privaten Sektor.

• **Liberalisierung**, d. h. Lockerung solcher monopolistischen Regelungen durch den Staat, die private Unternehmen daran hindern auf Märkten aufzutreten, deren Angebot ausschließlich vom öffentlichen Sektor bereitgestellt wird.

Die verschiedenen Formen der Privatisierung werden meist mit dem Hinweis auf eine bessere Lenkung der Allokation der Ressourcen durch den als effizienter eingestuften Markt begründet, bei einzelnen Formen der Privatisierung können auch fiskalische Gesichtspunkte (Ausgabeneinsparung; Einnahmen aus dem Verkauf von Beteiligungen) und der Abbau von Ämterpatronage (Versorgung ausgedienter Politiker u. a.) maßgeblich sein.

(i) Privatisierung der Finanzierung

Hier geht es um die Frage, ob öffentliche Leistungen durch Abgaben finanziert werden sollen, die Entgeltcharakter haben. Die Erhebung von Gebühren für die Nutzer staatlicher Leistungen ist eine Alternative zur Finanzierung durch Steuern. Sie trägt dazu bei, dass die Trennung der Einnahmen und Ausgaben im staatlichen Entscheidungsprozess beseitigt wird. Gebühren spielen bisher eine relativ geringe Rolle bei der Finanzierung der Staatsausgaben. In jüngster Zeit sind darüber hinaus verschiedene Formen privater Finanzierung diskutiert und auch realisiert worden[1]. Sie sind dann problematisch, wenn sie lediglich eine Vorfinanzierung staatlicher Projekte bewirken und/oder z. B. aus steuerlichen Gründen erfolgen[2], ohne Effizienzgewinne herbeizuführen. Solche Effizienzgewinne aus größerer Flexibilität, Kostenvorteilen aus Know-How, Markterfahrung und Managementfähigkeiten privater Anbieter werden im folgenden Abschnitt behandelt.

(ii) Privatisierung der Produktion

Durch die Privatisierung der Produktion wird erwartet, dass ein Teil der Ineffizienz in der staatlichen Güterbereitstellung vermieden werden kann. Private Produktion und Bereitstellung kann zu den gleichen Leistungsstandards wie bei entsprechender öffentlicher Zuständigkeit führen, wenn diese dem privaten Sektor vorgeschrieben werden. Die Verlagerung kann aber auch Verbesserungen des Leistungsstandards und/oder Kostenersparnisse bringen.

Für die Beurteilung privater und öffentlicher Produktion sind die relativen Kosten entscheidend. Diese Form der Privatisierung bewirkt nur dann eine Verringerung der staatlichen Aktivität, wenn die neue Regelung langfristig kostengünstiger als die direkte staatliche Produktion ist[3]. Bei einer gegebenen Bereitstellung von Leistungen werden die öffentlichen Ausgaben durch die Ersparnisse (zusätzlichen Kosten) reduziert (erhöht), die aus der Verlagerung entstehen. Unabhängig davon, ob Ersparnisse anfallen, sinkt der Umfang der Aktivität des Staates hinsichtlich der Zahl seiner Beschäftigten (d. h. in der Entstehungs-, nicht aber unbedingt in der Verwendungsrechnung als Teil von C_{St})[4]. Schon jetzt bezieht der Staat einen großen Teil seiner Leistungen (I_{St} fast vollständig) vom privaten Sektor. Die Grenze zwischen direkter Produktion und Käufen des Staates von außen ist in der Praxis fließend und weist auch eine bestimmte historische Zufälligkeit auf.

Ein abgewogener Vergleich der direkten Produktion und der Vertragsproduktion ist schwierig. So müssen unterschiedliche Ziele und andere Restriktionen der jeweiligen

---

[1] Zu verschiedenen Formen privater Finanzierung siehe z. B. Budäus (1993) und Rehm (1997).
[2] Bei den vielfältigen Formen der Public-Private-Partnership und Leasingmodellen, die ausschließlich oder überwiegend der Geldbeschaffung dienen, tut die öffentliche Hand „genau das, wofür Steuerzahler als Steuerhinterzieher stigmatisiert werden: Sie nutzt sich bietende legale steuerliche Schlupflöcher" (Der Steuerzahler, Juni 1999, S. 107).
[3] Wenn also die X-Ineffizienz im privaten Bereich geringer ist.
[4] Eine Verlagerung von öffentlichen auf private Unternehmen schlägt sich cet. par. in den Volkswirtschaftlichen Gesamtrechnungen nicht nieder.

Aufgabenerfüllung berücksichtigt werden. Eine systematische Überprüfung der relativen Effizienz privater und öffentlicher Produktion wird u. a. wegen der schwierigen Vergleichsbedingungen selten durchgeführt. Häufig werden Verallgemeinerungen aufgrund weniger empirischer Studien getroffen.

Hinsichtlich der geeigneten Vergleichsbasis ist zu beachten, dass staatliche Organisationen häufig mehrere Ziele verfolgen und Zielkonflikte bestehen können. Solche Ziele sind z. B. regionale Entwicklung, Beschäftigungsförderung, Unterstützung der heimischen Industrie oder Einkommensumverteilung. Der Staat wird dann meist schlechter beurteilt, wenn sein Verhalten nur an einem einzigen Kriterium gemessen wird, etwa an der Rentabilität oder am Kostenniveau. Abweichungen vom alleinigen Ziel der Effizienz müssen in den zu vergleichenden Größen (z. B. Kostenfunktionen) als zusätzliche Variable Berücksichtigung finden. Jedem Ziel muss also durch Schattenpreise Rechnung getragen werden. Daher ist bei einem Vergleich in einem ersten Schritt der vom Staat bereitgestellte Output in einem umfassenden Maß zu spezifizieren.

Die Privatisierungsproblematik lässt sich dann am zweckmäßigsten durch Schätzung zweier Kostenfunktionen lösen. Die Differenz der Kostenfunktionen privater und staatlicher Produktion

(7-15) $K_j = K_j(X_j, R_j) j = priv, St$

mit X als dem Output und R als zusätzlichen Input- und Output-Charakteristika ist angesichts der genannten schwierigen Vergleichsbedingungen nicht einfach zu bestimmen (siehe Blankart 1980).

Die angenommene unterschiedliche relative Effizienz öffentlicher und privater Organisationen ist das Ergebnis abweichender methodologischer Grundlagen bei der Konzipierung geeigneter Tests und offensichtlich bestehender ideologischer Unterschiede. So kann der relative Preiseffekt auf Baumols These der geringeren Produktivitätsentwicklung des Staates[1] oder auf wachsende X-Ineffizienz zurückgeführt werden - mit unterschiedlichen Implikationen für finanzpolitische Maßnahmen: Die beim Staat angenommene geringere Produktivitätsentwicklung im Vergleich zum progressiven privaten Bereich lässt sich nur durch Abschaffung personalintensiver Tätigkeiten, nicht aber durch Privatisierung u. ä. verändern. Das trifft immer zu, wenn sich der Arbeitseinsatz nicht reduzieren lässt, ohne dass gleichzeitig die Qualität des Outputs verringert wird. Eine Überführung in den progressiven Bereich ist nicht möglich. Daher ändert die Privatisierung nur die Kontrollkosten und Haushaltsbelastungen.

Anders liegen die Dinge im Fall der X-Ineffizienz[2]: Von dieser wird nicht nur angenommen, dass sie höher als im privaten Sektor ist, sondern dass sich auch die Relation

---

[1] Soweit diese nicht auch durch X-Ineffizienz begründet wird.
[2] Zur Erinnerung: X-Ineffizienz steht bei Leibenstein für alles, was bei gegebenen Ausbringungsmengen Verschwendung darstellt. X-Ineffizienz bedeutet, dass keine kostenminimierende Auswahl von Technologien und Organisationsstrukturen gewählt wird.

ständig verschlechtert. Der Grund hierfür wird eher in institutionellen als in technologischen Bedingungen gesehen (Peacock 1980). Fehlende interne Anreizsysteme, fehlendes Gewinnmotiv, Verflechtung zwischen unternehmerischen, staatlichen, parteipolitischen und individuellen Karrierezielen und der Einfluss von Interessengruppen werden hierfür verantwortlich gemacht.

Dies führt z. B. dazu, dass die Preise öffentlicher Unternehmen unter wahltaktischen Gesichtspunkten festgelegt werden (siehe z. B. Schmidtchen 1973) oder dass das Management im öffentlichen Bereich (einschließlich öffentlicher Unternehmen) Widerstand gegenüber der Einführung neuer Technologien leistet. So können Argumente zur Erhaltung kleiner Schulklassen bei einer postulierten Verbindung mit der Qualität einfach ein geschickter Deckmantel sein, um die Einführung neuer Techniken (programmiertes Lernen, Sendungen mit Videogeräten u. a.) zu verhindern, die sowohl den Umfang des Budgets wie der Beschäftigung gefährden. Steigende relative Kosten im öffentlichen Bereich können daher das Ergebnis der Art einer Aktivität sein, auf wachsender X-Ineffizienz oder auf einer Kombination beider beruhen.

Diese Form der Privatisierung kann Organisationsprivatisierung sein, indem der Staat eine Aufgabe nach seinen Vorgaben einschließlich Planung, Finanzierung und Errichtung (Bau) einem Privatunternehmen überträgt.

(iii) Entstaatlichung

Die eben diskutierten Probleme der Effizienzbeurteilung treten in gleicher Weise bei einer über die Verlagerung der Produktion hinausgehenden Privatisierung auf. Die Privatisierung staatlicher Güterbereitstellung, insbesondere öffentlicher Unternehmen, kann haushalts- aber auch wettbewerbspolitisch zweckmäßig sein. Öffentliche Unternehmen sind häufig steuerlich begünstigt. Sie sind ferner regelmäßig nicht der Aufsicht des Kartellamtes unterstellt. Die „politische" Kontrolle der Unternehmensentscheidungen verstärkt die Berücksichtigung nichtökonomischer Gesichtspunkte. Das lässt sich z. B. in den Preissetzungen öffentlicher Betriebe vor Wahlen beobachten. Öffentliche Beteiligung bedeutet in der Regel, dass unvollkommene Kontrakte bestehen. Es kommt zu allokativ suboptimalen Investitionsentscheidungen, weil nicht verifizierbaren Variablen wie Beschäftigungswirkungen, regionale Entwicklung, Importabhängigkeit u. ä. Rechnung zu tragen ist, wohingegen das Ziel privater Anteilseigner an gewinnzielenden Unternehmen mit verifizierbaren Maßen (Gewinn, Kurse) verbunden ist. Private Anteilseigner haben daher keine Anreize, ihre Kontrollrechte zu Lasten sozialer Ziele einzuschränken. Bei öffentlichen Unternehmen wird die Verfolgung der Gewinnerzielung durch den Einfluss anderer Ziele auf die Investitionsentscheidungen beeinträchtigt. Wenn sich solche staatlichen Wirtschaftsmonopole nicht beseitigen lassen, wären sie doch wenigstens der Kontrolle durch eine regierungsunabhängige Kartellbehörde zu unterziehen. Private Müllabfuhr, private Krankenhäuser u. a. erhöhen die Wahlmöglichkeiten der Bürger; die Konkurrenz oder eine alternative Bereitstellung z. B. in anderen Gemeinden können auch das öffentliche Angebot - wenigstens indirekt - zur Leistungsverbesserung zwingen.

Gegen diese Form der Privatisierung wird vorgebracht, dass sonst mögliche Erträge aus der Wirtschaftstätigkeit des Staates entfallen würden. Dagegen spricht, dass der Staat nur solche Einnahmen haben sollte, die parlamentarischer Kontrolle unterliegen. Als weiteres Gegenargument wird angebracht, dass verteilungspolitische Wirkungen erzielt werden sollen. Diese Wirkungen können aber effizienter durch Steuern/Transfers erreicht werden. Außerdem werden beschäftigungspolitische Gründe für öffentliche Unternehmen angeführt. Allerdings wird normalerweise nicht produziert, um Faktoren zu beschäftigen, sondern um die Nachfrage nach Gütern zu befriedigen. Auch sind die Opportunitätskosten der Beschäftigung zu beachten, nämlich der Wirkung auf die Beschäftigung in anderen Bereichen, die die Finanzierung zu tragen haben und in dem potenziellen Ausscheiden effizienter arbeitender Unternehmen.

(iv) Liberalisierung

Eine andere Form der Privatisierung besteht im Abbau von Marktzutrittsschranken. Es handelt sich hier um den Versuch, geschützte Teile des öffentlichen Sektors einem größeren Wettbewerb auszusetzen. Der Staat kann zwar weiter als Anbieter und Produzent von Gütern am Markte auftreten, aber private Wettbewerber nicht ausschließen. Entsteht durch Zulassung privater Anbieter/Produzenten eine Konkurrenz, kann der Nutzer entscheiden, von wem er die Leistungen kaufen möchte. In diesem Fall werden die Wettbewerbskräfte zur Verbesserung der Effizienz beitragen können.

Institutionelle Marktzutrittsschranken ergeben sich aus staatlichen Gesetzen, Verordnungen, Satzungen usw. bzw. werden durch solche ermöglicht. Sie bewirken fast immer technische und qualitative Ineffizienzen. Institutionelle Marktzutrittsschranken „sind zudem typischerweise besonders dauerhaft, unflexibel bei ökonomischen Veränderungen, beeinflussbar durch politische und Gruppeninteressen usw." (Kruse 1986, S. 34). Der Abbau von Marktzutrittsschranken ist eine Möglichkeit der **Deregulierung,** d. h. der Beseitigung staatlicher Eingriffe in die individuelle Vertragsfreiheit oder zumindest des Übergangs zu anderen, marktkonformen Lenkungsinstrumenten.

In Deutschland werden private und öffentliche Unternehmen reguliert. Öffentliche Unternehmen sind meist in wettbewerbspolitischen Ausnahmebereichen zu finden, in denen ein funktionsfähiger Wettbewerb nicht möglich ist oder vom Staat nicht zugelassen wird. „Sie sind nicht bloß Objekt, sie sind Subjekte der Regulierung, insofern sie selber quasihoheitliche Regulierungsfunktionen ausüben" (Kaufer 1986, S. 11).

Entscheidend für die Beurteilung der verschiedenen Formen der Privatisierung ist, ob es tatsächlich zu einer Verlagerung der vom Staat übernommenen Aufgaben bzw. Aktivitäten kommt. In der Praxis ist in vielen Fällen der Privatisierung nur eine Verlagerung zwischen verschiedenen staatlichen Aktivitäten zu beobachten. So ist eine aus dem Abbau der Marktzutrittsbarrieren resultierende (teilweise) Verlagerung staatlicher auf private Produktion von einer Zunahme der Regulierungen begleitet. (Es kommt zur Kontrolle von Menge, Qualität u. a. der jetzt auch privat bereitgestellten Leistungen - siehe z. B. die Zulassung privaten Fernsehens.)

Bei den verschiedenen Formen der Privatisierung ist mit unterschiedlichen Widerständen der Bürokratie zu rechnen, die einen Teil ihrer Funktionen verlieren würde. Der für die persönliche Situation der Bürokraten wesentliche Budgetumfang wird eingeschränkt, wenn es zur Privatisierung kommt. Widerstände sind ebenfalls von den Gewerkschaften des öffentlichen Dienstes zu erwarten, soweit sie den Verlust von Mitgliedern und den Abbau von Renten erwarten müssen. Gegen Privatisierung können auch Parlamente sein, deren Mitglieder zu einem hohen Prozentsatz im Staatsdienst beschäftigt sind.

(4) Timing und Struktur von Ausgabenkürzungen

Eine weitere Frage ist, wie sich Strategien einer Regierung zur budgetären Beschränkung am besten durchsetzen lassen[1]. So kann der Entscheidungsträger die Staatsausgaben reduzieren, indem er
- allmählich (gradualistisch) Aufgaben beschneidet oder umfassende Kürzungen kurzfristig beschließt;
- strukturelle Änderungen oder generelle (pauschale) Minderungen durchsetzt.

Drastische Ausgabenkürzungen waren in der Vergangenheit fast immer auf wirtschaftliche Zwangslagen beschränkt. Graduelle Veränderungen haben den Nachteil einer langen Dauer, bis das gesteckte Ziel erreicht ist. Sie erleichtern aber die Anpassung der Erwartungen und minimieren so Fehlverhalten. Bei einer **allmählichen** Anpassung können auch Entlassungen und kürzungsbedingte friktionelle Arbeitslosigkeit vermieden werden. Der Personalabbau lässt sich über Einstellungsstopp und Ausnutzung der natürlichen Fluktuation erreichen. Wenn unklar ist, ob es sich bei Kürzungsmaßnahmen um eine dauerhaft angelegte Strategie handelt, sind auch unerwünschte Anpassungen zu erwarten, die die Ausgabenstruktur verzerren. Das gilt insbesondere dann, wenn in erster Linie dort gekürzt wird, wo die Folgen erst längerfristig zu spüren sein werden: bei den Investitionen, der Wartung, der Forschung, der Planung, der Datenverarbeitung. Auch können gerade jene Investitionen gestrichen werden, bei denen die meisten Kosten bereits am Anfang anfallen. Gleichzeitig ist auch das Interesse der Bürokratie in Rechnung zu ziehen, Streichungen weniger auf den internen Verwaltungsapparat als auf das externe Leistungsangebot zu konzentrieren, und hier verstärkt auf jene Dienstleistungen, die besonders populär und/oder vom Markt kaum zu ersetzen sind: z. B. Feuerwehr, Polizei, Strafvollzug, Straßenreinigung.

Pauschale Ausgabenkürzungen scheinen die „Opfer gleichmäßig und in diesem Sinne gerecht zu verteilen"; sie minimieren Probleme, die sich aus einer Interdependenz der Staatsausgaben ergeben. Die Regierung muss bei gleichmäßigen Kürzungen nur den globalen Betrag (Satz) bestimmen, die konkreten Kürzungsmaßnahmen wären von den einzelnen Behörden und vom Parlament vorzuschlagen bzw. zu bewilligen. Allerdings können einige Ausgaben, wie z. B. der Schuldendienst, überhaupt nicht

---
[1] Vgl. zum Folgenden Vaubel 1982.

gestrichen werden; bei anderen Ausgaben ist die Vertragsgrundlage nur schwer zu ändern.

Da die Ausgaben in vielen Fällen nur Erwartungsparameter sind, lassen sie sich auch nicht exakt prognostizieren. Wegen unterschiedlich hoher Fixkosten wirken sich gleichmäßige Kürzungen in den einzelnen Aufgabenbereichen unterschiedlich aus. Unterschreitet man die kritische Grenze von Programmen, müssen diese sinnvollerweise ganz aufgegeben werden.

Gleichmäßige Kürzungen verstoßen vor allem gegen die Zielsetzung, Ausgaben mit höchster Priorität zu verwirklichen. Weil ein Teil der Staatsausgaben auf das Wirken der Interessengruppen (einschließlich der Bürokratie) und auf Umverteilungsabsichten der Mehrheit zurückzuführen sein dürfte, können nicht alle derzeitigen Staatsausgaben den gleichen Rang beanspruchen. „Das bedeutet, dass sich die Kürzungen auf jene Ausgaben konzentrieren müssen, die einzelne Wirtschaftszweige begünstigen (Subventionen), zugunsten nichtbedürftiger Bevölkerungsgruppen umverteilen (Sozialleistungen) oder der bürokratischen und meist unentgeltlichen Erbringung staatlicher Leistungen dienen, die die Privatwirtschaft kostengünstiger anbieten könnte".

Eine weitere Möglichkeit besteht darin, jene Programme zu beschränken, die von verschiedenen staatlichen Ebenen gemeinsam finanziert werden, aber gerade aufgrund der Finanzierungsmethode und weniger des Bedarfs entschieden werden. Wenn etwa Länder und Gemeinden ohne Beteiligung des Bundes über Programme zu entscheiden haben, werden sie diese möglicherweise kritischer überprüfen. Eine Dezentralisierung kann u. U. auch eine Einschränkung der Macht spezieller Interessengruppen bedeuten. Deren zentrale Einflussnahme ist leichter als eine Einflussnahme auf viele Körperschaften.

Selektive Kürzungen der Ausgaben (und Einschränkungen von Aufgaben) sind nur schwer durchzusetzen. Sie pflegen auf den erbitterten Widerstand der Betroffenen zu stoßen, wobei insbesondere das Gleichbehandlungs- oder das Ausgewogenheitsprinzip angeführt werden. Auch institutionelle Eigeninteressen von Behörden erschweren Kürzungen, die dann auf schwächere Ressorts oder andere Gebietskörperschaften geschoben werden. So können Bund und Länder etwa durch ihre Reduzierung von Finanzausgleichsleistungen oder durch Verringerung der Leistungen der Arbeitslosenversicherung Kürzungen auf die Gemeinden abwälzen, die im letzteren Fall zu höheren Sozialhilfeleistungen veranlasst werden.

(5) Kürzungen auf der Einnahmenseite

Angesichts der Widerstände gegen Ausgabenkürzungen stellt sich die Frage, ob strategisch erfolgversprechender nicht Versuche sind, die an der **Einnahmenseite** ansetzen. „Wird hier nachhaltig und über alle politischen Schwankungen hinweg gebremst, ergibt sich die Notwendigkeit an Ausgabenkorrekturen nachgerade von selbst. Vor allem kann niemand eine 'Kompensation' für entgangene Vorteile aus der Staatstätigkeit verlangen. Im Übrigen führt eine nicht abrupte, aber permanente Reduktion der

Mittel, die der öffentlichen Hand überhaupt noch zur Verfügung stehen, zu einem Gewöhnungseffekt, der das Herabsteuern erleichtert" (Molitor). Das entspräche einem umgekehrten Niveauverschiebungseffekt.

Literatur zum 7. Kapitel

Zum Staatsversagen siehe Wolf (1979, 1983, 1988), Recktenwald (1983), Rosenschon (1980) und Hanusch (1983). Verschiedene Maßstäbe zur Beurteilung der Effizienz des Staates diskutiert Bös (1978). Zur relativen Effizienz von Markt und Staat siehe auch Heald (1983, chapter 5).

Überblicke über marxistische Auffassungen zum Staat geben Jessop (1977, 1982) und Resnick/Wolff (1983); von Interesse ist auch Musgrave (1980). Siehe ferner die kommentierten Quellenauszüge auch zur nichtmarxistischen Linken bei Kremendahl/Meyer (1974).

Zum Leviathan-Modell siehe Brennan/Buchanan (1977, 1980), ferner hierzu Grossekettler (1981) und Ladd/Tideman (1981).

Eine Einführung bzw. einen Überblick über die Problematik zunehmender Staatstätigkeit bieten Littmann (1977), Recktenwald (1977), Brown/Jackson (1982, chs. 5, 7), Gabriel (1983), Fehr (1984), Larkey u. a. (1982) sowie Leineweber (1988). Weitere Beiträge sind bei Recktenwald (1978) zu finden. Peltzman (1980) zeigt die Bedeutung der Umverteilung; unter Public Choice-Aspekten siehe Mueller (1987). Speziell zum Problem der Bürokratie siehe Borcherding (1977), Auswirkungen der Inflation untersucht Felderer (1979). Zur Anziehungskraft des größten Etats siehe Hansmeyer (1967) und Hansmeyer/Zimmermann (1984). Die Bedeutung von Bevölkerungsgröße und -struktur behandeln Borell/Vogt (1979) und Färber (1988). Zum Brechtschen Gesetz siehe Kaehler (1982), Pfennigabgaben behandeln Kroker/Fuest (1983) und Borell/Schlemmel (1986). Erklärungen der Entwicklung der staatlichen Aktivität im internationalen Rahmen geben Beiträge in Lybeck/Henrekson (1988).

Zur Bedeutung der sich nicht im Budget niederschlagenden Staatsaktivitäten siehe Saunders/Klau (1985, S. 111–114).

Einen Überblick über Alternativen zur Reduzierung des öffentlichen Haushalts gibt Vaubel (1982, 1983), die Verringerung der Personalausgaben behandelt Arnim (1984), die der Subventionen und der Transfers an Haushalte Hansmeyer (1984a). Zum Verfahren der Budgetreduzierung siehe Hansmeyer/Rürup (1984, 4. Kapitel). Alternativen der Kürzung von Transformationsausgaben - mit interessanten Ausführungen zu einer Kürzungsstrategie für Universitätshaushalte - untersucht Grossekettler (1983). Der Sachverständigenrat zur Begutachtung der gesamtwirtschaftlichen Entwicklung (1992) und der Wissenschaftliche Beirat beim BMF (1994) haben Kürzungsmöglichkeiten bzw. -strategien diskutiert.

Gründe und Möglichkeiten der Privatisierung öffentlicher Unternehmen und andere Formen der Entstaatlichung behandelt Hamm (1983). Die Entscheidungsgrundlage der Privatisierung öffentlicher Leistungen mit Literaturangaben zu Kostenvergleichsstudien privater und öffentlicher Leistungserstellung stellt Blankart (1980b) dar, siehe ferner Pausch (1976), Zumbühl (1978) und Bös (1989a). Windisch (1987) analysiert Privatisierungsformen und die Privatisierung bestimmter natürlicher Monopole. Zur Privatisierung von Beteiligungen des Bundes siehe auch Schlick (1985). Möglichkeiten und Probleme von Deregulierungen werden im Beiheft der Konjunkturpolitik 32 (1986) behandelt. Interessant ist auch der Beitrag von Bös (1989b) zur Privatisierung mit der Ausgabe von Volksaktien.

Zur Privatisierung der Finanzierung siehe Budäus (1993), Rehm (1997) und Junkernheinrich (1996).

Möglichkeiten zur Reform der institutionellen Rahmenbedingungen zur Verbesserung der Effizienz öffentlicher Unternehmen diskutiert Blankart (1980a, VI D).

Vorschläge zur Budgetbegrenzung haben insbesondere Friedman (1978) und Brennan/Buchanan (1977, 1980) gemacht. Siehe hierzu und zur Diskussion dieser Vorschläge und ihrer Realisierung Folkers (1983a) und Laux (1984).

Dritter Teil
Grundzüge finanzwirtschaftlicher Verteilungspolitik

8. Kapitel
Grundfragen der Verteilung von Vermögen und Einkommen

1. Vorbemerkung

Als eines der wirtschaftspolitischen Ziele gilt es, Gerechtigkeit zu verwirklichen. Daher sind staatliche Maßnahmen nicht nur darauf zu untersuchen, ob sie die beabsichtigten Wirkungen auf die Verteilung erzielen. Auch die verteilungspolitischen Konsequenzen des effizienz-orientierten Einsatzes von Instrumenten sind herauszuarbeiten[1]. Dabei stellt sich die Frage, was denn verteilungspolitisch relevant ist.

Als **Gegenstand** der verteilungspolitischen Auseinandersetzung kommen grundsätzlich die verschiedensten Güter im weiteren Sinne in Betracht. So kann es um die Verteilung einzelner Güter (z. B. Boden) oder um die Eigentumsverhältnisse insgesamt gehen. Neben Beständen an Sachgütern, Forderungen u. a. sind Stromgrößen wie die Einkommen von Bedeutung. Im Folgenden sollen zunächst verschiedene Größen diskutiert werden, die Gegenstand verteilungspolitischer Auseinandersetzung sind.

2. Die Vermögensverteilung

a) Die Bedeutung des Vermögensbegriffs

Vermögen ist eine Bestandsgröße, die verschiedene bewertete Güter umfassen kann. In der verteilungspolitischen Diskussion geht es um die Verteilung des Gesamtvermögens, des Reinvermögens sowie einzelner Vermögensteile. Das **Gesamtvermögen** eines Wirtschaftssubjekts besteht aus der Summe der bewerteten Teilgesamtheiten des Vermögens in einem bestimmten Zeitpunkt. Zieht man die zu dem Zeitpunkt bestehenden Verbindlichkeiten ab, gelangt man zum **Reinvermögen** des Wirtschaftssubjekts. Zunächst mag es scheinen, dass allein das Reinvermögen von Bedeutung ist. Sieht man allerdings beispielsweise die Vermögensaufstellungen von Banken oder Versicherungen an, so zeigt sich, dass diese hohe Forderungen **und** hohe Verbindlichkeiten haben und ihr Reinvermögen vergleichsweise gering ist. Das Reinvermögen ist daher nicht unbedingt geeignet z. B. die Möglichkeit der Ausübung wirtschaftlicher Macht anzuzeigen - die aber auch Gegenstand der verteilungspolitischen Diskussion sein kann.

---

[1] Dieser Aspekt wurde schon bei der Behandlung der Nutzen-Kosten-Analyse angesprochen (vgl. Kapitel 7.2).

Für die Beurteilung der individuellen Vermögensposition ist es ferner von Bedeutung, ob „der Besitzer frei über das Vermögen verfügen kann. Dies ist z. B. nicht der Fall, wenn das Vermögen Veräußerungsverboten, Einschränkungen in der Nutzung[1], Fremdbestimmungsrechten und ähnlichem unterworfen ist. Eigentum ohne jede Verfügungsgewalt", wie z. B. beim früheren sog. Volkseigentum, „ist nur von schwer abschätzbarem Einfluß auf die ökonomische Position des einzelnen und könnte daher auch nur unter größten Schwierigkeiten in die individuelle Vermögensrechnung aufgenommen werden ... Allerdings heben Einschränkungen der Verfügungsgewalt - von Extremfällen abgesehen - die Vermögenseigenschaft nicht auf. Sie verlangen nur eine entsprechende Korrektur im Wertansatz, womit das Problem der eingeschränkten Verfügungsmacht im zentralen **Bewertungsproblem** aufgeht" (Krause-Junk 1981, S. 261/262).

Das **Arbeitsvermögen (human capital)** besteht in den auf Erziehung, Ausbildung und Erfahrung beruhenden personengebundenen Eigenschaften und Fähigkeiten, die ökonomisch verwertbar sind, also Einkommen ermöglichen. Es ist umstritten, ob und wie das Arbeitsvermögen in eine Vermögenspolitik einbezogen werden soll. Und lässt es sich überhaupt sinnvoll etwa mit dem Sachvermögen im Gesamtvermögen addieren, zumal es praktisch völlig illiquide ist? Arbeitsvermögen kann nicht von der Person getrennt werden und ist wegen fehlender Veräußerbarkeit mit besonders hohem Risiko verbunden. Seine Erfassung und Bewertung stoßen auf erhebliche Schwierigkeiten. In den meisten empirischen Untersuchungen zur Vermögensverteilung bleibt es daher unberücksichtigt, obwohl es quantitativ bedeutsam ist.

Forderungen gegen andere Wirtschaftssubjekte zählen unbestritten zum Vermögen. Sie lauten auf eine Geldeinheit oder sind in Geld bewertbar. Dazu rechnen auch solche Ansprüche, für die zahlungspflichtige Unternehmen in ihren Bilanzen Rückstellungen bilden. Das betrifft Lebensversicherungen, Pensions- und Sterbekassen, berufsständische Versorgungswerke und Pensionsrückstellungen der Unternehmen. Sind aber auch die Ansprüche an die gesetzliche Rentenversicherung (GRV) und Versorgungsansprüche der Beamten als weitere Teile des **Versorgungsvermögens** in die Forderungen einzubeziehen? Um Vergleichbarkeit herzustellen, müssen die zu erwartenden Renten kapitalisiert werden.

Hober (1981, S. 7/8) nennt drei Gründe für die Erfassung des Versorgungsvermögens:
„1. In Höhe der Summe der Eigenbeiträge ist die versorgte Person oder der versorgte Haushalt weniger sparfähig gewesen.
2. In Höhe der erworbenen Ansprüche besteht für die versorgte Person oder den versorgten Haushalt keine Notwendigkeit zur Ansammlung anderer Vermögenskomponenten für Notfälle wie bei unversorgten Personen (oder Haushalten).
3. Ansprüche an private Lebensversicherungen - weit verbreitete Vorsorgeform bei Selbständigen und Freiberuflern - sind bereits traditionell in die Verteilung einbezogen worden. Gleicht man dies nicht durch die Einbeziehung der Sozialversicherungsansprüche aus, so erscheint die Vermögensverteilung verzerrt."

---

[1] Je schwerer Mietern gekündigt werden kann, umso geringer ist der Wert einer Wohnung.

8. Kapitel: Grundfragen der Verteilung von Vermögen und Einkommen

In der amtlichen Statistik wird dieser Teil des Versorgungsvermögens nicht nachgewiesen. Das mag zunächst überraschen. Allerdings ist zu beachten, dass sich etwa die Ansprüche an die GRV in verschiedener Hinsicht von privaten Forderungen unterscheiden: Sie lassen sich nicht kapitalisieren und nicht (oder nur begrenzt: Witwenrente) vererben, sie sind nicht liquidisierbar. Das trifft zwar teilweise auch auf andere Vermögenswerte zu, nur beruht die Illiquidität des Vermögens dort auf der Entscheidung des Einzelnen und nicht des Staates. Zu berücksichtigen ist auch, dass die Höhe der künftigen Renten wegen des Umlageverfahrens unbekannt ist und von politischen Entscheidungen abhängt[1]. Es bestehen keine Forderungen auf Leistungen aus einer realen Vermögensmasse (bzw. keine konkretisierbaren Verpflichtungen). Ferner mag das nur schwer lösbare Bewertungsproblem beim Versorgungsvermögen gegen dessen Einbeziehung in die Vermögenspolitik sprechen.

Auch das Sachvermögen in Form von Grundvermögen, Bodenschätzen u. ä. (wie Öl oder Grundwasservorräte) gehört zu den Größen, die Gegenstand nationalen und internationalen verteilungspolitischen Interesses sind.

In der politischen Auseinandersetzung wird häufig eine Größe verwendet, die als Produktivvermögen bezeichnet wird. Sie kann als gewerblich genutztes Vermögen interpretiert werden und umfasst daher sämtliche nichtfinanziellen Positionen der Aktivseite der Bilanz eines Unternehmens. Das Produktivvermögen der Unternehmen wird in diesem Zusammenhang als entscheidende Kennziffer für die Verteilung ökonomischer und politischer Macht angesehen. Allerdings ist diese Verengung nicht unproblematisch, weil die Eigentumsrechte eingeschränkt sein können. Die Eigentumsrechte schließen ein das Recht, (1) sich den Unternehmensgewinn anzueignen; (2) das Management und die übrigen Organisationsmitglieder zu bestimmen; (3) diese beiden Rechte zu veräußern.

Sollen auch und wenn ja wie können dauerhafte Güter (Autos, Fernseher usw.) im Besitz privater Haushalte (**Gebrauchsvermögen**) berücksichtigt werden? Dieser Teil des Vermögens erscheint insbesondere von Bedeutung, weil hier eine weitgehende Nivellierung anzutreffen ist. Auch scheint die Konkretheit dieser Vermögensform die Motivation zur Vermögensbildung breiter Schichten stark anzuregen. Jedenfalls ist die unterschiedliche Einbeziehung des privat genutzten Hauses, nicht aber des privat verwendeten Autos in das Gesamtvermögen theoretisch nicht zu rechtfertigen. Der Grundbesitz ist durch große Sicherheit gekennzeichnet; er war längerfristig ferner durch hohe Wertzuwächse gekennzeichnet, die ebenso Gegenstand der verteilungspolitischen Diskussion wie die Bestandsgröße sind. Beides kann auch für viele Anlagen in Edelmetallen, Kunstgegenständen und Sammlungen gelten. Gebrauchsvermögen ist in vielen Fällen insofern als Erwerbsvermögen interpretierbar, als die eingesparten Ausgaben – beispielsweise die sonst für ein Auto zu zahlende Miete – indirekt als Ertrag angesehen werden können.

Die Auswahl des für Verteilungszwecke verwendeten Vermögensbegriffs ist von zentraler Bedeutung. Das zeigen die Unterschiede in der Vermögenskonzentration einzelner Vermögensarten (Haus- und Grundvermögen, Sparguthaben, Bankspargutha-

---

[1] Zum Umlageverfahren vergleiche das 11. Kapitel.

ben, Wertpapiere, Lebensversicherungen, Geld, Schulden). Abb. 8-1 verdeutlicht dies anhand einer Schätzung der Vermögensverteilung, die die in der Einkommens- und Verbrauchsstichprobe 1973 erfassten Vermögensarten zugrunde legt. Dieser Darstellung stellt Hober (1981) die Vermögensverteilung gegenüber, die sich bei Hinzurechnung der gesetzlichen Rentenansprüche, Pensionszusagen und Versorgungsansprüche der Beamten auf Basis der gesetzlichen Regelung von 1973 ergeben hätte. Die Erweiterung des Vermögensbegriffs führt zum Ausweis einer gleichmäßigeren Verteilung[1]. Eine ähnliche Wirkung dürfte erzielt werden, wenn man das quantitativ bedeutende Humanvermögen berücksichtigen würde. Je nachdem, ob der Vermögensbegriff enger oder weiter festgelegt wird, fällt auch das Ausmaß der Vermögenskonzentration unterschiedlich aus.

Abb. 8-1 Die Konzentration des privaten Nettovermögens mit bzw. ohne Berücksichtigung des Versorgungsvermögens

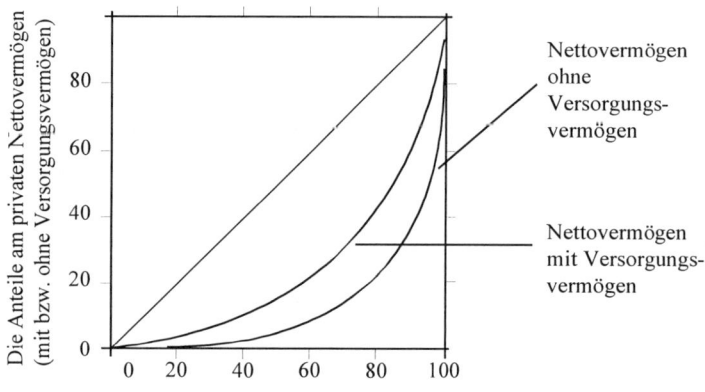

Quelle: Hober 1981, S. 141

Daraus folgt: Beschränkt man sich auf einen engen Vermögensbegriff als Grundlage staatlicher Vermögenspolitik nur deshalb, weil Erfassungs- und Bewertungsprobleme gegenüber weitergehenden Definitionen bestehen, ist die einer Vermögensverteilungspolitik zugrundeliegende Gerechtigkeitsvorstellung – insbesondere im Sinne horizontaler Gleichbehandlung - offensichtlich problematisch.

b) Die Bewertung der Vermögensobjekte

Die Entscheidung, welche Vermögensobjekte verteilungspolitisch von Interesse sind, kann also durchaus unterschiedlich ausfallen. Ein weiteres Problem kommt hinzu. Einzelne Vermögensobjekte lassen sich erst dann vergleichen und zu einer Gesamtgröße

---

[1] Daraus kann man schließen, dass die gemessene Verteilung, insbesondere auch die zwischen Selbständigen und Unselbständigen, zu einem Teil auf den unterschiedlichen Formen der sozialen Sicherung und deren unterschiedlicher Erfassung in der Verteilungsrechnung beruhen dürfte.

addieren, wenn sie in Geldeinheiten ausgedrückt werden. Die Bewertung hängt aber stark von der Art des Vermögensobjektes ab. Sie kann grundsätzlich zu tatsächlichen oder fiktiven Preisen erfolgen[1]. Marktpreise sind tatsächliche Preise. Das Bewertungsverfahren versagt offenbar bei Vermögensobjekten, die nicht am Markt gehandelt werden. In bestimmten Fällen kommen auch Ertragswerte in Betracht, d. h. der Gegenwartswert der künftigen Nettoerträge. Hier wird eine Verbindung zwischen Erträgen und Vermögen hergestellt. Infolge der Unsicherheit der künftigen Erträge und Kosten und der relativ willkürlichen Wahl eines Diskontfaktors ist diese Bewertungsmethode nicht problemfrei. Sie wird z. B. für die Ermittlung des Wertes ganzer Unternehmen und bei der Grundsteuer herangezogen. Bei Wertpapieren schlägt sich der angenommene Ertragswert im Kurswert nieder.

Je nachdem, mit welchem Verfahren man die einzelnen Vermögensobjekte bewertet, kommt man zu unterschiedlichen Größen für das Vermögen der Wirtschaftssubjekte. Vermögensverteilungspolitik wird daher sowohl hinsichtlich des Vermögensbegriffs als auch im Hinblick auf die Bewertung umstritten sein können[2].

c) Daten zur Vermögensverteilung in Deutschland

Daten zur deutschen Vermögensverteilung haben traditionell die Einkommens- und Verbrauchsstichproben (EVS) und die Vermögenssteuerstatistik geliefert. Während die EVS die auf Bezieher höherer Einkommen entfallenden Vermögen nicht nachweist, liefert die mit Auslaufen der Steuer eingestellte Vermögenssteuerstatistik gerade Angaben zu den größeren Vermögen. Die Daten aus der EVS beschränken sich auf bestimmte Vermögensformen. Die erfassten Vermögensbestände weisen erhebliche Disparitäten hinsichtlich der sozio-ökonomischen und personellen Verteilung auf. Zu beachten ist, dass hier Daten einer Querschnittsanalyse vorliegen, die über die Vermögensverteilung im Lebenszyklus nichts aussagt. Tab. 8-1 zeigt einige Ergebnisse für west- und ostdeutsche Haushalte.

3. Die Einkommensverteilung

a) Die Beziehung Einkommen - Vermögen

Zwischen Einkommen und Vermögen besteht ein enger Zusammenhang. Das zeigt sich definitorisch im Ertragswertverfahren. Ferner ist die Einkommenserzielung wesentlich vom Vermögen (mit)bestimmt. Gleichzeitig nimmt die Möglichkeit der Vermögensbildung mit steigendem Einkommen zu. Das verdeutlicht die dynamischen Aspekte der Verteilung: Je günstiger die Startposition in der gegenwärtigen Einkom-

---

[1] Das Steuerrecht kennt auch das Verfahren der Einheitsbewertung.
[2] Wie bedeutsam die Bewertungsfrage ist, hat das Bundesverfassungsgericht hinsichtlich der Vermögensteuer deutlich gemacht. Sie wurde wegen fehlender Gleichbehandlung verschiedener Vermögensformen für verfassungswidrig erklärt, weil teilweise Einheitswerte (Grund und Boden), teilweise Marktpreise (Wertpapiere) herangezogen wurden.

mens- und Vermögensverteilung ist, um so wahrscheinlicher ist auch eine günstige Position in der künftigen Verteilung.

Grundlage für jede Einkommensverteilungsanalyse und –politik ist die Klärung, was Einkommen ist bzw. als solches gelten soll, für welche Periode und für wen (Personen, Haushalte) es gemessen werden soll.

Tab. 8-1 Vermögen und Kreditverpflichtungen im Jahre 1993
a) Westdeutsche Haushalte

Monatliche Haushaltsnettoeinkommen von ..... DM bis unter ..... DM	Haushalte insgesamt in 1 000	davon in % mit				
		Vermögen	Geldvermögen	Grundvermögen	Hypotheken	Konsumentenkrediten
Insgesamt	28 928	97,2	96,7	50,5	27,0	17,6
1 200	2 179	84,2	82,9	20,4	3,9	10,4
1 200 - 1 800	3 417	93,1	92,0	28,0	5,9	12,2
1 800 - 2 500	5 234	97,1	96,8	34,9	11,3	17,1
2 500 – 3 000	3 190	98,9	98,5	45,2	18,2	18,6
3 000 - 4 000	5 201	99,2	98,9	53,3	28,4	19,9
4 000 - 5 000	3 757	99,7	99,5	63,1	39,7	21,5
5 000 - 6 000	2 323	99,9	99,7	73,4	50,2	19,5
6 000 - 10 000	2 902	100,0	99,8	83,4	61,2	20,0
10 000 - 35 000	445	100,0	99,1	91,9	72,8	16,9

b) Ostdeutsche Haushalte

Monatliche Haushaltsnettoeinkommen von ..... DM bis unter ... DM	Haushalte insgesamt in 1 000	davon in % mit				
		Vermögen	Geldvermögen	Grundvermögen	Hypotheken	Konsumentenkrediten
Insgesamt	6 682	97,7	97,5	27,7	10,3	19,4
1 200	911	92,1	91,8	11,2	/	7,5
1 200-1 800	1 324	96,1	95,9	17,6	3,9	11,0
1 800-2 500	1 404	99,1	98,9	28,0	7,5	18,2
2 500-3 000	782	99,1	99,0	30,7	11,6	23,7
3 000-4 000	1 187	99,5	99,4	34,1	15,2	27,0
4 000-5 000	633	99,8	99,7	40,0	18,2	32,1
5 000-6 000	274	98,9	98,9	47,8	26,3	30,7
6 000-10 000	151	99,3	99,3	55,0	29,1	21,9
10 000-35 000	-	-	-	-	-	-

Quelle: Bohnet 1999, S. 116 und 117 nach Statistisches Bundesamt.

b) Der Einkommensbegriff

Auch der Einkommensbegriff ist keineswegs unumstritten festgelegt. Im Zusammenhang mit der Einkommensteuer (16. Kapitel) wird ausführlicher auf den Mangel einer präzisen Definition hingewiesen, den die Theorie vorgibt und der weitgehend akzeptiert wird. So ergeben sich u. a. folgende Fragen: Welche Stromgrößen sollen einbezogen werden? Wird die Berechnung des Einkommens an der Produktion wie beim Bruttoinlandsprodukt orientiert, oder müssen nicht auch die gerade verteilungspolitisch bedeutsamen Kapitalgewinne u. ä. mit eingezogen werden? Sind private und staatliche Übertragungen und die Nutzung dauerhafter Güter im Einkommen zu erfassen? Sollen auch Sachleistungen als Einkommen gelten? So können verschiedene Personen zwar gleiches monetäres Einkommen haben. Das bedeutet aber nicht, dass die Einkommen nach einer umfasserenden Definition gleich sein müssen: Monetäre Maße vernachlässigen Einkommen in nichtmonetärer Form wie z. B. Deputate, Jahreswagen oder (auch) privat genutzte Dienstfahrzeuge. Ist Einkommen im Übrigen nur materiell zu verstehen, oder sind auch die Freizeit und andere, dem Einkommen vergleichbare Größen zu beachten? Konventionell beschränkt man sich – allein schon wegen der Datenlage – eher auf das monetäre Einkommen[1].

c) Verteilung zwischen wem? Die Frage der Bezugsgröße

Bei der Einkommensverteilung geht es um die Verteilung des Einkommens großer Gruppen (entsprechend bei der Vermögensverteilung). Die Wirtschaftssubjekte können je nach Fragestellung unterschiedlich zusammengefasst werden. Daher fallen auch der theoretische Ansatz zur Erklärung einer bestimmten Situation und die Wahl der wirtschaftspolitischen Instrumente zur Beeinflussung der Verteilung unterschiedlich aus.

(1) Funktionelle Einkommensverteilung

Eine Ausrichtung der Verteilungstheorie liegt auf der funktionellen Einkommensverteilung. Die Entgelte der Produktionsfaktoren stellen das Einkommen ihrer Besitzer dar. Produktion und Verteilung werden so simultan bestimmt. Maßgeblich ist hierbei die Entscheidung, welche Faktoren wie am Produktionsprozess mitwirken, wie also der Produktionsertrag den am Produktionsprozess mitwirkenden Produktionsfaktoren zugerechnet wird. Häufig wird als einfachste Form der Aufteilung der Produktionsfaktoren nach Arbeit und Kapital unterschieden. Die funktionelle Einkommensverteilung wird dann in der (unbereinigten) Lohnquote nachgewiesen. Sie ist als das Verhältnis Arbeitnehmerentgelt zu Volkseinkommen definiert. Lohnquote und „Gewinnquote"[2] ergänzen sich zu eins.

Trotz verschiedener Umrechnungen lässt die Lohnquote keine schlüssige verteilungspolitische Beurteilung zu. Sie enthält z. B. die Löhne und Gehälter von Bundeskanzler, Gewerkschaftsfunktionär, Generaldirektor, Gelegenheitsarbeiter und Pförtner. Entsprechendes gilt für die Gewinnquote. Die funktionelle Verteilung sagt nichts darüber aus, welche Einkommen den Beziehern von Arbeitnehmerentgelt sonst noch zufließen („Querverteilung"), insbesondere sagt sie nichts über die Ungleichverteilung der Einkommen und über die soziale Lage des Einzelnen aus. Diese werden entscheidend von der Höhe und nicht allein von der Quelle des Einkommens bestimmt. Nicht-

---

[1] Unter Einschluss bestimmter nichtmonetärer Ströme, soweit sie bei der Einkommensteuer berücksichtigt werden oder bei Sachleistungen z. B. der Sozialhilfe auftreten.
[2] Diese Bezeichnung ist nicht korrekt, weil Gewinne im eigentlichen Sinne nur einen Teil (u. a. neben Vermögenseinkommen, Arbeitseinkommen der Selbständigen) der Restgröße ausmachen.

erwerbstätige (ohne Vermögenseinkommen) bleiben aus der funktionalen Verteilung ausgeschlossen.

(2) Personelle Einkommensverteilung

Bei der personellen Verteilung geht es um die Aufteilung eines Gesamteinkommens (z. B. des Volkseinkommens) auf die natürlichen Personen oder Haushalte einer Volkswirtschaft. Aus dieser Betrachtung sind Unternehmen und der Staat als Einkommensbezieher, daher auch der auf sie entfallende Teil des Volkseinkommens, ausgeschlossen.

Die personelle Verteilung findet in der Regel ihren grafischen Ausdruck in der Lorenzkurve. Dieses Bild (von Gleichverteilungs- und Lorenzkurven) wirkt allerdings präjudizierend auf die Theorie und auch auf die Werturteile, die hinsichtlich der Einkommensverteilung gehegt werden (Pen 1974). So legt die Gleichverteilungskurve z.b. die Wünschbarkeit einer solchen Verteilung nahe. Die Lorenz-Kurve enthält keinerlei Angaben über die Bedürfnislage der einzelnen in die jeweiligen Klassen fallenden Haushalte. Diese unterscheiden sich aber z. B. durch Zahl und Struktur der zu unterhaltenden Personen, so dass unterschiedliche Bewertungen des Einkommens vorliegen. Die Lorenz-Kurve gibt ferner keine Auskunft über die Anstrengungen und Leistungen der Haushalte in gleichen oder in früheren Perioden. Sie bietet „schließlich überhaupt keine Informationen über die Ursachen dafür, daß bestimmte Haushalte in diese und nicht in eine andere Gruppe fallen. Aber gerade die Kenntnis dieser Ursachen dürfte unabdingbare Voraussetzung für eine wirksame Verteilungspolitik des Staates sein. Um die Ursachen von Ungleichverteilungen und damit zugleich auch mögliche Ansatzpunkte für eine staatliche Verteilungspolitik ins Bild zu rücken, ist es zweckmäßig, die Haushalte nach Merkmalen zu gruppieren, die für die Formulierung von verteilungstheoretischen Hypothesen und/oder verteilungspolitischen Zielen geeignet erscheinen" (Krause-Junk 1981, S. 267).

Als solche wichtigen differenzierenden Faktoren der personellen Verteilung (und für die darauf aufbauende Politik) sind insbesondere Alter, Lebenszyklus, Zufall, Vererbung, sozio-ökonomische Merkmale wie Beamten- oder Arbeiterhaushalt, zu versorgende Personenzahl, Region usw. zu beachten. Eine befriedigende Antwort darauf, welches die wirklich relevanten Verteilungsrelationen sind, lässt sich aber generell kaum geben. Bisher wurde im Übrigen eher der Haushalt als die Person als Bezugsgröße betont. Das ist zweckmäßig, wenn das Einkommen der Haushalte in der Regel gemeinsam verwendet wird[1]. Als Haushaltsmitglied kann nur gelten, wer dauerhaft und vollständig in den Haushalt aufgenommen ist. In der Statistik - zum Beispiel in

---

[1] Wenn Individuen zusammenleben, gibt es einen Grad des Teilens und der economies of scale, so dass die Behandlung ihres Einkommens auf individueller Basis irreführend ist. Es können aber auch Eltern und erwerbstätige Kinder in einem gemeinsamen Haushalt leben, ohne dass das Einkommen gemeinsam verwendet wird. Ferner variiert die Haushaltsgröße sehr stark, so dass die Haushalts- im Vergleich zu den Individualeinkommen beträchtlich streuen.

der EVS - entscheidet die Stellung des Haushaltsvorstands über die Zuordnung zu den verschiedenen Schichtungsmerkmalen für Haushalte[1,2].

Um Unterschieden in Zahl, Alter und Einkommenstruktur der Haushaltsmitglieder Rechnung zu tragen, werden **Äquivalenzeinkommen** berechnet. Hier wird auch Haushaltsersparnissen und geringerem Bedarf von Kindern Rechnung getragen. Auf die Haushaltseinkommen wendet man eine Äquivalenz-Skala an, bei der z. B. der erste Erwachsene ein Gewicht von 1 erhält, weitere Personen ab 14 Jahren Gewichte von 0,7 und jüngere Kinder von 0,5. Teilt man das Haushaltseinkommen durch die Summe der Gewichte der Haushaltsmitglieder ergibt sich das Äquivalenzeinkommen dieser Person.

(3) Armut als Spezialfall der personellen Einkommensverteilung

Ein besonderer Aspekt am unteren Ende der personellen Einkommensverteilung ist die Armut. Sie kommt üblicherweise in modernen Industriestaaten in einem nicht erreichten Mindestpotenzial an Gütern zum Ausdruck. Das Problem ist zunächst einmal, wo die Armutsgrenze liegt. Sie könnte bei solchen Einkommen gezogen werden, die nicht zur Sicherung des soziokulturellen Existenzminimums der Haushaltsmitglieder ausreichen. So kann als arm gelten, wer Sozialhilfe in Anspruch nimmt, die dem Empfänger ein menschenwürdiges Leben ermöglichen soll. Eine Änderung der Sozialhilfegrenzen zeigt dann aber nicht unbedingt eine veränderte Zahl der Armen an, sondern nur die Entwicklung der gesellschaftlichen Einstellungen zur Arbeit.

Die absolute Armut wird bei diesem Konzept gemessen, indem man von der Basis objektiver Mindeststandards für eine Grundversorgung ausgeht. So kann man Mindestkonsumgrenzen festlegen, aus denen über einen Zusammenhang zwischen bestimmten (lebensnotwendigen) Konsumausgaben für Lebensmittel, Wohnung u. a. aufgrund der Hypothesen von Engel und Schwabe Einkommensgrenzen bestimmt werden.

Wird dagegen relative Armut gemessen, bestimmt man einen prozentualen Anteil z.B. vom mittleren Einkommen. Dann trifft man eine Aussage über die Einkommensungleichheit. Es kann gesagt werden, die unter der Grenze liegenden Personen seien schlechter als die übrigen gestellt, ohne dass hier allerdings notwendig Versorgungsmängel bei den Grundbedürfnissen angezeigt werden. Bei der Wahl des Einkommens als Indikator stellt sich hier die Frage, wie es abgegrenzt wird: brutto oder netto, mit oder ohne Sozialversicherungsbeiträge und, ob Transfers und Eigenleistungen als Einkommen rechnen, auf ein Jahr oder eine längere Periode bezogen sind.

---

[1] Bei Abstellungen auf Einzelpersonen würde die nichterwerbstätige oder nur teilzeitbeschäftigte Mutter mit einem Einkommen von null oder jedenfalls nicht die Existenz sichernden Einkommen ausgewiesen, ohne dass sie sich in einer Notlage befinden muss.

[2] Die Bedeutung der funktionellen für die personelle Einkommensverteilung ist bisher weitgehend ungeklärt (vgl. Atkinson 1996, S. 2).

(4) Verteilung des Einkommens nach Regionen, Sektoren, Generationen

Zur Charakterisierung der Gesamtverteilung können weitere Querschnitte vorgenommen werden. So kann die Verteilung **regional** betrachtet werden. Dies ist besonders im Hinblick auf die unterschiedlichen Pro-Kopf-Einkommen der Bundesländer von Bedeutung. Aber auch kleinere Regionen (Grenzgebiete) können im Durchschnittseinkommen erheblich vom nationalen und Landesdurchschnitt abweichen. Der Finanzausgleich zwischen den Bundesländern und insbesondere zwischen Ost- und Westdeutschland ist ebenfalls regional bedeutsam. Daneben bestehen Ost-West- und Stadt-Land-Gegensätze. Auch international wird ein Ost-West-Gegensatz gesehen, allerdings wird der Nord-Südkonflikt der Einkommensverteilung für gravierender gehalten.

Ferner kann die Verteilung nach **Branchen** und **Sektoren** differenziert werden. Das zeigt sich deutlich in der Verteilung der Subventionen.

Die Verteilung zwischen den **Generationen** wird zunehmend diskutiert. So geht es einmal um die Verteilung zwischen den gegenwärtig und künftig lebenden Generationen (und hierbei insbesondere um die Frage, wie man die Präferenzen der künftigen Generationen bei heutigen Entscheidungen berücksichtigen kann und soll). Da sich die Zusammensetzung der Bevölkerung im Zeitablauf verändert, kommt – gerade bei rückläufigen Einkommenszuwachsraten und abnehmender Erwerbsquote – dieser Verteilung immer größere Bedeutung zu. Bei den gegenwärtig lebenden Generationen geht es insbesondere um die Aufteilung des Einkommens auf Erwerbstätige und Nichterwerbstätige.

d) Die Einkommensperiode

Schließlich stellt sich die Frage, welche Bedeutung verschiedene Lebensphasen für die Einkommensentwicklung einzelner Personen haben (Längsschnittbetrachtung). So wirken sich die oben genannten differenzierenden Faktoren der personellen Verteilung unterschiedlich aus, je nachdem für welche **Periode** das Einkommen definiert wird: Für Tag, Monat, Jahr oder Leben der Wirtschaftssubjekte. In den meisten Analysen der Einkommensverteilung wird vom Jahreseinkommen ausgegangen. Hierfür sind die faktische Ausrichtung vieler verteilungspolitischer Maßnahmen und die statistische Konvention maßgeblich. Die Einkommensperiode von einem Jahr kann aber zu **lang** oder zu **kurz** sein.

Offenbar ist das Monatseinkommen einer Person zu lang, wenn sie tatsächlich am Verhungern ist. Andererseits ist ein Jahr in vielen Fällen zu kurz z. B. als Grundlage einer Umverteilung mit Hilfe u. a. der Einkommensteuer, wenn Einkommensschwankungen infolge von Krankheit, Glück, Zufall, Berufsart (kurze Berufsphase als Berufsleistungssportler u. ä.) oder unterschiedlich langer Ausbildung beachtet werden. Beispiel: A hat im Jahr 1 ein Einkommen von 1 Mill., im Jahr 2 aber 10 000. B hat umgekehrt im ersten Jahr 10 000, im zweiten Jahr aber 1 Mill. Besteht also in beiden Jahren und überhaupt eine für die Politik zu beachtende Ungleichheit? Offenbar hängt die Antwort von der gewählten Verteilungsperiode ab.

Neben zufälligen sind also systematische Einkommensschwankungen bedeutsam. Wenn sich das Einkommen mit dem Alter ändert, so ergeben sich je nach dem Zeitpunkt für die Querschnittsanalyse unterschiedliche Einkommensrelationen der Personen in der jeweiligen Phase ihres **Lebenszyklus**. Solche Effekte sind aus Lorenz-Kurve und Gini-Koeffizient nicht herauszulesen. In Abb. 8-2 haben die Wirtschaftssubjekte A, B und C identische jedoch zeitverschobene Lebenseinkommensprofile. Altersbedingt sind die Einkommen eines Jahres jedoch stets ungleich verteilt. Das Beispiel zeigt zudem eine der Ursachen für die Einkommensmobilität[1]. Eine auf gleichmäßigere Jahreseinkommen ausgerichtete Verteilungspolitik hätte daher- unter dieser Bedingung – offenbar zum Ziel, intertemporale Einkommensschwankungen zu verringern.

Abb. 8-2 Die Verteilung der Jahreseinkommen bei gleichen, aber zeitlich verschobenen Lebenseinkommensprofilen

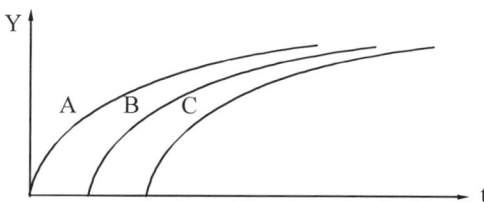

Die Beschränkung auf Jahreseinkommen ist also für viele Fragestellungen zu eng. Es spricht daher einiges dafür, auch oder gerade auf die Höhe und den Verlauf der Lebenseinkommen und nicht (nur) auf das Einkommen einer relativ kurzen Lebensphase abzustellen. Die Höhe des Lebenseinkommens ist dann der Barwert der Jahreseinkommen.

„Whether we should adopt a lifetime assessment period depends again on the question being asked. If our concern is with measuring poverty, then the lifetime approach may not be regarded as very relevant, the fact that an old person had a high income thirty years ago not making up for his having a pension which is below his needs today. On the other hand, we may be concerned with the distribution of life-chances, as represented by a person's work career, by the capital he inherits, by his investment opportunities, by his pension and other access to state benefits. In that case, it can certainly be argued that these are better measured by his lifetime income than by his income in any single period. The use of lifetime income takes account of factors such as investment in education (human capital): the earnings foregone while training are offset by higher earnings later in life" (Atkinson 1975, S. 38).

Umstritten ist, ob Jahres- oder Lebenseinkommen gleichmäßiger verteilt sind. Unklar ist dabei auch, ob und welche Konsequenzen für den verteilungspolitischen Mitteleinsatz zu ziehen sind, wenn die Ungleichverteilung je nach Periodisierung der Einkommen unterschiedlich ausfällt. Ist die Ungleichverteilung in einer Periode Anlass

---

[1] In der Abbildung wird allerdings ein für alle Wirtschaftssubjekte gleicher Lebenseinkommensverlauf angenommen. In Panelbefragungen bei Jahr für Jahr gleichen Personen wird ein stärkeres Ausmaß der Einkommensmobilität deutlich.

für umverteilende Aktivitäten, so muss dies jedenfalls nicht bedeuten, dass dadurch die Lebenseinkommensverteilung gleichmäßiger wird (Schmähl 1983, S. 3/4).

e) Die personelle Einkommensverteilung in Deutschland

Auskünfte über die personelle Einkommensverteilung liefern verschiedene Statistiken, darunter die Lohn- und Einkommensteuerstatistik, die Einkommens- und Verbrauchsstichproben oder die Sozio-ökonomischen Einkommenspanel und die darauf aufbauenden Einkommensverteilungsrechnungen des DIW. Einige Ergebnisse der Einkommensteuerverteilung zeigt Tab. 16-3 unten. Die Problematik dieser Statistik liegt vor allem darin, dass dort mit dem Gesamtbetrag der Einkünfte ein steuerlicher Einkommensbegriff zugrunde gelegt wird, der im Laufe des Veranlagungsverfahrens noch modifiziert wird. Die Statistik der Einkommens- und Verbrauchsstichproben zeigen das durchschnittliche monatliche Bruttoeinkommen bei nach Nettoeinkommenshöhe, sozialen Gruppen und Personenzahl gegliederten Haushalten. Hierbei sind die Einkommen nach verschiedenen Einkommensarten unterteilt. Tab. 8-2 zeigt einige Ergebnisse aus der Einkommens- und Verbrauchsstichprobe 1993.

Tab. 8-2 Schichtung der privaten Haushalte 1993 nach Höhe des Haushaltsnettoeinkommens je Monat, nach sozialer Stellung und Haushaltsgröße
Ergebnis der Einkommens- und Verbrauchsstichprobe

Gegenstand der Nachweisung	Haushalte insgesamt	Monatliches Haushaltsnettoeinkommen von ... bis unter ... DM				
		unter 2500	2500 – 5000	5000 – 7500	7500 – 10000	10000 – 35000
	1000	%				
nach der sozialen Stellung der Bezugsperson						
Landwirt/-in	263	/	46,0	31,9	(11,0)	/
Selbständige/-r[2]	2035	(6,7)	25,2	23,0	16,6	28,5
Beamter/Beamtin	1672	(2,3)	23,7	38,8	23,3	11,8
Angestellte/-r	8479	11,3	37,2	27,8	14,8	8,9
Arbeiter/-in	7804	13,1	53,8	27,0	5,0	(1,1)
Arbeitslose/-r	1856	55,4	38,8	(4,5)	/	/
Nichterwerbstätige/-r	13492	44,5	40,2	10,7	3,2	1,4
Haushalte mit ... Person(en)						
1	11769	60,3	33,5	4,9	0,8	(0,5)
2	11381	14,7	51,0	22,2	7,5	4,5
3	5989	5,1	42,9	31,4	13,4	7,3
4	4696	(2,6)	35,4	34,3	16,3	11,4
5 und mehr	1766	/	31,0	33,9	18,8	15,4

[1] Ohne Haushalte mit einem monatlichen Haushaltsnettoeinkommen von 35 000 DM und mehr und ohne Personen in Anstalten und Gemeinschaftsunterkünften.
[2] Gewerbetreibende/-r, freiberuflich Tätige/-r.
Quelle: Statistisches Bundesamt, Fachserie 15, H. 4, 1997, S. 32.

Für die Beurteilung der Leistungseinkommen sind primär die Bruttoeinkommen ohne Renten usw. relevant. In die Nettoeinkommen sind die staatlichen Umverteilungsmaßnahmen eingeflossen.

Verschiedene Modellrechnungen unter Verwendung der Daten amtlicher Verteilungsrechnungen weisen darauf hin, dass die Brutto- und die Nettoeinkommen nicht normal, sondern linkssteil verteilt sind.

4. Die Verteilung sonstiger Größen: Konsum, Nutzen, Macht und Chancen

Sicherlich stellen Einkommen und Vermögen den Hauptgegenstand der verteilungstheoretischen Analyse und der Verteilungspolitik dar. Aber auch andere Größen können für Verteilungsfragen bedeutsam sein:

In letzter Zeit wird vor allem im Hinblick auf eine Ausgabensteuer die Verteilung des **Konsums** diskutiert: Während das Einkommen eher den Beitrag des Einzelnen zur gesamtwirtschaftlichen Produktion darstelle, komme im Konsum die Inanspruchnahme des Inlandsprodukts zum Ausdruck. Verteilungspolitisch ist die Ausrichtung auf den Konsum auch deswegen bedeutsam, weil dessen Verteilung stets gleichmäßiger als die des Einkommens sein dürfte. Der Grund hierfür ist die geringere Konsumquote aus transitorischen und mit steigenden Einkommen. Insofern könnten die jährlichen Konsumausgaben eines Haushalts auf eine bessere Approximation für das Lebenseinkommen sein als das jährliche Einkommen.

Aus ökonomischer Sicht liegt es nahe, den **Nutzen** (oder die **Wohlfahrt**) als Verteilungsgegenstand zu betrachten. Das Interesse beruht darauf, dass Einkommen und Vermögen keine zuverlässigen Indikatoren der individuellen Wohlfahrt sind. Die Gründe hierfür liegen in den unterschiedlichen Präferenzen der Bürger, ferner sind mit den gleichen Einkommen/Vermögen unterschiedliche Freizeit, Mühe, Anstrengung, Risiken usw. verbunden. Allerdings ist unklar, welche Konsequenzen hieraus zu ziehen sind. Die Bedeutung der Einkommensverteilung wird aber zumindest relativiert, wenn man diese Faktoren als Determinanten des - wohlfahrtstheoretisch am Individuum orientierten - Nutzens berücksichtigt. In empirischen Untersuchungen werden aber meist Einkommens- und Ausgabenkategorien verwendet, weil sie leichter zu ermitteln sind und sich die politische Diskussion darauf (und nicht auf den Nutzen) bezieht.

In vielen wirtschaftspolitischen Diskussionen geht es ferner um die Verteilung der Macht. **Macht** ist die bewusste Fähigkeit, einen wahrnehmbaren Einfluss auszuüben, sie stellt die Möglichkeit dar, Entscheidungen durchzusetzen. Macht wird häufig mit der Kontrolle von Ressourcen verbunden, so hinsichtlich der Verfügungsmacht über Produktivvermögen. (Hierbei ist aber regelmäßig wieder von entscheidender Bedeutung, wie umfassend der Vermögensbegriff gewählt wird.)

Hinsichtlich der Verteilung der **Chancen** bzw. der Chancengleichheit, die häufig auf das Arbeitsvermögen (bzw. die entsprechenden Einkommen) verengt betrachtet wird, geht es primär um die **Voraussetzungen** der Einkommenserzielung und Vermögensbildung (teilweise auch - bei Fehlinterpretation - um das Ergebnis). Die Voraussetzungen der Einkommenserzielung kommen in den Fähigkeiten der Wirtschaftssubjekte zum Ausdruck. So hat cet. par. ein geschickter Fußballspieler die Möglichkeit, Stargagen zu erzielen oder ein unternehmerisch Begabter kann neue Marktlücken erblicken. Was aus diesen Fähigkeiten gemacht wird, ist eine andere Frage. Da in der Regel die Fähigkeiten nicht geprüft werden können, wird das Ergebnis als unvollkommenes Signal für wirtschaftspolitische Maßnahmen zugrunde gelegt. Da allerdings die Fähigkeiten trainiert werden können, ist die Bedeutung von Humaninvestitionen deutlich.

5. Anmerkungen zur Beurteilung einer (un)gleichen Verteilung (von Einkommen und Vermögen)

Die Bewertung der Verteilung stellt ein politisches Urteil dar. Vor Schlüssen über das wünschenswerte Ausmaß der Gleichheit bzw. Ungleichheit und vor der Beurteilung einer ungleichen Einkommens- und Vermögensverteilung etwa als gerecht oder ungerecht sind jedoch verschiedene Umstände zu beachten. So sind Aussagen über (Un-) Gleichheit wohl nur zweckmäßig, wenn die **anderen Bedingungen** (als Einkommen und Vermögen) vergleichbar sind (Atkinson 1975, S. 5/6). Das macht die Aussagen aber so schwierig, weil diese anderen Bedingungen, d. h. möglicherweise zu berücksichtigende differenzierende Faktoren - wie oben gezeigt wurde - zahlreich sein können. So ist die Verteilung im Hinblick auf die von Familiengröße, Alter, Gesundheit abhängigen unterschiedlichen individuellen Bedürfnisse zu würdigen. Abweichende Arbeits-, Spar-, Risikoneigungen u. ä. können selbst bei gleichen Chancen zu unterschiedlichen Entscheidungen führen, die in der festgestellten Ungleichheit resultieren. Die Verteilung kann ferner durch systematische Änderungen von Einkommen und Vermögen im Lebenszyklus beeinflusst werden (Unterschiede in Alter und Spardauer und in Zeitpunkt und Länge des Spitzeneinkommens). Selbst bei gleichen (z. B. Bildungs-)Chancen können die Ergebnisse auch durch Zufall verschieden ausfallen. Ungleichheit braucht jedenfalls nicht mit Ungerechtigkeit einherzugehen.

Literatur zum 8. Kapitel

Die Verteilungsgegenstände Einkommen und Vermögen behandelt Krause-Junk (1981, § 2). Zu Vermögensbegriff und -bewertung siehe ferner Boettcher u. a. (1985, Kapitel 2), Brümmerhoff (2000b, 6. Kapitel), Fecher (1980a, S. 466-470) und Folkers (1981, S. 5-48), speziell zum Sozialvermögen Hober (1981) und Härtel (1997).

Die Ergebnisse der EVS zur Vermögensverteilung enthält Statistisches Bundesamt, Fachserie 15, Einkommens- und Verbrauchsstichprobe, Heft 2: Vermögensbestände und Schulden privater Haushalte, div. Jhrg. Eine Interpretation und Auswertung der Daten der EVS 1973 liefern Mierheim/Wicke (1978), interessante Erweiterungen um die Renten- und Pensionsansprüche u. ä. führt Hober (1981) durch.

Zu Einkommensbegriff und -verteilung siehe Brümmerhoff (2000b, 11. Kapitel) und Transfer-Enquête-Kommission (1981). Ergebnisse der EVS enthält die Fachserie

15 des Statistischen Bundesamtes. Armutsmaße in Deutschland und Berechnungen mit Daten des Europäischen Haushaltspanels stellt Kölling (1999) dar. Zu Äquivalenz-Skalen siehe Faik (1995).

Die Darstellung des Einkommens privater Haushalte in der amtlichen Statistik beschreibt Euler (1985).

Zur Einkommensperiode siehe Brümmerhoff (1977), Hackmann (1979), Holzmann (1983) und Schmähl (1983).

Zum Nutzen siehe Hackmann (1971, Teil B 1).

9. Kapitel
Maßstäbe und praktische Ziele der Verteilungspolitik, Inzidenz staatlicher Einnahmen und Ausgaben

l. Maßstäbe und ihre Realisierungschancen durch den Markt

a) Verteilungsnormen (Interpretationen von Gerechtigkeit)

Bei Verteilungsfragen geht es prinzipiell um Gerechtigkeit. Diese dürfte allenfalls unvollkommen realisiert werden (können), u. a. weil
- die Vorstellungen von Gerechtigkeit auseinander fallen,
- es Konflikte zwischen dem allokativen Ziel und dem verteilungspolitischen Ziel geben kann.

Theoretisch ist es vorstellbar, dass der Marktmechanismus einer Wettbewerbswirtschaft (allokativ) effiziente Ergebnisse hervorbringt. Pareto-Effizienz bedeutet aber nicht, dass auch die hierbei hervorgerufene Verteilung mit den herrschenden Vorstellungen von **Gerechtigkeit** (wie auch immer definiert) übereinstimmen muss. Die umfangreichen (um)verteilungspolitischen Maßnahmen in Deutschland lassen darauf schließen, dass das tatsächliche Verteilungsergebnis als korrekturbedürftig angesehen wird. Um die Verteilung aber beurteilen zu können, und um Leitlinien für die (Um)Verteilungspolitik zu gewinnen, muss geklärt werden, an welchen **Maßstäben, Prinzipien oder Kriterien**, d. h. Interpretationen von Gerechtigkeit, die angestrebte und die tatsächlich bestehende Verteilung gemessen werden sollen.

Gerechtigkeitsprinzipien sind als regulative Elemente wichtig. Nur wenn die Individuen die auf der Ebene eines Grundkonsenses vereinbarten Regeln als prinzipiell mit Gerechtigkeitsprinzipien vereinbar ansehen, werden sie auch bereit sein, die sich im laufenden Prozess ergebene Verteilung zu akzeptieren[1] (Frey/Kirchgässner 1994, S. 257). Daher werden im Folgenden verschiedene Maßstäbe diskutiert werden, die als Normen einer wünschenswerten Verteilung vertreten werden. Realisiert der Markt diese Normen, ist insofern kein staatliches Handeln erforderlich. Kommt man allerdings zu dem Ergebnis, dass ein marktwirtschaftliches System diese Kriterien nicht verwirklichen kann, liegt jeweils (wie im allokativen Bereich) ein a priori-Argument für staatliches - verteilungspolitisches - Handeln vor (Krause-Junk 1974).

Verteilungsnormen, können u. a. an den (1) Bedürfnissen, (2) Leistungen oder (3) Chancen ausgerichtet sein. Die Verteilung wird aber auch (4) als (allokatives) Effizienzproblem behandelt.

---

[1] Das heißt dann wohl auch: Je weniger aus dem laufenden politischen Prozess erfolgende Umverteilungsmaßnahmen allgemein akzeptiert werden, um so mehr wird man ihnen durch Steuerhinterziehung u. ä. auszuweichen versuchen.

b) Bedarfsgerechtigkeit

Gerechtigkeit könnte als eine Gleichbehandlung verstanden werden, die auf die Bedürfnisse abstellt. Bei dieser Interpretation geht es letztlich um die **Inanspruchnahme der produzierten Güter**. Hier stellt sich zunächst die Frage, ob subjektive oder objektive Bedürfnisse entscheiden sollen. Bedürfnisse können ganz unterschiedlich hinsichtlich gleicher Güter (oder bei gleichen Einkommen) empfunden werden. Das **subjektive** Konzept ist offensichtlich als praktikabler Maßstab ungeeignet.

Bei **objektiven** Bedürfnissen muss über Inhalt und Umfang entschieden werden. Die Norm ist praktisch nur dann umfassend zu verwirklichen, wenn Güter nicht (mehr) knapp sind (dann entfällt das Verteilungsziel) oder wenn die Bedürfnisse beschränkt sind (und dies muss feststellbar sein). Verschiedentlich wird das Werturteil zugrunde gelegt, dass alle gleiche Bedürfnisse haben (bzw. haben sollen). Das führt zur Forderung nach für alle gleichen Einkommen und Vermögen[1]. Ihre Verwirklichung lässt die Aufhebung der Leistungsanreize vermuten, da man auch ohne eigene Leistung (gleich) mit Gütern versorgt wird.

Die Norm kann allerdings als **partielles Verteilungsziel** Bedeutung haben: Es muss ein gewisses Maß des Mindestunterhalts, ein **soziales Existenzminimum** gewährleistet sein. Haushalte mit einem unter dieser Grenze liegenden Einkommen gelten als arm und sollen über ein höheres Einkommen verfügen. So setzt die Sicherstellung bestimmter Grundbedürfnisse bzw. die Gewährleistung bestimmter Basisgüter (Nahrung, Wohnung, Kleidung u. ä.) eine Untergrenze[2], über die hinaus aber nur schwer eine wünschenswerte Gesamtverteilung abzuleiten ist. Diese **Armutsgrenze** (Mindesteinkommen) kann nicht nur als absoluter Einkommensbetrag, sondern auch als Prozentsatz des Durchschnitts- oder Medianeinkommens festgelegt werden[3]. In einem relativen Konzept verändert sich die absolute Grenze mit der allgemeinen Einkommensentwicklung. Die Vorstellung vom soziokulturellen Existenzminimum schlägt sich praktisch in der Sozialhilfe und teilweise im Grundfreibetrag der Einkommensteuer nieder.

Die volle Verwirklichung der Versorgung nach den objektiven oder subjektiven Bedürfnissen - wie auch immer definiert - wird sicher nicht von einer sich selbst überlassenen Marktwirtschaft realisiert (werden können). Zu fragen ist allerdings, ob nicht wenigstens eine Versorgung durch den Markt möglich ist, die ein Existenzminimum gewährleistet. Diese Frage soll im Rahmen der Pareto-optimalen Verteilung behandelt werden.

---

[1] Sie schlägt sich in der Theorie des gleichen marginalen Opfers nieder (vgl. Kapitel 14.8).
[2] Wenn die Verteilungsfrage nicht auf die Einkommensverteilung insgesamt, sondern nur auf Grundbedürfnisse beschränkt wird, liegt offenbar ein sehr enges Verteilungskonzept vor, das eine mögliche Armutsgrenze markiert. Zu dieser Art der Gleichheit in der Versorgung mit Gütern („commodity egalitarianism") siehe auch Tobin (1970). Je umfangreicher die berücksichtigten Güter sind, um so größer werden die Zahl der Armen und der erforderliche Umfang politischer Maßnahmen.
[3] Zu verschiedenen Formulierungen von Armutsgrenzen siehe Hauser 1981, S. 25-36, Glazer (1977) und Seidl (1988a). Zu beachten ist, dass die Beseitigung der relativen Armut definitionsgemäß nur durch Herbeiführung absoluter Gleichheit möglich ist.

c) Leistungsgerechtigkeit

Bei der Verteilung nach den jeweiligen **Leistungen** geht es um die Stellung der Wirtschaftssubjekte in der Produktion[1]. Die Verteilung soll sich nach dem produktiven Beitrag („Leistung") bei der Erstellung des Sozialprodukts richten. Unklar ist allerdings, ob nur auf das Produktionsergebnis abzustellen ist, oder ob auch die persönliche Mühe, Anstrengungen und Risiko zu berücksichtigen sind. Der Markt wird offenbar diesem Maßstab - sei es mit oder ohne Berücksichtigung z. B. der Anstrengungen zum Erwerb eines Einkommens - unterschiedlich gerecht. Zwar gibt es etwa Lärm-, Nacht- und Schmutzzulagen, aber z. B. die Entwicklung der Bergarbeiter von der Spitze der Lohnskala weg zeigt, dass andere Bestimmungsgründe, nämlich die relative Knappheit, bedeutungsvoller sind.

Hinsichtlich der Belohnung der Leistung durch den Markt zeigt sich ferner, dass offenbar gleiche oder vergleichbare Leistungen je nach Marktstellung der Anbieter unterschiedlich entgolten werden. Der Markt belohnt also nicht nur Leistung, wozu durchaus und gerade das Erkennen von Marktchancen zählt. Der Markt wird auch durch Zufall oder monopolistisches Verhalten bestimmt, andererseits berücksichtigt er keine Externalitäten. Das Erbrecht führt außerdem praktisch zu leistungsfreien Einkommen.

Es ist daher schwierig, Leistungen zu definieren und insbesondere festzulegen, ob nur Marktergebnisse als Maßstab dienen sollen. Ferner wird das Marktergebnis häufig von dem abweichen, was z. B. als „leistungsgerechte Entlohnung" angesehen werden mag.

Wenn andererseits allein nach Leistungen verteilt werden soll, also nur an jene, die mit einem Faktorangebot am Produktionsprozess beteiligt sind, fallen produktionspolitische und verteilungspolitische Intentionen weitgehend zusammen. Da die individuelle Leistungsfähigkeit der Menschen aber unterschiedlich ist, gewährleistet selbst ein vollkommener Marktmechanismus kein menschenwürdiges Dasein. Auch bei leistungsgerechtem Entgelt kommt es folglich zu einer Diskrepanz zwischen Bedarf und Bedürfnisbefriedigungsmöglichkeit.

d) Chancengleichheit

Die Vorstellungen von **Chancengleichheit** differieren. Sie werden teils als gleiche Zugangsmöglichkeit der Bürger zu Freiheitsgütern, Institutionen u. a. interpretiert. Chancengleichheit heißt aber sinnvollerweise nicht, dass alle - Junge, Alte usw. - über die gleichen Gütermengen verfügen müssen, also Ergebnisgleichheit. Versteht man als Chancengleichheit, dass jedem die Chance auf sozialen Aufstieg eingeräumt wird, muss die Gesellschaft durch ein bestimmtes Maß an Mobilität gekennzeichnet sein. Dann würden, selbst wenn die Verteilungsstatistiken im Zeitablauf relativ gleichblei-

---

[1] Vgl. auch Kapitel 14.7c) zur Besteuerung nach der Leistungsfähigkeit.

ben, Veränderungen in der Einkommensverteilung stattfinden. Soziale Immobilität wäre andererseits der Grad, in dem Einkommen und Vermögen der Kinder denen der Eltern entsprechen.

Die unkontrollierte Marktwirtschaft garantiert diese Mobilität nicht. Denn wer mit Ressourcen - Sach- und Geldvermögen, Begabung usw. - ausgestattet ist, hat Vorteile gegenüber anderen, die diese kaum aufholen können, im Gegenteil: Die schlechter Ausgestatteten fallen zurück. Eine völlige Gleichheit der **Startchancen** lässt sich allerdings (systemunabhängig) generell nicht herstellen, weil die angeborenen Unterschiede der individuellen Fähigkeiten nicht egalisiert werden können[1]. Im Übrigen würde selbst bei gleichen Startchancen die resultierende Einkommens-verteilung ungleich sein.

Chancengleichheit verlangt weiterhin, dass jeder die Chance haben muss, sein vorhandenes Potenzial zu nutzen. Neben der Förderung z. B. Minderbegabter muss daher die Entfaltung für Hochbegabte gewährleistet sein. Chancengleichheit bedeutet auch, dass nicht individuelle und politische Beziehungen über den Zugang zu gehobenen Stellungen maßgeblich sein dürfen, „sondern über den Aufstieg muß die persönliche Tüchtigkeit entscheiden. Wie die Besetzung von mittleren und höheren Positionen im öffentlichen Dienst zeigt, ist es gerade der Staat, der gegen dieses Postulat verstößt" (Albers 1980c, S. 291).

e) Weitere Gleichheitsinterpretationen

Es finden sich auch die folgenden weiteren Konzepte von Gleichheit (LeGrand 1982, S. 14), die sich aber zumindest teilweise mit den zuvor genannten Interpretationen überschneiden:

- Gleichheit der öffentlichen Ausgaben: alle als wichtig angesehenen Individuen (oder Gruppen) erhalten die gleichen Pro-Kopf-Ausgaben. Dieses Konzept schlägt sich in gleichen Schulausgaben pro Kopf u. ä. nieder.
- Gleichheit der Finaleinkommen: Ungleichheiten in den Markteinkommen werden (ganz oder teilweise) durch öffentliche Einnahmen/Ausgaben ausgeglichen.

---

[1] Die (teilweise) Anwendung des Losverfahrens bei der Zulassung zu einzelnen Studienfächern könnte als Versuch gedeutet werden, die Startchancen - wenigstens in einer späteren Ausbildungsphase - anzugleichen. Die Frage ist aber, ob dies allokativ zweckmäßig ist.
Allerdings liegt hier eine auf das (z. B. Medizin-)Studium verengte Interpretation der Chancengleichheit vor. Die Zuweisung der Chancen schließt diejenigen aus, die mangels Qualifikation nicht studieren können, ohne dass für sie ein Ausgleich bereitgestellt wird. Im Gegenteil: sie tragen auch noch zur Finanzierung des Studiums anderer bei. (Vgl. Brümmerhoff 1977, S. 80ff., mit verteilungspolitischen Vorschlägen zu dieser Problematik.)

- Gleichheit in der Nutzung[1]: gleiche Bildungschancen d. h. im Durchschnitt sollen die Mitglieder verschiedener sozialer Gruppen (nach Rasse, Geschlecht usw. unterschieden) die gleiche Ausbildung erhalten können; Entsprechendes gilt hinsichtlich der gleichen Behandlung im Gesundheitsbereich[2].
- Kostengleichheit: alle Individuen müssen die gleichen privaten Kosten pro Leistungseinheit tragen, wobei die Kosten nichtfinanzielle Kosten (z. B. Zeit) wie monetäre Kosten einschließen können.
- (Partielle) Ergebnisgleichheit: alle Individuen haben z. B. einen gleichen Gesundheitsstatus oder eine gleiche Ausbildung.
- Gleichheit im Bezug diskriminierungsfreien Einkommens bei gleichem Faktoreinsatz, d. h. nur Qualität und Umfang der Faktorleistungen sollen das Einkommen bestimmen, nicht dagegen Geschlecht, Alter, Rasse oder sozialer Hintergrund.

Es ist offensichtlich, dass sich die verschiedenen Formen - z. B. Verwirklichung der Leistungen und der Bedürfnisse - teilweise im Widerspruch befinden. In jedem Fall wird der Markt sie aber nicht oder nur unvollkommen realisieren (können). In verschiedenen Fällen werden staatliche Bereitstellungen von Leistungen auch nicht ausreichen. Die Umsetzung einzelner Normen setzt ferner den Zwang zur Teilnahme voraus: So wird z. B. ohne Schulpflicht das Schulangebot eher von höheren als von unteren Einkommensschichten genutzt.

f) Pareto-optimale Verteilung

Auch das Konzept einer **Pareto-optimalen Verteilung** (Hochman/Rodgers) wird diskutiert. Diese ist so lange nicht erreicht, wie durch eine Umverteilung jemand besser gestellt werden könnte, ohne dass ein anderer notwendigerweise schlechter gestellt werden müsste. Eine Umverteilung, die in diesem Sinne die Verteilung verbessert, ist nicht möglich, wenn der Nutzen des Einzelnen nur von **seinem** Einkommen, Vermögen oder Konsum abhängt. Dann würde die Bedingung, dass zumindest der Status quo für alle von der Umverteilung Betroffenen erhalten bleibt, nicht erfüllt. Paretooptimale Umverteilung erfordert, dass die (Um-)Verteilung in die Präferenzen der reicheren Bürger eingeht. Die Verteilung bzw. Umverteilung kann als privates oder öffentliches Gut angesehen werden. Sie ist privates Gut, wenn durch eine von Wirtschaftssubjekt 1 auf 2 geleistete Übertragung der Nutzen von 1 und/oder 2 und von niemand anders erhöht wird. Wenn dagegen auch andere die Umverteilung nutzen, liegt ein öffentliches Gut vor.

Um den Fall des öffentlichen Gutes zu berücksichtigen, sind die individuellen Nutzenfunktionen der Wirtschaftssubjekte i in Abhängigkeit von der Güterversorgung

---

[1] Kann mit Ausgabengleichheit zusammenfallen.
[2] Der staatliche britische Gesundheitsdienst (National Health Service) wird als ein Beispiel genannt. Allerdings trifft dies weitgehend auch auf die Leistungen der deutschen gesetzlichen Krankenversicherung zu. In beiden Fällen ist die Gleichheit allerdings nur für die staatlich bereitgestellten Leistungen gegeben und private Leistungen können zusätzlich in Anspruch genommen werden.

(9-1) $U_i = U_i(x_{ji})$

oder von Einkommen und Vermögen

(9-2) $U_i = U_i(y_i, v_i)$

durch die Einbeziehung der Verteilung um die entsprechenden Größen für die Wirtschaftssubjekte d (d ≠ i) zu erweitern. Wenn der Nutzen des i auch von den durch d kontrollierten Gütern abhängt, gilt

(9-3) $U_i = U_i(x_{ji}, x_{jd})$ oder

(9-4) $U_i = U_i(y_i, v_i, y_d, v_d)$.

Bei $\partial U_i/\partial x_{jd} > 0$ wird i bereit sein, für d einen Beitrag zu dessen Wohlfahrtserhöhung zu leisten. Private Nächstenliebe ist ein Ausdruck für solche Interdependenz. Je nachdem, ob die Interdependenz sich auf Einkommen (y), Vermögen (v) oder auf bestimmte Konsumgüter bezieht, wird der Transfer monetär oder in Güterform erfolgen.

(9-3) und (9-4) können auch Neidfunktionen darstellen; dann würde $\partial U_i/\partial x_{jd} < 0$ gelten. Dies würde den Wunsch von i nach Umverteilung zu Lasten von d bedeuten. Die Motive für die Umverteilung können folglich unterschiedlich sein (Egoismus, Altruismus usw.): So können Gerechtigkeitsvorstellungen maßgeblich sein; auch aus Angst vor bestimmten mit der Armut einhergehenden negativen Externalitäten (Verbrechen, Krankheiten, soziale Umwälzungen u. ä.) können umverteilungspolitische Maßnahmen gewünscht werden. Formal wird die Verteilung wie andere öffentliche Güter in den Nutzenfunktionen berücksichtigt.

Die Transferform liegt in der Wahl des Gebers. Sie mag von den beiden an der Übertragung beteiligten Seiten unterschiedlich beurteilt werden: Für die Geber kann es durchaus vorteilhaft erscheinen, die Transfers (an bestimmte Zwecke) gebunden bzw. in Gütern zu leisten. Das trifft insbesondere dann zu, wenn die Geber nicht durch Armut im Allgemeinen, sondern durch ihre Wirkung (schlechte Wohnung, insbesondere sanitäre Bedingungen, unzureichende Ernährung, Kleidung usw.) betroffen sind. Hinzu kommen meritorische Erwägungen der Geber, so dass altruistische und paternalistische Motive zusammenfallen. Aus der Sicht der Empfänger wird stets die Leistung ungebunden in Geld vorgezogen; sie kennen ihre optimale Güterkombination besser als die Geber. Ferner kann - aus der Sicht der Empfänger - der Wert nichtmonetärer bzw. zweckgebundener Leistungen unter ihrem Marktwert liegen.

Eine Pareto-optimale Verteilung wäre also „auch vom Markt zu erreichen, wenn die externen Vorteile eines Transfers vom Transfergeber internalisiert werden könnten. (Der Transfergeber kann sich die Transferkosten teilweise von anderen Wirtschaftssubjekten erstatten lassen.) Insofern ist der zur Erreichung Pareto-optimaler Umverteilung einzurichtende Steuertransfermechanismus ein Spezialfall der allgemeinen steuerlichen Internalisierung von Externalitäten. Er ist daher auch mit allen Problemen behaftet, die einer solchen Politik entgegenstehen" (Krause-Junk 1977b, S. 351/352).

Wenn die Nichtarmen den Armen helfen wollen, warum sollte es nicht möglich sein, über ein System privater Umverteilung - also auf freiwilliger Basis - Einkommen (und Wohlfahrt) zu verändern? Der Grund liegt eben in der Eigenschaft der **Verteilung als öffentliches Gut,** die insgesamt keine effizienten privaten Umverteilungsmaßnahmen erwarten lässt: Die individuelle Spendenbereitschaft hängt davon ab, dass auch andere Übertragungen leisten. Weil die Beiträge Einzelner zur Finanzierung von Umverteilungsmaßnahmen nicht ausreichen, um die Probleme an der Wurzel zu packen und Andere die Ergebnisse der eigenen Bemühungen als **free rider,** also ohne Mitfinanzierung nutzen können, werden Präferenzen verborgen und Beiträge zurückgehalten. Wenn sich jemand an Umverteilungsmaßnahmen mit eigenen Beiträgen beteiligen möchte, unterstützt er daher eher Gesetzgebungsmaßnahmen zugunsten von Transfers und eine Steuerbelastung (auch der eigenen Person) zu ihrer Finanzierung. Sind sich alle Betroffenen über das Ausmaß einig und wird es verwirklicht, ist die verteilungspolitische Entscheidung einer allokationspolitischen Maßnahme (freiwillige Spendenentscheidung) ähnlich.

Eine von Staats wegen koordinierte Umverteilung könnte „erreichen, was ein auf Individualentscheidungen aufgebautes marktwirtschaftliches System - insbesondere bei steigender Anzahl der Beteiligten - nicht durchsetzen könnte: Eine echte Pareto-Verbesserung via Umverteilung. Steuerhöhe und -verteilung würden sich allein nach den individuellen Nutzenfunktionen zu richten haben. Der vom Einzelnen zu leistende Steuerbetrag wäre ceteris paribus um so höher anzusetzen, je höher sein externer Vorteil aus einer Nutzenerhöhung des begünstigten Wirtschaftssubjekts ausfällt" (Krause-Junk 1977b, S. 351/352).

g) Ergebnis

Die bisherigen Überlegungen zeigten auf, dass
(1) es schwierig ist, Bedürfnisse, Leistung und Chancen zu operationalisieren,
(2) wie auch immer die Operationalisierung aussieht, man doch davon ausgehen kann, dass das Ergebnis des Marktes von diesen Maßstäben abweicht. Weil eine marktmäßige Berücksichtigung dieser Maßstäbe einzeln nicht zu erwarten ist, bedarf es a priori des verteilungspolitischen Eingriffs des Staates und der Gewichtung dieser Maßstäbe. (Die Bezugsgrößen Bedürfnisse, Leistung und Chancen werden in der Praxis meist kombiniert verwendet.)

Nun ist mit diesen Vorstellungen noch völlig offen, ob der Staat (1) willens und (2) in der Lage ist, die gewünschte (Einkommens- und/oder Vermögens-)Verteilung festzulegen, die geeigneten Instrumente einzusetzen und das Ziel zu realisieren. Erst ein Vergleich der Marktlösung mit dem Ergebnis der staatlichen Alternative lässt eine Aussage darüber zu, ob, wo und wie der Staat Verteilungskorrekturen durchführen oder darauf ganz oder teilweise verzichten soll, weil sie zu noch weniger erwünschten Ergebnissen führen.

So kann die Realisierung verteilungspolitischer Ziele durch den politischen und bürokratischen Prozess gestört werden, der die Ziele und Maßnahmen zu ihrer Verwirklichung verbindet. Ferner können Interessengruppen verschiedenster Art einen Einfluss auf die staatlichen Lösungen ausüben.

2. Praktische Ziele finanzpolitischer Verteilungspolitik

Voraussetzung einer praktischen Verteilungspolitik sind
(1) die **Kenntnis der Ziele** (einschließlich Zielgruppen),
(2) die **Kenntnis der tatsächlichen** (gegenwärtigen bzw. erwarteten) **Situation**; dies setzt insbesondere statistische Informationen voraus, die schon im 8. Kapitel behandelt wurden;
(3) Hypothesen und Modelle über **Wirkungszusammenhänge,** die eine Beurteilung der Maßnahmen im Hinblick auf die Ziele erlauben.

Oben wurden verschiedene theoretisch mögliche Objekte und Bezugseinheiten der Verteilungspolitik diskutiert. Eine rationale Verteilungspolitik verlangt nun, dass wirtschaftspolitische Ziele vorgegeben und die Mittel dann so eingesetzt werden, dass eine möglichst starke Annäherung an die gewünschte Verteilung erreicht wird. Um Instrumente zweckgerichtet einsetzen und Abweichungen vom Ziel quantifizieren zu können, muss das Ziel **operationalisiert** werden.

Ein Begriff gilt dann als **operational** definiert, wenn man jeden Tatbestand der Wirklichkeit daraufhin untersuchen kann, ob er unter diesen Begriff fällt oder nicht. Nur bei operationaler Zieldefinition lässt sich feststellen, inwieweit ein bestimmtes Ziel realisiert wurde. Welche Schwierigkeiten es der praktischen Finanzpolitik macht, formale Gerechtigkeitskriterien in relevante, operationale und umfassende Kriterien zu verwandeln, zeigen die Bemühungen u. a. im Einkommensteuerrecht, das steuerpflichtige Einkommen mit Hilfe eines nur schwer durchschaubaren Gesetzeswerkes lückenlos zu erfassen.

Konkrete Zielinhalte von Verteilungsgerechtigkeit könnten bei der funktionalen Verteilung eine bestimmte Höhe der Lohnquote und bei der personalen Verteilung eine Mindesteinkommenshöhe oder eine Höchstgrenze für die Einkommensdifferenzierung sein. Im Übrigen ist die **Aktualität** der Ziele in dem Sinne von Bedeutung, dass die Ausgangsvoraussetzungen wirtschaftspolitischer Maßnahmen richtig gesehen werden. So sind Programme zur Bekämpfung der Armut nur durchzuführen, wenn sich die Zielgruppen auch wirklich in den angenommenen Positionen befinden.

In der wirtschaftspolitischen Praxis werden verteilungspolitische Ziele nur sehr allgemein formuliert: Eine „gerechte Verteilung" bzw. eine „Verteilung, die gleichmäßiger als die bisherige ist"[1,2], wird gewünscht. Außer solchen Angaben über die angestrebte Richtung der Veränderung wird man selten spezieller, und ergänzt z. B. höchstens: der private Sparwille der breiten Bevölkerungsschichten ist zu fördern (so in der Begründung des Sparprämiengesetzes von 1958).

Der Grund dafür, dass die staatlichen Entscheidungsträger bewusst auf eine konkrete, operationalisierte Formulierung von Verteilungszielen verzichten, ist offensichtlich: Sie möchten möglichst wenige Gruppen in den Zustand der Unruhe versetzen bzw. viele glauben lassen, dass sie durch den staatlichen Umverteilungsprozess begünstigt oder besonders wenig negativ tangiert werden. Es wundert daher nicht, wenn praktisch nie über allgemein formulierte Aussagen hinausgegangen wird, weil Formulierungen wie Gerechtigkeit koordinierende Generalisierungen sind, die selbst ein Wertesystem mit Widersprüchen vereinbar erscheinen lassen.

Im Gesetz zur Förderung der Stabilität und des Wachstums der Wirtschaft bleibt die Verteilung unerwähnt, und der Sachverständigenrat zur Begutachtung der gesamtwirtschaftlichen Entwicklung hat pauschal die Aufgabe zugewiesen bekommen, u. a. zu Bildung und Verteilung von Einkommen und Vermögen Stellung zu nehmen. (Entsprechend allgemein und selten fallen dann die Stellungnahmen des Rates aus.)

3. Verteilungswirkungen staatlicher Einnahmen und Ausgaben

a) Inzidenzkonzepte

Der Erfolg einer finanzpolitischen Maßnahme hängt nicht zuletzt davon ab, ob die von ihr erwarteten mit den wirklich eintretenden Effekten übereinstimmen. Infolgedessen ist die Kenntnis dieser Wirkungen eine notwendige Voraussetzung rationaler Finanzpolitik. Die Kenntnis der Verteilungseffekte ist auch bedeutsam, weil sie die potenziellen Verlierer identifiziert, die möglicherweise die Durchführung der Politik zu verhindern suchen, selbst wenn sie gesamtwirtschaftlich vorteilhaft ist.

So kann die Entscheidung, ob die Gewinne (Reinerträge) oder Umsätze mehr oder weniger besteuert werden sollen, u. a. von der Beurteilung der Überwälzungsmöglichkeit der jeweiligen Steuern abhängen. Will man etwa die Steuern auf Gewinne erhöhen, so kann sich dieses Instrument für verteilungspolitische Zwecke als ungeeignet

---

[1] Das wird bei den Vorstellungen der Mehrzahl der Bürger seine Entsprechung finden, bei denen Uneinigkeit über die gerechte Verteilung bestehen dürfte. Lediglich die Richtung einzelner Maßnahmen dürfte weniger umstritten sein.

[2] Dennoch brauchen allgemeine Zielformulierungen nicht unbedeutend zu sein. Sie erlauben u. U. in erheblichem Maße konkrete Unwerturteile. Selbst wenn mit anderen Worten die hinter einer allgemeinen Zielformulierung stehenden konkreten Wertvorstellungen recht verschieden sind, erlauben sie regelmäßig gewisse Übereinstimmungen darüber, was mit diesen Werturteilen - bei allen Unterschieden in der Vielfalt ihrer Konkretisierungen - nicht (mehr) vereinbar ist. „Entscheidend lassen sich auf diese Weise Zustände und Entwicklungen identifizieren, die mit deklarierten Wertvorstellungen nicht in Einklang zu bringen sind und daher einer Korrektur bedürfen" (Zohlnhöfer 1982, S. 48).

erweisen, wenn von der Überwälzung der Abgabe auszugehen ist oder erhebliche (z. B räumliche) Substitutionseffekte auftreten[1].

In der Finanzwissenschaft sind verschiedene theoretische Konzepte entwickelt worden, um die Wirkung finanzpolitischer Instrumente (hier von Interesse:) auf die Verteilung zu messen. Zunächst und in der Regel eindeutig feststellbar ist, welche Steuern tatsächlich gezahlt, welche Ausgaben tatsächlich getätigt wurden.

Von der **Inzidenz der tatsächlichen Einnahmen** (und Ausgaben) ist das Konzept der **formalen Inzidenz** zu unterscheiden. Hierunter kann die Verteilung der Steuerlast verstanden werden, wie sie die Gesetzesvorschriften des Staates, insbesondere in Tarifen, vorsehen. In das Konzept kann aber auch die Vorstellung des Staates einbezogen werden, wer die Steuerlast tragen soll, womit man auf die verteilungspolitischen Absichten des Staates abstellt[2] („gewünschte Inzidenz").

Neben solchen Absichten des Staates können auch beliebige andere Annahmen über Anpassungsprozesse den Inzidenzuntersuchungen zugrunde gelegt werden. Die formale Inzidenz ist letztlich der Unterschied zwischen dem aktuellen und einem fiktiven Verteilungsstand in einem (fiktiven) Referenzsystem.

Beispiel für die Methode der formalen Inzidenz sind die Volkswirtschaftlichen Gesamtrechnungen, in denen verschiedene Produktions- und Einkommensbegriffe durch einfaches Zu- und Abrechnen von anderen Produktions- und Einkommensbegriffen berechnet werden. So gilt z. B. für das nur noch nachrichtlich ermittelte Volkseinkommen (Y) und das Bruttosozialprodukt (BSP)[3] bzw. das Nettosozialprodukt zu Marktpreisen (NSP = BSP - D) folgender Zusammenhang:

(9-5) $Y = BSP - D - T_i + Z$

Offenbar werden für die Produktions- und Importabgaben (früher: indirekte Steuern) andere Annahmen hinsichtlich ihrer Wirkung auf die Erwerbs- und Vermögenseinkommen unterstellt als für die Einkommen- und Vermögensteuern (früher: direkte Steuern), sonst wäre die unterschiedliche Behandlung beider Teile des Steueraufkommens[4] nicht zu rechtfertigen.

Die meisten empirischen Untersuchungen finanzpolitischer Maßnahmen fallen in die Kategorie der formalen Inzidenz, weil einer umfassenden Bestimmung der tatsächlichen Verteilungswirkungen erhebliche Schwierigkeiten gegenüberstehen. Hierzu müssten u. a. Preis- und Mengeneffekte geschätzt werden, die je nach allgemeiner Wirtschaftslage, Marktbedingungen u. ä. unterschiedlich ausfallen können (vgl. Kapitel 15). In der Regel (oder in einem ersten Schritt) sehen die Untersuchungen der for-

---

[1] Vgl. Kapitel 15.
[2] So soll z. B. die Umsatzsteuer auf den Endverbraucher überwälzt werden.
[3] Das ESVG 1995 sieht das BSP nicht mehr vor und verwendet das um die Nettoproduktionsabgaben an die übrige Welt kleinere Bruttonationaleinkommen. Für Verteilungsanalysen ist es aber gleichgültig, ob die Nettoproduktionsabgaben an den Staat oder an die übrige Welt (EU) zu leisten sind.
[4] Die Problematik wurde bereits im Kapitel 2.2 behandelt.

malen Inzidenz von Verhaltensreaktionen der Haushalte und Unternehmen ab. Durch die Berechnung der formalen Inzidenz können die theoretischen Schwierigkeiten natürlich nicht umgangen werden. Letztlich enthält jede solcher Analysen irgendwelche (mehr oder weniger naive) Theorie, denn eine rein statistische - theoriefreie - Zurechnung gibt es nicht.

Gelingt es, alle Reaktionen der Steuerschuldner in die Analyse einzubeziehen, gelangt man zur **materiellen** oder **effektiven** Inzidenz[1], also zu den im Endeffekt hervorgerufenen Verteilungswirkungen finanzpolitischer Maßnahmen. Hierzu muss man die Hypothesen der formalen Inzidenz überprüfen (vgl. das 15. Kapitel hinsichtlich der Steuern). Wenn die Modellannahmen mit der Realität übereinstimmen, fallen formale und materielle Inzidenz zusammen.

b) Wirkungen auf die personelle Verteilung (empirische Ansätze der formalen Inzidenz)

(1) Grundprobleme

In empirischen Untersuchungen der personellen Einkommensverteilung soll ermittelt werden, in welcher Höhe die nach bestimmten Gesichtspunkten geordneten Wirtschaftssubjekte die Steuerlasten tragen und/oder wem die staatlichen Leistungen zugute kommen.

In der Inzidenzanalyse muss zunächst entschieden werden, welche **Umverteilungsmasse** für die Fragestellung relevant ist. Die Daten für die in Betracht kommenden staatlichen Einnahmen/Ausgaben können insbesondere den VGR entnommen werden, wobei deren Definition und Abgrenzung zu beachten ist. Bei der Festlegung des Ausmaßes der Umverteilung zwischen privatem und staatlichem Sektor durch öffentliche Einnahmen und Ausgaben bleiben regelmäßig die staatliche Kreditaufnahme und -vergabe, ferner über öffentliche Unternehmen erfolgende Umverteilungsströme unberücksichtigt.

Der Staat belastet den privaten Sektor durch verschiedene Formen von Abgaben, mindert also dessen verfügbares Einkommen, andererseits erhöht er es durch geleistete Übertragungen. In den VGR werden die Konsumausgaben des Staates in zwei Versionen nachgewiesen: nach dem Ausgaben- und nach dem Verbrauchskonzept. Im letzteren Fall wird in Höhe der individuell zurechenbaren Sachleistungen ein sozialer Sachtransfer unterstellt, der das verfügbare Einkommen (Verbrauchskonzept) und den privaten Konsum (Verbrauchskonzept) der privaten Haushalte erhöht. Ob diese Einbeziehung in eine umfassende Analyse der Umverteilung zweckmäßig ist, wird später erörtert.

---

[1] Fragen der Steuerwirkungen, die zur materiellen Inzidenz führen, werden im 15. Kapitel behandelt.

9. Kapitel: Maßstäbe und Ziele der Verteilungspolitik, Inzidenz

Bei einer Untersuchung der gesamten Verteilungswirkung ergeben sich verschiedene Probleme:
- Sollen z. B. die unterstellten Beiträge für Beamtenpensionen berücksichtigt werden? (Nach rechtlichen Vorstellungen handelt es sich hier um aufgeschobenes Entgelt und wäre als solches nicht - bzw. nur der intertemporalen - Umverteilung zuzurechnen.)
- Sozialversicherungsbeiträge führen **grundsätzlich** zu einem Leistungsanspruch. Sie müssten daher beispielsweise als aus der gesetzlichen Rentenversicherung erwachsene Ansprüche in ein umfassendes Einkommens- und Vermögenskonzept einbezogen werden. Müsste dann nicht aber auch ein Teil der Beiträge und der Renten aus der Umverteilungsmasse ausgeklammert werden, der einer privatwirtschaftlichen Versicherung entsprechen würde?
- Sollen und können auch solche Umverteilungsmaßnahmen einbezogen werden, die der Staat bewirkt, wenn er bei seiner entgeltlichen Leistungsabgabe die Preise unter verteilungspolitischen Zielsetzungen differenziert (bis hin zur Entgeltlosigkeit: Vergünstigungen für Kinder, Rentner, Arbeitslose usw.)? Dies wird nur teilweise als offene oder versteckte Subvention erkennbar.

Als Nächstes sind die Einheiten festzulegen, für die die Analyse der Verteilungswirkungen durchgeführt werden soll. Die Abgrenzung hängt wesentlich davon ab, ob eine intergenerative, internationale, interregionale oder interpersonelle Fragestellung vorliegt. Insbesondere bei der personellen Verteilung des Einkommens auf die Haushalte geht es um weitere Kriterien wie Einkommen, soziale Stellung, Haushaltsgröße, Alter der Haushaltsmitglieder u. ä. Durch die Differenzierung der Haushalte wird zwei Aspekten der Umverteilung Rechnung getragen: Der Veränderung **vertikaler** Einkommensunterschiede, d. h. dem Ausgleich zwischen Einkommensschichten bei sonst gleichen Umständen (Haushaltsgröße usw.); zum Anderen der **horizontalen** Umverteilung zwischen Haushalten in unterschiedlichen Bedarfslagen, aber gleichen Markteinkommen[1]. Statt auf Haushalte kann auch auf Personen abgestellt werden.

Theoretisch wäre es wünschenswert, die möglichen Einkommen ohne staatliche (Um-)Verteilungspolitik mit dem tatsächlich feststellbaren Einkommen nach der Umverteilung zu vergleichen. Dieser Ansatz scheitert aber daran, dass sich nicht ermitteln lässt, wie sich die Wirtschaftssubjekte ohne Abgaben und Ausgaben verhalten hätten. Die für die Kenntnis der materiellen Inzidenz erforderlichen Informationen über Verhaltensänderungen und entsprechende Anpassungsvorgänge der Wirtschaftssubjekte fehlen. Jede empirische Verteilungsrechnung ist daher nur eine (mehr oder wenig plausibel erscheinende) Hilfsrechnung. Das **Primär-**[2] **(oder Markt-)Einkommen,** auf das sich die Darstellung der Einkommensverteilung zunächst bezieht, **ist bereits das Ergebnis von Umverteilungsprozessen**. Fraglos würden die Einkommen ohne Besteuerung o. ä. anders ausfallen. Das Primäreinkommen ist aber auch nicht das nach der Umverteilung erzielte Einkommen. Dieses wird formal ermittelt, indem die Abga-

---

[1] Unterschiede in der Haushaltszusammensetzung werden methodisch ausgeglichen, indem man z.B. Äquivalenzeinkommen berechnet; vgl. Kapitel 8.3c (2).
[2] Im ESVG 1995 sind die Begriffe Primär- und Sekundäreinkommen leider abweichend von dem bisherigen Sprachgebrauch verändert worden, indem die Produktions- und Importabgaben den Primäreinkommen (von Staat und übriger Welt, d. h. EU) und damit bereits der Einkommensverteilungs- und nicht der -umverteilungsphase zurechnen.

ben heraus- und die von den Haushalten empfangenen Transfers hinzugerechnet werden.

Das Ergebnis einer Korrektur der Primäreinkommen um die auf die privaten Haushalte entfallenden staatlichen Einnahmen und Ausgaben wird als (rechnerische) **Sekundärverteilung** bezeichnet. Übersicht 9-1 zeigt den noch zu erläuternden Rechenweg (Wartenberg 1979, S. 116), der sich noch unterschiedlich weit vorantreiben lässt. Er kann mit einer Korrektur des Primäreinkommens um den Saldo der monetären Ströme enden, oder aber - bei der umfassenderen Analyse - auch die angenommene Verteilung einzelner oder aller unentgeltlich abgegebenen staatlichen Leistungen (Realtransfers, auch solchen, die über die individuell zurechenbaren Sachleistungen hinausgehen) einschließen.

Übersicht 9-1 Die Berechnung der Budgetinzidenz

Markteinkommens(Primäreinkommens)-verteilung	
./. Abgaben an den Staat	differenziert nach Abgabeart bei verschiedenen Überwälzungshypothesen

+ monetäre staatl. Übertragungen
   an private Haushalte
   an Unternehmen
	verschiedene Überwälzungshypothesen

Saldo der monetären Ströme + fiktive Einkommen staatliche Realtransfers I	gruppenspezifische Güter, Zurechnung nach Inanspruchnahme
staatliche Realtransfers II	reine öffentliche Güter, Zurechnung nicht über Inanspruchnahme der Leistung zu erfassen
Sekundäreinkommensverteilung	

Die Differenz aus Primär- und Sekundärverteilung stellt das rechnerische Umverteilungsergebnis der in die Analyse einbezogenen Maßnahmen dar; sie lässt sich in der Differenz der Lorenzkurven grafisch darstellen.

Eine andere Möglichkeit wäre, die Umverteilung in Anlehnung an die Differentialinzidenz zu messen. Dies kann bei einzelnen Steuern dadurch erfolgen, dass die tatsächlich beobachtete Verteilung einer Steuer einer alternativ gestalteten Abgabe gegenübergestellt wird: So etwa die tatsächliche Aufkommensverteilung der Einkommensteuer mit einer Verteilung der Einkommensteuerpflichtigen, die sich nach einer proportionalen Belastung der Markteinkommen ergäbe (z. B. Albers 1974c; Metze 1974). Die Differenz beider Verteilungen gilt dann als Umverteilung. Das Verfahren kann auf alle Steuern/Transfers ausgedehnt werden, indem z. B. eine proportionale Belastung des Einkommens (mit Steuerfreibetrag) um eine negative Einkommensteuer als Referenzstandard für die empfangenen Übertragungen ergänzt wird (Stolz 1983). Dieser Maßstab dürfte aber ebenso willkürlich sein wie der Bezug auf das Markteinkommen, zumal in beiden Fällen nicht die Inzidenz marginaler Änderungen untersucht wird.

Zu entscheiden ist aber, was als Primäreinkommen gelten soll und ob die berechneten Umverteilungswirkungen hierauf zu beziehen sind. Die Wahl des Einkommenskonzepts beeinflusst die Verteilung der Haushalte nach Einkommensschichten[1]. Primäreinkommen können das Volkseinkommen (Y) oder eine auch die Produktions- und Importabgaben (abzüglich Subventionen) einschließende Größe sein. Y hat den Nachteil, dass es bereits auf der Grundlage bestimmter Überwälzungsannahmen berechnet wird. Nur wenn die Produktions- und Importabgaben inhaltlich und umfangmäßig in der Analyse genauso wie in den VGR definiert und abgegrenzt werden, ist die Verwendung dieser Bezugsgröße gerechtfertigt. Bei weitergehenden (eingeschränkten) Überwälzungsannahmen ist dieser Maßstab zu weit (eng). Das BSP ist hingegen unabhängig von der Zusammensetzung der Steuern. Andererseits ist lediglich die Verteilung von Y empirisch erfassbar, während das Konzept des BSP bei der Einkommensbestimmung des Sektors private Haushalte und auf mikroökonomischer Ebene fiktiven Charakter hat. Eine Zurechnung der Differenz zwischen BSP und Y auf die verschiedenen Haushaltsgruppen ist kaum möglich. So gibt es insbesondere keinen überzeugenden Grund für die Annahme, dass Produktions- und Importabgaben die Markteinkommen derjenigen Haushalte reduzieren, die die belasteten Güter konsumieren (Stolz 1983).

Zur Darstellung der Ergebnisse wird häufig das Haushaltsnettoeinkommen als Bezugsgröße zugrunde gelegt. Letzteres entspricht in etwa dem verfügbaren Einkommen der VGR (Ausgabenkonzept). Dieses Einkommen nach Abgaben und Transfers mag unter konjunkturpolitischen Gesichtspunkten von Bedeutung sein, weil es den privaten Haushalten für ihre Konsum- und Sparentscheidungen zur Verfügung steht; es ist aber für eine Darstellung der Steuerlastverteilung problematisch. Zweckmäßiger erscheint daher ein darüber hinausgehender Einkommensbegriff.

Kitterer (1981) hat verschiedene Einkommenskonzepte untersucht, die für Inzidenzuntersuchungen in Frage kommen. Er hält einen an der Reinvermögenszugangstheorie orientierten Einkommensbegriff für zweckmäßig. Dazu will er neben den Faktoreinkommen der privaten Haushalte (einschl. der ausgeschütteten und entnommenen Gewinne sowie der nicht entnommenen Gewinne der Unternehmen ohne eigene Rechtspersönlichkeit und zuzüglich der Werbungskosten) die vom Staat empfangenen Transfers, Arbeitgeberbeiträge zur Sozialversicherung, freiwillige Sozialaufwendungen der Arbeitgeber, Verzinsung von Lebensversicherungen, Nutzungswerte selbstgenutzter Wohnungen, nicht ausgeschütteten Gewinne der Unternehmen mit eigener Rechtspersönlichkeit und sonstige Kapitalgewinne und Nutzungswerte rechnen.

Ein besonderes Problem stellen die nicht ausgeschütteten Gewinne der Unternehmen mit eigener Rechtspersönlichkeit dar. Ob sie dem Einkommen der privaten Haushalte zugerechnet werden sollen, hängt davon ab, wie die institutionelle Eigenständigkeit beurteilt wird. Die nicht ausgeschütteten Gewinne sind für die Anteilseigner weder in der laufenden noch in einer späteren Periode verfügbar. Die Anteilseigner haben nur einen Kapitalgewinn in Form einer Erhöhung des Kurswertes ihrer Anteile. Wenn allerdings, zumindest in langfristiger Betrachtung, die Kapitalgewinne in etwa den einbehaltenen Gewinnen entsprechen, können die nicht

---

[1] Zu fragen ist auch, ob für die verschiedenen Einkommensbegriffe entsprechende Verteilungsinformationen vorliegen.

ausgeschütteten Gewinne von Kapitalgesellschaften (als Kapitalgewinne) in den Einkommensbegriff eingehen.

So kann das Haushaltsbruttoeinkommen anstelle des verfügbaren Einkommens als Bezugsgröße herangezogen werden. Stellt man auf Markteinkommen ab, lassen sich keine Belastungsrelationen durch Steuern und Transfers dann bilden, wenn keine Erwerbs- und Vermögenseinkommen vorliegen.

Bei einer Modifikation der Ausgangsdaten - z. B. um dort nicht erfasste Einkommensteile - kann sich die Verteilung der Wirtschaftssubjekte auf die einzelnen Einkommensklassen verändern („bracket jumpers"). Dem lässt sich durch die Verbindung eines theoretischen Verteilungsmodells mit den vorhandenen statistischen Daten Rechnung tragen (s. hierzu Steinbach/van der Veen 1985, S. 23ff.).

Abweichende Ergebnisse in den bisher durchgeführten empirischen Untersuchungen sind zum Teil auf unterschiedliche Einkommensbegriffe und Bezugsgrößen zurückzuführen.

(2) Die Inzidenz der Abgaben

Die Verteilungsstrukturen sind mit den Makrodaten der öffentlichen Haushalte abzustimmen. Hinsichtlich der Makrodaten wird i. d. R. von den in den VGR nachgewiesenen, auf die Haushalte und Unternehmen entfallenden Steuer- und Transferströmen ausgegangen.

Zunächst ist zu erwarten, dass der progressive Tarif der **Einkommensteuer** sich in mit dem Einkommen steigenden Durchschnittsbelastungen niederschlägt. Darauf weisen auch die Daten der Einkommens- und Verbrauchsstichproben (EVS) in Tab. 9-1 und die aus der Schichtung der Lohn- und Einkommensteuerpflichtigen (vgl. Tab. 16-3 unten) zu berechnende Durchschnittsbelastung der Einkünfte hin.

Zu beachten ist, dass die in der EVS verwendeten Haushaltsbruttoeinkommen schon Gegenstand der Umverteilung durch an die privaten Haushalte geleistete Übertragungen waren. Insofern ist in Tab. 9-1 im Verhältnis Haushaltsnetto-/Haushaltsbruttoeinkommen nur die Umverteilung durch Zahlung von Steuern auf Einkommen und Vermögen und durch Sozialbeiträge zu ersehen.

Um Rückschlüsse auf die Verteilungswirkungen erzielen zu können, sind aber **Annahmen** über die Wirkung der einzelnen untersuchten staatlichen Einnahmen und Ausgaben erforderlich. Sie sind das zentrale Problem jeder Analyse der formalen Inzidenz. Diese kann daher nur als Versuch verstanden werden, auf empirischem Wege die Konsequenzen bestimmter Wirkungshypothesen zu ermitteln. Nur wenn die privaten Haushalte die Einkommen- und Vermögensteuern nicht rückwälzen, ist die Annahme berechtigt, dass sie die Steuern auch tragen. Davon wird regelmäßig ausgegangen. Lohnsteuer, veranlagte Einkommensteuer (zumindest soweit sie sich auf Einkünfte aus nichtselbständiger Arbeit bezieht), Vermögensteuer (nicht mehr erhoben), Erbschaft-

9. Kapitel: Maßstäbe und Ziele der Verteilungspolitik, Inzidenz

steuer, LAF-Abgaben und Kraftfahrzeugsteuer der privaten Haushalte und sonstige Steuern im Zusammenhang mit dem privaten Verbrauch (Hundesteuer) werden daher in der Regel voll als Belastung der privaten Haushalte angesehen.

Tab. 9-1 Zusammensetzung und Verwendung der ausgabefähigen Einkommen und Einnahmen privater Haushalte je Haushalt und Monat 1993, Ergebnis EVS*

Gegenstand der Nachweisung	Haushaltsbruttoeinkommen	Abzüge	Davon			Haushaltsnettoeinkommen	Sonstige Einnahmen[1]	Ausgabefähige Einkommen und Einnahmen[1]	Davon wurden aufgewendet für				
			Steuern auf Einkommen und Vermögen	Pflichtbeiträge zur Sozialversicherung					Privaten Verbrauch		sonstige Ausgaben[1][2]		Ersparnis
	DM								DM	%	DM	%	DM	%
					Früheres Bundesgebiet								
Haushalte insgesamt	6 035	1 213	691	523	4 821	193	5 014	3 639	72,6	717	14,3	658	13,1
von ... bis unter ... DM					nach dem Haushaltsnettoeinkommen								
unter 1 200	1 057	75	(34)	40	983	157	1 139	1 187	104,2	69	6,1	-117	-10,3
1 200 - 1 400	1 409	99	(21)	79	1 310	165	1 475	1 460	99,0	89	6,0	-74	-5,0
1 400 - 1 600	1 637	135	34	101	1 503	129	1 631	1 554	95,2	117	7,2	-39	-2,4
1 600 - 1 800	1 878	175	54	121	1 703	100	1 803	1 705	94,6	151	8,4	-54	-3,0
1 800 - 2 000	2 162	259	85	174	1 903	148	2 051	1 856	90,5	160	7,8	36	1,7
2 000 - 2 500	2 677	417	164	253	2 260	119	2 379	2 104	88,4	191	8,0	84	3,5
2 500 - 3 000	3 376	636	276	360	2 740	162	2 902	2 520	86,8	267	9,2	114	3,9
3 000 - 3 500	3 968	722	318	404	3 246	146	3 392	2 860	84,3	354	10,4	179	5,3
3 500 - 4 000	4 584	839	358	481	3 745	156	3 901	3 195	81,9	398	10,2	308	7,9
4 000 - 5 000	5 610	1 122	518	603	4 488	164	4 652	3 699	79,5	535	11,5	419	9,0
5 000 - 10 000	8 693	1 875	1 083	792	6 818	299	7 117	4 887	68,7	1 212	17,0	1 018	14,3
10 000 - 25 000	16 453	3 519	2 767	753	12 933	573	13 506	7 273	53,9	2 717	20,1	3 516	26,0
25 000 - 35 000	(37 068)	(7 610)	(7 120)	(491)	(29 458)	/	(30 157)	(10 253)	(34,0)	(5 382)	(17,8)	(14 521)	(48,2)
					Neue Länder und Berlin-Ost								
Haushalte insgesamt	4 071	729	302	427	3 342	78	3 419	2 700	79,0	301	8,8	418	12,2
von ... bis unter ... DM					nach dem Haushaltsnettoeinkommen								
unter 1 200	1 073	46	(3)	43	1 027	77	1 105	1 057	95,7	38	3,4	9	0,8
1 200 - 1 400	1 405	105	(20)	85	1 300	44	1 344	1 256	93,5	64	4,8	23	1,7
1 400 - 1 600	1 614	119	(25)	94	1 495	157	1 652	1 535	92,9	89	5,4	28	1,7
1 600 - 1 800	1 873	176	40	137	1 697	68	1 765	1 570	89,0	142	8,1	53	3,0
1 800 - 2 000	2 073	186	49	137	1 887	95	1 982	1 791	90,3	153	7,7	39	2,0
2 000 - 2 500	2 550	303	93	209	2 247	67	2 314	2 061	89,1	150	6,5	102	4,4
2 500 - 3 000	3 172	419	128	291	2 753	87	2 840	2 490	87,7	191	6,7	159	5,6
3 000 - 3 500	3 783	532	171	361	3 251	102	3 353	2 814	83,9	245	7,3	294	8,8
3 500 - 4 000	4 534	799	275	524	3 735	79	3 814	3 015	79,1	332	8,7	466	12,2
4 000 - 5 000	5 639	1 177	463	714	4 463	113	4 576	3 552	77,6	434	9,5	590	12,9
5 000 - 10 000	8 145	1 935	955	980	6 210	124	6 334	4 333	68,4	816	12,9	1 186	18,7
10 000 - 25 000	(15 593)	(3 048)	(2 309)	(740)	(12 545)	(263)	(12 808)	(5 447)	(42,5)	(1 871)	(14,6)	(5 490)	(42,9)
25 000 - 35 000	/	/	/	/	/	/	/	/	/	/	/	/	/

Quelle: Statistisches Jahrbuch für die Bundesrepublik Deutschland 1997, S. 579.

Das auf Grund der Zurechnung gewonnene Belastungsprofil weist bereits alle Mängel einer Durchschnittsbetrachtung auf. Wegen der vielen Gestaltungsmöglichkeiten (Pauschalierungen, Freibeträge, Sonderausgaben, Tarifdifferenzierungen) des steuerpflichtigen Einkommens der nach dem Markteinkommen oder nach anderen Gesichtspunkten geschichteten Haushalte, kann der Bezug zwischen individuellen Markteinkommen und Nettoeinkommen ganz unterschiedlich ausfallen. So ändert sich der in Tab. 16-3 nachgewiesene Belastungsverlauf der Einkünfte, wenn man die Belastung nicht auf die Summe der Einkünfte, sondern auf das zu versteuernde Einkommen bezieht.

„Steuerermäßigungen vermindern die Höhe der Steuerschuld der Steuerpflichtigen. Sie erhöhen damit, sofern sie nicht in den Preisen weitergegeben werden, ebenso wie direkte offene Transferzahlungen in Form von Staatsausgaben das verfügbare Einkommen der Begünstigten. Insofern sind sie bei einer Bestandsaufnahme von Transferzahlungen mit zu berücksichtigen. Dies gilt um so mehr, als Transferzahlungen und Steuerermäßigungen vielfach für dieselben Ziele eingesetzt werden" (Transfer-Enquête-Kommission 1981, S. 93).

In einer differenzierteren Analyse werden die in den VGR bei der Abgrenzung der beiden Steuergruppen implizit enthaltenen Überwälzungsannahmen nicht einfach übernommen, sondern im Einzelnen überprüft (und insofern ggf. auch die Ergebnisse der formalen Inzidenz der VGR modifiziert). Wegen fehlender Klarheit über die Steueranpassung der Unternehmen werden häufig Alternativrechnungen mit unterschiedlichen Überwälzungsannahmen durchgeführt. Stets müssen Kriterien (Schlüssel) entwickelt werden, mit denen (1) die Zahllasten des Unternehmenssektors auf den privaten Konsum und auf die übrigen Komponenten der Endnachfrage, (2) die in den privaten Konsum eingehenden Steuern nach seiner Höhe und Struktur aufgeteilt werden.

Besonders problematisch ist die Frage der Überwälzung der Körperschaftsteuer. Selbst wenn eine Überwälzung angenommen wird, ist es schwierig, eine Aufteilung auf Gütergruppen vorzunehmen, da nur juristische Personen diese Steuern zahlen müssen.

Bei den Produktions- und Importabgaben, hier kurz indirekte Steuern genannt, wird u. a. angenommen, dass Gewerbesteuer, Unternehmensanteil an Grundsteuer A und B und Kraftfahrzeugsteuer als Kostenelemente sämtliche Komponenten der Endnachfrage gleichmäßig belasten. So wird auch weitgehend mit Umsatz- und Mineralölsteuer verfahren. Der Anteil der privaten Haushalte an Grundsteuer B, Tabak- und ähnlichen Verbrauchsteuern wird in der Regel voll dem privaten Konsum zu gerechnet.

Die steuertechnischen Regelungen sind bei den einzelnen Steuern teils sehr einfach, teils aber auch sehr kompliziert, was ihre Zurechnung erschwert. Das gilt z. B. gerade für die Tabaksteuer. Sie weist sieben verschiedene Kategorien von Steuergegenständen auf, die dann zum Teil noch einmal bis zu fünf Unterkategorien von Steuersätzen enthalten. In jedem Fall muss mit Durchschnittspreisen und Durchschnittssteuersätzen gerechnet werden.

Bei den Steuern, die über den privaten Verbrauch dem Einkommen zugerechnet werden, hängt die Belastung des Einkommens d mit Produktions- und Importabgaben

$$(9\text{-}6) \quad \frac{T_{i,d}}{Y_d} = \frac{\sum C_{r,d}\, \tau_{r,d}}{Y_d}$$

zunächst vom schichtenspezifischen Verbrauch ab. Weil je nach Konsumgut C_r die Steuersätze τ_r verschieden sind, sind ferner die Zusammensetzung des Verbrauchs und die Belastung der Konsumkomponenten bedeutsam. Sind Konsumquote (nach der permanenten Einkommenshypothese) und -struktur relativ konstant, kommt es auch zu einer prozentual gleichen Belastung der Einkommen mit indirekten Steuern. Bei einheitlichem Steuersatz, aber mit steigendem Einkommen abnehmender Konsumquote, wirkt die Belastung mit indirekten Steuern **regressiv**. Der Effekt kann allerdings dann kompensiert werden, wenn die Steuersätze nach Art der Güter differenzieren und/oder mit steigendem Einkommen höher belastete Güter gewählt werden (z. B. Grundnahrungsmittel einerseits und Luxusgüter andererseits).

In der Bundesrepublik differenziert die Umsatzsteuer mit einem Regelsteuersatz von gegenwärtig 16% und einem ermäßigten Steuersatz von 7% für Grundnahrungsmittel, Druckereierzeugnisse u. a. Empirische Daten der Konsumstruktur zeigen, dass der Anteil der begünstigten Güter mit steigendem Einkommen stärker als die Konsumquote abnimmt.

Wenn festgelegt ist, welche Steuern den Haushaltssektor belasten, müssen diese auf die verschiedenen Konsumgüter nach ihrem Verbrauchsanteil in der jeweiligen Einkommens- (oder sozialen) Klasse aufgeteilt werden. Schließlich kann die steuerliche Belastung pro Konsumgut auf Grund der Struktur der Haushaltsausgaben zugerechnet werden.

Die vorliegenden empirischen Untersuchungen geben ein widersprüchliches Bild der Belastungswirkung der Produktions- und Importabgaben. Dies ist auf Unterschiede im methodischen Vorgehen, beim Umgang und in der Genauigkeit der Wiedergabe der vielfältigen steuerrechtlichen und -technischen Gegebenheiten, bei den unterstellten Überwälzungshypothesen einiger Steuern und in der Breite und oberen Grenze der untersuchten Einkommensklassen zurückzuführen. Auch liegen Divergenzen in der Abgrenzung und im Umfang der berücksichtigten indirekten Steuern (z. B. Gewerbesteuer), der steuerlichen Belastung einzelner Ausgabearten, den zugrunde gelegten Verbrauchsschichtungen und den Verwendungsstrukturen des Einkommens vor (siehe Transfer-Enquête-Kommission 1981, Kapitel 3).

Soweit angenommen wird, dass bei den Masseneinkommen der Verbrauch und damit die Bemessungsgrundlage weitgehend proportional mit dem Einkommen wächst und der anzuwendende Durchschnittssteuersatz konstant ist, oder z. B. die Steuerentlastung lebensnotwendiger Güter von der Mehrwertsteuer die sinkende Konsumquote ausgleicht, ist die Belastungswirkung weitgehend proportional. In einigen der Untersuchungen wird der zweite Fall für realistisch gehalten, d. h. die Annahme einer regressiven Wirkung der indirekten Steuern, die vornehmlich auf der unterstellten Korrelation einer höheren Sparquote mit höherem Einkommen beruht, in Frage gestellt. Dann tritt die Regressionswirkung der indirekten Steuern erst bei höheren Einkommen ein[1].

Hierbei ist zu beachten, dass die Belastung mit indirekten Steuern in der Regel auf das verfügbare Haushaltseinkommen (oder Haushaltsnettoeinkommen) der einzelnen Einkommensklassen bezogen wird. Das erscheint insofern zweckmäßig, als die Verbrauchsausgaben und damit die Belastung mit indirekten Steuern vom verfügbaren Einkommen abhängen dürften. Für die Ermittlung der gesamten Abgabenbelastung (und „Entlastung") liegt dagegen als einheitliche Bezugsbasis das Markteinkommen näher. Bezieht man die Belastung mit indirekten Steuern auf das Markteinkommen oder auf das Bruttoeinkommen (Brutto-Faktoreinkommen zuzüglich empfangene Transfers), ergibt sich ein regressiver Belastungsverlauf. Wenn tendenziell die direkten Abgaben mit steigendem Markt- (oder Brutto-)Einkommen überproportional zunehmen, ergibt sich bei proportionaler Belastung des Nettoeinkommens mit indirekten Abgaben für diese ein regressiver Verlauf bezogen auf das Markt-(Brutto-)Einkommen.

Die vorliegenden Belastungsrechnungen sind - wie festgestellt - methodisch unterschiedlich und legen verschiedenes statistisches Material zugrunde. Die errechnete

---

[1] Für hohe Einkommen mit Konsumquoten unter 50% gibt es keine statistischen Informationen. Hier wird die Regressivwirkung aber in der Regel angenommen.

durchschnittliche Belastungsquote des Nettoeinkommens mit indirekten Steuern schwankt zwischen 12 und etwa 20%.

Die Wirkung des **gesamten Steuersystems**, die sich als Ergebnis der Analyse herausstellt, hängt von den vielen Hypothesen hinsichtlich der Inzidenz der einzelnen Steuern ab. Einige Arbeiten weisen auf eine eher proportionale Gesamtbelastung im Bereich der Masseneinkommen hin, die danach progressiv mit steigendem Einkommen wird.

Sozialbeiträge werden in der Regel als regressiv gekennzeichnet, was darauf beruht, dass es Beitragsbemessungshöchstgrenzen und Beitragspflichtgrenzen gibt und die Abgaben lohnbezogen sind[1,2]. In den verschiedenen Analysen wird allerdings nicht durchgängig angenommen, dass Arbeitnehmer- und/oder Arbeitgeberbeiträge Teil des Bruttolohns darstellen.

Eine extreme Annahme trifft das RWI. Es unterstellt, dass in Höhe der zwangsweise abgeführten Rentenversicherungsbeiträge (Arbeitgeber- und Arbeitnehmeranteil) während des Erwerbslebens kein Leistungseinkommen im Sinne seiner Untersuchung entsteht, das zur Bedürfnisbefriedigung führen kann. Hingegen wird der Bezug von Renten als Leistungseinkommen (!) betrachtet, weil die Rentenzahlungen auf einer in früheren Perioden erbrachten Arbeitsleistung beruhen. Die geleisteten Beiträge, deren Höhe vom Arbeitseinkommen abhängt, begründeten den Anspruch auf Renteneinkommen nach dem Ausscheiden aus dem Erwerbsleben (Karrenberg u. a. 1980, S. 19). Dieser Ansatz erscheint willkürlich, insbesondere auch weil Umverteilungselemente wie z. B. der Zuschuss des Bundes, die Renten nach Mindesteinkommen, das vorgezogene Altersruhegeld usw. außer Betracht gelassen werden. Er überträgt letztlich den Gedanken der Beamtenpension als in der Erwerbsphase vorenthaltenes Einkommen auf die Rentenversicherungspflicht der übrigen Arbeitnehmer. Normalerweise wird umgekehrt verfahren. Um eine Vergleichbarkeit von Arbeitnehmer- bzw. Rentnerhaushalten einerseits und Selbständigenhaushalten andererseits herzustellen, müssten auch hier für die privaten Alters- und Zukunftsvorsorgeaufwendungen entsprechende Annahmen getroffen werden. Ferner sind die Transfers aus dem Bundeshaushalt teilweise mitfinanziert. Auch die Ausgabenseite ist zu beachten. Bei der Unfallversicherung sind die Arbeitgeber gegen Betriebsunfälle versichert; die Arbeitgeber sind hier vollständig für die Beiträge zuständig, weil sie für die Risiken haften.

(3) Die Inzidenz der staatlichen monetären Übertragungen und Realleistungen

Welchen Einkommensklassen kommen nun die monetären und die Realtransfers zugute? Erst wenn hierauf eine Antwort gegeben werden kann, lässt sich die **Budgetinzidenz** beurteilen. Methodische Bedenken lassen allerdings erhebliche Zweifel an dem Wert solcher Versuche aufkommen.

---

[1] Dies ist aus Tab. 9-1 nicht ersichtlich.
[2] Diese Wirkung „erscheint in einer Lebenseinkommensperspektive in einem völlig anderen Licht, wenn der Begrenzung der Beitragszahlungen zugleich eine Begrenzung der (erworbenen) Ansprüche gegenübersteht" (Schmähl 1983, S. 5).

Die Bezeichnung „Budgetinzidenz" wird im Rahmen der formalen Inzidenzanalyse häufig für Verteilungsrechnungen der gesamten Einnahmen und Ausgaben verwandt. Dies entspricht nicht der auf die Wirkung gleich hoher **marginaler** Änderungen der Einnahmen und Ausgaben beschränkten Definition der Budgetinzidenz. Ferner werden grundsätzliche Bedenken geltend gemacht. So wird „von einer bestimmten Ausgangseinkommensverteilung ausgegangen, auf die die Wirkungshypothesen bezogen werden. Die dabei implizierte Annahme, dass die Bruttofaktoreinkommensverteilung von der Höhe und Struktur des öffentlichen Haushalts unabhängig ist, ist jedenfalls bei dem heute üblichen Staatsanteil völlig unhaltbar. In der (schwer vorstellbaren) Situation ohne Staat wäre zumindest die Struktur der Nachfrage anders, was natürlich nicht ohne Rückwirkung auf die Bruttoeinkommensverteilung bleiben kann." Schon aus methodischen Gründen sind daher Ansätze zur Ermittlung der Budgetinzidenz „nicht in der Lage, auch nur die Auswirkungen bestimmter Wirkungshypothesen aufzuzeigen, sofern es sich um den Gesamthaushalt oder jedenfalls gesamtwirtschaftlich ins Gewicht fallende Teile davon handelt" (Andel 1992, S. 115). Dieser methodische Einwand verliert an Bedeutung, wenn nicht der Verteilungseffekt des Gesamtbudgets, sondern lediglich eines kleinen Teils daraus untersucht wird.

Monetäre Übertragungen an Haushalte (Renten, Arbeitslosengeld, Sozialhilfe u. a.) sind weitgehend personell zurechenbar. Subventionen kommen den Haushalten nur indirekt zugute. Sie begünstigen zunächst die Unternehmen. Ob und wie sich hierdurch die Einkommen der Kapitaleigner erhöhen, hängt von den Reaktionen der Unternehmen ab. Geben sie die Subventionen weiter, so schlägt sich das u. a. in geringeren Verbrauchsgüterpreisen nieder. Auch hier sind je nach Überwälzungsannahme verschiedene Aufteilungsschlüssel anzuwenden.

Beschränkt man die Inzidenzanalyse auf die monetären Umverteilungsströme, so impliziert dies, dass man sich ganz auf den Bereich der privaten Güterversorgung beschränkt und die unentgeltlich bereitgestellten staatlichen Leistungen (Realtransfers) für verteilungsneutral hält. Da aber auch bei den Realtransfers Verteilungseffekte zu vermuten sind, wird ihre Einbeziehung in die Analyse versucht. Hierbei stößt man auf erhebliche Schwierigkeiten. „Zum einen bedarf es zur Erfassung und Bewertung von Realtransfers und ihrer Zuordnung auf Haushalte eines komplexeren und komplizierteren theoretischen Konzepts als bei monetären Transfers. Dies gilt insbesondere bei den nicht individuell festgelegten Leistungen. Zum anderen ist die Datensituation in diesem Bereich noch weniger zufriedenstellend als im monetären. Es ist daher nicht weiter überraschend, dass trotz zunehmender Einsicht in die Problemzusammenhänge und Verbesserungen der empirischen Informationen auf diesem Gebiet ein Forschungsdefizit vorliegt" (Transfer-Enquête-Kommission 1981, S. 62).

In einer umfassenden Verteilungsanalyse können die in den VGR als individuell zurechenbare Sachleistungen erfassten und auch weitere Realtransfers[1] nur als fiktiver Einkommensteil der privaten Haushalte berücksichtigt werden. Dieser Teil des verfüg-

---

[1] Zu beachten ist, dass in den VGR nicht nur unentgeltlich bereitgestellte staatliche Leistungen, sondern auch die Nichtmarktproduktion der privaten Organisationen ohne Erwerbszweck in den privaten Konsum (Verbrauchskonzept) einfließen. So stellen z. B. im Bildungs-, Gesundheits- und Kulturbereich in vielen Fällen Wohlfahrtsverbände, Kirchen u. a. (kostenlos oder zu einem sehr geringen Entgeld) Leistungen zur Verfügung.

baren Einkommens (Verbrauchskonzept) unterscheidet sich aber vom Markteinkommen, weil normalerweise der Einzelne hier keine Entscheidungsmöglichkeit über Art und Umfang der genutzten Leistung hat. Daher erscheint es fragwürdig, Ausgaben als Ausdruck der individuellen Vorteile zu wählen.

Das Verfahren impliziert, dass der Wert der Leistungen mindestens so hoch wie die Ausgaben eingeschätzt wird. Haushalte und Unternehmen haben aber selten auch nur die geringsten Vorstellungen, welcher Ressourceneinsatz bei der Leistungsbereitstellung angefallen ist und was ihnen diese Leistungen (im Sinne der marginalen Zahlungsbereitschaft) wert sind. Bei vielen dieser Leistungen ist sogar fraglich, ob sie überhaupt ins Bewusstsein, damit in die Nutzenfunktionen der Haushalte eingehen. Wenn z. B. die Ausgaben für den auswärtigen Dienst doppelt so hoch und die Bildungsausgaben um den gleichen Betrag geringer liegen, hat im Sinne der VGR keine Änderung des ökonomischen Wertes stattgefunden. Mit der Heranziehung der Ausgaben wird das Bewertungsproblem wegdefiniert. Allerdings ist eine systematische Bewertung über Marktpreise, Schattenpreise u. ä. nicht möglich, wie die Diskussion öffentlicher Güter und der NKA gezeigt hat. Das ist besonders problematisch bei allen Leistungen, bei denen der Bürger (Haushalt) keine Initiative ergreift, aus der sein Interesse an der Nutzung zu erkennen ist.

Mit der Abstellung auf die Ausgaben wird auch nicht der Nutzungsperiode und der Benutzungshäufigkeit (z. B. von Straßen) Rechnung getragen.

Zentrale Frage bei der Zurechnung ist: Welche Beziehungen bestehen zwischen den Markteinkommen und der Nutzung der verschiedenen staatlichen Leistungen? Bei der Zurechnung staatlicher Realtransfers versucht man zunächst, die Leistungen nach der Stärke der Eigenschaft des öffentlichen oder des privaten Gutes zu ordnen. So kann man z. B. weitgehend reine öffentliche Güter (wie Verteidigung und auswärtige Angelegenheiten) ausgrenzen, bei denen nur eine recht globale Zuordnung möglich erscheint. Auch Rechtschutz, innere Sicherheit, Unfall- und Katastrophenschutz weisen stark den Charakter (rein) öffentlicher Güter auf. Diesen Kategorien stehen Leistungen mit spezifischer Begünstigung einzelner Gruppen (empfängerspezifische Leistungen) etwa im Bereich Gesundheit, Unterricht, Verkehr u. ä. gegenüber. Grundlage für die Aufspaltung der staatlichen Leistungen in grobe Blöcke kann die auch vom ESVG festgelegte Klassifikation COFOG sein, die zur Berechnung der individuell zurechenbaren Sachleistungen verwendet wird.

Anschließend wird aus den statistischen Daten, in denen sich das Ergebnis privatwirtschaftlicher Verhaltensweisen niederschlägt, versucht, auf die Inanspruchnahme empfängerspezifischer Leistungen zu schließen. Die Leistungsströme mit starker Eigenschaft des öffentlichen Gutes werden hingegen teilweise einfach pro Kopf (Haushalt), proportional zum Markteinkommen, nach Vermögen oder Steuerzahlung oder in Kombination dieser Kriterien zugeteilt. Dementsprechend fällt die Verteilungswirkung recht unterschiedlich aus. Rechnet man nach der Steuerzahlung zu, ist die Begünstigung der Selbständigen in der Regel am größten. Diese Tendenz wird um so stärker, je breiter der Kreis der zugrunde gelegten Leistungen gezogen wird. Eine Zurechnung proportional zu den Einkommen nach Besteuerung wirkt sich hingegen insofern neutral aus, als die relative Verteilung unverändert bleibt. Eine Pro-Kopf-Zurechnung wirkt sich auf die Bruttoeinkommen bezogen regressiv aus, weil die gleichen absolu-

9. Kapitel: Maßstäbe und Ziele der Verteilungspolitik, Inzidenz

ten Beträge relativ stärker untere Einkommen begünstigen. Eine Zurechnung nach Vermögen weist einen progressiven Verlauf auf - setzt allerdings auch eine befriedigende Kenntnis der Vermögensverteilung und eine Erklärung der zu ihrer Beurteilung gestellten Fragen voraus. Das trifft auch zu, wenn man als Hilfsindikator Vermögenseinkünfte verwendet.

Die Zuverlässigkeit derartiger Inzidenzanalysen hängt von der Qualität der Zurechnungshypothesen ab, die letztlich auf der subjektiven Auswahl des jeweiligen Bearbeiters beruht. Einige der von Grüske (1978) verwendeten Zurechnungsschlüssel werden im Folgenden beispielhaft erwähnt[1].

- Die staatlichen Ausgaben zur Förderung des Wohnungsbaus werden im Wesentlichen nach den privaten Mieten, einschließlich der Mietwerte von Eigentumswohnungen, zugerechnet, was z. B. bedeutet, dass Haushalte, die auf den sog. freien Wohnungsmarkt angewiesen sind und die dort üblichen hohen Mieten zahlen, einen entsprechend hohen Anteil der Ausgaben zur Förderung des (vornehmlich sozialen) Wohnungsbaus zugerechnet erhalten, von denen sie am wenigsten profitieren dürften.

- Die Ausgaben für Hochschulen werden - unter Verwendung von Statistiken über die Zugehörigkeit der Eltern der Hochschüler zu bestimmten soziologischen Gruppen - so auf die einzelnen Einkommensklassen verteilt, als ob nicht die Zugehörigkeit zu einer bestimmten Einkommensklasse, sondern allein die Zugehörigkeit zu einer bestimmten soziologischen Gruppe auf den Hochschulbesuch der Kinder Einfluss hätte. (Grüske erwähnt selbst die Schwäche dieser Hypothese, zu der er sich aber wegen des Fehlens statistischer Alternativen gezwungen sieht).

- Die öffentlichen Ausgaben für Hochschulkliniken, Krankenhäuser und den Gesundheitsdienst werden unter Zuhilfenahme von Ergebnissen einer Zusatzbefragung zum Mikrozensus über Krankheiten und Unfälle zugerechnet. Nach diesen Ergebnissen sind 67,1% der Kranken nicht erwerbstätig, 30,5% unselbständig und 2,4% selbständig oder Landwirte. Diese Relationen werden nun verwandt, um die genannten öffentlichen Ausgaben so auf die einzelnen Einkommensklassen zu verteilen, wie die einzelnen Einkommensklassen in den verschiedenen soziologischen Gruppen vertreten sind. (Also 67,1% der Ausgaben werden nach der Einkommensklassenverteilung der Gruppe der Nichterwerbstätigen zu gerechnet.) Der mögliche systematische Fehler eines derartigen Schlüssels resultiert nun daraus, dass die Haushalte in der EVS entsprechend der soziologischen Gruppenzugehörigkeit des Haushaltsvorstandes zugeordnet sind, während sich die Ergebnisse der Zusatzbefragung auf Einzelpersonen beziehen. Insofern ist der hohe Anteil der nichterwerbtätigen Kranken nicht überraschend und nicht so zu deuten, dass 67,1% aller Ausgaben in diesem Bereich den Rentnerhaushalten zufließen.

Bei einzelnen staatlichen Leistungen - z. B. im Gesundheitswesen - liegen Daten über ihre Inanspruchnahme vor. Hier ist aber fraglich, ob überhaupt sinnvolle Verteilungsaussagen getroffen werden können. So mag auf eine Umverteilung geschlossen werden, wenn die Inanspruchnahme des Gesundheitswesens durch einzelne, nach mehreren Kriterien gebildete soziale Gruppen (Arbeiter usw., nach Alter des Haus-

---

[1] Die Anmerkungen hierzu sind von Krause-Junk (1981, S. 290/291) übernommen.

haltsvorstandes u. a.) von ihrem Anteil an der Finanzierung der Leistungen abweicht. Darüber hinausgehende Analysen dürften sich aber als zweifelhaft erweisen.

Bei der Nutzungsanalyse des Gesundheitswesens stellt sich im Übrigen ein Problem von grundsätzlicher Bedeutung. „Im Zusammenhang mit der Bestimmung der letztlich begünstigten Personen läßt sich nämlich fragen, ob im Gesundheitsbereich überhaupt von einer Begünstigung im Sinne einer effektiven Inzidenz gesprochen werden kann, da Patienten, denen die öffentlichen Realtransfers auf Grund der Inanspruchnahme von Gesundheitsleistungen zugerechnet werden, gegenüber Personen, die keine Leistungen nutzen, sicherlich nicht ohne weiteres als begünstigt angesehen werden können. Absolut gesehen und z. B. auf irgendeiner Nutzenskala gemessen, steht schließlich derjenige am günstigsten da, der, aus welchen Gründen auch immer, nie krank ist und folglich keine „benefits" aus dem Gesundheitswesen benötigt" (Transfer-Enquête-Kommission 1981, S. 75).

Verschiedentlich werden explizite Nutzenfunktionen verwandt. So stellen Aaron/McGuire (1970) auf individuelle Wahlhandlungen ab: Private Güter oder Einkommen werden durch Transfers und durch zurechenbare öffentliche Leistungen beeinflusst. Ihnen werden nicht direkt zurechenbare Leistungen mit öffentlichem Gutscharakter gegenübergestellt, die durch Abgaben finanziert werden, die der Grenzrate der Substitution zwischen privaten und öffentlichen Gütern entsprechen. Der Versuch ist aber willkürlich, aus verteilungsmäßigen Wirkungen der Einnahmenstruktur auf die der Ausgabenstruktur zu schließen. So kann insbesondere aus der Einkommensteuer wenig auf eine eindeutige, dahinterliegende Nutzenfunktion geschlossen werden. Die Einkommensteuer ist kein geeigneter Indikator verteilungspolitischer Gewichte. Je nach, wie auch immer abgeleiteter oder angenommener, Nutzenfunktion der Haushalte kann es aber zu erheblichen Unterschieden in der berechneten Inzidenz der öffentlichen Leistungen kommen.

Zusammenfassend kann festgestellt werden, dass in der Inzidenzanalyse der Realausgaben (regelmäßig) drei Annahmen getroffen werden: (1) Die staatlichen Ausgaben gehen in die Nutzen- (bzw. Produktions-) Funktion der Haushalte ein. (2) Die Empfänger bewerten die Leistungen mit ihren Produktionskosten. (3) Die Nutzungen verteilen sich auf die Empfänger nach dem Zurechnungsschlüssel, den der Bearbeiter zugrunde legt.

Abschließend sei noch auf die Frage von Klanberg (1982, S. 138) hingewiesen, was eigentlich sozial- und verteilungspolitisch aus einer integrierten Verteilungsrechnung folgen würde, die die Inzidenz der Realtransfers einschließt. „Würde eine solche Matrix etwa Richtlinien einer irgendwie gearteten Transferpolitik vorstrukturieren lassen?"

(4) Ergebnis

Die hier angedeuteten Verfahren der Analyse formaler Inzidenz führen (unter Ergänzung um die mikroökonomischen Analysen, vgl. 14. Kapitel) zu einem breiten Spektrum widersprüchlicher Ergebnisse. Einigkeit besteht praktisch nur darüber, dass die Wirkung der Steuern von der Verausgabung durch den Staat, von den Konsum- (bzw.

Spar-)Quoten der Belasteten und von der Ausgestaltung der Steuern hinsichtlich Bemessungsgrundlage und Tarif (einschließlich Freibeträgen, Vergünstigungen) abhängen. Die Basis für eine darauf aufbauende Politik ist daher sehr eingeschränkt.

Literatur zum 9. Kapitel

Den Ansatz einer normativen Theorie der Verteilungspolitik liefert Krause-Junk (1974). Maßstäbe bzw. Ziele werden auch von Külp (1994) diskutiert. Zur Paretooptimalen Umverteilung siehe Hochman/Rodgers (1969), Rodgers (1973), Collard (1978) und Knappe (1980, S. 279-298), zur Verteilung als öffentlichem Gut auch Thurow (1971). Zur distributiven Marktkritik siehe ferner Grüske (1985, 4. bis 6. Kapitel).

Einen einfachen Überblick über verschiedene hier nicht diskutierte Kriterien der Gerechtigkeit (gleicher Nutzen der Individuen, Minimax = Nutzenmaximierung der in einer Gesellschaft am schlechtesten Gestellten; maximaler Gesamtnutzen) gibt Wagner (1983, S. 52-68), der auch die Beziehung zwischen Chancen- und Ergebnisgleichheit diskutiert; zur Chancengleichheit siehe auch Schlotter (1981), zu verschiedenen Verteilungskriterien ferner Musgrave/Musgrave/Kullmer (1994, Kapitel 5 B).

Zu den Inzidenzkonzepten, die weitgehend auf Musgrave (1959) zurückgehen, siehe Krause-Junk (1981, S. 270-276).

Formale Inzidenzuntersuchungen der personellen Verteilung sind insbesondere in den 70er Jahren durchgeführt worden: Grüske (1978), Hake (1972), Hanusch (1976), Musgrave/Case/Leonhard (1974) und Wartenberg (1979). Zur Verteilungsrechnung der direkten Steuern, Sozialbeiträge und empfangenen Transfers der Haushalte siehe auch die Arbeiten des DIW (1981 und Bedau/Göseke 1977) und des RWI (Karrenberg u. a. 1980). Eine Beschreibung und Würdigung verschiedener Arbeiten der formalen Inzidenz liefert Krause-Junk (1981, S. 274 ff.).

Speziell zur Ausgabeninzidenz siehe Aaron/McGuire (1970) und die Darstellung und Kritik des Modells durch Tiepelmann/Rappen (1986), ferner Hanusch u. a. (1982), Henke (1975) und Mackscheidt (1976), zum Sozialhaushalt Loeffelholz (1979).

Einen Überblick über methodische Ansätze und Ergebnisse verschiedener Analysen von öffentlichen Einnahmen und Ausgaben und Erklärungsversuche hierfür enthalten Stolz (1983, S. 74-84) und ausführlich, insbesondere auch in Bezug auf Erklärungsversuche unterschiedlicher Belastungsergebnisse der Wirkungen von indirekten Steuern das Gutachten der Transfer-Enquête-Kommission (1981). Das Gutachten ist darüber hinaus eine Fundgrube von Daten über (Um-)Verteilungsströme und Interpretationen, letztere können durch Albers (1982b) ergänzt werden. Umverteilungsrechnungen werden auch in Pfaff (1978, Bd. 1), die methodologischen Grundlagen der Steuerinzidenzanalyse von Steinbach/van der Veen (1985) diskutiert. Welche Fülle von normativen und methodischen Annahmen für empirische Umverteilungsanalysen erforderlich ist, macht Hauser (1986) bezogen auf das System der sozialen Sicherung deutlich.

10. Kapitel
Finanzpolitische Ansatzpunkte zur Beeinflussung der personellen Verteilung von Einkommen und Vermögen, Grenzen der Umverteilung

1. Finanzpolitische Ansatzpunkte

Wo und wie kann der Staat seine finanzpolitischen Instrumente einsetzen, um die personelle Einkommens- und Vermögensverteilung zu beeinflussen? Die Antwort hängt offenbar von den Bestimmungsgründen dieser Verteilungen ab. Abb. 10-1 verdeutlicht einige Zusammenhänge.

Mit der Darstellung wird berücksichtigt, dass Erklärungen der personellen Einkommensverteilung mehrere Faktoren einbeziehen müssen. Stochastische Theorien fragen auf Basis der statistisch festgestellten Situation, welche Art statistischer Prozess das beobachtete Ergebnis herbeiführen kann. Solche Ansätze liefern aber keine ökonomische Erklärung der in der Regel beobachteten linkssteilen Verteilung. Daher fließen sie nicht in die Abbildung ein.

Ein zweiter Ansatz stellt auf das Humankapital als im Menschen verkörperte Ressourcen ab. Er führt die beobachtete Ungleichheit auf die laufenden Investitionen in das Humankapital und die Erträge solcher in der Vergangenheit getätigten Investitionen zurück. So geben Y_t das Einkommen der Periode t, B_t das Basiseinkommen ohne Ausbildungsmaßnahmen, I_i die vorangegangenen Investitionen und r_i deren Erträge wieder. I_i kann in Studiengebühren u. ä., praktisch aber vor allem in entgangenen Einkommen bestehen. Höhe und Rentabilität der Investitionen bestimmen (wie in der Kapitaltheorie) das Einkommen:

$$(10\text{-}1) \qquad Y_t = B_t + \sum_{i=0}^{t-1} r_i I_i$$

Dieser Ansatz beruht allerdings auf verschiedenen Annahmen, die problematisch sind: gleiche grundlegende Fähigkeiten, gleicher Zugang zum vollkommenen Kapitalmarkt. Tatsächlich bestimmen wesentlich (auch) genetische und Umwelteinflüsse das Arbeitsvermögen. Hohe Einkommen und Vermögen (der Eltern) ermöglichen ferner besseren Zugang zu Informationen und Kapitalmärkten, so dass die Individuen mit Unterschieden in Zinssätzen und im Zugang zu den Kapitalmärkten rechnen müssen. Auch der künftige Einsatz des Humanvermögens ist davon nicht unabhängig. Ferner dürften für die Ausbildungsentscheidungen auch nicht-monetäre Erträge bedeutsam sein. In Abb. 10-1 wird der Bildung von Humankapital und weiteren Vermögensformen sowie auch anderen Faktoren Rechnung getragen.

Der Marktmechanismus bestimmt die Preise der Produktionsfaktoren. Je nach Anfangsausstattung mit (und Einsatz von) Geld- und Sachvermögen und mit Arbeitsvermögen sowie abhängig von der Zuteilung sonstiger Eigentums- und Verfügungsrechte fallen die Erwerbs- und Vermögenseinkommen der einzelnen Personen bzw. Haushalte unterschiedlich aus. Für die Verwertungschancen der Faktoren, d. h. für die Preisbildung sind äußere Umstände (wie unvollkommene Faktormärkte, politisch und konjunkturbedingte Schwankungen der Nachfrage) von Bedeutung. Hierbei können auch

10. Kapitel: Finanzpolitische Ansatzpunkte

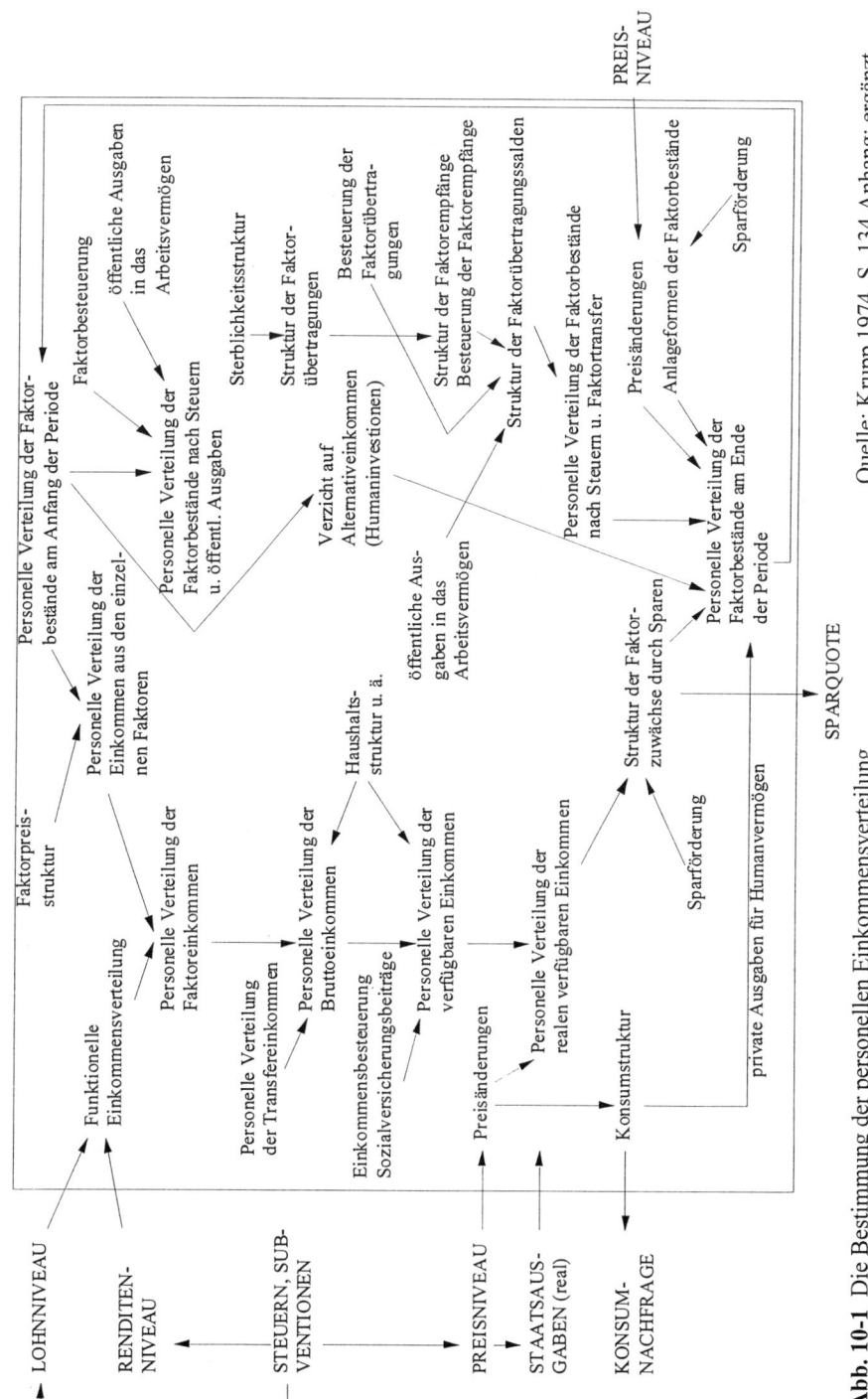

Abb. 10-1 Die Bestimmung der personellen Einkommensverteilung   Quelle: Krupp 1974, S. 134 Anhang; ergänzt

institutionelle Gegebenheiten (Tarifvertragsparteien, Diskriminierung u. ä.) maßgeblich sein. Es ist offensichtlich, dass die Position in der individuellen Verteilung der Arbeitseinkommen nicht allein die Position in der personellen Einkommensverteilung insbesondere der Haushalte bestimmt, für die die Haushaltsstruktur (Zahl, Alter, Beschäftigung der Haushaltsmitglieder) eine wesentliche Rolle spielt[1].

Für das verfügbare Einkommen ist von Bedeutung, welche Transfers vom Staat und an den Staat geleistet werden. Das verfügbare Einkommen bestimmt den Konsum und die Ersparnis. Ersparnis und empfangene Vermögensübertragungen legen das Ausmaß der Vermögensbildung fest, durch das die Vermögensverteilung (mit) beeinflusst wird. Damit sind die wichtigsten Ansatzpunkte staatlicher Verteilungspolitik genannt: Sie knüpfen sowohl an den Voraussetzungen wie an den Ergebnissen des privaten Wirtschaftens an. Zu beachten ist auch, dass sich die Veränderung des Preisniveaus unterschiedlich auf die einzelnen Vermögensarten (Nominal-, Sachvermögen) und auf die daraus fließenden Einkommen auswirken kann.

2. Vermögenspolitische Maßnahmen

a) Überblick

Selbst wenn man die Aussagekraft der Statistiken über die Vermögensverteilung für gering hält, die tatsächlich bestehende Verteilungssituation also weiter zu klären ist, dürfte doch weitgehend vertreten werden, dass die Vermögensverteilung weniger ungleichmäßig aussehen sollte. Für die ungleiche Vermögensverteilung dürften der Lebenszyklus und das ererbte Vermögen eine wesentliche Rolle spielen. Hohe ererbte Vermögen bewirken fraglos in bedeutsamem Maße bessere Startchancen.

Vermögenspolitik als Vermögensverteilungspolitik soll hier Korrekturen herbeiführen. Sie soll die Chancen ausgleichen, durch Schlechterstellung der extrem günstiger Gestellten und/oder Besserstellung der als benachteiligt angesehenen Gruppen. Hierzu kommen verschiedene Maßnahmen in Betracht. Sie können entweder auf das vorhandene Vermögen (Faktorausstattungen) oder auf den Vermögenszuwachs abstellen. Von Bedeutung ist hierbei der Vermögensbegriff. Er schließt meist Vermögen in Form ererbter und erworbener Fähigkeiten aus. Als finanzpolitische Instrumente einer Vermögensverteilungspolitik werden im folgenden diskutiert:

- **Umverteilung vorhandenen Vermögens**
  Vermögensteuer
  Enteignung (Staatseigentum, „Sozialisierung")
  Privatisierung von Staatsvermögen (Überführung in Privateigentum)
- **Beeinflussung der Wirkung der Vermögensübertragungen**
- **Umverteilung über den Vermögenszuwachs**
  Förderung des freiwilligen Sparens

---

[1] Zum Äquivalenzeinkommen siehe S. 261.

Auch die Einflussnahme auf die Anlageentscheidungen ist zu nennen. Diese Maßnahme kann im Zusammenhang oder unabhängig von der Sparförderung erfolgen. Sie soll die Vermögensform beeinflussen.

Zu einer Vermögenspolitik im weiteren Sinne kann auch die **Beeinflussung des Arbeitsvermögens** gerechnet werden. Sie wird abschließend behandelt. Hier ist auch die Nichtdiskriminierung einzuschließen, denn jede willkürliche oder nicht sachgerechte Diskriminierung bedeutet eine Vermögenseinbuße, ein Abbau an Diskriminierung entsprechend eine Vermögenszunahme der positiv Betroffenen.

b) Umverteilung vorhandenen Vermögens

Eine Politik der Umverteilung vorhandenen Vermögens kann am Reinvermögen oder an den Beständen einzelner Vermögensteile (Sach- oder Geldvermögen) ausgerichtet sein, indem der Staat **allgemeine** oder **spezielle Vermögensteuern** erhebt. Die Vermögensverteilung wird insbesondere dann beeinflusst, wenn diese Steuern in die Substanz eingreifen und nicht aus den Erträgen finanziert werden. Gegen eine Substanzbesteuerung sprechen aber verfassungsrechtliche (Eigentumsgarantie) und ökonomische (z. B. Lähmung der Investitionsbereitschaft, Kapitalflucht usw.) Gesichtspunkte.

Die bis Ende 1996 bestehende deutsche Vermögensteuer hat die Umverteilungsaufgabe nicht erfüllt. Ihr Umverteilungseffekt war insgesamt gering[1] und konnte und durfte auch nicht hoch sein, weil sie nicht Substanzsteuer sein, sondern die (Soll-)Erträge des Vermögens belasten sollte. Auf einzelne Vermögen stellt die Grundsteuer ab. Sie wird (wie auch früher die Vermögensteuer) auch bei nichtnatürlichen Personen erhoben und wirkt daher nur zum Teil unmittelbar auf das steuerpflichtige Vermögen der natürlichen Personen.

Enteignung ist die radikalste Lösung. Sie ist in Deutschland aber nur ausnahmsweise und gegen volle Entschädigung zulässig und wird daher zu einem finanzpolitischen Instrument, das nur die Vermögensform verändert - indem z. B. Sachvermögen durch Geldvermögen (ohne Beteiligungen) ersetzt wird.

Die **Privatisierung von Staatsvermögen** stellt den umgekehrten Weg dar. Auch hier wird zunächst die Vermögensform beim Erwerber verändert. Privatisierung wird vor allem allokativ begründet: Die Effizienz von öffentlichen Unternehmen, Verwaltungen usw. soll verbessert werden. Darüber hinaus kann auch ein Beitrag zur breiteren Beteiligung am Unternehmensvermögen angestrebt werden. Dieser wird über Be-

---

[1] Hierbei war von Bedeutung, dass der Vermögensbegriff infolge Abgrenzung, Bewertungsvorschriften, Freibeträgen usw. eng war. Vermögensformen wie Arbeits- und Sozialvermögen rechneten nicht zum steuerpflichtigen Vermögen. Die Abgabe diskriminierte daher zu Lasten der erfassten Vermögensformen und aufgrund unterschiedlicher Bewertungsverfahren zwischen diesen. Die Abgabe war allokativ auch bedenklich, weil sie für Unternehmen eine Substanzsteuer darstellte. Dieser Effekt wurde verstärkt, da die Abgabe nicht (z. B. als Sonderausgabe) bei der Ermittlung der Einkommensteuer abzugsfähig war.

günstigungen beim Bezug von Anteilen durch untere Einkommensklassen (Sozialrabatt) versucht. Das vorhandene Volumen des privatisierbaren Vermögens, die Sparfähigkeit und die Bereitschaft zur Beteiligung am Unternehmensvermögen setzen dieser Politik die Grenzen.

c) Beeinflussung der Wirkung von Vermögensübertragungen

Angesichts der Bedeutung, die dem ererbten Vermögen zukommt, liegt es nahe, Maßnahmen an den **Vermögensübertragungen** anzusetzen. Die **Erbschaftsteuer,** die am Generationenübergang ansetzt, scheint ein solches Umverteilungsinstrument zu sein. Sie könnte dazu beitragen, dass die Einkommenserzielungschancen der Wirtschaftssubjekte nicht zu unterschiedlich sind. Allerdings verteilt sich das Vermögen nach dem Erbübergang üblicherweise auf mehrere Personen, so dass die Vermögenskonzentration und die Ungleichheit der Vermögenseinkünfte abnehmen können.

Die Erbschaftsteuer kann bei den Erblassern („Nachlasssteuer") oder bei den Erben („Erbanfallsteuer") ansetzen. Bei gleichem progressiven Steuertarif ist die individuelle Belastung durch die Nachlasssteuer stärker als durch die Erbanfallsteuer, wenn sich die Hinterlassenschaft auf mehrere Erben verteilen kann. Nachlass und Erbanfall können durch vorherige Schenkungen vermindert werden. (Einer solchen zeitlichen Steuerausweichung trägt die Schenkungsteuer Rechnung.) Die Erbschaftsteuer auf den Nachlass steht praktisch am Ende einer Lebenskonsumbesteuerung. Die Erbanfallsteuer ergänzt die Einkommensteuer, aus der sie als ein unregelmäßig (selten) anfallender Einkommensteil (im Sinne eines umfassenden Einkommensbegriffs) ausgeklammert ist. Sie kann im zweiten Fall prinzipiell nach der Größe des auf den einzelnen Erben zu übertragenden Vermögens und auch nach dem hier bereits vorhandenen Vermögen differenziert werden. Die Gefahr der Ausweichung ist um so geringer je breiter der der Besteuerung zugrunde gelegte Vermögensbegriff ist.

Die deutsche Erbschaftsteuer belastet natürliche Personen (und keine Kapitalgesellschaften). Besteuerungsgrundlage der als Erbanfallsteuer erhobenen Abgabe ist der steuerpflichtige Erwerb. Die einzelnen Vermögensgegenstände werden mit dem Wert angesetzt, der sich für sie nach dem Bewertungsgesetz ergibt. Die Steuersätze reichen von 7% bis zu 50%, sie variieren nach der Höhe des ererbten Vermögens und nach dem Verwandtschaftsgrad. Ferner werden verschiedene Bewertungen und Freibeträge je nach Art des Vermögens und weiterer Bedingungen vorgenommen. Das beim Erben bereits vorhandene Vermögen wird nicht berücksichtigt. Das Aufkommen der Abgabe macht nur einen geringen Prozentsatz der Steuereinnahmen und des Vermögens der natürlichen Personen und Haushalte aus. Die Verteilungswirkung ist angesichts der geringen quantitativen Bedeutung der Erbschaftsteuer wahrscheinlich bescheiden, doch dürfte die Art der Vermögensanlage häufig berührt werden.

Die drohende steuerliche Belastung kann als eine Prämie auf die freiwillige Aufspaltung und das Vorziehen größerer Erbübergänge interpretiert werden. Dem wird durch die genannte Ergänzung der Erbschaft- durch eine Schenkungsteuer entgegengewirkt, die der steuerlosen Vermögensübertragung Grenzen setzt. Im internationalen Rahmen vergleichsweise hohe Erbschaftsteuerbelastungen können (wie u. a. bei einer Vermögensteuer) Anreize geben, die Form des Vermögens unter dem Belastungseffekt zu gestalten und räumliche Substitutionen vorzunehmen – wie z. B. den Wechsel der Staatsbürgerschaft.

d) Umverteilung über den Vermögenszuwachs

(1) Die Bedeutung der Vermögensverteilungspolitik

Die Bedeutung der Vermögenspolitik über die Beeinflussung der Vermögensbildung liegt darin, dass sich das Vermögen einer Volkswirtschaft in etwa 20 Jahren verdoppelt. Zur Beeinflussung der am Eigentum unterrepräsentierten Gruppen ist insbesondere auf die Vermögensbildung der unteren und mittleren Einkommensschichten abzustellen. Hierzu muss ihr Sparen erhöht werden. Allerdings lässt sich an der Ungleichheit der Einkommensverteilung auf diesem Wege nur wenig ändern.

(2) Die Sparförderung

In gewissem Sinne findet mit den Sozialversicherungsbeiträgen ein **Zwangssparen** der Versicherten statt. Die Wirkung darüber hinausgehender vermögensbildender Maßnahmen hängt zunächst von der **Sparfähigkeit** ab. Sie wird bestimmt durch die Differenz aus dem verfügbaren Einkommen y_v und dem Teil der Ausgaben, die nicht oder nicht leicht eingeschränkt werden können. y_v und damit die Sparfähigkeit werden durch hohe Beitragssätze zu den Sozialversicherungen eingeschränkt. Die Sparfähigkeit ist in der Regel um so kleiner, je niedriger das vorhandene Vermögen, also je dringlicher eine Erhöhung der Sparquoten für die verteilungspolitische Effizienz ist.

Neben der Sparfähigkeit bestimmen die **Sparbereitschaft** (Sparneigung) und das **Anlageverhalten** (Portfolio-Wahl) die Vermögensbildung. Als Sparmotive kommen insbesondere die Ersparnisbildung für unvorhergesehene Notlagen und ein Zwecksparen für den Erwerb dauerhafter Konsumgüter in Betracht. Ein Teil des Sparmotivs - Alterssicherung - wird durch die gesetzliche Rentenversicherung tangiert. Soweit die Sparneigung ertragsabhängig ist, können ertragsbeeinflussende Maßnahmen, d. h. finanzielle Anreize, das private Sparvolumen bzw. die Sparneigung verändern.

Geht man davon aus, dass die Ersparnis nur den Bruchteil eines Jahreseinkommens ausmacht und die Verzinsung wegen des in der Regel hohen Liquiditätsgrades, der bei der Ersparnisbildung für unvorhergesehene Notlagen notwendig ist, ebenfalls gering ist, so verändern zusätzliche Vermögenseinkünfte das Gesamteinkommen nur unwesentlich. Auch wenn sich die Verzinsung durch staatliche Förderungsmaßnahmen verdoppelt, würde der Anreiz zu einer zusätzlichen Ersparnis nicht entscheidend verstärkt werden. Hinzu kommt, dass beim Vorherrschen des Zwecksparens von den staatlichen Zuschüssen sogar ein negativer Effekt auf die Ersparnisbildung ausgehen kann, weil die für den Kauf des dauerhaften Konsumgutes notwendige Eigenleistung um so niedriger sein kann, je höher die vom Staat gewährten Leistungen sind. Freilich muss berücksichtigt werden, dass die staatlichen Leistungen dazu führen können, das Sparziel für einen Teil der Einkommensbezieher (z. B. Bausparen) überhaupt erst erreichbar werden zu lassen. Insofern muss es offen bleiben, ob beim Zwecksparen eine positive oder negative Wirkung überwiegt.

Die Sparförderung kann auf spezielle soziökonomische Gruppen zielen (z. B. Vermögensbildung der Arbeitnehmer), bestimmte Vermögensformen (z. B. Bausparen) begünstigen und über Prämien bzw. über Vergünstigungen im Rahmen z. B. des Einkommensteuerrechts erfolgen. Die Maßnahmen bestehen in finanziellen Anreizen, um das Sparen lukrativer zu machen. Sie bewirken letztlich eine Erhöhung der effektiven Verzinsung. Für die Beurteilung der Effizienz der Fördermaßnahmen ist es von Bedeutung, ob sie das Spar**volumen** insgesamt und insbesondere der unteren Einkommen erhöhen oder ob statt zusätzlicher Ersparnis der gewünschten Zielgruppen nur eine bloße Umschichtung der Vermögensanlagen bei den ohnehin sparenden Haushalten bewirkt wird. Es kann aber nur überprüft werden, ob der Einzelne selbst Leistungen erbringt, nicht aber, ob diese **zusätzlich** erfolgen. Diese Fragen sind also ungeklärt. Vermutlich ist in der Vergangenheit die Entwicklung der Ersparnis durch die Sparförderungsmaßnahmen begünstigt worden.

In der Regel sind die Begünstigungen einkommensmäßig begrenzt. Bei progressivem Tarif wirkt sich eine Begünstigung in Form eines Freibetrags mit steigendem Einkommen in einer stärkeren Steuerersparnis aus und dürfte damit im Widerspruch zu den überlicherweise angenommenen Verteilungszielen stehen. Progressionsunabhängige Prämien sind insofern das geeignete Instrument zur Förderung der Vermögensbildung. Meist zielt die staatliche Sparförderung darauf, die Ersparnis möglichst lange zu binden. Zur Gewöhnung an längerfristiges Sparen wird daher die Gewährung von Vergünstigungen an eine mehrjährige Spardauer geknüpft.

Ziel kann auch eine breitere Streuung des Vermögens in Form von Beteiligungen an Unternehmen sein. Hierbei ist allerdings nicht zu erwarten, dass die Verfügungsmacht wesentlich verändert wird. Dagegen spricht die zunehmende Trennung der Verfügungsmacht vom Eigentum. Eher wird eine größere Zahl der Aktionäre oder Anteilseigner die Bedeutung des Einzelnen von ihnen senken und die Verfügungsmacht der Direktoren, Manager, Funktionäre erhöhen.

Die Förderung des Arbeitnehmersparens allein ist aus einem anderen Grund problematisch. So ist bei höherem statistischen Durchschnittseinkommen der Selbständigen eine breite Streuung der Einkommen (entsprechend: Vermögen) um diesen Mittelwert festzustellen. Eine Einschränkung der Vermögenspolitik auf bestimmte soziökonomische Gruppen ist daher nicht von vornherein sinnvoll.

Die Sparbegünstigung verfolgt allerdings nicht immer nur verteilungspolitische Ziele. So standen in der Wiederaufbauphase die allgemeine Förderung des Sparens und der damit verbundene Konsumverzicht im Vordergrund, um die Kapitalbildung zu erleichtern. Die Förderung des Bausparens mag in dieser Phase als wohnungspolitisches Instrument zweckmäßig gewesen sein. Die Beschränkung der Förderung auf einzelne Sparformen ist aber verteilungspolitisch wenig sinnvoll. Gerade die Förderung des Bausparens kann, wenn die Mittel zur Eigenheimbildung verwendet werden, die Mobilität beschränken und so allokativ, stabilitätspolitisch und verteilungspolitisch unerwünschte Wirkungen hervorrufen. Die Ergebnisse der Einkommens- und Verbrauchsstichproben weisen darauf hin, dass die Inanspruchnahme der Maßnahmen mit dem Einkommen wächst (vgl. Gress/Stubig 1985).

(3) Kosten der Sparförderung

Frühere Untersuchungen (Krelle/Siebke 1973) haben die Kosten der Sparförderung für den Staat in Form von direkten Zuschüssen oder Steuerausfällen den induzierten Sparmengen gegenübergestellt. Bei einer optimistischen Hypothese über das durch die Sparförderungsgesetze induzierte Sparvolumen nahmen sie an, dass die Haushalte kaum mehr gespart haben als der Staat auf Einnahmen verzichtet und zur Sparanreizung zusätzlich ausgegeben hat. Bei der pessimistischen Hypothese liegen die Kosten weit über den induzierten Sparleistungen. „Es wäre dann im Sinne der Sparförderung besser gewesen, der Staat hätte die Steuern tatsächlich erhoben und die Beträge den betreffenden Arbeitnehmerhaushalten unmittelbar auf Vermögenskonten gutgeschrieben" (dies., S. 503) oder die Steuern wären gesenkt worden, umso den privaten Vermögensbildungsspielraum zu erhöhen.

„Zu dem schlechten Wirkungsgrad der Maßnahmen stehen die hohen Aufwendungen der öffentlichen Hand in krassem Widerspruch. Offensichtlich haben sich die Politiker nur von der hohen gesellschaftlichen Priorität des Ziels einer breitgestreuten Vermögensbildung leiten lassen, ohne zu prüfen, ob die für das Erreichen dieses Ziels eingesetzten Mittel auch geeignet sind. Es dürfte wenig andere Ausgaben einer solchen Größenordnung mit einem vergleichbar schlechten Zielerreichungsgrad geben. Daraus entsteht die Gefahr, daß nunmehr als Folge einer beginnenden Desillusionierung die Politiker die gesamte Sparförderung aufgeben, ohne zu prüfen, welche Teile sinnvoll sind und weiterentwickelt werden können. Diese Gefahr ist um so größer, als die Erfolge nur langfristig und in kleinen Schritten erzielt werden können" (Albers 1980c, S. 301).

(4) Mittelstandspolitik

Die oben schon angesprochene Bildung von Produktivvermögen kann auch durch Maßnahmen der **Mittelstandspolitik** gefördert werden, die zu einer breiteren Vermögensstreuung beitragen können. Die Sachvermögensbildung vollzieht sich - vom Gebrauchsvermögen abgesehen - über die Anschaffung von Produktionsmitteln. Kleinere Gewerbetreibende und diejenigen, die sich mit einer Betriebsgründung oder -übernahme selbständig machen wollen, bedürfen des Startkapitals. Infolge des hohen Risikos sind Kredite nur schwer zu erlangen und sehr teuer. Die mögliche Begünstigung besteht in den gegenüber den Marktverhältnissen vorteilhaften Bedingungen der Kreditaufnahme, insbesondere in ermäßigten Zinssätzen. Die Maßnahme kann ferner durch Einkommensgrenzen und Höchstbeträge gezielt auf gewünschte Gruppen ausgerichtet werden.

Mittelstandspolitik ist nicht nur verteilungs-, sondern auch allokationspolitisch von Interesse, weil in vielen Fällen gerade mittlere Unternehmen sich als dynamisch erweisen. Inzwischen gibt es eine Fülle von Maßnahmen, die von Bund, Ländern und Gemeinden ergriffen werden („Existenzgründungsdarlehen", kommunale Bereitstellung von Gebäuden u. ä.).

Es gibt auch Maßnahmen, die diesem Ziel zuwiderlaufen. Das wurde dem bis Ende 1989 geltenden Einkommensteuertarif nachgesagt, der mit seinem „Mittelstandsbauch" gerade Erhöhungen im „mittleren" Einkommensbereich stark belastete. Ähnliches gilt hinsichtlich des zurzeit starken Anstiegs der Grenzsteuersätze (vgl. das 14. Kapitel).

e) Beeinflussung des Arbeitsvermögens (Bildungspolitik) und spezielle beschäftigungspolitische Maßnahmen

Nicht alle Arbeitskräfte weisen das gleiche objektive Leistungsvermögen auf. Sie unterscheiden sich vielmehr hinsichtlich ihrer durch Anlagen und Umwelt bestimmten Konstitution, wobei Alter, Invalidität u. ä. mitwirken. Ferner sind Unterschiede im Leistungswillen, in der Risikofreudigkeit, Mobilität, im Familienstand u. ä. von Bedeutung. Der Staat kann über ein Spektrum bildungs-, sozial- oder z. B. gesundheitspolitischer Maßnahmen auf das Arbeitsangebot Einfluss nehmen. Er kann konkret etwa durch Bereitstellung von Kindergärten, Umschulung und Weiterqualifikation bei Unterbrechung der Erwerbstätigkeit[1] zur Gestaltung der Voraussetzungen des Faktoreinsatzes beitragen.

Die Haushalte verfügen aber nicht nur über unterschiedliche Mengen gleichartiger Produktionsfaktoren - wie schon der Hinweis auf Problemgruppen deutlich machte. Auch die Arbeitsqualität ist ein einkommensdifferenzierender Faktor. Mit dem gleichen zeitlichen Arbeitseinsatz können unterschiedliche Produktionsleistungen erbracht und so verschieden hohe Einkommen erzielt werden. Die Arbeitsqualität kommt in manueller Geschicklichkeit, arbeitstechnischen Fertigkeiten und geistigen Fähigkeiten zum Ausdruck. Fähigkeiten (Intelligenz, Geschick) können angeboren und/oder erworben sein. Wissen und Können lassen sich gezielt verbessern. Hier liegt der Ansatzpunkt einer an der Bildung von Arbeitsvermögen ausgerichteten Verteilungspolitik. Von der Angebotsseite her soll die Qualität des Faktors Arbeit durch die Verbesserung der Qualifikation und damit der Leistungsfähigkeit der Menschen beeinflusst werden. Hierzu dienen Maßnahmen der staatlichen Bildungs-, Berufsqualifizierungs- und Weiterbildungspolitik. Ob und welche Wirkungen davon auf die Einkommensverteilung ausgehen, wird aber gerade auch durch die Faktornachfrage bestimmt, die u. a. von

---

[1] Unterbrechung der Berufsbiografie bewirkt häufig (insbesondere bei Frauen) eine (völlige) Entwertung der vor der Unterbrechung liegenden Berufserfahrung.

Wachstum und technischem Fortschritt abhängt. Ein zunehmendes Angebot höher qualifizierter Arbeitskräfte kann zumindest in einzelwirtschaftlichen Bereichen einen Druck auf deren Faktorpreise ausüben und so die Chance zur Erzielung relativ höherer Einkommen sinken lassen. Es könnte eine einkommensnivellierende Wirkung herbeigeführt werden. Bei der Bildungs- und der Verteilungspolitik sind daher die Wirkungen auf das Beschäftigungssystem zu beachten.

Mit jeder Förderung einer spezifischen Bildungsinvestition wird nur auf einen Teil der Fähigkeiten abgestellt. Erfahren Wirtschaftssubjekte mit anderen Fähigkeiten keine entsprechende Begünstigung, werden sie de facto diskriminiert. Diese Wirkung ist häufig zu beobachten: z. B. unentgeltliches Hochschulstudium versus entgeltliche Meisterausbildung[1]. Nimmt man an, dass die Verteilung der Fähigkeiten im Gegensatz zur linkssteilen Einkommensverteilung normal ist, dürften verschiedenste Gründe für das Auseinanderfallen beider Verteilungen maßgeblich sein: glückliche Umstände, geniale Ideen, besondere Arbeitsintensität und –dauer und andere Faktoren, die teils kaum der statistischen Überprüfung zugänglich sind. Es ist wohl auch Aufgabe einer umfassend verstandenen Verteilungspolitik, solche Potenziale zu fördern, d. h. nicht einseitig auf bestimmte Maßnahmen zu setzen.

Abb. 10-2 Verteilung der Einkommen und Fähigkeiten

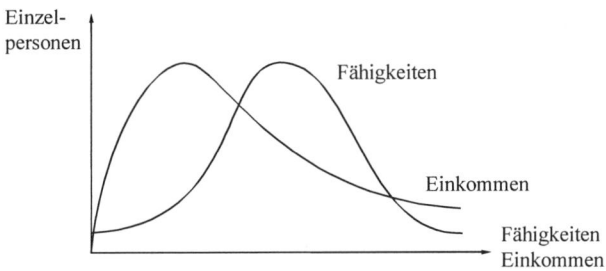

Bildungsinvestitionen bedeuten individuell zunächst Kosten (einschließlich oder gerade in Form von Opportunitätskosten), die mit den erwarteten künftigen Einkommenssteigerungen verglichen werden[2], aber auch nichtmonetäre Größen wie Prestige, Befriedigung über Bildung und Fähigkeiten usw. müssen einbezogen werden. Bedeutsam sind hier die Zeitpräferenzen, die wegen der späten Einkommenseffekte zu einer Fehleinschätzung der Investitionen führen können. Die Entscheidungen werden auch dadurch erschwert, dass die gegenwärtig vorzufindenden Faktorpreisrelationen zunehmend weniger mit den künftigen Faktorpreisrelationen übereinstimmen.

---

[1] Vgl. Brümmerhoff 1977, S. 89 ff.
[2] Die Humankapitaltheorie wendet insofern die Kapitaltheorie auf menschliche Ressourcen an.

3. Einkommenspolitische Maßnahmen

a) Der Staat als Arbeitgeber und Auftraggeber

Der Staat beeinflusst nicht nur die Bildung des Arbeitsvermögens durch Realtransfers, er nimmt auch über seine Nachfrage nach Arbeitsleistungen unmittelbar Einfluss auf die Höhe der Erwerbseinkommen. Der Einsatz von Arbeitskräften erfolgt zwar primär unter allokativen Gesichtspunkten, doch treten teils erhebliche verteilungspolitische Wirkungen - auch beabsichtigt - auf. So können regionalpolitische Wirkungen durch Standortentscheidungen staatlicher Behörden und öffentlicher Unternehmen zugunsten unterentwickelter Gebiete anfallen. Ferner beeinflusst der Staat durch Niveau und Struktur der Besoldung die Einkommen der unselbständig Beschäftigten insgesamt. Hierbei sind auch die Nebenleistungen, Arbeitsbedingungen, Kündbarkeit u. ä. bedeutsam, zumal sie häufig Einfluss auf die Einkommens- und Beschäftigungsbedingungen im nichtöffentlichen Bereich haben (z. B. „Lohnführerschaft").

Soweit die Höhe der Leistungseinkommen von den Präferenzen der Bürger z. B. im Hinblick auf das für wünschenswert gehaltene Verhältnis zwischen Arbeit und Freizeit abhängt, beeinflusst der Staat durch Arbeitszeitpolitik und durch die steuer/transferpolitische Einflussnahme auf die Netto-Opportunitätskosten die Entscheidungen der Haushalte. Das gilt speziell im Hinblick auf die Teilzeittätigkeit, Überstunden der unselbständig Beschäftigten und für Schwarzarbeit.

Auch mittels Durchsetzung, Förderung (z. B. bei Frauen) oder Vermeidung (z. B. bei Behinderungen) einer an den Fähigkeiten ausgerichteten Beschäftigungspolitik kann der Staat die Verteilung beeinflussen. Ferner lassen sich durch die staatliche Auftragsvergabe und hierbei insbesondere durch differenziertes Behandeln verschiedener Anbietergruppen Verteilungswirkungen erzielen. So können Anbieter bevorzugt werden, die bestimmte Verteilungs- oder (Nicht-)Diskriminierungsregeln erfüllen.

b) Nichtdiskriminierung

Es wurde schon darauf hingewiesen, dass die Verteilungspolitik nach Formen der Vermögensbildung (Arbeits-, Geschäftsvermögen) unterschiedlich behandelt. Grundsätzlich wird immer dann **diskriminiert**, wenn knappe Güter oder Positionen zugeteilt werden[1]. Erhält z. B. eine Bewerberin eine Position oder ein Gut, werden alle anderen Bewerberinnen und Bewerber automatisch diskriminiert. In einer Welt der Knappheit ist Diskriminierung somit eine Alltäglichkeit. Die Frage ist daher nicht **ob**, sondern **nach welchen Kriterien** diskriminiert wird. Hierzu bedarf es einer Einigung auf der Ebene des Grundkonsenses darüber, dass bestimmte Kriterien nicht als Grundlage zur Diskriminierung verwendet werden sollen. Entsprechend weist das Grundgesetz explizite Diskriminierungsverbote auf. Dabei sind in der heutigen Diskussion vor allem die

---

[1] Vgl. zum Folgenden Frey/Kirchgässner 1994, S. 259 ff.

Diskriminierungsverbote bezüglich des Geschlechts, aber auch nach Hautfarbe, Veranlagungen u. ä. relevant.

Ob Normen eingehalten werden, zeigen bestimmte Indikatorenwerte. So ist die Erwerbsquote der Frauen deutlich geringer als die Erwerbsquote der Männer. Das Durchschnittseinkommen der Frauen fällt deutlich niedriger aus als dasjenige der Männer. Dies gilt auch dann, wenn jeweils die gleiche Stellung im Beruf bzw. der gleiche Qualifikationsabschluss zugrunde gelegt werden. Ein Grund dafür ist, dass Spitzenpositionen weitgehend von Männern besetzt werden, während in den unteren Einkommensschichten die Frauen überproportional vertreten sind. Dies gilt nicht nur in der freien Wirtschaft, sondern auch im öffentlichen Dienst.

Die Unterschiede in den Löhnen und in der Partizipationsrate von Männern und Frauen können verschiedene Ursachen haben:
- Sie können auf freiwilligen Entscheidungen der Frauen beruhen, die - in deutlich stärkerem Maße als die Männer - Heim und Familie den Vorzug geben und sich daher weniger stark im Berufsleben engagieren.
- Sie können das Ergebnis einer niedrigeren Produktivität der Frauen gegenüber den Männern sein, die sich u. a. aus einer schlechteren Ausbildung und geringerer Arbeitserfahrung ergibt.
- Sie können schließlich auf die unterschiedliche Behandlung von Männern und Frauen im Erwerbsprozess zurückgehen.

Vermutlich spielen alle drei Faktoren eine Rolle, wobei nur beim letzten von direkter Diskriminierung gesprochen werden kann.

Direkte Diskriminierung
Soweit Frauen entsprechend ihrer Grenzproduktivität entlohnt werden und bei im Durchschnitt geringerer Ausbildung und Qualifikation einen niedrigeren Lohn erhalten als Männer, liegt keine direkte Diskriminierung vor. Von direkter Diskriminierung kann nur dann gesprochen werden, wenn Frauen **ausschließlich aufgrund ihres Geschlechts** schlechter bezahlt werden als Männer. Dies kann u. a. aus folgenden Gründen geschehen:
- Die **Arbeitgeber** haben eine Abneigung dagegen, Frauen einzustellen, weil sie entweder grundsätzlich gegen sie eingestellt sind oder glauben, Frauen leisteten weniger als Männer oder wegen möglichen Ausfalls infolge von Schwangerschaft und Kindererziehung.
- Die **bereits beschäftigten Männer** wehren sich gegen den Eintritt von Frauen in einen typischen Männerberuf oder in höhere Stellungen, weil sie sich dadurch bedroht fühlen und die Konkurrenz der Frauen fürchten. Ein Arbeitgeber, der solche Konflikte unter den Beschäftigten und damit Produktivitätseinbußen erwarten muss, wird Frauen nur dann beschäftigen, wenn sie mit einem geringeren Lohn zufrieden sind oder eine höhere Leistung als männliche Mitbewerber erwarten lassen.
- Eine Diskriminierung von Frauen kann auf die Vorstellungen der **Kunden** zurückgehen. Ziehen z. B. Flugpassagiere Männer als Piloten vor, führt dies zu schlechteren Eintrittschancen in diesen Beruf und zu geringerer Entlohnung von Frauen. (Auch manche Frauen weisen als Kundinnen solche Präferenzen auf.)

Maßnahmen gegen Diskriminierung

Sollen auf der Ebene des Grundkonsenses Regeln festgelegt werden, welche mögliche Diskriminierungspraktiken einschränken oder gar verhindern sollen, so muss auf die verschiedenen Ursachen der Diskriminierung abgestellt werden. Hier zeigt sich, dass finanzpolitische Instrumente nur eingeschränkt zum Tragen kommen.

• Ein wirksames Mittel gegen direkte Diskriminierung stellt häufig eine **Verschärfung des Wettbewerbs** dar. Je schärfer die Konkurrenz ist, desto eher müssen diskriminierende Arbeitgeber oder Mitarbeiter ihrer Haltung aufgeben, wenn sie nicht Verluste machen und aus dem Markt gedrängt werden wollen. Die Konkurrenz wird vermutlich größer mit zunehmendem Beschäftigungsgrad.

• In Betrieben, die sich keinem Wettbewerb stellen müssen, insbesondere in der öffentlichen Verwaltung, sind administrative Regelungen unumgänglich, um direkte Diskriminierung durch den Arbeitgeber (oder die bereits beschäftigten Männer) zu verhindern. So kann z. B. mit Hilfe **gesetzlicher Diskriminierungsverbote** benachteiligten Frauen ein Klagerecht eingeräumt werden. Über die Position als Arbeitgeber kann der Staat also auch bei sich tätig werden.

• Beruht die Diskriminierung auf den Präferenzen der Kunden, sind gesetzliche Vorschriften weitgehend wirkungslos. In diesem Fall kann nur versucht werden, durch **Aufklärung** auf die Präferenzen der Individuen einzuwirken.

• Gesetzliche Regelungen sind auch dort weitgehend unwirksam, wo Unterschiede in der Entlohnung auf Qualifikationsunterschieden beruhen, die Ergebnisse freiwilliger (rationaler) Entscheidungen über die Länge der Ausbildung sind. Hier kann zwar die allgemeine Schulpflicht verlängert werden, um die minimale Qualifikation der Frauen zu erhöhen. Wichtiger aber sind in diesem Zusammenhang Maßnahmen, welche das Rentabilitätskalkül der Frauen bezüglich ihrer Ausbildung demjenigen der Männer annähern. Dies kann dadurch geschehen, dass die Ausfallzeiten infolge der Kinderbetreuung verringert werden, indem in ausreichendem Ausmaß Kindergärten zur Verfügung gestellt werden, Kinderbetreuungszeiten sowohl von Frauen als auch von Männern in Anspruch genommen werden können sowie ganz allgemein die Arbeitsmöglichkeiten flexibel gestaltet werden. Werden durch weitere Maßnahmen zur Aktualisierung des Wissens die (durchschnittlichen) Qualifikationsunterschiede verringert, so reduziert sich auch das Ausmaß der statistischen Diskriminierung. Bei Frauen mit Kindern stellt sich darüber hinaus die Frage weiterer Ausgleiche (Renten für fehlende Beitragsjahre u. ä.).

• Als letzte Möglichkeit bleibt die **umgekehrte Diskriminierung**, indem (z. B. über Quotenregelungen) Betriebe veranlasst werden, Frauen (oder andere benachteiligte Gruppen wie Farbige, Schwerbeschädigte u. a.) - bei sonst gleicher Qualifikation - zu bevorzugen.

Stets sind die Vor- und Nachteile der möglichen Maßnahmen zu erörtern und dann festzulegen, in welchen Situationen welches Instrument angewendet werden soll. Dabei geht es vor allem darum zu prüfen, in welchen Bereichen gesetzliche Diskriminierungsverbote, die über allgemeine (Verfassungs-)Bestimmungen hinausgehen, notwendig erscheinen. Solche Bestimmungen dürfen die Wohlfahrt der Individuen nicht (mehr als unbedingt notwendig) einschränken. Ferner ist zu klären, wie die bei der umgekehrten Diskriminierung auftretenden neuen Ungerechtigkeiten zu beurteilen sind.

c) Beschäftigungspolitik

Auch durch Beschäftigungspolitik im Sinne der Beschaffung und Erhaltung von Arbeitsplätzen kann der Staat Verteilungspolitik betreiben. Dies gilt insbesondere für die Beschäftigung sog. Problemgruppen.

Beschäftigungspolitische Maßnahmen können allerdings auch in einen Zielkonflikt mit der (kurzfristig orientierten) Verteilungspolitik geraten. Bei einer Produktionsfunktion $x = x(K, L)$ und gegebenem Arbeitseinsatz L hängt der Gewinn allein vom Kapitaleinsatz ab. Dieser wird ausgedehnt (vgl. Abb. 10-3), bis das Wertgrenzprodukt pGP_K den marginalen Kapitalkosten r entspricht, bei Subventionen mit einem Satz z bis zu (r-z).

Abb. 10-3 Subventionierung des Kapitaleinsatzes

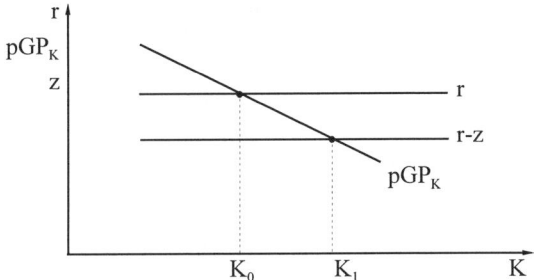

Um eine bestimmte Beschäftigung zu erreichen, kann aber eine Subventionierung des Arbeitseinsatzes[1] zweckmäßig sein, so dass das Unternehmen statt

(10-2) $\quad pGP_L = p\dfrac{\delta x}{\delta L} = w$

wählen wird

(10-3) $\quad pGP_L = p\dfrac{\delta x}{\delta L} = w - z.$

Es scheint nämlich bei substituierbaren Faktoren zweckmäßig, diejenige Aktivität zu subventionieren, die ausgedehnt bzw. nicht eingeschränkt werden soll. Eine Subvention des Kapitaleinsatzes würde daher kurzfristige Anreize zur Substitution von Arbeit durch Kapital bewirken, das nun relativ billiger wird. Langfristig können ande-

---

[1] Vgl. hierzu auch das 28. Kapitel.

rerseits gerade direkte Investitionshilfen und Steuererleichterungen für Unternehmen zweckmäßig sein, wenn sie dazu beitragen, den zur Erhaltung und Förderung der **langfristigen** Wettbewerbsfähigkeit erforderlichen Kapitalbestand zu erreichen.

d) Veränderung des verfügbaren Einkommens

Die Vermögensverteilung kann angesichts des engen wechselseitigen Zusammenhangs zwischen Einkommens- und Vermögensverteilung durch eine wirksame Einkommensumverteilung beeinflusst werden. Zielgröße ist das verfügbare Einkommen, das der Staat über direkt am Einkommen anknüpfende Abgaben und Transfers (an Haushalte) verändern kann. Im Gegensatz zu den vermögenspolitischen Maßnahmen sind diese Umverteilungsmaßnahmen kurzfristig orientiert.

An dieser Stelle zeigt sich allerdings ein Problem: Wie sind die im 24. Kapitel behandelten Sozialversicherungsbeiträge und -leistungen zu interpretieren? Sieht man nur einen geringen Bezug zwischen Leistung und Gegenleistung (Äquivalenz), sind Beiträge und Leistungen Teil der laufenden Umverteilung. Sind aber beitragsabhängige Ansprüche festzustellen, wäre in Höhe eines Teils der Beiträge eine Vermögensbildungskomponente herauszurechnen, die Ersparnis darstellt.

Inwieweit es dem Staat gelingt, etwa bestimmte angestrebte Beziehungen zwischen Markt- und verfügbarem Einkommen[1] der einzelnen Haushalte zu erreichen, hängt wesentlich von der Ausgestaltung der Instrumente ab.

So können Begünstigungen versteckt (impizit) in steuerlichen Abzugsbeträgen oder aber offen als Transferzahlungen gewährt werden. Transfers (z. B. Kindergeld) kommen in vollem Umfang auch jenen Haushalten zugute, die keine oder nur geringe Steuern zahlen. Das trifft insbesondere auf jene Haushalte ohne positives Markteinkommen zu, denen durch Transfers eine Lebensmöglichkeit gewährleistet sein muss. Bei impliziten Transfers ist die Förderwirkung von der sonstigen Ausgestaltung (z. B. Einkommensteuertarif) abhängig.

Steuerliche Vergünstigungen sind in der Regel verwendungsbezogen. Aber auch Transferzahlungen können **gebunden** sein, d. h. Verwendungsauflagen haben (so z. B. beim Wohngeld und beim Prämiensparen). Bei **ungebundenen** Transfers wird den Individuen die Möglichkeit gelassen, am Markt Menge und Qualität der Leistungen zu kaufen, die ihren Präferenzen entsprechen. Eine Bindung an bestimmte Verwendungen bedeutet, dass die Empfänger ohne eine solche Maßnahme in der Regel nicht den (unter meritorischem Aspekt bestimmten) „richtigen" Umfang z. B. an Erziehungs- und Gesundheitsleistungen wählen würden. Der Staat könnte ein gewisses Maß an direkter Kontrolle über Menge, Qualität und Preis dieser Leistungen wünschen und daher Ineffizienz in Kauf nehmen, weil er sie für die Gesamtwohlfahrt für bedeutsam hält.

---

[1] Die Begriffe „Markt-" und „Erwerbs- und Vermögenseinkommen" einerseits bzw. „verfügbares" und „Nettoeinkommen" andererseits werden hier jeweils synonym verwendet.

Zweckgebundene Transfers an Haushalte können im Vergleich zu ungebundenen Transfers (neben den schon genannten weitere) Probleme aufwerfen. Dies mag am Wohngeld verdeutlicht werden. Es hat als verteilungspolitische Maßnahme das Ziel, Haushalten mit niedrigem Einkommen das Mieten einer bedarfsgerechten Wohnung zu ermöglichen. Wenn das Wohngeld die Vermieter in die Lage versetzt, höhere Mieten aufgrund der verbesserten Zahlungsfähigkeit der Wohngeldbezieher durchzusetzen, werden (auch) die Vermieter begünstigt. Kommt es aber zu einer Erhöhung der Mieten, so sind auch diejenigen betroffen, die keinen Anspruch auf Wohngeld haben.

e) Die negative Einkommensteuer[1]

Eines der Hauptprobleme der tatsächlichen Verteilungspolitik ist, dass sie nicht systematisch konzipiert ist, sondern sich historisch zu einer kaum überschaubaren Vielfalt oft widersprüchlicher (und verwirrender) Einzelmaßnahmen ohne Abstimmung entwickelt hat. Diese erstrecken sich über die Bereiche der Sozialversicherungs- und Steuerpolitik, über Transferausgaben in Form von Kindergeld, Sparförderung usw., aber auch über differenzierende Maßnahmen etwa der Preispolitik bei prinzipiell entgeltlich abgegebenen Leistungen (gestaffelte Kindergarten- oder Nahverkehrstarife). Für den Einzelnen ist in den meisten Fällen nicht durchschaubar, wie viel er zu zahlen hat und wie viel er zu empfangen berechtigt ist. Gerade diese Durchschaubarkeit ist aber wichtig für die Umsetzung von Vorstellungen sozialer Gerechtigkeit.

Die große Zahl verteilungspolitischer Einzelmaßnahmen lässt eine **geringe Zieleffektivität** vermuten und deutet auf die schon erwähnte **hohe Verfahrensineffizienz** (vielfache Überprüfungen, Umrechnungen von Anspruchsgrundlagen usw.)[2]. Ferner ist letztlich die angestrebte und tatsächliche Umverteilungswirkung weitgehend unbekannt oder nur unter heroischen Annahmen zu schätzen.

So wundert es nicht, dass die Ergebnisse jener Modellrechnungen unterschiedlich ausfallen, die aus den Tarifen von Einkommensteuer, Kindergeld, vermögenswirksamen Leistungen, Bafög, Kindergartenbeiträgen usw. eine Art **gesetzlichen Umverteilungstarif** feststellen wollen. Ein System ist nicht vorhanden bzw. erkennbar, was (neben den o.g. Fällen) insbesondere in den verschiedenen Einkommensbegriffen, -periodisierungen und personellen Bezugseinheiten zum Ausdruck kommt. Daraus resultieren **Lücken in der sozialen Sicherung, Leistungskumulationen** und **Ungleichbehandlungen gleichartiger bzw. -wertiger sozialer Tatbestände**. Der Transfersaldo als Nettoeffekt des Transfersystems für den einzelnen Haushalt entwickelt sich nicht ohne Sprünge, wie sie in Abb. 10-4 dargestellt sind. Dort liegen bei Y_1 und

---

[1] Ähnliche Überlegungen wurden unter dem Stichwort „Bürgergeld" oder „Bürgereinkommen" angestellt.
[2] Teilweise hindert aber auch ein eigenwillig verstandenes Informationsrecht den Staat, die Grundlagen für Ansprüche an Transfers (als negativen Steuern) in gleicher Weise wie bei der Einkommensteuer prüfen zu können. Auch müssten gleiche strafrechtliche Konsequenzen bei Steuer- und Transferbetrug bestehen.

Y_2 implizite Steuersätze von $\tau > 100\%$ vor. Hierbei ist allerdings auch zu berücksichtigen, dass die einzelnen Abgaben und Transfers verschiedenen Zwecken dienen.

Abb. 10-4 Sprungstellen im verfügbaren Einkommen

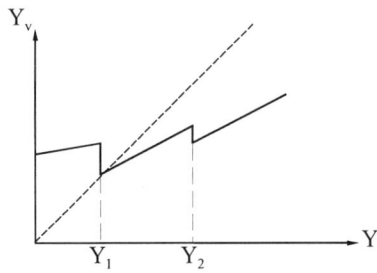

Zur Beseitigung der Mängel der Umverteilungspolitik wurden verschiedene Vorschläge gemacht. Sollen hierbei die einzelnen umverteilungspolitischen Maßnahmen integriert werden, muss es durch die Saldierung von individuellen Belastungen und Begünstigungen zu einem Nettoumverteilungssystem kommen. Einen solchen Versuch in dieser Richtung stellt die **negative Einkommensteuer** (NE) dar. Die Belastung durch die traditionelle Einkommensteuer setzt wegen des Grundfreibetrages und einiger Pauschalen (Y_F) erst bei einem über null liegenden Einkommen ($Y > Y_F$) ein. Ein Bereich mit Steuererstattung (= Transfers als Teil der Einkommensteuer) fehlt aber - vom Verlustausgleich abgesehen. Die NE sieht eine systematische Verbindung von zu leistenden Abgaben und Transferempfang vor, die an der Einkommenshöhe orientiert sind. Das neue Instrument hat mit den bisherigen Maßnahmen gemein, dass
(1) das Nettoeinkommen als arm geltender Personen oder Haushalte ein Mindestniveau erreichen soll und
(2) mit zunehmendem Markteinkommen die empfangenen positiven (Netto-)Übertragungen abnehmen und schließlich negativ werden.

Die einzelnen diskutierten Varianten einer NE weichen in erster Linie durch den Tarifverlauf voneinander ab. In Abb. 10-5 ist eine mögliche Ausgestaltung der NE dargestellt. Auf der Abszisse sind die Erwerbs- und Vermögenseinkommen (Y) abgetragen, auf der Ordinate die jeweiligen verfügbaren Einkommen, die nach Anwendung der NE verbleiben. Auf der 45°-Linie gilt $Y = Y^{verf}$. Die NE setzt regelmäßig mit einem Transfer ein. Angenommen, ein Mindesteinkommen Y_{min} soll gewährleistet sein. Y_{min} kann im Hinblick auf ein verteilungspolitisches Ziel - z. B. Armut zu beseitigen und/oder ein Existenzminimum zu gewährleisten - definiert werden. Es kann weiter, wie bei der Einkommensteuer, vom Familienstand u. ä. abhängen. Bei $Y < Y_{min}$ besteht ein eindeutiger Leistungsanspruch in Höhe von Y_{min}. In Abb. 10-5 nehmen die Transfers (= senkrechte Differenz der Geraden $Y_{min}E$ und der 45°-Linie) mit steigendem Einkommen ab und betragen bei Y_3 null. Die Steuern setzten bei Y_1 ein und sind als senkrechte Differenz der 45°-Linie und der Geraden AC abzulesen.

Wesentliches Problem der Tarifgestaltung eines Steuer-/Transfersystems ist die Wirkung auf die Leistungsanreize. Zusätzliche Leistungen werden nur dann belohnt, wenn über den gesamten Einkommensbereich die Bedingung $\Delta Y^{verf}/\Delta Y > 0$ erfüllt ist. Für $Y < Y_1$ muss insbesondere $\Delta Y - \Delta Tr > 0$ gelten, d. h., die Verringerung der Transfers, also die implizite Steuerbelastung, muss (absolut) stets kleiner als die Zunahme des Markteinkommens sein. Für den Bereich $Y > Y_1$ ist die entsprechende Bedingung $\Delta Y - \Delta T - \Delta Tr > 0$. Es kommt aber nicht nur darauf an, dass die Summe aus expliziter und impliziter Steuer positiv ist, entscheidend ist auch die Höhe der Grenzbelastung, die – so ein häufiger Vorschlag – nicht 50 % der Zusatzverdienste überschreiten sollte.

Abb. 10-5 Negative Einkommensteuer

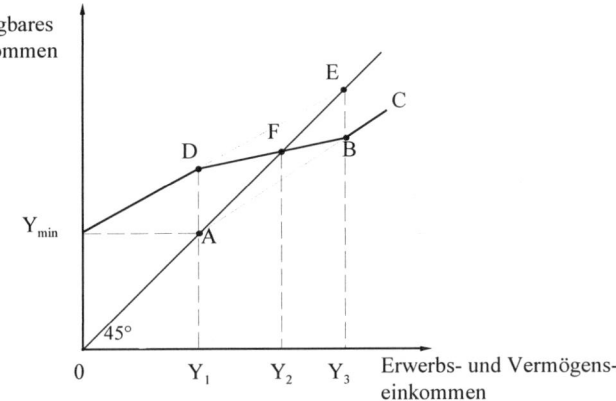

Bei Y_2 findet netto keine Umverteilung statt. Die Kurve der nach Anwendung der beiden Elemente der NE verbleibenden verfügbaren Einkommen ist $Y_{min}DBC$; sie könnte auch in einer in Y_{min} ansetzenden und durch F laufenden linearen oder progressiven Funktion bestehen. Solch einfacher Tarif wurde hier nicht gewählt, um die verschiedenen Elemente der NE deutlicher herausarbeiten zu können.

Sieht man von der Vielzahl von Sonderbedingungen ab, besteht die gegenwärtige deutsche Konstruktion in einem garantierten Mindesteinkommen Y_{min} und der mit Y_1 beginnenden Steuerbelastung, so dass das verfügbare Einkommen den Verlauf $Y_{min}AC$ hat. Weil alle unter Y_1 (= Y_{min}) liegenden Erwerbs- und Vermögenseinkommen aufgefüllt werden, bestehen überhaupt keine Anreize zur Erzielung zusätzlicher Markteinkommen. Das würde durch den Verlauf der Transferkurve $Y_{min}E$ und die volle Anrechnung der Markteinkommen auf die Transfers vermieden.

Die negative Einkommensteuer ist das Konzept einer allgemeinen Mindestsicherung, das unabhängig von Arbeits- und sonstigen Einkommen geleistet wird. Es ist unabhängig von eigenen Beiträgen und wird gebildet, ohne dass Bedingungen wie Alter, Krankheit, Arbeitslosigkeit erfüllt sein müssen. Die Finanzierung erfolgt aus dem allgemeinen Steueraufkommen.

Die Vorzüge des Konzepts der NE – Einfachheit, Transparenz und Anreizkompatibilität[1] – werden mit dem Nachteil erkauft, dass es final, d. h. **nur an einem Ziel (einkommensmäßige Umverteilung) ausgerichtet ist**. Die Kompliziertheit des gegenwärtig bestehenden Abgaben/Transfersystems resultiert aber auch aus der Komplexität der Ziele (Ursachen). Ist man der Meinung, dass mehrere, unter Umständen miteinander konkurrierende Ziele parallel verfolgt werden sollen, wird wahrscheinlich eine Transferpolitik „aus einem Guss" nicht möglich sein. In der Regel erstreckt sich der Grundgedanke der negativen Einkommensteuer nur auf steuerfinanzierte Transferzahlungen. In einem System der sozialen Sicherung, wie es in Deutschland existiert, entfallen indessen rund drei Viertel des Volumens monetärer Transfers auf beitragsfinanzierte Leistungen, deren tragende Grundsätze mit den Gestaltungsprinzipien einer NE in ganz wesentlichen Punkten scheinbar nicht zu vereinbaren sind (Klanberg 1982, S. 141), selbst wenn die Grundsätze (z. B. intertemporale Umverteilung, Äquivalenzprinzip) vielfältig durchbrochen sind. Der Übergang zu einer NE erfordert daher eine Reihe grundsätzlicher Entscheidungen, selbst wenn die Elemente des Vorschlags bereits vorliegen.

„Eine solche Regelung wäre nur eine Bestätigung des in der Sozialhilfe bereits verankerten Prinzips, daß die Gemeinschaft ihren bedürftigen Mitgliedern verpflichtet ist. Insofern stellte die Einführung einer negativen Einkommensteuer keineswegs eine Abwendung von bereits praktizierten verteilungspolitischen Grundsätzen, sondern nur eine Konkretisierung dieser Grundsätze dar. Der vielleicht größte Unterschied zwischen einer solchen Regelung und der bereits praktizierten Sozialhilfe bestände in der völligen Aufgabe des Ursachenprinzips als Kriterium für Sozialhilfeleistungen. Ein zu niedriges Einkommen würde unabhängig von der Ursache einen Anspruch auf eine Zuwendung begründen" (Roberts 1980, S. 282/283). Allerdings ist zu beachten, dass mit der NE auch das Subsidiaritätsprinzip abgeschafft würde, das zunächst Familienangehörigen und erst in zweiter Linie dem Staat Leistungsverpflichtungen bei Einkommenslosigkeit oder besonders niedrigem Einkommen auferlegt. Schließlich werden die Kosten einer Einführung der NE als hoch angesehen, weil Steuerzahler im erheblichen Ausmaß Transferempfänger werden. Andererseits ruft die Maßnahme möglicherweise über die Bildung eines Niedriglohnsektors positive Beschäftigungseffekte hervor.

Zu fragen ist weiter, ob systematische Verteilungspolitik statt auf Jahreseinkommen auf Lebenseinkommen abstellen sollte. Da das Lebenseinkommen erst nach dem Lebensende feststellbar ist, kann eine darauf abstellende Umverteilungspolitik nur fortschreitend an den Jahreseinkommen anknüpfen. Hierbei sind verschiedene Probleme zu lösen, so unter anderem Unterschiede in Verlauf und Zusammensetzung der Lebenserwerbseinkommen, Vergleichbarmachung unterschiedlich langer Erwerbsphasen durch Diskontierung, Veränderungen in der Zusammensetzung der Haushalte, intertemporale Tarifgestaltung[2].

---

[1] Siehe hierzu auch die Ausführungen zur Sozialhilfe in Kapitel 11.9.
[2] In einem von Mitschke 1985, 1995 ausgearbeiteten und von Engels u. a. 1986 als „Bürgergeld" empfohlenen Konzept werden Elemente der NE und der Besteuerung des laufenden Konsums und

4. Beeinflussung von Preisniveau und -struktur

Höhe und Struktur der verschiedenen Faktoreinkommen, insbesondere Lohn- und Renditeniveau, werden durch Steuern und Subventionen der Unternehmen beeinflusst. Ob und wie sie die **Preisstruktur** und das **Preisniveau** verändern, hängt von den Reaktionen der Unternehmen ab. Während Steuern und Transferzahlungen der privaten Haushalte deren (nominell) **verfügbares Einkommen** verändern, wirken bei den Unternehmen ansetzende finanzpolitische Maßnahmen auf das **Real**einkommen der verschiedenen Haushaltsgruppen dadurch indirekt, dass über Preisniveaueffekte ihre Kaufkraft verändert wird. Entscheidend für den Erfolg der mit verteilungspolitischem Ziel an die Unternehmen geleisteten Subventionen ist mithin, ob diese in gewünschtem Ausmaß an die Endverbraucher weitergegeben werden. Wie im 15. Kapitel gezeigt wird, ist der Preiseffekt als Folge der Subventionen um so stärker, je elastischer das Angebot und je unelastischer die Nachfrage sind. Subventionen können auch an die Unternehmen mit der Auflage gezahlt werden, die eintretenden Kosteneinsparungen im Preis an die Verbraucher weiterzugeben. Die gleiche Wirkung tritt ein, wenn der Staat selbst als Anbieter auftritt und die Güter und Dienstleistungen insbesondere ohne Gewinnspanne bzw. sogar zu nichtkostendeckenden Preisen an die privaten Haushalte verkauft.

Andererseits können die Bezieher höherer Einkommen durch Maßnahmen belastet werden, die die Preise jener Güter beeinflussen, die speziell in ihren Begehrskreis fallen. Hier kommen insbesondere **Luxussteuern** in Betracht, die allerlings ebenso wie Subventionen einer Reihe von Problemen ausgesetzt sind. Die Maßnahmen sind mit hohem Verwaltungsaufwand verbunden, und es ist umstritten, welche Güter jeweils besonders zu be- oder entlasten sind. Die Wirkungen beider Maßnahmen hängen von der Einkommensverwendung der privaten Haushalte ab. „Zwar besteht eine gewisse Abhängigkeit der Ausgaben für bestimmte Güter und Dienstleistungen von der Einkommenshöhe (Engelsches und Schwabsches Gesetz); jedoch variieren die Ausgaben auch in starkem Maße mit den individuellen Präferenzen, - und zwar um so stärker, je mehr die Einkommen das Existenzminimum überschreiten - so dass eine gezielte Umverteilungswirkung nur bedingt zu erreichen ist" (Albers 1980c, S. 308).

Zu fragen ist auch, welche Verteilungswirkungen durch staatlich-administrierte Preise zu erreichen sind. Vermutlich wird das Ziel einer besonderen Förderung und Begünstigung einkommensschwacher Bevölkerungsgruppen hierdurch nicht erreicht. Entweder müssten sehr beträchtliche Preisdifferenzierungen oder ein umfassendes System von Preissenkungen und -erhöhungen je nach Verbrauchsanteilen einkommensunterschiedlicher Haushaltsgruppen durchgesetzt werden. Solche zielgruppengerichtete Verteilungspolitik ist aber über Preisdifferenzierung kaum zu erreichen. Daraus folgt: Eine Bereinigung des Zielsystems von verteilungspolitischen Auflagen würde dazu beitragen, die Wirtschaftsführung der öffentlichen Unternehmen, die gegenwärtig durch den fortdauernden Konflikt von Gemeinwirtschaftlichkeit und Eigenwirtschaftlichkeit belastet ist, effizienter zu gestalten. Komplizierte und zum Teil noch

---

der Besteuerung des Lebensendvermögens verbunden. Auch hier geht es um eine an das Lebenseinkommen anknüpfende Umverteilungspolitik.

wenig leistungsfähige Erstattungssysteme, mit denen sozialpolitisch begründete Preisnachlässe abgegolten werden sollen, würden entbehrlich (Baum 1978).

Mit Subventionen wird nicht zugunsten derjenigen diskriminiert, die die verbilligten Güter kaufen sollen, sondern zugunsten aller, die diese Güter tatsächlich kaufen. Das Zurechtschneiden auf bestimmte Personen- und Haushaltsgruppen erfordert besondere Regelungen (Zugangssperren u. ä.). Das bedingt eine Marktspaltung, durch die erreicht werden muss, dass die Güter mit staatlich beeinflussten Preisen nur den angestrebten Personenkreis treffen. Die dafür erforderlichen Kontrollen sind aufwendig, und das Verfahren verleitet zum Missbrauch.

Faktisch zeigt sich im Übrigen, dass in verschiedenen Jahren gerade staatliche Maßnahmen wie Steuererhöhungen, Zuzahlung zu Medikamenten u. a. preisniveauerhöhend gewirkt haben. Das trifft auch auf die administrierten Preise und genehmigungspflichtigen Tarife zu. Um deren Wirkung auf das Preisniveau zu messen, hat der Sachverständigenrat einen Index staatlich administrierter Verbraucherpreise konstruiert. Hierbei werden nur Preise aufgenommen, die auch im Preisindex der Lebenshaltung berücksichtigt und gesondert ausgewiesen werden[1]. „Staatliche Preisbeeinflussung geschieht nicht nur über eine direkte Festsetzung der Preise, sondern auch indirekt über Vorschriften für die Produktherstellung und Produktgestaltung, wie beispielsweise Normierungen, Regulierungen hinsichtlich Produktqualität und Produktsicherheit oder Umweltauflagen". In den Index werden „allein die Verbrauchsgüter aufgenommen, auf deren Preissetzung der Staat unmittelbar und in einem deutlich stärkeren Maße als bei anderen Gütern Einfluss ausübt". Auswirkungen einer Veränderung des Mehrwertsteuersatzes oder der staatlichen Gestaltung der Sozialausgaben gehen in den Index nicht ein.

Das gilt z. B. für Sozialwohnungen. Das Angebot öffentlich geförderter Sozialwohnungen kommt nur durch entsprechende Subventionen an die Anbieter und die Zuweisung nur durch sogenannte **administrative Belegungsbindungen** zustande. Eine derartige Wohnraumzuteilung kommt nie ausschließlich dem berechtigten Personenkreis zugute und ist daher in der Regel sozial ungerecht. Im Übrigen sind Maßnahmen nicht notwendig sozial gerecht, nur weil sie zielgruppenbezogen sind. Sowohl die der Mietpreisbindung zugrunde liegenden unterschiedlichen nominalen Baukosten der verschiedenen Jahre als auch die historisch unterschiedlichen Subventionsmodalitäten haben zu einer weiten Spanne von „Sozialmieten" geführt. Die Verteilungswirkungen einer solchen ungezielten Marktspaltung sind großen Teils willkürlich[2] (Wissenschaftlicher Beirat beim BMWi, 1979, S. 18). Die unterschiedlichen Mieten je nach Baujahr haben ihr Pendant in allen jahrgangsabhängigen Maßnahmen, z. B. indem nach Eingangsjahr unterschiedlichen Einstellungs- und Beförderungschancen.

Offene Transferzahlungen können dagegen auf den zu begünstigenden Personenkreis beschränkt und in ihrer Höhe dem angestrebten Ziel angepasst werden, wobei

---

[1] Vgl. im Einzelnen JG 1999/2000, Anhang IVB.
[2] Auch die Allokationswirkungen sind negativ zu beurteilen. Sie bestehen in unzureichenden Anreizen zum Wohnungsbau.

allerdings die Anspruchsvoraussetzungen zu überprüfen sind. Es spricht also einiges dafür, eine auf das Einkommen oder Vermögen abstellende Politik **direkt** an diesen Größen auszurichten. Das trifft auch auf die im Folgenden behandelten Realtransfers zu, deren Abgrenzung zu den verwendungsgebundenen Transfers/Subventionen fließend ist.

5. Realtransfers

Die unentgeltlich abgegebenen öffentlichen Leistungen (**Realtransfers**) des Staates können schichtenspezifisch in der Nutzung variieren. Daraus resultieren Verteilungswirkungen. Die aus der Kombination von Steuern und Transfers/Subventionen ausgelösten Umverteilungswirkungen könnten verstärkt oder kompensiert werden, je nachdem, ob die Leistungen stärker von Schichten mit unter/überdurchschnittlich hohem Einkommen in Anspruch genommen werden. Wenn etwa das öffentliche Bildungsangebot von Beziehern überdurchschnittlicher Einkommen bevorzugt genutzt wird, tritt für diese Schichten real ein stärkerer Entlastungseffekt als für untere Schichten ein. Bei freiem Zugang aller zu den angebotenen Leistungen ist kaum zu erwarten, dass sich eine gezielte Verteilungswirkung erreichen lässt. Das gleiche Problem stellt sich bei den individuell, aber zu nicht kostendeckenden Preisen von der öffentlichen Hand angebotenen Gütern. In diesen Fällen wird das Defizit des Anbieters durch Zuschüsse gedeckt, die aus allgemeinen Steuermitteln finanziert werden.

Bei einem Vergleich der „im allgemeinen hoch subventionierten Theater mit nicht subventionierten Filmtheatern oder Bowlingbahnen, ergibt sich aufgrund der Tatsache, dass die stärker von wohlhabenden Bürgern besuchten Freizeiteinrichtungen subventioniert werden, die typischen Freizeitveranstaltungen des ‚kleinen Mannes' dagegen nicht, eine Umverteilung zugunsten der Bezieher höherer Einkommen. Unter den vorherrschenden verteilungspolitischen Zielsetzungen wäre eine solche Maßnahme nicht zu rechtfertigen. Trotzdem kann eine solche Maßnahme unter anderen Zielsetzungen, wie z. B. der Erhaltung von Kulturgütern und der Förderung ihrer Träger, gerechtfertigt sein. Hier zeigen sich die Grenzen einer nur am Verteilungsziel orientierten Betrachtung"[1].

Insbesondere in den Westeuropäischen Staaten werden heute wesentliche Teile des Kulturangebots von öffentlichen Stellen bereitgestellt. Dabei spielen in Staaten mit föderalem Aufbau vor allem die mittlere und die untere Ebene eine Rolle: Eigentümer von Theatern, Orchestern und Musikrevuen sind weitgehend Länder und Gemeinden. Da diese Einrichtungen ihre Kosten in der Regel bei Weitem nicht einspielen, werden sie zu großen Teilen aus Steuermitteln subventioniert. Aber auch private Theater erhalten teils erhebliche Subventionen.

Verteilungspolitisch richtig wäre, die öffentliche Unterstützung kultureller Aktivitäten nicht in Form direkter Subventionen an öffentliche Unternehmen vorzunehmen. Man kann z.B. an die Bürger(innen) mit niedrigem Einkommen Gutscheine (Vouchers) ausgeben, wel-

---
[1] Das Folgende beruht auf Frey/Kirchgässner 1994, S. 283 ff.

che zum verbilligten Eintritt in kulturelle Veranstaltungen berechtigen. Diese Gutscheine könnten auch veräußert werden. Damit würde neben der Subventionierung tatsächlich ein Umverteilungseffekt erreicht. Gleichzeitig würden diejenigen Aktivitäten subventioniert, die den Präferenzen der Bürger entsprechen.

Unter demokratischen Aspekten ist es fragwürdig, dass eine kulturelle Elite bestimmen soll, was öffentlich förderungswürdige Kultur ist und was nicht. Allerdings hat sich z. B. beim Vergleich amerikanischer (privater) und europäischer (öffentlicher) Opernhäuser gezeigt, dass deren Spielpläne nahezu identisch sind.

Die garantierte Übernahme des Defizits durch öffentliche Haushalte hat, wie z. B. anhand der Salzburger Festspiele gezeigt werden konnte, gerade auch im Bereich des kulturellen Angebots zu erheblicher Verschwendung geführt. Diese Verschwendung äußert sich nicht nur in aufwendigen Ausstattungen wie kostspieligen Bühnenbildern, sondern z. B. auch in zu hohen Gagen für die beteiligten Künstler: Sie erhalten für die gleiche Leistung (z. B. die gleiche Rolle und die gleiche Zahl der Aufführungen) z. T. erheblich höhere Gagen als bei Veranstaltungen, bei denen die Budgetrestriktionen schärfer greifen.

6. Grenzen der Umverteilung

Bei jedem Versuch der staatlichen Umverteilung stellt sich die Frage, ob sie gelingt, da die verschiedensten Anpassungen an wirtschaftspolitische Maßnahmen möglich sind, durch die Umverteilungsmaßnahmen konterkariert werden können - z. B. durch (nicht erwünschte) Überwälzung. Durch Umverteilung kann aber auch bewirkt werden, dass die Verteilungsmasse (Inlandprodukt) so beeinträchtigt wird, dass nicht nur die zielgemäß diskriminierten Wirtschaftssubjekte, sondern alle nach der Umverteilung schlechter als zuvor dastehen. Damit ist bereits eine Grenze der Umverteilung angedeutet.

Der Umverteilungsprozess hat eine Grenze in den von ihm verursachten Kosten. Sie kann als erreicht gelten, wenn
• die Steuern zur Finanzierung der Maßnahmen so hoch geworden sind, dass es zu größeren disincentives kommt, die Leistungen also gesenkt und damit der gegenwärtige und künftige Konsum reduziert werden;
• die Steuerpflichtigen den Belastungen durch illegale Handlungen ausweichen (Schattenwirtschaft, insbesondere Schwarzarbeit; Steuerhinterziehung) oder unbesteuerte Aktivitäten in erheblichem Umfang wählen und
• die vom Staat geleisteten Übertragungen so hoch sind, dass sie Missbräuche stimulieren;
• die Verwaltungskosten des Umverteilungsprozesses im Verhältnis zu den Umverteilungswirkungen unverhältnismäßig hoch sind.

Die negativen Anreize weisen auf Zielkonflikte hin. Opportunitätskosten können in Beeinträchtigungen von Wachstum, hoher Beschäftigung, Preisniveaustabilität, aber auch in der Verteilung (darunter insbesondere in der sozialen Mobilität) bestehen.

Absolute Grenzen der Besteuerung bzw. der Umverteilung liegen vor, wenn trotz steigender Steuersätze das Steueraufkommen nicht zu-, sondern abnimmt („Swiftsches Steuereinmaleins", neuerdings auch „Laffer-Effekt" genannt[1]). Dann haben die Reaktionen der Belasteten zu einem Sinken des Steueraufkommens geführt. Wenn Einkommensdifferentiale für mehr oder qualitativ höherwertige Leistungen verantwortlich sind, bedeutet eine Einkommensangleichung, dass die Anreize zu solchen Leistungen verlorengehen oder reduziert werden: Es ist ökonomisch unter Umständen zweckmäßig, weniger und schlechter zu arbeiten und keine langwierigen Ausbildungsphasen in Anspruch zu nehmen. Bei sinkenden (Netto-)Ertragsraten können die Investitionsneigung und die Sparquote sinken. Risikoreiche Entscheidungen werden unterlassen, wenn die hieraus resultierenden Vorsprungsgewinne für Pionierleistungen egalisiert werden.

Negative Effekte sind insbesondere zu erwarten, wenn die Erträge bzw. Einkommen nicht mehr zur Zahlung der Steuern ausreichen und die Substanz belastet wird. Dies gilt speziell für alle vermögensabhängigen Steuern, aber auch für inflationsbedingte Substanzverluste (z. B. bei der Einkommensteuer).

Welches Ausmaß an Umverteilung lässt der politische Prozess erwarten? Die Wähler werden im eigenen Interesse abstimmen. Da das Einkommen des Medianwählers kleiner als das Durchschnittseinkommen ist, kann der Medianwähler Nettoerträge erwarten, wenn die über dem Durchschnitt liegenden Einkommen umverteilt werden. Politiker wollen Wähler in der Nähe des Medianwählers anziehen, indem sie Erträge anbieten, die für die über dem Median liegenden Einkommen Nettokosten darstellen. Bürger mit niedrigerem Einkommen scheinen daher die politische Macht zu haben, Reicheren umverteilende Steuern aufzuerlegen. Die aggressive Ausübung der Mehrheitsmacht kann somit zu stärkerer Gleichverteilung nach Steuern und Transfers führen. Tullock hat darauf hingewiesen, dass bei einem Mehrheitsverfahren die unteren 51% der Einkommensbezieher die oberen 49% ausbeuten können.

Woran liegt es, dass diese Situation noch nicht eingetreten ist (Paradoxon der Umverteilung)? Die ausgeprägte linkssteile Verteilung der Leistungseinkommen – dichte Besetzung der unteren und dünne Besetzung der oberen Einkommensgruppen – kann die Umverteilungsmöglichkeiten begrenzen, „denn die hohen Einkommen allein reichen nicht aus, um die gewünschte Besserstellung der Bezieher niedriger Einkommen zu erreichen; da man andererseits bei einem Heranziehen von Einkommensbeziehern in dichter besetzten Einkommensgruppen, die auch Facharbeiter mit umfassen, einen zu großen politischen Widerstand befürchtet, bleibt die steuerlich bewirkte Umverteilung insgesamt hinter dem an sich angestrebten Ziel zurück" (Albers 1980a, S. 212).

Bedeutung kann aber auch der Umstand haben, dass sich der Medianwähler in der unteren Mittelklasse befindet. Diese Gruppe dürfte wenig Neigung zu großer Umverteilung zeigen. Das mag an den eigenen Aufstiegserwartungen bzw. -wünschen liegen, deren Erfolgsmöglichkeit durch zu hohe Umverteilung beeinträchtigt werden kann. Ist

---

[1] Swift hat 1728 beobachtet und beschrieben, wie eine Erhöhung der Zölle auf Seide und Wein das Steueraufkommen eher fallen ließ, weil Schmuggel und Bannbruch plötzlich überhand nahmen.

die Chance des sozialen Aufstiegs gewährt, können die Einkommensunterschiede auch toleriert werden. Bei fehlender Umverteilung ist allerdings auch die Möglichkeit für eigenes Absinken größer, so dass zumindest ein geringes Maß an Umverteilung erwünscht sein dürfte.

Für das Ausmaß der Umverteilung kann auch die Kontrolle der Ressourcen eine wesentliche Dimension im politischen Prozess spielen. Ressourcen sind erforderlich zur politischen Organisation, Informationsbeschaffung, -verarbeitung und -verbreitung an potenzielle Wähler. Hinzu kommt, dass verteilungspolitische Maßnahmen auf verschiedene Aspekte und Zielgruppen ausgerichtet sind und Wahlentscheidungen nicht nur verteilungsbezogen erfolgen müssen. Ein Großteil der Umverteilung spielt sich ferner innerhalb der mittleren Einkommensklasse ab, wobei die Stärke der einzelnen Gruppen darin für das Ergebnis des Verteilungsprozesses bedeutsam sein dürfte.

Breyer/Ursprung (1998) weisen darauf hin, dass die über dem Durchschnitt liegenden Einkommensbezieher die zwischen Median- und Durchschnittseinkommen liegenden Wähler bestechen könnten, um für ihren eigenen Bereich von größerer Umverteilung verschont zu werden. Ausdruck hierfür könnten z. B. steuerliche Vergünstigungen bei Eigenheimen oder Subventionierung von Gütern des Mittelklasseverbrauchs (Theater, Oper, Studiengebühren) sein.

Die widersprüchlichen Umverteilungselemente in nahezu jedem öffentlichen Programm zeugen jedenfalls von der Rücksichtnahme auf viele Gruppen, die sich befriedigt fühlen sollen. Weil weitgehend die Kenntnis der bestehenden Verteilung und der Wirkungen verteilungspolitischer Maßnahmen fehlt[1], dürften viele Bürger falsche Vorstellungen von der Umverteilung haben. Hierbei ist von Bedeutung, ob man auf die Wirkungen oder auf die eingesetzten Mittel abstellt:

Die insgesamt von der Politik des Staates ausgehenden Nivellierungswirkungen sind sehr viel geringer, als der Umfang der zum Zwecke der Umverteilung eingesetzten Mittel vermuten lässt. Ginge man davon aus, dass die im „Sozialbudget" erfassten Finanzmittel in etwa das Ausmaß der von der Regierung und von den Bürgern **erwünschten Umverteilungswirkungen** widerspiegeln, dann dürfte das Ausmaß der **erreichten** Nivellierungswirkungen deutlich unterhalb des erwünschten Nivellierungsausmaßes liegen. „Diskutiert man das Ausmaß der von Staat eingesetzten verteilungspolitischen **Mittel,** so kann man durchaus zu dem Ergebnis kommen, dass die staatliche Umverteilungspolitik die ‚vertretbare Obergrenze überschritten hat, dass ‚die Grenzen des Sozialstaates erreicht sind, während man **gleichzeitig** den Differenzierungsgrad der bestehenden personellen Einkommensverteilung für zu hoch, die durch den Staat erreichten Nivellierungswirkungen für zu gering hält. Ein Großteil der Meinungsverschiedenheiten in der Frage eines weiteren Ausbaus des Sozialstaates dürfte hierin begründet liegen: Dass nämlich die Kritiker das Ausmaß der eingesetzten **Mittel,** die Befürworter das Ausmaß der erreichten **Wirkungen** ansprechen, beide jedoch zum Teil dasselbe meinen: eine relativ **geringe Effizienz** der staatlichen Umvertei-

---

[1] Das dürfte politisch durchaus erwünscht sein, um die verschiedenen Interessengruppen im Glauben an besondere Vergünstigungen, Nichtbenachteiligungen usw. zu halten.

lungspolitik im Hinblick auf das Ziel einer stärkeren Nivellierung der personellen Einkommen" (Knappe 1980, S. 26).

Auch kann gerade die Befürchtung des oben angesprochenen Konflikts zwischen Effizienz und Umverteilung (Gefährdung des Wachstums) den Wunsch nach Nivellierung begrenzen, was aber entsprechendes Verständnis der relevanten Wähler voraussetzt.

Schließlich sind die Ziele der Repräsentanten als selbst von der Umverteilung Betroffene zu beachten. Sie befinden sich selbst in den höheren Einkommensklassen, was ihr Umverteilungsziel offenbar insgesamt (und darüber hinaus insbesondere bezüglich der eigenen Gruppe) merklich beschränkt. Entsprechendes gilt zumindest für die Spitzen der an den Entscheidungen mitwirkenden Bürokratie. Gleichzeitig wird versucht, durch Sonderregelungen für Parlamentarier, politische Beamte u. ä. sich selbst aus dem Umverteilungsprozess auszunehmen (z. B. Steuerfreiheit für Diäten, besondere Alterssicherung u. ä.).

Es dürfte also Umverteilungen zu Lasten der „Reichen" geben, ohne dass allerdings in entsprechendem Umfang die „Armen" begünstigt werden.

Literatur zum 10. Kapitel

Einen guten Überblick über Determinanten der personalen Verteilung und damit Ansatzpunkte einer Verteilungspolitik liefert Grüske (1985, insbesondere 3. Kapitel).

Zu den Möglichkeiten finanzpolitischer Verteilungspolitik siehe Albers (1980c, 1982b), Andersen (1976), Krause-Junk (1977), Brümmerhoff (1977) und Bohnet (1999). Die (Um-)Verteilungspolitik in der Bundesrepublik stellen Albers (1982b, c) und die Transfer-Enquête-Kommission (1981) dar. Zur Einkommensumverteilung im Rahmen der Einrichtungen der sozialen Sicherheit siehe Schmähl (1977).

Zur Bestimmung der Steuern für die Umverteilung siehe Wulf (1983), der Transfers Albers (1977a) und der Subventionen Hansmeyer (1977).

Die Beeinflussung der Vermögensverteilung untersuchen Fecher (1974), Föhl (1958/59, 1964) und Pohmer (1981); speziell zur Erbschaftsbesteuerung als Instrument siehe Oberhauser (1974, 1980a) und Steden (1980). Eine umfassende Darstellung vermögenspolitischer Maßnahmen geben Boettcher u. a. (1985) und Althammer (1997).

Erklärungen der Umverteilung liefert Knappe (1980), Grenzen der Umverteilung behandeln Collard (1980), Albers (1982c,e) und Grüske (1985, 14. Kap.).

Das Konzept der negativen Einkommensteuer stellen Koch (1981), Metze (1982) und Pfähler (1972) mit Literatur zur amerikanischen Diskussion und zu Experimenten in verschiedenen US-Bundesstaaten dar; eine Variante ist die „Bürgersteuer", die von Engels u. a. (1975, 1986) konzipiert und eingehend von Mitschke (1985) analysiert wird. Zu Transfers im Bereich der sozialen Mindestsicherung siehe Klanberg/Prinz (1986).

Zum Staat als Arbeitgeber und als Auftraggeber siehe Andel (1983b), Bös (1977a, S. 848-854), Ehrlicher (1977, S. 784-792), Gandenberger (1980a) und Mackscheidt/Steinhausen (1977).

11. Kapitel
Theorie und Politik der sozialen Sicherung

1. Umfang und Struktur der sozialen Sicherung in Deutschland

Im Rahmen der gesamten finanzwirtschaftlichen Aktivität des Staates spielen die Einnahmen und Ausgaben der sozialen Sicherung eine besondere Rolle. Bereits im 2. Kapitel wurde gezeigt, dass gerade dieser Bereich maßgeblich zum Anstieg der Staatsquote beigetragen hat. Die entsprechenden Ausgaben („Sozialleistungen") und Einnahmen finden ihren Niederschlag im **Sozialbudget**[1], das allerdings neben öffentlichen auch Maßnahmen der Unternehmen zur sozialen Sicherung enthält. Beim Staat umfasst es insbesondere die Sozialversicherung und die Sozialhilfe, aber z. B. auch die Maßnahmen zur Vermögensbildung der Arbeitnehmer oder Steuer- und Zinsermäßigungen aus sozialen Gründen werden erfasst. Tab. 11-1 zeigt die Zusammensetzung des Sozialbudgets hinsichtlich der Leistungen nach Institutionen, Funktionen und der Finanzierungsarten.

Hierbei ist zu beachten, dass die Sozialleistungen im Sozialbudget auch manche Arten von Steuerermäßigungen[2] enthalten. Bezieht man die so abgegrenzten Sozialleistungen auf das Bruttoinlandsprodukt, ergibt sich eine **Sozialleistungsquote**[3], die 26,5 % (1970) und 33,3 % (1998) ausmachte. Innerhalb des Bereichs der sozialen Sicherung kommt der Sozialversicherung eine besondere Bedeutung zu. Sie betrug 1998 rd. 88 % der gesamten Sozialleistungen.

Im Sozialbudget werden die gesamten der sozialen Sicherung dienenden (insbesondere öffentlichen) Einnahmen und Ausgaben dargestellt. Der Haushaltsplan des Bundes weist dagegen im Bereich der Sozialversicherung nur die Ströme aus, die zwischen Bund und Sozialversicherungsträgern fließen, d. h. insbesondere Zuschüsse des Bundes. Eine Bruttoveranlagung der Einnahmen und Ausgaben der Sozialversicherungen findet im Bundeshaushalt nicht statt. Die Sozialversicherungen sind Parafiski mit einer gewissen Unabhängigkeit vom staatlichen Haushaltsgebaren.

In diesem Kapitel werden einige Aspekte der Sozialversicherung, d. h. der gesetzlichen Renten-, Kranken-, Arbeitslosen-, Pflege- und Unfallversicherung behandelt. Auch auf die Sozialhilfe als weiterer Bereich der sozialen Sicherung wird kurz eingegangen.

---

[1] Es ist kein Budget im Sinne eines öffentlichen Haushaltsplans, sondern Teil des Sozialberichts der Bundesregierung.
[2] Hierzu wird im Rahmen des Sozialbudget z. B. auch das Ehegatten-Splitting gerechnet.
[3] Die **Sozialausgabenquote** schließt hiervon abweichend im Zähler regelmäßig nur die **öffentlichen** Ausgaben ein, die auf Basis der VGR oder der Finanzstatistik zugrunde gelegt werden.

Tab. 11-1 Das Sozialbudget in Mrd. DM (%)[1]

	1970		1980		1990		1997	
Insgesamt	175,8		474,1		731,5		1256,1	
Leistungen nach Institutionen								
Rentenversicherung	51,7	(29,4)	141,5	(29,8)	227,5	(31,1)	384,7	(30,6)
Krankenversicherung	25,3	(14,4)	89,0	(18,8)	150,6	(20,6)	244,5	(19,5)
Arbeitsförderung	3,6	(2,0)	22,9	(4,8)	51,4	(7,0)	142,6	(11,4)
Pflegeversicherung[2]							29,3	(2,3)
Kindergeld	2,9	(1,6)	17,2	(3,6)	14,5	(2,0)	0,4[3]	(0,0)
Beamtenrechtliches System	24,0	(13,7)	46,3	(9,8)	64,1	(8,8)	89,6	(7,1)
Übrige	68,3	(38,9)	157,3	(33,2)	223,4	(30,5)	365,0	(29,1)
Leistungen nach Funktionen								
Alter/Hinterbliebene	73,9	(42,0)	188,3	(39,7)	294,3	(40,2)	452,7	(36,0)
Gesundheit	50,9	(29,0)	152,1	(32,1)	250,8	(34,3)	418,7	(33,3)
Ehe und Familie	31,7	(18,0)	71,7	(15,1)	93,0	(12,7)	169,2	(13,5)
Beschäftigung	5,9	(3,4)	78,8	(16,6)	62,1	(8,5)	169,4	(13,5)
Übrige	15,5	(8,8)	33,2	(7,0)	31,3	(4,3)	46,1	(3,7)
Finanzierung nach Arten								
Insgesamt	186,2		493,6		771,7		1294,2	
Beiträge der								
- Versicherten	42,1		22,6		124,4	(25,2)	222,5	(28,8)	404,3	(31,2)
- Arbeitgeber	66,6		35,8		184,9	(37,4)	298,0	(38,6)	440,2	(34,0)
Zuweisungen	74,0	(33,7)	177,5	(36,0)	238,3	(30,9)	421,4	(33,2)
Sonst. Einnahmen	3,6	(1,9)	6,8	(1,4)	13,0	(1,7)	20,5	(1,6)

[1] Bis 1980 früheres Bundesgebiet, ab 1990 2. Halbjahr Deutschland.
[2] Leistungen seit 1995.
[3] Ab 1996 Kindergeld nach dem Bundeskindergeldgesetz.

Quelle: Bundesministerium für Arbeit und Sozialordnung, Statistisches Taschenbuch '98, Tab. 7.1 ff.; Sozialbericht 1997, Tab. I-3.1 und Tab. I-4.1.

2. Gestaltungsprinzipien der sozialen Sicherung

Die soziale Sicherung der privaten Haushalte kann unterschiedlich gestaltet werden. In der Regel werden mehrere allgemeine Prinzipien unterschieden, die auch bei der institutionellen Abgrenzung und Beziehung der einzelnen Bereiche der sozialen Sicherung zugrunde gelegt werden:
- das Subsidiaritätsprinzip,
- das Final- und das Kausalprinzip und
- das Versicherungs-, das Versorgungs- oder das Fürsorgeprinzip.

11. Kapitel: Theorie und Politik der sozialen Sicherung

Das **Subsidiaritätsprinzip** betont die Selbstverantwortung des Menschen und der kleineren Gemeinwesen. Es besagt, dass immer das kleinste, personennächste Kollektiv, welches die jeweilige Aufgabe bewältigen kann, vorrangig zuständig sein sollte. Übergeordnete größere Gemeinwesen sollen nur dann Aufgaben übernehmen, wenn die kleineren Kollektive diese nicht (mehr) bewältigen können[1].

Gestaltungselemente im System der sozialen Sicherung können ferner das Finalprinzip und das Kausalprinzip sein. Beim **Finalprinzip** geht es darum, bestimmte Tatbestände (z. B. Einkommenslosigkeit) so zu gestalten, dass unabhängig von der Verursachung der gleiche Endzweck erreicht werden kann. So ist die Sozialhilfe weitgehend am Finalprinzip orientiert. Der Hilfebedürftige erhält Unterstützung aufgrund des einzigen Tatbestandes Hilfsbedürftigkeit, unabhängig davon, welche Ursache dafür verantwortlich ist. Demgegenüber steht das **Kausalprinzip**, welches in der Sozialversicherung angewendet wird. Es stellt auf die Ursachen bestimmter individueller Schäden oder Notstände ab. Durch einzelne Tatbestandsmerkmale (Alter, Krankheit, Unfall, Arbeitslosigkeit, Pflegebedürftigkeit) wird ein bestimmter Sicherungsbedarf festgestellt und durch die zuständigen Institutionen gedeckt. Ein nach dem Kausalprinzip aufgebautes System versucht individuelle Schäden und Notstände fallweise auszugleichen.

Das **Versicherungsprinzip** liegt bei strikter, versicherungsmathematischer Äquivalenz von Beitrags- und Leistungskapitalwerten vor. Derjenige, der Beiträge zahlt, erhält – unabhängig von seiner materiellen Situation – bei Eintritt des Versicherungsfalls bestimmte, feststehende Geldleistungen. Die Leistungen der Versicherung sind folglich an Gegenleistungen (Beiträge) geknüpft. Das Fehlen dieser Beitragszahlungen, und die vollständige Finanzierung aus dem Steueraufkommen, sind wesentliche Gestaltungselemente beim **Versorgungsprinzip** (Beispiel: Kriegsopferversorgung). Der Einzelne hat einen Rechtsanspruch gegenüber dem Staat auf feste Bezüge ohne eigene Beitragszahlungen. Das Versorgungsprinzip sichert insbesondere die Gewährleistung der Grundbedürfnisse für jedes Mitglied der Gesellschaft, das einen Anspruch auf Ausgleich für (vermutete) Nachteile, Schäden oder Opfer hat, die der Einzelne auf sich nehmen musste. Ein Sonderfall des Versorgungsprinzips stellt die Beamtenversorgung dar. Sie wird mit dem besonderen Treue- und Dienstverhältnis zwischen Staat und Beamten gerechtfertigt. Beim **Fürsorgeprinzip** (Beispiel: Sozialhilfe) werden Leistungen nur in bestimmten Notlagen nach Prüfung der Bedürftigkeit erteilt; Ausgangspunkt der Leistungen ist die Hilfsbedürftigkeit.

Keines dieser Prinzipien wird allerdings konsequent in der Praxis der sozialen Sicherung umgesetzt, was einerseits auf die Komplexität der sozialen Probleme hinweist, andererseits aber eine gewisse Beliebigkeit der Ausgestaltung ausdrückt.

---

[1] Das Subsidiaritätsprinzip findet auch in Bezug auf das Verhältnis der verschiedenen Gebietskörperschaften und sonstigen öffentlichen Körperschaften Anwendung, die in einem Staat und im Verhältnis zu einer supranationalen Organisation wie der EU bestehen mögen (vgl. Kapitel 27 und 29).

3. Sozialversicherung und private Versicherung

Die Kennzeichnung „Sozialversicherung" deutet auf zwei Eigenschaften hin: „Versicherung" und „sozial".

Versicherungen stellen die planmäßige Deckung eines im Einzelnen (grundsätzlich) zufälligen, im Ganzen aber abschätzbaren Geldbedarfs durch Risikoausgleich zwischen den von derselben Gefahr bedrohten Wirtschaftseinheiten dar. Das Verfahren ist nur auf versicherbare Risiken anwendbar. Das sind solche Risiken,
- die gleichartig sind,
- die eine ausreichend große Zahl von Personen betreffen,
- bei denen der Eintritt des Schadens zufällig erfolgt (d. h. die Schadensfälle dürfen nicht voneinander abhängig sein, und der Versicherte darf nicht in der Lage sein, den Eintritt des Schadens herbeizuführen),
- für die die Gesamtsumme des Schadens kalkulierbar ist.

Über Beitragsleistungen (Prämien) werden die finanziellen Mittel aufgebracht, die zur Abdeckung auftretender Schadensfälle erforderlich sind. Bei privaten Versicherungen spielen zur Errechnung der Prämie Schadenswahrscheinlichkeit und Schadensumfang eine wichtige Rolle.

Bei der Festlegung der Prämienstrukturen privater Versicherungen handelt es sich um einen normalen Preisbildungsprozess auf einem staatlich regulierten Markt (Meierjürgen 1989, S. 15-17). Insbesondere auf asymmetrischen Informationen zwischen Versicherer und Versicherten beruhende Informations- und Transaktionskosten, allgemeine Verwaltungskosten, Wettbewerb und Gründe der Verwaltungsvereinfachung können eine Abkehr von der Bildung möglichst homogener Risikogruppen und der Anwendung des Versicherungsprinzips sinnvoll sein lassen.

Sozialversicherungen verbinden Elemente des Versicherungsprinzips mit Regelungen, die dem sozialen Ausgleich dienen[1]. Sozialer Ausgleich bedeutet Umverteilung zwischen als sozial schwächer und als sozial stärker definierten Mitgliedsgruppen. Jedes schwächere Mitglied soll (netto) etwas von der Gemeinschaft erhalten. Gleichzeitig muss es sich gemäß einer zu konkretisierenden Leistungsfähigkeit an der Finanzierung der Aufwendungen beteiligen. Ein äquivalenter, d. h. dem individuellen Risiko entsprechender Beitrag wäre reiner Zufall. Der soziale Ausgleich kommt darin zum Ausdruck, dass
- die Beiträge unabhängig vom individuellen Risiko primär nach dem Arbeitseinkommen (aus unselbständiger Tätigkeit) festgelegt werden. Andererseits sind die Leistungen, die den Anspruchsberechtigten gewährt werden, nicht bzw. nicht vollständig an den gezahlten Beiträgen orientiert;
- auch bei unterschiedlichen Beiträgen gleiche Leistungen erbracht bzw. auch Leistungen an Personen gewährt werden können, die gar keine Beiträge gezahlt haben (z.B. mitversicherte Familienangehörige);

---

[1] Oder wenigstens damit begründet werden.

- ein Leistungsausschluss oder ein Ausschluss wegen zu hohen Risikos nicht möglich ist; alle Mitglieder der Versicherungsgemeinschaft tragen das jeweilige Risiko gemeinsam;
- die Teilnahme an der Sozialversicherung weitgehend auf Zwang beruht[1], bestimmte Gruppen aber ausgeschlossen sind.

Allerdings sind die Programme nicht bedürfnisabhängig, d. h. eine finanzielle Notlage muss nicht nachgewiesen werden, um Leistungen zu empfangen. Das letzte Merkmal unterscheidet die Sozialversicherung etwa von der Sozialhilfe.

Die am Versicherungsprinzip und nicht am Versorgungs- oder Fürsorgeprinzip (bei gleichzeitiger Steuerfinanzierung dort) erfolgte Ausrichtung kommt auch darin zum Ausdruck, dass bewusst zwischen dem Sozialversicherungssystem und den Haushalten der Gebietskörperschaften unterschieden wird. Dahinter steht u. a. das Ziel, eine gewisse Einkommensstetigkeit zu erreichen und den Bürger im Risikofall - z. B. Einkommensausfall durch Krankheit, Erwerbsunfähigkeit, Alter oder Arbeitslosigkeit - nicht nur durch eine einheitliche Mindestversorgung zu sichern, denn dann würde sein Lebensstandard auf ein staatlich garantiertes Existenzminimum absinken. Die Ausweitung der Leistungen über die eigentlichen Aufgaben hinaus und die erheblichen Zuschüsse an die Träger der Sozialversicherung sowie Zweckbindung von Teilen des Steueraufkommens für die gesetzliche Rentenversicherung verwischen die Grenzen zwischen Gebietskörperschaften und Sozialversicherung.

Wenn die Sozialversicherung Teil eines umfassenden Verteilungssystems sein soll, müssten die Beiträge, Steuern und übrigen Abgaben ebenso wie der Bezug von Leistungen abgestimmt werden. Tatsächlich sind die einzelnen Bereiche verteilungspolitischer Maßnahmen in Deutschland weitgehend unabhängig voneinander konzipiert, so dass eine systematische Verteilungspolitik nicht vorliegt (und von den politischen Entscheidungsträgern auch nicht angestrebt wird). Beispiel hierfür ist die steuerliche Behandlung der Beiträge zur Alterssicherung und der Renten. Alle Zweige der Sozialversicherung, insbesondere aber die gesetzliche Krankenversicherung, führen Verteilungsmaßnahmen mit interpersonellen, intertemporalen und intergenerationalen Wirkungen durch.

4. Begründungen für die Sozialversicherung

Nimmt man „sozial" als Gegensatz zu „privat", stellt sich die Frage, warum nicht das gesamte Versicherungssystem privat, sondern ein (größerer) Teil staatlich bereitgestellt werden soll.

Der Marktmechanismus bewirkt grundsätzlich eine effiziente Güterbereitstellung, versagt er aber bei der Abdeckung von Risiken? Was unterscheidet das Gut Versicherung von anderen Gütern? Im 4. Kapitel wurde gezeigt, dass es immer dann, wenn der

---

[1] Es besteht allerdings auch der Zwang zum Abschluss privater Versicherungen (z. B. in der Kraftfahrzeughaftung), wenn bestimmte Tatbestände (z. B. Halten eines Kfz) vorliegen.

Einzelne bessere Informationen über bestimmte Risiken (z. B. seine Gesundheit) hat, zu einer Ansammlung unerwünschter Risiken kommen kann (Adverse-Selection-Problem). Für die besser informierte Marktseite besteht auch die Möglichkeit, das Eintreten eines Ereignisses selbst zu bestimmen, ohne dass die Gegenseite diese Handlung feststellen und kontrollieren kann (Moral-Hazard-Problem). Adverse Selection oder Moral Hazard tragen auf Versicherungsmärkten wegen der einseitigen Selektion schlechter Risiken zu einem unverhältnismäßig hohen Preis der Versicherungsleistungen bei. Wenn die Wahrscheinlichkeit der Schadensereignisse nicht kalkulierbar ist, kommen Versicherungsmärkte überhaupt nicht zustande. Das wichtigste Beispiel könnte das Eintreten einer Depression mit länger andauernder Arbeitslosigkeit sein. Für diesen Fall ist nur schwer individuelle Vorsorge zu treffen, so dass die Einführung einer zwangsweisen Arbeitslosenversicherung prinzipiell begründet erscheint.

Wenn also der Marktmechanismus versagt, liegt es zwar nahe, entsprechende Zwangsversicherungen zu fordern. Nur werden das Adverse Selection- und das Moral-Hazard-Problem nicht gelöst, indem man alle, die bestimmte Bedingungen erfüllen, einer Gruppe von Zwangsversicherten zuordnet. Ein Versicherungszwang ist also noch nicht begründet, zumal fraglich ist, ob der Staat es generell besser machen kann.

Ein anderes Argument könnte sein, dass das einzelne Wirtschaftssubjekt nicht oder nicht ausreichend weitsichtig genug oder in der Lage ist, freiwillige individuelle Vorsorge für die wirtschaftlichen Folgen von Alter, Krankheit, Arbeitslosigkeit und Pflegebedürftigkeit zu betreiben. Ohne Versicherungszwang würde die Bevölkerung nicht genug Vermögensanlagen ansammeln (können), um ein adäquates Konsumniveau bei Erwerbslosigkeit zu finanzieren. Die Sozialversicherung könnte daher als ein meritorisches Bedürfnis angesehen werden, das einen Eingriff des Staates wünschbar macht. Die Begründung überzeugt allerdings dann nicht, wenn man von einem individualistischen Ansatz ausgeht und den Einzelnen selbst für seine Entscheidungen verantwortlich hält. Um das Argument zu überprüfen, müsste man auch herausfinden, wie sich die Menschen bei fehlender Sozialversicherung tatsächlich entscheiden würden. Das ist kaum möglich (vgl. Wagner 2000, S. 126). Selbst wenn unzureichende Vorsorge vorliegen würde, käme im Übrigen ein staatlicher Eingriff (Versicherungszwang), nicht aber eine staatliche Bereitstellung von Versicherungsleistungen in Betracht.

Andererseits werden im rein privaten System diejenigen kaum Versicherungsschutz erlangen, die extremen Risikogruppen angehören. Sie können risikobezogene Prämien in der Regel nicht bezahlen. Hier hilft auch eine allgemeine Versicherungspflicht ohne Kontrahierungszwang der Versicherungen nicht, so dass die Betroffenen keinen privaten Versicherungsschutz finden würden. Allgemeine Versicherungspflicht kann daher z. B. im Bereich der Krankenversicherung nicht mit einer nach dem Gesundheitsstand, Alter oder Geschlecht differenzierenden Prämie einhergehen. Sie müsste theoretisch im Zustand des Unwissens vor der Geburt abgeschlossen werden.

Wenn die Bereitstellung von Versicherungsleistungen das einzige Ziel wäre, würde der Einzelne daraus annähernd Einnahmen erzielen, die seinen Beiträgen einschließlich Verzinsung unter Berücksichtigung des Risikos und der Verwaltungskosten entsprächen. Dann ließe sich nur ein Versicherungszwang begründen, die einzelnen Wirtschaftssubjekte müssten aber zwischen verschiedenen, grundsätzlich privaten Versicherungsanbietern wählen können. Ein staatliches Versicherungsangebot wäre nicht erforderlich. Die auf den Einzelnen entfallenden Sozialversicherungsleistungen sind aber nur teilweise durch die von ihnen geleisteten Beiträge bestimmt. In verschiedenen Fällen ist der Zusammenhang zwischen Leistungen und Beiträgen sogar schwach oder fehlt ganz. Daher werden diejenigen mit niedrigeren Erträgen implizit auf Kosten derjenigen besteuert, die subventioniert werden und so höhere Erträge erlangen. Einzelne würden daher besser fahren, wenn sie eine private Versicherung kaufen würden, andere dagegen schlechter. Sozialversicherungsprogramme sind also zu einem Teil auf interpersonelle, aber auch auf intergenerative, branchenmäßige und andere Einkommensumverteilung abgestellt. Das erklärt (rechtfertigt aber nicht), warum sie nur zwangsweise und nicht privat durchgeführt werden: Diejenigen würden aussteigen, die durch das System verlieren.

Angenommen, in der Gesellschaft sei grundsätzlich eine Mindesteinkommenssicherung gewünscht und über Sozialhilfe gewährleistet. Wenn auch ohne Versicherung das Einkommen des Individuums nicht unter diese Grenze sinken kann, sind die Anreize zur eigenen Absicherung der Einkommensfolgen bei Krankheit, Alter usw. insbesondere bei den Beziehern niedriger Einkommen eingeschränkt, sofern sie die Mindestsicherung (weitgehend als ausreichend) akzeptieren. Ein Sozialversicherungszwang könnte nun daraus abgeleitet werden, dass negative externe Effekte internalisiert werden sollen, die entstehen, weil die gesamte Gesellschaft - soweit sie Steuern zahlt - die Mittel der Mindestsicherung tragen muss. Allokativ ist ein Versicherungszwang auch mit einkommensabhängigen Beiträgen dann zweckmäßig, wenn Reichere so Ärmere subventionieren, unter Einbeziehung ersparter Sozialhilfe aber eine kostengünstigere Lösung als ohne diese Umverteilung in der Sozialversicherung erreicht werden kann (Strassl 1990). Die Umverteilung erfolgt über eine Gestaltung der relativen Preise des Versicherungsschutzes zugunsten der Ärmeren. Deren Anreize steigen wiederum, Versicherungsschutz nachzufragen und so auf Sozialhilfe zu verzichten. Diese Argumentation, die man z. B. auf die gesetzliche Kranken- und Pflegeversicherung anwenden kann, macht allerdings eine umfassende Versicherungspflicht ohne Ausnahmen und Gestaltungsmöglichkeiten erforderlich, weil stets die gesamte Gesellschaft und nicht Teilgruppen von den Externalitäten betroffen sind.

Eine öffentliche Bereitstellung von Versicherungsleistungen könnte auch dadurch begründet sein, dass die Transaktionskosten reduziert werden, wenn der Staat über die Programme entscheidet und diese anbietet. So stellen in einzelnen Bereichen der privaten Versicherungen die Transaktionskosten in Form von Abschluss- und Verwaltungskosten einen erheblichen Prozentsatz der Beiträge dar. Es besteht allerdings kein Grund zu der Annahme, dass der Staat generell günstiger anbietet und insbesondere die richtige Art von Politik betreibt, denn die einzelnen Menschen haben unterschiedliche Bedürfnisse. Gerade die Ineffizienzen der staatlichen Verwaltung lassen auch das Gegenteil vermuten (vgl. Kapitel 5.3 d). Auch ist bei staatlichem Monopol kein Wettbewerb innovativer Produkte zu erwarten, wie er auf kompetitiven Versicherungsmärkten möglich ist. Ferner werden Größenvorteile staatlichen Angebots geltend gemacht; sie sind aber auch bei privatwirtschaftlich organisierten Unternehmen möglich.

Die verschiedenen Begründungen für Zwangsmaßnahmen verlangen, dass die Mindestsicherung alle Individuen einbezieht. Das ist in Deutschland aber nicht der Fall. Der Vorsorgezwang gilt für einzelne Gruppen nur teilweise (z. B. Selbständige), auch werden bei den Arbeitnehmern unterschiedliche Vorsorgesysteme angewendet (Sozialversicherungspflicht, Beihilfe). Ferner weisen die einzelnen Zweige der Sozialversicherung besondere Ausgestaltungen auf (z. B. Befreiung unter bestimmten Bedingungen). Versicherungspflichtig ist im Übrigen nur jeweils der Teil des Einkommens aus unselbständiger Tätigkeit, der bestimmte Bemessungsgrundlagen nicht überschreitet.

Schließlich können für die Sozialversicherung, insbesondere für die GRV, finanzielle Risiken des Kapitaldeckungsverfahrens durch Inflation und gering oder negativ werdende Renditen sprechen. Dem könnte allerdings durch nationale und internationale Diversifizierung Rechnung getragen werden, wodurch Kapital in die günstige Verwendung gelangt (vgl. Börsch-Supan 1999).

5. Die gesetzliche Rentenversicherung

a) Die gesetzliche Rentenversicherung in Deutschland

Innerhalb der Sozialversicherung ist die gesetzliche Rentenversicherung (GRV) der bedeutendste Teil. Sie gliedert sich in die Rentenversicherung der Arbeiter, die Rentenversicherung der Angestellten und die Knappschaftliche Rentenversicherung[1], denen jeweils die Verwaltung obliegt.

Die Renten der Versicherten haben Lohnersatzfunktion, da sie an die Stelle des bei Eintreten der Versicherungsfälle „Alter", „Erwerbsunfähigkeit" oder „Berufsunfähigkeit" nicht mehr bezogenen zu versichernden Arbeitseinkommens treten. Die Renten an Hinterbliebene haben Unterhaltsersatzfunktion, sie treten an die Stelle des vom Verstorbenen erbrachten Unterhalts.

In der GRV besteht Versicherungspflicht für alle gegen Entgelt beschäftigten Arbeiter und Angestellten. Bestimmte Gruppen von Selbständigen (Handwerker, selbständige Künstler, Publizisten) unterliegen ebenfalls der Versicherungspflicht, andere können sich freiwillig versichern.

Die Finanzierung der GRV erfolgt überwiegend durch die Beiträge der versicherten Erwerbstätigen. Der Rest wird durch Bundeszuschuss aufgebracht. Eine jährlich festgelegte Beitragsbemessungsgrenze beschränkt die Höhe des beitragspflichtigen Einkommens, der Beitragssatz wird gesetzlich festgelegt. Tab. 11-2 zeigt beispielhaft die

---

[1] In der Knappschaftsversicherung wird die Kranken- und Rentenversicherung für die in knappschaftlichen Betrieben Beschäftigten organisiert. Leistungen und Beiträge sind hier anders geregelt.

im Jahre 2000 bestehenden Bemessungsgrundlagen und Beitragssätze in der GRV und in den anderen Bereichen der Sozialversicherung. Die Beiträge zur GRV setzen sich (formal) wie auch bei den übrigen Bereichen der Sozialversicherung aus jeweils zur Hälfte berechneten Arbeitgeber- und Arbeitnehmerbeiträgen zusammen. Sie können sich für die verschiedenen Zweige der Sozialversicherung im Jahre 2000 auf über 40 % des Bruttoarbeitsverdienstes bei verschiedenen Beitragsbemessungsgrundlagen in West- und Ostdeutschland summieren.

Tab. 11-2 Beitragsmessungsgrenzen und -sätze 2000[1] in West(Ost)deutschland

	Beitragsmessungsgrundlage	Beitragssatz
gesetzl. Rentenversicherung	8600 (7100)	19,3 (19,3)
gesetzl. Krankenversicherung	6450 (5325)	13,6 (13,9)[2]
Arbeitslosenversicherung	8600 (7100)	6,5 (6,5)
Pflegeversicherung	6450 (5325)	1,7 (1,7)

[1] Sonderbedingungen für die Knappschaftsversicherung.
[2] Durchschnitt.
Quelle: Bundesministerium für Gesundheit, Daten des Gesundheitswesens, Bonn 1999, S. 419.

Die Leistungen der GRV bestehen einerseits aus Rentenzahlungen und andererseits aus Leistungen zur Rehabilitation. Bei den Rentenarten wird unterschieden zwischen Alters-, Berufsunfähigkeits-, Erwerbsunfähigkeits- und Hinterbliebenenrenten.

Die Höhe der Rente richtet sich in erster Linie nach der Höhe der während des Versicherungslebens durch Beiträge versicherten Arbeitseinkommens (Grundsatz der Lohn- und Beitragsbezogenheit der Rente). Für die Berechnung der individuellen Monatsrente sind folgende vier Faktoren maßgebend:
• die Entgeltpunkte,
• der Zugangsfaktor,
• der Rentenartfaktor
• der aktuelle Rentenwert.

Die Formel zur Berechnung der Rentenhöhe („Rentenformel") lässt sich wie folgt schreiben:

Persönliche Entgeltpunkte * Rentenartfaktor * aktueller Rentenwert = Monatsrente.

Die versicherten Entgelte werden jeweils durch das im entsprechenden Zeitraum maßgebende durchschnittliche Bruttojahresentgelt aller Versicherten geteilt. Auf diese Weise erhält man die Entgeltpunkte. Ein versichertes Entgelt in Höhe des Durchschnittsverdienstes eines Jahres ergibt somit einen Entgeltpunkt. Entgeltpunkte gibt es aber auch für beitragsfreie Zeiten. Die Anzahl der **persönlichen Entgeltpunkte** erhält man durch Multiplikation der Entgeltpunkte mit dem Zugangsfaktor. Er beträgt eins, wenn eine Altersrente bei der maßgebenden Altersgrenze in Anspruch genommen wird. Erfolgt der Rentenzugang früher ist er kleiner, später ist er größer eins. Der **Rentenartfaktor** spiegelt die Art der Rente wider. Er beträgt z. B. eins bei Alters- und Erwerbsunfähigkeitsrenten, 2/3 bei Berufsunfähigkeitsrenten, bei Hinterbliebenenrenten für Witwen 0,6 und für Halbweisen 0,1. Der **aktuelle Rentenwert** bestimmt das allgemeine Rentenniveau. Er entspricht dem Monatsrentenbeitrag, den ein Leistungsempfänger pro Entgeltpunkt erhält, wenn er in seiner Erwerbsphase Durchschnittsverdiener war und entsprechende Beiträge entrichtet hat. Der aktuelle Rentenwert wird jährlich angepasst[1]. Im Jahre 1999 betrugen das Bruttorentenniveau (also durchschnittliche Rente bezogen auf das durchschnittliche Bruttoarbeitsentgelt) bei 45 anrechnungsfähigen Versicherungsjahren etwa 48 % und das Nettorentenniveau (Bezugsgröße durchschnittliches Nettoarbeitsentgelt) etwa 70 %[2].

Obwohl die Renten beitragsbezogene Elemente enthalten, sind sie keineswegs auf der Grundlage des **Kapitaldeckungsverfahrens** bestimmt. Danach würden die Beiträge in der Erwerbsphase einer Generation in einem Kapitalfonds gesammelt, der zur Finanzierung sämtlicher Rentenzahlungen (und Verwaltungskosten) für diese Personengruppe im Ruhestand genau ausreicht. Hier sind die Rentenansprüche jeder Generation durch die vorher geleisteten und verzinsten Beiträge gedeckt.

In der GRV wird aber das **Umlageverfahren** angewendet. Hier ist der Kapitalbestand des Rentenversicherungsträgers zu jedem Zeitpunkt fast null, da die Beiträge (nach Abzug der Verwaltungskosten) im vollen Umfang in der derselben Periode an die Rentner ausgeschüttet werden. Die Einführungsgeneration hat nicht zur Finanzierung ihrer Renten beigetragen (vgl. unten).

b) Analyse der gesetzlichen Rentenversicherung

Die Probleme der gesetzlichen Rentenversicherung sind in der Regel langfristiger Art, es geht um intertemporale Fragen. Sie werden in verschiedener Hinsicht im Rahmen von **Modellen sich überlappender Generationen** untersucht. Die Zeit wird in diskrete Perioden zerlegt, die von der Zeit zwischen der Geburt einer Generation bis zu der nächsten reicht. Die Länge einer Generation sei (zunächst) für alle Menschen gleich. In jeder Periode wird eine Kohorte junger Konsumenten geboren. Bei positiver Wachstumsrate der Bevölkerung ist jede Kohorte größer als die vorhergehende. Jeder Mensch lebe bis zu drei Perioden - Kindheit, Erwerbsphase und Ruhestandsphase.

Da Kinder keine ökonomisch relevanten Entscheidungen treffen, wird der erste Lebensabschnitt in diesen Modellen meist nicht explizit betrachtet, sondern der Konsum der Kinder dem der Eltern zugerechnet. So reduziert sich die Analyse auf ein Modell zweier sich überlappender Generationen (Aktive und Rentner). Das entspricht dem

---

[1] Hierbei war bis 1991 die Entwicklung der Bruttoarbeitsentgelte, anschließend die (statistisch dubiose) Nettolohn- und -gehaltsumme maßgeblich; 2000 erfolgte die Anpassung an die Inflationsrate des vorangegangenen Jahres.

[2] Vgl. Bundesministerium für Arbeit und Sozialordnung 2000a, Tab. 7.10. Zur Beurteilung des Barwertes der erwarteten Rentenzahlungen sind ferner die Hinterbliebenenrenten einzubeziehen.

11. Kapitel: Theorie und Politik der sozialen Sicherung

politisch Gewollten, die Rentner nämlich an einem durch stetiges Wirtschaftswachstum begründeten Realeinkommen teilhaben zu lassen. Die als politische Umsetzung des „Generationenvertrages" bezeichnete deutsche gesetzliche Alterssicherung hat einen Konstruktionsfehler, weil sie für die Alterssicherung nur die Erwerbstätigkeit und eingeschränkt den Beitrag der Kindererziehung berücksichtigt. Daher kommt es bei der Rentenberechnung zu einer Benachteiligung von Eltern. Im Zentrum steht der Umverteilungsvorgang, der zwischen den beiden Generationen der Erwerbstätigen und der Alten vorgenommen wird. Tatsächlich muss das Umverteilungssystem aber drei Generationen umfassen - die Klasse der Erwerbstätigen sowie die zwei Versorgungsklassen ihrer Kinder und Eltern. Die Berücksichtigung der Kinder ist gerade deshalb so wichtig, weil Kinder die Grundlage des „Generationenvertrages" sind. Ferner fällt das Lebenseinkommensniveau von Eltern in der Regel gegenüber kinderlosen Ehepaaren erheblich ab. Dies ist überwiegend eine Folge des aktuellen Alterssicherungssystems.

Grundlage für die Beurteilung eines auf dem Umlageverfahren (pay-as-you-go) beruhenden Systems, das keine Fondserträge einsetzen kann und keine Staatszuschüsse erhält, ist – bei Vernachlässigung der Verwaltungskosten – folgende Identität:

(11-1) $\quad \tau^R \cdot L^R \cdot S^R = B^R \cdot N^R,$

wobei τ^R der durchschnittliche Beitragssatz zur Rentenversicherung, L^R die durchschnittliche belastete Lohnsumme, S^R die Zahl der Beitragszahler zur Rentenversicherung, B^R die Durchschnittsrente pro Empfänger und N^R die Zahl der Rentenempfänger sind. $B^R N^R$ gibt folglich den gesamten Rentenbetrag, $L^R \cdot S^R$ die belastete Lohnsumme wieder. Nimmt man an, dass ein Bundeszuschuss in Höhe eines bestimmten Prozentsatzes der Ausgaben geleistet wird, kann dem durch entsprechende Reduzierung der rechten Seite auf den Finanzierungsanteil der GRV an den Ausgaben (γ) Rechnung getragen werden.

(11-2) $\quad \tau^R \cdot L^R \cdot S^R = B^R \cdot N^R \cdot \gamma$

Nach τ^R aufgelöst, ergibt sich

(11-3) $\quad \tau^R = \dfrac{B^R}{L^R} \dfrac{N^R}{S^R} \cdot \gamma.$

B^R/L^R stellt mit dem gesamtwirtschaftlichen Verhältnis zwischen Durchschnittsrente und Durchschnittslohn das sog. Rentenniveau dar, N^R/S^R die Rentner-Beschäftigten-Relation (oder Alterslastquote). Mit (11-3) liegt eine Gleichung vor, die den Beitragssatz zur Rentenversicherung τ^R durch das Rentenniveau B^R/L^R und die weitere teils demografisch bestimmte Relation N^R/S^R ausdrückt, ferner spielt die Bundeszuschussquote $(1 - \gamma)$ eine Rolle. Gegenstand politischer Entscheidungen können grundsätzlich alle sechs Größen sein. S^R hängt u. a. von der konjunkturellen Lage und der Festsetzung der Altersgrenze ab, die wiederum N^R beeinflusst (z. B. Frühverrentung). Langfristig wirkt sich nach Höhe und Struktur auch die Bevölkerungsentwicklung aus, die wiederum durch die Sozialversicherung (mit)bestimmt wird, denn die Vorsorge im Bereich der Familie ist durch eine Zwangsversicherung ersetzt worden.

Ein größerer Wert von N^R/S^R bedeutet, dass sich die Rentner-Beschäftigten-Relation verschlechtert, also mehr Rentner im Durchschnitt durch einen Beschäftigten zu finanzieren sind. Dieser Wert wird sich mehr als verdoppeln. Ein gleicher Wert von B^R/L^R und γ vorausgesetzt, ist dies cet. par. bei reiner Umlage nur mit einem doppelt so hohen τ^R möglich. Dies würde die Lohn(neben)kosten drastisch ansteigen lassen und u. a. die internationale Wettbewerbsfähigkeit einschränken. Hielte man andererseits τ^R bei – wie gegenwärtig – „ungefähr 20 %", müssten die Rentenzahlungen gegenüber dem gegenwärtigen Niveau halbiert werden, so dass ein erheblicher Prozentsatz der Renten unter die Sozialhilfegrenze gedrückt würde.

Eine andere Frage stellt sich hinsichtlich der Ertragsrate der geleisteten Beiträge. Im Umlageverfahren stimmt die gleichgewichtige reale Ertragsrate der geleisteten Beiträge mit der Wachstumsrate der realen Bemessungsgrundlage, kurz der Lohnsumme w_L, überein. Diese wiederum entspricht der Wachstumsrate der Erwerbstätigen und der Arbeitsproduktivität[1]. Wenn diese sinkt, fallen auch die diskontierten Renten im Vergleich zu den diskontierten geleisteten Beiträgen für jede neue Kohorte Rentenversicherungspflichtiger. Ein reales Wachstum der Lohnsumme von z. B. 1 % bedeutet also auch eine entsprechende Erhöhung der Rente, und damit eine Verzinsung von 1 % bei gleichbleibenden Strukturen. Die Strukturen verändern sich aber innerhalb der Rentenversicherung. So nehmen Faktoren wie z. B. die Anteile der Hinterbliebenen (α) oder der Erwerbsunfähigen (β) an den Rentnern zu. Bereits durch das Zusammenwirken dieser Faktoren kann die Verzinsungsrate für normale Zugänge unter die Wachstumsrate der Lohnsumme sinken. In Gleichung (11-2) könnten die Größen α und β berücksichtigt werden.

Allein der demografische Faktor, soweit er in N^R/S^R zum Ausdruck kommt, erfordert cet. par. bei gegebenem B^R bereits jetzt hohe Werte von $\tau_R \approx 0{,}2$ und für die gesamte Sozialversicherung von $\tau_S \approx 0{,}4$. Das führt zu hohen Lohnnebenkosten, deren Senkung eher erwünscht ist. Langfristig wird sich die Situation erheblich verschärfen, weil S^R zurückgeht. Ansätze, der steigenden Lebenserwartung, rückläufigen Fertilität und damit Alterung von Bevölkerung und Erwerbspersonen Rechnung zu tragen, bieten sich primär bei B^R/L^R an. Die Relation ist durch kurzfristige Maßnahmen wie die geringere Zunahme der Renten im Vergleich zu den Löhnen ($w_R < w_L$) beeinflussbar, wodurch auch langfristige Wirkungen auslöst werden. Für die Rentenanpassungen könnten auch die demografischen Faktoren einbezogen werden, was die Bestandsrenten wegen der allmählichen Anpassung stärker begünstigt als der erste Eingriff.

Um den Haushaltsausgleich der Rentenversicherung zu garantieren, können unterschiedliche Strategien gewählt werden, die stets allein die Zunahme der absoluten Größen betreffen und diese ggf. auf null beschränken:

---

[1] Die erste wird negativ, die zweite lag langfristig bei 1,5 %.

- Zunächst stellt sich die Frage des Beginns des Rentenalters. Wird dieser auf ein höheres Alter verschoben, sinkt cet. par. die Zahl der Leistungsempfänger und gleichzeitig steigt die Zahl der Beitragszahler, so dass die Relation B^R/L^R insgesamt abnimmt. Wegen der gestiegenen Lebenserwartung liegt eine Erhöhung des Rentenzugangsalters als wirksamster Weg zu Verbesserung der Relation nahe. Tatsächlich ist in den vergangenen Jahrzehnten eine Kompression der Erwerbsphase durch längere Ausbildung und früheres Ausscheiden aus dem Erwerbsleben zu beobachten. Insbesondere das Instrument der „flexiblen Altersrente" hat erhebliche Anreize für eine Entscheidung der frühestmöglichen Verrentung gegeben, weil die Abschläge deutlich geringer als versicherungsmathematisch geboten sind. Zur Absorption eines zusätzlichen Arbeitsangebots muss der Arbeitsmarkt allerdings ausreichend flexibel sein.
- Einen geringen Beitrag kann Teilzeitrente leisten. Teilzeitrentner erhalten nur einen Teilbetrag ihrer Rente und zahlen aus ihrem Teilzeiteinkommen Rentenversicherungsbeiträge.
- Durch ein- oder mehrmaliges Beschränken der Zunahme von B^R könnte kurz- und längerfristig die Relation B^R/L^R wirksam verringert werden. Es ist ohnehin fraglich, welche Konsequenzen für eine Anpassung an die Entwicklung der Nettolohn- und -gehaltsumme aus einem erwarteten Urteil des Bundesverfassungsgerichts zur Rentenbesteuerung zu ziehen sein werden.
- Auf längere Sicht könnten demografische Faktoren in die Rente einbezogen werden. Dies würde zwar nicht die Rentenausgaben insgesamt, aber die individuellen Renten von der Lohnentwicklung abkoppeln.
- Ferner könnte B^R/L^R auch durch Veränderungen von α und β beeinflusst werden. Hinsichtlich α könnte langfristig z. B. erwogen werden, die Hinterbliebenenrente aus der Mitversicherung durch eigenständige Rentenansprüche zu ersetzen.
- Schließlich könnte langfristig auch die Beschränkung auf eine Mindestsicherung und die Ergänzung um eine kapitalgedeckte private Vorsorge beschlossen werden, was insbesondere erhebliche Übergangsprobleme aufwirft.

Welche dieser verschiedenen Maßnahmen ergriffen wird, hängt insbesondere davon ab, welche Funktion die GRV haben soll: die traditionelle einer am früheren Lebenshaltungsniveau anknüpfenden und den Lebenszyklus verstetigenden Einrichtung oder die der Armutsvermeidung. Ferner ist zu entscheiden, ob sie stärker den Vorsorgecharakter erhalten oder der interpersonellen Umverteilung dienen soll (Schmähl 1998, S. 718). Jedes Abschmelzen des Rentenniveaus bewirkt, dass die Renten sich immer weniger vom Sozialhilfeanspruch abheben (sieht man von anderen Einkünften ab).

Die letzte Strategie des Abbaus der GRV und der Eröffnung größerer Spielräume für eine private Vorsorge, ist eine heftig diskutierte Politikalternative. Sie würde letztlich die Beseitigung der Elemente des Versicherungsprinzips bzw. des Äquivalenzgedankens der GRV bedeuten, die in den letzten Jahrzehnten fast zur Unkenntlichkeit reduziert wurden, andererseits bei der privaten Rentenversicherung diesen Aspekt wieder aufleben lassen. Die Reduzierung bzw. Ersetzung der Ansprüche aus der GRV durch eine **Grundrente**, die unabhängig von eigenen Beiträgen zu leisten ist, wird mit Sicherungslücken begründet. Die GRV ist auf lebenslange Vollerwerbstätigkeit ihrer Pflicht-Beitragszahler ausgerichtet. Die Erosion des Normalarbeitsverhältnisses als

Folge soziokulturellen Wandels, insbesondere der Veränderungen der Familienzusammensetzungen durch veränderte Partnerschaften und die Probleme des Wiedereintritts von Frauen in den Arbeitsmarkt nach einer Kinderbetreuungsphase, kann leicht zu Altersarmut führen, andererseits gibt es besonders gut versorgte kinderlose Ehepaare (vgl. Wagner 2000, S. 123).

Die Bundesregierung hat, um die Belastung mit Sozialversicherungsbeiträgen zu begrenzen, das Aufkommen aus beliebig[1] gewählten anderen Abgaben, nämlich sog. Ökosteuern, zur Finanzierung der Rentenversicherung herangezogen[2]. Hierbei wird der Grundsatz der Non-Affektation scheinbar durchbrochen. Allerdings wird die Zweckbindung nicht eindeutig festgelegt, zudem dienen die Mittel nicht isoliert, sondern mit anderen Einnahmen der Finanzierung des Bundeszuschusses. Die Zweckbindung ist folglich rein deklaratorisch, denn trotz scheinbarer Aufrechterhaltung kann das Volumen des Zuschusses beliebig bis zur Untergrenze des zweckgebundenen Aufkommens an Ökosteuern reduziert werden. Bedeutsamer ist eine andere Wirkung: Wenn der Bund der Rentenversicherung außerhalb der eigentlichen Versicherung Aufgaben zuweist – und das rechtfertigt einen Bundeszuschuss – sollten diese getrennt hinsichtlich der jeweiligen Ausgabenbelastung und der Zahlungen an den Sozialversicherungsträger sichtbar gemacht werden. Das wäre ein Schritt in Richtung auf die Realisierung einer klaren Regel: Rentenversicherungsansprüche werden nur auf Basis von Beitragszahlungen erworben. Werden zusätzliche Ansprüche geschaffen, muss auch für die entsprechenden Beiträge oder andere Finanzierung gesorgt werden. „Durch diese klare Finanzierungszuständigkeit wird die Transparenz erhöht, und vor allem wird verhindert, dass zunächst Ansprüche geschaffen werden, die Finanzierungsfrage aber hinausgeschoben wird". Wollte der Bund z. B. „seine Beiträge an die Rentenversicherung für die Kindererziehung reduzieren, so wäre es erforderlich, dass dann auch die entsprechenden Rentenansprüche reduziert werden" (Schmähl 1998, S. 716).

Umverteilung ist gerade Aufgabe der Sozialversicherung und es ist schwierig, eine Grenze zwischen der systembedingten Umverteilung und sog. versicherungsfremden Leistungen zu ziehen. Als solche gelten Leistungen, denen allgemeine Staatsaufgaben zugrunde liegen. Beispiele sind etwa die Anrechnung von bis zu sieben Jahren Schul- und Hochschulausbildung. Auch alle arbeitsmarktpolitisch motivierten vorzeitigen Altersrenten gehören hierunter. Sie verkürzen die Dauer der Beitragszahlungen und verlängern die Zeit des Rentenbezugs.

Ist beispielsweise die Übernahme der Rentner und die Anerkennung von Ansprüchen ohne vergleichbare vorherige Beiträge in die ehemals westdeutsche Rentenversicherung als versicherungsfremde Leistungen zu interpretieren? Unter zwei Gesichtspunkten sicher nicht: Das Umlageverfahren wird weiter angewandt, wenn auch in einem vergrößertem Raum. Die Ansprüche ohne vorherige Leistung kennzeichnen auch die GRV vor der Wiedervereinigung: Barwertmäßig betrachtet ist diese Versicherung „über alle Generationen gerechnet, ein Nullsummenspiel. Was die Einführungsgenera-

---

[1] Beliebig in dem Sinne, dass keinerlei Zusammenhang zwischen Rentenversicherung und den steuerlichen Anknüpfungspunkten hier besteht.
[2] Siehe auch das 20. Kapitel.

11. Kapitel: Theorie und Politik der sozialen Sicherung

tionen gewinnen, verlieren die nachfolgenden Generationen ... Wenn das System läuft, zahlt jede Generation ein, um die Vorgängergeneration zu finanzieren, und erhält Ansprüche, die barwertmäßig kleiner als ihre Einzahlungen sind". Das führt zur Renditedifferenz gegenüber dem Kapitaldeckungsverfahren. „Den barwertmäßigen Verlust kann man als eine implizite Steuer auffassen, die eine jede Generation zu zahlen hat. Die Steuer wird benötigt, um die implizite Staatsschuld in Form von vorhandenen Anwartschaften, die durch Geschenke an die Einführungsgeneration begründet wurde und die von Generation zu Generation mit wachsendem Volumen vorangewälzt wird, zu bedienen. Der Barwert dieser über alle Generationen gestreuten Steuer ist gleich dem Barwert der Einführungsgewinne oder, auf einen beliebigen Zeitpunkt gerechnet, gleich dem Barwert der dann vorhandenen Rentenanwartschaften" (Sinn 1999, S. 29/30).

Wie beeinflusst die GRV die ökonomischen Entscheidungen der Wirtschaftssubjekte? Hierbei geht es insbesondere um die Auswirkungen auf das Sparverhalten und um die Arbeitsangebotsentscheidungen. Ausgangspunkt der meisten Analysen über Sozialversicherung und Sparen ist die Lebenszyklushypothese, nach der die Konsum- und Einkommensentscheidungen des Individuums auf Lebenszeitbetrachtungen beruhen. In ihrer Erwerbsphase sparen die Individuen einen Teil ihres Einkommens um Vermögen zu bilden, aus dem sie den Konsum in der Nichterwerbstätigkeitsphase finanzieren. Die Mittel können investiert bis sie benötigt werden und erhöhen so den Kapitalstock der Gesellschaft. Die Einführung eines Sozialversicherungssystems kann die Lebensersparnis erheblich verändern. Die Änderungen sind die Konsequenzen dreier Wirkungen:

(1) Zunächst einmal wird erkannt, dass im Austausch für die Sozialversicherungsbeiträge ein Alterseinkommen gewährleistet wird. Wenn die Sozialversicherungsbeiträge als ein Mittel des Sparens für diese künftigen Leistungen angesehen werden, wird freiwillig weniger gespart. Aufgrund des Umlagesystems werden die Beiträge allerdings nicht gespart sondern sogleich wieder an die laufenden Leistungsempfänger gezahlt. Es gibt daher keine öffentliche Ersparnis, die der Minderung des privaten Sparens entspricht, daher kommt es zu einer Verringerung in der gesamten Kapitalbildung. Dieses Phänomen wird als Vermögenssubstitutionseffekt bezeichnet.

(2) Wenn das Erbschaftsmotiv ein wichtiges Argument für Sparen ist, kann das Sparen erhöht werden, um den Einfluss der Sozialversicherung auf das Einkommen der Kinder auszugleichen. Dies kann als Erbschaftswirkung bezeichnet werden.

(3) Sozialversicherung kann zu einem früheren Ausscheiden aus der Erwerbstätigkeit Anlass geben, um die Leistungen zu empfangen.

Welche Bedeutung die verschiedenen Effekte auf das Sparen haben, ist empirisch umstritten (vgl. Meier 1997). Für die Wirkung ist im Übrigen von Bedeutung, ob der Sozialversicherung (insgesamt und in ihren Teilen) eine enge Beziehung zwischen Leistung und Gegenleistung zugrunde liegt und/oder es von den Versicherten so gesehen wird. Soweit dies zutrifft, wird der Beitrag zu einem Preis. Die Wirkung des Abgabenkeils zwischen Lohnkosten der Arbeitgeber und Nettolohn der Beschäftigten wird kleiner und mindert tendenziell die negativen Wirkungen auf das Arbeitsangebot, d. h. Anreiz zum Abwandern in die Schattenwirtschaft.

6. Die gesetzliche Krankenversicherung

a) Die Regelungen

Die gesetzliche Krankenversicherung (GKV) ist der zweitgrößte Teil der deutschen Sozialversicherung. Organisatorisch ist die GKV eine gegliederte Versicherung, d. h. es gibt keinen einheitlichen Versicherungsträger, sondern insgesamt etwa 440 rechtlich selbständige Krankenkassen. Ihre Zahl ist seit Jahren rückläufig.

Gegenwärtig sind rund 90 % der Bevölkerung in der GKV versichert. Ihr gehören Pflichtversicherte, freiwillig Versicherte und Familienversicherte an, zu letzteren rechnen die mitversicherten Ehepartner und Kinder. Versicherungspflichtig sind abhängig Beschäftigte (außer Beamte), deren Arbeitsentgelt die Beitragsbemessungsgrenze nicht überschreitet, ferner Arbeitslose, Landwirte, Künstler, Publizisten und schließlich Behinderte, Studenten und Rentner, sofern sie in ihrem Erwerbsleben größtenteils pflichtversichert waren.

Die Beitragsbemessungsgrenze der GKV beträgt 75 % der Beitragsbemessungsgrenze der GRV. Sie ist zugleich Versicherungspflichtgrenze: überschreitet das Bruttoeinkommen aus unselbständiger Tätigkeit diese Grenze, so können die Mitglieder wählen, ob sie weiterhin - nun freiwilliges - Mitglied der GKV sein oder zu einer privaten Krankenversicherung (PKV) wechseln möchten. Eine Rückkehr aus der PKV in die GKV ist allerdings nur schwer möglich. Pflichtversicherte Selbständige zahlen ihre Beiträge im vollen Umfang selbst. Ehepartner und die Kinder sind beitragsfrei mitversichert, sofern deren eigenes Einkommen nicht versicherungspflichtig ist. Sie werden also in die Solidargemeinschaft eingeschlossen.

Die GKV unterliegt dem Selbstverwaltungsprinzip. Die einzelnen Träger sind unter staatlicher Aufsicht organisatorisch und finanziell selbständig und führen die ihnen staatlich zugewiesenen Aufgaben aus eigenem Recht (Satzung) durch. Praktisch ist ihr Spielraum begrenzt auf die Festlegung der Beitragshöhe und die Gestaltung der eigenen Verwaltungskosten.

Die Mittel der GKV werden im Wesentlichen durch Beiträge der Mitglieder aufgebracht. Die einzelnen Kassen müssen dafür sorgen, dass sich Einnahmen und Ausgaben ausgleichen. Die Beiträge sind je nach Krankenkasse unterschiedlich hoch. Im Gegensatz zur GRV erhält die GKV keinen Bundeszuschuss aus Steuermitteln - mit Ausnahme der landwirtschaftlichen Krankenkassen[1]. Zwischen Kassen mit einer günstigeren Versichertenstruktur und solchen mit einer ungünstigeren Struktur erfolgt ein **Risikostrukturausgleich**. Kriterien hierfür sind die Alters- und Geschlechtsstruktur, die Zahl der mitversicherten Familienangehörigen und die Einkommensstruktur der Versicherten.

---

[1] Die Deckungslücke, die die Landwirte im Ruhestand verursachen, wird vom Bund getragen. Damit werden über 50% der Ausgaben der landwirtschaftlichen Kassen aus Steuermitteln beglichen.

Die GKV gewährt allen Versicherten unabhängig von der Höhe der gezahlten Beiträge den gleichen Versicherungsschutz. Er umfasst Leistungen zur Krankheitsbehandlung und -verhütung, Gesundheitsförderung, Früherkennung von Krankheiten und zur medizinischen Rehabilitation. Ferner zahlt die GKV Krankengeld[1] (70 % des Bruttolohnes) und gewährt Leistungen bei Schwangerschaft und Mutterschaft.

Mit Ausnahme von Kranken- und Mutterschaftsgeld werden die im Krankheitsfall erforderlichen medizinischen Leistungen von der GKV in Gestalt von Sachleistungen zur Verfügung gestellt, ohne dass es grundsätzlich besonderer Zahlungsverpflichtung bedarf. Dieses sog. **Sachleistungsprinzip** garantiert, dass jeder Kranke ohne Rücksicht auf sein Einkommen behandelt werden kann. Er muss nur seine Versicherungsmitgliedschaft nachweisen, ist aber als Nachfrager von Gesundheitsgütern nicht an den finanziellen Transaktionen beteiligt[2].

Die Krankenversicherungsbeiträge werden als ein bestimmter Prozentsatz des Bruttoarbeitsentgeltes unter Berücksichtigung der Beitragsbemessungsgrenze berechnet. Formal werden die Beiträge je zur Hälfte als Arbeitnehmerbeitrag und als Arbeitgeberbeitrag entrichtet. Alter, Geschlecht, Familienstand, Kinderzahl und das gesundheitliche Risiko der Versicherten sind für die Beitragshöhe unerheblich.

b) Analyse der GKV

Die Gesetzliche Krankenversicherung bezieht sich nicht auf die Mitglieder einer Gruppe oder von Gruppen, die durch eine gewisse Homogenität ausgewiesen sind und daher eine besondere Verantwortung oder Solidarität untereinander haben. Das wird deutlich mit dem Risikostrukturausgleich. Durch diesen „und die Wahlfreiheit der Versicherten hinsichtlich der Versicherung sind die einzelnen Risikogemeinschaften, die sich teilweise noch anhand bestimmter z. B. berufsständischer, regionaler oder anderer Merkmale abgegrenzt haben, quasi zu einer großen Versicherungsgemeinschaft verschmolzen worden. Die Risikostrukturen werden finanziell ausgeglichen ... Wollte man also die Argumentation mit der besonderen ‚Gruppenhomogenität' aufrechterhalten, so müsste diese nun für das Gesamtkollektiv der gesetzlich Krankenversicherten geführt werden" (Lutz/Schneider 1998, S. 730). Aber auch dann stellen sich Probleme im Hinblick auf Beitragsbemessungsgrenze und Wahlmöglichkeit der Mitgliedschaft bei Überschreiten von Einkommensgrenzen.

Da die Finanzierung durch Beiträge erfolgt, die sich nach der Höhe des Unselbständigeneinkommens richten, werden die einzelnen Versicherten unterschiedlich hoch belastet, andererseits hat jeder Versicherte den gleichen Zugang zu Gesundheitsgütern. Beiträge führen also allenfalls dem Grunde, nicht aber der Höhe nach[3] zu Ansprüchen. So kommt es bereits zur Umverteilung, wenn man einmal von unterschiedlichen Risi-

---

[1] Dieser beitragsbezogene Teil der GKV-Leistungen ist von geringer quantitativer Bedeutung.
[2] Ausnahme: Zuzahlungen bei Arzneien sowie Heil- und Hilfsmitteln, Krankenhausaufenthalt und Kuren.
[3] Abgesehen vom Krankengeld.

kofaktoren abzieht. Diese Umverteilung ist aber dadurch beschränkt, dass es eine Beitragsbemessungsgrenze gibt und sich Bezieher hoher Einkommen der GKV entziehen können. Zu den verschiedenen Umverteilungen, die nicht nur ex post zwischen Gesunden und Kranken stattfinden, wie es dem Risikoausgleich entspricht, rechnen die zwischen

- Versicherten mit höherem und geringerem Einkommen (allerdings endet die Umverteilung bei Erreichen der Beitragsbemessungsgrenze),
- Ledigen und Familien,
- Männern und Frauen,
- Jungen und Alten,
- Erwerbstätigen und Rentnern.

In der privaten Krankenversicherung werden die Prämien an das Prinzip der Individualäquivalenz angelehnt und nach individuellen Risikofaktoren wie Alter, Geschlecht und spezielle Risiken differenziert. Sie setzt also an Merkmalen an, für die der Einzelne in den meisten Fällen gar nicht verantwortlich ist (wie Vorerkrankungen). Daher ist der Grad dieser Umverteilungen in der privaten geringer als in einer gesetzlichen Krankenversicherung[1].

In einem Drei-Generationen-Modell zeigt sich die Umverteilung darin, dass je einer Defizitphase der bis zu 20-jährigen und einer höheren der ab 60-jährigen die Überschussphase der 20- bis 60-jährigen gegenübersteht, die also die beiden anderen Generationen mitfinanzieren müssen.

Abb. 11-1 Drei-Generationen-Modell der GKV

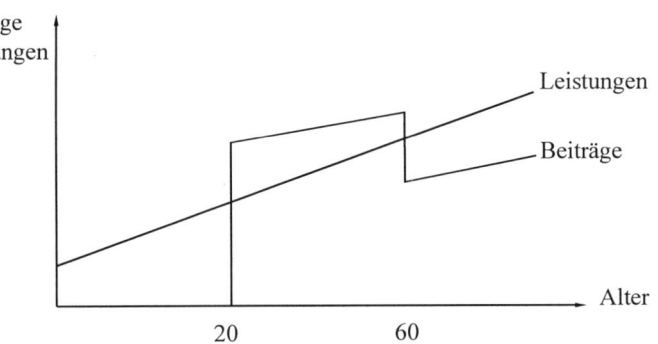

Die dritte Phase ist tatsächlich nicht so scharf durch das Alter wie durch das Ausscheiden aus dem Erwerbsleben geprägt. Jedes Wechseln von der zweiten zur dritten Stufe bedeutet, dass die Überschüsse der mittleren Phase reduziert und die Defizite der letzten durch die geringeren Beiträge der Rentner erhöht werden.

---

[1] Zur Messung der Umverteilung der GKV im Vergleich zu versicherungstechnisch äquivalenten Beiträgen siehe Lutz/Schneider 1998.

11. Kapitel: Theorie und Politik der sozialen Sicherung

Die GKV steht vor ähnlichen Herausforderungen wie die GRV. Der demografische Wandel und der unaufhaltsame medizinische Fortschritt bewirken eine zunehmend älter werdende Bevölkerung. Die lebenserhaltenden und -verlängernden Maßnahmen als Folge der Wirksamkeit des technischen Fortschritts bedeuten eine zunehmende Morbidität der Bevölkerung. Bei gleichem Versorgungsniveau sind stetig steigende Beitragssätze erforderlich. Hierbei ist zu beachten, dass die GKV eine Krankheitskostenvollversicherung ist, mithin die Patienten auf den gesamten Katalog medizinisch notwendiger Leistungen zurückgreifen können. Rationierung[1], d. h. Zuteilung nicht über den Preis, ist folglich eigentlich nicht zulässig, dennoch unumgänglich und „schon lange nicht mehr die Frage des Ob, sondern nur noch die des Wie" (Breyer 2000, S. 193).

Bei der GKV wird das Umlageverfahren ohne Differenzierung nach Risikofaktoren angewendet. Den Beitragseinnahmen auf der linken Seite von Gleichung (11-4) stehen die Ausgaben der Periode gegenüber[2]:

$$(11\text{-}4) \quad \tau^K (L^K \cdot S^K + B^R \cdot N^R) = B_L^K \cdot N_L^K + B_R^K \cdot N_R^K.$$

Hierbei sind τ^K der Beitragssatz zur GKV, L^K die durchschnittliche belastete Lohnsumme, S^K die Zahl der erwerbstätigen Beitragszahler, B_L^K die im Durchschnitt auf die Erwerbstätigen entfallenden Versicherungsleistungen, N_L^K die Zahl der Nutzer mit entsprechender Notierung dann für die Rentner. Den Beitragseinnahmen stehen also in gleicher Höhe – sieht man von den Verwaltungskosten vereinfachend ab – Leistungen an die Arbeitnehmer und Rentner gegenüber. Der Druck auf τ^K geht insbesondere von Leistungen an die Rentner aus.

Zu den steigenden Beiträgen dürfte auch die Änderung der Haushaltsstrukturen beitragen. Die Zunahme kleinerer Haushalte und des Anteils von Haushalten ohne Kinder wirkt sich auf die familiären Versorgungsmöglichkeiten bei Krankheit und Hilfsbedürftigkeit aus. Ferner ist der Markt für Gesundheitsgüter durch asymmetrische Informationen gekennzeichnet. Der Käufer (oder derjenige, der ärztliche Leistungen in Anspruch nimmt – der Patient) hat in der Regel schlechtere Informationen als der Arzt. Die Nutzer medizinischer Leistungen sind auf die Informationen der Anbieter, meist der Ärzte angewiesen, die ihre eigene Nachfrage steuern können. Qualität und Erfolg sind häufig nur unzureichend zu beschreiben. Informationen über die individuellen Behandlungskosten und über die medizinische Versorgung werden von der GKV weitgehend nicht gegeben. Das Sachleistungsprinzip verhindert entsprechende Informationen, d. h. die Ärzte rechnen letztlich mit den Krankenkassen ab, ohne dass die Versicherten irgendwelche Rechnungen sehen. Ein Großteil der Entscheidungen treffen Ärzte für Patienten. Die Abführung der Beiträge durch die Arbeitgeber reduziert die Fühlbarkeit der Abgabenbelastung. Die Möglichkeit des schnellen Kassenwechsels erhöht allerdings das Informationsinteresse.

---

[1] Siehe Kopetsch 2000.
[2] Im Detail sind einige Modifikationen zu beachten.

Grundsätzlich erfolgt die Nutzung ärztlicher Leistungen, Medikamente usw. nur dann effizient, wenn sie bis zu dem Punkt erfolgt, an dem der Grenznutzen für den Konsumenten den Grenzkosten des Bereitstellers entspricht. Infolge asymmetrischer Information beruht die Kenntnis des Konsumenten über Grenznutzen und Grenzkosten auf Aussagen des Anbieters. Wenn die Grenzerträge zu hoch eingeschätzt werden oder der Arzt Leistungen verschreibt, bei denen der Grenznutzen kleiner als die Grenzkosten sind, werden zu viele Ressourcen in medizinische Leistungen gelenkt. Der Patient erhält andererseits die medizinischen Leistungen faktisch zum Nulltarif und fragt daher zu viele Leistungen nach. Das Sachleistungsprinzip und der fast unbegrenzte Zugang zu medizinischen Leistungen setzen also den Preismechanismus außer Kraft. Der Versicherte hat keine Anreize zu einem krankheitsverhindernden oder gesundheitsfördernden Verhalten (Moral Hazard).

Die Versicherungen können Risiken großer Gruppen von Individuen im Pool zusammenfassen. Weil man nicht weiß, ob und wann man krank wird und welche Ausgaben anfallen, versichert man sich. Die meisten Individuen dürften risikoavers sein, d. h. sichere geringere Kosten der Versicherung eingehen, um nicht dem Risiko hoher Kosten bei unzureichender Vorsorge ausgesetzt zu sein. Wenn das Versicherungssystem alle Risiken abdeckt, unabhängig davon, ob sie hohe oder niedrige Behandlungskosten bzw. hohe oder niedrige Behandlungswahrscheinlichkeiten beinhalten, trägt das zu hohen Versicherungsprämien bei.

Hinsichtlich der Weiterentwicklung der GKV wird diskutiert, ob die Pflichtmitgliedschaft auf eine der Höhe nach begrenzte Einkunftsart beschränkt sein oder ob nicht der Versicherungszwang umfassend für alle gelten sollte. Auch bei der Abgabenerhebung stellt sich die Frage, ob sie auf alle Einkommensarten ausgedehnt werden soll, wie dies schon bei den freiwillig versicherten Rentnern praktiziert wird. Das würde de facto einen Übergang zur Steuerfinanzierung bedeuten. Eine andere Frage ist, warum in der GRV familienpolitische Leistungen durch Bundeszuschuss finanziert werden, entsprechende Leistungen in der Krankenversicherung allerdings nicht. Hier ist zumindest keine Systematik erkennbar. Um der Kostenexplosion durch medizinischen technischen Fortschritt und Alterung der Gesellschaft Rechnung zu tragen, wird langfristig, wie oben schon festgestellt, die Bedeutung der Rationierungsentscheidungen zunehmen.

7. Die übrigen Bereiche der Sozialversicherung

a) Die Arbeitslosenversicherung

(1) Die Regelungen

Träger der **Arbeitslosenversicherung** (AV) ist die Bundesanstalt für Arbeit (BfA). Sie ist sowohl zuständig für die soziale Absicherung gegen das Risiko Arbeitslosigkeit als auch (und primär) für die Arbeitsvermittlung einschließlich des Ziels der Durchsetzung eines hohen Beschäftigungsstandes. Die Beitragspflicht erstreckt sich grundsätzlich auf alle Personen, die als Arbeiter oder Angestellte gegen Entgelt oder zu ihrer Berufsausbildung beschäftigt sind. Die Beiträge werden bis zur jeweils geltenden Beitragsbemessungsgrenze erhoben, die identisch mit der der GRV ist. Formal juristisch werden auch sie jeweils zur Hälfte als Arbeitgeber- und Arbeitnehmerbeitrag berechnet und an die Krankenkassen als Einzugsstellen abgeführt[1].

Durch die Beiträge werden in erster Linie die Mittel für die Finanzierung des Arbeitslosengeldes, der Hauptleistung der Arbeitslosenversicherung aufgebracht. Das Arbeitslosengeld ist als Lohnersatzleistung konzipiert, die an die Stelle des während der Zeit der Arbeitslosigkeit ausfallenden Arbeitsentgeltes tritt. Anspruch auf Arbeitslosengeld hat, wer arbeitslos ist, sich beim Arbeitsamt arbeitslos gemeldet und Arbeitslosengeld beantragt hat, der Arbeitsvermittlung zur Verfügung steht und die Anwartschaftszeit erfüllt hat.

Die Dauer des Anspruches auf Arbeitslosengeld richtet sich nach der Dauer der die Beitragspflicht zur BfA begründenden Beschäftigung vor dem Zeitpunkt der Arbeitslosmeldung und dem Lebensalter des Betroffenen.

Ausgangspunkt der Bemessung des Arbeitslosengeldes ist in der Regel das Arbeitsentgelt, das der Arbeitslose in den abgerechneten Lohnabrechnungszeiträumen der letzten sechs Monate vor der Arbeitslosigkeit durchschnittlich in der Woche erzielt hat, wobei Mehrarbeitszuschläge, Gratifikationen u. ä. außer Acht bleiben. Dieses Bruttoarbeitsentgelt vermindert sich um die gesetzlichen Abzüge, die bei Arbeitnehmern gewöhnlich anfallen. Damit erhält man das sog. pauschalierte Nettoarbeitsentgelt[2]. Das Arbeitslosengeld beträgt bei Arbeitslosen mit mindestens einem Kind 67 %, bei den übrigen Arbeitslosen 60 % des pauschalierten Nettoentgeltes. Zudem übernimmt die BfA die Beiträge zur gesetzlichen Kranken-, Pflege- und Rentenversicherung.

Nach Ausschöpfung des Anspruches auf Arbeitslosengeld erhalten Arbeitslose Arbeitslosenhilfe[3], für die die Vorschriften über den Bezug von Arbeitslosengeld sinngemäß gelten. Eine zusätzliche Voraussetzung für den Bezug von Arbeitslosenhilfe ist Bedürftigkeit, da sie nach dem Fürsorgeprinzip gewährt wird. Die Ausgaben für Arbeitslosenhilfe (außer die Verwaltungskosten) finanziert der Bund aus Steuermitteln.

(2) Wirkungen und Probleme

Auf die Lohnersatzleistungen entfällt etwa die Hälfte der Ausgaben der Bundesanstalt für Arbeit, die andere insbesondere auf die allgemeine Arbeitsmarktpolitik. Hier könnte gefragt werden, ob es nicht sachgerecht wäre, diesen Teil durch Steuern zu finanzieren. Ein nur für die finanzielle Absicherung von Arbeitnehmern gegen die Risiken der

---
[1] Im engeren sozialrechtlichem Sinne wird die AV nicht zur Sozialversicherung gerechnet, sondern als Teil der Arbeitsförderung betrachtet (und entsprechend im Sozialbericht nachgewiesen).
[2] Dieses ist z. B. durch rechtzeitige Steuerklassenwahl manipulierbar.
[3] Die dritte Lohnersatzleistung der BfA ist das Konkursausfallgeld. Es wird durch eine jährliche (nachträgliche) Umlage unter den Berufsgenossenschaften finanziert.

Arbeitslosigkeit und der Zahlungsunfähigkeit des Arbeitgebers bestehender eigenständiger Bereich der Arbeitslosenversicherung besteht nicht.

Das Risiko der Arbeitslosigkeit zwischen verschiedenen sozio-ökonomischen Gruppen schwankt stark. Es ist nicht nur vom Geschlecht und dem arbeitsrechtlichen Status, sondern auch von der Qualifikation, der Branche (z. B. strukturelle Arbeitslosigkeit), dem Alter, der Berufserfahrung, der Arbeitszeit, der gesundheitlichen Leistungsfähigkeit usw. abhängig (Schmähl 1979, S. 152). Weil die Beiträge zur Arbeitslosenversicherung aber nicht nach dem Risiko differenzieren, kommt es zu Umverteilungen.

Gelegentlich wird auch die Frage der Privatisierung der Arbeitslosenversicherung diskutiert. In diesem Bereich gibt es allerdings kein versicherungsmäßig kalkuliertes Angebot der Privatversicherung für eine Arbeitslosenversicherung; die vorliegenden Angebote beziehen sich auf die Aufstockung von Arbeitslosengeld oder auf Zusatzversicherungen, um z. B. während der Arbeitslosigkeit bestehende Zahlungsverpflichtungen z. B. für Versicherungsprämien zu erfüllen (vgl. Schmähl 1998, S. 717).

Für die Beurteilung der AV ist neben der Sicherungsfunktion bedeutsam, welche Arbeitsanreize vom Arbeitslosengeld ausgehen. Um die „Gefahr" zu verringern, dass Arbeitslosengeld und Freizeit höher geschätzt werden als Arbeitseinkommen und weniger Freizeit und so die Vermittlungschancen reduzieren, erfolgte die Zumutbarkeits-Anordnung, d. h. die Verpflichtung, auch geringer entlohnte und niedriger qualifizierte Arbeitsplätze anzunehmen.

Die AV wird kritisiert, weil sie (wie die Sozialhilfe) für Untätigkeit bezahlt und die Beschäftigten gleichzeitig belastet. Bei Beginn einer Tätigkeit entfällt das Arbeitslosengeld und die Belastung aus Steuern und Sozialabgaben setzt ein. Anstelle einer solchen Entmutigung der Arbeitssuche könnten auch Anreize gegeben werden. Snower (2000) schlägt Beschäftigungsvouchers vor, die bei neuer Beschäftigung in Geld umgewandelt werden könnten. Die Vouchers könnten z. B. nach Dauer der Arbeitslosigkeit gestaltet sein, so dass Personen mit den geringsten Beschäftigungschancen die höchsten Beschäftigungsanreize erfahren. Sollte die Vergabe von Vouchers allerdings mit einer Einschränkung des Arbeitslosengeldes verbunden sein, würde seine Schutzfunktion eingeschränkt.

b) Die gesetzliche Pflegeversicherung

(1) Die Regelungen

Auch die seit 1995 geltende soziale Pflegeversicherung (SPV) wurde nach dem Umlageverfahren konzipiert. Die Ursachen der Pflegebedürftigkeit sind Krankheiten und Behinderungen. Pflegebedürftigkeit tritt nicht ausschließlich im Alter auf, doch steigt ihre Häufigkeit mit zunehmendem Alter progressiv an. Die Zahl der Pflegebedürftigen in einer Gesellschaft ist um so höher, je größer die Zahl der alten Menschen ausfällt und je älter diese werden. Steigende Lebenserwartung geht zwangsläufig mit einer wachsenden Zahl von Pflegebedürftigen einher. Insofern trägt der medizinische Fortschritt auch hier zu erheblichen Mehrbelastungen bei. Die Ursachen für die Zunahme der Lebenserwartung sind ferner verbesserte Ernährung, Hygiene und Wohnverhältnisse, kurz: allgemein verbesserte Lebensbedingungen.

Träger der Pflegeversicherung sind die Pflegekassen. Sie sind selbständige Körperschaften des öffentlichen Rechts mit Selbstverwaltung und unterliegen der staatlichen Aufsicht. Die Krankenkassen führen auch die Geschäfte der Pflegekassen, da die Pflegeversicherung der Krankenversicherung organisatorisch angegliedert ist.

Der gesetzlichen Pflegeversicherung gehören alle diejenigen an, die in der GKV versichert sind. Das gilt sowohl für die Pflichtversicherten als auch für die freiwillig Versicherten. Allerdings haben die freiwillig Versicherten ein Wahlrecht zur privaten Pflegeversicherung.

Der Beitragssatz ist für alle Pflegekassen - im Unterschied zu den Krankenkassen - gleich. Ferner gilt die Beitragsbemessungsgrenze der GKV. Die Leistungen der Pflegeversicherung lassen sich unterscheiden zwischen Leistungen bei häuslicher und stationärer Pflege, zwischen Sach- und Geldleistungen und zwischen Leistungen an die Pflegebedürftigen und an Pflegepersonen bzw. -institutionen.

(2) Wirkungen und Probleme

Vor Einführung der SPV waren die Pflegebedürftigen und ihre Angehörigen auf sich selbst angewiesen. Sie mussten für die Folgen und Kosten der Pflegebedürftigkeit allein einstehen. Nur insoweit die finanziellen Möglichkeiten der Betroffenen nicht ausreichten, trat die Sozialhilfe ein. Die Pflegebedürftigen und ihre Familienmitglieder mussten also die Kosten für die Pflege aus eigenen Einkommen und Vermögen bestreiten. Erst wenn diese nicht mehr die anfallenden Kosten deckten, konnte die subsidiäre Unterstützung der Sozialhilfe in Anspruch genommen werden. Dies ist nun nicht mehr oder nur eingeschränkt notwendig, die gesetzliche Pflegeversicherung zahlt die Leistungen bei Eintritt des Schadensfalles „Pflegebedürftigkeit", da ein unbedingter Leistungsanspruch besteht. Damit wird aber das eigene Vermögen geschont. Die Einführung der Pflegeversicherung vergrößert somit in erster Linie die Höhe der Erbschaften, daher kann sie auch als „Erbschaftsschutzversicherung" bezeichnet werden. Unter dem Gerechtigkeitsaspekt ist dabei problematisch, dass die Ungleichheit in den Startchancen der nachfolgenden Generation verschärft wird.

Die soziale Pflegeversicherung ist auf dem Umlageverfahren aufgebaut. Maßgeblich hierfür war der rein kurzfristige Effekt, Pflegebedürftigen bei der Einführung der SPV Sofortleistungen zukommen zu lassen. Hier tritt also der gleiche Effekt für die erste Generation wie bei der GRV auf.

c) Die gesetzliche Unfallversicherung

Erleidet ein Arbeitnehmer bei seiner Beschäftigung in einem Unternehmen einen Unfall, so würde er aufgrund des Arbeitsvertrages vom Arbeitgeber Schadensersatz verlangen können, wenn dieser den Schaden schuldhaft verursacht hat. Diese zivilrechtliche Haftpflicht des Arbeitgebers wird durch die Unfallversicherung abgelöst. Sie ist insofern eine Haftpflichtversicherung der Unternehmer. Ebenso ist sie allerdings eine Versicherung zugunsten der Arbeitnehmer; diese haben auch dann Ansprüche auf Leistungen, wenn den Arbeitgeber kein Verschulden trifft, der Unfall auf dem Wege zur oder von der Arbeit eingetreten oder eine Berufskrankheit entstanden ist.

Die Aufgaben der Unfallversicherung erstrecken sich darauf,
- Arbeitsunfälle und Berufskrankheiten zu verhüten,
- nach Eintritt von Arbeitsunfällen und Berufskrankheiten die Gesundheit und die Leistungsfähigkeit der Versicherten mit allen geeigneten Mitteln wiederherzustellen und
- die Versicherten und ihre Hinterbliebenen durch Geldleistungen zu entschädigen.

Die Unfallversicherung gliedert sich in diverse Berufsgenossenschaften, Unfallkassen und Unfallversicherungsträger der öffentlichen Hand. Die Finanzierung der Unfallversicherung erfolgt durch Beiträge, die allein von den Unternehmen getragen werden. Diese Beiträge werden so bemessen, dass sie die Ausgaben der entsprechenden Berufgenossenschaft des letzten Jahres decken. Zur Finanzierung der laufenden Ausgaben werden im allgemeinen Vorschüsse auf die nach Ablauf des Geschäftsjahres festzustellende Umlage erhoben.

Der Beitrag des einzelnen Unternehmens richtet sich nach der Lohnsumme als Anhalt für die Zahl und Einkommenshöhe der im einzelnen Unternehmen potenziell Unfallbedrohten. Daneben tritt noch als weiteres Beitragskriterium die Gefahrenklasse, in die das einzelne Unternehmen als Mitglied einer Berufgenossenschaft je nach Häufigkeit und Schwere seiner Unfälle eingestuft wird.

8. Politische Ökonomie der Sozialversicherung

Bei der Erklärung der Entwicklung der Sozialversicherungsbeiträge und –ausgaben ist von Bedeutung, dass man in kaum einen anderen Bereich wie hier so umfassend Wohltaten „verkaufen" kann. Zur leichten Durchsetzbarkeit immer höherer Beiträge hat sicherlich beigetragen, dass die Höhe der Belastung mit Sozialversicherungsabgaben in Folge der Aufteilung in Arbeitgeber- und Arbeitnehmeranteile vernebelt werden konnte[1]. Diese Aufteilung ist sachlich und hinsichtlich der Transparenz nicht gerechtfertigt. Sie hat auch für die Ausgaben negative Konsequenzen insofern, als erhebliche Kosten durch paritätische Besetzung der Sozialversicherungsträger und durch Sozial-

---

[1] Auch die steuerliche Behandlung der Arbeitgeberbeiträge nicht als Einnahmen einerseits und auch nicht als Entgelt andererseits trägt dazu bei.

wahlen verursacht werden, bei denen die Gewählten ohne jegliche Entscheidungskompetenz sind.

Das gewählte Umlageverfahren ermöglicht größere Spielräume für politische Eingriffe als beim Kapitaldeckungsverfahren. Politiker können so durch immer neues Handeln ihre politische Rechtfertigung nachweisen. Das Umlageverfahren ermöglicht auch, dass sofort Leistungen erbracht werden können, ohne dass längere Ansparzeiten erforderlich waren. Diese sozialen Wohltaten wurden bei der Einführung der Pflegeversicherung deutlich. Die Maßnahme sieht in der Regel hinsichtlich des Aufkommens kurzfristig zunächst insofern positiv aus, als Überschüsse angesammelt werden. Allerdings zeigen sich regelmäßig langfristige Probleme der versteckten Staatsschuld.

9. Sozialhilfe

a) Die Regelungen

Die öffentliche Sozialhilfe tritt in den Fällen ein, in denen Notlagen infolge fehlender oder nicht ausreichender eigener Mittel oder der anderer Sozialleistungssysteme auftreten. Sozialhilfe soll den Menschen auch zu von der Hilfe unabhängigem Handeln befähigen, wozu er nach seinen Kräften mitwirken muss (Hilfe zur Selbsthilfe). Bedeutsam ist der Grundsatz des Nachrangs der Sozialhilfe, d. h. nur derjenige erhält Hilfe, der sich selbst nicht helfen kann, also kein ausreichendes eigenes Einkommen oder Vermögen hat[1], und der die erforderliche Hilfe nicht von anderen erhält. Sozialhilfe stellt also das unterste Netz im gegliederten System der sozialen Sicherung dar. Der Hilfesuchende hat einen Rechtsanspruch auf Hilfe dem Grunde nach; über Form und Maß der Hilfe entscheidet der Sozialhilfeträger. Örtliche Träger sind die kreisfreien Städte und Kreise. Die Sozialhilfe wird zu etwa 75 % aus den kommunalen Haushalten finanziert; der Rest entfällt überwiegend auf die Länder.

Die Leistungen der Sozialhilfe bestehen in der Hilfe zum Lebensunterhalt und in der Hilfe in besonderen Lebenslagen. Die Leistungen können monatlich oder auch einmalig sein. Die Hilfen zum Lebensunterhalt für Ernährung, Unterhalt, Kleidung, Körperpflege, Heizung, Hausrat, private Bedürfnisse des täglichen Lebens usw. werden in Form von Barzahlungen geleistet, für welche die Länder pauschalierte monatliche Regelsätze festlegen. Hierzu können Zuschläge für besondere Lebensumstände wie Alter, Schwangerschaft, Behinderung kommen. Hilfen für besondere Lebenslagen betreffen außergewöhnliche Lebenssituationen (vor allem Krankheit, Pflegebedürftigkeit), die die finanzielle Möglichkeit einer Person oder eines Haushalts übersteigen. Sozialhilfe soll mehr als physische Grundsicherung gewährleisten.

Die Sozialhilfeträger haben auf den Hilfsbedürftigen einzuwirken, dass er sich um eine Beschäftigung bemüht. Die Behörde kann die Chance eines Erfolges verbessern, indem sie dem Sozialhilfeempfänger bis zur Dauer von sechs Monaten einen monatli-

---

[1] Ein angemessenes selbstgenutztes Hausgrundstück wird allerdings nicht berücksichtigt.

chen Zuschuss bis zur Höhe des monatlichen Regelsatzes gewährt. Der Lohn wird auf diesen Zuschuss nicht angerechnet. Die Verweigerung angebotener zumutbarer Arbeit führt andererseits zu einer Kürzung des Regelsatzes um mindestens 25 %.

Für die Höhe der Sozialhilfe gilt, dass sie der Differenz aus Bedarf minus Einkommen entspricht. Die Regelsätze für Haushaltsangehörige stehen in einem prozentualem Verhältnis zum Regelsatz des Haushaltsvorstandes (z. B. 50 % für Kinder bis Vollendung des siebten Lebensjahres).

b) Wirkungen und Probleme

Zu den Sozialhilfeempfängern zählen vor allem Alleinerziehende und ihre Kinder. Von großer Bedeutung ist der Ausfall des Erziehers infolge von Trennung und Ehescheidung. Für die starke Leistungsinanspruchnahme ist insbesondere die Entwicklung der Langzeitarbeitslosen von Bedeutung[1].

Sozialhilfe nähert sich in vielen Fällen, insbesondere bei Familien mit Kindern, dem verfügbaren Einkommen an, dass z. B. Facharbeiter unterer Einkommensgruppen beziehen.

Leistungen der Sozialhilfe werden allen Individuen zur Verfügung gestellt, die sich in finanzieller Notlage befinden, unabhängig von den Gründen hierfür und unabhängig davon, ob sie je einen Beitrag zur sozialen Sicherung geleistet haben. Angesichts dieser Regelung ist es irrational, selbst Vorkehrungen für den Fall unter der Sozialhilfegrenze liegender Leistungen zu treffen. Versicherungsleistungen, die nicht die Leistungen der Sozialhilfe übersteigen, bieten keinen Anreiz zur freiwilligen Beitragsleistung. Um daher die Schwarzfahrersituation zu vermeiden, muss die Sozialversicherung Zwang ausüben. Durch die Versicherungspflicht werden alle zur Beitragszahlung herangezogen.

Die Anreizproblematik stellt sich auch im niedrigen Einkommensbereich. Unkoordinierte Wirkungen des deutschen Steuer- und Sozialrechts nehmen Sozialhilfeempfängern fast jeden Anreiz, eine Arbeit anzunehmen. Das liegt vor allem an der hohen Grenzsteuerbelastung. Im Niedriglohnbereich lohnt es für eine Sozialhilfe beziehende Familie in der Regel nicht, zusätzliche Einkommen zu verdienen, weil netto davon nur ein geringer Anteil übrigbleiben würde. Die Anreizproblematik wird durch den wachsenden Keil zwischen Brutto- und Nettoeinkommen verstärkt. Langfristig wächst die Sozialhilfe stärker als die Arbeitseinkommen. Hierbei ist die hohe Abgabenlast aus Steuern und Sozialversicherungsbeiträgen bedeutsam, außerdem übernimmt das Sozialamt die Wohnkosten, weil dies dem Ziel entspricht, die Sozialhilfe müsse den Bedürftigen ein menschenwürdiges Leben ermöglichen.

---

[1] Asylbewerber bekommen seit einigen Jahren keine Sozialhilfe, sondern beziehen Leistungen nach dem Asylbewerbergesetz. Sie tauchen daher nicht in den Statistiken für Sozialhilfe auf.

11. Kapitel: Theorie und Politik der sozialen Sicherung

Eine weitere Auswirkung ist zu beachten. „Die Sozialhilfe erzeugt faktisch eine Lohnuntergrenze im deutschen Tarifsystem, denn da niemand arbeitet, wenn der Lohn unter den Sozialhilfesätzen liegt, ist das Niveau der untersten Tarifgruppen bereits vor den ersten Tarifverhandlungen festgezurrt. Deutschland hat gesetzlich vorgeschriebene Mindestlöhne ... Menschen, deren Grenzprodukt der Arbeit unter diesen Mindestlöhnen liegt, können keine Marktbeschäftigung finden" (Sinn 2000, S. 19/20). Die Sozialhilfe erweist sich als „Arbeitslosenfalle".

Da die Sozialhilfe gezahlt wird, wenn man nicht arbeitet, ist sie nicht nur Unterstützungsleistung für Bedürftige, sondern auch „Subvention für das Nichtstun" (Sinn). Sie fällt weg, wenn man arbeitet und hat so häufig einen impliziten Grenzsteuersatz von 100% (vgl. auch Kapitel 10.5). Es geht also darum, diesen zur Schaffung von Arbeitsanreizen drastisch zu senken.

Abb. 11-2 soll dies verdeutlichen[1]. Sozialhilfe werde in Höhe 0A je Empfänger geleistet. Sie erzeugt damit Arbeitslosigkeit im Ausmaß FE[2]. Damit in dieser Höhe die Beschäftigung ausgeweitet wird, kommt eine Beschäftigungssubvention in Höhe von CD (=AG) in Betracht. Der Kombilohn CE (zusammengesetzt aus Lohn DE und Subvention CD) entspricht dem Sozialhilfebetrag A0 je Empfänger. Ob die staatlichen Haushaltsbelastungen eines Kombilohnes ACDG die Sozialhilfeausgaben BCEF über- oder unterschreiten, hängt von der Elastizität der Arbeitsnachfragekurve im relevanten Bereich ab.

Abb. 11-2 Lohnsubventionen statt Sozialhilfe

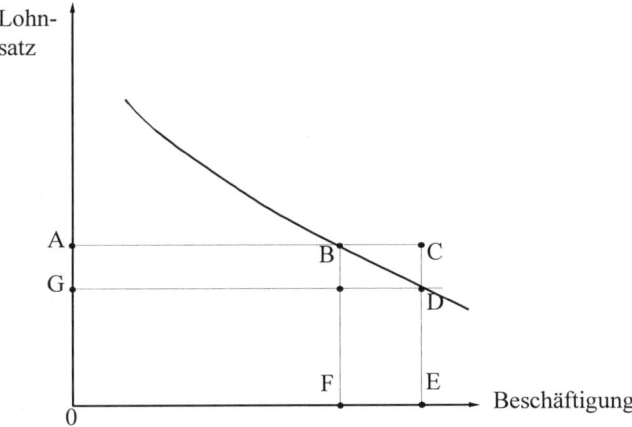

---
[1] Vgl. zum Folgenden Sinn 2000.
[2] Bei voller Anrechnung der Arbeitseinkommen auf die Sozialhilfe liegt links von F eine hohe implizite Besteuerung (in F 100%) vor, die durch Sozialhilfe induzierte Arbeitslosigkeit dürfte also größer als FE ausfallen.

10. Soziale Sicherung im EU-Rahmen

Wie auch in anderen Bereichen der Wirtschaftspolitik wird der Spielraum für eine eigenständige nationale Verteilungspolitik im Rahmen der EU zunehmend enger. Zwar ist der Teilbereich der sozialen Sicherheit aus dem Gemeinschaftsrecht ausgeklammert, liegt also in der Kompetenz der Nationalstaaten. Allerdings müssen bei der Ausgestaltung der nationalen Sozialrechtssysteme die Vorgaben des Gemeinschaftsrechts beachtet werden. Hierbei sind die vier ökonomischen Grundfreiheiten des EG-Vertrags (freier Warenverkehr, Freizügigkeit von Arbeitnehmern und Selbständigen, Dienstleistungsfreiheit und Freiheit des Kapitalverkehrs) Prüfungsmaßstab, ferner die Regelungen des europäischen Wettbewerbsrechts und die Normen des sekundären Gemeinschaftsrechts, also grundsätzlich die gesamte europäische Markt- und Wettbewerbsordnung. Auch kann der Rat (einstimmig) auf Vorschlag der Kommission Mindestvorschriften erlassen, die u. a. den Bereich „soziale Sicherheit und sozialer Schutz" betreffen.

Der eingeengte nationale Rahmen für die Leistungen der sozialen Sicherheit, insbesondere der Sozialversicherung, wird in verschiedenen Richtlinien und Verordnungen deutlich, die beispielsweise die aus der Freizügigkeit der Arbeitnehmer resultierenden Folgen für Leistungen bei Krankheit und Mutterschaft, Invalidität, Alter, an Hinterbliebene bei Arbeitsunfällen und Berufskrankheiten, für Sterbegeld, bei Arbeitslosigkeit und Familienleistungen regeln. Hierbei geht es um die Gleichbehandlung im Sinne eines Verbots der Diskriminierung. Die Regelungen bewirken eine Koordinierung der sozialen Sicherungssysteme, wobei die Verordnungen folgende Prinzipien umsetzen:
- Personen, die unter die Verordnung fallen, unterliegen jeweils nur den Rechtsvorschriften eines Mitgliedsstaates – in der Regel des Beschäftigungslandes.
- EU-Bürger unterliegen in dem jeweiligen Wohnland den gleichen Rechten und Pflichten wie in dem Land, indem sie Staatsbürger sind (Diskriminierungsverbot).
- Leistungen der sozialen Sicherung dürfen nicht an den Aufenthalt der leistungsgebenden Institution gebunden werden (Portabilität). Diese Regelung, die mobilitätshemmende Wirkungen beschränken soll, gilt allerdings nicht generell. Sie bezieht sich auf Geldleistungen zum Beispiel bei Invalidität und Alter und für Hinterbliebene, nicht aber auf Sachleistungen[1].
- In verschiedenen Mitgliedsstaaten verbrachte versicherungsrelevante Zeiten werden zusammengerechnet und die jeweiligen Ansprüche (speziell bei Alters- und Hinterbliebenenrente) addiert.

Auch die Rechtssprechung des Europäischen Gerichtshofs (EuGH) führt zu einem Souveränitätsverlust der Mitgliedsstaaten im Sozialrecht. Nationale Regelungen, die gegen den EG-Vertrag verstoßen, bedürfen des Vorliegens zwingender Gründe des Gemeinwohls oder einem im EG-Vertrag ausdrücklich geregelten Rechtfertigungsgrund[2]. Die nationale Sozialpolitik kann daher nur noch europarechtskonforme Varianten der Sozialsystemgestaltung umsetzen.

---

[1] Siehe hierzu unten.
[2] Dieser könnte z.B. der Nachweis der erheblichen Gefährdung des finanziellen Gleichgewichts der GKV sein. Muss das gesamte System bedroht sein, oder genügen extreme Ausgabensteigerungen

Die Bedeutung des EuGH zeigt sich z. B. im Bereich der Gesundheitssicherungssysteme in der Entscheidung in den Rechtssachen Kohll und Decker. Hierbei ging es um den Kauf einer Brille im Ausland ohne vorherige Genehmigung durch die Krankenkasse bzw. um die Zahnbehandlung im Ausland. Beides war im nationalen Recht auf das Inland beschränkt, wurde aber vom EuGH als mittelbare Behinderung des freien Warenverkehrs interpretiert. Die Regelung im ersten Fall wurde so ausgelegt, dass sie die Versicherten dazu veranlasse, die Erzeugnisse im Versicherungsstaat zu erwerben, da sie nur dort Kostenerstattung erhalten. Im zweiten Fall sieht das Gericht eine Erschwerung der Dienstleistungen zwischen Mitgliedsstaaten durch den Genehmigungsvorbehalt für Auslandsbehandlungen.

Auch das deutsche Krankenversicherungsrecht sieht Beschränkungen bei Auslandsaufenthalten der Versicherten insofern vor, als nur in Ausnahmefällen eine Leistungsinanspruchnahme im Ausland zulässig ist. Hierbei wird die Übertragbarkeit der Kohll/Decker Entscheidungen auf die deutsche Situation mit Hinweis auf das in Deutschland bestehende Sachleistungsprinzip verneint. Ob diese Position zu halten ist, muss sich noch erweisen. Das Sachleistungsprinzip der GKV hat Ausnahmen wie die Kostenerstattung für alle freiwillig Versicherten, für kiefernorthopädische Behandlungen und für vom Versicherten selbst beschaffte Leistungen. Warum soll dann nicht eine weitere Ausnahme vom Sachleistungsprinzip für Auslandsbehandlungen möglich sein? Im Übrigen ist das Sachleistungsprinzip selbst wieder am Maßstab der Dienstleistungs- und Warenverkehrsfreiheit zu prüfen. Verlangt also die Dienstleistungs- und Warenfreiheit eine Abschaffung des Sachleistungsprinzips zugunsten des Kostenerstattungsprinzips?[1]

Literatur zum 11. Kapitel

Das Sozialbudget erläutert Scholz (1998). Einen knappen bzw. einen ausführlichen Überblick über die soziale Sicherung geben eine Broschüre bzw. ein Band des Bundesministeriums für Arbeit und Sozialordnung (zuletzt 2000a, 1998).

Zur Begründung des Versicherungszwangs zur sozialen Sicherung siehe Strassl (1990) und Sinn (1996).

Darstellung und Beurteilung der gesetzlichen Rentenversicherung werden behandelt in Funk/Optendrenk (1998) und Börsch-Supan (1999). Perspektiven der Alterssicherung untersucht Wagner (2000).

Zur gesetzlichen Krankenversicherung siehe Oberender/Fibelkorn-Bechert (1998). Zukunftsperspektiven der Gesundheitssicherung stellt Breyer (2000) dar.

---

[1] in Teilbereichen (z.B. Hochleistungsmedizin)? Andere wichtige rechtfertigende Gründe sind die Sicherstellung eines ausgewogenen und allgemein zugänglichen Systems der medizinischen Versorgung und der Schutz der öffentlichen Gesundheit.
Die mögliche Kostenerstattung für alle Pflichtversicherten ist zurückgenommen worden.

Zur Beurteilung der Pflegeversicherung siehe Fachinger/Rothgang (1995) und Eisen (1998), speziell zu den Verteilungswirkungen Breyer (1991/92).

Die Umverteilung verschiedener Teile der sozialen Sicherung untersucht Schmähl (1986).

Wirkungen und Reformmöglichkeiten der Sozialhilfe behandeln Pohl (2000) und Kaltenborn (2000).

Einen Überblick über die Harmonisierung der sozialen Sicherung gibt Andel (2000a), eine kurze Darstellung des Rechtsrahmens enthält Kötter (2000).

Vierter Teil:
Grundzüge finanzwirtschaftlicher Stabilisierungspolitik

12. Kapitel
Soll der Staat stabilisierend eingreifen?

1. Das Stabilisierungsziel

Anfangs wurde schon festgestellt, dass im Anschluss an Musgrave drei große finanzpolitische Zielbereiche unterschieden werden: Allokation, Distribution und Stabilisierung. Es ist nun kurz auf den Stabilisierungsbegriff und auf das Stabilisierungsziel einzugehen.

Der Begriff der Stabilität steht im Zusammenhang mit dem Begriff des ökonomischen Gleichgewichts. Die wirtschaftliche Entwicklung soll gleichgewichtig verlaufen. Als wesentliche Eigenschaft eines ökonomischen Gleichgewichts gilt die Kompatibilität der Wirtschaftspläne aller Wirtschaftssubjekte. Ist sie erfüllt, muss kein Wirtschaftssubjekt seine Pläne ändern. Ein Gleichgewicht gilt als stabil, wenn nach einer Störung die ursprünglichen Gleichgewichtswerte wieder erreicht werden. Ein Wirtschaftssystem ist - grob formuliert - um so stabiler, je näher es am Gleichgewicht operiert bzw. je stärker es zu ihm tendiert. Hierbei geht es in diesem Teil um die Stabilität eines oder mehrerer Gesamtmärkte.

Die Affinität des Stabilitäts- zum Gleichgewichtsbegriff lässt sich z. B. auch dem Stabilitätsgesetz (Gesetz zur Förderung der Stabilität und des Wachstums der Wirtschaft, StWG) entnehmen, wonach Bund und Länder die Erfordernisse des gesamtwirtschaftlichen Gleichgewichts zu beachten haben. Daraus kann geschlossen werden, dass das Stabilitätsziel darin besteht, Abweichungen vom ökonomischen Gleichgewicht zu minimieren.

Gesamtwirtschaftliches Gleichgewicht wird heute in der Wirtschaftspolitik weitgehend als gleichzeitige Erfüllung der Ziele des hohen Beschäftigungsstandes und der Geldwertstabilität gekennzeichnet. Gesamtwirtschaftliches Ungleichgewicht liegt mithin vor, wenn das Preisniveau ansteigt und/oder wenn Anbieter von Arbeitskraft zu den herrschenden Lohnsätzen keine Arbeit finden. Genau diese Erscheinungen, Arbeitslosigkeit und Inflation, spricht auch das Gesetz zur Förderung der Stabilität und des Wachstums der Wirtschaft (StWG) an: Die Maßnahmen von Bund und Ländern „sind so zu treffen, dass sie im Rahmen der marktwirtschaftlichen Ordnung gleichzeitig zur Stabilität des Preisniveaus, zu einem hohen Beschäftigungsstand und außenwirtschaftlichem Gleichgewicht bei stetigem und angemessenem Wirtschaftswachstum beitragen".

Grundsätzlich kann dem außenwirtschaftlichen Gleichgewicht durch Einbeziehung eines weiteren Marktes, der außenwirtschaftlichen Beziehungen, Rechnung getragen werden. Das stetige und angemessene Wirtschaftswachstum stellt eine Bezugs- und

Zielgröße dar, von der Abweichungen (Konjunktur- oder Wachstumsschwankungen) möglichst gering sein sollen.

Die Bedeutung der Verwirklichung dieser Ziele zeigt sich auch darin, dass Störungen die Stabilität eines wirtschaftspolitischen und politischen Systems überhaupt in Frage stellen können.

2. Arbeitslosigkeit und Inflation: Folge von Politikversagen oder politisches Kalkül?

Die wirtschaftliche Entwicklung der letzten Jahrzehnte ist durch schwankende Wachstumsraten, steigendes Preisniveau und unterschiedliche Auslastung der Produktionsfaktoren gekennzeichnet. Dies könnte die Vermutung nahe legen, dass ein sich selbst überlassenes System der Marktwirtschaft der Steuerung durch den Staat bedarf. Die Keynessche Theorie, die ein Unterbeschäftigungsgleichgewicht und insofern ein Abweichen vom Gleichgewicht bei Vollbeschäftigung für wahrscheinlich hält, scheint für ein solches a priori-Argument zu sprechen.

Allerdings ist zu beachten, dass der Staat ein wesentlicher Teil der Gesamtwirtschaft ist, eine reine Marktwirtschaft folglich nicht bestanden hat und bestehen wird. Der empirische Befund einer offenbar als unbefriedigend angesehenen Wirtschaftsentwicklung erlaubt daher nicht ohne weiteres, von einem Marktversagen zu sprechen. Ein a priori-Argument für staatliche Stabilisierungsaktivität bedarf bei Zugrundelegung des empirischen Befundes der Annahme, dass sich der Staat in (der gemischten Wirtschaft) der Bundesrepublik Deutschland neutral verhalten, d. h. weder stabilisierend noch destabilisierend gewirkt hat. Davon kann sicher nicht ausgegangen werden. Er hat aber auch den Anspruch, gemessen an einem Maßstab gleichmäßigen Wachstums, stabilen Preisniveaus und voller Auslastung der Produktionskapazität Stabilität zu gewährleisten, offenbar in der Vergangenheit nicht befriedigend erfüllt.

Es verwundert daher nicht, dass einer dem Marktprozess eher skeptisch gegenüberstehenden Auffassung die Hypothese entgegengehalten wird, dass es der Wirtschaftspolitik nicht nur nicht gelungen ist, die Konjunkturzyklen zu dämpfen, sie habe sie sogar erst erzeugt. Aus dieser Sicht sind Instabilitäten ein Fall von Politikversagen. „Die fallweise Wirtschaftspolitik verunsichert nach dieser Auffassung aufgrund ständiger Richtungsänderungen, einer falschen Dimensionierung nach Ausmaß und Zeit sowie schlecht prognostizierbarer Effekte den privaten Sektor. Sie schafft dadurch ein Klima der Unsicherheit, welches Grundlage wird für die Fehldispositionen in den privaten Konsum- und Investitionsentscheidungen. Diese Position verneint die Auffassung, dass der vom privaten Sektor getragene dynamische Prozess in wichtigen Bereichen instabil sei; der private Sektor absorbiere vielmehr exogene Schocks und wandle sie in eine stabilisierende Bewegung um". Allerdings hat das breite Spektrum regulierender Maßnahmen die Fähigkeit des privaten Sektors zur flexiblen Anpassung eingeschränkt. Hierzu haben die Erwartungen der Wirtschaftssubjekte beigetragen, bei Marktschwierigkeiten stets auf die Hilfe des Staates rechnen zu können.

Diese Auffassung unterstellt den staatlichen Entscheidungsträgern zunächst einmal, dass sie zwar die gesamtwirtschaftliche Stabilität anstreben, nur erweisen sich die Instrumente der antizyklischen Politik als unzureichend oder werden mangelhaft eingesetzt. Jedenfalls wurde die Vorstellung einer systematischen Beeinflussbarkeit der Makrovariablen seitens des Staates durch die Theorie der rationalen Erwartungen bzw. durch die Neue klassische Makroökonomik erheblich erschüttert.

Es könnte auch sein, dass die Regierung zwar ein Interesse an Stabilität hat, bewusst aber keine auf dieses Ziel gerichteten Maßnahmen ergreift. In diesem Fall können Instabilitäten zum Beispiel erzeugt werden, wenn die Regierung bestimmte Verhaltensweisen von Interessengruppen duldet oder fördert, die zur Inflation und/oder Arbeitslosigkeit führen.

Eine am Downs-Modell der stimmenmaximierenden Politiker anknüpfende Theorie geht darüber hinaus. Sie wird im Anschluss an Nordhaus (1975) in der Literatur über den **politischen Konjunkturzyklus** (zumindest) als eine partielle Erklärung makroökonomischer Schwankungen in Preisen, Produktion und Beschäftigung verwendet. Die grundlegende Idee hierbei ist, dass das Verhalten der staatlichen Entscheidungsträger durch ihren Wunsch gekennzeichnet ist, solche Politik zu betreiben, die ihre Popularität erhöht und dadurch die Stimmen zur nächsten Wahl maximiert. Hierbei wird (auch) davon ausgegangen, dass diese Positionen und persönlichen Zielsetzungen zu Entscheidungen führen, die geradezu die Ursache der gesamtwirtschaftlichen Instabilität sind. Mit anderen Worten: Die politisch Verantwortlichen wollten gar nicht streng antizyklisch handeln, sie nehmen gleichsam passiv Arbeitslosigkeit und/oder Inflation hin bzw. halten Konjunkturschwankungen sogar für wünschenswert.

Die Handlungen des Staates werden daher endogen, weil die Stimmenmaximierung bestimmt:
• die Politik, die durchgeführt werden soll (z. B. Verringerung von Inflation, Arbeitslosigkeit, Förderung des Wachstums, Änderung der Einkommensverteilung u. ä.),
• die Zusammensetzung der politischen Ziele, soweit eine Austauschbeziehung zwischen ihnen besteht und
• die Wahl der Instrumente, weil diese verteilungspolitische Wirkungen haben.
Hierbei nimmt Nordhaus an, dass die stimmenmaximierende Regierung sich opportunistisch an den Wählerwünschen orientiert, über die sie vollständig informiert ist. Bei den Wählern wird nur eingeschränkt rationales Verhalten unterstellt.

Es muss aber nicht bei bloßen **Reaktionen** des Staates bleiben. Angenommen, die Regierung stellt fest, dass ihre Popularität stärker durch hohe Arbeitslosigkeit als durch Inflation geschädigt wird. Sie könnte dann versuchen, Instrumente politisch so einzusetzen, dass gerade vor einer Wahl die Arbeitslosigkeit gering ist. Gleichzeitig verringert sie ihre Bemühungen um die Kontrolle der Inflation oder trägt sogar zur Erhöhung des Preisniveauanstiegs bei. Nach der Wahl wird die Regierung durch deflationäre Maßnahmen versuchen, die Inflation zu verringern. Gleichzeitig wird sie eine Zunahme der Arbeitslosigkeit zulassen. Dadurch können selbst in einem System, das von sich aus keine Zyklen erzeugt, solche von Arbeitslosigkeit und Inflation entstehen.

Die Periodizität dieser Zyklen ist abhängig von den Wahldaten. Ein Beispiel hierfür gibt Abb. 12-1. In diesem Modell des polit-ökonomischen Konjunkturzyklus ist die Wirtschaftspolitik der Regierung durch das Ziel der Maximierung der Wahlfunktion eindeutig bestimmt.

Abb. 12-1 Schema eines politischen Wahlzyklus

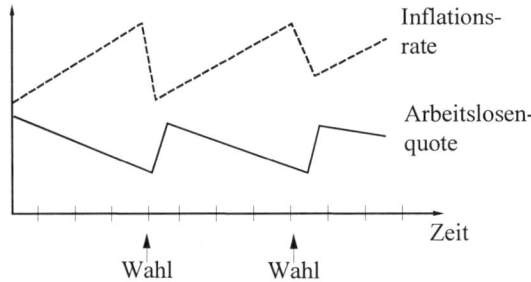

Ob die Annahme einer Informationsasymmetrie allerdings realistisch ist, kann bezweifelt werden. Während für die Regierung vollständige Information unterstellt wird, lassen die Wähler sich systematisch täuschen. Sie berücksichtigen vor allem die wirtschaftliche Lage im Wahljahr und weniger die unter Umständen recht negative Situation in den ersten Jahren der Legislaturperiode bei ihrer Wahlentscheidung. Ferner dürfen die Wähler die von der Regierung gewählte Strategie nicht durchschauen, d. h nicht erkennen, dass der Boom am Wahltag die Konsequenz einer möglicherweise prozyklischen und stimmenmaximierenden Regierungspolitik ist (Lenk 1982, S. 323). Es ist zu fragen, ob die Zielfunktion der Regierung mit der Beschränkung auf Arbeitslosigkeit und Inflation nicht zu eng gesehen wird und nicht vielmehr die Auswirkungen ihres Handelns auf die Verteilungsposition ihrer Klientel von zentraler Bedeutung ist, und die kann im Gegensatz zur Arbeitslosigkeit relativ schnell und dauerhaft beeinflusst werden. Andererseits sind erforderliche Anpassungsprozesse gegen etablierte Verteilungspositionen nur schwer durchzusetzen.

Die empirischen Daten in der Bundesrepublik bestätigen die Hypothese nicht, dass der Bund die Absicht verfolgt hat, politische Konjunkturzyklen hervorzurufen. Andererseits gibt es Beispiele dafür, dass stabilisierungspolitisch erforderliche Maßnahmen unter wahlpolitischen Gesichtspunkten unterlassen worden sind (siehe z. B. Starbatty 1976, S. 76 ff.).

In der Weiterentwicklung solcher Modelle des politischen Konjunkturzyklus wird zum einen von rationalen Erwartungen der betroffenen Wirtschaftssubjekte bzw. Wähler ausgegangen, zum anderen werden auch ideologische Ausrichtungen der Politik berücksichtigt.

Offensichtlich haben sich zur Problematik der gesamtwirtschaftlichen Stabilität mehrere grundlegend verschiedene Auffassungen herausgebildet. Die jeweiligen unterschiedlichen Grundpositionen führen zu unterschiedlichen Beurteilungen der wirtschaftlichen Situation, der ökonomischen Notwendigkeit wirtschaftspolitischer Maßnahmen und der Wirkungen staatlicher Eingriffe.

Literatur zum 12. Kapitel

Zum Stabilitätsziel siehe Enke (1974), Thieme (1977), Giersch (1977) und Diebalek (1983); verschiedene Definitionen des Gleichgewichtsbegriffs behandelt Jaeger (1981).

Einen Überblick über unterschiedliche stabilitätspolitische Konzeptionen liefern Cassel/Thieme (1999) und Pätzold (1998).

Die Theorie des politischen Konjunkturzyklus knüpft insbesondere an Nordhaus (1975) an; siehe hierzu Lenk (1982). Zur Weiterentwicklung des Ansatzes im Rahmen der Neuen Politischen Ökonomie siehe Gärtner (1989) und Berthold/Fehn (1994), zu einer Bewertung Kirchgässner (1996).

13. Kapitel
Die finanzpolitische Stabilisierungspolitik („Fiscal Policy")

1. Finanzpolitische Konzepte und Strategien

a) Vorbemerkung

Eine auf Stabilisierung des Wirtschaftsablaufs gerichtete Finanzpolitik (Fiskalpolitik) setzt die Veränderung des Budgets zu einer konjunkturpolitisch erwünschten Beeinflussung der gesamtwirtschaftlichen Nachfrage („demand management") ein. Budgetveränderungen können sich automatisch ergeben, durch diskretionäre Maßnahmen herbeigeführt werden oder erfolgen, wenn bestimmte im Voraus festgelegte Indikatorenwerte erreicht sind. Zunächst sollen diese drei Alternativen untersucht werden.

Eine andere Strategie ergibt sich dann, wenn gerade staatliche Eingriffe für die Verletzung der Stabilitätsziele verantwortlich gemacht werden. Auch darauf wird eingegangen.

b) Automatische Stabilisierungswirkungen

Das Konzept der **automatischen Stabilisierungswirkungen** beruht darauf, dass bestimmte finanzpolitische Größen aufgrund bestehender Gesetze, die als Datum genommen werden, **automatisch antizyklisch** reagieren. So besteht die automatische Stabilisierungswirkung **(built-in flexibility)** einer Steuerfunktion $T = T(Y)$ im Gegensatz zu $T = T_0$ bereits einfach darin, dass $dT/dY > 0$. Mit jeder Erhöhung des Einkommens geht also eine bremsende Wirkung einher.

So ergibt sich in einem einfachen Multiplikatormodell mit konstantem Steueraufkommen

(13-1) $Y = C + I + G$
(13-2) $C = C_0 + c(Y - T_0)$
(13-3) $T = T_0$
(13-4) $I = I_0$
(13-5) $G = G_0$

die Multiplikatorwirkung einer Veränderung z. B. der autonomen Investitionen als

(13-6) $dY = \dfrac{dI}{1-c}$

Bei einer Steueraufkommensfunktion

(13-7) $T = T_0 + \tau Y$

beträgt im Gegensatz dazu der Einkommenseffekt

$$(13\text{-}8) \quad dY = \frac{dI}{1 - c(1 - \tau)}$$

Die Stabilisierungswirkung kann nicht nur bei den Steuern, sondern auch bei bestimmten vom Staat geleisteten Transfers auftreten. Das gilt insbesondere für die **Arbeitslosenversicherung,** bei der sich die Einnahmen und Ausgaben antizyklisch zu den Schwankungen des Bruttoinlandsprodukts oder der Beschäftigung des Faktors Arbeit verhalten. Die Beiträge nehmen in der Aufschwungsphase (bezogen auf den Trend) zu und gehen in der Abschwungsphase zurück, die Arbeitslosengelder fallen im Aufschwung und nehmen in der Rezessionsphase zu.

Damit ein solches Konzept der automatischen Stabilisierung erfolgreich sein kann, müssen allerdings verschiedene Bedingungen erfüllt sein:
• Die Abweichungen vom Trend müssen durch reine automatische Nachfragesteuerung gemildert werden können. Ein Preisniveauanstieg z. B. muss daher allein auf Übernachfrage zurückzuführen sein, um preisniveaustabilisierend beeinflusst werden zu können.
• Die Steuereinnahmen (entsprechend entgegengerichtet: Transfers) müssen ohne Verzögerungen auf Konjunktur (= Bruttoinlandsprodukts-)Schwankungen reagieren.
• Bei stationärem Trend müssen die Staatsausgaben über den Zyklus hinweg konstant gehalten werden. Die im Aufschwung über die Ausgaben hinausgehenden Steuereinnahmen sind stillzulegen, die in Rezessionsphasen auftretenden Steuermindereinnahmen durch Auflösung stillgelegter Mittel oder Zentralbankkredite aufgefüllt werden. Über den Zyklus hinweg ist das Budget auszugleichen. Bei steigendem Trend muss die Bedingung konstanter Ausgaben etwa durch die Bedingung ersetzt werden, dass sich die Entwicklung der Staatsausgaben an den Trend des Produktionspotenzials anpasst.
• Der Staatsanteil muss groß genug sein, damit eine ausreichende stabilisierende Wirkung möglich wird.

Das Konzept weist offensichtlich verschiedene Vorteile auf: Keine Stelle braucht tätig zu werden. Probleme im Zusammenhang mit Prognose, Diagnose und Entscheidung entfallen. (Ob dieses Konzept - wie auch das der Formelflexibilität - dann noch als Politik angesehen werden kann, ist allerdings fraglich.) Realistisch betrachtet, bewirken automatische Stabilisatoren aber „eigentlich automatisch nur eine Veränderung des Stabilisierungs**potenzials**. Sie können zu automatischen **Destabilisatoren** werden, wenn die erforderliche Anpassung nicht stabilitätsgerecht erfolgt, automatische Steuermehreinnahmen im Boom etwa in voller Höhe" für zusätzliche Ausgaben für Güter und Faktorleistungen verwendet werden (Andel 1983b, S. 444). Die jeweilige im privaten Bereich entstandene konjunkturelle Entwicklung wird dann durch die staatliche

Aktivität noch verstärkt. Wenn sich die Ausgaben an den Einnahmen orientieren und daher gleichgerichtet entwickeln, liegt der Fall der sog. **Parallelpolitik** vor[1].

Die automatischen Stabilisatoren können allenfalls die konjunkturellen Schwankungen abschwächen, sie sind aber nicht in der Lage, eine Umkehr herbeizuführen. Die erforderliche hohe Aufkommenselastizität kann (insbesondere bei einem aufwärts gerichteten Trend in der Wirtschaftsentwicklung) zu einem ständigen Anstieg der gesamtwirtschaftlichen Staatsquote führen. Sie kann sich ferner gerade beim Einsetzen der Aufschwungsphase als unerwünschter Bremseffekt („fiscal drag") erweisen. Schließlich ist darauf hinzuweisen, dass etwa die Lohnsteuer und die Umsatzsteuer schnell auf Veränderungen des Inlandsprodukts reagieren - andere Abgaben aber nicht, mit zeitlichen Verzögerungen oder im Auf- und Abschwung nicht symmetrisch. Letzteres ist für die Körperschaft- und veranlagte Einkommensteuer festgestellt worden. So erfolgt die Veranlagung, d. h. die Feststellung der Steuerschuld durch die Finanzämter, hier erst nach einem oder mehreren Jahren. Die auf diese Steuerschuld zu leistenden Vorauszahlungen stehen aber nur in lockerer Beziehung zu der aktuellen Gewinn- und Einkommensentwicklung.

c) Formelflexibilität

Bei der **Formelflexibilität (formula flexibility)** soll die Finanzpolitik in vorher festgelegten Regeln zu bestimmtem Handeln verpflichtet werden.

- Eine Version knüpft an den **zyklusorientierten** Regelmechanismus an. Sie will einerseits die Mängel der diskretionären Politik beschränken, andererseits die Vorteile der built-in flexibility nutzbar machen. Hierzu sollen bei Erreichen oder Überschreiten bestimmter Indikatorenwerte vorher festgelegte Maßnahmen eingeleitet werden (z. B. die Erhöhung der Einkommensteuersätze um 10%), um so die Schwankungen zu verringern.

Die Problematik der Formelflexibilität besteht darin, dass sie vergangenheitsorientiert ist. Sie lässt keine Anpassungen an jeweils unterschiedliche wirtschaftliche Entwicklungen zu, sondern reagiert nur „richtig", wenn die tatsächliche Entwicklung den Normen entspricht. Da jeder Zyklus aber individuelle Züge trägt, ist eine brauchbare Formel kaum zu finden.

- In einer anderen, **zyklusunabhängigen** Version soll die Finanzpolitik aus der stabilitätspolitischen Aufgabe weitgehend entlassen werden, da ihre Wirkung ohnehin als unsicher oder sogar destabilisierend angesehen wird. Das gilt insbesondere im Hinblick auf die verschiedenen, unten beschriebenen lags. Ferner legt die Hypothese der „rationalen Erwartungen" diesen Schluss nahe. Danach sind die Unternehmen und Haushalte willens und in der Lage, die künftigen wirtschaftspolitischen Maßnahmen zutreffend zu antizipieren und auf diese Weise erfolglos werden zu lassen. Als

---

[1] Einfaches analytisches Beispiel hierfür ist das Haavelmo-Theorem. Danach ist eine steuerfinanzierte Erhöhung der Ausgaben für Güter nicht neutral, sie hat im einfachsten Fall einen Multiplikator von eins.

zweckmäßig wird von Vertretern dieser Auffassung eine Verstetigungspolitik (insbesondere der Geldpolitik) angesehen. Sie kann Teil der unten (e) beschriebenen Stabilisierungspolitik sein.

d) Diskretionäre Fiskalpolitik

Diskretionäre finanzpolitische Maßnahmen stellen bewusst auf die gegebene konjunkturelle Situation abzielende (ad hoc-)Veränderungen der finanzpolitischen Parameter dar. Vor Einsatz gezielter Maßnahmen muss geklärt werden,
- ob eine Gefährdung der Stabilität besteht und wirtschaftspolitische Aktivitäten erforderlich sind,
- welche finanzpolitischen Instrumente in Betracht kommen, zur Verfügung stehen und eingesetzt werden können,
- wann, in welchem Umfang und wie lange die Maßnahmen ergriffen werden sollen.

Dabei ist zu beachten, dass mit jeder praktischen Politik verschiedene **Verzögerungen (lags)** verbunden sind. Übersicht 13-1 zeigt, dass vom Auftreten der Störung (disturbance), dem Erkennen (recognition), der Diagnose, der Entscheidung (decision) über das verwaltungsmäßige Umsetzen bis zur Wirkung einer Maßnahme verschiedenste lags auftreten. Diese Verzögerungen lassen befürchten, dass stabilisierend gedachte Maßnahmen nicht wirken oder, wenn sie im falschen Zeitraum wirksam werden, sogar destabilisierend sein können. Diese Probleme waren teilweise Anlass für die Verabschiedung des später darzustellenden Stabilitätsgesetz, das wesentlich zur Verkürzung dieser lags beitragen soll.

Übersicht 13-1 Die verschiedenen Arten von lags in der Wirtschaftspolitik

Zeitverzögerung der Wirtschaftspolitik (total policy lag)						
Innenverzögerung (inside lag)					Außenverzögerung (outside lag)	
Handlungsverzögerung (policy preparation lag)				Durchführungsverzögerung (administrative, instrumental, intermediate lag)	Wirkungsverzögerung (policy effect lag)	
Erkennungsverzögerung (recognition lag)		Aktionsverzögerung (action lag)			Reaktionsverzögerung bei den Adressaten (reaction lag)	Durchsetzungsverzögerung bei den Adressaten (operational lag)
Diagnoseverzögerung (diagnostic lag)	Prognoseverzögerung (prognostic lag)	Planungsverzögerung (planning lag)	Entscheidungsverzögerung (decision lag)		Wahrnehmung geplanter oder ergriffener Maßnahmen und Beschaffung von Informationen.	Anweisung ausführender Betriebe, Abteilungen usw. durch die Unternehmensleitung.
Wahrnehmung unerwünschter Zustände und Entwicklungen. Beschaffung von Informationen über die Problemaspekte sowie erklärungsrelevante Theorien und Anwendungsbedingungen. Erklärung der problematischen Sachverhalte (Ursachenanalyse).	Vorhersage der künftigen Entwicklung des Problems bei Verzicht auf wirtschaftspolitisches Handeln (Status-quo-Prognose). Entscheidung für ein bestimmtes Prognoseergebnis und Vergleich mit den politischen Zielsetzungen. Feststellung des Handlungsbedarfs.	Ermittlung alternativer Ziel-Mittel-Kombinationen (Wirkungsanalyse). Ableitung geeigneter Maßnahmen zur Erreichung vorgegebener Ziele (Programmierung). Prognose des sachlichen und zeitlichen Wirkungsablaufs vorgesehener Maßnahmen (Wirkungsprognose).	Entscheidung zwischen den von der Wirkungsanalyse aufgezeigten Handlungsalternativen. Definitive Festlegung bestimmter Zielwerte und Maßnahmen. Innerparteiliche, parlamentarische und rechtliche Durchsetzung des Programms.	Rechtsverbindliche Ausgestaltung und praktische Durchführung der Maßnahmen. Beteiligung nachgeordneter Körperschaften, Ressorts, Behörden usw. sowie autonomer sozialer Gruppen (Tarifparteien, Berufsverbände), nationaler Entscheidungsträger (Bundesbank) und internationaler Institutionen (EG-Kommission, IWF, BIZ). Überwindung rechtlicher (Normenkontrollverfahren, Verfügungen) und tatsächlicher Widerstände (Boykott, Proteste).	Feststellung des Betroffenheit durch die Maßnahmen. Prognose der sich durch die Maßnahmen möglicherweise ergebenden Vor- und Nachteile. Feststellung des Handlungsbedarfs und Entscheidung über zu ergreifende Maßnahmen. Vorbereitung des Maßnahmenvollzugs (Antragstellung, Vertragsabschlüsse oder -kündigungen, Auftragserteilung).	Arbeitsvorbereitung. Projektplanung, Koordination, Einkommens-, Vermögens- und Konsumdispositionen. Überstunden, Rationalisierungsvorhaben. Überwindung unternehmensinterner Widerstände, z. B. bei geplanten Entlassungen, Neueinstellungen, Betriebsstillegungen und -erweiterungen, Neubauvorhaben, Umweltbelastungen.

Zeit ⟶

Quelle: Berg/Cassel 1999, S. 262.

Im Hinblick auf die Art der stabilisierungspolitischen Maßnahmen ist zu fragen, ob **einnahmen-** oder **ausgabenpolitischen** Maßnahmen der Vorzug gegeben werden soll. Beide sind zwar grundsätzlich möglich, dennoch gibt es Argumente zugunsten der einen oder anderen Maßnahme.

Die Instrumente müssen **rechtzeitig**, d. h. im richtigen Zeitpunkt, **einsetzbar** sein. Bei den Ausgaben ist aber in der Regel ein hoher Anteil (geschätzt wird gelegentlich 90% und mehr) gesetzlich oder vertraglich festgelegt, so dass unter Umständen ein großer Änderungsbedarf auftritt. Auch werden rund 2/3 aller (Sach-)Investitionen von den Gemeinden durchgeführt, die aber nicht als Träger der Stabilisierungspolitik in Frage kommen. Ferner ist es **technisch** und **politisch** in der Regel schwierig, kurzfristig staatliche Projekte zu verschieben. Sie haben meist lange Vorbereitungsphasen. Werden sie, z. B. nach begonnener Tätigkeit, nicht durchgeführt, kommt es zur Verschwendung (z. B. abgebrochene Autobahnbauten). Die Problematik dieser Politik zeigt sich gerade bei Tiefbauaufträgen, die weitgehend durch den Staat erfolgen. Ständige Auftragsschwankungen führen kurzfristig zu extremen Veränderungen im Auslastungsgrad und zu entsprechenden Anpassungszwängen der Bauwirtschaft.

Es wird auch die Auffassung vertreten, dass die Ausgaben für Güter und Faktorleistungen aufgrund **langfristiger Bedürfnisse** geplant und durchgeführt und nicht unter kurzfristigen Stabilisierungsgesichtspunkten variiert werden sollten. Dieses Argument kann in seiner Bedeutung nur abgeschwächt werden, wenn ein **Prioritätenkatalog** vorliegt, nach dem entsprechend entschieden werden soll. Gerade bei den Ausgaben ist der lag zwischen Entscheidung und Wirkungen auf Output und Beschäftigung bedeutsam. In der Rezession eingeleitete Maßnahmen wirken erst spät und unter Umständen nicht phasengerecht.

Für die Wahl des Mittels sind weitere längerfristige Aspekte bedeutsam. So tragen Ausgabenerhöhungen zur Vergrößerung der **Staatsausgabenquote** bei. Wird dies für nicht wünschenswert gehalten, sind in der Phase des Booms steuerliche Maßnahmen vorzuziehen. (Die zusätzlichen Steuererträge dürfen allerdings nicht ausgegeben werden.)

Angesichts der politisch relativ leichten Variierbarkeit (wie sie im Stabilitätsgesetz institutionalisiert ist) scheinen steuerliche Maßnahmen eher zur Stabilisierung geeignet zu sein. Insbesondere bei der Lohnsteuer tritt auch eine schnelle **Fühlbarkeit** ein, die bei der veranlagten Einkommensteuer und bei der Körperschaftsteuer geringer ist. Bei Steuerveränderungen, z. B. einer Erhöhung von Verbrauchsteuern, ist bereits ein Ankündigungseffekt zu erwarten, bevor die Maßnahme wirksam wird. Soweit sie relativ leicht überwälzbar sind und bei weitgehender Preisinflexibilität nach unten, sind hier eher preisniveauerhöhende Wirkungen zu erwarten. Steuern wirken andererseits erst indirekt über die Determinanten privater Ausgaben. Häufige Veränderungen können, besonders im Unternehmensbereich, Planungsunsicherheit auslösen. Ferner dürften intertemporale Verzerrungen auftreten: So werden neu beschlossene Abschreibungserleichterungen neue Investitionen begünstigen.

In den letzten Jahrzehnten wurden verschiedene Argumente herausgearbeitet, die Zweifel an der makroökonomischen Steuerbarkeit überhaupt begründen. So sind bestimmte Ziele nicht unmittelbar, sondern erst (mittelbar) über andere Größen beeinflussbar. Das gilt z. B., wenn ein angestrebter hoher Beschäftigungsstand oder eine bestimmte Inflationsrate erst über die Veränderung der Gesamtnachfrage und nicht direkt beeinflusst werden kann. Weitere Probleme bestehen darin, dass

- die Wirkungen der Instrumente auf die endogenen Variablen (Ziele) nicht mit Sicherheit vorhergesagt werden können. Bei verschiedenen angestrebten Zielen müssen dann für alle die Erwartungswerte und Risiken gewichtet werden;
- beobachtete Regelmäßigkeiten dann verschwinden, wenn die Entscheidungsträger sie ausnutzen wollen (Goothart's Gesetz). So können festgestellte Korrelationen zwischen Instrument und Zielvariablen das Verhalten der Entscheidungsträger und nicht der Wirtschaft wiedergeben;
- die strukturellen oder Verhaltensgleichungen makroökonomischer Modelle bei Änderung der Entscheidungsregeln nicht stabil bleiben, weil die privaten Wirtschaftssubjekte ihr Verhalten dem der staatlichen Entscheidungsträger anpassen („Lucas-Kritik"). Folglich ist nicht vorherzusagen, ob und wie Politiken die Modellparameter verändern. Simulationen bestehender Modelle können sich daher - bei richtigen („rationalen") Erwartungen - als ungeeignete Hilfe für die Wirtschaftspolitik erweisen. Mit anderen Worten sind wirtschaftspolitische Maßnahmen nur dann wirksam, wenn sie nicht erwartet oder wenn sie falsch eingeschätzt werden. So haben fiskalpolitische Maßnahmen u. U. keinen makroökonomischen Effekt, wenn rational handelnde Wirtschaftssubjekte wissen, dass in der Zukunft umgekehrte Änderungen des äquivalenten Gegenwartswerts auftreten.

Die Anforderungen an einen stabilitätsgerechten Einsatz sind folglich aus der Perspektive ökonomischer Rationalität sehr hoch. Auf die naheliegende Frage, ob Politiker dieses Erfordernis im politischen Prozess ernst nehmen und erfüllen, wurde schon im Kapitel 12.2 eingegangen.

2. Maßstäbe zur Beurteilung der konjunkturellen Wirkungen öffentlicher Haushalte

Zur Beurteilung der Stabilisierungseffekte öffentlicher Haushalte erscheint es wünschenswert, die verschiedenen konjunkturellen Anstöße („Impulse") in einer Größe („Budgetmaß") zusammenzufassen. Ein Budgetmaß soll möglichst einfach und anschaulich ein Urteil etwa zu folgenden Fragen geben helfen: Wirken die öffentlichen Haushalte im Jahre t mehr oder weniger expansiv (kontraktiv) als im Jahre t-1? Wie groß ist der Stabilisierungsbeitrag im Jahre t? Welche Wirkungen haben die öffentlichen Haushalte auf den Auslastungsgrad des gesamtwirtschaftlichen Produktionspotenzials? Budgetmaße sollen zumindest eine zutreffende Einschätzung der Wirkungsrichtung finanzpolitischer Maßnahmen erlauben.

Der **Budgetsaldo** könnte ein einfaches Maß zur Ermittlung der expansiven oder restriktiven Wirkungen eines gegebenen Haushalts sein. Häufiger wird jedoch nicht auf das Vorzeichen des absoluten Saldos, sondern auf seine Veränderung abgestellt. Sie soll anzeigen, ob der (de)stabilisierende Einfluss der öffentlichen Haushalte im Zeitablauf zu- oder abgenommen hat. So wird eine Erhöhung des Budgetsaldos gegenüber der vorhergehenden Periode ($\Delta BS = \Delta A - \Delta T > 0$) als expansiv interpretiert und entsprechend umgekehrt eine Verringerung ($\Delta BS < 0$) als kontraktiv. „Ausgangspunkt ist die Überlegung, dass eine Variation der staatlichen Ausgaben- und Einnahmenpolitik zu Veränderungen der Einkommensströme im privaten Sektor führt, die expansive oder kontraktive Anpassungsprozesse auslösen. So führt eine Vergrößerung des Budgetsaldos durch Ausweitung der Staatsausgaben oder durch Steuersenkungen ex ante zu einem gesamtwirtschaftlichen Ausgabenüberschuss, der einen expansiven Anpassungsprozeß auslöst, da die Privaten über unerwartete Einnahmen verfügen und daraufhin ihre Ausgaben erhöhen" und umgekehrt bei einer Verminderung des Budgetsaldos (Härtel 1982, S. 724).

Gegen das Konzept wurden verschiedene Einwände vorgebracht, denen in anderen Konzepten unterschiedlich Rechnung getragen wird. So ist die Änderung des Budgetsaldos nicht allein von den staatlichen Maßnahmen, sondern wesentlich auch von der konjunkturellen Entwicklung beeinflusst. Die passive Komponente (built-in flexibility), die auch ohne diskretionäre Maßnahmen ihren Niederschlag in ΔBS hat, lässt sich nicht von der aktiven Komponente trennen. Diese umfasst den Teil von ΔBS, der auf Entscheidungen der Finanzpolitik über das Niveau der Ausgaben und über die Einnahmeregelungen zurückgeht.

ΔBS fasst allenfalls die von öffentlichen Haushalten ausgehenden Impulse, nicht die Wirkungen auf die inländische Produktion zusammen. Aus dem Haavelmo-Theorem ist aber bekannt, dass die Wirkungen bedeutsam sein können, weil - selbst, wenn $\Delta A = \Delta T$ und daher $\Delta BS = 0$ - das Einkommen verändert werden kann.

Zu beachten ist auch, dass bei gleicher Größe von ΔBS, aber unterschiedlicher Höhe des Produktionspotenzials, kaum gleiche konjunkturelle Impulse bewirkt werden dürften.

Nach dem Saldenkonzept ist der öffentliche Gesamthaushalt dann konjunkturneutral, wenn sich der Budgetsaldo im Vergleich zur Vorperiode nicht verändert. Diese Annahme ist jedoch nur zutreffend, wenn der Vergleichshaushalt der Vorperiode konjunkturneutral war. ΔBS gibt daher allenfalls Aufschluss darüber, ob der Haushalt in Periode t expansiver oder kontraktiver als in t-1 ist.

Mit dem in den USA entwickelten Konzept des **Saldos des Vollbeschäftigungsbudgets** (Full-Employment-Budget-Surplus - FEBS) will man den konjunkturbedingten Teil von ΔBS ausschalten. Der FEBS soll bei gegebenem Steuersystem lediglich von diskretionären Maßnahmen bestimmt sein. Zur Bereinigung des Budgetsaldos um die endogenen Komponenten wird geschätzt, wie hoch der Budgetsaldo bei gegebenen Programmen, Vollbeschäftigung und gegebenem Preisniveau sein würde. Zur Ermittlung des FEBS werden die hypothetischen Steuereinnahmen bei Vollbeschäftigung den bei Vollbeschäftigung zu erwartenden Staatsausgaben gegenübergestellt. Dabei werden die Ausgaben als weitgehend diskretionäre Größe interpretiert **und** mit den tatsächlichen Ausgaben gleichgesetzt. (Korrekturen erfolgen nur hinsichtlich der Transferausgaben, die mit dem Beschäftigungsgrad schwanken - z. B. Arbeitslosengeld.) Die Differenz der bei Vollbeschäftigung geschätzten Einnahmen und Ausgaben ist ein fiktiver Saldo. Ein im Vergleich zur Vorperiode konstanter FEBS wird als neutral im Hinblick auf die konjunkturelle Entwicklung angesehen. Ein größerer Saldo deutet auf eine kontraktive Wirkung des Haushalts, eine Abnahme auf eine expansive Konjunkturbeeinflussung.

Das Konzept des FEBS ist im Hinblick auf die Berechnung des Vollbeschäftigungssteueraufkommens kaum befriedigend lösbar. Das Konzept stellt insofern eine Verbesserung gegenüber dem Saldenkonzept dar, als hier ein Bezug zur Höhe von Produktion bzw. Produktionspotenzial hergestellt wird. Es vernachlässigt aber ebenso wie dieses die unterschiedlichen Wirkungen der Einnahme- und Ausgabearten. Ferner beruht es, ebenso wie das Saldenkonzept, auf einem Vorjahresvergleich.

Der Sachverständigenrat zur Begutachtung der gesamtwirtschaftlichen Entwicklung hat das Konzept des **konjunkturneutralen Haushalts** entwickelt. Er unterscheidet sich von den zuvor genannten Budgetmaßen in einem wesentlichen Punkt: Budgetänderungen werden auf einen als konjunkturneutral eingestuften Basishaushalt bezogen. So wird ein Nullpunkt auf der Meßskala der Konjunkturwirkungen angestrebt.

Der konjunkturelle Impuls der Finanzpolitik wird gemessen, indem das tatsächliche Haushaltsvolumen mit einem konjunkturneutralen verglichen wird - oder gleichbedeutend: der tatsächliche dem konjunkturneutralen Finanzierungssaldo gegenübergestellt wird. „Ein Haushaltsvolumen ist nach dieser Konzeption dann konjunkturneutral, wenn es für sich genommen unmittelbar keine Abweichungen der Auslastung des gesamtwirtschaftlichen Produktionspotentials von dem bewirkt, was mittelfristig als normal angesehen wird" (Sachverständigenrat 1986, S. 183).

Der Rat hat das Konzept des konjunkturneutralen Haushalts mehrfach methodisch geändert und verwendet es seit der deutschen Vereinigung nicht mehr. Seit 1993 stellt er, basierend auf den methodischen Grundlagen des konjunkturneutralen Haushalts, allein auf das **strukturelle Defizit** ab. Dabei trägt der Rat der Kritik am Konzept des konjunkturneutralen Haushalts Rechnung und berücksichtigt den Paradigmenwechsel in der Wirtschaftspolitik sowie die Aktualität des Konsolidierungsbedarfs der öffentlichen Finanzen.

3. Institutionen: Das Stabilitätsgesetz

Nach § 1 StabG haben Bund und Länder bei ihren wirtschafts- und finanzpolitischen Maßnahmen „die Erfordernisse des gesamtwirtschaftlichen Gleichgewichts zu beachten". In diesem Zusammenhang werden explizit als Einzelziele genannt: Stabilität des Preisniveaus, hoher Beschäftigungsgrad, außenwirtschaftliches Gleichgewicht sowie stetiges und angemessenes Wachstum. Mit dem Stabilitätsgesetz wurde erstmalig die konjunkturpolitische Verantwortung der Finanzpolitik gesetzlich bestimmt. Für die Stabilitätspolitik sind aber zwei mit diesem Gesetz geschaffene Möglichkeiten bedeutsamer:

- Institutionen und Verfahren wurden eingeführt, die die **Informationen** der Entscheidungsträger erweitern und **Koordinationen** zwischen verschiedenen staatlichen Akteuren erleichtern sollen. Hierzu rechnen die (inzwischen nicht mehr eingesetzte) „Konzertierte Aktion", die gegenseitige Auskunftspflicht von Bund und Ländern im Finanzplanungsrat, der Konjunkturrat[1], die mittelfristige Finanzplanung, der Jahreswirtschaftsbericht der Bundesregierung und der Subventionsbericht.

- Verschiedene fiskalpolitische Instrumente wurden geschaffen, deren Besonderheit in ihrer **schnellen Einsatzmöglichkeit** liegt. Eine wesentliche Verkürzung des „decision lag" wurde möglich, insbesondere soweit die Verzögerung auf das üblicherweise lange Gesetzgebungsverfahren (z. B. einer Steueränderung) zurückzuführen ist.

Im Folgenden sollen einige wichtige im Stabilitätsgesetz vorgesehene finanzpolitische Maßnahmen der Konjunkturdämpfung und -belebung skizziert werden.

Zur **Konjunkturdämpfung** sind vorgesehen:

- der Aufbau einer **Konjunkturausgleichsrücklage**: sie kann freiwillig gebildet werden, indem die Bundesregierung den Bundesfinanzminister ermächtigt, die Verfügung über bestimmte Ausgabemittel, den Beginn von Baumaßnahmen und das Eingehen von Verpflichtungen zu Lasten künftiger Rechnungsjahre von dessen Einwilligung abhängig zu machen. Die Bildung einer Rücklage kann die Bundesregierung auch durch Rechtsverordnung mit Zustimmung des Bundesrates anordnen. Bund und Länder haben dann bis zu maximal 3% der von ihnen im vorangegangenen Haushaltsjahr erzielten Steuereinnahmen (ebenso wie die freiwillig stillgelegten Mittel) einer Konjunkturausgleichsrücklage bei der Bundesbank zuzuführen.

- Die Bundesregierung kann durch Rechtsverordnung mit Zustimmung des Bundesrates und des Bundestages **die Einkommen- und Körperschaftsteuer bis zu 10%** erhöhen. Die Einnahmen aus dieser linearen Steuersatzerhöhung sind ebenfalls der Konjunkturausgleichsrücklage zuzuführen.

- Die **Abschreibungsmöglichkeiten** können durch Aussetzen von Sonderabschreibungen sowie erhöhter und degressiver Absetzungen für Abnutzung beschränkt werden. Ferner können die **Einkommensteuervorauszahlungen** an die konjunkturelle Entwicklung angepasst werden.

- Die Bundesregierung kann die **Möglichkeiten der Kreditaufnahme** durch die öffentliche Hand **beschränken**.

---

[1] Der Konjunkturrat besteht aus Vertretern von Bund, Ländern, Gemeinden und (beratend) der Deutschen Bundesbank. Er erörtert alle konjunkturpolitischen Maßnahmen zur Erreichung der Ziele des StWG und berät die Bundesregierung.

13. Kapitel: Die finanzpolitische Stabilisierungspolitik („Fiscal Policy")

Als Maßnahmen der **Konjunkturbelebung** sind vorgesehen:

- Eine **Kreditermächtigung** für die öffentliche Hand. Sie berechtigt den Finanzminister, zur Finanzierung zusätzlicher öffentlicher Investitionen Kredite auf dem Geldmarkt aufzunehmen (Begrenzung auf 5 Mrd. DM).

- Die **der obligatorischen Konjunkturausgleichsrücklage** zugeführten Beträge dürfen entnommen werden, wenn sie durch Rechtsverordnung der Bundesregierung mit Zustimmung des Bundesrates freigegeben sind.

- Zur Stimulierung privater Investitionen ist eine **Investitionsprämie** vorgesehen. Von der Einkommen- oder Körperschaftsteuerschuld können bis zu 7,5% der Anschaffungs- oder Herstellungskosten von Investitionsgütern abgezogen werden. Hierdurch wird also die Steuerschuld reduziert.

- Die **Einkommen- und Körperschaftsteuersätze** können linear um höchstens 10% für längstens ein Jahr **gekürzt** werden.

- Die **Vorauszahlungen** bei der Einkommen-, Körperschaft- und Gewerbesteuer können an die konjunkturelle Entwicklung **angepasst** werden.

Das Stabilitätsgesetz verbessert die Möglichkeiten diskretionärer Stabilisierungspolitik. Es verkürzt im Wesentlichen den „decision lag". Die Probleme der zutreffenden Einschätzung von Lage und Entwicklung, des Erkennens der Notwendigkeit finanzpolitischer Maßnahmen, der Wahl der geeigneten Instrumente, des politischen Wollens und der politischen Durchsetzbarkeit bleiben aber bestehen. Auch sind die Gemeinden nur unzureichend in die Stabilisierungspolitik einbezogen. Im Übrigen sind die Hauptakteure der Einkommenspolitik nicht eingebunden. Sie nehmen nicht oder nur auf freiwilliger Basis an den konjunkturpolitischen Beratungen teil.

Schließlich ist darauf hinzuweisen, dass das Stabilitätsgesetz keine Konkretisierung und Operationalisierung der o. g. Teilziele enthält. Damit ist der stabilitätspolitische Spielraum fast beliebig ausweitbar. „Dieser Schritt hätte eine besonders starke Bindung des Politikers zur Folge, da jede Abweichung vom Ziel klar erkennbar wäre und unmittelbar zu politischen - wenn nicht juristischen - Sanktionen führen müßte. Bedenkt man die vielen instrumentellen Unsicherheiten, so dürfte dieser letzte Schritt kaum durchsetzbar und auch nicht wünschbar sein. Die Erfahrungen mit der Zielprojektion des Bundeswirtschaftsministers zeigen, wie rasch der Politiker bei Nichterreichen eines quantitativ formulierten Ziels seine Glaubwürdigkeit gefährdet" (Stern/Münch/Hansmeyer 1972, S. 119).

Literatur zum 13. Kapitel

Einen Überblick über finanzpolitische Strategien und Konzepte geben Haller (1981a, B § 2), Mackscheidt/Steinhausen (1978, Teil C) und Neumark (1952).

Zur automatischen Stabilisierung siehe Albers (1967), Haller (1981a, B § 2.1), Neumark (1970, § 11; 1979) und - grundlegend - Musgrave (1969a, Kapitel 17). Die automatischen Stabilisierungswirkungen des deutschen Steuersystems untersucht Körner (1987).

Die Formelflexibilität untersucht Steinbach (1977) im Vergleich zur diskretionären Konjunkturpolitik. Zur regelgebundenen versus ungebundenen Steuerung siehe Neumark (1971).

Die diskretionäre Stabilisierungspolitik behandeln Gahlen/Schneider (1974), Haller (1981, B § 2.2), Sievert (1979) und Hesse (1998).

Die ausgaben- versus einnahmeorientierte finanzpolitische Konjunktursteuerung vergleichen Heckhausen (1974) und Haller (1981a).

Eine Einführung in die Messkonzepte des Budgets geben Gandenberger (1973) und Leibfritz (1974), einen guten Überblick Härtel (1982). Weitere Arbeiten sind u. a. Biehl u. a. (1978), Lenk (1979) und Scherer (1977). Zum konjunkturneutralen Haushalt ist ferner Krause-Junk (1982) zu nennen, der damit verbundene Probleme (Konsolidierung, strukturelles Defizit) behandelt. Die Messmethode des Sachverständigenrates findet sich im Anhang zu dem jeweils letzten Jahresgutachten. Weitere methodische und theoretische Überlegungen zu Budgetkonzepten enthält Leibinger (1985).

Zum Stabilitätsgesetz siehe Stern/Münch/Hansmeyer (1972) und die Beurteilung durch Hesse (1983, S. 211-220).

Fünfter Teil
Theorie der Besteuerung

14. Kapitel
Grundlagen der Besteuerung

1. Begriff und Abgrenzung der Steuern

Unter den verschiedenen Einnahmen des Staates sind Steuern – allein schon aufkommensmäßig – von größter Bedeutung. Sie machten in Deutschland Ende der 90er Jahre etwa die Hälfte der Einnahmen der öffentlichen Haushalte einschließlich Sozialversicherung und rd. 2/3 der Einnahmen der öffentlichen Haushalte ohne Sozialversicherung aus.

International fallen diese Quoten sehr unterschiedlich aus, wobei der Steuerbegriff und die Abgrenzung gegenüber anderen Einnahmen nicht einheitlich definiert sind. So gelten in Deutschland Zölle, nicht hingegen Sozialversicherungsbeiträge als Steuern. Die Vereinigten Staaten z. B. verfahren gerade umgekehrt.

In Deutschland sind Steuern Teil der öffentlichen Abgaben. **Abgaben** sind Geldleistungen, die von einer öffentlichen Körperschaft aufgrund gesetzlicher Bestimmungen erhoben werden. Hierzu rechnen Steuern, Gebühren, Beiträge und Sonderabgaben. Nach der Legaldefinition von § 3 I Abgabenordnung[1] sind **Steuern** definiert als „Geldleistungen, die nicht eine Gegenleistung für eine besondere Leistung darstellen und von einem öffentlich-rechtlichen Gemeinwesen zur Erzielung von Einnahmen allen auferlegt werden, bei denen der Tatbestand zutrifft, an den das Gesetz die Leistungspflicht knüpft; die Erzielung von Einnahmen kann Nebenzweck sein. Zölle und Abschöpfungen sind Steuern."

Wesentliche Merkmale der Definition sind folglich:
- Steuern werden **auferlegt**, sind **Zwangsabgaben**. Im Gegensatz hierzu stehen die „marktwirtschaftlichen" Einnahmen des Staates aufgrund eines privatrechtlichen Vertrages, öffentliche Kredite (außer Zwangsanleihen) und Erwerbseinkünfte öffentlicher Unternehmen.
- Steuern sind **Geld**leistungen, keine Naturalleistungen. Insofern rechnen die als Folge der Wehrpflicht für den Staat zu erbringenden Leistungen **rechtlich** nicht zu den Steuern (obwohl sie ökonomisch weitgehend als solche qualifiziert werden können). Die Erfüllung dieser

---

[1] Für die Steuererhebung sind in Deutschland die Bestimmungen der Abgabenordnung (AO) und der speziellen Steuergesetze maßgebend. Die AO ist ein Rahmengesetz der Besteuerung. Sie bestimmt den Steuerbegriff und die Zuständigkeit der Finanzbehörden und legt fest, wer Steuerpflichtiger ist. Sie regelt das Steuerschuldverhältnis, das Besteuerungsverfahren, die Mitwirkung des Steuerpflichtigen (Führen von Büchern, Steuererklärungen), das Erhebungsverfahren, die Vollstreckung und enthält schließlich Straf- und Bußgeldvorschriften. Das Steuerrecht ist aber nicht nur in Steuergesetzen, sondern auch in Durchführungsverordnungen, in der Steuerrechtsprechung und in Verwaltungsanweisungen (Steuerrichtlinien und Einzelerlasse) niedergelegt.

Pflicht wird auch nicht auf die Steuerschuld angerechnet und Nichtwehrpflichtige werden keiner Ausgleichsabgabe unterworfen. Andere Naturalabgaben liegen etwa bei den diversen Mitwirkungspflichten vor, auf die schon zuvor als „versteckter öffentlicher Bedarf" hingewiesen wurde.
- Mit Steuern ist kein Anspruch auf Gegenleistungen verbunden; sie stellen **keine spezielle Gegenleistung** für besondere Leistungen des Staates dar. Es besteht also kein Zusammenhang zwischen der individuellen Steuerzahlung und einer speziellen vom Steuerzahler genutzten öffentlichen Leistung. (Daher kann ein Steuerpflichtiger die Steuerzahlung auch nicht mit dem Argument verweigern, dass er öffentliche Leistungen an ihn ablehnt oder an anders bewertet.)
- Das **Recht, Steuern zu erheben**, besitzen nur **öffentlich-rechtliche Gemeinwesen** (Bund, Land, Gemeinde, Religionsgemeinschaften mit dem Status einer Körperschaft des öffentliches Rechts).
- Steuern werden aufgrund von **Gesetzen** (nicht Verordnungen oder Verträgen) erhoben. Steuern sind nur zu zahlen, wenn der Tatbestand erfüllt ist, an den das Gesetz die Steuerpflicht knüpft. Es ist daher legal, durch Vermeidung der steuerlichen Tatbestände der Steuer auszuweichen.
- Die Erzielung von Einnahmen kann auch Nebenzweck sein. Daher kann eine Steuer auch primär aus Gründen der Verhaltensbeeinflussung (z. B. Energiesparen) erhoben werden. Geldstrafen und Geldbußen fallen nicht unter den Steuerbegriff, weil sie nur (zumindest theoretisch) das gesetzwidrige Verhalten sanktionieren. Entsprechendes gilt für sog. Erdrosselungssteuern, deren Ziel es ist, das belastete Verhalten ganz zu unterbinden, so dass im Ergebnis keine Steuererträge anfallen. Sie dienen nicht der Erzielung von Einnahmen.

Es wird immer wieder versucht, staatliche Einnahmen, die die Tatbestandsmerkmale von Steuern im Sinne von § 3 AO erfüllen, anders zu bezeichnen. Der Grund hierfür kann einmal sein, dass für Steuern bestimmte (verfassungsrechtliche) **Zuständigkeiten hinsichtlich Gesetzgebung und Ertragshoheit** festliegen. Es kann aber auch politisch opportun erscheinen, eine **möglichst geringe Steuerbelastung** nachzuweisen.

Ein typisches Beispiel für das letzte Argument war die Ausgleichsabgabe nach dem Verstromungsgesetz („Kohlepfennig"), die eindeutig die Merkmale einer Steuer aufwies, aber nicht als solche bezeichnet wurde (Dickertmann/Voss 1979).

Ökonomisch werden Steuern ebenfalls als von staatlichen Institutionen erhobene **Zwangsabgaben(-leistungen)** angesehen. Eine weitere Eigenschaft ist, dass mit ihrer Erhebung kein Anspruch auf ökonomische Gegenleistung einhergeht und insofern das Äquivalenzprinzip (vgl. Kapitel 14.5) nicht erfüllt ist. Steuern stellen einen Grenzfall im Spektrum öffentlicher Einnahmen dar, die diese Eigenschaften mehr oder weniger stark aufweisen. Nach dem abnehmenden Grad staatlichen Zwangs (und damit auch abnehmender politischer Determinierung) und zunehmender marktlicher Bestimmung können die Einnahmen - Steuern, Beiträge, Gebühren, Erwerbseinkünfte, aufgenommene Kredite - geordnet werden.

Mit zunehmender marktlicher Komponente wird die Beziehung zwischen individueller Leistung an den Staat und von diesem empfangener Gegenleistung enger, die Bedeutung des Äquivalenzprinzips nimmt zu.

Je stärker die vom Staat bereitgestellten Güter die Eigenschaft öffentlicher Güter haben - fehlende Rivalität, keine Ausschließbarkeit - , um so eher müssen die zu ihrer Durchführung erforderlichen Einnahmen durch **generelle** Entgelte - d. h. durch Erhebung von Steuern - finanziert werden. Bei reinen Umverteilungsausgaben - z. B. Kindergeld - lässt sich ebenfalls keine Äquivalenz zwischen Einnahmen und Verwendung herbeiführen. Je stärker jedoch die marktwirtschaftliche Komponente, um so enger wird die Beziehung zwischen individueller Leistung an den Staat und von diesem empfangener Gegenleistung, die Bedeutung des Äquivalenzprinzips nimmt zu. Die Finanzierung der Gegenleistung findet dann eher durch die Erhebung einer Gebühr statt, die ein **spezielles** Entgelt darstellt. Zwischen der generellen und der speziellen Entgeltlichkeit werden zuweilen auch gruppenmäßige Beziehungen zwischen Leistung und Gegenleistung festgestellt. Die nähere Erläuterung der folgenden Einnahmearten gibt Aufschluss über die unterschiedliche Ausprägung des Zwangscharakters der Abgaben:

Erwerbseinkünfte (= Einnahmen aus wirtschaftlicher Tätigkeit) erzielt der Staat, indem er die durch Einsatz seines Erwerbsvermögens erstellten Leistungen am Markt anbietet und gegen spezielles Entgelt (Preise) abgibt. Erwerbseinkünften fehlt weitgehend der hoheitliche Zwang. Zum staatlichen Erwerbsvermögen rechnen öffentliche Betriebe (z. B. Versorgungs- und Verkehrsbetriebe), gewerbliche Unternehmen (Banken, Sparkassen), öffentliche Beteiligungen, allgemeines Kapitalvermögen (Forderungen), Grundvermögen außerhalb der Verwaltung (Bauten, unbebaute Grundstücke). Erwerbseinkünfte haben heute lediglich auf Gemeindeebene eine größere Bedeutung.

Allerdings brauchen Zwangsmaßnahmen zur Einnahmenerzielung nicht nur auf (z. B. Steuer-)Gesetzen zu beruhen. Der Staat kann Einnahmen durch andere Formen des Zwangs beschaffen, z. B. wenn er eine Monopolstellung in bestimmten Bereichen nutzt. So stellen auch Monopolgewinne aus **Finanzmonopolen** tatsächlich eine besondere Form der (Verbrauchs-)Besteuerung dar, selbst wenn sie nicht als solche nachgewiesen werden. (Ein Finanzmonopol ist die alleinige Befugnis der Staates, bestimmte Waren wie Tabak, Branntwein, Zündhölzer als Monopolist herzustellen und/oder zu vertreiben.)

Die öffentliche **Kreditaufnahme** kann den Erwerbseinkünften ähnlich klassifiziert werden, soweit es sich um **freiwillige** Kredite handelt. In diesem Fall konkurriert der Staat mit privaten Kreditnachfragern am Markt. Schreibt der Staat allerdings Höhe und Bedingungen der ihm zu gewährenden Kredite vor **(Zwangsanleihen),** so ist der Unterschied zu den Steuern im Hinblick auf den Zwang sehr gering, auch wenn eine Kreditrückzahlung in Aussicht gestellt sein mag. Ein Beispiel hierfür ist der unverzinsliche, rückzahlbare Konjunkturzuschlag von 1970-1972.

Von **Gebühren** wird bei Leistungen gesprochen, für die eine Ausschließbarkeit weitgehend möglich und gewollt ist. Hier stehen sich Leistungen und Gegenleistungen unmittelbar gegenüber. Gebühren fallen nur bei tatsächlicher individueller Inanspruchnahme der öffentlichen Leistungen an, treffen also den unmittelbaren Nutznießer. Der Zahlung einer Gebühr kann man sich daher in vielen Fällen entziehen.

Juristisch wird zwischen Verwaltungs- und Benutzungsgebühren unterschieden: **Verwaltungsgebühren** gelten als Entgelt für die Vornahme von Amtshandlungen oder einer sonstigen Tätigkeit (Bescheinigungen, Genehmigungen, Kosten der Zwangsvollstreckung, Kosten des Bußgeldverfahrens).
Benutzungsgebühren werden für die Inanspruchnahme anderer öffentlicher Einrichtungen und Anlagen wie Häfen, Büchereien, Müllabfuhr, Badeanstalten u. ä. erhoben. Gerade Verwaltungsgebühren zeigen, wie fraglich der Entgeltcharakter - auch im Sinne „kostenmäßiger" Äquivalenz - ist.

Bei den **Beiträgen** steht die Möglichkeit der Nutzung öffentlicher Leistungen gegenüber. Sie werden auch erhoben, wenn keine **individuelle** Inanspruchnahme dieser Leistungen vorliegt. Hier erfolgen der Ausschluss von der Nutzung und die Verteilung der Kosten in der Regel gruppenspezifisch. Dabei entstehen Berechnungsprobleme. Es ist in den meisten Fällen zweifelhaft, wem in welcher Höhe die Nutzen zugerechnet werden oder wer die Kosten öffentlicher Leistungen über die Beiträge tragen soll. Beispiele für Beiträge als „zwangserhobene Aufwendungsersatzleistungen" sind u. a. Erschließungs- und Straßenanliegerbeiträge sowie Kurtaxen.

„Der Übergang zur echten Steuer wird vollzogen, wenn die externen Ersparnisse, für die eine besondere Vorteilsausgleichung gefordert wird, rein fiktiver Natur sind, wenn es sich de facto um eine Zwangsabgabe ohne konkretisierbare Gegenleistung handelt. Der Unterschied zur Besteuerung besonderer Gruppen, z. B. der Kraftfahrzeughalter, ist dann kaum noch zu ergründen" (Hedtkamp 1977b, S. 288). Auch Beiträge für Zwangsmitgliedschaften in parafiskalischen Einrichtungen, wie z. B. Berufskammern, haben eher Steuercharakter. Bestimmte Berufe können ohne Zugehörigkeit zu solchen Organisationen nicht ausgeübt werden.

Sozialversicherungsbeiträge haben ebenfalls steuerähnlichen Charakter, weil die Beziehung zwischen Leistung und Gegenleistung (auf der Basis bestimmter Wahrscheinlichkeiten für den Versicherungsfall) insbesondere durch das Umlageverfahren, durch Staatszuschüsse und durch die Übernahme versicherungsfremder Risiken individuell (und gruppenmäßig) durchbrochen ist.

Zu erwähnen sind auch **Sonderabgaben**, die nur von bestimmten Gruppen, also nicht von allen Staatsbürgern erhoben werden. Ihr Aufkommen dient der Finanzierung besonderer Aufgaben und wird oft in Sonderfonds verwaltet. Sonderabgaben dürfen nicht für den allgemeinen Finanzbedarf eines öffentlichen Gemeinwesens erhoben und das Aufkommen nicht zur Finanzierung allgemeiner Staatsaufgaben verwendet werden. Durch diese Abgaben sollen insbesondere solche Gruppen zur Finanzierung einer staatlichen Aktivität herangezogen werden, die diese Aktivität notwendig machen oder besonders von ihr profitieren. Beispiele: Berufsbildungsabgabe; Ausgleichsabgabe nach dem Schwerbehindertengesetz.

2. Steuertechnische Begriffe

Zur Beschreibung eines Steuersystems werden mehrere steuertechnische Begriffe verwendet[1]:

- **Steuergegenstand** oder **Steuerobjekt**: Sache, Handlung oder Geldsumme, auf die sich der Zugriff richtet. Der Steuergegenstand begründet die Steuerpflicht.
  Beispiele: Das Halten von Kraftfahrzeugen für die Kraftfahrzeugsteuer; der Gewerbebetrieb für die Gewerbesteuer; das Einkommen für die Einkommensteuer.
- **Steuerbemessungsgrundlage**: Die technisch-physische oder monetäre Größe, die der Ermittlung der Steuerschuld zugrunde gelegt wird.
  Beispiele: Der Gewerbeertrag für die Gewerbesteuer; der Ertragswert bei der Grundsteuer; Hubraum oder Gewicht bei der Kraftfahrzeugsteuer; das zu versteuernde Einkommen bei der Einkommensteuer.
- **Besteuerungseinheit**: Die vom Gesetzgeber festgelegte Einheit der Bemessungsgrundlage, auf die der Steuertarif angewandt wird.
  Beispiele: DM Einkommen, m^2 Boden.
- **Steuerbetrag** oder **Steuerschuld**: Absoluter Betrag der zu entrichtenden Steuer.
- **Steuertarif**: Die für eine Einzelsteuer vorgenommene vollständige Zuordnung von Bemessungsgrundlage und Steuerbeträgen.
- **Steuersatz**: Verhältnis von Steuerbetrag zu Bemessungsgrundlage.
- **Steuerschuldner** (oder -pflichtiger oder -subjekt): Natürliche oder juristische Personen, die für eine Steuer schulden, für eine Steuer haften, eine Steuer für Rechnung eines Dritten einzubehalten oder abzuführen haben oder andere durch die Steuergesetze auferlegte Verpflichtungen zu erfüllen haben.
- **Steuerzahler**: Derjenige, der die Steuern an das Finanzamt abführt (zahlt).
- **Steuerträger**: Derjenige, der ökonomisch den Steuerbetrag zu leisten hat, d. h. dessen Einkommen oder Vermögen durch die Besteuerung gekürzt wird. Aufgrund von Steuerüberwälzungsvorgängen fallen Steuerpflichtiger und -träger nicht immer zusammen. Sofern eine Steuerüberwälzung vom Gesetzgeber gewollt wird, bezeichnet man denjenigen, dem die definitive Steuerbelastung gesetzlich zugedacht ist, als Steuerdestinatar.
- **Steuergläubiger**: Diejenige Fiskalgewalt, die die Ertragshoheit über die Abgabe besitzt.
- **Steuersystem**: Die Gesamtheit der in einem Land jeweils nebeneinander bestehenden Steuern. Man unterscheidet historische Steuersysteme, die tatsächlich in Kraft waren oder sind, und rationale (oder optimale) Steuersysteme als Denkmodelle eines zielgerichteten geordneten Nebeneinanders verschiedener Einzelsteuern.

3. Steuertariflehre

Die Höhe des Steueraufkommens wird wesentlich durch die Ausgestaltung der Steuern bestimmt. Hierzu rechnen die Auswahl und die Abgrenzung der Steuerobjekte, die

---

[1] Die Begriffe lassen sich auf die Ausgabenseite, insbesondere auf Subventionen und auf Transfers an Haushalte übertragen.

Abgrenzung der Bemessungsgrundlage und die in diesem Kapitel zu behandelnden Steuertarife. Schließlich sind auch die Steuerzahlungsmodalitäten von Bedeutung. Der Steuertarif ist die eindeutige Zuordnung zwischen der Steuerbemessungsgrundlage (X) und dem Steuerbetrag (T).

Die Steuerbetragsfunktion

(14-1) $\quad T = T(X)$

muss nicht unbedingt stetig und differenzierbar sein. Zur Charakterisierung einer Steuer werden neben der Steuerbetragsfunktion der Durchschnittssteuersatz

(14-2) $\quad \dfrac{T(X)}{X} = \tau(X)$

und der Grenzsteuersatz

(14-3) $\quad \dfrac{dT}{dX} = T'(X)$

verwendet.

Je nach Entwicklung der Steuerbelastung bei Variation der Bemessungsgrundlage unterscheidet man proportionale, progressive und regressive Steuertarife. Als Maße (α) hierfür können gelten:

(1) Differenz von Grenz- und Durchschnittssteuersatz

(14-4) $\quad \alpha_1 = T'(X) - \tau(X)$

(2) Änderungsrate des Durchschnittssteuersatzes bei Änderung der Bemessungsgrundlage

(14-5) $\quad \alpha_2 = \dfrac{d\tau(X)}{dX} = \dfrac{1}{X}[T'(X) - \tau(X)]$,

(3) Elastizität des Steuerbetrags in Bezug auf die Bemessungsgrundlage

(14-6) $\quad \alpha_3 = \dfrac{dT/T}{dX/X} = \dfrac{dT/dX}{T/X} = \dfrac{T'(X)}{\tau(X)}$,

α_3 (oder im folgenden $E_{T,X}$) ist das Verhältnis der relativen Änderung des Steuerbetrags (Steueraufkommens) bei einer relativen Änderung der Bemessungsgrundlage, oder gleichbedeutend: der Quotient aus dem marginalen und dem durchschnittlichen Steuersatz.

(4) Residualelastizität (Verfügbarkeitselastizität) als Verhältnis der relativen Änderungsrate der nach Abzug des Steuerbetrages verbleibenden Steuerbemessungsgrundlage zur relativen Änderungsrate der Steuerbemessungsgrundlage (wobei X und T(X) in gleichen Einheiten gemessen werden müssen).

(14-7) $$\alpha_4 = \frac{d[X - T(X)]/dX}{(X - T(X))/X} = \frac{1 - T'(X)}{1 - \tau(X)} = 1 - \frac{X}{X - T(X)}[T'(X) - \tau(X)]$$

(5) Änderung des Grenzsteuersatzes bei Änderung der Bemessungsgrundlage

(14-8) $$\alpha_5 = \frac{dT'(X)}{dX} = \frac{d^2 T(X)}{dX^2}.$$

Dieses Maß ist insofern unbefriedigend, als es die unten erklärte indirekte Progression nicht beschreiben kann.

Anhand dieser Maße lässt sich für jeden Wert der Bemessungsgrundlage die Tarifeigenschaft angeben:

Tab. 14-1 Tarifeigenschaften nach verschiedenen Maßen

	α_1	α_2	α_3	α_4	α_5
progressiv	> 0	> 0	> 1	< 1	> 0
proportional	= 0	= 0	= 1	= 1	= 0
regressiv	< 0	< 0	< 1	> 1	< 0

„Progressivität, Proportionalität und Regressivität sind grundsätzlich als lokale qualitative Eigenschaft eines Steuertarifs aufzufassen, die für jeden Wert der Steuerbemessungsgrundlage einer bestimmten Steuer untersucht werden muss. Praktisch relevante Steuertarife können durchaus bereichsweise verschieden wirken" (Bös/Genser 1977, S. 416). Von einem progressiven Steuertarif wird dann gesprochen, wenn ein betrachteter Steuertarif im gesamten Gültigkeitsbereich progressiv wirkt.

Ein nichtproportionaler Tarif kann dadurch zustande kommen, dass die Veränderung von τ allein auf einer Veränderung von T' beruht **(direkte** Progression bzw. Regression).

Die Progression kann sich aber auch **(indirekt)** dadurch ergeben, dass in den Tarif mit konstantem marginalen Steuersatz T'_c ein **Freibetrag** X_F eingearbeitet ist. Für den Steuerbetrag gilt

(14-9) $$T = T'_c(X - X_F) \qquad T'_c = \text{const.}, \quad 0 \leq T'_c \leq 1$$

Abb. 14-1 Tariftypen

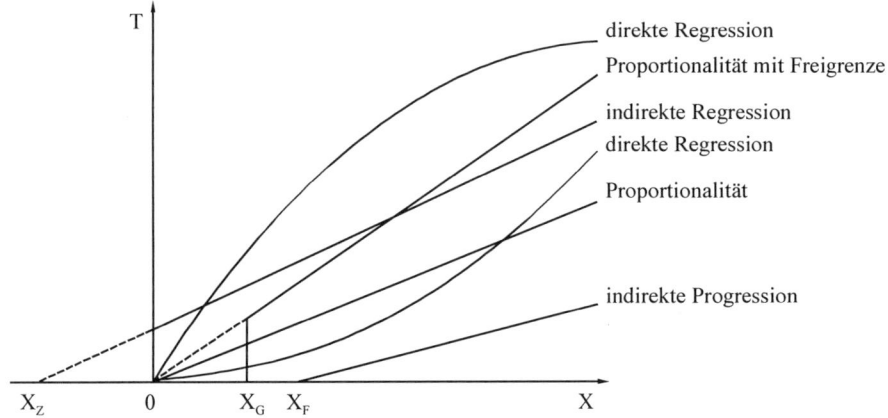

Da $\tau = T/X = T_c'(1 - X_F/X)$, gilt auch hier

(14-10) $d\tau/dX = T_c' X_F / X^2 > 0$

Die Beziehung zwischen T' und τ zeigt Abb. 14-2 für den Fall eines linearen Tarifs mit Freibetrag.

$\tau = T_c'(1 - X_F/X)$

Abb. 14-2 Linearer Tarif mit Steuerfreibetrag

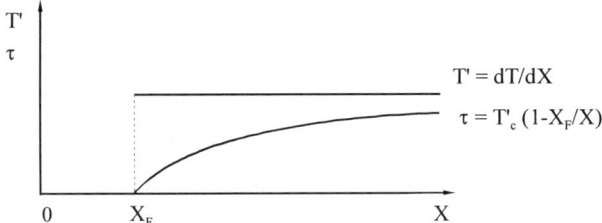

Für den Fall der indirekten Regression gilt Entsprechendes. Hier müsste T_c' mit einem konstanten Zuschlag zur Steuerbemessungsgrundlage verbunden sein:

(14-11) $T = T_c'(X + X_Z)$.

Da $\tau = T/X = T_c'(1 + \dfrac{X_Z}{X})$, gilt $d\tau/dX = -T_c' X_Z / X^2 < 0$.

Die Belastungsminderung des Freibetrags in (14-9) gegenüber $T = T'_c X$ ist für alle $X > X_F$ gleich, nämlich $T'_c X_F$. Daher entspricht hier die Einräumung eines konstanten Abzugsbetrages $A = T'_c X_F$ von $T = T'_c X$ der Wirkung des Freibetrags. Bei direkter Progression und Freibetrag

(14-12) $\qquad T = T'(X)(X - X_F)$ mit $dT'/dX > 0$

steigt die durch X_F bewirkte Steuerminderung mit zunehmender Bemessungsgrundlage.

Dies „wird häufig als unsozial gegenüber einer absolut gleichen Steuerentlastung für alle Steuerpflichtigen durch einen konstanten Abzugsbetrag kritisiert. Dieses Argument ist dann nicht haltbar, wenn der die Freibetragsgewährung auslösende Tatbestand den Berechtigten in genau die gleiche steuerlich relevante Situation versetzt, in der sich ein Steuerpflichtiger befindet, der ohne diesen Tatbestand von vornherein" eine um X_F kleinere „Steuerbemessungsgrundlage auf zuweisen hat. Die höhere Entlastung stellt nur den Ausgleich für die höhere Mehrbelastung dar, die den Freibetragsberechtigten treffen würde, wenn der den Freibetrag begründende Tatbestand ungerechtfertigterweise nicht berücksichtigt worden wäre. Die Kritik an konstanten Freibeträgen ist jedoch dann berechtigt, wenn etwa durch eine steuerliche Vergünstigung bestimmte Personenkreise oder bestimmte Verhaltensweisen gefördert werden sollen. Die bei Abzugsbeträgen von der Steuerschuld gegebene Möglichkeit, die Steuervergünstigung konstant zu halten oder beliebig zu variieren, erlaubt eine bessere Anpassung an die zugrundeliegende spezielle Zielsetzung der Vergünstigung als die von der Ausgestaltung des Grundtarifs abhängige Entlastungswirkung von Freibeträgen" (Pollak 1980, S. 254).

Wenn gelegentlich gewisse Beträge X_B wie Freibeträge als steuerfrei deklariert werden,

(14-13) $\qquad T^* = T'(X)(X - X_B)$,

gleichzeitig aber bei der Festlegung des allgemeinen Durchschnittssteuersatzes X_B unberücksichtigt bleibt, spricht man vom **Progressionsvorbehalt**. Er wird z. B. bei der Freistellung ausländischer Einkünfte von der inländischen Einkommensteuer oder bei der Besteuerung des Arbeitslosengeldes angewendet.

Vom Freibetrag ist die **Freigrenze** X_G zu unterscheiden, die in Abb. 14-3 im Zusammenhang mit einem proportionalen Tarif dargestellt ist. Sie gibt die Bemessungsgrundlage an, bis zu der Steuerfreiheit gewährt wird. Auf die darüber liegende Bemessungsgrundlage wird aber der Steuersatz voll angewendet. Die Steuerbetragsfunktion ist hier also

(14-14) $\qquad T = T'(X)X$ mit $\begin{cases} T' = 0 & \text{für } X \leq X_G \\ T' = \tau_c & \text{für } X > X_G \end{cases}$

Abb. 14-3 Wirkung der Freigrenze

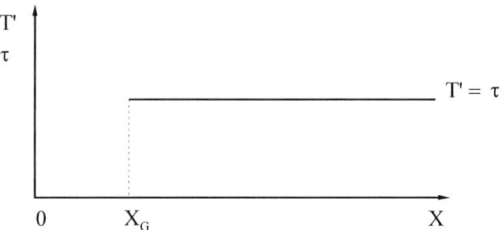

Freigrenzen führen zu Sprüngen in der Steuerbetrags- (vgl. Abb. 14-1), Durchschnitts- und Grenzsteuersatzfunktion (Abb. 14-3).

Der Tarif kann weiter nach dem Grad der Progressionseigenschaft unterschieden werden. Für den Progressionsgrad gilt

$$(14\text{-}15) \quad \frac{d^2\tau}{dX^2} \begin{cases} > 0 & \text{beschleunigte Progression} \\ = 0 & \text{gleichmäßige (oder lineare) Progression} \\ < 0 & \text{verzögerte Progression} \end{cases}$$

Abb. 14-4 Progressionstypen und Proportionalität

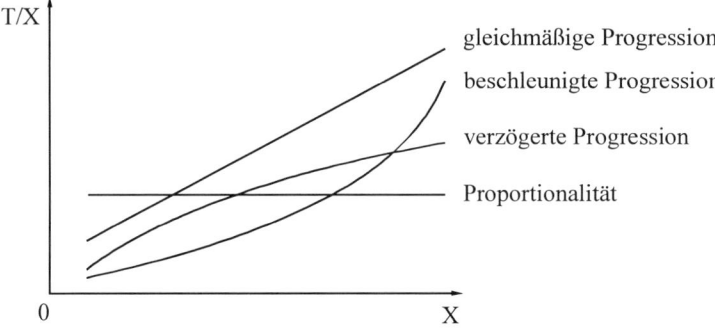

Jeder Steuertarif kann einklassig oder mehrklassig sein. Der **einklassige** Steuertarif kann durch eine einzige mathematische Formel für den gesamten Gültigkeitsbereich des Steuertarifs beschrieben werden, für die verschiedenen Gültigkeitsbereiche des **mehrklassigen** Steuertarifs sind unterschiedliche mathematische Formeln erforderlich.

„Jenen Gültigkeitsbereich, innerhalb dessen der Steuertarif durch eine einheitliche Formel dargestellt werden kann, bezeichnen wir als Tarifklasse. In jeder Tarifklasse kann demnach ein mehrklassiger Steuertarif quasi als „lokal einklassiger" Tarif angesehen werden. Die Festsetzung der Tarifklassen für einen bestimmten Steuertarif muss hierbei so erfolgen, dass weder die Eindeutigkeit noch die allgemeine Gültigkeit des Tarifs verletzt wird" (Bös/Genser 1977, S. 414).

14. Kapitel: Grundlagen der Besteuerung

Wichtige Fälle mehrklassiger Steuertarife sind die verschiedenen **Stufentarife**. Hier können T, τ oder T' über Bereiche der Bemessungsgrundlage konstant sein (Stufenbetrags-, Stufen(durchschnitts)satz und meist als Anstoßtarif bezeichneter Stufengrenzsatztarif). Beim **Stufenbetragstarif** (Abb. 14-5) ergibt sich innerhalb der einzelnen Besteuerungsabschnitte (Stufen) gleicher oder zunehmender Spannweite eine **innere Regression,** d. h., die Durchschnittssteuerbelastung sinkt in einer Stufe mit zunehmender Bemessungsgrundlage.

Abb. 14-5 Innere Regression beim Stufenbetragstarif

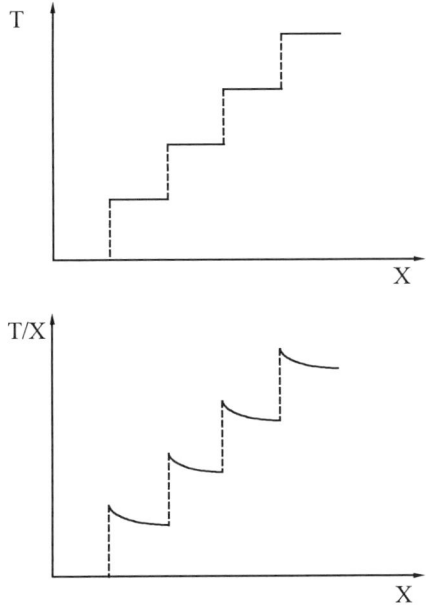

Beim **Anstoßtarif** sind die Grenzsteuersätze auf den einzelnen Stufen konstant[1] und der Steuerbetrag nimmt in den einzelnen Stufen linear bei gleichbleibender Steigung zu. Der **Stufensatztarif** (Abb. 14-6) weist einen jeweils auf den einzelnen Stufen konstanten Durchschnittssteuersatz auf.

---

[1] Hierzu hätte man im oberen Teil von Abb. 14-5 auf der Ordinate die Bezeichnung T durch T' zu ersetzen.

Abb. 14-6 Stufensatztarif

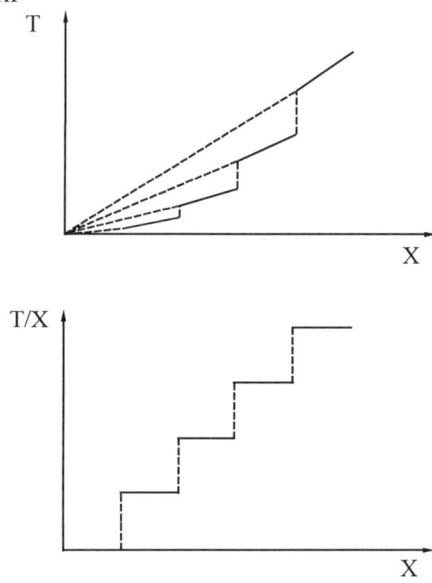

4. Klassifizierung von Steuern

a) Verschiedene Klassifizierungsmöglichkeiten

Historische Steuersysteme sind regelmäßig durch eine Vielfalt von Steuern gekennzeichnet, die sich auf verschiedenste Art und Weise gleichen bzw. unterscheiden. In Deutschland werden z. Z. über 50 verschiedene Steuern erhoben. Der Versuch einer Systematisierung erweist sich als schwierig, er ist aber für die Beurteilung der Zielgerechtigkeit des Steuersystems, für internationale Steuerbelastungsvergleiche und für Harmonisierungsbemühungen von Interesse.

Theoretisch lassen sich viele unterschiedliche Klassifikationsmerkmale entwickeln. So könnten Steuern u. a. nach folgenden Aspekten gegliedert werden:
(1) Was wird besteuert? (Steuerobjekt, Bemessungsgrundlage ...)
(2) Erfolgt die Besteuerung direkt oder indirekt?
(3) Wie wird besteuert? (Tarifform, Steuererhebungstechnik ...)
(4) Welche Wirkung hat die Steuer?
(5) Mit welcher Absicht wird besteuert? (Ziele der Besteuerung)
(6) Wem fließt der Steuerertrag zu? (Bundes-, Länder-, Gemeindesteuern; Gemeinschaftssteuern)
(7) Wie oft wird besteuert? (einmalig, laufend)

Dabei stellen die ersten beiden Kriterien die wichtigsten bzw. häufig angewendeten dar und werden im folgenden eingehender behandelt. Die Gliederung nach (3) ist für die Steuerwirkungsanalyse (vgl. 15. Kapitel) insofern von Bedeutung, als Unterschiede der einzelnen Steuern in Tarif- und Erhebungsform andere Wirkungen hervorrufen können. Zentrale Bedeutung kommt der Gliederung nach (4) zu. Sie setzt allerdings die Kenntnis der Wirkungen voraus und kann angesichts der Mängel in der Steuerwirkungsanalyse nicht befriedigt realisiert werden. Die Klassifizierung nach (5) ist problematisch, weil sich die Zielsetzungen im Zeitablauf ändern können, was zu jeweils neuen Klassifikationen führen muss, und selten eindeutig festgelegt werden. Die Gliederung nach (6) ist insbesondere (auch im Rahmen einer Steuerwirkungsanalyse) von Interesse, soweit die Ertragshoheit über einzelne Steuern die Ausgabenentscheidungen der jeweiligen Ebene beeinflusst, trägt jedoch wenig zur Charakterisierung der Steuern bei. (7) hat keine Bedeutung, weil einmalig erhobene Steuern (z. B. Vermögensabgabe, Konjunkturzuschlag) selten vorkommen. In der Literatur finden sich noch andere Gliederungsmöglichkeiten: So sind Subjekt-(Personal-) Steuern im Gegensatz zu den Objektsteuern auf die Personen zugeschnitten und berücksichtigen die Leistungsfähigkeit. Ist-Steuern gehen von tatsächlichen, Soll-Steuern von fiktiven Größen aus. Ferner wird von indirekten und direkten Steuern gesprochen. Auf diese Unterscheidung wird unten eingegangen.

b) Klassifikation nach dem Steuerobjekt

Dem Erfindungsgeist, immer neue Anknüpfungspunkte der Besteuerung zu finden, sind keine Grenzen gesetzt. Voraussetzung ist allein, dass die Tatbestände eindeutig definiert und tatsächlich ermittelt werden können. Im folgenden sollen drei mögliche Anknüpfungspunkte herausgestellt werden: Personen, Vermögen und wirtschaftliche Aktivitäten.

Personen

Steuerpflichtige sind stets Personen. Stellt man auf die Personeneigenschaft ab, ergibt sich eine Personen- oder Kopfsteuer bei natürlichen und eine Gesellschaftssteuer bei juristischen Personen. Steuerpflichtige und Steuerobjekt fallen hier zusammen. Allerdings kann nie die Person selbst Steuerquelle sein. Hierzu sind Vermögen oder Einkommen (bzw. Erträge) erforderlich, aus denen die Steuern entrichtet werden müssen[1].

Vermögen

Neben der Person selbst kann auch ihr Vermögen Gegenstand der Besteuerung sein, wobei das Vermögen verschieden weit abgegrenzt werden kann. Beispiele: Vermögen-, Grund-, Kfz-Steuer[2]. Da das Vermögen V eines Wirtschaftssubjekts im Zeit-

---

[1] Eine spezielle Personensteuer ist auch die Wehrpflicht, die junge Männer, die sich ihr nicht entziehen, mit einer impliziten Steuer belastet. Sie kann als eine Steuer gelten, die bewusst nach dem Geschlecht diskriminiert.

[2] Man könnte die Kfz-Steuer auch als an den Verbrauch anknüpfende Abgabe interpretieren: Angenommen, jedes Auto hätte eine Lebensdauer von 10 Jahren. Dann wäre die Kfz-Steuer äquivalent zu einem im Kaufpreis enthaltenen Verbrauchsteuerbetrag, der in 10 Jahresraten zahlbar ist. Aus

punkt t als Summe der Produkte aus den verschiedenen Vermögensposten v_{it} mit den jeweiligen Preisen p_{it} definiert werden kann

(14-16) $\quad V_t = \sum_i p_{it} v_{it}$,

muss für jede Vermögensbesteuerung das Problem der Abgrenzung, Erfassung und Bewertung gelöst werden. (Es sei hier nur auf die Bewertungsprobleme bei Grund und Boden hingewiesen.)

Wirtschaftliche Aktivitäten

Wichtigste Anknüpfungspunkte der Besteuerung sind jedoch die Größen des Wirtschaftsprozesses. Die meisten bekannten Steuern (so auch die beiden wichtigsten: Einkommen- und Umsatzsteuer) knüpfen an wirtschaftlichen Aktivitäten an. Das verdeutlicht das folgende einfache Kreislaufschema einer geschlossenen Wirtschaft.

Abb. 14-7 macht einen Grundzusammenhang des volkswirtschaftlichen Kreislaufs deutlich: Abgesehen von intrasektoralen Übertragungen fließt jeder Strom von einem Pol zu einem anderen. Er stellt meist bei einem Pol (oder Sektor) eine Einnahme, bei einem anderen eine Ausgabe dar. Daher kann die Besteuerung mit demselben makroökonomischen Aggregat als Steuerobjekt (z. B. Bruttoinlandsprodukt) meist an verschiedenen Punkten anknüpfen. In der Praxis sind die Bemessungsgrundlagen allerdings unterschiedlich abgegrenzt[1].

Steuern können abknüpfen an

(1) den Haushaltseinkommen (Y_H^U). Wird dort besteuert, wo die Einkommen **hinfließen**, spricht man von **Einkommensteuern**. Belastet werden können das Individuum oder eine Gruppe wie der Haushalt.

(2) den Ausgaben der Haushalte (C_{pr}). Hier wird auf die **Verwendung** des Haushaltseinkommens (also auf die andere Seite des Einkommenskontos der Haushalte) abgestellt. Solche auf die Ausgaben der einzelnen privaten Haushalte ausgerichteten Steuern werden als **Ausgabensteuern** bezeichnet (vgl. Kapitel 20.2). Beispiele hierfür gibt es im deutschen Steuersystem nicht. Neben solchen auf die **gesamten** Konsumausgaben abstellenden **allgemeinen** Ausgabensteuern können auch **selektive** Steuern auf einzelne Konsumgüterkäufe konzipiert werden. Bei ihnen ist es aber im Gegensatz zur Einkommensteuer und zur allgemeinen Ausgabensteuer nicht möglich, den persönlichen Umständen Rechnung zu tragen;

---

dem Umstand verschiedener Lebensdauern ergibt sich eine **typisierende Belastung**, die den Verbrauchsteuercharakter nicht aufhebt" (Homburg 1997, S. 16 Fußn. 16).

[1] Zu beachten ist, dass das Kreislaufbild den Staat und insbesondere C_{St} und I_{St} nicht berücksichtigt (ebenso wenig Beziehungen zum Ausland). Eine Erweiterung um diese Größe(n) macht einige Modifikationen erforderlich.

Abb. 14-7 Ansatzpunkte der Besteuerung im Wirtschaftskreislauf

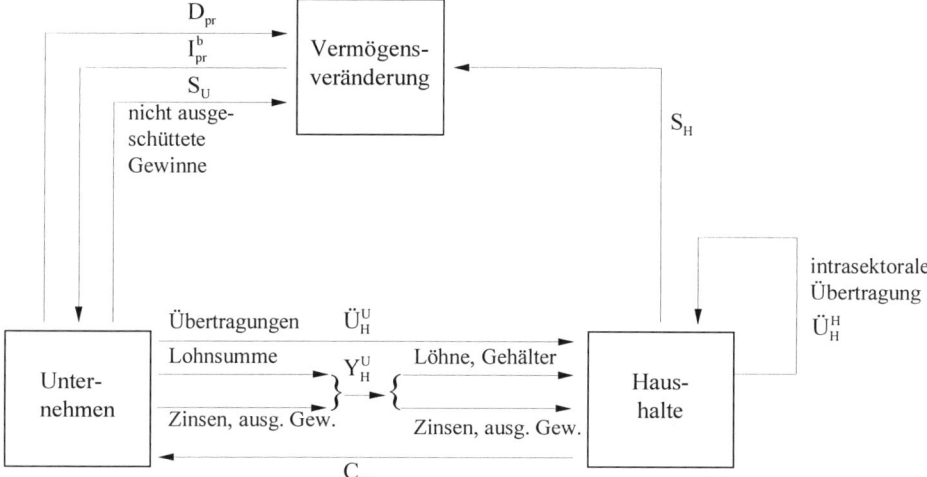

(3) den Einnahmen der Unternehmen aus dem Verkauf von **Konsumgütern** (C_{pr}). Es können einzelne oder alle Konsumgüterverkäufe belastet werden. Beispiele hierfür sind eine Umsatzsteuer (ohne Belastung der Investitionen) oder spezielle Verbrauchsteuern (wie z. B. Tabaksteuer). Hier können die gleichen Größen wie bei den Ausgabensteuern belastet werden, wobei allerdings an einem anderen Wirtschaftssektor und in einer anderen Phase des Kreislaufs angeknüpft wird. Ferner lassen sich hier spezifische Umstände (z. B. Rechtsform) der Unternehmen, nicht aber der Haushalte berücksichtigen;

(4) den gesamten Einnahmen der Unternehmen ($C_{pr} + I_{pr}$), wobei die Brutto- oder die Nettoinvestitionen zugrunde gelegt werden können. Steuern auf der Verwendungsseite des Einkommenskontos der Haushalte ($C_{pr} + S_H$) haben hier ihr Gegenstück;

(5) den **Erträgen** der in den Unternehmen eingesetzten Faktoren. Hier wird auf die Einkommensentstehungs-(Input-)Seite des Produktionskontos der Unternehmen abgestellt. Wie aus dem Konto ersichtlich ist, kann die Bemessungsgrundlage mit der auf die Einnahmen abstellenden Steuer identisch sein. Bei Ertragsteuern kann prinzipiell auf einzelne oder auf alle Erträge der eingesetzten Produktionsfaktoren (Arbeit, Kapital...) abgestellt werden[1]. Hierbei abgestellt werden. Bei zwei Produktionsfaktoren Arbeit und Kapital könnte mithin eine Arbeitsertragsteuer auf die Löhne und eine Kapitalertragsteuer auf die Gewinne (einschließlich Zinsen) erhoben werden.

Die in den Unternehmen entstandenen Erträge, also Faktorentgelte, werden zu Einkommen, wenn sie den Haushalten zufließen. Auch hier kann also die gleiche makro-

---

[1] Der Begriff „Ertragsteuern" wird in der betriebswirtschaftlichen Steuerlehre (anders als in der Finanzwissenschaft) als am Gewinn der Unternehmen orientierte Steuern verstanden.

ökonomische Größe Bemessungsgrundlage verschiedener Abgaben sein. Im einen Fall werden zielmäßig die ertragbringenden Objekte, im anderen die Haushalte belastet;

(6) intrasektoralen und intersektoralen Übertragungen. Intrasektorale Übertragungen ($Ü_H^U$) erfolgen zwischen Wirtschaftssubjekten desselben Sektors (Schenkungen, Erbschaften). Intersektorale Übertragungen sind in Abb. 14-7 zwischen Unternehmen und Haushalten dargestellt ($Ü_H^U$). Aber auch die (dort unberücksichtigten) geleisteten Übertragungen des Staates wie z. B. Kindergeld, Arbeitslosengeld und Renten kommen in Betracht.

Die genannten möglichen Anknüpfungspunkte der Besteuerung spiegeln sich auch in der vom Bundesfinanzministerium verwendeten Eingruppierung der Steuern wider. Die verschiedenen Gruppen umfassen:

- Steuern auf das Einkommen und Vermögen,
- Steuern auf den Vermögensverkehr,
- Steuern auf die Einkommensverwendung.

Unter den gegenwärtig erhobenen Steuern rechnen zu den
- **Steuern auf das Einkommen:** Lohnsteuer, veranlagte Einkommensteuer, nicht veranlagte Steuern vom Ertrag, Körperschaftsteuer;
- **Steuern auf den Vermögensbesitz:** Grundsteuer, Feuerschutzsteuer;
- **Steuern auf den Gewerbebetrieb:** Gewerbesteuer;
- **Steuern auf den Vermögensverkehr:** Erbschaftsteuer, Grunderwerbsteuer, Kapitalverkehrsteuern;
- **Steuern auf den Umsatz:** Umsatzsteuer, Einfuhrumsatzsteuer, Versicherungsteuer;
- **Steuern auf den Verbrauch und Aufwand:** Tabaksteuer, Branntweinabgaben, Schaumweinsteuer, Biersteuer, Kaffeesteuer, Rennwett- und Lotteriesteuer, sonstige Gemeindesteuern[1].

c) Direkte und indirekte Steuern

Gelegentlich werden **direkte** und **indirekte** Steuern unterschieden, allerdings wird die Abgrenzung uneinheitlich gehandhabt. In den VGR ist[2] für die Zuordnung entscheidend, wo die Steuer erhoben wird und ob sie formal (steuerrechtlich) bei der Gewinnermittlung abzugsfähig ist. Meist wird die **Überwälzbarkeit**, d. h. die Möglichkeit des Steuerzahlers, die Steuerlast auf andere Wirtschaftssubjekte zu verlagern (vgl. 15. Kapitel), als konstitutives Merkmal explizit genannt. Allerdings ist praktisch jede Steuer grundsätzlich überwälzbar. Gleich problematisch ist die Definition der direkten

---

[1] Sog. Bagatellsteuern wie Tee-, Zucker-, Salz-, Leuchtmittelsteuer wurden im Zuge der Schaffung des EG-Binnenmarktes abgeschafft. Als **Bagatellsteuern** werden Einzelsteuern bezeichnet, die nur im geringen Maße zum Gesamtsteueraufkommen beitragen. Bagatellsteuern können allerdings aus der Sicht einer einzelnen Gebietskörperschaft, insbesondere Gemeinde, ein anderes Gewicht haben.

[2] Wobei direkte Steuern dort als Einkommen- und Vermögensteuern bezeichnet werden, indirekte Steuern sind Produktions- und Importabgaben; vgl. das 2. Kapitel.

Steuern als solche, die unmittelbar Personen oder Haushalten auferlegt werden, die die Steuern tragen **sollen**. Schließlich wird auf das Steuerobjekt und auf persönliche Umstände abgestellt. Danach belasten direkte Steuern insbesondere Einkommen und Vermögen unmittelbar bei den Wirtschaftssubjekten unter Berücksichtigung der persönlichen Umstände der Belasteten, indirekte Steuern knüpfen hingegen an Kosten, Erlösen oder bestimmten Transaktionen ohne Rücksicht auf die persönlichen Umstände der Belasteten an.

Die meisten dieser Steueraufteilungen beruhen auf der unzutreffenden Annahme, dass man die Wirkungen und daher die richtige Zuteilung kennt, bevor klassifiziert wird. Es herrscht weitgehende Übereinstimmung, dass die Einkommensteuer als direkte und die Umsatzsteuer als indirekte Steuer gelten. Darüber hinaus sollte man wegen ihrer Strittigkeit die Begriffe möglichst vermeiden.

5. Die Struktur des deutschen Steuersystems

Tab. 14-2 zeigt die Zusammensetzung des Steueraufkommens nach den wichtigsten in der Bundesrepublik Deutschland erhobenen Steuern seit 1950. Dabei wird deutlich, dass der Einkommen- und Körperschaftsteuer mit fast der Hälfte und der Umsatzsteuer mit rund einem Viertel des Steueraufkommens gegenwärtig eine zentrale Bedeutung zukommt.

6. Die Steuerschätzung

Die Steuerschätzung ist zur Aufstellung des Haushaltsplans (und auch der mittelfristigen Finanzplanung) erforderlich, um das Steueraufkommen als wichtigste Quelle der zu erwartenden Einnahmen der öffentlichen Hand nach Umfang und Zusammensetzung zu bestimmen[1]. Da das Ergebnis von
- einer verlässlichen Prognose[2] der gesamtwirtschaftlichen Entwicklung
- dem Zusammenhang zwischen dieser Entwicklung und den Bemessungsgrundlagen der Steuern

abhängt, kann das Steueraufkommen nur innerhalb gewisser Fehlergrenzen geschätzt werden.

---

[1] Die amtliche Steuerschätzung erfolgt in der Regel im Mai und Oktober durch den „Arbeitskreis Steuerschätzung". Ihm gehören Experten des Bundesfinanzministeriums, der Finanzministerien der Länder, der kommunalen Spitzenverbände, des Statistischen Bundesamtes, der Deutschen Bundesbank und der sechs Wirtschaftsforschungsinstitute an. Diese Zusammensetzung soll mithelfen, die Steuerschätzung zu objektivieren und eine gemeinsame Prognose vorzulegen.

[2] Diese wird in der Steuerschätzung allerdings durch die Zielvorgabe des BIP in der Projektion der Bundesregierung ersetzt.

Tab. 14-2 Das Aufkommen wichtiger Steuern

	1950[1]	1960	1970	1980	1990[2]	1998[3]
	Mrd. DM					
Lohnsteuer	1,8	8,1	35,1	111,6	177,6	258,3
Veranlagte Einkommensteuer	2,1	9,0	16,0	36,8	36,5	11,1
Nicht veranlagte Steuern						
vom Ertrag	0,0	0,8	2,0	4,2	10,8	22,7
Zinsabschlag						11,9
Körperschaftsteuer	1,4	6,5	28,7	21,3	30,1	36,2
Steuern vom Umsatz[4]	5,0	16,9	38,1	93,4	147,6	250,3
Mineralölsteuer	0,1	2,7	11,5	21,4	34,6	66,7
Tabaksteuer	2,2	3,5	6,5	11,3	17,4	21,7
Vermögensteuer	0,1	1,1	2,9	4,7	6,3	1,1
Kfz-Steuer	0,3	1,5	3,8	6,6	8,3	15,2
Gewerbesteuer[5]	1,2	7,4	12,1	28,0	38,8	50,5
Grundsteuer	1,1	1,6	2,7	5,8	8,7	16,2
Steuern insgesamt	21,1	68,4	154,1	365,0	549,7	833,0
	Anteil am Gesamtsteueraufkommen in %					
Lohnsteuer	8,6	11,8	22,8	30,6	32,3	31,0
Veranlagte Einkommensteuer	9,9	13,1	10,4	10,1	6,6	1,3
Nicht veranlagte Steuern						
vom Ertrag	0,0	1,2	1,3	1,1	2,0	2,7
Zinsabschlag						1,4
Körperschaftsteuer	6,9	9,5	5,7	5,8	5,5	4,3
Steuer vom Umsatz[4]	23,6	24,6	25,0	25,6	26,9	30,0
Mineralölsteuer	0,3	3,9	7,5	5,8	6,3	8,0
Tabaksteuer	10,2	5,2	4,2	3,1	3,2	2,6
Vermögensteuer	0,6	1,6	1,9	1,3	1,1	0,1
Kfz-Steuer	1,7	2,2	2,5	1,8	1,5	1,8
Gewerbesteuer[5]	5,9	10,8	7,9	7,7	7,1	6,1
Grundsteuer	5,2	2,3	1,7	1,6	1,6	1,9
Steuern insgesamt	100	100	100	100	100	100

[1] Ohne Saarland.
[2] Bis 3.10.90 Westdeutschland, danach Deutschland.
[3] Deutschland.
[4] Bis 1967 Umsatzsteuer, Umsatzausgleichsteuer, Beförderungsteuer; ab 1986 Umsatzsteuer (MWSt) und Einfuhrumsatzsteuer; 1969 bis 1972 einschl. Straßengüterverkehrsteuer.
[5] Bis 1981 einschl. Lohnsummensteuer; bis 1997 einschl. Gewerbekapitalsteuer.

Quelle: Sachverständigenrat JG 1993/94, Tab. 36*; Bundesministerium der Finanzen, Finanzbericht 2000, Tab. 11; eigene Berechnungen.

Die übliche Methode der Steuerschätzung orientiert sich an der **gesamtwirtschaftlichen Aufkommenselastizität**

$$(14\text{-}17) \qquad E_{T,Y} = \frac{\Delta T / T}{\Delta Y / Y}.$$

Die Aufkommenselastizität drückt aus, wieviel das Steueraufkommen (T) prozentual zu- oder abnimmt, wenn sich das Bruttoinlandsprodukt (Y) um ein Prozent verändert. Das nominale Inlandsprodukt dient als Indikator für die Entwicklung der Einkommen, der Ausgaben oder der Umsätze der Wirtschaft. Die Aufkommenselastizität des gesamten Steueraufkommens ergibt sich aus der Aggregation der für jede einzelne Steuer getrennt ermittelten Aufkommenselastizität, die wiederum in eine Bemessungsgrundlagen- und eine Steuersatzelastizität aufgeteilt werden kann. In einem ersten Schritt wird die **Elastizität der Bemessungsgrundlage** in Bezug auf das Inlandsprodukt geschätzt:

$$(14\text{-}18) \qquad E_{B,Y} = \frac{\Delta B / B}{\Delta Y / Y}.$$

In einem zweiten Schritt wird das kassenmäßige Steueraufkommen aus den Bemessungsgrundlagen unter Berücksichtigung der **Steuersatzelastizität** abgeleitet; diese ist definiert als

$$(14\text{-}19) \qquad E_{\tau,B} = \frac{\Delta \tau / \tau}{\Delta B / B}.$$

Die Aufkommenselastizitäten einzelner Steuern sind unterschiedlich hoch. In der Vergangenheit führte ein Wachstum der Volkswirtschaft zu überproportionalen Einnahmen bei der Einkommensteuer wegen ihres progressiven Tarifs. Insgesamt ließ sich für das deutsche Steuersystem langfristig eine ungefähre Aufkommenselastizität von eins feststellen.

Bemerkenswert ist insbesondere die hohe Aufkommenselastizität der Lohnsteuer. Zu ihrer Schätzung wird von der Lohn- und –gehaltssumme als Bemessungsgrundlage ausgegangen. Die Elastizität wird wesentlich bestimmt durch Veränderungen in der Einkommenspyramide. Ferner fallen mit steigendem Nominaleinkommen immer mehr Lohn- und Gehaltsbezieher in höhere Bereiche der direkte Progression.

Der Nachweis der veranlagten Einkommensteuer ist wegen der Verzahnung von Lohn- und Einkommensteuer[1] problematisch. Hier werden die Unternehmens- und Vermögenseinkommen annäherungsweise als Bemessungsgrundlage für die Steuerschätzung herangezogen; dies ist aber eine statistisch unsichere Größe mit Residualcharakter. Insbesondere bei den gewinnabhängigen Steuern ist die Diskrepanz zwischen Steuerschuld und -zahlung groß. Hier müssen Voraus-, Nach-, Rück- und Ab-

---

[1] Auf diese Problematik wird im 16. Kapitel eingegangen.

schlusszahlungen anhand vorjähriger Erfahrungen entsprechend berücksichtigt werden.

Die Werte der Aufkommenselastizitäten der einzelnen Steuern können im Zeitablauf stark schwanken. Das ist einmal auf Veränderungen von $E_{B,Y}$ zurückzuführen, hat aber auch andere Gründe. So ergeben sich Unterschiede zwischen Steuerschuld und kassenmäßigem Aufkommen. Insbesondere bei den Veranlagungssteuern treten in Folge der erwähnten verzögerten Veranlagung durch die Finanzämter Schwierigkeiten auf. Ferner können sich in der Vergangenheit eingeräumte Steuervergünstigungen und angesammelte Verluste zum Teil erheblich auf das kassenmäßige Steueraufkommen auswirken. Auch legale und illegale Steuerausweichungen führen zu Steuerausfällen.

Steuerschätzungen werden aber nicht nur unter Verwendung der Elastizitäten, sondern auch mit Hilfe ökonometrischer Prognosemodelle und interativer Prognoseverfahren anhand makroökonomischer Daten der Inlandsproduktberechnungen durchgeführt.

7. Anforderungen an ein gutes Steuersystem[1]

Zur systematischen Gestaltung einer Vielzahl von Steuern bedarf es eines Leitbildes, um die einzelnen Ausgestaltungen der Besteuerung in einer konsistenten und integrierten Gesamtstruktur zusammen zu führen. Das gilt im Hinblick auf die Gesamtheit der Steuern wie für einzelne Steuern (z. B. die Einkommensteuer). Solche Anforderungen sind
- Transparenz der Steuerlasten,
- Stabilität der steuerlichen Rahmenbedingungen,
- geringe Entrichtungskosten der Steuerpflichtigen,
- Achtung der individuellen Präferenzen,
- geringe Erhebungskosten,
- Schutz des Existenzminimums,
- Besteuerung nach dem Äquivalenz- und/oder Leistungsfähigkeitsprinzip,
- Gerechtigkeit bzw. Fairness, und wenn diese schwierig zu konkretisieren sind, ist nachvollziehbaren Kriterien zu folgen.

Jede Steuerveränderung ruft unabhängig von ihren kassenmäßigen Wirkungen verschiedenste Formen von Transaktionskosten hervor. Steuern fließen in die Unternehmensplanungen ein, (selbst potenziellen) Änderungen muss z. B. im Hinblick auf künftige Einkommensströme Rechnung getragen werden. Auch Nichtentscheiden angekündigter und beratener Steuerrechtsänderungen, „Aussitzen" von Entscheidungen rufen daher Kosten hervor.

---

[1] Sie entsprechen teils den Steuergrundsätzen, wie sie beispielsweise Neumark (1970) aufgestellt hat und werden auch als Merkmale eines „rationalen" Steuersystems betrachtet.

Wenn die Durchführung einer an den Staat zu leistenden Übertragung von 100 DM zu einer Belastung von DM 100 Steuern und DM 50 anderer Ressourcen besteht, hat die Gesellschaft als Ganzes einen Verlust von DM 50 erlitten.

Die ersten vier Kriterien stellen auf den Umgang des Staates mit seinen Bürgern ab. Er soll sich nicht in die Wahlentscheidungen der Bürger und Unternehmen auf Märkten einmischen.

Wenn es solche Leitbilder gibt und sie auch von den politischen Entscheidungsträgern bei Steuerrechtsänderungen angesprochen werden – z. B. mehr Einfachheit, Transparenz verwirklichen oder der Leistungsfähigkeit Rechnung tragen – warum ist das Ergebnis der praktischen Politik regelmäßig gegenteilig? Darauf wird im 21. Kapitel eingegangen.

8. Steuerverteilungstheorien

a) Verschiedenen Steuerverteilungstheorien

Nun soll die normative Frage behandelt werden, wie ein Steuersystem gestaltet werden sollte. Hierzu wurden einige Prinzipien aufgestellt, anhand derer die Last der Steuern auf die Staatsbürger verteilt werden sollte. In diesem Kapitel werden das Äquivalenz- und das Leistungsfähigkeitsprinzip als zwei verschiedene Steuerverteilungslehren behandelt, die zur Rechtfertigung bei der praktischen Ausgestaltung von Steuern häufig herangezogen werden. Haller (1981) spricht von den **Fundamentalprinzipien** der öffentlichen Abgabenerhebung.

Beide Prinzipien können - in bestimmter Interpretation - als Teilkomplex einer gerechten Besteuerung interpretiert werden. **Gerechtigkeit der Besteuerung** schließt zunächst einmal das Prinzip der Gleichmäßigkeit der Besteuerung ein. Danach ist (wesensmäßig) Gleiches steuerlich gleich zu behandeln. Dieser Grundsatz entspricht dem Gebot der Gleichheit vor dem Gesetz (Art. 3 GG). Eines der Prinzipien (Äquivalenz) wird aber auch oder sogar primär im Hinblick auf allokative Effizienz herangezogen.

Daneben können Steuern aber auch hinsichtlich ihrer allokativen (Vermeidung einer Mehrbelastung, optimale Besteuerung) und unter verteilungs- (oder auch stabilitätspolitischen) Ziele gestaltet und beurteilt werden. Diese Aspekte werden im 15. Kapitel behandelt.

b) Das Äquivalenzprinzip

Nach dem **Äquivalenzprinzip (benefit principle)** werden Steuern als Einnahmen interpretiert, die einen mehr oder weniger direkten Bezug zu den vom Staat bereitgestellten Leistungen aufweisen.

Historischer Hintergrund des Äquivalenzprinzips ist die individualistische Staatsauffassung. Der Staat beruht danach auf dem zweckgerichteten Vertragsschluss der Bürger: Der Staat erfüllt Vertragszwecke und erhält auf Basis des „do ut des" Steuereinnahmen als Mitgliedsbeiträge (bzw. genauer Preise) der Vertragsschließenden. Steuern haben daher Entgeltcharakter.

Das Äquivalenzprinzip könnte auch unter dem Gesichtspunkt der Gerechtigkeit interpretiert werden: gerecht wäre für das zu zahlen, was man erhält oder an Kosten verursacht. Zu einer Gleichbehandlung von Personen käme es, wenn die Personen mit gleichem Nutzen aus den Staatsleistungen (bzw. gleicher Kostenverursachung) auch gleich hohe Steuern zahlen.

(1) Marktwirtschaftliche Äquivalenz

Kommt es zu einer Lösung, bei der die Leistungsabgabe an den Präferenzen der Staatsbürger orientiert ist, und zahlen diese einen (Steuer-)„Preis" in Höhe ihrer marginalen Wertschätzung, wird von **marktwirtschaftlicher Äquivalenz** gesprochen. Umfang und Struktur der öffentlichen Leistungen sollen nach dieser Theorie letztlich durch individuelle Nachfrage und nicht durch den politischen Willensbildungsprozess bestimmt werden. Um das Prinzip operational zu machen, müssen die Nutzer definiert und es muss gemessen werden, in welcher Höhe sie den **Einzelnen** zufließen. Der Nutzen ist dann der Betrag, für den der jeweilige Empfänger eher zu zahlen bereit ist als auf ihn zu verzichten.

Die Auffassung einer **totalen** marktwirtschaftlichen Äquivalenz ist allerdings nicht aufrechtzuerhalten: Bei Nichttrivialität und fehlender Ausschließbarkeit eines großen Teils öffentlicher Leistungen kommen diese vielen oder allen Wirtschaftssubjekten zugute, eine unmittelbare Zurechnung ist selten möglich. Es gibt für die Nutzer in der Regel keinen Anreiz, ihre Präferenzen wahrheitsgemäß zu offenbaren. Beruf und Wohnsitz oder andere ökonomische oder soziologische Merkmale erlauben zwar hier und da Vermutungen, geben aber keine einigermaßen zuverlässigen Kriterien ab. Auch mangelt es an erforderlichen Kriterien, mit denen der Einfluss der Staatsleistungen auf die Determinanten oder Indikatoren für die individuelle Nutzenfunktion (z. B. Einkommen und Vermögen) ermittelt werden könnte. „An diesen Mängeln der Radizierbarkeit scheitert die Anwendung des Äquivalenzprinzips bei der Besteuerung der Finanzierung bei den meisten Staatsausgaben" (Timm 1981, S. 186)[1]. Eine totale marktwirtschaftliche Äquivalenz ist auch nicht gegeben, wenn man die Gesamtheit der öffentlichen Güter dem Aufkommen der zu ihrer Finanzierung erhobenen Steuern gegenüberstellt und die Abgaben als „generelles Entgelt" deutet. Dann liegt lediglich der Versuch vor, die These vom Entgeltcharakter der Steuer formal (oder terminologisch) zu retten, ohne dass das Problem der individuellen Zurechenbarkeit gelöst ist. Außerdem gilt in der Regel $A_{St} \neq T$. Schließlich kann das Äquivalenzprinzip nicht zur Finanzierung von Übertragungen, also für Umverteilungsmaßnahmen herangezogen werden

---

[1] Neumark (1970, S. 42f.) wirft dieser Interpretation des Äquivalenzprinzips vor, die fundamentalen Unterschiede zwischen Staats- und Marktwirtschaft zu verkennen. Er bezweifelt auch, ob überhaupt je Bedingungen vorlagen, die dem Äquivalenzprinzip (in dieser Version) entsprochen haben.

14. Kapitel: Grundlagen der Besteuerung

(es sei denn, man folgt der Vorstellung einer Pareto-optimalen Umverteilung: Hier sind Steuerzahler und Empfänger staatlicher Leistungen nicht identisch). Fazit: Das Äquivalenzprinzip kann nicht zur Begründung einer bestimmten Steuerstruktur herangezogen werden, die der Nutzungsstruktur staatlicher Leistungen entspricht.

Nun partizipieren allerdings an einigen Staatsleistungen (z. B. für innere und äußere Sicherheit) alle, an anderen (z. B. Bildungsleistungen) nur einzelne Wirtschaftssubjekte. Dementsprechend könnte man folgern, dass allgemeine, umfassend angelegte Steuern für den ersten Fall, spezielle Steuern im zweiten Fall zu wählen sind. Da Steuern Zwangsabgaben an den Staat ohne individuellen Anspruch auf Gegenleistung sind, kann das Äquivalenzprinzip aber nur als ein **Maßstab** verstanden werden, der zur Bildung und Ausgestaltung eines Steuersystems insoweit beiträgt, wie geeignete Steueranknüpfungspunkte und Bemessungsgrundlagen entwickelt werden sollen.

Die Diskussion um die Anwendung des Äquivalenzprinzips hat sich in letzter Zeit stärker auf die Frage konzentriert, ob es nicht bei der Finanzierung **einzelner** staatlicher Leistungen herangezogen werden sollte, durch die Wirtschaftssubjekte einen Sondernutzen empfangen. Dann könnte die Äquivalenz in einem Teilbereich (**partielle** oder **gruppenmäßige Äquivalenz**) angestrebt werden. So ließe sich z. B. die Kfz-Steuer als Äquivalent für den Teil der Nutzung der Straßen ansehen, der auf die Gruppe der Kfz-Halter entfällt.

Der Vorteil der Äquivalenzbesteuerung besteht darin, dass den Nutzern, z. B. von Straßen, ihre besondere Beanspruchung von Staatsleistungen deutlich wird. Das trifft selbst dann zu, wenn – wie bei der Kfz-Steuer – die Nutzung der Straßen nicht nur durch die Gruppe der Kfz-Halter, sondern auch durch andere Gruppen (z. B. Fußgänger) erfolgt. Die spezielle Belastung der Kfz-Halter etwa durch die Mineralölsteuer kann ferner unter dem Ziel der Internalisierung der durch Kraftfahrzeuge hervorgerufenen Umweltbelastungen erfolgen. Dann geht es aber um kostenmäßige Äquivalenz.

(2) Kostenmäßige Äquivalenz

Da Ermittlung und Messung der individuellen Nutzen kaum lösbare Probleme bereiten, wird ferner vorgeschlagen, die Kosten der Staatsleistungen mit ihrer Finanzierung in Verbindung zu bringen (**kostenmäßige Äquivalenz**). Auf dieser Grundlage könnte z. B. versucht werden, eine Kostendeckung im Bereich spezifischer Leistungen zu erreichen, bei denen eine Zurechenbarkeit (**Radizierbarkeit**) gegeben ist. Das könnte bei jenen staatlichen Leistungen der Fall sein, „die eindeutig von **bestimmten** Bürgern entweder freiwillig in Anspruch genommen werden, wie beispielsweise die Leistungen der Zivil- und Verwaltungsrechtsprechung, oder von ihnen unfreiwillig provoziert werden, wie im Strafrechtsverfahren. In beiden Fällen kommt ein Kostenbetrag nach dem Verursacherprinzip in Frage, der in den ersteren Fällen nach bestimmten Indikatoren (wie z. B. dem Streitwert) ermittelt werden kann".

„Eine Vollkostendeckung kann freilich deswegen nicht in Betracht kommen, weil die Rechtsprechung eine unumgängliche Ergänzung der auf Präventivwirkung ausgerichteten, aber nur unvollkommen wirkenden Leistungen für die Rechtsordnung darstellt und unabhängig von der Zahl und dem Wert der Streitfälle bereitstehen muss. Abgesehen davon verlangt der allgemeine Rechtsschutz, dass auch mittellose Bürger - etwa über die Inanspruchnahme des Armenrechts - in ihren Genuß kommen müssen. Was die unfreiwillig provozierten staatlichen Leistungen der Strafrechtsprechung betrifft, so bietet sich hier - im Sinne des Verursacherprinzips - ein Kostenbeitrag von selber an, auch wenn es an zuverlässigen Indikatoren für seine Bemessung mangelt" (Timm 1981, S. 186).

Es ist aber offensichtlich, dass in solchen Fällen der Übergang zu nichtsteuerlichen Einnahmen des Staates fließend ist. So wundert es nicht, dass das Äquivalenzprinzip vor allem bei der Erhebung von Benutzungsgebühren und Beiträgen für gewisse kommunale Leistungen praktische Bedeutung hat. Der Grund liegt darin, dass es sich bei Gemeinden um räumlich abgegrenzte Gruppen handelt und hier Leistungen erbracht werden, die mehr oder weniger zurechenbar sind.

Das Äquivalenzprinzip wird im Hinblick auf die positiven Allokationswirkungen einer Verknüpfung der öffentlichen Einnahmen und Ausgaben empfohlen. Es schärft durch die Beteiligung an der Finanzierung das Kostenbewusstsein für die bereitgestellten staatlichen Leistungen. Die Durchsetzung von Sonderinteressen zu Lasten der Gesellschaft („Rent seeking") wird so erschwert.

c) Das Leistungsfähigkeitsprinzip

(1) Interpretation und Indikatoren

Nach dem **Leistungsfähigkeitsprinzip („ability to pay principle")** ist es ohne Bedeutung für die Steuerlastverteilung, wem die staatlichen Leistungen zufließen. Steuern sind unabhängig von den Leistungen; sie stellen kein spezifisches Entgelt, sondern Zwangsabgaben dar[1].

Jeder soll nach seiner Leistungsfähigkeit an der Aufbringung des Steueraufkommens beteiligt werden. Diese Auffassung ist weit verbreitet. Keine Übereinstimmung herrscht allerdings darüber, wie die Leistungsfähigkeit gemessen werden kann oder soll. „Die Norm ist offensichtlich allgemein bzw. unscharf genug, so dass sie von vielen bejaht werden kann; Konsens über den konkreten Inhalt lässt sich (ähnlich wie bei der steuerlichen Gerechtigkeit) indessen nicht feststellen. Vermutlich rührt das zu einem guten Teil daher, dass das Leistungsfähigkeitsprinzip ... keine befriedigende theoretische Grundlage hat und dass sein Inhalt deshalb objektiv nicht bestimmt werden kann" (Schmidt 1980, S. 141).

---

[1] Hintergrund ist eine organtheoretische Sicht des Gemeinwesens, die eine allgemeine Steuerpflicht erfordert.

14. Kapitel: Grundlagen der Besteuerung

Zu klären ist zunächst, wessen steuerliche Leistungsfähigkeit zu belasten ist: die natürlicher Personen (Individuen, Haushalte) oder die von Institutionen wie Unternehmen. Die Leistungsfähigkeit wird in der Regel **personenbezogen** verstanden. Dann dürfen Institutionen nicht selbständig definitiv belastet werden.

Im Allgemeinen wird die Leistungsfähigkeit mit der wirtschaftlichen Lage der einzelnen Person in Beziehung gebracht. Der Versuch, Leistungsfähigkeit zu interpretieren, hat zwei weitgehend akzeptierte Anforderungen an die steuerliche Belastung der wirtschaftlichen Lage der Pflichtigen hervorgebracht, in der die Leistungsfähigkeit zum Ausdruck kommt:
- Pflichtige in gleichen Positionen müssen gleich besteuert werden (**horizontale Gleichbehandlung**);
- Pflichtige in unterschiedlichen Positionen müssen unterschiedlich besteuert werden (**vertikale Gleichbehandlung**).

„Das klingt einfach, lässt sich aber nur verwirklichen, wenn (erstens) geklärt ist, wie die wirtschaftliche Lage der Pflichtigen ermittelt werden soll, und wenn (zweitens) das Maß für die individuelle Steuer gefunden ist, die von Pflichtigen in unterschiedlicher wirtschaftlicher Lage erhoben werden soll" (Schmidt 1980, S. 142). Im ersten Fall muss bestimmt werden, worin die Leistungsfähigkeit zum Ausdruck kommt, was also besteuert werden und wann was als gleich gelten soll. Im zweiten Fall wird nach der „richtigen" vertikalen Differenzierung der Besteuerung gesucht (sie findet im Steuertarif ihren Niederschlag).

Die Gleichbehandlung von Gleichen ist also zunächst nur ein formales Postulat. Es muss geklärt werden, was steuerliche Leistungsfähigkeit ist. Jede Wahl eines Indikators, der die wirtschaftliche Lage der Steuerpflichtigen zum Ausdruck bringen soll, ist notwendig eine Wertungsfrage. Es muss entschieden werden, welchen Faktoren bei der Bestimmung der Steuerlast Rechnung zu tragen ist bzw. nicht. Dadurch soll eine zufällige oder willkürliche Besteuerung vermieden werden.

Die ökonomischen Positionen werden in der theoretischen Literatur häufig in **Nutzen** definiert (siehe z. B. Haller 1981; Feldstein 1976b). Der Nutzen hat den Vorteil, verschiedenste Aspekte (Mühe, Anstrengungen, Freizeit und andere persönliche Umstände) in einer Größe zu integrieren. Setzt man voraus, dass die Individuen identisch sind, ist die horizontale Gleichbehandlung hier ohne Bedeutung. Sind die Individuen aber verschieden, wie können dann Vergleiche durchgeführt werden? Da steuerliche Leistungsfähigkeit der Name für eine Maßgröße ist, über die zum Zwecke der Gleichbehandlung der Besteuerung empirische Sachverhalte vergleichbar gemacht werden sollen (Schneider 1985, S. 24), scheidet der Nutzen aber als unmittelbar verwendbare Größe aus. Entsprechendes gilt für die Interpretation der Leistungsfähigkeit als ökonomische Verfügungsmacht (Neumark 1970; Hackmann 1972, S. 170ff.).

Als **Indikatoren** der Leistungsfähigkeit - die, je nach Interpretation, Nutzen, ökonomische Verfügungsmacht oder Mittelerwerb zum Ausdruck bringen sollen - werden insbesondere Einkommen, Vermögen und Konsum diskutiert. Ob und welche dieser

Größen einzeln oder kombiniert verwendet werden, hängt von der Interpretation der Leistungsfähigkeit ab.

In der Regel verbessert sich die wirtschaftliche Lage des Einzelnen mit zunehmendem **Vermögen**. Was soll aber zum Vermögen als Indikator der Leistungsfähigkeit rechnen? Stellt man z. B. primär auf ertragbringendes Vermögen ab, wird die Beziehung zwischen Einkommen und Vermögen eng. Muss das Vermögen aber nicht auch nach seiner Herkunft (aus Sparen oder aus Übertragungen, wie z. B. Erbschaften) differenziert behandelt werden: Wenn das Vermögen aus bereits versteuertem Einkommen stammt, liegt offenbar eine Mehrfachbesteuerung derselben Bemessungsgrundlage vor. Schließlich ist zu beachten, dass eine Vermögensbesteuerung die künftige Erwerbsmöglichkeit beschneidet. Die Erhaltung des Anfangsvermögens gilt aber regelmäßig als Voraussetzung dafür, dass Einkommen vorliegen kann. Das Vermögen wird - wenn überhaupt - nur als **ergänzender Indikator** der Leistungsfähigkeit vorgeschlagen.

Meist wird das **Einkommen** (allein oder primär) als Indikator der steuerlichen Leistungsfähigkeit gewählt. Es könnte dann befriedigend sein, wenn Leistungsfähigkeit im **realisierten Mittelerwerb** zum Ausdruck kommen soll. Einkommen ist bei dieser Interpretation eine **objektive Größe**, bei der nicht nach in der Person liegenden Umständen differenziert wird.

Nach einer anderen Auffassung ist als Indikator der Leistungsfähigkeit ein **nach persönlichen Umständen differenzierendes** Einkommen zu wählen. Hierbei wird in der Regel nicht, wie bei der ersten Interpretation, allein auf den einzelnen an der Entstehung beteiligten Einkommensbezieher, sondern auf mehrere oder alle Haushaltsmitglieder als Einheit abgestellt. Einkommen kann bei dieser Interpretation **nur unter sonst gleichen Umständen** gleiche wirtschaftliche Lage signalisieren. Diese gleichen Umstände (Anstrengungen, Risiken, Freizeit, Haushaltsumstände usw.) sind aber regelmäßig nicht gegeben. Daher braucht eine Gleichbehandlung im Sinne einer gleich hohen Steuerbelastung der Personen mit gleich hohem Einkommen nicht auch die Gleichbehandlung der Wirtschaftssubjekte nach ihrer Leistungsfähigkeit zu bedeuten. Fallen beide auseinander, kann es ebenfalls nicht gelingen, ungleicher Leistungsfähigkeit gerecht zu werden. Bei dieser zweiten Sicht des Einkommens darf also nicht zum Zwecke der Gleichbehandlung von den in der Person liegenden Unterschieden abstrahiert werden.

Allerdings kann den unterschiedlichen Umständen der Einkommenserzielung kaum befriedigend Rechnung getragen werden. So ist Freizeit praktisch überhaupt nicht individuell festzustellen und nur schwer zu bewerten. Niemand kann etwa die Denk- oder Vorbereitungszeit von Schriftstellern, Sängern, Berufssportlern, Schauspielern usw. und die Aus- und Weiterbildungszeit abhängig Beschäftigter oder Selbständiger überprüfen. Auch die Einbeziehung von Mühe, Risiko, Streß usw. ist praktisch unmöglich, obwohl es im Sinne dieser Interpretation von Leistungsfähigkeit geboten erscheint.

14. Kapitel: Grundlagen der Besteuerung

Für eine Differenzierung nach Einkunftsarten könnte sprechen, dass Bezieher von Vermögens- („fundierten") Einkommen einen Vorteil gegenüber Empfängern von Arbeits- („unfundierten") Einkommen haben. Mehrere Einkunftsquellen lassen höhere Einkommenserwartungen zu. Vermögensbesitzer haben ferner eher die Möglichkeit, mehr Musse zu wählen. Sie können u. U. auch mit dem Angebot anderer Faktorleistungen (Arbeit) warten. Daraus könnte geschlossen werden, dass die Leistungsfähigkeit mit dem Vorhandensein von Vermögenseinkünften steigt, was eine höhere Besteuerung der fundierten Einkommen rechtfertigen könnte.

Problematisch scheint diese Argumentation zugunsten einer besonderen Belastung der Vermögenseinkünfte allerdings, weil hier regelmäßig ein enger Vermögensbegriff zugrunde gelegt wird. Erträge, die auf eine qualifizierte Ausbildung zurückgehen, werden daher nicht besonders beachtet. „Das ist dann besonders bedenklich, wenn das „human capital" gratis und franko von staatlichen Bildungseinrichtungen bezogen, das individuelle Vermögen aber aus hoch versteuertem Einkommen gebildet worden ist" (Schmidt 1980, S. 142).

Während das Einkommen auf die Entstehung des Inlandsprodukts (oder Nationaleinkommens) zielt, geht es beim **Konsum** um die von den Individuen (oder Haushalten) ausgeübte Inanspruchnahme des Inlandsprodukts. Der Einzelne wird hier auf Grund seiner Ausgaben veranlagt, die aus Einkommen, Vermögen oder Kreditaufnahme finanziert sind. (Konsum-)Ausgaben können wie das Einkommen eine individuelle Kategorie sein. Wenn ein Indikator für die im Nutzen gesehene Leistungsfähigkeit gesucht wird, erscheint der Konsum für viele Ökonomen hierfür eine geeignetere Annäherung als das Einkommen.

Neben den gesamten Verbrauchsausgaben werden auch **einzelne Konsumgüter** als (ergänzender) Indikator der Leistungsfähigkeit diskutiert. Allerdings ist die Festlegung solcher Güter willkürlich. Auch braucht eine Tendenz zum schichtenspezifischen Verbrauch einzelner Güter (z. B. sog. Luxusgüter) tatsächlich nicht für alle Wirtschaftssubjekte dieser Gruppe zu gelten. Ferner können einzelne Güter im Zeitablauf eine unterschiedliche Bedeutung im Konsumplan der einzelnen Haushalte haben. Jedenfalls dürfte unbestritten sein, dass eine „steuerliche Leistungsfähigkeit sich kaum im Konsum lebensnotwendiger oder selten gekaufter geringwertiger Güter zeigen wird. Für eine Besteuerung bieten sich daher in diesem Zusammenhang nur Güter an, die mindestens einen gehobenen Konsumstandard repräsentieren und gleichzeitig beim einzelnen Konsumenten mit nennenswerten laufenden oder einmaligen Ausgaben verbunden sind. Welche Konsumgüter zum gehobenen Lebensstandard gehören, lässt sich am besten noch anhand der Einkommenselastizität des Verbrauchs entscheiden; je mehr diese auch bei überdurchschnittlich hohen Einkommen noch über Eins liegt, desto ausgeprägter dürfte der Luxuscharakter eines Verbrauchsgutes sein. Mit wachsendem Wohlstand wird jedoch der Kreis von Verbrauchsgütern immer kleiner, die generell Ausdruck eines gehobenen Lebensstandards sind. Vielmehr äußert sich dieser zunehmend im Erwerb besserer und teurerer Qualitäten von Gütern, die in einfacher Ausführung auch schon bei niedrigem Einkommen konsumiert werden. Spezielle

Verbrauchsteuern eignen sich daher immer weniger" zur ergänzenden Erfassung der steuerlichen Leistungsfähigkeit (Pollak 1980, S. 197/198).

Schneider (1979a) unterscheidet (unter Ausklammerung des Konzepts der ökonomischen Verfügungsmacht) vier Bezugsgrößen der steuerlichen Leistungsfähigkeit einer Person: die Verwirklichung von Mittelerwerb, die Verwirklichung von Bedürfnisbefriedigung, die Möglichkeit zur Bedürfnisbefriedigung und die Möglichkeit zum Mittelerwerb.

Bei der ersten Interpretation sollen Personen mit gleichem Mittelerwerb dieselben Steuern zahlen. Steuerliche Leistungsfähigkeit als tatsächlicher Mittelerwerb wird heute allgemein nach dem Einkommen einer Person während einer Periode bemessen. Einkommen definiert als Reinvermögenszugang lässt eine zusätzliche Vermögensbesteuerung nicht zu, weil das Vermögen zu Beginn der Abrechnungsperiode auch am Ende vorhanden sein muss. Bei dieser Interpretation geht es um realisierte Größen. Sie kann nach Schneider nicht mit der Fähigkeit gleichgesetzt werden, Steuern zu zahlen.

Bei der Interpretation steuerlicher Leistungsfähigkeit als verwirklichte Bedürfnisbefriedigung sieht Schneider eine selbständige Vermögensteuer als Ergänzung zur persönlichen Konsumausgabensteuer begründet: Es werden damit unterschiedliche Erscheinungsformen verwirklichter physischer und psychischer Bedürfnisbefriedigung ökonomisch gemessen. Wer steuerliche Leistungsfähigkeit als Möglichkeit zur Bedürfnisbefriedigung deutet, muss zugleich klären, worin er tatsächliche Bedürfnisbefriedigung misst. Hier kann man zu den gleichen Maßgrößen wie für die verwirklichte ökonomische Bedürfnisbefriedigung kommen. Nach Schneider wären hier Anfangsvermögen zuzüglich Einkommen (bzw. Endvermögen zuzüglich Konsumausgaben) als Einheit zu sehen und mit derselben Steuer zu belegen.

Bei der Interpretation steuerlicher Leistungsfähigkeit als Möglichkeit zum Mittelerwerb darf nicht auf das tatsächlich erzielte Einkommen, sondern auf ein erzielbares, d. h. ein Solleinkommen abgestellt werden. Bei einer solchen allgemeinen Fähigkeitsteuer wäre eine selbständige Vermögensbesteuerung neben einer Besteuerung des erzielten Einkommens nicht zu begründen.

Schneider (1979a, S. 47) kommt zu folgendem Schluss: Wer Steuern als persönliches Opfer, als Minderung der Bedürfnisbefriedigung versteht, muss „die Gleichbehandlung aller Steuerpflichtigen nach der verwirklichten Bedürfnisbefriedigung, nicht nach ihrem verwirklichten Mittelerwerb, zu erreichen suchen. Demnach ist die heute vorherrschende Besteuerung nach dem Einkommen mit einer Besteuerung nach der Leistungsfähigkeit nicht vereinbar". Diese Kritik richtet sich auch gegen die folgenden opfertheoretischen Interpretationen.

Das Leistungsfähigkeitsprinzip ist nur bei solchen Steuern anwendbar, deren Bemessungsgrundlagen als Indikatoren der Leistungsfähigkeit angesehen werden. Es geht hier also nicht um die Rechtfertigung einer einzelnen Steuer (z. B. der Einkommensteuer). Die Forderung auf Besteuerung nach der Leistungsfähigkeit zielt auf eine gerechte Verteilung der **gesamten** Steuerlast, soweit diese nicht äquivalenzmäßig erfolgt. Daher ist es nicht erforderlich, dass **jede Steuer für sich allein** den gestellten Anforderungen genügt. Wird aber eine Steuer als eine an einem Indikator der Leistungsfähigkeit anknüpfende Abgabe bei Existenz weiterer Abgaben gewählt, so ist im

14. Kapitel: Grundlagen der Besteuerung   393

Ergebnis eine Besteuerung nach der Leistungsfähigkeit nur dann zu erwarten, wenn die Ausgestaltung der übrigen Steuern hierbei ausreichend berücksichtigt wird[1,2].

Angenommen zur Messung der ökonomischen Lage (Leistungsfähigkeit) wird ein in bestimmter Weise abgegrenztes Einkommen gewählt. Dann muss ein Steuersystem die folgenden Bedingungen erfüllen, um eine vollständige horizontale Gleichbehandlung zu gewährleisten: (1) Die gesamte Besteuerung muss[3] auf das Einkommen bezogen sein; (2) alle wichtigen Einkommensbestandteile müssen in der Steuerbemessungsgrundlage enthalten sein; (3) alle Teile der Bemessungsgrundlage müssen demselben Steuertarif unterliegen. In den tatsächlichen Steuersystemen werden alle drei Bedingungen in der Regel verletzt. So gibt es neben der Einkommensteuer andere Abgaben (z. B. Umsatz-, Kfz-Steuer, Beiträge zur gesetzlichen Krankenversicherung), und die Einkommensdefinition enthält nicht alle wesentlichen Bestandteile. Aus diesen Abweichungen folgt, dass Wirtschaftssubjekte in gleichen Umständen durch das Steuersystem ganz unterschiedlich behandelt werden können (vgl. Hettich 1983, S. 418).

Bei bestimmter Interpretation der Leistungsfähigkeit (z. B. als realisierten Mittelerwerb) dürfte es allerdings überhaupt nur eine Steuer - nämlich eine Einkommensteuer - geben.

Nach Festlegung der Indikatoren der Leistungsfähigkeit und der Bezugseinheit sowie ggf. der Berücksichtigung persönlicher Umstände ist zu untersuchen, wie unterschiedlicher Leistungsfähigkeit - gemessen an der Höhe der Maße - Rechnung getragen werden soll. Gerade dieser Frage gehen die Opfertheorien nach.

(2) Die Opfertheorien

In den **Opfertheorien** wird eine Interpretation des Leistungsfähigkeitsprinzips versucht. Hier wird davon ausgegangen, dass jeder nach seiner Fähigkeit, Opfer zu tragen, in Anspruch genommen werden soll. Das Opfer wird als eine (aus der Belastung des Einkommens resultierende) Minderung der Bedürfnisbefriedigungsmöglichkeit interpretiert. Diese ist nach den Opfertheorien von zentraler Bedeutung, wobei es darauf ankommt, dass jedes Individuum ein **gleiches Opfer** für die Allgemeinheit erbringt. Es wird unterstellt, dass
- der Nutzen des Individuums i eine kardinale Funktion allein des Einkommens ist: $U_i = U_i(Y_i)$
- die Nutzenfunktion bekannt ist und die Eigenschaften $U_i'(Y_i) > 0$; $U_i'' > 0$ hat;
- alle Wirtschaftssubjekte die gleichen Nutzenfunktionen haben, also gilt:

---

[1] Zur Problematik siehe Hackmann 1983b.
[2] „Gleichmäßigkeit der Besteuerung muss für verschiedene Personen in bezug auf alle sie treffenden Steuerarten insgesamt verwirklicht sein. Jedes Mehr-Steuerarten-System schafft für die Verwirklichung von Gleichmäßigkeit der Besteuerung die zusätzliche Schwierigkeit, dass die einzelnen Steuerbemessungsgrundlagen in eine allgemeine Bezugsgröße steuerlicher Leistungsfähigkeit umzurechnen sind" (Schneider 1984, S. 412).
[3] Von steuerpraktischen Problemen abgesehen.

$U_i(Y_i) = U(Y)$

Auf diesen Annahmen haben sich die Konzepte des gleichen absoluten, relativen und marginalen Opfers entwickelt, die eine vertikale Gerechtigkeit der Besteuerung bewirken sollen.

Unter diesen Annahmen ist im Übrigen - bei einer additiven sozialen Wohlfahrtsfunktion $W = \sum U_i$ - die optimale Einkommensverteilung bei vollkommen gleichen Einkommen gegeben.

Gleiches **absolutes** Opfer ist gegeben, wenn

(14-20) $U(Y) - U(Y - T) = \Delta U = \text{const.}$

Abb. 14-9 zeigt eine gleiche Nutzeneinbuße $\Delta U_1 = \Delta U_3$ bei verschiedenen Einkommen Y_1 und Y_3. Der bei dem jeweiligen Einkommen erforderliche Steuersatz $\tau = T/Y$, mit dem eine absolut gleiche Nutzeneinbuße bewirkt werden soll, verändert sich mit dem Einkommen. Ob allerdings $d\tau/dY \gtrless 0$ sein muss, hängt vom Verlauf der Nutzenfunktion ab. Grundsätzlich sind mit dieser Opfertheorie verschiedene Steuertarife vereinbar.

Abb. 14-9 Die drei Opferkonzepte

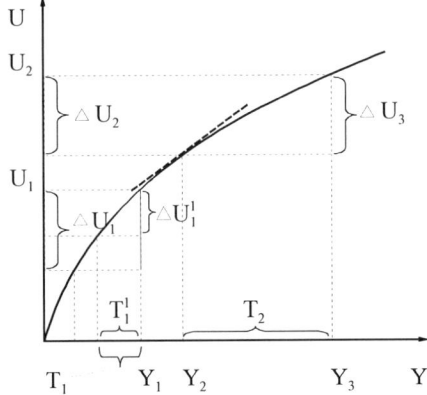

Bei dem Konzept des gleichen absoluten Opfers bedeutet horizontale Gleichbehandlung, dass Personen mit gleichem Nutzen vor Besteuerung sich nach Besteuerung nutzenmäßig nicht unterscheiden dürfen. Mit dem Konzept wird allerdings gegen die Regel der vertikalen Gerechtigkeit verstoßen, da Individuen mit verschiedenem Nutzenniveau nicht auch nutzenmäßig ungleich belastet werden.

Das Konzept des gleichen **relativen** Opfers erfordert

(14-21) $\dfrac{U(Y) - U(Y - T)}{U(Y)} = \text{const.}$

Die relativ gleiche Nutzeneinbuße $\Delta U_1^1 / U_1 = \Delta U_3/U_3$ führt in Abb. 14-9 zu den Steuersätzen T_1^1 / Y_1 und T_2 / Y_2. Für den Steuertarif kommt es auch hier entscheidend auf den Nutzenverlauf an. Aus diesem Opferkonzept folgt ebenfalls nicht notwendig eine bestimmte Tarifform - z. B. Proportionalität.

Das gleiche proportionale Opfer genügt den Anforderungen der horizontalen und vertikalen Gerechtigkeit. In gleichen Umständen lebende Personen werden gleich, in ungleichen Umständen lebende Personen ungleich behandelt.

Das gleiche **marginale** Opfer ist gegeben bei

(14-22) $U'(Y - T) = \text{const.}$

Die Höhe der Steuerzahlung wird hier so bemessen, dass der Grenznutzen des gerade noch von der Besteuerung verschonten Einkommens für alle Besteuerten (unabhängig vom Einkommen vor Besteuerung) gleich wird. Dieses Opferprinzip führt bei identischen Nutzenfunktionen zu einer Angleichung der Nettoeinkommen (Y-T). Mit dem gleichen marginalen Opfer ist das Prinzip des Minimalopfers für die Gesellschaft verbunden[1]. Die Regel des gleichen marginalen Opfers stellt daher eine Effizienzregel der Einkommensbesteuerung dar.

Eine Besteuerung, die ggf. zu einem für alle gleichen Nettoeinkommen führt, wird erhebliche Beeinträchtigungen in der Leistungsbereitschaft (incentives to work usw.) zur Folge haben. Für die Konzeption einer optimalen Einkommensteuer müssen daher auch die Kosten berücksichtigt werden, die die Verwirklichung von mehr Gleichheit hervorruft (vgl. 15. Kapitel).

Das gleiche marginale Opfer ist mit einer nutzenmäßig verstandenen Gleichbehandlung nicht vereinbar.

Gibt man die (theoretisch) keineswegs notwendige Annahme gleicher Nutzenfunktionen aller Individuen auf, so machen alle Opfertheorien individuelle Steuertarife zu ihrer Verwirklichung erforderlich.

Die Umsetzung der drei Versionen des Opfers in konkrete Steuertarife erfordert die genaue Kenntnis über den Verlauf der individuellen Nutzenfunktionen, es sei denn, für alle Personen werden als normal oder durchschnittlich geltende Nutzenfunktionen unterstellt. Will man nicht die Vielzahl der möglichen Nutzenverläufe durch Annahmen über typische Nutzenverläufe ersetzen, müssen Meßgrößen für die indirekte Erfassung der Bedürfnisbefriedigung oder andere Maßstäbe der steuerlichen Leistungsfähigkeit gesucht werden.

---

[1] Dies ist eine Anwendung von **Benthams** utilitaristischer Maxime des größten Glücks der größten Zahl = geringsten Schadens für die kleinste Zahl.

d) Abschließende Beurteilung beider Prinzipien

Während das Leistungsfähigkeitsprinzip nur auf die zuteilende Gerechtigkeit der Besteuerung abstellt, zielt das Äquivalenzprinzip auf Tauschgerechtigkeit und ist daher als Effizienznorm zu interpretieren.

Nach dem Äquivalenzprinzip wird das staatliche Ergebnis danach beurteilt, wie stark es individuellen Präferenzen entspricht (zumindest bei nutzenmäßiger Äquivalenz), wobei die Bewertung verteilungsabhängig ist. Der Vorteil des Äquivalenzprinzips liegt darin, dass es die Abgaben (nach Höhe und Zusammensetzung) und die daraus resultierenden Ausgaben **simultan** berücksichtigt. Damit wird auch gleichzeitig über die Allokation der Ressourcen zwischen privatem und öffentlichem Sektor und über die Struktur des öffentlichen Sektors entschieden. Seine praktische Bedeutung beschränkt sich aber auf die Einnahmengestaltung für jene vom Staat bereitgestellten Güter, deren Nutzung oder deren Kostenverursachung individuell zurechenbar sind. Die Kosten werden hier näher an die Nutznießer bzw. Verursacher herangetragen, was diese zu einem veränderten Verhalten gegenüber dem Staat und seinen Leistungen veranlassen kann.

Das trifft vor allem auf die Rechtfertigung für die Gewerbesteuer zu, die die von Gewerbebetrieben für die Gemeinden verursachten Lasten (z. B. durch Bereitstellung von Verkehrsanlagen) ausgleichen soll, und für die Erhebung von Kurtaxen, Gebühren und Beiträgen.

Beim Leistungsfähigkeitsprinzip wird nur auf die Finanzierung der staatlichen Aktivität abgestellt. Sie soll nach der Leistungsfähigkeit der Wirtschaftssubjekte erfolgen. Hierbei stellt sich zunächst die Frage nach den Indikatoren der wirtschaftlichen Lage. Sieht man sie im realisierten Mittelerwerb, ist das Einkommen der geeignete Indikator. Einkommen ist bei dieser Interpretation eine objektive Größe, die nicht nach in der Person (oder im Haushalt) liegenden Umständen differenziert. Nach einer anderen Auffassung wird als Indikator der Leistungsfähigkeit ein nach persönlichen Umständen differenzierendes Einkommen gewählt. Hierbei wird in der Regel nicht - wie bei der ersten Interpretation - auf den einzelnen an der Entstehung beteiligten Einkommensbezieher, sondern auf mehrere oder alle Haushaltsmitglieder als Einheit abgestellt.

Schließlich ist zu bestimmen, wie die Leistungsfähigkeit mit dem Einkommen und/oder mit anderen Indikatoren variiert. Hier handelt es sich letztlich um Wertungsfragen. Diese laufen in der praktischen Politik häufig - unter Berufung auf die Leistungsfähigkeit - auf eine Beeinflussung der Einkommens- und Vermögensverteilung hinaus.

Es ist - besonders bei der Interpretation einer subjektiven Leistungsfähigkeit - fraglich, ob das Leistungsfähigkeitsprinzip es erlaubt, den Spielraum für Willkür des Gesetzgebers einzuschränken und insbesondere bestimmte Inkonsequenzen der Steuerpolitik aufzudecken.

Literatur zum 14. Kapitel

Zu den verschiedenen Einnahmen siehe Hansmeyer (1979), Hedtkamp (1977b, Kapitel VII) und Kolms (II, 1974, Kapitel IV § 1, 2; V § 1, VI § 2) sowie unter rechtlichem Aspekt Tipke (1985, § 4). Gebühren und Beiträge werden von Bohley (1980) und Zeitel (1981), öffentliche Erwerbseinkünfte von Kullmer (1980) behandelt. Das Problem der Tarnbezeichnung für tatsächlich vorliegende Steuern diskutieren Dickertmann/Voss (1979) und Schemmel (1980). Zur Interpretation der Wehrpflicht als Abgabenpflicht mit vielen steuerlichen Eigenschaften und interessanten Schlussfolgerungen siehe Neubauer (1984), eine ökonomische Betrachtung der Wehrpflicht liefern auch Beck/Prinz (1994).

Zur Steuertariflehre sind Bös/Genser (1977), Kolms (1974, Kapitel VI § 4) und Pollak (1980) zu empfehlen.

Fragen der Steuergliederung und des Steuersystems behandeln Kolms (II, 1974, § 5), Musgrave u. a. (II, 1979, Kapitel 9 F), Neumark (1980), Schmidt (1980, S. 124-128) und Zimmermann/Henke (1994, 4. Kapitel, A, B).

Einen aktuellen Überblick über die derzeit in Deutschland erhobenen Steuern und deren Ausgestaltung gibt die Broschüre des Bundesministers der Finanzen (1999). Die jeweils aktuellen Änderungen werden im Finanzbericht des WMF bzw. in den Gutachten des Sachverständigesrates zusammengestellt.

Überlegungen zu Anforderungen an ein rationales Steuersystem bzw. an gute Steuern finden sich bei Haller (1981) und Neumark (1980).

Zur Problematik der Steuerlastverteilung siehe Krause-Junk (1977a) und Schmidt (1980). Eine ausführliche Behandlung der beiden Steuerverteilungslehren ist bei Haller (1981, I. Kapitel) und bei Musgrave (1959, chs. 4 und 5, sowie gekürzt: 1969a, Kapitel 3) zu finden. Zur Bedeutung des Äquivalenzprinzips (speziell für die Gemeinden) siehe auch Kentmann (1978), zum Leistungsfähigkeitsprinzip Littmann (1970), Neumark (1970, §5), Schneider (1979a, b) und Ulbrich (1975). Die Geschichte des Leistungsfähigkeitsprinzips behandeln Pohmer/Jurke (1985).

Zu anderen fiskalischen und zu nichtfiskalischen Steuerverteilungstheorien siehe Krause-Junk (1977a) und Genser (1980).

15. Kapitel
Allokations- und Verteilungsanalyse

1. Die Wirkungen der Besteuerung und die Analysemethoden im Überblick

In diesem Kapitel werden die Wirkungen von Steuerrechtsänderungen untersucht[1]. Zum einen verringern Steuern die Kaufkraft des privaten Sektors, dadurch dass Ressourcen von privater in öffentliche Verwendung umgeleitet werden. Dieser **Einkommenseffekt** wirkt auf die Konsumstruktur der privaten Haushalte. Allokative Effekte werden weiterhin hervorgerufen, wenn die relativen Preise und hierdurch die Zusammensetzung des Konsums bzw. der produzierten Güter und der eingesetzten Produktionsfaktoren verändert werden **(Substitutionseffekt)**. Die daraus resultierende Beeinflussung der Einkommen der Besitzer der Produktionsfaktoren ist ferner verteilungspolitisch von Bedeutung.

Übersicht 15-1 Wirkungen von Steuerrechtsänderungen

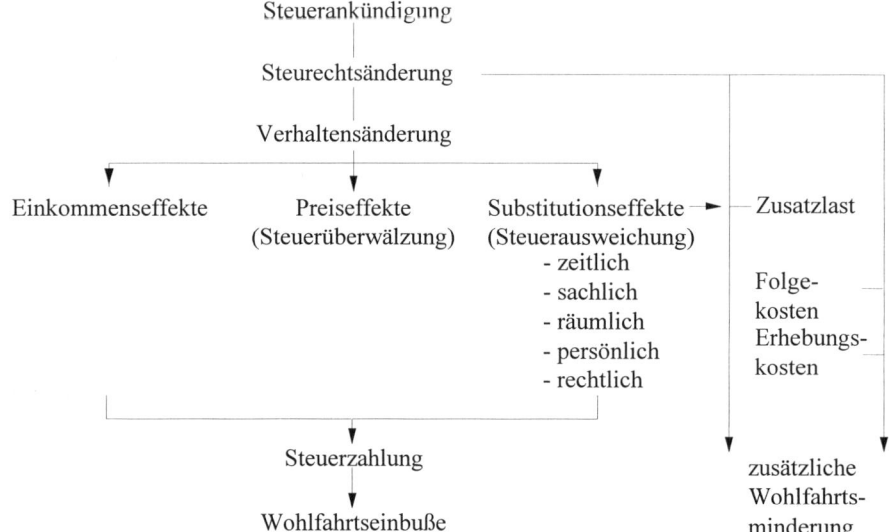

Quelle: in Anlehnung an Recktenwald 1984.

Schon die Ankündigung einer Steuerrechtsänderung kann Reaktionen der Wirtschaftssubjekte auslösen. Beispiele für solche **Ankündigungseffekte** lassen sich regelmäßig in der zeitlichen Vorverlagerung der Nachfrage nach Tabakwaren oder alkoholischen Getränken bei Ankündigung einer Steuererhöhung auf diese Produkte beo-

---

[1] Die vom Staat **geleisteten** Übertragungen können als **negative Steuern** interpretiert werden. Daher lässt sich die Analyse der Steuerwirkungen z. T. einfach um die der entgegengesetzten Effekte der Transfers an Haushalte und der Subventionen ergänzen (siehe hierzu Pohmer 1977, § 6).

bachten. Dies ist schon ein Beispiel dafür, dass Haushalte und/oder Unternehmen versuchen, der Steuer **auszuweichen**. Hierzu werden die Zensiten den Tatbestand, an den das Gesetz die Steuerpflicht knüpft, vermeiden, einschränken oder durch andere, nicht oder weniger belastete Tatbestände ersetzen. Dieser Substitutionseffekt kann **sachlich** (z. B. Tee statt Kaffee), **zeitlich** (z. B. Gewinnverlagerung), **räumlich** („Steueroasen"), **persönlich** (z. B. Einkommensaufteilung unter Personen) oder **rechtlich** (z. B. Wahl der Unternehmensform) erfolgen. Von der legalen Steuerausweichung ist die illegale **Steuerhinterziehung** zu unterscheiden, bei der steuerpflichtige Tatbestände nicht oder falsch deklariert werden. Durch die Besteuerung ausgelöste Substitutionseffekte haben Wohlfahrtseinbußen zur Folge.

Zu **Preis- (und Mengen-)Effekten** kann es kommen, wenn die Besteuerten versuchen, die zu zahlende Last andere tragen zu lassen, indem sie den Lieferanten der Vorleistungen und den Besitzern der Produktionsfaktoren für ihre Leistungen niedrigere Preise gewähren bzw. von den Abnehmern ihrer Produkte höhere Preise verlangen. Solche Preiswirkungen werden auch als **Überwälzung** bezeichnet.

Preiswirkungen können auch intertemporal auftreten, indem z. B. der Gegenwartswert der künftigen Steuerzahlungen im Preis eines Vermögensgegenstandes (z. B. eines Grundstücks) berücksichtigt wird. Dieser Fall wird auch als **Steuerkapitalisierung** bezeichnet.

Die Wirkungsanalyse geht von einer (erwarteten oder beschlossenen) Steuerrechtsänderung aus. Diese besteht in der Einführung oder Veränderung einer Steuer oder ihrer (teilweisen oder vollständigen) Ersetzung durch eine andere Steuer. Hierbei kann der Staat in der Regel nur Steuerobjekt, -bemessungsgrundlage und -tarif festlegen, **das Steueraufkommen ist Erwartungsparameter**. Die einzelwirtschaftlichen Steuerzahlungen und das empirisch feststellbare Steueraufkommen ergeben sich nach den verschiedenen Anpassungsprozessen an die Änderung der steuerlichen Parameter.

Mit jeder Einführung (Erhöhung) einer Steuer gehen notwendig **Wohlfahrtseinbußen** einher. So ist unmittelbar ersichtlich, dass bereits der Einkommenseffekt gegenüber einer Situation ohne Steuererhebung Nutzeneinbußen bewirkt. Diese sind unvermeidbar, wenn ein bestimmtes Steueraufkommen erzielt werden soll. Darüber hinaus sind weitere Nutzeneinbußen zu erwarten, die über die explizite Zahllast einer Steuer hinausgehen. Negative **Anreize** (disincentive effects) können z. B. dazu beitragen, weniger Leistungen zu erbringen, weniger Auto zu fahren u. ä. Selbst wenn kein Steueraufkommen erzielt wird, wirkt die Steuer wohlfahrtsmindernd. Das wird deutlich, wenn man sich eine Erdrosselungssteuer vorstellt, bei der in Folge hoher Belastung die besteuerte Aktivität auf null zurückgeht[1]. Je nach Steuerart und -ausgestaltung treten unterschiedlich starke Substitutionseffekte auf, die die **Zusatzlasten** (auch Mehrbelastung, excess burden genannt) bestimmen. Wohlfahrtsmindernd sind auch die Folgekosten bei allen Steuerrechtsänderungen für die Privaten (z. B. Berechnung und Abführung der Steuern[2]). Sie kommen in einer isoliert betrachteten Steuerrechts- und

---

[1] Siehe das später erwähnte Beispiel der Tür- und Fenstersteuer.
[2] Bei Subventionen wären es entsprechend z. B. die Kosten für den Subventionsberater.

Steueraufkommensänderung nicht zum Ausdruck. Weitere Transaktionskosten fallen in Form von staatlichen Entscheidungs- und Erhebungs- (einschließlich Kontroll-) Kosten beim Staat an. Sie sind wohlfahrtsmäßig von Bedeutung, da sie das Nettosteueraufkommen beeinflussen. Die Steuereinnahmen stehen also nicht in voller Höhe für die eigentlichen Aufgaben zur Verfügung.

Als **Inzidenz** wird die Wirkung finanzpolitischer Maßnahmen auf die Einkommensverteilung bezeichnet, die in einer Änderung von Zustand oder Entwicklung als Folge der Maßnahme im Vergleich zu der Situation ohne den finanzpolitischen Eingriff besteht. Die Analyse beruht also stets auf dem Vergleich tatsächlicher Zustände (Entwicklungen) mit hypothetischen Zuständen (Entwicklungen) oder zweier hypothetischer Zustände (Entwicklungen). Anhand der Verteilung der tatsächlichen Steuerzahlungen (**Inzidenz der Steuerzahlungen**) kann jedenfalls nur gesagt werden, wer Steuern abführt. Davon zu unterscheiden und hier von Interesse ist, wer letztlich nach verschiedenen Anpassungsprozessen mit der Steuer belastet wird (**effektive Inzidenz**).

Jede finanzpolitische Maßnahme wird in ihrer Wirkung davon abhängen, welcher Art die Maßnahme (z. B. Steuererhöhung) ist und wie die Betroffenen darauf reagieren. Am Anfang jeder Wirkungsanalyse muss geklärt werden, was untersucht und welcher methodische Ansatz gewählt werden soll. So kann etwa eine Erhöhung des Einkommensteuertarifs mikro- oder makroökonomisch, partiell oder total, kurz- oder langfristig und mit der Methode der absoluten, Differential- oder Budgetinzidenz analysiert werden **und zu jeweils anderen Ergebnissen führen.**

Mit der Methode der **absoluten** (oder **spezifischen**) **Inzidenz** wird die Wirkung lediglich einer einzelnen isolierten Maßnahme - die Änderung eines einzelnen staatlichen Instruments (z. B. Steuertarif) oder eines Instrumentindikators (z. B. Steueraufkommen) - untersucht. Je nachdem, ob eine Parameteränderung bei den Einnahmen oder Ausgaben betrachtet wird, spricht man von einer spezifischen Einnahmen- oder Ausgabeninzidenz. Zu beachten ist, dass eigentlich eine spezifische Maßnahme nicht möglich ist. (So müssen ausgehend von einem ausgeglichenen Budget Steuererhöhungen z. B. von einem Budgetüberschuss begleitet sein.) Daher wird beim Verfahren der spezifischen Inzidenz angenommen, dass freiwerdende bzw. zusätzlich benötigte Mittel bei der Zentralbank stillgelegt bzw. als Kredit beschafft werden.

Das Konzept der **Differenzialinzidenz** untersucht die Substitution einer finanzpolitischen Maßnahme durch eine andere (z. B. Ersetzung von Steuer A durch Steuer B) bei konstantem Budgetvolumen. Auch hier können die Wirkungen der Ausgabenseite vernachlässigt werden. Dies kann aber u. a. dann problematisch sein, wenn die Steuerstrukturänderung Preisniveau und -struktur verändert und der Staat seine Ausgaben real nicht mehr aufrechterhalten kann. Das Konzept der Differenzialinzidenz wird häufig verwendet, indem eine Steuer - z. B. eine proportionale Einkommensteuer - als Vergleichsmaßstab gewählt wird.

Als **Budgetinzidenz** bezeichnet man die gleichzeitige und gleich hohe Einnahmen- und Ausgabenvariation, durch die das Budgetvolumen sich verändert[1]. Die Inzidenz etwa einer Steuererhöhung hängt hier also immer davon ab, wie die zusätzlichen Einnahmen ausgegeben werden. Da Steuern in der Regel nicht **zweckgebunden** erhoben werden, können die Verwendungen und damit die Wirkungen verschieden ausfallen.

Die Reaktion der Zensiten auf die steuerliche Belastung wird in diesem Kapitel zunächst **mikroökonomisch** und **partiell** untersucht. Es wird vorausgesetzt, dass die betroffenen Wirtschaftssubjekte (oder Märkte) innerhalb der Volkswirtschaft so klein sind, dass die allgemeine **Interdependenz** vernachlässigt werden kann[2]. Dann können die Wirkungen einer Steuerrechtsänderung auf andere Märkte und die Rückwirkungen ebenso vernachlässigt werden wie die Verausgabung der Steuern durch den Staat. Die Angebots- und Nachfragekurven werden als gegeben angenommen, sichere Erwartungen unterstellt. Mittels der komparativen Statik sollen Unterschiede zwischen Gleichgewichtszuständen ermittelt werden. Die Analyse ist ferner kurzfristig, so dass in der Regel von einer gegebenen Betriebsgröße der Anbieter ausgegangen wird.

Die mikroökonomischen Analysen zur Inzidenz der Steuern bedienen sich insbesondere der Verhaltensannahmen der Nutzen- und Gewinnmaximierung. Neben der Gewinnmaximierung werden aber als zusätzliche Annahmen unter anderem die Erlösmaximierung und die Fixierung eines angemessenen Gewinnaufschlags auf die Kosten der Unternehmen berücksichtigt. Makroökonomische Analysen beruhen kurzfristig auf der postkeynesianischen Kreislauftheorie, langfristig bedienen sie sich des Instrumentariums der neoklassischen Theorie mit der Annahme eines ex ante-Gleichgewichts von Sparen und Investieren.

2. Preis- und Mengeneffekte der Besteuerung

Unternehmen, die durch (zusätzliche) Steuern belastet werden, können versuchen, ihre Zahllast zu verringern, indem sie die Steuer auf andere Wirtschaftssubjekte über Preisänderungen weiterzugeben versuchen. Kommt ein solcher Preiseffekt zustande und müssen hierdurch andere die Steuern tragen, so dass der Gewinn der besteuerten Unternehmen nicht oder um einen geringeren als den Steuerbetrag abnimmt, spricht man von vollständiger bzw. teilweiser **Überwälzung**[3] (shifting). Bei „normal" geneigten Angebots- und Nachfragekurven führt die Preiserhöhung zu einer Verringerung des Absatzes und damit kurzfristig zu einer Beschäftigungsverringerung und längerfristig zu Kapazitätsanpassungen. Die Veränderung des Nettogewinns hängt von der Stärke des Preis- und Mengeneffekts der Steuer ab.

---

[1] Diese Vorgehensweise liegt dem Haavelmo-Theorem hinsichtlich der Einkommenseffekte zugrunde.
[2] Ein bekanntes, unten behandeltes Beispiel für eine Inzidenzanalyse im Rahmen eines allgemeinen Gleichgewichtsmodells ist Harberger (1962), der die Inzidenz einer Körperschaftsteuer untersucht.
[3] Die Überwälzung wird hier als Fortwälzung auf der Anbieterseite und nicht als Rückwälzung auf die Faktoranbieter untersucht.

Nach ihrer unterschiedlichen Bemessungsgrundlage werden im Folgenden verschiedene Steuerarten betrachtet: Mengensteuern, Umsatzsteuern, Kostensteuern und Gewinnsteuern.

a) Preis- und Mengeneffekte verschiedener Steuern bei Gewinnmaximierung

(1) Mengensteuern[1]

(i) Vollkommene Konkurrenz

Zunächst sollen die Wirkungen einer Mengensteuer auf ein spezielles Gut untersucht werden, das auf einem Wettbewerbsmarkt gehandelt wird, auf dem einzelne Anbieter oder Nachfrager keinen Einfluss auf den Preis haben[2]. Vor Besteuerung sei das Marktgleichgewicht durch den Schnittpunkt der Angebotskurve[3] A(x) und der Nachfragekurve N(x) = p(x) bestimmt:

(15-1) $A(x) = p(x)$.

Das ist in Abb. 15-1 bei dem Gleichgewichtspreis p_0 und der Gleichgewichtsmenge x_0 gegeben[4].

Abb. 15-1 Wirkungen einer Mengensteuer bei vollkommener Konkurrenz

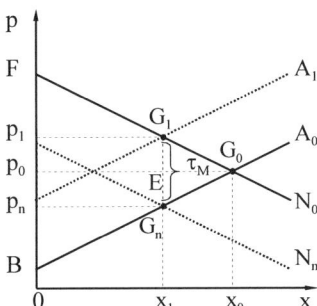

Nun werde eine **Mengensteuer** eingeführt, deren Bemessungsgrundlage die Menge des produzierten oder auf dem Markt abgesetzten Gutes ist. Beispiele hierfür sind die Mineralöl- und die Biersteuer. Das Steueraufkommen T_M ist

(15-2) $T_M = \tau_M x$.

---

[1] Die für die Mengensteuer abgeleiteten Ergebnisse gelten grundsätzlich auch mit umgekehrtem Vorzeichen für entsprechend gestaltete, auf die Menge bezogene Subventionen (siehe Andel 1970, 1977).
[2] Die Analyse ist formal gleich hinsichtlich der Steuerwirkungen auf Produktionsfaktoren.
[3] Die Angebotsfunktion ist die aggregierte Grenzkostenfunktion der Mengenanpasser.
[4] Vereinfachend werden hier lineare Angebots- und Nachfragekurven verwendet.

Die Mengensteuer mit dem festen Betrag τ_M je Mengeneinheit ($d\tau/dx = 0$) bewirkt, dass die Unternehmen nicht p_0, sondern $p_0 + \tau_M$ für ein Angebot x_0 verlangen. Die Angebotskurve verschiebt sich parallel nach oben, das neue Gleichgewicht wird durch p_1 und x_1 beschrieben. Es gilt

(15-3) $\qquad A(x) + \tau_M = p(x).$

Die Erhebung einer Mengensteuer kann aber auch alternativ als Abzug vom Bruttopreis interpretiert werden. Die Nettopreiskurve, die sich nach Abzug des Steuerbetrags/Stück ergibt, erhält man durch Parallelverschiebung nach unten. Es kann geschrieben werden

(15-4) $\qquad A(x) = p(x) - \tau_M.$

Die Differenz zwischen dem Konsumentenpreis (Bruttopreis) p und dem Produzentenpreis (Nettopreis) $p - \tau_M$ spiegelt einen ersten Effekt der Steuererhebung wider. Die Steuer treibt einen Keil zwischen Anbieter und Nachfrager.

Um die Wirkungen einer Mengensteuer genauer beschreiben zu können, wird (15-4) nach τ_M abgeleitet:

(15-5) $\qquad \dfrac{dA}{dx}\dfrac{dx}{d\tau_M} + 1 = \dfrac{dp}{dx}\dfrac{dx}{d\tau_M}.$

Die Änderung der Gleichgewichtsmenge ist daher

(15-6) $\qquad \dfrac{dx}{d\tau_M} = \dfrac{1}{dp/dx - dA/dx}$

und die Änderung des Gleichgewichtspreises

(15-7) $\qquad \dfrac{dp}{d\tau_M} = \dfrac{dp}{dx}\dfrac{dx}{d\tau_M} = \dfrac{dp/dx}{dp/dx - dA/dx}$

sowie die Änderung des Nettopreises

(15-8) $\qquad \dfrac{dA}{d\tau_M} = \dfrac{dA}{dx}\dfrac{dx}{d\tau_M} = \dfrac{dA/dx}{dp/dx - dA/dx}.$

Für „normal" geneigte Angebots- und Nachfragekurven ($dA/dx > 0$, $dp/dx < 0$) sinkt die Gleichgewichtsmenge und der Gleichgewichtspreis steigt durch Einführung der Steuer. Bei $dp/dx = 0$ und $dA/dx > 0$ gilt $x_1 < x_0$ und $p_1 = p_0$; der Produzent trägt die gesamte Steuerlast, weil er keine Möglichkeit hat, über einen höheren Preis eine Überwälzung vorzunehmen. Bei $dp/dx = \infty$ und $dA/dx > 0$ bleibt die Menge gleich (x_1

= x_0) und der Preis steigt um die Steuer auf $p_1 = p_0 + \tau_M$. Der Nettopreis (Produzentenpreis) verändert sich nicht. Nur in diesem Fall bleibt der Nettogewinn des Anbieters nach Erhöhung der Steuer gleich, da die gesamte Steuerzahlung zu Lasten der Konsumenten geht.

Um zu zeigen, dass die Angebots- und Nachfrageelastizitäten maßgeblich für die Verteilung der Steuerlast zwischen Konsumenten und Produzenten sind, werden die Glieder des rechten Terms von (15-7) durch p/x geteilt. Man erhält

$$(15\text{-}9) \quad \frac{dp}{d\tau_M} = \frac{(dp/dx)/(p/x)}{(dp/dx)/(p/x) - (dA/dx)/(p/x)} = \frac{\varepsilon_b}{\varepsilon_b - \varepsilon_n}.$$

Hierbei sind $(dp/dx)/(p/x) = \varepsilon_b$ die Elastizität des Bruttopreises, ε_n die Elastizität des Nettopreises. Bei ε_n ist zu beachten, dass in der Ausgangssituation der Brutto- und der Nettopreis gleich sind, also $A(x) = p(x)$. Der Bruttopreis steigt bei $\varepsilon_b = \infty$ bzw. bei $\varepsilon_n = 0$ und „normalen" Werten für die jeweils andere Elastizität um den Betrag der Steuer/Stück τ_M. Im Extremfall ist sogar $dp/d\tau_M > 0$ möglich, wenn $\varepsilon_b > \varepsilon_n > 0$[1].

Abb. 15-2 Wirkungen einer Mengensteuer bei vollkommen unelastischer Nachfrage (a) bzw. vollkommen elastischem Angebot (b)

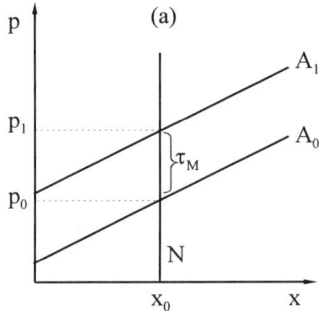
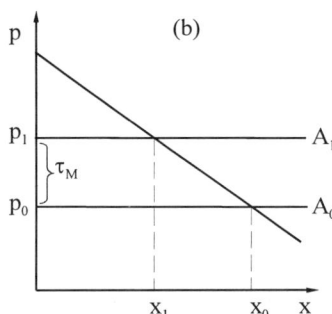

In Abb. 15-1 liegt der Gleichgewichtspreis nach Besteuerung p_1 höher als p_0, der Produzentenpreis ist $p_n = p_1 - \tau_M$. Das Steueraufkommen beträgt $T_M = \tau_M x_1$ und entspricht dem Viereck $p_n p_1 G_1 G_n$, davon tragen die Konsumenten $p_0 p_1 G_1 E$, die Produzenten $p_0 p_n G_n E$. Die Steuerlast verteilt sich also in diesem Beispiel zu ungefähr gleichen Teilen auf Anbieter und Nachfrager. Den Anbietern ist es hier also nicht gelungen, die Steuerlast vollständig über die Preiserhöhung weiterzugeben.

Mit der Steuerlast ist aber noch nicht die Gesamtbelastung der Besteuerten beschrieben. Die ursprüngliche Konsumentenrente[2] $p_0 F G_0$ sinkt durch die Einführung der Steuer um $p_0 p_1 G_1 G_0$, die Produzentenrente vermindert sich von $B p_0 G_0$ um $p_n p_0 G_0 G_n$.

---
[1] In diesem Fall haben Angebots- **und** Nachfragekurve eine positive Steigung.
[2] Das Konzept der Konsumentenrente verlangt die Verwendung kompensierter Nachfragekurven. Zu einer Erklärung der verschiedenen Arten von Nachfragekurven vgl. Rosen (1992).

15. Kapitel: Allokations- und Verteilungsanalyse

Die Summe der Einbußen an Produzenten- und Konsumentenrente ($p_n p_1 G_1 G_0 G_n$) ist um das Dreieck $G_1 G_0 G_n$ größer als die Steuereinnahmen. Dieses Dreieck ist die **Zusatzlast** (excess burden) der Besteuerung[1].

(ii) Monopol

Der Angebotsmonopolist steht einer geneigten Preis-Absatz-Funktion gegenüber. Er kann davon ausgehen, dass andere Unternehmen auf seine Preisänderungen nicht reagieren oder solche Reaktionen ohne Einfluss auf seine Absatzmöglichkeiten sind (= Kreuzpreiselastizität von null). Im Monopolfall (Abb. 15-3)[2] ändert sich an den oben für den Wettbewerbsfall abgeleiteten Ergebnissen grundsätzlich wenig. Gleichgewicht vor Besteuerung ist hier gegeben bei

$$(15\text{-}10) \qquad A(x) = \frac{dp}{dx} x + p(x),$$

wobei $A(x)$ die Grenzkosten[3] und der Ausdruck auf der rechten Seite den Grenzerlös $dE/dx = d[p(x)x]/dx$ angeben. Nach Einführung der Mengensteuer ist das neue Gleichgewicht durch

$$(15\text{-}11) \qquad A(x) + \tau_M = \frac{dp}{dx} x + p(x)$$

beschrieben. Zur Klärung, ob und wie eine Mengensteuererhöhung die Gleichgewichtsmenge ändert, wird wieder nach τ_M abgeleitet. Es ergibt sich

$$(15\text{-}12) \qquad \frac{dx}{d\tau_M} = \frac{1}{p''x + 2p' - A'}.$$

Die Wirkung auf den Gleichgewichtspreis ist

---

[1] Da Subventionen als negative Steuern angesehen werden können, ist bei ihnen - wie bei einer Steuer - eine Mehrbelastung zu erwarten. In Abb. 15-1 seien die Nachfrage nach einem Gut vor Einführung der Subvention N_0 und das Angebot A_1. Gleichgewicht herrsche bei G_1. Durch Einführung einer Stücksubvention σ_M verschiebt sich die Angebotskurve bei konstanter Stücksubvention ($d\sigma_M/dx = 0$) um $p_1 p_n$ parallel nach unten auf A_0. Gleichgewicht liegt jetzt bei G_0 vor. Die Konsumentenrente erhöht sich durch die Subvention von $Fp_1 G_1$ auf $Fp_0 G_0$, die Produzentenrente von $(p_n p_1 G_1 =)$ $Bp_n G_n$ auf $Bp_0 G_0$. Für die Einheiten zwischen x_0 und x_1 gilt, dass der Grenznutzen jeder weiteren Einheit laufend abnimmt und jeweils kleiner als die der Gesellschaft entstehenden Grenzkosten $p_1 p_n$ ist. Der durch die Subvention verursachte zusätzliche Verbrauch wird also geringer gewertet als die hierbei anfallenden Kosten. Daher ist die Maßnahme ineffizient.
[2] Zur besseren Vergleichbarkeit sei eine unveränderte Nachfrageseite unterstellt. Ferner sollen die Angebotskurven jeweils den gleichen Verlauf haben.
[3] Weil beim Monopolisten für seine Grenzkostenkurve keine eindeutige Beziehung zwischen alternativen Preisen und angebotenen Mengen besteht, stellt $A(x)$ keine Angebotskurve dar.

(15-13) $$\frac{dp}{d\tau_M} = \frac{dp}{dx}\frac{dx}{d\tau_M} = \frac{p'}{p''x + 2p' - A'},$$

wobei p' = dp/dx, p" = d(dp/dx)dx und A' = dA/dx. Gegenüber dem Fall vollkommenen Wettbewerbs ist hier für den Preis- und Mengeneffekt auch der Differentialquotient zweiten Grades (die Krümmung der Nachfragekurve) bedeutsam. Bei linearer Nachfragefunktion (p"x = 0) und konstanten Grenzkosten (A' = 0) beträgt die Preisänderung der Mengensteuererhöhung[1]. Für den in Abb. 15-3 dargestellten Fall kann abgelesen werden, dass die Gleichgewichtsmenge von x_0 auf x_1 sinkt und der Preis von p_0 auf p_1 steigt. Das Steueraufkommen beträgt $\tau_M x_1$. Wieder treibt die Steuer einen Keil zwischen den vom Nachfrager zu zahlenden Preis p_1 und dem, was dem Anbieter nach Abzug der Steuer verbleibt ($p_1 - \tau_M$).

Abb. 15-3 Wirkungen einer Mengensteuer im Monopolfall

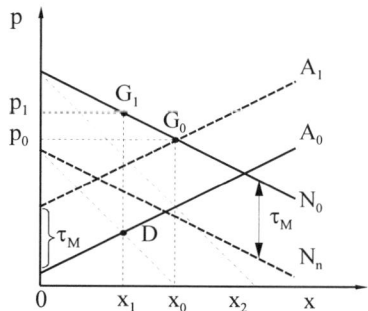

Ein Vergleich der Veränderungen der Konsumenten- und Produzentenrenten in den Abbildungen 15-1 und 15-3 zeigt, dass im Monopolfall der Produzent eine größere Steuerlast trägt als im Fall der vollkommenen Konkurrenz.

(2) Umsatzsteuern

(i) Vollkommene Konkurrenz

Die Bemessungsgrundlage einer Umsatzsteuer (= Erlössteuer) ist der Erlös E = px. Die Steuerbelastung ergibt sich als

(15-14) $\quad T_E = \tau_E p(x)x \qquad \tau_E = \text{const.}$ [2]

In diesem Fall ist der Nettoerlös

---

[1] Monopolistische Preissetzung wie Besteuerung wirken verzerrend. Sie rufen beide Effizienzstörungen in Form von Zusatzbelastungen hervor.

[2] τ_E braucht nicht konstant zu sein, sondern kann auch mit E variieren: $\tau_E = \tau_E(E)$, $d\tau_E/dE \gtreqless 0$.

(15-15) $E_n = p(x)x - \tau_E p(x)x = p(x)x(1-\tau_E)$.

Bei linearer Nachfragekurve erhält man die Nettodurchschnittserlöskurve [$E_n/x = p_n = p(x)(1 - \tau_E)$] durch Drehung der Nachfragekurve um ihren Schnittpunkt mit der Abszisse. Wie Abb. 15-4a zeigt, werden die Anbieter ihr ursprüngliches Angebot x_0 zum Preis p_0 nicht aufrechterhalten. Sie werden vielmehr zur Gewinnmaximierung diejenige Menge anbieten, für die die Grenzkosten $A(x)$ gleich dem Nettopreis sind:

(15-16) $A(x) = p(x)(1-\tau_E)$.

Abb. 15-4 Erlössteuer bei vollkommener Konkurrenz (a) und im Monopol (b)

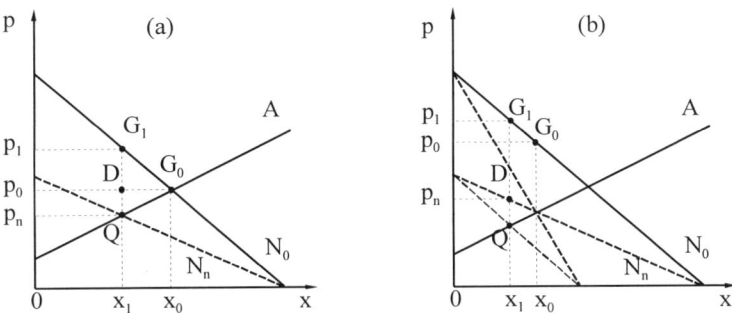

Im Fall der linearen Angebots- und Nachfragekurven steigt im Normalfall der Preis von p_0 auf p_1 und die Menge sinkt von x_0 auf x_1. Für den generellen Fall erhält man den Mengeneffekt durch Differenzierung von (15-16) nach τ_E:

(15-17) $\dfrac{dx}{d\tau_E} = \dfrac{p(x)}{p'(x)(1-\tau_E) - A'(x)}$.

Die Preisänderung ist dann

(15-18) $\dfrac{dp}{d\tau_E} = \dfrac{dp}{dx}\dfrac{dx}{d\tau_E} = \dfrac{p(x)}{(1-\tau_E) - A'(x)/p'(x)}$.

Im „Normal"fall mit $A'(x) > 0 > p'(x)$ ändert sich daher $dp/d\tau_E$ direkt mit $p'(x)$ und entgegengesetzt zu $A'(x)$. Bei konstanten Grenzkosten ($A'(x) = 0$) oder vollkommen unelastischer Nachfrage ($p'(x) = 0$) ist die Preisänderung eine direkte Funktion des Durchschnittserlöses.

Das Aufkommen aus der Umsatzsteuer ist $(p_1 - p_n)x_1$; hiervon tragen die Anbieter $p_n Q D p_0$, die Nachfrager $p_0 D G_1 p_1$. Will man das gleiche Steueraufkommen durch eine Mengensteuer erzielen, muss zur Nachfragekurve eine Parallele durch Q zur Ermittlung der Nettonachfragekurve (oder alternativ zur Angebotskurve durch G_1) gezogen werden. Es zeigt sich, dass unter Wettbewerbsbedingungen für Mengen- und Wertsteuern gleichen Aufkommens der Preis- und Mengeneffekt übereinstimmen.

Im Monopolfall ist allerdings der Preis bei einer Mengensteuer höher als bei einer Wertsteuer gleichen Aufkommens (Musgrave 1969a, S. 266/267).

(ii) Monopol

Im Monopolfall ist ein Gleichgewicht nach Einführung der Umsatzsteuer gegeben, wenn

(15-19) $$A(x) = \left[\frac{dp}{dx}x + p(x)\right](1-\tau_E).$$

Wegen der grundsätzlich gleichen Verfahrensweise wie im Konkurrenzfall (siehe Musgrave 1969a, S. 254 ff.) wird die Mengen- und Preiswirkung nur graphisch in Abb. 15-4b dargestellt. Es sei nur angemerkt, dass das Steueraufkommen sich als $p_n DG_1 p_1$ ergibt.

(3) Kostensteuern

Kostensteuern können je nach Bemessungsgrundlage und Steuertarif verschiedene Auswirkungen haben. Wird eine Kostensteuer auf die Fixkosten erhoben, verändern sich die Marginalbedingungen nicht. Bemessungsgrundlage einer Kostensteuer sind regelmäßig nicht die gesamten Fixkosten, sondern **einzelne** Kostenbestandteile. So ist die deutsche Grundsteuer praktisch eine solche Fixkostensteuer, deren Bemessungsgrundlage von der Ausbringungsmenge (kurzfristig) unabhängig ist. Variiert die Steuerbelastung hingegen mit der Ausbringung – $T_K = T_K(x)$ – werden auch die Grenzkosten (einschließlich Steuer) verändert. Dies wurde schon im Fall der Mengensteuer gezeigt. Werden die variablen Kosten mit dem Steuersatz τ_K proportional belastet, dann ist das Gleichgewicht im Konkurrenzfall[1] gegeben bei

(15-20) $$A(x)(1+\tau_K) = p(x).$$

Für den Monopolisten gilt das gleiche wie bei den übrigen Steuern: Er verändert immer dann die Ausbringungsmenge, wenn als Folge der Steueränderung $E' \neq {}^*K'$, wobei ${}^*K'$ die Grenzkosten unter Einschluss der Steuern auf die variablen Kosten angibt. Bei linearer Angebots- und Nachfragefunktion und einer proportionalen Steuer ($d\tau_K/dx = 0$) auf K ist die Angebotsmenge x_1 mit maximalem Nettogewinn kleiner als die Menge x_0, bei der der Bruttogewinn vor Besteuerung maximal ist.

---

[1] In diesem Fall würde die Angebotskurve im Gegensatz zur Mengensteuer nicht parallel nach oben verschoben werden, sondern sich nach oben drehen.

Abb. 15-5 zeigt für den Monopolfall zunächst die Wirkung einer Fixkostensteuer (T_{FK}). Sie ändert die Marginalbedingungen nicht und ist daher ohne Einfluss auf das Gleichgewicht. Die Kostensteuer kann prinzipiell in Form einer Mengensteuer oder der proportionalen Belastung der variablen Kosten[1] sein.

Abb. 15-5 Die Wirkung von Steuern auf die variablen und fixen Kosten

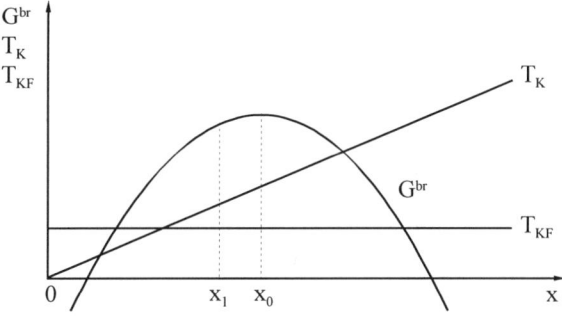

(4) Gewinnsteuern

Die Einführung einer Steuer auf den Bruttogewinn

(15-21) $T_G = \tau_G(G)G$

ist unter den Bedingungen der mikroökonomischen Partialanalyse und bei Gewinnmaximierung unabhängig von der Marktform nicht überwälzbar. Im Falle der vollkommenen Konkurrenz trifft die Steuer den gewinnlosen Grenzanbieter nicht, Gleichgewichtspreis und -menge bleiben unverändert, der Branchengewinn sinkt um den vollen Steuerbetrag. Abb. 15-6 verdeutlicht diese Wirkung bei einem konstanten Grenzsteuersatz von 50%.

Abb. 15-6 Inzidenz der Gewinnsteuer bei vollkommener Konkurrenz

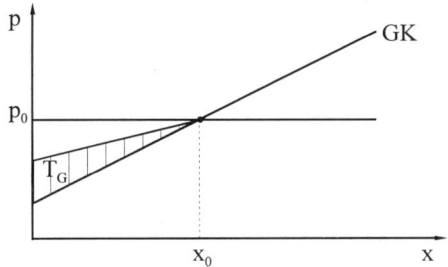

---

[1] Entsprechend bei einem Kostenfaktor.

Abb. 15-7 Inzidenz der Gewinnsteuer im Monopol

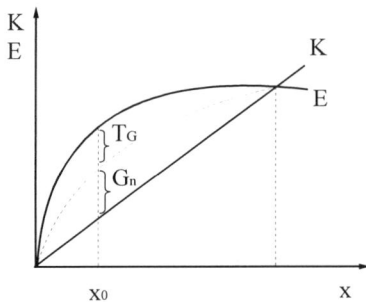

Abb. 15-7 zeigt die auf den Gewinn eines Monopolisten entfallende Steuer (bei G > 0 und τ_G = const.). Offensichtlich liegt das Gewinnmaximum vor und nach Einführung der Gewinnsteuer bei derselben Menge x_0. Der maximale Gewinn vor Besteuerung wird erreicht, wenn E(x) − K(x) → max, folglich bei E'(x) = K'(x). Der Nettogewinn G^n des Unternehmens ist

(15-22) $\quad G^n = [1 - \tau_G(G)]G(x), \quad \text{wobei } G^n = G - T_G.$

Die notwendige Bedingung für den maximalen Nettogewinn ist

(15-23) $\quad \dfrac{dG^n}{dx} = \dfrac{dG}{dx}\left[1 - \tau_G(G) - G\dfrac{d\tau_G}{dG}\right] = 0.$

Wenn dG/dx = 0 ⇒ dG^n/dx = 0. Der maximale Brutto- und Nettogewinn werden also bei der gleichen Ausbringungsmenge erreicht. Die Steuer beeinflusst weder E' noch K'. Hierbei spielt es keine Rolle, ob die Steuer progressiv oder proportional ist (0 ≤ $d\tau_G$/dx <1)[1]. Der Steuertarif muss nur ohne Sprünge sein.

Die für verschiedene Steuern bisher abgeleiteten Ergebnisse sind nicht ohne weiteres auf tatsächlich existierende Steuern übertragbar, weil die Bemessungsgrundlagen häufig komplexer sind als hier angenommen wurde. So ist für die Einkommensteuer einmal „zu berücksichtigen, dass der steuerpflichtige (Perioden-)Gewinn regelmäßig von dem Reingewinn des Modells abweicht, weil - u. a. durch unterschiedliche Bewertungsgrundsätze - die kalkulatorischen Kosten in der Regel von den entsprechenden Steuerabzügen verschieden sind. Deshalb erfasst die deutsche Einkommen- oder Körperschaftsteuer Gewinn- und Kostenbestandteile; so sind z. B. Eigenkapitalzinsen nicht von der Steuerbemessungsgrundlage absetzbar, sie - d. h. Opportunitätskosten - werden besteuert ... Zum anderen unterliegen der Einkommensbesteuerung regelmäßig nicht nur die Einkünfte aus Gewerbebetrieb, sondern das gesamte Einkommen des

---

[1] Das Ergebnis ist auch auf Verlustsubventionen übertragbar, die bei einem Subventionssatz σ_{-G} < 1 keine marginale Anpassung herbeiführen.

Steuerpflichtigen (vgl. §2 EStG, §1 KStG); insbesondere werden die Zinserträge aus Finanzanlagen der Besteuerung unterworfen" (Schneider/Nachtkamp 1980, S. 371).

b) Preis- und Mengeneffekte bei anderen unternehmerischen Zielsetzungen

Bisher wurden die Auswirkungen einer Steuermaßnahme unter der Annahme der kurzfristigen Gewinnmaximierung (für die Fälle des Monopols und der vollkommenen Konkurrenz) untersucht. Ob und welche Preiswirkungen Steuern, insbesondere eine Gewinnsteuer hervorrufen, hängt wesentlich von der Zielsetzung der Unternehmen ab. Ändert man die Annahmen über das Unternehmensverhalten, können andere Ergebnisse zustande kommen.

Die Annahme der kurzfristigen Gewinnmaximierung kann etwa durch die Annahme der Umsatzmaximierung ersetzt werden; hierbei lassen sich verschiedene Beschränkungen berücksichtigen. Eine andere Zielsetzung ist die Aufschlagskalkulation.

(1) Umsatzmaximierung

Nach Baumol (1958) sind typische Großunternehmen an einer **Umsatzmaximierung** interessiert, weil die Realisierung dieser Zielsetzung den Managern für ihre Karriere am förderlichsten erscheint. Allerdings werden die Unternehmen als Nebenbedingung einen bestimmten Mindestgewinn (bzw. eine Verzinsungsrate des eingesetzten Kapitals) zu realisieren versuchen.

Die Zielsetzung der kurzfristigen Umsatzmaximierung steht nicht im Widerspruch zur langfristigen Gewinnmaximierung als einer realistischen Verhaltensannahme. Langfristige Gewinnmaximierung, „ist völlig vereinbar mit der Beobachtung, daß keineswegs alle sich kurzfristig bietenden Gewinnchancen ausgenutzt werden und daß die Sicherung eines angemessenen Marktanteils, der Liquidität, des Firmenrufs usw. kurzfristig die Unternehmenspolitik dominieren: Da hierdurch das Überleben der Unternehmung, der Aktionsspielraum der Unternehmung gesichert wird, die Voraussetzungen für die Gewinnerzielung erst geschaffen werden, ist diese Ausrichtung der Unternehmenspolitik im langfristigen Gewinnstreben impliziert" (Schneider/Nachtkamp 1980, S. 360/361).

Im Übrigen sind die Abweichungen von den Gewinnmaximierungsabsichten insbesondere eines privaten Einzelunternehmers gerade bei Kapitalgesellschaften zu erwarten. Bei ihnen ist meist die Identität von Kapitaleignern und Management nicht gegeben.

Wenn ein Unternehmen anstelle des Gewinns den Umsatz maximieren will, wird es ohne Steuern die Menge anbieten, bei der $E' = 0$. Das ist in Abb. 15-8 die Menge x_0 zum Preis p_0. Eine Mengensteuer verschiebt die Nettodurchschnitts- und -grenzerlöskurven jeweils parallel nach unten und kann so eine Verringerung des Angebots bewirken, weil $E^{n'} < E'$. Das ist oben aus Abb. 15-4 ersichtlich. Der maximale Umsatz liegt vor Besteuerung bei x_2 und verschiebt sich durch die Einführung der Steuer nach links - vorausgesetzt, sie wird als Umsatzeinbuße interpretiert bzw. der **Netto**umsatz ist entscheidend. Wird die Mengensteuer als Kostenbestandteil interpretiert, bleibt sie ohne Wirkung, wenn der Mindestgewinn nicht tangiert wird (siehe unten).

Abb. 15-8 Wirkungen von Erlössteuern bei Umsatzmaximierung

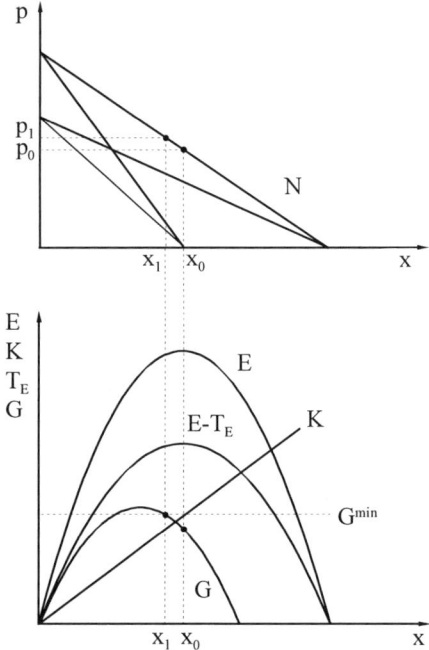

Eine Erlössteuer mit τ_E = const. hätte hingegen keine Auswirkungen auf Preis und Menge (vgl. Abb. 15-8, weil $E^{n'} = 0$ wie $E' = 0$ bei x_0 liegt, wobei $E^{n'} = E'(1 - \tau_E)$. In diesem Fall tritt auch kein Verlust auf. Wenn allerdings die Erzielung eines bestimmten Mindestgewinns G_{min} Nebenbedingung ist, so wirkt sie sich jetzt aus: Wegen $G^n < G_{min}$ wird die Produktionsmenge auf x_1 verringert ($G^n = E - K - T_E$).

Die Einführung einer Gewinnsteuer braucht nicht zu Preis- und Mengeneffekten zu führen, solange $G^n \geq G^{min}$. Das ist in Abb. 15-8 bei $G^n(x_0)$ gewährleistet. Wenn allerdings der erforderliche höher als der tatsächliche Gewinn ist, also $G^n(x_0) < G^{min}$, wären eine Produktionsverringerung und eine Preiserhöhung zu erwarten. Offensichtlich sind die Preiseffekte um so größer, je stärker die Steuersatzerhöhung ausfällt und je höher G^{min} festgelegt sind.

Abb. 15-9 Wirkung einer Gewinnsteuer bei Umsatzmaximierung

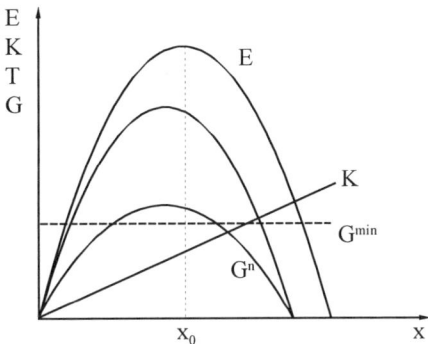

Zu beachten ist, dass der Mindestgewinn netto interpretiert wird und daher nicht von der steuerlichen Maßnahme beeinflusst wird. Diese Annahme ist problematisch, weil der Nettogewinn gerade im Verhältnis zu anderen Unternehmen/Branchen kaum isoliert, d. h. ohne Beachtung der Interdependenzen, festgelegt werden kann.

(2) Aufschlagskalkulation

Die Aufschlagskalkulation (insbesondere das Vollkostenprinzip) hat sich bei Märkten mit größerer und mittlerer Unternehmenskonzentration als eine mehr praxisorientierte Regel der Preisbestimmung als die Marginalanalyse herausgebildet. In vielen Fällen kennen die Unternehmen auch ihre GK und GE nicht. Die Unternehmen werden sich bei Unsicherheit über die zukünftige Nachfrage zur Preissetzung an bekannten oder am wenigsten unsicheren Größen orientieren. Hierzu werden sie z. B. die Durchschnittskosten zugrunde legen und auf diese eine Gewinnspanne aufschlagen. Entscheidungsgrundlage können die gesamten oder die variablen Durchschnittskosten sein, die bei den tatsächlich oder z. B. bei bestimmter Kapazitätsauslastung ausgebrachten Produktionsmengen anfallen.

Wie die Angebotsfunktion der Unternehmen aussieht, hängt auch davon ab, welche Art des Aufschlagsverfahrens gewählt wird. Angenommen, auf die Stückkosten $k(x)$ wird ein Aufschlagssatz a kalkuliert, dann liegt das Gleichgewicht bei $A(x) = p(x)$, also bei

(15-24) $k(x)(1 + a) = p(x)$.

Es ist in Abb. 15-10 bei p_0 und x_0 gegeben. Anstelle von G_0 ist das Gleichgewicht nach Besteuerung G_1. Bei völlig elastischer Nachfrage (dp/dx = 0) gilt auch hier (wie bei den oben behandelten Fällen der Mengensteuer) dp = 0, dx < 0. Die Steuer kann nicht überwälzt werden. Bei dp/dx = ∞ steigt der Preis um mehr als τ_M (bei a = 1 ist dp = $2\tau_M$).

Die Einführung einer Mengensteuer, die in das Zuschlagsverfahren einbezogen wird, bewirkt, dass

(15-25) $\quad (k(x) + \tau_M)(1 + a) = p(x)$

das neue Gleichgewicht beschreibt[1].

Je nach Art des Zuschlagsverfahrens, der Höhe des Aufschlagssatzes a und den Angebots- und Nachfragebedingungen werden die Preis-, Mengen- und Gewinneffekte unterschiedlich ausfallen. Bei normal geneigten Angebots- und Nachfragekurven sinkt der Nettogewinn ($G^n = G - T_M$) als Folge der Besteuerung.

Bei Einführung einer Gewinnsteuer gelangt man zu ähnlichen Ergebnissen. Wenn die Gewinnsteuer als ein Element der Durchschnittskosten betrachtet wird, geht sie nicht in die Gewinnspanne ein. Ob und wie Preis, Menge und Nettogewinn durch die Besteuerung verändert werden, hängt von den Bedingungen ab, die bei der Mengensteuer genannt wurden.

Abb. 15-10 Preis- und Mengeneffekte einer Mengensteuer bei Aufschlagskalkulation

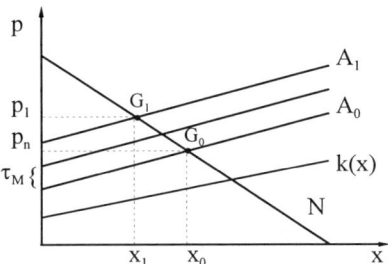

Angenommen, es würde eine Gewinnsteuer von 50% eingeführt. Dann könnte die neue Angebotskurve in Abb. 15-10 um die Differenz ($A_0 - k(x)$), also um den **Bruttostückgewinn**, über A_0 liegen[2], wenn der Gewinnaufschlag pro Einheit netto erhalten bleiben soll. Ist die Aufschlagskalkulation allerdings eine Annäherung an den optimalen Preis, sind für die Nettobetrachtung Grenzen gezogen.

c) Würdigung der Partialanalyse der Besteuerung

Teilweise wurde festgestellt, dass kein Preiseffekt zu erwarten ist. Dies lässt offen, ob die Steuer aus dem Gewinn oder aus Änderungen der übrigen Faktorpreise gezahlt wird. Alle **sekundären Wirkungen** als Folge des verringerten Einkommens ebenso wie die **Verausgabung** der zusätzlichen Einnahmen durch den Staat wurden vernach-

---

[1] Wird die Steuer nicht in das Aufschlagverfahren einbezogen, ergibt sich das Gleichgewicht bei $k(x)(1+a) + \tau_M = p(x)$.
[2] Dieser Fall ist leicht in Abb. 15-10 zu ergänzen.

lässigt. Diese Annahmen sind typisch für die kurzfristige, partielle Betrachtung. **Längerfristig** ist zu berücksichtigen, dass sich Einkommen, Nachfragekurven und die Produktionsanlagen verändern können. Auch Fixkostensteuern können dann Substitutionseffekte hervorrufen, wenn es den Unternehmen gelingt, den Einsatz des „fixen Faktors" zu reduzieren. Solche Substitutionseffekte durch Veränderung der Kostenkurven sind insbesondere auch zu erwarten, wenn einzelne Kostenbestandteile Bemessungsgrundlage der Steuer sind: besteuerte können dann durch nicht besteuerte Faktoren ersetzt werden. Das Ausmaß der Wirkungen auf die Preise der besteuerten und nichtbesteuerten Faktoren hängt davon ab, wie substituierbar ein Faktor durch andere Faktoren im Produktionsprozess ist und welchen Anteil der besteuerte Faktor an den Produktionskosten hat. Die Wirkungen auf andere Güter und Faktoren werden um so stärker ausfallen, je größer die Bedeutung der belasteten Bereiche für andere Märkte ist.

Sekundäre Effekte dürfen insbesondere dann nicht vernachlässigt werden, wenn es sich um Steuern mit einer breiten volkswirtschaftlichen Bemessungsgrundlage handelt. Hier werden simultan mehrere Märkte gleichzeitig betroffen. Daher kann aus den für einzelne Unternehmen (oder einen Markt) abgeleiteten Ergebnissen nicht ohne weiteres auf die gesamtwirtschaftlich interessierenden Wirkungen geschlossen werden. So werden sich bei einer allgemeinen Verbrauchsteuer die relativen Preise verändern, wenn die gleichzeitig belasteten Güter unterschiedliche Angebots- und Nachfrageelastizitäten aufweisen. Dies und die Wirkungen der Verausgabung der Mittel sind explizit in der allgemeinen Gleichgewichtsanalyse zu berücksichtigen. Die partielle Gleichgewichtsanalyse ist damit aber nicht wertlos. Sie stellt die ursprünglichen Wirkungen von Steuerrechtsänderungen dar, und diese können unter bestimmten Umständen die wichtigsten sein.

3. Überwälzung in makroökonomischer und totalanalytischer Sicht

a) Kreislaufmodell

Im Folgenden soll die Wirkung einer Gewinnbesteuerung in einem makroökonomischen Modell behandelt werden. Es geht hierbei um die Frage, wie sich eine Gewinnbesteuerung auf die funktionelle Verteilung auswirkt. Ausgangspunkt sei folgender Kreislaufzusammenhang:

Abb. 15-11 Wiederverausgabung der Gewinnsteuer im Kreislaufbild

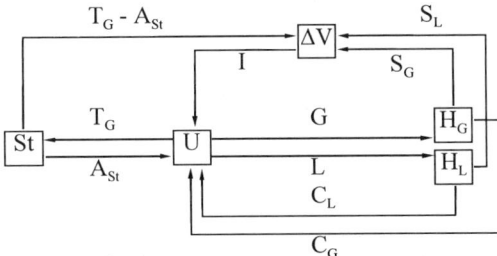

Hierbei sind G = Gewinne der Unternehmen, L = Arbeitnehmereinkommen, C_G = Verbrauch der Unternehmerhaushalte (kurz: Unternehmer), C_L = Verbrauch der Nichtunternehmerhaushalte (kurz: Arbeitnehmer) und S_L, S_G die Ersparnis dieser Gruppen.

Vereinfachend sei angenommen, dass alle Ströme vom und zum Staat null sind. Die Annahme ist allerdings nicht notwendig, denn im Rahmen des kreislaufanalytischen (Verteilungs-)Modells ist es im Ergebnis gleichgültig, ob Steuern und/oder Ausgabenveränderungen in einem Modell untersucht werden, das die Staatsaktivitäten bereits voll erfasst, oder ob man von einem Basismodell ohne staatliche Aktivität ausgeht (Pohmer 1977, S. 275/276).

Das Inlandsprodukt (Y) wird von der Verteilungsseite bestimmt als

(15-26) $Y = L + G$.

Am Vermögenspol ist folgende Identität abzulesen[1]

(15-27) $I = S_L + S_G$.

Unter Berücksichtigung von

(15-28) $G = C_G + S_G$

erhält man die Definitionsgleichung

(15-29) $G = I + C_G - S_L$,

die Ausgangspunkt verschiedener Verteilungstheorien ist. Diese Beziehung, die bereits Keynes (ohne S_L in „Treatise on Money", 1932) verwendet hat, findet sich u. a. in den Modellen von Föhl (1953/54) und Kaldor (1955/56) wieder.

Föhl wollte die Überwälzungsmöglichkeit von Gewinnsteuern in einer makroökonomischen Analyse unter der Bedingung der Budgetinzidenz untersuchen. Er hat dazu das Kreislaufmodell um die in Abb. 15-11 enthaltene, aber bisher vernachlässigte Beziehung St ⇄ U erweitert. Hierbei sind T_G die bei den Unternehmen erhobenen Gewinnsteuern und A_{St} die Ausgaben des Staates für Sachgüter und Dienstleistungen. Gleichung (15-29) ist daher zu ergänzen

(15-30) $G_n = I + C_G - S_L - T_G + A_{St}$, wobei

(15-31) $G = G_n + T_G$.

---

[1] Hierbei wird von einer geschlossenen Wirtschaft ausgegangen. In der offenen Wirtschaft muss auf der linken Seite I um den Leistungsbilanzsaldo (X-M) ergänzt werden.

Um Aussagen über die Verteilungswirkungen staatlicher Einnahmen und Ausgaben machen zu können, werden (15-29) und (15-30) verglichen[1]. Hierzu hat Föhl allerdings mehrere Annahmen gemacht: (1) I ist von T_G und A_{St} unabhängig, (2) das Kreditangebot der Banken ist (zur Finanzierung von I bzw. T_G) ausreichend elastisch, (3) C_G wird durch die staatliche Aktivität nicht eingeschränkt und (4) S_L nimmt durch die staatliche Aktivität nicht zu. Unter diesen Bedingungen war Föhls Aussage: Bei gleichbleibendem Angebot (Vollbeschäftigung) bewirkt die Nachfrageerhöhung des Staates einen Preisniveauanstieg, der sich in erhöhten Einnahmen der Unternehmen niederschlägt. Die Bruttogewinnsteigerung entspricht der Höhe der voll verausgabten Einnahmen des Staates aus der Gewinnsteuer. Sind die Bedingungen nicht erfüllt, kann sich der Bruttogewinn auch nicht um die vollen Steuereinnahmen (= Staatsausgaben) erhöhen[2].

Verzichten die Unternehmen z. B. in Höhe von T_G auf Investitionsausgaben, so kommt es nicht zu Preissteigerungen, sondern nur zu einer reinen Kaufkraftverschiebung von den Unternehmen zum Staat. Eine Überwälzung gelingt dann nicht. Was bezüglich I gesagt wurde, gilt entsprechend auch für C_G und S_L. Erhöht sich S_L und sinkt damit C_L, so verringert sich der Nettogewinn, da die Gesamtnachfrage nicht um den vollen Steuerbetrag steigt[3]. Es ist aber zu vermuten, dass mit steigenden Preisen in der Regel eher ein Ansteigen des Verbrauchs eintritt. Zu beachten ist nun, dass die nominal konstant gebliebenen Größen I, G, C_L und C_0 aufgrund der Preissteigerungen an realer Kaufkraft verloren haben. Auch treten Vermögenswertänderungen und damit wahrscheinlich Änderungen der Vermögensstruktur auf.

Die Erfüllung der Überwälzungsbedingungen bedeutet allerdings nicht, dass jedem Unternehmer die Überwälzung gelingt. Einmal kann die Gewinnsteuer derart sein, dass sie nur einen Teil der Unternehmen trifft (Körperschaftsteuer). Da es unwahrscheinlich ist, dass die Staatsausgaben gerade in die von der Steuer betroffenen Unternehmen fließen, wird diesen höchstens eine teilweise Überwälzung gelingen. Zum anderen können die unterschiedlichen Preissteigerungen die Struktur der Konsumnachfrage ändern.

Ein Budgetsaldo ($T_G - A_{St} \gtrless 0$) bewirkt tendenziell eine Änderung des Nettogewinns G_n. Das hängt damit zusammen, dass sich das private Sparen über Änderungen in der Einkommensverteilung im Allgemeinen an Veränderungen des Budgetsaldos anpasst. Das gleiche Inzidenzergebnis stellt sich ein, wenn anstelle von A_{St} Subventionen geleistet werden und wenn statt Gewinnsteuern Umsatzsteuern oder andere Abgaben bei den Unternehmen erhoben werden – vorausgesetzt der Budgetsaldo bleibt hiervon unberührt.

Letztlich handelt es sich bei dem Modell von Föhl nur um **tautologische Umformungen**. Sie werden erst dann zu Theorien, wenn durch **Einbeziehung von Verhaltensgleichungen** die verschiedenen Größen miteinander verknüpft und Ursache-

---

[1] In (15-30) ist $G = G_n$.
[2] Die relative Einkommensposition hat sich aber brutto und netto geändert, weil jetzt statt G/Y infolge der Nachfrageausweitung $(G + A_{St})/(Y + A_{St})$ bzw. netto $G/(Y + A_{St})$ gilt.
[3] Zusätzliches S_L bewirkt im Übrigen meist keine Erhöhung von I. Die Unternehmen müssen ihre Produkte zu relativ niedrigeren Preisen verkaufen, so dass G sinkt.

Wirkungsbeziehungen nachgewiesen werden. Das gilt insbesondere im Hinblick auf die problematische Investitionsfunktion $I = \bar{I}$. Wenn als Folge der Preisniveausteigerungen die Gewinne und der interne Zins der Kapitalanlagen bzw. der Anlageinvestitionen real sinken, ist eher eine die Investitionstätigkeit hemmende Wirkung durchaus wahrscheinlich. Diese Kritik lässt sich allgemein auch gegen die postkeynesianische Verteilungstheorie vorbringen, die etwa in den Modellen von Kaldor (1955/56) zum Ausdruck kommt. Es geht dort um die an der **Gewinnquote** gemessene funktionelle Einkommensverteilung. Diese Modelle unterscheiden sich von den oben dargestellten kreislauftheoretischen dadurch, dass sie einfache Sparfunktionen – und in der Erweiterung um den Staat: einfache Steuer- und Staatsausgabenfunktionen – berücksichtigen. Entscheidend zur Erfüllung der I = S-Gleichgewichtsbedingung ist das Verhältnis der Sparquoten der verschiedenen Gruppen. Nimmt man nämlich $I = \bar{I}$ an und ersetzt $S_L = \bar{S}_L$ bzw. $S_G = \bar{S}_G$ durch vom jeweiligen Einkommen abhängige, proportionale Sparfunktionen, ergibt sich als Gewinnquote

$$(15\text{-}32) \quad \frac{G}{Y} = \frac{1}{s_G - s_L} \frac{\bar{I}}{Y} - \frac{s_L}{s_G - s_L} = \frac{\bar{I}/Y - s_L}{s_G - s_L}.$$

Demgemäss ist die Lohnquote

$$(15\text{-}33) \quad \frac{L}{Y} = 1 - \frac{G}{Y} = \frac{s_G - \bar{I}/Y}{s_G - s_L}.$$

Die Gewinnquote ist also um so grösser, je grösser die Investitionsquote und je kleiner die Sparquote der Lohnbezieher (s_L) und die Differenz der Sparquoten von Gewinn- (s_G) und Lohnbeziehern sind. Die Verteilung hängt mithin wesentlich von den Sparquoten ab.

Die Annahme, dass I (bzw. $\bar{I}/Y$) eine unabhängige Variable darstellt – unabhängig auch von s_L und s_G – impliziert unter der Voraussetzung der Vollbeschäftigung, dass das Preisniveau durch die Nachfrage bestimmt ist.

Eine Erhöhung von I und damit $I_{gepl} > S_{gepl}$ bedeutet, dass die Nachfrage grösser als das Vollbeschäftigungsangebot ist. Die Preise steigen, bei konstanten Lohnsätzen sinken die Reallöhne und G steigt. Daraufhin nehmen S_G zu und S_L ab. Wenn $s_G > s_L$, führt die Zunahme von S_G auch zu einer Steigerung von S, bis es die Höhe der Investitionen erreicht. Entsprechendes gilt bei fallendem I.

Das Modell wird nun um den Staat erweitert. Angenommen, der Staat erhebe eine Einkommensteuer T_Y

$$(15\text{-}34) \quad T_Y = \tau_Y Y$$

und tätige Ausgaben für Güter

15. Kapitel: Allokations- und Verteilungsanalyse

(15-35) $\quad A_{St} = \overline{A}_{St} + aY$.

Die erweiterte Gleichgewichtsbedingung ist nun wegen

(15-36) $\quad S + T_Y = \bar{I} + A_{St}$

(15-37) $\quad s_L(1-\tau_Y)L + s_G(1-\tau_Y)G + \tau_Y Y = \bar{I} + \overline{A}_{St} + aY$.

Daraus ergeben sich die Gewinnquote

(15-38) $\quad \dfrac{G}{Y} = \dfrac{(\bar{I}+\overline{A}_{St})/Y - (\tau_Y - a) - s_L(1-\tau_Y)}{(s_G - s_L)(1-\tau_Y)}$

und die Lohnquote

(15-39) $\quad \dfrac{L}{Y} = \dfrac{s_G(1-\tau_Y) - (\bar{I}+\overline{A}_{St})/Y + (\tau_Y - a)}{(s_G - s_L)(1-\tau_Y)}$.

Daraus ergibt sich

(15-40) $\quad \dfrac{d(G/Y)}{d(\overline{A}_{St}/Y)} = \dfrac{1}{(s_G - s_L)(1-\tau_Y)} > 0$

(15-41) $\quad \dfrac{d(G/Y)}{da} = \dfrac{1}{(s_G - s_L)(1-\tau_Y)} > 0$

(15-42) $\quad \dfrac{d(G/Y)}{d\tau_Y} = \dfrac{s_L - 1}{(s_G - s_L)(1-\tau_Y)^2} < 0$

(15-40) und (15-41) müssen zu den gleichen Ergebnissen führen, da in beiden Fällen die Ausgabenquote verändert wird.

Das Modell lässt sich unter anderem dadurch weiter differenzieren, indem angenommen wird, dass (1) Steuern nur von einer Gruppe zu entrichten sind; (2) die Gruppen mit verschiedenen Abgaben belastet werden; (3) neben A_{St} auch Transferausgaben getätigt werden; (4) auch indirekte Steuern erhoben werden.

Auch gegenüber diesem verteilungstheoretischen Modell von Kaldor sind Einwände geltend zu machen, die sich vor allem gegen die als konstant, d. h. insbesondere als unabhängig vom staatlichen Verhalten angenommenen Spar- und Investitionsfunktionen richten.

Die Bedeutung des Modells besteht darin zu zeigen, dass die Verteilung auf L und G hauptsächlich durch die gütermäßige Verwendung des Inlandsprodukts und durch das Sparverhalten der privaten Haushalte bestimmt wird. Ausschlaggebend ist die Vermögensbildung, nicht der Vermögensstand.

b) Neoklassische Modelle

Bei jeder Einführung einer größeren Abgabe, aber auch hinsichtlich der Staatsausgaben, ist die Berücksichtigung der allgemeinen ökonomischen Interdependenz, d. h. der Anpassungswirkungen auf allen (Güter- und Faktor-)Märkten wichtig. Für diese Analyse ist ein mikroökonomisches Totalmodell zweckmäßig. Einen Ansatz in dieser Richtung stellt das sog. **Harberger-Modell** dar. Es weist auf die Substitutionsbeziehungen als Determinanten der Steuerwirkungen hin. Entscheidend sind die Wirkungen auf die relativen Preise. Das Modell wurde zunächst zur Analyse der Wirkungen der Körperschaftsteuer entwickelt.

Ebenso wie in der keynesianisch orientierten kreislauftheoretischen Inzidenzanalyse geht es in den neoklassischen Modellen um das gesamtwirtschaftliche Ergebnis der Einführung einer Steuer nach Ablauf aller Anpassungsprozesse, also um die steuerlich bedingte Änderung der funktionellen Einkommensverteilung. Im Folgenden soll ein Modell skizziert werden, das auf Harberger (1962) zurückgeht und u. a. von Mieszkowski (1967) weiterentwickelt wurde.

Die allgemeine Gleichgewichtsanalyse einer Steueränderung trägt explizit den Änderungen von Preisen und Mengen Rechnung, die auf **allen** Märkten für Güter und Faktoren als Ergebnis der Maßnahme auftreten. In der Realität ist dies aber eine nicht lösbare Aufgabe, da eine große Zahl von Märkten existiert, die mehr oder weniger interdependent sind. Daher muss vereinfachend angenommen werden, dass die Wirtschaft aus einer geringeren Zahl an Güter- und Faktormärkten besteht. Die allgemeine Gleichgewichtsanalyse einer Steueränderung kann aber schon sinnvoll sein, wenn man sich auf eine Wirtschaft beschränkt, die aus zwei Gütern und zwei Faktoren besteht.

Im einfachsten Fall enthält das Modell folgende Annahmen: In zwei Sektoren werden jeweils die Produkte X bzw. Y mit Hilfe der Produktionsfaktoren Arbeit (L) und Kapital (K) auf der Basis linear-homogener Produktionsfunktionen sowie unter der Bedingung vollkommenen Wettbewerbs produziert. Die Produktionsfaktoren werden als gegeben angenommen. Es besteht vollkommene Faktormobilität zwischen den Sektoren.

Die Volkswirtschaft wird durch folgende Gleichungen beschrieben:

Das Angebot wird durch die Produktionsfunktion festgelegt. Es ist für Sektor X

(15-43) $\quad X = X(L_X, K_X)$.

Durch totale Differenzierung erhält man

(15-44) $\quad dX = f_L dL_X + f_K dK_X,$

wobei $f_L = \delta X/\delta L_X$ und $f_K = \delta X/\delta K_X$ die Grenzproduktivitäten der Faktoren sind. Bei vollkommenem Wettbewerb ist das jeweilige Faktorentgelt dem Wert des Grenzprodukts gleich (z. B. $l_X = p_X f_L$). Berücksichtigt man dies in (15-44), erhält man

(15-45) $\quad dX = dL_X l_X / p_X + dK_X r_X / p_X$

und bei Teilung durch X

(15-46) $\quad dX/X = \theta_{LX} dL_X/L_X + \theta_{KX} dK_X/K_X.$

Diese Gleichung beschreibt die Reaktion der angebotenen Gütermenge auf Änderungen der Faktoreinsatzmengen; θ_{LX} bzw. θ_{KX} stellen die Anteile der Arbeits- bzw. der Kapitalkosten am Wert des Produktes X dar ($\theta_{LX} = l_X L_X / p_X X$). Bei Annahme einer linear homogenen Produktionsfunktion gilt $\theta_{LX} + \theta_{KX} = 1$. Für den Sektor Y erhält man ein (15-46) entsprechendes Ergebnis.

Zur Charakterisierung des Angebots werden auch die Substitutionselastizitäten der Faktoren herangezogen. Für den Sektor X ist sie

(15-47) $\quad \sigma_X = -\dfrac{d(K_X/L_X)/(K_X/L_X)}{d(r_X/l_X)/(r_X/l_X)}.$

Die Substitutionselastizitäten der Sektoren können verschieden sein. Die Faktorsubstitution hängt von den relativen Preisen ab. Setzt man die Faktorpreise $r = l = 1$, erhält man

(15-48) $\quad dK_X/K_X - dL_X/L_X = -\sigma_X(dr_X - dl_X).$

Entsprechendes gilt für Y:

(15-49) $\quad dK_Y/K_Y - dL_Y/L_Y = -\sigma_Y(dr_Y - dl_Y).$

Die Nachfrage nach X sei eine Funktion der relativen Preise

(15-50) $\quad X = X(p_X/p_Y).$

Differenziert man (15-50) und teilt durch X und setzt $p_X = p_Y = 1$, erhält man

(15-51) $\quad dX/X = \varepsilon(dp_X - dp_Y),$

wobei ε die Nachfrageelastizität für Gut X in Bezug auf die relativen Preise ist. Aus der Annahme konstanter Faktorangebote folgt

(15-52) $dK_X = -dK_Y$

(15-53) $dL_X = -dL_Y$.

Zwischen Änderungen der Faktorpreise und der Produktpreise bestehen folgende Beziehungen

(15-54) $dp_X = \theta_{LX} dl_X + \theta_{KX} dr_X$

(15-55) $dp_Y = \theta_{LY} dl_Y + \theta_{KY} dr_Y$.

Die Summe der Veränderungen des Arbeits- und des Kapitaleinsatzes multipliziert mit dem θ-Koeffizienten muss in beiden Sektoren jeweils null sein.

Der Preis für den Faktor Arbeit wird, da in diesem Modell die relativen Preise in den Vordergrund der Betrachtung gestellt werden, als Numéraire gewählt, so dass man folgende zusätzliche Gleichung erhält:

(15-56) $dl = 0$.

Die Wirkungen einer Faktorbesteuerung

Die Wirkungen einer Besteuerung des Faktors Kapital auf die funktionelle Einkommensverteilung zeigen sich in diesem Modell in Änderungen der relativen Faktor- und Produktpreise. Das Kapital soll im Sektor X (Körperschaften) durch eine Körperschaftsteuer mit dem Satz τ_{KX} belastet werden, der Sektor Y besteht aus Nichtkörperschaften. Abb. 15-12 gibt einen Überblick über die Wirkungen der Körperschaftsteuer. Zunächst werden die Kapitalanleger im Sektor X betroffen, denn dort sinkt die Nettokapitalrendite. Doch diese erste, unmittelbare Wirkung sagt nichts über die sich letztlich ergebende Inzidenz aus. Die durchgezogenen Pfeile in Abb. 15-12 zeigen die sich in Preis- und Mengenänderungen niederschlagenden Reaktionsketten, die gestrichelten Linien markieren den Einfluss der exogenen Parameter, die durch die gegebenen Produktionsfunktionen und Verhaltensweisen fixiert sind, auf das Ausmaß der Preis- und Mengenvariationen. Voraussetzung für den Anpassungsprozess ist die langfristige **vollkommene Mobilität** der Produktionsfaktoren. Der Anpassungsprozess führt zur letztendlichen Steuerlastverteilung in Abhängigkeit von den diesen Prozess beeinflussenden Faktoren.

Die Faktoren werden ersichtlich, wenn man die Steuer auf das in X eingesetzte Kapital mit dem Betrag τ_{KX} pro Ertragseinheit in den Gleichungen (15-49) und (15-54) berücksichtigt. Dann verändert sich die rechte Seite von (15-49) zu [-σ$_X$ (dr$_X$ + τ$_{KX}$ –

15. Kapitel: Allokations- und Verteilungsanalyse

Abb. 15-12 Die Wirkungen einer Körperschaftsteuer im neoklassischen Modell

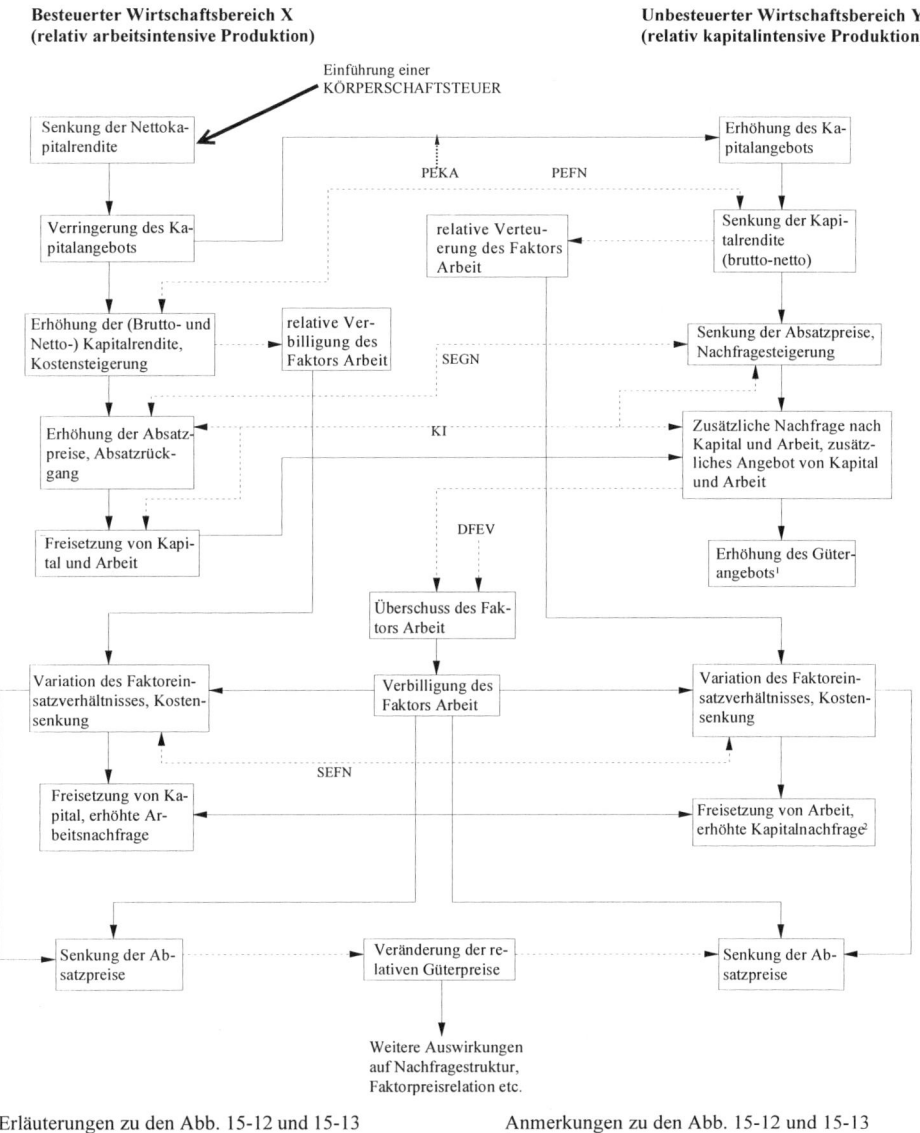

Erläuterungen zu den Abb. 15-12 und 15-13
PEKA = Preiselastizität bzw. Mobilität des Kapitalangebots
SEGN = Substitutionselastizität der Güternachfrage
SEFN = Substitutionselastizität der Produktionsfaktoren
KI = Kapitalintensität der Produktion
DEEV = Differenz der Faktoreinsatzverhältnisse

Anmerkungen zu den Abb. 15-12 und 15-13
[1] Angebotssteigerung ohne Preiserhöhung nur möglich bei konstanten Skalenerträgen
[2] Annahme: Der Effekt des Ausgleichs der Nettorentabilität überwiegt den der Differenz der Faktoreinsatzverhältnisse

Quelle: Stolz 1983, S. 35.

dl_X)] und die rechte Seite von (15-54) zu [$\theta_{LX}dl_X + \theta_{KX}(dr_X + \tau_{KX})$]. Die übrigen Gleichungen bleiben unverändert. Die Einführung der Steuer verändert den Preis des Faktors Kapital daher in Höhe von

(15-57)
$$dr = \frac{\epsilon\theta_{KX}(K_X/K_Y - L_X/L_Y) + \sigma_X(\theta_{LX}K_X/K_Y + \theta_{KX}L_X/L_Y)}{\epsilon(\theta_{KY} - \theta_{KX})(K_X/K_Y - L_X/L_Y) - \sigma_Y - \sigma_X(\theta_{LX}K_X/K_Y + \theta_{KX}L_X/L_Y)}\tau_{KX}$$

worin τ_{KX} den Steuersatz auf die Gewinne der Körperschaften darstellt.

Maßgröße für die Inzidenz der Körperschaftsteuer ist also – bei Konstanz des Preises für den Faktor Arbeit – die Veränderung des Preises des Kapitals. Ist dr negativ (positiv), so tragen die Kapitalbesitzer einen größeren (kleineren) Teil der Steuerbelastung. Bei dr = 0 ändert sich die Einkommensverteilung zwischen den beiden Gruppen der Faktoreigner nicht. Da der Nenner in (15-57) immer positiv ist, hängt das Vorzeichen von dr vom Vorzeichen des Zählers und den ihn bestimmenden Einflussfaktoren ab.

Im Verlauf des Anpassungsprozesses sind zwei Effekte wirksam, der Outputeffekt ($\epsilon\theta_{KX}(K_X/K_Y - L_X/L_Y)$) und der Faktorsubstitutionseffekt ($\sigma_X(\theta_{LX}K_X/K_Y + \theta_{KX}L_X/L_Y)$), deren Einfluss auf die Körperschaftsteuer-Inzidenz in Abhängigkeit von den Bestimmungsfaktoren Preiselastizität der Nachfrage, Faktorintensität, ursprüngliche Faktoranteile sowie Substitutionselastizität im Folgenden analysiert werden sollen. τ_{KX} veranlasst als Folge der Senkung der Nettokapitalrendite im Sektor X die Kapitaleigner, Kapital aus X abzuziehen und im unbesteuerten Y anzulegen. Als Folge der Kapitalwanderung steigt die Nettokapitalrendite in X wieder an und sinkt in Y. Dieser Prozess dauert - bei unterstellter vollständiger Faktormobilität - so lange, bis die Nettokapitalrendite in beiden Sektoren auf nun niedrigerem Niveau wieder gleich sind. Sonst könnten die Nettoerträge durch eine Reallokation gesteigert werden. Von der Körperschaftsteuer sind folglich alle Kapitalbesitzer betroffen. Es gilt:

(15-58) $r = r_Y = r_X(1 - \tau_X)$

Der **Outputeffekt**: Die Änderung der Allokation des Faktors Kapital zwischen den Sektoren und der damit verbundene Ausgleich der Nettokapitalerträge hat eine Änderung der relativen Faktorpreise und damit auch der relativen Produktpreise zur Folge. In X sind aufgrund der Abwanderung des Kapitals die Kapitalkosten, die sich hier aus dem für beide Sektoren gleichen Nettokapitalertrag sowie dem Steuerbetrag zusammensetzen, relativ zu den Kapitalkosten in Y gestiegen. Die Folge ist ein relativer Preisanstieg des Gutes X und eine Verlagerung der Nachfrage von Gut X nach Y.

Determinanten dieses Outputeffekts sind θ_{KX}, ($K_X/K_Y - L_X/L_Y$) und ϵ. War der ursprüngliche Anteil des Kapitals an den gesamten Produktionskosten des Gutes X hoch, steigen die Produktionskosten durch die Erhebung der Körperschaftsteuer und damit auch der relative Preis des Gutes X stärker als bei geringem Anteil. Die Konsumenten reagieren entsprechend der Preiselastizität mit einer Einschränkung der nachgefragten Menge nach Gut X. Über die Richtung des Outputeffekts (positives oder negatives Vorzeichen) und damit der Erhöhung oder Senkung von r entscheidet die relative Faktorintensität der Sektoren. Ist die Produktion des Gutes X relativ kapitalintensiv – $(K_X/K_Y - L_X/L_Y) > 0$ – so ist der gesamte Ausdruck $\varepsilon\theta_{KX} (K_X/K_Y - L_X/L_Y)$ negativ. Sektor X setzt aufgrund des Produktionsrückgangs mehr Kapital frei als zum bestehenden Preis vom Sektor Y absorbiert wird, so dass der Preis für diesen Produktionsfaktor sinken muss. Die Einkommensverteilung ändert sich folglich zu Lasten der Gruppe der Kapitalbesitzer. Doch auch eine stärkere Belastung der Bezieher von Arbeitseinkommen ist denkbar. Ist der Sektor X arbeitsintensiver als Y und damit $(K_X/K_Y - L_X/L_Y) < 0$, so wird bei der Einschränkung der Produktion in X weniger Kapital freigesetzt als von Y preisneutral aufgenommen wird. r muss daher steigen, und die Körperschaftsteuer wird weitgehend auf die Anbieter von Arbeitsleistungen überwälzt.

Auswirkungen auf dem Faktormarkt (Faktorsubstitutionseffekt): Als Folge der durch die Kapitalwanderung bedingten Änderung der Kapitalkosten findet in beiden Sektoren ein Substitutionsprozess zwischen den Produktionsfaktoren statt. Im Sektor X, wo die Kapitalkosten gestiegen sind, erfolgt eine Substitution des Faktors Kapital durch den nun relativ billigeren Faktor Arbeit. In Y wird wegen der gesunkenen Kapitalkosten Arbeit durch Kapital substituiert. Determinanten dieses Faktorsubstitutionseffekts sind θ_{KY} und θ_{LY}, K_X/K_Y und L_X/L_Y sowie σ_X. Der Faktorsubstitutionseffekt wirkt auf eine Senkung von r hin, denn der Ausdruck $\sigma_X(\theta_{LX}K_X/K_Y + \theta_{KX}L_X/L_Y)$ ist wegen des negativen Vorzeichens von σ_X immer negativ[1].

Für den **Gesamteffekt** auf r ergibt sich nun Folgendes: Ist der Sektor X im Vergleich zu Y kapitalintensiv, findet eine Umverteilung des Volkseinkommens zu Lasten der Kapitaleigner unabhängig davon statt, ob sie ihr Kapital im besteuerten Sektor X oder in Y angelegt haben. Der Zähler der Gleichung (15-57) ist eindeutig negativ, so dass dr < 0. Für den Fall, dass Gut X arbeitsintensiver als Gut Y produziert wird, ergibt sich eine im Vergleich zum Faktor Arbeit stärkere Belastung des Kapitals, wenn der Substitutionseffekt den (positiven) Outputeffekt überkompensiert. Findet dagegen nur eine schwache Substitution zwischen den Produktionsfaktoren statt (dr > 0), haben die Anbieter von Arbeitsleistung den größeren Teil der Steuerlast zu tragen.

Die bisher für die Körperschaftsteuer dargestellten Abhängigkeiten der effekiven Inzidenzergebnisse gelten entsprechend für den Fall einer speziellen Verbrauchsteuer. Abb. 15-13 verdeutlicht den Anpassungsprozess, den eine Steuer auf Gut X auslöst.

Die Bedeutung des Harberger-Modells besteht darin, dass es die strukturellen Parameter bestimmt, die die Richtung und das Ausmaß der durch Steuern verursachten re-

---

[1] Nur im Falle einer limitationalen Produktionsfunktion ist $\sigma_X = 0$, und es kann keine Substitution stattfinden.

Abb. 15-13 Die Wirkungen einer partiellen Umsatzsteuer im neoklassischen Modell*

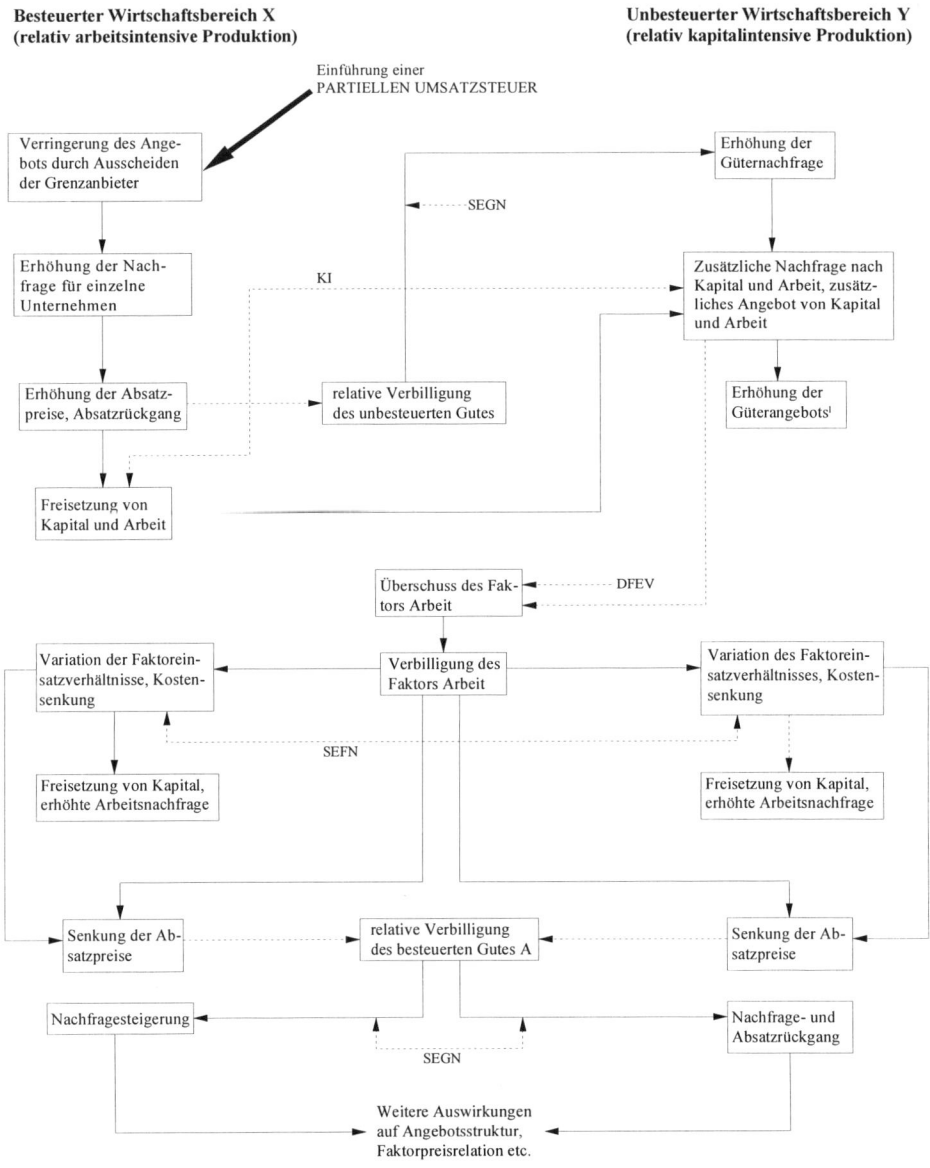

* Zu den Erläuterungen und Anmerkungen siehe Abb. 15-12.
Quelle: Stolz 1983, S. 38.

lativen Preisänderungen festlegen. Die wesentlichen hier erkennbaren Strukturparameter sind (1) die relativen Preiselastizitäten der Nachfrage nach verschiedenen Konsumgütern, (2) die Substituierbarkeit verschiedener Faktoren bei der Produktion verschiedener Güter, (3) die relativen Intensitäten der Verwendung verschiedener Faktoren im Produktionsprozess und (4) die Mobilität der verschiedenen Produktionsfaktoren (Break 1974, S. 133/134).

In dem oben verwandten Modell wird ferner implizit die Annahme identischer Präferenzen für alle Konsumenten getroffen. Eine Steuer kann daher keine Verteilungseffekte hervorrufen, indem sie die Einkommensverwendung beeinflusst. Aufgrund dieser Annahme kann man sich auf die Wirkung der Steuern auf Einkommensquellen beschränken. Gibt man die Annahme auf, hängt die Gesamtinzidenz einer Steuer auf X von der Entstehungs- und Verwendungsseite ab.

Harbergers Analyse der intersektoralen Verzerrung der Kapitalverteilung gilt allerdings nur unter der Annahme reiner Beteiligungsfinanzierung. Die anderen Finanzierungswege der Unternehmung (Fremdfinanzierung und Selbstfinanzierung) werden vernachlässigt. Bei Fremdfinanzierung kann wegen der steuerlichen Abzugsfähigkeit der Schuldzinsen eine Senkung von r_X bis r erfolgen. Selbstfinanzierung ermöglicht den Aktionären anstelle von Dividenden weitgehend einkommensteuerfreie Kursgewinne, Bezugsrechtsabschläge u. ä. Wenn Unernehmen aber die reine Beteiligungsfinanzierung durch eine Kreditaufnahme und eine Gewinnthesaurierung ersetzen, bleibt die Körperschaftsteuerbelastung ohne Einfluss auf das Rentabilitätskalkül der Körperschaften und deshalb auch ohne Einfluss auf die Kapitalverteilung zwischen den Sektoren. Ferner erscheint auch die Annahme unrealistisch, dass die jeweils gewählte Technologie von der Rechtsform der Sektoren abhangt.

In jüngster Zeit sind weitere allgemeine Gleichgewichtsmodelle z. B. von Scarf, Shoven, Whalley, Wiegard/Fehr entwickelt worden. Sie legen ebenfalls die Annahme flexibler Preise zugrunde. Die komplexen, formal anspruchsvollen Modelle erlauben es, Gleichgewichte mit mehr als zwei Sektoren zu bestimmen. Sie sollen u. a. die wahrscheinlichen Wirkungen komplexer alternativer Steuerpakete aufzeigen.

c) Ergebnis

Die hier angedeuteten Verfahren der Analyse der materiellen Inzidenz führen (unter Ergänzung um die mikroökonomischen Analysen) zu einem breiten Spektrum widersprüchlicher Ergebnisse[1].

Einigkeit besteht praktisch nur darüber, dass die Wirkung der Steuern von der Verausgabung durch den Staat, von den Konsum-(bzw. Spar-)Quoten der Belasteten und von der Ausgestaltung der Steuern hinsichtlich Bemessungsgrundlage und Tarif (einschließlich Freibeträgen, Vergünstigungen) abhängen. Die Basis für eine darauf aufbauende Politik ist daher sehr eingeschränkt.

---

[1] Sie schlagen sich in den unterschiedlichen Annahmen der formalen Inzidenzanalysen nieder; vgl. das 9. Kapitel.

4. Einkommens- und Substitutionseffekte verschiedener Steuern

a) Überblick

Nun soll untersucht werden, wie verschiedene Steuern auf die Nachfragestruktur, auf das Sparen und auf das Arbeitsangebot wirken. Von besonderem Interesse ist dabei, ob eine Steuer **speziell** (auf einzelne Güter oder Branchen) oder **allgemein** erhoben wird.

Im Mittelpunkt der Betrachtung stehen der Einkommens- und der Substitutionseffekt: Steuern verringern das verfügbare Einkommen und damit die Menge und/oder Zusammensetzung der konsumierten Güter **(Einkommenseffekt)**. Der Einkommenseffekt hängt vom Durchschnittssteuersatz ab. Allerdings werden regelmäßig nicht alle Aktivitäten (gleich) belastet. Daher wird infolge der Besteuerung die nicht besteuerte Alternative relativ preisgünstiger, so dass sie vorgezogen werden kann **(Substitutionseffekt)**. Durch Substitutionseffekte, die vom Grenzsteuersatz abhängen, wird die ursprüngliche Allokation verzerrt, Ineffizienzen können entstehen: Besteuerte Arbeit wird durch unbesteuerte Freizeit, Marktaktivitäten werden durch Haus- oder Schwarzarbeit ersetzt; Beförderungen bzw. produktivere Tätigkeiten werden abgelehnt, weil das zusätzliche Einkommen nach Besteuerung in keinem Verhältnis zu Mehrarbeit, Verantwortung, Stress steht; auf Sparen wird zugunsten des Gegenwartskonsums verzichtet; die Rechtsform der Unternehmen oder der Wohnsitz z. B. von Spitzensportlern können aus steuerlichen Gründen geändert werden.

Die Bedeutung der verschiedenen Formen von Ineffizienz wird durch das Ausmaß des Substitutionseffekts bestimmt. Dieser ist allerdings empirisch kaum zu ermitteln. Aus der geringen Gesamtwirkung einer Steueränderung kann auch noch nicht geschlossen werden, dass keine verzerrende Wirkung vorliegt: Der Einkommenseffekt kann u. U. den Substitutionseffekt ausgleichen, der in der Vermeidung des steuerpflichtigen Tatbestandes besteht. Entscheidend für die Beurteilung steuerlicher Maßnahmen ist die relative Bedeutung beider Wirkungen. Wenn die erwarteten Substitutionseffekte groß sind, ist es zur Vermeidung von Ineffizienzen offenbar zweckmäßig, in diesem Bereich möglichst geringe steuerliche Belastungen zu wählen.

Ein frühes Beispiel für unerwünschte Substitutionswirkungen ist die französische Fenstersteuer. Die Größe der Häuser galt vor Einführung der Steuer als Indikator des Wohlstandes. Da vor Einführung der Steuer große Häuser viele Fenster hatten, wählte man als Bemessungsgrundlage die Zahl der Fenster eines Hauses. Die „natürliche" Folge war, dass die Zahl der Fenster bei Neubauten auf ein Minimum reduziert und die Fenster bestehender Häuser zugemauert wurden, um Steuern zu sparen.

Der „richtigen" Wahl und Definition von Steuerobjekt und -bemessungsgrundlage kommt also eine große Bedeutung zu. Bei der Planung einer Steuer muss geschätzt werden, welcher Kreis der Betroffenen welche möglichen Anpassungsmaßnamen ergreifen wird. Wenn durch nicht vorhergesehene Steuervermeidung die Zielgruppe weniger als erwartet zahlt, müssen zur Erzielung eines bestimmten Aufkommens die Steuersätze erhöht werden, so dass weitere Verzerrungen entstehen können[1].

Übersicht 15-2 Der Entscheidungsprozess privater Haushalte

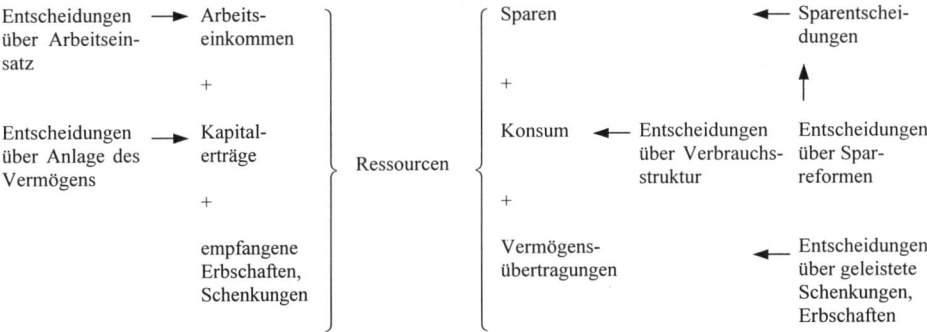

Im Folgenden sollen die Wirkungen verschiedener Steuern auf die Entscheidungen des privaten Haushaltes betrachtet werden. Übersicht 15-2 gibt eine Zusammenstellung (Atkinson/Stiglitz 1980, S. 24). Der Haushalt verfügt am Anfang der Periode über eine bestimmte Vermögensausstattung. Er kann über die Vermögensstruktur und damit über die Vermögenseinkommen entscheiden. Dieser Aspekt wird hier nicht behandelt[2]. Ferner können die Einkommen durch die Entscheidungen über das Arbeitsangebot beeinflusst werden. Das Arbeitseinkommen ergibt zusammen mit dem Vermögenseinkommen und den empfangenen Übertragungen (Erbschaften, private Schenkungen, staatliche Transfers) die für den Haushalt verfügbaren Ressourcen. Diese können für Vermögensbildung (Sparen), Verbrauch und Übertragungen verwendet werden. Die Entscheidungen werden sowohl durch Steuern wie durch staatliche Transfers beeinflusst. Transfers werden im Folgenden nur knapp diskutiert. Zunächst geht es um die Wirkung verschiedener Steuern auf die Konsumstruktur.

b) Wirkungen von Steuern auf die Konsumstruktur

Eine spezielle und eine allgemeine Verbrauchsteuer und eine Einkommensteuer sollen hinsichtlich ihrer Wirkungen auf die Güternachfrage und Wohlfahrt verglichen werden. Hierzu wird ein einfaches Einperiodenmodell ohne Ersparnis verwendet.

Bei gegebenen Präferenzen in Bezug auf die Güter x_1 und x_2, gegebenem Faktorangebot und Einkommen sowie gegebenen Preisen stellt der Punkt G_0 das Haushaltsgleichgewicht in Abb. 15-14 dar. Nach Einführung einer speziellen Verbrauchsteuer

---

[1] Nicht wenige der sogenannten Folgesteuern verdanken ihre Entstehung lediglich einer unzulänglichen Formulierung der Steuertatbestände, deren wirtschaftliche Auswirkungen und deren Ausweichmöglichkeiten nicht genügend berücksichtigt worden sind (Schmölders/Hansmeyer 1980, S. 81).

[2] Siehe Atkinson/Stiglitz 1980, Lect. 4.

(als Wertsteuer) auf Gut 1 mit dem Steuersatz AC/OC steigt der Preis des Gutes. Die Budgetgerade dreht sich von CD auf AD. Neues Gleichgewicht ist G_2. Das Steueraufkommen ist hier G_2F gemessen in Einheiten von x_1.

Abb. 15-14 Wirkung einer speziellen und einer allgemeinen Verbrauchsteuer auf die Güternachfrage

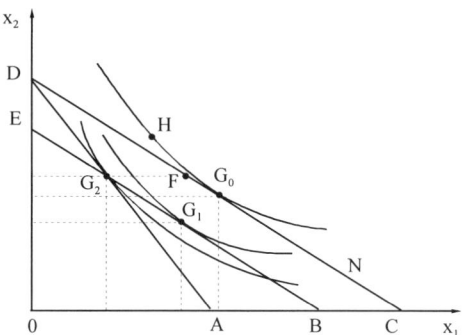

Soll durch eine Einkommensteuer das gleiche Aufkommen erzielt werden, ist ein Steuersatz $G_2F/OC = BC/OC = ED/OD$ erforderlich. Da die relativen Preise durch die Einführung der Einkommensteuer nicht verändert werden, verschiebt sich die Bilanzgerade parallel nach BE. Neues Gleichgewicht ist G_1. Das gleiche Ergebnis stellt sich ein, wenn die Einkommensteuer durch eine allgemeine Verbrauchsteuer mit gleichem Aufkommen ($G_2F = BC$ gemessen in Einheiten von x_1 oder DE in Einheiten von x_2) ersetzt wird. Eine prozentual gleiche Preiserhöhung tritt hier an die Stelle der direkten Einkommensminderung. Ökonomisch sind also eine Besteuerung des (gesamten) Konsums und des Einkommens äquivalent. Das leuchtet auch ein: Angenommen, das Einkommen bestehe nur als Lohn, der Reallohn sei $(w \cdot N)/P$. Für die Belasteten ist es irrelevant, ob durch die Besteuerung ihr Nominallohn $w \cdot N$ sinkt oder die Güterpreise steigen.

Da der Haushalt in G_2 nicht weniger Steuern entrichtet als in G_1, ist er durch eine spezielle Verbrauchsteuer unnötig hoch belastet. Die **Kosten der Besteuerung** im weiteren Sinne, nämlich die Wohlfahrtsverluste bei den Zensiten, gehen bei speziellen Verbrauchsteuern über das hinaus, was bei einem reinen Entzugseffekt unvermeidlich ist. Diese **Zusatzlast (excess burden)** ist bei den einzelnen Steuern in der Regel unterschiedlich. Sie ist um so größer, je stärker die Substitutionseffekte sind. Diese Zusatzlast scheint vermeidbar zu sein: durch einen Übergang von der speziellen Verbrauchsteuer zur allgemeinen Verbrauchsteuer oder (bei Konstanz des Faktorangebots) zur Einkommensteuer verbessert sich der Haushalt im 2-Güter-Fall (Pareto-Verbesserung), ohne dass das Steueraufkommen (also das fiskalische Ziel) beeinträchtigt werden muss.

Steuern gelten im Hinblick auf die Allokation der Ressourcen dann als **neutral**, wenn sie die relativen Preise nicht verändern. Dies trifft offenbar auf **spezielle Verbrauchsteuern** nicht zu. Sie ändern die relativen Preise und führen daher neben dem **Einkommenseffekt** (Bewegung H → G$_2$) zu einem **Substitutionseffekt** (Bewegung G$_0$ → H). Der Substitutionseffekt wird ermittelt, indem man danach fragt, welcher Punkt auf der ursprünglichen Indifferenzkurve würde bei dem neuen Preisverhältnis p$_1$/p$_2$ (= Steigung von AD) realisiert – entsprechendes Einkommen vorausgesetzt. Der Einkommenseffekt drückt den Betrag aus, der bei einer Einkommenssenkung anstelle der Besteuerung von H nach G$_2$ führen würde. Der Substitutionseffekt ist immer negativ.

Auch gesamtwirtschaftlich sind die allgemeine Verbrauchsteuer (bzw. Einkommensteuer) und die spezielle Verbrauchsteuer unterschiedlich zu beurteilen. Im 2-Güter-Fall bei Konkurrenz ist das Optimum ohne Besteuerung gegeben bei

(15-59) $GRS_{12} = GRT_{12} = p_2/p_1 = GK_2/GK_1$.

Bei Einführung einer speziellen Steuer in Höhe von $\tau x_1 p_1$ werden sich die Verbraucher so verhalten, dass ihre Grenzrate der Substitution zwischen beiden Gütern (GRS_{12}) dem Preisverhältnis $p_2/p_1(1 + \tau_1)$ entspricht. Die Produzenten passen sich an das für sie wichtige (Netto-)Preisverhältnis p_2/p_1 so an, dass $GRT_{12} = p_2/p_1$. Daher gilt

(15-60) $GRS_{12} = \dfrac{p_2}{p_1(1 + \tau_1)} \neq \dfrac{p_2}{p_1} = GRT_{12}$.

Die Bedingungen für die gesamtwirtschaftliche Pareto-Optimalität sind nicht mehr erfüllt (wohl aber jeweils die des Tauschoptimums und des Produktionsoptimums). Die Steuer treibt also einen Keil („wedge") zwischen die für Produzenten und Konsumenten relevanten Preise. Anders sind die allgemeine Verbrauch- und die Einkommensteuer zu beurteilen, weil hier die Bedingung $GRS_{12} = GRT_{12}$ erhalten bleibt. Bei der allgemeinen Verbrauchsteuer gilt

(15-61) $GRS_{12} = \dfrac{p_2(1 + \tau_1)}{p_1(1 + \tau_2)} = \dfrac{p_2}{p_1} = GRT_{12}$ mit $\tau_1 = \tau_2$

Hier bleiben die relativen Preise für Produzenten und Konsumenten gleich. Es kommt nur zu einem Preisniveau-, nicht aber Preisstruktureffekt. Dies verdeutlicht Abb. 15-15. Dort zeigt AB die Transformationskurve, die sich ergibt, wenn durch eine Einkommensteuer Ressourcen aus dem privaten Sektor abgezogen werden. Gleichgewicht ist G$_0$. Ein repräsentativer Konsument habe die Indifferenzkurve U$_1$, die GRT und GRS stimmen bei dem gleichen Preisverhältnis P$_1$ wie ohne Besteuerung überein. Bei Ersatz der Einkommensteuer durch eine aufkommensgleiche Steuer auf Gut 1 ändern sich die relativen Preise für den Konsumenten zu P$_2$, die Steigung dieser Preislinie P$_2$ ist größer, Konsumentengleichgewicht ist G$_1$. Der Nutzen U$_2$ ist hier geringer als in G$_0$(U$_1$). Die Unternehmen passen sich dem Preisverhältnis P$_3$ an, das ihrem Grenzkostenverhältnis entspricht.

Abb. 15-15 Wohlfahrtswirkungen der Besteuerung

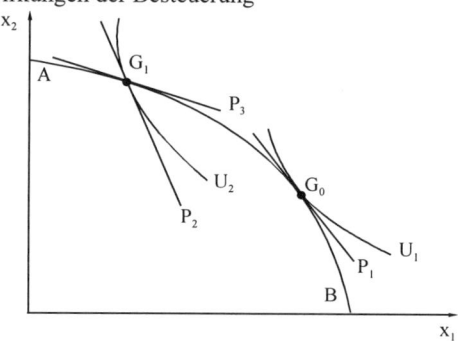

Fazit: Mit einer speziellen Verbrauchsteuer kann ein Allokationsoptimum bei vollkommener Konkurrenz nicht erreicht werden, wenn ohne die Maßnahme eine optimale Allokation der Ressourcen vorlag. Allgemeine Steuern (Steuern mit einer breiten Bemessungsgrundlage wie die Einkommensteuer) scheinen also speziellen Steuern allokativ überlegen zu sein. Bei allgemeinen Steuern wird ein so großer Bereich der wirtschaftlichen Aktivität getroffen, dass hier die Substitution einer nichtbesteuerten durch eine besteuerte Aktivität nur schwer möglich ist. Das gilt insbesondere für die **Pauschalsteuer (lump sum tax)**, die als allokationsneutral definiert ist. Sie muss unabhängig vom Verhalten des Besteuerten geleistet werden, der daher keinerlei Einfluss auf die Bemessungsgrundlage und damit die Steuerschuld hat. Solche Steuern stellen auf nichtveränderliche Merkmale wie Personeneigenschaft, Alter, Geschlecht u. ä. ab. Pauschalsteuern sind zwar prinzipiell konzipierbar, in der Praxis wegen ihrer Verteilungswirkungen aber nicht durchsetzbar. Pauschalsteuern werden in der theoretischen Analyse als ein Referenzpunkt für die Beurteilung steuerpolitischer Maßnahmen herangezogen.

Die bisherigen Aussagen sind allerdings zu differenzieren:
• Zunächst einmal ist von Bedeutung, dass bei der Verwendung der Steuereinnahmen keine Verzerrungen verursacht werden.
• Eine spezielle Steuer kann gerade dann erwünscht sein, wenn vor Einführung der Steuer keine Pareto-optimale Allokation vorlag. Wird eine Steuer auf Gut (oder Branche) 1 erhoben, die exakt den monopolistischen Elementen im Angebot des Gutes entspricht, kann die hierdurch hervorgerufene Verzerrung der relativen Preise neutralisiert werden. Die allokativ schädliche Wirkung kann auch bei Vorliegen von Externalitäten entfallen, wenn durch die Korrektur der relativen Preise die sozialen Grenzkosten wiedergegeben werden.
• Schließlich wurde ein konstantes Einkommen unterstellt. Nur dann entsprechen sich Einkommen- und Pauschalsteuer, weil die Freizeit/Arbeitszeitwahl entfällt.

Die bei einem Vergleich von allgemeinen und speziellen Verbrauchsteuern (bzw. Einkommensteuern) erzielten Ergebnisse gelten **analog für allgemeine und spezielle Subventionen**. Dies verdeutlicht Abb. 15-16. Die ursprüngliche Budgetgerade ist AD, das Gleichgewicht liegt bei G_0. Eine allgemeine Subvention mit einem einheitlichen

Satz verändert die Preisrelationen nicht. Die Budgetgerade verschiebt sich parallel nach rechts. Der Haushalt kann von beiden Gütern mehr kaufen. Neues Gleichgewicht ist G_1. Wird nur Gut 1 mit einem Satz AC/OC subventioniert, ändern sich die Preisrelationen. Die Budgetgerade dreht sich nach rechts, neues Gleichgewicht ist G_2. Hier ist eine Subvention in Höhe von EG_2 (gemessen in Einheiten von x_1) zu leisten. Ersetzt man die spezielle durch eine allgemeine Subvention mit dem Satz AB/OB, ist bei gleicher Belastung des öffentlichen Haushalts (EG_2) offenbar ein höheres Versorgungsniveau (G_1) erreichbar.

Abb. 15-16 Wirkungen verschiedener Übertragungen

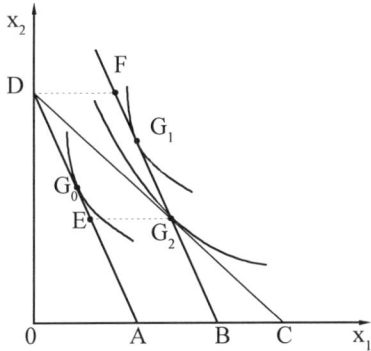

Durch frei verfügbare („ungebundene") Transfers an Haushalte wird die Budgetgerade AD nach rechts verschoben. Bei z. B. nur für x_1 verwendbaren („gebundenen") Übertragungen können maximal auf DFB liegende Punkte realisiert werden. Oberhalb von F liegende Punkte sind so im Gegensatz zu ungebundenen Transfers nicht zu erreichen. Werden Transfers schließlich nur bei Kauf bestimmter Güter als Prozentsatz des Preises oder der Ausgaben für das Gut geleistet, liegt der gleiche Fall wie bei einer speziellen Subvention vor.

Mit speziellen Übertragungen an Haushalte oder Unternehmen ist nur dann (zufällig) das gleiche Versorgungsniveau wie bei allgemeinen Übertragungen zu erreichen, wenn die individuelle Bewertung mit der Begünstigungsstruktur übereinstimmt. Besonders problematisch erscheint daher eine Förderung mit Sachleistungen.

c) Wirkungen auf die Konsum-Sparentscheidungen

Nun sollen die Wirkungen verschiedener Steuern auf die Konsum-Sparentscheidungen des Haushalts untersucht werden[1]. Sparen wird als vorübergehender freiwilliger Konsumverzicht, als Verfügung über Konsumgüter in der Zukunft aufgefasst. Bei gegebener „Zeitpräferenz" (time preference), die in der Nutzenfunktion $U(C_0, C_1)$ eines Individuums zum Ausdruck kommt, ist in einer Situation ohne Steuern der (Spar-)Zinssatz

---

[1] Die Annahme wird also aufgegeben, dass das Sparen der Haushalte konstant und außerhalb des Modells bestimmt ist.

i entscheidend für die Aufteilung des gegebenen Einkommens auf den Gegenwartskonsum C_0 und Zukunftskonsum C_1. Vereinfachend wird ein Zweiperiodenmodell herangezogen, wobei Einkommen - von den Zinsen abgesehen - nur in Periode 0 bezogen wird. Der Konsum in der zweiten Periode wird durch die Ersparnis der ersten Periode zuzüglich der Zinszahlungen finanziert. Der Haushalt hat dann folgende Verwendungsmöglichkeit des Einkommens:

(15-62) $\quad C_0 + \dfrac{C_1}{1+i} = Y_0$.

Zur Berechnung des Gleichgewichts wird die Lagrange-Funktion gebildet:

(15-63) $\quad L = U(C_0, C_1) + \lambda \left[Y_0 - C_0 - \dfrac{C_1}{1+i} \right]$.

Differenziert man nach C_0 und C_1 und formt um, ergibt sich:

(15-64) $\quad \dfrac{U'(C_0)}{U'(C_1)} = \dfrac{dC_1}{dC_0} = \dfrac{1}{1/(1+i)} = 1+i$,

wobei $U'(C_0) = \dfrac{\partial U}{\partial C_0}$ bzw. $U'(C_1) = \dfrac{\partial U}{\partial C_1}$.

Der Nutzen wird maximiert, wenn das Verhältnis der Grenznutzen bzw. die Grenzrate der Substitution zwischen künftigem und heutigem Konsum gleich $(1 + i)$ ist.

Die in (15-64) angegebene Preisrelation ist der Maßstab zur Beurteilung alternativer steuerlicher Regelungen. Diese wirken dann neutral, wenn (15-64) gewährleistet bleibt. Es kommt zu einem Einkommens-, nicht aber zu einem Substitutionseffekt. Je stärker die Preisrelation nach Besteuerung von $(1 + i)$ abweicht, um so größer dürfte der Wohlfahrtsverlust sein.

Wird eine **Einkommensteuer** mit dem Satz τ_Y eingeführt, die **die Zinsen von der Besteuerung freistellt**, lautet die Budgetrestriktion

(15-65) $\quad C_0 + \dfrac{C_1}{1+i} = Y_0(1 - \tau_Y)$.

Unter Verwendung der Lagrange-Funktion

(15-66) $\quad L = U(C_0, C_1) + \lambda \left[Y_0(1 - \tau_Y) - C_0 - \dfrac{C_1}{1+i} \right]$

erhält man, wiederum durch Ableitung nach C_0 und C_1 und Umformung, das Ergebnis (15-64). Es gilt die Gleichgewichtsbedingung wie vor Einführung der Steuer.

Eine Einkommensteuer, die auch **die Zinseinkünfte belastet**, wirkt anders. In diesem Fall ist die Budgetrestriktion

(15-67) $\qquad C_0 + C_1 /[1 + i(1 - \tau_Y)] = Y_0 (1 - \tau_Y)$.

Bei dieser Form der Einkommensteuer gilt nun:

(15-68) $\qquad U'(C_0)/U'(C_1) = dC_1/dC_0 = 1 + i(1 - \tau_Y)$.

Hier wird die Grenzrate der Substitution geändert, also ein Substitutionseffekt ausgelöst. Nach (15-38) entscheidet sich der Haushalt so, dass seine Gegenwartsvorliebe gleich eins zuzüglich dem um den Steuersatz korrigierten „Netto"-Zinssatz ist. Dann wird aber auch, da für die Unternehmen der für Kredite zu zahlende Brutto-Zinssatz maßgebend ist, die optimale Konsum-Spar-Relation nicht erreicht[1]: Eine Zinseinkünfte miterfassende Einkommensteuer verursacht also ebenfalls eine Zusatzlast. Sie treibt einen Keil zwischen die Zinssätze, an denen die Konsumenten einerseits und die Produzenten andererseits ihre Entscheidungen ausrichten. Die Realisierung eines gesamtwirtschaftlichen Pareto-Optimums wird immer verfehlt, wenn die Zinselastizität der Ersparnis größer als Null ($E_{S,i} > 0$) ist. Dann wird das Sparen und damit zu Lasten derjenigen diskriminiert, die eine starke Neigung zugunsten der relativ stärker belasteten Einkommensverwendung haben[2]. Bei $E_{S,i} = 0$ reagiert die Ersparnis nicht auf Zinsänderungen.

Zu dem gleichen Ergebnis wie bei der Einkommensteuer mit Befreiung des Zinseinkommens gelangt man, wenn eine über die Perioden gleichbleibende allgemeine Verbrauchsteuer mit dem Satz τ_C eingeführt wird. Die Budgetrestriktion ist dann

(15-69) $\qquad C_0 (1 + \tau_C) + C_1 \dfrac{1 + \tau_C}{1 + i} = Y_0$.

Auch die allgemeine Verbrauchsteuer kann allerdings dann zugunsten des Zukunftskonsums diskriminieren, wenn man im Modell Nutzen aus der durch Sparen erfolgenden Bildung von Vermögen (ΔV) berücksichtigt. Die Nutzenfunktion wäre dann

---

[1] Die Pareto-optimale volkswirtschaftliche Konsum-Spar-Relation ist dann gegeben, wenn die Gegenwartsvorliebe der Haushalte gleich der Grenzproduktivität der Unternehmen ist. Treffen die Unternehmen ihre Investitionsentscheidungen so, dass die Grenzproduktivität gleich dem Zinssatz ist, dann wird bei vollständigem Kapitalmarkt in einer Situation ohne Steuern die Pareto-optimale Konsum-Spar-Relation realisiert.

[2] Zu beachten ist, dass die absoluten Beträge der Steuerwirkungen selbst bei einem geringen Wert von $E_{S,i}$ groß werden können, wenn der Spitzensteuersatz (wie in Deutschland) allein bei der Einkommensteuer einschließlich Zuschlag bei über 50 % liegt.

(15-70) $\quad U = U(C_0, C_1, \Delta V)$.

Der Nutzen kann in der Zunahme an Macht und Prestige, Sicherung gegen Risiken, stärkerer Unabhängigkeit u. ä. bestehen. In diesem Fall würde eine Vermögensteuer zusammen mit der allgemeinen Verbrauchsteuer eher zu einem neutralen Steuersystem führen (Brennan/Nellor 1982). Die allgemeine Verbrauchsteuer ist auch dann nicht neutral, wenn die Ersparnisse langfristig etwa zur Selbstfinanzierung der Investitionen verwendet und später nicht für Konsumzwecke aufgelöst werden sollen.

Eine lediglich auf den Konsum der Periode 0 erhobene allgemeine Verbrauchsteuer würde, anders als (15-69), die Budgetrestriktion verändern auf

(15-71) $\quad C_0(1+\tau_{C_0}) + \dfrac{C_1}{1+i} Y_0$.

Bei gleicher Nutzenfunktion $U(C_0, C_1)$ ist die Optimalbedingung nun

(15-72) $\quad \dfrac{U'(C_0)}{U'(C_1)} = (1+\tau_{C_0})(1+i)$.

Die durch die Verbrauchsteuer in t_0 bewirkte Preiserhöhung wirkt wie eine Zinserhöhung und geht in der Regel zu Lasten von C_0 (bei normalen Einkommens- und Substitutionseffekten).

Wird lediglich der künftige Konsum belastet, ändert sich die Bilanzgerade auf

(15-73) $\quad C_0 + \dfrac{1+\tau_{C_1}}{1+i} C_1$.

Die Optimalbedingung für die intertemporalen Konsumentscheidungen ist nun

(15-74) $\quad \dfrac{U'(C_0)}{U'(C_1)} = \dfrac{1+i}{1+\tau_{C_1}}$

und dürfte sich gegenüber (15-64) zu Lasten des künftigen Konsums auswirken.

In ökonometrischen Studien, die den Einfluss der Besteuerung auf das Sparen untersuchen sollen, werden das Sparvolumen als zu erklärende Variable und der Zins, das verfügbare Einkommen und andere plausible Größen, die das Sparen beeinflussen können, als erklärende Variable gewählt. Die Ergebnisse fallen unterschiedlich aus, insbesondere, weil die Ertragsraten nicht einheitlich hinsichtlich Inflation und Steuern korrigiert werden sowie unterschiedliche Stichproben, Perioden und statistische Techniken verwendet werden.

d) Wirkungen auf das Arbeitsangebot

Bisher wurde das Einkommen - von Zinsen in c) abgesehen - als gegeben angenommen. Nun wird angenommen, dass ein typischer Haushalt zwar lediglich Arbeitseinkommen bezieht, das aber variabel sein kann.

In einem einfachen Modell wird angenommen, dass neben dem Einkommen auch die Freizeit positiv in die Nutzenfunktion eines Individuums eingeht, um die Wirkungen von Steuern auf das Arbeitsangebot zu untersuchen. Die maximal verfügbare Zeit kann zwischen Arbeits- und Freizeit aufgeteilt werden. Das Wirtschaftssubjekt wählt jene Kombination aus Arbeits- und Freizeit (F), die seine Nutzenfunktion

(15-75) $\quad U = U(Y, F)$

unter der Nebenbedingung $Y = w(M - F)$ maximiert. Hierbei geben w den Lohnsatz und M die maximal mögliche Arbeitszeit an. Gearbeitet werde nur zur Erzielung von Einkommen (Y). Zur Lösung wird die Lagrange-Funktion

(15-76) $\quad L = U(Y, F) + \lambda[Y - w(M - F)]$

gebildet. Leitet man nach Y und F ab und formt um, ergibt sich

(15-77) $\quad GRS_{FY} = w$,

wobei $GRS_{FY} = (\partial U/\partial F)/(\partial U/\partial Y)$. Das Optimum ist erreicht, wenn die Grenzrate der Substitution zwischen Einkommen und Freizeit (GRS_{FY}) gleich dem Lohnsatz ist.

Die Lösung des Problems wird in Abb. 15-17 graphisch dargestellt. OA sei die maximal mögliche Zeit, die zwischen Freizeit und Arbeitszeit aufgeteilt werden kann (24 Stunden pro Tag abzüglich Regenerationszeit, die in Höhe von AM für Essen, Schlafen u. ä. abgesetzt werden muss). Bei maximaler Freizeit kann kein Einkommen erzielt werden; bei einer Freizeit von null ist es am größten. AK gibt die Opportunitätskosten zwischen Freizeit und Arbeitszeit an; beide sind mit dem Lohnsatz bewertet. w bestimmt daher die Steigung von AK. Das Gleichgewicht ohne Besteuerung liegt bei G_0 mit einem Einkommen OE und der Freizeit OC.

Durch Einführung einer (proportionalen) Einkommensteuer erhält man die Netto-Opportunitätskostenkurve $Y_n = (1 - \tau_Y)w(M - F)$, wobei $(1 - \tau_Y)$ den Nettolohnsatz angibt. Neue Gleichgewichtsbedingung ist jetzt

(15-78) $\quad GRS_{FY} = w(1 - \tau_Y)$.

Abb. 15-17 Arbeits-/Freizeitwahl bei verschiedenen Steuern und Steuersätzen

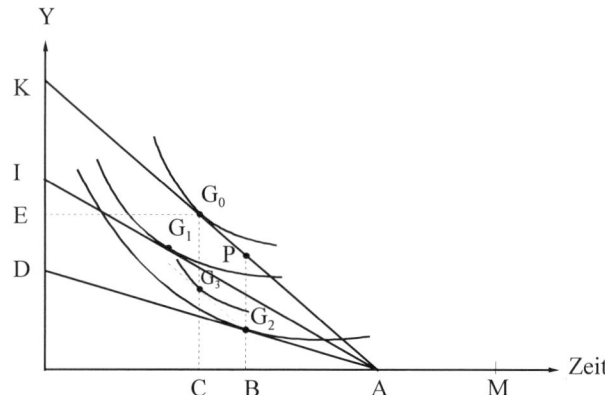

Die Einkommensteuer dreht die Budgetgerade nach unten. Bei einem Steuersatz von $\tau_Y = 0{,}33$ ist die Y_n-Kurve durch AI, bei $\tau_Y = 0{,}66$ durch AD beschrieben. Neue Gleichgewichte sind dann G_1 bzw. G_2. Bei einem Gleichgewicht G_2 beträgt das Steueraufkommen G_2P. Bei einem anderen Verlauf der Indifferenzkurven könnte das neue Gleichgewicht auch rechts oder links von G_1 bzw. G_2 liegen und so ein anderes Arbeitsangebot signalisieren.

Ersetzt man die Einkommensteuer durch eine Kopfsteuer mit dem Betrag G_2P, verschiebt sich die Netto-Opportunitätskostenkurve parallel zu AK nach unten durch G_2. Das neue Gleichgewicht G_3 liegt auf einer höheren Indifferenzkurve als G_2. Es wird deutlich, dass die Einkommensteuer die Marginalbedingungen stört. (Es sei unterstellt, dass diese Abgabe nicht überwälzt wird, also die Faktormarktpreise unverändert bleiben.) Im Gegensatz hierzu verursacht die Kopfsteuer keine Mehrbelastung. Sie ist eine allgemeine Steuer, die die Marginalbedingungen nicht stört.

Die Arbeitsangebotskurve bei verschiedenen Einkommensteuersätzen ist aus der (nicht eingezeichneten Kurve $G_0G_1G_2A$ ableitbar. Sie zeigt die Beziehung zwischen Nettolohnrate und Arbeitszeit. Wo letztlich die neuen Gleichgewichte tatsächlich liegen, ob und wie also das Arbeitsangebot verändert wird, hängt vom Ausmaß der Substitutions- (Freizeit wird relativ billiger) und Einkommenseffekte ab. Durch Steuern sinkt das verfügbare Einkommen. Es wird ein Druck ausgeübt, mehr zu verdienen, um den Lebensstandard zu halten. Dieser Einkommenseffekt, der Arbeitsanreize gibt, neutralisiert teilweise den Substitutionseffekt, der die Leistungsbereitschaft verringert. Der Anreizeffekt hängt ausschließlich von der Höhe der Grenz- (nicht der Durchschnitts-)Steuersätze ab. Es zeigt sich, dass die Erhebung eines vorgegebenen Steueraufkommens mittels einer Kopfsteuer mit AC zu einem größeren Arbeitsangebot führt als das einer proportionalen Einkommensteuer entsprechende Angebot AB.

Empirische Untersuchungen, die auf Befragungen oder auf dem beobachteten Marktverhalten beruhen, lassen bisher keine eindeutigen Schlüsse über die Reaktion des Arbeitsangebots auf verschiedene Steuerbelastungen zu. Generell sind die Entscheidungsbedingungen auch komplexer, als in dem Modell angenommen wurde. So sind Prestige und andere nicht monetäre Argumente wie Macht (insbesondere bei höheren Einkommen) von Bedeutung. Pensionszusagen und andere Alterssicherungen für Arbeitnehmer können steuerpflichtiges Einkommen durch solches in (nichtmonetärer) unversteuerter oder in geringer besteuerter Form ersetzen. Ferner ist in vielen Fällen die Arbeitszeit als Folge von Tarifverträgen u. ä. nicht gestaltbar. Institutionelle Beschränkungen mindern mögliche Substitutionseffekte. Steuern dürften die Arbeitsentscheidungen eher über die Wahl der Überstunden, der Arbeitsintensität und zwischen Teil-/Vollzeitbeschäftigung beeinflussen. Die Verengung der Analyse auf den Einfluss der Steuern auf das Angebot an Arbeitsstunden beruht darauf, dass anderen Dimensionen nur schwer Rechnung getragen werden kann und auch statistische Daten fehlen. Ökonometrische Studien berücksichtigen neben Lohn, Steuern und Transfers insbesondere Alter, Geschlecht und Familienstand.

Bisher wurde implizit davon ausgegangen, dass der Steuergegenstand - hier das Einkommen - relativ problemlos definiert werden kann. Tatsächlich sind verschiedene Definitionen und praktische Abgrenzungen des Einkommens möglich (vgl. 16. Kapitel). Je nach Abgrenzung ihrer Bemessungsgrundlage können aber unterschiedliche Allokationswirkungen und daher Mehrbelastungen hervorgerufen werden. Wenn z. B. Einkommen real, also in Form von Sachgütern und Dienstleistungen (Dienstwagen, Jahreswagen, Deputate) und ähnlichen Vergünstigungen („fringe benefits") steuerlich nicht oder nur teilweise als Einkommen erfasst wird bzw. werden kann, ist eine Substitution von Einkommen in Form von Geld durch solches in Gütern zu erwarten[1]. Das ist aber ineffizient, weil die Wirtschaftssubjekte mit den Formen des Realeinkommens in ihrer Verfügungsmöglichkeit eingeschränkt sind. Für nahezu alle Formen des „do-it-yourself", auf die keine Einkommensteuer entfällt, gilt Entsprechendes. Zu beachten sind im Übrigen die weiteren Abgabenbelastungen z. B. durch Sozialversicherungsbeiträge. Eine Einkommensteuer, die die meisten selbsterstellten Güter ausklammert, wird zur Selbstgenügsamkeit anregen[2].

Ferner können die Belastungen dazu beitragen, dass auf dem „offiziellen" Markt erbrachte Leistungen in den Bereich der **Schattenwirtschaft** (Schwarzarbeit, Hausarbeit) verlagert werden. Während die „offizielle" Arbeitszeit in vielen Fällen individuell nur begrenzt gestaltbar ist, kann die Gesamtarbeitszeit durch Aktivitäten auf dem nichtamtlichen Arbeitsmarkt variiert werden. Differenzen zwischen Brutto- und Nettopreisen können hierfür maßgeblich sein. Die Verlagerung aus den amtlich erfassten in nicht erfasste bzw. erfassbare Bereiche wird unter Verzicht auf die Vorteile der Arbeitsteilung Produktivitätsverluste nach sich ziehen (vgl. Kapitel 16.6).

Schließlich kann die Einkommensteuer auch allokative Verzerrungen hinsichtlich der Form der Arbeitsleistungen (selbständig/unselbständig) verursachen, wenn diese nach (1) den Möglichkeiten, Kosten der Einkommenserzielung abzusetzen, (2) der Hö-

---

[1] Hier zeigt sich die gleiche Problematik wie beim Vergleich gebundener und ungebundener Transfers.
[2] „It is a curious effect of the modern income tax that is may be encouraging the economy back to the system of barter from which it took mankind an age to escape" (James/Nobes 1978, S. 31).

he der steuerlichen Belastungen und (3) der Art der Steuererhebung (Quellenabzug, Veranlagung) unterschiedlich behandelt werden. So können Selbständige ihr steuerpflichtiges Einkommen eher durch teilweise den Kosten der Einkommenserzielung zugerechnete Ausgaben für Reisen, Geschenke, Bewirtung u. a. mindern („Spesenritter") als dies unselbständig Beschäftigten möglich ist. Selbst wenn solche Ausgaben Geschäftszwecken dienen, mag der Selbständige hieraus persönliche (Konsum-)Erträge erzielen (Goode 1976, S. 93 ff.).

Auch wenn nichts Genaues über die Wirkungen der Einkommensteuer auf das Arbeitsangebot ausgesagt werden kann, ist doch von einem Effizienzverlust auszugehen. Da die Unternehmen den Bruttolohn zahlen, produzieren sie so, dass die Grenzproduktivität gleich dem Bruttolohnsatz w ist. Arbeitnehmer erhalten nur den Nettolohnsatz $w(1 - \tau_Y)$ und bestimmen die Arbeitszeit so, dass die Grenzrate der Substitution von Freizeit durch Arbeitszeit gleich dem Nettolohnsatz ist. Der **Steuerkeil** zwischen Brutto- und Nettolohn verhindert also die Erreichung des Pareto-Optimums: die jeweiligen Gleichgewichte von Haushalten und Unternehmen fallen auseinander. Diese Wirkung wird verstärkt, wenn progressive statt proportionale Tarife verwendet werden.

In einem 3-Güter-Modell mit x_1, x_2 und F kann zwischen Freizeit ($-$ kein Arbeitsangebot) und Einkommen entschieden werden, das für x_1 und x_2 verwendet wird. Freizeit kann in diese Güter gemäß der Grenzrate der Transformation GRT_{Fx_1} und GRT_{Fx_2} transformiert werden. So wie zur Nutzenmaximierung die Grenzrate der Substitution zwischen zwei Gütern gleich ihrem Preisverhältnis sein muss, ist die Grenzrate der Substitution zwischen Freizeit und einem Gut gleich dem Verhältnis Lohnsatz (Preis der Freizeit) und dem Preis des Gutes. Zur Pareto-effizienten Allokation müssen die Bedingungen erfüllt sein:

(15-79) $\quad GRS_{Fx_1} = GRT_{Fx_2}$

(15-80) $\quad GRS_{Fx_2} = GRT_{Fx_2}$

(15-81) $\quad GRS_{x_1 x_2} = GRT_{x_1 x_2}$.

Die Einführung einer proportionalen Einkommensteuer, die einer Verbrauchsteuer mit gleichem Satz auf x_1 und x_2 äquivalent ist, lässt (15-81) unverändert; Produzenten und Konsumenten finden dieselbe Preisrelation für x_1 und x_2 vor. Zwischen die ersten beiden Bedingungen wird aber ein Keil getrieben. Im Falle einer Pauschalsteuer bleiben hingegen alle drei Gleichungen unverändert.

Der Umstand, dass durch die Einkommensteuer zwei, durch Verbrauchsteuern mit unterschiedlichen Sätzen alle drei Bedingungen verletzt werden, ist für die Bestimmung eines effizienten Systems irrelevant. Sobald eine Gleichung nicht mehr stimmt, kommt es zum Effizienzverlust, und der Umfang der jeweiligen Wohlfahrtseinbuße kann nicht durch bloßes Addieren der Keile verglichen werden.

15. Kapitel: Allokations- und Verteilungsanalyse

Eine Steuer, die nicht die Lenkungsfunktion der Preise im Hinblick auf mindestens eine für die volkswirtschaftliche Allokation wichtige Größe stört, scheint - neben der Pauschalsteuer - eine allgemeine, auch die Freizeit mitbesteuernde Verbrauchsteuer zu sein.

Wenn die Wirtschaftssubjekte die Wahl zwischen Freizeit und Gütern haben, ist ihre Budgetgleichung (bei Sparen = 0)

(15-82) $\quad w(M - F) = p_1 x_1 + p_2 x_2$

oder, anders geschrieben

(15-83) $\quad wM = p_1 x_1 + p_2 x_2 + wF$.

Die linke Seite gibt den Wert der maximal zur Verfügung stehenden Zeit an. Gut 1 und 2 **und** Freizeit sollen mit dem gleichen Wertsteuersatz τ belastet werden. Dann verändert sich die Budgetgleichung nach Besteuerung zu

(15-84) $\quad wM = (1 + \tau)p_1 x_1 + (1 + \tau)p_2 x_2 + (1 + \tau)wF$.

Teilt man (15-84) durch (1 + τ), erhält man

(15-85) $\quad \dfrac{1}{1+\tau} wM = p_1 x_1 + p_2 x_2 + wF$.

Ein Vergleich von (15-84) und (15-85) zeigt, dass eine die Freizeit einschließende allgemeine Verbrauchsteuer mit demselben Satz τ einer Verringerung des Wertes der Zeitausstattung von wM auf [1/(1 + τ)]wM äquivalent ist. Da M nicht verändert werden kann, wirkt die Abgabe wie eine Pauschalsteuer bzw. bei individuell unterschiedlichen Lohnsätzen w wie eine Steuer auf das „Einkommenserzielungspotenzial".

Gegen eine Freizeitbesteuerung spricht allerdings: (1) Freizeit ist zugleich (lebens)notwendige Erholungszeit; (2) bei vielen Personen sind Freizeit und Arbeitszeit nicht exakt zu trennen; (3) die Bewertung der Freizeit mit dem Stundenlohn ist problematisch.

Um einen Ausgleich für die Störung der Preisstruktur durch die Einkommensteuer zu bewirken, wird auch diskutiert, wenn schon nicht die Freizeit direkt so doch mit der Freizeit verbundene (komplementäre) Güter zu besteuern und sich so dem richtigen Preisverhältnis zu nähern: Wenn für Freizeit verwendete Güter hoch besteuert werden, kann dies auch den Wert der Freizeit beeinträchtigen. Zu beachten ist im Übrigen, dass die Freizeitkomponente auch als Ausdruck für alle Größen interpretiert werden kann, die der Besteuerung nicht zugänglich sind.

e) Exkurs: Transfers und Arbeitsangebot

Die Frage der Auswirkungen auf das Arbeitsangebot ist nicht nur hinsichtlich der Steuern, sondern auch für die an Haushalte geleisteten **Transfers** bedeutsam. Wie wirken etwa Arbeitslosengeld, Krankengeld oder eine negative Einkommensteuer auf das Arbeitsangebot? Theoretisch ist hier die Analyse analog mit umgekehrten Vorzeichen durchzuführen.

Angenommen, das Wirtschaftssubjekt hätte (Abb. 15-18) bei einer Budgetgeraden AK sein Gleichgewicht in G_0 bei einem Einkommen OD. Nun wird ein Einkommensteuersystem eingeführt, das alle über OE liegenden Einkommen belastet. Bei allen unter OE liegenden Einkommen werden Transfers geleistet, die bei $Y = 0$ maximal (AL) sind. Nun werden ein geringeres Arbeitseinkommen (BM), aber höheres Gesamteinkommen (BG_1) bei größerer Freizeit (OB) gewählt. MG_1 ist der dann zu leistende Transfer. Der Einkommenseffekt besteht in einer Bewegung $G_0 \rightarrow G_2$. Der Substitutionseffekt ermutigt das Wirtschaftssubjekt zur Wahl von mehr Freizeit (Bewegung $G_2 \rightarrow G_1$), weil der relative Preis der Freizeit (gemessen am Einkommen) von w auf $w(1 - \tau_Y)$ gefallen ist. Wenn im „Normal"-Fall Freizeit ein superiores Gut ist, kommt es zu einer Erhöhung der Freizeit. Einkommens- und Substitutionseffekt zusammen führen dann zu einer Verringerung des Arbeitsangebots. In der Abbildung kommt es zu einem Arbeitseinkommen BM.

Abb. 15-18 Wirkungen von Transfers auf das Arbeitsangebot

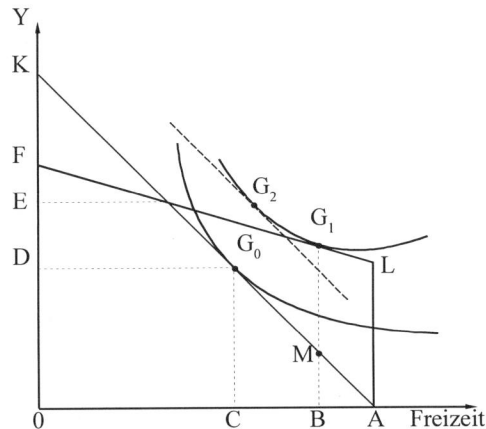

Bei einer Analyse der Auswirkungen von Transfers an Haushalte auf das Arbeitsangebot „scheint es deshalb wichtig, sich nicht nur auf eine Betrachtung des Einkommensnutzens der Arbeit zu beschränken. Faktoren, die den Freizeitnutzen beeinflussen, müssen in die Betrachtung mit einbezogen werden. Solche Faktoren sind unter anderem der Zugang zu kollektiven Gütern, der Zeitbedarf für die Betreuung von Kindern sowie die Möglichkeit steuerfreier Nebentätigkeiten. Schließlich sind auch noch solche Faktoren wie die moralische Einstellung zur Arbeit und das Anspruchsniveau eines Wirtschaftssubjektes von Bedeutung" (Metze 1982, S. 796).

f) Allokative Beurteilung von Steuern: Ergebnis

Zunächst könnte vermutet werden, dass Steuern, die mit niedrigen Sätzen und einer großen Steuerbasis ein bestimmtes Aufkommen erzielen sollen, geringere Substitutionswirkungen hervorrufen, als wenn das gleiche Steueraufkommen mit dem Mittel hoher Steuersätze erzielt wird, die sich auf wenige Aktivitäten beschränken. Aus diesem Grund ist es bei sog. allgemeinen Steuern (wie Einkommen- und allgemeinen Verbrauchsteuern) von großer Bedeutung, ob die Allgemeinheit der Steuerbasis nicht durch Freibeträge, Nichtberücksichtigung von Einkommensteilen, nichtproportionale Tarife usw. eingeschränkt ist. Ferner scheint es allokativ eher günstig zu sein, dass das Steuersystem aus mehreren verschiedenen Steuern und nicht nur aus einer oder zwei Steuern besteht, so dass die Grenzsteuersätze auf jede Aktivität relativ gering gehalten werden können.

Die vorstehenden Ausführungen haben aber gezeigt, dass praktisch **jede Steuer** die Lenkungsfunktion der Preise einer Marktwirtschaft in irgendeiner Weise stört. So wird verhindert, dass die Grenzrate der Substitution der Konsumenten und Produzenten zwischen Gütern bzw. Faktoren mit der Grenzrate der Transformation dieser Güter bzw. Faktoren übereinstimmt. Tab. 15-1 fasst die durch einzelne Steuern verursachten Verzerrungen zusammen. Die allokative Überlegenheit von Steuern mit breiter Bemessungsgrundlage (Einkommen-, allgemeine Verbrauchsteuer) gegenüber Steuern mit enger Bemessungsgrundlage (spezielle Verbrauch-, Faktorsteuer) entfällt so. Verzerrungen ruft in gewissem Sinne selbst die Pauschalsteuer hervor. Sie ist zwar als theoretisches Konstrukt neutral, weil sie die ökonomischen Entscheidungen der Besteuerten (definitionsgemäß) nicht tangiert. Tatsächlich wird aber jede praktisch vorstellbare Pauschal- oder Kopfsteuer nicht neutral sein, weil sie z. B. das intergenerative Verhalten beeinflussen oder zum Auswandern (bzw. zur Standortverlagerung) veranlassen kann. Die Steuer dient nur als Referenzgröße, ist also ansonsten unrealistisch und wegen ihrer verteilungspolitischen Problematik für die finanzpolitische Praxis bedeutungslos.

Tab. 15-1 Verzerrte Entscheidungen durch verschiedene Steuern

Steuer	verzerrte Entscheidung
Pauschalsteuer	Wohnsitz
allgemeine Einkommensteuer	Arbeit/Freizeit: gegenwärtiger versus künftiger Konsum; Markt-/Nichtmarkteinkommen
allg. Einkommensteuer (ohne Zinsen)	Arbeit/Freizeit; Arbeit/Güter; Markt-/Nicht-Markteinkommen
allgemeine Verbrauchsteuer	Arbeit/Freizeit; Markt-/Nichtmarktverbrauch
spezielle Verbrauchsteuer	besteuerte versus nichtbesteuerte Güter; Arbeit/Freizeit
spezielle Faktorsteuer (auf den Arbeits- oder Kapitaleinsatz)	besteuerte versus nichtbesteuerte Faktoren; Markt-/Nichtmarkteinsatz besteuerter Faktoren

5. Optimale Besteuerung

Wenn praktisch alle Steuern allokative Verzerrungen verursachen, auf Steuern aber nicht verzichtet werden kann, ist in einer Marktwirtschaft mit einem steuererhebenden Staat kein Allokationsoptimum erreichbar. Es ist auch nicht einfach möglich, steuerlich bedingten Verzerrungen andere ausgleichende Verzerrungen gegenüberzustellen. Zwar könnte die durch die Belastung von Gut 1 mit einer proportionalen Steuer τ_{x1} hervorgerufene Verzerrung durch eine entsprechende Belastung von Gut 2 ausgeglichen werden, so dass

$$(15\text{-}86) \qquad GRS_{12} = \frac{p_1(1+\tau_{x_1})}{p_2(1+\tau_{x_2})} = \frac{p_1}{p_2} = GRT_{12}.$$

Da aber die Steuerbelastung von Gut 1 auch die Relation zwischen p_1 und dem Faktorpreis w stört, muss w ebenfalls einer ausgleichenden Korrektur unterzogen werden, so dass

$$(15\text{-}87) \qquad GRS_{Fx_1} = \frac{w(1+\tau_w)}{p_1(1+\tau_{x_1})} = \frac{w}{p_1} = GRT_{Fx_1}.$$

Nun ruft die Arbeitseinkommensbesteuerung ihrerseits Verzerrungen der Freizeit-Arbeits-Relation hervor usw.

Die o. g. Aussagen sind für den Fall zu modifizieren, dass einzelne Aktivitäten extrem niedrige Substitutionsmöglichkeiten zulassen. In diesem Fall können nichtneutrale Steuern die Entscheidungen unverändert lassen. So ruft eine spezielle Verbrauchsteuer auf Gut 1 keine Mengenanpassungen und keine Mehrbelastungen hervor, wenn die Nachfrage nach diesem Gut völlig unelastisch ist. Oder: wenn die für die Produktion von 1 verwendeten Ressourcen nicht anders eingesetzt werden können, ist das Angebot von 1 gegeben, und eine Steuer auf 1 ändert Gleichgewichtspreis und -menge nicht. Nur die Faktoreinkommen der bei der Produktion von 1 eingesetzten Faktoren werden verringert. Die Allokation der Ressourcen wird also bei unelastischer Nachfrage und unelastischem Angebot nicht verändert.

Offensichtlich können also die Effizienzverluste bei verschiedenen Steuersystemen unterschiedlich groß sein. Wie sollte dann unter Effizienzgesichtspunkten das Steuersystem gestaltet werden? Es geht also darum, die Effizienzkosten der Besteuerung, d. h. die Wohlfahrtseinbußen durch Verzerrung der relativen Preise zu minimieren und eine sog. „second best"-Lösung zu erreichen. In komplexeren Modellen werden darüber hinaus die Effizienzeinbußen den möglichen Verteilungswirkungen gegenüber gestellt. In der Analyse wird implizit davon ausgegangen, dass ohne Besteuerung eine optimale Allokation gewährleistet ist. Da eine Vielzahl von Verletzungen der Optimalbedingungen unterstellt werden kann, ist das unter dem Stichwort „optimale Besteuerung" in der finanzwissenschaftlichen Literatur diskutierte Problem komplex. Im Folgenden werden zuerst die Ansätze der optimalen indirekten Besteuerung dargestellt, bevor auf die Diskussion der optimalen direkten Besteuerung kurz eingegangen wird.

a) Indirekte Besteuerung

Welche Belastung mit Verbrauchsteuern bei verschiedenen Gütern jeweils gewählt werden soll, hängt allgemein von den Eigenschaften der Nachfragefunktionen nach diesen Gütern - einschließlich ihrer Substitutions- oder Komplementaritätseigenschaften zu anderen Gütern - ab. Vereinfachend soll von diesen Beziehungen zu anderen Gütern, ausgedrückt in Kreuz-Preiselastizitäten der Nachfrage, vorerst abgesehen werden. Unterstellt man ferner, dass das entscheidende Argument in der Nachfrage nach einem Gut sein Preis ist, erhält man folgende optimale Besteuerungsregel: Die optimalen Steuersätze sind umgekehrt proportional zu den entsprechenden Nachfrageelastizitäten festzusetzen („**Inverse-Elastizitäten-Regel**"):

(15-88) $$\frac{\tau_{x_1}}{\tau_{x_2}} = \frac{E_{x_2}}{E_{x_1}},$$

wobei E_{x_1} bzw. E_{x_2} die Preiselastizitäten der Nachfrage nach Gut 1 bzw. 2 angeben[1].

Die Höhe der jeweils erforderlichen Steuersätze hängt vom gewünschten Steueraufkommen ab. Güter mit der geringsten Nachfrageelastizität sollten gemäß dieser Regel die höchsten Steuersätze haben. Bei vollständig unelastischer Nachfrage eines Gutes sollte das gesamte Steueraufkommen aus der Belastung dieses Gutes erzielt werden. Es käme so zu keiner Mehrbelastung. Diese Nachfragekonstellation ist bei Gütern des lebensnotwendigen Bedarfs und bei Genußmitteln wie Tabak und Alkohol zu finden. Die aus der Befolgung dieser Regel resultierende verteilungspolitische Problematik ist daher offensichtlich.

Abb. 15-19 Wohlfahrtseinbußen bei unterschiedlichen Nachfrageelastizitäten

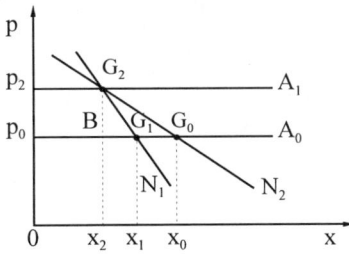

In Abb. 15-19 wird zur Vereinfachung von einem vollkommen elastischen Angebot A_0 ausgegangen. Zwei alternative Nachfragekurven werden betrachtet, wobei N_2 die elastischere, N_1 die weniger elastische Nachfrage angeben. Gleichgewicht vor Besteu-

---
[1] Zum Beweis siehe Sandmo 1976.

erung liegt bei G_0 bzw. G_1. Durch Einführung einer Mengensteuer mit dem Satz $\tau_E = p_2 - p_0$ soll sich das Angebot auf A_1 verschieben. Das neue Gleichgewicht liegt jeweils bei G_2. Die Nachfrage geht in beiden Fällen auf x_2 zurück, allerdings ist der Nachfragerückgang ($x_0 - x_2$) bzw. ($x_1 - x_2$) unterschiedlich groß. Das Steueraufkommen ist jeweils $p_0p_2G_2B$. Die Einbuße an Konsumentenrente ist bei N_2 um die Fläche $G_0G_1G_2$ größer als bei der weniger elastischen Nachfrage N_1. Bei völlig unelastischer Nachfrage ist die Zusatzlast null. Hier bringt die Steuerzahllast allein die gesamte Wohlfahrtsminderung der Konsumenten zum Ausdruck[1].

Eine weitere, sehr spezielle Regel für die optimale Güterbesteuerung, die jedoch Kreuzpreiseffekte zulässt, geht aus dem Ansatz von Corlett und Hague hervor, der für die Existenz dreier Güter (zwei herkömmliche Güter und Freizeit) Gültigkeit hat. Annahmegemäß kann Freizeit nicht besteuert werden. Nach der **„Corlett-Hague-Regel"** ist dann dasjenige der zwei Güter relativ schwächer zu besteuern, das die größere kompensierte Kreuzpreiselastizität zur Arbeit aufweist. M.a.W. ist es optimal, das zur Freizeit komplementäre Gut relativ stärker zu besteuern. Die Belastung der Freizeit soll so, wenn es nicht unmittelbar möglich ist, doch wenigstens mittelbar über die mit der Freizeitgestaltung verbundenen Güter erfolgen. Man hat damit eine Kombination von Einzelverbrauchsteuern gefunden, durch die ein bestimmter Steuerbetrag von einer bestimmten Person mit dem geringsten Wohlfahrtsverlust erhoben werden kann. Nimmt man weiter an, dass alle Menschen ähnliche Nutzenvorstellungen haben, kann diese Lösung verallgemeinert und ein optimaler Steuersatz festgelegt werden, der für alle gilt.

Nun sind die Inverse-Elastizitäten-Regel und die Corlett-Hague-Regel lediglich Spezialfälle der für allgemeinere Umstände geltenden **„Ramsey-Regel"**, die bekannteste Regel der Theorie der optimalen Verbrauchsbesteuerung (optimal commodity taxation). Sie besagt, dass die Gütersteuersätze derart gewählt werden sollen, dass der resultierende relative Rückgang der kompensierten Nachfrage für alle Güter gleich ist. Voraussetzung für diese Optimalitätsregel sind gleiche Einkommenselastizitäten aller besteuerten Güter, so dass die Güterbesteuerung die Arbeitsentscheidung nicht verzerrt. Aus der Ramsey-Regel folgt, dass eine einheitliche Verbrauchsteuer, d. h. die Besteuerung aller Güter mit einem einheitlichen Prozentsatz optimal ist, wenn das Arbeitsangebot exogen gegeben ist oder wenn die Nachfrage nach allen Gütern freizeitneutral ist[2]. Zwei Güter werden hierbei in ihrem Verhältnis zueinander dann als freizeitneutral bezeichnet, wenn sich ihre Nachfrage für den Fall, dass dem Haushalt eine höhere Arbeitszeit (geringere Freizeit) und ein mit gleicher Rate steigender Konsum aller anderen Güter auferlegt wird, relativ gleich verändert.

---

[1] Die Ergebnisse gelten entsprechend für unterschiedliche Angebotselastizitäten. Je unelastischer die Angebotskurve ist, um so größer fällt die Einbuße an Produzentenrente aus.

[2] Eine einheitliche Verbrauchsteuer wird auch Ausgabensteuer genannt und in Kapitel 20.2 dieses Buches ausführlicher behandelt.

Ein zentrales Problem der Optimal-Besteuerung besteht darin, dass sie mit Zunahme der erfassten Verzerrungen komplexere Lösungen erforderlich macht, die kaum interpretierbar und nicht in die finanzpolitische Praxis umsetzbar sind[1]. So sind insbesondere die Informationserfordernisse umfangreich. Dehnt man die Einkonsumentenwelt auf zahlreiche Konsumenten mit unterschiedlichen Präferenzen aus, so erfordert beispielsweise die Corlett-Hague-Regel, dass bei den einzelnen Konsumenten eines Produkts unterschiedliche Steuersätze anzuwenden sind, die von den jeweiligen Komplementaritäts- und Substitutionalitätseigenschaften zwischen Freizeit und anderen, in den Präferenzfunktionen enthaltenen Gütern abhängen. Und bei vollständiger Analyse - wann liegt sie vor? - müsste jede Transaktion einen anderen Steuersatz haben.

Ferner gelten diese Ergebnisse nur in einer Welt ohne Transaktionskosten. Tatsächlich sind Transaktionskosten allgegenwärtig. Daher sind neben den Erhebungskosten des Staates und den Errichtungskosten der Privaten auch die Kosten des politischen Entscheidungsprozesses zu beachten. Dann kann die Belastung aller Güter mit einem einheitlichen Satz zweckmäßiger als die Ramsey-Regel sein.

b) Direkte Besteuerung

Alternativ zu einer Besteuerung der Güter kann auch mittels einer Einkommensbesteuerung das Ziel verfolgt werden, die Zusatzlast der Besteuerung zu minimieren. Die theoretischen Ansätze, die dieser Idee folgen, haben jedoch bislang aufgrund der Komplexität der zugrundeliegenden Zusammenhänge nur geringe Ergebnisse gebracht.

Eine der ersten Untersuchungen stammt von Mirrlees (1971). Unter bestimmten Annahmen erhält er eine optimale Einkommensteuer, deren Verlauf approximativ linear ist und einen negativen Ordinatenabschnitt sowie relativ geringe Grenzsteuersätze (ungefähr 20%) aufweist. Allerdings ergeben sich mit einer anderen als der von Mirrlees verwendeten sozialen Wohlfahrtsfunktion auch höhere Grenzsteuersätze (vgl. Bradford/Rosen 1976). Weicht man von der Annahme eines linearen Tarifverlaufs ab und erlaubt allgemeine Steuertarife mit nichtlinearen Steuersätzen, so erhält man das überraschende Ergebnis, dass der Grenzsteuersatz des Individuums mit dem höchsten Einkommen null sein soll (Seade 1977).

Abschließend lässt sich relativ allgemein, allerdings wieder unter der Einschränkung linearer Tarifverläufe sagen, dass der optimale Grenzsteuersatz negativ mit den kompensierten Lohnelastizitäten des Arbeitsangebots variiert (Stern 1976). Der Effizienzverlust durch die Besteuerung ist demnach umso geringer, je unelastischer das Arbeitsangebot bezüglich dem Lohnsatz ist.

---

[1] Brennan/Buchanan (1977, S. 255) bezeichnen die Modelle der optimalen Besteuerung als „institutionell leer". Sie legen allerdings auch einen entscheidungspolitischen Rahmen zugrunde. Der kann einen Entscheidungsträger einbeziehen, der zwischen verschiedenen Politiken zur Maximierung der Wohlfahrt eines repräsentativen Wirtschaftssubjekts wählt, oder einen Planer, der eine Wohlfahrtsfunktion maximiert, die außerhalb des Modells determiniert ist.

Die Problematik der optimalen Besteuerung stellt sich auch, wenn die Mehrbelastung möglichst gering gehalten und eine sozial erwünschte **Umverteilung** erreicht werden soll. Dann geht es um die Formulierung eines gesellschaftlich akzeptierbaren Gleichgewichts zwischen distributiver Gerechtigkeit, die im bisher dargestellten Typ der Optimalbesteuerung ausgeklammert wurde, und allokativer Effizienz. Gesucht wird nun dasjenige Steuersystem, das ceteris paribus die volkswirtschaftliche Wohlfahrt maximiert[1]. Zur Lösung des Problems werden streng formalisierte mikroökonomische Totalmodelle verwendet, die durchweg auf den Hypothesen des neoklassischen Gleichgewichtsmodells basieren. Die Ergebnisse hängen unter anderem von der jeweils zugrunde gelegten Wohlfahrtsfunktion ab. Ferner werden in der Regel für alle Haushalte identische Nutzenfunktionen unterstellt und insofern Unterschiede in den individuellen Präferenzen ausgeschlossen[2].

Gegen die Verwendung der Wohlfahrtsfunktion für politische Entscheidungen spricht, dass es nicht möglich ist, die erforderlichen interpersonellen Nutzenvergleiche durchzuführen. Hinzu kommt ein weiteres Problem der Umsetzbarkeit. Weil Steuern Umverteilung bedeuten, wird ein jegliches Optimalsteuersystem erhebliche politische Kosten hervorrufen; Gruppen versuchen möglichst wenig belastet zu werden. Das dürfte bei Progression, aber auch bei Freibeträgen und verschiedenen Vergünstigungsformen bedeutsam sein.

Neuere **dynamische Modelle** befassen sich mit optimaler Besteuerung in der zeitlichen Dimension. Zu unterscheiden sind hierbei Modelle, bei denen Individuen mit unbegrenzter Lebensdauer ihren intertemporalen Nutzen maximieren, und Modelle mit mehreren „überlappenden" Generationen (**overlapping generations**). Wiederum werden unter restriktiven Annahmen nach Effizienz- und Verteilungsgesichtspunkten Empfehlungen bezüglich der Eignung von Bemessungsgrundlagen und Tarifen einzelner Steuerarten abgeleitet. Aus der Sicht der dynamischen Besteuerungstheorie finden sich Hinweise auf die Überlegenheit der Verbrauchsbesteuerung gegenüber der Einkommensbesteuerung.

6. Die Wirkungen von Steuern auf private Investitionen[3]

a) Die Kapitalwertmethode ohne Besteuerung

Bei der Analyse der Preiseffekte von Steuern wurde davon ausgegangen, dass der Kapitalbestand gegeben ist. Nun soll in einem einfachen Modell dargestellt werden, welche Wirkungen finanzpolitische - primär einkommensteuerliche - Maßnahmen auf die privaten Investitionen, also auf die Veränderungen des Kapitalbestandes haben können. Investitionsentscheidungen sind dadurch gekennzeichnet, dass eigene und/oder

---

[1] So kann die Gesellschaft z. B. eine stark progressive Besteuerung für gerecht halten. Diese kann aber die Arbeitsanreize beeinträchtigen. Zu bestimmen sind dann die Steuersätze, die die beste Kombination zwischen Gerechtigkeit und Anreizen darstellen.
[2] Diese Annahme liegt schon den Opfertheorien zugrunde (vgl. Kapitel 14.7).
[3] Zu einer nicht nur finanzwirtschaftlichen Betrachtung siehe Folkers/Pech (1999).

fremde Mittel für Anlagen eingesetzt werden, die im Zeitablauf der (rechnerisch durch Abschreibungen erfassten) Wertminderung unterliegen.

Die Vorteilhaftigkeit einer Investition soll zunächst mit Hilfe der Kapitalwertmethode gemessen werden. Der Kapitalwert (W) einer Zahlungsreihe ist der auf einen Bezugszeitpunkt berechnete, abgezinste Wert aller Zahlungen; er wird für den Zeitpunkt t = 0 einer Investition berechnet als

(15-89) $\quad W = \sum_{t=1}^{n} \ddot{U}_t (1+i)^{-t} + R_n (1+i)^{-n} - I_0$.

Hierbei sind I_0 die Anschaffungsausgaben für Investitionen, $\ddot{U}_t = E_t - A_t$ die Einzahlungsüberschüsse in den Perioden t = 1, 2, ... n, i der Kalkulationszinssatz und R der Liquidationserlös der Anlage im Zeitpunkt n. Der Kapitalwert wird nach (15-89) von Höhe und Verlauf der Einzahlungsüberschüsse sowie von Liquidationserlös, Kalkulationszinssatz und Investitionsausgaben bestimmt. Zunächst wird R = 0 unterstellt.

b) Die Berücksichtigung einkommensteuerlicher Maßnahmen

W wird infolge der Einführung einer Gewinnsteuer dadurch beeinflusst, dass Ü und/oder i gemindert werden. Zu beachten ist, dass z. B. Umsatzsteuern bereits als Minderung von Ü enthalten sind. Berücksichtigt man eine Gewinnsteuer ohne Zinsbesteuerung, so muss (15-89) modifiziert werden zu

(15-90) $\quad W = \sum_{t=1}^{n} [\ddot{U}_t - \tau(\ddot{U}_t - D_t)](1+i)^{-t} - I_0$.

Hierbei sind τ der Einkommensteuersatz, D die Abschreibungen und $(\ddot{U}_t - D_t)$ das steuerpflichtige Einkommen. Es wird angenommen, dass die Ein- und Auszahlungen des Investitionsprojekts vor und nach Steuern gleich sind, also z. B. keine Steuerüberwälzung stattfindet. Gleichung (15-90) ist auch dann relevant, wenn es ausländische Alternativanlagen gibt, deren Erträge dort unversteuert sind und in Deutschland nicht nachbelastet werden.

Werden die Zinserträge (im In- und Ausland gleich) besteuert, so ist im Kalkulationszinssatz seinerseits die Steuerbelastung zu berücksichtigen, weil dann realistischerweise anzunehmen ist, dass auch die finanziellen Anlagealternativen der Unternehmen besteuert werden. Daher gilt:

(15-91) $\quad W = \sum_{t=1}^{n} [\ddot{U}_t - \tau(\ddot{U}_t - D_t)](1+i_\tau)^{-t} - I_0$.

Hierbei ist $i_\tau = i(1 - \tau)$ der Kalkulationszinssatz nach Besteuerung. Der Kapitalwert ist nach (15-91) bestimmt als der zum Kalkulationszinssatz nach Steuern abdiskontierte Wert der zukünftigen Nettogewinne aus der Investition.

Nimmt man an, dass Restwert (R) und Buchwert (B) im Veräußerungszeitpunkt auseinanderfallen, so muss dies bei R > B zu einem versteuerten Veräußerungsgewinn und bei R < B zu einem entsprechenden Verlust führen. Daher ist die Berechnung von W zu ergänzen

$$(15\text{-}92) \qquad W = \sum_{t=1}^{n}[\ddot{U}_t - \tau(\ddot{U}_t - D_t)](1+i_\tau)^{-t} + [R - \tau(R_n - B_n)](1+i_\tau)^{-t} - I_0.$$

Bei der Interpretation des Modells sind folgende weitere Prämissen zu beachten (Schneider 1980a, S. 266 ff.): Vollständige Kenntnis der Zahlungsströme, einfache Gewinndefinition, sofortiger Verlustausgleich zwischen verschiedenen Investitionsprojekten, sofortige Kapitaleinkommenbesteuerung im Zeitpunkt des Zuflusses der Einnahmen, proportionale Besteuerung und Anwendbarkeit des versteuerten Kalkulationszinssatzes.

Von Substanzsteuern wird abgesehen. Sie sind zur Zeit nicht relevant, könnten aber leicht durch Erweiterung des eckigen Klammerausdrucks von (15-88) bzw. (15-89) zu $[\ddot{U}_t - \tau_Y(\ddot{U}_t - D_t) - \tau_B B_{t-1}]$ berücksichtigt werden, wobei die Suffixe Y bzw. B dann die Steuerarten kennzeichnen. B gibt den Buchwert an, von dem die Substanzsteuern (bei einperiodiger Verzögerung) abhängen.

Nun sollen die Auswirkungen verschiedener einkommensteuerlicher Maßnahmen skizziert werden. Eine Erhöhung von τ dürfte W in der Regel negativ beeinflussen. Bei einkommensteuersatzunabhängigem i ist dies offensichtlich. Im Hinblick auf die Größe i_τ ist anzumerken, dass die abdiskontierten Periodengewinne steigen, wenn i_τ sinkt. Andererseits wirkt der steigende Wert der abdiskontierten Steuerzahlung kapitalwertmindernd. Der Gesamteffekt ist in der Regel negativ[1].

Bei temporären Steuersatzvariationen[2] bleiben die Steuerwirkungen in den späteren Perioden unverändert. Für den Kapitalwert ist hier daher entscheidend, wie bedeutsam der (Brutto-)Gewinn der betroffenen Periode im Verhältnis zum Gesamtgewinn ist. Können Einzahlungsüberschüsse (Gewinne) einer Periode mit Verlusten anderer Perioden verrechnet werden, ist der zweite Term in der eckigen Klammer zu ergänzen in $(\ddot{U}_t - D_t - A_t)$ mit $A_t = -\ddot{U}_{t-r}$, wobei r den Verrechnungszeitraum kennzeichnet.

Änderungen des Abschreibungsverfahrens wirken sich über die Größe $D_t(1 + i_\tau)^{-t}$ aus. Eine Verkürzung der Abschreibungsdauer, eine Verlagerung des Schwergewichts der Abschreibungen zur Gegenwart hin (einschließlich Sonderabschreibungen) erhöhen den Barwert der Abschreibungen und damit W. Das gilt sicher aber nur bei $\tau =$

---

[1] Zu Ausnahmen siehe Schneider 1980a, S. 275 ff.; Siegel 1982, S. 137 ff.
[2] Z. B. Zuschlag zur Einkommensteuer (Solidaritätszuschlag u. ä.).

const., denn bei einer Erhöhung des Steuersatzes im Zeitablauf und bei einem progressiven Tarif stehen dieser Wirkung cet. par. höhere künftige steuerpflichtige Einkommen und höhere Steuern gegenüber.

c) Die Berücksichtigung von Investitionsprämien

Durch verschiedene Maßnahmen kann W ferner über die Veränderung der Investitionsausgaben beeinflusst werden. So führt eine Investitionsprämie mit dem Satz z_1, die nicht auf die Abschreibungen und die Steuerschuld angerechnet wird, zu dem Kapitalwert

(15-93) $$W = \sum_{t=1}^{n}[\ddot{U}_t - \tau(\ddot{U}_t - D_t)](1+i_\tau)^{-t} - I_0(1-z_1).$$

Die Wirkung der Investitionsprämie (entsprechend mit umgekehrtem Vorzeichen: Investitionssteuer) ist unabhängig vom Vorhandensein von Gewinnen. Im Gegensatz hierzu schlägt sich ein Investitionsfreibetrag (oder -zuschlag) mit dem Satz z_2 im Kapitalwert nieder als

(15-94) $$W = \sum_{t=1}^{n}[\ddot{U}_t - \tau(\ddot{U}_t - D_t)](1+i_\tau)^{-t} - I_0(1-\tau z_2).$$

Die Wirkung des Freibetrags hängt von z, τ, I_0 und der Höhe des Gewinns ab. Dieser muss in t = 0 mindestens $z_2 I_0$ sein, ansonsten kann $z_2 I_0$ nur über den intertemporalen Verlustausgleich geltend gemacht werden (und wirkt sich z. B. in t = 1 als $\tau z_2 I_0(1+\tau)^{-1}$ aus).

d) Abschließende Bemerkungen

Das hier verwendete Modell vernachlässigt die Unsicherheit allgemein und insbesondere die, die gerade von staatlichen Maßnahmen ausgeht. So besteht regelmäßig Unsicherheit über die künftige Steuerpolitik. Die Beständigkeit des Steuerrechts ist eingeschränkt (Neumark 1988, S. 53): Steuerliche Regelungen werden kurz nach ihrer Verabschiedung bereits wieder aufgehoben oder modifiziert, teils sogar mit rückwirkendem Charakter (siehe Rose 1985). Ähnliches gilt hinsichtlich anderer wirtschaftspolitischer und verfahrensrechtlicher (z. B. Zulassungsbedingungen) Maßnahmen.

7. Steuerhinterziehung

a) Theoretische Grundlagen

Während bisher Substitutionseffekte in Form der legalen Steuervermeidung (tax avoidance) betrachtet wurden, ist nun auch auf die **Steuerhinterziehung** (tax evasion) als illegaler Form der Steuerausweichung einzugehen. Steuerhinterziehung besteht in den absichtlichen und illegalen Handlungen zur Reduzierung der Steuerpflicht. Sie kann durch fehlende Deklarierung von Einkommen(steilen), Umsätzen u. ä. erfolgen.

Der Übergang von der legalen Steuerausweichung zur Steuerhinterziehung ist häufig fließend. In welchem Ausmaß die jeweilige Verhaltensweise gewählt wird, dürfte vor allem von der Höhe der Steuersätze, Ungenauigkeit der Gesetze (Existenz von Schlupflöchern: loopholes), der Komplexität des Steuer"systems", der empfundenen Ungerechtigkeit der Steuergesetze und auch vom vermuteten verschwenderischen Umgang der Regierung mit Abgaben abhängen. Geringe Strafen begünstigen die Steuerhinterziehung. Mit steigenden Steuersätzen wird es lohnender, mehr Beratung (Steuerberater, -anwälte usw.) heranzuziehen, umfassender zu planen und auch größere Risiken der Steuerhinterziehung einzugehen. Die große Zahl der Steuerdrucksachen mag als grober Indikator für die Komplexität des Steuersystems herangezogen werden, die die Steuerhinterziehung begünstigen dürfte.

In der Literatur werden verschiedene Faktoren als maßgeblich für die Hinterziehung insbesondere der Einkommensteuer genannt. Diese Faktoren sind u. a. (1) die angenommene Fairness der Steuergesetze[1]; (2) die Haltung der Steuerzahler im Hinblick auf den Staat; (3) grundlegende (steuer)moralische Charakteristika; (4) die Schwere der Strafen, die bei nachgewiesener Steuerhinterziehung zu erwarten sind; (5) die Leichtigkeit, mit der Steuern hinterzogen werden können; und (6) der monetäre Ertrag, der aus der vermiedenen Steuerzahlung zu erwarten ist.

Daraus kann eine Steuerhinterziehungsfunktion gebildet werden

(15-95) $\quad H = H(TH, F, P, ..., A),$

wobei H das Maß für die Steuerhinterziehung, TH den Umfang der erwarteten Steuerersparnis, F die Leichtigkeit der Steuerhinterziehung ausgedrückt in der Wahrscheinlichkeit überführt zu werden, P das Strafmaß unter Berücksichtigung des Entdeckungsrisikos wiedergeben und A alle zufälligen und nicht messbaren Faktoren umfassen. Es ist zu erwarten, dass eine Erhöhung von F zu einer Zunahme von H führt: je stärker die Preis-, Ertrags- bzw. Einkommensunterschiede mit und ohne Steuern und andere Abgaben auseinander fallen, um so größer dürfte der Anreiz zur Verlagerung in die nicht-

---

[1] Es besteht die Gefahr, dass erfolgreiche Steuervermeidungshandlungen das Steuersystem als Ganzes in den Augen der großen Mehrheit jener Steuerzahler diskreditieren können, deren Möglichkeiten der Steuervermeidung relativ begrenzt sind.

offiziellen Güter- und Arbeitsmärkte (**Schattenwirtschaft**) sein[1]. H wird auch mit F zunehmen. Von einer Erhöhung des Strafmaßes P dürfte jedoch ein negativer Einfluss auf H ausgehen.

In einem einfachen Standardmodell zur Steuerhinterziehung wird angenommen, dass ein Individuum seinen erwarteten Nutzen maximieren möchte, der allein vom Einkommen abhängt. Steuerhinterziehung wird also z. B. nicht als sportliche nutzensteigernde Tätigkeit behandelt. Die Betrachtung ist kurzfristig. Das in der Periode gegebene Einkommen sei Y, der auf das deklarierte Einkommen D angewendete konstante Steuersatz sei τ. Die Wahrscheinlichkeit, bei der Steuerhinterziehung überführt und bestraft zu werden sei p. Die auf das nichtdeklarierte Einkommen H = Y - D zu zahlende Strafe sei γ (Y - D) mit $\gamma > \tau$. Bei Gelingen der Steuerhinterziehung ist das Nettoeinkommen

(15-96) $\quad Y_n = Y - \tau D$

mit $Y = Y_n$ bei vollständiger Hinterziehung (D = 0); der hinterzogene Betrag ist dann τY. Bei Nichtgelingen gilt hingegen

(15-97) $\quad Y_n^* = Y - \tau D - \gamma(Y - D)$

mit $Y_n^* = Y(1 - \gamma)$ bei D = 0. Bei Steuerehrlichkeit (Y = D) ist $Y_n = Y(1 - \tau) = Y_n^*$.

Der Steuerpflichtige hat also zwischen Y_n und Y_n^* zu wählen. Er wird das hinterzogene Einkommen (D < Y) so wählen, dass das erwartete Einkommen nach Steuer und Strafe

(15-98) $\quad E(Y) = (1 - p)(Y - \tau D) + p[Y - \tau D - \gamma(Y - D)]$

maximal ist. Für die Situationen („überführt" und „nichtüberführt") werden die Gewichte p bzw. (1 - p) verwendet. Wenn E(Y) durch Nichterklären gesteigert werden kann, wird hinterzogen.

Entscheidungsvariable des Individuums (bei gegebenem Y) ist also D. Bildet man die erste Ableitung $\delta E/\delta D$ und setzt diese gleich null, ergibt sich

(15-99) $\quad (\delta E / \delta D) = (1 - p)(-\tau) + p(-\tau + \gamma) = 0$.

Durch Umformung und Multiplikation erhält man

(15-100) $\quad p\gamma = \tau$.

---

[1] Von Interesse ist im Übrigen, dass jede in einer Periode begangene Steuerhinterziehung Folgewirkungen haben kann. So müssen die Zinsen aus nichtdeklarierten Einkommen (Vermögen) ebenfalls hinterzogen werden, um nicht entdeckt zu werden. Siehe hierzu Schult 1986.

Demnach maximiert das Individuum sein erwartetes Einkommen dann, wenn die erwarteten Grenzkosten der Nichtdeklaration des Einkommens pγ gleich dem Grenzertrag, d. h. der marginalen Steuerersparnis, sind. Bei pγ < τ liegt demnach noch kein Gleichgewicht vor, es wird weniger deklariert. Dieser Zusammenhang wird in Abb. 15-20 wiedergegeben.

Abb. 15-20 Optimale Steuerhinterziehung

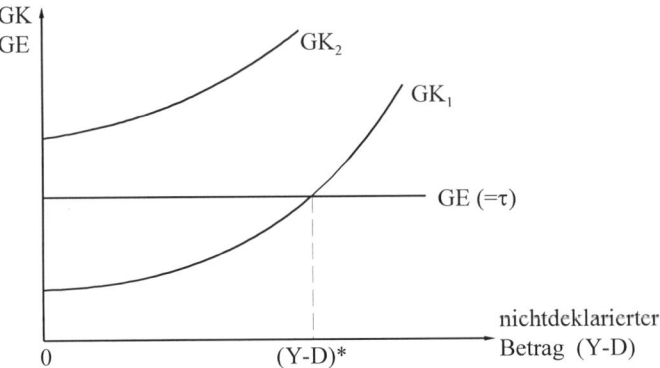

In der Abbildung wird angenommen, dass der Strafsatz mit steigender Nichtdeklarierung zunimmt. Optimum ist bei (Y-D)*. Es kann aber auch zweckmäßig sein, die Steuern ehrlich zu deklarieren. Das ist dann der Fall, wenn die Grenzkosten der Steuerhinterziehung durchgängig (GK_2) über dem Grenzertrag der Steuerhinterziehung liegen. Das Optimum ist dann (Y-D) = 0. Das Modell vereinfacht insofern, als die psychischen Belastungen des Steuerbetrugs, Unterschiede in Risikoneigungen und Wahlmöglichkeiten zwischen verschiedenen Einkommenserzielungsmöglichkeiten vernachlässigt sind.

Dieses Modell ist in verschiedener Hinsicht ausgebaut und differenziert worden. So kann die Strafe für Hinterziehung sich statt auf das hinterzogene Einkommen auf die Steuerschuld beziehen. Zu beachten ist weiter, dass die Wahrscheinlichkeit entdeckt zu werden, als gegeben und zufällig angenommen wurde. Tatsächlich prüfen die Steuerbehörden aber nicht alle Steuerpflichtigen gleich und berücksichtigen hierbei Vorkenntnisse. Auch kann – wie in Abb. 15-20 angenommen – der Strafsatz umso größer ausfallen, je mehr hinterzogen wird (dγ/d(Y-D) > 0).

Eine Erhöhung von p und γ erhöht das deklarierte Einkommen, die Wirkung einer Einkommenserhöhung hängt von der Risikoneigung ab. Eine Erhöhung von τ hat ein zweideutiges Ergebnis auf das deklarierte Einkommen: Der Ertrag der Hinterziehung steigt und erhöht so D. Ein höheres τ verringert aber auch das Einkommen; bei der

Annahme einer abnehmenden absoluten Risikoneigung lässt das niedrigere Einkommen das Ziel der Steuerhinterziehung weniger attraktiv werden und das deklarierte Einkommen steigt demgemäß.

Die Ergebnisse der Steuerhinterziehung hängen also entscheidend von den staatlichen Durchsetzungsmaßnahmen ab. Es wird geschlossen, dass der Einzelne nur Steuern zahlt, weil er Angst vor Entdeckung und Strafe hat.

b) Bedeutung der Steuerhinterziehung

Legale Formen der Schattenwirtschaft (z. B. beim Eigenheimbau) rufen Substitutionseffekte zu Lasten der in der offiziellen Wirtschaft eingesetzten Ressourcen hervor. Allokativ kann aber auch positiv sein, dass Faktoren eingesetzt werden, die sonst zu den Preisen auf den offiziellen Märkten ohne Verwendung geblieben wären. Das ist bei Steuerhinterziehung (z. B. Handwerksleistungen ohne Rechnungen, Schwarzarbeit) ähnlich. Es kommt neben den offiziellen zu inoffiziellen Preisen, die zu verzerrten Entscheidungen führen. Auch wird durch Steuerhinterziehung die Verteilung in nicht durchschaubarer Weise verändert und die Genauigkeit makroökonomischer Statistiken, insbesondere der Volkswirtschaftlichen Gesamtrechnungen, beeinflusst.

Durch Steuerhinterziehung sinkt das Steueraufkommen, so dass staatliche Leistungen geringer ausfallen oder zur Erzielung eines bestimmtes Steueraufkommens größerer Bemessungsgrundlagen und/oder höhere Tarife als bei Steuerehrlichkeit erforderlich sind. Korrekte Steuerzahler werden daher mit höheren Sätzen belastet, um die fehlenden Abgaben der Steuerhinterzieher auszugleichen[1]. Sie werden auch mit den Kosten daraus belastet, dass der Staat Ressourcen einsetzt, um die Bereitschaft zur Hinterziehung zu verringern, ihr Ausmaß zu entdecken und zu bestrafen.

Das Ausmaß der tatsächlichen Steuerhinterziehung ist unbekannt. Es liegen allenfalls Angaben über die Höhe der gerichtlich festgestellten Steuerhinterziehungsbeträge vor. Das Ausmaß der Steuerhinterziehung ist auch deshalb so schwer feststellbar, weil Personen kaum Angaben über Gesetzesbrüche machen.

Die allgegenwärtigen Kontrollen in verschiedensten Versionen belegen, wie hilflos im Grunde die Reaktionen auf dieses Phänomen sind. Hohe marginale Abgabensätze ziehen weitreichende Interventionen nach sich, die ständig durch neue Formen der Regulierung (staatliche Gebote, Verbote, Zulassungsbeschränkungen, Nachweise u. a.) perfektioniert werden. Das zeigt sich in Deutschland z. B. bei den amtlichen Versuchen der Bekämpfung der Schwarzarbeit.

Das Abstimmungsverhalten und die Wirtschaftspolitik können durch die hinterziehungsgeprägte Verteilung der Steuerlast beeinflusst werden. Während ehrliche Steuerzahler u. U. gegen staatliche Maßnahmen stimmen würden, wenn die Steuerlasten die

---

[1] Ein Teil der Steuerersparnis dürfte allerdings wieder für besteuerte Güter verwendet werden und so den Umfang des Steuerausfalls verringern.

erwarteten Erträge übersteigen, werden Steuerhinterzieher in Wahlen für staatliche Leistungen stimmen: Sie tragen nichts zu ihrer Finanzierung bei und bekommen die Leistungen so gratis.

8. Transaktionskosten der Besteuerung

Oben wurden verschiedene Wohlstandseinbußen untersucht, die dadurch entstehen, dass Steuern einen „Keil" zwischen die GRS und die GRT schieben. Die Effizienzkosten der Besteuerung wurden so aber nur unvollständig berücksichtigt. Hinzu kommen, wie Übersicht 15-1 zeigt, auch Transaktionskosten. Diese stellen, soweit sie **Verwaltungskosten** (administration costs) sind Wohlstandskosten dar, weil sie die verwendbaren Einnahmen des Staates verringern.

Verwaltungskosten bringen aber noch nicht alle Kosten der Steuererhebung zum Ausdruck. Zuzurechnen sind die bei den Steuerzahlern anfallenden **Kosten der Erfüllung** ihrer Steuerpflicht (compliance costs): Zeit zum Lesen und Verstehen von Gesetzen und zum Ausfüllen von Steuerformularen, Heranziehen von Steuerberatern und Rechtsanwälten, Überweisung der Steuern usw. also Folgekosten der Besteuerung. Zu den Erfüllungs(bzw. Entrichtungs)kosten rechnen auch psychische Kosten des Steuerwiderstandes. Die Effizienzeinbußen müssen daher größer veranschlagt werden, wenn auch diese „versteckten Kosten der Besteuerung" berücksichtigt werden. Ihre Höhe ist allerdings weitgehend unbekannt.

Die Kenntnis der gesamten Wohlfahrtseinbußen verschiedener Steuern ist von Bedeutung, wenn Steuern verglichen und diejenigen mit den geringsten Wohlfahrtseinbußen bestimmt werden sollen. Dies zeigt stark vereinfacht Abb. 15-21. Ohne Berücksichtigung der verschiedenen Wohlfahrtseinbußen der Besteuerung würde der optimale Budgetumfang bei A liegen.

Abb. 15-21 Auswirkungen der verschiedenen Formen von Wohlfahrtseinbußen

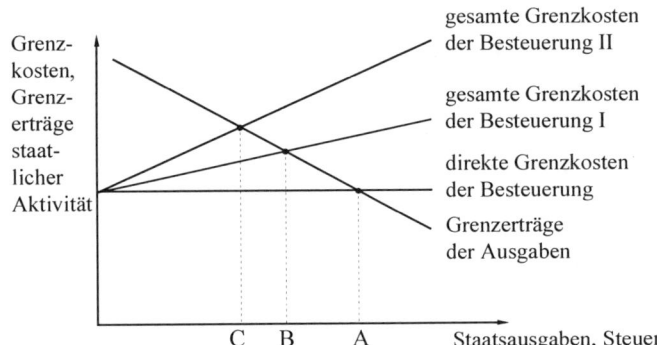

Bezieht man hingegen die Transaktionskosten der Besteuerung bei Staat und Belasteten ein, so liegt der optimale Umfang der Staatsausgaben bei B. Wenn sich auch die Mehrbelastungen erfassen lassen, verschiebt sich der optimale Umfang weiter auf

C. Je nach Struktur und Höhe der Steuerbelastung kann es zu unterschiedlichen Optimalpunkten kommen.

Die mit den einzelnen Steuern verbundenen Transaktionskosten sind sehr unterschiedlich insgesamt[1] und für die Mitglieder verschiedener Gruppen, die von einer Steuer belastet werden. Sie können unter Umständen die Wahl der Tätigkeit (z. B. selbständig zu werden) entscheiden oder dazu beitragen, dass Steuern durch Nichterklären ganz vermieden werden.

Literatur zum 15. Kapitel

Pohmer (1977, S. 214-232) gibt einen Überblick über Methoden und Wirkungen der Besteuerung; zur Problematik der Inzidenzbegriffe siehe ferner Krause-Junk (1981, §5).

Die Preiseffekte der Steuern untersuchen in mikroökonomischer Betrachtung Musgrave (1969a, Kapitel 9), Recktenwald (1971, pt. 5) und Schneider/Nachtkamp (1980); zu den Preiseffekten der Verbrauchsteuern bei der Verhaltensweise kurzfristiger Gewinnmaximierung siehe ferner Pollak (1980, S. 192-196). Verschiedene Unternehmensziele diskutiert Herendeen (1975, S. 35-172). Preiseffekte der Gewerbesteuer unter Zugrundelegung des Vollkostenprinzips untersucht Fecher (1980b). Die Steuerüberwälzung bei öffentlichen Unternehmen behandelt Friedrich (1979).

Kritisch zum Begriff und Erkenntniswert der Überwälzung äußert sich Schneider (1982a).

Zur allokativen Wirkung allgemeiner und spezieller Steuern siehe Boadway/Wildasin (1984) und Musgrave (1969a). In Boadway/Wildasin (1984) wird auch ein allgemeines Gleichgewichtsmodell zur Inzidenzanalyse (Harberger Modell) beschrieben. Die Wirkung von Steuern auf die privaten Haushalte und Unternehmen behandeln ferner Atkinson/Stiglitz (1980) und Sumner (1983); vom Staat geleistete Übertragungen analysiert Rosenthal (1983). Zu den Wirkungen auf das Arbeitsangebot mit empirischen Informationen über die Reaktionen auf steuerliche Daten, die auf Befragungen beruhen, siehe Koch (1984), ferner Hausman (1985) und Heilemann/Loeffelholz (1986).

Einen Überblick über und eine Würdigung der Theorie der optimalen Besteuerung geben Krause-Junk/von Oehsen (1982). Ferner sind Rose/Wenzel/Wiegard (1981, Teil III) und die Beiträge in Häuser (1983) zu empfehlen. Überblicke geben jüngst auch Richter/Wiegard (1993), Sandmo (1984), Stern (1984) und Auerbach (1985).

Einen Überblick über theoretische Arbeiten zur Steuerhinterziehung geben Cowell (1987) und Myles (1998); siehe ferner Hagedorn (1991). Zum Einfluss der Steuern auf

---

[1] Einen Eindruck davon gibt Rappen 1989.

die privaten Investitionen siehe Schneider (1980a), Schneider/Nachtkamp (1980), Siegel (1982) und Siedenberg (1976); ferner Atkinson/Stiglitz (1980) und Sumner (1983), die neoklassische Modelle auf der Grundlage von Jorgenson (1963) verwenden; siehe hierzu einführend Cansier/Wellisch (1989).

Empirische Befunde und allgemeine Betrachtungen zur Steuerhinterziehung liefern Pommerehne/Weck-Hannemann (1993). Eine ausführliche Behandlung der Transaktionskosten der Besteuerung liefert Raab (1995).

Sechster Teil
Die Steuern in Deutschland und Steuerreformen

16. Kapitel
Die Einkommensteuer

1. Einleitung

Die **Einkommensteuer** ist eine Abgabe, deren Steuergegenstand unmittelbar das Einkommen, eine personenbezogene Größe, ist. Sie unterscheidet sich von allen anderen Steuern insofern, als nur bei ihr grundsätzlich Steuerquelle (aus der die Steuer zu zahlen ist), Steuergegenstand und Steuerbemessungsgrundlage zusammenfallen. Der Einkommensteuer kommt wegen ihrer großen Ausgestaltungsmöglichkeit und fiskalischen Ergiebigkeit eine besondere Bedeutung zu. Ihre Eignung als finanzpolitisches Instrument zur Verwirklichung verteilungs- und stabilisierungspolitischer Zielsetzungen, wird hervorgehoben. Ferner wird insbesondere darauf verwiesen, dass sie wie kaum eine andere Steuer den persönlichen Umständen des Besteuerten angepasst werden kann, eine Besteuerung nach der Leistungsfähigkeit erlaubt (vgl. Kapitel 14) und die meisten Haushalte trifft.

Im Folgenden wird untersucht, inwieweit diese Eigenschaften tatsächlich gegeben sind. Zuvor ist darauf hinzuweisen, dass gerade die vielfältigen Verwendungs- und Ausgestaltungsmöglichkeiten dazu beigetragen haben, dass die Einkommensteuer im Laufe der Zeit immer komplizierter und unübersichtlicher geworden ist.

2. Der Einkommensbegriff

a) Kennzeichen des Einkommens

Von zentraler Bedeutung für die Einkommensteuer ist die Definition des Einkommens. Eng damit verbunden ist die Frage nach der Länge der der Besteuerung zugrunde liegenden Einkommensperiode.

Jede Festlegung von Objekt und Bemessungsgrundlage einer Steuer ist eine Frage der Zweckmäßigkeit. Dies gilt natürlich auch für die Einkommensteuer. Bei einer weiten Definition des Einkommens und damit einer umfassenden Bemessungsgrundlage der Einkommensteuer kann ein bestimmtes Steueraufkommen mit geringeren Steuersätzen als bei einer engen Bemessungsgrundlage erzielt werden. Unterschiedliche Bemessungsgrundlagen lösen auch unterschiedliche Substitutionseffekte aus. Vor der Behandlung zweier von der Finanzwissenschaft erarbeiteter Einkommenskonzepte (Quellentheorie, Reinvermögenszugangstheorie) sollen einige Merkmale oder Anforderungen genannt werden, die in der Literatur und Praxis als bedeutsam für die Einkommensteuer angesehen werden bzw. wurden:

(1) Das Einkommen gilt als Indikator der Leistungsfähigkeit und ist subjektbezogen.
(2) Das Einkommen ist eine Nettogröße.
(3) Die Einkommensteuer ist synthetisch, sie bezieht sich auf das Gesamteinkommen.
(4) Die Einkommensteuer differenziert nicht nach den Quellen, aus denen sie fließt, und nach den Bedingungen der Einkommenserzielung und -verwendung.
(5) Der Einkommensteuer liegen die tatsächlich erzielten Einkommen zugrunde.

Diese Merkmale wurden allerdings in der Vergangenheit bei der tatsächlichen Ausgestaltung der Einkommensteuer meist nicht konsequent verwirklicht und dürften in Zukunft noch weiter gefährdet sein.

(1) Einkommen als Indikator der Leistungsfähigkeit

Einkommen soll die wirtschaftliche Leistungsfähigkeit zum Ausdruck bringen[1]. Diese normative Feststellung bei der Definition des Einkommens umzusetzen ist schwierig, weil aus dem Konzept der Leistungsfähigkeit noch keine eindeutigen Anforderungen an die Ausgestaltung der Einkommensteuer abgeleitet werden können. So ist entscheidend, ob und wie die in verschiedenster Form und aus mehreren Quellen anfallenden und unter unterschiedlichen Bedingungen erzielten Einnahmen zu berücksichtigen sind. Im Sinne der Interpretation von Leistungsfähigkeit als realisiertem Mittelerwerb ist hier weit zu entscheiden. Dem entspricht das unter (4) genannte Merkmal. Allerdings könnte aus der Subjektbezogenheit des Einkommens auch anders geschlossen werden.

Vertritt man ferner die Auffassung, dass die Besteuerung nach der Leistungsfähigkeit eine Anforderung an das gesamte Steuersystem darstellt, sind isolierte Aussagen zur Einkommensteuer nur Teilaussagen, die durch Berücksichtigung der übrigen Abgaben ergänzt bzw. modifiziert werden müssen.

(2) Einkommen als Nettogröße

Grundsätzlich besteht Übereinstimmung, dass Einkommen eine Nettogröße ist. Einnahmen oder Einzahlungen können daher nicht als Ausdruck der Leistungsfähigkeit gelten. Einkommen ergibt sich erst nach Abzug der Kosten der Einkommenserzielung. Es ist eine rechnerische Größe; daher leuchtet ein, dass eines der größten Probleme bei der Einkommensermittlung in der Praxis die Abgrenzung zwischen Einkommen(sverwendung) und Kosten der Einkommenserzielung ist.

---

[1] „In der Einkommensteuer lässt sich wie kaum in einer anderen Steuer das Prinzip der Steuergerechtigkeit verwirklichen, jeden Bürger nach Maßgabe seiner finanziellen und wirtschaftlichen Leistungsfähigkeit mit Steuern zu belasten" (Bundesratsdrucksache 1973, S. 211/212).

(3) Gesamteinkommen als Gegenstand der Einkommensbesteuerung

Das Gesamteinkommen des Steuerpflichtigen kann aus mehreren Teileinkommen zusammengesetzt sein. Die früher bestehende Übereinstimmung, dass das Einkommen **synthetisch**, d. h. als Gesamtgröße zu belasten ist, besteht nicht mehr. Teileinkommen kommen aber als Indikator der Leistungsfähigkeit nicht in Betracht und erlauben auch keine differenzierende Behandlung unterschiedlich hoher Einkommen. Bei rein proportionalem Tarif und einem einheitlichen Steuersatz ist es allerdings ohne Bedeutung, ob die Teileinkommen gesondert oder ob das Gesamteinkommen belastet werden.

In Deutschland wird prinzipiell nur ein Tarif auf das Gesamteinkommen („zu versteuerndes Einkommen") angewandt. Dieser Grundsatz wird allerdings durch Sondertarife (ermäßigte Steuersätze) und andere Sonderbehandlungen einzelner Einkunftsarten (so im Hinblick auf „außerordentliche Einkünfte" und die Begrenzung des Grenzsteuersatzes bei gewerblichen Einkünften) in vielen Fällen durchbrochen.

(4) Keine Differenzierung nach Quellen und Bedingungen der Einkommenserzielung und nach Formen der Einkommensverwendung

Die Entscheidung für eine synthetische Besteuerung des Einkommens lässt noch offen, ob gleich hohe Einkommen auch unabhängig von ihrer Herkunft und Zusammensetzung gleich sind: Sollen alle Teileinkommen ungewichtet in einen Topf geworfen werden oder müsste man nicht danach unterscheiden, unter welchen Bedingungen der einzelne Steuerpflichtige sein Einkommen erzielt hat? Wie können Bezieher von Einkommen unterschiedlicher Zusammensetzung gerecht (gleich) behandelt werden? Die hier einfließenden Gerechtigkeitsaspekte wurden bereits im 14. Kapitel im Rahmen des Leistungsfähigkeitsprinzips angesprochen.

Einkommensteuern differenzieren **prinzipiell** nicht nach der Herkunft der Einkommensteile („Einkünfte"). Einkommen wird unabhängig von seiner Zusammensetzung und den Bedingungen seiner Erzielung als Ausdruck der Leistungsfähigkeit angenommen. Obwohl das steuerliche Einkommen subjektbezogen ist, ist es keine subjektive Kategorie (Objektivitätspostulat; Ebnet 1978, S. 35). Dies ist eine unter Praktikabilitätsgesichtspunkten (Nachprüfbarkeit steuerrelevanter Angaben) erforderliche, aber unter dem Aspekt horizontaler Gleichbehandlung nicht unproblematische Konvention.

„Im Prinzip behandelt das Einkommensteuergesetz alle Einkünfte gleich, nimmt es insbesondere keine Rücksicht darauf, ob die Einkünfte mit mehr oder weniger Begabung, Intelligenz, Talent, Vitalität, Willens- oder Gestaltungskraft, Phantasie etc., kurzum: mit mehr oder weniger Arbeitsleid, zustande gekommen sind, auch nicht darauf, unter welchen außerhalb der Sphäre des Steuerpflichtigen liegenden wirtschaftlichen und rechtlichen Sonderbedingungen die Einkünfte erzielt worden sind. Abgesehen davon aber, daß unterschiedliche Einkünfteermittlungsarten bestehen, die die Einkünfte mehr oder weniger total erfassen" und zahlreiche Einnahmen von der Steuer befreit sind, bestehen verschiedene Sonderbestimmungen (Tipke 1978, S. 189).

So gibt es z. B. die steuer- (und versicherungs)freie Bergmannsprämie in Höhe von gegenwärtig 10,- DM pro Untertageschicht, die mit der Schwierigkeit der Tätigkeit (und mit wirtschaftspolitischen Gründen) gerechtfertigt wird. Nacht- und Mehrarbeitszuschläge von Arbeitnehmern werden steuerlich begünstigt - nicht allerdings die entsprechenden Einnahmen z. B. von Professoren, wie die nicht mehr gewährte steuerliche Begünstigung der Einkünfte aus wissenschaftlicher Tätigkeit zeigt. Spätestens mit der Sonderbehandlung der gewerblichen Einkünfte und dem Sparerfreibetrag scheint das Merkmal der Gleichbehandlung der Einkünfte endgültig begraben worden zu sein.

Da die Einkommensteuer am Einkommenszufluss anknüpfen soll, spielt die Einkommens**verwendung** grundsätzlich keine Rolle. „Das steuerliche Einkommen ist unabhängig von individuellen Präferenzen, Erwartungen und Dispositionen im Bereich der Einkommensverwendung der von der Steuer betroffenen Pflichtigen" (Ebnet 1978, S. 35). Damit soll das Einkommen unabhängig von den Dispositionen nach Beendigung der ertragbringenden Aktivitäten sein. In der Praxis wird auch hiergegen verstoßen.

(5) Besteuerung des Ist-Einkommens

Grundsätzlich stellt die Einkommensteuer auf die in der Vergangenheit erzielten („Ist"-)Einkommen ab. Insofern ist sie auf die individuelle Leistungsfähigkeit im Sinne eines tatsächlich erzielten Ergebnisses und nicht im Sinne einer Potenzialgröße bezogen. Im Gegensatz hierzu stehen Soll-Steuern, die auf fiktive Größen abstellen[1]. In einigen Fällen, in denen z. B. keine Marktaktivität, wohl aber Einkommen vorliegt, kann es aber erforderlich sein, mit solchen Hilfsverfahren zur Einkommensschätzung zu arbeiten. Der Grundsatz der Besteuerung des Ist-Einkommens wird dann durchbrochen, so z. B. bei den landwirtschaftlichen Einkünften.

Die verschiedenen Merkmale des steuerlichen Einkommens laufen damit darauf hinaus, „dass es als **objektivierbare**, **abstrakte** und **aggregierte** Größe konzipiert wird, welche die einer **Person** während eines **vergangenen Zeitraums** erwachsene Leistungsfähigkeit ausdrückt. Damit sind die Anforderungen an einen zweckadäquaten steuerlichen Einkommensbegriff beschrieben und die Voraussetzung dafür geschaffen, verschiedene Einkommenskonzepte auf ihre Eignung für Zwecke der Besteuerung untersuchen zu können" (Ebnet 1978, S. 35).

---

[1] Die Besteuerung im Rahmen einer Soll-Besteuerung könnte ausgerichtet werden auf
- **äußere Merkmale**, die als Index des steuerpflichtigen Tatbestands, hier des Einkommens, gelten können (z.B. Schätzung des Einkommens aufgrund einer Inaugenscheinnahme von Wohnungsausstattung und sonstigem Vermögen; die Fenstersteuer und die alte Gewerbesteuer nach Anzahl der Beschäftigten waren typische Beispiele für Soll(ertrag)steuern). Das tatsächliche Einkommen spielt mithin keine Rolle.
- **Ertragswerte**; der Wertbestimmung wird hier der Gegenwartswert der künftig erwarteten Erträge zugrunde gelegt. Entscheidend ist der Kapitalisierungsfaktor.
- **Plangrößen**; es werden bestimmte Normen, Richtwerte für jährlich zu erwartende Erträge oder Einkünfte als Bemessungsgrundlage gewählt.

Alle Sollsteuern haben nur den Vorteil relativ geringer Kosten der Steuererhebung. Ansonsten wird der Glückliche oder Tüchtige („Ansponsteuer") für den über dem Soll (über der Norm) liegenden Ertrag prämiert (Erzielung von Steuerdifferenzialrenten).

b) Die Quellen- und die Reinvermögenszugangstheorie

Zwei verschiedene Einkommenstheorien bilden die Grenzfälle der Einkommensdefinitionen, zwischen denen die in der Praxis verwendeten Einkommensbegriffe zu finden sind. Nach der älteren **Quellentheorie** (Fuisting, von Hermann) setzt die Entstehung von Einkommen eine **dauernde** Einkommensquelle voraus: Arbeit für Arbeitseinkommen, Kapital für Kapitaleinkommen, ein Betrieb für Unternehmergewinne. Ferner wird die Forderung gestellt, dass die Einkünfte **regelmäßig** fließen. Aus gelegentlichen Verkäufen, Erbschaften, Lotteriegewinnen usw. kann daher kein Einkommen erzielt werden. Der Begriff „Einkommen" im Sinne der Quellentheorie ist eng mit dem der volkswirtschaftlichen Wertschöpfung verbunden. Es ist allerdings nur schwer einzusehen, warum Einkommenselemente, die nicht aus dauernden Quellen fließen, aus der Einkommensbesteuerung ausgeklammert sein sollen.

Demgegenüber definiert die **Reinvermögenszugangstheorie** (von Schanz, später Haig, Simons) das Einkommen umfassender. In der Interpretation ihres Begründers von Schanz gilt als besteuerbares Einkommen alles, „was in einem bestimmten Zeitabschnitt einer Person derart zugeflossen ist, dass dieselbe darüber disponieren kann, ohne ihr bisheriges Vermögen selbst zu vermindern." Zum Einkommen rechnet er „alle Reinerträge und Nutzungen, geldwerte Leistungen Dritter, alle Geschenke, Erbschaften, Legate, Lotteriegewinne, Versicherungskapitalien, Versicherungsrenten, Konjunkturgewinne jeglicher Art" abzüglich Schuldzinsen und Vermögensverluste (von Schanz 1896, S. 23/24). Wenn das Einkommen in einer Periode t (Y_t) der Betrag ist, der für Konsum verwendet werden kann, ohne das am Periodenanfang bestehende Vermögen zu vermindern, lässt es sich als Reinvermögenszugang (ΔV_t) zwischen zwei Stichtagen zuzüglich Konsum (bzw. Entnahmen) (C_t) in der Einkommensperiode messen:

(16-1) $Y_t = \Delta V_t + C_t$

Für beide Theorien gilt, dass die Kennzeichen „Einkommen als Nettogröße" und „keine Differenzierung nach der tatsächlichen Verwendung des Einkommens" erfüllt sind. Weniger klar ist zunächst, ob und inwieweit die Erfüllung der Merkmale (1) und (5) gewährleistet ist; bei der Quellentheorie wird ferner nicht auf das Gesamteinkommen abgestellt und nach Herkunft der Mittel differenziert.

Die Reinvermögenszugangstheorie gibt eine umfassende Einkommensdefinition („comprehensive income"). Sie hat den Vorteil, dass nicht geprüft werden muss, ob Einkünfte einmalig oder laufend sind und inwieweit bestimmte Beträge einzelnen Einkommensquellen zuzuordnen sind. So lassen sich z. B. nicht immer eindeutige Grenzen zwischen Kapitalgewinnen (= Vermögenswertzuwächsen) und anderen Erträgen aus Investitionen ziehen. Allerdings lässt der Begriff des Einkommens als potentieller Konsum ohne Verminderung des Vermögens die Frage der Kapitalerhaltung offen. Ist mit der Definition eine nominelle oder eine reale Kapitalerhaltung verbunden? Daraus folgt dann, ob Kapitalgewinne zum Einkommen rechnen oder nicht. Für die Reinvermögenszugangstheorie spricht ferner, dass sie den Einkommensbegriff stärker an der wirtschaftlichen Leistungsfähigkeit insofern orientiert, als diese mit den (Netto-)Einnahmen eines Wirtschaftssubjekts steigen dürfte, unabhängig davon, ob die Einnahmen aus dauernden Quellen fließen oder einmalig anfallen.

Für die breite Bemessungsgrundlage spricht weiterhin, dass hierdurch eher eine willkürliche Diskriminierung zwischen Wirtschaftssubjekten vermieden wird, die sich weitgehend in vergleichbaren ökonomischen Umständen befinden. Auch für eine ggf. gewünschte vertikale Differenzierung erscheint eine Bemessungsgrundlage zweckmäßig, die selbst ein gutes Maß der relativen ökonomischen Position ist. Die umfassende Bemessungsgrundlage verspricht auch ein gewisses Maß an Neutralität, d. h. willkürliche Verzerrungen in der Allokation der Ressourcen lassen sich hierdurch gering halten (siehe hierzu allerdings Kapitel 15.4). Auch scheint die Möglichkeit der Steuervermeidung bei einer breiten Bemessungsgrundlage geringer zu sein[1]. Allerdings stellen sich der Realisierung dieser umfassenderen Definition Probleme der Zurechnung, der verwaltungsmäßigen Durchführung und der politischen Durchsetzbarkeit entgegen.

Die Quellentheorie liefert nur eine enge Bemessungsgrundlage; sie hat den Vorteil, dass nur die regelmäßig fließenden Quellen bekannt sein müssen, um den Einkommensstrom zu kontrollieren. Der engere Einkommensbegriff begünstigt aber Investoren und Spekulanten mit Wertpapieren, Grundstücken und Bezieher anderer unregelmäßig fließender Einkommen.

Historisch ist von Interesse, dass beide Theorien bereits im deutschen Einkommensteuerrecht ihren Niederschlag gefunden haben. So stützte sich das Preußische Einkommensteuergesetz von 1891 auf die Quellentheorie das deutsche Einkommensteuergesetz von 1920 auf die Reinvermögenszugangstheorie.

Die Entscheidung zwischen der Quellen- und der Reinvermögenszugangstheorie ist in der Praxis eher zugunsten der umfassenden Definition gefallen. Allerdings ist auch sie nur teilweise realisiert. Das ist aber auch nicht anders zu erwarten, denn jede Einkommensdefinition ist nicht ohne Willkür in die Praxis umzusetzen. Ferner gibt es gewichtige Gründe, die gegen die vollständige Verwirklichung beider Definitionen sprechen.

Beide Einkommensbegriffe sind unter dem Aspekt der sozialen Wohlfahrt insofern problematisch, als sie den Unterschieden in Geschmack, Fähigkeiten, Marktchancen, Anstrengungen usw. nicht Rechnung tragen können. Die überzeugendste Alternative zum Einkommensbegriff der Reinvermögenszugangstheorie wird aus dieser Position heraus in der Verwendung der Konsumausgaben als Basis der Besteuerung gesehen, die die beste Annäherung an den Nutzen über das Leben des Einzelnen versprechen. Dieses Argument hat zum Vorschlag einer **Ausgabensteuer** geführt. Hier wird auf die Einkommensverwendung abgestellt, was zu anderen Konsequenzen führt als ein auf

---

[1] Das kann durchaus unterschiedlich beurteilt werden. So befürworten Brennan/Buchanan (1980) gerade Steuern mit enger Bemessungsgrundlage. Sie eröffnen stärkere Möglichkeiten der Steuerausweichung und beschränken so nach ihrer Meinung den Zugriff des Staates und tragen zur Begrenzung der staatlichen Aktivität bei.

die Leistungsfähigkeit abstellendes Konzept, dem ein umfassend definiertes Einkommen als Indikator zugrunde liegt. Das Konzept der Ausgabensteuer hat in der Theorie größere Bedeutung erlangt, kam aber in entwickelten Volkswirtschaften noch nicht zur Anwendung[1].

c) Die Berücksichtigung einzelner Einkunftsarten in der Reinvermögenszugangstheorie

Die Bedeutung der Einkommensdefinition liegt vor allem darin, bei der praktischen Einkommensabgrenzung als normative Hilfe dienen zu können. Solche (anerkannte) Norm ist unverzichtbar für die Entscheidungen im Einzelnen, ob bestimmte Ströme zum Einkommen rechnen oder nicht. Dies soll vor dem Hintergrund der Reinvermögenszugangstheorie näher betrachtet werden.

Unbestritten rechnen Erwerbs- und Vermögenseinkommen, die mit Marktströmen verbunden sind, zum Einkommen. Nach der Reinvermögenszugangstheorie können grundsätzlich aber auch folgende Größen als Einkommen gelten:
(1) Empfangene Übertragungen (Schenkungen, Erbschaften, Sozialleistungen wie Renten usw.),
(2) im Haushalt erzeugte und verbrauchte Güter, Eigenverbrauch der Unternehmer,
(3) empfangene Deputate,
(4) Nutzung langlebiger Konsumgüter (nichtgewerblichen Sachvermögens),
(5) Einkünfte in Form von Spekulations- und Veräußerungsgewinnen.

In weitester Fassung können auch die vom Staat unentgeltlich bereitgestellten Leistungen zum Einkommen rechnen. Da diese aber nicht individuell zurechenbar sind, können sie auch nicht in die der Besteuerung zugrunde gelegte Einkommensbasis einbezogen werden. Im Übrigen wäre eine Zurechnung kaum aussagekräftig und von rein rechnerischer Natur, weil diese Güter dem Einflussbereich der einzelnen Wirtschaftssubjekte entzogen sind.

Die Definition des Einkommens und die Bewertung des Vermögens bestimmen wesentlich, ob diese Ströme tatsächlich als Einkommen behandelt werden. So können nicht realisierte Bewertungsgewinne nur dann zu Einkommen werden, wenn das Anfangsvermögen zu Anschaffungs- und das Endvermögen zu Wiederbeschaffungspreisen bewertet werden. Die Beschränkung des Einkommens auf realisierte Größen würde nichtrealisierte Kapitalgewinne als Einkommen ausschließen. Im Folgenden wird speziell untersucht, welche Probleme bei einer Einbeziehung der Positionen (1) bis (5) in das Einkommen entstehen.

---

[1] Es wird im 21. Kapitel behandelt.

(1) Übertragungen

Übertragungen können intrapersonal und interpersonell, freiwillig und unfreiwillig vorgenommen werden. Sind der Übertragende einer Periode und der Empfänger einer Übertragung in einer späteren Periode identisch, liegt eine **intertemporale, intrapersonale** Übertragung vor. Hierbei wird die Verwendungsmöglichkeit von Mitteln für den Konsum zeitlich verlagert. Diese Übertragung ist ein Fall der Einkommensverwendung, der grundsätzlich für die Ermittlung des Einkommens unerheblich ist, sie ist also aus versteuertem Einkommen zu leisten. Der spätere Kapital**rückfluss** (zum Beispiel aus einer Versicherung) hat steuerfrei zu bleiben. Darüber hinausgehende Ströme (Zinsen usw.) sind allerdings voll als Einkommen zu erfassen[1]. Wenn die geleisteten Übertragungen **zwangsweise** erfolgen (z. B. Beiträge zur Sozialversicherung), dürfte eine Minderung der steuerlichen Leistungsfähigkeit der Periode gegeben sein. (Das gilt zumindest insoweit, als die zwangsweise erfolgende Übertragung von einer etwa freiwillig geleisteten Übertragung zur Altersvorsorge u. ä. abweicht.) Stellt man diesen Teil der Einkommensverwendung in der Periode der geleisteten Übertragung von der Einkommensbesteuerung frei, erscheint eine volle Versteuerung in der Periode der Rückzahlung erforderlich[2].

Die steuerliche Behandlung der Beiträge zur und der Leistungen aus der Sozialversicherung wirft Gleichbehandlungsfragen auf: was geschieht mit vergleichbaren Versicherungen derjenigen, die nicht sozialversicherungspflichtig sind? So besteht für Selbständige ein Quasi-Versicherungszwang, weil auch sie für Alter, Krankheit usw. Vorsorgen müssen. Es scheint daher gerechtfertigt, die durch Zwangsversicherung bestimmten Abzugsbeträge auch denjenigen einzuräumen, die ohne Versicherungszwang Vorsorgeaufwendungen bestreiten müssen.

Häufig gehen mit den intrapersonalen, intertemporalen Übertragungen **interpersonale** Umverteilungsvorgänge einher. Das gilt insbesondere für freiwilliges Versicherungssparen, mit dem eine risikoabhängige Umverteilung verbunden ist. Dies trifft auch für die Beiträge zur Sozialversicherung zu, für die allerdings risikobezogene Aspekte kaum eine Rolle spielen. In dem auf dem Intergenerationenausgleich basierenden **Umlageverfahren** sind die später verfügbaren Einkommensteile nicht mit den (verzinsten) Einkommensteilen der Erwerbsphase identisch.

Auch geleistete **interpersonale** Übertragungen sind nach dem Grundsatz, dass die Einkommensverwendung keine Rolle spielt, aus versteuertem Einkommen des **Gebers** zu erbringen. Das gilt zumindest für freiwillige Übertragungen: Wenn Übertragungen nämlich das steuerliche Einkommen mindern können, wird es weitgehend gestaltbar.

---

[1] Hier ergibt sich allerdings ein Problem. Ließe man die Rentenbezüge bis zum Erreichen der Anschaffungskosten des Rentenstammrechts steuerfrei, würde in vielen Fällen erst mehrere Jahre nach Ausscheiden aus dem Erwerbsleben die Steuerpflicht einsetzen. Um diese Wirkung zu vermeiden, wird die Rente für steuerliche Zwecke in eine Ertragsanteils- und Kapitalrückflusskomponente aufgespalten.

[2] Die Abstimmung der steuerlichen Behandlung der Beiträge an und der Leistungen aus den (insbesondere Sozial-)Versicherungen mit dem Ziel, die gleiche Größe einmal im Leben zu besteuern, wird als **Korrespondenzprinzip** bezeichnet.

Beruhen die Übertragungen hingegen auf rechtlichem oder sozialem Zwang, so mag beim Übertragenden eine Minderung seiner steuerlichen Leistungsfähigkeit angenommen werden (z. B. bei Unterhaltsleistungen).

Zu fragen ist weiter, ob die Übertragungen **beim Empfänger** zum Einkommen rechnen sollen. Dafür spricht, dass dessen Leistungsfähigkeit (in der Regel unabhängig von der steuerlichen Behandlung beim Übertragenden) zugenommen hat. Geleistete Übertragungen (z. B. Schenkungen) wären daher an zwei Stellen (beim Geber und Nehmer) steuerlich zu belasten.

Problematisch kann der **zeitliche Anfall** der empfangenen Übertragungen sein, wenn diese das Einkommen der Periode erheblich über das normale Periodeneinkommen hinaus vergrößern. Bei progressiven Tarifen nimmt die Belastung derjenigen Einkommensbezieher zu, die unregelmäßig fließende Einkommensteile aufweisen. Dies kann dafür sprechen, dass empfangene Übertragungen nicht durch die Einkommensteuer, sondern durch Erbschaft- und Schenkungsteuern belastet werden.

In Deutschland werden interpersonale Übertragungen grundsätzlich aus versteuertem Einkommen geleistet, empfangene Übertragungen rechnen in der Regel nicht zum Einkommen, sondern werden, wenn überhaupt (so bei Erbschaften, Schenkungen), durch Sondersteuern belastet. Eine besondere Behandlung gilt auch Unterhaltszahlungen und bestimmten Spenden. Intrapersonale intertemporale Übertragungen sind teilweise steuerfrei über die Regelung der Sonderausgaben (vgl. unten). Beiträge an die und Leistungen der Sozialversicherungen, bei denen zur intratemporalen die interpersonale Umverteilung hinzukommt, sind in der deutschen Einkommensteuer teilweise und unter bestimmten Bedingungen steuerfrei: Beiträge der Arbeitgeber sind vollständig steuerfrei, die der Arbeitnehmer unterliegen der Einkommensteuerpflicht, soweit sie die Höhe bestimmter Pauschalen überschreiten. Bei Renten wird nur ein fiktiver Ertragsanteil als Einkommen erfasst.

(2) Im Haushalt erzeugte und verbrauchte Güter, Eigenverbrauch der Unternehmer

Der steuerliche Einkommensbegriff könnte auch den Wert der im eigenen Haushalt erzeugten und selbstverbrauchten Güter einschließen. In gewissem Umfang ist in jedem Haushalt eine **Selbstversorgung** mit bestimmten Gütern durch Waschen, Kochen usw. gegeben. Teile des Geldeinkommens müssen verwendet und der Kauf anderer Güter entsprechend eingeschränkt werden, wenn Dienstleistungen dieser Art auf dem Markt gekauft werden. Es bestehen aber vielfältige Schwierigkeiten, die verschiedenen Formen der Selbstversorgung **als zurechenbares Einkommen („imputed income")** in den steuerlichen Einkommensbegriff einzubeziehen.

In Deutschland werden im eigenen Haushalt erbrachte Leistungen nicht zum steuerpflichtigen Einkommen gerechnet. Allerdings sind bestimmte Sachgüter steuerpflichtig, die von Unternehmen erzeugt und im Unternehmerhaushalt verwendet werden (landwirtschaftliche Produkte). Das ist unter Gleichbehandlungsgesichtspunkten problematisch: So bleiben z. B. Eigenleistungen beim Hausbau eines Nichtunternehmers unversteuert. Allokativ bedeutet die Nichtbesteuerung der im Haushalt erzeugten Sachgüter, dass die Preise zulasten der Marktgüter verzerrt sind.

(3) Empfangene Deputate und andere Sachbezüge

Auch **Deputate** können als Einkommenselemente in Güterform angesehen werden. Hierbei handelt es sich um neben dem (anstelle von) Barlohn gewährte, in Sachleistungen abgegoltene Gehalts- oder Lohnanteile. Beispiel hierfür ist Deputatkohle im Bergbau oder Milch in der Landwirtschaft. Je mehr solche Sachbezüge vertraglich oder stillschweigend in das Einkommen einfließen, um so bedeutsamer wird die Frage ihrer steuerlichen Behandlung. So dürfte mit steigenden Grenzsteuersätzen der Anreiz zunehmen, Einkommen gerade in dieser Form („income in kind", „fringe benefits") unversteuert zu erhalten. In der Praxis ist die Grenze zwischen Bestandteilen „vernünftiger" Arbeitsbedingungen und Einkommenselementen nur schwer zu ziehen; sie wird willkürlich festgelegt. Die Problematik entspricht weitgehend der der Abgrenzung zwischen Einkommensverwendung und Kosten der Einkommenserzielung (vgl. unten).

Unter Effizienzgesichtspunkten ist eine Steuerbegünstigung von Sachbezügen nicht unproblematisch. Sie können von den Unternehmen als Lohnbestandteil interpretiert werden und, bei verringertem **Geld**einkommen, den Verfügungsspielraum der Einkommensbezieher einschränken. Nur wenn Einkommen in Form von Gütern (durch Verkauf) in Geldeinkommen umwandelbar ist, lässt sich annähernd ein Geldwert bestimmen. Werden Ströme im Einkommen berücksichtigt, denen keine Marktaktivitäten zugrunde liegen, kann es allerdings zu besonderen Belastungen der Steuerpflichtigen kommen: Die Steuern müssen u. U. aus der Substanz entrichtet oder die zur Steuerpflicht führenden Aktivitäten eingestellt werden. Die Einkommensteuer verliert ferner durch Einbeziehung von Nichtmarkteinkommen häufig weitgehend den Charakter einer Ist-Steuer: Da nicht auf die tatsächlich marktmäßig erzielten („Ist"-)Einkommen zurückgegriffen werden kann, müssen für Soll-Steuern typische Annahmen getroffen werden (z. B. durchschnittlicher Mietpreis/qm in einer Region; Durchschnittsverzinsung des eingesetzten Kapitals).

Im deutschen Einkommensteuerrecht rechnen alle einkommensteuerpflichtigen Leistungen zu den Einnahmen, „die in Geld oder Geldeswert bestehen und dem Steuerpflichtigen im Rahmen einer der Einkunftsarten zufließen". Zu den steuerpflichtigen Sachbezügen rechnen u. a. die Gewährung von freier Kleidung, freier Wohnung, Heizung, Beleuchtung, Kost, von Deputaten und sonstigen Bezügen. Die Grenze hierfür ist ebenso wie die Bewertung notwendig willkürlich. Das zeigt sich etwa bei Rabatten für vom Arbeitgeber gekaufte Güter (z. B. Jahreswagen). Hier wird ein kompliziertes Berechnungsverfahren angewandt.

(4) Nutzung langlebiger Konsumgüter

Auch aus der **Nutzung dauerhafter Konsumgüter** könnten Einkommen entstehen. So rechnen die Einkünfte aus der Wohnungsvermietung zum Einkommen. Warum soll dann nicht auch die Nutzung des Eigenheims steuerlich als Einkommen behandelt werden? Die Ziele der Gleichbehandlung mit der Wohnungsvermietung und der allokativen Effizienz legen es nahe, hier von Einkommen zu sprechen. Unter Gleichbehandlungsgesichtspunkten erscheint es dann aber erforderlich, auch die Nutzung anderer dauerhafter Konsumgüter (z. B. Fahrzeuge) zum Einkommen zu rechnen: In Höhe des Wertes der Eigennutzung werden die sonst anfallenden Konsumausgaben für die Miete dieser Güter gesenkt. Fallen diese Nutzungen nicht unter einkommensteuerpflichtige Tatbestände, bekommt die Eigenverwendung von Haus und Auto faktisch eine „Prämie" im Vergleich zur Vermietung dieser Güter. Die Liste dauerhaft nutzbarer Güter, die gemietet werden können, erweitert sich laufend. So können u. a. auch Gemälde und Denkmäler gemietet werden. Jede Auswahl wäre daher willkürlich.

Im deutschen Einkommensteuerrecht hat bis 1986 die Nutzung eines Einfamilienhauses oder einer Eigentumswohnung einen einkommensteuerpflichtigen Tatbestand hervorgerufen.

(5) Wertzuwächse (Kapitalgewinne)

Umstritten ist auch, ob realisierte und unrealisierte Wertzuwächse der Einkommensbesteuerung unterworfen werden sollen. Es handelt sich hierbei um Kapitalerträge in Form von Wertsteigerungen bei Vermögensobjekten im Gegensatz zu Kapitalerträgen in Form von Zinsen, Dividenden u. ä. Die Wertveränderung wird als Differenz des Wertes der Vermögensbestände zwischen zwei Zeitpunkten gemessen. Hierbei geht es um **Preisänderungen** im Zeitablauf bei **einzelnen** langlebigen Gütern, deren sachliche Beschaffenheit hiervon unberührt bleibt, oder von Forderungen (und Verbindlichkeiten). Preis**niveau**änderungen sind hiervon unabhängig zu sehen. Praktisch relevant wird der Fall der Kapitalgewinne vor allem bei Grundstücken und Wertpapieren, aber auch bei anderen dauerhaften Gütern wie Gold, Silber, Schmuck oder Briefmarken.

Die Erfassung der Wertzuwächse im Einkommen scheint geboten, denn für den Steuerpflichtigen besteht kein grundlegender Unterschied, ob sein Einkommen auf Kapitalerträgen oder Wertsteigerungen beruht. Auch verteilungspolitische Wirkungen sprechen für die steuerliche Berücksichtigung der Kapitalgewinne. Sie fließen nur Vermögensbesitzern zu; bei einer ungleichen Verteilung der Vermögen begünstigt die Steuerbefreiung der Kapitalerträge Konzentrationstendenzen. Eine Befreiung reizt zur Umwandlung von steuerpflichtigen Einkommensteilen in unbelastete Kapitalgewinne. Die Besteuerung entmutigt hingegen die Vornahme solcher Anlagen (Antiquitäten, Briefmarken, Gemälde usw.), die aufgrund erwarteter Wertsteigerungen und nicht für produktive Zwecke getätigt werden. Es spricht also einiges für die Besteuerung. Zu beachten ist, dass eine Entscheidung für die Besteuerung der Kapitalgewinne eine **entsprechende Behandlung** der Kapitalverluste als Einkommensminderungen erfordert.

Kapitalgewinne werden nur bei Realisierung sichtbar. Wie soll dann z. B. der Wertzuwachs eines Grundstücks belastet werden, das beim Kauf im Jahre 1990 30 000 DM gekostet hat und dessen Wert im Jahre 1999 70 000 DM beträgt?

- Eine Möglichkeit der Belastung der Kapitalgewinne besteht darin, diese **im Jahr der Realisierung dem Einkommen voll zuzurechnen** und im Rahmen der Einkommensbesteuerung zu erfassen. Der Kapitalgewinnbezieher sieht sich dann einer Zunahme seines Gesamteinkommens ausgesetzt, die wirtschaftlich über einen längeren Zeitraum entstanden ist, aber nur im Jahre der Veräußerung sichtbar wird. Die Folge ist, dass bei progressiven Tarifen die Steuerbelastung erheblich ansteigen kann.

- Eine weitere Möglichkeit ist, die Veräußerungsgewinne **im Jahr der Realisierung zu versteuern, jedoch allen Jahren der Entstehung gleichmäßig** zuzurechnen. Dadurch müssen entweder die Einkommensteuerfestsetzungen der vergangenen Jahre revidiert werden, oder aber die auf den Jahresanteil der Kapitalgewinne entfallende marginale Belastung wird mit der Zahl der vorhergehenden Jahre vervielfältigt und der Einkommensteuer im Realisierungsjahr zugeschlagen. Damit käme es zu einer weiteren Durchbrechung der grundsätzlich geltenden Jahresbesteuerung.

- Ferner könnte eine ständige Bewertung durchgeführt und (auch) der **nicht realisierte Kapitalgewinn**, d. h. die errechnete Wertsteigerung, als Einkommen belastet werden. Hierbei entstehen erhebliche Bewertungsprobleme, Erhebungs- und Kontrollkosten.

    Wenn jeder Reinvermögenszuwachs unabhängig von Quelle und Form als Einkommen gilt, spielt die Unterscheidung zwischen realisierten und nichtrealisierten Kapitalgewinnen keine Rolle mehr. Die Realisation ist eine Portfolio-Entscheidung des Investors, die steuerlich unbeachtlich bleiben müsste.

    Die Besteuerung nicht realisierter Einkommen verstößt aber gegen die Forderung nach Ist-Besteuerung. Ferner hat der Steuerpflichtige Abgaben für einen Tatbestand zu entrichten, dem kein entsprechender Mittelzufluss vorausgegangen ist. Er muss dann u. U. (in dem Beispiel oben: das Grundstück) wegen mangelnder Liquidität tatsächlich verkaufen. Dem steht als Vorteil gegenüber, dass manche Güter (z. B. Grundstücke) nicht mehr spekulativ vom Markt ferngehalten werden. Will man allerdings den **Schutz der Steuerquelle** erreichen, dürfen unrealisierte Gewinne nicht dem Einkommen zu gerechnet werden, andererseits müssen aber nicht realisierte Verluste das Einkommen mindern dürfen (**Imparitätsprinzip**).

- Schließlich können Kapitalgewinne außerhalb der Einkommensteuer einer **Sondersteuer** unterworfen werden. Damit wird die steuerliche Behandlung von der jeweiligen Gesamteinkommenshöhe unabhängig. Das verbleibende Teileinkommen kann aber nicht mehr die Leistungsfähigkeit zum Ausdruck bringen. Sondersteuern werden insbesondere dann vorgeschlagen, wenn die Integration von Wertsteigerungen in die Bemessungsgrundlage der Einkommensteuer nicht für befriedigend lösbar angesehen wird. Wenn die Gerechtigkeit im Sinne einer Gleichbehandlung verschiedener Einkommens**formen** die Einbeziehung der Kapitalgewinne erforderlich macht, so ist zu beachten, dass grundsätzlich die Wertveränderungen **sämtlicher Vermögensformen** in die Besteuerung einbezogen werden müssten. Dazu hätten alle Einkommensbezieher Bücher zu führen und ihr Einkommen durch Vermögensvergleich zu ermitteln. Daraus entstünde ein nicht zu vertretender Verwaltungsaufwand. Auch andere wirtschaftspolitische Ziele können für eine Sondersteuer sprechen. Sie wurde insbesondere im Hinblick auf die Erfassung von Wertsteigerungen beim Grundvermögen diskutiert (Bodenwertzuwachssteuer, Planungswertausgleich): So könnte eine Belastung gerade der nicht realisierten Vermögenswertsteigerungen erwünschte Wirkungen auf das Bodenangebot (Bauland) haben.

Nach verbreiteter Auffassung sollten Kapitalgewinne, die nur aufgrund von **Preisniveau**änderungen entstehen, nicht als Einkommen gelten. Sie stellen keinen **realen** Vermögenswertzuwachs dar. Das trifft zwar zu, dieser Auffassung kann aber nur dann zugestimmt werden, wenn Einkommen auch sonst durch **realen** Vermögensvergleich berechnet wird. Anderenfalls entstehen Ungleichbehandlungen. Man müsste m.a.W. von dem bislang mit wenigen Ausnahmen geltenden **Nominalwertprinzip** generell abgehen.

In Deutschland bleiben **nicht realisierte** Kapitalgewinne unbesteuert. **Realisierte** Vermögenswertzuwächse werden grundsätzlich nur innerhalb des Betriebsvermögens erfasst. Nicht realisierte Wertminderungen können aber bei der Ermittlung des steuerlichen Periodengewinns abgezogen werden. Da das Betriebsvermögen jeweils nach dem Anschaffungswertprinzip berechnet wird, ist es nicht notwendig, die über den Anschaffungs- oder Herstellungskosten liegenden Werte jeweils zu bestimmen. Kapitalgewinne bleiben so lange unbesteuerte Scheingewinne, bis die Wertsteigerung bei Veräußerung realisiert wird.

Beim Privatvermögen findet eine Belastung realisierter Kapitalgewinne nur im Rahmen bestimmter Ausnahmefälle (Veräußerung wesentlicher Beteiligungen an Kapitalgesellschaften, Spekulationsgewinne, §§ 17, 23 EStG) statt. Veräußerungsgewinne können dann steuerfrei bleiben, wenn sie wieder investiert werden (§§ 6b, 6c EStG). Diese Vorschrift ermöglicht es, eine nach den allgemeinen Grundsätzen des Steuerrechts gebotene Auflösung stiller Reserven zu vermeiden. Dadurch soll eine Beeinträchtigung von Umstrukturierungsmaßnahmen und der (vor allem räumlichen) Mobilität bei Anwendung des Realisationsprinzips vermieden werden. Als **Spekulationsgewinne** gelten Veräußerungsgewinne aus dem Kauf und Verkauf von Wertpapieren bzw. Grundstücken innerhalb bestimmter Fristen (ein Jahr bzw. zehn Jahre)[1].

Für eine Besteuerung der Veräußerungsgewinne spricht, dass Einkommen im Sinne eines (realisierten) Vermögenszuwachses vorliegt, der unter dem Aspekt der Besteuerung nach der Leistungsfähigkeit zu berücksichtigen ist. Schwierigkeiten bei der Ermittlung der Bemessungsgrundlage könnten gegen ihre Besteuerung sprechen (was allenfalls bei in Eigenleistung erstellten Häusern und Wohnungen zutrifft). Nicht stichhaltig zu begründen ist allerdings die zeitliche Beschränkung für das Vorliegen von Veräußerungsgewinnen.

---

[1] Die Fristen sind willkürlich gesetzt. Sie wurden erst jüngst (1999) verlängert.

Gegen eine generelle Besteuerung der Veräußerungsgewinne im privaten Bereich wird vorgebracht (so der Wissenschaftliche Beirat beim BMWi 1996), dass hierzu das Konzept der Einkommensermittlung durch Vermögensvergleich erforderlich sei, das bisher nur für die Ermittlung der Gewinneinkünfte herangezogen werde; eine selektive Regelung für einzelne Veräußerungsgewinne bei Ausklammerung anderer Vermögensgegenstände wäre aber steuersystematisch willkürlich. Einbehaltene Gewinne seien auch schon bei den Unternehmen steuerpflichtig; würden sie und konkret werdende Gewinnchancen als Veräußerungsgewinne belastet, käme es zu einer Doppelbelastung. Im Übrigen würde die Besteuerung der Veräußerungsgewinne bei Immobilien die arbeitsmarktpolitisch erwünschte Mobilität beeinträchtigen.

d) Die Einkommensperiode

Grundsätzlich ist die Festlegung jeder Periode, für die das Einkommen berechnet wird, willkürlich. Es lassen sich stets andere Perioden wählen und rechtfertigen. Für manche Zwecke mag die Periode eines Jahres zu lang sein. In anderen Fällen reicht das Jahr nicht aus, so insbesondere bei kurzfristig stark schwankenden Einkommen(steilen), aber auch hinsichtlich der unterschiedlichen Lebenseinkommensprofile.

„Einkommensschwankungen lassen sich kurzfristig, von Jahr zu Jahr, feststellen. Gründe für sie sind u. a. Krankheit, Arbeitslosigkeit, mit dem Erwerb verbundene Risiken usw. Je kürzer die Einkommensperiode ist, desto größer ist auch die Bedeutung transitorischer Einkommen. Einkommensschwankungen treten aber auch über das gesamte Leben auf: Einkommen eines einzelnen Jahres bilden nur einen kleinen Ausschnitt aus der sich über das gesamte Erwerbsleben erstreckenden Einkommenskurve. Auch die Erwerbstätigkeitsdauer verschiebt sich im Leben, wenn auch je nach Ausbildung, Schulung, Freizeit usw. unterschiedlich, innerhalb gleicher und zwischen den Generationen zugunsten der Nichterwerbstätigkeit" (Brümmerhoff 1977, S. 49/50).

In Deutschland wird aus praktischen Gründen die Abschnittsbesteuerung durchgeführt, die grundsätzlich auf die Periode eines Jahres abstellt („Periodizitätsprinzip"). Das Einkommensteuerrecht sieht nicht vor, die Einkommensperiode **generell** über ein Jahr hinaus auszudehnen.

Für einkommensteuerliche Zwecke ist die Frage der Einkommensperiode dann von geringer Bedeutung, wenn im Zeitablauf ein gleichbleibender proportionaler Tarif (ohne Freibetrag) vorliegt. Bei progressiven Tarifen verschlechtert sich hingegen die relative Position der Steuerpflichtigen um so mehr, je stärker ihre Einkommen schwanken. Um diese Wirkung zu mildern, sind verschiedene mehr oder weniger weitreichende Vorschläge gemacht und praktiziert worden:
- intertemporaler Verlustausgleich;
- Verteilung einmaliger Einnahmen auf mehrere Jahre;
- ermäßigte Besteuerung einmaliger Einnahmen oder ihre Belastung (allein) durch eine Sondersteuer;

- Durchschnittsbesteuerung über mehrere Jahre (generell oder nur, wenn sich das Einkommen gegenüber dem Vorjahr um einen bestimmten Prozentsatz - z. B. 20 % - verändert);
- Lebenseinkommensbesteuerung.

Die ersten drei Verfahren sollen die Spitzenbelastungen einzelner Jahre mildern, die letzteren beiden sind umfassender angelegt.

Der intertemporale Verlustausgleich ist im Einkommensteuerrecht vorgesehen (vgl. unten); die Verteilung einmaliger Einnahmen ist nur in Sonderfällen (z. B. bei Lohnnachzahlung für mehrere Jahre) möglich; der Belastung durch Sondersteuern unterliegen Erbschaften und Schenkungen. Das Einkommensteuerrecht enthält keine Regelungen, die **generell** unterschiedlichen Lebenserwerbs-, insbesondere Arbeitszeiten Rechnung tragen.

Die **Durchschnitts-** und **Lebenseinkommensbesteuerung** dehnen die Einkommensperiode eines Jahres auf mehrere Jahre aus. Da die Lebenserwartung des Einzelnen nicht feststeht, werden jeweils ex post neben dem laufenden Einkommensjahr die vorangegangenen Einkommensjahre in die Berechnung des gesamten steuerpflichtigen Einkommens und der Steuerschuld einbezogen. Dieses Verfahren kann sich auf mehrere Jahre erstrecken oder bis zum Tode fortgeführt werden. Hierbei treten verschiedene Schwierigkeiten auf, die unterschiedlich lösbar erscheinen: Soll auf das Haushalts- oder auf die Personeneinkommen abgestellt werden? Diese Frage ist besonders bedeutsam hinsichtlich der fehlenden Kontinuität der Haushaltsgröße aufgrund von Eheschließung, Kindern, Scheidung und Tod. Hier könnte mit Lebensabschnitten und fiktiven Teileinkommen (etwa analog dem Splitting) gerechnet werden. Probleme ergeben sich auch, wenn die Steuerpflicht nicht kontinuierlich in der Bundesrepublik bestanden hat. Unterschiedliche Lebensdauer, Verzinsungsfragen und Änderungen des Steuerrechts komplizieren das Problem weiter. Ferner führt jede Ausdehnung der Steuerperiode und damit Einbeziehung vergangener Steuerjahre dazu, dass ein Steuerpflichtiger die Berechnung der Einkommensteuer noch weniger nachvollziehen kann, als dies schon bei einer Jahressteuer der Fall ist. Hinzu kommen die Schwierigkeiten für die Steuerverwaltung. Schließlich ist die Ausdehnung der Einkommensperiode nur dann zweckmäßig, wenn sie auch für die empfangenen Transfers (u. U. auch für andere zu leistende Übertragungen wie Beiträge zur gesetzlichen Rentenversicherung) zugrunde gelegt wird.

e) Der Einkommensbegriff der deutschen Einkommensteuer

(1) Das Verfahren zur Berechnung der Einkommensteuer

Im deutschen Einkommensteuerrecht wird das zu versteuernde Einkommen unter Verwendung verschiedener Hilfskonstruktionen (wie „Einkünfte" und „Einnahmen") ermittelt. Der Rechengang ist kompliziert. Im Einzelnen wird aufgezählt, was zum Einkommen rechnet und was nicht (§ 3 EStG enthält etwa 50 Positionen steuerfreier Einnahmen).

Die Einkommensteuer ist eine Jahressteuer. Die Grundlagen für ihre Festsetzung sind jeweils für ein Kalenderjahr zu ermitteln.

Ausgangspunkt der Berechnung des zu versteuernden Einkommens sind die aus verschiedenen Quellen stammenden **Einkünfte** des Steuerpflichtigen[1] (vgl. Übersicht 16-1). Mit dem Begriff der Einkünfte wird an die Quellentheorie angeknüpft; die Art der zu berücksichtigenden Einkünfte, teilweise ihre Berechnung und die Zusammenfassung weisen Aspekte der Reinvermögenszugangtheorie auf. Die Einkünfte können positiv oder negativ (Verluste) sein. Verluste bei einer Einkommensart können innerhalb derselben Einkunftsart und grundsätzlich[2] mit anderen positiven Einkünften desselben Kalenderjahres verrechnet werden (innerperiodischer Verlustausgleich).

Die Einkünfte werden nach einigen Korrekturen als **Summe der Einkünfte** in einem globalen Einkommensmaß zusammengefasst. Es schließt grundsätzlich die Gesamteinkünfte eines Steuerpflichtigen aus dem In- und Ausland ein (Welteinkommensprinzip). Hierbei finden spezielle Regelungen zur Vermeidung einer Doppelbesteuerung Anwendung[3].

Mit der Summe der Einkünfte beginnt der weitere Rechengang. Zieht man den Altersentlastungsbetrag und weitere Positionen ab, gelangt man zum **Gesamtbetrag der Einkünfte**. Der Gesamtbetrag der Einkünfte bildet, vermindert um Sonderausgaben, außergewöhnliche Belastungen und Verlustabzug, das **Einkommen** im Sinne des Einkommensteuergesetzes. Nach Abzug weiterer Beträge wie Kinderfreibeträge, Haushaltsfreibetrag ergibt sich das **zu versteuernde Einkommen**, das die Bemessungsgrundlage für die **tarifliche Einkommensteuer** ist. Von der tariflichen Einkommensteuer gelangt man, insbesondere nach Abzug bestimmter Steuerermäßigungen, zur **festzusetzenden Einkommensteuer**.

(2) Die Ermittlung der Einkünfte

Einkünfte können nur in den sieben aufgeführten Einkunftsarten bestehen. Die Ermittlung der ersten drei unterscheidet sich grundsätzlich von der der übrigen vier Einkunftsarten. Einkünfte aus Land- und Forstwirtschaft, Gewerbebetrieb und selbständiger Arbeit werden als **Gewinn** bezeichnet. Hierbei handelt es sich um den Unterschiedsbetrag zwischen dem Betriebsvermögen am Schluss des Wirtschaftsjahres und dem Betriebsvermögen am Schluss des vorangegangenen Wirtschaftsjahres, vermehrt um den Wert der Entnahmen und vermindert um den Wert der Einlagen (**Betriebs-**

---

[1] Der Einkommensbesteuerung unterliegt die natürliche Person. Sie ist **unbeschränkt** steuerpflichtig, wenn sie in Deutschland wohnt oder zumindest während des überwiegenden Teils des Jahres ihren gewöhnlichen Aufenthalt hat. Wer seinen Lebensmittelpunkt und gewöhnlichen Aufenthalt überwiegend im Ausland hat, ist in Deutschland nur **beschränkt** steuerpflichtig. Er hat lediglich seine Inlandseinkünfte in Deutschland zu versteuern.

[2] Verluste aus Spekulationsgeschäften dürfen nur bis zur Höhe der im gleichen Jahr erzielten Spekulationsgewinne und nicht mit anderen Einkunftsarten ausgeglichen werden.

[3] Z. B. Doppelbesteuerungsabkommen, Anrechnung ausländischer Steuern; s. hierzu das 21. Kapitel.

vermögensvergleich). Einkommensteuerpflichtig sind grundsätzlich nicht die Betriebe, sondern ihre Eigentümer (Ausnahme: bei Unternehmen mit eigener Rechtspersönlichkeit unterstellt der Gesetzgeber, dass sie eigenes Einkommen haben können und unterwirft sie der Körperschaftssteuer).

Übersicht 16-1 Die Ermittlung des zu versteuernden Einkommens und der Steuerschuld

Gewinn-einkunfts-arten	{	1. Einkünfte aus Land- und Forstwirtschaft 2. Einkünfte aus Gewerbebetrieb 3. Einkünfte aus selbständiger Arbeit
Überschuss-einkunfts-arten	{	4. Einkünfte aus nichtselbständiger Arbeit 5. Einkünfte aus Kapitalvermögen 6. Einkünfte aus Vermietung und Verpachtung 7. sonstige Einkünfte

Summe der Einkünfte aus den Einkunftsarten
+ nachzuversteuernder Betrag
+ Hinzurechnungsbetrag
./. ausländische Verluste bei Doppelbesteuerungsabkommen

Summe der Einkünfte
./. Altersentlastungbetrag
./. Abzug für Land- und Forstwirte

Gesamtbetrag der Einkünfte
./. Sonderausgaben
./. außergewöhnliche Belastungen
./. Steuerbegünstigung der zu Wohnungszwecken genutzten Wohnungen u. a.
./. Verlustabzug

Einkommen
./. Kinderfreibetrag
./. Haushaltsfreibetrag
./. Härteausgleich

zu versteuerndes Einkommen
↓
Steuertarif (Grundtabelle, Splittingtabelle)
↓
tarifliche Einkommensteuer

+/- Korrekturen (Steuerermäßigungen, Nachsteuer)

festzusetzende Einkommensteuer

Steuerpflichtige, die nicht zur Führung von Büchern verpflichtet sind und auch keine Bücher führen, können als Gewinn den **Überschuss der Betriebseinnahmen über die Betriebsausgaben** ansetzen. Das gilt insbesondere für Angehörige freier Berufe, Gewerbetreibende und Handwerker, bei denen das Betriebsvermögen gering ist und nicht wesentlichen Schwankungen unterliegt. In bestimmten Fällen wird der Gewinn auch nach **Durchschnitts-**

sätzen berechnet oder geschätzt. So wird zum Beispiel der Gewinn der Land- und Forstwirtschaft vor allem als Prozentsatz der Einheitswerte festgelegt[1].

Zentrale Probleme bei der Gewinnermittlung sind die Vermögensbewertung, die Berechnung der Abschreibungen (= Absetzung für Abnutzung der Substanzverringerung) und die Abgrenzung der Ausgaben der Erzielung von Einkünften (bei den Gewinneinkunftsarten als „Betriebsausgaben" bezeichnet) gegenüber den Entnahmen (= Einkommensverwendungen). **Betriebsausgaben** sind Aufwendungen, die durch den Betrieb veranlasst werden. Ebenso wie bei den Einkünften 4-7 lässt sich im Einzelnen schwer feststellen, welche Ausgaben der Einkommenserzielung und welche der privaten Lebenshaltung zuzurechnen sind. Hierauf wird im Zusammenhang mit den Kosten der Erzielung der Einkünfte 4-7 („Werbungskosten") eingegangen.

Vom Bundesfinanzhof (BFH) werden Betriebsausgaben als Aufwendungen spezifiziert, die in einem objektiven Zusammenhang mit dem Betrieb und die subjektiv zur Förderung des Betriebes getätigt worden sind. Es ist „für die Abziehbarkeit von Aufwendungen ohne Belang, ob sie notwendig, üblich oder zweckmäßig sind. Das Steuerrecht regelt auch nicht, welche Aufwendungen für den Betrieb oder im beruflichen Interesse erforderlich sind" (GrS 8/77, BFHE 125, S. 533). Allerdings ist die politische und juristische Auslegung häufig uneinheitlich.

Einkommen setzt Kapitalerhaltung voraus. Hierzu muss zunächst einmal das Vermögen abgegrenzt werden. Es wird üblicherweise auf dauerhaftes betriebliches Sachvermögen beschränkt[2]. Dann muss den Wertminderungen des Betriebsvermögens infolge von Abnutzung oder Überalterung durch **Abschreibungen** Rechnung getragen werden. Hierbei geht es nicht um eine Frage der Abgrenzung der Betriebsausgaben gegenüber den Aufwendungen für die Lebenshaltung, sondern um die einer periodengerechten Verteilung des Kapitalverbrauchs.

Für die tatsächliche Berechnung erscheint es zweckmäßig, die Abschreibungen auf das Sachvermögen so zu bemessen, dass nur noch der Schrottwert der Güter angesetzt wird, wenn sie unbrauchbar sind. Das bedingt Annahmen über die Nutzungsdauer und -intensität. In der **Handelsbilanz** erscheint eine vorsichtige Bewertung des Vermögens, d. h. ein hohes Abschreibungsvolumen zweckmäßig. An dieser Darstellung mit möglichst hohen gewinnmindernden Abschreibungen ist der Steuerschuldner in der Regel auch für die **Steuerbilanz** interessiert. Dem steht das fiskalische Interesse der Finanzverwaltung gegenüber, die die Abschreibungen eher begrenzen möchte.

Vorgezogene steuerliche Abschreibungen sind dem Wesen nach ein Darlehen des Staates, ihnen stehen in späteren Jahren entsprechend niedrigere Abschreibungen gegenüber. Nichtproportionale Tarife bewirken neben Zins- und Liquiditätswirkungen

---

[1] Siehe hierzu Kommission zur Begutachtung der Einkommensbesteuerung der Landwirtschaft 1978.
[2] Die Beschränkung des abschreibungsfähigen Vermögens auf dauerhafte Sachgüter der Unternehmen bedeutet, dass andere Güter mit Investitionscharakter (z. B. Ausgaben für Forschung und Entwicklung, Bildung von Humankapital) nicht aktiviert und als laufender Aufwand praktisch sofort abgeschrieben werden.

weitere Belastungsdifferenzen. Nur unter bestimmten Bedingungen - Zinssatz von null, proportionale Besteuerung, unbegrenzte Lebenszeit - ist die Periodisierung ohne Bedeutung.

Ferner stellt sich die Frage, ob das Kapital real (= unter Berücksichtigung der Veränderungen des **allgemeinen** Preisniveaus, nicht des speziellen für die eingesetzten Investitionsgüter) oder nominell erhalten werden soll. Auch hier gilt, dass unter der Bedingung der Gleichbehandlung bei einer Entscheidung für die reale Kapitalerhaltung letztlich das Nominalwertprinzip **generell** aufgegeben werden muss.

Kann das bei den Einkünften 1 bis 3 angewandte Verfahren zur Gewinnermittlung entsprechend bei den übrigen Einkünften eingesetzt werden? Um festzustellen, was einem Wirtschaftssubjekt in der Periode an Werten zugeflossen ist, müsste auch hier am Ende jeden Jahres das Vermögen des Steuerpflichtigen ermittelt und bewertet werden. Das administrative Problem, wie auch das Haushaltsvermögen zur Bemessung der Steuer herangezogen werden kann, ist aber kaum lösbar. Bei den Einkünften 4-7 wird daher nicht versucht, Einkommen über den Vermögensvergleich zu berechnen. Als Einkünfte dieser Gruppen gilt der **Überschuss der Einnahmen über die Werbungskosten**. Die Einnahmen als Arbeitnehmer, Eigentümer von Kapitalvermögen oder Grundvermögen usw. werden den Ausgaben gegenübergestellt, die hiermit zusammenhängen.

Einnahmen sind alle Güter, die in Geld oder Geldeswert bestehen und dem Steuerpflichtigen im Rahmen einer Einkunftsart 4-7 zufließen. Ein „Gestaltungsprivileg" ist beim „Zufließen" im Gegensatz zur Gewinnermittlung weitgehend ausgeschlossen. **Werbungskosten** im Sinne des EStG sind Aufwendungen zur Erwerbung, Sicherung und Erhaltung der Einnahmen. Als solche steuerlich anerkannt sind: Aufwendungen für Berufskleidung, Fahrkosten zur Arbeit, Beiträge zu Berufsverbänden, Fachliteratur, notwendige Mehraufwendungen eines Arbeitnehmers aus Anlass einer doppelten Haushaltsführung u. a. Stets muss ein klarer Zusammenhang der Ausgaben mit der jeweiligen Einkunftsart vorliegen, daher können Werbungskosten nur auf einzelne Einkunftsarten bezogen und dort jeweils als Kosten der Einkunftserzielung abgesetzt werden. In vielen Fällen ist allerdings die Abgrenzung zu den Ausgaben für die Lebenshaltung fließend. So kann ein Kfz beispielsweise zum persönlichen Vergnügen für die Freizeit oder für berufliche oder geschäftliche Zwecke verwendet werden. Anders formuliert: Ausgaben hierfür können sowohl Endprodukt als auch Zwischenprodukt sein, das weitere Aktivitäten induziert oder erst ermöglicht.

Theoretisch dürften Ausgaben dann nicht als Werbungskosten oder Betriebsausgaben anerkannt werden, wenn sie auch bei Wegfall des Erwerbszieles überhaupt und in der vorliegenden Höhe getätigt würden (beispielsweise dann, wenn das Wirtschaftssubjekt den gleichen Lebensstandard erreichen soll und kein Erwerbseinkommen zu erzielen braucht, weil es Transfers erhält.) Da dies in der Praxis aber meist nicht feststellbar ist, müssen **konkrete Abgrenzungen** für steuerlich anzuerkennende Werbungskosten festgelegt werden, die aber auch von anderen (als fiskalischen) Zielsetzungen mitbestimmt sein können. Die starken Schwankungen in der Anerkennungspraxis von Kosten der Einkommenserzielung innerhalb eines Landes und international sind (auch) Ausdruck der Unsicherheit in diesem Bereich.

So zählen Fahrtkosten in den USA und in Großbritannien zu den Ausgaben der Lebenshaltung, sind also steuerlich nicht abzugsfähig. Die Begründung hierfür liegt in der (willkürlichen) Auffassung, dass die Arbeit erst an der Arbeitsstätte beginnt. Die Wahl des Wohnsitzes stellt dann eine Konsumentscheidung dar. Entscheidet man sich aber (wie im deutschen Einkommensteuergesetz) für die Abzugsfähigkeit, so können grundsätzlich die tatsächlich entstandenen oder nur die notwendigen Mindestaufwendungen abzugsfähig sein. „Geht man davon aus, dass man am billigsten mit öffentlichen Verkehrsmitteln zum Arbeitsplatz gelangen kann, so stellen die Kosten dafür den Mindestabzugsbetrag dar." Dann drängt sich aber wieder die Frage auf, ob die Vernachlässigung von Zeitkosten gerechtfertigt ist. „Benutzt jemand ein öffentliches Verkehrsmittel, so sind für ihn die notwendigen gleich den tatsächlichen Kosten, die er auch als Werbungskosten abziehen kann. Benutzt er statt dessen sein eigenes Auto, so sind die tatsächlichen Kosten wesentlich höher". Gegenwärtig (2000) dürfen in diesem Fall pro Entfernungskilometer 0,70 DM abgezogen werden (allerdings nur in einer Fahrtrichtung), „ein Betrag, der wesentlich unter den Kosten der Kraftfahrzeugbenutzung liegt. In diesem Fall ist der Abzugsbetrag zwar höher als die notwendigen Aufwendungen, aber niedriger als die tatsächlichen. Die Berücksichtigung der tatsächlichen Kosten würde der Gleichbehandlung mit den Betriebsausgaben entsprechen, während eine Begrenzung auf die Kosten der Benutzung öffentlicher Verkehrsmittel aus verkehrspolitischen (und umweltpolitischen, D.B.) Gründen nahe liegt. Die gegenwärtige Regelung ist eines der unzähligen Beispiele dafür, daß die Steuergesetzgebung das Ergebnis eines politischen Kompromisses ist" (Musgrave/Musgrave/Kullmer 2, 1978, S. 65).

Die Frage der Anerkennung von Ausgaben als Werbungskosten (bzw. Betriebsausgaben) ist häufig Gegenstand gerichtlicher Auseinandersetzung, wobei die Finanzbehörden jeweils eine enge Auslegung der Werbungskosten befürworten. Nach § 12 EStG dürfen Aufwendungen für die Lebensführung, die die wirtschaftliche oder gesellschaftliche Stellung des Steuerpflichtigen mit sich bringt, steuerlich nicht abgezogen werden, auch wenn sie zur Förderung des Berufs oder der Tätigkeit des Steuerpflichtigen erfolgen. Hierbei wird von einem **Aufteilungsverbot** ausgegangen. Wenn etwa bei der Kleidung eines Kellners auch eine Nutzung wie bei jeder sonstigen bürgerlichen Kleidung in Betracht kommt, wird sie voll den Aufwendungen für die Lebensführung zugerechnet. Gesetz und Rechtsprechung lassen allerdings Ausnahmen vom Aufteilungsverbot zu, so bei Nutzung des privaten PKW, Telefonkosten und Kontoführungsgebühren.

Die Abzugsfähigkeit als Werbungskosten bzw. Betriebsausgaben stimuliert die Nachfrage nach solchen Ausgaben, die privaten Verbrauch darstellen, aber abzugsfähig sind. Der Preis solcher Güter steigt daher im Vergleich zu anderen Konsumgütern. Ferner nimmt der Preis des Gutes im Vergleich zu anderen Inputs in der Produktion zu und führt zu Faktorsubstitutionen.

Für die einzelnen Einkunftsarten können Werbungskosten-**Pauschbeträge** ohne besonderen Nachweis abgesetzt werden[1]. Diese Pauschbeträge sind immer dann anzusetzen, wenn die jeweils nachgewiesenen Werbungskosten nicht höher sind. Sie werden

---

[1] Bei Einkünften aus nichtselbständiger Arbeit 2000 DM, aus Kapitalvermögen 100 DM und aus wiederkehrenden Bezügen 200 DM.

mit Verwaltungsvereinfachung begründet, widersprechen aber dem Grundsatz der Besteuerung des Ist-Einkommens: Pauschalen begünstigen diejenigen, die unter die jeweilige Grenze fallen, allerdings je nach Höhe der tatsächlich entstandenen Kosten der Einkommenserzielung unterschiedlich. Sie sind unter dem Gesichtspunkt der Gleichbehandlung auch insofern nicht unproblematisch, als für die einzelnen Einkunftsarten verschiedene Pauschbeträge gelten. Bei steigendem Einkommen nimmt die faktische Bedeutung der Pauschbeträge ab, wenn sie längere Zeit unverändert bleiben.

(3) Die Berücksichtigung bestimmter Arten von Einkommensverwendungen: Sonderausgaben und außergewöhnliche Belastungen

Um den Anforderungen an eine subjektbezogene Steuer zu genügen, ist den persönlichen Umständen des Steuerpflichtigen Rechnung zu tragen. Dies geschieht durch die Berücksichtigung von Sonderausgaben. Als **Sonderausgaben** die vom Gesamtbetrag der Einkünfte abgezogen werden, gelten bestimmte im Gesetz festgelegte Ausgaben, wenn sie weder Betriebsausgaben noch Werbungskosten sind (§ 10 EStG). Es handelt sich hier im Allgemeinen um Ausgaben für die Lebenshaltung, die unter verschiedenen Zielen (und nicht nur zur Berücksichtigung persönlicher Umstände) als abzugsfähig angesehen werden. So wird gegen den Grundsatz verstoßen, dass die Einkommensteuer prinzipiell nicht nach der Einkommensverwendung differenziert. Das Konglomerat der Sonderausgaben enthält

- Unterhaltsleistungen an den geschiedenen oder dauernd getrennt lebenden Ehegatten, wenn der Geber dies mit Zustimmung des Empfängers beantragt (sog. begrenztes Realsplitting; Grenze 27 000 DM);
- auf besonderen Verpflichtungsgründen beruhende Renten und dauernde Lasten, die nicht mit Einkünften in wirtschaftlichem Zusammenhang stehen;
- Vorsorgeaufwendungen;
- Kirchensteuer;
- Steuerberatungskosten;
- Aufwendungen für die Berufsausbildung oder Weiterbildung in einem nicht ausgeübten Beruf - auch für den Ehepartner;
- Ausgaben zur Förderung gemeinnütziger Zwecke;
- Beiträge und Spenden an politische Parteien.

In Deutschland können Sonderausgaben für Vorsorgeaufwendungen von allen Einkommensbeziehern geltend gemacht werden. Hierfür sind bestimmte maximale Grenzen angesetzt, die gegenwärtig zwar nicht ausreichen, um die Höchstbeträge an Sozialversicherungsbeiträgen voll abzudecken. Da Arbeit**geber**beiträge zur Sozialversicherung als **steuerfreie Einnahmen** behandelt werden, sind Sozialversicherungsbeiträge jedoch praktisch weitgehend steuerfrei. Die Sonderausgaben für Vorsorgeaufwendungen werden Arbeitnehmern durch eine **Vorsorgepauschale** in Höhe eines Prozentsatzes des Arbeitslohnes bis zu bestimmten Grenzen abgezogen. Beamten, Richter u. ä. kommt diese Pauschale gekappt zugute. Da bei ihnen der Zwang zur Alters- und Arbeitslosenversicherung entfällt, sind die Pauschalen geringer als bei den Sozialversicherungspflichtigen.

Die (unbegrenzte) Abzugsfähigkeit der gezahlten **Kirchensteuer** als Sonderausgabe wird mit dem gemeinnützigen Charakter der Kirchen begründet: Sie geben Leistungen ab, die über den Kreis der Kirchensteuerzahler hinaus genutzt werden. Das gilt z. B. für soziale Dienste, die ggf. sonst - bei fehlender kirchlicher Bereitstellung - durch den Staat anzubieten wären. Hinzu kommt ein vielfältiges privates Engagement in diesem Bereich. Die Eigenschaft der Kirchensteuern als Zwangsbeiträge kann hingegen kein Argument für die Berücksichtigung als Sonderausgaben sein, denn wie bei den Beiträgen an andere Vereinigungen gilt auch hier: Man muss Beiträge zahlen, wenn man Mitglied werden und bleiben will. Die Besonderheit bei der Kirchensteuer ist nur die Art ihrer Eintreibung durch den Staat.

Der Kirchensteuer unterliegen diejenigen, die einer als Körperschaft des öffentlichen Rechts anerkannten Kirche angehören. Die Kirchensteuer wird nach Landesrecht als Zuschlag zur Einkommensteuer erhoben und beträgt in der Regel 8-9% der um die Kinderfreibeträge verminderten Einkommensteuerschuld. Bezieher hoher Einkommen können in einigen Landeskirchen bzw. Diözesen die Kirchensteuer auf einen bestimmten Prozentsatz, überwiegend 3-4% des zu versteuernden Einkommens, „kappen" lassen. Teilweise wird die Kirchensteuer auch als Zuschlag zur Grundsteuer oder Vermögensteuer erhoben, und in manchen Gemeinden besteht das Kirchgeld. Die Kirchen wirken am Gesetzgebungsverfahren der Einkommensteuer mit, weil jede Änderung sich auf das Kirchensteueraufkommen auswirkt. Kirchen werden bei Stellungnahmen (Hearing) zu Steuerrechtsänderungen gehört. Für das Erheben usw. der Kirchensteuer ist der Staat mit 3% an ihrem Aufkommen beteiligt.

Die Abzugsfähigkeit von **Spenden und Beiträgen** für als förderungswürdig anerkannte Zwecke ist nicht mit der Leistungsfähigkeit zu begründen. Spenden erfolgen in der Regel freiwillig. Die Abzugsfähigkeit lässt sich begründen
• mit der Eigenschaft öffentlicher Güter bei den Leistungen, deren Träger gefördert werden. Die durch Spenden ermöglichten Aktivitäten müssen also mit positiven Externalitäten für andere Wirtschaftssubjekte oder für die Gesellschaft verbunden sein;
• allokativ auch damit, dass die Entscheidungen durch die Spendenfinanzierung dezentral laufen. Projekte werden unter Umständen bürgernäher gefördert, und viele Projekte kommen so überhaupt erst zum Zuge, die sonst nur schwer durch öffentliche Mittel finanziert würden;
• unter fiskalischen Zielsetzungen: eine Unterstützung durch Steuervergünstigungen (tax expenditures) anstelle der Vornahme direkter öffentlicher Ausgaben ist zweckmäßig, weil der Steuerausfall geringer als die Einsparung öffentlicher Ausgaben ist. Viele Spenden würden ohne hohe Grenzsteuersätze und Abzugsfähigkeit wahrscheinlich nicht getätigt.

Wenn allerdings diese Ausgaben auch ohne steuerliche Förderung durchgeführt würden, träfe das Argument nicht mehr zu. Entscheidend ist daher die Preiselastizität E der geförderten Ausgaben. Je stärker E (absolut) über eins liegt, um so höher sind die zusätzlichen Ausgaben für Spenden.

Gegenstand kontroverser Diskussionen ist insbesondere die Abzugsfähigkeit von (Mitgliedsbeiträgen und) Spenden
• dann, wenn der Katalog als förderungswürdig anerkannter Tatbestände fast beliebig ausgeweitet werden kann (wie im Falle der Gemeinnützigkeit praktiziert);
• an politische Parteien, weil die Gefahr der Einflussnahme der Spender besteht.

Für jeden, der keine höheren Sonderausgaben nachweist, sind Pauschalbeträge vorgesehen. Diese setzen sich aus einem **Sonderausgaben-Pauschbetrag** und einem **Vorsorge-Pauschbetrag** zusammen[1]. Der letztere wird bei Beziehern von Arbeitslohn durch eine Vorsorgepauschale ersetzt.

Außergewöhnliche Belastungen sind abziehbar, wenn außergewöhnlich hohe Ausgaben zur Sicherung des Lebensstandards erwachsen und soweit sie die zumutbare Belastung (nach Einkommen und Familienstand gestaffelt) übersteigen. Mit der Anerkennung dieser zwangsläufig (aus rechtlichen, tatsächlichen oder sittlichen Gründen) erwachsenden Belastungen soll der eingeschränkten individuellen Leistungsfähigkeit Rechnung getragen werden. Zu diesen Abzügen rechnen Krankheitskosten, Beschäftigung einer Haushaltshilfe, Heimunterbringung im Alter und Pflegefall, Körperbehinderung, Unterhaltsleistungen für Angehörige, die noch nicht anderswo (voll) berücksichtigt wurden.

(4) Die Berücksichtigung von Verlusten

Das Einkommenskonzept macht es zur systematischen Besteuerung erforderlich, Verluste einer Einkunftsart generell innerhalb derselben Einkunftsart oder aber mit anderen positiven Einkünften **desselben** Kalenderjahres verrechnen zu können. Tatsächlich ist der Verlustausgleich zwischen den Einkunftsarten aber in einigen besonderen Fällen ausgeschlossen oder nur eingeschränkt möglich[2]. Die Tendenz ist auch hier, wie in vielen anderen Fällen, Systemlosigkeit und Komplizierung.

Sollen aber Verluste eines Jahres auch mit positiven Einkünften **anderer Jahre** verrechnet werden? Da die Einkommensteuer prinzipiell auf das Einkommen eines Jahres abstellt, würde diese Periodisierung durchbrochen werden. Andererseits führt der Ausschluss eines intertemporalen Verlustausgleichs zu einer imparitätischen steuerlichen Erfassung positiver und negativer Leistungsfähigkeit: positive Einkommen werden voll besteuert, Verluste hingegen nicht entlastet. Der Verlustausgleich verfolgt daher das Ziel, in der Vergangenheit oder in der Zukunft zuviel bezahlte Steuern durch Berücksichtigung negativer Einkünfte zu korrigieren.

Beispiel: Unternehmen A macht im Jahr 1 einen Gewinn von 400, im Jahr 2 Verlust von 200; Unternehmen B macht in beiden Jahren 100 Gewinn. A muss ohne Verlustausgleich nicht nur mehr Einkommen versteuern, sondern hat - bei progressivem Tarif - auch mit einem, im Durchschnitt beider Perioden höheren Steuersatz zu rechnen.

Durch die Zulassung eines **intertemporalen Verlustausgleichs** wird diese Wirkung der willkürlichen Zerlegung der Lebensdauer in einzelne Abschnitte („Abschnittsbesteuerung") verringert oder beseitigt. Der Verlustausgleich kann in einem **Ver-**

---

[1] 108 bzw. 300 DM im Jahre 1998.
[2] So ist 1998 der Verlustausgleich zwischen den Einkommensarten auf 100 000 DM beschränkt worden, darüber hinausgehende Verlustanteile dürfen nur bis zu 50 % der positiven Einkünfte über 100 000 DM verrechnet werden.

lustrücktrag („carry back") auf vergangene und einem **Verlustvortrag** („carry over") auf folgende Jahre bestehen.

In Deutschland ist ein zeitlich unbegrenzter interperiodischer Verlustausgleich („Verlustabzug") durch Abzug vom Gesamtbetrag der Einkünfte anzuwenden. Der Verlustrücktrag ist der Zeit nach auf den vorangegangenen Veranlagungszeitraum und der Höhe nach auf zwei Mio. DM begrenzt. Der Verlustvortrag ist in unbeschränkter Höhe und Zeit möglich[1].

Der Verlustvortrag bewirkt keine Liquiditätshilfe für eventuell gefährdete Unternehmen. Der Verlustrücktrag kann hingegen eine gezielte Sofortmaßnahme darstellen (vorausgesetzt, in den vorangegangenen Jahren bestand ein ausreichender Gewinn). Verlustvortrag und Verlustrücktrag sind prinzipiell für alle Einkunftsarten anwendbar.

Unter allokativen Gesichtspunkten ist der Verlustausgleich erforderlich, um Gewinne und Verluste (zumindest annähernd) gleich zu behandeln, also das Risiko nicht einseitig (durch Minderung der Nettogewinnerwartungen) zu erhöhen und damit die Investitionsbereitschaft zu beeinträchtigen. Größenmäßige und zeitmäßige Beschränkungen sind willkürlich und allokativ schädlich. Sie werden mit fiskalischen Gesichtspunkten und der Begrenzung rückwirkender Steuerkorrekturen begründet. Im Sinne der Gleichbehandlung ist zu fragen, warum das Periodizitätsprinzip nur durch den (notwendigen) intertemporalen Verlustausgleich, also partiell durchbrochen und die Einkommensperiode nicht generell ausgedehnt wird.

(5) Abschließende Beurteilung des Einkommensbegriffs im Sinne des EStG

Das Einkommensteuerrecht knüpft nicht an prinzipiell gleichwertigen Einkunftsarten an. Es kommt zu zahlreichen Durchbrechungen des Grundsatzes, das Einkommen unabhängig von seiner Herkunft gleich zu behandeln. Es ist durchweg nicht gleichgültig, welcher Einkunftsart Einkünfte zugerechnet werden. Die Einkommensteuer ist durch eine Vielzahl von Freibeträgen, Freistellungen usw. gekennzeichnet und daher eine komplexe Abgabe. Die Abzüge sind ganz unterschiedlich für verschiedene Personen bzw. Haushalte, und es gibt keine Beziehungen hinsichtlich der Höhe der einzelnen Abzüge. Einige Einnahmen rechnen gar nicht erst zu den Einnahmen im Sinne des EStG. Die Terminologie ist mangelhaft.

3. Die steuerpflichtige Einheit (Berücksichtigung des Familienstandes)

a) Alternativen

Die Entscheidung über die steuerpflichtige Einheit berührt Probleme der Gerechtigkeit, Einfachheit, Möglichkeit der Steuervermeidung, Diskriminierung nach Geschlechtern und Anreize zur Einkommenserzielung.

---

[1] Der Verlustabzug wird bei Einkommen-, Körperschaft- und Gewerbesteuer angewendet.

Die individuelle Einkommensteuerbelastung kann je nach Definition der steuerpflichtigen Einheit - Einkommensempfänger, Familie, Haushalt - verschieden ausfallen: Je mehr Teileinkommen verschiedener Personen zu einem Gesamteinkommen zusammengefasst werden, desto höher ist **bei progressivem Tarif** die Gesamtsteuerschuld dieser Personen. Nur bei proportionalem Tarif und einheitlichem Steuersatz wäre hingegen die einkommensteuerliche Belastung unabhängig von der Bezugseinheit.

Welche Alternativen der steuerlichen Behandlung von Haushalten existieren? Folgendes Beispiel dient zur Verdeutlichung[1]:
I. Herr A ist ledig und verdient y_1 = 80 000 DM;
II. Herr B ist verheiratet und verdient y_1 = 80 000 DM, Frau B ist ohne eigenes Einkommen;
III. Herr C und seine Frau verdienen jeweils $y_1 = y_2$ = 40 000 DM;
IV. wie III (also $y_1 = y_2$ = 40 000 DM), nur haben die C's einkommenslose Kinder.

Grundsätzlich können (1) nur die Einkommensbezieher jeweils für sich belastet werden; (2) die Einkommensbezieher eines Haushalts oder einer Familie zusammen veranlagt werden, d. h. es wird auf die Summe der Teileinkommen abgestellt; (3) die Gesamteinkommen bei Splitting unter Einbeziehung nur der Ehepartner belastet werden; (4) die Gesamteinkommen bei Splitting unter Einbeziehung der Ehepartner und der übrigen Haushaltsmitglieder (Kinder) besteuert werden. Dann ergeben sich folgende Alternativen[2] für die Ehegattenbesteuerung E (y_1, y_2):

(16-2) Individualbesteuerung $I(y_1, y_2) = T(y_1) + T(y_2)$
(16-3) Haushaltsbesteuerung $H(y_1, y_2) = T(y_1 + y_2)$
(16-4) Ehegattensplitting $S(y_1, y_2) = 2T[(y_1 + y_2)/2]$
(16-5) Vollsplitting[3] $V(y_1, y_2) = 3T[(y_1 + y_2)/3]$

Hierbei bezeichnet T (y) den geltenden Individualsteuertarif.

b) Individualbesteuerung

Die erste Besteuerungsmöglichkeit stellt auf die Einkommens**entstehung** ab, d. h. auf das, was die **einzelnen** Haushaltsmitglieder verdienen. Sie bewirkt keine horizontale Gleichbehandlung von Familien unterschiedlicher Zusammensetzung, ist aber **familienstandsneutral**, d. h. es ist gleichgültig, welche Beziehung zwischen den Haushaltsmitgliedern besteht. Sofern diese in der Lage sind, Einkommensteile auf andere Familienmitglieder zu verlagern, kann hierdurch (bei progressivem Tarif) die Gesamtsteuerschuld gesenkt werden. Ansonsten ist die Steuerschuld in den Fällen I und II gleich und größer als bei III und IV, die auch eine gleiche Steuerbelastung aufweisen.

---

[1] Vgl. Musgrave/Musgrave/Kullmer 2, 1979, S. 127 ff.
[2] Vgl. Homburg 1997, S. 91/92.
[3] Annahme: zwei Kinder, Splittingfaktor 1/2 je Kind.

c) Haushaltsbesteuerung

Die zweite Form ist der o. g. Fall der **Haushaltsbesteuerung**. Die Verteilung der Einkommen auf die Haushaltsmitglieder spielt keine Rolle; die Steuerlast kann nicht durch Einkommensumschichtungen innerhalb des Haushalts verändert werden. Hier wird unter dem Aspekt der Ehe als auf Dauer angelegter Lebens- und Wirtschaftsgemeinschaft auf die gemeinsame Einkommens**verwendung** abgestellt. Wenn die Teileinkommen in einen Topf geworfen und gemeinsam verwendet werden, mag diese Form der Besteuerung adäquat sein. Nur wirkt sie ehestandsfeindlich. Ein progressiver Tarif wirkt bei Zusammenlegung von Einkommensbeziehern nachteilig auf die Gesamtbelastung: Offenbar werden zwei Personen mit einem Einkommen z. B. von jeweils 40 000 DM bestraft, wenn sie verheiratet sind: In diesem Fall sind 80 000 DM zu versteuern, die Steuerschuld ist höher als bei der Summe der Steuerschulden aus 2 x 40 000 DM. Eine solche Situation bestand in der Bundesrepublik, bis das Bundesverfassungsgericht 1957 die sog. **Haushaltsbesteuerung** für nichtig erklärte, bei der die Einkünfte von Ehegatten als Einheit behandelt wurden.

Nach Auffassung des Bundesverfassungsgerichts (1957) durchbreche die Zusammenveranlagung von Ehegatten den „Grundsatz der Individualbesteuerung" zum Nachteil der im Ehestand Lebenden und stelle insofern „einen störenden Eingriff in die Ehe" dar. Allerdings sei Zusammenveranlagung nur verfassungswidrig, wenn „die Ehegatten durch die Zusammenveranlagung angesichts des auf die wirtschaftliche Leistungsfähigkeit des Einzelnen hin angelegten progressiven Steuertarifs im wirtschaftlichen Ergebnis schlechter gestellt werden als andere Personen".

Man mag einwenden, dass gemeinsames Wirtschaften mehr Konsummöglichkeiten eröffnet als isoliertes Wirtschaften von Einzelpersonen mit gleichem Gesamteinkommen („economies of scale in consumption"). Nur spricht dieses Argument für eine besondere steuerliche Behandlung **gemeinsamer Haushaltsführung,** nicht hingegen für die höhere Belastung des Ehestandes.

In den Fällen I-IV im Beispiel oben tritt die gleiche Belastung ein. Dies mag in den Fällen II-IV gegenüber I unbefriedigend, d. h. als Verstoß gegen die Leistungsfähigkeit, erscheinen, weil mehr Personen das Einkommen verwenden. Es wird mit anderen Worten Ungleiches gleichhoch belastet.

d) Ehegatten-Splitting

Dem **(Ehegatten-)Splitting** liegt der Gedanke zugrunde, dass die Ehe in jeder Beziehung eine vollständige wirtschaftliche Einheit sei (Art. 3, Art. 6 GG). Dieser Grundsatz entspricht den Regelungen der gemeinsamen Verpflichtung der Ehegatten zum Unterhalt der Familie beizutragen (§ 1360 BGB), der Zugewinngemeinschaft (§ 1378 BGB), der Aufteilung der Rentenansprüche (§ 1587 BGB), der Wirkung von Verträgen im Zusammenhang mit der gemeinsamen Lebensführung (einschließlich Schuldenbelastung) auf beide Ehepartner, auch wenn die Verträge nur von einem abgeschlossen werden (§ 1357 BGB) und der Verfügungsbeschränkung über das Vermögen des Einzelnen (§ 1365 BGB).

Beim Splitting-Verfahren werden die Einkommen der Ehegatten zusammengefasst. Auf die Hälfte des Gesamteinkommens beider Personen wird dann der Steuertarif angewendet und der so ermittelte Steuerbetrag verdoppelt. Der sog. Splittingfaktor beträgt in diesem Fall 2. Das Splitting-Verfahren vereinigt Elemente der Haushaltsbesteuerung in der Zusammenveranlagung und der getrennten Steuerberechnung in der Aufteilung des Einkommens. Die Steuerschuld eines alleinstehenden Steuerpflichtigen (Fall I) ist höher als diejenige eines Ehepaares mit demselben Gesamteinkommen (Fälle II bis IV). Unabhängig davon, ob beide Ehegatten Einkommen beziehen, verdoppelt sich infolge des Splittingeffekts der allgemeine Grundfreibetrag. Auf die Ehe scheint eine Prämie in Form eines Steuerdifferenzials im Vergleich zu unverheiratet Zusammenlebenden gewährt zu werden, wenn diese unterschiedlich hohe Teileinkommen haben. **Dieser Schluss erweist sich aber dann als falsch, wenn man den oben beschriebenen Rechtsrahmen berücksichtigt, dem das Splitting folgt und so für eine Konsistenz der sozialen Wertungen sorgt.** Will man eine Gesamteinkommensbesteuerung und Heiratsneutralität, so ist das Splitting der einzige Ehegattentarif, der diese Bedingungen erfüllt[1].

Die Wirkung des Splitting im Vergleich zur Einzelveranlagung fällt bei direkter Progression um so größer aus, je höher das Gesamteinkommen ist **und** je stärker die Teileinkommen auseinanderfallen.

e) Vollsplitting

Beim sog. **Vollsplitting** geht man zur Besteuerung des Haushaltseinkommens über das Ehegatten-Splitting hinaus und berücksichtigt auch Kinder als Haushaltsmitglieder. Sie können mit gleichem Gewicht wie Erwachsene oder aber mit einem Teilfaktor (z.B. 1/3, d. h. drei Kinder werden wie ein Erwachsener gerechnet) gewichtet werden. Da Aufwendungen für Kinder mit ihrem Alter zunehmen, kann der Faktor auch altersabhängig verändert werden. Mit steigendem Gesamteinkommen steigt die Minderung der Steuerbelastung. Das mag die Beschränkung auf einen bestimmten Einkommensbereich nahe legen. Dem steht möglicherweise ein Anspruch auf standesgemäßen Unterhalt entgegen.

f) Unterschiedliche internationale Regelungen

In der Bundesrepublik besteht seit 1958 ein **Wahlrecht zwischen getrennter Veranlagung und Zusammenveranlagung nach dem Ehegatten-Splittingverfahren.** In den USA wird ein gegenüber der Bundesrepublik modifiziertes und eingeschränktes Splitting, in Großbritannien eine Zusammenveranlagung mit jährlich neu festgesetzten

---

[1] Siehe hierzu ausführlich Homburg 1997, S. 91-97.

Freibeträgen und in Frankreich das Familiensplitting unter Einschluss der Kinder durchgeführt. Letztlich hängt jede Wahl der Besteuerungseinheit von Werturteilen und insbesondere von Haltungen im Hinblick auf die Rolle der Familie in der Gesellschaft ab.

g) Die Berücksichtigung von Kindern

Die steuerliche Behandlung der Kinder ist umstritten. Geht man davon aus, dass bis zu einer bestimmten Einkommenshöhe **(Grundfreibetrag)**[1] noch keine steuerliche Leistungsfähigkeit gegeben ist, so wird jede Erhöhung der Zahl der Familienmitglieder, z. B. durch die Geburt eines Kindes, diese Grenze offenbar erhöhen müssen. Solange Eltern Kinder versorgen müssen, „ist die Gewährung eines Freibetrags bei Kindern im Grunde weniger strittig als bei der Ehefrau, die jedenfalls prinzipiell ihre Existenz selbst sichern könnte" (Dinkel 1987, S. 94). Die steuerliche Leistungsfähigkeit beginnt dann erst mit Überschreiten des höheren Betrags.

So kommt es zu Einkommensäquivalenten und zu einer **horizontalen Gleichbehandlung** von Steuerpflichtigen mit und ohne Kinder. Die Minderung im zu versteuernden Einkommen bei Berücksichtigung von Kindern führt bei höheren Einkommen und progressivem Tarif zu stärkeren Steuerentlastungen als bei niedrigeren Einkommen. Das wäre aber auch sonst der Fall, wenn die steuerliche Leistungsfähigkeit sinkt. Es ist die Kehrseite der mit steigendem Grenzsteuersatz erfolgenden zu hohen Besteuerung, wenn die Abzugsfähigkeit leistungsfähigkeitsmindernder Belastungen nicht gegeben ist. Sobald andererseits die Kinder nicht mehr abhängig sind, erhöht sich die steuerliche Leistungsfähigkeit und führt mit steigenden Grenzsteuersätzen zu höheren Belastungen (Brannon/Morss 1973).

Ein Steuer**kredit**, bei dem ein für alle gleicher Abzug von der Steuerschuld vorgenommen wird, hat hingegen bei dieser Interpretation - ebenso wie das Kindergeld[2] - **nichts mit der Besteuerung nach der Leistungsfähigkeit** zu tun (so vage sie auch immer bestimmt werden kann). Vielmehr sollen hierdurch bestimmte Tatbestände oder Einkommensverwendungen privater Mittel gefördert werden. Die Besteuerung nach der individuellen Leistungsfähigkeit setzt die Berücksichtigung aller persönlichen Umstände **vor** Anwendung des Einkommensteuertarifs voraus. Zur Realisierung anderer Zielsetzungen können auch Abzüge von der Steuerschuld oder offene Transfers gewählt werden.

In Deutschland werden zurzeit Kinderfreibetrag und steuerliches Kindergeld[3] kombiniert. Die Auszahlung des steuerlichen Kindergeldes erfolgt entweder über die Arbeitgeber oder

---

[1] Zur Problematik des „Grundfreibetrags" im deutschen Einkommensteuerrecht siehe Kapitel 14.2f.
[2] Ein absolut gleiches Kindergeld ist für höhere Einkommen spiegelbildlich zum Kinderfreibetrag zu sehen. Da das Kindergeld netto geleistet wird, müsste mit steigender Tarifbelastung ein entsprechend höherer Bruttobetrag erwirtschaftet werden.
[3] Im Jahre 2000 für die ersten beiden Kinder jeweils 240 DM pro Monat, 340 DM für das dritte und 380 DM ab dem vierten Kind.

über die Familienkassen zu Lasten des Lohnsteueraufkommens. Neben dem steuerlichen Kindergeld, das im Einkommensteuergesetz geregelt ist, gibt es noch ein (Rest-)Kindergeld für bestimmte Personengruppen (u. a. nicht unbeschränkt steuerpflichtige Personen) nach dem Bundeskindergeldgesetz.

4. Die Erhebungsformen der Einkommensteuer

Die Einkommensteuer wird grundsätzlich nach dem Einkommen veranlagt, das der Steuerpflichtige in dem jeweiligen Kalenderjahr bezogen hat. **Veranlagung** ist das Verfahren, in dem die zu zahlende Einkommensteuer festgesetzt wird. Hierzu muss der Steuerpflichtige eine Steuererklärung abgeben. Auf der Grundlage dieser Angaben setzt das Finanzamt durch Bescheid die Steuer fest. Nicht in allen Fällen, in denen die Einkommensteuer festgesetzt wird, findet eine Veranlagung statt. Bei Arbeitnehmern entfällt sie z. B., wenn deren lohnsteuerpflichtige Einkommen 27 000 DM bei Ledigen bzw. 54 000 DM bei Verheirateten nicht überstiegen und keine anderen Einkünfte von mehr als 800 DM bezogen wurden. Bei langer Geltung solcher Einkommensgrenzen wachsen immer mehr Lohnsteuerpflichtige in die Veranlagungspflicht.

Auf die Lohneinkünfte wird das **Quellenabzugsverfahren** angewendet. Hier wird die **Lohnsteuer** vom Arbeitgeber, d. h. direkt an der Steuerquelle, einbehalten und an das Finanzamt abgeführt. Die Arbeitnehmer erhalten nur die um die Lohnsteuer (und andere gesetzliche Abzüge) gekürzten Löhne und Gehälter. Die Lohnsteuer ist keine selbständige Steuer, sondern eine **Erhebungsform** der Einkommensteuer.

Daher entsprechen die Lohnsteuertabellen grundsätzlich den Einkommensteuertabellen. Jedoch sind in den Lohnsteuertabellen bereits Arbeitnehmerfreibetrag, Werbungskostenpauschbetrag, Sonderausgabenpauschbetrag, Vorsorgepauschbetrag und Haushaltsfreibetrag berücksichtigt. Die Lohnsteuertabellen sind ferner nach Familienstand und Zahl der Kinder nach sechs Steuerklassen eingeteilt. Bei Beamten, Richtern u. ä. wird eine besondere Lohnsteuertabelle wegen geringerer Vorsorgepauschale angewendet.

Eine weitere Erhebungsform der Einkommensteuer ist die **Kapitalertragsteuer**. Steuerobjekt sind verschiedene im Einkommensteuergesetz abschließend aufgezählte Gruppen von Kapitalerträgen. Dividenden, Erträge aus GmbH- und Genossenschaftsanteilen u. a. unterliegen dem Steuerabzug von 25 %. Kapitalerträge z. B. aus Anleihen werden mit 30 % („Zinsabschlag") belastet[1].

---

[1] Allerdings kann von den Stellen, die den Abzug vornehmen, jeweils ein „Freistellungsauftrag" erteilt werden. Insgesamt können (ab 2000) maximal für 3 100 DM aus dem „Sparerfreibetrag" (3 000 DM) und der Werbungskostenpauschale (100 DM) Kapitalerträge ohne Abzüge ausgezahlt werden.
Historisch ist von Interesse, dass Kapitalerträge bei immer bestehender Einkommensteuerpflicht unterschiedlich dem Quellabzug unterworfen wurden. Hintergrund für die wechselnde Behandlung ist der Konflikt zwischen Gleichmäßigkeit der Besteuerung und Gefahr der Kapitalflucht (vgl. auch das 21. Kapitel).

Bei ausländischen Kapitaleigentümern bewirkt die Abgabe eine endgültige Steuerbelastung, solange nicht Doppelbesteuerungsabkommen zwischen den Ländern vereinbart sind (vgl. Kapitel 14).

Auch die Kapitalertragsteuer diskriminiert dadurch, dass die verschiedenen Formen der Kapitalerträge (wenn auch bezogen auf die Einkommensteuer nur vorrübergehend) mit unterschiedlichen Sätzen belastet werden.

Die durch Quellenabzug erhobenen Formen der Einkommensteuer (Lohnsteuer, Kapitalertragsteuer) und die anrechenbare Körperschaftsteuer (vgl. Kapitel 17.3) werden auf die Steuerschuld in der Veranlagung zur Einkommensteuer angerechnet.

Die Begründung für den Quellenabzug wird mit der Kontrolle dieser Einkünfte und der schnellen Reaktion auf Änderungen des steuerpflichtigen Tatbestands gegeben. Dies ist u. a. unter stabilitätspolitischen Zielsetzungen zweckmäßig. Sofern der Steuerpflichtige nur Löhne bezieht, entspricht die Lohnsteuer seiner Einkommensteuerschuld, eine Nachrechnung wäre - von den o. g. Veranlagungsgrenzen abgesehen - nicht erforderlich. Tatsächlich nimmt aber die Mehrzahl aller nicht veranlagten Lohnsteuerpflichtigen die Möglichkeit wahr, über die Abgabe der Einkommensteuererklärung ggf. zu einer **Erstattung** zu kommen. Sie ist dann zu erwarten, wenn sich z. B. während des Kalenderjahres die Steuerklasse geändert hat oder die tatsächlichen Werbungskosten, Sonderausgaben und außergewöhnlichen Belastungen höher als die berücksichtigten Freibeträge waren. Die veranlagte Einkommensteuer ist ihrer genauen Höhe nach erst mit Festsetzung des Steuerbescheids fällig.

Die Bearbeitung der Steuererklärung dauert oft mehrere Jahre. Daher müssen, um eine Gleichbehandlung mit dem Quellenabzug zu gewährleisten, **Einkommensteuervorauszahlungen** geleistet werden. Diese beruhen auf einem Vorauszahlungsbescheid des Finanzamts, der sich nach der voraussichtlichen Jahressteuerschuld richtet und zur vierteljährlichen Zahlung auf die Einkommensteuer verpflichtet. Dennoch kommt es häufig zu einem Liquiditäts- und Zinsvorteil der Einkommensteuerpflichtigen gegenüber den Lohnsteuerpflichtigen, weil sich **praktisch** in den meisten Fällen die Vorauszahlungen nach der letzten, im Durchschnitt zwei Jahre zurückliegenden Veranlagung richten. Je stärker die Einkommen steigen, um so größer wird die Differenz zwischen endgültiger Steuerschuld und Vorauszahlungen. So enthält das Aufkommen an Einkommen- und Körperschaftsteuer zu einem erheblichen Teil verspätete Abschlusszahlungen[1].

Wenn die Zahlung zu hoher Steuern nicht vom Finanzamt, die Zahlung zu niedriger Steuern nicht vom Steuerpflichtigen verzinst wird, kommt es zu Ungleichbehandlungen. Um eine gewisse Neutralität der Besteuerung zu erreichen, erscheint daher eine generelle **Selbstveranlagung mit Vollverzinsung der Über- bzw. Unterzahlung**

---

[1] Diese tragen bei ungleicher Entwicklung zum Teil erheblich zu den Fehlern der Steuerschätzung bei.

vorstellbar[1]. Dabei sind die Aspekte der Steuervereinfachung und -gerechtigkeit gegeneinander abzuwägen. Die Vollverzinsung besteht in der Bundesrepublik seit 1990.

Problematisch sind insbesondere die Wahl des Zinssatzes (EStG 1990: 0,5 % pro Monat) und der Zeitraum für die Zinsberechnung. Die Verzinsung setzt erst mit einer Karenzzeit von 15 Monaten ein und endet spätestens nach weiteren vier Jahren. Eine Benachteiligung der dem Quellensteuerabzug unterliegenden Einkommen ist damit nicht beseitigt.

5. Ergebnisse der Einkommensteuerstatistik

Tab. 16-1 zeigt, dass in den letzten Jahren über 95 % des Einkommensteueraufkommens an der Quelle abgezogen wurden. Dieser Anteil vergrößert sich noch, wenn die Körperschaftsteuer auf die ausgeschütteten Gewinne der Kapitalgesellschaften hinzugerechnet wird.

Tab. 16-1 Das Aufkommen der Erhebungsformen der Einkommensteuer

Jahr	Lohnsteuer		Kapitalertragsteuer[1]		Veranlagte Einkommensteuer		insgesamt	
	Mrd. DM	%	Mrd. DM	%	Mrd. DM	%	Mrd. DM	%
1960	8,1	45,3	0,8	4,5	9,0	50,3	17,9	100
1965	16,7	50,8	1,4	4,3	14,8	45,0	32,9	100
1970	35,1	66,1	2,0	3,8	16,0	30,1	53,1	100
1975	71,2	70,2	2,2	2,2	28,0	27,6	101,4	100
1980	111,6	73,1	4,2	2,8	36,8	24,1	152,6	100
1985	147,6	80,9	6,2	3,4	28,6	15,8	182,4	100
1990	181,1	79,3	10,8	4,7	36,5	16,0	228,4	100
1995[1]	282,7	86,6	29,7	9,1	14,0	4,3	326,4	100
1997	248,7	88,6	26,1	9,3	5,8	2,1	280,6	100
1998	258,3	87,9	24,6	8,4	11,1	3,7	294,0	100

[1] Einschließlich des ab 1993 erhobenen Zinsabschlages.

Quelle: Bundesministerium der Finanzen, Finanzbericht 1997, Tab. 11/12, 2000, Tab. 12; eigene Berechnungen.

Die Aussagekraft der Lohn- und Einkommensteuerstatistik ist allerdings eingeschränkt. Sie bezieht sich nicht auf zwei isolierte Abgaben. Führt z. B. die Veranlagung von Arbeitnehmern zu Erstattungen, so mindern diese Erstattungsbeträge das nachgewiesene Aufkommen der veranlagten Einkommensteuer. Andererseits müssen gewährte Arbeitnehmersparzulagen, die zunächst das Lohnsteueraufkommen kürzen, bei Überschreiten der im Gesetz vorgesehenen Einkommensgrenzen zurückgezahlt werden. Diese Rückzahlungen werden dem Aufkommen der veranlagten Einkommensteuer zugerechnet.

---

[1] Zur Verzinsung im deutschen Steuerrecht siehe Dickertmann (1988), ihre Problematik wird durch die Kommission Vollverzinsung (1987) behandelt.

Die Einkommensteuerstatistik weist die kassenmäßig vereinnahmten Beträge (in Form von Vorauszahlungen, Abschluss- und Nachzahlungen, Säumniszuschlägen u. a.) ohne periodengerechte Abgrenzung nach dem für ihr Entstehen rechtlich-kausalen Zeitabschnitt nach (Fuß 1977, S. 618). Das Aufkommen der veranlagten Einkommensteuer ist immer Restgröße. Da der progressive Einkommensteuertarif auf das gesamte zu versteuernde Einkommen abstellt, kann die Steuer weder im Einzelfall noch makroökonomisch den verschiedenen, zum Teil negativen Einkunftsarten zugerechnet werden.

Tab. 16-2 machen deutlich, dass das Steueraufkommen entscheidend davon abhängt, in welchem Tarifbereich die Masse der Einkommensbezieher liegt. So haben Entlastungen im unteren Einkommensbereich nur geringe Auswirkungen auf den Gesamtbetrag der Einkünfte und auf die bei Anwendung des Steuertarifs resultierende Steuerschuld.

Für das Jahr 1995 (1992) zeigt die Lohn- und Einkommensteuerstatistik[1], dass bei rund 52 (57) % der Lohn- und Einkommensteuerpflichtigen der Gesamtbetrag der Einkünfte unter 50 000 DM, bei weiteren 35 (33) % zwischen 50 000 und 100 000 DM lag. Die Gruppe mit Einkünften ab 100 000 DM machte 12 (10) % der Steuerpflichtigen aus, auf sie entfielen aber 35 (32) % der Einkünfte und 51 (19) % der Steuerschuld. Der Gesamtbetrag der Einkünfte pro Steuerpflichtigen betrug 59 610 (56 257) DM, das durchschnittliche verfügbare Einkommen 46 869 (45 841), die durchschnittliche Steuerbelastung 10 300 (10 000) DM.

6. Der Tarif der deutschen Einkommensteuer

a) Der Aufbau

Die Belastung mit Einkommensteuern hängt neben der Bemessungsgrundlage vom Steuertarif ab. Beide waren Gegenstand vielfacher Änderungen. Abb. 16-1 zeigt die Grenz- und Durchschnittssteuerbelastung im Jahre 1999. Für 2000 wurden bereits der Eingangssteuersatz auf 22,9 % und der Höchststeuersatz auf 51,0 % gesenkt. Ferner wurde beschlossen, den Eingangssteuersatz bis zum Jahre 2005 auf 15 % und der Spitzensteuersatz auf 42 % zu senken. Die folgende Übersicht zeigt – ausgehend von 1999 und 2000 – die Tarifmerkmale für die beschlossene weitere Entwicklung:

Jahr	Grundfreibetrag	T' (Eingang)	T' (Spitze)	ab zu verst. Einkommen von
1999	13 067	25,9	53,0	120 042
2000	13 499	22,9	51,0	114 696
2001	14 093	19,9	48,5	107 568
2003	14 525	17,0	47,0	102 176
2005	15 011	15,0	42,0	102 000

---

[1] Der Umstand, dass die Angaben für 1995 Ergebnisse der jüngsten Lohn- und Einkommensteuerstatistik sind (Ende 1999 veröffentlicht), zeigt, wie lange man auf entsprechende amtliche Daten warten muss. Zur Erklärung siehe Wirtschaft und Statistik 6/2000. Die Angaben für 1999 sind entnommen aus Statistisches Bundesamt, Fachserie 14, Reihe 7.1, 1995.

16. Kapitel: Die Einkommensteuer

Tab. 16-2 Lohn- und Einkommensteuerpflichtige 1995
Ergebnisse der Lohn- und Einkommensteuerstatistik[1]

Gegenstand der Nachweisung		Steuerpflichtige		Gesamtbetrag der Einkünfte		Zu versteuerndes Einkommen			
		Anzahl	%	Mrd. DM	%	Stpfl.	%	Mill. DM	%
Gesamtbetrag der Einkünfte von ... bis unter ... DM									
1	- 5 000	1 145 008	4,1	2 954	0,2	1 144 878	4,1	1 408	0,1
5 000	- 10 000	1 274 868	4,6	9 680	0,6	1 274 831	4,6	5 284	0,4
10 000	- 15 000	1 489 169	5,4	18 585	1,1	1 489 126	5,4	10 928	0,8
15 000	- 20 000	1 309 984	4,7	22 810	1,4	1 309 923	4,7	13 574	1,0
20 000	- 25 000	1 227 877	4,4	27 624	1,7	1 227 792	4,4	16 978	1,3
25 000	- 30 000	1 333 681	4,8	36 714	2,2	1 333 615	4,8	24 184	1,9
30 000	- 40 000	3 136 635	11,3	110 401	6,9	3 138 464	11,3	79 304	6,1
40 000	- 50 000	3 619 401	13,1	162 869	9,9	3 619 214	13,1	120 383	9,3
50 000	- 60 000	3 105 688	11,2	170 061	10,3	3 106 542	11,2	126 618	9,8
60 000	- 75 000	3 262 768	11,8	217 927	13,2	3 252 707	11,8	167 914	12,9
75 000	- 100 000	3 383 398	12,2	291 389	17,7	3 383 369	12,2	233 085	18,0
100 000	- 250 000	3 126 897	11,3	420 419	25,5	3 126 866	11,3	353 189	27,2
250 000	- 500 000	207 672	0,8	68 629	4,2	207 664	0,8	61 343	4,7
500 000	- 1 Mill.	49 031	0,2	32 752	2,0	49 028	0,2	29 884	2,3
1 Mill.	- 2 Mill.	13 820	0,0	18 659	1,1	13 817	0,0	17 185	1,3
2 Mill.	- 5 Mill.	5 249	0,0	15 461	0,9	5 249	0,0	14 375	1,1
5 Mill.	- 10 Mill.	1 247	0,0	8 458	0,5	1 245	0,0	7 854	0,6
10 Mill.	oder mehr	688	0,0	14 801	0,9	685	0,0	13 976	0,1

noch Tab. 16-2

Gegenstand der Nachweisung		Durchschn. Gesamtbetrag der Einkünfte	Durchschn. Steuerbelastung	Steuerbelastungsquote	Durchschnittssteuersatz
		DM	DM	%	%
Gesamtbetrag der Einkünfte von ... bis unter ... DM					
1	- 5 000	2 800	0	0,5	1,1
5 000	- 10 000	7 600	100	1,0	1,8
10 000	- 15 000	12 500	300	2,1	3,6
15 000	- 20 000	17 400	800	4,3	7,2
20 000	- 25 000	22 600	1 500	6,5	10,6
25 000	- 30 000	27 500	2 300	8,3	12,5
30 000	- 40 000	35 200	3 800	10,7	14,9
40 000	- 50 000	45 000	5 500	12,3	16,7
50 000	- 60 000	45 800	7 200	13,2	17,7
60 000	- 75 000	67 000	9 700	14,4	18,7
75 000	- 100 000	86 100	13 800	15,1	20,1
100 000	- 250 000	134 500	27 800	20,7	24,6
250 000	- 500 000	330 500	109 700	33,2	37,1
500 000	- 1 Mill.	668 000	263 600	39,5	43,2
1 Mill.	- 2 Mill.	1 350 200	580 900	41,5	45,1
2 Mill.	- 5 Mill.	2 945 600	1 236 400	42,0	45,1
5 Mill.	- 10 Mill.	6 783 000	2 279 900	41,0	44,1
10 Mill.	oder mehr	21 576 400	701 500	40,3	42,7

[1] Für unbeschränkt steuerpflichtige natürliche Personen; mit Einkommen veranlagt 24 274 337.
[2] (Festgesetzte Einkommensteuer/Gesamtbetrag der Einkünfte) · 100
[3] (Festgesetzte Einkommensteuer/zu versteuerndes Einkommen) · 100

Quelle: Statistisches Bundesamt, Fachserie 14, Reihe 7.1, Lohn- und Einkommensteuer 1995, S. 14-17.

Abb. 16-1 Der Einkommensteuertarif 1999 und Veränderungen am Tarifverlauf bis 2005

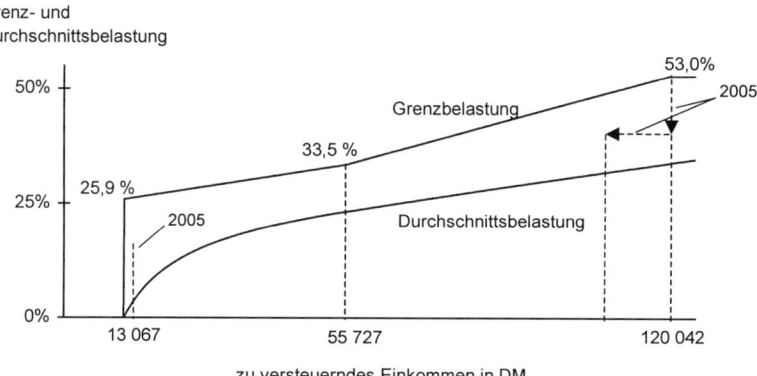

Aus Abb. 16-1 wird deutlich, dass infolge der Erhöhung des Grundfreibetrags einerseits und andererseits der Absenkung in der Höhe des zu versteuernden Einkommens, bei dem der höchste Grenzsteuersatz beginnt, die Spanne der direkten Progression sich stark verkürzt. Die Abbildung zeigt auch die langfristig für verschiedene Tarife gemeinsamen Merkmale: (1) Grundfreibetrag; (2) Zone(n) der direkten Progression und (3) konstanter Grenzsteuersatz ab einer bestimmten Einkommenshöhe.

Ein Grundfreibetrag wird damit begründet, dass (1) es verwaltungsmäßig einfacher sei, geringe Einkommen bis zu einer bestimmten Grenze nicht zu erfassen, und (2) ein gewisser Minimal-Betrag zur Sicherung eines (sozialkulturellen) Existenzminimums steuerfrei gelassen werden sollte. Das Existenzminimum gehört zu den allgemein akzeptierten Bestandteilen der modernen Einkommensbesteuerung. Allerdings ist seine Höhe politisch gestaltbar. Der Grundfreibetrag der deutschen Einkommensteuer ist nicht mit den Sozialhilfesätzen abgestimmt[1]. Er muss laut Beschluss des Verfassungsgerichts der allgemeinen Einkommens- und der Preisniveauentwicklung angepasst werden.

Bereits der Grundfreibetrag bewirkt, dass der Tarif ein gewisses Maß an **indirekter Progression** enthält. Faktisch setzt die Steuer wegen der zur Verwaltungsvereinfachung eingeführten Pauschalbeträge sogar erst bei einem über dem Grundfreibetrag liegenden Einkommen ein. Bemerkenswert ist auch, dass der einzige größere Sprung in der Grenzsteuerbelastung (von 0 auf 25,9 %) beim Überschreiten des Grundfreibetrags erfolgt; daraus resultiert der zunächst starke Anstieg im Durchschnittssteuersatz. Der Durchschnitts- und der Grenzsteuersatz sind im Bereich des Grundfreibetrags gleich Null. Bei darüber liegenden Einkommen gilt stets T' > τ.

---

[1] Zur Frage, welche Probleme dabei zu beachten sind, siehe Hackmann 1994.

Seit 1995 ist ein „Solidaritätszuschlag" auf die Einkommensteuerschuld in Höhe von derzeit (2000) 5,5 % zu zahlen, wodurch z. B. der maximale Grenzsteuersatz über 53 % hinausreicht[1].

b) Begründungen für den progressiven Tarif

Die Wahl des Steuertarifs lässt sich nicht wissenschaftlich begründen. Sie ist eine rein politische Entscheidung.

Zur Begründung der Progression wird vor allem angeführt, dass mit steigendem Einkommen die Leistungsfähigkeit überproportional zunimmt. So wird die Leistungsfähigkeit in der Praxis weitgehend als brauchbare Grundlage der Besteuerung angesehen. Ein bestimmter (hier von Interesse: progressiver) Steuertarif kann aber aus der Leistungsfähigkeit (ebenso wie aus dem Äquivalenzprinzip) nicht abgeleitet werden. Eine in diesem Zusammenhang wichtige Frage ist weiter, ob der Tarif unter Berücksichtigung einer anzustrebenden **Gesamtbelastung** mit Steuern (ggf. unter Einschluss der Transfers) oder nur hinsichtlich einer Steuer festzusetzen ist.

Für die Wahl des progressiven Tarifs dürften vor allem verteilungspolitische Gründe maßgeblich sein. Allerdings ist nicht klar erkennbar, welche Vorstellungen von Belastbarkeit, Umverteilung u. ä. die Entscheidungsträger haben. Die angestrebte Umverteilung über den Einkommensteuertarif kommt nur unvollständig zum Ausdruck, weil für ihre Beurteilung insbesondere die auf mehreren Zielen beruhenden Differenzierungen bei der Ermittlung des steuerpflichtigen Einkommens zu beachten sind. Unter verteilungspolitischen Aspekten wird auch auf den Umstand verwiesen, dass wachsende Einkommen die Vermögensbildung erleichtern und weitere Einkommenssteigerungen ermöglichen, was die Konzentration verstärken dürfte. Progressiv gestaltete Steuern lassen sich als ein Beitrag zur sozialen Sicherheit und Zufriedenheit interpretieren, wenn sie zu einer Verringerung der Einkommensunterschiede beitragen (oder zumindest den Anschein erwecken) und ggf. den Neidkomplex reduzieren[2] (Bös/Tillmann 1984). Ob dieses Ziel tatsächlich erreicht wird, hängt neben der Gestaltung des Steuertarifs und der Bemessungsgrundlage (darunter von der Zahl der Tax expenditures) wesentlich von den Reaktionen der Besteuerten ab. Steuervergünstigungen ermöglichen es, zum Abbau des Neidkomplexes hohe nominale Grenz- und Durchschnittssteuersätze eines progressiven Tarifs zu haben, gleichzeitig aber aus allokativen Gründen hohe effektive Sätze zu vermeiden. Die Differenz zwischen den nominellen und effektiven Sätzen stellt letztlich die Diskrepanz zwischen dem Typ einer Einkommensteuer dar, die die Gesellschaft glaubt haben zu sollen und der, die sie tatsächlich bereit ist zu haben.

---

[1] Die Bezeichnung „Solidaritätszuschlag" ist ein Beispiel für die schöpferische und irreführende Bezeichnung, die bei Steuergesetzen gängige Praxis ist. Es handelt sich um eine in Gesamtdeutschland, also nicht nur in den alten Bundesländern erhobene Abgabe.
[2] Der Neid dürfte allerdings vielfach von Vertretern interessierter Gruppen - z. B. Politikern, Medien - bewusst erzeugt oder verstärkt werden, wobei die Vertreter in der Regel selbst zu den Beziehern höherer Einkommen gehören.

Gerade im Hinblick auf die Verteilungswirkungen ist die bereits angesprochene Abstimmung mit den übrigen Steuern/Transfers von Bedeutung. Teilweise wird der progressive Einkommensteuertarif damit begründet, dass er regressive Wirkungen anderer Abgaben (z. B. der indirekten Steuern) kompensieren solle, um so etwa zu einer proportionalen Gesamtsteuerbelastung zu kommen. Ferner wird die Progression mit stabilitätspolitischen und fiskalischen Argumenten begründet.

Progression bedeutet immer Umverteilung und wird so bei jeder Festlegung erhebliche politische Kosten hervorrufen, weil einige Gruppen möglichst wenig belastet werden wollen, daher andere aus deren Sicht natürlich stärker getroffen werden sollen. Während bei proportionaler Belastung (und Grundfreibetrag) nur über einen Satz zu entscheiden ist, muss bei Progression auch die relative Belastung verschiedener Steuerpflichtiger festgelegt werden, was zusätzlicher Gegenstand der politischen Auseinandersetzung ebenso wie bei Freibeträgen und verschiedenen Formen von Vergünstigungen sein kann.

c) Progressiver Tarif und Inflation

Für die Beurteilung des Steuertarifs ist von Bedeutung, welche Belastungen er bei nominalem und/oder realem Wachstum hervorruft. Eine auf dem **Nominalprinzip** beruhende Einkommensteuer belastet jede nominelle Einkommenssteigerung ΔY mit dem progressiven Tarif, also auch, wenn $\Delta Y_{real} \leq 0$. Dann nimmt die Steuerbelastungsquote zu („kalte Progression"). Fixe Freibeträge und Pauschbeträge können ihre Funktion nicht mehr wahrnehmen. Aber auch der Anstieg der Grenzsteuersätze ist, selbst wenn er nur die im Zuge realen Wachstums steigenden Einkommen trifft, nicht unproblematisch. In beiden Fällen werden die für eine bestimmte Gesamteinkommenssituation konzipierten Tarife zu anderen Verteilungsstrukturen der Einkommen (Y - T) führen können, als dies möglicherweise ursprünglich gewollt war: Bei steigendem Einkommen und gleichbleibendem Tarif gilt nach bestimmter Zeit der höchste Grenzsteuersatz praktisch für alle Steuerzahler. Bis dahin fällt die Zunahme des Durchschnittssatzes um so geringer aus, je höher die Einkommensbezieher im Bereich der mit dem Spitzengrenzsteuersatz belasteten Einkommen liegen.

Dieser Problematik kann Rechnung getragen werden durch
- **diskretionäre Steuersenkungen**. Die Milderung des stets automatisch wiedereinsetzenden Hineinwachsens in höhere Progressionsbereiche wird als parteipolitischer Erfolg gebucht[1]. Gleichzeitig können die Maßnahmen auf bestimmte Regionen, Personen oder Sektoren konzentriert werden.

---

[1] So wurden die Veränderungen der Lohn- und Einkommensteuer von 1986, 1988 und 1990 als „Reformen" bezeichnet, obwohl weitgehend nur Tarifänderungen vorgenommen wurden, die die in mehreren Jahren angefallenen inflationsbedingten Steuererhöhungen teilweise ausglichen. Eine umfassende Korrektur der Bemessungsgrundlage erfolgte nicht. Ansätze zu einer systematischen Besteuerung wurden kaum gemacht.

- **automatische Kompensation** unerwünschter Belastungsverschärfungen. Dieses kann mit einer Indexierung des Tarifs erreicht werden, durch die der Durchschnittssteuersatz trotz inflationsbedingten Wachstums der Bemessungsgrundlage unverändert bleibt. Der reale Steuerbetrag ist dann konstant. Dazu muss die Bemessungsgrundlage X_t mit einem Index I_t in der Periode t deflationiert werden, der die Kaufkraftentwicklung zum Ausdruck bringt. Dann wird der ursprüngliche Tarif T auf die deflationierte Bemessungsgrundlage angewendet und schließlich der so („real") ermittelte Steuerbetrag wieder inflationiert. Formal ergibt sich der reale Steuerbetrag dann als:

(16-6) $\quad T(X_t) = I_t \cdot T(X_t / I_t)$.

Bei diesem Verfahren können sämtliche Tarifparameter, z. B. Freibeträge, Freigrenzen, Klassengrenzen, unverändert bleiben. Zu dem gleichen Ergebnis gelangt man durch Indexierung sämtlicher Tarifparameter. Die Umrechnung kann mit Indizes erfolgen, die je nach wirtschaftspolitischer Zielsetzung unterschiedlich ausfallen können (insbesondere Preisindizes des Privaten Verbrauchs, der Lebenshaltung oder des Sozialprodukts).

Zu beachten ist, dass die systematische Umstellung auf das Realprinzip auch den Realgewinnen der Schuldner Rechnung tragen muss, deren Rückzahlungsverpflichtungen real sinken.

Mit Tarifformen, die eine regelgebundene Anpassung an die Inflationsentwicklung (ggf. auch an das Wachstum) gewährleisten, wäre erreicht, dass die finanzpolitischen Entscheidungskapazitäten für wirkliche Steuerreformprobleme frei und hohe Steuermehreinnahmen vermieden würden, die in der Vergangenheit immer wieder Ausgabenerhöhungen mit noch höheren Folgekosten nach sich gezogen haben (Hansmeyer 1984c, S. 479).

Die Anhänger einer automatischen Anpassung halten die Einschränkung diskretionärer Maßnahmen für vorteilhaft, weil so eher ein stabiler und vorhersehbarer steuerlicher Rahmen geschaffen würde. Im Übrigen wird eine laufende Erhöhung der realen Steuersätze ohne entsprechende Gesetzgebung als demokratiefeindlich angesehen.

d) Beurteilung der Progression und Reformvorschläge

Die verteilungspolitische Eignung der tatsächlich erhobenen Einkommensteuer wird in den letzten Jahren zunehmend in Zweifel gezogen. Die Bedenken betreffen das festgestellte Ausmaß der Steuererosion bei nominell stark ansteigenden Steuersätzen, die hohen Grenzsteuersätze und – gegenwärtig (2000) weniger bedeutend – die willkürlichen Wirkungen der Inflation.

---

umfassende Korrektur der Bemessungsgrundlage erfolgte nicht. Ansätze zu einer systematischen Besteuerung wurden kaum gemacht.

Soweit Einkommensdifferenziale Unterschiede in Anstrengungen, Unbequemlichkeiten, Lebensqualität und Ausbildung ausdrücken und für weniger attraktive Tätigkeiten höhere Einkommen gezahlt werden, kann eine progressive Besteuerung diese Differenziale verringern oder beseitigen. Daraus resultierende Anreize zur Gestaltung des steuerpflichtigen Einkommens durch Verlagerung von Einkommensteilen auf andere Personen oder auf andere Jahre. Die Anreize, die sich in Substitutionseffekten (z. B. mehr Freizeit statt Arbeitsleistung) niederschlagen, hängen von der Höhe der Grenzsteuersätze (und daher der Nettogrenzerträge) ab und sind bei (direkt) progressivem Tarif insoweit gerade bei höheren Einkommen bedeutsam.

Offenbar trägt der progressive Tarif erheblich zur Komplexität der Einkommensteuer bei. Daher sind in den letzten Jahren verschiedene Vorschläge zu seiner Reform gemacht worden. Zentrale Fragen bei der Festlegung des Tarifs sind, wie die Grenzbelastung nach Überschreiten des Grundfreibetrags und wie hoch der Spitzengrenzsteuersatz ausfallen sollen.

Ein besonders weitgehender Vorschlag besteht in **einem konstanten Grenzsteuersatz**. Er führt zusammen mit dem Grundfreibetrag zur indirekten Progression. Durch den Übergang zu dieser Form einer **Flat rate tax** könnten mehr Einfachheit und geringere Transaktionskosten erreicht werden. Der einheitliche Grenzsteuersatz (bei steigendem Durchschnittssteuersatz infolge Freibetrags) hat weitreichende Bedeutung.
• Die Abgrenzung der Einkommensperiode, die bisher willkürlich, weil auf ein Jahr beschränkt war, ist (abgesehen vom Grundfreibetrag) kaum noch bedeutsam und auf ein Zins- und Liquiditätsproblem reduziert. Die Begünstigungen derjenigen mit gleichmäßig fließenden gegenüber schwankenden Einkommen entfiele, ebenso wäre die Zusammensetzung der auf mehrere Steuerpflichtige entfallenden Einkommensteile unerheblich. Die nach Besteuerung verbleibenden Nettoeinkommen wären leicht zu errechnen, wie auch die Belastung jeglicher Zusatzeinkommen. Probleme der Berechnung der Kosten der Einkommenserzielung bleiben hiervon unberührt.
• Willkürliche Belastungsgestaltungen innerhalb von und zwischen Einkommensgruppen würden reduziert. Wenn Änderungen gewünscht sind, müssten sie über den Grenzsteuersatz und/oder den Grundfreibetrag gehen.

An Stelle der Flat rate tax mit einem einheitlichen (konstanten) Satz werden auch Vorschläge mit wenigen, über die Stufen jeweils konstanten Grenzsteuersätzen gemacht. Drei oder vier Grenzsteuersätze weisen dann allerdings mehr Sprünge als der gegenwärtige Steuertarif auf und haben stärker als der gegenwärtige Formeltarif den Nachteil der Unstetigkeit. Auch dies könnte insbesondere (auch im Zusammenhang mit Transfers) Anreize zur Steuergestaltung geben[1].

Der Sachverständigenrat zur Begutachtung der gesamtwirtschaftlichen Entwicklung (J.G. 1983/84, Tz. 413/414) hat als einer der ersten in Deutschland einen dreistufigen

---

[1] Die frühere Bundesregierung hat die lineare Progression in der Einkommensteuerreform 1986/90 mit der Begründung eingeführt, dass „die Grenzsteuersätze in der gesamten Progressionszone gleichmäßig ansteigen, die Progression also nicht in einer Kurve, sondern geradlinig und sanft ansteigend verläuft" (Bulletin der Bundesregierung vom 5. Januar 1985, S. 15).

Tarif vorgeschlagen[1]. Die lineare Progression hat er als Zwischenlösung auf dem Weg hierzu empfohlen.

Neben der Frage eines linear-progressiven oder eines Anstoßtarifs mit drei oder mehr Stufen ist bedeutsam, dass die Stufe nach dem Grundfreibetrag mit einem geringen Sprung beginnt. Je niedriger der Eingangssteuersatz ist, umso geringer ist die Gefahr der Schwarzarbeit. Allerdings ist für die Erhöhung der (offiziellen) Beschäftigung im Niedriglohnbereich außerdem die Belastung durch Sozialbeiträge bedeutsam. Zu beachten ist, dass seit 1958 die Einkommensgrenze nahezu unverändert ist, ab der der Spitzensteuersatz wirksam wird. Die Entlastung über einen geminderten Spitzensteuersatz wird weitgehend durch die stärkere Progressionswirkung unterlaufen.

Ein zweiter wichtiger Aspekt, der damit verbunden oder unabhängig vom Tarif diskutiert wird, ist die Frage der Bemessungsgrundlage. Es wird vorgeschlagen, das Einkommen **umfassend** zu definieren. Dadurch sollen die verschiedenen Formen der Steuervergünstigungen entfallen, so dass der tatsächliche Einkommensbegriff unabhängig von der Zusammensetzung und von den Bedingungen der Erzielung des Einkommens wird. Mit einem im Durchschnitt geringeren Steuersatz könnte das gleiche Aufkommen erzielt werden[2]. Die effektive Belastung der verschiedenen Einkommen müsste durch diese Änderung auch nicht wesentlich verringert werden. Diese Erweiterung der Bemessungsgrundlage wird als Beitrag zur Gerechtigkeit der Besteuerung im Sinne von (horizontaler) Gleichbehandlung gesehen. Eine solche Flat rate tax lässt nur die steuerliche Abzugsfähigkeit bestimmter Tatbestände (wie den Ausgaben für die soziale Sicherung) zu, die steuersystematisch zu rechtfertigen sind und ohne Abzug zu einer besonders hohen Belastung (Steuern **und** Sozialversicherungsbeiträge) führen. Tatsächlich hat sich die gegenwärtig (1999/2000) beschlossene Reform der Einkommensteuer eher auf den Abbau von Steuervergünstigungen im Unternehmensbereich und weniger im Nichtunternehmensbereich (z. B. Halbierung des Sparerfreibetrags, veränderte Bedingungen bei Veräußerungsgewinnen) konzentriert.

Wie jede Steuer ruft die Einkommensteuer Verzerrungen hervor. Allerdings weist sie neben den unvermeidbaren Verzerrungen bei den Arbeits-/Freizeitentscheidungen eine Vielzahl weiterer Verzerrungen als Folge der in ihrer Gesamtheit kaum überschaubaren schädlichen Regelungen auf, die Struktureingriffe darstellen. Die Reform dürfte allerdings die Anreize zu mehr offiziell erbrachten Leistungen verstärken und so weitere Tarifsenkungsmöglichkeiten eröffnen.

---

[1] Der Vorschlag wurde wieder aufgegriffen im Gutachten des Wissenschaftlichen Beirats beim BMWi (1997).
[2] Die gewünschten Anreizeffekte vorausgesetzt könnte das Steueraufkommen bei einem Wachstum des Bruttoinlandsprodukts und der Bemessungsgrundlage sogar zunehmen.

7. Besonderheiten und neuere Veränderungen in der Einkommensteuer

a) Tarifbegrenzung für gewerbliche Einkünfte

Seit 1994 gibt es eine weitere Differenzierung nach Einkunftsformen hinsichtlich der Bemessungsgrundlage und der Tarifgestaltung: für gewerbliche Einkünfte gilt eine Begrenzung des Einkommensteuerspitzensatzes (2000 auf 45 %). Damit soll dem Umstand Rechnung getragen werden, dass Gewerbetreibende einer Zusatzbelastung durch die Gewerbeertragsteuer unterliegen. Die Tarifbegrenzung erfolgt technisch durch Abzug eines Entlastungsbetrags von der tariflichen Einkommensteuer. Er tritt erst dann ein, wenn die gewerblichen Einkünfte eine bestimmte Höhe des zu versteuernden Einkommens ausmachen.

Problematisch ist die Sonderbehandlung gewerblicher Einkünfte, weil so zur Aushöhlung der synthetischen Einkommensteuer beigetragen und gegen das Gebot einer gleichmäßigen Besteuerung aller Einkommen verstoßen wird. Eine systematische Regelung müsste die Belastungen der gewerblichen Einkünfte durch die Gewerbesteuer beseitigen und nicht auf Differenzierungen bei der Einkommensteuer zurückgreifen.

b) Das Halbeinkünfteverfahren

Weitere Eingriffe in die Einkommensteuer gehen von der Änderung der Körperschaftsteuer aus. Um die ab 2001 beschlossene Doppelbesteuerung aus Körperschaftsteuer[1] und Einkommensteuer abzumildern, werden die ausgeschütteten Gewinne zur Hälfte bei der Einkommensteuer angerechnet. Zur Verringerung der Diskriminierung der einbehaltenen Gewinne der Personengesellschaften gegenüber den Kapitalgesellschaften wird die Einkommensteuer um die Gewerbesteuer ermäßigt. Im Vergleich zur Abschaffung der Gewerbesteuer trägt diese Regelung zu größerer Transparenz bei der Einkommensteuer bei. Vielmehr wird diese weiter kompliziert. Die Einkommensteuer wird durch diese beiden Regelungen und die Behandlung des Sparens letztlich weiter in Richtung auf eine Schedulesteuer verändert, d. h. Prinzip der einheitlichen Besteuerung des Gesamteinkommens wird zunehmend aufgegeben.

c) Die Behandlung des Sparens

Angesichts der Bedeutung der Investitionen für das Wirtschaftswachstum und unter Beachtung der unterschiedlichen Mobilität der Faktoren wird eine geringere Belastung des Kapitals und damit eine höhere der Arbeit vorgeschlagen. Sie wurde im Ansatz früher bereits z. B. mit dem Sparerfreibetrag realisiert[2]. Die steuerliche Begünstigung oder Freistellung der Ersparnis ist ein erster Schritt in Richtung einer Ausgabensteuer, die im 21. Kapitel dargestellt wird. Auf die Behandlung der Kapitaleinkommen wird

---

[1] Vgl. das 17. Kapitel zur Körperschaftsteuer.
[2] Er wurde allerdings ab 2000 halbiert.

im Rahmen der internationalen Besteuerung und der Behandlung von Steuerreformen eingegangen.

8. Abschließende Bemerkungen

Die Einkommensteuer ist eine höchst komplizierte Steuer. Zur Berechnung der Bemessungsgrundlage (zu versteuerndes Einkommen) werden eine Vielzahl verschiedener Begriffe, Befreiungen, Freibeträge u. ä. verwendet. Eine Systematik ist hierbei nicht erkennbar. Darunter leidet die vom Grundgesetz verlangte gleichmäßige Besteuerung. Viele Sonderregeln, die die Bemessungsgrundlage verengen, machen zur Erzielung eines bestimmten Steueraufkommens höhere Steuersätze erforderlich. Eine radikale Vereinfachung wäre daher wünschenswert, die schon früher von Gaddum (1986), Lang (1993) und dem Bund der Steuerzahler (Borell/Schemmel 1986) sowie in jüngerer Zeit mit anderer Ausrichtung von Rose (1994) vorgeschlagen wurde.

Fiskalisch ist die Einkommensteuer die bedeutendste Abgabe. Ihr Aufkommen ist gerade wegen der in jüngster Zeit gewährten Steuervergünstigungen kaum noch befriedigend zu schätzen. Auch stabilitätspolitisch ist sie - zumindest soweit der Quellenabzug greift - den anderen Steuern infolge der schnellen Reaktion der Bemessungsgrundlage auf Änderungen des Inlandsprodukts und des progressiven Tarifs überlegen. Das ist insbesondere bedeutsam, soweit die Konsum- und Investitionsentscheidungen vom verfügbaren Einkommen abhängen. Neben dem automatischen Reagieren des Steueraufkommens besteht auch die Möglichkeit, die Einkommensteuer durch gezielte Einzelmaßnahmen (Sonderabschreibungen, Konjunkturzuschlag) konjunkturpolitisch zu gestalten. Ob diese Möglichkeiten einer diskretionären Politik allerdings wünschenswert sind, ist angesichts ihrer umstrittenen Erfolgsaussichten und der zunehmenden Komplizierung der Abgabe und insbesondere Gestaltbarkeit zweifelhaft.

Die verteilungspolitischen Wirkungen der Steuer sind problematisch, wenn man u.a. die Periodisierung, den Einkommensbegriff mit seinen zahlreichen Begünstigungen und die (fehlende) Abstimmung mit anderen finanzpolitischen Maßnahmen des Staates beachtet.

Unter allokativen Aspekten sind u. a. die aus der Belastung des Sparens bzw. seiner Erträge und aus den Differenzierungen nach Einkunftsarten, Branchen usw. hervorgerufenen Verzerrungen bedeutsam. Solche Verzerrungen verändern das Verhalten, indem die Wirtschaftssubjekte mehr an steuerfreien oder -begünstigten Ausgaben tätigen, Entlohnung in nicht zu versteuernder Form wählen, (z. B. Versicherungsleistungen, bessere Arbeitsbedingungen, Firmenwagen) oder weniger Arbeitszeit einsetzen (frühere Pensionierung, verringerte Arbeitsstunden).

Literatur zum 16. Kapitel

Umfassende Darstellungen der Einkommensteuer mit Bezug auf die Bundesrepublik geben Albers (1980a), Andel (1980) und Musgrave/Musgrave/Kullmer (2, 1993, Kapitel 17), siehe ferner Franke (1981).

Als klassische Darstellungen gelten Neumark (1947) und Simons (1938). Zur Darstellung und Würdigung der deutschen Einkommensteuer (nicht nur) unter steuerrechtlichen Aspekten siehe Tipke/Lang (1998, § 9).

Grundlegende Überlegungen für eine systematische Ausgestaltung der Einkommensteuer und für Reformen sind in Report of the Canadian Royal Commission on Taxation (Carter-Report, 1967), Meade-Committee (1978), Gutachten der Steuerreformkommission (1971), Gutachten des Wissenschaftlichen Beirats beim BMF (1970) zu finden. Beiträge zur Steuerreform liefern auch US-Treasury (1977) und Irish Commission on Taxation (1982).

Zum Einkommensbegriff siehe Canadian Royal Commission (1967), Ebnet (1978), Goode (1976, ch. 2; 1977), Hackmann (1983), Pechman (1977), Simons (1938) und Hessler (1994); zur Behandlung des umfassenden Einkommensbegriffs unter verschiedenen Aspekten siehe ferner Head (1982) und Schneider (1984); zum Einkommensbegriff in Theorie und Statistik siehe ferner Reich (1988).

Zur steuerlichen Behandlung von Kapitalgewinnen ist Ebnet (1978) zu empfehlen; siehe auch Pechman (1976, ch. 4), Hackmann (1983) und Head (1984); die Besteuerung von fringe benefits behandelt die OECD (1988); einen Versuch zur systematischen Erfassung aufgrund eines einfachen, aber spezifischen Modells machen Katz/Mankiw (1985).

Zur steuerlichen Behandlung der Vorsorgeaufwendungen siehe Albers (1982a), Andel (1970, 1979) und Brümmerhoff (1979). Eine ausgezeichnete Darstellung der steuerlichen Behandlung von Alterseinkünften gibt Littmann (1983a). Die einkommensteuerliche Behandlung von Transferzahlungen untersucht Schlee (1994).

Vorschläge zur Vereinfachung der Einkommensteuer haben Borell/Schemmel (1986, III.3) und Gaddum (1986) gemacht; zur amerikanischen Diskussion siehe Federal Reserve Bank of Boston (1985) und US Treasury (1984).

Die Einkommensperiode diskutieren Brümmerhoff (1977), Hackmann (1979) und Vickrey (1947). Hackmann (1982) legt einen konkreten Vorschlag zur Durchschnittsbesteuerung vor; vgl. ebenfalls Mitschke (1980a, 1980b). Zur Durchschnittsbesteuerung siehe auch Goode (1980). Interessante Modellrechnungen, die unterschiedliche Erwerbs- und Karrierephasen berücksichtigen, führt Franke (1979) durch.

Die Frage der steuerpflichtigen Einheit behandeln Hackmann (1972/73), Kullmer (1960), von Obstfelder (1976) und Pollak (1982). Siehe auch Brazer (1980) und aus steuerrechtlicher Sicht Lang (1983), prägnant ferner Pohmer (1985); zum Familienlastenausgleich unter verschiedenen Zielen siehe auch Dinkel (1987).

Zur Beziehung Inflation - Einkommensteuer siehe Aaron (1976), Bös (1974), Bös/ Genser (1977), Brümmerhoff (1973), Meade-Committee (1978, ch. 6), Millbradt (1982, 5. und 6. Kapitel) und Petersen (1977). Zur Problematik des progressiven Tarifs auch bei real wachsender Wirtschaft siehe Steden (1975/76).

Die Tarifbegrenzung bei gewerblichen Einkünften stellen Schlarb (1994) und Wittmann (1994) dar, zur Beurteilung siehe die Stellungnahme des Wissenschaftlichen Beirats beim BMF (1993).

Vickrey (1947) analysiert Probleme des Steuertarifs; umfassender beschäftigt sich mit der Progression der von Bös/Felderer (1989) herausgegebene Band.

Die verteilungspolitische Eignung der Einkommensteuer behandelt Scheer (1982).

Zu der einkommensnivellierenden Eigenschaft verschiedener Tarife siehe Jakobson (1976).

Die Einkommensteuerstatistik stellt Albers (1980b) dar. Das Statistische Bundesamt legt in der Fachserie 14, Finanzen und Steuern, Reihe 7.1 und 7.3 die Ergebnisse der Lohn- und Einkommensteuerstatistik dreijährig (zuletzt für 1992) vor.

Das Bundesministerium der Finanzen gibt seit 1994 jährlich ein „Amtliches Einkommensteuer-Handbuch" heraus, das die maßgebenden Rechtsvorschriften zusammenfasst.

17. Kapitel
Die Körperschaftsteuer

1. Das Grundproblem

Die Körperschaftsteuer ist eine am Gewinn der Kapitalgesellschaften (insbesondere in Form der Aktiengesellschaft oder GmbH) anknüpfende Steuer. Sie ist eine der trotz ihres relativ geringen Aufkommens meistdiskutierten Steuern.

Die Einkommensteuer knüpft an das Einkommen von (natürlichen) Personen an. Die Einkommensteuer kann daher prinzipiell Unternehmen nicht belasten, dort greifen die an ertragbringenden Objekten ansetzenden Ertragsteuern. Dennoch wird die **Körperschaftsteuer** vom deutschen Gesetzgeber als **Einkommensteuer juristischer Personen** bezeichnet: „Die Körperschaftsteuer ist eine besondere Art der Einkommensteuer für juristische Personen ... Wie die Einkommensteuer gehört die Körperschaftsteuer zu den direkten Steuern und ist eine Personensteuer, die nicht vom Einkommen abgezogen werden kann" (Bundesministerium der Finanzen 1999, S. 109).

Das ist steuersystematisch nur korrekt, wenn den juristischen Personen, insbesondere den Kapitalgesellschaften eine **eigenständige oder eine besondere Leistungsfähigkeit** zukommt. Andernfalls muss die Körperschaftsteuer steuersystematisch zur Einkommensteuer (der natürlichen Personen) gerechnet werden, wobei sie dann eine ihrer **Erhebungsformen** neben Lohn- und Kapitalertragsteuer darstellen kann. Die Abgabe wurde bzw. wird aber nicht nur als eine Vorbelastung von Erfolgen des Körperschaftsteuersubjekts Kapitalgesellschaft, sondern durchaus als eigene Steuer verstanden. Dies hängt mit einer besonderen wirtschaftspolitischen Beurteilung der Unternehmen dieser Rechtsform und mit der Problematik der Erfassung ihrer nichtausgeschütteten Gewinne zusammen.

Grundsätzlich lässt sich jeder Gewinn - unabhängig von der Rechtsform - der Einkommensteuer unterwerfen. So wird bei Personengesellschaften der Gewinn den Anteilseignern voll zugerechnet und dort versteuert. Bei Kapitalgesellschaften werden aber Probleme bei der steuerlichen Behandlung der **nichtausgeschütteten Gewinne** geltend gemacht. Tatsächlich haben sich die steuerpolitischen Lösungen aber nicht immer auf diesen Teil der Körperschaftsgewinne beschränkt. Daher sollen zunächst grundsätzlich mögliche alternative steuerliche Behandlungen des Gewinns der Körperschaften diskutiert werden. Abb. 14-1 gliedert hierzu den Gewinn auf und verdeutlicht verschiedene Anknüpfungspunkte seiner Besteuerung.

Abb. 17-1 Anknüpfungspunkte zur Besteuerung des Gewinns

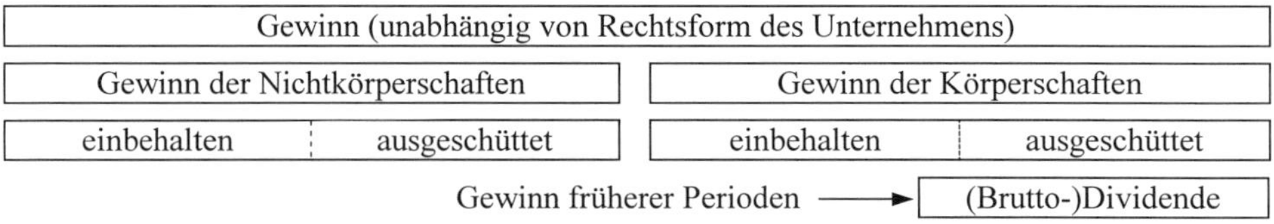

Gewinn (unabhängig von Rechtsform des Unternehmens)			
Gewinn der Nichtkörperschaften		Gewinn der Körperschaften	
einbehalten	ausgeschüttet	einbehalten	ausgeschüttet
	Gewinn früherer Perioden →	(Brutto-)Dividende	

2. Formen der steuerlichen Behandlung von Gewinnen der Körperschaften

Die Unterschiede der einzelnen Formen der Körperschaftsbesteuerung sollen aus der Sicht der inländischen einkommensteuerpflichtigen Person herausgearbeitet werden. Hierbei werden die folgenden Symbole verwendet:

Π	Gewinn der Körperschaft	τ_Π	Steuersatz auf Π
R	einbehaltener Gewinn	τ_R	Steuersatz auf R
D	ausgeschütteter Gewinn	τ_D	Steuersatz auf D
Y^s	sonstiges steuerpflichtiges Einkommen (ohne Π, R oder D)	τ_E	persönlicher Einkommensteuersatz

(1) Der gesamte Gewinn unterliegt - unabhängig von der Rechtsform - **nur der Einkommensteuer**. Es gilt also

$$(17\text{-}1) \quad T = \tau_E (\Pi + Y^s).$$

Körperschaften werden prinzipiell wie Personengesellschaften behandelt. Dort gehen auf die Gesellschafter entfallende Gewinnanteile in deren steuerpflichtiges Einkommen ein. Entsprechend wird der Gesamtgewinn der Körperschaften den Anteilseignern zugerechnet. Eine nach Unternehmensformen differenzierende Besteuerung liegt dann nicht vor, Körperschaftsteuer wird nicht erhoben.

Gegen diese Regelung wird vorgebracht, dass bei Körperschaften der einzelne Anteilseigner unter Umständen praktisch keinen Einfluss auf die Geschäfts-, insbesondere Ausschüttungspolitik hat[1]. Dennoch muss er seine Anteile an den einbehaltenen Gewinnen seinen sonstigen Einkommensteilen hinzurechnen und versteuern, ohne dass ihm - ähnlich wie bei einer Besteuerung nicht realisierter Vermögenszuwächse - liquide Mittel zufließen, aus denen die Steuer gezahlt werden kann. Werden ferner die Kapitalgewinne der Einkommensteuer unterworfen, kommt es zu einer Mehrfachbelastung. Bei dieser Alternative bleiben die Ausländern aus den Kapitalgesellschaften zugerechneten Erträge in Deutschland unbelastet.

(2) Nur die ausgeschütteten Gewinne werden im Rahmen der Einkommensteuer belastet. In diesem Fall ist

$$(17\text{-}2) \quad T = \tau_E (D + Y^s).$$

Hier bleiben nicht ausgeschüttete Gewinne unbelastet bzw. können nur insoweit (indirekt) erfasst werden, wie sie in Form realisierter und nicht realisierter Kapitalgewinne zum Einkommen rechnen und zu versteuern sind. Auf die Problematik der Besteuerung nicht realisierter Kapitalgewinne wurde schon hingewiesen; ist sie nicht durchführbar, kommt es in Höhe der nicht ausgeschütteten Gewinne der Kapitalgesell-

---

[1] Das kann aber auch bei Personengesellschaften zutreffen. Dennoch wird dort die Unterscheidung zwischen einbehaltenen und ausgeschütteten Gewinnen nicht getroffen; der Gesamtgewinn wird den Anteilseignern zugerechnet.

schaften zu einer Begünstigung der Anteilseigner gegenüber den Personengesellschaften. Der Investor verschiebt seine Einkommensteuerzahlung, wenn er das auf ihn entfallende Einkommen in der Körperschaft belässt. Die Einkommensteuer ist insofern nicht neutral gegenüber verschiedenen Unternehmensformen. Es bestehen Anreize, vom Körperschaftsgewinn möglichst wenig auszuschütten, so dass der Anteilseigner sein Einkommen vor der Besteuerung schützen kann, indem Körperschaften für ihn Vermögen halten.

(3) Der gesamte Gewinn der Körperschaften unterliegt der Körperschaftsbesteuerung ohne Anrechnung bei der Einkommensteuer:

(17-3) $T = \tau_\Pi \Pi + \tau_E (D + Y^s)$.

In diesem Fall des sog. klassischen Systems wird der gesamte Körperschaftsteuergewinn ohne Differenzierung belastet. Dies führt dazu, dass die Gewinne der Körperschaften teilweise - nämlich bei den ausgeschütteten Gewinnen - mehrfach belastet werden: bei den Kapitalgesellschaften selbst durch die Körperschaftsteuer und bei den Anteilseignern durch die persönliche Einkommensteuer auf die ihnen in Form von Dividenden zufließenden Einkünfte. Um das deutlich zu machen, wird $\Pi = R + D$ in (17-3) eingesetzt. Es ergibt sich[1]

(17-4) $T = \tau_\Pi R + D(\tau_\Pi + \tau_E) + \tau_E Y^s$.

Ist der Anteilseigner selbst eine Körperschaft, unterliegt der ausgeschüttete Gewinn erneut der Körperschaftsteuer. Die Folgen dieser Besteuerung sind:
• Die Wahl der Rechtsform wird nicht allein nach betriebswirtschaftlichen und unternehmenspolitischen, sondern auch nach steuerrechtlichen Gesichtspunkten bestimmt.
• Im Gegensatz zu den Fremdkapitalzinsen, die bei der Ermittlung des Einkommens als Betriebsausgabe abgezogen werden können, unterliegen Dividenden einer zweimaligen Besteuerung. Dies führt zu einer Benachteiligung der Eigenfinanzierung durch Kapitalerhöhung gegenüber der Fremdfinanzierung.
• Es kann zu Interessengegensätzen zwischen jenen Aktionären kommen, die an einer Ausschüttung, und solchen, die an der Rücklagenbildung im Unternehmen interessiert sind, um auf diese Weise eine zweimalige Besteuerung des Gewinns zu vermeiden. Bei $\tau_\Pi < \tau_E$ ist die Anlage netto günstiger als andere Ertragsformen.
• Die Benachteiligung der Eigenfinanzierung und der Ausschüttungspolitik können eine breitere Streuung des Vermögens in Form von Anteilen an Kapitalgesellschaften behindern.

Diese Wirkungen schließen nicht aus, dass eine Mehrfachbelastung der gleichen Gewinne durch Körperschaft- und Einkommensteuer erwünscht ist. Es kommt letztlich auf die mit der Steuer angestrebten Ziele und auf das Verständnis von Körperschaften an. Grundsätzlich besteht ein fiskalisches Interesse. Zur Rechtfertigung einer eigenen

---

[1] Voraussetzung ist τ_E = const.

17. Kapitel: Die Körperschaftsteuer

Steuer werden die Körperschaften als juristische Personen mit eigener Existenz und Leistungsfähigkeit angesehen, die mehr oder weniger unkontrolliert durch die Anteilseigner sind. Körperschaften können Vermögen halten und Verträge abschließen; ihre Haftung beschränkt sich auf ihr Vermögen. Anteilseigner sind nicht für Schäden oder Verluste der Körperschaft verantwortlich. Die Argumente wurden bei der Formulierung des ersten deutschen Körperschaftsteuergesetzes vorgebracht, des Weiteren wurden eine größere Kreditmöglichkeit der Kapitalgesellschaften und eine daraus resultierende größere Wirtschaftlichkeit angenommen. Teilweise wird auch unterstellt, dass der Staat viele Leistungen bereitstellt, die gerade den Kapitalgesellschaften zufließen. Die Körperschaftsteuer gilt dann (so auch im Meade-Report 1978) als ein besonderes Entgelt hierfür (Äquivalenzprinzip). Allerdings ist nicht ersichtlich, warum zwei Unternehmen die staatlichen Leistungen unterschiedlich nutzen sollen, nur weil sie in verschiedener Rechtsform organisiert sind. Spezielle, die Nutzung treffende Abgaben sind hier eher geeignet. Bedenken müssen ebenfalls gegen die zuvor genannten Argumente vorgebracht werden (Schmidt 1962; Schneider 1975, S. 104-107). Der wesentliche Unterschied zu den Personengesellschaften dürfte sein, dass einbehaltene Gewinne der Kapitalgesellschaften nur im beschränkten, technischen Sinne Einkommen der Anteilseigner sind; sie können darüber nicht frei verfügen. Das rechtfertigt aber nicht die Mehrfachbelastung durch Einkommen- und Körperschaftsteuer.

Eine Besteuerung der Körperschaftsgewinne ohne Beachtung der Eigentumsverhältnisse an den Unternehmen ruft keine gezielten Belastungen ihrer **Eigentümer** hervor. Wenn das Einkommen als geeignetes Kriterium für eine Besteuerung nach der Leistungsfähigkeit akzeptiert wird, steht diese Steuerform dem entgegen.

(4) Zu einem anderen Ergebnis führt eine Belastung des gesamten Gewinns der Körperschaften bei gleichzeitiger Gutschrift für die Anteilseigner in Höhe ihrer anteiligen Körperschaftsteuer. Wie bei Alternative (1) gilt

$$(17\text{-}5) \quad T = \tau_\Pi \Pi + \tau_E (Y^S + \Pi) - \tau_\Pi \Pi = \tau_E (Y^S + \Pi)$$

mit Steuererstattung bei $\tau_E < \tau_\Pi$. Diese als **Teilhabersteuer** bezeichnete Abgabe ist dann eine Erhebungsform der Einkommensteuer. Die Körperschaftsteuer wird (wie die Lohn- und Kapitalertragsteuer) voll auf die endgültige Einkommensteuerschuld angerechnet. Die so erreichte **Integration von Einkommen- und Körperschaftsteuer** führt dazu, dass die von Körperschaften bezogenen Gewinne letztlich mit dem individuellen Steuersatz des Einkommensteuertarifs belastet werden. Die Ausschüttungspolitik bleibt dann ohne Einfluss auf die Steuerbelastung bzw. -gutschrift. Die Kapitalgesellschaft informiert den Anteilseigner über den einbehaltenen Gewinn. Dieser Betrag und die Bruttodividende erhöhen anteilsmäßig sein Einkommen; die Körperschaftsteuer wird voll auf die nun zu zahlende Einkommensteuer angerechnet. Übersteigt der beim Quellenabzug verwendete Steuersatz den persönlichen Grenzsteuersatz auf das Einkommen unter Einschluss dieser Kapitaleinkünfte, wird die zuviel gezahlte Steuer zurückerstattet[1]. Der Anteilseigner wird also steuerlich behandelt wie der Teilhaber an einem nicht körperschaftsteuerpflichtigen Unternehmen.

Gegen das Verfahren wird eingewandt, dass der Steuerzahler mit einer Abgabe auf ein Einkommen belastet wird, das er nicht empfängt und nicht verwenden kann. Im Gegensatz etwa zur Besteuerung unrealisierter Vermögenswertzuwächse im Rahmen der Einkommensteuer erfährt der Einkommensteuerpflichtige aber keine Liquiditätseinbuße, also auch keinen Zwang, Anteile zur Finanzierung der Körperschaft- oder Einkommensteuer zu verkaufen[2], weil die Körperschaftsteuerzahlung bereits durch die Kapitalgesellschaften erfolgt.

Dieses sog. **Integrationsverfahren** ist aber mit einigen Schwierigkeiten verbunden, auf die hier nur kurz mit folgenden Fragen hingewiesen wird: (1) Wie sind Verluste zu behandeln? Sollen sie dem Anteilseigner „gutgeschrieben" werden oder zweckmäßiger dem Unternehmen zum Verlustausgleich belassen werden? (2) Welchen Perioden sollen die bei Betriebsprüfungen festgestellten Gewinnkorrekturen - regelmäßig werden diese zu Steuernachzahlungen führen - zugerechnet werden? (3) Sollen ausländische Anteilseigner auch Steuergutschriften erhalten? Ist dies nicht der Fall, kann eine Diskriminierung geltend gemacht werden.

(5) Die Anrechnung kann auch auf die Körperschaftsteuerbelastung der ausgeschütteten Gewinne[3] beschränkt sein:

(17-6) $T = \tau_\Pi \Pi + \tau_E(Y^S + D) - \tau_\Pi D$ wobei ($\tau_\Pi = \tau_D$).

(6) Eine weitere Version besteht darin, Körperschaftsteuer nur auf die einbehaltenen Gewinne zu erheben[4]:

(17-7) $T = \tau_R R + \tau_E(Y^S + D)$.

Diese Form der Körperschaftsteuer wurde nie praktiziert. Sie besteht darin, dass zwei unterschiedliche Steuersätze bei der Körperschaftsteuer verwendet werden ($\tau_D > \tau_R$), wobei hier der Grenzfall mit $\tau_R = 0$ vorliegt. Eine höhere Belastung von R (allerdings mit $\tau_R > 0$) im Vergleich zu D enthielten die bisherigen Körperschaftsteuern.

---

[1] Maßgeblich für den Rückzahlbetrag ist allerdings der Differenzsteuersatz, der sich ergibt, wenn man die (nichtmarginale) Änderung des Steueraufkommens auf die Änderung des Einkommens durch Kapitaleinkünfte bezieht (vgl. Schult 1979).
[2] Das trifft immer zu, wenn der Steuersatz der Körperschaftsteuer mindestens so hoch wie der Spitzensatz der Einkommensteuer ist.
[3] Hierbei handelt es sich um die Bruttodividende, zu neben der Ausschüttung die Gutschrift hieraus rechnet.
[4] Hierbei wird davon abgesehen, dass Dividenden nicht nur aus Gewinnen der laufenden Periode gezahlt werden müssen.

3. Die im Jahre 2000 bestehende Körperschaftsteuer

a) Darstellung

In der Bundesrepublik galt bis Ende 1976 ein Körperschaftsteuergesetz (KStG), das weitgehend dem Verfahren (3) entsprach. Allerdings belastete es ausgeschüttete Gewinne im Normalfall mit 15 % (tatsächlich mit 23,44% wegen der Schattenwirkung[1]), nicht ausgeschüttete Gewinne mit einem Satz von 51%. Seit 1977 wird ein anderes Verfahren angewandt, das praktisch weitgehend (5) entspricht. Die ab 2001 beschlossene Regelung geht wieder auf (3) zurück, jetzt aber bei gleicher Belastung der ausgeschütteten und thesaurierten Gewinne der Körperschaften und besonderer Behandlung der Dividenden im Rahmen der Einkommensteuer.

Besteuerungsgrundlage der Körperschaftssteuer ist grundsätzlich das wie bei der Einkommensteuer ermittelte „Einkommen" der Körperschaften. Was als Einkommen gilt und wie das Einkommen zu ermitteln ist, bestimmt sich nach den Vorschriften des Einkommensteuergesetzes (ergänzt um das KStG).

Die Tarifbelastung mit Körperschaftsteuer gilt für **nichtausgeschüttete** Gewinne. Sie beträgt im Jahre 2000 grundsätzlich 40 % des zu versteuernden Einkommens und liegt daher unter dem Höchstsatz der Einkommensteuer. Bis Ende 1989 betrug der Thesaurierungssatz 56 %, bis Ende 1993 50 % und bis Ende 1998 45 %. Damit ist langfristig gesehen die sinkende Besteuerung der einbehaltenen Gewinne von einer steigenden Besteuerung der ausgeschütteten Gewinne abgelöst worden. Die Entwicklung wird mit der Änderung der Körperschaftsteuer ab 2001 fortgesetzt. Hierbei ist zu beachten, dass der Körperschaftsteuersatz für einbehaltene Gewinne immer zugleich Grenz- und Durchschnittssteuersatz ist.

Die Belastung für ausgeschüttete Gewinne beläuft sich 2000 auf 30 %. Sie tritt auch dann ein, wenn die Ausschüttung größer als das Einkommen war - z. B. bei Ausschüttung von Gewinn, der aus der Auflösung mit 45 (bzw. 50)% versteuerter Rücklagen entstanden ist.

In Höhe der Ausschüttungsbelastung von 30% durch Körperschaftsteuer entsteht dem Empfänger ein Anspruch auf Aufrechnung bzw. Erstattung bei seiner Einkommensteuerveranlagung. Insofern stellt die Körperschaftsteuer bei Inländern nur eine vorübergehende Belastung dar. Ausländische Anteilseigner sind nicht in das Anrechnungsverfahren einbezogen. Für sie wurde die Ausschüttungsbelastung von 30% (zuzüglich Kapitalertragsteuer) zur Definitivsteuer[2].

---

[1] Siehe Siegel 1988, S. 93.
[2] Ähnliches gilt auch für die Anteilseigner, deren Einnahmen nicht steuerpflichtig sind - z.B. eine Gemeinde, die Ausschüttungen ihrer Sparkassen erhält. Ihr wird allerdings die Hälfte der Kapitalertragsteuer erstattet.

Ist der auf die Kapitaleinkünfte entfallende Grenzsteuersatz[1] kleiner (größer) als deren Interimsbelastung mit Ausschüttungskörperschaft- und mit Kapitalertragssteuer (47,5%), findet eine Steuererstattung (-zusatzbelastung) statt. Je niedriger der Grenzsteuersatz der Einkommensteuer ist, desto höher ist der Betrag je Anteil, der sich aus Barausschüttung und Steuerguthaben zusammensetzt. Allerdings wirkt sich das Steuerguthaben liquiditätsmäßig erst im Steuerzahlungstermin aus.

b) Beurteilung

Steuersystematisch erscheint eine allgemeine rechtsformneutrale Unternehmenssteuer wünschenswert. Sie ist verschiedentlich vorgeschlagen worden (Boettcher 1947; Schmidt 1962) und könnte je nach Ausgestaltung die Körperschaft-, Umsatz- und Gewerbesteuer ersetzen.

Die Körperschaftsteuer ist zusammen mit der Einkommensteuer dann wettbewerbsneutral, wenn Unternehmen mit gleichem Gewinn steuerlich gleich behandelt werden. Hierzu wäre ein einheitlicher proportionaler oder jedenfalls nicht nach der Gewinnhöhe differenzierender Tarif für alle Unternehmen erforderlich. Das ist angesichts der unterschiedlichen Tarife und insbesondere der Höhe der Spitzensteuersätze beider Steuern nicht der Fall. Gegen das Auseinanderfallen des Thesaurierungssatzes der Körperschaftsteuer und des Einkommensteuerspitzensatzes spricht u. a. die nicht mehr gewährleistete Gewinnverwendungs- und Rechtsformneutralität (vgl. Wissenschaftlicher Beirat beim BMF 1987)[2].

Weiter ist von Bedeutung, dass die Einkommensteuer am Gesamteinkommen des **einzelnen Teilhabers** und nicht am Gesamtgewinn eines Unternehmens anknüpft. Bei Personengesellschaften kann daher je nach Zahl der Teilhaber und deren subjektiven Bedingungen (wie übrige Einkommensteile) die Gewinnbelastung unterschiedlich ausfallen. Nur bei den ausgeschütteten Gewinnen der Kapitalgesellschaften bewirkt die Körperschaftsteuer das gleiche Ergebnis wie die Einkommensteuer.

Die Körperschaftsteuer ruft eine teilweise Doppelbelastung der „Einkommen" juristischer Personen infolge der steuerlichen Erfassung der nichtausgeschütteten Gewinne bei den Körperschaften und der realisierten Kapitalgewinne bei den Anteilseignern hervor, soweit letztere zu versteuern sind.

Die Körperschaftsteuer wirkt sich auf die **Finanzierungsform** (Eigenkapitalerhöhung versus Kreditaufnahme) aus. Fremdkapitalzinsen sind als Betriebsausgaben abzugsfähig und daher steuerfrei. Bei Aufnahme von Eigenkapital, das den Anteilseignern eine ebenso hohe Rendite wie der Fremdkapitalzins bieten soll, ist neben der Rendite die Körperschaftsteuer zu erbringen. Diese steuerlich bedingte Eigenkapital-

---

[1] Genauer müsste man wieder auf den Differenzsteuersatz abstellen.
[2] Das wurde auch bei der Einführung des Anrechnungsverfahrens von Regierung und Opposition gesehen und infolge dessen der thesaurierte Gewinn wenigstens annähernd bei dem Höchststeuersatz auf den Gewinn natürlicher Personen angesiedelt.

verteuerung lässt es zweckmäßig erscheinen, die Kreditaufnahme relativ zur Eigenkapitalerhöhung zu verstärken, wodurch das Verhältnis Fremd-/Eigenkapital steigt.

Die Steuer beruht auf den Gewinnen der Körperschaften. Diese stellen Residualeinkommen dar, d. h. der Gewinn ergibt sich erst nach Abzug der übrigen Erträge usw. Zunächst ist zu vermuten, dass bei allen Schwankungen der gesamtwirtschaftlichen Aktivität die Bemessungsgrundlage der Steuer voll mitschwankt. Tatsächlich lag ihre Aufkommenselastizität aber regelmäßig nicht bei eins. Das Steueraufkommen wies unterschiedliche „lags" auf, die für die konjunkturpolitische Beurteilung der Steuer von Bedeutung sind. Teils (zum Beispiel 1969) nahm das Aufkommen der Körperschaftsteuer im Aufschwung kräftig zu, in anderen Jahren (zum Beispiel Boom-Jahr 1970) absolut ab. Das lag daran, dass die Steuervorauszahlungen im Aufschwung nicht immer der laufenden Gewinnentwicklung angepasst werden, andererseits die Unternehmen relativ rasch auf eine Verschlechterung ihrer Ertragslage mit Anträgen auf Herabsetzung der (vierteljährlichen) Vorauszahlungen reagierten[1].

Der Gewinn wird nach den Vorschriften des EStG ermittelt. Allerdings unterscheidet sich das zu versteuernde Einkommen des KStG vom Einkommensbegriff des Einkommensteuerrechts, weil Kapitalgesellschaften lediglich Einkünfte aus Gewerbebetrieb haben und in Ermangelung einer Privatsphäre die Bestimmungen über die Berücksichtigung persönlicher Umstände nicht anwendbar sind.

Die bei der Einkommensteuer auftretenden Probleme der Gewinnermittlung (Periodenabgrenzung, Vermögensvergleich, Inflation) treten auch bei der Körperschaftsteuer auf. Sie ist eine besonders verwaltungsintensive Abgabe.

Die Überwälzung der Körperschaftsteuer ist theoretisch und empirisch unterschiedlich beantwortet worden (vgl. das 12. Kapitel). Die empirischen Studien beziehen sich vorwiegend auf die Vereinigten Staaten und auf die unter (3) behandelte Doppelbelastung durch Körperschaft- und Einkommensteuer.

4. Die ab 2001 geltende Körperschaftsteuer

a) Darstellung

Die Körperschaftsteuer wird (wie zuvor) auf den Gewinn der Körperschaften erhoben. Der Steuersatz τ_Π beträgt einheitlich 25% auf einbehaltene und ausgeschüttete Gewinne der Körperschaften. Das körperschaftsteuerliche Vollanrechnungsverfahren wird durch das sog. **Halbeinkünfteverfahren** ersetzt:

(17-8) $T = \tau_\Pi \Pi + \tau_E(Y^s + 1/2 D)$.

---

[1] Wie bei der veranlagten Einkommensteuer auch wirken sich in einzelnen Jahren (wie nach der Vereinigung) massiv gewährte Vergünstigungen auf das spätere Aufkommen aus.

Die Einkünfte der Anteilseigner aufgrund der Ausschüttung werden zur Hälfte angesetzt, d. h. von 100 000 DM Gewinn werden bei Ausschüttung 37 500 DM (½ von 75 000 DM) der Einkommensteuer unterworfen.

Ausschüttungen zwischen inländischen Körperschaften werden nicht besteuert (Dividendenfreistellung), um eine Mehrfachbelastung in der Beteiligungskette zu vermeiden. Gewinntransfers zwischen inländischen Betriebsstätten ausländischer Unternehmen und ihrem Stammhaus unterliegen keiner besonderen Behandlung. Veräußerungsgewinne aus Anteilen, die eine Kapitalgesellschaft an einer anderen Kapitalgesellschaft hat, sind (ab 2002) nicht steuerpflichtig.

Bei einer Belastung der einbehaltenen Gewinne der Kapitalgesellschaften mit 25% würden ohne Ausgleichsmaßnahmen in der Regel die einbehaltenen Gewinne der Personengesellschaften diskriminiert, und diese machen mehr als 80% der deutschen Unternehmen aus. Dem könnte Rechnung getragen werden, indem die Einkommensteuer parallel auf den Höchstsatz von 25% beschränkt wird. Statt dieser Lösung[1] ist eine Ermäßigung der Einkommensteuer um die Gewerbesteuer vorgesehen. Hierbei wird die Einkommensteuerschuld des Unternehmers durch eine pauschalierte Anrechnung der Gewerbesteuer ermäßigt. Die Ermäßigung wird in Höhe des doppelten Messbetrags[2] gewährt. Die steuerliche Gewinnermittlung bleibt unberührt, so dass die Gewerbesteuer weiterhin als Betriebsausgabe abzugsfähig ist. Im Ergebnis soll der Unternehmer bei einem Hebesatz von 400% durch die Gewerbesteueranrechnung und den Betriebsausgabenabzug der Gewerbesteuer wirtschaftlich in vollem Umfang von der Gewerbesteuer entlastet werden. Die Regelung beurteilt das BMF vor allem für solche Unternehmen als vorteilhaft, die in Gemeinden mit niedrigeren Hebesätzen ansässig sind, also insbesondere Gemeinden in den neuen Ländern.

Für den Systemwechsel bedeutsam ist, wie das in den Unternehmen im verwendbaren Eigenkapital enthaltene Körperschaftsteuerguthaben behandelt wird. Dies beruht auf der Differenz der Steuersätze für die einbehaltenen und ausgeschütteten Gewinne[3]. Die Übergangsregelung schreibt zum Zeitpunkt des Systemwechsels die verwendbaren Eigenkapitalanteile fest und lässt eine ausschüttungsabhängige Realisierung der Minderungsbeträge (Differenz zu einer Vorbelastung von 30 %) in den nächsten zehn Jahren zu, wobei die am höchsten belasteten Eigenkapitalteile als zuerst ausgeschüttet gelten.

---

[1] Aussage des Bundesfinanzministers: „Das hätte derart immense Steuerausfälle zur Folge, dass der Staat binnen kürzester Frist ruiniert wäre".
[2] Vgl. auch das 19. Kapitel.
[3] Die höhere Belastung der nichtausgeschütteten Gewinne kann als vorläufig verstanden werden, weil bei späterer Ausschüttung die geringere endgültige Belastung eintritt („Herstellung der Ausschüttungsbelastung").

b) Beurteilung

Die Bundesregierung begründet die Neuregelung vor allem mit der Erwartung, dass die deutliche Absenkung der Steuersätze die Motivation für Unternehmen erhöhe, Investitionen zu tätigen. Neue Arbeitsplätze würden (in Deutschland) entstehen. Ob die Investitionstätigkeit allerdings angeregt wird, ist unsicher. Jedenfalls werden die thesaurierten Gewinne unabhängig davon definitiv mit 25% belastet, ob sie für Finanzanlagen oder Sachinvestitionen verwendet werden. Das führt zu steuerlichen Mitnahmeeffekten. Die Stärkung der Eigenkapitalbasis ist gewollt[1]: Investitionen sollen leichter ohne Fremdkapitalaufnahme durchgeführt werden. Das bedeutet aber auch, dass Investitionen, die nicht mit thesaurierten Gewinnen in Verbindung gebracht werden können, mit dem normalen Tarif besteuert werden. „Investitionen werden trotz gleicher Förderungswürdigkeit in Abhängigkeit von Zufälligkeiten unterschiedlich behandelt" (Unvericht 2000, S. 797).

Bisher hat das Anrechnungsverfahren zu einer Endbesteuerung in Höhe der einkommensteuerlichen Belastung auf Anteilseignerebene geführt. Davon haben vor allem die Anteilseigner profitiert, deren Steuersatz unter 30% lag. Mit Einführung des Halbeinkünfteverfahrens ist es umgekehrt: Nunmehr profitieren die Anteilseigner mit einer Grenzsteuerbelastung von mehr als 40%. Eine Schütt-Aus-Hohl-Zurück-Politik ist jetzt nur noch bei einer Einkommensteuerbelastung von 0% der Anteilseigner sinnvoll.

Ob die Definitivbesteuerung im Vergleich zu den früheren Anrechnungsverfahren „gestaltungsresistenter" ist, muss sich herausstellen. Die Wettbewerbsneutralität der Definitivbesteuerung ist nicht gegeben, hierzu wäre eine nicht differenzierende allgemeine Unternehmensteuer erforderlich.

Die von der Bundesregierung verkündete „gezielte Entlastung der Unternehmen für eine verbesserte Innenfinanzierung" zielt auf Kapitalgesellschaften und darf nicht isoliert betrachtet werden, vielmehr müssen die Belastungswirkungen der verschlechterten Abschreibungsbedingungen einerseits und der schon früher beschlossenen Einschränkungen des Verlustausgleichs andererseits mit berücksichtigt werden. Hierbei ist zu beachten, dass eine Senkung der Einkommensteuer generell wirkt, also auch Pfarrer und Beamte entlastet. Um Investitionen zu fördern, ist vor allem ein Abbau der Gewerbesteuer wichtig. Die im Zuge der Reform der Körperschaftsteuer bei den Personengesellschaften vorgesehene Ermäßigung der Einkommensteuer um die Gewerbesteuer ist daher ein Schritt in die richtige Richtung, kompliziert aber die Einkommensteuer zusätzlich.

Wenn (formal) hohe Steuersätze abschreckend auf ausländische Investoren – selbst bei Gestaltungsspielräumen – wirken, stellt die neue Körperschaftsteuer eher Lock-Signale dar als die alte.

---

[1] Wenn aber die Verwendung nicht so erfolgt, wie behauptet, könnte dies Anlass für eine Reglementierung sein. „Eine stärkere Eigenkapitalbasis vermindert fremde Einflussnahme auf die Unternehmen. Für wirkliche Unternehmer entsteht so mehr Freiraum."

Das außensteuerliche Diskriminierungsverbot wird insofern eingehalten, als ausländische Dividenden im Halbeinkünfteverfahren wie inländische Dividenden behandelt werden. Liegt die Vorbelastung ausländischer Dividenden allerdings unterhalb der deutschen Körperschaftsteuerbelastung, wird für niedrig belastete passive Einkünfte auf das Instrument der Hinzurechnungsbesteuerung nach dem Außensteuergesetz zurückgegriffen. Das Halbeinkünfteverfahren gilt daher nicht für Ausländer, die im Inland nicht steuerpflichtig sind.

Der Umstand, dass im Ausland die Vollanrechnung wenig gebräuchlich ist, stellt – bei unterschiedlichen itnernationalen Regelungen – keine Rechtfertigung für die Abschaffung des alten Systems dar. Allerdings konnten in der Tat ausländische Anteilseigner deutscher Unternehmen die Körperschaftsteuer, die vom Betrieb bereits an das Finanzamt abgeführt wurde, in ihrem Heimatland nicht zur Anrechnung bringen. Nur gilt dieses Argument auch für das Halbeinkünfteverfahren bei Kapitalgesellschaften und für die Anrechnung der Gewerbesteuer bei Personengesellschaften.

Das Halbeinkünfteverfahren beseitigt zwar europarechtliche Bedenken, indem es für in- und ausländische Dividenden gleichermaßen gilt. Allerdings unterliegen Dividenden aus dem Ausland auch dann nur zur Hälfte der Besteuerung des inländischen Anteilseigners, wenn die körperschaftsteuerliche Vorbelastung im Ausland niedriger als 25 % oder gar null sein sollte. „Das Halbeinkünfteverfahren schafft einen – unerwünschten – Anreiz, bevorzugt im niedrig besteuerten Ausland statt im Inland zu investieren. Während das Anrechnungsverfahren im Ergebnis Investitionen im Ausland diskriminiert, beseitigt das Halbeinkünfteverfahren zwar diesen Fehler, schafft aber gleichzeitig eine umgedrehte Diskriminierung" (Unvericht 2000, S. 798).

Es ist anzunehmen, dass die Körperschaftsteuer 2001 Anreize zu neuen Gestaltungen liefert. So werden Gesellschafter/Geschäftsführer mit einem Einkommensteuersatz unter 40 % „künftig voraussichtlich noch mehr als bisher versuchen, durch höhere Gehälter und Tantiemen den Gewinn der Gesellschaft zur Vermeidung des Halbeinkünfteverfahrens zu schmälern. Die Frage der verdeckten Gewinnausschüttung ist dann nicht nur für die Gewerbesteuer, sondern auch für die Einkommensteuer von Bedeutung" (Unvericht 2000, S. 798).

Literatur zum 17. Kapitel

Ausführliche Darstellungen zur bis 2000 bestehenden Körperschaftsteuer sind zu finden in Fecht (1980), Schneider (1980b; 1982b, S. 135-155), Musgrave/Musgrave/Kullmer (2, 1993, Kapitel 18) und Mintz (1995).

Zur Beziehung Einkommensteuer/Körperschaftsteuer siehe Feldstein/Frisch (1977), McLure (1979), Mieszkowski (1972), zu technischen Eigenschaften der Integration kann der Report of the Royal Commission of Taxation (1966, Vol. 4, S. 3-98) herangezogen werden. Auch im Report on Integration des US Treasury (1992) wurde die Alternative behandelt, die der Einkommensteuer unterworfenen Dividenden bei der

Körperschaftsteuer abzuziehen. Die Problematik einer allgemeinen Unternehmensbesteuerung behandelt Schmidt (1962). Zur alten Körperschaftsteuer unter rechtlichen Aspekten siehe Tipke/Lang (1993, § 11).

Die neue Körperschaftsteuer ist kritisch dargestellt in Wagner (1999) und Unvericht (2000) und Grotherr (2000).

Einen Überblick über Analysen zur Überwälzung der Körperschaftsteuer gibt Stolz (1983).

Einen Überblick über vielfältige Vorschläge zu einer Betriebssteuer gibt Wacker (1994), S. 104-106, zur Beurteilung verschiedener Formen der Unternehmensteuer siehe Reding/Müller (1999, Kapitel 9.1).

18. Kapitel
Die Ertragsteuern

1. Begriff und Formen der Ertragsbesteuerung

Als **Ertragsteuern** gelten Abgaben, deren Steuergegenstand ertragbringende Objekte oder aus diesen fließende Erträge sind. Erträge sind das Ergebnis der Kombination von Produktionsfaktoren und werden daher ertragbringenden Objekten zugeordnet. Für Ertragsteuern ist es unerheblich, wem (Haushalten oder Unternehmen) die Erträge zufließen und wer Eigentümer der Objekte ist. Gegenstand einer Ertragsteuer können auch die Arbeitskraft oder die Erträge ihres Einsatzes sein. Ein weiteres Merkmal der Abgabe ist, dass bei der Steuerbemessung die persönlichen Verhältnisse des Zensiten (Familienstand, außergewöhnliche Belastungen usw.) keine Rolle spielen.

Ertragsteuern können je nach Ausgestaltung verschieden enge Beziehungen zu den Bemessungsgrundlagen anderer Steuern haben; das gilt etwa zu den Umsatz-, Wertschöpfung-, Grund- und Vermögensteuern. Grundsätzlich kann die Bemessungsgrundlage einer Ertragsteuer - von Sollsteuern abgesehen - der unterschiedlich zu berechnende Rohertrag (= Nettowertschöpfung), der Reinertrag oder ein anderer Ertragsanteil sein. Dies verdeutlicht das Ertragskonto eines Unternehmens ohne Ertragsteuern.

Ertragskonto

(1) Vorleistungen (2) Abschreibungen (3) T_P - Z ⎫ (4) Löhne ⎬ Nettowert- (5) Mieten, Pachten ⎭ schöpfung (6) Zinsen (7) Reinertrag	(8) Verkäufe (+ Lagerbestandsveränderung)

Der Rohertrag des Unternehmens kann berechnet werden als (8) - (1) - (2) - (3) oder als (4) + (5) + (6) + (7). Nach der ersten Methode wird er **synthetisch** ermittelt: Von Umsatz und Lagerveränderung werden Vorleistungen, Abschreibungen, Produktions- und Importabgaben abzüglich Subventionen (T_P-Z) abgezogen. Die Restgröße ist die gesuchte Bemessungsgrundlage.

Nach der **analytischen** Methode setzen sich Ertragsteuern aus einem System von Teilertragsteuern zusammen[1]. Legt man das Ertragskonto oben zugrunde, so ergeben sich die in Übersicht 18-1 dargestellten Anknüpfungspunkte für vier Teilertragsteuern.

---

[1] Allerdings ist die analytische Methode insofern nicht möglich, als auch der Reinertrag nur als Restgröße ausgehend von (8) ermittelt werden kann.

18. Kapitel: Die Ertragsteuern

Übersicht 18-1 Analytische Ertragsbesteuerung

Steuer	Bemessungsgrundlage
Arbeitsertragsteuer	Löhne
Grundertragsteuer	Mieten, Pachten
Kapitalertragsteuer	Zinsen
Reinertragsteuer	Gewinne

Der analytischen Besteuerungsmethode muss vorausgehen (1) die Entscheidung über die Zahl der zu wählenden Ertragsquellen. Es können ebenso viele Teilertragsteuern gebildet werden wie Steuerquellen existieren; (2) die Lösung des Zurechnungsproblems. Bei einheitlichem Steuersatz ist es unerheblich, ob die Besteuerung des Rohertrags synthetisch oder analytisch erfolgt. Die Gesamtbelastung ist gleich. Die Frage der Abgrenzung der Teilerträge bekommt hingegen dann Bedeutung, wenn die Teilerträge mit unterschiedlichen Steuersätzen (oder einzelne Erträge überhaupt nicht) belastet werden. Die Problematik der Abgrenzung zeigt sich bereits bei der Bemessungsgrundlage „Löhne", die nur das Entgelt der unselbständig Beschäftigten und nicht für alle Arbeitsleistungen darstellt.

Bei Anwendung des gleichen progressiven Tarifs auf die einzelnen Teilerträge ist die Gesamtbelastung des Steuerpflichtigen am niedrigsten, wenn die Höhe seiner Teilerträge übereinstimmt.

2. Die deutsche Ertragsbesteuerung

a) Die Realsteuern

In Deutschland werden verschiedene Erhebungsformen bei den Ertragsteuern praktiziert, die sich aus Grund- und Gewerbesteuer (beide als **Realsteuern = Objektsteuern** bezeichnet) zusammensetzen.

In Art. 106 Abs. 6 GG wird den Gemeinden das Aufkommen der Realsteuern zugewiesen **(Realsteuergarantie)**. Allerdings können diese Steuern verändert oder beseitigt werden, wenn den Gemeinden gleichzeitig Ersatz durch andere Einnahmen geleistet wird[1]. Bund und Länder sind durch eine Umlage am Gewerbesteueraufkommen[2], die Gemeinden mit einem Anteil von 15 % an Lohn- und veranlagter Einkommensteuer, 12 % vom Zinsabschlag und 2,2 % an der Umsatzsteuer beteiligt.

Übersicht 18-2 stellt den Aufbau der deutschen Realsteuern dar. Sie zeigt, dass die deutschen Ertragsteuern nach Sektoren (Land- und Forstwirtschaft, Grundvermögen, Gewerbebetriebe) und nach Ertragsarten differenzieren. Hierbei werden die Erträge

---

[1] Das geschah z. B. 1997, als die Abschaffung (der nicht in Ostdeutschland erhobenen) Gewerbekapitalsteuer mit einer Beteiligung der Gemeinden an der Umsatzsteuer kompensiert wurde.
[2] Zu ihrer Berechnung wird das Produkt aus Gewerbesteuermessbetrag und der Summe aus einem Bundes- und einem Landesvervielfältiger gebildet.

der Land- und Forstwirtschaft und des Haus- und Grundbesitzes von einer synthetisch aufgebauten Soll-Ertragsteuer, die Erträge des Gewerbes von einer analytischen teils Ist-, teils Soll-Ertragsteuer erfasst.

Übersicht 18-2 Aufbau der Realsteuern

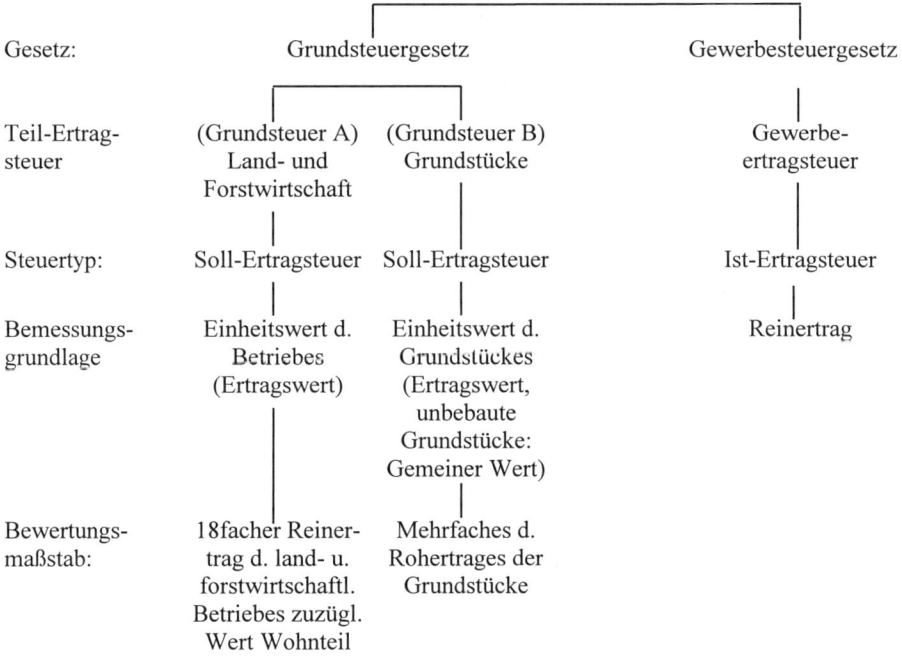

Quelle: In Anlehnung an Littmann 1980a, S. 574.

b) Die Grundsteuer

(1) Der Aufbau der Grundsteuer

Steuergegenstand der Grundsteuer ist der inländische Grundbesitz, zu dem gehören:

- land- und forstwirtschaftliches Vermögen, das der Grundsteuer A unterliegt;
- Grundvermögen, auf das Grundsteuer B erhoben wird;
- Betriebsvermögen (soweit es aus bebauten und unbebauten Betriebsgrundstücken besteht), das je nachdem, ob es wie land- und forstwirtschaftliches Vermögen oder wie Grundvermögen bewertet wird, zur Grundsteuer A oder B herangezogen wird.

Entscheidend für die Höhe der Steuer sind Beschaffenheit und Wert des Grundstücks. Für die drei Arten des Grundbesitzes wird nach den Regeln des Bewertungsgesetzes (BewG) ein **Einheitswert** gebildet, der den Vermögenswert zum Ausdruck

18. Kapitel: Die Ertragsteuern

bringen soll und sich aus Ertragswerten zusammensetzt. Als Einheitsbewertung wird die Bewertung bezeichnet, die für mehrere Arten von Steuern einheitlich durchgeführt wird und sich auf bestimmte wirtschaftliche Einheiten bezieht[1]. Die Feststellung des Einheitswertes erfolgt in einem gesonderten Vorgang, an dessen Ergebnisse die eigentlichen Festsetzungsverfahren verschiedener Steuern anknüpfen.

Zum **land- und forstwirtschaftlichen Vermögen** gehören der entsprechend genutzte Grund und Boden, Gebäude einschließlich Wohngebäude, Maschinen, Viehbestand und umlaufende Betriebsmittel. Zu seiner Bewertung wird der Einheitswert herangezogen, der sich aus zwei Ertragswerten (Wirtschaftswert, Wohnungswert) zusammensetzt. Der Wirtschaftswert ergibt sich aus der Vervielfältigung des Reinertrages (Ertragsfähigkeit). Der Kapitalisierungsfaktor beträgt zur Zeit 18, das entspricht einem Zinssatz von 5,5 %. Allerdings wird nicht jeder landwirtschaftliche Betrieb für sich bewertet, sondern es wird von Vergleichsbetrieben über das gesamte Bundesgebiet ausgegangen, deren Reinertrag pro Hektar landwirtschaftlich genutzter Bodenfläche (Hektarsatz) ermittelt wird. Der Einheitswert ergibt sich dann, wenn man die landwirtschaftlich genutzte Fläche des Betriebes mit dem Hektarsatz des Vergleichsbetriebes multipliziert. Die letzte Hauptfeststellung der Einheitswerte des land- und forstwirtschaftlichen Vermögens erfolgte 1964; sie werden seit 1974 angewendet.

Der Wohnungswert des land- und forstwirtschaftlichen Vermögens für den Wohnteil des Betriebes wird analog den Mietgrundstücken abzüglich 15 % gebildet.

Zum **Grundvermögen** rechnen bebaute und unbebaute Grundstücke, das Erbbaurecht und das Wohnungseigentum. Bebaute Grundstücke werden nach dem Ertragswertverfahren für Mietgrundstücke mit einem Vielfachen der Jahresrohmiete (gesamtes Entgelt einschließlich Gemeindeabgaben) bewertet. Der Vervielfaltiger schwankt nach Gemeindegröße, Baujahr, Bauart zwischen 4,5 und 13,5. Unter besonderen Voraussetzungen wird das Sachwertverfahren angewandt. Für unbebaute Grundstücke gilt der **gemeine Wert.** (Der gemeine Wert ist der Preis, der im persönlichen Geschäftsverkehr nach der Beschaffenheit des Wirtschaftsgutes bei einer Veräußerung zu erzielen wäre.)

Die Grundsteuerschuld wird wie bei der Gewerbesteuer in einem mehrstufigen Verfahren ermittelt. Zunächst wird vom zuständigen Finanzamt der Grundsteuerbescheid erlassen, in dem unter Anwendung der bundeseinheitlichen Steuermesszahlen auf den Einheitswert der **Steuermessbetrag** festgelegt wird. Durch Multiplikation mit dem von den Gemeinden jährlich festzulegenden **Hebesatz** ergibt sich der Steuerbetrag.

Tab. 18-1 zeigt die nominellen und effektiven Steuersätze von Grundsteuer A und B sowie Gewerbesteuer unter Zugrundelegung des durchschnittlichen Hebesatzes aller Gemeinden für 1997 und 1980. Die Zunahme hat sich zwischenzeitlich fortgesetzt.

---

[1] Die Bewertungsregeln finden auch Anwendung auf die Erbschaft- und Schenkungsteuer sowie die Grunderwerbsteuer (bis zu ihrem Auslaufen bzw. ihrer Abschaffung auch: Vermögensteuer und Gewerbekapitalsteuer).

Tab. 18-1 Messzahlen und Durchschnittsbelastung der Teilertragsteuern für 1997[1] (1980)

Steuern	Bemessungs-grundlage	Messzahl	Ø Hebesatz 1997 (1980)	Messzahl x Ø Hebesatz (Ø nomineller Steuersatz)
GrStA	Einheitswert	0,006	280 (249)	1,68 (1,49) vH
GrStB	Einheitswert	0,0026-0,0035	361 (274)	1,26 (0,96) vH[2]
GewSt	Ist-Ertrag	0,01-0,05	389 (330)	19,45[3] (16,50[3]) vH

[1] Nur früheres Bundesgebiet; die inzwischen abgeschaffte Gewerbekapitalsteuer wurde nicht berücksichtigt.
[2] Berechnet auf Basis einer Steuermesszahl von 0,0035.
[3] Der effektive liegt unter dem nominellen Steuersatz, weil die Gewerbeertragsteuer bei der Ermittlung des Gewerbeertrags abzugsfähig ist.

Quelle: Statistisches Jahrbuch für die Bundesrepublik Deutschland, verschiedene Jahrgänge.

Steuerschuldner ist derjenige, dem das Objekt bei der Festlegung des Einheitswertes zugerechnet worden ist. Liegt der Grundbesitz in mehreren Gemeinden, ist eine Zerlegung der Steuermessbeträge erforderlich.

(2) Die Beurteilung der Grundsteuer

Die Grundsteuer ist der einzige Teil der Realsteuern, der völlig unter gemeindlicher Regie verblieben ist. Sie stattet die Gemeinden finanziell annähernd gleichmäßig aus. Wegen veralteter Einheitswerte und relativem Rückgang des landwirtschaftlichen Anteils nimmt der Anteil der Grundsteuer A am gesamtwirtschaftlichen und gemeindlichen Steueraufkommen laufend ab; neue Bewirtschaftungsverfahren und Produkte, die z.T. einer Neubewertung landwirtschaftlicher Flächen geführt haben, werden kaum berücksichtigt. Dagegen bleibt der Anteil der Grundsteuer B am Steueraufkommen in etwa erhalten, weil die Bemessungsgrundlage für die Grundsteuererhebung mit der Zahl der Grundvermögensobjekte zunimmt und sich steigende Baupreise, Mieten und Erhöhungen der Hebesätze auswirken.

Die Steuer wird teilweise unter Äquivalenzgesichtspunkten begründet, diese Rechtfertigung ist aber ebenso fraglich wie bei der Gewerbesteuer[1]. Der Äquivalenzgedanke erlaubt „allenfalls die Herstellung einer losen Verbindung von der Grundsteuer zu den grundstücksbedingten kommunalen Ausgaben. Das so interpretierte Äquivalenzprinzip ist daher von finanzpsychologischer Bedeutung, weil es durch die Merklichkeit beim Betroffenen ein Interesse an der kommunalen Selbstverwaltung und damit an der Mittelverwendung schafft; die Grundsteuer ist ein wichtiges Bindeglied im kommunalpolitischen Beziehungsgefüge zwischen Grundbesitzern und Gemeinde" (Hansmeyer 1981 b, S. 736).

---

[1] So werden besondere Leistungen wie Anschlüsse an das Versorgungsnetz bereits durch Anliegerbeiträge abgegolten.

18. Kapitel: Die Ertragsteuern

Es besteht eine Vielfalt der Bewertungsverfahren nebeneinander, hinzu kommen unterschiedliche Messzahlen. Schließlich differieren die Hebesätze zwischen Grundsteuer A und B und zwischen den Gemeinden; sie schwanken im Bundesgebiet zwischen 0 % und 500 %. Die Grundsteuer ist eine Soll-Ertragsteuer und wird bei fehlenden Erträgen zur Substanzsteuer.

Sollte es zu einem Ersatz der Gewerbesteuer durch eine kommunale Wertschöpfungsteuer kommen, wäre auch die Einbeziehung der Grundsteuer zweckmäßig.

c) Die Gewerbesteuer

(1) Der Aufbau der Gewerbesteuer

Die Gewerbesteuer besteht (seit 1998) ausschließlich aus der Gewerbeertragsteuer, die den aus der Unternehmertätigkeit entstehenden Ertrag eines Gewerbebetriebes besteuert[1]. Rechtliche Grundlage ist das bundeseinheitlich geltende Gewerbesteuergesetz (GewStG). Der Ertrag aus dem Faktor Boden wird, wie oben gezeigt, getrennt von der Grundsteuer erfasst.

Gegenstand der Gewerbesteuer sind der stehende Gewerbebetrieb und der Reisegewerbebetrieb. Es handelt sich hierbei um Realobjekte, die Erträge hervorbringen (sollen). Der Gewerbesteuer unterliegt der Ertrag aus jenen Tätigkeiten, die im Einkommensteuerrecht unter „Einkünften aus Gewerbebetrieb" erfasst werden. Freie Berufe und landwirtschaftliche Betriebe unterliegen nicht der Gewerbesteuer.

Die Gewerbeertragsteuer weist Soll- und Ist-Steuerteile auf. Übersicht 18-3 zeigt die Schritte zur Berechnung der Gewerbesteuer.

Übersicht 18-3 Berechnung der Gewerbesteuer

Besteuerung nach dem Gewerbeertrag

Ausgangsposition:
Gewinn aus Gewerbebetrieb gem. EStG oder KStG
+ Hinzurechnungen
./. Kürzungen
./. Gewerbeverlust

Gewerbeertrag

x Steuermesszahl

= Steuermessbetrag nach dem Gewerbeertrag

x Hebesatz der Gemeinde

= Gewerbesteuerschuld lt. GewSt-Bescheid

---

[1] Ursprünglich wurden mit der Lohnsummensteuer und der Gewerbekapitalsteuer weitere Ertragsformen belastet.

Bemessungsgrundlage (oder Besteuerungsgrundlage) der Gewerbesteuer ist der Gewerbeertrag. Er wird erst nach mehr oder weniger willkürlichen Umrechnungen gebildet. Zur Ermittlung des Gewerbeertrags wird der nach Einkommen- und Körperschaftsteuergesetz ermittelte Gewinn durch Hinzurechnungen und Kürzungen korrigiert. Hinzuzurechnen sind insbesondere 50 % der Zinsen für Dauerschulden (über ein Jahr), wodurch tendenziell mittels Eigen- oder Fremdkapital erzielte Erträge gleich besteuert werden sollen. Gekürzt wird z. B. um 1,2 % vom Einheitswert der Betriebsgrundstücke, um den Einheitswert des Grundstücks nicht zusätzlich zur Grundsteuer ein weiteres Mal zu belasten. Die Korrektur beim Gewerbeertrag wird damit begründet, dass man so vom personalisierten Gewinn zum „Ertrag" gelange.

Die Tarifgestaltung der Gewerbesteuer weist (wie die der Grundsteuer) einige Besonderheiten auf, weil der anzuwendende Steuersatz sich aus Messzahl und Hebesatz zusammensetzt. Im GewStG ist bundeseinheitlich die **Messzahl** (M) festgelegt. Multipliziert man die Bemessungsgrundlage, d. h. den Gewerbeertrag (X_E) mit der Messzahl, erhält man den **Steuermessbetrag** als rechnerische Zwischengröße. Wendet man hierauf den Hebesatz (H) an, der von den Gemeinden festgelegt wird, lässt sich das nominelle Belastungsniveau T_{Gew} eines Pflichtigen bestimmen als

(18-1) $\qquad T_{Gew} = (X_E M_E) \cdot H$.

Die Messzahl der Gewerbeertragsteuer beträgt 5 %. Der Hebesatz der Gewerbeertragsteuer unterscheidet sich in der Regel von dem der Grundsteuern. Das Hebesatzrecht der Gemeinden steht unter dem Zustimmungsvorbehalt der jeweils zuständigen Landesbehörde. Wenn ein Unternehmen in mehreren Gemeinden Betriebsstätten unterhält, erfolgt eine Zerlegung des Steuermessbetrags nach den Arbeitsentgelten.

Die Gewerbesteuer hat einen progressiven Tarif, wobei der Grenzsteuersatz über vier Stufen von 24 000 DM auf die Höchstbelastung von 5 % bei einem Gewerbeertrag von 96 000 DM steigt. Ferner besteht ein Freibetrag von 48 000 DM für natürliche Personen und Personengesellschaften. Freibeträge können bei der Ertragsbesteuerung im geringen Umfang gerechtfertigt sein, wenn Verwaltungskosten vermieden werden sollen. Dem Gewerbeertrag werden 50 % der langfristigen Kapitalverzinsung (Dauerschuldzinsen) hinzugerechnet.

(2) Die Beurteilung der Gewerbesteuer

Die Gewerbesteuer ist durch Abschaffung der Gewerbekapitalsteuer in ihrer Bedeutung am Gesamtsteueraufkommen gesunken, dennoch ist sie eine wichtige Einnahmequelle der Gemeinden. Sie ist dann allokativ unschädlich, wenn sie keine Substitutionseffekte auslöst. Dies ist aber nicht zu erwarten, da sie den wirtschaftlichen Rohertrag (die Nettowertschöpfung) einer Periode nur unvollständig erfasst. Die analytische Zuordnung von Erträgen zu ihren Faktoren war ursprünglich das tragende Prinzip der Gewerbesteuer, das in der Praxis aber nie gelöst wurde. Einzelne Erträge bleiben unbelastet (Löhne, Erträge der freien Berufe, Kapitalerträge). Daher hat die gesamte Bemessungsgrundlage der Grund- und Gewerbesteuer keinen klaren Bezug zum Rohertrag. Die erfassten Erträge werden nach Sektoren und Faktoren ungleichmäßig belastet[1].

Zu einer Mehrfachbelastung einzelner Unternehmen kommt es auch, da die Einkünfte aus Gewerbebetrieb zusätzlich der Einkommen/Körperschaftsteuer[2] unterliegen. Statt aber die Gewerbesteuer abzuschaffen, hat man ausgleichende Sonderregelungen bei diesen Steuern eingeführt.

Die Gewerbesteuer (und ähnlich die Grundsteuer) wird als kommunale Einnahmequelle vor allem unter Äquivalenzgesichtspunkten gerechtfertigt: Gewerbliche Unternehmen beanspruchen kommunale Infrastruktur bzw. verursachen Ausgaben der Gemeinden, die mit Steuern der örtlichen Unternehmen finanziert werden sollen. Dieser Ansatz einer örtlichen „Radizierbarkeit", d. h. Zurechnung der von Unternehmen verursachten Kosten bzw. erlangten Vorteile, postuliert keinen individuellen Ausgleich von Vorteil (bzw. Kostenverursachung) und Steuerlast, sondern stellt einen auf den Raum bezogenen gruppenmäßigen Zusammenhang her. Nur ist die Gruppenabgrenzung („Gewerbe") willkürlich, land- und forstwirtschaftliche Betriebe, Wohnungswirtschaft, verschiedene öffentliche Unternehmen und die freien Berufe rechnen nicht zu den Steuerpflichtigen. Auch bleibt die Frage offen, wie sich innerhalb der Gruppe die Nutzen verteilen und/oder auf wen die Kosten gemeindlicher Leistungen verteilt werden sollen.

Das Aufkommen übertrifft in der Regel die dem Gewerbe zurechenbaren Gemeindeleistungen. Problematisch wird der Rechtfertigungsversuch insbesondere dann, wenn Wirtschaftssubjekte außerhalb der Gruppe ohne Finanzierungsbeteiligung an den Leistungen partizipieren. Mit der Gewerbesteuer finanziert nur eine kleine Gruppe ausgabenbedingte Vorteile, die nahezu allen Bürgern zugute kommen. Sie ist praktisch eine Steuer für mittlere und große Betriebe. Im Übrigen müssen die Betriebe für Gemeindeleistungen auch Gebühren und Beiträge entrichten. Zweckmäßiger wäre es, mit solchen kostendeckenden Abgaben Unternehmen insoweit zu belasten, wie sie hinreichend bestimmbare Leistungen in Anspruch nehmen oder die kommunalen Haushalte mit klar identifizierbaren Ausgaben belasten.

Die Gewerbesteuer kann durch ihren Aufbau und ihre Hebesätze zu allokativen Verzerrungen im Raum führen. Sie begünstigt Gemeinden mit Standortvorteilen, deren Gewerbesteueraufkommen hohe Infrastrukturausgaben erlaubt, wodurch weitere Industrie attrahiert werden kann. Dadurch werden Ballungstendenzen begünstigt. Das Gewerbesteueraufkommen ist abhängig vom Industrialisierungsgrad und von der Ertragskraft. Daher unterliegt ihr Pro-Kopf-Aufkommen im Raum starken Schwankungen.

---

[1] Die Gewerbeertragsteuer benachteiligt den Gewinn aus Gewerbebetrieb insbesondere gegenüber der Land- und Forstwirtschaft und den freien Berufen.
[2] Die Gewerbesteuer ist dort als Betriebsausgabe abzugsfähig.

Die Verdichtungsgebiete müssen Aufgaben finanzieren, die nicht nur den Bewohnern der Kernstädte, sondern auch der Randgebiete zugute kommen. Die daraus entstehenden Agglomerationskosten im Bereich des Verkehrs, der Ver- und Entsorgung, des Gesundheits- und Schulwesens werden (können) den Verursachern nicht oder nur teilweise angelastet (zugerechnet werden). Mangels anderer eigener Steuer- und Einnahmequellen betreiben die Städte daher Gewerbeansiedlungspolitik (durch niedrige Hebesätze und andere spezielle Vergünstigungen wie Vorleistungen für die Erschließung) und erhöhen so die ballungsbedingten Probleme. Dies hat u.a. zu einer städtezerstörenden Wirkung und zur Vertreibung von Bewohnern aus früher intakten Wohngegenden geführt. Die Gewerbesteuer ist andererseits wichtig für das Interesse an der Erhaltung örtlicher Wirtschaftskraft. Ohne diese Einnahmen würden Städte und Gemeinden Gewerbebetriebe auf ihrem Gebiet (z. B. aus umweltpolitischen Gründen, Bürgerprotesten) kaum zulassen. Gelände für die Industrieansiedlung würden dann ebenso schwierig zu finden sein wie bereits heute für Kläranlagen, Obdachlosenheime u. a. Ein Teil der Gewerbesteuer fließt Bund und Ländern zu, die auf einen Teil der Einkommensteuer zugunsten der Gemeinden verzichten. Daher ist das Gewicht der Gewerbesteuer für die Gemeinden geringer als ohne die Umlage. Aber auch das Interesse an Gewerbebetrieben zu Lasten der Einwohner in den Gemeinden ist so gemindert.

Zu Beeinträchtigungen des Wettbewerbs unter den Gewerbebetrieben kann es u. a. kommen, weil für Kapitalgesellschaften Geschäftsführergehälter bei der Gewerbeertragsteuer abzugsfähig sind, für Personengesellschaften aber nur ein Unternehmerfreibetrag eingeräumt wird, ansonsten also der Unternehmerlohn als Teil des Gewerbeertrags belastet wird.

Exporte werden von der Gewerbesteuer nicht entlastet, so dass es zu allokativen Effekten im grenzüberschreitenden Verkehr kommen kann. Dies ist insbesondere bei unterschiedlichen Steuerstrukturen und unterschiedlichen Produktionsstrukturen zwischen den Staaten zu erwarten, die der Wechselkurs nicht ausgleichen kann. Die Gewerbesteuer wird in den anderen EG-Staaten (außer Luxemburg) nicht erhoben, ihre Abschaffung würde daher einen Beitrag zur Steuerharmonisierung darstellen (vgl. Kapitel 21). Dieses Argument gilt allerdings nur insoweit wie die Gewerbesteuer keinen Äquivalenzcharakter hat.

Der gemeindliche Ausgabenbedarf fällt relativ kontinuierlich an, so dass ein gleichmäßig fließendes Steueraufkommen zu seiner Finanzierung zweckmäßig wäre und zur Verstetigung der gemeindlichen Nachfrage beitragen würde. Tatsächlich ist dieser Effekt bei der Gewerbesteuer nicht zu beobachten. Sie weist eine relativ hohe Einkommenselastizität auf. Das ungleichmäßige Fließen der Gewerbeertragsteuer lässt für die Gemeinden in Abschwungphasen ihren Finanzierungsbedarf nur schwer realisieren. Dies kann sich in Ausgabenkürzungen niederschlagen, die insbesondere die Investitionsausgaben beeinträchtigen. Die Gemeinden können aber auch versuchen, durch Anhebung der Hebesätze ihr jeweils geplantes Ausgabevolumen zu realisieren. Die Finanzierungsprobleme verstärken sich, wenn Gemeinden von nur einem großen oder wenigen Steuerzahlern derselben Branche abhängen. Insgesamt trägt die Gewerbeertragsteuer zu einem prozyklischen Verhalten der Gemeinden bei.

Die Gewerbeertragsteuer enthält mit der Hinzurechnung der Zinsen auf Dauerschulden Elemente, die unter Umständen die Substanz von Unternehmen bedrohen können[1]. Systemgerecht wäre eher eine Kürzung des Gewinns um die Eigenkapitalverzinsung. Die zeitliche Abgrenzung von einem Jahr ist willkürlich und überflüssig. Mit dieser Regelung werden Teile der Kreditaufnahme praktisch einer Strafsteuer unterworfen. Auch ist der Erhebungsaufwand bei der Gewerbesteuer beträchtlich.

Für die Gewerbesteuer ist kein Verlustrücktrag zulässig, was zu einer Ungleichbehandlung positiver und negativer Einkünfte aus Gewerbebetrieben führt.

(3) Reformvorschläge

Die Probleme der Gewerbesteuer und der Wunsch nach stetiger Finanzausstattung der Gemeinden machen die Suche nach Alternativen erforderlich. Dabei läuft die Diskussionsrichtung wie die tatsächliche Entwicklung (Erhöhung der Freibeträge, Abschaffung der Lohnsummen- und Gewerbekapitalsteuer, Gewerbesteuerumlage) auf eine **Abschaffung der Gewerbesteuer** hinaus[2]. Bisher ist es aber nicht gelungen, einen Konsens über eine allgemeine produktionsbezogene Gemeindesteuer zu finden.

Als Ersatz kommt die **Beteiligung am Umsatzsteueraufkommen der Gemeinden** in Betracht. Hierdurch würde deren Interesse an der Ansiedlung von Unternehmen bestehen bleiben. Der Vorschlag ist mit niedrigem Verwaltungsaufwand, Steuervereinfachung und voraussichtlich geringem Steuerwiderstand der Pflichtigen verbunden.

Erwogen wird auch eine **Beteiligung an der Einkommensteuer** unter Anwendung des Hebesatzrechts der Gemeinden auf ihren Einkommensteueranteil. Diese von der Verfassung (Art. 106 Abs. 5 GG) eingeräumte Möglichkeit ist bisher nicht genutzt worden.

Schließlich wird die Einführung einer **kommunalen Wertschöpfungsteuer** vorgeschlagen[3]. Diese hat (wirtschaftlich) eine der Umsatzsteuer verwandte Steuerbemessungsgrundlage. Sie unterscheidet sich durch die Einbeziehung der Ein- und Ausfuhr und der Investitionen, die bei der Umsatzsteuer grundsätzlich nicht in die Bemessungsgrundlage eingehen. Weil die Bemessungsgrundlage im Vergleich zur Gewerbe-

---

[1] Die Finanzbehörden können allerdings einem Stundungsbegehren stattgeben.
[2] Statt die Gewerbeertragsteuer abzuschaffen wurde allerdings (in einem Zwischenschritt?) bei der Einkommensteuer eine Sonderbehandlung der gewerblichen Einkünfte und bei der Körperschaftsteuer eine Senkung der Tarife vorgenommen, um ab 1994 zu einer Verbesserung der internationalen Standortbedingungen zu kommen. Auch die 1997 erfolgte verfassungsmäßige Absicherung der Gewerbeertragsteuer lässt Zweifel an ihrer Ersetzung aufkommen.
[3] Um die Besteuerung des mobilen Faktors Kapital einzuschränken, schlägt Homburg (1996) vor, die Bemessungsgrundlage „Wertschöpfung" um die Kapitalgüterkäufe (netto) zu reduzieren. Damit erfolgt allerdings eine weitere Annäherung an die Mehrwertsteuer vom Konsumtyp.

steuer breit ist, könnte auch ein niedriger Steuersatz gewählt werden, um das gleiche Aufkommen zu erzielen. Die interkommunale Verteilung des Steueraufkommens aus der Wertschöpfungssteuer und aus einer Erhöhung der Umsatzsteuer dürften aber bei vielen Vorschlägen ähnlich sein.

Als entscheidend für eine Reform wird in der Regel angesehen, dass die kommunale Finanzhoheit nicht weiter eingeengt wird. Die Steuer muss im Volumen dem Gemeindeanteil an der Gewerbesteuer (zur Einnahmenentflechtung zweckmäßigerweise einschließlich der Umlage) entsprechen. Wenn der Grundgedanke der Äquivalenz aufrecht erhalten bleiben soll, muss die Gemeindesteuer mit der Bemessungsgrundlage an Faktoren anknüpfen, die mit den von den Gewerbebetrieben verursachten Lasten bzw. mit den von ihnen empfangenen Vorteilen zusammenhängen. Das Hebesatzrecht ist bei einer Umsatzsteuerbeteiligung der Gemeinden nach EG-Recht ausgeschlossen. Es erscheint generell verzichtbar, ohne dass die Autonomie der Gemeinden aufgehoben wird. Das gilt zumindest dann, wenn man nur darauf abstellt, dass die Gemeinden über ausreichende, gesetzlich festgelegte eigene Einnahmen verfügen und über die Verwendung frei entscheiden können sollen. Allerdings werden eigene Steuern mit Hebesatzrecht als Kernstück kommunaler Selbstverwaltung betrachtet (Hansmeyer 1997, S. 159). Das Hebesatzrecht verstärkt die Fühlbarkeit der Abgabe **bei einer breiten Bemessungsgrundlage** und lässt einen umsichtigeren Gebrauch der Einnahmen vermuten. Die Entscheidungsträger haben dann auch eher persönlich die Konsequenzen ihrer Entscheidungen zu tragen. In dieser Hinsicht scheint gerade eine Beteiligung der Gemeinden an der Einkommensteuer mit eigenem Hebesatzrecht geeignet. Dieser Vorschlag liegt insbesondere nahe, wenn man eine Besteuerung nach der Leistungsfähigkeit will, die im Einkommen als Maßgröße zum Ausdruck kommen soll, und unter dem Aspekt der Vereinfachung und Durchsichtigkeit des Steuerrechts (Schneider 1985, S. 170).

Gelegentlich wird auch eine Revitalisierung der Gewerbesteuer bei Einbeziehung der freien Berufe und der Lohnsumme vorgeschlagen. Diese Verbreiterung führt konsequent weitergeführt zu einer Wertschöpfungsteuer.

Übersicht 18-4 Alternativen der Gewerbesteuerreform

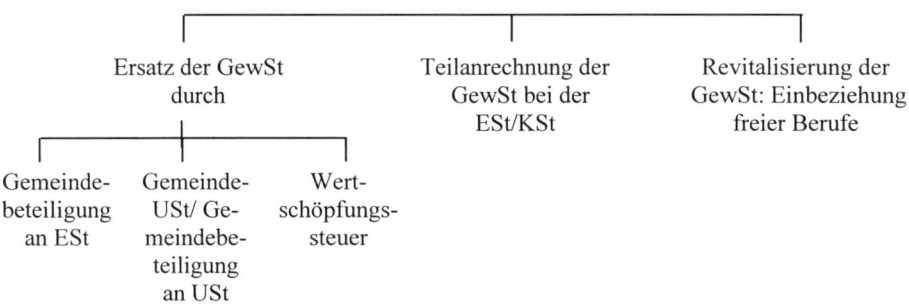

18. Kapitel: Die Ertragsteuern

Literatur zum 18. Kapitel

Als Einführung in die Problematik der Ertragsteuern ist insbesondere Littman (1980a) zu empfehlen. Zur Gewerbesteuer siehe Littmann (1980b), Hansmeyer (1981a), Musgrave/Musgrave/Kullmer (2, 1993, Kapitel 19) und Hansmeyer (1997); zur Grundsteuer Andreae (1980) und Hansmeyer (1981b) - und hierbei speziell zu den Preiseffekten Bohnet (1981). Einen Überblick über Reformvorschläge geben Krause (1982) und Ritter (1983), zur Wertschöpfungsteuer siehe Wissenschaftlicher Beirat beim BMF (1982). Die Einheitsbewertung stellen Dickertmann/Pfeiffer (1986) dar.

Zur steuerrechtlichen Darstellung und Würdigung der Grund- und Gewerbesteuer siehe Tipke/Lang (1998, §§ 12, 13D). Zur Statistik siehe Statistisches Bundesamt, Fachserie 14, Finanzen und Steuern, Reihe 10.1, Realsteuervergleich (erscheint jährlich).

19. Kapitel
Die Umsatzsteuer

1. Begriff und Anknüpfungspunkte

Umsatzsteuern sind Steuern, die bei den Unternehmen[1] erhoben werden und im Wesentlichen deren Verkauf (entgeltliche Abgabe) von Sachgütern und Dienstleistungen belasten. Grundsätzlich sind hinsichtlich ihrer Bemessungsgrundlage und Erhebungsweise verschiedene Formen der Umsatzbesteuerung möglich. Nach der Abgrenzung der Bemessungsgrundlage kann zwischen Brutto- und Nettoumsatzsteuern unterschieden werden. Zur Verdeutlichung sei wieder das Ertragskonto (ohne Umsatzsteuer) eines Unternehmens herangezogen.

Ertragskonto

(1) Vorleistungskäufe	(5) Verkäufe von Waren und Dienstleistungen (= Umsatz)
(2) Abschreibungen	(6) Bestandsänderungen an eigenen Erzeugnissen
(3) $T_P - Z$	
(4) Wertschöpfung (netto)	(7) selbsterstellte Anlagen
(a) Löhne, Gehälter, Mieten, Zinsen, Pachten	
(b) Betriebsgewinn	
(8) Produktionswert	(8) Produktionswert

Bruttoumsatzsteuern liegen vor, wenn der (Brutto-)Umsatz (5) oder der Produktionswert (8) belastet werden. Als **Nettoumsatzsteuern** knüpfen die Abgaben an der Bruttowertschöpfung (8) – (1), an der Nettowertschöpfung (4) oder am Nettoumsatz (5) - (1) an. Der wesentliche Unterschied der beiden grundsätzlichen Anknüpfungspunkte liegt in der Behandlung der Vorleistungen.

Der **Produktionswert** (8) ist die weiteste Bemessungsgrundlage. Er enthält die eigene und fremde Wertschöpfung (1). Für eine Kürzung dieser weiten Bemessungsgrundlage zunächst um die Bestandsveränderungen an eigenen Erzeugnissen spricht, dass bei (6) noch kein Umsatz vorlag, also nicht feststeht, ob und zu welchem Preis sie am Markt abgesetzt werden.

Knüpft die Steuer am **Umsatz** (5) der Unternehmen an, beträgt die gesamtwirtschaftliche Bemessungsgrundlage wie bei (8) ein Mehrfaches des Inlandsprodukts. Dies liegt an den zahlreichen zwischen den Unternehmen stattfindenden Umsätzen, die jeweils die eigene und fremde Wertschöpfung enthalten. Eine Steuer auf (5) belastet daher wie eine Steuer auf (8) – abhängig vom Grad der Arbeitsteilung zwischen den Unternehmen – Produktionsteile mehrfach auf verschiedenen Produktionsstufen.

---

[1] Das deutsche Umsatzsteuergesetz (UStG) spricht von „Unternehmer".

19. Kapitel: Die Umsatzsteuer

Bei der Bemessungsgrundlage (8) - (1) werden im Gegensatz zu (4) auch die Abschreibungen und anderen Produktionsabgaben (abzüglich Subventionen) besteuert. Die Bemessungsgrundlage **(Netto-)Wertschöpfung** (4) kann prinzipiell subtraktiv (8) – (l) – (2) – (3) oder additiv (4a) + (4b) berechnet werden. Die Zwischenumsätze (Vorleistungen) bleiben in beiden Fällen außer Betracht. Die aggregierten Bruttowertschöpfungen (also Nettowertschöpfungen zuzüglich Abschreibungen) bilden die gesamtwirtschaftliche Bruttowertschöpfung.

Zieht man von (4) die Investitionen ab, ist letztlich allein der **Konsum** Bemessungsgrundlage. (Der auf den Konsum entfallende Saldo aus sonstigen Produktionsabgaben und Subventionen muss hinzugerechnet werden.) Wenn der Konsum makroökonomische Bemessungsgrundlage ist, wird von allgemeinen Verbrauchsteuern gesprochen. Hier werden alle Verkäufe von Konsumgütern an private Haushalte (und der Staatsverbrauch) belastet.

Die Besteuerung des Konsums kann auf einer Stufe **(Einphasensteuer)** oder auf mehreren Stufen **(Mehrphasensteuer)** erfolgen. Bei der Einphasensteuer wächst die einzelwirtschaftliche Bemessungsgrundlage vom Hersteller zum Einzelhandel. Anstelle des gesamten Verbrauchs können auch einzelne Konsumgüterverkäufe durch **spezielle** Verbrauchsteuern belastet werden.

Die in der Realität vorkommenden Formen der Umsatzsteuer beruhen auf einer der oben genannten Bemessungsgrundlagen. Übersicht 19-1 stellt verschiedene Formen von Umsatzsteuern nach ihrer gesamtwirtschaftlichen Bemessungsgrundlage[1] und nach der Zahl der Besteuerungsstufen zusammen.

Übersicht 19-1 Gestaltungsmöglichkeiten von Umsatzsteuern

Erhebungsstufe	gesamtwirtschaftliche Bemessungsgrundlage			
	Konsumgüter		Konsum- und Investitionsgüter	Bruttoumsätze
	allgemein	speziell		
einstufig	1	3	5	
mehrere/alle Stufen	2	4	6	7

Von diesen möglichen Formen sollen im folgenden die Allphasenbruttoumsatzsteuer (7), die Einphasenbruttoumsatzsteuer (1, 5) und die Allphasennettoumsatzsteuer (2) behandelt werden.

Die **Allphasenbruttoumsatzsteuer** hat eine einfache Bemessungsgrundlage, ihre Erhebungskosten sind niedrig. Ein bestimmtes Steueraufkommen kann mit einem (formal) niedrigen Steuersatz erzielt werden. Bei dieser Abgabe kann auf allen Stufen der gleiche Satz, es können aber auch verschiedene Sätze zur Anwendung kommen.

---

[1] Eine in der Praxis nicht erfüllte Voraussetzung für diese Charakteristik ist, dass die Abgabe von allen Unternehmen ohne Steuerbefreiungen erhoben wird.

Die Besteuerung des Bruttoumsatzes auf allen Stufen führt zu einer **kumulativen Belastung** mit Umsatzsteuern. Ihre Höhe hängt von der Zahl der Stufen ab, die ein Gut bis zum Endabsatz durchläuft und von der Verteilung der Wertschöpfungen auf die einzelnen Stufen. Gleiche Güter können unterschiedlich mit Umsatzsteuern belastet sein, ohne dass die Belastung bekannt, zu ermitteln und eine einheitliche Belastung zu erreichen ist. Die Steuer ruft eine Tendenz zur vertikalen Konzentration hervor, durch die sich Steuern sparen lassen. Sie ist daher nicht wettbewerbsneutral. Auch gegenüber dem Ausland entstehen Wettbewerbsverzerrungen, weil im grenzüberschreitenden Warenverkehr kein exakte Be- oder Entlastung möglich ist (vgl. das 21. Kapitel). Diese ist nach den Regeln des GATT (General Agreement on Tariffs and Trade) im Falle der indirekten Steuern (Umsatzsteuer und spezielle Verbrauchsteuern) vorgesehen.

Die **Einphasenbruttoumsatzsteuer** bezieht sich im Vergleich zur Allphasensteuer nur auf die Steuerpflichtigen einer Stufe. Bei dieser Steuerform muss die betreffende Stufe genau abgegrenzt werden, um Steuerausweichungen zu vermeiden (bei einer Großhandelsteuer z. B. durch direkte Lieferung der Produzenten an den Einzelhandel oder Endverbraucher). Wenn dies nicht gelingt, kommt es zur ungleichen Belastung von Produkten, Produktionsverfahren und Produktionsstufen.

Der wirtschaftliche Sinn, anstelle des Bruttoumsatzes eine modifizierte Größe als Maßstab für die Steuerbelastung zu wählen, liegt also darin, wiederholte Belastungen gleicher Güter bzw. Güterteile zu vermeiden. Die Belastung durch die **Nettoumsatzsteuer** ist unabhängig davon, wie viele Stufen ein Gut bis zum Endverbraucher durchläuft und wie sich die Wertschöpfungen verteilen. Sie ruft daher keinen Kumulativeffekt hervor, ist aber weniger einfach als die zuvor dargestellten Erhebungsformen. Die Mehrwertsteuer vom Konsumtyp schließt im Gegensatz zu (6) die Investitionen aus der Bemessungsgrundlage aus.

2. Die deutsche Umsatzsteuer (Mehrwertsteuer)

a) Der Steuergegenstand

Bei der gegenwärtig erhobenen Umsatzsteuer handelt es sich um eine Mehrwertsteuer mit Vorsteuerabzug[1]. Deshalb wird die Umsatzsteuer auch **Mehrwertsteuer** genannt[2]. Sie soll nach dem Willen des Gesetzgebers den gesamten privaten und öffentlichen Verbrauch belasten; daher werden die auf Investitionsgütern liegenden Vorbelastungen mit Umsatzsteuern abgezogen[3]. Tatsächlich werden aber über den privaten und staatlichen Konsum hinaus die Käufe von Investitionsgütern des Staates, ferner die Investitionen und sonstigen Käufe der steuerbefreiten Unternehmen, die keinen Vorsteuerabzug geltend machen können, durch die Abgabe belastet. Die Umsatzsteuer ist auch

---

[1] Bis Ende 1967 bestand in der Bundesrepublik Deutschland eine Allphasenbruttoumsatzsteuer.
[2] Das UStG von 1967 trug die amtliche Überschrift „Umsatzsteuergesetz (Mehrwertsteuer)". Der Begriff „Mehrwertsteuer" wird im UStG 1980 nicht mehr verwendet.
[3] Juristisch rechnet die Umsatzsteuer zu den Verkehrsteuern, die Vorgänge des Wirtschaftsverkehrs belasten.

eine Steuer auf die übrigen Produktions- und Importabgaben. So führt jeder Preiseffekt einer Mineralölsteuererhöhung bei einer Preiselastizität $|0 < E_{x,p} < 1|$ zu steigendem Umsatzsteueraufkommen.

Der Umsatzsteuer unterliegen folgende (steuerbare) Umsätze: (1) Lieferungen und sonstige Leistungen, die ein Unternehmer im Inland gegen Entgelt im Rahmen seines Unternehmens ausführt. **Unternehmer** ist, wer eine gewerbliche oder berufliche Tätigkeit selbständig ausübt; (2) die Einfuhr von Gegenständen aus dem Drittlandsgebiet in das Inland (Einfuhrumsatzsteuer); (3) der innergemeinschaftliche Erwerb im Inland gegen Entgelt.

Die Steuer ist insofern eine Sollsteuer, als sie grundsätzlich nach **vereinbarten** (nicht vereinnahmten[1]) Entgelten - ohne Umsatzsteuer - zu berechnen ist. Entsprechendes gilt für den Vorsteuerabzug (s.u.) nach Rechnungserhalt.

b) Vorumsatz- oder Vorsteuerabzug

Zwei Verfahren sind möglich, um zur Belastung des **Netto**umsatzes bei der subtraktiven Methode zu gelangen: durch Abzug der Vorumsätze oder der Vorsteuern. Beim **Vorumsatz**abzug werden vom Gesamtumsatz eines Unternehmens alle Aufwendungen für Vorumsätze abgesetzt, darunter auch die Käufe von Investitionsgütern. Dieses Verfahren erspart Verwaltungsaufwand gegenüber dem anderen Verfahren.

Das gilt aber nur, wenn der Konsum die gesamtwirtschaftliche Bemessungsgrundlage sein soll. Wird hingegen die Belastung von Konsum und Investitionen angestrebt, so ist kein Vollabzug der Investitionsgüterkäufe, sondern nur der Ausgaben für Ersatzinvestitionen zulässig. Die Ermittlung der Steuerbasis ist dann mit der Schwierigkeit belastet, zwischen Neu- und Ersatzinvestitionen trennen zu müssen. Als Indikator der Investitionen kommen die jährlichen Abschreibungen in Betracht, die dem Vorumsatz hinzuzurechnen sind (pro-rata-temporis-Verfahren).

Beim **Vorsteuer**abzug wird für den Gesamtumsatz des Unternehmens eine fiktive (vorläufige) Steuerschuld durch Anwendung des geltenden Steuersatzes ermittelt. Hiervon kann die auf den Vorumsätzen liegende („eingekaufte") Steuer, die die Lieferanten gesondert in Rechnung stellen, abgesetzt werden. Nur die Differenz wird an das Finanzamt abgeführt. Hinsichtlich der Bemessungsgrundlage Konsum oder Konsum und Investitionen sind keine Unterschiede zum Vorumsatzverfahren festzustellen.

Beide Methoden haben die gleiche Wirkung, wenn der Steuersatz einheitlich ist und keine Befreiungen gewährt werden.

---

[1] Dies wäre steuersystematisch eigentlich korrekt. Der Sollsteuercharakter ist aber nur temporär, weil sich die Steuer letztlich nach den vereinnahmten Entgelten bemisst.

Beispiel: Vorsteuer- und Vorumsatzabzug ($\tau_U = 10\,\%$)

	Gesamt-umsatz	Vor-umsatz	Netto-umsatz	Steuer bei Vor-umsatzabzug	Steuer bei Vor-steuerabzug	
1. Stufe	1 000	-	1 000	100	(100./.0=)	100
2. Stufe	3 000	1 000	2 000	200	(300./.100=)	200
3. Stufe	6 000	3 000	3 000	300	(600./.300=)	200
4. Stufe	8 000	6 000	2 000	200	(800./.600=)	200
	18 000	10 000	8 000	800		800

Mit der Wahl des Vorsteuerabzugs bei der deutschen Umsatzsteuer wurde gleichzeitig die Möglichkeit eingeschränkt, durch eine Vielzahl von Befreiungen und Ermäßigungen die Belastungen zu differenzieren. Man kann zwar beim Vorsteuerabzug Güter nach dem Grad der Dringlichkeit und einzelne Wirtschaftsbereiche unterschiedlich behandeln. Von einem Normalsatz abweichende Belastungen einer Stufe verändern aber auch den Vorsteuerabzug und führen zu einer ausgleichenden Belastung der nächsten Stufe. Der Steuersatz auf der letzten Stufe ist entscheidend für die Gesamtbelastung. Die **Nachholwirkung** z. B. einer Tarifermäßigung entfällt nur, wenn ein fiktiver Vorsteuersatz gewährt wird oder die Ermäßigung auf der letzten Stufe ansetzt.

Als Vorsteuer abziehbar ist auch die Umsatzsteuer auf innergemeinschaftliche Erwerbe sowie die Einfuhrumsatzsteuer, die der Unternehmer bei der Wareneinfuhr aus Nicht-EU-Staaten zu entrichten hat.

c) Steuersätze, -befreiungen und -ermäßigungen

Der allgemeine Steuersatz beträgt zur Zeit 16 %. Ferner gibt es einen ermäßigten Steuersatz von 7 %, der überwiegend auf der Endstufe angewendet wird (z. B. Personennahverkehr, Zeitungen, Zeitschriften, Bücher, Kunstgegenstände, fast alle Lebensmittel außer Getränke und Gaststättenumsätze).

Steuerbefreiungen sieht das UStG für die Ausfuhr von Unternehmen an Unternehmen vor. Diese Exportumsätze werden im Importland mit den dort gültigen Steuersätzen belastet (Bestimmungslandprinzip) und damit dort inländischen Gütern gleichgestellt. Der exportierende Unternehmer bekommt hier die „eingekaufte" Vorsteuer erstattet[1].

Steuerbefreiungen **mit der Möglichkeit des Verzichts** haben geringe Bedeutung (zum Beispiel Umsätze der Kleinunternehmer). Entscheidend für den Verzicht auf Steuerbefreiung ist, ob die Leistungen an einen anderen Unternehmer ausgeführt werden und ob dessen Leistungen steuerbefreit sind. Das trifft auf **Kleinunternehmer** mit

---

[1] Innerhalb des Binnenmarktes der Europäischen Union (EU) gelten seit 1.1.1993 davon abweichende Regelungen (vgl. 21. Kapitel).

19. Kapitel: Die Umsatzsteuer

einem Umsatz bis zu 32 500 DM im vorangegangenen und voraussichtlich nicht mehr als 100 000 DM im laufenden Kalenderjahr zu. Sie können aber auch keine Vorsteuer geltend machen.

Steuerbefreit sind auch z. B. die Umsätze der Ärzte und anderer Heilberufe, der Krankenhäuser, die Vermietung von Grundstücken und die Kreditgewährung. Ein **Verzicht auf Inanspruchnahme der Steuerbefreiung ist hier aber nicht möglich.** Bei dieser Gruppe von Unternehmern ist auch der Vorsteuerabzug ausgeschlossen. Zu einem großen Teil handelt es sich hier praktisch um Umsätze an Endverbraucher[1].

Die Befreiungen und Ermäßigungen werden mit sozial-, gesundheits- und kulturpolitischen Erwägungen begründet; hinzukommen kann auch die Vermeidung einer Doppelbelastung (z. B. Befreiung der Grundstücksumsätze wegen Belastung durch Grunderwerbsteuer[2]; ähnlich bei der Versicherungsteuer); die Steuerbefreiung der Ausfuhr ist steuersystematisch gerechtfertigt.

Für die **Land- und Forstwirtschaft** ist zur Vereinfachung eine **Vorsteuerpauschalierung** zugelassen. Sie „sieht vor, dass die für land- und forstwirtschaftliche Betriebe geltenden Steuersätze so hoch festgesetzt werden, wie diese Betriebe durchschnittlich mit Vorsteuern belastet sind. Die Steuer für die Umsätze und die Vorsteuerbeträge gleichen sich bei land- und forstwirtschaftlichen Unternehmen also kraft Gesetzes aus. Daher braucht von ihnen eine Steuer an das Finanzamt grundsätzlich nicht gezahlt zu werden". Anlass „zu dieser Regelung war die Überlegung, dass die überwiegende Zahl der land- und forstwirtschaftlichen Betriebe mit den für die Besteuerung normalerweise erforderlichen Aufzeichnungen überfordert wäre". (Bundesministerium der Finanzen 1999, S. 147). Diese Unternehmer können aber auch für das Normalverfahren (mit ermäßigtem Steuersatz) optieren.

d) Die Beurteilung der Umsatzsteuer

Die Umsatzsteuer knüpft (weitgehend) am Produktionsprozess an. Sie ist grundsätzlich eine allgemeine Verbrauchsteuer, wird also letztlich (weitgehend) erhoben, wenn die Haushalte (und der Staat) Ausgaben tätigen[3].

Die Steuer **soll** nach Auffassung des Gesetzgebers **überwälzt werden** und wird es vermutlich auch weitgehend. Dann ist hinsichtlich der Verteilungswirkungen zu fragen, welche Belastungen verschiedene Einkommens- und soziale Gruppen erfahren. Für die Beurteilung dieser Wirkungen ist zunächst die Wahl der Bezugsgröße wesentlich: Wählt man die Konsumausgaben, so dürfte - von der Wirkung ermäßigter Steuer-

---

[1] Da auf steuerbefreite Umsätze entfallende Vorsteuern nicht abgesetzt werden dürfen, bleiben bei diesen Unternehmern auch die Investitionsgüter umsatzsteuerbelastet.
[2] Der Unternehmer kann allerdings auf die Steuerbefreiung verzichten, um ggf. die Vorsteuerabzugsmöglichkeit zu behalten. Der Grunderwerbsteuer unterliegt der (gesamte) inländische Grundstücksverkehr mit einem Satz von 3,5 %.
[3] Ferner „belastet" sie die vom Staat unentgeltlich bereitgestellten Leistungen.

sätze und anderer Sonderregelungen abgesehen - die Umsatzsteuerbelastung proportional sein. Überwiegend wird diese Abgabenbelastung allerdings auf eine Einkommensgröße bezogen. Sofern nun die Konsumquote als negative Funktion des Einkommens gesehen wird, sinkt die durchschnittliche Umsatzsteuerbelastung des Einkommens, d. h. die Steuer wirkt regressiv. Dieser Zusammenhang wird - zumindest für höhere Einkommen - allgemein **angenommen**. Es ist allerdings zu beachten, dass die der Belastungsrechnung zugrunde liegenden Annahmen mehr oder weniger willkürlich sind (vgl. Kapitel 9). Umsatzsteuern sind kein Mittel einer gezielten Verteilungspolitik, weil keine einheitliche Konsumstruktur besteht, die bestimmten Einkommen eindeutige Konsumausgaben und daher Steuersätze zuordnen lässt. Andere Instrumente können zielgenauer eingesetzt werden.

Unter dem Aspekt der Besteuerung nach der Leistungsfähigkeit hätte die Umsatzsteuer die Einkommensverwendung zu treffen und über den privaten Verbrauch die verwirklichte Bedürfnisbefriedigung. Da die Abgabe aber von den Unternehmen gezahlt wird – also im Einkommensentstehungs- und nicht im Einkommensverwendungsbereich – ist diese Zielsetzung nicht zu erreichen (Schneider 1985, S. 189/190)[1].

Das Aufkommen aus der Umsatzsteuer reagiert schnell auf Änderungen der Bemessungsgrundlage. Dies beruht darauf, dass die Unternehmer in der Regel monatlich die Steuer zu entrichten haben[2]. Die gesamtwirtschaftliche Bemessungsgrundlage ist aber insbesondere um die Investitionen und den Außenbeitrag kleiner als das Bruttoinlandsprodukt. Die Konsumquote nimmt im Aufschwung ab und im Abschwung zu, da der Konsum im Konjunkturablauf weniger als das BIP schwankt. Die Elastizität der Bemessungsgrundlage bezogen auf das BIP ist etwas geringer als eins. Das kann konjunkturpolitisch erwünscht sein. Da die Investitionen (weitgehend) unbelastet bleiben, dürfte die Umsatzsteuer das Wachstum nur wenig beeinträchtigen.

Kostensteuern wie die Umsatzsteuer gelten in der Regel als effiziente Steuern, weil sie weniger als z. B. die Einkommensteuer das ökonomische Verhalten verzerren. Die Belastung tritt erst auf, wenn das Einkommen verausgabt wird.

Das tatsächliche Ausmaß der durch die deutsche Umsatzsteuer hervorgerufenen allokativen Verzerrungen hängt davon ab, ob eine umfassende Bemessungsgrundlage, ein einheitlicher Steuersatz und keine Differenzierungen nach Produktionsstufen, Branchen, einzelnen Gütern oder nach Kapital- und Arbeitsintensität vorliegen. In der Praxis bestehen Steuerbefreiungen und -satzdifferenzierungen. So können etwa Unterschiede in den Steuersätzen Substitutionen zugunsten weniger belasteter Umsätze verursachen. Allerdings sind meist Güter mit einer relativ geringen Nachfrageelastizität

---

[1] Zur Problematik einer indirekten Besteuerung nach der Leistungsfähigkeit siehe Hackmann (1983b).
[2] Der Unternehmer hat binnen 10 Tagen nach Ablauf eines jeden Kalendermonats (kleinere Unternehmen vierteljährlich) eine Voranmeldung abzugeben, in der er die Steuer selbst berechnet und den ermittelten Betrag entrichtet. Nach Ablauf des Kalenderjahres ist eine Steuererklärung abzugeben. Das Finanzamt setzt nur dann die Steuer durch einen Steuerbescheid fest, wenn es von der in der Steuererklärung errechneten Steuer abweicht.

steuerbegünstigt. Die Steuerbefreiungen bewirken keine vollständige Entlastung der Umsätze von der Umsatzsteuer, weil in diesen Fällen die Vorsteuer nicht abgezogen werden darf. „Da die Teilbelastung in den meisten Fällen dem Zweck der Begünstigung widerspricht, ist das Abzugsverbot für die Vorsteuer inkonsequent. Die als Steuerbegünstigungen gedachten Regelungen können sogar zu **Mehrbelastungen** führen. Diese treten dann ein, wenn steuerbefreite Leistungen an andere Steuerpflichtige erbracht werden, weil diese aus einer steuerbefreiten Lieferung keine absetzbare Vorsteuer erhalten." Es kommt in diesem Falle zu einem unerwünschten Nachholeffekt, „weil die Leistungen des steuerbefreiten Unternehmers bereits mit Umsatzsteuer belastet waren, so daß sich für diese Wertschöpfungsanteile eine Doppelbesteuerung ergibt" (Pohmer 1983, S. 389).

Zu Verzerrungen kommt es auch dann, wenn durch Steuerbefreiung oder sonstige –begünstigung die staatliche Bereitstellung einen Wettbewerbsvorteil gegenüber privaten Wettbewerbern erfährt. Sollen die staatlichen Leistungen subventioniert werden, scheint die Erfassung dieser Maßnahme nur eine buchhalterische Pflichtübung zu bewirken, wenn der Umsatzsteuereffekt auch durch die Freistellung erreicht werden kann. Allerdings werden bei einem getrennten Ausweis der Subventionen die Kosten des staatlichen Eingriffs unmittelbar ersichtlich (Cnossen 1998, S. 403). Die Verzerrungen durch Steuerbefreiungen können in der Wirkung verstärkt werden, weil sie Anreize für die betreffenden Unternehmen bilden, möglichst viele Vorumsätze in den begünstigten Bereichen zu integrieren, um so Umsatzsteuern zu vermeiden.

Die Umsatzsteuer rechnet zu den Steuern, die international am weitesten verbreitet und im EU-Bereich am stärksten harmonisiert sind (vgl. hierzu das 22. Kapitel). Sie ist Teil der in den OECD-Ländern zunehmenden Belastung durch Verbrauchsteuern und wird von diesen fast durchweg als Nettoumsatzsteuer (außer USA, Australien) erhoben. Soweit die Umsatzsteuer über mehrere Stufen erhoben wird, ist ihr nur schwer auszuweichen. Bei einer einstufigen Steuer liegt die gesamte Erhebungslast auf einer Stufe. Die deutsche Umsatzsteuer ist eine sehr stark harmonisierte[1] und (gerade im Verhältnis zur Einzelhandelsumsatzsteuer) verwaltungsintensive Abgabe.

Literatur zum 19. Kapitel

Umfassendere Darstellungen der Umsatzsteuer geben Bea (1980), Musgrave/Musgrave/Kullmer (2, 1988, Kapitel 20B, C) und Pohmer (1980, 1983). Zur Darstellung unter steuerrechtlichen und -systematischen Aspekten siehe Tipke/Lang (1998, § 13) und Dziadkowski/Walden (1996). Eine Darstellung der Umsatzsteuer im internationalen Rahmen enthält Cnossen (1998). Der Erläuterung der komplexen Umsatzsteuer dient die vom Bundesministerium der Finanzen herausgegebene Amtliche Umsatzsteuer-Handausgabe (zuletzt 2000).

---

[1] Vgl. das 22. Kapitel.

20. Kapitel
Steuern auf spezielle Güter

1. Allgemeines

Steuern auf spezielle Güter sollen durch die gemeinsame steuertechnische Eigenart beschrieben werden: Es handelt sich um Steuern, die an spezielle Güter, Dienste oder Rechte anknüpfen, und zwar zumeist an ihre Produktion und ihren Verkauf, aber auch an ihren Gebrauch. Sie unterscheiden sich daher von jenen Steuern, die an sämtliche Konsum- und/oder Investitionsgüter anknüpfen (Hansmeyer 1980, S. 713). Prinzipiell können spezielle Steuern als Wert- oder Mengensteuern ausgestaltet sein.

Zu solchen Steuern auf spezielle Güter rechnen die Besteuerung von Nahrungs- und Genussmitteln (z. B. Tabaksteuer, Branntweinsteuer, Biersteuer), die Besteuerung von Energie (z. B. Mineralölsteuer, Stromsteuer) und die Besteuerung des Gebrauchs spezieller Güter (Kraftfahrzeugsteuer, Hundesteuer, Abwasserabgaben), von Dienstleistungen (Versicherungssteuer, Feuerschutzsteuer) und von Rechten (Vergnügungs- und Glücksspielbesteuerung, Schankerlaubnissteuer, Jagd- und Fischereisteuer). Im zwischenstaatlichen Warenverkehr (Nicht-EU-Bereich) kommen Zölle und Abschöpfungen hinzu. Die meisten traditionell auf spezielle Güter erhobenen Steuern weisen einen stetigen Bedeutungsrückgang der Steuererträge auf und entwickelten sich zu Bagatellsteuern oder wurden ganz aufgehoben. „Die große Ausnahme ist das Mineralöl, das auch ohne die ökologische Komponente zur drittwichtigsten Steuerquelle nach Einkommen und Umsatz geworden ist" (Hansmeyer 1999, S. 129).

Die Steuern auf spezielle Güter werden häufig mit der Verfolgung von Zielen begründet:

- So seien mit dem Verbrauch bestimmter Konsumgüter negative Effekte für den Nutzer (z. B. bei Tabak, Alkohol, bisher nicht bei Pralinen) verbunden. Da der Bürger nicht selbst erkennt, was für ihn gut ist, soll der Konsum solcher demeritorischen Güter eingeschränkt werden. Faktisch sind die Argumente regelmäßig vorgeschoben, um das tatsächlich verfolgte fiskalische Ziel zu verstecken. Das kann auch für die deutsche Tabaksteuer angenommen werden. Die Fragwürdigkeit der jeweils genannten Zielsetzung wird gelegentlich deutlich, wenn neben der Abgabe (z. B. Tabaksteuer), die vorgeblich den Konsum eines Gutes beschränken soll, Maßnahmen zur Förderung gerade dieses Gutes durchgeführt werden (z. B. Subventionen für den Anbau von Tabakwaren).

- Die Steuern sollen zum Abbau externer Effekte beitragen. Das wird bei den im Folgenden zu behandelnden Ökosteuern unterstellt. Die tatsächliche Ausgestaltung zeigt allerdings, dass dieses Ziel nur unzureichend, wenn überhaupt angestrebt wird. Auch hier begründen die Ausgestaltung der Abgaben und die gleichzeitige Subventionierung umweltbelastender Rohstoffe (z. B. Steinkohle) Zweifel am deklarierten Ziel.

2. Umweltsteuern (Ökosteuern)

a) Begriff und Merkmale von Umweltsteuern

Umweltsteuern sind vom Staat erhobene Zwangsabgaben, die der Bewirtschaftung knapper Umweltgüter dienen (sollen)[1]. Sie rechnen daher zu den Steuern auf spezielle Güter - und zwar solcher Güter, die wegen ihrer Umweltschädlichkeit bzw. Gefährdungspotenziale durch Verteuerung mengenmäßig begrenzt oder absolut zurückgeführt werden sollen.

Die Einführung einer Umweltsteuer geschieht vor dem Hintergrund eines historisch gewachsenen Steuersystems, das schon seit längerem an verschiedenen umweltrelevanten Faktoren anknüpft[2]. Deshalb müssen Vorschläge zur „Einführung" von (weiteren) Ökosteuern je nach ihrer Reichweite und Größenordnung nach drei Gruppen unterschieden werden[3]:
• Einbeziehung in das bestehende Steuersystem oder seine Fortentwicklung unter ökologischen Aspekten (differenzierte Kilometerpauschale, unterschiedliche Mineralölsteuersätze für verbleites und bleifreies Benzin, Abschreibungsmöglichkeiten für Heizungsmodernisierungen, ...);
• Schaffung neuer Steuern oder Abgaben für besonders problematische Bereiche; die Vorschläge für Lenkungsabgaben erstrecken sich auf verschiedenste umweltschädliche Stoffe oder Tätigkeiten in nahezu beliebiger Zahl. Sie sind teils fiskalisch unbedeutend wie Einwegflaschen, Plastikgeschirr, aber auch gewichtig wie eine u. a. von der EU vorgeschlagene CO_2/Energiesteuer;
• erhebliche Umgestaltung des bestehenden Steuersystems im Sinne einer großen ökologischen Steuerreform. Der Anspruch auf Reform bedingt hier, dass eine oder wenige Umweltsteuern die Wirtschaft in breiter und spürbarer Weise treffen.

Für die Beurteilung der Umweltsteuern sind zunächst deren Ziele von Bedeutung, die allerdings durchaus unterschiedlich sind. So werden als umweltpolitische Ziele im weitesten Sinne der Abbau negativer Externalitäten, darunter Klimavorsorge, und eine unter Nachhaltigkeitsgesichtspunkten als erforderlich angesehene Schonung nicht erneuerbarer Energievorräte genannt. Darüber hinaus gibt es Vorschläge und Maßnahmen, die zum Teil völlig losgelöst von/oder nicht primär ausgerichtet an umweltpolitischen Zielen sind und auf den Abbau von Verzerrungen des Steuer- bzw. Abgabensystems, auf Beschäftigungseffekte und auf fiskalische Ziele abstellen[4].

Von den Zielen hängt die Festlegung von Steuerobjekt und -bemessungsgrundlage ab, die für die volkswirtschaftlichen Wirkungen der Steuer maßgeblich sind. Aus um-

---

[1] Sie sind Teil der Umweltabgaben, die auch Gebühren (z. B. Abfallgebühren), Beiträge und Sonderabgaben mit umweltrelevanter Bemessungsgrundlage einschließen.
[2] Siehe den Überblick in Dickertmann 1988.
[3] Vgl. zum folgenden Ströbele 1994, S. 111 ff.
[4] Teilweise wird darauf abgestellt, die Bürger zu erziehen, die mangelnde Kostenrechnung des Marktes zu korrigieren oder eine sanfte Dienstleistungsgesellschaft herbeizuführen oder wirtschaftliche Produktion und Energieverbrauch zu entkoppeln.

weltpolitischer Sicht hat die Abgabe beim Verursacher anzuknüpfen, Steuergegenstand ist daher die Verursachung von Schäden. Als Bemessungsgrundlage ist der Wert der Belastung (Immission) heranzuziehen; soweit diese praktisch nicht zu ermitteln ist, stellt sich die Frage nach Ersatz-Bemessungsgrundlagen wie die Verwendung einzelner umweltschädlicher Stoffe oder sonstiger Inputfaktoren bzw. Tätigkeiten. Daran lässt sich allerdings unter umweltpolitischem Ziel nur dann ansetzen, wenn es eine einigermaßen stabile Beziehung zwischen diesen Faktoren und den resultierenden (mengenmäßigen) Umwelteffekten gibt[1]; ein Bezug zum Wert der Belastung ist so selten möglich.

Die ökonomische Theorie verlangt eindeutig, an der Aktivität anzuknüpfen, die externe Kosten hervorruft, bei Emissionen von Schadstoffen also genau bei ihnen. Die meisten Vorschläge zur Einführung von Ökosteuern verzichten bewusst auf steuerliche Bemessungsgrundlagen, die die Schadstoffemissionen zum unmittelbaren Gegenstand haben. Das gezielte Ausweichen auf Ersatz-Bemessungsgrundlagen bedeutet, dass gewollt Unschärfen in der Wirkungsweise der Umweltabgaben hingenommen werden (Hansjürgens 1995, S. 204).

Im einfachsten Modell ist für den Regelfall nur ein einheitlicher Steuersatz in Höhe des im Optimum tatsächlich gemessenen (Grenz-)Wertes der Belastungen abzuleiten. Wenn die staatlichen Behörden die Informationen über Grenzvermeidungskosten und Grenzschäden besitzen und das System keine weiteren Verzerrungen neben der zu korrigierenden Externalität enthält, kann der optimale Steuersatz sofort bestimmt werden. Faktisch ist in einer Welt des Zweitbesten selten eine eindeutige Aussage zu machen. Ferner ist das Bewertungsproblem der Schädigungen meist nicht lösbar.

Wegen der ihnen nur teilweise vorliegenden Informationen sind die staatlichen Entscheidungsträger vielfältiger Einflussnahme durch Lobbying-Prozesse ausgesetzt. So werden z. B. die Kosten der Emissionsverringerung durch organisierte Interessen als unzumutbar hoch hingestellt, Vertreter der durch Emissionen Belasteten werden andererseits die Kosten der Emissionsverringerung herunterspielen. Auch Ausnahmeregelungen und pragmatisches Vorgehen sind ein Ansatz für Interessengruppen. Der Steuertarif kann daher nur - Baumol/Oates folgend - politisch auf Basis angenommener Belastungsgrenzen festgesetzt werden. Wenn allerdings Umweltsteuern vorwiegend als Lenkungsinstrument betrachtet werden, mit deren Hilfe man staatliche Vorstellungen von maximal zulässigen Emissionen oder Ressourcenverbräuchen durchsetzen will, ist die allokative Zielsetzung gefährdet. Angesichts der Erfassungs- und Bewertungsschwierigkeiten ist nämlich eine auch nur annähernde Internalisierung in vielen Fällen nicht zu erwarten.

---

[1] Dies trifft beispielsweise bei den fossilen Brennstoffen zu, wo die CO_2-Emissionen bei vollständiger Verbrennung als technisch bestimmtes fixes Kuppelprodukt des jeweiligen Brennstoffs anfallen.

b) Umweltsteuern im Steuersystem

Die Steuerkompetenz könnte je nach angestrebter Lenkungsabsicht und Größenordnung durch ein einzelnes Bundesland, den Bund oder die EU erhoben bzw. in ihrer Ausgestaltung festgelegt werden. Bei weltweit wirkenden Schadstoffen wie CO_2 ist sogar eine politische Verabredung für ein gemeinsames Vorgehen mehrerer autonomer Staaten erforderlich, um das Inkrafttreten einer Regelung zu erreichen. Angesichts der komplizierten Regelung des Finanzausgleichs[1], d. h. der Aufgaben-, Ausgaben- und Einnahmenverteilung auf die verschiedenen staatlichen Ebenen, ist die Frage der steuererhebenden Instanz von Bedeutung.

Werden aufgrund ökologischer Zielsetzungen bestimmte Steuerarten, die dem Bund zufließen, einseitig erhöht und sollen dafür aufkommensneutral andere Verbundsteuern gesenkt werden, ist ein komplizierter Abstimmungsmodus zwischen den drei staatlichen Ebenen zu leisten. Gegenwärtig besteht das Verbundsystem für ca. 80 % des Steueraufkommens. Neue Steuern oder drastische Erhöhungen bestehender Steuern können daher nicht einfach in den Rahmen des bestehenden Systems eingepasst werden, wenn sie zu einer erheblichen Umgestaltung des gesamten Steuersystems in Richtung auf indirekte Steuern führen. Zunächst muss geklärt werden, welcher gebietskörperschaftlichen Ebene der Ertrag aus den neuen Steuerquellen zusteht. Änderungen in den Steuern und ihrer Aufkommensverteilung können weiterhin dazu führen, dass die Ausgleichsmechanismen des deutschen Finanzsystems vertikal und horizontal neu gestaltet werden müssen. Auch kann eine Verlagerung umweltpolitischer Steuerungsaufgaben in das Steuerrecht möglicherweise zu einer Änderung der Steuergesetzgebungskompetenzen führen.

Die meisten vorgeschlagenen Ökosteuern dürften unter die verfassungsrechtliche Rubrik der **Verbrauchsteuern** nach Art. 106 Abs. 1 Nr. 2 GG fallen. Der Bund hat insoweit die Möglichkeit, neue Ökosteuern als Verbrauchsteuern einzuführen; neben der Gesetzgebungskompetenz hat er auch die Ertragshoheit. Für den Bund spricht weiter, dass die meisten vorgeschlagenen Ökosteuern ein regional stark unterschiedliches Aufkommen erbringen dürften. Geht man von aufkommensneutralen Umschichtungen aus, so sind Ökosteuerpläne hinsichtlich des Finanzausgleichs nur dann relativ unproblematisch, wenn neue Steuern als Bundessteuern eingeführt und an ihrer Stelle bestehende Bundessteuern abgeschafft bzw. gekürzt werden. Bei jedem Austausch zwischen Bundes- und Landessteuern und bei einer Ersetzung von Gemeinschaftsteuern wird der vertikale Ausgleich zwischen Bund und Ländergesamtheit berührt.

Eine Senkung der Beiträge zur Sozialversicherung mit Hilfe einer allgemeinen Zuschuss- bzw. Steuerfinanzierung widerspricht dem Grundprinzip der Non-Affektation. Die Entscheidungsspielräume der Politik werden unangemessen eingeschränkt und Projekte mit möglicherweise höherer Priorität benachteiligt. Die deutschen Sozialversicherungen zeichnen sich durch eine Mischung von Versicherungs- und Steuer/Transfer-Elementen aus. Über die Beiträge wird dem Versicherungsprinzip insoweit

---

[1] Vgl. zum Finanzausgleich das 28. Kapitel.

entsprochen, als sie grundsätzlich mit einem Anspruch auf Gegenleistung verbunden sind und auch eine tendenzielle gruppenäquivalente Übereinstimmung von Zahlern und Nutzern sichern sollen. Allerdings erscheint bei versicherungsfremden Leistungen[1] eine allgemeine Steuerfinanzierung - aber keine aus Ökosteuern mit Zweckbindung - systemkonform. Im Ausmaß der Bundeszuschüsse besteht eine derartige Gemeinlastfinanzierung bereits seit längerem. Es gibt aber keine ökonomische Rechtfertigung und keinerlei sachlichen Zusammenhang, das schwer zu kalkulierende und bei globalen und abrupten Energiepreisveränderungen und politischen Gegenmaßnahmen unstetig fließende Ökosteueraufkommen an die Tarifgestaltung der Sozialversicherungsbeiträge zu binden. Ferner ist zu befürchten, dass die Zweckbindung dazu beiträgt, notwendige Reformen der Sozialversicherung zu unterlassen oder hinauszuschieben. Ist das politisch gewünscht, werden die Steuerbelastungen sogar ansteigen müssen.

Um eine kontinuierliche Erfüllung staatlicher Aufgaben zu gewährleisten, ist auch eine nachhaltige Ergiebigkeit der Steuern erforderlich. Zwischen dem fiskalischen Einnahmenziel und dem Umweltziel droht ein Konflikt: Die Bemessungsgrundlage und damit - bei konstantem Steuersatz - das Aufkommen aus der Steuer sinken, je besser das Lenkungsziel erreicht ist. Soll eine bestimmte Aufkommenshöhe gewährleistet sein, müsste der Steuersatz jeweils fiskalisch motiviert angepasst werden. Daher müsste von einem langfristig konstanten Energieverbrauch und einer akzeptablen Restverschmutzung ausgegangen werden. Ferner muss zur Gewährleistung einer größeren Sozialbeitragssenkung (oder geringeren als ansonsten erforderlichen Erhöhung bei gegebenem System) eine große Bemessungsgrundlage der Umweltsteuer gewählt werden.

Mit Inkrafttreten des europäischen Binnenmarktes und der weiteren EU-Integration nimmt die Gefahr einseitig in einem Land erhobener Umweltsteuern zu: Entweder regt man mittelfristig zu Standortverlagerungen betroffener Industrien an, oder es kommt zu Kollisionen mit EU-Regelungen, wenn derartige Maßnahmen als diskriminierend gegenüber den Partnerländern eingestuft werden.

c) Die Aufkommensverwendung der Ökosteuern

Umweltsteuern haben im Idealfall neben der Herbeiführung des Umwelteffekts durch Gleichsetzung von sozialen Grenzkosten und Grenzerträgen auch noch einen Aufkommenseffekt und unterscheiden sich so von Auflagen. Im Gegensatz zu allen anderen Steuern - außer einer Pauschalsteuer - wird durch (richtig bemessene) Umweltsteuern keine über den Einkommenseffekt hinausgehende Zusatzbelastung und damit kein negativer Wohlfahrtseffekt hervorgerufen. Das liegt daran, dass es ja gerade Aufgabe der Abgabe ist, verzerrte Preisrelationen zu korrigieren. Die sich einstellenden Substitutionseffekte sind daher erwünscht.

---

[1] Vgl. hierzu das 11. Kapitel.

Zur allokativen Verbesserung, dem Umwelteffekt (**erste Dividende**), kommt also das zusätzliche Aufkommen aus Ökosteuern, das zur Finanzierung zusätzlicher Ausgaben (Übertragungen oder Ausgaben für Sachgüter und Dienstleistungen) verwendet werden kann und so die Abgaben- und Staatsausgabenquote erhöht. Soll durch zusätzliche Ökosteuern die Abgabenquote nicht steigen, kann das zusätzliche Steueraufkommen allokativ neutral pro Kopf gleich zurückgegeben werden. Wird es hingegen zum Abbau bzw. Ersatz bestehender allokativ, verteilungspolitisch oder beschäftigungspolitisch schädlicher Abgaben verwendet, kann eine **zweite Dividende** in unterschiedlicher Form erzielt werden. Diese hängt also von der Verwendung des Ökosteueraufkommens ab.

Allokativ ist diese zweite Dividende dann bedeutsam, wenn stark verzerrende Abgaben abgebaut werden. Wird das Aufkommen zur Senkung der Abgabenbelastung von Produktionsfaktoren verwendet, ist der Abbau der Zusatzlasten um so stärker, je elastischer das Angebot der einzelnen Faktoren reagiert. Hierbei ist vor allem die internationale Mobilität von Bedeutung.

d) Wirkungen auf die Beschäftigung

Eine Ökosteuer kann auf verschiedenen Wegen die Beschäftigung beeinflussen. Dies hängt wesentlich davon ab, welche Preis- und Substitutionseffekte auftreten. Zunächst einmal steigen bei den durch eine Ökosteuer belasteten Unternehmen die Kosten. Bei geringer Elastizität der Nachfrage gelingt die Überwälzung und insofern bleibt ein Beschäftigungseffekt in den belasteten Unternehmen aus. Die Beschäftigung in den belasteten Bereichen hängt davon ab, in welchem Maße Ökosteuern räumliche Substitutionsprozesse (Verlagerungen ins Ausland) herbeiführen und welche sonstigen Substitutionseffekte durch Liquiditätsverlust, Senkung der Kapitalrendite und Produktionsreduzierung ausgelöst werden. Das ist insbesondere zu erwarten, wenn die Elastizität mittel- und längerfristig größer ist, z. B. weil die privaten Haushalte auf „umweltfreundliche" Güter (z. B. für emissionsarme Heizungen) ausweichen. Dann können die Unternehmen auch Vermeidungsinvestitionen durchführen, wodurch Beschäftigungswirkungen in der Umweltschutzindustrie (des Inlands?) induziert werden. Wird die Abgabe nur national oder EU-weit eingeführt, verschlechtert dies die Wettbewerbsposition der Unternehmen. Selbst wenn es als Folge der Ökosteuer zu langfristig integriertem Umweltschutz kommt - wodurch sich tendenziell die zusätzlichen Kosten und die Produktivitätsverluste verringern -, ist kaum mit zusätzlichen, ausgleichenden Beschäftigungseffekten aus den Vermeidungsinvestitionen zu rechnen.

Weiterhin sind indirekte Effekte zu beachten. Eine ökosteuerbedingte Preiserhöhung für ein umweltbelastendes Gut kann dazu führen, dass die Nachfrage nach einem anderen Gut bei positiver Kreuzpreiselastizität zunimmt, das unter Umständen noch umweltschädlicher ist. Substitutionseffekte sind in der Regel umso stärker zu erwarten, je enger die Bemessungsgrundlage einer Umweltsteuer ist. Meist werden auch Wirtschaftsbereiche getroffen, in denen die Ökosteuer gar nicht erhoben wird. Bei komplementären Gütern (Mineralöl – Autos) wirkt die Steuer in gleicher Richtung wie bei dem belasteten Gut.

Entsprechend kritisch sind daher die Erwartungen zu beurteilen, dass mit Ökosteuern ein umweltpolitisch wünschenswerter Strukturwandel zu induzieren ist. Im Zuge dieses Prozesses sollte die umweltintensive Kapitalnutzung durch Veränderung der relativen Preise eingeschränkt und arbeitsintensive Produktion, soweit sie weniger belastend gilt, ausgeweitet werden. So wird die umweltsteuerfinanzierte Senkung der Lohnsteuer bzw. Sozialbeiträge begründet. Diese Verknüpfung von Umwelt- und Beschäftigungspolitik beruht auf der Annahme, dass der Grund der Beschäftigungsprobleme vor allem die negativen Effekte des Abgabensystems sind. Steuern treiben danach einen Keil zwischen die Arbeitsangebots- und Arbeitsnachfragepreise. Zur Förderung von Beschäftigungseffekten wird daher eine Senkung der Lohn(neben)kosten vorgeschlagen und hierbei insbesondere eine Senkung der Arbeitgeberbeiträge zur Sozialversicherung. Zum Wirksamwerden darf eine solche Steuer aber nicht durch erhöhte Lohnforderungen kompensiert werden – mit der Begründung größer gewordener Verteilungsspielräume der Unternehmen.

Obwohl auch die Senkung der Lohnkosten ein wichtiger beschäftigungspolitischer Ansatz sein könnte, ist zu fragen, ob nicht der Abbau anderer Verzerrungen des Arbeitsmarktes erfolgreicher ist. Die Grundüberlegung hierbei ist, dass immobile Faktoren belastet und international mobile Faktoren möglichst geschont werden müssen. Durch Senkung der Lohnkosten erhöht sich natürlich cet. par. auch die Kapitalrendite. Insofern stellt die Maßnahme einen Beitrag für Investitionen dar. Dieser müsste mit den Wirkungen einer Belastungssenkung bei der Unternehmensbesteuerung verglichen werden.

Wenn auf Unternehmen zielende Ökosteuern eher den Faktor Kapital verteuern, könnte dieser entsprechend weniger eingesetzt werden, während die Nachfrage nach dem Faktor Arbeit steigt. Der Einsatz des Kapitals beeinflusst aber die Arbeitsproduktivität. Längerfristig ist insbesondere davon auszugehen, dass der Faktor Kapital ins steuerlich niedriger belastete Ausland abwandert. Dies spricht eher dafür, nicht den Faktor Kapital sondern den Faktor Arbeit stärker zu belasten.

e) Verteilungseffekte

Ökosteuern sind in der Regel Steuern auf spezielle Güter. Soweit sie zunächst die Inputstoffe verteuern, belasten sie die Unternehmen. Ökosteuern treffen aber letztlich die privaten Verbraucher und Haushalte, wenn auch je nach Rück-, Quer- oder Überwälzungseffekten unterschiedlich und teilweise indirekt. Üblicherweise kann auch für diese Abgaben angenommen werden, dass sie tendenziell regressive Verteilungswirkungen haben. Die Stärke des Effekts hängt davon ab, in welchen Einkommensklassen die privaten Haushalte die mit Ökosteuern belasteten Güter besonders stark verwenden. So sind etwa Heizung und Strom Güter, die bezogen auf das Einkommen stärker von den unteren Einkommensgruppen nachgefragt werden. Entsprechend dürfte die Belastung der Haushalte durch eine Besteuerung dieser Güter ausfallen.

Allerdings ist diese Beurteilung nicht unproblematisch, wenn durch die Abgaben lediglich die richtigen Kosten zur Geltung gebracht und Preise eingeführt bzw. verzerrte Preise korrigiert werden - oder anders formuliert: wenn eine unzulässige Subventionierung des Umweltverbrauchs beseitigt wird.

f) Die CO_2-Steuer

Die **CO_2-Steuer** ist eine Abgabe, deren Steuergegenstand die CO_2-Emissionen sind. Sie sollen nach einer Zielvorgabe der Bundesregierung bis zum Jahre 2005 um 25 % gegenüber dem Ausgangsjahr 1990 verringert werden. CO_2 wird als globaler Schadstoff bezeichnet, da er unabhängig von seinem Entstehungsort weltweit verbreitet wird.

Knüpft man an den Emissionen an, kann ein einheitlicher Steuersatz gewählt werden; sie sind allerdings nur mit erheblichem Kostenaufwand zu messen. Erhebungstechnisch einfacher setzt die Steuer bei den fossilen Energieträgern nach dem Kohlenstoffgehalt und beim Verbrauch an. Die fossilen Energieträger sind relativ leicht zu erfassen. Da die in einem bestimmten fossilen Brennstoff gebundene Menge CO_2 bei ihrer Verbrennung vollständig entweicht, kann man von der Einsatzmenge des Brennstoffs direkt auf die schädlichen Emissionen schließen. Steuerpflichtig wären die Förderung (bzw. Verkauf und Eigenverbrauch) und die Importe fossiler Brennstoffe. Sie sind gut, d. h. ohne größere Kosten kalkulierbar. Als Bemessungsgrundlage kann man entweder die Absatzmengen der fossilen Brennstoffe oder die in ihr enthaltene Kohlenstoffmenge wählen. Bei der Absatzmenge als Bemessungsgrundlage sind Tarife anzuwenden, die nach dem spezifischen Kohlenstoffgehalt der einzelnen fossilen Stoffe zu differenzieren sind. Wählt man hingegen die Kohlenstoffmenge, die sich aus dem spezifischen Kohlenstoffgehalt je Messeinheit und der Absatzmenge ergibt, als Bemessungsgrundlage, ist ein einheitlicher Steuersatz auf alle fossilen Brennstoffe zu erheben (proportionale Mengensteuer).

Im grenzüberschreitenden Verkehr wäre das Bestimmungslandprinzip[1] mit seinem System des Grenzausgleichs anzuwenden. Mit einer nationalen CO_2-Steuer sollen die Emissionen im Inland verringert werden. Deshalb sind Importe zu besteuern und Exporte von der inländischen Steuer zu entlasten. Würde man sich auf dieses Prinzip international einigen, könnten Verzerrungen des internationalen Handels durch Doppelbesteuerung vermieden werden. Unter **fiskalischen** Gesichtspunkten profitieren vom Bestimmungslandprinzip die Staaten, die mehr fossile Stoffe importieren als exportieren.

---

[1] Danach sind die Steuern im Land des Verbrauchs und nicht der Entstehung zu besteuern (vgl. das 21. Kapitel).

Wie hoch die Abgabe endgültig sein wird und welches Steueraufkommen zu erwarten ist, hängt bei gegebenem CO_2-Reduktionsziel von den kurz- und mittelfristigen Substitutionsmöglichkeiten für fossile Energien ab. Der Einsatz einiger Energieträger mit geringem CO_2-Gehalt wird gefördert (möglicherweise Erdgas) und der anderer relativ umweltschädlicher gehemmt (z. B. Braunkohle). Für das Steueraufkommen sind ferner der induzierte umweltfreundliche technische Fortschritt sowie exogene Faktoren wie das Wachstum, die Inflation, der allgemeine technische Fortschritt und die Preisniveauentwicklung auf den Energiemärkten bedeutsam.

Im Gegensatz zu anderen umweltpolitischen Regelungsbereichen wirken CO_2-Emissionen **nicht unmittelbar** negativ auf Menschen und ihre Umwelt. Folgewirkungen ergeben sich erst aus der globalen Klimawirkung dieses Treibhausgases. Ferner muss hier in Zeitdimensionen von mehreren Jahrzehnten oder Jahrhunderten gedacht werden. Das traditionelle Muster einer Luftreinhaltepolitik lässt sich auf globale Umweltprobleme nicht anwenden, da sie nicht auf dem **Prinzip der unmittelbaren Gefahrenabwendung** beruhen.

Üblicherweise bringen nationale Programme zur Reduzierung von Schadstoffen nationale Vorteile durch unmittelbar spürbare Immissionsminderungen und Umweltqualitätsverbesserungen. Bei einer im Alleingang durchgeführten CO_2-Politik wäre dies nicht der Fall:
- Die Umweltschäden würden die umweltpolitische und finanzielle Kapazität eines Landes übersteigen.
- Nationale Anpassungskosten würden entstehen, ohne unmittelbaren oder mit geringem Nutzen für das jeweilige Land: Selbst ein totaler CO_2-Emissionsstopp hätte keinen spürbaren Effekt. Der Anteil Deutschlands an den weltweiten CO_2-Emissionen beträgt 4-5 %. Für die nationalen Wirkungen ist daher bedeutsam, ob und wie internationale Konkurrenzländer CO_2-Steuern einführen. Ziehen sie nicht mit, ist eine Abwanderung CO_2-intensiver Bereiche zu erwarten. Damit wird aber das weltweite Problem des möglichen Treibhauseffekts nicht verringert, sondern ggf. sogar noch verschärft, wenn die abwandernden Bereiche im Ausland geringeren Umweltstandards unterliegen.

Bedeutsam dürften die Verteilungswirkungen einer CO_2-Steuer für den **Anbieter fossiler Energie** auf dem Weltmarkt sein, wenn diese Steuer durch viele Staaten eingeführt würde. Dann könnten die Ölexportpreise gedrückt werden, so dass es zu einer Umverteilung von den OPEC-Staaten zugunsten der OECD-Staaten und Volkswirtschaften der übrigen Dritten Welt kommen würde. Die fiskalischen Wirkungen hängen folglich entscheidend davon ab, ob und wie die OPEC auf die Einführung einer CO_2-Steuer (auch dies antizipierend) reagiert. Unter fiskalischen Aspekten ist weiter zu beachten, dass es international üblich ist, in den langfristigen Lieferverträgen den Preis für Erdgas an den Preis für Heizöl zu binden, und zwar an den Preis nach Steuer. Begründet wird diese Bindung mit dem besonderen Risiko durch die hohen Pipeline-Investitionen. Die CO_2-Steuer auf Erdöl führt dann entsprechend den Preiswertklauseln zu einer parallelen Anhebung des Erdgaspreises in den Altverträgen, selbst wenn die Steuer auf Erdgas wegen des geringeren Kohlenstoffgehalts niedriger ist. Die Lieferverträge haben eine Laufzeit von 20-25 Jahren. Damit wären hier wesentliche Möglichkeiten zur Einsparung von CO_2 auf kürzere und mittlere Sicht blockiert. Eine CO_2-Steuer müsste auch den Einsatz von Stein- und Braunkohle tangieren. Die Subventionierung der Steinkohle würde noch problematischer. Ferner erfasst die CO_2-Steuer die Kernenergie nicht. Der Atomstrom würde somit relativ billiger.

Will man weltweit auf die CO_2-Emissionen direkt einwirken, muss man (1) global zulässige Emissionsmengen festlegen, (2) die Zuteilung von Emissionsrechten auf die Staaten festlegen, (3) gewährleisten, dass die Begrenzung der Emissionen nicht überschritten wird. Da die einzelnen Staaten ihre Verpflichtung zur Reduktion der Emissionsmenge nicht notwendigerweise selbst erfüllen müssen, können auch international handelbare CO_2-Zertifikate eingeführt werden. Sie können national und international gekauft werden. So können Emissionen vermieden werden, wo dies am kostengünstigsten ist. Handelbare Emissionsrechte haben eine hohe ökologische Treffsicherheit und geringe Eingriffsintensität des Staates.

Grundsätzlich ist es vorstellbar, neben Lizenzen steuerliche Lösungen zu haben. „So könnte etwa die Pflicht zur Vorhaltung von Lizenzen (zunächst) nur für eine Gruppe von Emittenten (z. B. Kraftwerken) gelten, während andere (etwa der Straßenverkehr) einer Abgabenlösung unterliegen. Ebenso könnte den Emittenten eine Wahlmöglichkeit zwischen beiden Instrumenten eingeräumt werden" (Ewers 1999, S. 167).

g) Eine allgemeine Energiebesteuerung

Die **Energiesteuer** ist eine Abgabe, die die Erzeugung (einschließlich Einfuhr) oder Verwendung von Energie zum Gegenstand hat. Bei einer (verstärkten) Besteuerung der Energie wird das Ziel (sparsame Nutzung der Energie, Schonung der Vorräte, Klimawirkung usw.) nicht mehr deutlich[1]. Entsprechendes gilt im Hinblick auf die konkrete Form, die eine Stromsteuer, eine Steuer auf fossile Brennstoffe sein oder die Kernkraft und erneuerbare Energien belasten kann. Der Steuertarif lässt sich aber nicht auf das in der Physik eindeutig definierte Gut Energie (Kraft mal Weg) anwenden. Sicher kann man den Energiegehalt einzelner Energieträger durch einheitliche Maßgrößen vergleichbar machen (SKE, Joule usw.), ein homogenes Gut entsteht auf diese Weise jedoch nicht. Vielmehr hat nahezu jeder Energieträger besondere Eigenschaften, die einer einheitlichen Besteuerung enge Grenzen setzen[2]. Je nach Zielvorgabe ist auch die Steuerbemessungsgrundlage neu zu bestimmen.

Eine allgemeine Energiesteuer hat eine breitere Bemessungsgrundlage als eine CO_2-Steuer. Energieerzeugung bzw. -nutzung sind zwar auch klimarelevant, nur ist die Energiesteuer hinsichtlich der CO_2- und generell der Schadstoffbelastung weniger zielgenau. So beruft sich die Präferenz für Energiebesteuerung zwar darauf, dass jeder

---

[1] „Aberwitzige Zirkelschlüsse tun sich auf: Soll der Strom besteuert werden, damit Geld für die Subventionen der Kohleförderung da ist, deren Verfeuerung mit einer Kohlendioxydabgabe eingeschränkt werden soll?" (Barbier, FAZ vom 21.07.96, S. 1)
[2] Vgl. Hansmeyer 1999.

Energieumwandlungsprozess mit Emissionen verbunden ist, bedeutsamer scheint aber, dass Energie eine kaum substituierbare Inputgröße darstellt, die daher eine hohe fiskalische Ergiebigkeit signalisiert. Der umweltpolitisch relevante Energieträger ist bei den Energiebesteuerungsvorschlägen nicht mehr Steuerobjekt. Angesichts der sehr unterschiedlichen Umweltschädigungen, die bei Verwendung der einzelnen Energieträger ausgelöst werden, ist aber ihre einheitliche steuerliche Belastung umweltökonomisch nicht zu rechtfertigen.

Wenn das Ziel in der Einschränkung des Energieverbrauchs gesehen wird, kann eine allgemeine nichtdifferenzierende Energiesteuer zwar ein sinnvolles Instrument sein. Geht es aber um Umweltschäden, muss die Steuer nach den Energieträgern differenzieren und die Bemessungsgrundlage sich an den vermuteten Schäden der Energienutzung orientieren. Allerdings sind Umweltschäden das Ergebnis komplizierter Wechselbeziehungen verschiedener Elemente und Wirkungsbedingungen.

Einer globalen Energiepreiserhöhung als Ziel liegt die Vermutung zugrunde, dass die gegenwärtigen Weltmarktpreise wahrscheinlich zu niedrig sind. Fraglich ist allerdings, ob dies auch für das nationale Energiepreisniveau zutrifft und folglich ein nationaler Alleingang erforderlich ist. So liegen einerseits die Strompreise für die Industrie (ohne Umsatzsteuer) unter Zugrundelegung der aktuellen Wechselkurse bei den meisten westeuropäischen Nachbarländern unter deutschem Niveau. Die Einführung einer neuen oder die Erhöhung alter Energiesteuern im nationalen Alleingang könnte daher die bestehenden deutschen Preisnachteile weiter verstärken. Andererseits liegen die deutschen Mineralölsteuersätze meist unter dem Niveau dieser Länder.

Eine einseitige drastische Verteuerung der Energie würde einer Verlagerung energieintensiver Produktionen ins Ausland hervorbringen. Ohne ökologische Absicherungen dort würden die CO_2-Belastungen der Atmosphäre dann eher zu- als abnehmen. Würde man die Energie aber weltweit verteuern, verringerten sich die Chancen der Entwicklungsländer auf Wachstum drastisch. Daher ist deren Zustimmung nicht zu erwarten.

Andererseits sind Steuerbefreiungen oder geringere Steuerbelastung energieintensiver Bereiche ökologisch unsinnig und führen zur Ungleichbehandlung[1].

h) Vorschläge einer kombinierten CO_2/Energiesteuer

Die Europäische Kommission hat mehrfach eine einheitliche, d. h. die EU-weite Einführung einer Steuer auf alle nicht-erneuerbaren Energien vorgeschlagen. Steuerbemessungsgrundlage sind Kraftstoffe und Heizstoffe sowie Elektrizität **nach Energie- und CO_2-Gehalt**. Die Bemessungsgrundlage soll sich jeweils zur Hälfte am CO_2- und am Energiegehalt der verschiedenen Energieträger orientieren. Über die CO_2-Komponente soll jede energiebedingte Freisetzung von Kohlendioxid einer Abgabe

---

[1] Diejenigen, die umweltschädliche Subventionen abschaffen wollen, führen sie so gerade wieder ein.

unterworfen werden. Für alle EU-Mitgliedsländer sind hierbei einheitliche Steuersätze vorgesehen. Die Mitgliedstaaten sind aber frei, übergangsweise innerhalb bestimmter Grenzen eigenständige Formen zu entwickeln, also beispielsweise nur die Mineralölsteuer zu erhöhen.

Die Steuer soll letztlich ein hohes Aufkommen erbringen. Für die Beurteilung des Vorschlags sind die zu erwartenden Preiseffekte und die daraus resultierenden ökonomischen Anreize zur Verringerung der CO_2-Emissionen von Bedeutung. Die Steuer wirkt sich regressiv auf die Einkommensverteilung aus. Der Rationalisierungsprozess hat seine Grenzen, denn in den energieintensiven Wirtschaftszweigen mit hohem technologischen Stand ist nur eine geringe Reduzierung möglich[1]. Daher sind bei Einführung einer Energiesteuer Kostensteigerungen für energieintensive (insbesondere kohleintensive) Bereiche mit entsprechenden regionalen Implikationen zu erwarten. Allgemeine Energiesteuern führen wegen begrenzter Substitutionsmöglichkeiten zu relativ geringen ökologischen Lenkungs- (d. h. insbesondere CO_2-Emissionsreduk-tionen) und Energieeinspareffekten. Andere klimarelevante Spurengase bleiben ohnehin unberücksichtigt. Die erforderliche Einstimmigkeit zur Einführung der Abgabe ist im Ministerrat bisher nicht erzielt worden.

i) Problematik der Kfz- und Mineralölsteuer

Kfz- und Mineralölsteuer könnten als umweltpolitische Instrumente angesehen werden, die einen Beitrag zur Internalisierung der Kfz-verursachten Schäden leisten sollen. Allerdings ist die Kfz-Steuer nur eine Abgabe, die allenfalls auf das Gefährdungs**potenzial** abstellt und hierbei nach Schadensklassen differenzieren kann. Sie trifft nicht die tatsächliche Belastung, und mit zunehmender Nutzung sinken die durchschnittlichen Fixkosten aus der Abgabe. Im Gegensatz hierzu kann die Mineralölsteuer auf die tatsächlichen nutzungsabhängigen Belastungen abstellen. Der Straßentransport trägt mit ca. 25 % zu den Abgasen bei, die für die globale Erwärmung mit verantwortlich gemacht werden. Bedeutsamer dürften andere lokale Schäden in Form von Verschmutzung, Lärm, Unfällen und Zeitverlust sein, die durch verstopfte Straßen hervorgerufen werden, hierzu zählen auch die Kosten der traditionellen Lösung des Problems (Straßenbau) durch Zubau ländlicher Gebiete.

Billiges Fahren ist daher eine Illusion. Nur dadurch, dass Fahrer die von ihnen verursachten Kosten auferlegt bekommen, kann die Nachfrage mit dem begrenzten Angebot an Straßennutzung in Einklang gebracht werden. Das gelingt bei der Mineralölsteuer nicht, denn der Mineralölverbrauch spiegelt eher die zurückgelegten Entfernungen wider. Ferner sind die Kosten auch den ausländischen Straßennutzern, insbesondere dem LKW-Verkehr anzulasten, was mit der (Kfz- und) Mineralölsteuer nicht möglich ist, weil diese praktisch ohne hier zu tanken durch Deutschland fahren können.

---

[1] Der Energieverbrauch je 1000 DM Bruttowertschöpfung ging in Deutschland seit 1960 von 269 Kilogramm SKE auf knapp 120 im Jahre 1993 zurück (ivd 30, 1995, S. 7).

Auch eine allgemeine in Deutschland erhobene Energiesteuer kann die erforderliche Steuerung nicht erreichen. Die Straßen müssen vielmehr wie jedes knappe Gut mit einem Preis versehen werden, so dass der bestehende Raum besser genutzt wird. Als Lösungen kommen daher nutzungsabhängige Straßengebühren und eine über die Grenzen der EU hinaus abgestimmte Politik in Betracht. Höhere Mineralölsteuern treffen alle Autofahrer, die in Deutschland tanken. Es ist aber ökonomisch wenig sinnvoll, die Kfz-Nutzung in ländlichen Gebieten zu bestrafen, wenn die Problematik in den Städten und verstopften Straßen liegt. Straßennutzungsentgelte, nach Ort und Zeit differenziert, können so gestaltet werden, dass die Verstopfung sinkt. So werden in Spitzenlastzeiten die höchsten Entgelte fällig, in Zeiten geringer Auslastung fallen auch die Nutzungsentgelte gering aus. Die Entgelte haben somit explizit die Funktion, bestimmte Nutzungsentscheidungen zu entmutigen. Die erzielten Einnahmen können zur Verbesserung des öffentlichen Verkehrs verwendet werden. Die Bezahlung durch die Kfz-Nutzer lässt freie Kapazität entstehen, so dass der öffentliche Verkehr erleichtert wird. Die alleinige Ausweitung des öffentlich bereitgestellten Nahverkehrs bringt wenig, wenn selbst drastische Tarifsenkungen die Nutzung des eigenen Kfz nur geringfügig senken.

Das verteilungspolitische Argument der regressiven Wirkung zählt nicht, weil ja durch Lärm und Stau auch Arme betroffen sind, die sich keinen PKW beschaffen können und bei Ausweitung des öffentlichen Verkehrs bessergestellt würden.

3. Der sog. Einstieg in die ökologische Steuerreform

Als „Einstieg in die ökologische Steuerreform" trat 1999 ein Gesetz in Kraft, als dessen Ziel verkündet wurde, „durch höhere Energiepreise zum Energiesparen anzuregen und energiesparende Technologien zu fördern sowie mehr Arbeitsplätze zu schaffen". Zur Verteuerung des Energieverbrauchs werden die Mineralölsteuer zwischen 1999 und 2003 jährlich jeweils um 6 Pf/l für Benzin und Dieselkraftstoff, 4 Pf/l für Heizöl und 0,32 Pf/kWh für Erdgas angehoben und eine neue Stromsteuer von 2 Pf/kWh in 1999 und 0,5 Pf/kWh jährlich bis 2003 eingeführt. Für das Produzierende Gewerbe, die Landwirtschaft und den öffentlichen Nahverkehr wurden ein ermäßigter Steuersatz von 20 % des Regelsatzes auf Strom und Heizstoffe, für schwefelarme und schwefelfreie Kraftstoffe eine steuerliche Förderung beschlossen[1]. Mit dem größten Teil des erwarteten Mehraufkommens sollen zusätzliche Zuweisungen des Bundes an die Gesetzliche Rentenversicherung finanziert und gleichzeitig der Beitragssatz zur Gesetzlichen Rentenversicherung auf „nicht über 20 %" gesenkt werden. Die erwarteten Steu-

---

[1] Vor dem 01.04.1999 installierte Nachtspeicherheizungen werden mit einem ermäßigten Steuersatz von 1 Pf/kWh belastet, das produzierende Gewerbe zahlt nur einen ermäßigten Steuersatz von 20 % des Regelsteuersatzes auf Strom und Heizstoffe, zusätzlich bekommen Unternehmen des produzierenden Gewerbes eine Art „Spitzenausgleich bzw. Vergütungsregelung für Härtefälle". Übersteigen nämlich die Belastungen aus der Energiesteuer die Einsparungen eines Betriebs aus der Senkung des Rentenbeitrags um mehr als 20 %, wird diese Differenz auf Antrag bei der Zollverwaltung an die Unternehmen zurückerstattet. Als Bemessungsgrundlage für die Höhe der gezahlten Arbeitgeberbeiträge gelten die Beitragsleistungen für das Jahr 1998.

ermehreinnahmen sollen über fünf Stufen ansteigen und schließlich ca. 30 Mrd. DM (zuzüglich Umsatzsteuer!) jährlich erbringen.

Bei der Beurteilung einer Steuer ist das rechtstaatliche Prinzip der Widerspruchsfreiheit zu prüfen, d. h. ob die verfolgten Steuerzwecke sich letztlich nicht widersprechen. Dieses Prinzip wird verletzt, wenn eine Ökosteuer einerseits eine Minderung der Umweltbelastungen bewirken soll (Lenkungszweck), andererseits aber als Finanzierungsinstrument für eine Senkung der Lohnnebenkosten eingesetzt wird (Finanzierungszweck). Im Hinblick auf den zweiten Zweck müsste man nämlich an dauerhaften oder sogar steigenden Steuereinnahmen interessiert sein, was zwangsläufig die Tolerierung bestimmter Umweltbelastungen implizieren würde. Betont man hingegen den Abbau der Umweltbelastungen und damit den intendierten Lenkungszweck, müssten die Einnahmen aus der Ökosteuer im Falle einer signifikanten Lenkungswirkung zurückgehen bzw. bei vollem Erfolg gegen null tendieren und damit das Anliegen der (partiellen) Finanzierung der Lohnnebenkosten gefährden. Zur besseren Verwirklichung des Umweltziels müsste die Verwendung des Aufkommens aus einer ökonomisch begründeten Lenkungsabgabe aufgegeben werden. Das Konzept einer ökologischen Steuerreform mit Festlegung der Einnahmen für arbeitsmarktpolitische Zwecke steht somit im Gegensatz zum verfassungsrechtlichen Prinzip der Widerspruchsfreiheit. Längerfristig muss sich ohnehin eines der angestrebten Ziele (ökologisches Ziel oder Finanzierungsziel) dem anderen unterordnen und wird damit verfehlt.

Zu erinnern ist, dass das Verfassungsgericht hinsichtlich der Widerspruchsfreiheit strenge Maßstäbe gesetzt hat. So scheiterte bereits der Kohlepfennig, der in seinem Grundmuster und in der Ausgestaltung der Erhebungsseite bereits eine Stromsteuer war. Die Einnahmen der damaligen Stromabgabe wurden zur Finanzierung der deutschen Kohlepolitik verwendet, die jetzigen sollen der Finanzierung der Rentenversicherung dienen.

Auch hinsichtlich der Gleichbehandlung kommen Zweifel auf. So könnten nichtbegünstigte Sektoren (etwa der Verkehrssektor) geltend machen, dass ihre Leistungsfähigkeit durch die Höhe der Energiebesteuerung ebenso beeinträchtigt wird wie jene des produzierenden Gewerbes. Daher stehen die jetzigen Ausnahmeregelungen möglicherweise verfassungsrechtlich auf schwachen Füßen[1]. Es kommt nicht zur totalen Freistellung energieintensiver Branchen, vielmehr wird nur gewährleistet, dass die Nettomehrbelastung der Industrie (Steuerlast abzüglich Senkung der Lohnnebenkosten) den Faktor 1,2 nicht überschreitet. So sollen zumindest gravierende sektorale Mehrbelastungen vermieden werden.

Die Elastizitätsverhältnisse erfordern im ökologischen Sinne eine starke Steueranhebung, die aber in Demokratien kaum durchsetzbar ist. Folglich fallen die angestrebten Reduktionseffekte beim Treibstoffverbrauch bzw. bei den Emissionen gering aus

---

[1] Der Umstand, dass man bei der Stromsteuer nicht nur einen ermäßigten Steuersatz oberhalb eines bestimmten Sockelbetrags zugestehen wollte sondern eine vollständige Steuerbefreiung des Stromverbrauchs energieintensiver Unternehmen (27 besonders energieintensive Branchen) vornehmen wollte, um die Wettbewerbsfähigkeit der deutschen Industrie nicht zu beeinträchtigen, zeigt, dass die Ökosteuer von vornherein als eine Art Verbrauchsteuer konzipiert wurde.

und die Internalisierung externer Effekte der Energieerzeugung oder des Energieverbrauchs erfolgt nicht. Vielmehr kommt es über die Gewährung von Ausnahmen zu einer ordnungspolitisch mehr als problematischen Verzerrung der Energiepreise[1].

Angesichts der Betonung des Klimaschutzanliegens bzw. des CO_2-Reduktionsanliegens wundert das Fehlen einer klimapolitischen Begründung. Diese hätte jedoch eine andere Wahl der steuerlichen Bemessungsgrundlage, nämlich die Immissionen und nicht die eingesetzte Energiemenge, zur Folge haben müssen. Gemessen am Klimaschutzanliegen ist vor allem die ökologische Treffsicherheit des jetzigen Einstiegs wenig überzeugend. Brennstoffsubstitutionen hin zu kohlestoffärmeren Brennstoffen werden nicht angeregt. Wegen der geringeren ökologischen Treffsicherheit muss der Steuersatz bei einer Energiesteuer wesentlich höher sein als bei einer Emissionssteuer, um das gleiche Umweltziel zu erreichen; der Wirtschaft und den Haushalten wird also mit der Energiebesteuerung ein Excess burden auferlegt. Soll das CO_2-Minderungsziel erreicht werden, ist dies mit einer CO_2-Besteuerung zu geringeren Kosten als mit einer Energiebesteuerung möglich.

Zu beachten ist, dass die Anteile des motorisierten Individualverkehrs in den ländlichen Randgemeinden der Großstädte oder in den Gemeinden des engeren ländlichen Raums deutlich höher als in hoch verdichteten Regionen sind. Auch die Mobilitätsunterschiede (km je Einwohner) sind beachtlich und betragen in den kleineren Gemeinden des ländlichen Raumes bis zum Vierfachen der Werte der Zentren. Unterschiede bestehen auch bezüglich der durchschnittlichen Reiseweite für unterschiedliche Fahrzwecke. Eine hohe Ausrichtung auf den Individualverkehr verbunden mit hoher Verkehrsleistung (km je Einwohner) kennen vor allem die Bewohner der ländlichen Gemeinden im weiteren Einzugsbereich großer Zentren. Folglich ist zu erwarten, „dass von der Anhebung der Mineralölsteuer räumliche Verteilungseffekte ausgehen. Insofern sind die relativen Belastungen von Kraftstoffpreiserhöhungen bei statischer Betrachtung und sonst gleichen Bedingungen (spezifischer Verbräuche, Kraftstoffpreise, Einkommen) in Gemeinden mit dörflicher Struktur deutlich höher als in städtischen Gebieten. Häufig sind dies auch Räume mit unterdurchschnittlichem Pro-Kopf-Einkommen", so dass es in räumlicher Hinsicht zu negativen Verteilungswirkungen kommt.

Da die Preiserhöhungen in der Regel einen Rückgang der verbrauchten Menge induzieren, hängt die Zielerreichung vom Verhältnis des Preisanstiegs zum Mengenrückgang ab. Ist die Nachfrage unelastisch, dominiert der fiskalische Effekt bei geringen Lenkungswirkungen. Demgegenüber kann bei einer sehr preiselastischen Nachfrage und hohem Lenkungseffekt das Steueraufkommen sogar absolut zurückgehen.

Vermutlich wird die Ökosteuererhöhung zu einem Anstieg der Nachfrage nach ÖPNV-Leistungen in Spitzenverkehrszeiten führen. Während also Berufs- und Ausbildungspendler zur Spitzenverkehrszeit wechseln, wird der Freizeit-, also Schwachlastverkehrer, nicht vom Individual- zum öffentlichen Verkehr wechseln. Dementspre-

---

[1] Die folgenden Ausführungen beruhen auf Klemmer 1999.

chend haben Mineralölsteuererhöhungen eine Erhöhung der ÖPNV-Verkehrsspitze zur Folge. „Während die Grenzkosten der Leistungserstellung in Schwachlastzeiten nahe bei null liegen dürften, sind diese zu Spitzenlastzeiten außerordentlich hoch. Dies ist darauf zurückzuführen, dass die aus dem Personenbeförderungsgesetz resultierende Beförderungspflicht die ÖPNV-Unternehmen dazu zwingt, ihre Kapazitäten an der Verkehrsspitze auszurichten. Dementsprechend wird die Höhe des Fahrzeugbestands allein durch die „rush hour" determiniert, während der überwiegende Teil des Fahrzeugparks zu Normal- und Schwachlastzeit ungenutzt bleibt" (Klemmer 1999, S. 143). Eine weitere Erhöhung des Defizits des ÖPNV ist daher zu erwarten, der allerdings von den Gemeinden zu finanzieren ist.

„Die Energieverteuerung löst einen ökonomischen Anreiz zur Steigerung der Energieeffizienz aus, was spezifische Energierationalisierungsinvestitionen erforderlich macht. Zwangsläufig bedeutet dies eine weitere Steigerung der Kapitalintensität der Produktion. Diese erreicht in Deutschland bereits jetzt internationale Spitzenwerte und geht mit einer sinkenden Kapitalproduktivität bzw. Kapitalrendite einher. Da letztere aufgrund der lohnbestimmten Rationalisierungsinvestitionen in der Vergangenheit im internationalen Vergleich bereits niedrig sind, sinkt die Attraktivität des deutschen Standorts für ausländische Anleger. Bei begrenztem Investitionsbudget kann dies gleichzeitig auch eine Reduktion der die Arbeitsproduktivität bestimmenden Investitionen führen" (Klemmer 1999, S. 146).

Zusammengefasst ist die ökologische Steuerreform eine ökologisch stumpfe Waffe mit eher fragwürdigen Beschäftigungseffekten bei gleichzeitig problematischen Verteilungseffekten. Nach Ansicht vieler Experten haben ökologische Maßstäbe bei diesem Reformvorhaben keine Rolle gespielt und die Bezeichnung „ökologisch" wird diesem Einstieg nicht gerecht[1].

Literatur zum 20. Kapitel

Eine gute Darstellung der Steuern auf spezielle Güter, darunter auch Energie- und Umweltsteuern, gibt Hansmeyer (1980).

Einführend in die Problematik von Ökosteuern siehe Hansmeyer (1996), zu Ökosteuern im Rahmen des Steuersystems Hansjürgens (1995). Zu einer umfassenden finanzwissenschaftlichen Beurteilung siehe Wissenschaftlicher Beirat beim BMF (1998), verfassungsrechtliche Fragen untersucht List (2000). Verschiedene Vorschläge einer ökologischen Steuerreform behandeln Linscheidt/Truger (1995).

Zur Beurteilung des aktuellen Einstiegs in eine ökologische Steuerreform siehe Klemmer (1999), zu einer CO_2-Zertifikatslösung siehe Ewers (1999).

---

[1]   1991 wurde die Mineralölsteuer um 22 Pfennig pro Liter bleifreiem bzw. um 25 Pfennig pro Liter verbleitem Kraftstoff angehoben, allerdings ohne ökologische Begründung.

21. Kapitel
Ausgabensteuern

Basierend auf den Argumenten, die die Theorie der effizienten indirekten Besteuerung geliefert hat, wird seit einigen Jahren verstärkt eine persönliche Ausgabensteuer (expenditure tax, personal consumption tax) als Besteuerungsinstrument vorgeschlagen. Dabei wird eine Ausgabensteuer als Alternative zur Einkommensteuer diskutiert.

1. Begriff der Ausgabensteuer

Die **Ausgabensteuer** ist eine auf die Konsumausgaben eines Wirtschaftssubjekts erhobene Abgabe. Sie ist nicht als Objekt-, sondern als Subjektsteuer konzipiert, kann also die persönlichen Umstände des Konsumenten berücksichtigen und wird daher auch als persönliche Ausgabensteuer bezeichnet. Steuergegenstand sind nicht die Ausgaben für spezielle Konsumgüter, sondern die gesamten Konsumausgaben.

Ausgaben- und Einkommensteuer unterscheiden sich grundsätzlich in der Behandlung der Ersparnis, die der Nettovermögensbildung entspricht. Die Bemessungsgrundlage der Einkommensteuer ist (im Sinne des umfassenden Einkommensbegriffs) bestimmt als

(21-1) $Y = C + \Delta V = E + rV$.

Hierbei sind E die Arbeitseinkommen (= Nichtvermögenseinkommen), V das Vermögen und r dessen Ertragsrate. Die Bemessungsgrundlage der Einkommensteuer ist (bei $S > 0$)[1] größer als die Bemessungsgrundlage der Ausgabensteuer, die alle Vermögenserhöhungen des Steuerzahlers ausschließt:

(21-2) $C = E + rV - \Delta V$.

Soweit das Einkommen gespart wird, ist es ohne Wirkung auf die Höhe des steuerpflichtigen Konsums als Bemessungsgrundlage der Ausgabensteuer.

Während die Einkommensteuer auf den Zugang des Einkommens und allenfalls auf die Konsum**möglichkeit** hieraus abstellt, geht es bei der Ausgabensteuer um die tatsächliche Einkommens**verwendung** gemessen an den Verbrauchsausgaben.

---

[1] Bei $S < 0$ gilt $\Delta V < 0$.

2. Argumente für die Einführung einer Ausgabensteuer

Die Einführung einer Ausgabensteuer wird damit begründet, dass sie der Einkommensteuer überlegen sei, die grundsätzlich und/oder in der Praxis verschiedene Mängel aufweise. Auch steuersystematisch sei die Ausgabensteuer besonders geeignet.

Der Einkommensteuer wird eine **Doppelbelastung der Ersparnis** vorgeworfen, wenn die Ersparnis aus versteuertem Einkommen gebildet und die Zinserträge nochmals belastet werden. Eine Steuer solle aber unabhängig davon sein, wann und wie das Einkommen verwendet wird. Die Diskriminierung des Sparens werde noch verstärkt, wenn bei der Versteuerung der Zinserträge und progressivem Tarif keine Anpassung an die Inflation erfolge.

Dem halten Vertreter der Einkommensteuer entgegen, dass die Entstehung und Verwendung für den Einkommensbegriff unbeachtlich seien. Durch Sparen werde Vermögen als eine neue Einkommensquelle gebildet. Die Zinsen daraus gelten als Einkommen und müssten daher versteuert werden. Würde man sämtliche Erträge aus Investitionen, darunter die zusätzlichen Einkommen aus der Bildung von Humankapital, also dessen Verzinsung, wegen Doppelbelastung aus der Besteuerung herausnehmen, bliebe kaum noch eine Bemessungsgrundlage übrig.

Steuerliche Gerechtigkeit kann als Gleichbehandlung von Wirtschaftssubjekten mit gleicher Leistungsfähigkeit (wirtschaftlicher Lage) interpretiert werden. Vertreter eines umfassenden Einkommensbegriffs sehen in dem so definierten Einkommen das beste Maß der Leistungsfähigkeit. Anhänger der Ausgabensteuer interpretieren Gleichbehandlung hingegen bezogen auf den Nutzen im Sinne gleicher realisierter Bedürfnisbefriedigung, die im persönlichen Verbrauch zum Ausdruck komme. Für sie ist das umfassend definierte Einkommen kein befriedigendes Maß: Es schließt den Freizeitnutzen aus und kann den Unterschieden in Geschmack, Fähigkeiten, Marktchancen usw. nicht Rechnung tragen. Das gilt letztlich aber auch für die Bemessungsgrundlage „Konsumausgaben". Diese wird zwar von manchen Autoren als beste Annäherung an den Nutzen über die Lebenszeit des Einzelnen angesehen, kann diesen aber - wie das Einkommen - nur unzureichend zum Ausdruck bringen (Hettich 1983, S. 417). Die Lebenszeit wird von Vertretern der Ausgabensteuer im Übrigen als relevante Periode zur Erfassung der Leistungsfähigkeit angesehen. Die kurze Periode gilt ihnen nicht als adäquate Basis.

Die allokative Überlegenheit der Ausgabensteuer wird damit begründet, dass sie die **intertemporalen Konsumentscheidungen nicht** wie die Einkommensteuer **verzerre,** soweit diese Sparen und daraus fließende Zinsen belaste. Die Belastung verringere den Nettoertrag der Ersparnis und bewirke einen Wohlfahrtsverlust, weil die marginale Zeitpräferenz und die Grenzproduktivität des Kapitals auseinanderfielen. Hierbei wird angenommen, dass die laufende Ersparnis ausschließlich dem künftigen Konsum dient. Nutzen kann aber auch aus dem gegenwärtigen Sparen gezogen werden. Der Vermögenszuwachs kann z. B. Sicherheits-, Macht- oder Prestigewirkungen haben. Dann ist aber eine Steuerbefreiung von Sparen und Zinsen nicht mehr neutral. Im Übrigen rufen alle realisierbaren Steuern Verzerrungen hervor, so dass die Beurteilung einer Ausgabensteuer auch dann modifiziert werden muss, wenn sie sich hinsichtlich der Konsum-Sparentscheidungen als überlegen erweisen würde. Die Ausgabensteuer verzerrt wie die Einkommensteuer zugunsten von Nichtmarktleistungen einschließlich Freizeit dann, wenn Arbeitsangebot und Lohnsatz nicht konstant sind. Daher ist unsicher, ob die Ausgabensteuer bei höheren Steuersätzen weniger verzerrend auf die Allokation der Ressourcen wirkt. Wenn die Entscheidung zwischen Arbeit und Freizeit stärker auf Steueränderungen reagiert als die Wahl zwischen Konsum und Sparen, kann die Einkommensteuer mit niedrigerem Tarif weniger Effizienzeinbußen als die Konsumausgabensteuer hervorrufen.

Neben der Doppelbelastung, der Eignung des Einkommens als Maßstab der Leistungsfähigkeit und der Effizienz ist die **Ausgestaltung der Einkommensteuer in der Praxis** ein Punkt der Kritik und eine Grundlage für die Forderung nach ihrer Ersetzung (oder Modifizierung). Die Vielzahl von Sonderregelungen (Ausklammerungen aus der Bemessungsgrundlage, begünstigte Steuertarife u. a.) bewirken in der Praxis der Einkommensteuer, dass sie teilweise Elemente einer Konsumsteuer, teilweise einer Einkommensteuer aufweist[1]. Das Ergebnis kann dann weniger gerecht, ferner verzerrender und verwaltungsmäßig komplexer als bei einer reinen Einkommen-, aber auch bei einer reinen Ausgabensteuer sein.

Die Einkommensteuer ist auch deshalb komplex, weil sie der Ergänzung durch die Körperschaftsteuer bedarf. Diese erfordert, wie bei der Einkommensteuer[2], die Bewertung des Vermögens, die periodengerechte Abgrenzung des Einkommens und dabei insbesondere die Berechnung von Abschreibungen. Das sind Aufgaben, die bei der Ausgabensteuer ebenso bedeutungslos sind wie die Behandlung der nichtrealisierten Kapitalgewinne, die erst zum Zeitpunkt der Verausgabung belastet werden. Der Nachweis von Abschreibungen entfällt in der Kassenrechnung, weil alle Investitionsgüterkäufe sofort abgesetzt werden und alle Erträge aus den Verkäufen in die Einnahmen eingehen.

3. Die Berechnung der Bemessungsgrundlage „Konsumausgaben"

Die Erhebung der Ausgabensteuer erfordert (ähnlich wie bei der Einkommensteuer) eine jährliche Erklärung der Konsumausgaben. Zu ihrer Berechnung gibt es grundsätzlich verschiedene Möglichkeiten. Einmal könnten sämtliche Verbrauchsausgaben durch Sammlung von Einzelnachweisen aufgezeichnet werden. Dieses Verfahren scheitert aber daran, dass es für die Steuerpflichtigen eine unzumutbare Belastung darstellen würde und die lückenlose Kontrolle verwaltungsmäßig nicht durchführbar ist.

Eine andere Möglichkeit besteht darin, die Bemessungsgrundlage „Konsumausgaben" als Residuum zu berechnen. Hierbei kann im Gegensatz zur Einkommensteuer

---
[1] Zu verschiedenen Formen der Begünstigung der Ersparnis im deutschen Einkommensteuerrecht siehe Wagner/Schwinger (1989).
[2] Soweit Einkünfte durch Vermögensvergleich ermittelt werden.

eine **Kassenrechnung** verwendet werden. Der Steuerpflichtige muss seine Geldeinnahmen zusammenstellen (Übersicht 21-1), darunter Löhne, Dividenden, Zinsen, Einnahmen aus Verkäufen von Vermögenswerten, Kreditaufnahmen oder Abhebungen von Finanzkonten, auch empfangene Erbschaften und Schenkungen. Diesen Einnahmen steht die nichtkonsumtive Verwendung der Geldausgaben u. a. für Investitionen, finanzielle Anlagen, Schenkungen, Zinszahlungen oder zur Schuldentilgung gegenüber. Der Rest ist der persönliche Konsum.

Übersicht 21-1 Die indirekte Ermittlung der Verbrauchsausgaben

I. Summe der Einnahmen
1. Einkünfte
2. Kreditaufnahmen/ Kreditrückflüsse
3. Vermögensveräußerungen
II. Summe der vermögenswirksamen Ausgaben
1. Kreditrückzahlungen/ Kreditvergabe
2. Vermögenserwerb
I ./. II = Verbrauchsausgaben

Quelle: Andel 1998, S. 370.

Die Ausgabensteuer setzt wie die Einkommensteuer (und im Gegensatz zu den indirekten Verbrauchsteuern, z. B. Umsatzsteuer) **unmittelbar** bei den privaten Haushalten an. Sie kann nicht auf anderen Stufen erhoben werden. Im Unterschied zur Besteuerung einzelner Güter sind bei der Ausgabensteuer auch ein nichtproportionaler, insbesondere progressiver Tarif und die Berücksichtigung persönlicher Umstände möglich.

Bei den Steuern auf einzelne Güter können zwar die Steuersätze je nach vermuteter Verbrauchsstruktur gewählt werden. Die Steuerlast hängt dann von den einzelnen jeweils getätigten Güterkäufen und nicht von den gesamten Ausgaben ab. Da die Verbrauchsstrukturen zwischen den Haushalten variieren, ist keine gezielte Belastungsstruktur möglich. Auch den persönlichen Umständen kann so nicht Rechnung getragen werden.

4. Beurteilung der Ausgabensteuer

Durch die Abgabe wird lediglich der Verbrauch, nicht hingegen die Ersparnis belastet. Im Vergleich zur Einkommensteuer sind daher mehr Anreize zum Sparen, höhere Risikobereitschaft der Investoren und ein größeres Arbeitsangebot zu erwarten. So kann ein Investor höhere Erträge auf riskante Anlagen erzielen, ohne ausgabensteuerpflichtig zu werden, wenn er die Erträge reinvestiert. Brutto- und Nettoverzinsung stimmen überein. Nur die für Konsumausgaben verwendeten Erträge unterliegen der Abgabe. Bei der Konsum-Sparentscheidung ist allerdings zu beachten, dass zwar ein erhöhter künftiger Konsum aus entgangenem Gegenwartskonsum (Sparen) möglich ist, andererseits für einen geplanten künftigen Konsum weniger gespart werden muss.

Die Ausgabensteuer ist an dem ausgerichtet, was die Wirtschaftssubjekte dem Inlandsprodukt entnehmen, nicht an ihrem Beitrag zum Inlandsprodukt. Sparen trägt zur Vergrößerung des Kapitalstocks sowie zur Erhöhung von Produktivität und Konsummöglichkeiten in der Zukunft bei. Daher bewertet z. B. Kaldor (1955) den sozialen Ertrag des Sparens höher als den privaten Konsumnutzen.

Wenn nicht das gesamte Einkommen konsumiert wird, ist die Bemessungsgrundlage der Einkommensteuer größer als die der Ausgabensteuer. Daher muss - gleiches Aufkommen beider Abgaben vorausgesetzt - der Steuersatz in jedem Einkommensbereich (abgesehen von einem Grundfreibetrag) bei der Ausgabensteuer größer sein.

Legt man vereinfachend eine durchschnittliche Konsumquote $\bar{c}$ und konstante Durchschnittssteuersätze $\bar{\tau}_c$ der Ausgabensteuer bzw. $\bar{\tau}_Y$ der Einkommensteuer zugrunde, gilt

$$(21\text{-}3) \quad \bar{\tau}_c = \frac{\bar{\tau}_Y}{\bar{c}}$$

So beträgt bei $\bar{c} = 0{,}5$ und $\bar{\tau}_Y = 0{,}5$ der erforderliche Ausgabensteuersatz 1 (bzw. 100%).

Der Anreiz zur Substitution zugunsten nichtbesteuerter Aktivitäten und zur Steuerhinterziehung ist daher bei der Ausgabensteuer größer, und zwar um so mehr, je höher die Spareigung ist.

Bei der Rechtfertigung der Einführung einer Ausgabensteuer wird auf das **Lebenszyklus-Modell** zurückgegriffen. Folgende Annahmen werden getroffen. Die Individuen treten bei gegebenen Fähigkeiten in den Arbeitsmarkt ein. Über das gesamte Leben besteht vollkommene Voraussicht und ein konstanter Lohn. Das gesamte Lebenseinkommen wird konsumiert. Das Individuum kann zu einem konstanten Zins investieren und Kredite aufnehmen (vollkommener Kapitalmarkt). Unter diesen Bedingungen ist das Vermögen der Gegenwartswert des Lebenseinkommens bzw. des Lebenskonsums. Diese Äquivalenz besteht auch netto dann, wenn man eine direkte Besteuerung des Konsums und alternativ eine Besteuerung des Arbeitseinkommens mit gleichem proportionalen, im Zeitablauf konstanten Tarif einführt. Beide Arten von Steuern stören diese grundlegende Gleichheit auch nicht bei Berücksichtigung von Erbschaften und Schenkungen, wenn diese als Konsum unter der Ausgabensteuer und zusammen mit den Arbeitseinkommen bei der Einkommensteuer erfasst werden. In beiden Fällen gibt die Bemessungsgrundlage dann genau das Lebenseinkommen wieder, wenn die Diskontrate des Konsums der Ertragsrate der Investitionen des Steuerzahlers entspricht.

Der Verbrauch der Wirtschaftssubjekte, die mit einem Lebenszyklushorizont planen, wird durch keine der beiden Steuern verzerrt. Das ändert sich allerdings, wenn die Einkommensteuer nicht nur die Arbeits-, sondern auch die Vermögenseinkommen belastet. Dann werden Personen mit gleicher Austattung je nach ihren Zeitpräferenzen unterschiedlich belastet. Personen mit hoher Zeitpräferenz sparen wenig und müssen auch keine oder nur geringe Steuern auf Zinseinkommen zahlen. Diejenigen aber, die viel sparen, indem sie den gegenwärtigen zugunsten eines größeren künftigen Konsums verschieben, tragen eine größere Abgabenlast durch die Besteuerung der Zinseinkommen. Im Gegensatz zu dieser Form der Einkommensteuer ist eine konsumbasierte Steuer neutral hinsichtlich der Zeitpräferenz des Steuerzahlers für den Konsum. Der Preis des künftigen Verbrauchs wird durch eine Ausgabensteuer also nicht verändert. Die Abgabe ist auch (im Sinne der horizontalen Gleichbehandlung) gerecht, weil sie alle Individuen gleichbehandelt, die ihre Arbeitsphase mit gleichem Vermögen beginnen und denselben Gegenwartswert künftiger Arbeitseinkommen haben.

Das zugrundeliegende Modell wird allerdings kritisiert: Wenn die o.g. Annahmen aufgegeben werden, entfällt auch die Äquivalenz von Arbeitseinkommen- und Ausgabensteuer. So ist der Lebenszeitaspekt angesichts der Unsicherheit über die künftigen politischen und ökonomischen Bedingungen unrealistisch. Bei vielen Haushalten dürfte die Voraussicht fehlen. Auch verhindert der unvollkommene Kapitalmarkt die Optimierung des Konsums über das Leben einer Person. Dann hängt aber die Leistungsfähigkeit stärker vom Einkommen über kürzere Perioden als über das Leben ab. Probleme bereitet auch, dass sich die Zusammensetzung der Haushaltsmitglieder im Leben der Individuen ändert.

Periodisierungsprobleme dürften bei einer Ausgabensteuer mit proportionalem Tarif von geringer Bedeutung sein, weil der Verbraucher unabhängig von steuerlichen Erwägungen entscheiden kann, wann er seine Ressourcen verwendet. Bei einem progressiven Tarif wird die Steuerbelastung allerdings von der zeitlichen Verteilung der Konsumausgaben abhängen[1]. Es besteht eine Tendenz, dass der Konsum weniger als das Einkommen schwankt. Daher mag der jährliche Konsum ein besserer Ausdruck der Lebenszeitbedingungen als das Jahreseinkommen sein. Die also ohnehin zu erwartende stärkere Gleichmäßigkeit der intertemporalen Konsumverteilung dürfte durch die Progression verstärkt werden.

Dennoch wird - ähnlich der Korrektur der auf Einkommensschwankungen und Progression zurückzuführenden Belastungsänderungen bei der Einkommensteuer - auch bei der Ausgabensteuer eine am langfristigen Konsum orientierte Belastung diskutiert.

Von einer Ausgabensteuer mit proportionalem Tarif wird angenommen, dass sie (bezogen auf das Einkommen) zu einer regressiven Belastung führt. Daher wird aus verteilungspolitischen Gründen, und insbesondere um die regressive Wirkung der den Verbrauch indirekt belastenden Abgaben auszugleichen, für die Ausgabensteuer ein progressiver Tarif und vor allem die Berücksichtigung von Grundfreibeträgen vorgeschlagen. Wenn die Progression aber auf Jahres- und nicht auf Lebensbasis eingeführt wird, ist die oben angenommene Neutralität hinsichtlich der intertemporalen Allokationsentscheidungen nicht mehr gewährleistet. Es kann zu intertemporalen Verzerrungen kommen, wenn die Ausgaben in einzelnen Jahren in verschiedene Tarifbereiche

---

[1] Es ist möglich, dass eine progressive Einkommensteuer effizienter als eine vergleichbar progressive Ausgabensteuer ist (vgl. Veall 1987).

fallen[1]. Die Wirkung fällt noch stärker aus, wenn man die erforderliche höhere Durchschnittsbelastung des Konsums im Vergleich zum Einkommen bei gleichem Aufkommen berücksichtigt.

In der Literatur wird häufig eine Ergänzung der Ausgabensteuer durch eine (Vermögen- und/oder) Erblasssteuer befürwortet, da die Ausgabensteuer stärker als die Einkommensteuer die Bildung großer Vermögen begünstigen dürfte. Durch die Erblasssteuer werden Hinterlassenschaften wie eine Form des Verbrauchs interpretiert. Sie verhindert, dass Wirtschaftssubjekte dauerhaft durch Sparen und Vermögensübertragungen Steuern sparen können.

Die Ausgabensteuer belastet stärker als die Einkommensteuer ältere und jüngere Bürger. Das trifft dann zu, wenn die Konsumquote aus dem laufenden Einkommen in jüngeren Jahren größer als oder bei eins liegt und wenn Personen im Rentenalter ihr Vermögen für Konsumzwecke auflösen. Dieser höheren Belastung stehen zwar niedrigere Abgaben in der Erwerbs- und Vermögensbildungsphase gegenüber. Dennoch dürfte es schwer zu vermitteln sein, dass gerade diejenigen am geringsten belastet werden sollen, die am meisten sparen können (mittlere Alter) und diejenigen stärker besteuert werden, die sich etwa in der Familiengründungsphase hohen finanziellen Verpflichtungen im Verhältnis zu ihren Einkommen ausgesetzt sehen.

Steuern stellen nur einen Teil der Instrumente einer staatlichen Umverteilungspolitik dar. Es stellt sich daher die Frage, ob die Ausrichtung der Steuerpolitik auf den Verbrauch von einer entsprechenden Transferpolitik begleitet werden kann. Transfers werden als negative Steuern interpretiert. So kann man sich eine lineare Einkommensteuer aus einer Pauschale und einer proportionalen Einkommensteuer zusammengesetzt vorstellen. Entsprechendes wäre für die Ausgabensteuer zu erwarten. Die gegenwärtig geleisteten Transfers weisen Pauschalelemente (Grundbetrag des Kindergeldes, Sozialhilfe) wie auch einkommensbezogene Teile (Zusatzkindergeld, Sozialversicherungsrenten, Arbeitslosenunterstützung u. ä.) auf. Die Transfers sind nicht auf die Konsumausgaben ausgerichtet. Eine Umstellung erscheint problematisch, denn durch die empfangenen Übertragungen soll dem Empfänger ein höherer Konsum ermöglicht werden als es sein Einkommen erlaubt (Aaron 1989). Wenn keine umfassende Umstellung der Transferpolitik auf den Verbrauch möglich ist, bleiben zumindest Elemente einer negativen Einkommensteuer bestehen. Dann kann aber nicht auf die Einkommensberechnung verzichtet werden. Weitere Probleme ergeben sich hinsichtlich der Abstimmung von Sozialabgaben und Steuern.

Einige Probleme der praktischen Umsetzung der Ausgabensteuer entsprechen denen der Einkommensteuer. So stellt sich beim Erwerb langlebiger Gebrauchsgüter die Frage, wie ihre laufende Nutzung steuerlich erfasst werden kann. Bei einem umfassenden Einkommenskonzept müsste ein laufendes Nutzungsentgelt unterstellt werden. Das gilt zur Vermeidung möglicher steuerlicher Ungerechtigkeiten auch für die Ausgaben-

---

[1] Somit ergibt sich hier die gleiche Problematik wie bei der Einkommensteuer. Bei dieser auf das Jahr bezogenen Abgabe können nämlich die Steuerlasten selbst für diejenigen sehr unterschiedlich ausfallen, die das gleiche Lebenseinkommen haben.

steuer. Als Annäherung wird hier eine Aufteilung der Steuerschuld über mehrere Perioden vorgeschlagen. Aber auch bei anderen Ausgaben (z. B. für die Bildung) ist zu entscheiden, wo die Trennungslinie zwischen Konsum und Investition (mit Konsequenzen für die steuerliche Belastung) zu ziehen ist.

In bestimmten Fällen können E und rV in (21-2) nicht am Markt beobachtet werden (z. B. Eigenverbrauch der Landwirtschaft, fringe benefits). Hier müssen sowohl für die Einkommensteuer das Einkommen wie für die Ausgabensteuer die entsprechenden Ausgaben unterstellt werden.

Die Festlegung von Grund- und persönlichen Freibeträgen bei Krankheitskosten, Unterhalt u. ä. sind ähnlich wie bei der Einkommensteuer zu konzipieren. Bei der Einkommensteuer muss geklärt werden, wann beruflich bedingte Ausgaben (Betriebsausgaben/Werbungskosten) bzw. privater Konsum vorliegen. Diese Aufgabe ist auch für die Ausgabensteuer zu lösen.

Einkommen- und Ausgabensteuer unterscheiden sich hinsichtlich der Fälligkeit des Steueranspruchs. Die Einkommensteuer ist prinzipiell mit der Einkommensentstehung fällig, der Steueranspruch bei der Ausgabensteuer beruht auf der in der Regel zeitlich späteren Einkommensverwendung.

Ein besonderes Problem stellt die Zahlung der Ausgabensteuer dar. Die Steuerzahler müssten genug sparen und liquide sein, um die Abgaben leisten zu können. Weil zu bezweifeln ist, dass dies geschieht, sind Verfahren zur Sicherung eines stetigen, der Entwicklung der Bemessungsgrundlage folgenden Steueraufkommens erforderlich. Hierzu wird eine Form des Quellenabzugs für erforderlich gehalten. Sie könnte in der Fortsetzung einer - gegebenenfalls pauschal um eine Sparquote zu modifizierenden - Lohnsteuer bestehen. Die so zu erreichende Annäherung an die angestrebte Belastung der Konsumausgaben ist unter Umständen allerdings gering. Im Wege der Veranlagung müssten dann am Ende des Steuerjahres Korrekturen vorgenommen werden, die den größten Teil der Steuerpflichtigen betreffen würden.

Die Einführung einer Ausgabensteuer bereitet Probleme ihrer Integration mit anderen Steuern und hinsichtlich der internationalen Steuerharmonisierung. Grundsätzlich ist die bestehende Körperschaftsteuer als eine wesentliche, die Kapitaleinkünfte belastende Abgabe abzuschaffen, da diese Form der Unternehmensbesteuerung als Ergänzung zur individuellen Besteuerung der Einkommen gesehen wird. Unternehmen produzieren, sie konsumieren nicht. Die gezahlten Dividenden würden in die Einnahmen bei der Berechnung der Ausgabensteuer eingeschlossen werden, die einbehaltenen Gewinne als Sparen oder Reinvestition gelten und steuerfrei bleiben. Die Körperschaftsgewinne müssten nicht mehr berechnet werden. Die unterschiedliche Behandlung von natürlichen und juristischen Personen entfiele.

Zudem muss die Unternehmensbesteuerung mit einer Ausgabensteuer der Individuen in Einklang gebracht werden: Die Einkommen- und Körperschaftsteuer verzerrten je nach Ausgestaltung der steuerlichen Abschreibungen die Investitionsentscheidungen. Ferner verfälsche die Körperschaftsteuer die Finanzierungsverhältnisse. Durch eine **Cash-Flow-Steuer** soll die Neutralität hinsichtlich der Investitions- und Finanzentscheidungen wieder ermöglicht werden. Cash-Flow-Steuern stellen auf die Ein- und Auszahlungen (und nicht auf Ertrag und Aufwand) ab. Sie legen den Einzahlungsüberschuss zugrunde, Sofortabschreibungen und vollständiger Verlustausgleich sind gewährleistet. Die Cash-Flow-Steuer belastet letztlich die Ausschüttungen an Anteilseigner (wobei Einzahlungen aus einer Aufnahme neuer Beteiligungsmittel abzugsfähig sein sollen).

Der Ersatz der Einkommen- durch eine Ausgabensteuer ist ohne Beachtung der internationalen Steuerbeziehungen nicht möglich. Er macht eine Neuverhandlung über alle bestehenden Außensteuerverträge erforderlich. Bisher bestehen in keinem Land Ausgabensteuern, und es ist unklar, wie eine Abstimmung zwischen Ländern mit Einkommen- und solchen mit Ausgabensteuern erfolgen kann.

Wenn die Körperschaftsteuer nur in einem einzelnen Land abgeschafft wird, werden die im Ausland entstandenen Gewinne dort weiter belastet. Es fragt sich nun, ob diese steuerliche Belastung bei der auf die Haushalte entfallenden Ausgabensteuer gutgeschrieben wird.

Jede Abgrenzung im Detail ist eine politische Entscheidung, bei der zwischen verschiedenen Steuerzahlern vor allem unter Effizienz- und Verteilungsgesichtspunkten diskriminiert wird. Das gilt auch für die Frage, ob ausländische Investoren steuerfrei bleiben sollen. Dafür spricht, dass Nichtdiskriminierung zwischen Inländern und Ausländern ein wichtiges Prinzip internationaler Steuervereinbarungen ist (Mieszkowski 1980).

Im internationalen Zusammenhang kann es durch unterschiedliche steuerliche Belastung der Gewinne zu Verlagerungen der Investitionen kommen. Hierbei können auch Abstimmungsprobleme in den steuerlichen Regelungen zwischen Ursprungs- und Bestimmungslandprinzip bedeutsam sein. Durch die Wahl der Verrechnungspreise sind Gewinne zugunsten der Länder möglich, die niedrigere Belastungen aufweisen. Das könnte langfristig die Lebensfähigkeit der bestehenden Einkommen- und Körperschaftsteuern in Frage stellen. Ob es auch bei Nichtbesteuerung der Gewinne durch eine Ausgabensteuer zu Verlagerungen kommt, hängt wiederum von der internationalen Abstimmung ab (Mieszkowski 1980). Ohne Körperschaftsteuern gibt es starke Anreize, die Einkünfte aus den Unternehmen und dem persönlichen Konsum zu verbergen.

5. Ein Reformmodell für Deutschland?

Für Deutschland ist in jüngster Zeit mehrfach insbesondere von Rose (1996, 1998) die Einführung einer neuen Steuer vorgeschlagen worden, die vom Typ einer persönlichen Ausgabensteuer ist. Hierbei werden mit der sparbereinigten und der zinsbereinigten Form zwei Varianten der Ausgabensteuer diskutiert.

Die **sparbereinigte Konsumsteuer** belastet nur den Teil des Einkommens, der nach Abzug der Ersparnis vom laufenden Konsum ausgegeben wurde. Die spätere Auflösung der aus Ersparnis entstandenen Vermögen für Konsumzwecke soll dann ebenfalls steuerpflichtig sein.

Die zinsbereinigte Konsumsteuer wird aus erfassungstechnischen Gründen für einfacher gehalten. Bei diesem Konzept wird grundsätzlich das Einkommen wie bei der Einkommensteuer ermittelt, aber von der Bemessungsgrundlage eine Normal- oder Schutzverzinsung auf das steuerlich ausgewiesene Eigenkapital (ohne Konsumvermögen) abgezogen. Das Ergebnis der Zinsbereinigung entspricht grundsätzlich dem der Sparbereinigung dadurch, dass statt der laufenden Ersparnis die Verzinsung der in früheren Jahren gebildeten Ersparnis steuerfrei gelassen wird.

Anhand des folgenden einfachen Beispiels eines sparenden Einkommensteuerpflichtigen zeigt Rose, dass beide Methoden einer konsumbasierten Besteuerung seinen aus heutigem Einkommen finanzierten morgigen Konsum in gleicher Höhe nur einmal belasten. Legt man jeweils einen gleichbleibenden Zins (hier von 5 %) und Steuersatz (50 %) zugrunde, ist dieselbe Höhe des Konsums möglich.

Tab. 21-1 Methoden der steuerlichen Belastung von Ersparnissen im Vergleich (alle Größen in DM)

	Jahr 2000			Jahr 2040		
	Einkommen für Sparzwecke	Steuer 50 %	Ersparnis	Sparkapital	Steuer 50 %	für Konsum verfügbar
Sparbereinigte Einkommensteuer	**10.000**	-	10.000	70.400	35.200	**35.200**
Zinsbereinigte Einkommensteuer	**10.000**	5.000		35.200	-	**35.200**

Quelle: Rose 1998, S. 101.

Ein wichtiger Vorteil beider Methoden ist, dass sie die Ersparnis systematisch nur einmal besteuern sollen. Für die Unternehmen ist eine entsprechende Regelung vorgesehen. Aus fiskalischer Sicht, hinsichtlich der Erhebungskosten (Kontrolle des Sparens und Entsparens z. B. auf vielen Konten) und der Integration (Systemhaftigkeit, Abgestimmtheit mit dem Transfer- und Rechtssystem) sieht Rose (1998, S. 101) die zinsbereinigte Methode als die günstigere.

Literatur zum 21. Kapitel

Die Ausgabensteuer wurde insbesondere von Fischer (1906, 1937) und später von Kaldor (1955; Auszug in Reckenwald, 1969a, S. 420-433) empfohlen. Die Geschichte der Ausgabensteuer im Verhältnis zur Einkommensteuer skizziert Musgrave (1989). In Deutschland haben vor allem Engels u. a. (1975) sowie Mitschke (1985) Vorschläge in Richtung einer Ausgabensteuer gemacht.

Zu neueren Diskussionen siehe insbesondere Mieszkowski (1980), Pechmann (1980), Peffekoven (1980b), Peffekoven/Fischer (1982) und insbesondere Rose (1990, 1991, 1998). Die jüngere Diskussion gibt der von Smekal u. a. (1999) herausgegebene Band wieder. Darin ist das Ergebnis einer Analyse von Fehr/Wiegard der Wohlfahrts-, Effiziens- und Verteilungseffekte der Übergangs zu einem zinsbereinigten Steuersystems enthalten. Bedeutsame Folgen eines progressiven Tarifs stellt Pollak (1989) dar; die verwaltungsmäßigen Umsetzungsprobleme der Ausgabensteuer untersucht insbesondere Seidl (1989).

Zur Ausgabensteuer sind drei große Untersuchungen in Großbritannien (Meade-Committee, 1978), USA (U.S. Treasury Department, 1977) und Schweden (Lodin, 1978) erschienen.

Einen knappen Überblick über Art und Problematik von Cash-Flow-Steuern gibt Cansier (1989), zu verschiedenen Vorschlägen einer Cash-Flow-Steuer siehe Sinn (1987).

Rose (1994) stellt eine auf dem Konsum basierende Einkommensteuer vor, die in Kroatien realisiert wurde und macht (1996) Reformvorschläge für Deutschland.

22. Kapitel
Internationale Aspekte der Besteuerung

1. Der internationale Steuervergleich

Die internationale Wirtschaftsverflechtung Deutschlands nimmt, insbesondere in der Europäischen Union (EU) und Europäischen Währungsunion, ständig zu. Dies zeigt sich an der Entwicklung der Güter- und Finanzierungsströme und der Mobilität der Faktoren, Unternehmen, Bewohner und Konsumenten. Im Folgenden werden einige hieraus rührende Konsequenzen für die Steuerpolitik untersucht.

Zunächst soll aber die Abgabenbelastung Deutschlands im internationalen Rahmen dargestellt werden. Eine Möglichkeit zum Vergleich der Abgaben, insbesondere Steuern, in verschiedenen Ländern besteht darin, Abgaben als Teil des Bruttoinlandsprodukts (BIP) gegenüberzustellen. Diese weite Bezugsgröße empfiehlt sich, weil sie am

Tab. 22-1 Steuern und Sozialabgaben in % des BIP[1]

Land	Steuern und Sozialabgaben						Steuern				
	1970	1980	1990	1995	1996[2]		1970	1980	1990	1995	1996[2]
Deutschland[3,4]	34,4	40,4	38,5	42,1	41,6	..	22,8	24,8	22,7	23,7	22,7
Deutschland[3]	32,9	38,2	36,7	39,2	38,1	..	22,9	25,1	22,9	23,7	22,6
Belgien	35,7	43,7	44,0	46,0	46,0	..	24,8	30,4	29,2	30,7	31,1
Dänemark	40,4	45,5	48,7	51,4	52,2	..	38,8	44,7	47,2	49,8	50,6
Finnland	32,5	36,9	45,4	46,1	48,2	..	29,6	29,8	35,5	33,4	35,8
Frankreich	35,1	41,7	43,7	44,5	45,7	..	22,3	23,9	24,4	25,2	26,0
Griechenland	25,3	29,4	37,1	40,8	40,6	..	17,7	19,7	25,9	28,2	28,1
Irland	29,9	32,6	34,8	33,8	33,7	..	27,4	28,0	29,6	28,9	29,1
Italien	26,1	30,4	39,2	41,3	43,2	..	16,3	18,8	26,3	28,2	28,5
Japan	19,7	25,4	31,3	28,5	28,4	..	15,3	18,0	22,2	18,1	18,1
Kanada	31,2	32,0	36,0	36,0	36,8	..	28,2	28,7	30,8	30,1	30,8
Luxemburg	28,0	42,0	43,4	44,1	44,7	..	20,0	29,8	31,5	32,3	32,8
Niederlande	37,1	45,2	44,6	43,8	43,3	..	24,0	28,0	27,9	25,5	26,1
Norwegen	34,9	42,7	41,8	41,5	41,1	..	29,3	33,7	30,8	31,8	31,5
Österreich	34,9	40,3	41,0	42,3	44,0	..	26,0	27,8	27,5	27,0	28,7
Portugal	20,1	25,1	30,9	34,9	34,9	..	15,3	17,7	22,5	25,5	25,9
Schweden	39,8	48,8	55,6	49,5	52,0	..	33,8	34,8	40,5	35,1	36,5
Schweiz	22,5	29,1	30,9	33,5	34,7	..	17,2	20,1	20,9	21,1	21,7
Spanien	16,9	23,9	34,2	34,0	33,7	..	10,6	12,3	22,1	21,7	21,6
Vereinigtes Königreich	37,0	35,1	36,5	35,6	36,0	..	31,8	29,3	30,3	29,3	29,8
Vereinigte Staaten	27,4	26,9	26,7	27,9	28,5	..	23,0	21,0	19,8	20,9	21,5

[1] Nach den Abgrenzungsmerkmalen der OECD; Basis Finanzstatistik.
[2] Vorläufig.
[3] 1970-1990 nur alte Bundesländer.
[4] In der Abgrenzung der deutschen Haushaltsrechnung. Ein unmittelbarer Vergleich mit den Angaben der OECD ist aus methodischen Gründen nicht möglich.

Quelle: Bundesministerium der Finanzen, Finanzbericht 2000, S. 396/397.

ehesten vergleichbare Ergebnisse zulässt (insbesondere auch angesichts der Problematik der Abgrenzung von direkten und indirekten Steuern). Wie Tab. 22-1 zeigt, fallen die Steuer- und die Abgabenquote unter Einschluss der Sozialbeiträge der aufgeführten OECD-Länder recht unterschiedlich aus.

Berücksichtigt man zunächst allein die Steuern, so stand im Jahre 1996 Dänemark an der Spitze. Japan, Spanien und Schweiz weisen die niedrigsten Steuerquoten auf. Bezieht man auch die Sozialabgaben in den Vergleich mit ein, fallen die Unterschiede etwas geringer aus. Hier liegen Schweden, Dänemark und Luxemburg an der Spitze, USA und Japan bilden die untere Grenze. Deutschland lag hinsichtlich der Steuerquote und der gesamten Abgabenquote im mittleren Bereich. Die Unterschiede in den beiden Abgabenbelastungsquoten werden maßgeblich durch die Höhe der staatlichen sozialen Sicherung und die Art ihrer Finanzierung geprägt. So wird in Dänemark die soziale Sicherung fast vollständig über Steuern, in Deutschland vorwiegend über Sozialabgaben finanziert.

Die Daten können nur einen groben Hinweis über das relative Gewicht der Besteuerung (und der Sozialbeiträge) in den einzelnen Ländern geben[1]. Hierbei ist auf die methodischen Probleme solcher Vergleiche der Steuerbelastung hinzuweisen, ferner sind neben der Höhe der Steuerquote auch die Struktur, die Bemessungsgrundlagen, die Tarifgestaltung und die nach Branchen, Regionen, Unternehmensformen und -größen unterschiedlichen Steuervergünstigungen von Bedeutung. Diese Differenzen beruhen u. a. darauf, dass die Ziele der Besteuerung jeweils andere Gewichte haben und der Steuermentalität in den einzelnen Ländern bei der Ausgestaltung Rechnung getragen wird.

2. Einige steuerpolitische Konsequenzen der internationalen Wirtschaftsverflechtung

Die Zunahme an internationaler Mobilität der Produktionsfaktoren, der Möglichkeit zur Verlagerung des Wohnsitzes, der Niederlassung von Unternehmen, der Anlage von Finanzmitteln oder zum Gütererwerb im Ausland kann zu beträchtlichen Steuerausfällen führen. Soll dennoch eine bestimmte Höhe der Einnahmen erreicht werden, muss der Staat diese an anderer Stelle unter Beachtung des beschränkten Spielraums für eine nationale Steuerpolitik erzielen. Er hat damit zu rechnen, dass die Umsetzung wirtschafts- und finanzpolitischer Ziele behindert und die Gestaltungsprinzipien der Steuerpolitik gefährdet werden. Mit zunehmender Gefahr der Verlagerung mobiler Bemessungsgrundlagen ins Ausland wird daher das Verlangen nach internationaler Koordinierung der nationalen Steuerpolitiken größer. Gelingt sie nicht, bleibt nur die Möglichkeit der stärkeren Belastung international vergleichsweise immobiler Größen. So sind Einkünfte aus Arbeitnehmertätigkeit oder aus dem Besitz von Grund und Boden

---

[1] Es sei hier nur auf die Bedeutung der Wahl zwischen Steuervergünstigungen und direkten Zahlungen für die Abgaben- (und Ausgaben-)Quoten erinnert.

relativ immobile Bemessungsgrundlagen, daher ist zu erwarten, dass sie stärker als etwa Kapitaleinkünfte besteuert werden[1].

Zur Beurteilung verschiedener Formen der Besteuerung werden die bisher nur im nationalen Rahmen herangezogen Kriterien der Gerechtigkeit und allokativen Effizienz jeweils um eine internationale Dimension erweitert[2]:

- **Gerechtigkeit zwischen Personen** fordert eine individuelle Steuerbelastung der Bürger, die mit den nationalen Verteilungsnormen im Einklang steht. Sie ist immer dann verletzt, wenn Steuerzahler durch eine Verlagerung von ökonomischen Aktivitäten in das Ausland steuerlich begünstigt oder benachteiligt werden.
- **Gerechtigkeit zwischen Nationen** ist eine Kategorie von Verteilungsgerechtigkeit, die am länderweisen Steueraufkommen anknüpft. Sie ist verletzt, wenn ein Land nicht mehr in der Lage ist, seinen staatlichen Finanzbedarf durch eine Anhebung der Steuersätze zu befriedigen, weil die Steuerbemessungsgrundlagen und damit die Steuereinnahmen in das Ausland abwandern.
- **Nationale allokative Effizienz** liegt vor, wenn die Steuerpolitik die Marktpreise der Güter und der Produktionsfaktoren (Arbeit, Kapital, Boden) nicht verzerrt und die knappen Ressourcen eines Landes so eingesetzt werden, dass die Bürger das höchstmögliche soziale Wohlfahrtsniveau erreichen. Die Steuern sind dabei wettbewerbsneutral im nationalen Rahmen, Auswirkungen auf die Wohlfahrt der ausländischen Handelspartner werden vernachlässigt.
- **International wettbewerbsneutral (allokativ effizient)** ist die Steuerpolitik, wenn sie eine effiziente weltweite Aufteilung der knappen Ressourcen nicht stört, indem sie die Bürger zumindest eines Landes besser stellt, ohne jene der anderen Länder schlechter zu stellen. Globale Effizienz schließt eine strategische Erzielung nationaler Wohlfahrtsgewinne zu Lasten der übrigen Welt aus.

Diese Kriterien werden im Folgenden für die Güter- und Faktoreinkommensbesteuerung angewendet. Verstöße führen dazu, „dass grenzüberschreitende Transaktionen doppelt oder überhaupt nicht besteuert und damit gegenüber rein binnenstaatlichen Transaktionen diskriminiert werden. Ökonomisch von Interesse sind daher Besteuerungsverfahren, die solche Verzerrungen vermeiden" (Genser/Wiegard 1995, S. 42). Übersicht 22-1 stellt solche Verfahren zusammen.

---

[1] Im Folgenden wird davon abgesehen, dass die nationale Steuerpolitik (oder die etwa der EU) auch dazu eingesetzt werden kann, protektionistische Ziele zu verfolgen.
[2] Vgl. Genser/Wiegard (1995).

Übersicht 22-1 Besteuerungsverfahren zur Vermeidung der internationalen Doppelbesteuerung

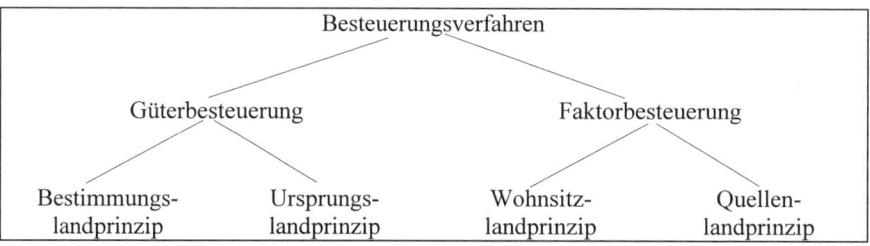

3. Güterbesteuerung

Der internationale Handel findet seine Begründung in der Theorie komparativer Vorteile. Danach spezialisiert sich jedes Land auf solche Güter, die es relativ am effizientesten produzieren kann. Durch Handel mit dem Ausland erhöht sich die Wohlfahrt der beteiligten Länder. Zu untersuchen ist nun, wie sich unterschiedlich erhobene Gütersteuern auf die Lösungen auswirken, die nach der Theorie komparativer Vorteile ohne solche Steuern zu erwarten sind. Wie sind bestimmte Verfahren zu beurteilen, mit denen Verzerrungen, d. h. Doppelbelastungen, vermieden werden sollen? Zur Beantwortung dieser Fragen wird ein einfaches Zwei-Güter-Modell verwendet.

a) Steuern nach dem Ursprungsland- und dem Bestimmungslandprinzip

In Übersicht 22-2 sind verschiedene Verfahren zusammengestellt, die sich danach unterscheiden, ob die Warenströme im jeweiligen Ausfuhr- und/oder Einfuhrland besteuert werden. Der erste Fall kennzeichnet eine Doppelbesteuerung. Dann werden zwei Prinzipien der Abgabenerhebung unterschieden, mit denen die Doppelbesteuerung vermieden werden soll.

Übersicht 22-2 Verfahren für die Besteuerung des Außenhandels

Exportland / Importland	besteuert den Export	besteuert den Export nicht
besteuert den Import	Doppelbesteuerung	Bestimmungslandprinzip
besteuert den Import nicht	Ursprungslandprinzip	Steuerfreiheit

- Nach dem **Bestimmungslandprinzip** werden international gehandelte Güter ausschließlich in dem Land mit Steuern belastet, in dem sie letztlich konsumtiv oder investiv verwendet werden. Die Einfuhr wird hierbei im jeweiligen Einfuhrland besteuert, und die Ausfuhr bleibt im Ausfuhrland steuerfrei. Zur Realisierung ist also ein steuerlicher Grenzausgleich erforderlich.

22. Kapitel: Internationale Aspekte der Besteuerung

- Beim **Ursprungslandprinzip** werden die Steuern auf international gehandelte Güter in dem Land erhoben, in dem sie produziert werden. Ein Grenzausgleich ist hier nicht möglich.

Dem Fall der **Steuerfreiheit** kommt schon aus fiskalischen Gründen in der Regel keine besondere Bedeutung zu. Er würde im Übrigen auch eine kaum zu rechtfertigende steuerliche Förderung des Außenhandels darstellen.

Alle Bemühungen, die nationale Steuerhoheit so weit wie möglich auszudehnen, führen tendenziell zur **Doppelbesteuerung**. Diese liegt etwa vor, wenn ein Gut (z. B. Benzin) sowohl im Exportland als auch im Importland einer gleichartigen Umsatz- oder Verbrauchsteuer unterliegt. Um die daraus resultierende Diskriminierung des Außenhandels zu vermeiden, müssen sich die am internationalen Handel beteiligten Länder auf generell anzuwendende Besteuerungsprinzipien einigen. Die Kennzeichnung des Bestimmungslandprinzips als Besteuerung mit und des Ursprungslandprinzip als Besteuerungsverfahren ohne Grenzausgleich beruht auf praktischen Erfahrungen.

b) Gerechtigkeitsaspekte beider Prinzipien

Im Hinblick auf die Gerechtigkeit zwischen Personen ist zu beachten, dass interpersonelle Verteilungsziele mit Hilfe von Gütersteuern nur begrenzt und insbesondere durch Differenzierung der Steuersätze verfolgt werden. Letzteres ist gezielt nur bei Anwendung des Bestimmungslandprinzips möglich.

Für die Gerechtigkeit zwischen Nationen ist maßgeblich, dass beim Bestimmungslandprinzip das Steueraufkommen dem Land zufließt, in dem das Gut letztlich verwendet wird. Die internationale Verteilung des Steueraufkommens ist gerecht, wenn die Besteuerung nach der Endverwendung erfolgen soll. Beim Ursprungslandprinzip fließt das Steueraufkommen dem Exportland zu. Internationale Aufkommensgerechtigkeit liegt in diesem Fall vor, wenn als Kriterium die nationale Güterproduktion unterstellt wird.

c) Allokative Wirkungen beider Prinzipien

Nun soll untersucht werden, ob bei Anwendung des Ursprungsland- bzw. des Bestimmungslandprinzips allokative Verzerrungen durch die Besteuerung des Außenhandels eintreten.

Ein internationales Pareto-Optimum ist dann erfüllt, wenn die Grenzrate der Transformation zweier beliebiger Güter i und j im Inland (D) und Ausland (W) gleich ist und der Grenzrate der Substitution sowie dem Preisverhältnis dieser Güter entspricht[1]:

---

[1] Hierbei wird vereinfachend von Transaktions- und Transportkosten abgesehen.

$$(22\text{-}1)\ \text{GRT}^D = \text{GRT}^W = \text{GRS}^D = \text{GRS}^W = p_i/p_j.$$

Eine im Inland und im Ausland erhobene allgemeine, d. h. alle Güter **prozentual gleich** belastende Steuer mit dem Steuersatz τ ($\tau_i = \tau_j$) verstößt nicht gegen die Bedingung für eine effiziente Produktionsstruktur. Zwar fallen der von den Konsumenten zu zahlende Bruttopreis $p_i(1 + \tau_i)$ und der Produzentenpreis p_i auseinander; entsprechend für Gut j. Aber auch nach Besteuerung entspricht das Brutto- dem Nettopreisverhältnis und gilt für sämtliche Konsumenten und Produzenten im In- und Ausland:[1]

$$(22\text{-}2)\ \frac{p_i(1+\tau_i)}{p_j(1+\tau_j)} = \frac{p_i}{p_j}$$

Es ist in diesem Fall gleichgültig, ob die allgemeine Steuer **weltweit einheitlich** nach dem Ursprungs- oder dem Bestimmungslandprinzip erhoben wird. Dieses Ergebnis stellt sich nicht ein, wenn bei Einführung einer generellen Steuer ein einheitlicher Betrag τ ($\tau_i = \tau_j$) pro Stück gewählt wird. Es gilt dann

$$(22\text{-}3)\ \frac{p_i + \tau_i}{p_j + \tau_j} \neq \frac{p_i}{p_j}$$

Das Ergebnis ändert sich gegenüber (22-2) auch bei Einführung im In- und Ausland **prozentual verschieden** belastender Abgaben ($\tau_i \neq \tau_j$). In diesem Fall zeigt sich, dass die Preisrelationen auf der rechten und auf der linken Seite von (22-2) auseinanderfallen.

Der Fall verzerrter Preisrelationen soll nun für das **Bestimmungslandprinzip** behandelt werden. Bei Einführung einer generellen, aber mit unterschiedlichen Sätzen erhobenen Steuer kommt man zu dem gleichen Ergebnis wie bei Einführung einer Steuer nur in einem Land. Daher soll eine nur in Deutschland eingeführte proportionale Steuer mit dem Satz τ_i auf das hier gehandelte Gut i analysiert werden. Wenn Deutschland auf dem Weltmarkt ein Mengenanpasser ist, kann der nach Besteuerung an ausländische Produzenten zu zahlende (Netto-)Preis nicht fallen. Sinkt er unter p_i, verkaufen die ausländischen Produzenten anderswo. Andererseits bieten inländische Produzenten auswärts an, wenn sie im Inland nicht den Preis p_i bekommen können[2]. Bleibt der von den Produzenten erhaltene Preis bei p_i, muss der von den inländischen Konsumenten zu zahlende Preis genau um den Steuerbetrag steigen. Als Folge der Steuer stehen die Konsumenten in Deutschland einer Preisrelation $p_i(1 + \tau_i)/p_j$ und die Produzenten einer Preisrelation p_i/p_j gegenüber. Daher kann hinsichtlich der Effizienzwirkungen einer speziellen Steuer bei Anwendung des Bestimmungslandprinzips geschlossen werden:

---

[1] Obwohl sich das Preisverhältnis p_i/p_j ändern kann.
[2] Wie Fußn. 1.

(1) Die Steuer verzerrt die relativen Preise für die Konsumenten und bewirkt so eine Mehrbelastung.
(2) Die Produktionsentscheidungen sind unverändert, weil die relativen Preise der Produzenten gleich bleiben. Die nach dem Bestimmungslandprinzip erhobenen speziellen Steuern verzerren nicht die internationalen Produktionsaktivitäten. Insofern wird es als wettbewerbsneutrales Besteuerungsprinzip bezeichnet.

Von Bedeutung für diese Analyse ist, dass die international gehandelten Güter im Exportland steuerfrei bleiben. Ein exakter Grenzausgleich muss dann erfolgen, wenn im Inland die Güterbesteuerung in einer Produktionsteuer besteht. Die Anwendung des Bestimmungslandprinzips macht in diesem Fall Steuergrenzen erforderlich, um das Be- und Entlastungsverfahren durchzuführen. Bei einer auf der Ebene des Einzelhandels erhobenen Umsatzsteuer („Verbrauch"-Steuer) bedarf es hingegen keines Grenzausgleichs.

Die Rückerstattung von nationalen Gütersteuern beim Export ist nach den Regeln des Allgemeinen Zoll- und Handelsabkommens (GATT), das die internationalen Handelspraktiken bestimmt, möglich[1]. Dem liegt die Auffassung zugrunde, dass durch ein solches Verfahren die Effizienz erhöht werden kann, weil es die Doppelbesteuerung vermeidet. Das Abkommen impliziert eine ausschließliche Verbrauchsbesteuerung im Inland. Da folglich nur die Steuern erstattet werden dürfen, die auf die Produktionskosten einwirken, kommt es zu schwierigen Abgrenzungsproblemen. Nach GATT-Regeln gelten z. B. Sozialversicherungsbeiträge und die Körperschaftsteuer nicht als Teil der Produktionskosten und qualifizieren sich so nicht für eine Rückzahlung. Es wird angenommen, dass die Körperschaftsteuer aus den Gewinnen gezahlt wird. Den GATT-Regeln liegt daher eine - nicht notwendig realistische - Annahme über die Inzidenz der Körperschaftsteuer zugrunde. In dem Maße, wie die direkten Steuern überwälzt werden, müssten sie nämlich auch zurückerstattet werden, sonst käme es nur zu einem steuerlichen Teilausgleich. Eine solche Aufschlüsselung der direkten Steuern getrennt nach einzelnen Ausfuhrgütern ist aber praktisch nicht möglich (und auch bei den als „indirekt" bezeichneten Steuern problematisch).

Eine nach dem **Ursprungslandprinzip** in Deutschland erhobene spezielle Steuer ist dadurch gekennzeichnet, dass das innerhalb ihrer Grenzen produzierte Gut i unabhängig davon belastet wird, ob es im Inland verwendet oder exportiert wird. Unter den Bedingungen des Mengenanpassers kann der von inländischen Konsumenten zu zahlende Preis nicht erhöht werden. Bei einem darüber hinausgehenden Preis fragen die Konsumenten einfach (unbesteuerte) ausländische Produkte nach. Aber auch im Ausland ist eine steuerbedingte Preiserhöhung über p_i hinaus nicht möglich. So muss der von inländischen Produzenten zu realisierende Preis genau um den Steuerbetrag fallen. Bei einem Steuersatz von τ_i auf das Gut i wird die Preisrelation für inländische Produzenten $[p_i/(1+\tau_i)]/p_j$.

---

[1] Gleichfalls kompensierende Einfuhrabgaben auf importierte Güter.

Weil die Produzenten verzerrten Preisen gegenüberstehen, produzieren sie nicht mehr die richtige Güterkombination. Die Steuer auf Gut i für die im Inland produzierten Güter verringert die von diesem Gut erstellten Einheiten auf einen kleineren Betrag als den, der mit dem komparativen Vorteil vereinbar ist. Eine nach dem Ursprungslandprinzip auf ein bestimmtes Gut erhobene Steuer verzerrt daher die internationale Produktion. Für die Konsumenten bleibt hingegen die Preisrelation p_i/p_j erhalten.

Bei Anwendung des Ursprungslandprinzips sind keine zwischenstaatlichen Steuergrenzen erforderlich, wenn sämtliche Güter auf der Produktionsstufe besteuert werden. Wird hingegen im Inland eine Einzelhandelssteuer erhoben, ist zur Verwirklichung des Ursprungslandprinzips ein Grenzausgleich erforderlich: Nicht über dem inländischen Einzelhandel verkaufte Ausfuhrgüter müssten beim Grenzübertritt mit der Einzelhandelssteuer (oder einer entsprechenden Ergänzungsabgabe) belastet werden. Über den Einzelhandel verkaufte Einfuhrgüter wären hingegen von der Einzelhandelsteuer befreit zu lassen.

Die Beurteilung des Ursprungslandprinzips und des Bestimmungslandprinzips wird dadurch komplizierter, dass in der Regel nicht nur auf einer, sondern auf mehreren Stufen Steuern (und andere Abgaben) erhoben werden, die Gesamtbelastung in den meisten Fällen kaum feststellbar ist und Wechselkursanpassungen erfolgen können. Von Transaktionskosten wurde ohnehin abgesehen.

d) Die Steuerharmonisierung indirekter Steuern in der EU

Offensichtlich können Steuern verschiedene internationale Verzerrungen hervorrufen, die sich durch konsequente Anwendung und Abstimmung der genannten Prinzipien aber auch durch internationale Steuerharmonisierung (gleiche Steuerarten, -bemessungsgrundlagen und -tarife in allen Ländern) beseitigen oder reduzieren lassen.

Steuerharmonisierung wird auch von der EU im Rahmen der von ihr verfolgten Ziele angestrebt, insbesondere der
• Errichtung eines gemeinsamen Marktes und Schaffung von Regelungen, die einen unverfälschten Wettbewerb gewährleisten;
• schrittweisen Annäherung der Wirtschaftspolitik der Mitgliedsländer;
• Einführung einer Reihe von gemeinsamen Politiken in verschiedenen Bereichen;
• Finanzierung durch eigene Mittel.

Im Rahmen des ersten Ziels sollen Wettbewerbsbeeinträchtigungen beseitigt und der freie Personen-, Waren-, Dienstleistungs- und Kapitalverkehr gefordert werden. Diese Zielsetzung legt insbesondere eine Harmonisierung der Verbrauchsteuern, die die Güterbewegungen beeinflussen, nahe.

Die tatsächliche Harmonisierungspolitik der EG bzw. EU betrifft insbesondere die allgemeine Umsatzsteuer und besteht aus drei Stufen: Festlegung von Form, Umfang und Struktur sowie Steuertarifen. Zunächst wurde als Form die Mehrwertsteuer für die

22. Kapitel: Internationale Aspekte der Besteuerung

EU festgelegt. In einer Reihe von Richtlinien wurde dann versucht, eine möglichst gleiche Struktur (insbesondere eine einheitliche Bemessungsgrundlage) der Mehrwertsteuer in den Ländern zu gewährleisten.

Im Gemeinsamen Markt wurde in den 60er Jahren bei der Umsatzsteuer zunächst generell das Bestimmungslandprinzip zugrunde gelegt. Es konnte durch umfassende Grenzkontrollen abgesichert werden, die einen lückenlosen Grenzausgleich der grenzüberschreitenden Warenlieferungen in jedem Mitgliedsland gewährleistete. Die nationalen Güterpreise wurden so durch Umsatzsteuern im Ausland nicht tangiert. Unterschiedliche Steuersätze lösten keine Ineffizienzen der Güterproduktion aus[1]. In einer Dreiländerwelt mit D = Deutschland, F anderes EG-Land und R Nicht-EG-Land gilt für ein international gehandeltes Gut: Wenn sich im jeweiligen nationalen Marktgleichgewicht die Konsumentenpreise für das international gehandelte Gut i ausgleichen, dann gleichen sich wegen der einheitlichen Gütersteuerbelastung τ^k in jeder Spalte k = D,F,R von Tab. 22-2 auch die Produzentenpreise an

$$(22\text{-}4) \quad p_i^D = p_i^F = p_i^R$$

Die relativen Produzentenpreise zweier beliebiger Güter i und j sind damit unabhängig von den jeweils herrschenden nationalen Steuersätzen.

Tab. 22-2 Konsumentenpreise nach reinem Bestimmungslandprinzip

Produktionsland	Kaufland		
	D	F	R
D	$p_i^D = (1 + \tau_i^D)$	$p_i^D = (1 + \tau_i^F)$	$p_i^D = (1 + \tau_i^R)$
F	$p_i^F = (1 + \tau_i^D)$	$p_i^F = (1 + \tau_i^F)$	$p_i^F = (1 + \tau_i^R)$
R	$p_i^R = (1 + \tau_i^D)$	$p_i^R = (1 + \tau_i^F)$	$p_i^R = (1 + \tau_i^R)$

Quelle: Genser 1998, S. 11.

Wegen Wegfall der Grenzkontrollen im EU-Binnenmarkt hätten sich bei Weitergeltung des Bestimmungslandprinzips und unterschiedlichen nationalen Steuersätzen erhebliche Arbitrage-Möglichkeiten für die Konsumenten eröffnet. Das Cross border shopping, der Direktimport über die Grenze, hätte größere Ausmaße annehmen können. Daher wurde ein noch gegenwärtig (2000) geltendes **Übergangssystem** beschlossen. Danach wird unterschiedlich verfahren, je nachdem, ob die Umsätze mit Staaten der EU oder Nichtmitgliedern („Drittstaaten") erfolgen. Im letzteren Fall erfolgt ein steuerlicher Grenzausgleich. Exporte an Nicht-EU-Staaten werden von der Umsatzsteuer befreit. Aus Drittstaaten importierte Güter werden an der Grenze der deutschen Umsatzsteuer unterworfen („Einfuhrumsatzsteuer"), so dass sie damit ebenso hoch

---

[1] Vgl. zum Folgenden Genser 1998.

belastet sind wie ein inländisches Produkt. Die Steuererhebung obliegt den Zollbehörden. Das gilt sowohl für die Einfuhr durch den privaten Verbraucher wie durch den Unternehmer, der allerdings die gezahlte Einfuhrumsatzsteuer als Vorsteuer geltend machen kann.

Im Verhältnis zwischen den Mitgliedstaaten der EU wird zur Zeit die Umsatzsteuer nach dem Bestimmungslandprinzip erhoben, wenn die Ware durch Unternehmer eingeführt wird. Die in der EU entfallenden Grenzübergangsformalitäten sind durch Meldungen der Unternehmer an Finanzämter ersetzt worden. Diese Lieferungen („innergemeinschaftliche Erwerbe") gehen also unversteuert in das Bestimmungsland und unterliegen dort der Umsatzsteuer („Erwerbsteuer").

Für grenzüberschreitende Einkäufe durch Konsumenten gilt die Umsatzsteuer im Kaufland (Ursprungsland). So kann z. B. jeder deutsche Endverbraucher in jedem Land der EU ein Verbrauchsgut erwerben und wird dort mit Umsatzsteuer belastet, ohne in Deutschland erneut der Umsatzsteuer unterworfen zu werden. Von dieser Grundsatzregel gibt es allerdings mehrere Ausnahmen (z. B. Versandhandel und Kfz-Kauf): Beim Kauf eines Kraftfahrzeugs ist die Umsatzsteuer in dem Land zu zahlen, in dem der Verbrauch stattfindet.

Bei gegebener Steuerstruktur des Inlands D wägt der Konsument in seinen Kaufentscheidungen die Konsumentenpreise des inländischen Güterangebots (vgl. Tab. 22-2, Spalte 1) gegenüber jenen im EU-Land F ab (Spalte 2), soweit er als Nachfrager die Güter mit den dortigen Steuersätzen belastet kaufen kann. Der rationale Konsument wird in einer Welt ohne Transaktions- und Transportkosten seine Nachfrage stets dort decken, wo die Steuerbelastung am niedrigsten ist, also für $\tau^D < \tau^F$ in Land D, für $\tau^D > \tau^F$ in Land F[1]. Da Gut i bei Kauf in D unabhängig von seiner Herkunft dem Steuersatz τ^D unterliegt, gleichen sich die Konsumentenpreise einerseits und die Produzentenpreise andererseits aus.

Eine Beschränkung des Cross border shopping infolge $\tau^D \neq \tau^F$ wird durch Transaktions-[2] und Transportkosten π hervorgerufen. Es ist nur dann zweckmäßig, im Niedrigsteuerland F zu kaufen, wenn

(22-5) $\pi^D < \tau^D - \tau^F$,

wobei vereinfachend eine proportionale Transaktionskostenfunktion angenommen wird.

Die Umsatzsteuer soll letztlich den Endverbrauch eines Landes belasten. Durch die Möglichkeit grenzüberschreitender Käufe der Konsumenten fließt das Steueraufkommen – unter Beachtung von (22-5) – nicht dem Land des Letztverbrauchers, sondern dem Niedrigsteuerland zu. Um diesen fiskalischen Effekt zu vermeiden, wird für die

---

[1] Aus einem dritten Land R eingeführte Güter werden ebenfalls τ^D unterworfen.
[2] Diese dürften durch Einführung der Währungsunion in den Mitgliedsländer sinken.

Besteuerung insbesondere von Kraftfahrzeugen die erwähnte Sonderregelung angewandt.

Die hohe Belastung mit Umsatzsteuern (unter Umständen ergänzt z. B. durch Luxussteuern und andere Verbrauchsteuern) kann dazu führen, dass von den Produzenten Preisdifferenzierung betrieben wird, also die Produzentenpreise in Ländern mit vergleichsweise hohen τ_i niedriger sind als in Ländern mit niedrigem τ_j. Dieser Fall kann Anreize für den Reimport insbesondere bei Kraftfahrzeugen liefern.

Wenn Hochsteuerländer durch das internationale Abschöpfen von Arbitrage auf Umsatzsteueraufkommen verzichten müssen, besteht die Möglichkeit, dass sie auf die Abwanderung von Steuerbemessungsgrundlagen reagieren und ihre Steuersätze nach unten anpassen. Eine solche Entwicklung ist bisher nicht beobachtet worden.

Ein Verfahren zur Begrenzung des Verlustes an Umsatzsteuer wäre die Anwendung des grenzüberschreitenden Vorsteuerabzugs. Hier würde das Hochsteuerland ohne Clearing das Umsatzsteueraufkommen aus seinen EU-Exporten behalten, während das EU-Importland seinem Einzelhandel die Umsatzsteuerbelastung des Hochsteuerlandes im Wege des Vorsteuerabzugs erstatten muss. Der Fiskus des Niedrigsteuerlandes würde hingegen im Ausmaß des Steuersatzdifferenzials das Exportland subventionieren.

Bei einem grenzüberschreitenden Vorsteuerabzug mit Clearing[1] ergäbe sich die gleiche Belastung wie beim gegenwärtigen Übergangssystem, denn das Hochsteuerland müsste seinen Umsatzsteuerertrag aus EU-Exporten abgeben, um ihn an das EU-Importland zu leisten.

Die Europäische Kommission hat Vorschläge unterbreitet, die bestehenden Unterschiede in den Steuersätzen zu verringern bzw. zu beseitigen. Sie klaffen zurzeit noch weit auseinander. Die Differenzen beruhen insbesondere auf den verschiedenen fiskalischen Traditionen der Mitgliedsländer. Die Kommission hat bisher erreicht, dass seit 1993 der Regelsteuersatz mindestens 15 % betragen muss. Daneben dürfen die Mitgliedsländer einen ermäßigten Steuersatz von mindestens 5 % anwenden, der nur noch für bestimmte Umsätze zulässig ist (bei lebensnotwendigen Waren und Dienstleistungen, die sozial- oder kulturpolitischen Zwecken dienen). In einer Übergangszeit sind aber auch Sätze unter 5 % und sogar der „Null-Satz" zulässig.

Der Harmonisierungsprozess ist bei anderen indirekten Steuern geringer als bei der Umsatzsteuer ausgefallen. Zwar wurde Übereinstimmung erzielt, dass die Harmonisierung spezieller Verbrauchsteuern sich auf Tabak, Bier, Alkohol, Wein und Mineralöl beziehen soll, gemeinsame Formen ihrer Besteuerung wurden aber nicht erreicht. Das gilt auch für die mehrfach von der EU-Kommission vorgeschlagene CO_2/Energiesteuer (vgl. Kapitel 20.5). Verbrauchsteuern auf andere Erzeugnisse wurden - von unbedeutenden Abgaben abgesehen - nicht abgeschafft. Die EU-Kommission hat Min-

---

[1] Es wird von der Europäischen Kommission als endgültige Lösung favorisiert.

dessteuersätze für Alkohol, Tabak und Benzin vorgeschlagen. Die Verbrauchsteuern werden in der EU grundsätzlich in dem Mitgliedsland erhoben, in dem der Verbrauch stattfindet. Ausnahme: Beim Warenerwerb durch private Verbraucher im Reiseverkehr gilt das Ursprungslandprinzip.

4. Die Besteuerung internationaler Faktoreinkommen

Nun ist zu untersuchen, wie zwischenstaatliche Faktoreinkommensströme steuerlich erfasst werden können und wie unterschiedliche Verfahren zu beurteilen sind.

a) Das Wohnsitz- und das Quellenprinzip

Die Besteuerung internationaler Faktoreinkommen kann systematisch auf der Grundlage des Wohnsitzprinzips oder des Quellenprinzips angestrebt werden:
• Beim **Wohnsitz(land)prinzip** (auch Global- oder Welteinkommensprinzip genannt) sind Steuern nur nach nationalen Gesichtspunkten unabhängig davon zu zahlen, wo - im Inland oder Ausland - die Einkommen erzielt werden.
• Beim **Quellen(land)prinzip** werden die internationalen Faktoreinkommen nur im Land der Einkommensentstehung und unabhängig vom Wohnsitz des Faktoreigners versteuert.

b) Beurteilung der Prinzipien hinsichtlich der Gerechtigkeit

Die Beurteilung der internationalen Besteuerung wird unterschiedlich ausfallen, je nachdem, welches dieser Prinzipien angewendet wird und, insbesondere, welche Abstimmung im Rahmen der internationalen Finanzordnung besteht. Übersicht 22-3 zeigt verschiedene Möglichkeiten.

Übersicht 22-3 Verfahren für die Besteuerung internationaler Faktoreinkommen

Wohnsitzland \ Quellenland	besteuert die Faktoreinkommen	besteuert die Faktoreinkommen nicht
besteuert die Faktoreinkommen	Doppelbesteuerung	Wohnsitzprinzip
besteuert die Faktoreinkommen nicht	Quellenprinzip	Steuerfreiheit

Zur Doppelbesteuerung kommt es, wenn die Besteuerung der Faktoreinkommen unabhängig voneinander im Quellenland, also dem Land der Einkommensentstehung, **und** im Wohnsitzland des Einkommensbeziehers erfolgt. Sie kann nur dann vermieden werden, wenn sich alle Länder einheitlich einem der Prinzipien anschließen. Ferner müssen beim Quellenprinzip der Begriff der Einkommensquelle in jedem Land in gleicher Weise bzw. beim Wohnsitzprinzip der Begriff „Wohnsitz" eindeutig und übereinstimmend definiert werden.

Bei Individuen werden zur Definition des Wohnsitzes „verschiedene Konzepte verfolgt: Staatsbürgerschaft, Wohnort, physische Präsenz für eine bestimmte Periode und Kombinationen dieser Merkmale. Bei Unternehmen wird als ‚Wohnsitz' (besser: Standort) entweder der Sitz des Unternehmens (z. B. laut Handelsregister) oder der Sitz des Managements herangezogen" (Peffekoven 1993, S. 242).

Die Besteuerung der Einkommensteile führt bei beiden Prinzipien nur dann zu einer gleich hohen individuellen Belastung, wenn eine proportionale Besteuerung (ohne Freibeträge) mit weltweit einheitlichem Satz vorliegt.

Auch der vierten Möglichkeit, der generellen Steuerfreiheit, kommt eine gewisse Bedeutung in der Praxis zu, die viele Fälle der Steuerumgehung kennt (z. B. Steueroasen; „Treaty-Shopping", d. h. Ausnutzung unterschiedlicher Doppelbesteuerungsabkommen; Umqualifizierungen von Einkunftsarten).

Bei Anwendung des Wohnsitzprinzips werden alle Bürger, die ihren Wohnsitz in einem Land haben, dort einkommensbezogen gleichbehandelt. Hierzu unterliegt ihr gesamtes Welteinkommen der Besteuerung (unbeschränkte Steuerpflicht), also unabhängig davon, ob die Einkommen im Inland oder Ausland erzielt werden. Die Art des Steuertarifs spielt keine Rolle. Beziehen Bürger ihr Einkommen aus einem anderen Land, können sie dort im Verhältnis zu dessen Bürgern und zu Ausländern anderer Herkunft steuerlich abweichend belastet werden. So werden in Frankreich bezogene Kapitaleinkünfte eines in Deutschland ansässigen Steuerpflichtigen nur hier zusammen mit seinen anderen Einkünften belastet. Die Anwendung des Wohnsitzprinzips ermöglicht also eine auf das Gesamteinkommen abstellende Belastung der Steuerzahlung und führt so zur interpersonellen Steuergerechtigkeit. „Auch die internationale Aufkommensgerechtigkeit ist erfüllt, wenn als Gerechtigkeitskriterium eine Steueraufkommensverteilung nach dem Wohnsitz des Steuerpflichtigen zugrundegelegt wird" (Wiegard/Genser 1995, S. 45).

Nach dem Quellenprinzip wird nur das im jeweiligen Land entstandene Einkommen berücksichtigt, so dass die erwähnten Kapitaleinkünfte ausschließlich in Frankreich der Besteuerung unterliegen. Steuerzahler mit gleichem Bruttoeinkommen aber unterschiedlicher Zusammensetzung nach Herkunftsländern werden dann in der Regel unterschiedlich hohe Einkommensteuern zahlen. Interpersonelle Gleichbehandlung im Inland ist so nicht gewährleistet. Das Quellenprinzip ermöglicht eine Gerechtigkeit zwischen den Nationen insofern, als es dem Quellenland eine Belastung ausländischer Faktoreigner für die Nutzung seiner Infrastruktur zur Einkommenserzielung erlaubt. Eine solche Interpretation einer Äquivalenzsteuer rechtfertigt allerdings nicht beliebig hohe Steuersätze auf ausländische Einkünfte.

Auf welcher dieser beiden Grundlagen horizontale Gerechtigkeit interpretiert werden soll, ist letztlich nicht befriedigend zu beantworten. Eine persönliche Einkommensteuer ist allerdings nur am Wohnsitz des Bürgers möglich.

c) Beurteilung der Prinzipien unter weltweiter und nationaler Effizienz: Ein einfaches Modell

Bedeutsam für die Wahl zwischen verschiedenen Besteuerungsprinzipien ist, wann die internationalen Ressourcen effizient eingesetzt werden. Zunächst soll bei Geltung des **Quellenprinzips** untersucht werden, wie unterschiedliche einkommensteuerliche Belastungen auf die Allokation der Ressourcen wirken. Da Kapital der mobilste Faktor ist, geht es hier primär um Kapitaleinkommen; darunter sollen alle Einkommensteile verstanden werden, die nicht aus unselbständiger Arbeit stammen. Angesichts international verbundener Kapital- und Finanzmärkte lassen sich Kapital und Kapitaleinkünfte nicht ohne Rücksicht auf die Verhältnisse in anderen Ländern besteuern.

Betrachtet wird ein güterwirtschaftliches Zwei-Länder-Modell (Inland und Ausland) bei vollkommener Kapitalmobilität. Kapitalanlagen können zwischen Inland und Ausland jederzeit ohne zeitliche Verzögerung und in der gewünschten Menge in andere Kapitalanlagen umgewandelt werden; ebenso besteht weltweit die Möglichkeit der Kreditaufnahme um Investitionen durchzuführen. Bei vollkommener Mobilität und ohne Kapitaleinkommensbesteuerung wird das Kapital so eingesetzt, dass der Grenzertrag weltweit gleich ist. Wäre dies nicht der Fall, könnte man das Welteinkommen einfach erhöhen, indem das Kapital von Ländern mit niedrigem zu Ländern mit höherem Grenzertrag umgeleitet wird. Die **weltweite Effizienz** („world efficiency") verlangt also

(22-6) $GE^D = GE^W$,

wobei GE^D den Grenzertrag in Deutschland und GE^W den Grenzertrag in der übrigen Welt darstellen.

Das System der Besteuerung der internationalen Faktoreinkommen veranlasst gewinnmaximierende Unternehmen aber, ihre Kapitalallokation weltweit so vorzunehmen, dass die Grenzerträge **nach Besteuerung** in allen Ländern gleich sind:

(22-7) $(1-\tau^W)GE^W = (1-\tau^D)GE^D$.

Offensichtlich wird (22-6) nur dann erfüllt, wenn $\tau^W = \tau^D$. Für eine weltweite effiziente Allokation der Ressourcen („internationales Pareto-Optimum") müssen die Erträge des Kapitals daher, wo immer es eingesetzt wird, mit demselben Tarif belastet werden.

Bei $\tau^D \neq \tau^W$ ist also weltweit kein effizienter Einsatz des Kapitals zu erwarten. Liegt ausschließlich eine Besteuerung nach dem Quellenprinzip vor, werden die Kapitalanleger ihr Geld in die Länder leiten, in denen die höchsten Nettoerträge zu erwarten sind. Dadurch wird Kapital in einzelnen Ländern knapper, in anderen reichhaltiger. Die Folge wird eine Veränderung der Bruttoerträge der Länder sein. Die internationale

22. Kapitel: Internationale Aspekte der Besteuerung

Kapitalbewegung hört auf, wenn die **Netto**renditen der verschiedenen Länder übereinstimmen. Dann lohnt sich ein Kapitaltransfer nicht mehr. Dies verdeutlicht Abb. 22-1.

Bei einem angenommenen Weltkapitalstock werden ohne Besteuerung die Investitionen auf die Länder D und W so verteilt, dass $GE^D = GE^W$. Gleich hohe proportionale Besteuerung führt bei unveränderter Kapitalverwendung K_0 nur zu sinkenden Nettorenditen[1] in beiden Ländern $GE_0(1 - \tau)$ statt GE_0. Bei unterschiedlichen Steuersätzen verschiebt sich das Gleichgewicht von K_0 auf K_1, also zu Lasten des Hochsteuerlandes. Den globalen Outputverlust infolge des fehlenden Ausgleichs der (Brutto-)Grenzerträge und damit der Fehlallokation des Kapitals misst das Harberger-Dreieck ABC.

Abb. 22-1 Auswirkungen einer Kapitaleinkommensbesteuerung in Land D

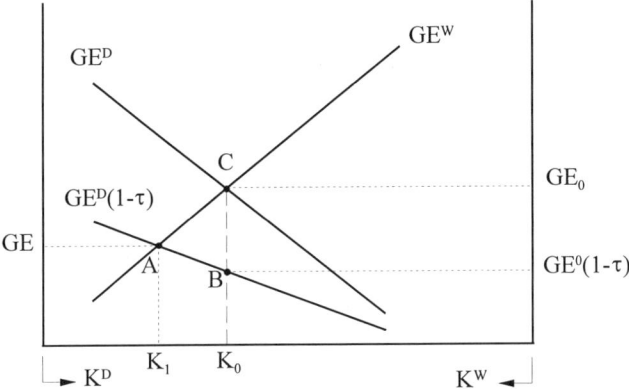

Da die gleichen Nettorenditen aber bei verschiedenen Bruttorenditen erzielt werden, signalisiert das Kapitalmarktgleichgewicht keine weltweite Effizienz. Anders ist die nationale Effizienz zu beurteilen. In Land D liegt die gleiche Steuerbelastung inländischer und ausländischer Investoren vor, eine steuerliche Diskriminierung von Produktionsfaktoren nach ihrer Herkunft wird vermieden. Das Quellenprinzip sichert insofern eine **Kapitalimportneutralität**. Handelt es sich allerdings um ein kleines Land, dessen Kapitalexport die internationale Nettorendite nicht beeinflusst, ist Abwandern zweckmäßig. Dann besteht keine Kapitalexportneutralität.

Auch bei Anwendung des Wohnsitzprinzips ist ein internationales Kapitalmarktgleichgewicht gegeben, wenn die Nettorenditen ausgeglichen sind. Die nationale Steuerpolitik belastet beim Wohnsitzprinzip inländische und ausländische Kapitalerträge generell mit dem Steuersatz τ^D.

(22-8) $GE^D(1-\tau^D) = GE^W(1-\tau^D)$

---

[1] $GE^W(1-\tau)$ ist in der Abbildung nicht eingezeichnet.

Die Abgabe beeinflusst dann nicht die Entscheidung, ob die Grenzinvestitionen in D oder W getätigt werden sollen (**Kapitalexportneutralität**); hierfür ist (wie ohne Besteuerung) die gleiche Bruttorendite maßgeblich.

Eine Maximierung des Welteinkommens könnte aber auch bei Anwendung des Quellenprinzips durch ein Anrechnungsverfahren erreicht werden. Hierbei wird das Gesamteinkommen eines Wirtschaftssubjekts ermittelt. Von der darauf entfallenden inländischen Steuer werden die im Ausland gezahlten Steuern voll abgezogen (**Anrechnungsmethode**), so dass es ggf. sogar zu einer Steuerrückzahlung kommen kann. Tatsächlich wird aber regelmäßig die Anrechnung auf jenen Betrag begrenzt, der bei entsprechender Investition im Inland entstehen würde (Teilanrechnung). Eine darüber hinausgehende Steuer würde zur Definitivbelastung. Das liegt daran, dass das Verhalten ausländischer Staaten nicht - wie implizit im Modell unterstellt - unabhängig von den Handlungen Deutschlands ist. Eine Ankündigung Deutschlands, die gesamte ausländische Steuerschuld ihrer Individuen und Unternehmen anzurechnen, wäre ein Anreiz für ausländische Staaten, ihre eigenen Steuerbelastungen deutscher Unternehmen praktisch unbegrenzt zu erhöhen (was allerdings praktisch länderbezogen nur schwer möglich ist). Dadurch wären aber die deutschen Unternehmen nicht gezwungen, diese Staaten zu verlassen, weil die deutsche Steuerschuld stets um den Betrag der ausländischen Steuererhöhung verringert würde. Es käme folglich zu einem Kapitaltransfer von Deutschland ins Ausland. Mit einer Begrenzung der Anrechnung kann diese Wirkung vermieden werden.

Andererseits ist der (auch unter zahlungsbilanzpolitischen Gründen erfolgende) Versuch, durch Verzicht auf eine Quellenbesteuerung ausländische Kapitaleigner zur Investition zu veranlassen (und so den Kapitalimport zu fördern), erfolglos, wenn in den Kapitalexportländern ein Anrechnungsverfahren praktiziert wird. Die Steuersenkung im Quellenland würde eine Steuererhöhung im Wohnsitzland nach sich ziehen, sofern die Quellensteuer dort voll anrechenbar ist.

Beschränkt man die Betrachtung auf die Maximierung des Inlandsprodukts einer einzelnen nationalen Volkswirtschaft, ist (22-8) keine Bedingung für **nationale Effizienz**. Die ausländische Steuerbelastung muss also aus der Sicht Deutschlands als Kosten aus der Ertragsrate herausgerechnet werden, so dass nationale Effizienz verlangt:

(22-9) $(1 - \tau^W)GE^W = GE^D$.

Der Bruttogrenzertrag ausländischer Investitionen muss daher größer als bei weltweiter Einkommensmaximierung sein. Aus nationaler Sicht erfordert die Welteinkommensmaximierung eine zu hohe Investition im Ausland.

Als Folge einer nichtabgestimmten Besteuerung nach dem Wohnsitzprinzip und dem Quellenprinzip kann es zu einer Wettbewerbsbenachteiligung ausländischer und internationale Faktoreinkommen beziehender inländischer Steuerpflichtiger gegenüber anderen inländischen Steuerpflichtigen kommen. Hierdurch wird die internationale Mobilität der Produktionsfaktoren beeinträchtigt. Aber auch bei genereller Anwendung eines der beiden Besteuerungsverfahren kann es zu internationalen Verzerrungen kommen, und zwar dann, wenn die Steuern international nicht vollständig harmonisiert sind.

Das Wohnsitzprinzip kann die internationalen Produktionsentscheidungen dann verzerren, wenn Unternehmen auch den Einkommensteuern ihrer Beschäftigten Rechnung tragen müssen, die in deren Heimatländern anfallen. Beim Quellenprinzip sind Einflüsse auf die Entscheidungen über die Niederlassung möglich, wenn die einkommensteuerlichen Belastungen in den einzelnen Ländern unterschiedlich hoch sind. Soweit das Wohnsitzprinzip mit der Staatsbürgerschaft eines Landes verbunden ist, kann man sich der Einkommensteuer nur durch Wechsel der Staatsbürgerschaft entziehen. Das verringert den Anreiz zu einer räumlichen Allokationsänderung aus einkommensteuerlichen Gründen.

Im Zuwanderungsland führt die Steuersenkung (bei flexiblen Löhnen) zu einer Verminderung der relativen Knappheit der Arbeit und sinkenden Reallöhnen. Dadurch kann der Zuwanderungsanreiz entfallen (außer wenn Wohn- und Dienstort auseinanderfallen)[1].

Wenn Individuen ihren Wohnsitz oder Dienstort aus einem Land verlagern, verliert dies nach dem Wohnsitzland seinen Anspruch auf Besteuerung des Einkommens. Die Abwanderung kann mit einem „brain drain" verbunden sein: Wissen, Qualifikation, Fähigkeiten gehen einem Land verloren. Dies vollzieht sich insbesondere zu Lasten weniger entwickelter Länder. Ob und ggf. wie ins Ausland abgewanderte Bürger von ihrem Herkunftsland einkommensteuerlich belastet werden sollen (wenn dies überhaupt möglich ist), hängt auch davon ab, welche Wohlfahrtsfunktion man zugrunde legt - und hierbei insbesondere, ob der Nutzen der Auswanderer eingeschlossen werden soll.

d) Die Abstimmung der internationalen Besteuerung von Bruttoeinkommen

Zur Vermeidung bzw. Milderung von Überschneidungen, die zur Doppelbesteuerung in mehreren Staaten führen können, müssen die einzelnen Länder entweder nur für das Inland geltende (unilaterale) Maßnahmen ergreifen oder aber internationale **Doppelbesteuerungsabkommen** (DBA) abschließen. Deutschland unterhält gegenwärtig mit über 100 Staaten allgemeine DBA zur Vermeidung der Doppelbesteuerung mit Einkommen-, Körperschaft-, Vermögen- und Erbschaftsteuer. Sie lehnen sich weitgehend an das **OECD-Musterabkommen** von 1963, neugefasst 1977, an. In DBA wird generell anerkannt, dass das Land, in dem Faktoreinkommen entstehen, ein Besteuerungsrecht gegenüber dem Wohnsitzland des Faktoreigentümers hat. Die meisten DBA schränken den sachlichen Umfang der Besteuerung durch Zuweisung des Besteuerungsrechts nach der Art der Einkünfte und dem Ort der Einkünfteerzielung ein.

---

[1] Ähnliche Effekte bewirkt eine Verbesserung der Sozialtransfers, d. h. von Sozialhilfe, Kindergeld oder Wohngeld.

Die Doppelbesteuerung kann grundsätzlich nach zwei Methoden vermieden werden, dem schon behandelten Anrechnungsverfahren und dem Freistellungsverfahren. Beim **Freistellungsverfahren** werden die Einkünfte nur in einem Land, in der Regel im Quellenland, besteuert. Dann bleiben z. B. in Schweden versteuerte Gewinne nach Ausschüttung an die Muttergesellschaft in Deutschland unversteuert. Diese Methode scheitert als unilaterale Maßnahme an den unterschiedlichen Steuerrechtsordnungen der einzelnen Länder und an der Unmöglichkeit, alle Staaten in eine derartige Vereinbarung einzubeziehen. Da die Freistellung zu Steuerausfällen im freistellenden Land führt, bedarf es in der Regel entsprechender Gegenleistungen zu seinem Zustandekommen. Bei allen Verfahren sind im Übrigen Probleme bei einer Einkommensbesteuerung nach der Leistungsfähigkeit zu beachten, soweit diese am Gesamteinkommen gemessen wird.

Mit dem Freistellungsverfahren ist meistens ein **Progressionsvorbehalt** vereinbart. Wenn ein Teil der Einkünfte im Inland und ein Teil im Ausland besteuert wird, das steuerpflichtige Einkommen also aufgeteilt wird, erfährt die Progressionswirkung eine Abschwächung im Vergleich zur Belastung der gesamten Einkünfte nur in einem Land. Nach dem Progressionsvorbehalt bleiben zwar die Einkünfte, für die das Besteuerungsrecht dem anderen Land zugeteilt ist, im Inland steuerfrei. Sie werden aber bei der Berechnung des Durchschnittssteuersatzes für die übrigen Einkünfte berücksichtigt. Damit entfällt der tarifliche Vorteil der Aufteilung der Einkünfte.

Die Bundesrepublik Deutschland schließt bezüglich sog. „aktiver" Einkünfte DBA ausnahmslos auf der Grundlage des Freistellungsverfahrens ab. Deutschland gewährt Steuerinländern also bezüglich ihrer ausländischen Einkünfte aus nichtselbständiger Arbeit, aus unternehmerischer Tätigkeit und aus Vermögen Freistellung von deutscher Einkommensbesteuerung.

Der Nachteil von DBA anstelle einer allgemeinen Steuerharmonisierung besteht darin, dass das Netz bilateraler Doppelbesteuerungsabkommen materiell und regional uneinheitlich und lückenhaft ausfallen dürfte. Mangelnde Abstimmung bei Gewinnverlagerungen international operierender Unternehmen oder fehlender internationaler Verlustausgleich sind weitere mit DBA kaum lösbare Probleme.

Besteht kein DBA, wird das Steuerabzugsverfahren angewendet, bei dem die im Ausland gezahlten Steuern bei der Ermittlung der Bemessungsgrundlage der inländischen Steuer abgezogen werden. Hierdurch kommt es regelmäßig nur zu einer Abschwächung der Doppelbelastung.

e) Harmonisierung der direkten Steuern in der EU

Die Harmonisierung der direkten Steuern hat aus der Sicht der EU-Kommission eine geringere Bedeutung. Es dürfte weiter nationale Steuergebiete mit eigenen Steuersys-

22. Kapitel: Internationale Aspekte der Besteuerung

temen geben. Zur Schaffung eines gemeinsamen Körperschaftsteuersystems liegt ein Richtlinienvorschlag der EU-Kommission vor[1].

Von besonderer Bedeutung ist die Kapitaleinkommensbesteuerung. Harmonisierungsversuche der EU-Kommission blieben bisher erfolglos. Beschlüsse des Ministerrats deuten auf die Möglichkeit hin, dass nach einer längeren Übergangszeit Kontrollmitteilungen über Kapitaleinkommen an EU-Ausländer an deren Heimatstaaten geleistet werden.

5. Steuerwettbewerb

a) Begründungen für Steuerwettbewerb

Unterschiede in den Formen der Unternehmensbesteuerung und in der Höhe der Gesamtbelastung können die Rentabilität einer Investition beeinflussen und stellen insofern einen wichtigen Standortfaktor dar.

Daher bestehen bei direkten Steuern auch strategische Anreize. So könnte bei Anwendung des Wohnsitzlandprinzips und Anrechnung ein Quellenland versuchen, ausländische Faktoreinkommen hoch zu besteuern, weil die Belastung aus der Sicht des Investors neutralisiert wird. Ist dagegen kein Nachholeffekt bei der Einkommensbesteuerung zu erwarten, könnte das Quellenland sich für niedrigere Faktorsteuern entscheiden, um so mobile Faktoren anzuziehen. In beiden Fällen sind Vergeltungsmaßnahmen möglich. In der EU wurde der Versuch unternommen, wenn schon kein umfassendes koordiniertes Verhalten möglich ist, wenigstens sog. „unfaire" Praktiken einzuschränken[2]. Dazu rechnen beispielsweise Unklarheiten über die Voraussetzungen von Steuervergünstigungen, Bereitschaft der Steuerbehörden über die Steuerlast individuell mit dem Steuerpflichtigen zu verhandeln; Zugang zu Steuervorteilen ausschließlich für Gebietsansässige.

Im Gegensatz zur Auffassung, dass die internationale Steuerharmonisierung notwendig sei, steht eine in Politik und Wissenschaft vertretene Position, wonach Steuerharmonisierung eher unerwünscht, weil schädlich sei. Als wünschenswert gilt vielmehr ein **Wettbewerb der Steuersysteme**. Dies wird damit begründet, dass

- die einzelnen Staaten am besten wüssten, wie den international differierenden Staatsbürgerpräferenzen am besten Rechnung getragen werden könnte;

- insbesondere länderweise unterschiedliche öffentliche Aufgaben sich bei Steuerharmonisierung nicht mehr finanzieren ließen;

- Wohlfahrtseinbußen dadurch entstünden, dass EU-Vorschriften historisch gewachsene Steuerstrukturen ersetzen würden, die die Folge kultureller, sozialer oder politi-

---

[1] Allerdings besteht immer die „Gefahr", dass der Europäische Gerichtshof mit der Begründung der Diskriminierung nationale Regelungen aufhebt und so zur Harmonisierung zwingt.
[2] Dies wird allerdings auch als ein erster Schritt bei dem Versuch gesehen, den Steuerwettbewerb durch umfassendere Harmonisierung auszuschalten.

scher Traditionen seien und die Wirtschaftsorganisationen sowie die Entscheidungen der Unternehmen beeinflusst hätten;

- der Handlungsspielraum für eine nationale Wirtschaftspolitik weiter eingeschränkt würde;

- internationale Abstimmungen darauf hinausliefen, dass Steuererhöhungstendenzen gefördert würden. Dem gegenüber könnte gerade der internationale Steuerwettbewerb einen Druck auf Länder mit besonders hohen Abgabenbelastungen ausüben und so auch zu einer Beschränkung des Ausgabenwachstums beitragen. So würde der Schutz der Bürger vor der fiskalischen Gier des Leviathan-Staates gefährdet. Allerdings stellt sich die Frage, wo die Grenzen des Steuerwettbewerbs nach unten liegen (Satz null für alle?).

b) Nationalstaatliche optimale Politiken im Steuerwettbewerb[1]

Angenommen, der Staat wolle Kapital durch Senkung der Quellensteuer auf Kapital anlocken. Die internationale Nettoertragsrate des Kapitals sei r; sie werde in anderen Ländern erwirtschaftet und könne vom Staat nicht beeinflusst werden. Das Land produziere seinen Output mit Hilfe von Kapital, Arbeit und anderen Produktionsfaktoren. Nur das Kapital sei international mobil. Die Fläche unter der Kurve der Grenzerträge des Kapitals (GE_K) sei bei einem Kapitaleinsatz 0L das Inlandsprodukt (0ACL), die Fläche ACB das Bruttoeinkommen der immobilen Faktoren (Abb. 22-2). In der Ausgangslage sei der Steuersatz BG, und das Land erwäge ihn auf DG zu senken.

Die unilaterale Steuersatzsenkung führt zu einer Zuwanderung von Kapital im Umfang LM, bis der Grenzertrag vor Steuern wieder dem Weltmarktzins entspricht. Die Zunahme der Bruttoeinkommen der anderen Faktoren ist BCFD. Das Steueraufkommen verändert sich von BCHG auf DFIG, also im Ausmaß EFIH minus BCED.

Abb. 22-2 Die Besteuerung eines mobilen Faktors

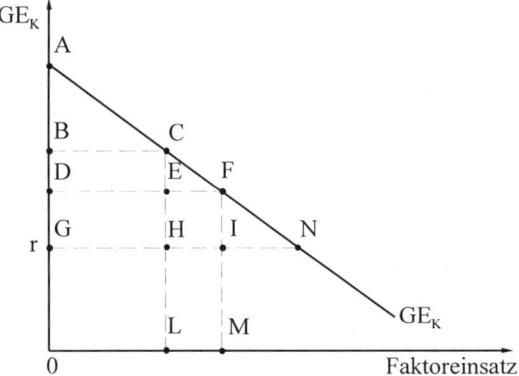

---
[1] Die folgenden Ausführungen beruhen auf Sinn (1997, S. 680 ff.) und Wildasin (1989).

Da BCED ein Teil der Fläche BCFD ist, die die Einkommenserhöhung der anderen Faktoren misst, gleicht offenbar die Summe aus dieser Einkommenserhöhung und der Änderung des Steueraufkommens der Fläche CFIH. Die Fläche CFIH misst deshalb den nationalen Wohlfahrtsgewinn aus der Steuersenkung. Ein zunächst vielleicht zu vermutender Vorteil der Eigentümer des mobilen Faktors kann zu diesem Wohlfahrtsgewinn nicht hinzu addiert werden, weil dieser Faktor nach erfolgter Anpassung auch nur wieder dieselbe (Netto-)Ertragsrate wie vor der Reform verdient. Das Argument rechtfertigt im Grunde genommen Steuersenkungen bis zum Wert von null, wenn der Kapitaleinsatz keine Infrastruktur- oder Ballungskosten verursacht. Das Ausland profitiert von jeder Steuererhöhung im Inland, weil das ins Ausland fließende Kapital die dortige Steuerbasis erhöht und die Versorgung mit öffentlich bereitgestellten Konsumgütern verbessert. Jede auch noch so kleine Quellensteuer wird vollständig auf die immobilen Faktoren überwälzt, und die Traglast dieser Faktoren besteht aus der unmittelbaren Steuerlast und dem Excess burden, den die Ausweichreaktionen der Investoren erzeugen. Ist der Steuersatz BG, so beträgt die unmittelbare Steuerlast BCHG, und der Excess burden ist CNH. Um beides ist das Gesamteinkommen der immobilen Faktoren und des Staates kleiner als im Falle ohne jede Quellensteuer auf das mobile Kapital.

Allerdings ist zu beachten, dass jede Steuersenkung zu Lasten des Auslands geht, da das herausfließende Kapital die dortige Steuerbasis verringert und so die Versorgung mit öffentlich bereitgestellten Konsumgütern verschlechtert. Die Frage ist jetzt natürlich, wie das Ausland auf diese fiskalische Externalität reagiert. Bei kooperativem Verhalten berücksichtigt das Ausland diesen Effekt auf seine Wohlfahrt nicht. Bei nichtkooperativem Verhalten wird es eine Gegenstrategie wählen.

Das Argument ist symmetrisch bezüglich einer Quellensubvention für das mobile Kapital. Abb. 22-3 verdeutlicht diesen Fall. Im Rest der Welt sei wieder die gegebene Ertragsrate r realisierbar, und das Inland nehme den Subventionssatz von BH auf BF zurück. Als Folge dieser Politik sinkt der Kapitaleinsatz im Umfang MN, und das Einkommen der anderen Faktoren sinkt im Umfang FGIH. Das Subventionsvolumen fällt im Umfang BFGDEIP, es sinkt also stärker als es zur Kompensation des Einkommensverlusts im Ausmaß der Fläche GIP nötig wäre. Da die Anbieter der mobilen Faktoren ihr Kapital nach erfolgter Anpassung weiterhin zur festen Ertragsrate r anlegen können, erleiden sie keinen Nachteil, und es folgt, dass die Fläche DEIG einen Wohlfahrtsgewinn für die Volkswirtschaft verkörpert.

Im Falle einer perfekten internationalen Kapitalmobilität fährt der einzelne Steuerwettbewerber offenbar am besten, wenn er den Kapitaleinsatz weder fördert noch diskriminiert, sondern zulässt, dass die Marktkräfte ihn bis zu dem Punkt treiben, bei dem sein Grenzertrag den auf den internationalen Kapitalmärkten festgelegten Opportunitätskosten entspricht.

Abb. 22-3 Subventionierung des mobilen Faktors

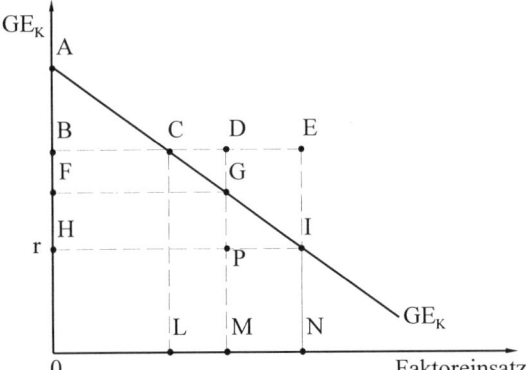

Allgemein gilt, dass eine Umverteilung bei mobilen Faktoren nicht lohnt. Da diese Umverteilung jenen Faktor vertreibt, der mehr zum Inlandsprodukt beiträgt als er erhält, und jenen Faktor anlockt, der mehr erhält als er beiträgt, muss das für die immobilen Faktoren zur Verteilung anstehende Einkommen schrumpfen.

c) Zur Würdigung der Modelle

Die bisherige Argumentation beruht auf der Annahme vollkommener Mobilität des Kapitals. Tatsächlich können allerdings Transaktionskosten und asymmetrische Informationen andere Schlussfolgerungen nach sich ziehen.

So weisen Gordon/Bovenberg darauf hin, dass es zweckmäßig sein kann, Kapitalimporte zu subventionieren, wenn Kapitalimmobilität als Folge asymmetrischer Informationen vorliegt. Ein anderes Problem bestehe in der meist verwendeten Annahme, dass Transaktionskosten nicht für alle Kapitaltypen gleich sind. Tatsächlich sind aber einige Vermögenswerte, wie z. B. Kreditinstrumente, engere Substitute für heimisches Kapital als andere Vermögenswerte (z. B. Beteiligungswerte). Dies erkläre, warum der Staat eher niedrige Quellensteuern auf Zinseinkünfte als auf die Einkünfte aus Beteiligungen erhebt. So würde eine Quellensteuer auf Zinsen vermutlich die Zinssätze in Europa nach und nach erhöhen. Das könnte zu einer Belastung der Europäischen Kapitalgesellschaften und letztlich der dort beschäftigten Arbeitnehmer führen. Es sei effizienter, diese Arbeitnehmer direkt als indirekt zu besteuern.

Allerdings führt eine niedrige Belastung der Zinseinkommen zu allen Formen von Steuerarbitrage für Inländer und zu einer Erosion der heimischen Bemessungsgrundlage der Einkommensteuer. Auf diese Weise wird das Gleichbehandlungsziel der Einkommensteuer in Frage gestellt und die Zusammensetzung des heimischen Sparens verzerrt. In gleicher Weise können Länder ihre heimische Steuerbasis schützen, indem sie bei Ausländern Quellensteuern erheben.

Zusammenfassend kann man feststellen, dass zur Besteuerung internationale und heimische Gesichtspunkte in Betracht gezogen werden müssen. Internationale Aspekte sprechen für niedrige Steuersätze auf Zinseinkünfte, zur Verhinderung verschiedener Formen der heimischen Steuerarbitrage liegen höhere Steuersätze auf Zinseinkünfte nahe.

Literatur zum 22. Kapitel

Zu internationalen Steuerbelastungsvergleichen siehe Hedtkamp (1977a) und Zimmermann (1981a). Einen Überblick über die Ausgestaltung der Steuern im internationalen Zusammenhang liefert das Bundesministerium der Finanzen im Informationsdienst zur Finanzpolitik des Auslands.

Zur Einführung in Fragen internationaler Besteuerung siehe Genser/Wiegard (1996). Die Besteuerung internationaler Faktoreinkommen behandeln Peffekoven (1983, § 3) und Musgrave/Musgrave/Kullmer (Bd. 3, 1992, Kapitel 29, A, B). Zur Anrechnung versus Freistellung siehe Peffekoven (1984). Einen guten Überblick über Probleme der internationalen Doppelbesteuerung gibt Debatin (1983). Zum Stand der DBA siehe die Übersichten in den Finanznachrichten des Bundesministeriums der Finanzen. Gütersteuern untersuchen Peffekoven (1983, § 2), Musgrave/Musgrave/ Kullmer (Bd. 3, 1992, Kapitel 29C) und insbesondere Genser (1998) und Homburg (1999).

Eine gute Darstellung der Probleme internationaler Besteuerung liefert Homburg (1997). Die Kapitaleinkommensbesteuerung behandelt das Gutachten des Wissenschaftlichen Beirats beim BMF (1999). Zur Steuerharmonisierung siehe Andel (1983; 1992, insbes. C § 1) und Peffekoven (1983).

Zur Debatte Steuerharmonisierung vs. Steuerwettbewerb siehe Spahn/Kaiser (1991), Hauser/Hösli (1991) sowie Sinn (1990). Zum Steuerwettbewerb in Europa siehe Hohaus (1996).

23. Kapitel
Politische Ökonomie der Besteuerung und Steuerreformen

1. Politische Ökonomie der Besteuerung

Eine Analyse der Vielfalt deutscher Steuern macht deutlich, dass von einem Steuersystem nicht gesprochen werden kann. Die teils schon immer fehlende, teils aufgegebene Systemorientierung wirkt sich in einer marktwirtschaftlich ineffizienten und nicht belastungsgerechten Besteuerung aus. Dieser Zustand ist darauf zurückzuführen, dass die Steuerpolitik als unmittelbar einkommenswirksamer Politikbereich einem starken Druck der Verbände ausgesetzt ist, die auf Vergünstigungen für ihre Mitglieder dringen. Da die Regierungs- und Oppositionsparteien (wieder) gewählt werden möchten, stellen sie diesen Forderungen nur geringen Widerstand entgegen. Merkliche Steuern werden nur schwer durchschaubar erhöht, aber optisch wirksam gesenkt, eher unmerkliche Steuern stärker angehoben[1]. Auch die zeitliche Gestaltung ist politisch bedeutsam. Maßnahmenbündel werden so aufgeschnürt, dass zunächst die Steuererhöhungen ergriffen werden, denen (nachdem die erste Runde der Aufmerksamkeit verdrängt wird) wahlgerecht die Runde der Steuersenkungen folgt, wobei der Nettoeffekt dann unterschiedlich gerechnet wird. Hohe Tarifbelastungen gehen oft mit erheblichen Gestaltungsmöglichkeiten einher, so dass die effektive Belastung geringer als die formale ausfällt. Als Argumentationshilfen werden verschiedene plakative Formeln wie Gerechtigkeit oder Leistungsfähigkeitsprinzip herangezogen, mit denen Wähler ideologisch an Parteien gebunden und Partei- und Koalitionskompromisse erleichtert werden sollen (Franke 1996, S. 79) – ohne allerdings diese Begriffe zu konkretisieren. Die Folge ist ein nahe zu chaotisches Wirrwarr an Steuern und eine Flut ergänzender Einzelregelungen. Der dadurch entstehende Verlust an Transparenz ist daher Ziel und gleichzeitig unerwünschtes Ergebnis dieses Handelns. Die Geschwindigkeit der Steuerrechtsänderungen erlaubt keine stetige Steuerplanung. Steuerdifferenzierungen führen zu Diskriminierungen und gesamtwirtschaftlichen Nachteilen, die betroffenen Bürger akzeptieren immer weniger den staatlichen Steueranspruch und greifen zunehmend zu Möglichkeiten der Steuervermeidung oder zur Steuerhinterziehung.

Zwar gibt es seit Jahrzehnten Forderungen auf eine Reform (insbesondere) der Einkommensteuer, die zu mehr Einfachheit und damit mehr Transparenz, mehr marktwirtschaftlicher Effizienz und damit Standortattraktivität sowie mehr Belastungsgerechtigkeit und damit Bürgerakzeptanz führen soll (Rose 1994, S. 423). Fraglich ist allerdings, wie Steuerreformen zur Erfüllung dieser Ziele durchgesetzt werden können, wenn sich die Betroffenen, von Opposition und Verbänden und selbst Gruppierungen in den Mehrheitsfraktionen unterstützt, vehement gegen „Besitzstandseinbußen" wehren und darüber hinaus weitere Vergünstigungen fordern. Die Interessenvertretungen der scheinbar unter der Kompliziertheit der Regelungen leidenden Steuerberater, Steu-

---

[1] Eine gewisse Ausnahme besteht in der Mineralöl- und Stromsteuer, für die (neben anderen) ab 1999 mehrfache Erhöhungen beschlossen wurden. Durch die jetzt festgelegten künftigen Anhebungen wird deren Merklichkeit reduziert. Auch hier wurde allerdings erfolgreich die damit einhergehende zusätzliche Umsatzsteuerbelastung verdrängt.

eranwälte und Steuerbeamten kritisieren zwar regelmäßig die Entwicklung. Letztlich aber beruht ihre Tätigkeit und die ihrer Klientel zu einem mehr oder weniger großen Teil gerade auf der Komplexität des Steuerrechts. Zudem dürften einige Mitarbeiter von Ministerien, die an der Ausformung des Steuerrechts beteiligt sind, jegliche weitere Komplizierung des Steuerrechts begrüßen, soweit sie ihnen die Möglichkeit zur persönlichen Vermarktung gibt.

Steuerreformen führen zu Veränderungen von Steuerbemessungsgrundlagen und –sätzen. Die realen Kosten im Sinne von Wohlfahrtseinbußen gehen über die daraus resultierenden Veränderungen des Steueraufkommens hinaus. Allein im Hinblick auf die mit der Besteuerung verbundenen Transaktionskosten stellt jede Erleichterung von Zahlungsbedingungen, Nachweispflicht, Nachvollziehbarkeit und Durchschaubarkeit sowie Reduzierung kostspieliger Regulierungen eine Reform dar.

Jede Steuer beeinflusst die Anreize durch Veränderung von Austauschraten zwischen verschiedenen Aktivitäten wie Arbeit/Freizeit, Markt/Nichtmarkt, verschiedenen Berufen usw., so dass es praktisch keine neutrale Steuer gibt. Die Annahme ist aber plausibel[1], dass die Verzerrungen umso geringer sind, je niedriger die Steuersätze, breiter die Bemessungsgrundlagen und gleicher die Steuersätze sind.

Wenn Steuern nicht reformiert (im Sinne von vereinfacht) werden, so liegt dies daran, dass bei einheitlichen und geringen Steuersätzen keine Vergünstigungen für einzelne Gruppen gewährt werden können.

Wenn der Erfolg der Lobby aber umso größer ist, je leichter Steuern geändert werden können, stellt sich die Frage, ob die Steuergestaltungsspielräume generell eingeengt werden sollen und können. Stimmt man einer Beschränkung zu, könnte eine fiskalische Verfassung hilfreich sein, wie sie Buchanan (1967) vorgeschlagen hat. Sie hätte eine grundlegende Steuerstruktur festzulegen, die nur bei umfassendem Konsens verändert werden könnte. So würde der potenzielle Ertrag einer auf Steueränderungen gerichteten Lobbytätigkeit reduziert, die Vorteile für einzelne Gruppen erbringen soll. Offensichtlich haben Politiker aber kein Interesse an einem solchen stabilen Finanzrahmen, der ihren Handlungsspielraum einengen würde. Das gilt hinsichtlich jeglichen institutionellen Rahmens oder Systems, d. h. letztlich auch allgemein akzeptierter Steuergrundsätze, die Schranken gegen eine beliebige Steuerpolitik festlegen würden[2].

2. Notwendige Steuerreformen?
a) Problematik der Steuervergünstigungen vor allem in der Einkommensteuer

Die einzelnen Freibeträge und anderen Sonderregelungen insbesondere in der Einkommensteuer wurden regelmäßig ohne grundsätzliche Überprüfung und Abstimmung

---

[1] Trotz der im 15. Kapitel geäußerten Zweifel, dass man Verzerrungen so einfach nicht vergleichen kann und Elastizitäten eine Rolle spielen.
[2] Das trifft auch auf andere Rechtsbereiche zu und ist insofern kein spezifisch steuerpolitisches Problem.

des Ganzen eingeführt[1]. Die so bewirkte Verringerung der Bemessungsgrundlage („**Erosion der Steuerbasis**") schlägt sich in der Einkommensteuer in einem zunehmenden Abstand des steuerpflichtigen Einkommens vom Maßstab des Einkommens im umfassenderen Sinne z. B. der Reinvermögenszugangstheorie nieder. Die Gründe hierfür liegen u. a. in beabsichtigten Vereinfachungen (Zunahme der Pauschalierungen), in wahlpolitischen Überlegungen, in der Pazifierung bestimmter Gruppen und in Anpassungen an die inflationäre Entwicklung, wobei ein Teil der Maßnahmen durchaus mit dem Ziel einer gerechteren Steuerstruktur ergriffen worden sein mag.

Die Tendenz zur ständigen Ausweitung solcher steuerlicher Maßnahmen, die Subventionscharakter besitzen, kann zu ihrer Ineffizienz führen, „wenn nach und nach fast alle Gruppen von Einkommensbeziehern solche Ermäßigungen in Anspruch nehmen können, wie dies z. B. in der Bundesrepublik Deutschland neben den Landwirten und freiberuflich Tätigen bei den Arbeitnehmern und Sparern, aber auch bei älteren Menschen der Fall ist. Es fragt sich, ob dann nicht lieber der Steuertarif allgemein gesenkt werden sollte" (Albers 1980a, S. 206). Allerdings werden die einzelnen Gruppen nicht gleich begünstigt. Ferner glauben sie oder sollen sie glauben, dass sie jeweils besser als andere gestellt werden. Hierfür ist die Intransparenz hilfreich. Begründungen für Sonderregelungen werden teils nur sehr pauschal gegeben, manchmal sind sie widersprüchlich formuliert oder fehlen ganz.

In den zweijährig zu erstellenden **Subventionsberichten** des Bundes werden Schätzungen über das Ausmaß der Steuervergünstigungen vorgelegt. Sie werden dort mit den direkt gezahlten Übertragungen („Finanzhilfen") zu den „Subventionen" zusammengefasst. Bemerkenswert ist, wie verhältnismäßig leicht begünstigte Sondertatbestände einzuführen, dann aber nur schwer wieder abzuschaffen sind.

Eine befriedigende Erfassung der tax expenditures ist allerdings kaum möglich. So können Steuervergünstigungen über Änderungen der Bemessungsgrundlage, des Steuertarifs und durch den Abzug von der Steuerschuld erfolgen. Die Steuervergünstigung kann ferner endgültig sein oder nur einen Steueraufschub (z. B. bei Sonderabschreibungen) darstellen, bei dem allein Zins- und Tarifwirkungen erfasst werden dürfen. Ferner ist stets die Frage der Referenzgröße zu lösen, anhand derer Steuervergünstigungen, -erleichterungen und -ermäßigungen gemessen werden. Die Referenzgröße enthält die konstituierenden Merkmale für die Definition der Steuerbemessungsgrundlage und des -tarifs; sie ist aber häufig beim erstmaligen Gesetzesbeschluss, bei späteren Novellierungen bzw. in der Gegenwart nur schwer von jenen Bestimmungen zu trennen, die sich in direkten Ausgaben niederschlagen. Hierzu wäre die Frage zu beantworten, ob eine Aufhebung der tax expenditures nicht ganz, teilweise oder überhaupt zu Ausgabenausweitungen geführt hätte[2].

Ungleichmäßigkeiten der Besteuerung bestehen aber nicht nur in der unsystematischen Ausgestaltung der Steuergesetze und hier insbesondere in der mangelhaften Ab-

---

[1] So wurden von den 1990 wirksamen Steuervergünstigungen schon 1/5 vor 1950 und mehr als 2/3 vor 1970 eingeführt (DIW-Wochenbericht, Jg. 1992, S. 619).
[2] Zu mehreren theoretischen Positionen siehe Break 1982.

grenzung des steuerlichen Einkommensbegriffs. Auch die ungleichmäßige **Anwendung** der Steuergesetze infolge problematischer Gesetze und Verwaltungsvorschriften zur Anwendung der Steuergesetze tragen zur Ungleichbehandlung bei. So werden die Einkünfte, je nach Steuerart, nach den bestehenden Vorschriften unterschiedlich intensiv ermittelt. „Mitunter kommen Vollbelastung und intensive Ermittlung, Minimalbelastung und extensive Ermittlung zusammen und potenzieren so die Ungleichmäßigkeit" (Tipke 1986, S. 601). Das wird u. a. deutlich in der Ungleichbehandlung der nicht zur Buchführung verpflichteten Landwirte, der Gewerbetreibenden (auch innerhalb dieser Gruppe, so hinsichtlich der Häufigkeit der Außenprüfung), der Arbeitnehmer, der Bezieher von (privaten) Zinsen und Dividenden und der Rentner. Ihnen trauen bzw. misstrauen Gesetzgeber und Verwaltung offenbar unterschiedlich.

Die Vielzahl der Sonderregelungen bewirkt horizontale und wohl auch vertikale Ungleichbehandlungen. So werden Haushalte unter vergleichbaren familiären Bedingungen und mit gleichem Einkommen unterschiedlich behandelt. Selbst wenn es keinen Konsens gibt, wie die Steuerlast auf verschiedene Einkommensgruppen verteilt werden soll, dürften doch die meisten zustimmen, dass cet. par. Pflichtige mit höherem Einkommen wenigstens mit einem solchen Steuersatz wie Empfänger niedrigerer Einkommen belastet werden sollten. Auch das ist aber nicht immer gewährleistet. Ferner muss bei Vorliegen von Steuervergünstigungen ein gegebenes Ausgabenniveau mit nominell höheren Steuersätzen erzielt werden als ohne solche Ausnahmen (die - fast - die Regel sind). Schließlich kann vermutet werden, dass die Vielzahl von Sonderregelungen die durch Steuern ausgelösten Störungen in der Allokation der Ressourcen verstärkt. Hierbei sind neben den rein aufkommensmäßig erfassten Wirkungen auch die Transaktionskosten aller Beteiligten zu beachten.

b) Anpassungen an durch Steuervergünstigungen verursachte Verzerrungen

Die differenzierte Behandlung verschiedener Einkunftsarten kann durch den Marktmechanismus tendenziell verringert werden. Der grundlegende Anpassungsmechanismus besteht darin, dass Ressourcen zur Ertragsmaximierung in jene Verwendungen gelenkt werden, deren Erträge relativ günstig besteuert werden. Bei vollkommenen Faktormärkten und Mobilität der Ressourcen führt diese Anpassung in jeder Verwendung zu gleichen (Netto-)Erträgen **nach** Besteuerung. Die Bruttoerträge werden dann relativ gering bei Ressourcenverwendungen mit günstiger steuerlicher Behandlung sein, demgemäß fallen auch die Steuerzahlungen gering aus. Bei relativ hoher Steuerbelastung werden auch die Bruttoerträge relativ hoch sein. Die Steuerlasten werden daher letztlich nicht zwischen begünstigten und nichtbegünstigten Verwendungen variieren.

Solche Marktanpassungen beseitigen aber nicht die horizontalen Ungleichbehandlungen, sie verringern sie nur. Die Änderungen in der Ressourcenallokation erfolgen gewöhnlich nicht sehr schnell. Die benötigte Zeit für Anpassungen an Sonderregelungen hängt davon ab, wie lange sie schon gesetzlich bestanden haben und als wie dauerhaft man die Begünstigungen erwartet. Unvollkommene Güter- und Faktormärkte sowie gesetzliche oder institutionelle Beschränkungen der Ressourcenverwendung behindern schnelle Anpassungen. In eine bestehende Steuerstruktur eingefügte Verzerrungen wirken also kurzfristig, können aber langfristig über Anpassungen kompensiert werden und ggf. horizontale Ungerechtigkeiten ausgleichen. Das bestätigt die alte **Canard'sche Steuerregel**, wonach alte Steuern mit abgeschlossenen Anpassungsvorgängen gute, neue hingegen schlechte Steuern seien. Die beste Steuerreform wäre dann die, die nicht stattfände.

Steuerreformen, die Ungleichbehandlungen beseitigen sollen, können selbst Ungerechtigkeiten bewirken. So dürfte die Abschaffung von Prämien auf Sparverträge oder von Vergünstigungen bei anderen Verträgen als ungerecht gelten, wenn die Wirtschaftssubjekte diese in Erwartung der weiterbestehenden Vergünstigung abgeschlossen haben. Solche kurzfristigen Ungerechtigkeiten lassen sich vermeiden oder mildern, indem für Schäden aus der Reform kompensiert oder die Reform verzögert wird, bis sich der Markt den erwarteten Reformen angepasst hat[1].

Korrekturen an den Steuervergünstigungen können auch problematisch sein, wenn die Begünstigungsstruktur im Sinne ausgleichender verteilungspolitischer Verzerrungen gewachsen ist. Einzelne Begünstigungen können dann ohne Berücksichtigung des gesamten Steuer/Transfermechanismus nicht beurteilt werden[2]. Daher kann man steuerliche Gerechtigkeit z. B. auch nicht nur auf die Maßnahmen einer Ebene (etwa des Bundes) bezogen hinreichend beurteilen.

Bei einer Abschaffung von Sonderregelungen ist zu beachten, dass diese ein Instrument sind, um Kompromisse und damit überhaupt politische Lösungen zu ermöglichen. Die Abschaffung an einer Stelle hat daher Implikationen an anderer Stelle: So könnten Sonderregelungen dann in anderen Abgaben oder zu leistenden Transfers wieder auftauchen oder in Regulierungen ihren Niederschlag finden. Jedenfalls werden Politiker, Bürokraten und Interessengruppen solchen Ersatz durchzusetzen versuchen. Mehr Einfachheit bei der Einkommensteuer kann so unter Umständen durch größere Komplexität an anderer Stelle ersetzt werden. Ein positiver Effekt könnte dann zustande kommen, wenn die Instrumente eines Politikbereiches, z. B. wohnungspolitische Maßnahmen, durch die Reformen zusammengefasst und klarer erkennbar werden. In jedem Fall muss aber bei isolierten Veränderungen auf die Kompatibilität mit anderen wirtschaftspolitischen Instrumenten geachtet werden.

Literatur zum 23. Kapitel

In die politische Ökonomie der Besteuerung führen ein Franke (1996, 1993). Die Forderungen nach Steuerreform und insbesondere Vereinfachung finden sich auch in anderen Ländern. Für Deutschland siehe Lang (1987) oder Wissenschaftlicher Beirat beim BMF (1979), für die USA Slemrod/Bakija (1996).

---

[1] Siehe hierzu Musgrave 1976 und Feldstein 1976a, 1976b.
[2] So ist z. B. die steuerliche Behandlung von Beiträgen zur und Renten der gesetzliche Rentenversicherung zusammen mit der Besteuerung von Pensionen zu sehen.

Siebter Teil
Staatsverschuldung

24. Kapitel
Formen, Struktur und Umfang der Staatsverschuldung

1. Einleitung

Neben den Steuereinnahmen, Gebühren und Beiträgen stellt die Staatsverschuldung („öffentliche Kreditaufnahme") eine weitere wichtige Einnahmenkategorie des Staates dar. Öffentliche Kreditaufnahme beruht nicht wie die Steuereinnahmen auf staatlichem Zwang, sondern auf Freiwilligkeit. Im Gegensatz zu den Steuern erfordert die Kreditaufnahme die Beteiligung am marktwirtschaftlichen Prozess. Der öffentliche Sektor muss sich wie der private Sektor den marktmäßigen Beziehungen von Kreditangebot und -nachfrage anpassen, um eine freiwillige Leistung der anderen inländischen Sektoren und des Auslands zu erreichen. Staatsverschuldung wird gelegentlich auch als **vorläufige** Einnahme bezeichnet, weil sie zu späteren Zins- und Tilgungszahlungen führt, die durch weitere Kredite, erhöhte Steuern oder Ausgabensenkungen des Staates in anderen Bereichen finanziert werden müssen. Der kurzfristigen Ausdehnung der Einnahmenseite durch die Aufnahme von Krediten steht daher eine mittel- bis langfristige Belastung der Ausgabenseite in Form des Schuldendienstes gegenüber. Diese unterschiedlichen kurz- und langfristigen Aspekte der Staatsverschuldung haben zu verschiedenen Sichtweisen und Beurteilungen der Staatsverschuldung geführt, die im 25. und 26. Kapitel behandelt werden.

2. Formen, Struktur und Entwicklung der öffentlichen Verschuldung

Die Staatsverschuldung kann nach Kreditnehmern, Schuldarten und Gläubigern unterschieden werden (Tab. 24-1). Diese Kriterien lassen sich in gleicher Weise auf Stand und Veränderung der Verschuldung anwenden.

Kreditnehmer können Bund, Länder und Gemeinden, aber auch verschiedene Fonds sein, wodurch die Überschaubarkeit erschwert wird. Gerade die Schulden der im Zusammenhang mit der deutschen Vereinigung gebildeten Fonds wurden zwischenzeitlich zusammengeführt[1] und werden zusammen mit der Verschuldung der Gebietskörperschaften nachgewiesen.

Kredite können im Inland und Ausland aufgenommen werden. Als Gläubiger von Inlandskrediten treten Kreditinstitute und inländische Nichtbanken (nicht-finanzielle

---

[1] So die bis Ende 1994 aufgelaufenen Schulden der Treuhandanstalt und ein Teil der Verbindlichkeiten der ostdeutschen Wohnungswirtschaft. Im Juli 1999 erfolgte eine Mitübernahme der Schulden des Erblastentilgungsfonds, des Bundeseisenbahnvermögens und des Ausgleichsfonds „Steinkohleneinsatz" durch den Bund.

Unternehmen, Kapitalsammelstellen, private Haushalte) und Sozialversicherungen auf. 1999 entfielen rund 95% des Schuldenstandes auf das Ausland.

Tab. 24-1 Die öffentliche Verschuldung in Deutschland Ende 1999, Mrd. Euro

Kreditnehmer	Bund	714,1
	Fonds „Deutsche Einheit"	40,2
	ERP-Sondervermögen	16,0
	Westdeutsche Länder	274,3
	Ostdeutsche Länder	53,2
	Westdeutsche Gemeinden	80,0
	Ostdeutsche Gemeinden	20,6
	Öffentliche Haushalte insgesamt	1 198,4
Schuldarten	Unverzinsliche Schatzanweisungen	12,6
	Obligationen/Schatzanweisungen	99,7
	Bundesobligationen	121,0
	Bundesschatzbriefe	41,6
	Anleihen	418,8
	Direktausleihungen der Kreditinstitute	448,9
	Darlehen von Sozialversicherungen	1,5
	Sonstige Darlehen	8,6
	Altschulden	45,7
	Öffentliche Haushalte insgesamt	1 198,4
Gläubiger	Bankensystem	
	Bundesbank	8,7
	Kreditinstitute	1 179,9
	Inländische Nichtbanken	
	Sozialversicherungen	3,1
	Sonstige	312,5
	Ausland	776,0
	Öffentliche Haushalte insgesamt	1 198,4

Quelle: Deutsche Bundesbank, Monatsbericht, Juni 2000, S. 57*.

Unverzinsliche Schatzanweisungen sind Diskontpapiere mit einer Laufzeit bis zu 24 Monaten. **Kassenobligationen, Bundesobligationen, Bundesschatzbrief und Anleihen** sind festverzinsliche Wertpapiere, die eine Laufzeit von 3 bis 10 Jahren haben. Wichtigste Position innerhalb der Schuldarten stellen die **Direktausleihungen der Kreditinstitute** dar (1999 knapp unter 40 % der Schulden insgesamt). Es handelt sich dabei um Schuldscheindarlehen, deren Verzinsung sehr unterschiedlich sein kann und deren Laufzeit meist vier Jahre und darüber beträgt.

24. Kapitel: Formen, Struktur und Umfang der Staatsverschuldung

Haushaltstechnisch wird zwischen **Deckungskrediten** unterschieden, die als Einnahmen gerechnet werden und dem Ausgleich des Haushalts dienen, und **Kassen(verstärkungs)krediten**, die zur Sicherung der Liquidität aufgenommen werden. Letztere dürfen aufgrund einer gesetzlichen Ermächtigung durch das Haushaltsgesetz bis zum Ende des laufenden Haushaltsjahres bzw. bis zur Verkündung des nächsten Haushaltsgesetzes nur durch Rückgriff auf den Geldmarkt genommen werden. Seit 1994 (Maastricht-Abkommen) ist eine monetäre Finanzierung von Haushaltsdefiziten direkt durch die Notenbank oder indirekt durch bevorrechtigten Zugang zu Finanzinstituten verboten.

Tab. 24-2 Entwicklung des Schuldenstandes der öffentlichen Haushalte[1,2]

Jahres-ende	Insgesamt Mrd. DM	Bund Mrd. DM	in %	Länder Mrd. DM	in %	Gemeinden Mrd. DM	in %
1950	20,6	7,3	35,4	12,8	62,1	0,5	2,4
1960	52,8	26,9	50,9	14,7	28,8	11,2	21,2
1970	125,9	57,8	45,9	27,8	22,1	40,3	32,0
1980	468,6	235,6	50,3	137,8	29,4	95,2	20,3
1990	1053,5	599,1	56,9	328,8	31,2	125,6	11,9
1995	1993,5	1287,7	64,6	511,7	25,7	194,1	9,7
1998	2280,2	1457,8	63,9	623,6	27,3	198,8	8,7

[1] Ab 1990 Angaben für Deutschland.
[2] Zu Einzelheiten der Abgrenzung siehe Quelle.
Quelle: Sachverständigenrat, JG 1999/2000, Tab. 31*; eigene Berechnungen.

Eine Auseinandersetzung mit der Staatsverschuldung erfordert sowohl Kenntnisse über die Höhe und die Entwicklung des kumulierten Schuldenstandes (Tab. 24-2) als auch über das Ausmaß der jährlichen Neuverschuldung. Für viele Fragen sind dabei weniger die absoluten Zahlen der öffentlichen Verschuldung von Interesse als ihre Relation zu anderen ökonomischen Größen. Berücksichtigt man auch die Zinsbelastungen, so sind insbesondere folgende Indikatoren von Interesse:

- Die **Zins-Steuerquote** (R/T) bringt zum Ausdruck, in welchem Ausmaß die Zinsbelastung Steuern bindet und der Verwendung bei der Erfüllung der eigentlichen Staatsaufgaben entzieht. Die Veränderung der Relation der in dieser Größe enthaltenen absoluten Werte oder ihrer Veränderungsraten (w_R und w_T) deutet auf die unterschiedliche budgetäre Belastung. Bei $w_R/w_T > 1$ werden die steuerfinanzierten Ausgabenspielräume eingeschränkt.

- Die **Zins-Ausgabenquote** (R/A) zeigt, welcher Anteil an den gesamten Staatsausgaben (bzw. am Haushalt) auf den Schuldendienst entfällt. R/A ist wie R/T insbesondere dann aussagekräftig, wenn der Gestaltungsspielraum für die Erzielung eines höheren Steueraufkommens oder für die Verringerung des Ausgabenanstiegs gering ist. Das kann aus allgemeinpolitischen, haushaltspolitischen oder haushaltsrechtlichen Gründen eintreten. Zuweilen werden die Zinsen auch auf das Bruttoinlandsprodukt bezogen. Das BIP ist insofern eine sinnvolle Bezugsgröße, als auch das Steueraufkommen, aus dem der laufende Schuldendienst geleistet werden muss, wesentlich vom BIP abhängt.

- Die **Kreditfinanzierungsquote** ($\Delta F/A$) gibt den Anteil der durch Nettokreditaufnahme finanzierten Ausgaben an. Die Beurteilung dieser Kennziffer fällt unterschiedlich aus, je nachdem wie stark die Ausgaben zukunftswirksam sind, d. h. das Produktionspotenzial beeinflussen. Die Quote wird insbesondere für konjunkturpolitische Analysen herangezogen.

- Die **Neuverschuldungs- oder Defizitquote** ($\Delta F/BIP$) bezieht die **Nettokreditaufnahme** auf das BIP. Statt der Nettoverschuldung kann auch der Finanzierungssaldo zur Berechnung von $\Delta F/BIP$ verwendet werden; in dieser Abgrenzung (auf VGR-Basis) bildet die Defizitquote zusammen mit der **Schuldenstandsquote** (F/BIP), die die Höhe der Schulden auf das BIP bezieht, einen wichtigen Indikator für den Beitritt zur Europäischen Währungsunion und darüber hinaus für die Beurteilung der Finanzpolitik. Die jährliche Neuverschuldungsquote wird vor allem von konjunkturellen Einflüssen bestimmt. Die Schuldenstandsquote spiegelt eher das langfristige Ergebnis der Haushaltspolitik wieder, allerdings wird hier eine Bestandsgröße auf eine im Konjunkturverlauf schwankende Stromgröße bezogen.

Tab. 24-3 zeigt, dass alle Indikatoren seit den 70er, vor allem aber in den 90er Jahren teils stark steigende Werte aufweisen.

Tab. 24-3 Indikatoren der Staatsverschuldung[1] in %

Jahr[2]	R/T	R/A	R/BIP	$\Delta F/A$	$\Delta F/BIP$	F/BIP
1970	4,5	3,5	1,0	3,2	0,9	18,6
1975	3,7	2,8	1,4	10,3	5,3	25,0
1980	5,0	4,0	2,0	7,3	3,7	31,8
1985	7,6	6,2	3,1	4,5	2,2	41,7
1990	7,0	5,7	2,7	6,3	3,0	43,3
1995[3]	8,9	7,2	3,7	5,3	2,7	56,6
1996[3]	8,9	7,2	3,7	6,1	3,1	59,9
1997[3]	8,9	7,3	3,7	5,5	2,8	61,5
1998[3]	8,7	7,3	3,6	3,1	1,6	62,0

[1] Die Größen im Nenner sind – außer vorletzte Spalte – der Finanzstatistik entnommen; ab 1990 für Deutschland.
[2] Bis 1990 BIP nach ESVG 1979, danach nach ESVG 1995 berechnet.
[3] Vorläufige Ergebnisse.
Quelle: Berechnet nach Sachverständigenrat, JG 1995/96, 1999/2000, verschiedene Tabellen.

3. Staatsverschuldung im internationalen Vergleich

Hat sich die deutsche Staatsverschuldung ähnlich entwickelt wie die in anderen Industrieländern? Bei der Beurteilung dieser Zahlen ist auf die besonderen Ausgangsbedingungen in der Bundesrepublik mit der Währungsreform einerseits und auf den Sonderfall der Wiedervereinigung andererseits hinzuweisen. Tab. 24-4 zeigt für 1998 im Vergleich z. B. zu 1990 aber eine starke Zunahme der Quote nicht nur für Deutschland, sondern auch für andere Länder.

Tab. 24-4 Staatsschuldenquote im internationalen Vergleich

Land	Bruttoschuld des Staates in vH des BIP				
	1980	1985	1990	1995	1998
Deutschland[1]	31,5	41,5	43,2[2]	58,3	60,1
Belgien	78,2	120,2	125,7	130,8	115,9
Dänemark	44,7	74,9	65,8	69,4	55,5
Finnland	14,1	16,3	14,4	56,9	49,1
Frankreich	30,9	38,6	40,2	52,5	58,2
Griechenland	22,9	47,8	90,1	110,1	106,3
Großbrit. u. Nordirland	54,0	59,4	39,1	52,2	48,7
Irland	72,7	104,6	97,2	78,9	52,1
Italien	58,1	83,0	105,4	125,3	118,7
Japan	51,2	64,2	61,4	76,0	97,3
Kanada	44,0	63,1	71,5	96,7	89,8
Luxemburg	12,5	13,0	4,7	5,9	7,0
Niederlande	46,9	71,5	78,8	78,6	67,4
Norwegen	47,6	34,6	32,4	41,1	33,4
Österreich	37,3	49,8	57,9	69,4	63,1
Portugal	32,8	57,0	65,3	65,9	57,7
Schweden	44,3	66,7	44,3	78,0	75,4
Spanien	18,3	50,8	50,6	66,0	67,4
USA	37,0	49,4	55,3	62,2	56,7

[1] Ab 1991 Gebietsstand nach dem 3.10.1990.
[2] Einschließlich übergeleiteter Haushalt der ehemaligen DDR für das 2. Halbjahr 1990.
Quelle: Finanzbericht 2000, S. 397, nach OECD Economic Outlook 65/1999.

Literatur zum 24. Kapitel

Aktuelles Zahlenmaterial für Deutschland und andere Länder finden sich im Monatsbericht der Deutschen Bundesbank, im jährlich erscheinenden Finanzbericht des Bundesministeriums der Finanzen und in den Jahresgutachten des Sachverständigenrates zur Begutachtung der gesamtwirtschaftlichen Entwicklung. Daten zur Schuldenentwicklung, die teilweise bis 1880 zurückgehen, enthält Simmert/Wagner (1981). Zur Analyse der Schuldenentwicklung seit der deutschen Vereinigung siehe Deutsche Bundesbank (1997). Die Formen der Verschuldung stellt Dreißig (1981) dar.

25. Kapitel
Theorie der Staatsverschuldung

1. Verschuldungstheorien im Überblick

Die Wirkungen der Staatsverschuldung haben seit jeher große wirtschaftstheoretische Aufmerksamkeit gefunden. Es verwundert daher kaum, dass mittlerweile eine Vielzahl von Ideen und Konzepten existiert, welche zum Teil zu völlig unterschiedlichen Bewertungen der ökonomischen Wirkungen der Staatsverschuldung führen. Das wird auch an der Verwendung verschiedener Lastbegriffe deutlich, die später zusammenfassend skizziert werden.

Als wichtige Theorien der Staatsverschuldung sollen zunächst der klassische, der keynesianische, der neoklassische und der ricardianische Ansatz behandelt werden. Im Gegensatz zu diesen normativen Theorieansätzen sucht ein weiterer wichtiger Ansatz der Public Choice-Richtung, der im 26. Kapitel behandelt wird, die Staatsverschuldung zu erklären.

a) Das klassische Paradigma

Nach dem traditionellen Grundsatz solider Haushaltspolitik ist ein Budget so aufzustellen, dass die zur Durchführung der staatlichen Aufgaben erforderlichen Ausgaben in vollem Umfang durch Steuern (und andere nichtkreditäre Einnahmen) gedeckt sind. Der Grund wird darin gesehen, dass die Kreditfinanzierung der **als unproduktiv angesehenen öffentlichen Ausgaben** auf Kosten der privaten Investitionen erfolgt[1].

Dieser klassische Grundsatz, z. B. von Smith und Ricardo vertreten, wird ergänzt bzw. modifiziert durch Vorstellungen des deutschen Finanzklassizismus (z. B. Wagner, v. Stein). Sie gehen davon aus, dass durchaus nicht alle Staatsausgaben unproduktiv sind. Im Falle **öffentlicher Investitionen** wird eine Kreditfinanzierung als zulässig oder sogar wünschenswert angesehen[2]. Dann treffen zwar einerseits die mit der Schuldenfinanzierung einhergehenden Belastungen die künftigen Generationen, die aber andererseits Nutznießer der künftigen Erträge der so finanzierten Investitionen sind. Dieses Konzept soll also die zeitliche Struktur der Finanzierung von öffentlichen Investitionen der zeitlichen Struktur ihrer Erträge anpassen (pay-as-you-use-Prinzip) und so die Generationen über die Zeit hinweg gleichmäßig belasten. Dieses klassische Paradigma (mit Sonderregeln) hat sich in der deutschen Finanzverfassung niedergeschla-

---

[1] Die kritische Haltung der klassischen Nationalökonomie gegenüber der Staatsverschuldung hatte auch politische Gründe. Mit dem Steuerbewilligungsrecht hatte das Parlament dem König ein wichtiges Recht abgenommen, es war praktisch der Beginn der Demokratie. Kreditaufnahme galt daher als eine mögliche Umgehung dieses Rechts.

[2] Kriterien für die in einem außerordentlichen Haushalt durch Kreditaufnahme zu finanzierenden Ausgaben waren ihre Periodizität, Vorsehbarkeit und Produktivität oder Rentabilität.

gen¹. Seine Problematik wird im Kapitel 26.2 behandelt. Fraglich ist natürlich, ob diese intergenerative Zurechnung gelingt und insbesondere, was zu den investiven Ausgaben zu rechnen ist.

Weitere Argumente gegen diese Rechtfertigung mit der intergenerativen Lastverteilung stellen das Ricardo-Äquivalenztheorem und für Länder mit hoher verdeckter Verschuldung die bereits bestehenden Belastungen der öffentlichen Haushalte dar; beide Fälle werden unten behandelt.

b) Das keynesianische Paradigma

Aus keynesianischer Sicht soll eine kreditfinanzierte **expansive Fiskalpolitik** in rezessiven Phasen eine als zu **gering erachtete aggregierte Güternachfrage** stimulieren und zu einer höheren Auslastung der volkswirtschaftlichen Ressourcen führen. **Deficit spending**, also der Einsatz zusätzlicher kreditfinanzierter Ausgaben aus stabilisierungspolitischen Gründen, ist demnach wünschenswert und notwendig zum Ausgleich zyklischer Schwankungen der ökonomischen Aktivität.

Hierbei geht es zunächst darum, im Sinne des Modells des **zyklischen Budgetausgleichs** (**Cyclical budgeting**) in der Rezession Defizite infolge (je nach Trend absolut bzw. relativ) sinkender Steuereinnahmen und z. B. steigenden Arbeitslosengeldes in Kauf zu nehmen. Den Defiziten stehen über den Konjunkturzyklus gesehen Überschüsse gegenüber, so dass es über den Zyklus, bei normaler wirtschaftlicher Lage aber auch in einem Haushaltsjahr, zu einem Haushaltsgleichgewicht kommt. Im keynesianischen Modell **diskretionärer Finanzpolitik** sollen über diese automatisch auftretenden Wirkungen hinaus bewusst auf die gegebene Situation abzielende (ad hoc-) Veränderungen finanzpolitischer Parameter eingesetzt werden (zusätzliche Ausgabenprogramme, Kreditaufnahmen usw.).

Die keynesianische Sicht ist dem Wesen nach **kurzfristig**, d. h. es wird nicht problematisiert, welche Auswirkungen staatliche Defizite auf die Entwicklung der volkswirtschaftlichen Kapitalbildung haben. Allein der - in der Rezession - unterstellte und erwünschte expansive Effekt auf die gesamtwirtschaftliche Nachfrage dient der Rechtfertigung öffentlicher Kredite.

Bemängelt wird am keynesianischen Ansatz, dass er keine befriedigende Erklärung für die anfänglich unausgelasteten Ressourcen bietet. Es ist, so argumentieren die Kritiker, nicht ohne weiteres einzusehen, warum rationale Wirtschaftssubjekte vorhandene Einkommenserzielungspotenziale ungenutzt lassen, bzw. warum staatliche Akteure eine bessere Vorstellung über diese Potenziale haben sollen als die Privaten und diese auch politisch umsetzen (können bzw. wollen). Unterbeschäftigung mit dem Instrument der Kreditfinanzierung zu begegnen, komme daher einem „Kurieren an Symptomen" (Richter/Wiegard 1993, S. 367) gleich. Das mag zwar bisweilen kurzfristig

---

[1] Siehe Kapitel 25.2; dort wird auch die Problematik des Investitionsbegriffs weiter behandelt.

hilfreich sein, langfristig aber hat es allenfalls, so Buchanan/Wagner (1977), sozialpsychologisch begründete Vorbehalte gegen das Schuldenmachen aufgeweicht und zu einer Abkehr vom Grundsatz des jährlichen Haushaltsausgleichs geführt.

Der keynesianische Ansatz hat in der theoretischen Diskussion und in der politischen Praxis an Bedeutung verloren. Es hat sich gezeigt, dass durch Deficit spending nur in bestimmten Situationen kurzfristige konjunkturpolitische Erfolge herbeigeführt werden können (so in der Bundesrepublik 1966/67). Gegen eine Politik, die Vollbeschäftigung durch defizitfinanzierte staatliche Programme zu garantieren versucht, spricht:

- Das Deficit spending kann von Verdrängungseffekten begleitet sein, die die beabsichtigten Wirkungen konterkarieren.

- Der marktwirtschaftliche Sanktionsmechanismus, der ja gerade zu einer effizienten Ressourcenallokation führen soll, wird (weiter) außer Kraft gesetzt. Den Tarifparteien wird die Eigenverantwortung für die wirtschaftliche Entwicklung abgenommen, da die Wirkung der Sanktionskräfte des Marktes für Fehlverhalten beseitigt wird. Weder fühlen sich die Gewerkschaften an den Tatbestand gebunden, dass Vollbeschäftigung eine produktivitätsorientierte Lohnpolitik voraussetzt, noch sehen die Unternehmer die Notwendigkeit, das Risiko zu übernehmen, neue Technologien einzuführen oder neue Märkte zu erschließen. Eine als Absatz- und Beschäftigungsgarantie verstandene Politik lädt geradezu zu wirtschaftlichem Fehlverhalten ein.

- Antizyklische Finanzpolitik tendiert zur Asymmetrie bei der Anwendung. Maßnahmen zur Bekämpfung rezessiver Tendenzen bereiten politisch kaum Realisierungsschwierigkeiten. Umgekehrt ist es politisch meist außerordentlich schwierig, stimulierende Maßnahmen später wieder rückgängig zu machen, oder sie in einer Boomphase gar durch entgegengerichtete Eingriffe zu kompensieren. Dieses strukturelle Ungleichgewicht kann zur übermäßigen Ausdehnung der Staatsausgaben führen und so wachstumspolitische Spielräume beschränken.

- Die eigentlichen Ursachen von Rezessionen sind nicht immer eindeutig zu diagnostizieren, die Wirkungen der Instrumente können nicht mit Sicherheit vorausgesagt werden. Ferner muss bei der antizyklischen Politik insbesondere mit großen, nicht stabilen Verzögerungen gerechnet werden, so dass eine zeitlich richtige und vor allem richtig dosierte Gegensteuerung außerordentlich schwierig ist.

- Die Ursachen der Beschäftigungsprobleme dürften wesentlich (auch) auf der Angebotsseite liegen und bestehende Strukturprobleme gerade auch auf staatliche Eingriffe zurückzuführen sein.

c) Das neoklassische Paradigma

Im Gegensatz zum keynesianischen enthält der neoklassische (ebenso wie der ricardianische) Ansatz eine entscheidungstheoretische Fundierung des Verhaltens aller Akteure. Die intertemporale Problematik der Verschuldung legt die Verwendung von Mehrperiodenmodellen nahe. Die Individuen, deren Zeithorizont endlich ist, werden in

25. Kapitel: Theorie der Staatsverschuldung

Generationen eingeteilt, die miteinander nur lose verbunden sind. Es werden rationale Erwartungen unterstellt, d. h. den Individuen unterlaufen keine systematischen Erwartungsfehler. Sie planen den Konsum über ihren Lebenszyklus und schöpfen dabei ihr gesamtes Lebenseinkommen aus. Von Schenkungs- oder Vererbungsmotiven wird abgesehen.

Um die Wirkung einer staatlichen Kreditaufnahme in einem solchen Modellrahmen abzuleiten, wird angenommen, dass der Staat bei den gegenwärtig lebenden Generationen Steuern durch Kredite ersetzt, die von künftigen Generationen über Steuern zurückgezahlt werden sollen. Dies führt zu einer Erhöhung des Lebenskonsums der gegenwärtig lebenden Generationen, wenn angenommen wird, dass ihr Planungshorizont geringer als der Zeitraum ist, in dem die Kredite zurückgezahlt werden.

Die Erhöhung des Konsums der gegenwärtigen Generation hat bei voller Auslastung der volkswirtschaftlichen Ressourcen einen **Rückgang der Ersparnis** zur Folge. Defizite verdrängen auf diese Weise einen Teil der privaten Kapitalbildung; Investitionen und/oder Nettoexporte bleiben zurück.

Zwei Verdrängungsszenarien lassen sich unterscheiden. In einer geschlossenen Volkswirtschaft führt bei Vollbeschäftigung - außer bei vollkommen elastischem Angebot an Ersparnissen - eine Kredit- statt Steuerfinanzierung der (gegebenen) Staatsausgaben zu einem Anstieg der realen Zinssätze und dadurch zu einer **Verdrängung privater Investitionen**. In einer kleinen offenen Volkswirtschaft können anstelle der inländischen Investitionen die **Nettoexporte verdrängt** werden: Die Defizite können Zinsanhebungen auslösen, die ausländisches Kapital anlocken. Dies führt bei flexiblen Wechselkursen zu einer Aufwertung der heimischen Währung; entsprechend wird die Wettbewerbsfähigkeit inländischer Produkte auf den Weltmärkten geschwächt.

In einer kleinen offenen Volkswirtschaft braucht der Zinssatz als Folge des Defizits nicht zu steigen. Je offener die Geld- und Kreditmärkte gegenüber dem Ausland sind, um so flacher verläuft die Angebotskurve. Dem Kapitalmarkt steht dann aber auch hier notwendig ein Defizit der Leistungsbilanz gegenüber. In diesem Fall besteht kein Zusammenhang zwischen staatlichem Defizit und Zinssatz, wohl aber zwischen staatlichem Defizit und Leistungsbilanzdefizit.

Bei beiden Verdrängungsmechanismen sind die Folgen für den Lebensstandard zukünftiger Generationen die gleichen. In einer geschlossenen Volkswirtschaft hemmen Defizite die inländische Kapitalbildung, damit die Zunahme der Kapitalausstattung der Arbeitsplätze, der Arbeitsproduktivität und der Einkommen. Dies führt auf einen Wachstumspfad mit geringerer Pro-Kopf-Produktion und belastet so die künftigen Generationen. In einer offenen Volkswirtschaft bewirken Defizite eine höhere Verschuldung im Ausland; die Last der darauf später anfallenden Zinsen verringert dann das verfügbare inländische Einkommen.

Maßgeblich für die Ergebnisse ist, dass die Analyse mit der Methode der Differenzialinzidenz (Kreditaufnahme statt Steuern) bei gegebenen Staatsausgaben und deren Wirkungen erfolgt. Die Ergebnisse fallen anders aus, wenn eine Analyse zusätzlicher kreditfinanzierter Staatsausgaben mit der Methode der Budgetinzidenz vorgenommen wird. Nur im letzteren Falle stellt sich die Frage, ob etwa private Investitionen durch defizitfinanzierte staatliche Konsumausgaben, Transfers oder Investitionen ersetzt werden. Kommt es etwa zur Substitution von privatem Kapital (K^p) durch staatliches Kapital ($K^ö$) in der Produktionsfunktion $Y = f(L, K^ö, K^p)$ ist der ausgelöste Effekt unsicher, insbesondere weil das öffentliche Kapital nicht direkt auf Y wirkt.

d) Das ricardianische Paradigma

Der ricardianische Ansatz behauptet, dass sich die realen Effekte eines kreditfinanzierten staatlichen Programms bei Vollbeschäftigung nicht von denen eines steuerfinanzierten Programms unterscheiden. Steuern und Verschuldung sind vollkommen äquivalente Finanzierungsinstrumente **(Ricardo-Äquivalenztheorem)**. Insbesondere trägt ein Defizit nicht zu einer kurzfristigen Anregung von Output und Beschäftigung, steigendem Zins und Crowding-out der privaten Investitionen bei, der Steuer/Verschuldungsmix ist daher irrelevant. Warum ist das so?

Jede Ersetzung gegenwärtiger Steuern durch gegenwärtige Verschuldung macht künftige Steuern erforderlich, deren Gegenwartswert dem der Schulden entspricht. Forderungen und Verbindlichkeiten gleichen sich über die Zeit aus, das Nettovermögen, das die Ausgaben bestimmt, ist unverändert[1]. Rationale Wirtschaftssubjekte werden sich in Kenntnis dieser Äquivalenz so verhalten, wie wenn die Verschuldung nicht existiert. Sie empfinden diese wie einen Zwangskredit. Da die Defizite lediglich das timing der Staatsschuld gestalten, ergeben sich keine Wirkungen auf die ökonomische Aktivität. Die erhöhte staatliche Nachfrage nach Kapital wird - wegen gleichbleibender Staatsausgaben - durch erhöhte private Ersparnis ausgeglichen, das Kapitalangebot der privaten Investitionen ändert sich nicht. Privates und staatliches Sparen werden letztlich als perfekte Substitute angesehen. Nach dieser Theorie kann das Deficit spending Schwankungen der ökonomischen Aktivität, ausgelöst durch exogene Schwankungen privater Ersparnis oder Investitionen, nicht ausgleichen.

Der Beweis für diese Aussage wird in zwei verschiedenen Modellen geführt. Im Rahmen eines Lebenszyklusmodells mit einer unbegrenzt lebenden Generation - dargestellt durch ein repräsentatives Individuum - ändert sich die intertemporale Budgetbeschränkung durch die Alternative Steuern/Kreditaufnahme nicht. Das wahre Maß staatlicher Ressourceninanspruchnahme stellen dann die Ausgaben des Staates und nicht ihre Finanzierung dar. Höhe und Zusammensetzung der gesamtwirtschaftlichen Nachfrage werden durch die Finanzierung nicht tangiert.

---

[1] Während aus dieser Sicht die Staatsverschuldung bei den Haushalten kein Vermögen darstellt, ist sie aus keynesianischer Sicht des Steuerzahlers Vermögen, wobei gegenwärtig die künftigen Verpflichtungen unberücksichtigt bleiben. Die Verschuldung ist daher ohne Auswirkungen auf das Sparverhalten.

25. Kapitel: Theorie der Staatsverschuldung

Bei dieser Darstellung des Äquivalenztheorems wird neben der Unsterblichkeit der Wirtschaftssubjekte von einem vollkommenen Kapitalmarkt und vollkommener Voraussicht der privaten Wirtschaftssubjekte über ihre künftigen Steuerverpflichtungen in Form einer Kopfsteuer ausgegangen.

Ein privater Haushalt bezieht in Periode 1 Einkommen Y_1 und in Periode 2 mit Sicherheit Y_2. Diese Einkommen seien von der Art der Finanzierung der Staatsausgaben unabhängig gegeben. Das Vermögen am Anfang beider Perioden sei null. Die intertemporale Nutzenfunktion mit den üblichen Eigenschaften sei

(25-1) $U = U(C_1, C_2)$.

Zum Zinssatz i kann der Haushalt in beliebiger Höhe Kredite aufnehmen oder vergeben. Sämtliche Steuern T werden in Form einer Kopfsteuer erhoben. Nach Berücksichtigung einer Steuer T_1 in Periode 1 und T_2 in Periode 2 ist das verfügbare Einkommen $Y_1 - T_1$ und $Y_2 - T_2$. Der Staatshaushalt sei in beiden Perioden ausgeglichen. Die intertemporale Budgetbeschränkung ist nun

(25-2) $(1+i)C_1 + C_2 = (1+i)(Y_1 - T_1) + (Y_2 - T_2)$.

Bildet man die Lagrange-Funktion für die Nutzenfunktion unter der Einkommensbeschränkung

(25-3) $L = U(C_1, C_2) + \lambda[(1+r)(Y_1 - T_1) + (Y_2 - T_2) - (1+i)C_1 - C_2]$

und differenziert man nach C_1 und C_2, erhält man

(25-4) $\dfrac{dU/dC_1}{dU/dC_2} = 1 + i$.

Soweit der Staat nun in Periode 1 seine Ausgaben durch Kreditaufnahme finanziert, muss er in Periode 2 eine zusätzliche Steuer zur Verzinsung mit dem Zinssatz r und zur Rückzahlung der dann bestehenden Staatsschuld erheben. Für den Haushalt bedeutet dies, dass er in Periode 1 im Extremfall keine Steuer zu zahlen hat ($T_1 = 0$). In Periode 2 ist die Steuerlast hingegen $(1+i)T_1$. Seine intertemporale Budgetbeschränkung (25-3) wird somit durch die Veränderung der Finanzierung nicht tangiert.

Verändert hat sich aufgrund der Staatsverschuldung das verfügbare Einkommen der Periode 1. Da der optimale Konsum für Periode 1 aber unverändert ist, hat sich die Ersparnis in Periode 1 erhöht. Das hat zur Konsequenz, dass eine Substitution der Steuer- durch Kreditfinanzierung gegebener Staatsausgaben keinen expansiven Impuls bzw. kein Crowding-out bewirken[1].

---

[1] Dann ist auch keine erfolgreiche expansive Fiskalpolitik möglich. Wenn alle aber positive Effekte erwarten, wird die Konsumquote steigen und nicht sinken.

Ändert sich das Ergebnis, wenn man einen endlichen Zeithorizont der Wirtschaftssubjekte unterstellt? Dann reicht das Lebenszyklusmodell für ein repräsentatives Individuum nicht. Vielmehr ist ein Mehr-Generationenmodell erforderlich. In diesem Modell gleichen sich die Vermögenswerte und Schulden zwischen den Generationen nicht aus. Es sei angenommen, zwei Individuen leben genau zwei Perioden in Folge bei sich überlappenden Generationen und beziehen Nutzen nur aus ihrem eigenen Verbrauch. Vergleicht man nun Steuern und Kreditaufnahme, dann ist der Gegenwartswert der künftigen Steuerlast für die gegenwärtige Generation geringer als der Wert der Verringerung der laufenden Steuerlast. Daher scheint das Ricardo-Äquivalenztheorem bei begrenztem Zeithorizont der Wirtschaftssubjekte nicht zuzutreffen.

Barro (1974), der als Wiederentdecker des Äquivalenztheorems gilt[1], hat gezeigt, wie seine Gültigkeit auch im Mehrgenerationenmodell „gerettet" werden kann. Zentrale Annahme seines Ansatzes ist, dass aufeinanderfolgende Generationen durch freiwillige, **altruistisch motivierte Transfers** miteinander verbunden sind. Altruistische Eltern beziehen die künftigen Steuerzahlungen ihrer Nachkommen so in das eigene Nutzenkalkül ein, dass der Planungshorizont jeder Generation über die eigene Lebensdauer hinausreicht. Sie erkennen, dass die heutige Ersetzung von Steuern durch Kreditaufnahme bei gleichbleibenden Staatsausgaben künftig Steuern zur Deckung der entstehenden Finanzierungslücke erforderlich macht. Aus Sorge um den eigenen Nachwuchs bilden Eltern freiwillig so hohe Rückstellungen, dass die gegenwärtige Steuerersparnis dem Gegenwartswert künftiger Kreditdienste entspricht. Diese Steuerersparnis wird in Form einer Erbschaft an nachfolgende Generationen weitergereicht, die damit die anfallenden Kreditdienste leisten können. Die Annahme eines dynastischen Altruismus wirkt demnach so, als würde eine Generation unendlich lange leben und die künftigen Lasten der Kreditfinanzierung **voll internalisieren**. Das Modell mit begrenztem Zeithorizont geht auf diese Weise wieder über in eines mit unendlichem Horizont.

Als Nutzenfunktion eines Mitglieds der Generation t wird hierzu angenommen

(25-5) $\quad U_t = U(C_{1t}, C_{2t}, U_{t+1}^*)$,

wobei C_{1t} und C_{2t} den Verbrauch der Generation t als junge und alte Mitglieder und U_{t+1}^* den Nutzen der Generation t + 1 angeben.

Die ricardianische Neutralitätshypothese verliert allerdings ihre Gültigkeit, wenn einige stark einschränkende Annahmen fallengelassen und z. B. verzerrende Steuern in das Modell aufgenommen werden. Weitere Kritik an Barros Fassung ist, dass die Bindung zwischen den Generationen gering ist, wenn man sinkende Geburtenrate, wachsenden Anteil kinderloser Haushalte und Trennung der Generationen durch die Sozial-

---

[1] Als erster hat Ricardo diese These formuliert, dann aber verworfen, weil er glaubte, eine Staatsschuldillusion würde zu Vermögenseffekten führen. Die Gläubiger würden also die künftig anfallenden zusätzlichen Steuerzahlungen nicht „passivieren" und somit ein höheres Konsumniveau als im Falle der Steuerfinanzierung zusätzlicher Staatsausgaben wählen.

versicherung beachtet[1]. Zentrale Annahme ist aber die des Nachlassverhaltens. Üblicherweise wird hier das Axiom des eigennützigen Verhaltens als realistischer eingeschätzt. Altruistisches Verhalten ist auch insofern nicht anzunehmen, als es nicht um individuelle Vorsorge für den eigenen Nachwuchs geht. Dann besteht kein Zusammenhang zwischen gesellschaftlicher Nachlassplanung der Einzelnen und Staatsverschuldung.

e) Zusammenfassung und Erweiterungen

Es hat sich gezeigt, dass das keynesianische Argument, staatliche Defizite zur Belebung der aggregierten Nachfrage einzusetzen, weder auf einer befriedigenden theoretischen Basis beruht, noch in der Praxis zu längerfristigen Erfolgen geführt hat. Daher ist es auch wenig verwunderlich, dass der keynesianische Ansatz, der primär die Methode der Budgetinzidenz verwendet, in der Staatsschuldtheorie mittlerweile eine nachrangige Bedeutung spielt.

Der neoklassische und speziell der ricardianische Ansatz befassen sich nicht mit kurzfristigen konjunkturellen Problemen. Es geht vielmehr darum, welche langfristigen Wirkungen eine staatliche Verschuldungspolitik auf die volkswirtschaftlichen Ressourcen und die intergenerationale Einkommens- und Vermögensverteilung hat. Die Analyse fußt auf der Methode der Differenzialinzidenz, d. h. es wird gefragt, wie die Substitution einer Steuer durch Kreditaufnahme bei gegebenen Staatsausgaben wirkt.

Der neoklassische Ansatz sagt eine Verdrängung der privaten Kapitalakkumulation bzw. der Nettoexporte und eine Belastung künftiger Generationen voraus. Der ricardianische Ansatz hingegen kommt zu dem Ergebnis, dass eine solche Politik völlig neutral wirkt, d. h. keinerlei reale Effekte erzeugt[2].

Zwar könnten die Ergebnisse kaum unterschiedlicher sein. Um so bemerkenswerter ist aber, dass der ricardianische Ansatz in der Version Barros nur eine Erweiterung des neoklassischen Ansatzes ist. Durch die Einführung eines Erbschaftsmotivs kommt es zu einer vollen Internalisierung der künftigen Lasten staatlicher Defizite. Im neoklassischen Ansatz hingegen fallen Vorteile der Steuersenkung und Lasten des Kreditdienstes auseinander.

Barros Argumentation, dass die gegenwärtige sich hinreichend für die zukünftige Generation sorge, läuft Gefahr, Generationsprobleme zu verharmlosen. Noch nicht geborene (und minderjährige) Generationen können sich aber nicht selbst äußern. Es

---

[1] Weitere Beispiele sind Kapitalmarktunvollkommenheiten, Unsicherheit oder endogenes Fertilitätsverhalten.
[2] Wenn es zuträfe, dass Individuen die fiskalische Änderung durch eine Änderung des Sparverhaltens neutralisieren und so zeigen, dass Steuern politisch nicht bedeutsam für sie sind: Warum gibt es dann solche Auseinandersetzungen um die Besteuerung und Versuche, die Belastung zu verstecken?

sind die Interessen der heute lebenden (insbesondere wahlberechtigten) Generation, die die Finanzpolitik und insbesondere Verschuldungspolitik bestimmen. Dadurch treffen verschiedene Zeithorizonte der Wähler und Politiker, Alten und Jungen, Lebenden und noch nicht Geborenen aufeinander.

Barro (1979, 1986) hat gezeigt, dass aber eine kurzfristige Kreditaufnahme zum Auffangen von Schwankungen eines staatlichen Einnahmebedarfs zweckmäßig sein kann[1]. Dies führt zur **Steuerglättung (Tax smoothing)**. So kann eine Ersetzung von Steuereinnahmen durch Kredite effizienzfördernd sein, wenn die Steuern verzerrend auf das Arbeitsangebot wirken. Gleichmäßiges Erheben von Steuern mit geringeren Sätzen erzeugt dann weniger Zusatzlasten als kurzfristige Verwendung hoher Steuersätze, die Anreize zur sozial unproduktiven intertemporalen Substitution von Verbrauch und Arbeit auslösen. Steuern sollten daher über die Zeit möglichst wenig schwanken.

Beim Tax smoothing wird eine intertemporale Budgetbeschränkung zugrundegelegt, wonach der Gegenwartswert der Ausgaben und der Steuern gleich sind. Budgetsalden treten nur bei temporär besonders hohen oder niedrigen Einnahmen auf, wobei die Ausgabenentwicklung als gegeben angenommen wird. Dann ist es zweckmäßig, z.B. bei einem Haushaltsdefizit die Steuersätze nicht kurzfristig anzuheben oder später abzusenken, sondern vielmehr konstant zu halten und das gegenwärtige Defizit durch einen künftigen Überschuss auszugleichen. Die so aus der optimalen zeitlichen Verteilung der steuerlichen Zusatzlasten zu erwartenden Wohlfahrtsgewinne gegenüber der steuervariierenden Politik beruhen auf der Annahme sinkender Grenznutzen. Kreditfinanziertes Tax smoothing wird auch über den Konjunkturzyklus befürwortet, um Effizienzverluste der Besteuerung zu reduzieren, wobei das Modell des zyklischen Budgetausgleichs jetzt allokativ begründet wird. Die Politik eines kurzfristig ausgeglichenen Budgets ist demnach in der Regel suboptimal.

Versuche, gegenwärtige und künftige Generationen zu modellieren, sind immer stilisiert. Verschiedene Generationen stehen sich laufend gegenüber, und die Gruppe der Steuerzahler ändert sich jährlich. Die Entscheidung zur Kreditfinanzierung wird aber in einem diskreten Punkt durch eine Gruppe nicht duplizierbarer Wirtschaftssubjekte getroffen. Selbst wenn man annimmt, dass der Staat vollkommen perfekt auf Mehrheitspräferenzen reagiert, sind die Individuen, die künftig Steuern für den Schuldendienst leisten, nicht identisch mit denen, die die Kreditfinanzierungsentscheidungen treffen. Es wird also immer einige geben, die bei Kredit- schlechter als bei Steuerfinanzierung gestellt werden - unabhängig von der Länge der Generation.

---

[1] Dieses Argument ist schon in der älteren finanzwissenschaftlichen Literatur unter dem Begriff der aperiodischen oder außergewöhnlichen Ausgaben verwendet worden, zu deren Finanzierung das kurzfristige Heraufsetzen und spätere Absenken der Steuersätze nicht sinnvoll sei (vgl. Zimmermann 1999, S. 164).

2. Finanzwirtschaftliche Langzeitfolgen der Staatsverschuldung

a) Problemstellung

Die öffentliche Verschuldung ist selbst nach fiskalischen Gesichtspunkten zwiespältig zu beurteilen: Sie stellt zwar in der Periode der Kreditaufnahme eine Einnahme dar. Allerdings handelt es sich nur um eine vorläufige Einnahme, der spätere Zins- und Tilgungsverpflichtungen folgen. Kreditaufnahme stellt mithin nur eine zeitliche Verschiebung der Steuerbelastung auf spätere Perioden dar. Daher drängt sich die Frage auf, ob der durch eine fortgesetzte staatliche Nettoneuverschuldung dem Staat kurzfristig gewonnene zusätzliche **Ausgaben- und Handlungsspielraum** langfristig nicht wieder verlorengeht und sich sogar in sein Gegenteil verkehrt.

Der durch Kreditaufnahme entstehende zusätzliche Ausgabenspielraum (Haushaltsnettobeitrag) einer Periode ergibt sich als Differenz zwischen Nettoneuverschuldung und Zinszahlungen des Staates. Solange diese Differenz positiv ist, führt die Verschuldung zu einem positiven Haushaltsnettobeitrag, ist sie hingegen negativ, verkürzen frühere Schulden seinen Ausgabenspielraum.

b) Das Modell von Domar

Der Vorgang der Staatsverschuldung kann als ein dynamischer Prozess aufgefasst werden, bei dem durch die Nettokreditaufnahme die Staatsschuld dem absoluten Betrage nach steigt. Von der Staatsschuld wiederum hängen Zins- und Tilgungsverpflichtungen ab. Für die Entwicklung des Haushaltsnettobeitrags kommt es offenbar darauf an, in welcher Weise sich Kreditaufnahme und Schuldendienst im Verlaufe dieses Prozesses verändern.

Zur Analyse der finanzwirtschaftlichen Langzeitfolgen einer dauerhaften öffentlichen Neuverschuldung wird, zumindest vom Ansatz her, auch heute noch ein Modell von Domar (1944) verwendet. So hat sich etwa der Sachverständigenrat in seinen Stellungnahmen zur Staatsverschuldung wiederholt an das Modell angelehnt.

Der Ansatz von Domar fußt auf zwei einfachen Modellgleichungen. Zunächst wird angenommen, dass sich der Staat in jeder Periode im festen Verhältnis zum (Inlands- bzw.) Sozialprodukt verschuldet:

(25-6) $\quad \dot{D}(t) = \alpha Y(t).$

$\dot{D}(t)$ stellt darin die (Netto-)Kreditaufnahme[1] der Periode t dar (der Punkt über der Variablen bezeichnet die Ableitung nach der Zeit: dD/dt), α die **konstante** (Netto-)Kreditaufnahmequote und $Y(t)$ das Sozialprodukt.

---

[1] Im Folgenden wird auf „netto" verzichtet.

Weiterhin wird unterstellt, dass das Sozialprodukt mit **konstanter Rate n** wächst, so dass gilt:[1]

(25-7) $\quad Y(t) = Y_0 e^{nt}$,

worin Y_0 das Sozialprodukt in der Periode 0 angibt. Wird Y(t) in (25-6) mit Hilfe von (25-7) ersetzt, ergibt sich die kumulierte Staatsschuld in der Periode t, D(t), als:

(25-8)
$$D(t) = D_0 + \alpha Y_0 \int_0^t e^{nt} dt$$
$$= D_0 + \frac{\alpha}{n} Y_0 (e^{nt} - 1),$$

worin D_0 die Staatsschuld zum Zeitpunkt 0 ist. Die Schuldenstandsquote lautet dann unter Berücksichtigung von (25-7) und (25-8):

(25-9) $\quad \dfrac{D(t)}{Y(t)} = \left(\dfrac{D_0}{Y_0} - \dfrac{\alpha}{n} \right) e^{-nt} + \dfrac{\alpha}{n}.$

Langfristig konvergiert die Schuldenstandsquote gegen einen festen Grenzwert; für t → ∞ gilt nämlich:

(25-10) $\quad \lim\limits_{t \to \infty} \dfrac{D(t)}{Y(t)} = \dfrac{\alpha}{n}.$

Als erstes wichtiges Ergebnis des Domar-Modells kann demnach festgehalten werden, dass eine fortwährende, zum Sozialprodukt proportionale öffentliche Kreditaufnahme nicht zu einem ungehemmten Wachstum der Schuldenstandsquote führt, wenn das Sozialprodukt seinerseits mit konstanter Rate zunimmt.

Die Relation von Zinsausgaben zu Sozialprodukt einer Periode, iD(t) / Y(t), mit i als dem annahmegemäß konstanten Zinssatz auf die Staatsschuld, konvergiert ebenfalls gegen einen konstanten Grenzwert[2]:

(25-11) $\quad \lim\limits_{t \to \infty} \dfrac{i D(t)}{Y(t)} = \dfrac{i \alpha}{n}.$

Mit Hilfe der Beziehung (25-11) kann eine erste Antwort auf die Frage nach der langfristigen Entwicklung des Ausgabenspielraums, der sich durch eine fortgesetzte

---

[1] Domar selbst hat ferner die Fälle Nullwachstum und Wachstum mit konstanten absoluten Beträgen untersucht.
[2] Meist werden statt eines Nominalzinses i der Realzins und die reale Wachstumsrate des Sozialprodukts verwendet. Es macht allerdings im theoretischen Modell keinen Unterschied, ob man beide Größen nominell oder real verwendet, insbesondere wenn der gleiche Deflator gewählt wird.

staatliche Kreditaufnahme ergibt, gegeben werden. Solange der Zinsendienst einer Periode hinter der staatlichen Kreditaufnahme zurückbleibt, entsteht zusätzlicher Ausgabenspielraum. Der Anteil der staatlichen Kreditaufnahme am Sozialprodukt beträgt im Domar-Modell α, und der langfristige Anteil des Zinsendienstes am Sozialprodukt $i\alpha / n$. Im Domar-Modell führt eine dauerhafte öffentliche Nettoneuverschuldung daher dann zu einem langfristig höheren staatlichen Ausgabenspielraum, wenn:

(25-12) $n > i$.

Dieses auf den ersten Blick optimistisch anmutende Ergebnis sollte freilich nicht zu der Auffassung verführen, das Instrument der Verschuldung könne bedenkenlos zur Finanzierung der staatlichen Ausgabenpolitik herangezogen werden. Zunächst ist die Beziehung $n > i$ keineswegs selbstverständlich. Beide Größen sind im Domar-Modell exogen. Man erfährt nichts darüber, wie sie zustande kommen; und schon gar nicht, ob nicht die permanente Verschuldung diese Größen beeinflusst. So kann etwa die zunehmende Staatsverschuldung langfristig eine Zinserhöhung bewirken und über sinkende private Investitionen die Wachstumsrate des Produktionspotenzials beeinflussen. Aber auch andere theoretische Argumente lassen es fraglich erscheinen, dass $n > i$ dauerhaft realisierbar ist. Beide Größen sind weitgehend nicht steuerbar und für die meisten OECD-Länder galt im letzten Jahrzehnt eher $n < i$.

Der entscheidende Beitrag des Domar-Modells liegt darin, die **Bedeutung von Wachstumsrate und Zinssatz** für die haushaltspolitischen Langzeitfolgen fortgesetzter staatlicher Kreditaufnahme herauszustellen. Nicht der Umstand, dass der absolute Schuldenstand bzw. die absolute Zinslast im Laufe der Zeit über alle Grenzen wächst, ist für die Abschätzung der Langzeitfolgen relevant, sondern die Entwicklung dieser Größe in Relation zum Wachstum des Sozialprodukts.

Soll vorübergehend eine steigende Verschuldung und Zinsbelastungsquoten zugelassen werden, sind später die Bildung größerer Haushaltsnettobeträge, ein höheres Wachstum oder sinkende Zinsen erforderlich. Die Bedingungen liegen außerhalb des Domar-Modells.

c) Dauerhafte Traglasten

Die vorgetragene Problematik wird unter dem Begriff „Sustainability", der dauerhaften Tragbarkeit der Verschuldung, wieder aufgegriffen. Hier wird gefragt, ob die gegenwärtige Haushaltspolitik unbegrenzt fortgesetzt werden kann oder Steuererhöhungen und/oder Ausgabenkürzungen zur Sanierung der Staatsfinanzen unvermeidlich sind. Eine Haushaltspolitik gilt im Anschluss an Blanchard (1990) als **tragbar**, wenn die Schudenstandsquote im Zeitablauf stabilisiert wird.

Ausgangspunkt ist zunächst der enge Zusammenhang zwischen Defizit- und Schuldenquote[1]. Die Budgetbeschränkung ist

(25-13) $G_t + iD_{t-1} - T_t = \dot{D}$,

wobei G die staatlichen Ausgaben für Sachgüter, Dienstleistungen und Transfers, D den Schuldenstand, i den Zinssatz und T die Steuereinnahmen bezeichnen. Die Veränderung des Schuldenstandes ist

(25-14) $\dot{D} = D_t - D_{t-1}$.

Setzt man (25-14) in (25-13) ein, erhält man

(25-15) $D_t = (G_t - T_t) + (1+i)D_{t-1}$.

Demnach ist die öffentliche Verschuldung durch das **Primärdefizit** (laufende Ausgaben ohne Zinszahlungen minus laufende Einnahmen) und den Schuldendienst bestimmt. Wachstum ist für die Finanzierbarkeit der öffentlichen Schuld bedeutsam. Berücksichtigt man eine wachsende Wirtschaft, erhält man für das Bruttoinlandsprodukt der Periode t

(25-16) $Y_t = (1+n)Y_{t-1}$.

Teilt man (25-15) durch (25-16) ergibt sich

(25-17) $\dfrac{D_t}{Y_t} = \dfrac{G_t - T_t}{Y_t} + \dfrac{(1+i)D_{t-1}}{(1+n)Y_{t-1}}$.

Ersetzt man die Quotienten durch kleine Buchstaben (beispielsweise $D_t/Y_t = d_t$) ergibt sich

(25-18) $d_t = (g_t - \tau_t)\dfrac{1+i}{1+n}d_{t-1}$.

Für hinreichend kleine Werte von i und n lässt sich $(1+i)/(1+n)$ durch $(1+i-n)$ approximieren. Es ergibt sich die dynamische Budgetgleichung

(25-19) $d_t = (g_t - \tau_t) + (1+i-n)d_{t-1}$.

Durch Umstellen der Ausdrücke erhält man

(25-20) $d_t - d_{t-1} = \dot{d} = (g - t - \tau_t) + (i-n)b_{t-1}$

---

[1] Vgl. zum Folgenden Lesch 1993, S. 54 ff.

Die Veränderung der Schuldenstandsquote wird durch die Primärdefizitquote ($g_t - \tau_t$) und dem Produkt aus der Differenz ($i - n$) und der Ausgangsschuldquote bestimmt. Die Primärdefizitquote und die Zinsendienstquote ib_{t-1} ergeben zusammen die Defizitquote d_t. Für das Verhältnis der Änderung der Schuldenquote und der Defizitquote folgt:

(25-21) $\quad \dot{d} = d_t - nd_{t-1}$.

Der Anstieg der Defizitquote führt nicht automatisch zu einem Anstieg der Schuldenstandsquote.

Um die Schuldenquote konstant zu halten ($\dot{d} = 0$), folgt aus (25-20) die Beziehung

(25-28) $\quad \tau_t - g_t = (i - n)d_{t-1}$.

Demnach ist zur Stabilisierung der Schuldenquote eine Primärüberschussquote erforderlich, wenn $i > n$. Eine stabile Schuldenstandsquote wird als tragbar bezeichnet, weil sie die Zahlungsfähigkeit des Schuldners signalisiert. Das Problem ist demnach nicht die bestehende Verschuldung, sondern ein wachsender Anteil der Schulden am Bruttoinlandsprodukt. Die Differenz aus dem tatsächlichen Primärdefizit und dem zur Stabilisierung der Schuldenstandsquote notwendigen Primärdefizit wird als Budgetlücke bezeichnet. Sie gibt an, um wie viel Prozent die Primärdefizitquote reduziert werden muss, damit die Schuldenquote stabilisiert wird.

3. Interpersonelle Verteilungswirkungen

Neben den oben dargestellten intergenerativen bzw. intertemporalen Umverteilungseffekten der staatlichen Kreditfinanzierung können auch intragenerative Umverteilungseffekte von Interesse sein. Es geht hierbei um die Frage, ob die Staatsverschuldung systematisch einzelne Einkommensgruppen begünstigt bzw. benachteiligt.

Bis Ende der 60er Jahre war der sog. **Transferansatz** zumindest innerhalb der deutschen wirtschaftswissenschaftlichen Diskussion verbreitet. In der politischen Auseinandersetzung genießt er heute noch eine gewisse Popularität. Der Transferansatz behauptet **unsoziale Verteilungswirkungen** der Staatsverschuldung. Er beruht auf zwei Prämissen:
- fast ausschließlich die oberen Einkommensgruppen halten Staatsschuldtitel und beziehen die Zinserträge;
- die Finanzierung des Zinsendienstes durch Steuern ist von allen Einkommensgruppen zu leisten.

Unter diesen Voraussetzungen soll ein Transfer von den zinsenfinanzierenden Steuerzahlern zu den Zinsempfängern stattfinden. Der Transferansatz spielt allerdings in der theoretischen Diskussion keine Rolle mehr, nachdem einige immanente Trugschlüsse herausgearbeitet wurden. Die Kritikansätze beruhen auf der Differenzialinzidenz der Verschuldung; es wird also gefragt, welche Verteilungswirkungen eine Substitution von Steuereinnahmen durch Kredite bei gleichbleibenden Einnahmen hervorruft. Es geht dann darum, wie die Verteilung der Traglast der Steuern ist, „die die Gesamtheit der Steuerzahler durch die Anleihe vermeidet, im Vergleich zur Verteilung der fiskalischen Apostrophvermeidungskosten in Form der Steuern für den Zinsendienst während des Schuldenstandes?" (Andel 1969, S. 73). Zu vergleichen sind also die Inzidenz einer Steuer mit der Inzidenz einer anderen Steuer, die erhoben werden muss, um den Zinsendienst zu bedienen. Unter diesem Aspekt sind die genannten „unsozialen" Verteilungswirkungen fragwürdig; Andel (1976, S. 22) sieht kaum eine Möglichkeit, auf die von ihm formulierte Fragestellung in einer konkreten Situation eine Antwort zu geben.

Gandenberger (1970) hat einen weiteren Trugschluss des Transferansatzes herausgearbeitet. Er verweist darauf, dass Zinseinkommen nicht deshalb entstehen, weil der öffentliche Sektor Staatsschuldpapiere emittiert; Zinseinkommen sind das Resultat einer freiwilligen Sparentscheidung. Hätte der Staat seine Ausgaben statt mit Krediten mit Steuern finanziert, wären andere Anlagen getätigt worden, um Zinseinkommen zu realisieren. Zudem ist zu beachten, dass die Banken und nicht die privaten Haushalte Hauptgläubiger des Staates sind.

Ein Verteilungseffekt der Staatsverschuldung zugunsten der Zinsempfänger entsteht allerdings dann, wenn die Staatsschuld zu einem höheren Kapitalmarktzins führt. Ein höherer Kapitalmarktzinssatz impliziert freilich eine sich ändernde Kapitalausstattung der Wirtschaft, die wiederum weitere Einkommenskomponenten wie z. B. die Lohneinkommen beeinflusst. Eine Analyse der Verteilungswirkungen der Staatsverschuldung muss daher genau genommen alle makroökonomischen Rückkoppelungen berücksichtigen. Dabei müssen alle Einkommenskomponenten – Arbeitnehmerentgelte, Selbständigeneinkommen, Kapitaleinkommen – sowie die Entwicklung staatlicher Transfers und der Steuern infolge einer Kreditaufnahme in die Analyse einbezogen werden. Eine solche umfassende Analyse ist bisher allerdings nicht verfügbar.

Welche intragenerativen Verteilungswirkungen die Staatsverschuldung hat, muss daher, nachdem der Transferansatz keine in sich konsistente Antwort zu liefern vermag, bis auf weiteres offen bleiben.

4. Verschiedene Begriffe der Last der Verschuldung

Besonders in den 50er Jahren gab es heftige Diskussionen über die Frage, ob die Finanzierungslast der Ausgaben durch öffentliche Kredite auf künftige Generationen verschoben werden kann. Dabei wurden verschiedene Lastbegriffe verwendet, die eine vergleichende Bewertung erschweren:

- **Last als Entzug von Ressourcen aus privater Verwendung** (Lerner). Bei Vollbeschäftigung und geschlossener Volkswirtschaft müssen zusätzliche Staatsausgaben unabhängig von der Art der Finanzierung zu Einschränkungen des privaten Ressourcenverkehrs führen; eine Verschiebung der Last auf die Zukunft ist trotz des künftigen

Schuldendienstes nicht möglich (Ausnahme in der offenen Volkswirtschaft: Kreditaufnahme im Ausland). Bei Unterbeschäftigung tritt ein Verzicht auf privaten Ressourcenverkehr allerdings dann nicht ein, wenn die Schuldenfinanzierung sonst brachliegende Ressourcen einer produktiven Verwendung zuführt. Demgegenüber könnte eine Steuerfinanzierung die privaten Konsum- und Investitionstätigkeiten beeinträchtigen und somit die Gegenwart belasten. Bei konstantem Zins (was unter Umständen eine entsprechende Geldpolitik erforderlich macht) sind diese Effekte nicht zu erwarten.

- **Last als Verringerung der privaten Investitionen.** Diese Interpretation liegt den Klassikern (Ricardo u. a.) zugrunde. Der an die Zukunft weitergegebene Kapitalstock wird durch Verschuldung verringert, was die späteren Generationen beeinträchtigt.
- **Last als Verringerung des privaten Verbrauchs.** Hier stellt sich die Frage, ob durch die Kredit- statt Steuerfinanzierung der gegenwärtige oder künftige private Verbrauch betroffen ist.
- **Last als individuelle Nutzeneinbuße** (Buchanan). Von Last kann nach dieser Auffassung nur gesprochen werden, wenn Individuen durch die Staatsverschuldung eine Nutzeneinbuße erleiden. Die Individuen empfinden aber in der Gegenwart keine Last durch die Staatsverschuldung, denn sie stellen dem Staat die Kreditmittel freiwillig zur Verfügung. Die künftigen Steuerzahler tragen hingegen die Last, denn sie erleiden die Nutzeneinbuße aus zusätzlichen Steuern zur Finanzierung des Schuldendienstes. Diese Nutzeneinbuße darf allerdings nicht gegen die Zinseinkünfte der Staatsgläubiger aufgerechnet werden, deren Zinseinkünfte die Folge ihrer Vermögensanlagen sind.
- **Last als Beeinträchtigung des gesamtwirtschaftlichen Wachstums** (Musgrave, Modigliani). Hier stellt sich die Frage, ob die jeweilige Finanzierungsalternative die Investitionen negativ tangiert. Ist dies der Fall, so werden (wie bei den Klassikern) die zukünftigen Generationen wegen eines geringer weiter gegebenen Kapitalstocks betroffen.

5. Verdeckte Formen der Verschuldung

Wenn mit Staatsverschuldung eine Last verbunden ist, so besteht diese in einer Nutzeneinbuße oder einer Verringerung der privat verfügbaren Ressourcen jetzt und/oder künftig bzw. bei der gegenwärtig lebenden oder bei künftigen Generationen. Unter diesem Aspekt gibt es aber auch verdeckte Formen der Verschuldung. So sind bei umlagefinanzierten Transfersystemen künftige staatliche Verbindlichkeiten programmiert. In der gesetzlichen Rentenversicherung wird - bei Erhalt des Systems - den künftigen Generationen eine infolge geringer werdender Geburtenraten und steigender Lebenserwartung nicht zu bewältigende Finanzierungslast auferlegt. Es müssen immer weniger Beitragszahler für immer mehr Rentner aufkommen, ohne dass ein entsprechender Ausgleich durch gestiegenen Kapitalbestand und erhöhte Arbeitsproduktivität gegeben ist. Mit der Etablierung solcher Umverteilungssysteme werden Entscheidungen auf Rechnung Dritter getroffen. Sie lassen sich nur durch kapitalbildende Versicherungssysteme vermeiden. Das gilt auch für die jüngst eingeführte Pflegeversicherung, die es erlaubt, Ausgaben aus dem Stand heraus zu erlaubt, Ausgaben aus dem Stand heraus zu tätigen, die eigentlichen Belastungen aber aufzuschieben.

Literatur zum 25. Kapitel

Einführungen in die Problematik der Verschuldung geben Duwendag (1983) und Hansmeyer (1984). Überblicke finden sich bei Gandenberger (1980, 1981) sowie Richter/Wiegard (1994).

Einen kurzen Überblick zur Entwicklung der Verschuldungstheorie von der Klassik, dem „Finanzklassizismus" mit Verschuldungsgrundsätzen bis zu keynesianischen Aspekten gibt Andel (1986).

Eine Darstellung des keynesianischen Ansatzes liefert Pätzold (1989).

Für eine umfangreiche Analyse der allokativen, insbesondere intergenerativen Verteilungswirkungen der Staatsverschuldung siehe Huber (1990) und Kitterer (1988).

Der ricardianische Ansatz wird bei Barro (1989) und umfassend bei Seater (1993) diskutiert; siehe auch Grassle (1984).

Zu den Langzeitfolgen der Staatsverschuldung empfiehlt sich ein Studium der Originalliteratur bei Domar (1944), deutsch in Nowotny (1979); siehe ferner Mückl (1981, 1983) und Gschwendter (1981).

Zum Transferansatz siehe Andel (1969, 1976), Gandenberger (1970, 1979) und Kurz (1984).

26. Kapitel
Politische Ökonomie der Staatsverschuldung

I. Politische Bestimmungsgründe der Staatsverschuldung

Eine wichtige Aufgabe ist es, die **fortgesetzte Staatsverschuldung** in den westlichen Industrieländern zu erklären. Ein möglicher Erklärungsansatz wird durch die Berücksichtigung **politischer und institutioneller Faktoren** eröffnet.

Es ist ein konstitutives Merkmal repräsentativer Demokratien, dass sich Regierungen in bestimmten Zeitabständen zur Wahl stellen müssen. Entscheidungen lassen sich in erster Linie durchsetzen, wenn man die Regierung bildet und im Amt ist. Daher ist die **Sicherung der Macht** eine wichtige Aufgabe aus der Sicht der Regierung. Hierzu muss sie eine Mehrheit unter den Wählern erzielen. Mit der Kreditfinanzierung steht der Regierung ein Instrument zur Verfügung, mit dessen Hilfe sich die intertemporale staatliche Budgetrestriktion in einer für den Bürger schwer zu durchschauenden Weise gestalten lässt. Staatliche Kreditfinanzierung der Ausgaben eröffnet die Möglichkeit, an einzelne Bürger **zurechenbare Vergünstigungen** zu geben, deren **Finanzierung** aber **unzurechenbar** für den Einzelnen **und zeitlich versetzt** erfolgen kann. Damit liegt hier eine Alternative vor, die weniger Stimmenverluste erwarten lässt als Steuererhöhungen oder Ausgabeneinsparungen.

Bezeichnenderweise sind in demokratisch regierten Industrienationen zwei Größen unaufhörlich gestiegen: die **merklichen Ausgaben** und die **unmerklichen Einnahmen**[1]. Man kann daher erwarten, dass eine an der Sicherung der Macht orientierte Regierung kurz vor Wahlterminen die merklichen Ausgaben anheben wird, um Wählerstimmen zu gewinnen, und dass diese Leistungen mit unmerklichen Einnahmen (vorzugsweise Staatsverschuldung) finanziert werden. Auf diese Weise kann die öffentliche Kreditaufnahme zu Zwecken des politischen Machterhalts genutzt werden (v. Weizsäcker 1992).

Mit Hilfe der öffentlichen Kreditaufnahme können die Staatsausgaben heute erhöht, gleichzeitig aber die Kosten der zusätzlichen Wohltaten jenen zugeschoben werden, die für die heutige Regierung als Wähler keine Rolle spielen. Insofern wird auch keynesianische Stabilisierungspolitik für gefährlich, weil asymmetrisch gehalten. Politiker gehen zwar Defizite in Rezessionen ein, führen aber in Aufschwung- und Boomphasen keine Überschüsse herbei.

Für den Wahlerfolg dieser Finanzierung ist es notwendig, dass die Bürger unter **Fiskalillusion** leiden, also den Nutzen der laufenden Ausgaben eines kreditfinanzier-

---

[1] Merkliche Ausgaben sind Ausgaben mit einer unmittelbar spürbaren Wirkung, wie z. B. Finanzhilfen an Unternehmen oder direkte Transfers an private Haushalte. Zu den (für die in der Regel eigentlich Belasteten) unmerklichen Einnahmearten zählen die indirekte Besteuerung (Verbrauchsteuern) sowie die Staatsverschuldung.

ten Programms überschätzen und die künftigen Belastungen nicht erkennen[1]. Es fehlt an ausreichenden Informationen über mögliche spätere Belastungen, deren Verteilung unbekannt ist und die von Wachstum und Zins abhängen. Es fehlt auch am Interesse an diesen Informationen. So erscheinen Kredite als das geringere Übel im Vergleich zur sofortigen Steueranhebung. Hierbei können institutionelle Aspekte, das sind insbesondere alle verfassungsmäßigen und haushaltsrechtlichen Regeln, von Bedeutung sein (Buchanan/Wagner 1977); so wird die Fiskalillusion durch die kurzfristige Haushaltsplanung sowie die Bildung unübersichtlicher Nebenhaushalte und Fonds gefördert.

Die „illusionierten" heutigen Wähler bestrafen also nicht die Politiker für dieses Verhalten. Diejenigen aber, die die Zins- und Tilgungslasten der gegenwärtigen Schuldenpolitik zu tragen haben, haben hinsichtlich der Gegenwart verzerrte soziale Präferenzen oder sind heute noch nicht wahlberechtigt (unter Umständen auch noch nicht geboren).

Zu den institutionellen Faktoren, die einen weiteren Einfluss nichtökonomischer Art bilden, rechnet z. B. das **Parteiensystem**. In jeder repräsentativen Demokratie haben Parteien maßgebenden Anteil an der politischen Willensbildung. Sie gestalten das politische Bewusstsein der Staatsbürger mit, wirken auf die öffentliche Meinung ein und stellen die Regierung. Im Rahmen der Verfassungsordnung müssen Parteien in ihren Entscheidungen frei und voneinander unabhängig sein. Doch scheinen die Beschlüsse (insbesondere in Mehrparteien-Koalitionen) auf dem Rücken der Staatsverschuldung ausgetragen zu werden. Dazu einige empirische Beobachtungen[2]:

• Je größer die Zahl und/oder die Polarisierung der Parteien in einer Regierungskoalition ist, desto größer ist die Verschuldungsneigung.

• Je wahrscheinlicher die Abwahl der amtierenden Regierung ist, desto größer ist ihr Hang zur Kreditfinanzierung staatlicher Leistungen.

• Je kürzer die durchschnittliche Amtszeit einer Regierung ist, desto größer werden die eingegangenen Defizite.

Wie lässt sich das erklären? Die Koalitionspartner mögen zwar grundsätzlich für Budgetkürzungen anstelle von Haushaltsdefiziten eintreten; dies darf aber nicht den eigenen Budgetanteil der jeweiligen Koalitionspartner bzw. der von ihren Mitgliedern verwalteten Ministerien betreffen. Ohne Anreize und Mechanismen zu einer kooperativen Lösung dieses fundamentalen **Gefangenen-Dilemmas** sind nur nichtkooperative Lösungen zu erwarten. Sie bestehen einfach darin, das Budget an keiner Stelle zu kürzen. Dieses Ergebnis ist um so wahrscheinlicher, je schwieriger der Einigungsprozess ist; und der Einigungsprozess ist natürlich in der Tat um so schwieriger, je größer die Polarisierung innerhalb einer Koalition, je wahrscheinlicher eine baldige Abwahl und je größer die Zahl der Koalitionspartner sind. Haushaltsdefizite und

---

[1] Die Erzeugung von Illusionen ist regelmäßiger Bestandteil in den Handlungen der politischen Entscheidungsträger (Buchanan 1967, S. 126 ff.).
[2] Siehe Roubini/Sachs 1989.

wachsende Schuldenberge sind daher auch ein Ergebnis der Schwierigkeiten des politischen Managements in Koalitionsregierungen.

Mit zunehmender Zahl der Akteure, vertretenen Interessen, aber auch Institutionen und Wahlhäufigkeiten nimmt die Wahrscheinlichkeit einer höheren Staatsverschuldung zu. Diese Bedingungen sind gerade in föderalen Systemen gegeben. Und hier können institutionelle und insbesondere Verfassungsregeln zu einer Ausdehnung der Staatsaktivitäten, insbesondere -verschuldung beitragen. So begünstigt Art. 106 GG bei den Auseinandersetzungen über die Umsatzsteuerverteilung zwischen Bund und Ländern die sich relativ stärker verschuldende Ebene.

Politiker neigen dazu, längerfristige Risiken zu unterschätzen oder zu verdrängen. Dies wird tendenziell unterstützt durch das Verhalten der Wähler, die, soweit sie Steuerzahler sind, Steuer- und Kreditaufnahme nicht als gleichwertige Alternativen ansehen. Es kann auch zu intergenerativen Umverteilungen über den Wahlmechanismus kommen. Nur die gegenwärtige Generation kann abstimmen. Sie kann für Politiken stimmen, die künftigen Generationen Steuerbelastungen auferlegen. Dies kann allerdings durch altruistisches Verhalten gegenüber den nächsten Generationen beschränkt werden.

Ein weiterer politökonomischer Ansatz stellt auf die Beziehungen zwischen verschiedenen Regierungen ab. Verschuldung heute belastet künftige Regierungen und kann auch als Instrument gesehen werden, deren Entscheidungen einzuengen[1]. Finanzpolitische Strategien müssen also bei Unsicherheit über das Wahlverhalten eingesetzt werden. Eine Regierung, die sicher sein kann, dauerhaft im Amt zu bleiben, würde die längerfristigen finanziellen Lasten ihrer Politik vollständig berücksichtigen. Wenn aber eine hohe Wahrscheinlichkeit der Abwahl besteht, und eine neue Regierung möglicherweise eine andere Politik als die gegenwärtige Regierung verfolgen will, kann letztere versuchen, durch heutige Kreditaufnahme und darüber hinaus durch die Wahl der Verschuldungsbedingungen (Fristigkeit usw.) den Handlungsspielraum künftiger Regierungen einzuengen[2]. Die Gefahr besteht allerdings auch, dass der eigene künftige Spielraum eingeschränkt wird, wenn die Wahl doch gewonnen wird.

Es spricht einiges also dafür, dass es in demokratisch organisierten Gesellschaften zu einer permanenten Nettoneuverschuldung kommt. Dann drängt sich natürlich die Frage auf, wie Regierungen daran gehindert werden können, das Instrument der Staatsverschuldung für ihre Machterhaltungsinteressen zu missbrauchen. Gesetzliche bzw. verfassungsrechtliche Regelungen, an denen Regierungen ihre Haushaltsentscheidungen orientieren müssen, könnten hier Schranken setzen. Im nächsten Abschnitt werden solche Regelungen dargestellt.

---

[1] Siehe Persson/Svensson (1989) sowie Alesina/Tabellini (1990).
[2] In welcher Weise Kreditfinanzierung künftige Handlungsspielräume beeinflusst, wurde im 23. Kapitel dargestellt.

2. Verfassungsrechtliche und gesetzliche Grenzen der Staatsverschuldung

a) Die Begrenzungen der Verfassung

In Deutschland verlangt das Grundgesetz, dass der Haushaltsplan in Einnahmen und Ausgaben ausgeglichen ist. Für den Fall der Kreditaufnahme, für den also kein materieller Haushaltsausgleich gegeben ist, verlangt die Verfassung allerdings eine Begründung und zieht Grenzen (Art. 115 Abs. 1 GG): „Die Einnahmen aus Krediten dürfen die Summe der im Haushaltsplan veranschlagten Ausgaben für Investitionen nicht überschreiten; Ausnahmen sind nur zulässig zur Abwehr einer Störung des gesamtwirtschaftlichen Gleichgewichts."

Hinter dieser rechtlichen Regelung, im gesamtwirtschaftlichen Gleichgewicht die Nettoneuverschuldung auf den Umfang der öffentlichen Investitionsausgaben zu begrenzen, steckt die oben geschilderte Auffassung gesunder Haushaltsführung. Haushalte wären ohne Investitionen nichtkreditär auszugleichen. Staatliche Kreditaufnahme erzeugt Lasten für die nachfolgenden Generationen. Sie können aber dann akzeptiert werden, wenn öffentliche Investitionen vorliegen, die zu künftigen Erträgen führen und so diese Last neutralisieren. Es gilt daher, die zeitliche Struktur der Finanzierung dieser Investitionen die der zeitlichen Struktur der Erträge anzupassen.

Die Konzeption klingt einfach, Kreditfinanzierung nur für öffentliche Ausgaben zuzulassen, die Investitionen darstellen, hingegen eine Verschuldung für Konsumzwecke zu untersagen. Wichtig ist, ob die Regelung des Art. 115 so eindeutig ist, dass Umgehungen weitgehend ausgeschlossen sind. Bereits der Begriff „Ausgaben für Investitionen" lässt breite Interpretationsspielräume zu. Rechtlich werden Investitionen als Sachinvestitionen verstanden, das sind Ausgaben für die Beschaffung von Anlagen und langlebigen Gütern außerhalb des Verteidigungsbereichs. Nicht gemeint sind also Forschungs- und Entwicklungsausgaben, obwohl sie genauso ertragbringend sein können. Daher ist zu fragen, ob mit der Beschränkung auf Sachinvestitionen tatsächlich eine überzeugende Beziehung zwischen zukunftswirksamen Leistungen und Gegenwartsbelastungen hergestellt wird, wobei auch die Problematik der Folgekosten von Bedeutung sein kann. In jeder Abgrenzung ferner zu prüfen, ob öffentliche Investitionen immer hinreichend rentabel oder produktiv sind. Die in der Praxis zu findenden Investitionsruinen und Fehlplanungen lassen Zweifel an der Sinnhaftigkeit dieser Grenze aufkommen und allenfalls den Schluss zu: je enger die Grenzen gezogen werden, umso besser.

Der Versuch, solche Ausgaben zu bestimmen, aus denen künftig Erträge fließen, die daher als „rentierlich" angesehen werden können, ist also schwierig[1,2]. Das privatwirt-

---

[1] Der Sachverständigenrat zur Begutachtung der gesamtwirtschaftlichen Entwicklung stellt seit dem JG 1994/95 (Tz. 178 ff.) auf diesen Gesichtspunkt ab. Er hält eine auf „wirtschaftsnahe" Nettobauinvestitionen bestimmter Haushaltsbereiche (darunter Bildung, Wissenschaft, Forschung, Raumordnung, Energie- und Wasserwirtschaft, Straßenbau) bezogene dauerhafte Kreditfinanzierung für zulässig.

[2] So ist die Frage gestellt worden, ob die Ausgaben für die deutsche Einheit als öffentliche Investitionen im Sinne des Art. 115 GG angesehen und folglich mit Krediten finanziert werden

26. Kapitel: Politische Ökonomie der Staatsverschuldung

schaftliche Investitionskalkül ist nur schwer zu übertragen, da die Erträge öffentlicher Investitionen ihrem Träger selten unmittelbar zufließen oder zugerechnet werden können. Sie fallen auf die privaten Wirtschaftseinheiten und werden zu einer Erhöhung der Produktivität im privaten Sektor beitragen. Damit können die öffentlichen Investitionen als Infrastrukturausgaben interpretiert werden, die das gesamtwirtschaftliche Produktionspozential erhöhen. Ein solcher Investitionsbegriff müsste nicht nur Sachinvestitionen einschließen, sondern könnte auch Investitionen in das Humankapital und in Forschung und Entwicklung enthalten. Die Praxis hat darüber hinaus gezeigt, dass die Höhe der Staatsverschuldungsgrenze gestaltet werden kann und daher nicht notwendig eine wirksame Begrenzung darstellt. So eröffnet der Bezug auf die im Haushaltsplan **veranschlagten** Ausgaben für Investitionen Kreditspielräume bei bewusst zu hoch angesetzten Investitionen, die gar nicht realisiert werden sollen[1].

Die Problematik, welchen Charakter Staatsausgaben haben, stellt sich nur im Rahmen der Budgetinzidenzanalyse, d. h. nur dann, wenn zusätzliche öffentliche Ausgaben zulasten privater Ressourcenverwendung gehen. Dann ist zu beachten, dass der tendenziell zinsunempfindliche Staat zinsempfindlichere private Investitionen verdrängen kann[2]. Durch eine Steuerfinanzierung könnte dieser Effekt vermindert oder abgeschwächt werden, wenn er den privaten Verbrauch trifft.

Zu ergänzen bleibt, dass der in Art. 115 Abs. 1, 1. Halbs. GG formulierte, letztlich **objektbezogene** Deckungsgrundsatz für Bund, Länder und Gemeinden gilt. Gemeinden bedürfen bei der Kreditaufnahme der Genehmigung durch die Aufsichtsbehörde des jeweiligen Landes.

Hierbei ist zu beachten, dass eine Gemeinde Kredite nur in ihrem Vermögenshaushalt veranschlagen und damit im Grunde nur für Investitionsausgaben verwenden darf. Die laufenden Ausgaben, die im Verwaltungshaushalt einzustellen sind, müssen über ordentliche Einnahmen finanziert werden. Ferner kann die Genehmigung versagt werden, wenn die aus der Kreditaufnahme entstehenden fortdauernden Lasten (in erster Linie der Schuldendienst) mit der dauernden Leistungsfähigkeit der Gemeinden nicht in Einklang stehen. Zur Bestimmung der dauernden Leistungsfähigkeit soll die mehrjährige Finanzplanung als Orientierungshilfe dienen.

---

tionen im Sinne des Art. 115 GG angesehen und folglich mit Krediten finanziert werden können, weil sie zweifellos als „zukunftswirksam" gelten können (Krause-Junk 1990).

[1] Eine verfassungsrechtlich strittige Frage ist, ob es sich bei Art. 115 um eine Veranschlagungs- oder um eine Vollzugsmaxime handelt. Letzteres trifft dann zu, wenn die Vorschrift eine Begrenzung der Staatsverschuldung herbeiführen soll. Könnte andererseits die Höhe der Kreditaufnahme unabhängig von den investierten Ausgaben allein durch die Exekutive bestimmt werden, verbliebe ihr in Bezug auf die Haushaltsaufstellung die Möglichkeit, sich einen Kreditfinanzierungsspielraum zu schaffen, der größer ist als jener der Legislative (Müller 1997, S. 21; vgl. auch Starzacher 1997).

[2] Verdrängungseffekte können auch und gerade durch ungünstige Zukunftserwartungen privater Wirtschaftssubjekte bedeutsam sein.

Artikel 115 GG stellt den Regierenden allerdings keinen Freibrief aus, in jeder Periode im Umfang der Ausgaben für Investitionen Kredite aufzunehmen. In Artikel 109 Abs. 2 GG heißt es nämlich: „Bund und Länder haben bei ihrer Haushaltswirtschaft den Erfordernissen des gesamtwirtschaftlichen Gleichgewichts Rechnung zu tragen".

Die öffentliche Kreditaufnahme muss folglich nach diesem **situationsbezogenen** Deckungsgrundsatz hinter den Ausgaben für Investitionen zurückbleiben, wenn das gesamtwirtschaftliche Gleichgewicht dieses erfordert. Sie kann aber auch über die Investitionsausgaben hinausgehen, wenn es der Abwehr einer Störung des gesamtwirtschaftlichen Gleichgewichts dient. Insofern ist durch diese Ausnahmeregelung die Bedeutung des Art. 115 GG zusätzlich relativiert. Mit dem gesamtwirtschaftlichen Gleichgewicht taucht ein weiterer Begriff auf, der nirgendwo definiert ist und unscharfe Konturen aufweist. Zwar werden nach §1 StWG Preisniveaustabilität, hoher Beschäftigungsstand, außenwirtschaftliches Gleichgewicht und angemessenes Wirtschaftswachstum angestrebt. Keine dieser Größen ist jedoch in irgendeiner Weise quantifiziert, so dass die Regierung mit ihrer politischen Mehrheit das jeweils Gewünschte feststellen kann. Auch können die Ziele miteinander konkurrieren. Im Übrigen befindet sich die Volkswirtschaft dauerhaft in einer Ungleichgewichtssituation, so dass ein gesamtwirtschaftliches Gleichgewicht nicht zu erreichen ist.

b) Andere Begrenzungsvorschläge, Umgehungsmöglichkeiten

Ergänzend zu den Regelungen der Art. 109, 115 GG könnte man auch erwägen, Regierungen in ihrem Verschuldungsverhalten rechtlich dadurch zu binden, dass die Aufnahme neuer Schulden mit einer simultanen Steuerplanung für Zinsendienst und Schuldentilgung verknüpft wird[1]. Freilich ist keineswegs sichergestellt, ob man sich später an diese Planung hält und nicht zur Tilgung dieser Kredite wiederum neue Schulden macht. Dies lässt sich schon aus rechtlichen Gründen nicht ausschließen.

Eine andere Beschränkungsmöglichkeit bezieht sich auf Fonds. Die Bildung von Fonds zeigt, dass die im Grundgesetz festgelegten Verschuldungsgrenzen auch insofern durchlässig sind, als sie zwar für Gebietskörperschaften, nicht aber für extra gebildete Sonderfonds gelten, die sich außerhalb des Haushaltsrechts befinden („Flucht aus dem Budget"). Gewichtige jüngere Beispiele sind die Treuhandanstalt, der Fonds „Deutsche Einheit" und der Kreditabwicklungsfonds, die erst (seit 1995) als Erblastenfonds unmittelbar in den Bundeshaushalt integriert sind. Das Grundgesetz (Art. 110 I 1 Halbs. 2) lässt die Möglichkeit der Trennung von Bundes- und Sondervermögen zu, deren Einnahmen und Ausgaben netto, d. h. nur mit den Zuführungen oder Ablieferungen, veranschlagt werden können. Von dieser Möglichkeit macht die Haushaltspraxis regen Gebrauch und verstößt so gegen das Prinzip der Einheit des Haushalts und gegen das Bruttoprinzip. Die Bildung von Fonds vermindert daher die Transparenz für Ausmaß und Verantwortlichkeit der Verschuldungsentwicklung.

---

[1] Siehe z. B. von Weizsäcker (1992).

Ferner ist der Gesetzgeber ermächtigt (Art. 115 II GG), Nebenhaushalte von der Kreditbegrenzung auf das Investitionsvolumen auszunehmen; dann betrifft die Kreditaufnahme in den Nebenhaushalten den Bund unter Umständen nicht. Mit dieser Regelung sind Nebenhaushalte in Erfüllung öffentlicher Aufgaben vom Deckungsgrundsatz des Artikels 115 I 2 GG ausgenommen. So werden dem Bund indirekt Verschuldungsmöglichkeiten eingeräumt.

Die Fondsbildung weist schon auf Schwächen der Wirksamkeit der Verschuldungsgrenzen hin. Durch institutionelle Maßnahmen werden Gestaltungsmöglichkeiten eröffnet. Neben der Auslagerung von Aufgaben auf mehr oder weniger private, aber letztlich staatlich kontrollierte Institutionen besteht ein zunehmendes Spektrum an Finanzierungsmöglichkeiten mit letztlich vergleichbarer Wirkung. So kann der Staat ein Investitionsprojekt selbst finanzieren oder es nach privater (Vor-)Finanzierung durch Leasing nutzen. Auch hier entstehen dem Staat Verpflichtungen, die den künftigen Haushaltsspielraum beschränken, aber nicht in der amtlichen Schuldenstatistik ihren Niederschlag finden.

c) Die Maastricht-Kriterien

Im 25. Kapitel sind Indikatoren zur Staatsverschuldung, wie z. B. die Zinslastquote, vorgestellt worden. Sie helfen bei der Beurteilung der Belastung insofern, als sie die Einschränkung künftiger Handlungsspielräume verdeutlichen. Das gilt auch für Konzepte wie das der Sustainability, der Durchführbarkeit und Stetigkeit der (Budget- und) Verschuldungspolitik. Solche Konzepte erfordern die Festlegung langfristig tolerierbarer Verschuldungskoeffizienten.

Eine solche Festlegung ist ansatzweise im Maastricht-Abkommen erfolgt, das die stufenweise Einführung einer Wirtschafts- und Währungsunion eingeleitet hat. Die beteiligten Regierungen sollen ihre Wirtschafts- und Finanzpolitik einander annähern. Zur **Konvergenz** enthält der Vertrag weitreichende Regelungen für die Koordinierung der Haushaltspolitik der Mitgliedsstaaten, so (unter anderem) die „übermäßige öffentliche Defizite" zu vermeiden. Ein **übermäßiges Defizit** liegt dann vor, wenn 3 % für das Verhältnis zwischen dem geplanten oder tatsächlichen öffentlichen Defizit (ΔF) und dem Bruttoinlandsprodukt (Y) und 60 % für das Verhältnis zwischen dem öffentlichen Schuldenstand (F) und Y überschritten werden. Ob diese Kriterien, insbesondere das zweite, ökonomisch sinnvoll sind, ist umstritten. Allerdings gibt es keinen Indikator, der sowohl theoretisch abgesichert, einfach zu berechnen und allgemein verständlich ist.

Zwischen beiden Kriterien besteht folgende Beziehung. $\Delta F/Y$ lässt sich als Produkt der Schuldenstandsquote F/Y und der Wachstumsrate von Y darstellen:

(26-1) $\Delta F / Y = F / Y * \Delta Y / Y$.

Beispiel: Soll die Schuldenstandsquote von 60 % stabil gehalten werden, darf die Neuverschuldungsquote bei einem angenommenen Wirtschaftswachstum von nominal 5 % p. a. nicht höher als 3 % sein[1].

Da die Regierungen der Mitgliedsstaaten für die Defizite des gesamten Staatssektors verantwortlich sind, müssen auch die Defizite der regionalen und kommunalen Gebietskörperschaften sowie der Sozialversicherungen in diese Begrenzung einbezogen werden[2]. Das bedeutet nach einem Vorschlag des Wissenschaftlichen Beirats beim BMF (1994), dass Bund und Länder (einschließlich Gemeinden usw.) jeweils ein Defizit aufweisen dürfen, das maximal etwa 1,5 % des BIP ausmacht. Die Verschuldungsgrenze gilt ferner unabhängig von der Ursache, also unter Einschluss konjunkturbedingter Defizite, so dass die Normalverschuldungsgrenze niedriger anzusetzen sein dürfte.

Die tatsächliche Entwicklung in den Beitrittsländern zur Europäischen Wirtschafts- und Währungsunion zeigt, dass durch eine entsprechende Wirtschafts- und Finanzpolitik (aber auch durch rechnungswirksame Tricks) erhebliche Anstrengungen zur Erfüllung der Kriterien unternommen wurden.

Es spricht daher einiges dafür, solch rigorose Verschuldungsgrenzen EU-weit festzulegen und ihre Einhaltung zu gewährleisten. Ob allerdings die Einhaltung der Kriterien gewährleistet wird, ist nicht sicher. So erlaubte das Maastricht-Abkommen Interpretationen bei der Anwendung der Konvergenzkriterien für den Beitritt und enthält nur schwache Disziplinierungsmechanismen für die bestehende Währungsunion. Der Zwang zum Gemeinschaftsbeistand in besonderen Krisenfällen kann sogar als Signal einer Gefährdung für solide Haushaltspolitik gesehen werden. Andererseits schließt der Vertrag aus, dass im Falle des Schuldendienstausfalls eines Mitgliedlandes die anderen Mitgliedsländer für dessen Schulden haften (No bail-out-Klausel). Entscheidend ist die Glaubwürdigkeit in der Befolgung dieser Klausel (Rolf 1996): So können die von einem Schuldendienstausfall ausgehenden Störungen auf den Außenwert der Währung und dem gemeinsamen Kreditmarkt der Währungsunion starke Anreize für die Mitgliedsländer darstellen, doch für den Schuldendienst zu haften. Auch über den Einsatz von Struktur- und Regionalfonds der Gemeinschaft könnte in dieser Hinsicht eingegriffen werden.

Weiterhin scheint es zweckmäßig zu sein, dass eine vollständige Bilanzierung des öffentlichen Sektors gewährleistet und keine Möglichkeit des Ausweichens auf Schattenhaushalte zugelassen werden.

---

[1] Zur Berechnung siehe Kapitel 25.3.
[2] Allerdings nicht z. B. solcher Fonds, die dem Sektor Kapitalgesellschaften zugerechnet werden, weil sie Leistungen vorwiegend an Unternehmen erbringen (Beispiel: frühere Treuhandanstalt).

d) Die Berechnung des Defizits

Tatsächlich bereiten die Wahl des Defizitbegriffs und seine empirische Umsetzung erhebliche Schwierigkeiten. Um die Einhaltung oder Verfehlung einer soliden Haushaltspolitik zu überprüfen, könnte man auf die Daten der Finanzstatistik oder der Volkswirtschaftlichen Gesamtrechnungen zurückgreifen. Die für die Währungsunion maßgebliche Ermittlung des Defizits erfolgt auf der Grundlage der VGR, weil es sich hier um eine bereits bisher und ab 1999 hinsichtlich Abgrenzung und Erstellung verbindlich vorgeschriebene einheitliche Statistik aller EU-Staaten handelt. Das schließt nicht aus, dass es insbesondere durch Entwicklung immer neuer Finanzierungsmethoden und halbstaatlicher Institutionen[1] zu verschiedenen Abgrenzungsproblemen kommen kann, die das Statistische Amt der Europäischen Gemeinschaften (Eurostat) im Einzelnen zu klären hat.

e) Maßnahmen zur Begrenzung der Verschuldung in den USA

In den Vereinigten Staaten sind verschiedene Versuche der Staatsschuldbegrenzung durch institutionelle Reformen unternommen worden. Grundgedanke ist bzw. war, das Verhalten der am Budgetprozess Beteiligten und die Regeln zu verändern, unter denen Einigung über den Haushalt erzielt wird. So sollten mit dem **Gramm-Rudman-Hollings-Gesetz** künftige Defizite des Bundes in fünf Jahren kontinuierlich auf null zurückgefahren werden. Hierbei war eine systematische Kürzung aller Ausgabenbereiche (mit Ausnahme von Zinszahlungen des Staates, Sozialversicherungs- und bestimmten Gesundheitsausgaben sowie einigen Ausgaben im Verteidigungsbereich) vorgesehen, sobald der Kongress im Begriff ist, das angestrebte Budgetdefizit zu überschreiten. Das Gesetz lässt keinerlei Einschätzungsspielraum für die Notwendigkeit eines erhöhten Defizits zu und rekurriert in keiner Weise auf irgendwelche ökonomischen Größen. Eine einheitliche Ausgabenkürzung in allen Bereichen führt dazu, dass alle Programme unabhängig von ihrer gesellschaftlichen Priorität in gleicher Weise zusammengestrichen werden. Andererseits würde ein Abwägen einzelner Programme wieder haushaltspolitisch unheilvolle Koalitionen via Stimmentausch auf den Plan rufen. Letztlich soll die dem Gesetz zugrundeliegende „Rasenmäher"-Methode wohl bewirken, vor seiner Anwendung in einem begrenzten Rahmen unter Setzung von Prioritäten zu entscheiden.

Das Gesetz gilt nicht mehr. Es konnte nicht geklärt werden, welches Organ dafür zuständig sein sollte, festzustellen, ob das angestrebte Defizit tatsächlich überschritten worden ist. Ferner hat das Gesetz zu Ausweichmanövern geführt: z. B. zu unrealistischen Steuerschätzungen oder zur Rückdatierung von Ausgaben, um sie noch zum Haushalt des Vorjahres zu rechnen. Allerdings hat ein anderes Gesetz, das in einem bestimmten zeitlichen Rahmen einen ausgeglichenen (= nichtkreditären) Haushalt erzwang, zu einer wirksamen Kreditbegrenzung geführt.

---

[1] Beispielsweise von der Art der Treuhandanstalt vgl. hierzu Brümmerhoff/Reich 1999.

f) Fazit

Welche Schlüsse sind für die Verschuldungspolitik in Deutschland zu ziehen? Regelungen, die Einschätzungs- und Handelsspielraum beinhalten, erlauben zwar eine am ökonomischen Einzelproblem orientierte Politik, eröffnen aber gleichzeitig Spielräume für ein Verschuldungsgebaren im Dienste des politischen Machterhalts. „Harte" Schranken hingegen sind unter Umständen ökonomisch kurz- oder auch langfristig problematisch, motivieren zu trickreichen Ausweichmanövern seitens der Regierenden oder werden schlicht nach kurzer Zeit wieder abgeschafft. Sie rufen ferner Kosten im Sinne einer geringeren Flexibilität hervor. So kann die Verpflichtung zum jährlichen Haushaltsausgleich als entgangene Möglichkeit der fiskalischen Stabilisierung über den Zyklus und des flexiblen Reagierens auf Ausgaben/Einnahmenschocks gesehen werden. Länger angelegte Verpflichtungen des Haushaltsausgleichs sind komplizierter und schwerer durchzusetzen. Wenn allerdings die Regeln streng und schwer zu ändern sind, fallen die Verpflichtungen glaubwürdiger aus, die Handlungsspielräume sind aber eingeengt. Die Maastricht-Kriterien sind harte Schranken, der Vertrag lässt aber einen großen Anwendungsspielraum zu.

Es ist auch zu fragen, ob die Konzentration auf das Defizit nicht von den eigentlichen Problemen ablenkt. Und diese bestehen darin, dass die Ausgabenentscheidungen nicht nach Prioritäten und insbesondere nicht nach ihrer Generationswirkung getroffen werden. Wichtiger wäre es, die Aufmerksamkeit darauf zu lenken, dass verschwenderische Programme sozial wünschenswerte verdrängen.

Aus der Anwendung von Belastungsrechnungen künftiger Generationen, d. h. durch zusätzliche Informationen könnten Entscheidungshilfen bzw. -zwänge erwachsen und damit auch ein Beitrag zur Defizitbeschränkung ausgehen. Eine solche Rechnung ist im Folgenden zu diskutieren.

3. Generational accounting

Die künftigen Steuerzahler sind für die Bedienung der Staatsschuld verantwortlich. Spiegeln aber die jährlichen Haushaltsdefizite die intertemporalen Umverteilungswirkungen der Finanzpolitik ausreichend wieder? Sagen Defizite etwas darüber aus, wie verschiedene Generationen - gegenwärtig lebende und künftige - behandelt werden? Solche Fragen wurden in jüngster Zeit im Rahmen der Generationenkonten (General accounting) behandelt. Hier werden die staatlichen Defizite im Rahmen von Lebenszyklusmodellen betrachtet und verlieren so ihren Charakter als kurzfristiges Maß.

Mit dem Generational accounting sollen nach Auffassung von Auerbach/Gokhale/ Kotlikoff (1994) die finanziellen Lasten der verschiedenen Generationen unabhängig davon dargestellt werden, wie man die staatlichen Einnahmen und Ausgaben und das Defizit abgrenzt. Ziel der Generationenkonten ist es, deutlich zu machen, welche durchschnittlichen Nettolasten das typische Mitglied einer Altersgruppe einer lebenden Generation gegenwärtig und künftig hat und was es in den verbleibenden Lebensjahren durchschnittlich für Staatsausgaben zahlen muss. Aber auch die Zahllast künftiger Generationen soll nachgewiesen werden, wobei die laufende Wirtschaftspolitik und die intertemporale Budgetbeschränkung des Staates die Grundlage der Berechnung bilden. Die Budgetbeschränkung kann folgendermaßen abgebildet werden[1]:

$$(26\text{-}2)\quad \sum_{s=t}^{\infty}(G_s(1+i))^{t-s} = W_t + \sum_{s=0}^{D} N_{t,t-s} + \sum_{s=1}^{\infty} N_{t,t+s}.$$

Die Gleichung besagt, dass der Gegenwartswert der Staatsausgaben für Sachgüter und Dienstleistungen (linke Seite der Gleichung) dem heutigen Nettovermögen des Staates (W_t) und der Summe aus den Nettozahlungen (Steuern abzüglich Transfers) der gegenwärtigen und künftigen Generationen entsprechen muss. Die rechte Seite symbolisiert die möglichen Finanzierungsquellen. Die Gleichung macht deutlich, dass nicht von den gegenwärtigen Generationen bezahlte Beträge letztlich von den künftigen Generationen bezahlt werden müssen, wobei die gegenwärtigen Maßnahmen bereits lebende und zukünftige Generationen bzw. Jahrgänge treffen.

Jeder einzelnen Kohorte können nun auf der Grundlage der aggregierten Größen spezifische Konten oder Nettozahlungsströme zugeordnet werden. Diese Generationskonten stellen folglich den Barwert zukünftiger Nettozahlungen pro Kopf der jeweiligen Generation dar. Bezeichnet $P_{t,k}$ die Kohortenstärke der in k geboren Generation im Jahre t, so ist ihr Generationenkonto

$$(26\text{-}3)\quad GK_{t,k} = \frac{N_{t,k}}{P_{t,k}}.$$

Abb. 26-1 deutet die Behandlung der verschiedenen Generationen an. Es enthält gegenwärtig und künftig lebende Generationen und in den dunkel schraffierten Säulen die altersspezifischen Zahlungsprofile.

Zur Erstellung von Generationenkonten werden verschiedenste Statistiken insbesondere zur Bevölkerungsstruktur und -entwicklung und der Einnahmen und Ausgabenpolitik herangezogen. Ferner müssen Annahmen über die künftige Entwicklung der Einnahmen und Ausgaben des Staates, die Produktivität und den geeigneten Diskontfaktor getroffen werden.

Der Ansatz des Generational accounting ist insofern ein bedeutsamer Fortschritt, als er letztlich dazu zwingt, sich systematisch Gedanken über die Auswirkungen gegenwärtiger finanzpolitischer Entscheidungen auf die späteren Lebensabschnitte der lebenden und künftigen Generationen zu machen.

---

[1] Vgl. zum Folgenden Boll 1996 und Raffelhüschen 1998.

Abb. 26-1 Grundkonzept des Generational accounting

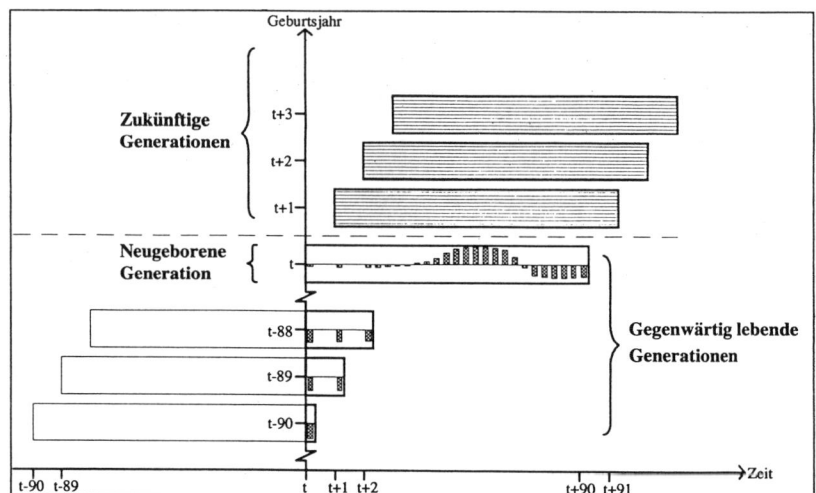

Quelle: Boll 1996, S. 5.

Literatur zum 26. Kapitel

Zum Verhältnis von Staatsverschuldung und Demokratie siehe Alesina/Tabellini (1990) und von Weizsäcker (1992). Einen Überblick über polit-ökonomische Determinanten staatlicher Defizite geben Alesina/Perotti (1995). Zur Beurteilung von Defiziten siehe Eisner (1989). Das Konzept der Fiskalillusion behandeln eindrucksvoll Buchanan/Wagner (1977).

Zum Gramm-Rudman-Hollings-Gesetz siehe Folkers (1983a) sowie Gramlich (1990). Zu Defizitbegrenzungen in den US-Staaten siehe Alesina/Perotti (1994) und Poterba (1996).

Eine Auseinandersetzung mit Artikel 115 GG findet sich bei Gandenberger (1990). Einige Probleme der Umsetzung der Maastrichter Verschuldungskriterien in Deutschland als einem Bundesstaat behandelt der Wissenschaftliche Beirat beim BMF (1994).

Das Generational accounting erläutern Kitterer (1995), Auerbach/Gokhale/Kotlikoff (1994), Raffelhüschen/Walliser (1998) und Boll (1994, 1996).

Achter Teil
Der Rahmen eines föderativen Staates

27. Kapitel
Theoretische Grundlagen des Föderalismus

1. Einleitung

Bisher wurde der Staat weitgehend als einheitliches Gebilde (Zentralstaat) behandelt, wenn auch auf die Problematik dieser Annahme mehrfach hingewiesen wurde. Die Bundesrepublik Deutschland ist aber kein Zentralstaat. Der öffentliche Sektor besteht aus mehreren Ebenen und Einheiten. Diese sind für verschiedene Aufgaben, Ausgaben und Einnahmen zuständig, deren Verteilung auf verfassungsmäßigen Regeln, Vereinbarungen oder auf der Delegation von Aufgaben beruht.

Nun sollen einige **ökonomische** Gesichtspunkte des Föderalismus untersucht werden. Nur am Rande sollen damit eng verbundene nichtökonomische Ziele erwähnt werden. Organisationen können auch so gebildet werden, dass die Macht Einzelner über Andere beschränkt wird. Dies ist durch die funktionale (legislative, exekutive, judikative) und die regionale Gewaltenteilung zu erreichen, die durchaus einen Effizienzverlust darstellen kann.

Föderalismus bezeichnet eine staatliche Organisationsform, durch die territoriale Einheiten mit (mehr oder weniger) weitgehender Selbständigkeit seiner Mitglieder integriert werden. Er zeigt sich darin, wie die Aufgaben, Ausgaben und Einnahmen auf mehrere staatliche Ebenen und Einheiten aufgeteilt sind. Für diese Zuordnung der finanzpolitischen Kompetenzen, d. h. insbesondere der **Entscheidungsbefugnis**, sowie die Beziehungen zwischen der Zentralinstanz, den Gliedern und übrigen staatlichen Institutionen wird auch der Begriff **Finanzausgleich** (i. w. S.) verwendet.

Die Ausgangsfrage ist, warum ökonomisch eine Aufgabenverteilung zwischen verschiedenen staatlichen Ebenen erforderlich ist. Genügt nicht eine zentrale Ebene? Hierbei geht es primär und zunächst um die Frage der Allokation der Ressourcen im staatlichen Bereich. Anschließend wird analysiert, welche Ebenen für die staatliche Stabilisierungs- und Verteilungspolitik zuständig sein **sollen**. Das alles sind normative Fragen.

2. Föderalismus und Allokation

a) Ein einfaches Modell

Unter allokativem Ziel sollen die Ressourcen so eingesetzt werden, dass die bereitgestellten Güter den Präferenzen der Wirtschaftssubjekte bestmöglich entsprechen. In der folgenden Analyse wird auf die Volkswirtschaft als einem geografischen Gebiet abgestellt. Die Ressourcen – einschließlich Bevölkerung – seien in bestimmter Weise im Raum verteilt. Innerhalb der nationalen Grenzen sollen die Untergliederungen erst festgelegt werden.

Die Allokationsproblematik wird in der Theorie des Föderalismus im Allgemeinen hinsichtlich der Versorgung mit öffentlichen Gütern und nicht im Hinblick auf andere Fälle allokativen Marktversagens untersucht. Der Staat soll öffentliche Güter effizient und gemäß den Präferenzen seiner Bürger bereitstellen.

Die Frage ist nun, welcher staatlichen Ebene welche Allokationsfunktion zuzuordnen ist. Hierbei geht es im Folgenden um die **Aufgaben**kompetenz und nicht darum, wer für die Durchführung zuständig sein soll. Dabei wird angenommen, dass die betreffenden Aufgaben nicht im privatwirtschaftlichen Bereich effizient gelöst werden können und nach dem **Subsidiaritätsprinzip** immer bei der kleinstmöglichen Einheit bzw. Ebene die Zuständigkeit gesucht wird. Zu fragen ist dann, wie die **Ausgaben-** und **Einnahmen**kompetenzen geregelt werden sollen.

Die Aufgabe der Versorgung mit einem **rein öffentlichen Gut,** das in einer Volkswirtschaft von allen Wirtschaftssubjekten gleich genutzt werden kann (z. B. Verteidigung, Bundesgerichtshof), kommt fraglos einer **zentralen** Ebene zu. Sie ist für die nationale Politik und die Setzung der Prioritäten einer Volkswirtschaft zuständig. Tatsächlich schließt der Nutzerkreis selten die Gesamtbevölkerung ein. Häufiger liegen öffentliche Güter vor, deren Nutzen mit zunehmender Entfernung vom Ort der Bereitstellung abnimmt (Parks, Straßenbeleuchtung, lokale Buslinien u. ä.). Sie kommen nur bestimmten Gruppen der Bevölkerung zugute. Die Existenz **lokaler öffentlicher Güter**[1] bringt eine **räumliche Dimension** in das Problem der Effizienz der Allokation der Ressourcen.

Die Zuweisung der Kompetenz zur Bereitstellung lokaler (regionaler) öffentlicher Güter sollte nicht an eine Zentrale erfolgen, wenn den Präferenzen der Bürger verschiedener geografischer Gebiete Rechnung getragen werden soll, über die sich die Nutzung der Güter erstreckt. Das gilt jedenfalls dann, wenn angenommen wird, dass
• die Präferenzen für öffentliche Güter in kleineren Gebietskörperschaften homogener als in größeren sind, zwischen den Regionen aber streuen;
• die Kenntnis der individuellen Präferenzen bei den nachgeordneten eher als bei den höheren Ebenen vorhanden ist und sich daher besser zur Geltung bringen lässt bzw. gebracht wird.

Da jedes öffentliche Gut ein anderes geografisches Gebiet abdeckt, kann man sich eine optimale räumliche Verteilung der Aufgaben vorstellen, die die Verantwortung für die Versorgung mit öffentlichen Gütern einschließlich der Verteilung der Kosten daraus jeweils derjenigen staatlichen Ebene zuweist, die nur die betroffenen Bürger repräsentiert[2]. **Lokale öffentliche Güter** sind demnach durch die geeignete Form **lokaler Gebietskörperschaften** und **nationale öffentliche Güter auf Bundesebene**

---

[1] Vgl. auch das 3. Kapitel.
[2] Das wird als „layer-cake"-Modell bezeichnet.

optimal zu versorgen. Für alle übrigen öffentlichen Güter sind folglich je nach Nutzerkreis dazwischenliegende, prinzipiell mehr als die eine in Abb. 27-1 dargestellte Ebene der Gebietskörperschaften zuständig. Die Vielzahl der möglichen Teilkollektive (sog. **fiskalische Klubs**) muss allerdings nicht nur staatlich sein.

Abb. 27-1 Unterschiedliche Nutzerkreise

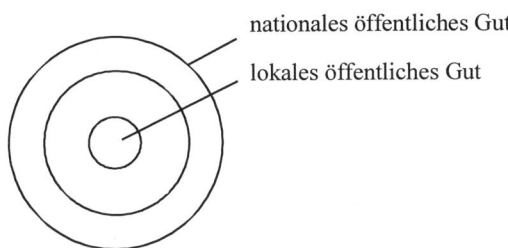

Pareto-optimal ist diejenige Zentralisierung/Dezentralisierung, bei der es durch Umstrukturierung der Teilkollektive nicht mehr zur Besserstellung einzelner Bürger ohne daraus resultierende Kosten anderer kommen kann. Im Extremfall sind so viele Organisationen wie öffentliche Güter erforderlich. Das Ergebnis lässt sich daher notwendigerweise nur pragmatisch über Einzelentscheidungen bestimmen und ist zeitlich nicht notwendig invariant, wobei im Zweifelsfall die unterste Ebene zu wählen ist (Subsidiaritätsprinzip).

Im nationalen Rahmen ist es also die Aufgabe der **nachgeordneten Ebenen,** Leistungen so bereitzustellen, dass den lokalen/regionalen Umständen Rechnung getragen wird. Eine **zentrale** Ebene, die allein für die Versorgung mit unterschiedlichen öffentlichen Gütern zuständig ist, wird (und kann) den unterschiedlichen Präferenzen der Bürger nicht gerecht (werden). Sie richtet ihre Entscheidungen in der Regel eher an „durchschnittlichen" Präferenzen aus, so dass es zu einer Tendenz kommt, alle Regionen mit der gleichen Menge des jeweiligen lokalen (regionalen) öffentlichen Gutes zu versorgen. Bei Zentralisierung sind Wohlstandsverluste der nicht oder falsch repräsentierten Bürger im Vergleich zu dezentralen Entscheidungen zu erwarten **(Dezentralisierungstheorem,** Oates 1972).

Dies soll anhand einer einfachen Grafik veranschaulicht werden. Es wird angenommen, dass die Volkswirtschaft zwei Regionen umfasst, die beide mit einem lokalen öffentlichen Gut versorgt werden sollen. Die Bereitstellung des Gutes erfolgt zu konstanten Pro-Kopf-Kosten und unabhängig von der bereitstellenden Ebene (Zentrale oder Region). Die Kosten werden von jedem Individuum gleich getragen (p). Die Nachfrage der Bevölkerung nach einem bestimmten öffentlichen Gut ist jeweils völlig identisch, sie kann daher für zwei repräsentative Individuen dargestellt werden und ist in Region 1 durch N_1 und in Region 2 durch N_2 gegeben (Abb. 27-2). Bei zentraler Bereitstellung des öffentlichen Gutes könnte in einem politischen Kompromiss eine einheitliche Menge festgelegt werden, die größer als die in Region 1 nachgefragte Menge x_1 und kleiner als die Nachfrage x_2 in Region 2 ist. Liegt die Kompromisslösung bei x_3, so kommt es zu Wohlfahrtsverlusten für beide. Das Dreieck ABC gibt den

Wohlfahrtsverlust der Person in Region 1 an. Die Kosten (px_3) einer über x_1 hinausgehenden zusätzlichen Produktion des öffentlichen Gutes fallen aus der Sicht des Bewohners der Region 1 höher als der Nutzenzuwachs ($x_1AB\,x_3$) aus. Der Wohlfahrtsverlust in Region 2 entspricht dem Dreieck CDE, also der Reduzierung der Konsumentenrente durch die aus der Sicht der Region 2 bestehenden Unterversorgung mit öffentlichen Gütern. Wenn beide Regionen die jeweils gewünschte Menge festlegen können, fallen diese Renteneinbußen weg.

Abb. 27-2 Wohlfahrtsverluste durch Zentrierung

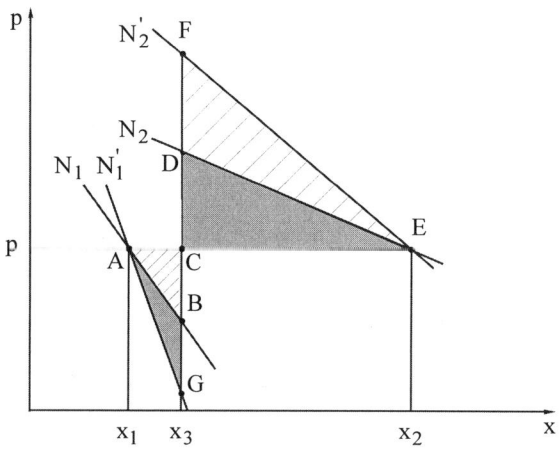

Quelle: Oates 1991, S. 28.

Wenn x_1 und x_2 nahe beieinander liegen, stellt x_3 eine Näherungslösung dar. Die Wohlfahrtsverluste durch Zentralisierung der staatlichen Bereitstellung steigen mit zunehmender Divergenz der regionalen Präferenzen. Eine Drehung der Nachfragekurven N_1 und N_2 in den Punkten A und E zeigt darüber hinaus, dass die Wohlfahrtsverluste der Zentralisierung um so höher ausfallen, je unelastischer die Nachfrage nach den öffentlichen Gütern auf eine Preis(= Abgaben)änderung reagiert (Nachfragekurven N_1' und N_2').

Da je nach Aufgabenart und Präferenzen die geografischen Nutzungsgrenzen unterschiedlich ausfallen[1], rechtfertigt die Theorie letztlich für die einzelnen Aufgaben eigene Institutionen. Diese würden den Vorteil einer dem speziellen Gut entsprechenden regionalen Abgrenzung haben und auch politisch nur für eine Aufgabe verantwortlich sein. Sie hätten jeweils eine Zwangsabgabe zu erheben, die den Nutzerkreis trifft und die Kosten der Bereitstellung des jeweiligen öffentlichen Gutes deckt. Die Zahl der Regierungseinheiten bzw. Zuständigkeitsbereiche wäre also groß. Sie würden sich geografisch überschneiden (Abb. 27-3) und mit Bevölkerungsbewegungen verändern. Einzweckinstitutionen hätten dann aber keinen ausschließlichen Zugang zu irgendeiner

---

[1] In der Literatur werden daher nach ihrer Nutzungsstreuung lokale (z. B. Straßenreinigung), regionale (z. B. Schulen), nationale (z. B. Verteidigung) und internationale (z. B. globaler Umweltschutz) öffentliche Güter unterschieden.

Steuerbasis, weil jedes Individuum oder jedes Stück Land unter mehrere Zuständigkeitsbereiche fallen und daher Steuerexporte begünstigt würden (Brennan/Hamlin 1998, S. 149). Darauf wird später eingegangen.

Abb. 27-3 Überschneidende Nutzungskreise

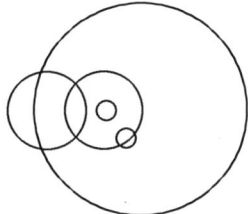

Die sich überschneidenden Zuständigkeitsbereiche verwirren die einzelnen Bürger, rufen hohe Informationskosten hervor, verhindern effiziente Entscheidungen und lassen keine demokratische Kontrolle zu. Die „Vielzahl von Körperschaften ist weder ökonomisch vertretbar noch politisch wünschenswert, so dass Kompromisse notwendig werden. Es empfiehlt sich dabei, die öffentlichen Aufgaben nach bestimmten Gruppen oder Bereichen ... zusammenzufassen und dann den vorgegebenen Ebenen (z. B. Bund, Länder, Gemeinden) zuzuweisen. Damit wird die Zahl der Körperschaften zum Datum" (Peffekoven 1980a, S. 617), allerdings treten die genannten Überschneidungen der Zuständigkeitsbereiche auf.

b) Bereitstellungs- und Ballungskosten

Dezentrale Entscheidungsträger dürften besser über regional unterschiedliche Präferenzen informiert sein und dem Rechnung tragen (können). Diesen Vorteilen der Dezentralisierung müssen allerdings mögliche Vorteile der Zentralisierung, insbesondere Kostenersparnisse, gegenübergestellt werden. Kriterien für die (De-)Zentralisierung der Bereitstellung (nicht rein) öffentlicher Güter sind folglich neben dem Umfang der Spillovers und der regionalen Homogenität auch die Kostenverläufe bei der Produktion dieser Güter. Unterschiedliche Präferenzen der Bewohner der einzelnen Regionen sprechen nur bei fehlenden Economies of scale für die Versorgung durch eine untere staatliche Ebene und gegen Zentralisierung. Regionale und gesamtwirtschaftliche Wohlfahrt müssen aber dann nicht übereinstimmen, wenn größere Produktionseinheiten Kostenvorteile aufweisen. Wenn man vereinfachend fixe Kosten der Verwaltung für jeden Zuständigkeitsbereich unterstellt, wären auch die Kosten vieler Zentren kollektiver Entscheidungen verhältnismäßig groß. Andererseits könnte auch angenommen werden, dass die Produktions- und Transaktionskosten mit zunehmender Zentralisierung überproportional steigen. Die Frage, wie die Produktionskosten des öffentlichen Gutes (bei gleicher Qualität) mit der Größe der zu versorgenden Einheit variieren, wird kontrovers diskutiert. Es geht also um die **Wirkung einer Veränderung der Zahl der Bürger** in einer Region oder Gemeinde auf den optimalen Umfang des bereitgestellten öffentlichen Gutes. In der Regel sind die Kosten pro Kopf der Bevölkerung abhängig von der zu versorgenden Einheit. Allerdings ist der Verlauf umstritten[1]. So ist eine superadditive Kostenfunktion

(27-1) $K(G_1 + G_2) > K(G_1) + K(G_2)$

möglich aber auch eine subadditive Kostenfunktion ist vorstellbar:

(27-2) $K(G_1 + G_2) < K(G_1) + K(G_2)$.

So können die Kostenfunktionen in einzelnen Bereichen den Verlauf der Kosten des Gutes 1 in Abb. 27-4 haben (z. B. im Bereich der Sozialhilfe) und in anderen Bereichen den Verlauf der Kurve des Gutes 2 in der Abbildung (z. B. im Bereich der Abwasserentsorgung). Durch Aggregation der Kostenfunktionen (mehrerer, in der Abbildung) zweier Aufgabenbereiche mit unterschiedlichen Eigenschaften gelangt man zu einer Gesamtkostenfunktion für die öffentliche Güterversorgung[2], wobei die Gesamtkostenkurve sich durch vertikale Addition der beiden Kostenkurven für Gut 1 und Gut 2 ergibt.

Abb. 27-4 Durchschnittskosten der öffentlichen Leistungserbringung

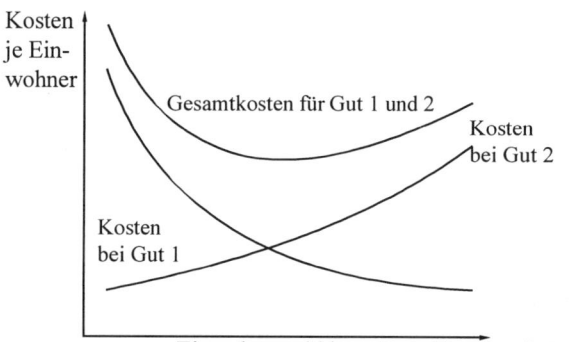

Mit zunehmender Zahl der Nutzer eines lokalen öffentlichen Gutes (z. B. Straßenbeleuchtung, Feuerwehr) steigt in der Regel die Zahl der Steuerzahler in dem Bereich. Daher sinken die Durchschnittskosten je Bürger für ein konstantes Outputniveau und der auf jeden einzelnen Bürger entfallende Finanzierungsbetrag. Abb. 27-5 zeigt mit dem Verlauf von GE die aus der Abnahme der Durchschnittskosten resultierende marginale Verringerung des Finanzierungsbetrags, die bei gegebener Menge des öffentlichen Gutes durch eine zunehmende Nutzerzahl s entsteht. GE wird bestimmt als

(27-3) $d(T/s)/ds = -T/s^2$.

---

[1] Vgl. zum Folgenden Seitz 2000.
[2] Der U-förmige Verlauf ist auch für einzelne Produktionsbereiche möglich.

Da diese marginalen Ersparnisse in den Pro-Kopf-Kosten mit zunehmender Nutzerzahl stets positiv sind, erscheint es vorteilhaft, die Bevölkerung jeden Bereichs möglichst groß zu wählen.

Ein Ausgleichsmechanismus verhindert, dass sich die gesamte Bevölkerung in einem Bereich niederlässt. Er kann auf verschiedenen Wirkungen beruhen. So stehen den sinkenden Pro-Kopf-Finanzierungsbeiträgen die durch zusätzliche Nutzer verursachten Angebotskosten aus zusätzlichen (ggf. sinkenden) durchschnittlichen Produktionskosten und zunehmenden Nachteilen in Form von **Ballungskosten** (z. B. Lärm, Verkehr, Verbrechen) gegenüber. Das öffentliche Gut erweist sich mit steigender Nutzerzahl zunehmend als rival. Ferner steigen mit zunehmender räumlicher Entfernung vom Ort der Bereitstellung die Wegekosten, der Zeitaufwand und die Kosten der Informationsbeschaffung und der Kontrolle für die Nutzer. Diese Zusatzkosten zeigt die Kurve GK in der Abb. 27-5[1].

Abb. 27-5 Optimale Gruppengröße

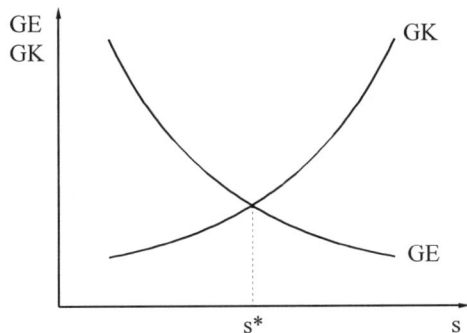

Nun lässt sich leicht die optimale Gruppengröße für die Bereitstellung der gegebenen Menge des öffentlichen Gutes bestimmen. Sie liegt bei s*; eine Ausdehnung darüber hinaus ist ineffizient, weil die marginalen Nachteile die Vorteilszunahme übersteigen und so die Gesamtwohlfahrt vermindern.

Die ökonomische Theorie der optimalen Gruppengröße (**Theory of clubs:** Buchanan 1965) lässt sich auf verschiedenste Organisationen (Tennisklubs, Gemeinden usw.) übertragen. Sie wurde hier für eine geeignete Menge des lokalen öffentlichen Gutes angewendet, kann aber leicht auch für unterschiedliche Mengen öffentlicher Güter erweitert werden. Grundlage der Überlegungen von Buchanan ist allerdings, dass private gewinnerzielende Klubs ohne geografische Grenzen Mitglieder zu be-

---

[1] GK muss nicht notwendigerweise steigend wie in Abb. 27-4 sein. Die Annahme steigender Grenzkosten der Versorgung insgesamt stellt aber eine eindeutige Lösung der optimalen Gruppengröße sicher. Viele öffentliche Güter können z. B. wegen Unteilbarkeit nur in bestimmten Größenordnungen angeboten werden, so dass Economies of scale Rechnung zu tragen ist. Werden sie von kleinen Kollektiven bereitgestellt, kann es zu Überkapazitäten kommen. Dieses Argument bedingt aber, dass die Entscheidungen über Angebot und Produktion von einem Kollektiv getroffen werden.

kommen suchen. Jedes Mitglied zahlt einen Beitrag, um die Leistungen des Klubs in Anspruch nehmen zu können. Hierzu ist die Ausschlussmöglichkeit erforderlich. Wenn man Standorte für Klubs festlegt, treten Mobilitätskosten auf. Werden Klubs für verschiedene Zwecke gebildet, kann Effizienz nur gesichert werden, wenn die geografischen Bedingungen des optimalen Angebots für alle lokalen Güter gleich sind. Ansonsten sind, wie oben gezeigt wurde, Transfers oder Subventionen von einer zentralen Stelle erforderlich.

c) Interregionale Spillovers

Der bisherige Ansatz zielte auf die Aufgaben- und Ausgabenseite staatlicher Aktivität. Ein besonderes Problem stellt sich nun, wenn die Aufgaben- (Ausgaben-) und die Einnahmenkompetenzen nicht übereinstimmen. Das wird dort relevant, wo die geografischen Grenzen in der Nutzung und den Kosten eines öffentlichen Gutes nicht mit den Grenzen der Gebietskörperschaft übereinstimmen. Wenn sich aber die Zuständigkeit der Ebenen nicht mehr voll mit den Grenzen der räumlichen Nutzung deckt, treten **interregionale Externalitäten (Spillovers)** auf. In diesem Fall sind Nutznießer und Kostenträger nicht identisch. So können die in Gemeinde 1 bereitgestellten öffentlichen Güter in weiteren Gemeinden genutzt werden **(Spillouts)** und die Bürger der Gemeinde 1 nutzen die in anderen Gemeinden angebotenen öffentlichen Güter **(Spillins)**. Es kommt zu Abstimmungsproblemen, die ein ökonomisches Argument für eine Zentralisierung sein können, die aber unterschiedlich erfolgen kann.

Die **Externalitäten** können positiv (Benefit Spillovers) oder negativ (Cost Spillovers) sein. Beispiele positiver spillovers sind öffentliche Einrichtungen wie Theater, Museen, Bibliotheken, Transportinfrastruktur, die von den Bewohnern anderer Gemeinden mitgenutzt werden und deren Gebühren bzw. Preise nicht kostendeckend sind. Negative spillovers treten z. B. bei Umweltbelastungen oder in Form des Steuerexports auf.

Es gibt keine Anreize für eine Gemeinde, die Entscheidungen über ihre Versorgungsmenge trifft, für positive Spillins freiwillig Übertragungen zu leisten. Hier liegt die gleiche Situation wie bei den schon früher betrachteten Externalitäten zwischen zwei Gruppen vor. Wenn Gemeinde 1 öffentliche Güter bereitstellt, die auch den Bürgern der Gemeinde 2 zugute kommen, werden letztere als Free rider handeln. Folglich wird das effiziente Versorgungsniveau

$$(27\text{-}4) \quad GN_1 + GN_2 = GK,$$

nicht erreicht, wobei GN_1 den Grenzwert des Nutzens für die Bürger der Gemeinde 1, GN_2 den Grenzwert der Spillovers für die Mitglieder der Gemeinde 2 und GK die Grenzkosten der Aktivität angeben. (Vereinfachend gelte $GK = GK_1 = GK_2 = $ const.). Nur für ihre eigenen Bürger entscheidet sich die Gemeinde für eine Versorgung, bei der

$$(27\text{-}5) \quad GN_1 = GK$$

27. Kapitel: Theoretische Grundlagen des Föderalismus

Das ist in Abb. 27-4 bei einer Menge OD der Fall; Gemeinde 2 würde das Gut nicht bereitstellen, da für GK > GN_2. Eine gesamtwirtschaftlich effiziente Bereitstellung erfordert, dass den Grenzkosten **und** Grenznutzen unter Einschluss der marginalen Externalitäten Rechnung getragen wird. Das trifft bei OD nicht zu, weil Nutznießer und Kostenträger in Höhe von GN_2 auseinanderfallen (= **fehlende fiskalische Äquivalenz**). Das volkswirtschaftlich optimale Aktivitätsniveau wird verfehlt[1].

Abb. 27-6 Interregionale Spillovers

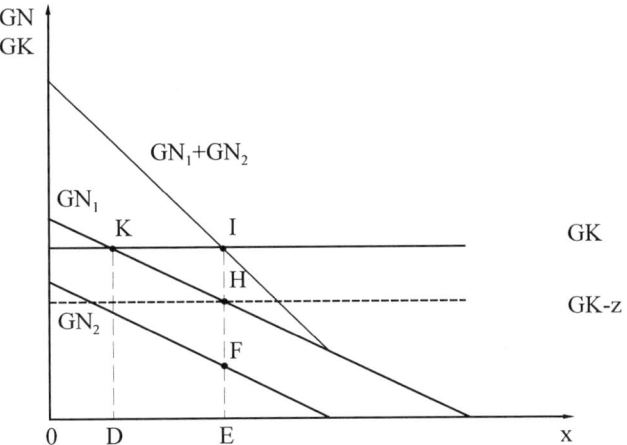

Gemeinde 1 könnte im Wege der Verhandlungen versuchen, 2 an den Finanzierungskosten zu beteiligen. In einem kooperativen Gleichgewicht kommt es z. B. zu horizontalen Ausgleichszahlungen. Damit 1 den Bedingung (27-4) entsprechenden Umfang der Aktivität wählt, könnte aber auch eine übergeordnete Ebene mit Hilfe einer Zahlung Gemeinde 1 einen Anreiz bieten, statt des suboptimalen Niveaus OD die optimale Menge OE des öffentlichen Gutes bereitzustellen.

Bereits im 4. Kapitel wurde gezeigt, in welcher Form sog. Pigou-Subventionen zur Internalisierung externer Effekte eingesetzt werden können. Würde die übergeordnete Ebene an Gemeinde 1 für jede bereitgestellte Einheit des öffentlichen Gutes eine Pigou-Subvention z in Höhe des Grenzvorteils zahlen, den Gemeinde 1 bei einer optimalen Bereitstellung des öffentlichen Gutes realisiert, fielen die effektiven Grenzkosten der Gemeinde 1 gerade um den Betrag, der erforderlich ist, damit Gemeinde 1 das Bereitstellungsniveau auf OE ausdehnt. In Abb. 27-5 ist die Pigou-Subvention z pro Einheit des Externalitäten erzeugenden Gutes durch die Strecke EF = HI gegeben.

Eine solche Zahlung einer übergeordneten Ebene an eine untere Ebene wird als **Zuweisung** bezeichnet. Es gibt unterschiedliche Formen von Zuweisungen, die jeweils spezifische Anreize bei den Empfängern verursachen. Da Zuweisungen innerhalb einer

---

[1] Das gleiche Problem ergibt sich für nationale Regierungen, wenn die Nutzen nicht auf die Staatsgrenzen beschränkt sind - wie z. B. bei einem Versuch, CO_2-Belastungen zu kontrollieren.

föderalen Organisation eine besondere Bedeutung zukommt, wird darauf im 4. Abschnitt dieses Kapitels gesondert eingegangen.

Bisher wurde nur der Fall betrachtet, dass allein Gemeinde 1 einen externen Effekt erzeugt. Was aber ist, wenn gleichzeitig Gemeinde 2 Spillovers verursacht? Wäre dann dasselbe Verfahren anzuwenden, d. h. jeweils eine den Spillovers entsprechende Pigou-Subvention zu wählen, oder könnten sich die einzelnen Zuweisungen gegeneinander aufheben? Das Prinzip der fiskalischen Äquivalenz verlangt, dass die Kosten und Nutzen für jede einzelne Leistung internalisiert werden. Ohne Ausgleichszahlungen von 1 nach 2 und von 2 nach 1 in Höhe der jeweiligen „Spillover"-Effekte würden **beide** Leistungen in einem suboptimalen Umfang angeboten. Unter dem Allokationsaspekt sind also nicht nur die saldierten „Spillover"- Effekte, sondern die externen Effekte bei sämtlichen Leistungen auszugleichen (Peffekoven 1980 a, S. 627).

d) Das Tiebout-Modell

Die Frage ist nun zu untersuchen, wie die Bürger die Region oder Gemeinde als ihre Niederlassung wählen. Tiebout (1956) zeigt, dass für diese Entscheidung die Kombination aus öffentlichen Gütern und Steuern maßgeblich ist. Wenn Bürger ihre Präferenzen nicht beachtet sehen und daher Wohlstandsverluste eintreten, können sie in andere, ihnen besser zusagende Gebietskörperschaften abwandern.

Hier setzt das von Tiebout entwickelte Modell an. Es zeigt, dass in einer Volkswirtschaft mit vielen Gemeinden, die jeweils über ihre eigene Mischung lokaler öffentlicher Güter und Steuern nach den Wünschen ihrer Einwohner entscheiden,
• das optimale Niveau lokaler öffentlicher Güter erreicht werden kann,
• die Bürger sich selbst in der Volkswirtschaft effizient niederlassen.

Zur Finanzierung der lokalen Ausgaben kommen hierbei nur solche Einnahmen in Betracht, die die Kosten internalisieren (= **lokale bzw. regionale Äquivalenz**). Jeder Bürger sollte mit den Nutzen und mit den Kosten lokaler Ausgabenprozesse verbunden sein. Olson (1969) spricht vom **Prinzip der fiskalischen Äquivalenz**, wenn die Gruppe der Nutzer mit der der Kostenträger und der Entscheider identisch ist.

Tiebout nimmt vollkommene (kostenlose) Mobilität und vollkommene Information der Bürger über die Eigenschaften der Gemeinden an. Die Zahl der Gemeinden ist so groß, dass die Bürger über ein breites Spektrum an öffentlichen Gütern/Steuern entscheiden können. Die Präferenzskalen sind gegeben und im Zeitablauf unverändert. Beschränkungen aufgrund unterschiedlicher Beschäftigungsmöglichkeiten bestehen nicht. Schließlich wird von anderen Formen des Marktversagens, insbesondere interregionalen Externalitäten, abgesehen.

Das Tiebout-Modell zeigt, dass unter diesen Bedingungen die Ressourcenallokation Pareto-optimal ist. Es stellt darüber hinaus einen alternativen Mechanismus der **Präferenzenthüllung** wenigstens für lokale öffentliche Güter dar, selbst wenn auch auf unterster Ebene die Präferenzen einer Föderation stark streuen. Bei Mobilität können die Bürger sich für die ihren Präferenzen am besten entsprechende Gebietskörperschaft mit der optimalen Ausgaben/Steuern-Mischung entscheiden. Es kommt zum Gleichgewicht, in dem niemand durch Wechsel der Niederlassung seinen Nutzen erhöhen kann[1]. Durch diesen räumlichen Entscheidungsprozess („Abstimmung mit den Füßen") enthüllen die Bürger ihre Präferenzen[2].

Durch die Offenlegung der Präferenzen soll es zu effizienten lokalen und regionalen Einheiten und zu einer effizienten räumlichen Allokation der Ressourcen kommen. Das Modell kann als Bindeglied zwischen der unter Effizienzgesichtspunkten hergeleiteten normativen Theorie lokaler Staatshaushalte und der positiven Theorie über das Verhalten dieser Gebietshoheiten aufgefasst werden: Die hohe Mobilität der Bürger würde praktisch zu einer Beseitigung jener Gemeinden führen, deren Programme durch eine besonders geringe Effizienz gekennzeichnet sind. Die örtlichen Entscheidungsträger sind gezwungen, die Präferenzen der Bürger umzusetzen.

Allerdings wird der **lokale Entscheidungsprozess**, wie in den Modellen öffentlicher Güter üblich, nicht dargelegt. Nimmt man einmal dezentrale Entscheidungen und Mehrheitswahl an, würde das politische Gleichgewicht bei eindimensionalen Entscheidungen dem gewünschten Ergebnis des Medianwählers der Region entsprechen. Art und Menge der von den übrigen Wählern gewünschten Güterbereitstellung können aber in der Region erheblich schwanken und vom gewünschten Ergebnis des regionalen Medianwählers abweichen. Das ist bei Zentralisierung aber noch stärker gegenüber dem nationalen Medianwähler zu erwarten. Auch sonst lässt sich eine Zuweisung von Aufgaben auf verschiedene staatliche Ebenen nach diesem Modell nur unvollständig vornehmen. Das Modell ist zu stark vereinfacht. So funktioniert der Mechanismus nur, wenn öffentliche Leistungen und deren Finanzierung eine entscheidende Rolle bei der Niederlassung spielen und die Bürger hierüber vollständig informiert sind. Tatsächlich dürften gerade die nichtfiskalischen Nutzen und Kosten wie Raumüberwindungskosten, Hausbesitz, soziale Eingliederungsfragen, Arbeitsmöglichkeiten u. ä. wesentlich sein. Die Mobilität ist mit Kosten verbunden und daher nicht vollständig.

Der Wechsel der Niederlassung trägt zur Zusammenballung oder Unterauslastung bei, beeinflusst die Pro-Kopf-Kosten der Bereitstellung öffentlicher Güter und die in den jeweiligen Regionen zu zahlenden Steuern. Diese aus der Zu- und Abwanderung für die betroffenen Gemeinden resultierenden Externalitäten werden von den einzelnen sie verursachenden Bürgern nicht berücksichtigt und wirken sich so auf die Wohlfahrt negativ aus.

Unterschiede in der Nachfrage nach öffentlichen Gütern können auf Präferenz- und auf Einkommensunterschieden beruhen. Das Tiebout-Modell legt nahe, dass Personen

---

[1] Im theoretischem Extremfall ohne jegliche Mobilitätsschranken werden die Bürger homogene Gruppen bilden, die eine gemeinsame effiziente Versorgung mit öffentlichen Gütern erfahren.
[2] Eine andere Form der Wanderung könnte von der offiziellen Wirtschaft in die nichtbesteuerte und staatlich nicht reglementierte **Schattenwirtschaft** erfolgen.

mit ähnlichen Präferenzen und vergleichbarem Einkommen die gleiche Gemeinde wählen. Dieser Schluss ist aber nicht zwingend: Wenn Personen mit höherem Einkommen eine größere Nachfrage nach öffentlichen Gütern haben und einen größeren Anteil der Kosten ihrer Bereitstellung finanzieren, kann es für Personen mit niedrigerem Einkommen vorteilhaft sein, in solche Gemeinden zu wechseln, selbst wenn die Versorgung mit lokalen öffentlichen Gütern für sie größer als erwünscht ist. Auch der Schluss, dass bei größeren Anbietern die Präferenzen von Minderheiten vernachlässigt werden, ist nicht zwingend. Größere Gebietskörperschaften können in der Regel auch differenziertere Leistungen anbieten.

Der Migration kann allerdings auch eine Kapitalisierung der Nettoströme entgegenwirken, die sich in veränderten Haus- und Grundstückspreisen niederschlägt.

e) Steuerwettbewerb

Wenn Arbeit und Kapital vollständig (und kostenlos) mobil sind, reagieren sie auf die kollektiven Entscheidungen der Gebietskörperschaften. Sie wandern dahin ab, wo die Kombination aus öffentlichen Gütern und Steuern am besten ihrem Interesse entspricht. So wird Kapital dahin gelenkt, wo die (Netto-) Ertragsrate am höchsten ist. Die einzelnen Gebietskörperschaften, z. B. Gemeinden, können darauf eingehen, indem sie eine möglichst attraktive Mischung aus öffentlichen Gütern und Steuern gewährleisten. Die Differenz aus geldwertem Nutzen und Kosten staatlicher Aktivität wird als **Fiskalischer Restwert** (Fiscal residuum) bezeichnet.

Um der Mobilität der Faktorleistungen Rechnung tragen zu können, müssen die jeweiligen Gebietskörperschaften über eine entsprechende **Autonomie** bei ihren Ausgaben- und Einnahmenentscheidungen verfügen. Sie müssen ferner neben der Aufgabenkompetenz auch die Ausgabenverantwortung haben (**Prinzip der Konnexität**). Entscheidungen über Steuern, insbesondere über verschiedene Steuersätze mit dem Ziel, Produktionsfaktoren anzuziehen bzw. nicht abwandern zu lassen, werden als **Steuerwettbewerb** bezeichnet. Hierbei wird damit gerechnet, dass sich die Steuer-, aber auch Ausgabenentscheidungen auf die Standortwahl auswirken.

Unter den Faktoren, die die Elastizität des lokalen oder regionalen Steueraufkommens bestimmen, sind die jeweils in den Nachbargemeinden auf ähnliche Bemessungsgrundlagen angewandten Steuersätze, die dort öffentlich bereitgestellten Leistungen und der Grad der Mobilität der besteuerten Ressourcen. Probleme regionaler Steuer/Ausgabenpolitik können bei der Gewerbesteuer beobachtet werden. Um Unternehmen, d. h. Steuerzahler attrahieren zu können, werden die Steuersätze möglichst niedrig gehalten. Daraus resultieren aber u. U. auch niedrigere lokale Ausgaben, die negative Anreize für Unternehmen darstellen können, je nachdem, in welchem Ausmaß ihnen die entfallenen Leistungen zugekommen wären. Steuern, die auf nationaler Ebene u. U. als neutral gelten, können sich bei Erhebung auf lokaler Ebene als verzerrend erweisen. So gilt die Kopfsteuer auf nationaler Ebene als neutral; wird sie aber nicht einheitlich auf lokaler Ebene erhoben, sind die Haushalte mobil und existieren

Substitutionsgemeinden, so treten Verzerrungen auf: Diejenigen Bürger, die die Kopfsteuer vermeiden wollen, können einfach in andere Gemeinden wechseln, in denen die Abgabe nicht erhoben wird.

Die Reaktion auf lokale Steueränderungen hängt auch davon ab, ob ein **Steuerexport** auf Wirtschaftssubjekte anderer Gemeinden gelingt, wenn die bei Unternehmen in der Gemeinde 1 erhobenen lokalen Steuern auf Güter überwälzt werden, die in Gemeinde 2 gekauft werden. Ohne Koordination oder Harmonisierung kann der Wettbewerb der Regionen oder Staaten zu solch geringen Steuersätzen auf mobile Bemessungsgrundlagen führen, dass effiziente Ausgabenniveaus nicht mehr finanziert werden können. Steuerexport ist nur insoweit möglich, wie höhere Preise bei lokal produzierten, aber wenigstens teilweise außerhalb der Gebietskörperschaften verkauften Gütern möglich sind[1]. Die steuerlich belasteten Güter oder Aktivitäten dürfen keinem oder nur geringem Wettbewerb in anderen Gebietskörperschaften ausgesetzt sein (z. B. in einer Gemeinde bei Produzenten erhobene Tabaksteuer[2]).

Die dargestellten Wirkungen legen es nahe, dass höhere Ebenen stärkere Besteuerungsrechte haben sollten, obwohl die lokale Entscheidungsbefugnis eher den lokalen Präferenzen entsprechen dürfte. Die Vor- und Nachteile dezentraler Steuererhebung sind also gegeneinander abzuwägen. Es kommt daher nicht von ungefähr, dass die untersten Ebenen (Gemeinden) nur geringe Steuererhebungsmöglichkeiten haben.

Aus den bisherigen Ergebnissen lassen sich folgende Leitlinien zur Besteuerung in einem föderativen Staat entwickeln[3]:
- Steuern, die auf relativ mobile Produktionsfaktoren erhoben werden (Kapital und Arbeit) oder die mit stark progressiven, umverteilenden Steuertarifen ausgestattet sind (bspw. die Einkommensteuer), sollten der nationalen Ebene zugewiesen werden. Andernfalls kann es zur Abwanderung der Steuergrundlage mit unerwünschten Auswirkungen für die wirtschaftliche Entwicklung der lokalen oder regionalen Gebietskörperschaften kommen.
- Steuerobjekte, die sehr ungleich zwischen den subnationalen Gemeinwesen verteilt sind (bspw. natürliche Ressourcen), sollten auf zentraler Ebene besteuert werden. So werden übermäßige Ungleichheiten der Steuerbasen einzelner Jurisdiktionen vermieden.
- Steuern, die auf immobile Faktoren erhoben werden (bspw. Grundsteuer), deren Steuerlast nicht auf andere Gebietskörperschaften überwälzt werden kann (im Unterschied bspw. zur Besteuerung von speziellen Gütern und Dienstleistungen) sollten den lokalen Gemeinwesen zugewiesen werden.
- Gebühren sind von besonderem Wert für lokale Gebietskörperschaften, können aber prinzipiell auf allen Ebenen erhoben werden. Dem Nutzer wird hierbei ein direktes

---

[1] Eine andere Möglichkeit besteht darin, dass es zu Gewinn- oder Renteneinbußen bei Vermögenswerten kommt, die lokal eingesetzt, aber sich wenigstens teilweise im Eigentum externer Wirtschaftssubjekte befinden. Bei interregionaler Faktormobilität gelingt diese Maßnahme nicht.
[2] Dagegen würde ein Subventionsexport vorliegen, wenn die Preise öffentlicher Bäder nicht kostendeckend sind und die Leistungen auch von Bürgern anderer Gemeinden genutzt werden.
[3] Vgl. Musgrave/Musgrave/Kullmer 3 1992, S. 35 ff.

Entgelt für die Inanspruchnahme einer öffentlichen Leistung abverlangt. Dieses Entgelt (z. B. Abfallgebühren) soll den Kosten der individuellen Nutznießung entsprechen. Damit entstehen keine Anreize, diesen Zahlungen durch Abwanderung in andere Gemeinwesen zu entgehen.

f) Beurteilung des Tiebout-Modells und allokationspolitische Konsequenzen

Die grundlegenden Annahmen des Tiebout-Modells sind sehr restriktiv, dennoch erlaubt es einige Einsichten in die besonderen Probleme der Einnahmen/Ausgabenanalyse dezentraler Einheiten. Zwar sind Bürger und Faktoren nicht vollständig mobil und besitzen meist nur unvollkommene Informationen über lokale öffentliche Budgets. Auch dürften andere als fiskalische Unterschiede zwischen den Gemeinden wichtig sein und die Beschäftigungsmöglichkeiten variieren. Dennoch ist das Tiebout-Modell von Bedeutung, da zumindest einige Haushalte und Unternehmen auf Unterschiede in den lokalen öffentlichen Budgets reagieren dürften.

In reiner Form lassen sich die Prinzipien der dezentralisierten Verteilung von Aufgaben und dazu gehörenden Ausgaben (Prinzip der Konnexität) sowie der entsprechenden Finanzierung (Prinzip der fiskalischen Äquivalenz) nur bei Gebühren- und Beitragsfinanzierung öffentlicher Leistungen verwirklichen. Das ist primär auf lokaler Ebene möglich; für die Leistungen höherer Ebenen dürfte der „Steuerpreis" den Nutzern unbekannt sein, da die Vielzahl der zu erfüllenden öffentlichen Leistungen eine Zurechnung einzelner Kostenbestandteile (= Steuerbestandteile) auf spezifische Leistungen praktisch nicht zulässt. „Soweit die Finanzierung dagegen über Steuern vorgenommen wird, müssen den Gebietskörperschaften eigene Steuerquellen zugewiesen werden, die in eigener Verantwortung hinsichtlich des Tarifs und der Bemessungsgrundlage gestaltet werden können. Dabei müssen die Körperschaften unabhängig von Entscheidungen anderer sein, dürfen deren Entscheidungen durch ihre Steuerpolitik allerdings auch nicht beeinträchtigen. Außerdem ist zu berücksichtigen, dass nicht alle Steuern geeignet sind, den unteren Ebenen zu mehr Autonomie auf der Einnahmenseite zu verhelfen ... Autonomie in einem dezentralen System bedeutet damit, dass regionale Unterschiede sowohl im Angebot öffentlicher Leistungen als auch in der Steuerbelastung zugelassen werden müssen" (Wissenschaftlicher Beirat beim BMF, 1992, S. 45).

3. Föderalismus, Verteilung und Stabilisierung

a) Die Zuweisung der Verteilungsaufgabe

Eine effiziente Wirtschaft ist nicht notwendig fair oder gerecht. Effizienz und Gerechtigkeit können im Konflikt stehen. Das wird als wichtiges Argument für staatliche Eingriffe zur Reallocation der (tatsächlichen oder potentiellen) Marktergebnisse - ausgedrückt in Einkommen oder Vermögen - angesehen. Allerdings kann Umverteilung mehrere Dimensionen haben. Geht es etwa um die zwischen Personen oder Haushalten nach der Höhe des Einkommens, stellt sich die Frage nach den

27. Kapitel: Theoretische Grundlagen des Föderalismus

nach der Höhe des Einkommens, stellt sich die Frage nach den Implikationen der föderalen Struktur für solche Umverteilung. Es kann aber auch um die Umverteilung zwischen Ländern und Regionen und damit um die optimale Transferpolitik hierzu gehen.

Eine dezentralisierte Zuweisung der ersten Umverteilungsaufgabe könnte damit begründet werden, dass Umverteilung ein lokales öffentlichen Gut darstellt (Pauly 1973). Dann würden die Nettozahler einen Nutzen aus der Unterstützung ärmerer Mitbewohner - bei Unterstellung von Altruismus oder z. B. von Schutz vor armutsbezogener Kriminalität - ziehen. Das trifft insbesondere dann zu, wenn sich das Interesse stärker auf das Wohlergehen der Armen in der unmittelbaren Umgebung richtet. Die sozialen Probleme sind hier eher spürbar. Dezentrale Zuständigkeit ist auch zweckmäßig, wenn **intraregionale** Umverteilungsziele - z. B. die Versorgung mit einem regional bedeutsamen Gut - verfolgt werden.

Die Kompetenz für verteilungspolitische Eingriffe wird allerdings meist der zentralen Ebene übertragen. Der Grund liegt hauptsächlich in der regionalen Mobilität der Personen. Wenn in einer Region eine stärkere Umverteilung als in anderen Regionen vorgenommen wird, bestehen für die ärmeren Bürger Anreize, eben dorthin zu ziehen und für die reicheren diese zu verlassen (Buchanan/Wagner 1970). Die zur Erreichung eines gegebenen Niveaus an Umverteilung erforderlichen Maßnahmen würden zunehmen. Wenn Mobilität wie im Tiebout-Modell kostenlos ist, lässt sich die Umverteilungspolitik daher nicht mehr wirksam wahrnehmen. Dezentralisierung ist andererseits um so geeigneter, je geringer die Mobilität der Bürger ist und je ähnlicher die Präferenzen für Umverteilungsmaßnahmen zwischen den Regionen sind.

Eine zentrale Umverteilung ist auch dann erforderlich, wenn eine gewisse **Einheitlichkeit der Lebensverhältnisse** gewahrt sein soll - dazu gehört in der Regel die Mindestversorgung mit bestimmten öffentlichen Gütern - die Lebensverhältnisse aber **regional** erheblich differieren.

Diese regionalen Differenzen kommen in Unterschieden der Einkommen, Finanzkraft und Infrastruktur in den einzelnen Regionen zum Ausdruck. Wenn eine Region eine größere Steuerbasis oder mehr Personen besitzt, auf die die Kosten öffentlicher Leistungen verteilt werden können, wird die Pro-Kopf-Belastung bei gegebenem Niveau lokaler öffentlicher Güter niedriger als in anderen Gemeinden sein können. Auch die Lebensverhältnisse von Personen mit gleichem Bruttoeinkommen werden daher in verschiedenen Regionen unterschiedlich sein. Wenn eine gewisse Angleichung erfolgen soll, reicht es nicht aus, dass die zentrale Ebene über die Verringerung der Unterschiede entscheidet, die Finanzierung aber durch lokale Ebenen zu erfolgen hat. Die nachgeordneten Gebietskörperschaften müssen auch in der Lage sein, die Umverteilungsaufgaben umzusetzen, ohne zur Erhebung übermäßig hoher Steuern gezwungen zu sein. Ein Weg hierzu stellen Zuweisungen an untere Ebenen dar, über die einzusetzenden Maßnahmen kann dann regional entschieden werden.

Allerdings ist auch hier wie im allokativen Bereich zu unterscheiden zwischen der Entscheidungskompetenz über Art und Umfang der Umverteilung und der Durchführung. Die vorgetragene Argumentation spricht dafür, Verteilungsnormen zentral zu definieren. Es ist dann noch offen, ob sie auch produktions- bzw. verwaltungsmäßig zentral zu realisieren sind.

Die Unterschiede in der Entwicklung und im Standard der öffentlichen Leistungen zwischen den Gebietskörperschaften gleicher Ebene dürfen aber nicht vollständig beseitigt werden, wenn mit der regionalen Vielfalt der föderative Aufbau anstelle des Zentralstaates begründet wird.

Schließlich spricht für die zentrale Umverteilungsaufgabe, dass zentralstaatliche Entscheidungen verteilungspolitische Konsequenzen haben, die untere Ebenen nur schwer bewältigen können. So führt etwa die Entscheidung zugunsten einer restriktiven oder offen Zuzugs- und Niederlassungsmöglichkeit von Gastarbeitern und deren Kindern zu unterschiedlichen Kindergeld- und Sozialhilfebelastungen, für deren Finanzierung untere Ebenen kaum zuständig sein dürfen.

b) Die Zuweisung der Stabilisierungsaufgabe

In der Regel wird es für zweckmäßig gehalten, der zentralen Ebene die Stabilisierungsaufgabe zuzuweisen. Dies wird damit begründet, dass Stabilität als ein **öffentliches Gut** angesehen werden kann. Es handelt sich hier also um eine die Gesamtwirtschaft betreffende Aufgabe. Die unteren Ebenen verfügen auch nicht über die erforderlichen stabilisierungspolitischen Instrumente. Ihr Einnahmen/Ausgabenspielraum ist ferner in der Regel so gering und deren Wirkung so klein, dass keine ausreichenden gesamtwirtschaftlichen Effekte zu erwarten sind. Andererseits können stabilisierungspolitische Maßnahmen einer Gemeinde z. B. zur Stimulierung der Nachfrage die Ausgaben und das Defizit dieser Körperschaft übermäßig erhöhen. Es ist aber zweifelhaft, ob sich ihr Defizit über steigende Einkommen und zunehmende Steuern aus der regionalen expansiven Maßnahme selbst finanziert.

Die Beziehungen zwischen den einzelnen Gebietskörperschaften sind eng. Lokale Gebietskörperschaften sind in der Regel offene Systeme, d. h. es werden wechselseitig Güter von anderen Gebietskörperschaften bezogen. Die Wirkungen konjunkturpolitischer Maßnahmen unterer Ebenen können daher in der Regel nicht internalisiert werden. So wird die Mehrausgabe einer Gemeinde auch in anderen Gemeinden wirksam. Die Bereitschaft zur Mitwirkung an konjunkturpolitischen Maßnahmen geschieht aber nur dann, wenn gewährleistet ist, dass auch die anderen Gebietskörperschaften mitziehen. Dies ist ohne Kooperationszwang nicht zu erwarten.

c) Die Beziehung zwischen Aufgaben- und Einnahmenverteilung

Aus der Wahrnehmung der Aufgaben entstehen mehr oder weniger direkt Ausgaben, zu deren Deckung Einnahmen benötigt werden. Die Einnahmenverteilung ist grundsätzlich so zu gestalten, dass die einzelnen Gebietskörperschaften ihre Aufgaben durchführen können. Das wurde unter allokativem Aspekt als lokale Äquivalenz bezeichnet. Die Einnahmen müssten ferner entsprechend ihren jeweiligen Wirkungsmöglichkeiten ausgewählt werden können. Wenn etwa die Einkommensteuer besonders geeignet für Stabilisierungs- und Verteilungszwecke erscheint, müsste sie der Zentralebene zugewiesen werden. In der Regel wird eine solche Zuweisung aber nicht der tatsächlichen Ausgabenbelastung der einzelnen Ebenen gerecht, so dass ergänzende Zuweisungen erforderlich sind.

4. Die Theorie der Zuweisungen

a) Formen der Zuweisungen

Zuweisungen zwischen verschiedenen Gebietskörperschaften kann es vor allem aus effizienz- oder verteilungspolitischen Gründen geben[1]. Zuweisungen an untere Ebenen sollen deren Ausgabenmöglichkeit erhöhen und/oder Anreize für bestimmte Aktivitäten geben. Zuweisungen können allgemein (ungebunden) oder gebunden sein. **Allgemein** sind sie einfach Pauschalübertragungen von einer Gebietskörperschaft an eine andere.

Gebundene (konditionale) Zuweisungen knüpfen in irgendeiner Weise an das Verhalten des Empfängers an. Sie hängen z. B. von einer bestimmten Eigenleistung ab. Zuweisungen werden meist für bestimmte Aufgaben oder Objekte und nicht zur allgemeinen Deckung der Ausgaben bestimmt; sie können in Form eines festen Betrages (Blockzuweisungen) oder als ergänzende Finanzierungsmittel gegeben werden. Im Folgenden sollen die Rechtfertigung von Zuweisungen und die ökonomischen Wirkungen herausgearbeitet werden.

b) Wirkungen verschiedener Zuweisungen

Bereits im ersten Abschnitt dieses Kapitels wurde eine Zuweisung in Form einer Pigou-Subvention vorgestellt, die dazu führt, dass eine interregionale Externalität internalisiert wird. Nun soll untersucht werden, ob **zweckgebundene** Zuweisungen erforderlich sind, um die optimale Versorgung mit öffentlichen Gütern zu erreichen. Abb. 27-6 stellt die Entscheidungssituation dar, in der sich Gemeinde 1 befindet. Die Ausgaben für Aktivität x, die Spillovers erzeugt, wird anderen Ausgaben der Gemeinde gegenübergestellt. Ohne Zuweisungen hätte 1 eine Budgetgerade KD und würde G_0 wählen. Die Güteraufteilung entspricht hier am besten den Präferenzen von 1. Eine zweckgebundene Zuweisung mit dem Satz DE/OE dreht die Bilanzgerade auf KE und fährt zu einem Gleichgewicht G_1. Die Haushaltsbelastung des Gebers beträgt HG_1.

---

[1] In Deutschland werden sie auch unter stabilisierungspolitischem Aspekt in Form von Finanzhilfen geleistet, die der Förderung von Investitionen der Länder und Gemeinden dienen.

Abb. 27-6 Allgemeine versus zweckgebundene Finanzzuweisungen

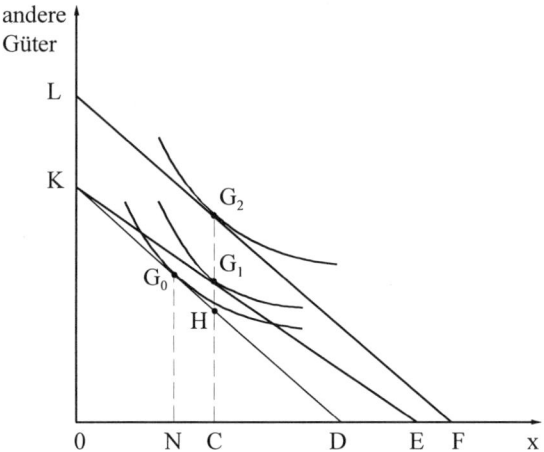

Um dieselben Ausgaben OC von x zu erreichen, ist eine ungebundene Zuweisung in Höhe von HG_2 erforderlich, die die Budgetgerade auf LF verschiebt. Daraus ergibt sich, dass ungebundene Übertragungen **unter dem Ziel, ein bestimmtes Ausgabenvolumen zu erreichen,** kostspielig und ineffizient sind, weil sie die relativen Preise nicht verändern und nur zu einem Einkommenseffekt führen[1]. Beide Formen sind allerdings wenig effektiv, weil jeweils die Höhe der erforderlichen Zuweisungen die Höhe der Ausgaben für zusätzliche Einheiten von x übersteigt (DE > NC, DF > NC).

Wenn die Zuweisungen einen möglichst hohen Nutzen in den empfangenden Körperschaften bewirken sollen, ist eine ungebundene der zweckgebunden Zuweisungen überlegen. Das verdeutlicht die Abb. 27-7.

Gegenüber dem Gleichgewicht G_0 bei einer Budgetbeschränkung KD führt eine ungebundene Zuweisung in Höhe von DE zum Gleichgewicht G_1. Durch die gebundene Zuweisung mit dem Satz DF/OF kommt es bei gleicher Haushaltsbelastung HG_2 zum Gleichgewicht G_2, das ein niedrigeres Nutzenniveau repräsentiert, aber eine stärkere Ausweitung der Ausgaben für Aktivität x bedeutet.

Beide Zuweisungsformen haben den Nachteil, dass der Geber keinen oder nur einen indirekten Einfluss auf die Höhe und Struktur der Ausgaben des Empfängers hat. Mit einer Zuweisung an 1 als Ausgleich für die bewirkten Externalitäten ist also keineswegs sichergestellt, dass der Empfänger das gewünschte Angebot erbringt. Daher erscheinen besondere Ausgestaltungen der Zuweisungen zweckmäßig - wie z. B. eine Eigenbeteiligung der empfangenden Körperschaft (**Matching grants**).

---

[1] Freilich wird unterstellt, dass es sich bei dem Gut um ein normales Gut handelt.

Abb. 27-7 Wohlfahrtswirkungen allgemeiner und zweckgebundener Zuweisungen

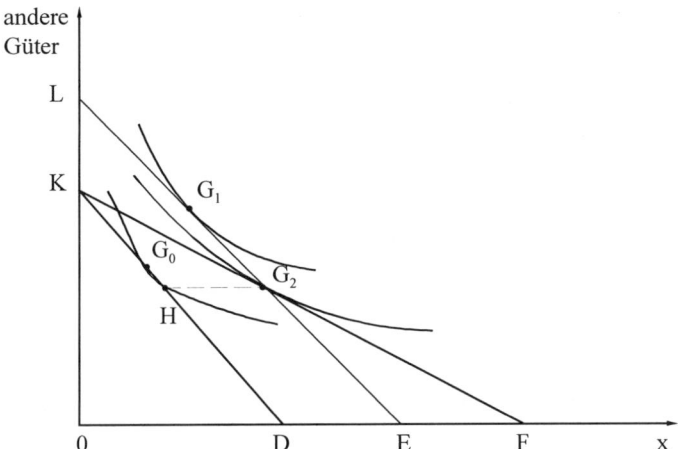

Zuweisungen, gleich welcher Art, sind aus Einnahmen, etwa Steuern, zu finanzieren. Bislang sind die volkswirtschaftlichen Kosten der Zuweisungen unberücksichtigt geblieben. Um jedoch den volkswirtschaftlichen Nettovorteil einer Zuweisung zu ermitteln, muss auch die Finanzierung berücksichtigt werden. Sind die Subventionen aus Steuereinnahmen zu zahlen, entstehen direkte Lasten und, da anreizneutrale Steuern im Allgemeinen nicht zur Verfügung stehen, Zusatzlasten (Dead weight losses). Diese sind den Effizienzgewinnen der Subventionierung gegenüber zu stellen, um den volkswirtschaftlichen Nettovorteil zu ermitteln.

Ferner ist zu beachten, dass bei den potenziellen Empfängern der Anreiz groß ist, sich um Zuweisungen zu bemühen. Die Aussicht auf Zuweisungen führt bisweilen dazu, dass eigene Einnahmen gesenkt oder die Zuweisung anstelle der sonst eingesetzten eigenen Mittel verplant werden. Zuweilen werden dringend notwendige, öffentliche Projekte aufgeschoben, weil noch nicht alle Möglichkeiten, Zuweisungen zu erlangen, ausgeschöpft sind. Eine zunächst an Effizienzkriterien ausgerichtete Zuweisungspolitik kann daher durch ein Verhalten des Rent seeking zu Effizienzverlusten führen.

Bei durch eigene Einnahmen finanzierten Programmen dürften die Nutzen und Kosten sorgfältiger gegeneinander abgewogen werden. Ein zunächst an Effizienzkriterien ausgerichtete Zuweisungspolitik kann daher durch ein Verhalten des Rent seeking zu erheblichen Effizienzverlusten führen.

„Zudem sind Zweckzuweisungen notwendigerweise mit Auflagen und Kontrollen verbunden, was zu Konflikten mit der politischen Forderung nach autonomen Körperschaften führen kann. Dieses Argument gewinnt vor allem dann an Gewicht, wenn eine Vielzahl von Zuweisungen gezahlt wird, so dass übergeordnete Körperschaften bei nahezu allen Aktivitäten ein Mitsprache- oder sogar Entscheidungsrecht bekommen. Allerdings müssen auch hier die Alternativen gesehen werden. Wer die Internalisierung anstrebt, Zweckzuweisungen aber ablehnt, der müsste für eine Übertragung der entsprechenden Aktivitäten auf übergeordnete Körperschaften plädieren" (Peffekoven 1980a, S. 624).

Es gibt noch weitere Probleme, die sich aus der durch Zuweisungen entstehenden Mischfinanzierung öffentlicher Projekte durch Gebietskörperschaften verschiedener Ebenen ergeben. Auf diese wird im 28. Kapitel eingegangen.

c) Finanzkraftunterschiede

Die unterschiedliche Finanzkraft der unteren Gebietskörperschaften (Länder, Gemeinden) und die daraus resultierenden fiskalischen Restwerte können es - wie bereits oben angedeutet - effizient sein lassen, der zentralen Ebene eine größere und den unteren Ebenen eine geringere Steuererhebungsbefugnis zuzuweisen als sie im Vergleich zu ihren jeweiligen Aufgaben benötigen. Dann können Mittel als Zuweisungen vergeben werden, die es den Regionen ermöglichen, ein gewisses Maß öffentlicher Ausgaben mit „vernünftigen" Steuersätzen und so eine Verringerung der sonst zu erwartenden fiskalischen Ungleichheit zu erreichen.

Auf diese Weise könnte etwa eine Mindestversorgung mit öffentlichen Gütern gewährleistet werden. Die Zuweisungen können bewirken, dass durch fiskalische Restwerte verursachte Wohnsitz- und Standortverlagerungen eingeschränkt werden. Als Grundlage für Zuweisungen kommt z. B. ein Vergleich der regionalen Pro-Kopf-Steuerergebnisse mit den entsprechenden nationalen Durchschnitten in Betracht. Allerdings sind auch Maßstäbe möglich, die auf anderen Zielinterpretationen der fiskalischen Gleichheit beruhenden (Musgrave 1961).

5. Abschließende Beurteilung des normativen Modells

Das Föderalismus-Modell greift zur Begründung der Aufgabenverteilung zwischen verschiedenen Gebietskörperschaften auf unterschiedliche Nutzungsgrenzen öffentlicher Güter zurück. Das Modell legt nahe, dass in einem föderativen System Länder und Gemeinden eine wichtige Rolle in der Allokation der Ressourcen spielen sollen. Dezentralisierung ist am vorteilhaftesten, wenn sich die Präferenzen der Bürger stark unterscheiden. Je geringer diese Differenzen ausfallen, um so bedeutsamer werden Economies of scale, Verwaltungskosten und Ballungswirkungen.

Das Modell entspricht dem Grundgedanken der Subsidiarität: zunächst soll eine privatwirtschaftliche Lösung erfolgen. Soweit diese nicht zu erwarten ist, soll nach Lösungen auf lokaler Ebene gesucht werden. Die nationale (und darüber hinaus : supranationale) Zuständigkeit kommt als letzte in Betracht.

Weil die Grenzen zwischen den einzelnen Aufgabenbereichen fließend und unterschiedlich sind, besteht eines der Hauptprobleme des Föderalismus in der Koordination der Entscheidungen verschiedener Körperschaften. Wenn aber solchen Interdependenzen und Funktionsteilungen Rechnung getragen werden muss, ist eine klare Aufteilung kaum möglich.

Dem Äquivalenzprinzip kommt, auch in seiner räumlichen Interpretation, in der Praxis nur geringe Bedeutung zu. Das liegt u. a. auch daran, dass die Ermittlung des Wertes, den Individuen den verschiedenen staatlichen Leistungen beimessen, kaum möglich ist.

Der Zuweisung von Aufgaben müssen entsprechende Einnahmen zugeordnet werden. Die unterschiedlichen Steuerkapazitäten zwischen den Regionen können aber allokative Verzerrungen hervorrufen, die Eingriffe von höherer Ebene erforderlich machen. Um eine ungleiche Verteilung der regionalen (Wirtschafts- und) Finanzkraft und damit Ausgabenfähigkeit zu verringern und um Spillovers Rechnung zu tragen, sind Zuweisungen erforderlich, die je nach Ausgestaltung unterschiedlich in den Entscheidungsspielraum unterer Ebenen eingreifen.

6. Politische Ökonomie des Föderalismus

Die bisherigen Schlussfolgerungen basieren auf einem im Wesentlichen normativen Modell, dem die Frage zugrunde liegt, wie die Aufgaben-, Ausgaben- und Einnahmenverteilung in einem föderativen System sein soll. Das Modell berücksichtigt aber nicht die politische Struktur des Föderalismus. Es bleibt offen, ob bei Endogenisierung föderaler Entscheidungen durch Abstimmungsprozesse eben die normativ wünschenswerten Maßnahmen ergriffen werden (Brennan/Hamlin 1998, S. 149).

Föderalismus ist eine verfassungsmäßige Beschränkung der staatlichen Macht und nicht ein Mittel, dass dem Staat stärkere und flexiblere Politikinstrumente erlaubt. Föderalismus teilt und trennt die Macht, die sonst bei einer einzigen zentralisierten Institution liegen würde. So wird im Interesse der Bürger die Monopolsituation der Regierung vermieden. Aus dieser Sicht kommt es zu einer anderen Beurteilung der ökonomischen Argumentation. Während unter Wohlfahrtsgesichtspunkten die mögliche Gefährdung einer ausreichenden Finanzierung effizienter Ausgaben als Kosten des Föderalismus gesehen wird, wird unter Public Choice-Aspekten dieser Nachteil durch die Beschränkung des staatlichen Steuermonopols ausgeglichen. Die unterschiedlichen Sichtweisen beruhen auf der jeweiligen Beurteilung der Motivation staatlicher Entscheidungsträger. Während diese nach traditioneller Ökonomie die Wohlfahrt der Bürger zu maximieren suchen, handeln sie nach Vorstellungen der politischen Ökonomie im eigenen Interesse.

Föderalismus bedeutet, dass die verschiedenen Gebietskörperschaften mit einem gewissen Grad an Unabhängigkeit ausgestattet sind, was gewisse politische Identitäten erleichtert. Wo ethnische, kulturelle oder andere Bindungen eine geografische Dimension haben, kann ihnen durch Dezentralisierung Rechnung getragen werden, was zur Stabilität des Systems beitragen kann.

Der Schluss der traditionellen Ökonomie, dass Umverteilung eher eine nationale Aufgabe oder die einer Ebene mit relativ geringer Migrationswahrscheinlichkeit ist, kann unter internationalem Aspekt ergänzt werden. Der Abbau von Mobilitätshemmnissen verringert auch für die zentrale nationale Regierung deren Fähigkeit zur Umverteilung. Aus der Sicht der politischen Ökonomie würde die Gefahr einer übermäßigen Umverteilung im Vordergrund stehen, der bei Mobilität entgegen gewirkt werden kann.

Eine Begrenzung der Umverteilung zwischen den Ländern durch den Bund durch die Möglichkeit der Session ist verfassungsmäßig ausgeschlossen. Andere Möglichkeiten wären aber beispielsweise, dem Bund (oder Ländern) das Steueraufkommen bzw. den Beitrag zur Umverteilungsmasse zu begrenzen.

Literatur zum 25. Kapitel

Überblicke über die Theorie des Finanzausgleichs geben Peffekoven (1980), Zimmermann (1983) und Brennan/Hamlin (1998).

Sammelbände mit wichtigen Beiträgen sind Kirsch (1977) und Oates (1977). Umfassendere Darstellungen geben weiterhin Oates (1972) und Breton/Scott (1978).

Speziell unter allokativem Aspekt ist der Beitrag von Tiebout (1956) bedeutsam. Zum Tiebout-Modell siehe Wildasin (1986) und Mieszkowski/Zodrow (1989). Einen Überblick über die Bedeutung fiskalischer Einflussgrößen auf interregionale Wanderungen geben Cebula (1979) und Pommerehne (1982, S. 448-451). Zum allokativen Aspekt siehe ferner Bös (1971, 1978), Liedke (1972) und Wust (1981). Einen Ansatz für ein Gesamtkonzept der Aufgabenverteilung legt auch Tanner (1982) vor. Mit der Problematik räumlicher externer Effekte beschäftigt sich auch Pawlowsky (1972). Zur dezentralen Bereitstellung lokaler öffentlicher Güter siehe Helm/Smith (1987).

Zur Theorie der Klubs geben Sandler/Tschirhart (1980) einen guten Überblick; siehe ferner Comes/Sandler (1986).

Zur Stabilitätspolitik im Föderalismus siehe Kock (1975) und Muff (1981).

Argumente, die gegen eine zentrale Behandlung der Umverteilungsaufgabe sprechen, untersuchen Ladd/Doolittle (1982); siehe auch Pauly (1973).

Zur Public Choice-Interpretation des Föderalismus siehe den Beitrag von Inman/Rubinfeld in Mueller (1997, S. 73-123).

28. Kapitel
Die Praxis des Föderalismus in Deutschland

1. Die deutsche Finanzverfassung

a) Vorbemerkungen

Die Bundesrepublik Deutschland ist nach Art. 20 GG ein Bundesstaat. Die (Bundes-) Länder sind mit allen Merkmalen der Staatsqualität ausgestattet. Sie nehmen gleichberechtigt neben dem Bund als dem Gesamtstaat die ihnen durch die Verfassung eingeräumten Kompetenzen zur Erfüllung der staatlichen Aufgaben wahr. Zwischen Bund und Ländern besteht kein Über- oder Unterordnungsverhältnis; vielmehr werden die Beziehungen zwischen Gesamtstaat und Gliedstaaten zur Verwirklichung der Eigenstaatlichkeit jeder der Ebenen durch ein System von Kompetenzregeln bestimmt (Frey 1982, S. 16).

Die Gemeinden bilden im Rahmen der Finanzverfassung keine eigenständige dritte Ebene sondern werden als Teile der Länder angesehen. Bezugsobjekt der Finanzverfassung im engeren, nämlich staatsrechtlichen Sinne, sind somit lediglich Bund und Länder.

Die rechtliche Stellung der Gemeinden ergibt sich aus dem Grundgesetz, den Landesverfassungen, den Gemeindeordnungen sowie einer Vielzahl einzelner Bundes- und Landesgesetze, welche in irgendeiner Form die gemeindliche Finanzordnung betreffen. Zunächst werden daher die Regelungen der grundgesetzlichen Finanzverfassung[1] vorwiegend auf Bund und Länder bezogen skizziert, anschließend wird gesondert auf die Gemeinden eingegangen.

b) Die Aufgabenverteilung zwischen den Gebietskörperschaften

Für die Aufgabenverteilung zwischen den Gebietskörperschaften gilt zunächst der **Grundsatz der Länderzuständigkeit** (Art. 30 GG): Die Ausübung staatlicher Befugnisse, die Erfüllung staatlicher Aufgaben und die Ausführung der Bundesgesetze ist Sache der Länder, soweit das Grundgesetz keine andere Regelung trifft oder zulässt[2].

Bei der detaillierten Zuordnung der öffentlichen Aufgaben auf die staatlichen Ebenen regelt die Verfassung die Kompetenzen für die Gesetzgebung, Verwaltung und Rechtsprechung.

---

[1] Die Finanzverfassung bezieht sich auf den Bund, 16 Bundesländer und fast 15 000 Regierungsbezirke, Kreise und Gemeinden.

[2] Tatsächlich hat sich in den vergangenen Jahrzehnten die Gesetzgebungskompetenz der Länder verringert: durch Erweiterung der Gesetzgebungskompetenz des Bundes, eine umfassende Ausübung der konkurrierenden Gesetzgebungskompetenz und den Erlass von Rahmengesetzen, die den Ländern praktisch wenig Spielraum für eigene Regelungen lassen.

- Die **Gesetzgebungskompetenzen** liegen bei den Ländern, soweit das Grundgesetz nicht dem Bund die Gesetzgebungsbefugnisse verleiht (Art. 70 Abs. 1 GG). Allerdings werden dem Bund so weitreichende Gesetzgebungszuständigkeiten eingeräumt, dass sich die Gesetzgebungsbefugnisse der Länder lediglich auf die Bereiche des Landesverfassungsrechts, des Kommunal- und Polizeirechts sowie der kulturellen Angelegenheiten beschränken. Die Gesetzgebung ist somit, trotz Generalklausel zugunsten der Länder, primär Sache des Bundes.

- Bei den **Verwaltungskompetenzen** liegt das Schwergewicht hingegen bei den Ländern. Unterschieden wird dabei zwischen der Zuständigkeit für die sog. gesetzesakzessorische und gesetzesfreie Verwaltung.

Unter **gesetzesakzessorischer Verwaltung** versteht man staatliche Verwaltungstätigkeit in Form des Vollzuges (Durchführung) von Gesetzen. Dabei sind die Länder für den Vollzug der Landesgesetze (Art. 30 GG) und für die Ausführung von Bundesgesetzen zuständig, soweit das Grundgesetz dies nicht anders bestimmt oder zulässt (Art. 83 GG). Der Bund führt seine Gesetze hingegen lediglich dann selbst aus, wenn ihm dazu eine **bundeseigene Verwaltung** zusteht.

Die **gesetzesfreie Verwaltung** beschränkt sich primär auf Maßnahmen der Wirtschaftsförderung, der Förderung von Forschungsvorhaben und kulturellen Bestrebungen. Hier können die Länder gemäß Art. 30 GG alle Aufgaben erfüllen, für die die Verfassung dem Bund nicht explizit die Zuständigkeit eingeräumt hat.

Die Zuständigkeit des Bundes ist vor allem dann gegeben, wenn (1) eine Aufgabe ihrer Natur nach für das gesamte Bundesgebiet erbracht wird, (2) ein Ausgleich innerhalb des Staatsgebietes angestrebt wird. Sie beschränkt sich auf den Auswärtigen Dienst, die Verteidigung und die folgenden im sog. Flurbereinigungsabkommen festgelegten Tätigkeitsfelder: gesamtdeutsche Repräsentation, Auslandsbeziehungen, Großforschung, gesamtwirtschaftliche Maßnahmen der Wirtschaftsförderung, zentrale Einrichtungen und das System der sozialen Sicherung.

- Die **Rechtsprechungskompetenzen** verteilen sich ebenfalls auf Bund und Länder (Art. 92-104 GG).

c) Verteilung der Ausgaben auf die Gebietskörperschaften (Grundsatzregelung und Ausnahmefälle)

Bund und Länder tragen gesondert die Ausgaben, die sich aus der Wahrnehmung ihrer Aufgaben ergeben. Dieser **Lastenverteilungsgrundsatz (Prinzip der Konnexität)** des Art. 104a Abs. 1 GG ist aber zunehmend Makulatur geworden, weil es gewichtige Ausnahmen gibt. So trägt der Bund ganz oder teilweise solche Kosten, die nach dem Lastenverteilungsgrundsatz den Ländern zufallen müssten. Hierzu zählen die Bundesauftragsverwaltung, Geldleistungsgesetze, Finanzhilfen und Gemeinschaftsaufgaben.

- Im Rahmen der **Bundesauftragsverwaltung** nehmen die Länder bestimmte Aufgaben im Auftrage des Bundes wahr, der jedoch die sich daraus ergebenden Ausgaben zu tragen hat. Bei der Auftragsverwaltung kann der Bund die Verwendung der von ihm aufzubringenden Mittel durch die Landesbehörden kontrollieren. Zu diesen im Grundgesetz spezifizierten Aufgaben zählen die Bereiche Verteidigung,

Grundgesetz spezifizierten Aufgaben zählen die Bereiche Verteidigung, Kernenergie, Luftverkehr, Bundesautobahnen und -fernstraßen sowie Teile der Finanzverwaltung. (Die Landesfinanzbehörden verwalten auch solche Steuern, die ganz oder teilweise dem Bund zufließen). Bei Auftragsverwaltung, der sich auch die Länder bedienen, brauchen keine eigenen Behörden errichtet zu werden, gleichzeitig werden die Aufgaben ortsnah ausgeführt.

Der Bund trägt in diesen Fällen jedoch lediglich die sog. **Zweckausgaben.** Zu ihnen zählen sämtliche, unmittelbar der Erfüllung oder Förderung der betreffenden Sachaufgabe dienenden Ausgaben (vor allem Investitionsausgaben). Die **Verwaltungskosten** haben hingegen die Länder selbst zu tragen. Sie umfassen neben den Personalkosten alle Ausgaben für die zur Erfüllung der Verwaltungstätigkeit erforderlichen technischen Einrichtungen.

- Bundesgesetze, die Geldleistungen gewähren, aber Länderaufgaben betreffen und von den Ländern ausgeführt werden, können bestimmen, dass diese Geldleistungen ganz oder teilweise vom Bund zu tragen sind. Unter den Begriff **Geldleistungsgesetze** fallen jene Gesetze, die einem fest umrissenen Kreis von Berechtigten bei Erfüllung der gesetzlich vorgeschriebenen Anspruchsvoraussetzungen staatliche Übertragungen gewähren. Die Gesetze bedürfen erst dann der Zustimmung des Bundesrates, wenn die Länder mindestens 25 % der Geldleistungen zu tragen haben.

Der Bund beteiligt sich u. a. an folgenden Geldleistungsgesetzen mit den in Klammern genannten Finanzierungsanteilen:

Leistungen nach dem Bundesversorgungsgesetz aufgrund des Gesetzes über die Entschädigung für Opfer von Gewalttaten (40%); Sozialversicherung für Behinderte (50%); Kindergeld für Bedienstete der Länder, der Gemeinden und Gemeindeverbände sowie der landesunmittelbaren Körperschaften, Anstalten und Stiftungen des öffentlichen Rechts (100%); Wohngeld nach dem Wohngeldgesetz (50%); Prämien nach dem Wohnungsbau-Prämiengesetz (50%); Zahlungen nach dem Spar-Prämiengesetz (100%); Bundesausbildungsförderungsgesetz (65%).

- **Finanzhilfen** dienen der Förderung von Investitionen der Länder und Gemeinden. Der Bund kann sich an ihrer Finanzierung in Form von Zuschüssen oder Darlehen beteiligen, wenn es sich um in Ausmaß und Wirkung besonders bedeutsame Investitionen handelt, die zudem entweder zur Abwehr einer Störung des gesamtwirtschaftlichen Gleichgewichts, dem Ausgleich unterschiedlicher Wirtschaftskraft im Bundesgebiet oder der Förderung des wirtschaftlichen Wachstums dienen.

Im Rahmen der beiden letztgenannten Alternativen fördert der Bund z. B. die Verbesserung der Verkehrsverhältnisse der Gemeinden, die Stadtsanierung und -entwicklung, den sozialen Wohnungsbau und die Bausparfinanzierung.

- Der Bund wirkt auf bestimmten „Gebieten bei der Erfüllung von Aufgaben der Länder mit, wenn diese Aufgaben für die Gesamtheit bedeutsam sind und die Mitwirkung des Bundes zur Verbesserung der Lebensverhältnisse erforderlich ist" (Art. 91a GG). Zu diesen **Gemeinschaftsaufgaben** zählen der Ausbau und Neubau von Hochschulen und Hochschulkliniken (Finanzierungsbeteiligung des Bundes 50 %), die Verbesserung der regionalen Wirtschaftsstruktur (50 %), die Verbesserung der Agrarstruktur und des Küstenschutzes (60 bzw. 70 % Finanzierungsbeteiligung des Bundes).

Der Bund ist hier nicht nur an der Mitfinanzierung der Gemeinschaftsaufgaben beteiligt, sondern hat auch Einfluss auf die Wahl der zu fördernden Projekte. Ähnlich wie bei den Gemeinschaftsaufgaben, wenn auch weniger eng geregelt, wirken Bund und Länder bei der Bildungsplanung und bei der Förderung von Einrichtungen und Vorhaben der wissenschaftlichen Forschung von überregionaler Bedeutung zusammen. In diesem Rahmen werden z. B. die Deutsche Forschungsgemeinschaft und die Max-Planck-Gesellschaft gemeinsam finanziert.

d) Die Verteilung der Einnahmen nach der Finanzverfassung

(1) Vertikale Einnahmenverteilung

Bei einer sinnvollen Kompetenzverteilung liegen Aufgaben- und Ausgabenkompetenz auf der gleichen Ebene; damit muss auch eine ausreichende Einnahmenautonomie einhergehen. Das ist, wie sich zeigen wird, nicht gewährleistet.

Bei den Aufgaben und Ausgaben liegen klare Abgrenzungen der Kompetenzen einzelner Ebenen, aber auch gemeinsame Zuständigkeiten vor. Das trifft entsprechend auf die **vertikale Einnahmen-**, insbesondere **Steuerverteilung,** also auf die den verschiedenen Ebenen (Bund, Länder, Gemeinden) zustehende Ertragshoheit zu. Bei den Steuern kommt neben dem Trennsystem das Verbundsystem zur Anwendung.

Das **Trennsystem** sieht vor, dass das Aufkommen einer Steuerart einer Körperschaft zusteht. In seiner extremen Form, dem Konkurrenzsystem oder ungebundenen Trennsystem kann jede Gliedkörperschaft sowohl die Art der Steuer als auch ihre Höhe autonom bestimmen. Die drei Elemente der Steuerhoheit sind ihr zugeordnet: Aufkommens(oder Ertrags)hoheit, Verwaltungs(oder Durchführungs)hoheit, Gesetzgebungshoheit. Daher muss die jeweilige Körperschaft ein Interesse an der Erhaltung der Steuerquelle haben.

Vom **Verbund**(oder **Quoten)system** wird gesprochen, wenn sich mehrere Ebenen von Gebietskörperschaften das Aufkommen einer oder mehrerer Steuern teilen. Hierzu müssen sich die Gebietskörperschaften über die Quoten an der jeweiligen Steuer einigen. In Deutschland gibt es unter der Bezeichnung „Gemeinschaftssteuern" mehrere Beispiele solcher Verbundsteuern.

Im Verbundsystem werden die beteiligten Ebenen gemeinsam von Schwankungen im Aufkommen dieser Steuer betroffen. Weiterhin wird eine einheitliche Steuergesetzgebung gewährleistet. Gegen das Verbundsystem spricht die mangelnde Autonomie der beteiligten Gebietskörperschaften und die geringe Beachtung der **fiskalischen Äquivalenz** insofern, als die einzelne Gebietskörperschaft ihre Einnahmen nicht den gewünschten Aufgaben anpassen kann. Der Anreiz zur Pflege und Ausschöpfung gemeinsamer ist geringer als bei eigenen Steuerquellen.

28. Kapitel: Die Praxis des Föderalismus in Deutschland

Eine Mischform stellt das **Zuschlagsystem** dar, bei dem eine Gebietskörperschaftsebene die Gesetzgebungshoheit besitzt und eine andere autonom einen Zuschlag erheben kann. Der Vorteil dieses Systems liegt darin, dass die Zuschläge dem Finanzbedarf angepasst werden können; nachteilig ist die Möglichkeit, dass dieselbe Steuerquelle mehrfach und uneinheitlich belastet werden kann. Beispiel: Als Ersatz für die Gewerbesteuer wird ein Zuschlagsrecht für die Gemeinden bei der Umsatzsteuer diskutiert.

Dem **Bund** stehen Steuereinnahmen **allein** aus den Finanzmonopolen, bestimmten Verbrauchsteuern (z. B. Tabak-, Kaffee- und Mineralölsteuer), Kapitalverkehrsteuern, der Wechselsteuer und Ergänzungsabgaben zur Einkommensteuer (z. B. gegenwärtig der „Solidaritätszuschlag") zu. Seine **Anteile an den Gemeinschaftsteuern** sind (1999) bei Lohn- und veranlagter Einkommensteuer 42,5 %, Körperschaft- und Kapitalertragsteuer 50 %, Umsatz- einschließlich Einfuhrumsatzsteuer 50,25 %[1] und Gewerbesteuerumlage 50 %.

Die Steuereinnahmen der **Länder** setzen sich zusammen aus den **reinen Ländersteuern** (darunter Erbschaftsteuer, Kraftfahrzeugsteuer, Biersteuer, Rennwett- und Lotteriesteuer), ihrem **Anteil an den Gemeinschaftsteuern**, d. h. Lohn- und veranlagte Einkommensteuer (42,5 %), Körperschaft- und Kapitalertragsteuer (50 %) und Umsatz- einschließlich Einfuhrumsatzsteuer (49,75 %)[1] und ihrem Anteil an der Gewerbesteuerumlage (50 %).

Die Steuereinnahmen der **Gemeinden** umfassen als **reine Gemeindesteuern** die Grundsteuer und örtliche Verbrauch- und Aufwandsteuern (z. B. Jagd- und Fischereisteuer, Hundesteuer, Getränkesteuer). Die Gewerbesteuer steht ihnen (nach Abzug der Gewerbesteuerumlage) zu, hinzu kommen ihr Anteil am Aufkommen der Lohn- und veranlagten Einkommensteuer (15 %), an der Umsatzsteuer (2,2 %) und Steuerzuweisungen durch Landesgesetzgebung.

Die Anteile von Bund und Ländern an der Einkommensteuer sind verfassungsmäßig festgeschrieben. Die Anteile an der Umsatzsteuer gibt das Grundgesetz nicht vor. Sie sind Gegenstand der Auseinandersetzung von Bund und Ländern. Die Anteile müssen durch Bundesgesetz mit Zustimmung des Bundesrates festgelegt werden.

Die Änderungen am Beteiligungsverhältnis bei der Umsatzsteuer - von 100:0 im Jahre 1949 auf 56:44 im Jahre 1994 und auf 50,5:49,5 für 1996/97 - sollen auch eine Anpassung an unterschiedliche Aufgabenentwicklungen der beiden Ebenen ermöglichen. Hierzu liefert das Grundgesetz nur allgemeine, unterschiedlich ausgelegte Festsetzungskriterien (Art. 106, Abs. 3 und 4 GG.):

„1. Im Rahmen der laufenden Einnahmen haben der Bund und die Länder gleichmäßig Anspruch auf Deckung ihrer notwendigen Ausgaben. Dabei ist der Umfang der Ausgaben unter Berücksichtigung einer mehrjährigen Finanzplanung zu ermitteln.

---

[1] Nach Vorwegabzug von 5,63 % des Umsatzsteueraufkommens als Ausgleich zur Finanzierung eines zusätzlichen Bundeszuschusses zur gesetzlichen Rentenversicherung und von 2,2 % an die Gemeinden.

2. Die Deckungsbedürfnisse des Bundes und der Länder sind so aufeinander abzustimmen, dass ein billiger Ausgleich erzielt, eine Überbelastung der Steuerpflichtigen vermieden und die Einheitlichkeit der Lebensverhältnisse gewahrt wird."

Weiter sieht Art. 106 Abs. 4 GG vor, dass die Anteile von Bund und Ländern an der Umsatzsteuer neu festzusetzen sind, „wenn sich das Verhältnis zwischen den Einnahmen und Ausgaben des Bundes und der Länder wesentlich anders entwickelt".

Die Aufteilung der Umsatzsteuer nach Artikel 106 Abs. 3 GG stellt grundsätzlich ein variables Element bei den Gemeinschaftsteuern dar, das es zu erlauben scheint, ungleichgewichtigen Entwicklungen Rechnung zu tragen. Hier konzentriert sich ein wesentlicher Teil[1] des **vertikalen Finanzausgleichs**, durch den das Spannungsverhältnis von Einnahmen und Ausgaben zwischen den Ebenen vergleichbar gemacht werden soll. Ob die Verteilungsgrundsätze zweckmäßig und die Umsatzsteuerverteilung gegenwärtig ausgewogen sind, ist umstritten. Jedenfalls gab es stets Auseinandersetzungen zwischen Bund und Ländern über den bestehenden Verteilungsschlüssel - so bereits unmittelbar nach seiner Festlegung im Zuge der Finanzreform von 1993.

Das ist auch nicht verwunderlich, da Art. 106 GG verschiedene unbestimmte Rechtsbegriffe (notwendige Ausgaben, laufende Einnahmen; ihre Abgrenzung für eine Ebene; mehrjährige Finanzplanung) enthält. Darüber hinaus gibt die Regelung einen Anreiz für die beiden Ebenen sich zu verschulden, wenn aus zunehmender Verschuldung eine geringere Ausgabendeckung und damit ein höherer Anspruch auf Umsatzsteuer resultieren (vgl. Wissenschaftlicher Beirat beim BMF, 1996).

Die Steueraufteilung hat sich seit Bestehen der Bundesrepublik erheblich verändert[2]. Das ursprünglich (1949) bestehende Trennsystem bei Lohn-/Einkommensteuer Körperschaftsteuer, Umsatzsteuer und Gewerbesteuer wurde seit 1955 zunehmend durch ein Verbundsystem ersetzt. Damit ist für Entscheidungen über die wichtigsten Steuern nicht mehr jeweils eine Ebene zuständig, sondern Bund und Länder müssen gemeinsam beschließen, was die Flexibilität einschränkt und die Verantwortung verwischt.

Tab. 28-1 weist darüber hinaus die Anteile von Bund, Ländern und Gemeinden - sowie von Lastenausgleichsfonds (LAF) und EG - am Steueraufkommen seit 1965 nach. Es zeigt sich tendenziell eine leichte Verschiebung zugunsten der Länder und der EG (EU) bei abnehmendem Anteil des Bundes. Hinsichtlich die EU ist allerdings zu beachten, dass diese kein eigenes Steuererhebungsrecht hat. Daher handelt es sich bei den in der Tabelle nachgewiesenen Beträgen um an die EU geleistete Abführungen; in dieser Höhe sind Mittel der nationalen Verwendung entzogen.

Eine weitere Einnahmenart im vertikalen Finanzausgleich können Zuweisungen sein. Bei **Zuweisungssystemen** soll einer Ebene von Gebietskörperschaften eine besonders starke Stellung gegenüber einer anderen im Einnahmensystem zugewiesen

---

[1] Daneben werden Finanzzuweisungen eingesetzt, die später behandelt werden.
[2] Siehe hierzu Blankart 1998, S. 549/550.

werden. Daher ist der Autonomiegrad des Zuweisungsempfängers bei entsprechender Ausgestaltung besonders gering, weil er aus der Finanzmasse einer anderen Ebene alimentiert wird. Hier liegt insofern ein Gegenpol zum Trennsystem vor.

Tab. 28-1 Anteil von Bund, LAF, Ländern, Gemeinden und EG am Steueraufkommen

	Bund	LAF	Länder	Gemeinden[1]	EG[2]
1965	55,3	1,6	30,7	12,4	-
1970	54,2	1,0	32,8	12,0	-
1975	49,2	0,5	34,0	13,8	2,5
1980	48,3	0,0	34,8	14,0	2,9
1985	47,2	0,0	35,3	14,1	3,5
1990	48,7	0,0	34,3	13,3	3,8
1995[3]	45,0	0,0	38,5	11,8	4,7
1998[3]	41,0	0,0	41,3	12,6	5,1

[1] Einschl. Gemeindesteuer der Stadtstaaten.
[2] Zölle, MWSt-Eigenmittel, BSP-Eigenmittel.
[3] Deutschland.
Quelle: Bundesministerium der Finanzen, Finanzbericht 1973, 2000; eigene Berechnungen.

(2) Horizontale Steuerverteilung und Länder-Finanzausgleich

Eine Aufteilung der Steuereinnahmen zwischen Bund und Ländern entsprechend ihren Aufgaben und Ausgaben schließt nicht aus, dass es nachhaltige Unterschiede in der Finanzausstattung der einzelnen Länder gibt. Die Verfassung sieht hier als Ziel eine gegenüber dem Bundesdurchschnitt vergleichbare Finanzausstattung (je Einwohner) vor. Daher sind Maßnahmen zum Ausgleich unangemessener Unterschiede in der Finanzausstattung erforderlich. Ein solches Verfahren zur Verringerung der Divergenzen auf ein politisch vorgegebenes Maß wird als **horizontaler Finanzausgleich** bezeichnet, wobei „Finanzausgleich" hier im engeren Sinne einer Umverteilung von Mitteln verstanden wird. Durch den horizontalen Finanzausgleich sollen die wirtschafts- und steuerschwachen Regionen in die Lage versetzt werden, ihre Aufgaben wie der Durchschnitt aller Bundesländer zu erfüllen.

Der Ausgleich kann dadurch erfolgen, dass die „reichen" Körperschaften an die „armen" Körperschaften der gleichen Ebene Zahlungen leisten. Dann liegt ein **horizontaler Finanzausgleich in reiner Form** vor. Mit dem vertikalen Finanzausgleich, der zwischen verschiedenen Ebenen stattfindet, kann aber auch eine Umverteilung der den einzelnen Körperschaften der unteren Ebene zufließenden Mittel verbunden sein. In diesem Fall spricht man vom **vertikalen Finanzausgleich mit horizontalem Effekt**. Beide Formen werden in der Bundesrepublik angewendet (Grundlage: Art. 107 GG).

Den einzelnen Ländern steht jenes Aufkommen aus den gesamten Landessteuern zu, das von den Finanzbehörden auf ihrem Gebiet vereinnahmt wurde. Dieses Prinzip des **„örtlichen Aufkommens"** gilt ebenso für den Länderanteil an der Einkommen- und Körperschaftsteuer.

Die Verteilung nach dem örtlichen Aufkommen führt aber insbesondere bei der Körperschaftsteuer und bei der Lohnsteuer zu unbefriedigenden Ergebnissen. So fallen Einnahmen aus der Körperschaftsteuer von Unternehmen mit Betriebsstätten in verschiedenen Bundesländern nur in dem Land an, in dem das Unternehmen seine Geschäftsleitung hat. Die Lohnsteuer wird von den Unternehmen unabhängig vom Wohnsitz der Arbeitnehmer abgeführt. Diese Verzerrungen in der Steuerverteilung korrigiert das **Zerlegungsgesetz**, das den **Gewinn der Betriebsstätten** berücksichtigt und das **Wohnsitzprinzip** bei der Lohnsteuer zugrunde legt. Die Zerlegung trifft vor allem die Stadtstaaten, denn dort ist die Zahl der einpendelnden Beschäftigten hoch. Die Stadtstaaten argumentieren folglich, dass das Wohnsitzprinzip nicht diejenigen Lasten berücksichtige, die für ein Land mit der Erwirtschaftung des Steueraufkommens verbunden sind (Infrastrukturkosten, insbesondere für den ÖPNN), anteilige Verwaltungskosten, z. B. Arbeitsgerichte.

Der Gesamtländeranteil aus der Umsatzsteuer wird nicht nach dem Prinzip des örtlichen Aufkommens aufgeteilt. Vielmehr erfolgt der Umsatzsteuerausgleich in einem zweistufigen Verfahren. In der ersten Stufe werden in einem ersten Schritt z. Z. 75 % des Gesamtländeranteils nach der **Einwohnerzahl der Länder** aufgeteilt. Der Grund hierfür liegt in der unterschiedlich starken Konzentration von Wirtschaftsunternehmen in den einzelnen Ländern. Die Anwendung dieses Verteilungsschlüssels ist der Beginn des horizontalen Finanzausgleichs zwischen finanzstarken und finanzschwachen Bundesländern.

In einem zweiten Schritt wird der horizontale Finanzausgleich dadurch fortgesetzt, dass die restlichen z. Z. 25% des Gesamtländeranteils an der Umsatzsteuer dazu verwendet werden, **Ergänzungsanteile** an die finanzschwachen Länder zu leisten (Art. 107 GG i.V. mit dem Finanzausgleichsgesetz). Diese Ergänzungsanteile sollen bis zu 92% der durchschnittlichen Steuerkraft der Länder herbeiführen; der ggf. verbleibende Restbetrag wird wieder an die finanzstarken Länder nach Maßgabe ihrer Einwohnerzahl ausgeschüttet[1].

Nach diesem **Umsatzsteuervorwegausgleich** findet in einer zweiten Stufe ein Finanzausgleich zwischen den Ländern statt. Hierzu werden die Finanzkraft und der Finanzbedarf unter Berücksichtigung der Gemeinden (Gemeindeverbände) berechnet. Je stärker bereits der Ausgleich des Finanzbedarfs in den bisherigen Schritten erfolgte, um so weniger bedeutsam sind die weiteren Maßnahmen im Rahmen des Länderfinanzausgleichs.

---

[1] Gegenwärtig reichen die Ergänzungsanteile wegen der großen Finanzschwäche der neuen Länder nicht aus, die 92 %-Marke zu erreichen, so dass Kürzungen der Ergänzungsanteile vorgenommen werden.

Zur Ermittlung der **Finanzkraft** wird die Summe der Einnahmen aus den landeseigenen Steuern, den Anteilen an den Gemeinschaftsteuern, aus der Gewerbesteuerumlage, der bergrechtlichen Förderabgabe sowie 50 % der Gemeindeeinnahmen aus Einkommen- und Realsteuern gebildet. Hierbei wird das Gemeindesteueraufkommen auf der Grundlage genormter, d. h. landesdurchschnittlicher Sätze berechnet. Bei der Berechnung der Finanzkraft von Hamburg, Bremen, Mecklenburg-Vorpommern und Niedersachsen wird eine Minderung als Abgeltung für Hafenlasten berücksichtigt.

Eine Rechtfertigung für die lediglich 50 %-ige Berücksichtigung der Gemeindesteuern gibt es nicht; die Regelung begünstigt finanzstarke Länder. Auch die Behandlung der Seehäfen ist ökonomisch zweifelhaft. So ist zu fragen, ob „Seehäfen per Saldo überhaupt eine 'Last' darstellen, denn mit ihnen sind ja auch Einnahmen und Erwerbsstätten verbunden. Darüber hinaus fragt sich, warum eine spezielle Art von landesexternen Effekten anerkannt wird, während andere – etwa Flug- oder Binnenhafenlasten – keine Rolle spielen" (Grossekettler 1994, S. 108).

Der **Finanzbedarf** wird, da die aus den zu leistenden Aufgaben erforderlichen Ausgaben nicht zu bestimmen sind, durch Rückgriff auf bundesdurchschnittliche Länder- und Gemeindeeinnahmen (in obiger Abgrenzung) pro Kopf bestimmt, die dann mit der Bevölkerungszahl des jeweiligen Landes multipliziert werden. Hamburg und Bremen und (seit 1995) Berlin haben eine 135-Prozent-Einwohnergewichtung, mit der spezifische Finanzlasten der Stadtstaaten kompensiert werden sollen. Hierbei geht es um die Nutzung des Leistungsangebots durch das Umland, während Einnahmen aus dem Umland nicht (kostendeckend) anfallen.

Durch die Ausgleichsmaßnahmen nach dieser Stufe des Länderfinanzausgleichs soll die Finanzkraft der ausgleichsberechtigten Länder auf mindestens 95 % des Länderdurchschnitts, der **Ausgleichsmesszahl** (= Verhältnis Finanzkraft/Finanzbedarf) der Länder, angehoben werden. Durch das Verfahren darf die Reihenfolge der Länder nach dem Finanzausgleich nicht anders als vor dem Finanzausgleich aussehen. Ferner darf keines der Zahlerländer unter 100 % der Zahl sinken und keines der Empfängerländer unter 95 % der länderdurchschnittlichen Steuereinnahmen zurückbleiben[1] (sog. **Ländersteuergarantie**).

In einer dritten Stufe besteht die Möglichkeit, dass der Bund mit einem nachgeordneten, quantitativ aber bedeutsamen Ausgleichsinstrument den finanzschwachen Ländern **Ergänzungszuweisungen** gewährt. Bundesergänzungszuweisungen sollen eine nach Vollzug des Länderfinanzausgleichs noch verbliebene Finanzschwäche abbauen. Sie stellen eine Mischung aus horizontalem und vertikalem Finanzausgleich dar.

Die zur Zeit erfolgenden Bundesergänzungszuweisungen sind in der absoluten Höhe fixiert[2]; sie kommen insbesondere, aber nicht nur den neuen Bundesländern zugute und werden unter verschiedenen Bezeichnungen gewährt:

---

[1] Letzteres ist wegen der großen Finanzschwäche der neuen Bundesländer nicht mit Sicherheit zu erreichen.
[2] Bis 1993 wurden sie als ein bestimmter Prozentsatz des Umsatzsteueraufkommens festgelegt.

- **Fehlbetrags-Bundesergänzungszuweisungen** an finanzschwache alte und junge Länder in Höhe von 90 % der nach Länderfinanzausgleich verbleibenden Fehlbeträge zur länderdurchschnittlichen Finanzkraft, so dass ein Ausgleichsniveau von 99,5 % des Länderdurchschnitts erreicht wird.
- **Sonderbedarfs-Bundesergänzungszuweisungen** an die jungen Länder zum Abbau teilungsbedingter Sonderbelastungen und zum Ausgleich unterproportionaler kommunaler Finanzkraft sowie an kleinere alte und junge Länder (angeblich) im Hinblick auf überproportionale „Kosten politischer Führung", weil die Kosten für Parlament, Landesregierung usw. in kleineren Ländern im Verhältnis zur Bevölkerung vergleichsweise hoch seien. Allerdings liegt es ist der autonomen Entscheidung der einzelnen Länder, über ihre kostenpolitische Führung zu befinden.
- **Übergangs-Bundesergänzungszuweisungen** zugunsten finanzschwacher alter Länder, die durch die Einbeziehung der neuen Länder in den Länderfinanzausgleich überproportional belastet sind, was allerdings nicht näher definiert wird (Bremen, Niedersachsen, Rheinland-Pfalz, Schleswig-Holstein, Saarland).
- **Sonder-Bundesergänzungszuweisungen** als Sanierungshilfen (zur Schuldentilgung) für Bremen und das Saarland.

Daneben sind **Finanzhilfen** nach dem Investitionsförderungsgesetz „Aufbau Ost" zugunsten der jungen Länder als weitere flankierende Maßnahmen außerhalb des eigentlichen Finanzausgleichs vorgesehen, mit denen strukturverbessernde Investitionen zum Ausgleich unterschiedlicher Wirtschaftskraft und zur Förderung des Wirtschaftswachstums gefördert werden sollen.

Das Bundesverfassungsgericht hat am 11.11.1999 die bisherige Form des Länderfinanzausgleichs für verfassungswidrig erklärt und u. a. zu einer Prüfung der Einwohnergewichtung aufgefordert.

e) Die Stellung der Gemeinden in der deutschen Finanzverfassung

Obwohl die Gemeinden als Teile der Länder betrachtet werden, nehmen sie aufgrund des Art. 28 Abs. 2 GG, der ihnen das **Recht auf Selbstverwaltung** garantiert, eine herausgehobene Stellung ein. Sie haben das Recht, alle Angelegenheiten der örtlichen Gemeinschaft in eigener Verantwortung zu regeln. Tatsächlich verbleibt den Gemeinden aber wenig an **freiwilligen** Selbstverwaltungsaufgaben (z. B. Bau und Betrieb von Theatern, Museen, Sportstätten, Büchereien usw.). Bedeutsamer sind **Pflichtaufgaben,** die den Gemeinden vorgeschrieben sind, bei denen sie jedoch hinsichtlich der Art der Durchführung autonom sind (Sozialhilfe, Jugendwohlfahrt u. ä.). Ferner gibt es **Gemeinschaftsaufgaben,** die vom Land und den Gemeinden gemeinsam wahrgenommen werden (z. B. Schulwesen, Polizei, Straßenbau). Daneben erledigen die Gemeinden in steigendem Maße zahlreiche **Auftragsangelegenheiten,** zu denen sie gesetzlich verpflichtet sind und die unter Weisung des Bundes oder des Landes durchgeführt werden müssen (z. B. Unterhaltung von Einwohnermelde-, Standes- oder Kreiswehrersatzämtern, Durchführung von Wahlen und Volkszählungen, Bauaufsichtswesen usw.).

28. Kapitel: Die Praxis des Föderalismus in Deutschland

Dem eingeschränkten Grad an freiwilligen Selbstverwaltungsangelegenheiten entspricht der relativ geringe Umfang eigener Steuereinnahmen und ein sehr **begrenztes Steuergestaltungsrecht**. Die Gemeinden versuchen z. Z. mit großem Einfallsreichtum neue örtliche Verbrauch- und Aufwandsteuern zu schaffen (z. B. Einweggeschirrabgabe, Zweitwohnungsteuer).

Bei den **Realsteuern** können die Gemeinden die Hebesätze und damit die Höhe der Besteuerung festsetzen. Die Länder können allerdings durch Rechtsverordnungen Beschränkungen erlassen. Ferner kann der Bund die Höhe des Realsteueraufkommens beeinflussen, indem er Freigrenzen, Freibeträge, Einheitswerte u. ä. festlegt und damit den Umfang der Bemessungsgrundlage gestaltet. Keinen Gestaltungsspielraum haben die Gemeinden hinsichtlich ihres Anteils am Aufkommen der Lohn/Einkommensteuer[1], der von den Ländern an ihre Gemeinden auf der Grundlage der Einkommensteuerleistungen ihrer Einwohner[2] weiterzuleiten ist.

Die zweite wichtige kommunale Einnahmequelle sind die **Zuweisungen**. Das Grundgesetz verpflichtet die Länder einen Hundertsatz ihres Anteils am Gesamtaufkommen der Gemeinschaftsteuern den Gemeinden zur Verfügung zu stellen (**Verbundquote**). Diese Größe wird von den Ländern einseitig festgelegt. Ein direkter Ausgleich wie zwischen den Ländern findet auf gemeindlicher Ebene nicht statt[3]. Dieser kommunale Finanzausgleich enthält mit den Übertragungen an die Gemeinden eine vertikale und darüber hinaus eine horizontale Dimension, indem nach der Finanzkraft der Gemeinden differenziert wird. Hierzu wird die Steuerkraftmeßzahl der Bedarfsmeßzahl gegenübergestellt. Auf die vielfältigen, nach Bundesländern differenzierenden Zuweisungsformen kann hier nicht eingegangen werden. Es sei nur darauf hingewiesen, dass im Vordergrund die Ortsgröße (Bevölkerung) steht, die mit steigender Gemeindegrößenklasse höher gewichtet wird.

Die Übertragungen werden zu einem Teil als **allgemeine Zuweisungen** geleistet und sind so für die Gemeinden frei verfügbar. Ferner empfangen sie **zweckgebundene Zuweisungen** zur Finanzierung der bei ihnen anfallenden Ausgaben in besonderen Tätigkeitsfeldern, vor allem für Investitionen. Bedeutsam sind ferner **Kostenerstattungen** für Auftragsangelegenheiten. So zahlt der Bund z. B. für die Ausgaben der Ämter für Verteidigungslasten oder für Aufgaben der Jugendhilfe, oder die Länder erstatten Wahlkosten und zahlen für Schulen, Kindergärten, Bildungseinrichtungen und soziale Leistungen.

Die Zuweisungen von Bund und Ländern an die Gemeinden machten in den alten Bundesländern in den 90er Jahren fast 30 % der Einnahmen der Gemeinden aus. Lan-

---

[1] Das ist die Praxis; Art. 106 Abs. (5) GG enthält aber die Möglichkeit, dass die Gemeinden Hebesätze für den Gemeindeanteil festsetzen können.
[2] Da bei der Ermittlung des Verteilungsschlüssels in den alten Bundesländern nur die Einkommensteuerbeträge berücksichtigt werden, die auf zu versteuernde Einkommen bis zu bestimmten Höchstbeträgen entfallen, findet hier bereits eine gewisse Umverteilung zu Lasten der Gemeinden mit überproportional stark besetzten höheren Einkommensklassen statt.
[3] Nur: Finanzausgleichsumlagen, Kreisumlagen; letztere erheben die Landkreise von den ihnen angehörenden Gemeinden.

desgesetze regeln auch den kommunalen Finanzausgleich, der darauf ausgerichtet ist, Steuerkraftunterschiede zwischen den Gemeinden auszugleichen.

Weiter sind **Gebühren und Beiträge** von Bedeutung. Die Festlegung der Höhe ist letztlich eine politische Entscheidung, was auch aus den unterschiedlichen **Kostendeckungsgraden** einzelner kommunaler Gebührenhaushalte hervorgeht.

Tab. 28-2 Kostendeckungsgrade in ausgewählten kommunalen Gebührenhaushalten in den alten Ländern 1992 und 1994[1]

Aufgabenbereich	Kostendeckungsgrad[2]		Gewicht[3]
	1992	1994	
	v.H.		
Abwasserbeseitigung	87,0	89,0	41,8
Abfallbeseitigung	89,1	90,0	38,2
Friedhöfe	65,5	74,7	4,9
Straßenreinigung	71,1	73,0	3,3
Rettungsdienst	87,7	89,0	3,3
Tageseinrichtungen für Kinder	9,5	11,6	3,2
Theater	12,4	13,3	2,1
Bäder	22,8	23,7	1,8
Volkshochschulen	24,1	29,2	1,1
Museen	7,1	7,1	0,3
Büchereien	2,8	4,0	0,1
Musikschulen	29,5	31,8	x

[1] Ergebnis einer Umfrage bei unmittelbaren Mitgliedstädten des Deutschen Städtetages in den alten Ländern.
[2] Anteil der Benutzungsgebühren u. ä. Entgelte an den Ausgaben des Verwaltungshaushalts dieses Aufgabenbereichs.
[3] Anteil des Gebührenaufkommens des jeweiligen Aufgabenbereichs am gesamten Gebührenaufkommen der dargestellten Bereiche gem. Rechnungsstatistik 1993.
Quelle: Karrenberg/Münstermann 1996, S. 153.

In den letzten Jahren sind die Einnahmen aus Gebühren und Beiträgen in den alten Ländern stark gestiegen. „Ursache für Einnahmenzuwächse sind aus Kostensteigerungen und Erhöhungen der Kostendeckungsgrade resultierende Gebührenerhöhungen. Daneben werden die Gebühren auch durch Änderungen der Kalkulationsgrundlage beeinflusst (Umstellung von Anschaffungs- auf Wiederbeschaffungszeitwerte bei der Ermittlung der kalkulatorischen Kosten). Einnahmen aus Beiträgen sind abhängig vom Investitionsverhalten der Gemeinden und daher stärkeren Schwankungen unterworfen als die Gebühreneinnahmen. Rechtsgrundlage für die Festsetzung der Gebühren und Beiträge sind im Wesentlichen die „Kommunalabgabengesetze der einzelnen Länder sowie das Baugesetzbuch. Nach den Kommunalabgabengesetzen bilden die Kosten der öffentlichen Einrichtungen oder Anlagen die Obergrenze für die Bemessung der Gebühren bzw. Beiträge. Unterschreitungen der tatsächlichen Kosten werden bei bestimmten Einrichtungen aus kommunal- und sozialpolitischen Gründen bewusst in Kauf genommen" (Finanzbericht 1966, S. 135).

Tab. 28-3 Kommunalfinanzen 1994 bis 1996 in den neuen Ländern[1]

Einnahmen/ Ausgaben	1994	1995	1996	1994	1995	1996	1994	1995	1996
	Mrd. DM			%			% des Westniveaus[2]		
Einnahmen:	52,9	56,5	54,7	100	100	100	100,0	108,3	103,8
davon: Steuern	6,6	7,5	6,7	12,5	13,3	12,2	34,9	41,7	36,9
darunter: Gewerbesteuer (netto)	2,0	1,8	2,0	3,8	3,2	3,7	26,6	27,0	28,7
Einkommensteueranteil	3,3	4,3	3,2	6,2	7,6	5,9	37,8	49,3	37,3
Gebühren	5,0	5,1	5,2	9,5	9,0	9,5	63,8	65,2	67,0
Laufende Zuweisungen von Land/Bund	22,8	23,5	22,5	43,1	41,6	41,1	183,5	187,9	172,0
Investitionszuweisungen von Land/Bund	7,0	8,0	8,0	13,2	14,2	14,6	254,3	314,0	314,0
Sonstige Einnahmen	11,5	12,4	12,3	21,7	21,9	22,5	104,0	109,7	110,2
Ausgaben	58,9	59,5	59,0	100	100	100	108,8	109,0	108,4
davon: Personal	18,1	17,8	17,6	30,7	29,9	29,8	130,0	125,0	122,2
Sachaufwand	10,6	10,8	10,9	18,0	18,2	18,5	110,2	111,0	111,5
Soziale Leistungen	6,2	8,4	8,8	10,5	14,1	14,9	56,1	71,5	74,5
Zinsen	1,3	1,5	1,7	2,2	2,5	2,9	54,1	65,4	72,0
Sachinvestitionen	17,7	15,9	14,8	30,1	26,7	25,1	183,8	176,0	173,7
davon: Baumaßnahmen	15,4	13,9	13,0	26,1	23,4	22,0	205,2	196,8	193,6
Erwerb von Sachvermögen	2,2	2,0	1,8	3,7	3,4	3,1	107,0	101,6	99,6
Sonstige Ausgaben	5,0	5,1	5,2	8,5	8,6	8,8	66,2	67,6	68,7
Finanzierungssaldo	-6,0	-3,0	-4,3	-10,2	-5,0	-7,3	x	x	x
nachrichtlich: Einnahmen des Verwaltungshaushalts	41,8	44,1	42,4				91,0	97,4	92,2
Ausgaben des Verwaltungshaushalts	39,8	42,1	42,7				93,7	96,5	96,9
Finanzierungsbeitrag des Verwaltungs- zum Vermögenshaushalt	1,8	1,7	-0,4				x	x	x

[1] 1995 und 1996 Schätzung der Bundesvereinigung der kommunalen Spitzenverbände, ohne Krankenhäuser, ohne besondere Finanzierungsvorgänge, ohne Stadtstaaten.
[2] Relation der jeweiligen DM je Einwohner für die neuen Länder zu denen der alten Länder.

Quelle: Karrenberg/Münstermann 1996, S. 123.

Schließlich beziehen die Gemeinden **Einnahmen aus wirtschaftlicher Tätigkeit und Erlösen aus Vermögensveräußerungen**. Zu den Einnahmen aus wirtschaftlicher

Tätigkeit gehören neben Mieten und Pachten und Gewinnablieferungen von Unternehmen vor allem die Konzessionabgabe.

Tab. 28-3 zeigt die wichtigsten Einnahmen- und Ausgabenpositionen der Gemeinden. Die Daten sind zunächst für die neuen Länder erstellt. Im Vergleich dazu sind die Relationen zum Westen enthalten. Bemerkenswert ist in den neuen Ländern, dass die Zinsen 1996 rund 25% der Steuereinnahmen aufzehrten (im Westen 13%). Auffallend sind ferner u. a. der relativ geringe Anteil der Steuern an den Einnahmen und die hohen Investitionszuweisungen.

f) Interregionale Kooperationen[1]

Bisher wurden als eine Möglichkeit der Lösung des Problems interregionaler Spillovers Entscheidungen auf der nächsthöheren Ebene behandelt. Unter bestimmten Bedingungen kann es aber auch zur freiwilligen Kooperation von Einheiten der gleichen oder verschiedener Ebenen kommen: z. B. zwischen einem Land und angrenzenden Landkreisen und Gemeinden oder zwischen Letzteren. Die grenzüberschreitende Kooperation bezieht sich auf bestimmte regionale Aufgaben wie Wasserversorgung, Müllbeseitigung, Standort von Deponien, Kraftwerken, regionaler Straßenbau, ÖPNV, Museen und Theater. Hierzu müssen
- konsensfähige Bereiche identifiziert
- die Verteilungsfrage gelöst werden.

Wenn die erste Frage geklärt ist und eine Pareto-Verbesserung möglich ist, geht es um die Aufteilung der Erträge und/oder Kosten. Die Kosten können Bereitstellungskosten sein, aber z. B. auch Kosten des Verzichts auf konkurrierende Optionen (z. B. für eine Müllverbrennungsanlage, wenn die Müllverbrennung grundsätzlich umstritten ist). Das gemeinsam als notwendig erachtete Projekt kann lokal unerwünscht sein (z. B. Deponien), aber auch lokal über das allgemeine Maß hinaus erwünscht sein (Kliniken, Museen).

Der klassische Mindestanreiz zur Kooperation besteht im Ausschluss der kooperationsunwilligen von den Kosten und Erträgen der Kooperation. Diese Diskriminierung ist aber in bestimmten Fällen (Flughafen, Nutzung des Straßenverkehrs, ÖPNV) nicht möglich.

2. Zur Problematik der Mischfinanzierung

Als **Mischfinanzierung** wird ein vertikaler Verbund von Aufgaben und Einnahmen bezeichnet. Zu den Fällen, in denen eine Gebietskörperschaft die Ausgaben für ihre eigenen Aufgaben nicht oder nicht vollständig trägt, rechnen als bedeutende Beispiele die Gemeinschaftsaufgaben, die Finanzhilfen des Bundes und die zweckgebundenen

---

[1] Zur Kooperation siehe Wenz u. a. 1992.

Zuweisungen der Länder an die Gemeinden. Mit zweckgebundenen Zahlungen sollen überregionale Zielsetzungen in die Planungen der jeweils untergeordneten Gebietskörperschaften mit eingebracht werden, um so der Forderung nach einer gewissen Einheitlichkeit der Lebensverhältnisse Rechnung tragen zu können. Insbesondere angesichts ihrer quantitativen Bedeutung sind jedoch gewichtige ökonomische Nachteile der Mischfinanzierung zu beachten:

• Die Gebietskörperschaften sollen (nach der Finanzverfassung) voneinander unabhängig sein, so dass einzelne Mischfinanzierungen nur in begründeten Ausnahmefällen sinnvoll sein können und zulässig sein dürfen. Die Mischfinanzierung trägt bei umfassender Anwendung zu einer Zentralisierung bei, denn durch sie entsteht eine Abhängigkeit des Nehmers vom Geldgeber, welche besonders auf kommunaler Ebene darin zu sehen ist, dass die Länder durch entsprechende Bewilligungsbedingungen Einfluss auch auf die freiwilligen Selbstverwaltungsangelegenheiten der Gemeinden nehmen können. Die Mischfinanzierung dürfte aber die Entscheidungsfähigkeit aller beteiligten Ebenen schwächen.

• Bei der Vielzahl der Einzelprogramme und der entsprechenden Bewilligungsrichtlinien hängt es häufig weniger von der tatsächlichen örtlichen Bedarfsstruktur als vielmehr vom (zufälligen) Informationsstand des Sachbearbeiters ab, ob bestimmte Mittel erfolgreich beantragt werden können oder nicht.

In ihrem Bericht „Zweckzuweisungen" kommt die Kommunale Gemeinschaftsstelle für Verwaltungsvereinfachung (1980, S. 7) zu dem Ergebnis, dass einer kreisangehörigen Gemeinde im Ruhrgebiet potenziell 220 zweckgebundene Zuweisungen offenstehen.

• Angesichts dieser Komplexität besteht ein Anreiz für Kommunen, Stellen zu besetzen, deren ausschließliche Aufgabe darin besteht, Zuweisungen für die Gemeinde zu gewinnen. Die damit verbundenen Personal- und Verwaltungskosten führen zu Ineffizienzen und können wertmäßig die letztlich bewilligten Zweckzuweisungen sogar übersteigen.

So waren z. B. 1980 in NRW bei den Gemeinden und Kreisen (also nur auf der Empfängerseite) bereits 2000 öffentlich Bedienstete allein damit beschäftigt, sich um die Erlangung von Zweckzuweisungen zu bemühen (Kommunale Gemeinschaftsstelle..., 1980, FN 62).

• Unter diesen Bedingungen können notwendige Investitionen oder Beschaffungen durch die Kompliziertheit und Länge der Bewilligungsverfahren unnütz verzögert werden.

• Eine Fehlallokation kann weiter dadurch hervorgerufen werden, dass dringlichere Projekte zurückgestellt werden, nur um die dafür vorgesehenen Mittel bei solchen Maßnahmen einzusetzen, für die Förderungsmittel durch übergeordnete Gebietskörperschaften bereitgestellt werden.

• Die Konzentration auf die Finanzierung insbesondere von Investitionen durch übergeordnete Stellen trägt zu einer Vernachlässigung der Folgekosten bei. Das konnte typischerweise bei der Errichtung von Schwimmbädern oder beim U-Bahnbau beobachtet werden.

• Die Vielzahl von verschiedenen Mischfinanzierungsregelungen trägt zu einer unzureichenden Transparenz bei. Zur umfassenden Bestandsaufnahme müssen zahlreiche

Gesetze, Verordnungen, Rahmenpläne, Programme und Vereinbarungen aufgespürt und ausgewertet werden. Entsprechendes gilt für einzelne Mischfinanzierungen (Borell 1981, S. 27 ff.).

• Faktisch wird der Entscheidungsspielraum der Parlamente eingeschränkt. An den (Vor-)Entscheidungen der Exekutive bezüglich der Mischfinanzierungen werden von den Parlamenten in der Regel keine Änderungen vorgenommen. Auch die Rechnungskontrolle wird erschwert.

• Ferner lassen sich einmal festgelegte Verteilungsschlüssel selbst bei veränderten Prioritäten nicht oder nur bei Aufstockung der Mittel verändern.

• Schließlich wird der Anreiz für eine sparsame Ressourcenverwendung gemindert, wenn die Verantwortung für die Beschaffung und die Verwendung der Finanzmittel auseinanderfallen.

3. Beurteilung des deutschen Finanzausgleichs

Die bestehenden Finanzausgleichsregelungen sind kompliziert und nur schwer durchschaubar. Sie stellen - wie schon bei den Steuergesetzen festgestellt - das Ergebnis vielfältiger Kompromisse zwischen den Beteiligten dar. Die starke Betonung des Finanzbedarfs führt zu einer größeren Annäherung der Finanzausstattung und verringert Eigeninitiativen der Gebietskörperschaften zur Hebung der Finanzkraft und zur sparsamen Mittelverwendung, die bei einer stärkeren Betonung der Finanzkraft zu erwarten wäre. Auch das fehlende Steuergestaltungsrecht für die einzelnen Länder wirkt in diese Richtung. Eine Effizienzkontrolle der eigenen Landesregierung ist so für den Wähler unmöglich.

Für die Beurteilung des deutschen Finanzausgleichs unter allokativen Gesichtspunkten ist es zweckmäßig zu überprüfen,
• inwiefern die nachgeordneten Körperschaften bei Ausgaben- und Einnahmenentscheidungen eine weitgehende Autonomie haben (Prinzip der Autonomie),
• Nutznießer und Kostenträger zusammenfallen (Prinzip der fiskalischen Äquivalenz),
• Aufgabenkompetenz und Ausgabenverantwortung zusammenfallen (Prinzip der Konnexität),
• welche Anreizwirkungen vom Finanzausgleich ausgehen.

„Das Prinzip der Autonomie ist auf Länderebene nicht verwirklicht. Die Länder haben keine Steuerautonomie, und auch die Aufgabenautonomie ist stark eingeschränkt, zumal der Bund die konkurrierende Gesetzgebung nach Art. 72 GG weitgehend für sich in Anspruch nimmt" (Peffekoven 1993, S.15). Die fehlende Steuerautonomie zeigt sich für die **Gesamtheit der Länder** darin, dass sie zunehmend seit Bestehen der Bundesrepublik auf allein den Ländern zustehende Steuern zugunsten des Verbundsystems verzichten. Diese Entwicklung erlaubt es ihnen, praktisch jegliche Verantwortung für steuerpolitische Entscheidungen bzw. Fehlentwicklungen auf den Bund zu schieben, obwohl sie über den Bundesrat als Bundesorgan an den Entscheidungen beteiligt sind.

Eine Steuerkonkurrenz **zwischen den Ländern** gibt es nicht. Die Bürger können daher nicht über die steuerpolitischen Entscheidungen ihrer Landesregierung in der Wahl oder „mit den Füßen" abstimmen. Es ist zudem überhaupt kein Zusammenhang zwischen den steuer- und ausgabenpolitischen Entscheidungen eines Landes zu sehen. Die Frage der Überforderung der Wirtschaftssubjekte durch Abgaben stellt sich den einzelnen Ländern praktisch nicht. Nichtkreditäre Einnahmen sind unabhängig vom eigenen Verhalten vorgegeben. „Würde der Bürger spüren, was Leistungen tatsächlich kosten, würde er weniger verlangen; wären wenigstens die Lasten eindeutig identifizierbar, für die eine Gebietskörperschaft die Verantwortung trägt, wären die Politiker mit ihren Angeboten sicher auch weniger freigiebig" (Grossekettler 1994, S. 105).

Eine Änderung dieses für die einzelnen Länder bequemen Verfahrens („Flucht aus der Verantwortung") könnte darin bestehen, dass jedem Land ein (begrenztes) Steuererhebungs- oder -zuschlagsrecht eingeräumt wird. Entsprechende Vorschläge[1] (Peffekoven, 1987; Wissenschaftlicher Beirat beim BMF 1992; 1996) scheitern allerdings am Widerstand der Länder, die eher an einer Erweiterung des Steuerverbundes (z. B. durch Einbeziehung der Mineralölsteuer) interessiert sind, als Verantwortlichkeiten der einzelnen Landespolitiker sichtbar zu machen.

Da Steuern ex definitione nicht zweckgebunden sind, fließen sie - je nach Bemessungsgrundlage und Ertragshoheit - in verschiedene, untereinander aber über Transferzahlungen und Verbünde gekoppelte Staatskassen, und über die Struktur der Ausgabenseite des Budgets wird getrennt von der Einnahmenseite beschlossen. Die Aufgabenverteilung wird im Grundgesetz deshalb völlig losgelöst von der Einnahmenverteilung vorgenommen: Sie folgt dem staatsrechtlichen Grundsatz der Kompetenzaufteilung in Gesetzgebungs- und Verwaltungskompetenzen und ordnet dem Bund ein Schwergewicht bei dem Gesetzgebungskompetenzen zu, den Ländern dagegen ein Schwergewicht bei den Verwaltungskompetenzen (Grossekettler 1994, S. 104).

Die fehlende klare Zuständigkeit einer Ebene zeigt sich auch in der Zunahme mischfinanzierter Tatbestände seit Bestehen der Bundesrepublik. Diese Verbundfinanzierung durch mehrere Gebietskörperschaften geht einher mit einer kartellierten Politik über gemeinsame Rahmenpläne und Grundsatzbeschlüsse von Bund und Ländern. Die Bund-Länder-Beziehungen kommen als **kooperativer Föderalismus** in einer Vielzahl von gemeinsamen Ausschüssen und anderen Institutionen zum Ausdruck, in denen Gesetze, Verordnungen und Verwaltungserlasse vorbereitet, die Leistungsverwaltung koordiniert und konzertierte Strategien entwickelt werden. Klare Kompetenzabgrenzungen, Eigenständigkeit, Zurechenbarkeit, Kontrollierbarkeit und Verantwortlichkeit werden beseitigt. Die Folge ist, dass weder Bürgern noch Parlament der beteiligten Ebenen Alternativen vorgelegt werden und daher die Möglichkeit fehlt, auf diese zu reagieren. Der Zwang zur Kooperation wird so auf die Exekutive beschränkt, „was

---

[1] Man könnte zunächst daran denken, dass die Länder in eigener Kompetenz ihr Steueraufkommen variieren, indem sie Zuschlags- oder Hebesätze wie der Bund bei der Ergänzungsabgabe festsetzen könnten. Ähnliches ist bereits grundsätzlich für die Gemeinden möglich (Art. 106 Abs. 5 GG).

dazu führt, dass einmal die Kontrolle der Legislative zurückgedrängt wird und dass zum anderen bürokratische Problemverarbeitungsmuster dominieren. Beides zusammen bewirkt, dass Probleme weniger outputorientiert (am Nutzen für die Adressaten der Problemlösung ausgerichtet) bearbeitet werden, sondern inputorientiert (am politischen und ökonomischen Kostenaufwand und an institutionellen Eigeninteressen der Problemlöser ausgerichtet). Bürokratisches Problemlösungs-Verhalten ist dadurch gekennzeichnet, dass die Reduktion der akuten Symptome des Problemdrucks wichtiger als die Therapie der Problem-Ursachen ist, dass politische Kosten (Konflikte und negative Sanktionen) höher als ökonomische Kosten bewertet werden, dass Macht-, Positions- und Statusgewinne wichtiger als sachgerechte Lösungen sind, dass formale Regelungen über pragmatischer Flexibilität rangieren" (Fürst 1978, S. 194/195).

Es spricht daher einiges dafür, die Mischfinanzierungstatbestände abzubauen und darüber hinaus eine (begrenzte) Steuerautonomie der Länder einzuführen. Das könnte auch ein Beitrag zur Pflege der Steuerquellen sein.

Die Mischfinanzierung spricht auch gegen das Prinzip der Konnexität. Wenn der Bund über Aufgaben entscheidet, muss er auch für die Finanzierung der daraus resultierenden Ausgaben (z. B. für Kindergartenplätze) verantwortlich sein. Leistet er aber z. B. Kostenersatz und überlässt die Durchführung einer anderen Ebene, besteht andererseits die Gefahr, dass diese ausgabenfreudiger sein wird, wenn ihr alle Zweckausgaben erstattet werden.

Die Praxis zeigt auch, dass es zu Verschiebungen zu Lasten der jeweils schwächsten Ebene kommt. Das können - wegen kurzfristig zu bewältigenden Aufgabendrucks (z. B. im Zuge der Vereinigung) oder mangelnder Verhandlungsstärke - der Bund oder die Länder sein. Beide können aber auch Entscheidungen auf Kosten der Gemeinden treffen, so wenn sie einen Teil der Städten und Gemeinden zustehenden Ausgleichsmittel für den Landeshaushalt abzweigen.

Jeder Finanzausgleich muss einen Konflikt zwischen Anreizkompatibilität und garantierter Finanzkraft lösen. Eine eher verteilungspolitische Orientierung gewährleistet ein hohes gesetzlich fixiertes Niveau von z. B. 92 %, 95 % oder auch 99,5 % der durchschnittlichen Finanzkraft aller Länder. Sie führt aber allokativ zu einer bedenklichen, nahezu vollständigen Abschöpfung zusätzlicher Einnahmen für die unter dieser Grenze befindlichen Länder und hohen Grenzbelastungen bei den ausgleichspflichtigen Ländern. Will man die Anreize zur Stärkung der eigenen Finanzkraft erhöhen, geht dies nur durch Absenkung des gesetzlich garantierten Niveaus und der Umverteilungssätze. Die erste Maßnahme würde allerdings die zukünftige Wirtschaftskraft der neuen Länder gefährden, die zweite Maßnahme eine Auffüllung der entstehenden Finanzierungslücke durch den Bund erfordern.

4. Ein einfaches polit-ökonomisches Modell zum Länder-Finanzausgleich

Die Finanzausgleichsregelungen müssen im Zusammenwirken zwischen Bundestag und Bundesrat festgelegt werden - soweit in der Verfassung festgelegt jeweils mit 2/3-Mehrheit der Mitglieder, sonst jeweils mit einfacher Mehrheit. Das Ergebnis der Verhandlungen wird von der parteipolitischen Zusammensetzung der Gremien und insbesondere davon abhängen, wieweit die Ländervertreter gemeinsam Länderinteressen wahrnehmen. Kommt es zu einer einheitlichen Haltung gegen den Bund, kann dieser seine Interessen gegen die Länder nicht durchsetzen. Er wird daher versuchen, einzelne Länder für sich zu gewinnen, um dann im Vermittlungsausschuß eine für ihn günstige Lösung zu suchen - in der Hoffnung auf Zustimmung im Bundesrat.

Es ist daher nicht realistisch anzunehmen, die Länder würden den horizontalen Finanzausgleich unter sich bei Neutralität des Bundes regeln (können). Dennoch ist es reizvoll, ein Modell von Homburg (1996) zu betrachten, der genau unter dieser Annahme untersucht, wie eine Länderfinanzausgleichsverteilung aussehen könnte bzw. warum diese nicht nach einer einfachen Formel wie in Gleichung

(28-1) $s_i = \alpha(f_i - \bar{f})$

erfolgen dürfte. Verglichen wird hier die tatsächliche Pro-Kopf-Finanzkraft f_i eines Landes i mit der durchschnittlichen Pro-Kopf-Finanzkraft $\bar{f}$. Der Umverteilungskoeffizient α legt den Pro-Kopf-Ausgleichsbetrag s_i fest.

Tab. 28-4 Finanzkraft und Stimmen der Länder im Bundesrat 1994

Rang i	Bundesland (Stimmen im Bundesrat)	F_i in TDM	N_i in Mio	f_i in TDM pro Einwohner	σ_i
1	Hamburg (3)	11 310	1,68	6 732	0,6
2	Bremen (3)	3 732	0,68	5 488	0,2
3	Hessen (4)	32 199	5,88	5 476	1,5
4	Bayern (6)	58 590	11,68	5 016	1,9
5	Baden-Württemberg (6)	50 041	10,07	4 969	1,7
6	Nordrhein-Westfalen (6)	85 983	17,59	4 888	2,9
7	Berlin (4)	16 685	3,45	4 836	0,9
8	Schleswig-Holstein (4)	12 379	2,66	4 654	0,7
9	Niedersachsen (6)	33 327	7,52	4 432	1,3
10	Rheinland-Pfalz (4)	16 813	3,85	4 367	1,0
11	Saarland (3)	4 486	1,08	4 154	0,4
12	Brandenburg (4)	6 591	2,54	2 595	0,6
13	Sachsen (4)	12 016	4,66	2 579	1,2
14	Sachsen-Anhalt (4)	6 876	2,81	2 447	0,7
15	Meckl.-Vorpommern (3)	4 533	1,87	2 424	0,6
16	Thüringen (4)	6 099	2,55	2 392	0,6
	Gesamt (68)	361 660	80,57	4 489	1,2

Quelle: Homburg 1997, S. 67.

Die Frage ist nun, welcher Finanzausgleich ist bei einer Abstimmung unter den Bundesländern mehrheitsfähig. Für $\alpha > 0$ dürften sich die Länder aussprechen, die unter dem Durchschnitt der Finanzkraft liegen, denn sie würden von der Umverteilung profitieren. Bezogen auf die in Tab. 28-4 wiedergegebenen Verhältnisse in Deutschland 1994 ist für eine Mehrheit der ärmeren Länder Schleswig-Holstein erforderlich. Wegen $f_g > f$ hat es aber kein Interesse an einer Umverteilung. Hierzu müsste gelten: Medianfinanzkraft < Durchschnittsfinanzkraft jeweils pro Kopf.

Das Ergebnis ändert sich auch nicht, wenn man die unterschiedliche Stimmengewichtung der Länder im Bundesrat berücksichtigt. Die ärmeren Länder verfügen zwar mit Schleswig-Holstein über 36 von 68 Stimmen, haben aber ohne Schleswig-Holstein mit 32 Stimmen keine Mehrheit.

Nun könnten allerdings die ärmeren Länder mit Hilfe einer Art Stimmentausch versuchen einzelne reiche Länder für die Umverteilung zu gewinnen. Motto: Klammere jene Länder aus der Umverteilung möglichst aus, die mangels Größe und Umverteilungsmasse ohnehin wenig beitragen können. Dann wird die Finanzausgleichsmasse wenig tangiert. Dies wird durch Bildung einer Art Schattenpreis σ_i möglich, der aus dem Quotienten von Wohnbevölkerung und Stimmenzahl gebildet wird. Interessant als Koalitionspartner ist ein Land mit kleinem σ_i, für das wegen der vergleichsweise geringen Bevölkerung pro Bundesratsstimme relativ geringe Mittel im Finanzausgleich vorgesehen werden müssen. Ideale Bündnispartner sind von daher die neuen Bundesländer (außer Sachsen) und die Stadtstaaten Hamburg, Bremen und Berlin. So könnte die Einwohnerveredelung mit Faktor 1,35 erklärt werden.

Das Modell ist zwar hübsch, vernachlässigt aber den Zwang zur Umverteilung durch die Verfassungsregelung der Einheitlichkeit der Lebensverhältnisse. Es geht ferner davon aus, dass allein kurzfristige, Status-quo-orientierte Entscheidungen bei Erwartung von Strukturkonstanz in der relativen Finanzkraft getroffen werden. Ferner geht das Modell von der unzutreffenden Annahme aus, dass exakt vertikaler und horizontaler Finanzausgleich getrennt werden können und der Bund nur als Moderator im horizontalen Finanzausgleich auftritt.

Die Grundidee des Modells dürfte allerdings - nach Einbeziehung des Bundes - zutreffend sein: Einzelne Länder oder die Mehrheit der Länder werden stets nach Lösungen suchen, die sie wenig kosten und andere belasten und/oder ihnen besonders hohe Erträge zukommen lassen. Hierbei müssen parteipolitische Aspekte ebenso wie der Umstand beachtet werden, dass ja auch im Bundestag Landesvertreter sitzen.

Literatur zum 28. Kapitel

Eine umfassende und gründliche, leider nicht aktualisierte Darstellung der Finanzbeziehungen zwischen den Gebietskörperschaften liefert der Bundesminister der Finanzen (1982); weitere Darstellungen geben Biehl (1983), Ehrlicher (1980), Littmann (1983b), Pagenkopf (1981), Frey (1988) und Haverkamp (1988).

28. Kapitel: Die Praxis des Föderalismus in Deutschland

Die laufende Entwicklung der Finanzen von Bund, Ländern und Gemeinden wird im jährlich erstellten „Finanzbericht" dargelegt. Grundlegende Überlegungen zum Finanz-, insbesondere Länderfinanzausgleich, enthält das Gutachten des Wissenschaftlichen Beirats beim BMF (1992).

Die Gemeindefinanzen in den alten Bundesländern behandeln Junkernheinrich (1993), Frey (1988) und Haverkamp (1988); für die neuen Bundesländer Hunstock (1993). Zu den vielfältigen Zuweisungsformen vgl. Münstermann (1976) und Voigt (1980). Der kommunale Finanzausgleich wird von Münstermann (1976) und Voigt (1980) behandelt. Die laufende Entwicklung der Gemeindefinanzen stellt „der Städtetag" jährlich im Gemeindefinanzbericht dar.

Anstöße zur Weiterentwicklung des bis 1968 bestehenden zum jetzigen Finanzausgleich gab die Kommission für die Finanzreform („Tröger-Gutachten", 1966). Zur Weiterentwicklung des Finanzausgleichs siehe den von Wegner (1992) herausgegebenen Band und den Tagungsbericht der Arbeitsgemeinschaft deutscher wirtschaftswissenschaftlicher Forschungsinstitute (1993); kritisch behandeln Grosseketller (1994) und Peffekoven (1994) den aktuellen Länderfinanzausgleich, ferner Esser (1994). Zur neueren Analyse des Länderfinanzausgleichs siehe Huber (1999).

Eine - eher politikwissenschaftliche - Charakterisierung des deutschen Föderalismus liefert Fürst (1978).

Zur Notwendigkeit von Koordinationsmechanismen siehe Scharpf u. a. (1976).

Eine kritische Auseinandersetzung mit der Steuerverteilung in der Bundesrepublik liefert Hinnendahl (1974). Speziell mit der Frage der Verteilung des Umsatzsteueraufkommens auf Bund und Länder hat sich eine Sachverständigenkommission (1981) auseinandergesetzt. Das Gutachten des Wissenschaftlichen Beirats beim BMF (1995) behandelt die Einnahmenverteilung zwischen Bund und Ländern nach der deutschen Vereinigung.

Die Problematik der Mischfinanzierung wird klar von Borell (1981) herausgearbeitet; siehe ferner Pappermann (1984).

29. Kapitel
Finanzausgleich in der Europäischen Union (EU)

1. Begründungen für eine supranationale Ebene

Begründungen für eine Finanzverfassung, die Aufgaben, Ausgaben und Einnahmen verschiedenen Ebenen zuweist, können in nationaler und supranationaler Sicht auf den Maßstäben der verteilungspolitischen, stabilisierungspolitischen und vor allem allokativen Effizienz beruhen. Gerade der letzte Maßstab betont das Subsidiaritätsprinzip, d.h. der Staat ist für Handlungen überhaupt und auf höherer Ebene immer nur insoweit zuständig, wie diese für die private und jeweils untere öffentliche Ebene nicht effizient möglich sind. Das Subsidiaritätsprinzip ist folglich auf Dezentralisierung ausgerichtet. Je nach räumlichem Nutzerkreis soll eine andere Institution oder Ebene Zuständigkeit bekommen. So ist etwa eine EU-Wettbewerbspolitik dann zu rechtfertigen, wenn es um den Abbau von Wettbewerbsbeschränkungen zwischen Einheiten verschiedener EU-Mitgliedsstaaten geht, und eine EU-Umweltpolitik, wenn Umweltbelastungen ein die Grenzen der Einzelstaaten überschreitendes Problem darstellen.

Zuständigkeiten für eine zentrale Distributionspolitik werden mit dem Argument begründet, dass bei hoher Arbeitsmobilität der Individuen unterschiedliche regionale Verteilungspolitiken ineffiziente Wanderungsbewegungen auslösen können. Diese Mobilität hat sich bisher auf Grund unterschiedlicher Sprach- und Kulturregionen nur begrenzt gezeigt. Sie dürfte aber nach Öffnung für weitere Beitrittsländer anders zu beurteilen sein. Auch angesichts der Dimension lässt sich eine EU-Verteilungspolitik wohl nur begrenzt ableiten, so insbesondere wenn ein starkes Gefälle im durchschnittlichen Gesamteinkommen der Mitgliedstaaten besteht. Ob sich daraus auch EU-Eingriffe in die Struktur rechtfertigen lassen, ist aber zweifelhaft.

Schlüsse für eine supranationale Zuständigkeit in der Stabilitätspolitik hängen davon ab, wie Stabilisierungspolitik überhaupt beurteilt wird. Legt man die verschiedenen Formen staatlichen Stabilisierungsversagens zugrunde oder geht darüber hinaus von Ansätzen eines politisch gewollten Konjunkturzyklus aus (vgl. Kapitel 12.2), dann sind konsequenterweise auch die Zuweisung dieser Aufgabe an den Staat sowie jegliche Zentralisierung dieser Aufgabe abzulehnen. Auch aus einer anderen Sicht ist die Zuständigkeit einer supranationalen Ebene – für die beiden anderen Ziele ebenfalls – abzulehnen: wenn nämlich die Bürger vor Ausbeutung durch den Leviathan geschützt werden sollen (siehe das 7. Kapitel). Dezentralisierung, Konkurrenz usw. sind dann die notwendigen Konsequenzen.

2. Institutionen der EU

Die EU stellt einen Zusammenschluss von Nationalstaaten dar, die sich zum Zweck der Integration der Volkswirtschaften supranationaler Institutionen bedienen, die Gemeinschaftsrecht setzen. Die Gesetzgebungskompetenz liegt beim (Minister-) **Rat**, der sich aus den Außenministern bzw. den jeweils zuständigen Fachministern zusammensetzt. Die **Kommission** besitzt das Initiativrecht, d. h. der Rat wird nur auf Vorschläge der Kommission hin tätig, die über die Einhaltung des Gemeinschaftsrechts wacht. Das **Europäische Parlament** hat nur eingeschränkte Befugnisse und ein ebensolches Verständnis. Es stellt kein wirkungsvolles Organ demokratischer Legitimation und Kontrolle dar. Der **Europäische Gerichtshof** hat die Aufgabe, das Gemeinschaftsrecht durchzusetzen und fortzubilden. Der **Europäische Rechnungshof** ist für die Haushaltskontrolle zuständig.

3. Der EU-Haushalt

a) Überblick über den Haushalt

Tab. 29-1 zeigt für den EU-Haushalt 1999, dass die Einnahmen zu rund 80 % auf zwei Säulen beruhen: den Anteilen am nationalen Mehrwertsteueraufkommen der einzelnen Mitgliedsstaaten und den BSP-Eigenmitteln. Geringer ins Gewicht fallen Agrarabschöpfungen und sonstige Einnahmen.

Tab. 29-1 Der Haushalt der EU 1999

	Mrd. Euro[1]	%
Einnahmen		
1. Agrarzölle und Zuckerabgaben	1,9	2,2
2. Zölle	11,9	13,9
3. Mehrwertsteuer-Eigenmittel	30,4	35,5
4. BSP-Eigenmittel	39,3	45,9
5. Sonstige Einnahmen	2,1	2,5
Insgesamt	85,6	100
Ausgaben[2]		
1. Gemeinsame Agrarpolitik	40,4	47,3
2. Strukturpolitische Maßnahmen	30,4	35,6
3. Interne Politikbereiche	5,0	5,9
4. Externe Politikbereiche	3,2	3,7
5. Verwaltungsausgaben	4,5	5,3
6. Reserven	1,2	1,4
7. Vorbeitrittshilfe	0,8	0,9
Insgesamt	85,6	100

[1] 1 Euro = 1,95583 DM
[2] Zahlungsermächtigungen

Quelle: Finanzbericht 2000, S. 201; eigene Berechnungen.

Bei den Ausgaben dominieren die Ausgaben für die gemeinsame Agrarpolitik (GAP) und für strukturelle Maßnahmen (Struktur- und Kohäsionsfonds).

Es besteht der Grundsatz des (materiellen) Haushaltsausgleichs, so dass eine Kreditfinanzierung des Haushalts (prinzipiell) ausgeschlossen ist[1].

b) Die Einnahmen

(1) Grundsätzliches

Die EU hat kein eigenes Besteuerungsrecht, d. h. sie kann nicht über neue eigene Einnahmenquellen entscheiden. Allerdings verfügt die EU über sog. **Eigenmittel**, zu denen die Agrarzölle und Zuckerabgaben, Zölle, Mehrwertsteuer (MWSt)-Eigenmittel und die BSP-Eigenmittel rechnen. Als Eigenmittel gelten solche Einnahmen, die „nicht Teile der Einnahmen bzw. der Haushalte der Mitgliedstaaten (sind). Sie werden von der Gemeinschaft beschlossen und hängen nicht von Beschlüssen bzw. Mitwirkungsrechten nationaler Entscheidungsgremien ab und werden von den Abgabepflichtigen unmittelbar der Gemeinschaft geschuldet" (Folkers 1998, S. 590). Die EU verfügt über die Ertragshoheit, die Gesetzgebungshoheit liegt bei den Regierungen der Mitgliedstaaten, deren einstimmiger Zustimmung es bedarf.

Gelegentlich wird eine Erhöhung der Autonomie der EU gefordert, die in einem eigenen Steuerfindungsrecht bestehen könnte. Neben Steuern auf einzelne Güter (CO_2/Energiesteuer) werden auch Zuschlagsrechte zur Umsatz-, Einkommen- bzw. Körperschaftsteuer vorgeschlagen. „Solange die Mitgliedstaaten der EG[2] die Aufgaben zuweisen und ihr keine Allzuständigkeit einräumen, erscheint ein System von Beiträgen bzw. beitragsähnlichen Eigenmitteln als systematisch angemessene Finanzierungsart. Dies ist insbesondere deshalb geboten, weil dadurch allzu große Ineffizienzen und übertriebene Forderungen bei den Kompensationsleistungen in Grenzen gehalten werden. Aufgrund der Einstimmigkeitsregel bei Ratsentscheidungen besteht ein starkes Gegengewicht gegenüber überhöhten Mittelzuweisungen zu Lasten einzelner Mitglieder. Dadurch können auch die Eigeninteressen der EG-Bürokratie eingeschränkt werden" (Folkers 1998, 592). Außerdem wird durch eigene nationale Steuern am ehesten den unterschiedlichen Präferenzen der Bürger Rechnung getragen. Andererseits können sich bei Einstimmigkeit im starken Maß nationale Ziele und Interessen durchsetzen. Ferner fehlt den Finanzbeiträgen die Transparenz und Merklichkeit direkt erhobener Abgaben. Daher verengt sich die Frage der Belastung häufig auf die Nettozahlerposition eines Landes.

(2) Die einzelnen Finanzierungsquellen

Zölle werden auf der Grundlage eines Gemeinsamen Zolltarifs an den Außengrenzen der EU-Mitgliedsländer erhoben. Zur Abdeckung der Erhebungskosten können die

---

[1] Diese Vorschrift wird über Nebenhaushalte umgangen; siehe Caesar 1992 und Wissenschaftlicher Beirat beim BMWi 1994, S. 51-54.

[2] Seit Inkrafttreten des Maastricht-Vertrages 1993 laufen die Aktivitäten der EG (ausgenommen die Gemeinsame Außen- und Sicherheitspolitik) unter dem Dach der EU. EU und EG werden hier synonym verwendet.

Mitgliedstaaten einen Anteil von 10 % (ab 2001: 25 %) einbehalten. Zölle haben u. a. wegen der im Rahmen des GATT vereinbarten Zollsenkungen ebenso wie Abschöpfungen (Zölle auf Agrarprodukte) nur noch eine geringe Bedeutung. Mit **Agrarzöllen** schützt die EU die Binnenpreise für Agrarprodukte.

Die **Mehrwertsteuer-Eigenmittel** werden durch Anwendung eines Prozentsatzes auf die vereinheitlichte Bemessungsgrundlage der Mitgliedstaaten berechnet. Dieser Prozentsatz ist für alle Mitgliedstaaten gleich. Er wird im Rahmen des EU-Haushaltsverfahrens festgelegt, darf aber einen vorgegebenen Höchstsatz (zurzeit 1 %) nicht überschreiten[1]. Gleichzeitig ist eine Kappung[2] der Mehrwertsteuer-Bemessungsgrundlage auf 50 % des jeweiligen nationalen Bruttosozialprodukts festgelegt. Die vereinheitlichte Bemessungsgrundlage ist nicht die Bemessungsgrundlage einer tatsächlich erhobenen Steuer, vielmehr Rechnungsgrundlage zur Bestimmung der Zahlungsverpflichtungen der Mitgliedstaaten[3].

Die **BSP-Eigenmittel** werden im Haushaltsverfahren so bestimmt, dass die Restfinanzierung der Gesamtausgaben gewährleistet ist. Sie dienen dazu, den Haushalt bis zu einer jährlichen Obergrenze (Plafonds) aufzufüllen. Der EG-Eigenmittelplafonds ist auf 1,27 % festgelegt. Für die Beiträge der Mitgliedstaaten ist deren Anteil am BSP der EU maßgeblich.

c) Die Ausgaben

Bemerkenswert ist, dass die typischerweise in einem gegliederten Staatswesen dominierenden Aufgabenbereiche, die besonders budgetintensiv sind (Verteidigung, innere Sicherheit, Verteilungspolitik), fehlen bzw. sich in einer auf einen Sektor (Landwirtschaft) und auf Regionen konzentrierenden Verteilungspolitik niederschlagen (vgl. Zimmermann 1996).

Die hohen **GAP-Ausgaben** sind Folge einer Entscheidung, die Förderung der Landwirtschaft auf die Ebene der europäischen Agrarpolitik zu verlagern. Auf diese Weise fallen Zuständigkeit und Budget auf die Ebene der EU anstelle von direkten Einkommenstransfers, die sonst auf nationaler Ebene geleistet würden. Ferner hat man statt direkter Zahlungen eine sehr komplizierte Politik konzipiert, um Einkommen und Output des EU-Agrarsektors zu erhöhen. Hierzu werden (1) Preisuntergrenzen gesetzt, die die Agrarminister alle sechs Monate neu beschließen und (2) direkte Zahlungen („Kompensationen") an die Landwirte. Die direkten Zahlungen sind mit den Preisuntergrenzen insofern verbunden, als sie einen Ausgleich für die Verringerung der Preis-

---

[1] Der Satz soll im Jahre 2002 auf 0,75% und 2004 auf 0,5% gesenkt werden.
[2] Diese wird mit der sonst auftretenden regressiven Lastenverteilung begründet, die entstehen würde, wenn kleine Länder eine größere Verbrauchsquote als große Länder haben.
[3] Insofern ist die EU nicht am nationalen Mehrwertsteueraufkommen beteiligt, was sich in Deutschland auch daran zeigt, dass sonst „vor Aufteilung der Umsatzsteuer auf die Ebenen ein gewisser Prozentsatz gesetzlich für die EU reserviert wäre. Vielmehr führt der Bund diese Summe, die aus der Gesamtheit aller Einnahmen des Bundeshaushalts finanziert wird, an die EU ab. Es handelt sich mithin eindeutig um eine Umlage" (Zimmermann 1996, S. 48).

untergrenzen darstellen. Kompensationszahlungen beziehen sich auf die frühere Produktion, auf Ländereien, die aus der Produktion genommen wurden.

Auf die Preisuntergrenzen beziehen sich zwei Arten von Politik: Protektion und Marktintervention. Die Protektion ist unzureichend, da die EU-Preisgrenzen oberhalb eines Importniveaus von null sind. Daher muss die EU Nahrungsmittel aufkaufen, die oberhalb von markträumenden Preisen liegen. Die überschüssigen Nahrungsmittel werden auf dreierlei Weise verwendet: sie werden gelagert, bis sie verrotten, auf dem EU-Markt oder (unterhalb kostendeckender Preise) auf dem Weltmarkt verschleudert. Die steigenden Kosten dieser Intervention führten zur Einführung von Produktionsquoten in einigen Produktionsbereichen. Seit 1984 ist der Nahrungsmittelüberschuss beschränkt durch Anbauquoten, wobei von den Landwirten verlangt wird, Nahrungsmittel nicht auf ihrem Boden anzubauen. Mehr als die Hälfte dieser Unterstützungskosten wird direkt von den Konsumenten über eine versteckte Protektionsteuer geleistet. Der Rest stammt aus dem EU-Budget. Die Haushaltskosten beruhen weitgehend auf den Agrarüberschüssen (Produktion abzüglich Verbrauch). Zur Begrenzung der Agrarausgaben ist festgelegt, dass ihre jährliche Steigerungsrate 74% der erwarteten Zuwachsrate des BSP nicht übersteigen darf (Agrarleitlinie).

Neben den GAP-Ausgaben sind die **Struktur-** bzw. **Kohäsionsfonds** bedeutsam. Die Begriffe „Fonds" stehen für die herkömmlichen Posten des EU-Haushalts. Die Strukturpolitik knüpft explizit an wirtschaftlichen und sozialen Unterschieden in der EU an. Anhand bestimmter Indikatoren werden Disparitäten festgestellt und Problemregionen als Fördergebiete ausgewiesen. Die Strukturpolitik besteht aus einem Maßnahmenbündel, das u. a. Bereiche der Umwelt-, Tourismus-, Industrie-, Agrar- und Bildungspolitik einschließt.

4. Die tatsächliche Aufgabenerfüllung

Die EU erfüllt die allokative Funktion nicht in einer budgetwirksamen Bereitstellung öffentlicher Güter, wohl aber über eine Vielzahl von Normen (Verordnungen, Richtlinien, EuGH-Urteile). Die Stabilisierungsaufgabe ist der EU nicht zugewiesen. Das Volumen des EU-Haushalts ist gering, die Verschuldungsmöglichkeit eingeschränkt. Stabilisierungspolitik kann daher nur im Rahmen der Koordinierung der nationalen Fiskalpolitiken erfolgen. Die Geldpolitik ist im Rahmen der Währungsunion dem nationalen Zugriff entzogen, aber auch nicht der EU zugeordnet. Die Verteilungsfunktion wird nicht im Sinne einer interpersonellen Umverteilung wahrgenommen, sondern zielt auf die Umverteilung zwischen den Mitgliedstaaten der EU.

Es liegt kein abgestimmtes Aufgaben-, Ausgaben- und Einnahmenkonzept vor. Vielmehr passt man die Ausgaben (und Aufgaben) vorgegebenen Einnahmen an. Konsequenzen aus budgetpolitischen Fehlentscheidungen bleiben aus. Die Pflege einer Einnahmen- oder Steuerquelle liegt nicht im Interesse der EU-Staaten.

5. Die deutsche Nettozahlerposition

Aus deutscher Sicht wird auf die Nettozahlerposition verwiesen, die als Differenz aus den Beiträgen an die EU und den (regelmäßig niedrigeren) Rückflüssen an Deutschland aus den einzelnen Gemeinschaftspolitiken berechnet wird. Tatsächlich ist diese als Zahlungsstromanalyse angelegte Rechnung nicht unproblematisch. Das gilt für den Nachweis der Beiträge und seine Bezugsgröße. So ist zunächst bedeutsam, dass Zölle und Agrarabgaben keinem Mitgliedsland zugerechnet werden können. Sie werden aber regelmäßig in dem Land verbucht, an dessen Außengrenze die Zolleinnahmen angefallen sind. Ferner sagen die absoluten Beiträge wenig aus. Für Verteilungsfragen müssen das nationale BSP bezogen auf das EU-BSP oder noch aussagekräftiger das BIP/Kopf als Ausdruck der Leistungsfähigkeit herangezogen werden. Unter diesem Aspekt ist Deutschland nicht mehr größter (Brutto-)Zahler.

Auch die Berücksichtigung der empfangenen Zahlungen ist schwierig. Das gilt insbesondere für den Agrarbereich, für den die Zahlungen häufig nicht bis zum eigentlichen Empfänger zurückverfolgt werden können. Durch Abbau der Agrarmaßnahmen insgesamt könnte die Nettozahlerposition Deutschlands verbessert werden.

6. Politökonomische Aspekte der EU

Die EU-Ausgabenstruktur ist überraschend, weil der Bereich Landwirtschaft in entwickelten Staaten nur einen geringen Anteil an der gesamtwirtschaftlichen Bruttowertschöpfung ausmacht. Die GAP-Ausgaben lassen sich als Hilfe interpretieren, damit verschiedene Gruppen und Regionen sich dem Integrationsdruck anpassen können. Sie lassen sich aber auch als Zahlungen an spezielle Interessengruppen ansehen, die sonst gegen die Integration gewirkt hätten. Das war zumindest die Basis für die Bildung der EU (bzw. EG), als einer Institution, die über eine Freihandelszone hinausgeht.

Der Abbau des Anteils der Ausgaben für die GAP am Budget erfolgt nur zögerlich. Wie er sich bei Erweiterung der EU verändern wird, hängt von zuvor getroffenen Beschlüssen und von den künftigen politischen Strukturen ab. Eine Möglichkeit besteht darin, dass sich die Entscheidungsstrukturen nur insofern verändert werden, als die Gremien durch weitere Mitglieder vergrößert werden.

Der Rat repräsentiert die wichtigsten handelnden Personen in der EU. Er hat zwei wichtige Entscheidungsbefugnisse. Bei sehr wichtigen Fragen wie der Annahme grundlegenden EU-Rechts (z. B. Maastrichtvertrag), Vergrößerung der Gemeinschaft oder fiskalischen Fragen muss der Rat einstimmig entscheiden. Weil die Gewinnerkoalition jeden einzuschließen hat, muss jeder potenzielle Opponent gekauft werden. Andere Fragen können jedoch auf Basis einer **qualifizierten Mehrheit** entschieden werden: Jedes Land hat eine bestimmte Zahl an Stimmen, und die erfolgreiche Koalition benötigt 71 % dieser Stimmen. Weil allerdings im Rat viele Entscheidungen jährlich getroffen werden, besteht ständig die Möglichkeit des Stimmentauschs. Will ein Land bei Entscheidungen erfolgreich sein, kommt es auf die Zahl seiner Stimmen aber auch auf das Abstimmungsverhalten anderer Länder und die auch auf das Abstimmungsverhalten anderer Länder und die Verteilung der Stimmen zwischen den Ländern an. Während allerdings Einstimmigkeit vor Ausbeutung durch Andere schützt, bedeuten geringere Anforderungen an die Mehrheit, dass Entscheidungen vor allem zu Lasten einzelner Großer gehen, deren Nettozahlerposition sich entsprechend verschlechtert.

Ob die EU eine demokratische Veranstaltung ist, kann bezweifelt werden: das Parlament hat nur geringe Mitwirkungsrechte, die Auskunftsbereitschaft der Verwaltung (Kommission) gegenüber dem Parlament ist gering. Das Parlament hat keine Gesetzgebungskompetenz.

Wenn man der Auffassung ist, dass die Demokratie mit dem Budgetbewilligungsrecht entstanden ist und die Verabschiedung und Kontrolle des Haushalts wichtige Funktionen des Parlaments sind, kann die EU auch insoweit als eine weitgehend undemokratische Institution gelten. Der EU-Haushalt wird vom Rat mit qualifizierter Mehrheit aufgestellt. Der Entwurf wird dann dem Europäischen Parlament vorgelegt, das aber außer der Ablehnung/Zustimmung keine größeren Gestaltungsmöglichkeiten hat. „Der Haushalt ist kein Staatshaushalt im eigentlichen Sinn, denn die EG ist eine supranationale Organisation, der die Mitgliedstaaten bestimmte Aufgaben übertragen haben, ohne ihr Staatlichkeit und Allzuständigkeit für öffentliche Aufgaben zuzuweisen"(Folkers 1999, S. 562). Ohne seine starke Stellung des Parlaments hat im Übrigen auch der Europäische Rechnungshof keine Möglichkeit der effektiven Kontrolle. Sieht man die EU allerdings aus der Sicht weitgehend unabhängig agierender Einzelstaaten und nicht eines Bundesstaates, mag die Beurteilung anders ausfallen (Zimmermann 1996). So besteht die Möglichkeit, dass als Folge von Mehrheitsentscheidungen im Europäischen Parlament sehr viel stärker und direkter Umverteilung zugunsten bestimmter Gruppen von Mitgliedsstaaten durchgesetzt würde, als dies über den schwach und eher versteckt wirkenden Mechanismus des Strukturfonds in der EU geschieht.

Literatur zum 29. Kapitel

Eine umfassende Darstellung der Finanz- und Haushaltspolitik der EU liefert Folkers (1998). Zur Nettozahlerposition siehe Kohl/Bergmann (1998) und Caesar (1997). Die aktuelle Reformperspektive untersucht Heinemann (1999).

Literaturverzeichnis

Aaron, H. J. (1976), Inflation and the Income Tax, Washington
Aaron, H./Boskin, M. J. (eds.) (1980), The Economics of Taxation, Washington D.C.
Aaron, H./McGuire, M. (1970), Public Goods and Income Distribution, Econometrica 38, S. 907-920
Acosella, N. (1998), The Foundation of Economic Policy, Cambridge
Adamache, K. W./Sloan, F. A. (1985), Fringe Benefits: To Tax or Not to Tax?, National Tax Journal 38, S. 47-64
Ahlheim, M. (1996), Wohlfahrtsmessung im Umweltbereich, in: Statistisches Bundesamt (Hrsg.), Wohlfahrtsmessung – Aufgabe der Statistik im gesellschaftlichen Wandel, Wiesbaden, S. 199-217
Albers, W. (1967), Die automatische Stabilisierungswirkung der Steuern: Möglichkeiten und Problematik in der BRD, Jahrbuch für Nationalökonomie und Statistik 180, S. 99-131
Albers, W. (Hrsg.) (1974a), Öffentliche Finanzwirtschaft und Verteilung I, Berlin
Albers, W. (Hrsg.) (1974b), Öffentliche Finanzwirtschaft und Verteilung II, Berlin
Albers, W. (Hrsg.) (1974c), Umverteilungswirkungen der Einkommensteuer, in: Albers (1974b), S. 69-144
Albers, W. (1977a), Theoretische und technische Aspekte öffentlicher Transferausgaben: Transferzahlungen an Haushalte, HdF, Bd. I, 3. Aufl., Tübingen, S. 861-957
Albers, W. (1977b), Ziele und Bestimmungsgründe der Finanzpolitik, HdF, Bd. I, 3. Aufl., Tübingen, S. 123-163
Albers, W. (1980a), Einkommensbesteuerung, I: Einkommensteuer, HdWW, Bd. 2, Stuttgart, S. 189-218
Albers, W. (1980b), Einkommensbesteuerung, III: Statistik, HdWW, Bd. 2, Stuttgart, S. 240-247
Albers, W. (1980c), Einkommensverteilung, II: Verteilungspolitik, HdWW, Bd. 2, Stuttgart, S. 285-315
Albers, W. (1982a), Die Behandlung von Vorsorgeaufwendungen in der Einkommensteuer, Finanzarchiv 40, S. 23-43
Albers, W. (1982b), Wohnungspolitik II: Wohnungsversorgung, HdWW, Bd. 9, Stuttgart, S. 516-533
Alesina, A./Perotti, R. (1994), Budget Deficits and Budget Institutions, NBER Macroeconomics Annual, Cambridge
Alesina, A./Perotti, R. (1995), The Political Economy of Budget Deficits, International Monetary Fund: Staff Papers 42, S. 1-31
Alesina, A./Roubini, N./Cohen, G.D. (1997), Political Cycles and the Macroeconomy, Cambridge
Alesina, A./Tabellini, G. (1990), A Positive Theory of Fiscal Deficits and Government Debt, Review of Economic Studies 57, S. 403-414
Allington, M. G./Sandmo, A. (1972), Income Tax Evasion: A Theoretical Analysis, Journal of Public Economics 1, S. 323-338
Althammer, J. (1997), Die Rolle der Vermögenspolitik im Rahmen einer Sozialstaatsreform, Jahrbücher für Nationalökonomie und Statistik 216, S. 595-617
Andel, N. (1970), Subventionen als Instrument des finanzwirtschaftlichen Interventionismus, Tübingen
Andel, N. (1977a), Nutzen-Kosten-Analysen, HdF, Bd. I, 3. Aufl., Tübingen, S. 477-518
Andel, N. (1977b), Subventionen, HdWW, Bd. 7, S. 491-510

Andel, N. (1979), Nettoanpassung und Besteuerung der Renten im Lichte der Gleichmäßigkeit der Besteuerung, in: Bohley/Tolkemitt, S. 165-176
Andel, N. (1980), Einkommensteuer, HdF, Bd. II, 3. Aufl., Tübingen, S. 331-401
Andel, N. (1998a), Finanzwissenschaft, 5. Aufl., Tübingen
Andel, N. (Hrsg.) (1998b), Probleme der Besteuerung I, Berlin
Andel, N. (Hrsg.) (1999), Probleme der Besteuerung II, Berlin
Andel, N. (2000a), Harmonisierung der sozialen Sicherung - ein von den Wirtschaftswissenschaften vernachlässigtes Problem, Frankfurter Volkswirtschaftliche Diskussionsbeiträge Nr. 100
Andel, N. (Hrsg.) (2000b), Probleme der Besteuerung III, Berlin
Anderson, W. u. a. (1985), Government Spending and Taxation: What Causes What?, Public Choice, S. 630-639
Andreae, C.-A. (1980), Grundsteuern, HdF, Bd. II, 3. Aufl., Tübingen, S. 575-606
Apolte, T. (1999), Die ökonomische Konstitution eines föderalen Systems, Tübingen
Apps, P. (1981), A theory of inequality and taxation, Cambridge
Arbeitsgemeinschaft deutscher wirtschaftswissenschaftlicher Forschungsinstitute (1993), Probleme des Finanzausgleichs in nationaler und internationaler Sicht, Berlin
Arnim, H. H. v. u. a. (1978), Privatisierung öffentlicher Dienstleistungen, Karl-Bräuer-Institut des Bundes der Steuerzahler, Heft 41
Arnim, H. H. v./Littmann, K. (Hrsg.) (1984), Finanzpolitik im Umbruch: Zur Konsolidierung öffentlicher Haushalte, Berlin
Arnold, V. (1980), Nutzen-Kosten-Analyse II: Anwendung, HdWW, Bd. 5, Stuttgart, S. 382-399
Arnold, V. (1992), Theorie der Kollektivgüter, München
Arnold, V./Geske, O.-E. (Hrsg.) (1988), Öffentliche Finanzwirtschaft, München
Arrow, K. J. (1963), Social Choice and Individual Values, 2nd ed., New Haven
Arrow, K. J. (1983), The Organization of Economic Activity: Issues Pertinent to the Choice of Market versus Nonmarket Allocation, in: Haveman/Margolis, S. 42-54 (ausführlicher in der 1. Aufl., 1970)
Atkinson, A. B. (1996), The distribution of income: Evidence, theories and policy, Der Economist 144, S. 1-21
Atkinson, A. B. (1975), The Economics of Inequality, Oxford
Atkinson, A. B./Stiglitz, J. E. (1980), Lectures on Public Economics, New York
Auerbach, A. J. (1985), The Theory of Excess Burden and Optimal Taxation, in: Auerbach/Feldstein, S. 61-127
Auerbach, A. J./Feldstein, M. (1985, 1987), Handbook of Public Economics, Vol. I and II, Amsterdam
Auerbach, A. J./Gokhale, J./Kotlikoff, L. J. (1994), Generational Accounting: A Meaningful Way to Evaluate Fiscal Policy, Journal of Economic Perspectives 8, S. 73-94
Augstein, R. (1988), Grundzüge der Finanzwirtschaft der Europäischen Gemeinschaft, in: Arnold/Geske, S. 315-345

Barr, N. (1993), The Economics of the Welfare State, 2nd ed., Oxford
Bator, F. M. (1958), The Anatomy of Market Failure, Quarterly Journal of Economics 72, S. 351-379
Baum, H. (1980), Staatlich-administrierte Preise, Wirtschaftsdienst 60, S. 486-492
Baum, T. (1983), Eine politisch-ökonomische Theorie des Staatsschuldenwachstums in Demokratien, Wirtschaftsdienst 63, S. 128-132
Baumgarten, F./Mückl, W. (1969), Wirtschaftspolitische Zielkonflikte in der Bundesrepublik Deutschland, Tübingen

Baumol, W. J. (1958), On the theory of oligopoly, Economica 25, S. 187-198
Baumol, W. J. (1967), Macroeconomics of Unbalanced Growth: The Anatomy of Urban Crisis, American Economic Review 57, S. 415-426
Baumol, W. J./Oates, D. E. (1971), The Use of Standards and Prices for Protection of the Environment, Swedish Journal of Economics 73, S. 42-54
Bayer, S./Cansier, D. (1998), Methodisch abgesicherte intergenerationelle Diskontierung am Beispiel des Klimaschutzes, Zeitschrift für Umweltpolitik und Umweltrecht 1/98, S. 113-132
Bea, F. X. (1980), Umsatzsteuern 1: Ziele und Ausgestaltung, HdWW, Bd. 8, Stuttgart, S. 27-40
Beck, M. (1981), Government Spending: Trends and Issues, New York
Beck, H./Prinz, H. (1994), Wehrpflicht – ökonomisch betrachtet, Wirtschaftsdienst 74, S. 449-456
Bender, D. u. a. (1999), Vahlens Kompendium der Wirtschaftstheorie und Wirtschaftspolitik, Bd. 1 und 2, 7. Aufl., München
Benz, A. u. a. (1992), Horizontale Politikverflechtung, Franfurt/M.
Berg, H./Cassel, D./Hartwig, K.-D. (1999), Theorie der Wirtschaftspolitik, in: Bender u. a. Bd. 2, S. 171-198
Bernholz, P./Breyer, F. (1984), Grundlagen der Politischen Ökonomie, 2. Aufl., Tübingen
Berthold, N./Fehn, R. (1994), Verursachen Wahlen einen Politischen Konjunkturzyklus?, WiSt, H. 4, S. 166-175
Berthold, N./Donges J. B. (1996), Möglichkeiten und Grenzen staatlicher Beihilfen, WiSt, H. 10, S. 490-497
Biehl, D. (1983), Finanzausgleich in der Bundesrepublik Deutschland, HdF, Bd. IV, 3. Aufl., Tübingen, S. 71-122
Biehl, D. u.a. (1990), Europa finanzieren – ein föderalistisches Modell, Gütersloh
Black, D. (1968), The Theory of Committees and Elections, Cambridge
Blankart, C. B. (1979), Die wirtschaftspolitische Bedeutung von Skalenerträgen öffentlicher Unternehmen, Zeitschrift für öffentliche und gemeinwirtschaftliche Unternehmen 2, S. 1-25
Blankart, C. B. (1980a), Ökonomie der öffentlichen Unternehmen, München
Blankart, C. B. (1980b), Privatisierung öffentlicher Dienstleistungen, WiSt, H. 9, S. 305-310
Blankart, C. (1998), Öffentliche Finanzen in der Demokratie, 3. Aufl., München
Blauchard, O. J. (1990), Suggestion for a New Set of Fiscal Indicators, OECD Working Paper 79
Blinder, A. S., et. al. (eds.) (1974), The Economics of Public Finance, Washington D.C.
Blümel, W. (1987), Die Allokation öffentlicher Güter in unterschiedlichen Allokationsverfahren - Eine vergleichende theoretische Untersuchung, Berlin
Blümel, W./Pethig, R./Hagen, O. v. d. (1986), The Theory of Public Goods: A Survey of Recent Issues, Journal of Institutional and Theoretical Economics 142, S. 241-309
Boadway, R. W./Bruce, N. (1984), Welfare Economics, Oxford
Boadway, R./Wildasin, D. (1984), Public Sector Economics, 2nd ed., Boston
Börsch-Supan, A. H. (1999), Das deutsche Rentenversicherungsproblem: Problem und Perspektiven, in: Wille, S. 21-68
Bös, D. (1971), Eine ökonomische Theorie des Finanzausgleichs, Wien
Bös, D. (1974), Indexbindung von Einkommen und progressive Besteuerung, Zeitschrift für Nationalökonomie 34, S. 145-172
Bös, D. (1977), Öffentliche Personalausgaben, HdF, Bd. I, 3. Aufl., Tübingen, S. 797-859
Bös, D. (1978a), Effizienz des öffentlichen Sektors aus volkswirtschaftlicher Sicht, Schweizerische Zeitschrift für Volkswirtschaft und Statistik 114, S. 287-314

Bös, D. (1978b), Zur Theorie des Finanzausgleichs, in: Dreißig, S. 45-133
Bös, D. (1985), Public Sector Pricing, in: Auerbach/Feldstein, S. 129-211
Bös, D. (1989a), Arguments on Privatization, in: Fels/Furstenberg, S. 217-245
Bös, D. (1989b), Volksaktien, in: Schmidhuber u. a. (Hrsg.), Beiträge zur politischen Ökonomie, S. 335-363
Bös, D./Felderer, B. (Hrsg.) (1998), The Political Economy of Progressive Taxation, Berlin
Bös, D./Genser, B. (1977), Steuertariflehre, HdWW, Bd. 7, Stuttgart, S. 412-427
Bös, D./Rose, M./Seidl, C. (Hrsg.) (1984), Beiträge zur neuen Steuertheorie, Berlin
Bös, D./Rose, M./Seidl, C. (Hrsg.) (1988), Welfare and Efficiency in Public Economics, Berlin
Bös, D./Tillmann, G. (1984), Neid und progressive Besteuerung, in: Bös/Rose/Seidl, S. 65-74
Boettcher, C. (1947), Vorschlag eines Betriebsteuerrechts, Steuer und Wirtschaft 24, S. 68 ff.
Boettcher, E. u. a. (1985), Vermögenspolitik im sozialen Rechtsstaat, Tübingen
Bohley, P. (1980), Gebühren und Beiträge, HdF, Bd. II, 3. Aufl., Tübingen, S. 916-947
Bohley, P. (1992), Chancen und Gefährdungen des Föderalismus, in: K. Bohr (Hrsg.), Föderalismus, München, S. 31 ff.
Bohley, P./Tolkemitt, G. (Hrsg.) (1979), Wirtschaftswissenschaft als Grundlage staatlichen Handelns, Festschrift Haller, Tübingen
Bohm, P. (1972), Estimating Demand for Public Goods: An Experiment, European Economic Review 3, S. 111-130
Bohnet, A. (1999), Finanzwissenschaft: Staatliche Verteilungspolitik, 2. Aufl., München
Boll, S. (1994), Intergenerationale Umverteilungswirkungen der Fiskalpolitik in der Bundesrepublik Deutschland, Frankfurt/M.
Boll, S. (1996), Intergenerative Verteilungseffekte öffentlicher Haushalte – Theoretische Konzepte und empirischer Befund für die Bundesrepublik Deutschland, Disskusionspapier 6, Volkswirtschaftliche Forschungsgruppe der Deutschen Bundesbank
Bombach, G. (1977), Die öffentliche Finanzwirtschaft im Wirtschaftskreislauf, HdF, Bd. I, 3. Aufl., Tübingen, S. 53-75
Bombach, G. u. a. (Hrsg.) (1974), Neue Aspekte der Verteilungstheorie, Tübingen
Bombach, G. u. a. (Hrsg.) (1982), Möglichkeiten und Grenzen der Staatstätigkeit, Tübingen
Bonus, H. (1980), Öffentliche Güter und der Öffentlichkeitsgrad von Gütern, Zeitschrift für die gesamte Staatswissenschaft 136, S. 50-81
Borcherding, T. E. (ed.) (1977), Budgets and Bureaucrats: The Sources of Government Growth, Durham
Borcherding, T. E. (1978), Competition, Exclusion, and the Optimal Supply of Public Goods, Journal of Law and Economics 21, S. 111-132
Borell, R. (1981), Mischfinanzierungen, Karl-Bräuer-Institut des Bundes der Steuerzahler, H. 50, Wiesbaden
Borell, R./Schemmel, L. (1986), Steuervereinfachung, Karl-Bräuer-Institut des Bundes der Steuerzahler, H. 60, Wiesbaden
Borell, R./Vogt, G. (1979), Bevölkerungsentwicklung und Staatsausgaben, Karl-Bräuer-Institut des Bundes der Steuerzahler, H. 43, Wiesbaden
Boskin, M. J. (1975), Efficiency Aspects of Differential Treatment of Market and Household Economic Activity, Journal of Public Economics 4, S. 1-25
Boss, A./Rosenschon, A. (2000), Subventionen in Deutschland: Eine Aktualisierung, Kieler Diskussionsbeiträge 356
Bovenberg, A. L. (1998), Environmental Taxes and the Double Dividend, Empirica 25, S. 15 ff.
Bradford, D. F./Malt, R. A./Oates, W. E. (1969), The Rising Cost of Local Public Services: Some Evidence and Reflections, National Tax Journal 22, S. 185-202

Brannon, G. M./Morss, E. R. (1973), The Tax Allowance for Dependents: Deductions versus Credits, National Tax Journal 36, S. 599-610
Brazer, H. E. (1980), Income Tax Treatment of the Family, in: Aaron/Boskin, S. 223-246
Break, G. F. (1974), The Incidence and Economic Effects of Taxation, in: Blinder et. al., S. 119-237
Brecht, A. (1932), Internationaler Vergleich der öffentlichen Ausgaben, Grundfragen der internationalen Politik, H. 2, Leipzig
Brennan, G./Buchanan, J. (1977), Towards a Tax Constitution for Leviathan, Journal of Public Economics 8, S. 255-274
Brennan, G./Buchanan, J. (1980), The Power to Tax, London
Brennan, G./Hamlin, A. (1998), Fiscal Federalism, Palmgrave Dictionary of Law and Economics 2, S. 144-150
Brennan, G./Nellor, D. (1982), Wealth, Consumption and Tax Neutrality, National Tax Journal 35, S. 427-436
Brennan, G./Lomasky, L. (1983), Institutional Aspects of „Merit Goods" Analysis, Finanzarchiv 41, S. 183-206
Brent, R. J. (1984), Use of Distributional Weights in Cost-Benefit Analysis: A Survey of Schools, Public Finance Quarterly 12, S. 213-230
Breton, A. (1974), The Economic Theory of Representative Government, London
Breton, A./Scott, A. (1978), The Economic Constitution of Federal States, Toronto
Breyer, F. (1991/92), Verteilungswirkungen unterschiedlicher Formen der Pflegevorsorge, Finanzarchiv 49, S. 84-103
Breyer, F. (2000), Zukunftsperspektiven der Gesundheitssicherung, in: Hauser, S. 169-199
Breyer, F./Ursprung, H. W. (1998), Are the rich too rich to be expropriated?: Economic power and the feasibility of constitutional limits to redistribution, Public Choice 94, S. 135-156
Breyer, F./Zweifel, P. (2000), Gesundheitsökonomie, Berlin
Broome, J. (1978), Trying to Value a Life, Journal of Public Economics 9, S. 91-100
Brown, C. V./Jackson, P. M. (1990), Public Sector Economics, 4th ed., Oxford
Brubaker, E. R. (1975), Free Ride, Free Revelation, or Golden Rule, Journal of Law and Economics 17, S. 147-161
Brümmerhoff, D. (1973), Nominal- oder Realprinzip in der Einkommensteuerung?, Finanzarchiv 32, S. 35-45
Brümmerhoff, D. (1976), Produktivität des öffentlichen Sektors, Finanzarchiv 34, S. 226-243
Brümmerhoff, D. (1977), Zur Beeinflussung der personellen Verteilung der Jahres- und der Lebenseinkommen durch die Finanzpolitik, Tübingen
Brümmerhoff, D. (1979), Die Einkommenbesteuerung der Sozialversicherungsrenten, Steuer und Wirtschaft 59, S. 219-227
Brümmerhoff, D. (2000a), Der Staat in den Volkswirtschaftlichen Gesamtrechnungen, Thünen-Reihe Angewandter Volkswirtschaftstheorie, Working Paper No. 25, Rostock
Brümmerhoff, D. (2000b), Volkswirtschaftliche Gesamtrechnungen, 6. Aufl., München
Brümmerhoff, D./Lützel, H. (2001), Lexikon der Volkswirtschaftlichen Gesamtrechnungen, 3. Aufl., München
Brümmerhoff, D./Reich, U.-P. (1999), Zur Problematik der Fixierung auf einzelne statistische Größen in der Wirtschafts- und Finanzpolitik – dargestellt an der staatlichen Defizitquote, Jahrbücher für Nationalökonomie und Statistik 219, S. 575-590
Buchanan, J. M. (ed.) (1960), Fiscal Theory and Political Economy - Selected Essays, Chapel Hill
Buchanan, J. M. (1962), Towards analysis of closed behavioral systems, in: Buchanan/Tollison, S. 11-23

Buchanan, J. M. (1963), The Economics of Earmarked Taxes, Journal of Political Economy 71, S. 457-469
Buchanan, J. M. (1967), Public Finance in Democratic Process, Chapel Hill
Buchanan, J. M. (1996), Clarifying Confusion about the Balanced Budget Amendment, National Tax Journal 48, S. 347-355
Buchanan, J.M./Congleton, R.D. (1998), Politics by principle, not by interest, Cambridge
Buchanan, J. M./Musgrave, R. A. (1999), Public Finance and Public Choice, Cambridge
Buchanan, J. M./Stubblebine, W. C. (1962), Externality, Economica 29, S. 371-384
Buchanan, J. M./Rowley, C./Tollison, R. (eds.) (1987), Deficits, New York
Buchanan, J. M./Tullock, G. (1962), The Calculus of Consent, Ann Arbor
Buchanan, J. M./Tullock, G. (1977), Democracy in Deficit: The Political Legacy of Lord Keynes, New York
Buchanan, J. M./Wagner, R. E. (1977), Democracy in Deficit, New York
Buchholz, W./Wiegard, W. (1998), Zeit(in)konsistente Steuerpolitik, in: Oberhauser, S. 9-55
Budäus, D. (1993), Alternative Ansätze zur Finanzierung der öffentlichen Struktur in den neuen Bundesländern unter Berücksichtigung der Transaktionskosten, in: P. Eichhorn (Hrsg.), Finanzierung und Organisation der Infrastruktur in den neuen Bundesländern, Baden-Baden
Bulutoglu, K. (1976/77), Fiscal Decentralization: A Survey of Normative and Positive Contributions, Finanzarchiv 35, S. 1-34
Bundesminister der Finanzen (1982), Die Finanzbeziehungen zwischen Bund, Ländern und Gemeinden, Bonn
Bundesministerium der Finanzen (1998), Finanzbericht 1999, Bonn
Bundesministerium der Finanzen (1999), Unsere Steuern von A-Z, 9. Aufl., Bonn
Bundesministerium für Arbeit und Sozialordnung (1988), Übersicht über das Sozialrecht, 5. Aufl., Bonn
Bundesministerium für Arbeit und Sozialordnung (2000a), Soziale Sicherung im Überblick, Bonn
Bundesministerium für Arbeit und Sozialordnung (2000b), Statistisches Jahrbuch 1999, Bonn
Bundesregierung (1978), Bericht der Bundesregierung über die Möglichkeit der Einführung einer Vollverzinsung im Steuerrecht, BT-Drucks. 8/1410
Bundesverfassungsgericht (1957), Urteil vom 17.1.1957 - 1 BvL 4/54 -, Bundessteuerblatt I, 1957, S. 193-202
Bundesrat (1973), Entwurf eines 3. Steuerreformgesetzes, BR-Drucks. 700/73
Butler, R. V./Maher, M. D. (1986), The Control of Externalities: Abatement vs. Damage Prevention, Southern Economic Journal 52, S. 1088-1102

Caesar, R. (1992), Kreditoperationen im Finanzsystem der EG, in: Hansmeyer, S. 115-182
Caesar, R. (1997a), Haushalts- und Finanzwirtschaft, in: R. Hrbek (Hrsg.), Die Reform der Europäischen Union, Baden-Baden, S. 281-298
Caesar, R. (Hrsg.) (1997b), Zur Reform der Finanzverfassung und Strukturpolitik der EU, Baden-Baden
Campbell, D. E. (1995), Incentives, Cambridge
Cansier, D. (1983), Steuer und Umwelt: Zur Effizienz von Emissionsabgaben, in: Hansmeyer, S. 765-783
Cansier, D. (1988), Öffentliche Finanzen im Dienste der Umweltpolitik, in: Schmidt, S. 11-50
Cansier, D. (1989), Cash-Flow-Steuern: Neue Wege der Unternehmensbesteuerung, Wirtschaftsdienst 69, S. 49-56
Cansier, D. (1996), Umweltökonomie, 2. Aufl., Stuttgart

Cansier, D./Wellisch, D. (1989), Steuerwirkungen nach dem neoklassischen Investitionsmodell, Steuer und Wirtschaft, S. 158-164
Cassel, D./Thieme, H. J. (1999), Stabilitätspolitik, in: Bender u. a., Bd. 2, S. 363-437
CDU-Dokumentation (1979), Unsichtbare Staatsquote oder was die Staatsquote verschweigt, Bonn
Cebula, R. J. (1979), A Survey of the Literature on the Migration Impact of State and Local Government Policies, Public Finance 34, S. 69-84
Clarke, E. H. (1971), Multipart Pricing of Public Goods, Public Choice 11, S. 17-33
Clarke, E. H. (1980), Demand-revelation and the provision of public goods, Cambridge
Cnossen, S. (ed.) (1983), Comparative Tax Studies, Amsterdam
Cnossen, S. (1998), Global Trends and Issus in Value Added Taxation, International Tax and Public Finance 5, S. 339-428
Cnossen, S. (1990), The Case for Tax Diversity in the European Community, European Economic Review 34, S. 471-479
Cnossen, S./Bird, R. M. (eds.) (1990), The Personal Income Tax, Amsterdam
Coase, R. H. (1960), The Problem of Social Costs, Journal of Law and Economics 3, S. 1-44 (deutsch in: Assmann u. a., S. 146-202)
Colander, D. C. (ed.) (1984), Neoclassical Political Economy, Cambridge
Collard, D. (1978), Altruism and Economy, Oxford
Collard, D. u. a. (eds.) (1980), Income Distribution: the Limits to Redistribution, Bristol
Connolly, S./Munro, A. (1999), Economics of the Public Sector, London
Cook, S. T./Jackson, F. M. (eds.) (1979), Current Issues in Fiscal Policy, Oxford
Cordes, U. (1996), Das öffentliche Rechungswesen, Wiesbaden
Cornes, R./Sandler, T. (1986), The Theory of Externalities, Public Goods, and Club Goods, Cambridge
Cowell, F. A. (1987), The Economic Analysis of Tax Evasion, Bulletin of Economic Research 37, S. 163-193
Cowen, T. (1985), Public Goods Definitions and their Institutional Context: A Critique of Public Goods Theory, Review of Social Economy 43, S. 53-63
Cropper, M. L./Oates, W. E. (1992), Environmental Economics: A Survey, Journal of Economic Literature 30, S. 675-740
Cullis, J./Jones, P. (1998), Public Finance and Public Choice, 2nd ed., Oxford

Damkowski, W./Precht, C. (Hrsg.) (1998), Moderne Verwaltung in Deutschland, Stuttgart
Davis, O. A. u. a. (1966), A Theory of the Budgetary Process, American Political Science Review, September 1966, S. 529-547
Davis, O. A. u. a. (1974), Towards a Predictive Theory of Government Expenditure: US Domestic Appropriations, British Journal of Political Science 4, S. 419-452
Davis, O. A./Whinston, A. B. (1967), Piecemeal policy in the theory of second best, Review of Economic Studies 34, S. 323-331
Debatin, H. (1983), Probleme der internationalen Doppelbesteuerung, HdF, Bd. IV, 3. Aufl., Tübingen
Demsetz, H. (1969), Information and Efficiency: Another Viewpoint, Journal of Law and Economics 12, S. 1-22
Deutsches Institut für Wirtschaftsforschung (DIW) (1982), Methodische Aspekte und empirische Ergebnisse einer makro-ökonomisch orientierten Verteilungsrechnung, Schriften zum Bericht der Transfer-Enquête-Kommission, Bd. I, Teilbd. 1, Stuttgart
Deutsches Institut für Wirtschaftsforschung (DIW) (1984), Gesamtwirtschaftliche und strukturelle Auswirkungen von Veränderungen der Struktur des öffentlichen Sektors, Berlin

Dickertmann, D. (1988), Maßnahmen für den Umweltschutz im Rahmen des bestehenden Steuersystems: Eine Bestandsaufnahme, in: Schmidt, S. 91-227

Dickertmann, D. (1998), Die Erhebung und Zerlegung einer gemeinsamen Straßennutzungsgebühr für schwere Nutzfahrzeuge, in: N. Konegan u. a. (Hrsg.), Politik und Verwaltung nach der Jahrtausendwende – Plädoyer für eine rationale Politik, Opladen, S. 431-477

Dickertmann, D./Diller, K. D. (1981), Steuerausfälle und Steuerkredite, Finanzarchiv 39, S. 52-73

Dickertmann, D./Diller, K. D. (1986), Der Subventionsbericht des Bundes, WiSt, H. 12, S. 601-608

Dickertmann, D./Gelbhaar, S. (2000), Finanzwissenschaft, Herne

Dickertmann, D./Pfeiffer, U. (1987), Die Einheitsbewertung, Steuer und Studium, S. 135-142

Dickertmann, D./Voss, A. (1979), Der Kohlepfennig - eine getarnte Steuer, Wirtschaftsdienst 59, S. 41-46

Dietz, O. (1984), Darstellung der Sozialversicherung in der Finanzstatistik, Wirtschaft und Statistik, H. 2, S. 185-193

Dietz, O. (1987), Parafiskalische Sonderabgaben, Wirtschaft und Statistik, H. 3, S. 260-264

Dinkel, R. H. (1987), Familienlastenausgleich: Reformen und kein Ende, Wirtschaftsdienst 67, S. 91-96

Dixit, A. K. (1996), The Making of Economic Policy, Cambridge

Doel, H. v. d./Velthoven, B. v. (1993), Democracy and welfare economics, 2nd ed., Cambridge

Domar, E. D. (1944), The „Burden of the Debt" and the National Income, American Economic Review 34, S. 798-827 (deutsch in: Nowotny 1979)

Donges, J. B./Schatz, K.-W. (1986), Staatliche Interventionen in der Bundesrepublik Deutschland, Institut für Weltwirtschaft Kiel, Kieler Diskussionsbeiträge 119/120

Dorfman, R. (ed.) (1965), Measuring Benefits of Government Investments, Washington

Dornbusch, R./Fischer, S. (1985), Makroökonomik, 3. Aufl., München

Downs, A. (1957), An Economic Theory of Democracy, New York (deutsch: Ökonomische Theorie der Demokratie, Tübingen 1968)

Downs, A. (1960), Why the government budget is too small in a democracy, World Politics 12, S. 541-563

Dreißig, W. (1981), Die Technik der Staatsverschuldung, HdF, Bd. III, 3. Aufl., Tübingen, S. 51-115

Dziadkowski, D./Walden, M. (1996), Umsatzsteuer, 4. Aufl., München

Ebnet, O. (1978), Die Besteuerung des Wertzuwachses, Baden-Baden

Ehrlicher, W. (1977) Öffentliche Sachausgaben, HdF, Bd. I, 3. Aufl., Tübingen, S. 753-795

Ehrlicher, W. (1980), Finanzausgleich III: Der Finanzausgleich in der Bundesrepublik Deutschland, HdWW, Bd. 2, Stuttgart, S. 662-689

Eichhorn, P. (1997), Innovative Konzepte für Prüfung und Organisation von Rechnungshöfen, in: Müller, S. 55-64

Eisen, R. (1999), Alternativen der Pflegeversicherung: Ergebnisse eines europäischen Vergleichs, in: Hauser, S. 93-119

Ellwein, T./Hesse, J. J. (Hrsg.) (1990), Staatswissenschaften: Vergessene Disziplin oder neue Herausforderung, Baden-Baden

Endres, A. (1976), Die pareto-optimale Internalisierung externer Effekte, Frankfurt

Endres, A. (1985), Umwelt- und Ressourcenökonomie, Darmstadt

Engels, W./Mitschke, J./Starkloff, B. (1975), Staatsbürgersteuer, 2. Aufl., Wiesbaden

Engels, W. u. a. (1986), Bürgersteuer - Entwurf einer Neuordnung von direkten Steuern und Sozialleistungen, Frankfurter Institut
Enke, H. (1974), Ziele der Stabilitätspolitik: Neuinterpretation, Messungsprobleme, empirische Interdependenzen, in: Gahlen/Schneider, S. 3-27
Essig, H. (1984a), Erfassungs- und Auswertungsprogramm der Finanzstatistik, Wirtschaft und Statistik, S. 835-844
Essig, H. (1984b), Zur Abgrenzung und Aussagefähigkeit finanzstatistischer Kennzahlen, Wirtschaft und Statistik, S. 798-809
Essig, H. (1990), Finanzierungssalden für den öffentlichen Bereich in den Volkswirtschaftlichen Gesamtrechnungen und in der Finanzstatistik, Wirtschaft und Statistik, H. 6, S. 383-388
Euler, M. (1984), Erfassung und Darstellung der Einkommen privater Haushalte in der amtlichen Statistik, Wirtschaft und Statistik, S. 56-62
Eurostat (1996), Europäisches System Volkswirtschaftlichen Gesamtrechnungen – ESVG 1995, Luxembourg
Ewers, H.-J. (1999), Wie lassen sich Klimaschutzziele erreichen?, in: Henke, S. 165-172
Ewers, H.-J./Schuster, H. (Hrsg.) (1984), Probleme der Ordnungs- und Strukturpolitik, Göttingen
Ewringmann, D. (1975), Die Flexibilität öffentlicher Ausgaben, Göttingen

Fachinger, U./Rothgang, H. (Hrsg.) (1995), Die Wirkungen des Pflege-Versicherungsgesetzes, Berlin
Faik, J. (1995), Äquivalenzskalen. Theoretische Erörterung, empirische Herleitung und verteilungsbezogene Anwendung für die Bundesrepublik Deutschland, Berlin
Fecher, H. (1963), Probleme der Zweckbindung öffentlicher Einnahmen, Berlin
Fecher, H. (1974), Inzidenzprobleme finanzpolitischer Mittel zur Vermögensumverteilung, in: Albers, S. 95-145
Fecher, H. (1980b), Preisliche Wirkungen der Gewerbesteuer, Finanzarchiv 38, S. 49-67
Fecht, R. (1980), Einkommensbesteuerung, II: Körperschaftsteuer, HdWW, Bd. 2, Stuttgart, S. 218-240
Fehr, B. (1984), Erklärungsansätze zur Entwicklung der Staatsausgaben, Freiburg
Fehr, H. u. a. (1995), Welfare effects of value-added tax harmonization in Europe: a computable general equilibrium analysis, Berlin
Fehr, H./Rosenberg, C./Wiegard, W. (1993), Grenzüberschreitende Umsatzbesteuerung in Europa, WISU, H. 6, S. 534-540
Fehr, H./Wiegard, W. (1996), Numerische Gleichgewichtsmodelle. Grundstruktur, Anwendung und Erkenntnisgehalt, in: Ökonomie und Gesellschaft, Jahrbuch 13: Experimente in der Ökonomie, Frankfurt/M., S. 296-339
Fehr, H./ Wiegard W. (1999), Lohnt sich eine konsumorientierte Neugestaltung des Steuersystems?, in: Smekal u. a., S. 65-84
Felderer, B. (1977/78), Reale Staatsquote und Preiseffekt, Finanzarchiv 36, S. 449-457
Felderer, B. (1979), Inflation, Wagnersches Gesetz und Stagnation, Finanzarchiv 37, S. 223-269
Feldstein, M. S. (1976a), Compensation in Tax Reform, National Tax Journal 29, S. 123-130
Feldstein, M. S. (1976b), On the Theory of Tax Reform, Journal of Public Economics 6, S. 77-104
Fischer, H. (1988), Finanzzuweisungen, Berlin
Fisher, A. C./Peterson, F. M. (1976), The environment in economics: a Survey, Journal of Economic Literature 14, S. 1-33
Fisher, I. (1906), The Nature of Capital and Income, New York

Fisher, I. (1937), Income in Theory and Income Taxation in Practice, Econometrica 5, S. 1-55
Föhl, C. (1953/54), Kritik der progressiven Einkommensbesteuerung, Finanzarchiv 14, S. 88-109
Föhl, C. (1956/57), Das Steuerparadoxon, Finanzarchiv 17, S. 1-37
Föhl, C. (1958/59), Über die Möglichkeiten einer Beeinflussung der Vermögensbildung und ihrer Verteilung, Finanzarchiv 19, S. 88-109
Föhl, C. (1964), Kreislaufanalytische Untersuchung der Vermögensbildung in der Bundesrepublik und der Beeinflußbarkeit ihrer Verteilung, Tübingen
Folkers, C. (1974), Meritorische Güter als Problem der normativen Theorie öffentlicher Ausgaben, Jahrbuch für Sozialwissenschaft 25, S. 1-29
Folkers, C. (1981), Vermögensverteilung und staatliche Aktivität, Frankfurt/M.
Folkers, C. (1982), Die Inzidenz allgemeiner Vermögen- und Kapitaleinkommensteuern, Finanzarchiv 40, S. 306-329
Folkers, C. (1983a), Begrenzungen von Steuern und Staatsausgaben in den USA, Baden-Baden
Folkers, C. (1983b), Zu einer positiven Theorie der Steuerreform, in: Hansmeyer, S. 189-211
Folkers, C. (1984), Konzepte zur Begrenzung von Steuern und Staatsausgaben, in: Arnim/Littmann, S. 163-179
Folkers, C. (1987), Wandlungen der Verbrauchsbesteuerung, in: Häuser, S. 89-212
Folkers, C. (1998), Finanz- und Haushaltspolitik, in: P. Klemmer, Handbuch Europäischer Wirtschaftspolitik, München, S. 559-663
Folkers, C./Pech, G. (1999), Wirkungen der Besteuerung auf Investitionsentscheidungen im finanzwissenschaftlichen Standardmodell, WISU, S. 600-608, 740-746
Franke, S. F. (1979), Löhne und Gehälter in langfristiger Sicht und ihre Besteuerung nach der Leistungsfähigkeit, Baden-Baden
Franke, S. F. (1981), Entwicklung und Begründung der Einkommensbesteuerung, Darmstadt
Franke, S. F. (1983a), Ein Beitrag zur Steuerreformpolitik in der Demokratie, in: Hansmeyer, S. 171-188
Franke, S. F. (1983b), Theorie und Praxis der indirekten Progression, Baden-Baden
Franke, S. F. (1993), Steuerpolitik in der Demokratie, Berlin
Franke, S. F. (1996), (Ir)rationale Politik?, Marburg
Freund, E. (1977), Haushaltsstatistik, HdF, Bd. 1, 3. Aufl., Tübingen, S. 587-609
Frey B. S. (1981), Theorie demokratischer Wirtschaftspolitik, München
Frey, B. S. (1982), Wohlfahrtsökonomie, III: Wahlverfahren, HdWW, Bd. 9, Stuttgart, S. 494-502
Frey, B. S. (1992), Umweltökonomie, 3. Aufl., Göttingen
Frey, R. L. (1977), Zwischen Föderalismus und Zentralismus, Bern/Frankfurt
Freyer, W. (1980), Konjunkturpolitik als Wahlpolitik?, Konjunkturpolitik 26, S. 245-276
Friedman, M. (1978), Tax Limitation and the Growth of Government, Dallas
Friedrich, P. (1979), Zur mikroökonomischen Steuerüberwälzung bei öffentlichen Unternehmen, Zeitschrift für öffentliche und gemeinwirtschaftliche Unternehmen 2, S. 365-400
Fritsch, D./Wein, T./Ewers, H.-D. (1999), Marktversagen und Wirtschaftspolitik, 3. Aufl., München
Frohwitter, I. (1999), Die gesetzliche Pflegeversicherung unter dem Einfluss der Altersstrukturversicherung, in: Wille, 199-229
Fuest, C. (1995), Eine Fiskalverfassung für die Europäische Union, Köln
Fürst, D. (1982), Budgetpolitik: Politikwissenschaft und Verwaltung, Sonderheft 13, S. 414-430
Fullerton, D./Lyon, A. B. (1988), Neutrality and Intangible Capital, in: Summers, S. 63-88

Funk, L./Oppendrenk, S. (1998), Zur Frage der Integration einer Familienkomponente in die Rentenversicherung, in: Knappe/Berthold, S. 124-143
Fuß, N. (1977), Steuerstatistik, HdF, Bd. I, 3. Aufl., Tübingen, S. 613-648

Gaddum, J. W. (1986), Steuerreform: einfach und gerecht! Für ein besseres Einkommensteuerrecht, Stuttgart
Gärtner, M. (1989), Makroökonomik bei endogenem Regierungsverhalten, WiSt, H. 18, S. 602-608
Gahlen, B. u. a. (Hrsg.) (1990), Theorie und Politik der Sozialversicherung, Tübingen
Gahlen, B./Schneider, H. K. (Hrsg.) (1974), Grundfragen der Stabilitätspolitik, Tübingen
Galbraith, J. K. (1958), The Affluent Society, Boston (deutsch: Gesellschaft im Überfluß, München)
Gandenberger, O. (1972), Intertemporale Verteilungswirkungen der Staatsverschuldung, in: Haller/Albers, S. 189-214
Gandenberger, O. (1973), Zur Messung der konjunkturellen Wirkungen öffentlicher Haushalte, Tübingen
Gandenberger, O. (1980), Öffentliche Verschuldung, II: Theoretische Grundlagen, HdWW, Bd. 5, Stuttgart, S. 480-504
Gandenberger, O. (1980a), Öffentliche Auftragsvergabe, HdWW, Bd. 5, Stuttgart, S. 405-412
Gandenberger, O. (1981), Theorie der öffentlichen Verschuldung, HdF, Bd. III, 3. Aufl., Tübingen, S. 3-49
Gandenberger, O. (1990), Verfassungsgrenzen der Staatsverschuldung: eine Auseinandersetzung mit dem Urteil des Bundesverfassungsgerichts vom 18. April 1989, Finanzarchiv 48, S. 28-51
Gandhi, V. P. (1978), Trends in Public Consumption and Investment: A Review of Issues and Evidence, in: Recktenwald, S. 85 ff.
Gans, O./Marggraf, R. (1997), Kosten-Nutzen-Analyse und ökonomische Politikbewertung 1 und 2, Berlin
Gantner, M. (1984), Messprobleme öffentlicher Aktivitäten, Baden-Baden
Gaus, O. (1997, 1998), Kosten-Nutzen-Analyse und ökonomische Bewertung 1 und 2, Berlin
Gawel, E. (1995), Die kommunalen Gebühren, Berlin
Genser, B. (1980), Lorenzgerechte Besteuerung, Wien
Genser, B. (1999), Ist der Verlust der Steuerautonomie der Preis für die europäische Integration, in: Andel, S. 9-33
Genser, B./Haufler, A. (1990), Steuerpolitik in offenen Volkswirtschaften, WISU, H. 5, S. 313-319
Gern, K.-J. (1999), Auswirkungen verschiedener Varianten einer negativen Einkommensteuer in Deutschland, Tübingen
Giersch, H. (1961), Allgemeine Wirtschaftspolitik, Bd. I, Wiesbaden
Giloy, J. (1978), Vieldeutige Einkommensbegriffe, Herne
Glatzer, K. (1977), Einkommenspolitische Zielsetzungen und Einkommensverteilung, in: Zapf (Hrsg.), Lebensbedingungen in der Bundesrepublik. Sozialer Wandel und Wohlfahrtsentwicklung, Frankfurt/M., S. 323-385
Görzig, B. (1975), Die Verteilungswirkungen der Inflation auf den privaten und öffentlichen Sektor, Göttingen
Göseke, G. (1978), Verteilungswirkungen indirekter Steuern, insbesondere der Mehrwertsteuer, in: Pfaff, S. 80-96
Goldin, K. B. (1977), Equal Access vs. Selective Access: A Critique of Public Goods Theory, Public Choice 29, S. 53-71
Goode, R. (1976), The Individual Income Tax, 2nd ed., Washington

Goode, R. (1980), Long-Term Averaging of Income for Tax Purposes, in: Aaron/Boskin, S. 159-178

Gornas, J. (1998), Ausgewählte Problemfelder bei der Umsetzung in der kommunalen Praxis, in: Damkowski/Precht, S. 205-211

Gottfried, P./Wiegard, W. (1991), Exemptions versus Zero Rating. A Hidden Problem of VAT, Journal of Public Economics 46, S. 307 ff.

Goulder, L. H. (1994), Energy taxes: traditional efficiency effects and environmental implications, Tax and the Economy 8, S. 105-158

Graaff, J. (1957), Theoretical Welfare Economics, Cambridge

Graf, G. (1999), Grundlagen der Finanzwissenschaft, Heidelberg

Gramlich, E. M. (1990), U.S. Federal Budget Deficits and Gramm-Rudman-Hollings, American Economic Review 80, S. 75-80

Greene, D. L./Jones, D. W./Delucchi, M. A. (eds.) (1997), The Full Costs and Benefits of Transformation, Berlin

Grözinger, G./Panther, S. (Hrsg.) (1998), Konstitutionelle Politische Ökonomie, Marburg

Große Holtforth, D. (2000), Medien, Aufmerksamkeit und politischer Wettbewerb, Berlin

Grossekettler, H. (1981), Der Brennan-Buchanan-Plan zur Eindämmung der Staatstätigkeit, Finanzarchiv 39, S. 495-508

Grossekettler, H. (1983), Kürzungsordnung, Kürzungsgesetz und Kürzungsplan, Finanzarchiv 41, S. 14-51

Grossekettler, H. (1994), Die deutsche Finanzverfassung nach der Finanzausgleichsreform: eine ökonomische Analyse des ab 1995 geltenden Rechts, Hamburger Jahrbücher zur Wirtschafts- und Gesellschaftspolitik 39, S. 83-116

Grossekettler, H. (1997), Finanzausgleich über den EU-Haushalt – Rechtfertigung und Größenordnungen, in: Caesar, S. 111-141

Grossekettler, H. (1999), Öffentliche Finanzen, in: Bender u. a., Bd. 1, S. 519-672

Grotherr, S. (2000), Das neue Körperschaftssteuersystem mit Anteilseignerentlastung bei der Besteuerung von Einkünften aus Beteiligungen, Betriebs-Berater 55, S. 849-861

Groves, T. (1977), Optimal Allocation of Public Goods: A Solution of the Problem, Econometrica 45, S. 783-810

Grüske, K.-D. (1978), Die personale Budgetinzidenz, Göttingen

Grüske, K.-D. (1985), Personale Verteilung und Effizienz der Umverteilung, Göttingen

Gschwendtner, H. (1981), Staatsverschuldung und finanzwirtschaftlicher Ausgabenspielraum, Finanzarchiv 39, S. 306-318

Gutachten der Steuerreformkommission (1971), Schriftenreihe des Bundesministeriums der Finanzen, Bonn

Hackmann, J. (1972), Zur wohlfahrtstheoretischen Behandlung von Verteilungsproblemen, Berlin

Hackmann, J. (1975/76), Interperiodische Durchschnittsbesteuerung des Einkommens, Finanzarchiv 34, S. 1-38

Hackmann, J. (1979), Die Besteuerung des Lebenseinkommens, Tübingen

Hackmann, J. (1982), Ein Gesetzesvorschlag für einen generellen interperiodischen Progressionsausgleich, Steuer und Wirtschaft 59, S. 173-191

Hackmann, J. (1983a), Die Bestimmung des steuerrechtlichen Einkommensbegriffs aus finanzwissenschaftlicher Sicht, in: Hansmeyer, S. 661-702

Hackmann, J. (1983b), Zu einer verteilungspolitisch ausgerichteten Theorie der indirekten Besteuerung, in: Pohmer, S. 261-328

Hackmann, J. (1984), Konsequenzen einer einkommensteuerlichen Freistellung von Vermögenswertänderungen, Finanzarchiv 42, S. 421-450

Hackmann, J. (1986), Analyseprobleme einer Erörterung der Einkommensqualität unrealisierter Wertsteigerungen, Finanzarchiv 44, S. 241-257
Hackmann, J. (1991/92), Die Durchsetzung der Zinsbesteuerung, Finanzarchiv 49, S. 3-83
Hackmann, J. (1994), Die einkommensteuerliche Behandlung des Existenzminimums, Betriebsberater, Beilage 19 zu H. 24
Hackmann, J. (1999), Zinsbereinigte Einkommensteuer und Sollzinsbesteuerung im Vergleich, in: Andel, S. 35-126
Härtel, H.-H. (1977), Steuerschätzung, HdWW, Bd. 7, Stuttgart, S. 399-412
Härtel, H.-H. (1997), Beitrag „Versorgungsvermögen", in: Brümmerhoff/Lützel, S. 408-411
Häuser, K. (1985) (Hrsg.), Produktivitätsentwicklung staatlicher Leistungen, Berlin
Häuser, K. (Hrsg.) (1987), Wandlungen der Besteuerung, Berlin
Hagedorn, R. (1991), Steuerhinterziehung und Finanzpolitik, Frankfurt/M.
Hagen, J. v. u. a. (Hrsg.) (1996), Springers Handbuch der Volkswirtschaftslehre 2, Berlin
Hall, R. E./Rabushka, A. (1983), Low-Tax, Simple Tax, Flat Tax, New York
Haller, H. (1981), Die Steuern, 3. Aufl., Tübingen
Haller, H. (1981a), Finanzwirtschaftliche Stabilisierungspolitik, HdF, Bd. III, 3. Aufl., Tübingen, S. 359-513
Haller, H. u. a. (Hrsg.) (1970), Theorie und Praxis des finanzpolitischen Interventionismus, Tübingen
Hansen, B. (1958), The Economic Theory of Fiscal Policy, London
Hansjürgens, B. (1995), Wie passen „Ökosteuern" in das Steuersystem?, Konjunkturpolitik 41, S. 199-227
Hansjürgens, B. (1997), Äquivalenzprinzip und Finanzpolitik: Ein Besteuerungsprinzip (erneut) auf dem Prüfstand, Zeitschrift für Wirtschaftspolitik 47, S. 275-301
Hansmeyer, K.-H. (1967), Das Popitzsche Gesetz von der Anziehungskraft des zentralen Etats, in: Timm/Haller, S. 197-236
Hansmeyer, K.-H. (1977), Transferzahlungen an Unternehmen (Subventionen), HdF, Bd. I, 3. Aufl., Tübingen, S. 960-996
Hansmeyer, K.-H. (1981a), Gewerbesteuer, HdWW, Bd. 3, Stuttgart, S. 617-633
Hansmeyer, K.-H. (1981b), Grundsteuer, HdWW, Bd. 3, Stuttgart, S. 726-743
Hansmeyer, K.-H. (Hrsg.) (1983), Staatsfinanzierung im Wandel, Berlin
Hansmeyer, K.-H. (1984a), Ansätze, Chancen und Hemmnisse einer Drosselung öffentlicher Subventionen und Unterstützungszahlungen, in: Arnim/Littmann, S. 187-221
Hansmeyer, K.-H. (1984b), Der öffentliche Kredit 1, 3. Aufl., Frankfurt/M.
Hansmeyer, K.-H. (1984c), Die Steuerreformdiskussion, WISU, S. 477-481
Hansmeyer, K.-H. (1988), Fallstudie: Finanzpolitik im Dienste des Gewässerschutzes, in: Schmidt, S. 47-66
Hansmeyer, K.-H. (1996), Die Belastung der Umwelt und die Last der wirtschaftlichen Zielsetzung und Wirkung von Öko-Steuern, in: Funk Kolleg, Steuern, das Feld der Wirtschaft, Studienbrief 4, Tübingen
Hansmeyer, K.-H. (1997), Der Streit um die Gewerbesteuer, eine unendliche Geschichte, in: Deutscher Städtetag (Hrsg.), Gelebte Demokratie, Stuttgart, S. 159-178
Hansmeyer, K.-H. (1999), Auf dem Weg zu einem Öko-Steuersystem? in: Henke, S. 125-129
Hansmeyer, K.-H./Schneider, H. K. (1990), Umweltpolitik, Göttingen
Hansmeyer, K.-H. u. a. (1980), Steuern auf spezielle Güter, HdF, Bd. II, 3. Aufl., Tübingen, S. 709-885
Hansmeyer, K.-H./Zimmermann, K. (1984), Das Popitzsche Gesetz und die Entwicklung der Ausgabenverteilung zwischen Bund und Ländern in den 60er und 70er Jahren, in: Koch/Petersen, S. 297-314
Hanusch, W. (1976), Verteilung öffentlicher Leistungen, Göttingen

Hanusch, H. (ed.) (1983), Anatomy of Government Deficiencies, Berlin
Hanusch, H. (1994), Nutzen-Kosten-Analyse, 2. Aufl., München
Hanusch, H./Henke, D. u. a. (1982), Verteilung öffentlicher Realtransfers auf Empfängergruppen in der Bundesrepublik Deutschland, Bd. 3, Teilband 1 der Schriften zum Bericht der Transfer-Enquête-Kommission, Stuttgart
Harberger, A. C. (1962), The Incidence of the Corporation Income Tax, Journal of Political Economy 70 (wiederabgedr. in: Harberger 1974, S. 135-162)
Harberger, A. C. (1974), Taxation and Welfare, Boston
Hartle, D. G. (1983), The Theory of „Rent-Seeking": Some Reflections, Canadian Journal of Economics 16, S. 539-554
Haufler, A. (1998), Perspectives of Corporate Taxation and Taxation of Investment Income, in: Austrian Institute of Economic Research (ed.), Tax Competition and Co-Ordination in the European Union, Vienna, S. 139-162
Hauser, R. (1986), Empirische Umverteilungsanalysen als Beitrag zu einer Theorie des Systems der sozialen Sicherung, in: Hanau u. a., S. 417-443
Hauser, R. (Hrsg.) (1999), Alternative Konzeptionen der sozialen Sicherung, Berlin
Hauser, R. (Hrsg.) (2000), Die Zukunft des Sozialstaats, Berlin
Hauser, R. u. a. (1981), Armut, Niedrigeinkommen und Unterversorgung in der Bundesrepublik Deutschland, Frankfurt/M.
Hausman, J. A. (1985), Taxes and Labor Supply, in: Auerbach/Feldstein, S. 213-263
Haverkamp, F. (1988), Die Finanzbeziehungen zwischen Ländern und Gemeinden, in: Arnold/Geske, S. 55-120
Head, J. G. (1974), Public Goods and Public Welfare, Durham
Head, J. G. (1982), The Comprehensive Tax Base Revisited, Finanzarchiv 40, S. 193-210
Head, J. G. (1988), On Merit Wants, Finanzarchiv 46, S. 1-37
Heald, D. (1983), Public Expenditure, Oxford
Hedtkamp, G. (1977), Internationale Finanz- und Steuerbelastungsvergleiche, Handbuch der Finanzwissenschaft, Bd. 1, 3. Aufl., Tübingen
Heilmann, M. (1975), Die Umsatzsteuerreform in der Bundesrepublik Deutschland, die Entstehung des Umsatzsteuergesetzes von 1967 (Nettoumsatzsteuer), Frankfurt/M.
Heilmann, M. (1976), Die Umverteilung der Einkommen durch den Staat in der Bundesrepublik Deutschland 1960-1972, Göttingen
Heinemann, F. (1998), EU-Finanzreform 1999 – Eine Synopse der politischen und wissenschaftlichen Diskussion und eine neue Reformkonzeption, Gütersloh
Heinemann, F. (1999), Die Reformperspektive der EU-Finanzverfassung nach den Beschlüssen zur Agenda 2000, ZEW, Discussion Paper No. 99-49
Helm, D./Smith, S. (1987), The Assessment: Decentralisation and the Economics of Local Government, Oxford Review of Economic Policy 3, S. I-XXI
Henke, K.-D. (1975), Die Verteilung von Gütern und Diensten auf die verschiedenen Bevölkerungsschichten, Göttingen
Henke, K.-D. (Hrsg.) (1999), Zur Zukunft der Staatsfinanzierung, Baden-Baden
Herder-Dorneich, P. (1982), Der Sozialstaat in der Rationalitätenfalle, Stuttgart
Herder-Dorneich, P./Groser, M. (1977), Ökonomische Theorie des politischen Wettbewerbs, Göttingen
Hesse, H. (1980), Nutzen-Kosten-Analyse, 1: Theorie, HdWW, Bd. 5, Stuttgart, S. 361-382
Hesse, H. (1998), Theoretische Grundlagen der "Fiscal Policy", 2. Aufl., München
Hessler, H.-D. (1994), Theorie und Politik der Personalsteuern, Frankfurt/M.
Hettich, W. (1983), Reforms of the Tax Base and Horizontal Equity, National Tax Journal 36, S. 417-427
Hicks, J. R. (1940), The Valuation of Social Income, Economica 7, S. 105-124

Hicks, J. R. (1950), Value and Capital, 2nd ed., Oxford
Hirte, G./Wiegard, W. (1988), An Introduction to Applied General Equilibrium Tax Modelling, in: Bös/Rose/Seidl, S. 167-203
Hober, R. H. (1981), Versorgungsvermögen in der Vermögensverteilung, Tübingen
Hochmann, H. M./Rodgers, J. D. (1969), Pareto Optimal Redistribution, American Economic Review 59, S. 542-557
Hofmann, J. (1981), Erweiterte Nutzen-Kosten-Analyse, Göttingen
Hohaus, B. (1996), Steuerwettbewerb in Europa, Frankfurt/M.
Holtermann, S. E. (1972), Externalities and Public Goods, Economica 39, S. 78-87
Holzmann, R. (1984), Lebenseinkommen und Verteilungsanalyse, Berlin
Homburg, S. (1993), Eine Theorie des Länderfinanzausgleichs: Finanzausgleich und Produktionseffizienz, Finanzarchiv 50, S. 458-486
Homburg, S. (1994), Anreizwirkungen des deutschen Finanzausgleichs, Finanzarchiv 51, S. 312-330
Homburg, S. (1996), Eine kommunale Unternehmersteuer für Deutschland, Wirtschaftsdienst 76, S. 491-496
Homburg, S. (1997a), Allgemeine Steuerlehre, München
Homburg, S. (1997b), Ursachen und Wirkungen eines zwischenstaatlichen Finanzausgleichs, in: Oberhauser, S. 61-95
Hüther, M. (1990), Integrierte Steuer- und Transfersysteme für die Bundesrepublik Deutschland, Berlin
Hunstock, D. (1993), Gemeindefinanzierungsprobleme in den neuen Bundesländern, in: Arbeitsgemeinschaft deutscher wirtschaftswissenschaftlicher Forschungsinstitute, S. 147-166

Iha, R. (1998), Modern Public Economics, New York
Inman, R. P. (1987), Markets, Governments, and the „New" Political Economy, in: Auerbach/Feldstein, S. 647-777
Irish Commission on Taxation (1982), First Report, Direct Taxation, Dublin

Jackson, F. M. (1982), The Political Economy of Bureaucracy, Oxford
Jäger, K. (1975), Steuern, Entschädigungen und das Coase Theorem, Jahrbuch für Sozialwissenschaft 26, S. 211-227
Jäger, K. (1981), Ökonomisches Gleichgewicht, HdWW, Bd. 3, Stuttgart, S. 671-699
James, S./Nobes, C. (1978), Economics of Taxation, Oxford
Jerger, J./Spermann, A. (1997), Wege aus der Arbeitslosenfalle – ein Vergleich alternativer Lösungskonzepte, Zeitschrift für Wirtschaftspolitik 46, S. 51-73
Jessop, B. (1977), Recent Theories of the Capitalist State, Cambridge Journal of Economics 1, S. 553-573
Jessop, B. (1982), The Capitalist State, Oxford
Johansen, L. (1963), Some Notes on the Lindahl Theory of Determination of Public Expenditures, International Economic Review 4, S. 346-358
Johansen, L. (1965), Public Economics, Amsterdam
Jorgenson, D. W. (1963), Capital Theory and Investment Behavior, American Economic Review 53, S. 247 ff.
Junkernheinrich, M. (1993), Gemeindefinanzen West, in: Arbeitsgemeinschaft deutscher wirtschaftswissenschaftlicher Forschungsinstitute, S. 167-182
Junkernheinrich, M. (1996), Privatizing the Municipal Funding of Local Infrastructure – A few Lessons from the Debate in Germany, in: Institut für Wirtschaftsforschung Halle, Diskussionspapier 52
Just, R. E. u. a. (1982), Applied Welfare Economics and Public Policy, Englewood Cliffs

Kaehler, J. (1982), Agglomeration und Staatsausgaben - Brechtsches und Wagnersches Gesetz im Vergleich, Finanzarchiv 40, S. 445-474
Kaldor, N. (1955), An Expenditure Tax, London
Kaldor, N. (1955/56), Alternative Theories of Distribution, Review of Economic Studies 23, S. 83 ff.
Kalteborn, B. (2000a), Arbeitsmarkteffekte von Niedriglohnsubventionen, Sozialer Fortschritt 49, S. 85-90
Kalteborn, B. (2000b), Reformkonzepte der Sozialhilfe: Finanzbedarf und Arbeitsmarkteffekte, Baden-Baden
Karrenberg, H./Münstermann, E. (2000), Der Gemeindefinanzbericht 2000 im Detail, in: der Städtetag, S. 17-81
Karrenberg, H. u. a. (1980), Die Umverteilungswirkungen der Staatstätigkeit bei den wichtigsten Haushaltstypen, Berlin
Katz, A./Mankiw, N. G. (1985), How Should Fringe Benefits Be Taxed, National Tax Journal 38, S. 37-46
Kaufer, E. (1981), Theorie der öffentlichen Regulierung, München
Kaufer, E. (1986), Theoretische Grundlagen der Regulierung, Beihefte der Konjunkturpolitik 32, S. 11-24
Kaufer, E./Blankart, C. B. (1983), Regulation in Western Germany: The State of the Debate, Zeitschrift für die gesamte Staatswissenschaft 139, S. 435-445
Kay, J. A. (1980), The Anatomy of Tax Avoidance, in: Collard u. a., S. 135-148
Kay, J. A./King, M. A. (1990), The British Tax System, 5. ed., Oxford
Kentmann, K. (1978), Das Aquivalenzprinzip in den Gemeinden, Frankfurt/M.
Keynes, J. N. (1891), The Scope and Method of Political Economy, London
Kirchgässner, G. (1996), Bewusst erzeugte und duldend hingenommene Arbeitslosigkeit: Zum Problem der Arbeitslosigkeit aus der Sicht der Neuen Politischen Ökonomie, in: B. Gahlen u. a. (Hrsg.), Arbeitslosigkeit und Möglichkeiten ihrer Überwindung, Tübingen, S. 395-424
Kirchgässner, G. (1998), Zur politischen Ökonomie der wirtschaftspolitischen Beratung, in: Ackermann u. a. (Hrsg.), Offen für Reformen?, Baden-Baden, S. 161-183.
Kirsch, G. (Hrsg.) (1977), Föderalismus, Stuttgart
Kirsch, G. (1997), Neue Politische Ökonomie, 4. Aufl., Düsseldorf
Kitterer, W. (1981), Einkommenskonzepte in empirischen Untersuchungen zur Steuerinzidenz, Finanzarchiv 39, S. 323-343
Kitterer, W. (1986), Effizienz- und Verteilungswirkungen des Steuersystems, Frankfurt/M.
Kitterer, W. (1988), Staatsverschuldung und intertemporale Allokation, Jahrbücher für Nationalökonomie und Statistik 204, S. 346-363
Kitterer, W. (Hrsg.) (1990), Sozialhilfe und Finanzausgleich, Heidelberg
Kitterer, W./Senf, P. (1980), Öffentlicher Haushalt I: Institutionen, HdWW, Bd. 5, Stuttgart, S. 545-558
Klanberg, F. (1982), Sozialpolitik der praktischen Vernunft - Zu den Ergebnissen der Transfer-Enquête-Kommission, in: Bombach u. a., S. 132-167
Klanberg, F./Prinz, A. (1986), Anreizkompatibilität von Transfers im Bereich der sozialen Mindestsicherung, Sozialer Fortschritt, H. 10
Klemmer, P. (1999), Zur ökologischen Steuerreform, in: Henke, S. 131-147
Klodt, H. (1996), Lohnkostenzuschüsse: Ökonomische Effizienz und gesellschaftliche Akzeptanz, Kieler Arbeitspapiere 715
Knappe, E./Berthold, N. (Hrsg.) (1998), Ökonomische Theorie der Sozialpolitik, Heidelberg
Knappe, E. (1980), Einkommensumverteilung in der Demokratie, Freiburg

Knappe, E./Roppel, U. (1982), Konjunkturpolitik und Wahlen, in: Wehling, S. 138-159
Koch, W. A. S. (1984), Einkommensteuer und Leistungswirkungen, Berlin
Koch, W. A. S./Petersen, H.-G. (Hrsg.) (1984), Staat, Steuern und Finanzausgleich, Berlin
Kock, H. (1975), Stabilitätspolitik im föderalistischen System der Bundesrepublik Deutschland, Köln
König, H. (Hrsg.) (1993), Umweltverträgliches Wirtschaften als Problem von Wissenschaft und Politik, Berlin
Körner, J. (1983), Probleme der Steuerschätzung, in: Hansmeyer, S. 215-252
Körner, J. (1987), Automatische Stabilisierungswirkungen des deutschen Steuersystems, Ifo-Studien zur Finanzpolitik 42, München
Kötter, U. (2000), Marktsteuerung im Gesundheitswesen und europäische Markt- und Wettbewerbsordnung, Sozialer Fortschritt 49, S. 27-31
Kohl, E./ Bergmann, J. (1998), Europäischer Finanzausgleich, Köln
Kolms, H. (1974), Finanzwissenschaft II, 4. Aufl., Berlin
Kommission für die Finanzreform (1966), Gutachten über die Finanzreform in der Bundesrepublik Deutschland, Stuttgart
Kommission Vollverzinsung des BMF und der Bundessteuerberaterkammer (1987), Untersuchung über eine Vollverzinsung im Steuerrecht aus Sicht der Steuerzahler und der Steuerberater
Kommission „Umsatzbesteuerung in Europa nach dem Ursprungslandprinzip ab 1997" (1994), BMF-Schriftenreihe, H. 52
Kommunale Gemeinschaftsstelle für Verwaltungsvereinfachung (1980), Zweckzuweisungen, KGSt-Bericht 12/80
Kopetsch, T. (2000), Der medizinische Fortschritt und die Grenzen seiner Finanzierbarkeit, List Forum 26, S. 33-50
Kopsch, G. (1984), Staatsverbrauch nach dem Ausgaben- und dem Verbrauchskonzept, Wirtschaft und Statistik, S. 297-303
Kramer, G. (1973), On a Class of Equilibrium Conditions for Majority Rule, Econometrica 41, S. 285-297
Krause, U.-P. (1982), Reform bzw. Aufhebung der Gewerbesteuer und deren Auswirkungen auf die Wirtschaft, Betriebs-Berater, H. 33, S. 2038-2046
Krause-Junk, G. (1974), Zur Theorie des distributiven Marktversagens, in: Albers (1974b), S. 33-67
Krause-Junk, G. (1977a), Ein Abriß der Theorie von den öffentlichen Gütern, HdF, Bd. II, 3. Aufl., Tübingen, S. 687-711
Krause-Junk, G. (1977b), Steuern IV: Verteilungslehren, HdWW, Bd. 7, Stuttgart, S. 332-356
Krause-Junk, G. (1981), Finanzwirtschaftliche Verteilungspolitik, HdF, Bd. III, 3. Aufl., Tübingen, S. 257-358
Krause-Junk, G. (1982), Konsolidierung der öffentlichen Haushalte, strukturelles Defizit und konjunktureller Impuls, Finanzarchiv 40, S. 1-22
Krause-Junk, G. (1983), Zur Relevanz des sogenannten strukturellen Defizits, Finanzarchiv 41, S. 52-59
Krause-Junk, G. (1985), Volkswirtschaftliche Aspekte des deutsch-kanadischen Doppelbesteuerungsabkommens, in: L. Fischer (Hrsg.), Investitionen in Kanada, Baden-Baden
Krause-Junk, G. (1990), Die Finanzierung der deutschen Einheit und Art. 115 I, 2 GG, Wirtschaftsdienst 70, S. 607-610
Krause-Junk, G. (1993), Die Europäische Mehrwertsteuer und das Ursprungslandprinzip, Finanzarchiv 49, S. 141-153
Krause-Junk, G. (Hrsg.) (1998), Steuersysteme der Zukunft, Berlin

Krause-Junk, G./Oehsen H. H. v. (1982), Optimale Besteuerung, HdWW, Bd. 9, Stuttgart, S. 706-723
Krelle, W./Siebke, J. (1973), Vermögensverteilung und Vermögenspolitik in der Bundesrepublik Deutschland. Ein Überblick, Zeitschrift für die gesamte Staatswissenschaft 129, S. 478-503
Kremendahl, H./Meyer, T. (Hrsg.) (1974), Sozialismus und Staat 1 und 2, Kronberg
Krever, R. (ed.) (1997), Tax Conversations, A Guide to the Key Issues in the Tax Reform Debate, London
Kronenberger, S. (1988), Die Investitionen im Rahmen der Staatsausgaben, Frankfurt/M.
Krüger-Spitta, W./Bronk, H. (1973), Einführung in das Haushaltsrecht und die Haushaltspolitik, Darmstadt
Krupp, H.-J. (1974), Empirische Ansätze zur Erklärung der personellen Einkommensverteilung, in: Bombach u. a.
Krupp, H.-J. (1977), Planung und Kontrolle der finanzwirtschaftlichen Aktivität, 1., HdF, Bd. I, 3. Aufl., Tübingen, S. 349-370
Kruse, K. (1986), Normative Bestimmung des Regulierungsbereichs, Beihefte der Konjunkturpolitik 32, Berlin, S. 25-40
Krzyzaniak, M./Musgrave, R. A. (1963), The Shifting of the Corporation Income Tax, Baltimore
Külp, B. (1975), Wohlfahrtsökonomie I, Tübingen/Düsseldorf
Külp, B. (1994), Verteilung - Theorie und Politik, 3. Aufl., Stuttgart
Külp, B./Haas, H.-D. (Hrsg.) (1977), Soziale Probleme der modernen Industriegesellschaft, Berlin
Kullmer, L. (1960), Die Ehegattenbesteuerung, Frankfurt/M.
Kullmer, L. (1980), Öffentliche Erwerbseinkünfte, HdWW, Bd. 5, Göttingen, S. 412-419
Kuznets, S. (1951), Government Product and National Income, International Association for Research, in: Income and Wealth, Ser. 1, Cambridge, S. 178-244

Ladd, H. F./Tideman, T. N. (1981), Tax and Expenditure Limitations, Washington
Lang, E. (1978), Folgekosten öffentlicher Investitionen, Wirtschaftsdienst 58, S. 522-528
Lang, E./Koch, W. A. S. (1980), Staatsverschuldung, Staatsbankrott, Würzburg
Lang, J. (1983), Familienbesteuerung - Zur Tendenzwende der Verfassungsrechtsprechung durch das Urt. des Bundesverfassungsgerichts vom 3.11.82 und zur Reform der Familienbesteuerung, Steuer und Wirtschaft 60, S. 103-125
Lang, J. (1987), Die einfache und gerechte Einkommensteuer, Köln
Langner, P. (1983), Zero-Base Budgeting und Sunset Legislation, Baden-Baden
Larkey, P. D./Stolp, C./Winer, M. (1982), Theorizing About the Growth of Government: A Research Assessment, Journal of Public Policy 1, S. 157-220
Laux, W. (1984), Erhöhung staatswirtschaftlicher Effizienz durch budgetäre Selbstbeschränkung, Frankfurt/M.
Layard, R./Glaister, S. (1994), Cost-Benefit Analysis, Cambridge
Lech, H. (1993), Konvergenzkriterien einer Europäischen Währungsunion: Zur Logik der Bestimmungen von Maastricht, Institut "Finanzen und Steuern" e. V., Nr. 317, Bonn
Ledyard, J. O. (1995), Public goods: a survey of experimental research, in: Kagel, J. H./Roth, A. E. (eds.), The Handbook of Experimental Economics, Princeton
Lee, D. R. (1982), On the Pricing of Public Goods, Southern Economic Journal 49, S. 99-105
LeGrand, J. (1982), The Strategy of Equality: Redistribution and the Social Services, London
Leibenstein, H. (1966), Allocative Efficiency vs. „X-Efficiency", American Economic Review 56, S. 392-415

Leibenstein, H. (1975), Aspects of X-efficiency of the firm, Bell Journal of Economics 6, S. 580-606
Leibenstein, H. (1978), General X-Efficiency. Theory and Economic Development, New York
Leibinger, H.-B. (1985), Fiskalpolitik unter veränderten Rahmenbedingungen, Berlin
Leineweber, N. (1988), Das säkulare Wachstum der Staatsausgaben, Göttingen
Leininger, W. (1993), The Fatal Vote, Berlin versus Bonn, Finanzarchiv 50, S. 1-20
Leipert, G. (1975), Unzulänglichkeiten des Sozialprodukts in seiner Eigenschaft als Wohlstandsmaß, Tübingen
Leipert, G. (1978), Gesellschaftliche Berichterstattung - Eine Einführung in Theorie und Praxis sozialer Indikatoren, Berlin
Lenk, R. (1979), Zur Schätzung und Beurteilung der konjunkturellen Wirkungen öffentlicher Haushalte, Berlin
Lenk, R. (1982), Politische Konjunkturzyklen, in: Bombach u. a., S. 321-350
Lenk, R. (1996), Der Investitions- und Folgekostenplan für Kommunen, Stuttgart
Lenk, R./Lang, E. (1981), Herstellungskosten und Folgelasten öffentlicher Investitionen, München
Lenk, T. (1993), Reformbedarf und Reformmöglichkeiten des deutschen Finanzausgleichs, Baden-Baden
Lerner, A. (1943), Functional Finance and the Federal Budget, Social Research 10
Lindahl, E. (1919), Die Gerechtigkeit der Besteuerung, Lund
Linnerooth, J. (1979), The Value of Human Life: A Review of the Models, Economic Inquiry 17, S. 52-74
Linscheidt, B./Truger A. (1995), Beurteilung ökologischer Steuerreformvorschläge vor dem Hintergrund des bestehenden Steuersystems, Berlin
Littmann, K. (1970), Ein Valet dem Leistungsfähigkeitsprinzip, in: Haller u. a., S. 113-134
Littmann, K. (1975), Definition und Entwicklung der Staatsquote, Göttingen
Littmann, K. (1977a), Ausgaben, öffentliche II: Die „Gesetze" ihrer langfristigen Entwicklung, HdWW, Bd. 1, Stuttgart, S. 349-363
Littmann, K. (1977b), Problemstellung und Methoden der heutigen Finanzwissenschaft, HdF, Bd. I, 3. Aufl., Tübingen, S. 99-120
Littmann, K. (1979), Über die Folgelasten kommunaler Investitionen, in: Bohley/Tolkemitt, S. 445-456
Littmann, K. (1980a), Gewerbesteuern, HdF, Bd. II, 3. Aufl., Tübingen, S. 608-632
Littmann, K. (1980b), Überblick über die Ertragsteuern, HdF, Bd. II, 3. Aufl., Tübingen, S. 566-574
Littmann, K. (1982), Öffentliche Investitionen, HdWW, Bd. 9, Stuttgart, S. 812-825
Littmann, K. (1983), Besteuerung von Alterseinkommen, in: Sachverständigenkommission Alterssicherungssysteme, S. 429-518
Littmann, K. (1990), Anmerkungen zur Staatsquote, in: Ellwein/Hesse, S. 231-245
Loeffelholz, H. D. v. (1979), Die personale Inzidenz des Sozialhaushalts, Göttingen
Loehr, W./Sandler, T. (1978), Public Goods and Public Policy, Beverly Hills
Luckenbach, H. (1986), Theoretische Grundlagen der Wirtschaftspolitik, München
Lüdecke, R. (1982), Die Subventionierung von Produktionsfaktoren als verteilungspolitisches Instrument: Möglichkeiten größerer distributiver Wirksamkeit, Jahrbücher für Nationalökonomie und Statistik 197, S. 385-412
Lütkenhorst, W. (1985), Zur Relevanz neuerer Gerechtigkeitstheorien für die Wirtschaftspolitik, Jahrbuch für Sozialwissenschaft 37, S. 131-149
Lützel, H. (1998) Konvergenzkriterien zum übermäßigen Defizit – Berechnung und Harmonisierung der Daten, List Forum 24, S. 13-26

Lutz, P. F./Schneider, U. (1998), Der soziale Ausgleich in der gesetzlichen Krankenversicherung, Jahrbücher für Nationalökonomie und Statistik 217, S. 718-740

Maaß, J. (1973), Die Flexibilität der Staatsausgaben - ein Beitrag zur Theorie der öffentlichen Ausgabenpolitik, Opladen

Mackscheidt, K. (1973), Zur Theorie des optimalen Budgets, Tübingen

Mackscheidt, K. (1976), Öffentliche Güter und Ausgabeninzidenz, in: Dreißig, S. 59 ff.

Mackscheidt, K./Ewringmann, D./Gawel, E. (Hrsg.) (1994), Umweltpolitik mit Zwangsabgaben, Berlin

Mackscheidt, K./Steinhausen, J. (1977), Finanzpolitik II, Grundfragen versorgungspolitischer Eingriffe, Düsseldorf

Mackscheidt, K./Steinhausen, J. (1978), Finanzpolitik I, Grundfragen fiskalpolitischer Lenkung, 3. Aufl., Tübingen/Düsseldorf

Mäding, H. (Hrsg.) (1987), Haushaltsplanung - Haushaltsvollzug - Haushaltskontrolle, Baden-Baden

Margolis, J./Guitton, H. (eds.) (1969), Public Economics, New York/London

McLure, C. E. Jr./Ture, N. B. (1974), Value Added Tax: Two Views, in: Wagner u. a., S. 165-259

McLure, C. E. Jr./Wayne, R. T. (1975) A Simplified Exposition of the Harberger Model, I: Tax Incidence, National Tax Journal 28, S. 1-28

McLure, C. E. (1979), Must Corporate Income be Taxed Twice?, Washington

Meade-Committee (1978), The Structure and Reform of Direct Taxation, Institute for Fiscal Studies, London

Meier, A. (1980), Öffentliches Vermögen II: Umfang und Funktionen, HdWW, Bd. 5, Stuttgart, S. 623-633

Meier, M. (1997), Das Sparverhalten der privaten Haushalte und der demografische Wandel: Makroökonomische Auswirkungen, Frankfurt/M.

Meierjürgen, R. (1989), Intertemporale und Intergenerationale Verteilungswirkungen der Gesetzlichen Krankenversicherung, Frankfurt/M.

Metcalf, G. E. (1994), Life cycle versus annual perspectives on the incidence of a value added tax, Tax and the Economy 8, S. 45-64

Metze, I. (1974), Soziale Sicherung und Einkommensverteilung, Berlin

Metze I. (1980), Kapitalertragsteuern, HdF, Bd. II, 3. Aufl., Tübingen, S. 633-645

Metze, I. (1982), Negative Einkommensteuer, HdWW, Bd. 9, Stuttgart, S. 788-799

Micosatt, G./Junkernheinrich, M. (1991), Reform des Gemeindesteuersystems, 2 Bände, Berlin

Mierheim, H./Wicke, L. (1978), Die personelle Vermögensverteilung, Tübingen

Mieszkowski, P. (1967), On the Theory of Tax Incidence, Journal of Political Economy 75, S. 250-262

Mieszkowski, P. (1969), Tax Incidence Theory: The Effects of Taxes on the Distribution of Income, Journal of Economic Literature 7, S. 1103-1124

Mieszkowski, P. (1972), Integration of the Corporate and Personal Income Taxes: The Bogus Issue of Shifting, Finanzarchiv 31, S. 256-297

Mieszkowski, F. (1980), The Advisability and Feasibility of an Expenditure Tax System, in: Aaron/Boskin, S. 179-201

Mieszkowski, P./Zodrow, G. R. (1989), Taxation and the Tiebout-Model, Journal of Economic Literature 27, S. 1098-1146

Millbradt, G. H. (1982), Probleme der Indexierung volkswirtschaftlich wichtiger Größen, Baden-Baden

Millward, R. (1971), Public expenditure economics, London

Ministerialblatt des BMF und des BMW (1978), Nr. 15, Bonn (wiederabgedr. in: Stockinger, 1982, S. 152-162)
Ministerium der Finanzen Rheinland-Pfalz (Hrsg.) (1975), Folgekosten öffentlicher Investitionen; Informationen zur Finanzpolitik, Bad Ems
Mintz, J. (1995), The Corperation Tax: A Survey, Fiscal Studies 16, S. 23-68
Mirrlees, J. A. (1971), An Exploration in the theory of optimum income taxation, Review of Economic Sudies 38, S. 175-208
Mishan, E. J. (1969), The Relationship Between Joint Products, Collective Goods, and External Effects, Journal of Political Economy 77, S. 329-348
Mitschke, J. (1980), Lebenseinkommensbesteuerung durch interperiodischen Progressionsausgleich, Steuer und Wirtschaft 57, S. 122-134
Mitschke, J. (1985), Steuer- und Transferordnung aus einem Guß, Baden-Baden
Möller, H./Osterkam, R./Schneider, W. (Hrsg.) (1982), Umweltökonomik, Königstein
Molitor, B. (1980), Vermögen II: Vermögenspolitik, HdWW, Bd. 8, Stuttgart, S. 282-290
Molitor, B. (1988), Wirtschaftspolitik, München
Moxter, A. (1980), Steuerliche Gewinn- und Vermögensermittlung, HdF, Bd. II, 3. Aufl., Tübingen, S. 203-237
Mückl, W. J. (1975), Vermögenspolitische Konzepte in der Bundesrepublik Deutschland, Göttingen
Mückl, W. J. (1981), Ein Beitrag zur Theorie der Staatsverschuldung, Finanzarchiv 39, S. 255-278
Mückl, W. J. (1985), Langfristige Grenzen der öffentlichen Kreditaufnahme, Jahrbücher für Nationalökonomie und Statistik 200, S. 565-581
Mühlenkamp, H. (1994), Kosten-Nutzen-Analyse, München
Mueller, D. C. (1976), Public Choice: A Survey, Journal of Economic Literature 14, S. 395-433
Mueller, D. C. (1987), The Growth of Government: A Public Choice Perspective, IMF Staff Papers 34, S. 115-149
Mueller, D. C. (1989), Public Choice II, rev. ed., Cambridge
Mueller, D. C. (ed.) (1997), Perspectives on Public Choice, Cambridge
Müller, J./Vogelsang, J. (1979), Staatliche Regulierung, Baden-Baden
Müller, U. (Hrsg.) (1997), Haushaltsreform und Finanzkontrolle, Baden-Baden
Münstermann, E. (1976), Der kommunale Finanzausgleich, WISU, S. 275-279 und 325-331
Munzert, E. (1997), Schwerpunkte der Haushaltsreform im Lichte moderner Finanzkontrolle, in: Müller, S. 31-41
Musgrave, R. A. (1959), The Theory of Public Finance, New York (deutsch: Musgrave 1969a)
Musgrave, R. A. (1969), Finanztheorie, 2. Aufl., Tübingen
Musgrave, R. A. (1970), Kosten-Nutzen-Analyse und Theorie der Staatswirtschaft, in: Recktenwald, S. 25-39
Musgrave, R. A. (1976), ET (Equitable Taxation), OT (Optimal Taxation) and SBT (Second-Best Taxation), Journal of Public Economics 6, S. 3-16
Musgrave, R. A. (1980), Theories of Fiscal Crises: An Essay in Fiscal Sociology, in: Aaron/Boskin, S. 361-390
Musgrave, R. A. (1981a), Der gegenwärtige Stand der Theorie der Besteuerung, Finanzarchiv 39, S. 29-42
Musgrave, R. A. (1981b), Leviathan cometh - or does he?, in: Ladd/Tideman, S. 77-120
Musgrave, R. A./Musgrave, P. B. (1989), Public Finance in Theory and Practice, 5th ed., New York

Musgrave, R. A./Musgrave, P. B./Kullmer, L. (1994), Die öffentlichen Finanzen in Theorie und Praxis, Bd. 1, (2. Aufl. 1977), 6. Aufl.; Bd. 2, (2. Aufl. 1979), 5. Aufl. 1993; Bd. 3, 4. Aufl. 1992, Tübingen
Musgrave, R. A./Peacock, A. T. (1958), Classics in Theory of Public Finance, London
Myles, G. D. (1995), Public Economics, Cambridge

Nath, S. K. (1969), A Reappraisal of Welfare Economics, London
Neubauer, G. (1984), Wehrgerechtigkeit als Teilproblem einer gerechten Steuerpolitik, Finanzarchiv 42, S. 107-125
Neubauer, W. (1997), Deflationierung, in: Brümmerhoff/Lützel, S. 69-78
Neumark, F. (1947), Theorie und Praxis der modernen Einkommensbesteuerung, Bern
Neumark, F. (1952), Grundsätze und Arten der Haushaltsführung und Finanzbedarfsdeckung, HdF, Bd. I, 2. Aufl., Tübingen, S. 606-669 (wiederabgedr. in: Neumark, 1961, S. 122-215)
Neumark, F. (1961), Wirtschafts- und Finanzprobleme des Interventionsstaates, Tübingen
Neumark, F. (1970), Grundsätze gerechter und ökonomisch rationaler Steuerpolitik, Tübingen
Neumark, F. (1980), Steuern I: Grundlagen, HdWW, Bd. 7, Stuttgart, S. 295-309
Neumark, F. (1988), Steuerpolitische Ideale der Gegenwart, in: Zimmermann, S. 45-60
Ng, Y.-K. (1983), Welfare Economics, 2. ed., London
Niskanen, W. A. (1971), Bureaucracy and Representative Government, Chicago
Niskanen, W. A. (1975), Bureaucrats and Politicians, Journal of Law and Economics 18, S. 617-643
Niskanen, W. A. (1983), Bureaucrats between Self Interest and Public Interest, in: Hanusch
Nordhaus, W. D. (1975), The Political Business Cycle, Review of Economic Studies 42, S. 169-190 (deutsch in: Ramser/Angern, 1977, S. 133-157)
Nordhaus, W. D./Tobin, J. (1973), Is Growth Obsolete?, in: Moss (ed.), The Measurement of Economic and Social Performance, New York
Nowotny, E. (Hrsg.) (1979), Öffentliche Verschuldung, Stuttgart
Nowotny, E. (1999), Der öffentliche Sektor, 4. Aufl., Heidelberg

Oakland, W. H. (1987), Theory of Public Goods, in: Auerbach/Feldstein, S. 485-535
Oates, W. E. (1969), The Effects of Property Taxes and Local Public Spending on Property Values: An Empirical Study of Tax Capitalization and the Tiebout Hypothesis, Journal of Political Economy 77, S. 957-971
Oates, W. E. (1972), Fiscal Federalism, New York
Oates, W. E. (ed.) (1977), The Political Economy of Fiscal Federalism, Lexington/Toronto
Oates, W. (1991), Studies in Fiscal Federalism, Altershot Hants
Oberender, P./Fibelkorn-Bechert, A. (1998), Krankenversicherung, in: Knappe/Berthold, S. 90-123
Oberhauser, A. (1980a), Erbschaft- und Schenkungssteuern, HdF, Bd. II, 3. Aufl., Tübingen, S. 487-508
Oberhauser, A. (1980b), Wertzuwachssteuer, HdWW, Bd. 8, Göttingen, S. 666-678
Oberhauser, A. (Hrsg.) (1995), Finanzierungsprobleme der deutschen Einheit III, Berlin
Oberhauser, A. (Hrsg.) (1997), Fiskalföderalismus in Europa, Berlin
Oberhauser, A. (Hrsg.) (1998), Probleme der Besteuerung I, Berlin
Obstfelder, V. v. (1976), Individualbesteuerung oder Haushaltsbesteuerung unter besonderer Berücksichtigung des Ehegatten-Splitting, Frankfurt/M.
OECD (1988), The Taxation of Fringe Benefits, Paris
Olson, M. (1968), Die Logik kollektiven Handelns, Tübingen

Paglin, M. (1975), The Measurement and Trend of Inequality: A Basic Revision, American Economic Review 65, S. 520-531
Pappermann, E. v. (1984), Mischfinanzierung als Hemmnis der Haushaltskonsolidierung, in: Arnim/Littmann, S. 245-269
Patzig, W. (1981), Haushaltsrecht des Bundes und der Länder, Baden-Baden
Pawlowsky, P. (1972), Räumliche externe Effekte lokaler öffentlicher Einrichtungen in föderalistischen Staaten, Basel
Peacock, A. T./Wiseman, J. (1961), The Growth of Public Expenditures in the United Kingdom, Princeton (auszugsweise in: Recktenwald, 1969b, S. 264-267)
Peacock, A. T./Wiseman, J. (1979), Approaches to the Analysis of Government Expenditure Growth, Public Finance Quarterly 7, S. 3-23
Pechman, J. A. (ed.) (1977), Comprehensive Income Taxation, Washington
Pechman, J. A. (ed.) (1980), What Should be Taxed: Income or Expenditure, Washington
Peffekoven, R. (1980a), Finanzausgleich I: Wirtschaftstheoretische Grundlagen, HdWW, Bd. 2, Stuttgart, S. 608-636
Peffekoven, R. (1980b), Persönliche allgemeine Ausgabensteuer, HdF, Bd. II, 3. Aufl., Tübingen, S. 417-452
Peffekoven, R. (1983), Probleme der internationalen Finanzordnung, HdF, Bd. IV, 3. Aufl., Tübingen, S. 219-268
Peffekoven, R. (1984), Anrechnung versus Freistellung - Zur ökonomischen Analyse internationaler Besteuerungsprinzipien, Außenwirtschaft 39, S. 137-150
Peffekoven, R. (1994), Reform des Finanzausgleichs - eine vertane Chance, Finanzarchiv 51, S. 281-311
Peffekoven, R./Fischer, H. (1982), Ausgabensteuer (persönliche, allgemeine), HdWW, Bd. 9, Stuttgart, S. 697-706
Peltzman, S. (1980), The Growth of Government, Journal of Law and Economics 22, S. 209-287
Pen, J. (1974), Das politische Element in unseren grafischen Darstellungsweisen, in: Bombach u. a., S. 3-25
Pen, J. (1971), Income Distribution, New York
Petersen, H. G. (1977), Personelle Einkommensbesteuerung und Inflation, Frankfurt/M.
Petersen, H. G. (1993/1988), Finanzwissenschaft I, 3. Aufl.; II, Stuttgart
Peterson, F. M./Fisher, A. C. (1977), The Exploitation of Natural Resources: A Survey, Economic Journal 87, S. 681-721
Petit, H./John, J. (1977), Stabilisierungspolitik, Theorie und Empirie, Neuwied
Pfähler, W. (1984), Sinkende Durchschnittskosten und Allokationspolitik, WISU, S. 470-475
Pfähler, W. (1987), Markt und Staat. Ökonomische Begründungen der Staatstätigkeit, in: Vaubel/Barbier, S. 52-66
Pfähler, W./Hofman, U./Lehmann-Grube (1995), Infrastruktur und Wirtschaftsentwicklung, in: Oberhauser, S.
Pfaff, M. (Hrsg.) (1978), Problembereiche der Verteilungs- und Sozialpolitik, Bd. 2, Berlin
Piduch, E. A. (1969 ff.), Bundeshaushaltsrecht, Kommentar zur Bundeshaushaltsordnung, Loseblattsammlung, Stuttgart
Piduch, E. (1988), Das Staatshaushaltsrecht, in: Arnold/Geske, S. 121-157
Pigou, A. C. (1932), The Economics of Welfare, 4. ed., London
Pohl, R. (2000), Der Konflikt zwischen tariflichen oder staatlichen Mindestlöhnen und dem Sozialhilfeniveau, in: Hauser, S. 229-271
Pohmer, D. (1977), Wirkungen finanzpolitischer Instrumente, HdF, Bd. I, 3. Aufl., Tübingen, S. 199-346
Pohmer, D. (1980), Allgemeine Umsatzsteuern, HdF, Bd. II, 3. Aufl., Tübingen, S. 649-707

Pohmer, D. (1981), Finanzwissenschaft III: Politik, HdWW, Bd. 3, Stuttgart, S. 261-286

Pohmer, D./Jurke, G. (1984), Zu Geschichte und Bedeutung des Leistungsfähigkeitsprinzips, Finanzarchiv 42, S. 445-489

Pollak, H. (1980a), Steuertarife, HdF, Bd. II, 3. Aufl., Tübingen, S. 239-266

Pollak, H. (1980b), Verbrauchsteuern I: Ziele und Ausgestaltung, HdWW, Bd. 8, Stuttgart, S. 188-208

Pollak, H. (1982), Horizontale Gerechtigkeit und Einfachheit in der Einkommensbesteuerung - dargestellt am Beispiel des Ehegattensplittings, in: Bombach u. a., S. 228-253

Pollak, H. (1987), Gibt es einen Wandel in der Einkommensteuer?, in: Häuser, S. 59-87

Pollak, H. (1989), Gestaltungs- und Folgeprobleme progressiver Ausgabensteuertarife, Manuskript zur Tagung „Konsumorientierte Neuordnung des Steuersystems", Göttingen

Pommerehne, W. W. (1982), Empirische Ansätze zur Erfassung der Präferenzen für öffentliche Güter, in: Bombach u. a., S. 407-492

Pommerehne, W. W. (1987), Präferenzen für öffentliche Güter, Tübingen

Pommerehne, W. W./Kirchgässner, G. (1988), Gesamtwirtschaftliche Effizienz, gesellschaftliche Umverteilung und Wachstum der Staatstätigkeit: Ein Überblick, in: Zimmermann, S. 206-241

Pommerehne, W. W./Schneider, F. (1980), Wie steht's mit dem Trittbrettfahren? Eine experimentelle Untersuchung, Zeitschrift für die gesamte Staatswissenschaft 136, S. 286-308

Popitz, J. (1927), Der Finanzausgleich, HdF, Bd. II, Tübingen, S. 338-375

Poterba, J. M. (1996), Balanced Budget Rules and Fiscal Policy: Evidence from the States, National Tax Journal 48, S. 329-336

Prest, A. R. (1973), On the distinction between direct and indirect taxation, in: David, W. L. (ed.), Public Finance, Planning and Economic Development, London, S. 44-56

Prest, A. R./Barr, N. A. (1985), Public finance in the theory and practice, 7th. ed., London

Püttner, G. (1981), Der Amtsankläger, Gutachten für den Bund der Steuerzahler, Wiesbaden

Raab, U. H. (1995), Öffentliche Transaktionskosten und Effizienz des staatlichen Einnahmensystems, Berlin

Raffelhüschen, B./Walliser, J. (1998), Was hinterlassen wir zukünftigen Generationen? Ergebnisse der Generationenbilanzierung, in: B. Gahlen u. a. (Hrsg.), Verteilungsprobleme der Gegenwart, Tübingen, S. 301-320

Ramser, H. J. (1979), Krisenbekämpfung aus der Sicht verschiedener zeitgenössischer Lehrmeinungen, in: Petwaidic, S. 69-88

Ramser, H. J./Angern, B. (Hrsg.) (1977), Beschäftigung und Inflation, Stuttgart

Rappen, H. (1989), Vollzugskosten der Steuererhebung und der Gewährung öffentlicher Transfers, RWI-Mitteilungen 40, S. 221-246

Rat von Sachverständigen für Umweltfragen (1974), Die Abwasserabgabe, wassergüterwirtschaftliche und gesamtökonomische Wirkungen, 2.Sondergutachten, Stuttgart

Recktenwald, H. C. (Hrsg.) (1969a), Finanzpolitik, Köln/Berlin

Recktenwald, H. C. (Hrsg.) (1969b), Finanztheorie, Köln/Berlin

Recktenwald, H. C. (1971), Tax Incidence and Income Redistribution, Detroit

Recktenwald, H. C. (1977), Umfang und Struktur der öffentlichen Ausgaben in säkularer Entwicklung, HdF, Bd. I, 3. Aufl., Tübingen, S. 713-752

Recktenwald, H. C. (1983), Lexikon der Staats- und Geldwirtschaft München

Recktenwald, H. C. (1984), Neue Analytik der Steuerwirkungen, WiSt, S. 393-400

Reding, K. (1985), Probleme der Produktivitätsmessung bei öffentlichen Leistungen, in: Häuser, S. 123-197

Reding, K./Dogs, E. (1986), Die Theorie der „X-Effizienz" - ein neues Paradigma der Wirtschaftswissenschaften?, Jahrbuch für Sozialwissenschaft 37, S. 19-39

Reding, K./Müller, W. (1999), Einführung in die Allgemeine Steuerlehre, München
Rehm, H. (1986), Quellensteuer - eine notwendige Ergänzung der Einkommensteuer?, Wirtschaftsdienst 4, S. 225-232
Rehm, H. (1997), Neue Finanzierungsinstrumente – Chancen der Haushaltsentlastung, in: Müller (Hrsg.), Haushaltsreform und Finanzkontrolle, Baden-Baden, S. 65-96
Reich, U. P. (1981), Zur Berechnung der realen Staatsquote, Ifo-Studien 27, S. 75-102
Reich, U. P. (1986), Treatment of Government Activity on the Production Account, Review of Income and Wealth, S. 69-85
Reich, U. P. (1988), Einkommensstatistik und Einkommensbegriff, in: U. P. Reich (Hrsg.), Aufgaben und Probleme der Einkommensstatistik, Göttingen, S. 67-95
Reich, U.P./Sonntag, P./Holub, H.-W. (1977), Arbeit-Konsum-Rechnung, Köln
Reinermann, H. (1975), Programmbudgets in Regierung und Verwaltung, Baden-Baden
Report ot the Royal Commission on Taxation (1966), Ottawa
Resnick, S./Wolff, R. D. (1983), A Marxist Theory of the State, in: Wade, S. 122-152
Richter, M. (1992), Herstellungskosten und Folgekosten kommunaler Investitionen, München
Richter, R./Schlieper, U./Fiedmann, W. (1982), Makroökonomik, 3. Aufl., Berlin
Richter, W. (1992), Staatsverschuldung: Staatswissenschaft und Staatspraxis 3, S. 171-185
Richter, W./Weimann, J. (1991), Meritorik, Verteilung und sozialer Grenznutzen von Einkommen, Jahrbuch für Sozialwissenschaft 92, S. 118-130
Richter, W. F./Wiegard, W. (1993), Zwanzig Jahre „Neue Finanzwissenschaft" I und II, Zeitschrift für Wirtschafts- und Sozialwissenschaften 113, S. 169-224, 337-400
Rinne, H. (1967), Das Sozialprodukt, Diss., Berlin
Roberts, C./Stiepelmann, H. (1983), Überprüfung der verschiedenen Schätzungen der Vermögensverteilung in der Bundesrepublik Deutschland, Berlin
Rodgers, J. D. (1973), Distributional Externalities and the Optimal Form of Income Transfers, Public Finance Quarterly 1, S. 266-299
Röck, W. (1982), Folgeausgaben und Folgekosten öffentlicher Investitionen, in: Stockinger, S. 32-47
Rolf, G./Spahn, P. B./Wagner, G. (Hrsg.) (1988), Sozialvertrag und Sicherung, Frankfurt/M.
Rolf, U. (1996), Fiskalpolitik in der Europäischen Währungsunion, Heidelberg
Roppel, U. (1979), Ökonomische Theorie der Bürokratie, Freiburg
Rose, G. (1986), Überlegungen zur Steuergerechtigkeit aus betriebswirtschaftlicher Sicht, Steuer und Wirtschaft 62, S. 330-344
Rose, M. (1973), Das fiskalische Ziel der Besteuerung, Kyklos 26, S. 815-839
Rose, M. (1977), Finanzwissenschaftliche Verteilungslehre, München
Rose, M. (1980), Finanzwissenschaftliche Makrotheorie, München
Rose, M. (1989), Argumente zu einer „konsumorientierten Neuordnung des Steuersystems", Steuer und Wirtschaft, S. 191-193
Rose, M. (1990) (ed.), Heidelberg Congresss on Taxing Consumption: Proceedings of the International Congress on Taxing, Heidelberg
Rose, M. (Hrsg.) (1991), Konsumorientierte Neuordnung des Steuersystems, Berlin
Rose, M. (1994), Ein einfaches Steuersystem für Deutschland, Wirtschaftsdienst 74, S. 423-432
Rose, M. (Hrsg.) (1997), Standpunkte zur aktuellen Steuerreform, Heidelberg
Rose, M. (1998), Zur praktischen Ausgestaltung einer konsumorientierten Einkommensbesteuerung, in: Oberhauser, S. 99-123
Rose, M./Wenzel, H.-D./Wiegard, W. (1981), Optimale Finanzpolitik, Stuttgart
Rosen, H. S. (1988), Public Finance, 2nd ed., Homewood
Rosen, H./Windisch, R. (1992), Finanzwissenschaft I, München
Rostow, W. W. (1971), Politics and the Stages of Growth, Cambridge

Rürup, B./Hansmeyer, K.-H. (1984), Staatswirtschaftliche Planungsinstrumente, 3. Aufl., Düsseldorf
Rürup, B./Körner, H. (1985), Finanzwissenschaft, 2. Aufl., Düsseldorf

Sachverständigenkommission Alterssicherungssysteme (1983), Darstellung der Alterssicherungssysteme und der Besteuerung von Alterseinkommen, Stuttgart
Sachverständigenkommission zur Vorklärung finanzrechtlicher Fragen für künftige Neufestlegung der Umsatzsteueranteile (1981), Bonn
Samuelson, P. A. (1954), The Theory of Public Expenditure, Review of Economics and Statistics 36, S. 386-389
Samuelson, P. A. (1955), Diagrammatic Exposition of a Theory of Public Expenditures, Review of Economics and Statistics 37, S. 350-356 (deutsch in: Recktenwald, 1969a, S. 146-158)
Samuelson, P. A. (1969), Pure Theory of Public Expenditures and Taxation, in: Margolis/Guitton, S. 98-123
Sandler, T./Tschimart, J. T. (1980), The Economic Theory of Club: An Evaluative Survey, Journal of Economic Literature 18, S. 1481-1521
Sandmo, A. (1976), Optimal Taxation - An Introduction to the Literature, Journal of Public Economics 6, S. 37-54
Sandmo, A. (1984), Some Insides form the „New" Theory of Public Finance, Empirica 11, S. 111-124
Saunders, P./Klau, F. (1985), Determinants of Public Sector Growth, OECD Economic Studies 4, S. 91-120
Savoie, D. J. (1996), Budgeting and The Management of Public Spending, Cheltenham
Schanz, G. v. (1896), Der Einkommensbegriff und die Einkommensteuer, Finanzarchiv 13, S. 1-87
Scharpf, F. W./Reissert, B./Schnabel, F. (1976), Politikverflechtung: Theorie und Empirie des Kooperativen Föderalismus in der Bundesrepublik, Kronberg
Scheer, Ch. (1982), Verteilungswirkungen der Einkommensteuer, Göttingen
Schellhaas, H. M. (1972), Preis- und Investitionspolitik für Autobahnen, Berlin
Schemmel, L. (1980), Quasi-Steuern - Gegen den Wildwuchs steuerähnlicher Sonderabgaben, Schriften des Karl-Bräuer-Instituts des Bundes der Steuerzahler, H. 46
Scherf, W. (1996), Politische Ursachen und Möglichkeiten einer konstitutionellen Begrenzung der staatlichen Neuverschuldung, Staatswissenschaften und Staatspraxis, S. 365-386
Schlee, H. (1994), Einkommensteuerliche Behandlung von Transferzahlungen, Frankfurt/M.
Schlenger, M. (1998), Versicherungsfremde Leistungen in der Gesetzlichen Rentenversicherung, Wiesbaden
Schlick, A. (1995), The Federal Budget, Washington D.C.
Schlick, M. (1989), Zur Problematik von Steuerschätzungen bei gesetzlichen Steueränderungen, Institut „Finanzen und Steuern", Brief 281, Bonn
Schlieper, U. (1980), Externe Effekte, HdWW, Bd. 2, Stuttgart, S. 524-530
Schlieper, U. (1982), Wohlfahrtsökonomie II: Theorie des Zweitbesten, HdWW, Bd. 9, Stuttgart, S. 486-493
Schlotter, H.-G. (1981), Intertemporale (intergenerationale) Gerechtigkeit und Chancengerechtigkeit, in: Herder-Dorneich, S. 3-53
Schmähl, W. (1977), Einkommensumverteilung im Rahmen der Einrichtungen der Sozialen Sicherheit, in: Külp/Haas, S. 519-576
Schmähl, W. (1981), Sozialausgaben, HdWW, Bd. 6, Stuttgart, S. 562-603
Schmähl, W. (Hrsg.) (1983), Ansätze der Lebenseinkommensanalyse, Tübingen
Schmähl, W. u. a. (1986), Soziale Sicherung 1975-1985, Frankfurt/M.

Schmähl, W. (1998), Perspektiven der Sozialpolitik nach dem Regierungswechsel, Wirtschaftsdienst 78, S. 713-722
Schmidt, K. (1962), Zur Reform der Unternehmungsbesteuerung, Finanzarchiv 22, S. 35-70
Schmidt, K. (1965), Zu einigen Theorien über die relative Ausdehnung der öffentlichen Ausgaben, Finanzarchiv 24, S. 193-208
Schmidt, K. (1966), Entwicklungstendenzen der öffentlichen Ausgaben im demokratischen Gruppenstaat, Finanzarchiv 25, S. 213-241
Schmidt, K. (1970), Kollektivbedürfnisse und Staatstätigkeit, in: Haller u. a., S. 3-27
Schmidt, K. (1980), Grundprobleme der Besteuerung, HdF, Bd. II, 3. Aufl., Tübingen, S. 119-171
Schmidt, K. (1988a), Kann Ungleichheit gerecht sein?, in: Seidl (1988b), S. 1-8
Schmidt, K. (Hrsg.) (1988b), Öffentliche Finanzen und Umweltpolitik I, Berlin
Schmölders, G. (1970), Finanzpolitik, 3. Aufl., Berlin
Schmölders, G./Hansmeyer, K.-H. (1980), Allgemeine Steuerlehre, 5. Aufl., Berlin
Schneider, D. (1971), Gewinnermittlung und steuerliche Gerechtigkeit, Zeitschrift für betriebswirtschaftliche Forschung 23, S. 352-394
Schneider, D. (1975), Körperschaftsteuerreform und Gleichmäßigkeit der Besteuerung, Steuer und Wirtschaft 52, S. 97-112
Schneider, D. (1979a), Bezugsgrößen steuerlicher Leistungsfähigkeit und Vermögensbesteuerung, Finanzarchiv 37, S. 26-49
Schneider, D. (1979b), Zur Rechtfertigung von Erbschaft- und Vermögensteuern, Steuer und Wirtschaft 56, S. 38-42
Schneider, D. (1980a), Investition und Finanzierung, 5. Aufl., Wiesbaden
Schneider, D. (1980b), Körperschaftsteuer, HdF, Bd. II, 3. Aufl., Tübingen, S. 509-563
Schneider, D. (1982a), Ist Steuerüberwälzung meßbar?, Finanzarchiv 40, S. 240-280
Schneider, D. (1982b), Unternehmensbesteuerung, 3. Aufl., Wiesbaden
Schneider, D. (1984), Der Einkommensbegriff und die Einkommensteuerrechtsprechung, Finanzarchiv 42, S. 407-432
Schneider, H./Nachtkamp, H. H. (1980), Steuern, V: Wirkungslehre, HdWW, Bd. 7, Stuttgart, S. 356 ff.
Schneider, H. K./Watrin, C. (Hrsg.) (1973), Macht und ökonomisches Gesetz, Berlin
Schöb, R. (1995), Ökologische Steuersysteme, Frankfurt/M.
Schult, E. (1979), Grenzsteuerrechnung versus Differenzsteuerrechnung, Die Wirtschaftsprüfung
Schult, E. (1986), Schwarzarbeit - konkurrenzlos durch längerfristige Steuereffekte, Steuer und Wirtschaft, S. 144-149
Schulz, W. (1989), Ansätze und Grenzen der Monetarisierung von Umweltschäden, Zeitschrift für Umweltpolitik 12, S. 55-72
Schumpeter, J. A. (1950), Kapitalismus, Sozialismus und Demokratie, 2. Aufl., Bern
Schuseil, A. (1982), Präferenzen für öffentliche Güter im Modell der neuen Konsumtheorie, Thun
Schuster, H. (1984), Wirtschaftsförderung als beschäftigungspolitische Strategie, in: Ewers/Schuster, S. 69-87
Schwarting, G. (1986), Folgelasten und öffentliche Investitionsprogramme, in: Wille, S. 181-201
Seade, J. (1977), On the shape of optimal tax schedules, Journal of Public Economics 7, S. 203-236
Seidel, B. (1992), Die Einbindung der Bundesrepublik Deutschland in die Europäischen Gemeinschaften als Problem des Finanzierungsausgleichs, Frankfurt/M.

Seidenfuß, H. S. (1982), Wettbewerbsverzerrungen durch gesetzliche Bestimmungen und administrative Maßnahme, in: C. A. Andreae/W. Benisch (Hrsg.), Wettbewerbsordnung und Wettbewerbsrealität, Köln, S. 109-114

Seidl, C. (1988a), Poverty Measurement: A Survey, in: Bös/Rose/Seidl, S. 71-147

Seidl, C. (1988b), Steuern, Steuerreform und Einkommensverteilung, Berlin

Seitz, H. (1986), Eine empirische Studie der Folgelastenproblematik kommunaler Investitionen, in: Wille, S. 203-221

Seitz, H. (2000), Der Einfluss der Bevölkerungsdichte auf die Kosten der öffentlichen Leistungserstellung, Gutachten, mimeo, Europa-Universität Frankfurt/O.

Sen, A. (1985), Social Choice and Justice: A Review Article, Journal of Economic Literature 23, S. 1764-1776

Senf, P. (1977), Kurzfristige Haushaltsplanung, HdF, Bd. I, 3. Aufl., Tübingen, S. 371-417

Shibata, H. (1971), A Bargaining Model of the Pure Theory of Public Expenditure, Journal of Political Economy 79, S. 1-29

Shibata, H. (1972), Pareto Optimality, Trade and the Pigovian Tax, Economica 39, S. 190-202

Shoven, J. B./Whalley, J. (1984), Applied General-Equilibrium Models of Taxation and International Trade, Journal of Economic Literature 22, S. 1007-1051

Siebert, H. (Hrsg.) (1996), Elemente einer rationalen Umweltpolitik, Tübingen

Siedenberg, A. (1976), Investitionsorientierte Fiskalpolitik, Berlin

Siegel, T. (1982), Steuerwirkungen und Steuerpolitik in der Unternehmung, Würzburg

Siegel, T. (1983), Belastungswirkungen und Bruttoertragsbedarf bei nichtabzugsfähigen Betriebsausgaben, Betriebs-Berater 38, S. 2170-2173

Siegel, T./Bareis, P. (1999), Arbeitsbuch Steuerrecht, 3. Aufl., München

Simmert, D./Wagner, K.-D. (Hrsg.) (1981), Staatsverschuldung kontrovers, Köln

Simons, H. (1938), Personal Income Taxation, Chicago

Sinn, G./Sinn, H.-W. (1993), Kaltstart, 3. Aufl., München

Sinn, H.-W. (1985), Kapitaleinkommensbesteuerung, Tübingen

Sinn, H.-W. (1987a), Alternativen zur Einkommensteuer, in: Steuersystem und wirtschaftliche Entwicklung, Beihefte der Konjunkturpolitik 33, Berlin, S. 11-50

Sinn, H.-W. (1987b), Capital Income Taxation and Resource Allocation, Amsterdam

Sinn, H.-W. (1990), Tax Harmonization and Tax Competition in Europe, European Economic Review 34, S. 489-504

Sinn, H.-W. (1996), Social Insurance, Incentives and Risk Taking, International Tax and Public Finance 3, S. 259-280

Sinn, H.-W. (1997), Deutschland im Steuerwettbewerb, Jahrbücher für Nationalökonomie und Statistik 216, S. 672-692

Sinn, H.-W. (2000), Sozialstaat im Wandel, in: Hauser, S. 15-34

Slemrod, J./Bakija, J. (1996), Taxing Ourselves, Cambridge

Smekal, C. (1980), Finanzen intermediärer Gewalten (Parafisci), HdWW, Bd. 3, Stuttgart, S. 1-17

Smekal, C./Sendlhofer, R./Winner, H. (Hrsg.) (1999), Einkommen versus Konsum, Heidelberg

Snower, D. J. (2000), Evolution of the Welfare State, in: Hauser, S. 35-52

Sohmen, E. (1976), Allokationstheorie und Wirtschaftspolitik, Tübingen

Sørensen, R. G. (1995), Changing Views of the Corporate Income Tax, National Tax Journal 48, S. 279 ff.

Spahn, H.-P. (1997), Schulden, Defizite und Maastricht-Kriterien: Eine theoretisch-empirische Bestandsaufnahme, Konjunturpolitik 43, S. 1 ff.

Spahn, P. B./Kaiser, H. (1991), Tax Harmonisation or Tax Competition as Means to Integrate Western Europe, Konjunkturpolitik, S. 1-44

Spindler, L. A. (1982), The Overstated Economy: Implications of Positive Public Economics for National Accounting, Public Choice 38, S. 181-196
Starzacher, K. (1997), Verfassungsrechtliche Würdigung der Neuverschuldungsgrenze nach Art. 115 GG und ihre Implikationen für die Finanzpolitik, in: Müller, S. 141-162
Statistisches Bundesamt (1999), Fachserie 18, Volkswirtschaftliche Gesamtrechnungen, Reihe 1, Konten und Standardtabellen 1998, Stuttgart/Mainz
Steden, W. (1975/76), Zur Dynamisierung von Steuertarifen, Finanzarchiv 34, S. 266-289
Steden, W. (1980), Erbschaft- und Schenkungssteuern, HdWW, Bd. 2, Stuttgart, S. 439-450
Steinbach, B. (1977), „Formula Flexibility". Kritische Analyse und Vergleich mit diskretionärer Konjunkturpolitik, Frankfurt/M.
Steinbach van der Veen, B. (1985), Steuerinzidenz, Frankfurt/M.
Stern, N. H. (1984), Optimum Taxation and Tax Policy, IMF, Staff Papers 31, S. 339-378
Stigler, G. J. (1971), The Theory of Economic Regulation, Bell Journal of Economics and Management Science 2, S. 3-21
Stiglitz, J. E. (1985), Information and Economic Analysis: A Perspective, Economic Journal Supplement 85, S. 21-41
Stiglitz, J. E. (1988), Economics of the Public Sector, 2nd ed., New York
Stiglitz, J. E./Schönfelder, B. (1989), Finanzwissenschaft, 2. Aufl., München
Stockinger, H. G. (Hrsg.) (1982), Folgekosten öffentlicher Investitionen, München
Stolz, I. (1983), Einkommensumverteilung in der Bundesrepublik Deutschland, Frankfurt/M.
Streißler, E. (1993), Das Problem der Internalisierung, in: König, S. 87-110
Ströbele, W. (1994), Ökosteuern und Umweltabgaben - Versuch einer Systematisierung, in: Mackscheidt u. a., S. 106-121
Studenski, P. (1958), The Income of Nations, New York
Sturm, M. (1997), Budgetdisziplin in der Europäischen Wirtschafts- und Währungsunion, Frankfurt/M.
Summers, L. H. (ed.) (1988), Tax Policy and the Economy 2, Massachusetts
Suntum, U. v. (1986a), Konsumentenrente und Verkehrssektor, Berlin
Suntum, U. v. (1986b), Verkehrspolitik, München

Täuber, G. (1984), Folgekosten der Besteuerung, Spardorf
Tanner, E. (1982), Ökonomisch optimale Aufgabenverteilung zwischen den staatlichen Ebenen, Bern/Frankfurt
Thürmer, L. (1984), Bürokratie und Effizienz staatlichen Handelns, Berlin
Thurow, L. C. (1971), The Income Distribution as a Pure Public Good, Quarterly Journal of Economics 85, S. 327-336
Tideman, T. N./Tullock, G. (1976), A New and Superior Process for Making Social Choices, Journal of Political Economy 84, S. 1145-1159
Tiebout, C. M. (1956), A Pure Theory of Local Expenditures, Journal of Political Economy 64, S. 416-424
Tiepelmann, K./Beek, G.v.d. (Hrsg.), Theorie der Parafiski, Berlin 1992
Tiepelmann, K./Rappen, H. (1986), Das Aaron/McGuire-Modell - Darstellung und Kritik eines nutzen-theoretischen Basismodells der Budgetinzidenz, WISU, S. 366-372
Timm, H. (1961), Das Gesetz der wachsenden Staatsausgaben, Finanzarchiv 21, S. 201-247
Timm, H. (1981), Finanzwirtschaftliche Allokationspolitik, HdF, Bd. III, 3. Aufl., Tübingen, S. 135-254
Tinbergen, J. (1963), On the Theory of Economic Policy, 2nd ed., Amsterdam
Tinbergen, J. (1968), Wirtschaftspolitik, Freiburg
Tipke, K. (1980), Bezüge und Abzüge im Einkommensteuerrecht, Steuer und Wirtschaft, S. 1-11

Tipke, K. (1986), Einkommensteuer - Fundamentalreform, Steuer und Wirtschaft, S. 150-169
Tipke, K. (1986a), Ungleichmäßigkeit der Besteuerung, Betriebsberater, S. 601-604
Tipke, K./Lang, J. (1989), Steuerrecht, 12. Aufl., Köln
Tirole, J. (1994), The International Organization of Government, Oxford Economic Papers 46, S. 1-29
Tobin, J. (1970), On Limiting the Domain of Inequality, Journal of Law and Economics 13, S. 263-277
Tobin, J. (1990), On the Theory of Macroeconomic Policy, Der Economist 138, S. 1-14
Toillié, B. (1980), Öffentliche Investitionen, Berlin
Tollison, R. D. (1982), Rent Seeking: A Survey, Kyklos 35, S. 575-602
Tollison, R. D. (1998), Rent Seeking, The New Palmgrave Dictionary of Economics and the Law 3, New York, S. 315-322
Transfer-Enquête-Kommission (1981), Das Transfersystem in der Bundesrepublik Deutschland, Stuttgart
Tresch, R. W. (1981), Public Finance, A Normative Theory, Plano
Tullock, G. (1965), The Politics of Bureaucracy, Washington
Tullock, G. (1971), The Charity of the Uncharitable, Western Economic Journal 9, S. 379-392
Tullock, G. (1998), On Voting: A Public Choice Approach, Cheltenham

Ulbrich, R. (1975), Das Leistungsfähigkeitsprinzip der Besteuerung, Bern/Frankfurt
Unvericht, W. (2000), Schwachstellen des Steuersenkungsgesetzes – Alternativen, Betriebs-Berater 55, S. 849-861
US Treasury Department (1977), Blueprints for Basic Tax Reform, GPO, Washington D.C.
US Treasury Department (1984), Tax Reform for Fairness, Simplicity and Economic Growth, GPO, Washington D.C.
US Treasury (1992), Integration of the Individual and Corporate Tax Systems: Taxing Business Income Once, Washington D.C.

Vaubel, R. (1982), Alternative Ansätze zur Kürzung der Staatsausgaben, Wirtschaftsdienst 62, S. 43-52
Vaubel, R. (1983), Eine Strategie für die Kürzung der Staatsausgaben, in: Giersch, S. 101-127
Vaubel, R. (1992a), Die politische Ökonomie der wirtschaftspolitischen Zentralisierung in der Europäischen Gemeinschaft, Jahrbuch für Neue Politische Ökonomie 11, S. 30-65
Vaubel, R. (1992b), Privatisierung als wettbewerbspolitische Aufgabe
Vaubel, R./Barbier, H. D. (Hrsg.) (1987), Handbuch Marktwirtschaft, Pfullingen
Veall, M. R. (1987), A Note on the Expenditure Tax and Progressivity, National Tax Journal 40, S. 259-263
Vickrey, W. S. (1947), Agenda für Progressive Taxation, New York
Viscusi, W. K. (1998), Valuing life and risks of life, The New Palmgrave Dictionary of Economics and the Law 3, New York, S. 660-669

Wacker, W. (Hrsg.) (1994), Lexikon der deutschen und internationalen Besteuerung, 3. Aufl., München
Wade, L. L. (ed.) (1983), Political Economy, Boston
Wagner, A. (1911), Staat (in nationalökonomischer Hinsicht), Handwörterbuch der Staatswissenschaften, Bd. 7, Jena, S. 727-739
Wagner, A. (Hrsg.) (1892/93), Lehrbuch und Handbuch der politischen Ökonomie, erste Hauptabteilung: Grundlegung der politischen Ökonomie, 3. Aufl., Leipzig

Wagner, F. W./Schwinger, R. (1989), Der Einfluß einer Cash-Flow-Steuer auf Finanzierung und Rechnungslegung, Manuskript zur Tagung „Konsumorientierte Neuordnung des Steuersystems", Tübingen
Wagner, G. (2000), Perspektiven der Alterssicherung, in: Hauser, S. 113-166
Wagner, R. E. (1976), Revenue Structure, Fiscal Illusion, and Budgetary Choice, Public Choice 25, S. 45-61
Wagner, R. E./Tollison, R. D. (1980), Balanced Budgets, Fiscal Responsibility, and the Constitution, San Francisco
Wartenberg, U. (1979), Verteilungswirkungen staatlicher Aktivitäten, Berlin
Weeber, J. (1992), Vermindert die bestehende Sozialhilfe das Arbeitsangebot?, Konjunkturpolitik 38, S. 55-68
Wehling, H.-G. (Red.) (1982), Zuviel Staat? Die Grenzen der Staatstätigkeit, Stuttgart
Weimann, J. (1995), Umweltökonomik, 3. Aufl., Berlin
Weimann, J. (1996), Wirtschaftspolitik, Berlin
Weizsäcker, C. C. v. (Hrsg.) (1979), Staat und Wirtschaft, Berlin
Weizsäcker, C. C. v. (1982), Staatliche Regulierung - positive und normative Theorie, Schweizerische Zeitschrift für Volkswirtschaft und Statistik 118, S. 325-343
Weizsäcker, R. K. v. (1992), Staatsverschuldung und Demokratie, Kyklos 45, S. 51-67
Weizsäcker, R. K. v. (1996), Finanzpolitik, in: Hagen, S. 123-180
Wellisch, D. (1991), Intertemporale und internationale Aspekte staatlicher Budgetdefizite, Tübingen
Wellisch, D. (2000), Finanzwissenschaft I-III, München
WEMA-Institut KG (1975), Studie Folgekosten öffentlicher Investitionen, Untersuchung im Auftrag des Ministeriums der Finanzen des Landes Rheinland-Pfalz, Köln
Wicke, L. (1977), Erhöhung der Effizienz der Vermögenspolitik in der Bundesrepublik Deutschland, Zeitschrift für Wirtschafts- und Sozialwissenschaften, S. 261-287
Wicke, L. (1993), Umweltökonomie, 5. Aufl., München
Wicksell, K. (1896), Finanztheoretische Untersuchungen nebst Darstellung und Kritik des Steuerwesens Schwedens, Jena
Wiegard, W. (1985/86), Empirische Allgemeine Gleichgewichtsanalyse, List-Forum 13, S. 159-176
Wildasin, D. E. (1986), Urban public finance, New York
Wille, E. (1977), Mittel- und langfristige Finanzplanung, HdF, Bd. I, 3. Aufl., Tübingen, S. 427-474
Wille, E. (1985), Öffentliche Sachausgaben versus öffentliche Personalausgaben, in: Häuser, S. 11-122
Wille, E. (Hrsg.) (1986), Konkrete Probleme öffentlicher Planung, Frankfurt/M.
Wille, W. (Hrsg.) (1999), Entwicklung und Perspektiven der Sozialversicherung, Baden-Baden
Windisch, R. (Hrsg.) (1987), Privatisierung natürlicher Monopole im Bereich von Bahn, Post und Telekommunikation, Tübingen
Wissenschaftlicher Beirat beim BMF (1976), Gutachten zur Aussagefähigkeit staatswirtschaftlicher Quoten, in: Bulletin des Presse- und Informationsamtes der Bundes-regierung, Nr. 90
Wissenschaftlicher Beirat beim BMF (1980), Gutachten zum Begriff der öffentlichen Investitionen, BMF-Dokumentation Nr. 6
Wissenschaftlicher Beirat beim BMF (1982), Gutachten zur Reform der Gemeindesteuern, BMF-Schriftenreihe, H. 31
Wissenschaftlicher Beirat beim BMF (1987), Stellungnahme zur Tarifstruktur der Körperschaftsteuer, BMF-Schriftenreihe, H. 39

Wissenschaftlicher Beirat beim BMF (1990), Gutachten zur Reform der Unternehmensbesteuerung, BMF-Schriftenreihe, H. 43

Wissenschaftlicher Beirat beim BMF (1992), Gutachten zum Länderfinanzausgleich in der Bundesrepublik Deutschland, BMF-Schriftenreihe, H. 47

Wissenschaftlicher Beirat beim BMF (1994), Perspektiven staatlicher Aufgabenpolitik, BMF-Schriftenreihe, H. 51

Wissenschaftlicher Beirat beim BMF (1994), Zur Bedeutung der Maastricht-Kriterien für die Verschuldung von Bund und Ländern, BMF-Schriftenreihe, H. 54

Wissenschaftlicher Beirat beim BMF (1997), Umweltsteuern aus finanzwissenschaftlicher Sicht, BMF-Schriftenreihe, H. 63

Wissenschaftlicher Beirat beim BMWi (1979), Staatliche Interventionen in einer Marktwirtschaft, Gutachten, Studienreihe, H. 24, Bonn

Wissenschaftlicher Beirat beim BMWi (1994), Ordnungspolitische Orientierung für die Europäische Union, BMWi-Dokumentation 356

Wissenschaftlicher Beirat beim BMWi (1996), Anstehende große Steuerreform, BMWi-Studienreihe 94

Wissenschaftlicher Beirat beim BMWi (1998), Grundlegende Reform der gesetzlichen Rentenversicherung, BMWi-Studienreihe 99

Wolf, C. jr. (1983), „Non-Market-Failure" Revisited: The Anatomy and Physiology of Government Deficiencies, in: Hanusch, S. 27-42

Wolf, C. jr. (1993), Markets or Governments, 2nd ed., Cambridge

Wrede, M. (1993), Ökonomische Theorie des Steuerentzuges: Steuervermeidung, -umgehung und -hinterziehung, Heidelberg

Wulf, L. de (1983), Taxation and income distribution, in: Cnossen, S. 345-370

Wust, H. (1981), Föderalismus, Göttingen

Zechlin, L. (1998), Schul-, Hochschul- und Kulturmanagement, in: Damkowski/Precht, S. 348-354

Zeitel, G. (1958), Zur Unterscheidung zwischen direkten und indirekten Steuern in der volkswirtschaftlichen Gesamtrechnung, Konjunkturpolitik 22, S. 336-344

Zeitel, G. (1981), Gebühren und Beiträge, HdWW, Bd. 3, Stuttgart, S. 347-355

Ziffzer, S. (1980), Ökonomische Grenzen der staatlichen Kreditaufnahme, Berlin

Zimmermann, H. (1973/74), Die Ausgabenintensität der öffentlichen Aufgabenerfüllung, Finanzarchiv 32, S. 1-20

Zimmermann, H. (1981), Instrumente der Finanzpolitik, HdF, Bd. III, 3. Aufl., Tübingen, S. 165-192

Zimmermann, H. (1981a), Finanz- und Steuerbelastungsvergleiche, internationale, HdWW, Bd. 3, Stuttgart, S. 106-121

Zimmermann, H. (1983), Finanzausgleich auf nationaler Ebene, HdF, Bd. IV, 3. Aufl., Tübingen, S. 3-52

Zimmermann, H. (Hrsg.) (1988), Die Zukunft der Staatsfinanzierung, Stuttgart

Zimmermann, H. (1996a), Die Europäische Union als neuer föderativer Strukturtyp? Aktuelle Fragen zum Föderalismus, in: R.-D. Postlep (Hrsg.), Marburg 1996, S. 45-71

Zimmermann, H. (1996b), Öko-Steuern: Ansätze und Probleme einer „Ökologischen Steuerreform", in: Siebert, S. 139-284

Zimmermann, H. (1999), Ökonomische Rechtfertigung einer kontinuierlichen Staatsverschuldung, in: Henke, S. 157-171

Zimmermann, H./Henke, K.-D. (1994), Finanzwissenschaft, 7. Aufl., München

Zimmermann, K. (1986), Zur strukturellen Flexibilität öffentlicher Ausgaben, Jahrbuch für Sozialwissenschaft 37, S. 62-83

Zimmermann, K. W. (1996), Zur Politischen Ökonomie von Ökosteuern, Ordo 47, S. 169-194
Zohlnhöfer, W. (1982), Empirische Ansätze zur Erfassung von Präferenzen für öffentliche Leistungen, in: Bombach u. a., S. 531-545
Zumbühl, M. (1978), Privatisierung staatlicher Wirtschaftstätigkeit - Notwendigkeit und Möglichkeiten, Zürich

Sachregister

Abgaben 365
Abgabenordnung 365
Abgabenquote 43
Abgabensteuern 378
Abschnittsbesteuerung 481
Abschreibung(en) 23, 476, 491
Abstimmung 126
Abstimmung mit den Füßen 633
Adverse selection 114, 324
Administrative Belegungsbindungen 312
Agrarzölle 671
Aggregationsprobleme 223
Agglomerationskosten 522
Allokation 52
Allokationspolitik 49, 65
Allokationsmäßige Effizienz 195
Allokationsziel 7
Allphasenbruttoumsatzsteuer 527 f.
Altersstruktur der Bevölkerung 235
Ankündigungseffekte der Besteuerung 358, 398
Anlageinvestition 23
Anlageverhalten 297
Annoucement effects s. Ankündigungseffekte der Besteuerung
Anrechnungsmethode 576
Anrechnungsverfahren 505, 507, 511
Anreize 399
Anreizeffekt 497
Anspornbesteuerung 462
Anstoßtarif 375
Anstrengungen 390
Anziehungskraft des größten Etats 235
Äquivalenz 321, 518, 385 ff.
- fiskalische 631 f., 636, 648
- kostenmäßige 387
- lokale 632
- partielle 387
- totale 386
Äquivalenzeinkommen 261
Äquivalenzvariation 199
Äquivalenzprinzip 20, 385 f., 505, 643
Äquivalenztheorem 595, 598, 600
Arbeitnehmerentgelt 27, 29
Arbeitsangebot 437, 441, 498
Arbeitskreis Steuerschätzung 381
Arbeitsleid 62
Arbeitslosengeld 339
Arbeitslosenversicherung 338 f, 355

Arbeitsvermögen s. Humankapital
Armut 261
Armutsgrenze 269
Arrow-Bedingung 133
Arrow-Paradoxon 128
Arrow-Theorem 130 f., 133
Asymmetrische Informationen 114
Aufgabenverteilung 645
Aufkommenselastizität 356, 383 f.
Auflagen 92
Aufschlagkalkulation 413 f.
Aufteilungsverbot 478
Auftraggeber 305
Ausbeutung 227
Ausgaben
- Außerplanmäßige 177
- Überplanmäßige 177
Ausgabeninflexibilität 239
Ausgabenintensität 38
Ausgabenkürzungen 249
Ausgabenquote s. Staatsquoten
Ausgabenreste 177
Ausgabensteuer 464, 550 f.
Ausgleichsmesszahl 653
Ausschließbarkeit s. Ausschlussprinzip
Ausschlussprinzip 94
Außerbudgetäre Maßnahmen 241
Außergewöhnliche Belastungen 481
Averaging s. Durchschnittsbesteuerung

Ballungskosten 628
Barlohn 468
Bedarfsanmeldungen 173
Bedarfsgerechtigkeit 269
Befragung 202
Beharrungstendenzen 238
Beihilfen 326
Beiträge 368, 388, 396, 480
Bemerkung(en) 178
Benthams 395
Benutzungsgebühren 368, 388
Bergmannsprämie 462
Besteuerungseinheit 368
Bestimmungslandprinzip 530, 564, 566 f., 569
Betriebsausgaben 476 f., 521
Betriebsmittelzuweisung 177
Betriebsstätten 652
Betriebsvermögensvergleich 474

708 Sachregister

Bildungsinvestion 301
Bildungspolitik 300
Borda-Zählung 133
Brain Drain 577
Brecht'sches Gesetz 235
Bruttoanlageninvestition 30
Bruttoinvestition 30
Bruttonationaleinkommen 27
Bruttoprinzip 172, 616
Bruttoumsatzsteuern 526
BSP-Eigenmittel 668, 669
Budget s. Haushaltsplanung
Budgetgrundsätze s. Haushaltsgrundsätze
Budgetinitiative 172
Budgetinzidenz 280, 286, 401, 416, 615
Budgetmaß 359
Budgetmaximierung 242
Budgetsaldo s. Finanzierungssaldo Budgetwirksamkeit s. Ausgabenintensität
Budgetzyklus s. Haushaltskreislauf
Bundesauftragsverwaltung 646
Bundeseigene Verwaltung 646
Bundesrechnungshof 178
Bundeszuschüsse 538
Bürgergeld 310
Bürgschaftsrahmen 171
Bürokrat 149
Bürokratie 148 ff.

Canard'sche Steuerregel 588
Cash-Flow-Steuer 557
Chancen 266
Chancengleichheit 270
Clarke-Steuer 106 f.
Clearing 571
CO_2-Steuer 541 ff.
Coase-Theorem 81, 83 f.
Comprehensive income 463
Condorcet-Paradox s. Mehrheit
Condorcet-Sieger 126
Coroett- und Hague-Regel 446
Cross border shopping 569
Crowding-out 599

Deckungsgrundsatz
- objektbezogener 615
- situationsbezogener 616
Deckungskredit 591
Deckungsvermerk 181
Deficit spending 595 f.
Definitivsteuer 507

Defizit 619
Defizitquote 46, 592, 617 f.
Deflationierung 44 f.
Demokratie
- direkte 124, 135
- representative 124, 137
Denkschrift 178
Deputate 465, 468
Destabilisator 355
Dezentralisierung 666
Dezentralisierungstheorem 625
Differenzialinzidenz 400, 601
Differenzsteuersatz 506
Direkte Steuern 380 f.
Diskretionäre Finanzpolitik 595
Diskriminierung 303 f.
Diskriminierungsverbot 346
Distributionsziel s. Verteilungsziel
Dividende, erste 87, 539
Domar-Modell 603 f.
Doppelbelastung der Ersparnis 551
Doppelbesteuerung 533, 564 f., 573
Doppelbesteuerungsabkommen 488, 578
Doppelte Haushaltsführung 477
Durchführungsverordnung 365
Durchlaufende Posten 171 f.
Durchschnittsbesteuerung 473
Durchschnittssätze 475
Durchschnittssteuersatz 370

Eckwerte 184
Economie of scale 627, 629
Ehegattenbesteuerung 483
Ehegattensplitting 484
Eigenmittel 668
Eigennutzaxiom 147
Eigenverbrauch 467
Einfuhrumsatzsteuer 380, 570
Eingipflichkeit 132
Einheit 172
Einheitlichkeit der Lebensverhältnisse 637
Einheitsbewertung 517
Einheitswert 516
Einkommen 258, 390, 461, 467, 473,
- verfügbares 281, 294, 306, 311
- vermögensfundiertes 391
- zu versteuerndes 474
Einkommensbegriff 459, 473
Einkommenseffekt 398, 428, 431
Einkommenselastizität öffentl. Leistungen
Einkommensperiode 262, 472, 496

Einkommensteuer 27, 378, 434, 438 f., 449, 459, 502
- negative 307 f.
Einkommensteuerstatistik 489 f.
Einkommensteuervorauszahlung 362, 488
Einkommensverteilung 269, 292
Einkommensverteilung, funktionelle 259
Einkommensverteilung, personelle 260, 264
Einkünfte 474
- außerordentliche 461
Einkunftserzielungskosten s. Werbungskosten
Einnahmen 477
Einnahmenquoten 42 f.
Einnahmenverteilung 648
Einphasenbruttoumsatzsteuer 528
Einphasensteuer 527
Einstimmigkeit 124, 130
Einstimmigkeitsregel 135
Einzelhandelsteuer 568
Elastizität der Bemessungsgrundlage 383
Emissionen 541
Energiesteuer 543, 546
Enteignung 295
Entgeltpunkte, persönliche 327
Entschädigung 82
Entscheidungen, inkrementale 238
Entscheidungskosten 136
Entscheidungskriterium 215
Entscheidungsregel 123, 135
Entscheidungsregel, effiziente 136
Entstaatlichung 244, 247
Entwicklungsstufen 234
Erbanfallsteuer 296
Erbschaften 465
Erbschaftsteuer 26, 296
Ergänzungsabgabe
Ergänzungsanteile 652
Ergänzungshaushalt 176
Ergänzungszuweisungen 653
Erhebungsform 487, 502
Erhöhung der Gesamtwohlfahrt 195
Erlössteuern 406
Erosion der Steuerbasis 586
Erschließungsbeiträge 368
Erstattungsbeträge 489
Erstbestlösung 117
Erträge 379
Ertragsteuer 379, 514
Ertragswerte 257, 462

Erwartungsparameter 399
Erwerbseinkünfte 367
Erwerbsteuer 570
Etat s. Haushaltsplan
EU-Eigenmittel 27, 670
Europäischer Gerichtshof 160, 346, 667
Europäische Kommission 667
Europäische Union 668
Europäischer Rechnungshof 667
Europäisches Parlament 667
Excess burden 430, 533
Exekutivbudget 172
Existenzgründungsdarlehen 300
Existenzminimum 492
Expenditure tax s. Ausgabensteuer
External diseconomies 78
External economies 78
Externalität(en) s. externe Effekte
Externe Effekte 73 f., 535 f., 630
Externe Kosten 136

Fähigkeiten 301
Fahrtkosten 478
Fairness 384
Faktorbesteuerung 422
Faktorsubstitutionseffekte 424 f.
Fälligkeitsprinzip 167
Familienstand 482
Fehlbetrags-Bundesergänzungszuweisung 654
Fenstersteuer 428
Feuerschutzsteuer 380
Finalprinzip 321
Finanzierungssaldo 26, 360, 417
Finanzausgleich 623, 650, 660
Finanzbedarf 653
Finanzbericht 174
Finanzföderalismus s. Föderalismus
Finanzhilfen 586, 647, 654
Finanzielle Kapitalgesellschaft 14
Finanzierungsdefizit 26
Finanzierungssaldo 360
Finanzierungsüberschuss 26
Finanzierungsübersicht 170
Finanzkabinett 173
Finanzkraft 653
Finanzkraftunterschiede 642
Finanzmonopol 367
Finanzplanungsrat 185
Finanzpolitik 5
Finanzpolitische Instrumente 18

Finanzstatistik 33
Finanzverfassung 164, 645, 648
Finanzverwaltung 173
Finanzwirtschaft 170
Finanzzuweisungen s. Zuweisungen
Fiscal drag 356
Fiskalillusion 242, 611 f.
Fiskalisches Ziel 8
Fiskalpolitik, diskretionäre 357
Flat rate tax 496
Flexibilisierung 181
Flucht aus dem Budget 616
Föderalismus 623, 643, 645
- kooperativer 661
Folgeausgaben 186 f.
Folgeeinsparungen 188
Folgekosten 186 f., 239
Folgewirkungen 180, 186
Formelflexibilität 356
Formeltarif 496
Formula flexibility s. Formelflexibilität
Free-rider 100, 105
Freibetrag 371, 373
Freigrenze 373 f.
Freistellungsverfahren 578
Freizeit 390
Fringe-benefits 439
Funktionenplan 168
Funktionenübersicht 171
Fürsorgeprinzip 321

GAP-Ausgaben 669
GATT 567
Gebietskörperschaft(en) 15
Gebote 93
Gebrauchsvermögen 255
Gebühren 367 f., 656
Gefangenendilemma 612
Gemeindesteuer 649
Gemeiner Wert 517
Gemeinlastprinzip 89
Gemeinnützigkeit 480
Gemeinsame Haushaltsführung 484
Gemeinschaftsaufgabe(n) 647, 654
Gemeinschaftsteuer 649
Generaldebatte 174
Generational accounting s. Generationenkonten
Generationen 262
Generationenkonten 620 f.
Generationenvertrag 329

Gerechtigkeit 268, 384, 563
Gesamtbetrag der Einkünfte 474
Gesamtdeckungsprinzip 167
Gesamteffizienz s. Gesamtoptimum
Gesamteinkommen 461
Gesamtoptimum 58 f.
Gesamtplan 170
Gesamtvermögen 253
Geschwindigkeitswahl 217
Gesetz zur Förderung der Stabilität und des Wachstums der Wirtschaft s. Stabilitätsgesetz
Gesetzgebungskompetenz 646
Gesetzesakzessorische Verwaltung 646
Gesetzesfreie Verwaltung 646
Gewerbe 521
Gewerbeertrag 520
Gewerbeertragsteuer 519
Gewerbekapitalsteuer 515
Gewerbesteuer 519 f.
Gewerbesteuerumlage 523
Gewinn 474
- nichtausgeschütteter 502, 507
Gewinnsteuer 409 f., 415
Gleichbehandlung 389, 587
Gleichheit 271
Globalhaushalt 181 f.
Goals 190
Goothart's Gesetz 359
Grenzen der Staatsverschuldung 603, 614
Grenzrate der Substitution 53, 59
Grenzrate der Transformation 57, 59
Grenzsteuersatz 370
Grunderwerbsteuer 380, 531
Grundfreibetrag 486, 492
Grundfreiheiten 346
Grundrente 331
Grundsteuer 516 f.
Grundsteuerschuld 517
Grundvermögen 517
Gruppengröße, optimale 154
Gruppierungsplan 167 f.
Gruppierungsübersicht 170
Güter
- lokale öffentliche 105, 624
- meritorische 113 f.
- öffentliche 95, 96, 154
- private 94
Gütersteuern 32
Gütersubventionen 29, 32

Sachregister

Haavelmo-Theorem 356
Halbeinkünfteverfahren 498, 509, 512
Harberger-Modell 420
Harmonisierung 579
Haushalte
- konjunkturneutrale 361
Haushaltsausgleich 165, 614, 670
Haushaltsausschuss des Bundestages 175
Haushaltsbesteuerung 484
Haushaltsentwurf 173
Haushaltsgrundsatz 172
Haushaltskreislauf 171 f.
Haushaltsplan 164 ff., 176, 180
Haushaltsquerschnitt 171
Haushaltsrechnung 177
Haushaltssperre 177
Haushaltsüberschreitung 177
Haushaltsübersicht 170
Haushaltswirtschaft 164
Hebesätze 520
Hochsteuerländer 571
Horizontaler Effekt 651
Humankapital 23, 254, 295, 301, 391
Humanvermögen 256

Imparitätsprinzip 470
Imputed income s. Einkommen 467
Incremental Budgeting 191
Indikatoren, soziale 33
Indirekte Steuern 380 f.
Individualgüter s. Güter private
Individualbesteuerung 483 f.
Individualistisches Konzept 51
Individualkonsum 22
Industrieansiedlung 522
Inflation 494
Instrumente 6
Integration 505
Integrationsverfahren 505 f.
Interdependenzkosten 136
Interessengruppen 154 ff., 175, 240 f., 585
Internalisierung externer Effekte 81
Internalities 224
Internationaler Steuervergleich 561
Intransitivität 195
Inverse Elastizität-Regel 445
Investitionen des Staates 22
Investitionsprämie 363, 451
Investitionssteuer
Inzidenz 277 f., 287, 400, 607
- effektive 278, 400
- formale 277 f.
- materielle 278
Inzidenzkonzepte 276

Jahreswagen 468
Jahreswirtschaftsbericht 175
Judikative 160

Kaldor-Hicks-Kriterium 196
Kapitaldeckungsverfahren 328, 333
Kapitalertragsteuer 487
Kapitalexportneutralität 575
Kapitalflucht 487
Kapitalgesellschaft 505
Kapitalgewinne s. Vermögenswertänderungen
Kapitalimportneutralität 575
Kapitalrechnung 170
Kapitalwertmethode 449
Kapitel 167
Kassenkredit 591
Kausalprinzip 321
Kfz-Steuer 377, 545
Kinderfreibetrag 39, 486
Kindergeld 30, 39, 486
Kirchensteuer 479 f.
Kleinunternehmer 530
Klimavorsorge 535
Klubs, fiskalische 625
Klubsgrösse, optimale 111
Knappschaftliche Rentenversicherung 326
Kohäsionsfonds 670
Kohlepfennig 366
Kollektivgüter s. Güter, öffentliche
Kollektivkonsum 22
Kompensationsregel 52, 55, 195
Kompensationsvariation 199
Konjunkturausgleichsrücklage 362 f.
Konjunktureller Impuls 361
Konjunkturneutraler Haushalt s. Haushalt, konjunkturneutraler
Konjunkturzuschlag 377, 499
Konnexität 634, 636, 646
Konstitutionelle Regelung 229
Konstitutionelle Reform 243
Konsum 94, 391
Konsumausgaben 378, 551 f.
Konsumausgaben des Staates 19, 21, 23
Konsumgüter 379
Konsumgüter, langlebige 469
Konsumverteilung 265

Kontrolle 178
Konvention 17
Konvergenz 617
Konzept der materiellen Produktion 17
Konzertierte Aktion 362
Kopfsteuer(n) s. Pauschalsteuern
Körperschaftsteuer 502 ff.
Korrespondenzprinzip 466
Kosten 196
- der Besteuerung 430
Kosten der Einkommenserzielung 460
Kostenarten 183
Kostendeckungsgrad 656
Kostenerstattung 655
Kosten-Leistungsrechnung 218
Kostenminimierung 205
Kostenstellen 183
Kostensteuern 386
Kostenträger 183
Kosten-Wirksamkeitsanalyse 206
Krankenversicherung, gesetzliche 334
Kreditaufnahme, öffentliche s. Verschuldung, öffentliche
Kreditfinanzierungsplan 170
Kreditfinanzierungsquote 592
Kreditspielräume 615
Kreuzpreiseffekte 446
Kreuzpreiselastizität 405
Künftige Generationen 613
Kurtaxe 368, 396
Kurzfristigkeit 144

Laffer-Effekt 315
Lags s. Verzögerungen
Länderfinanzausgleich 651
Ländersteuergarantie 653
Ländersteuern 649
Last der Verschuldung 608
Länderzuständigkeit 645
Lastenverteilungsgrundsatz 646
Lebenszyklus 263
Lebenszyklusmodell 554, 598, 600
Leistungsfähigkeit 388 ff. 392 f. 460, 486, 502
Leistungsfähigkeitsprinzip 385, 388, 392
Leviathan 228
Leviathan-Modelle 229
Liberalisierung 244
Lindahl-Gleichgewicht 102
Lindahl-Modell 101
Lindahl-Preise s. Steuerpreise

Lobby s. Intereressengruppen
Logrolling s. Stimmentausch
Lohn(neben)kosten 540, 547
Lohnführerschaft 305
Lohnquote 259
Lohnsteuerstatistik 490
Lohnsteuer 487
Lohnsummensteuer 519, 523
Lorenzkurve 260
Lucas-Kritik 359
Lump sum tax s. Pauschalsteuer
Luxusgüter 391
Luxussteuer 311

Maastricht-Kriterien 617
Maastricht-Vertrag 670
Macht 266
Management by Objectives
Markt, bestreitbarer 70
Marktversagen 49, 65 f., 221, 227
Marktwirtschaftliche Äquivalenz 386
Masseneinkommen 285
Matching grants 640
Medianwähler 127
Medianwählermodell 139 f.
Medien 160
Mehrbelastung s. Excess burden
Mehrdimensionalität 141
Mehrfachbelastungen 521
Mehrgipfligkeit 143
Mehrgipflige Präferenzen s. Präferenzen
Mehrheit 128
- absolute 145
- relative 145
- zyklische 142
Mehrheitswahl 125
Mehrheitswahlrecht 146
Mehrphasensteuer 527
Mehrwertsteuer 528
Mehrwertsteuer-Eigenmittel 669
Mengensteuer 402
Menschenleben 217
Meritorische Güter s. Güter, meritorische
merkliche Ausgaben 611
merkliche Steuern 584
Messzahl 520
Methode,
- analytisch 514
- synthetisch 514
Mindesteinkommen s. Armutsgrenze
Mindestsicherung 309

Mineralölsteuer 545
Minimax-Kriterium 211
Ministerialprinzip 166
Mischfinanzierung 235, 658
Mischgüter 110
Mittel s. Instrumente
Mittelfristige Finanzplanung 144, 183
Mittelstandsbauch 300
Mittelstandspolitik 299 f.
Mobilität 633
- soziale 314
Mobilitätskosten 630
Monopol 67
Monopoltheorie des Staates 228
Moral hazard 114, 324

Niveauverschiebungseffekt 236
Nachfragekurve, kompensierte 200
Nachholwirkung 530
Nachlasssteuer 296
Nachtragshaushalt 176, 184
nationale Effizienz 576
Nebenbedingungen 210
Nebenhaushalte 617
Neid 493
Neue Politische Ökonomie, Ökonomische Theorie der Politik 123
Nettogröße 460
Nettokreditaufnahme 35, 592
Nettoneuverschuldung 614
Nettoumsatz 529 f.
Nettoumsatzsteuer 526, 528
Nettowohlfahrtskonzept 33
Nettozahlerposition 671
Nettozahlungsbereitschaft 195
Nettozugang an nichtproduzierten Vermögensgütern 23, 30
Neues Steuerungsmodell 182
Nicht-Ausschließbarkeit 95
Nicht-Appropriierbarkeit s. Nicht-Ausschließbarkeit
Nichtdiskrimierung 302
Nichtfinanzielle Kapitalgesellschaft 14
Nichtmarktlösungen 221
Nichtmarktproduktion des Staates 18
Nichtmarktproduktion, sonstige 18
Nichtrivalität des Konsums s. Konsum
No bail-out-Klausel 618
Nominalprinzip 494
Nominalwertprinzip 471, 477
Non-Affektationsprinzip 167, 242, 537

Nothaushaltsrecht 174
Nutzen 196, 389
Nutzengrenze 55
Nutzen-Kosten-Analyse 55, 194 ff.
Nutznießerprinzip 89
Nutzwertanalyse 206

Objektivitätspostulat 461
Objektsteuer 515
OECD-Musterabkommen 578
Öffentliches Gut 274
Öffentliche Investitionen 594
Öffentliche Unternehmen 4, 16
Öffentlichkeit 179
Ökologische Steuerreform 546
Ökosteuern 535 f., 538
Örtliches Aufkommen 652
Opfer 394
- absolutes 394
- relatives 394
- marginales 395
Opportunitätskosten 196, 198, 208
Optimale Besteuerung 444
Optimale Finanzpolitik 9
Ordnungsmäßigkeitsprüfung 178
Output, staatlicher 190
Outputeffekt 424
Overlapping generations 448

Parafisci 3
Parallelpolitik 356
Pareto-Effizienz 52, 58, 60
Parteiensystem 612
Partialanalyse 414
Pauschalsteuern 72, 432, 443
Pauschbeträge 478
Pay as you use 594
Peak-load-pricing 71
Pekuniäre Effekte 198
Periodizitätsprinzip 472
Personalübersicht 171
Personen 377
Pfennigabgaben 237
Pflegeversicherung 340 f.
Pflichtaufgaben 654
Pigou-Steuer 84, 87
Pigou-Subventionen 88
Plangröße 462
Planning-Programming-Budgeting System (PPBS) 190 f.
Planung 183

Politikversagn 350
Politischer Konjunkturzyklus 351
Portabilität 346
Präferenzen 123
Präferenzenthüllung 105, 632
Präferenzermittlung 104, 222
Preisdiskriminierung 68, 71
Preise, administrierte 312
Preis-Standard-Ansatz 90 f.
Preisstruktureffekt 230
Pressure groups s. Interessengruppen
Primärdefizit 606
Primäreinkommen 279
Principal agent problem 148
Prinzip der Gesamtdeckung s. Gesamtdeckungsprinzip
Prioritäten 180
Private Haushalte 15
Private Organisation ohne Erwerbszweck 15
Privatisierung 244 ff., 295
Produktions- und Importabgaben 26, 31 f., 380
Produktionseffizienz 56
Produktionswert 21, 526
Produktivität 246
Produktivität, staatliche 230
Produktivvermögen s. Sachvermögen
Programmanalysen 192
Programme 185
Progression 494 ff.
- direkte 371
- indirekte 371, 492
Progressionstypen 374
Progressionsvorbehalt 373, 578
Progressivität 371
Pseudo-Marktpreise 19
Public choice 123

qualitative Spezialität 176
quantitative Spezialität 176
Quasi Fiscal Regulation 38
Quellenabzug 440
Quellenabzugsverfahren 487 f.
Quellenbesteuerung 526
Quellenprinzip 572 ff., 577
Quellentheorie 463 f.

Rabatt 468
Radizierbarkeit 386 f., 521
Ramsey-Preise 71

Ramsey-Regel 446
Rationale Erwartungen 359
Rationale Ignoranz 147
Realeinkommen 311, 439
Realprinzip 166, 495
Realsteuergarantie 515
Realsteuern 515, 655
Realtransfers 21, 313
Rechnung, laufende des Staates 170
Rechnungsprüfungsausschuss 178
Regression
- indirekte 372
- innere 375
Regulatory budget 40
Regulierung, staatliche 72
Regulierungen 157 f.
Reinvermögen 253
Reinvermögenszugangstheorie 463 ff., 474
Rekurrenter Anschluss 173
Rent-seeking 155, 158 f., 388
Renten 155
Rentenartfaktor 328
Rentenversicherung, gesetzliche 326 ff.
Rentenwert, aktueller 328
Rerouting 27
Residualelastizität 371
Restwert, fiskalischer 634 f.
Richtwerte 188
Risiko 210
Risikostrukturausgleich 334
Rohvermögen
Rücklagen 181

Sachbezüge 468
Sachleistungsprinzip 335, 347
Sachvermögen 255
Sachverständigenrat 175
Sachverständiger 161
Saldo des Vollbeschäftigungsbudgets 360
Schadstoffemissionen 536
Schattenhaushalt 176, 618
Schattenpreise 203
Schattenwirtschaft 314, 439, 452, 633
Schenkungen 465, 467
Schleier der Ungewissheit 135
Schuldenstandsquote 592
Schwarzarbeit 305, 314, 454
Schwarzfahrer s. Free-rider
Second best-Lösung s. Zweitbestlösung
Sekundärdefizit 606
Sekundärverteilung 280

Selbstbewirtschaftung 182
Selbstveranlagung 488
Selbstversorgung 467
Selbstverwaltung 654
Selektiver Anreiz 154
Seniorität 139
Shifting s. Überwälzung
Sinkende Durchschnittskosten 69 f.
Solidaritätszuschlag 493
Sollertragsteuer 519
Sollsteuern 462
Sonderabgaben 368
Sonderabschreibungen 499
Sonderausgaben 479
Sonderausgaben-Pauschbetrag 481
Sondersteuer 377
Sonstige Produktionsausgaben 29
Sozialausgabenquote 42, 319
Sozialbudget 319
Sozialbeiträge 27
Sozialbeträge 286
Soziale Sicherung 320
Sozialhilfe 343 f.
Sozialisierung 294
Sozialleistungen, monetäre 30
Sozialleistungsquote 319
Sozialmiete 312
Sozialvermögen s. Versorgungsvermögen
Sozialversicherung 16, 322 f, 342, 466
Sozialversicherungsbeiträge 368, 466, 538
Sozialwohnungen 312
Sparbereinigte Konsumsteuer 559
Sparbereitschaft 297
Sparen 26, 498
Sparerfreibetrag 487, 498
Sparfähigkeit 297
Sparförderung 297 ff.
Spekulationsgewinne 471
Spenden 480
Spillins 630
Spillouts 630
Spillovers s. externe Effekte
Spitzenlastzeit 71, 111
Splittingverfahren 485
Staat 3, 11, 14 f.
Staatliche Aktivität l
Staatsauffassung, organische 51
Staatsausgaben 24
Staatsausgabenquote 358
Staatseinnahmen 24, 26
Staatsquoten 41

Staatsschuldillusion 600
Staatstätigkeit, wachsende 230
Staatsversagen 221 f.
Staatsverschuldung s. Verschuldung, öffentliche
Stabilisierung, automatische 354, 638
Stabilisierungspolitik 8, 354
Stabilität 349
Stabilitätsgesetz 349, 361
Steueraufkommen 490
Steueraufkommenselastizität 236
Steueraufteilung 650
Steuerausweichung 399
Steuerbemessungsgrundlage 369
Steuerbetrag 369
- Elastizität des 370
Steuerbetragsfunktion 370
Steuerbilanz 476
Steuerehrlichkeit 454
Steuererhöhung, heimliche 236
Steuerexport 635
Steuerfreibetrag 372
Steuerfreiheit 565
Steuergegenstand 369
Steuergerechtigkeit 460
Steuergestaltungsrecht 655
Steuerglättung 602
Steuergläubiger 369
Steuerharmonisierung 568
Steuerhinterziehung 314, 399, 451, 453 f.
Steuerillusion 236
Steuerkapitalisierung 399
Steuerkeil 431, 440
Steuerklassifizierung 376
Steuerkonkurrenz 661
Steuerkredit 486
Steuermessbeträge 520
Steuermindereinnahmen 39
Steuern 26, 365 f., 368
Steuerobjekt 369
Steuerpflicht 474
Steuerpreise 127
Steuerquote 43
Steuerreform 584 ff.
Steuerrichtlinien 365
Steuersatzelastizität 383
Steuerschätzung 381, 384, 488
Steuerschuld 369
Steuersystem 369
Steuertarif 369
- einklassig 374

- mehrklassig 374
Steuertariflehre 369
Steuerträger 369
Steuervereinfachung 489
Steuervergünstigungen 8, 39, 241, 384, 493, 586, 588
Steuerverteilung 648, 651
Steuerwettbewerb 579 f., 634
Steuerzahler 369
Stimmentausch 134, 141 f.
Stimmenverluste 611
Strategisches Verhalten 101
Strukturelle Defizit 361
Strukturfonds 670
Stufenbetragstarif 375
Stufensatztarif 375 f.
Stufentarif 375
Subsidiarität 227
Subsidiaritätsprinzip 321, 624 f., 666
Substanzsteuer 519
Substitutionseffekt 398 f., 415, 428, 431, 435, 439
Subventionen 88, 432
Subventionen, sonstige 26, 29
Subventionsbericht 586
Subventionselastizität 424
Sunset legislation 193
Swift'sches Steuereinmaleins 314 f.

Tabaksteuer 284, 380
Tarif, progressiver 483, 493
Tauscheffizienz 53
Tax avoidance s. Steuerausweichung
Tax evasion s. Steuerhinterziehung
Tax expenditures s. Steuervergünstigungen
Tax smoothing 602
Teilhabersteuer 505
Theorie
- des Zweitbesten 117
- normative 2
- positive 2
Theory of clubs 110, 629
Thesaurierungssatz 507
Tiebout-Modell 632, 636
Titel 167
Tragbarkeit der Verschuldung 605
Transaktionskosten 93, 116, 159, 189, 455, 585
Transferansatz 607
Transfers 442, 466
- gebunden 433

- sonstige laufende 30
- ungebunden 433
Transformationskurve 57
Transparenz 179, 584
Treaty-shopping 573
Trennsystem 648
Treuhandanstalt 38
Tür- und Fenstersteuern 399

Überlappende Generationen 328
Übermäßiges Defizit 617
Überschuss, sozialer 66
Übertragungen s. Transfers
Übertragungsvermerk 181
Überwälzung 281, 399, 401
Umlageverfahren 328, 332, 466
Umqualifizierungen von Einkunftsarten 573
Umsatz 526
Umsatzmaximierung 411
Umsatzsteuer 406, 526
Umsatzsteuervorwegausgleich 652
Umverteilung 295, 637
- Grenzen 314
Umverteilungswirkungen 316
Umweltdividende 87
Umweltsteuer 535, 537
Umweltzertifikate 91
Unfallversicherung, gesetzliche 342
Ungebundene Transfers 306
Unmöglichkeitstheorem s. Arrow-Theorem
Unsicherheit 211
Unternehmer 529
Ursprungsland 570
Ursprungslandprinzip 565, 567 f.
Utilitarismus 395

Veranlagung 487, 489
Veranlagungssteuern 384
Veranschlagte Ausgaben 615
Veräußerungsgewinn 471 f.
Verbände s. Interessengruppen
Verbote 93
Verbrauchsbesteuerung, optimale 446
Verbrauchsteuern 534, 537
- allgemeine 430, 435 f.
- spezielle 429
Verbundquote 655
Verbundsystem 648
Verdrängungseffekt 597
Verfügbarkeitselastizität 371

Verkäufe 26
Verkehrsmittelwahl 217
Verkehrswegewahl 216
Verlust 481
Verlustabzug 482
Verlustausgleich 473, 481
Verlustrücktrag 482
Verlustvortrag 482
Vermeidungsinvestition 539
Vermittlungsausschuss des Bundestages 176
Vermögen 253, 377, 390
Vermögensabgabe 377
Vermögensbegriff 295
Vermögenseinkommen 26
Vermögenshaushalt s. Kapitalrechnung
Vermögenskonzentration 255
Vermögenspolitik 294
Vermögensteuer 27, 295
Vermögenstransfer 30
Vermögensveräußerung 657 ff.
Vermögensverteilung 253, 257, 294
Vermögensverteilungspolitik 297
Vermögenswertänderungen 463, 469 ff., 496
Vermögenswertzuwachs s. Vermögenswertänderungen
Vermögenswirksame Steuern 28
Verpflichtungsermächtigung 167, 170
Versandhandel 570
Verschuldung,
- öffentliche 367, 589, 594, 611
- verdeckte 595, 609
Versicherung 322
Versicherungsprinzip 321
Versorgungsprinzip 321 ff.
Versorgungsvermögen 254 f.
Verstärkungsvermerk 181
Versteckter öffentlicher Bedarf 40
Verteilung 636
- pareto-optimale 272
- personelle 278
Verteilungsgerechtigkeit 275
Verteilungspolitik 253, 275, 292
Verteilungswirkungen s. Inzidenz
Verteilungspolitik 268
Verteilungsziel 7, 211, 275
Verursacherprinzip 85, 388
Verwaltung s. Bürokratie
Verwaltungsgebühren 368

Verwaltungshaushalt s. Rechnung, laufende des Staates
Verwaltungskompetenz 646
Verzögerungen 233, 357, 361
VGR 14
Volkswirtschaftlicher Kreislauf 378
Vollanrechnung 511
Vollsplitting 485
Vollverzinsung 489
Vorauszahlung 361
Vorherigkeit 174
Vorleistungen 29
Vorsorge-Pauschbetrag 479, 481
Vorsteuerabzug 529
Vorsteuerpauschalierung 531
Vouchers 313

Wagner'sches Gesetz 230, 232
Wahlentscheidungen 225
Wähler 146
Wahlgleichgewicht 131
Wahlverfahren 123
Wedge 431
Wehrpflichtiger 377
Welteinkommen 676
Weltweite Effizienz 574
Werbungskosten 477
Wertschöpfung 527
Wertschöpfungsteuer 253 f.
Wettbewerbsneutralität 563
Wirkungen
- direkte 197
- indirekte 198
- intangible 198
- reale 198
- regressive 494
- tangible 198
Wirtschaftlichkeitsprüfung 178
Wirtschaftspolitik 2, 5
Wissenschaftliche Ökonomen 161
Wohlfahrtseinbußen 445, 585
Wohlfahrtsfunktion 51 f., 63
Wohlfahrtstheorie 50, 60, 62 f.
Wohnsitz 573
Wohnsitzprinzip 572 f., 577, 652

X-Ineffizienz 151, 246

Zahlungsbereitschaft 19, 199, 202
Zahlungswilligkeit s. Zahlungsbereitschaft
Zeit 216

Zeitliche Spezialität 176
Zeitpräferenz 555
Zeitpräferenzrate 208
Zerlegungsgesetz 652
Zero-Base-Budgeting 152, 191
Zielbeziehungen 6
Ziele
- der Finanzpolitik 7
- fixierte 5
- flexible 5
Zielhierarchien 7
Zielprojektion 184
Zinsabschlag 487
Zinsbereinigte Konsumsteuer 559
Zinssatzproblem 206
Zins-Ausgabenquote 591
Zinseinkünfte 399, 405
Zinsen 29, 34
Zins-Steuerquote 591
Zirkelproblem 184
Zölle 668
Zugangsfaktor 327
Zusatzkosten 399, 405
Zusatzlast der Besteuerung s. Excess burden
Zusatzversorgungseinrichtung 14
Zuschlagsystem 649
Zuweisungen 639
- allgemeine 655
- zweckgebundene 640 f.
Zuweisungssystem 650
Zwangsabgaben 365 f.
Zwangsanleihe 367
Zwangssparen 297
Zweckbindung 229, 538
Zweckzuweisungen s. Zuweisungen
Zweitbestlösung 118, 444
Zyklischer Budgetausgleich 595, 602